第五届

闪亮的日子
青春该有的模样

大学生基层就业
典型人物事迹

DAXUESHENG JICENG JIUYE
DIANXING RENWU SHIJI

教育部学生服务与素质发展中心 编

北京航空航天大学出版社
BEIHANG UNIVERSITY PRESS

内容简介

青春向上，时代向前。教育部学生服务与素质发展中心已连续多年面向全国高校征集大学生就业、创业、入伍典型事迹，2022年我们再出发。本套《第五届闪亮的日子——青春该有的模样》丛书在广泛征集大学生就业、创业、入伍典型人物事迹的基础上，记录当代大学生立志民族复兴，不负韶华，不负时代，不负人民，在青春的赛道上奋力奔跑的感人故事。希望能以本书激励广大大学生在实现中华民族伟大复兴中国梦的伟大实践中书写属于自己的精彩人生，致敬每一位曾经或正在为祖国发展砥砺奋进的大学生。

图书在版编目(CIP)数据

大学生基层就业典型人物事迹 / 教育部学生服务与素质发展中心编. -- 北京 ：北京航空航天大学出版社，2022.12

(第五届闪亮的日子——青春该有的模样)

ISBN 978 - 7 - 5124 - 3967 - 2

Ⅰ．①大…　Ⅱ．①教…　Ⅲ．①大学生－就业－先进事迹－中国　Ⅳ．①K828.4

中国版本图书馆 CIP 数据核字(2022)第 244421 号

大学生基层就业典型人物事迹

教育部学生服务与素质发展中心　编

策划编辑　陈守平　　责任编辑　江小珍

*

北京航空航天大学出版社出版发行

北京市海淀区学院路 37 号(邮编 100191)　http://www.buaapress.com.cn

发行部电话：(010)82317024　传真：(010)82328026

读者信箱：goodtextbook@126.com　邮购电话：(010)82316936

北京雅图新世纪印刷科技有限公司印装　各地书店经销

*

开本：787×1 092　1/16　印张：29.25　字数：730 千字

2022 年 12 月第 1 版　2022 年 12 月第 1 次印刷　印数：1 100 册

ISBN 978 - 7 - 5124 - 3967 - 2　定价：179.00 元

若本书有倒页、脱页、缺页等印装质量问题，请与本社发行部联系调换。联系电话：(010)82317024

　　"青年强，则国家强。"习近平总书记在党的二十大报告中指出，"当代中国青年生逢其时，施展才干的舞台无比广阔，实现梦想的前景无比光明"，殷切寄语广大青年"立志做有理想、敢担当、能吃苦、肯奋斗的新时代好青年"。青年是整个社会力量中最积极、最有生气的力量，国家的未来在青年，民族的未来在青年。青年一代有理想、有本领、有担当，国家就有前途，民族就有希望，实现中华民族伟大复兴才会有源源不断的力量。

　　"人生万事须自为，跬步江山即寥廓。"新时代的中国青年身处奔腾向前的时代，拥有风华正茂的青春，肩负建设社会主义现代化强国的光荣使命，施展才华的舞台无比广阔，实现梦想的前景无比光明。生逢盛世追梦时，作为党和国家事业发展的生力军，当代青年要时刻牢记"国之大者"、主动擎起"时代火炬"，用奋斗致敬这可贵的青春与伟大的时代，用自己闪亮的光芒照亮家国远方。

　　有这样一群青年人，他们秉持着"青春不以山海为远，志愿只向家国未来"的情怀，从青葱校园奔赴基层一线倾情服务，走进绿色军营淬炼报国，闯进创业大潮踔厉奋发，把青春书写在党和人民的伟大事业中，把奋斗播撒在民族复兴的伟大征程上，让人生在国家富强和民族进步中熠熠发光。

　　他们在扎根基层中擦亮青春底色。北京科技大学张晟传同学毕业后毅然决然放弃北京公务员、高校辅导员、河北航空公司飞行员等舒适工作选择，成为西藏自治区拉萨市城关区金珠西路街道办事处的一位年轻干部。5年来，他坚持扎根基层服务群众，帮助农民工讨薪20余万元，引进110余万元的物资，直接打击涉黄涉黑案件4起，协助公安机关抓获违法犯罪嫌疑人13人，多次受赠当地藏族群众锦旗。他将"小我"融入"大我"，在服务祖国、服务社会、服务边疆、服务西部的生动实践中谱写着人生故事，成就着青春梦想。

　　他们在顽强拼搏中彰显青春担当。昌吉学院毕业生加德热拉·哈布力万里赴戎机，从北疆阿勒泰到辽宁舰，从碧绿的草原到蔚蓝的大海，跨越3500多公里，成为海军辽宁舰的一名操舵兵，开启了长达5年的军旅生涯。2018年南海海上阅兵和2019年庆祝人民海军成立70周年的海上阅兵中，她连续两次随舰执行阅兵任务，光荣接受习近平主席检阅，并多次随舰出海执行艰巨任务，荣获"优秀士官"表彰和2次嘉奖。于高山之巅，方见大河奔涌；于群峰之上，更觉长风浩荡。她青春向党、矢志为国，把热血挥洒在实现强军梦的伟大实践中。

他们在创新创业中激扬青春力量。毕业于金华职业技术学院的钱继昌是百万高职扩招生的代表。三年学到的丰富园艺专业知识为他插上了创业腾飞的翅膀。钱继昌把无花果卖到了全国31个省(直辖市、自治区),也把金华的无花果引种到了全国,其中红皮无花果鲜果销量稳居全国第一,打造了中国无花果王国。他争做中国无花果行业的王者和助农的头雁,助力乡村振兴,致力共同富裕,在全国17个省(直辖市、自治区)共建基地77个,带动就业1万余人,2022年获评首届浙江省农创客助力乡村振兴"金雁奖·助农榜样"。

"志之所趋,无远弗届,穷山距海,不能限也。"时代各有不同,青春一脉相承。无限的远方,无数的青年在不同的时代赛道上奋力奔跑,践行着"强国有我"的铿锵誓言。他们的事迹可学可做,他们的精神可追可及。我们要向这些青年榜样学习,从他们身上汲取人格的力量、精神的力量、奋斗的力量,用脚步丈量祖国大地,用眼睛发现中国精神,用耳朵倾听人民呼声,用内心感应时代脉搏,将梦想与祖国的未来交融,筑就无悔青春。

青春向上,时代向前。教育部学生服务与素质发展中心已连续多年面向全国高校征集大学生就业、创业、入伍典型事迹,2022年我们再出发。本套《第五届闪亮的日子——青春该有的模样》丛书在广泛征集大学生就业、创业、入伍典型人物事迹的基础上,记录当代大学生立志民族复兴,不负韶华,不负时代,不负人民,在青春的赛道上奋力奔跑的感人故事。希望能以本书激励广大大学生在实现中华民族伟大复兴中国梦的伟大实践中书写属于自己的精彩人生,致敬每一位曾经或正在为祖国发展砥砺奋进的大学生。

编　者
2022 年 12 月

目 录

北京　1

不忘初心立大志，紧抓党建促工作
——中国人民大学雷超事迹 ·· 2

青春筑梦西藏，谱写高原华章
——北京科技大学张晟传事迹 ·· 4

鸳鸯绣出凭君看，且把金针度与人
——北京邮电大学世纪学院张露事迹 ·· 7

让青春在祖国最需要的地方闪光
——中国矿业大学（北京）潘金菊事迹 ··· 10

巾帼铿锵，不负芳华
——北京理工大学田照梅事迹 ··· 12

坚守初心，无愧时代
——北京师范大学茹克耶姆·萨拉木事迹 ······································· 15

天津　18

脚下沾满泥土，心中沉淀真情
——南开大学于志强事迹 ··· 19

奉献基层，青春以这段岁月为证
——天津理工大学沙日娜事迹 ··· 22

青春当如是，灼灼芳华绽基层
——天津职业技术师范大学王芳事迹 ·· 25

不负韶华，"疆"来有你也有我
——天津市大学软件学院赵琪事迹 ·· 28

到西部去，在兵团留下青春的印记
——天津外国语大学滨海外事学院刘春成事迹 ································ 32

河北　35

选择阿里，不负韶华
——河北中医学院刘建忠事迹 ··· 36

丹心向祖国,芳华献边疆
　　——河北地质大学董文帆事迹 ················· 38

以笔尖书写时代华章,用镜头见证家乡发展
　　——保定职业技术学院任新新事迹 ················· 40

矢志求学建设家乡,奉献青春报效祖国
　　——燕山大学晁孝正事迹 ················· 44

基层自有天地,西部大有可为
　　——河北经贸大学童旭旭事迹 ················· 47

山西 51

践行新时代青年的光荣使命
　　——山西晋中理工学院郭鹏飞事迹 ················· 52

扎根基层,争做可以托底的年轻干部
　　——山西工商学院樊磊事迹 ················· 55

在边疆书写人生华彩篇章
　　——大同师范高等专科学校张飞虎事迹 ················· 59

让梦想在基层绽放
　　——山西财经大学谷涛事迹 ················· 61

新时代的边疆建设者
　　——山西农业大学施耀文事迹 ················· 63

内蒙古 65

青年学子心,悠悠家乡情
　　——包头职业技术学院徐然事迹 ················· 66

青春有梦,履方致远
　　——呼伦贝尔学院聂鑫鑫事迹 ················· 69

心中有光,聚力生长;青春无悔,奉献边疆
　　——内蒙古工业大学刘桢民事迹 ················· 72

赓续前行,奋楫争先,在基层书写青春篇章
　　——内蒙古民族大学刘凯事迹 ················· 75

青春在奉献中闪光
　　——内蒙古交通职业技术学院乌令巴拉事迹 ················· 79

辽宁 82

最美的青春在基层
　　——辽宁师范大学孟婷事迹 ················· 83

扎根基层,青春该有的模样
　　——沈阳工业大学房宇琛事迹 ················· 86

当炬火,去化作那道光!
　　——朝阳师范高等专科学校陆宏博事迹 ················· 89

路在脚下,梦在远方
——渤海船舶职业学院陈江涛事迹 ……………………………… 92

在基层服务中熔铸无悔青春
——辽宁理工学院刘小稚事迹 …………………………………… 95

吉林 98

去祖国最需要的地方书写生命华章
——东北师范大学董路通事迹 …………………………………… 99

不忘初心,砥砺奋进新征程
——东北电力大学成瑞龙事迹 …………………………………… 102

扎根乡村基层,绽放青春光芒
——吉林大学王征宇事迹 ………………………………………… 104

在奋斗中成长成才
——吉林大学李嘉琪事迹 ………………………………………… 107

支教生活点燃青春梦想
——吉林大学徐磊事迹 …………………………………………… 109

黑龙江 111

做新时代铁人精神的传承者
——哈尔滨工业大学王吉超事迹 ………………………………… 112

扎根基层,服务群众
——哈尔滨华德学院刘珊珊事迹 ………………………………… 115

青春在基层绽放
——黑龙江大学李娜事迹 ………………………………………… 118

在龙江基层写未来
——黑龙江科技大学赵士超事迹 ………………………………… 121

扎根基层一线,书写青春华章
——佳木斯大学尹成玉事迹 ……………………………………… 124

上海 127

青春之花在基层绽放
——同济大学商慧事迹 …………………………………………… 128

去基层奉献青春
——华东理工大学张正雄事迹 …………………………………… 131

投身西部建设,助力乡村振兴
——上海海洋大学吴天强事迹 …………………………………… 133

道阻且长,行者将至
——上海立信会计金融学院赵重事迹 …………………………… 137

奋进,小小火种熊熊燃烧
　　——上海东海职业技术学院陈斌事迹 140

江苏 143

扎根西部热土,坚守报国初心
　　——南京大学李兴奎事迹 144

他的青春和"家国"在一起
　　——南京林业大学吴泽本事迹 146

扎根基层的追梦人
　　——中国矿业大学谢阳光事迹 149

奋战雪域高原,书写别样青春
　　——常州大学易鉴政事迹 152

万里西陲第一乡,青春作笔绘彩虹
　　——江苏海洋大学陈建发事迹 154

浙江 158

为振兴乡村教育贡献青春力量
　　——宁波大学热汗古力·吐尔洪事迹 159

雪域边陲的最美文化传播者
　　——浙江中医药大学钱小丽事迹 162

听从本心,无问西东,让青春在基层绽放
　　——浙江海洋大学白明州事迹 165

"95后"大学生返乡回村,让青春在"浙里"闪光
　　——宁波卫生职业技术学院吴佳丽事迹 168

只此青绿,人与青山两不负
　　——丽水职业技术学院施政欢事迹 171

安徽 174

青春在奉献中绽放绚丽之花
　　——安徽城市管理职业学院郭子文事迹 175

弘扬志愿精神,争做胡杨先锋
　　——安徽电子信息职业技术学院谢梦龙事迹 178

在西藏书写花样年华
　　——安徽工业大学刁凤事迹 180

八载光阴两赴基层,初心不改服务乡亲
　　——合肥工业大学孙骏事迹 183

以硬核知识作温情守护
　　——中国科学技术大学朱哲圣事迹 187

福建 190

致知无央,充爱无疆:将自强精神写在祖国基层大地
——厦门大学刘成事迹 ·················· 191
用心描绘基层画卷
——龙岩学院钟琳艳事迹 ·················· 196
心之所向,只为家国
——福建工程学院宋能事迹 ·················· 199
青春向党,支教无悔
——福州大学李志煌事迹 ·················· 201
脚踏实地,做好为民服务的一颗"种子"
——福建农林大学沈瑾烨事迹 ·················· 203

江西 206

深学细悟守初心,实干笃行担使命
——南昌大学刘鹏事迹 ·················· 207
我的讲台在新疆
——上饶师范学院邵盼事迹 ·················· 210
坚守"疫"线,逐"疫"前行
——江西科技学院韩至娇事迹 ·················· 213
从卫国守岛到致力西藏应急事业
——江西中医药大学胡栋良事迹 ·················· 215
精益求精,圆世界冠军梦
——江西环境工程职业学院曾璐锋事迹 ·················· 218

山东 221

昔日贫困,今日扶贫,让青春在奋斗中闪光
——山东管理学院朱家宝事迹 ·················· 222
投身"三农"事业,建设大美新疆
——山东畜牧兽医职业学院王扬鹏事迹 ·················· 225
藏区的奇迹小伙儿
——山东科技大学赵瑞华事迹 ·················· 227
"小米姑娘"用互联网助推贫困村产业发展
——山东体育学院韩梦娇事迹 ·················· 230
逆旅西北拓戈壁,投身石油逐青春
——中国石油大学(华东)郭福贵事迹 ·················· 232

河南 235

扎根基层,让青春在奋斗中闪光
——河南牧业经济学院朱贺事迹 ·················· 236

勇担时代使命,扎根西藏边陲
　　——河南农业大学李冰事迹 ……………………………………………… 239

情洒雪域不言悔,不忘初心担使命
　　——洛阳理工学院黄梦义事迹 …………………………………………… 242

不忘教书育人初心,勇担基层教育振兴使命
　　——洛阳师范学院王予川事迹 …………………………………………… 245

让青春在基层熠熠生辉
　　——许昌学院范启航事迹 ………………………………………………… 248

湖北 251

初心使命护幼儿成长,学以致用抒青春华章
　　——武汉城市职业学院陈潘事迹 ………………………………………… 252

扎根基层践初心,奉献青春担使命
　　——长江工程职业技术学院张致敏事迹 ………………………………… 255

西出阳关济伟业,筑梦克州是吾乡
　　——黄冈师范学院徐坦事迹 ……………………………………………… 258

雪域高原上的一抹青春红
　　——武汉生物工程学院达瓦排排事迹 …………………………………… 261

不负韶华,选调基层勇担使命
　　——武汉工程大学曾庆富事迹 …………………………………………… 264

湖南 267

博士"下到"当坑村,助力乡村振兴加速跑
　　——湖南大学陈生明事迹 ………………………………………………… 268

初心不曾忘,为民显当担
　　——湖南科技大学潇湘学院杨波事迹 …………………………………… 271

以炽热青春建功新时代
　　——湖南城市学院董振昊事迹 …………………………………………… 275

农村广阔天地,青年大有可为
　　——湖南工学院刘杰琦事迹 ……………………………………………… 278

青春,闪耀在武陵群山
　　——吉首大学聂晴事迹 …………………………………………………… 282

博士村支书与他的乡村振兴梦
　　——中南大学袁维事迹 …………………………………………………… 286

广东 289

扎根雪域高原,奉献无悔青春
　　——广东财经大学黄海芬事迹 …………………………………………… 290

青春花开扶贫路,绘就美好新明天
　　——中山大学万雅文事迹 ………………………………………………… 293

"牛司令"和"牛医生"讲述华农兽医故事
　　——华南农业大学赵嘉威和刘云秋事迹 ······················· 296

逐梦雪域边疆,闪耀奋斗青春
　　——华南师范大学罗智华事迹 ································· 299

乡建扶贫筑梦人
　　——华南理工大学陈可事迹 ··································· 303

广西 306

初心不改,青春无悔
　　——广西医科大学何许冰事迹 ································· 307

发挥专业特色,潜心扎根基层,奉献无悔青春
　　——广西生态工程职业技术学院韦小隆事迹 ················· 310

"我的诗和远方就在大瑶山"
　　——广西工业职业技术学院梁露事迹 ························· 313

昆仑山深处的青年宣传员
　　——贺州学院齐寿鑫事迹 ····································· 316

扎根西部乡镇,踏实管好公租房
　　——柳州工学院赵冠群事迹 ··································· 319

四川 321

雪域高原上的青春熠熠生辉
　　——四川大学益西卓玛事迹 ··································· 322

反哺家乡,投身基层
　　——西南石油大学何易东事迹 ································· 325

扎根边疆,奉献基层,为实现人生价值奋斗终生
　　——西华师范大学鲁旭鹏事迹 ································· 327

基层选调生的初心与使命
　　——内江师范学院李其事迹 ··································· 329

忠诚奉献的"蓝精灵"
　　——四川警察学院杨凡事迹 ··································· 331

重庆 334

在祖国南疆挥洒青春
　　——重庆大学成孟春事迹 ····································· 335

当好地质新"兵",彰显巾帼风采
　　——重庆科技学院任雪瑶事迹 ································· 338

心系桑梓正青春
　　——重庆城市管理职业学院董小梅事迹 ······················· 340

"守望天使"的梦想
  ——重庆商务职业学院王峰事迹 ······ 343

扎根美满村,当好村民的"娘家人"
  ——重庆化工职业学院贾涛事迹 ······ 346

贵州 348

剑锋所至,即为梦想
  ——贵州财经大学杨友事迹 ······ 349

青春绽放在苗岭大山深处
  ——贵州医科大学胡学常事迹 ······ 352

基层服务担使命,风雨磨砺守初心
  ——贵阳学院杨贵菊事迹 ······ 355

孩儿立志出乡关,学业有成复归来
  ——遵义师范学院贺忠权事迹 ······ 358

千人民族舞,校园添活力
  ——贵州工程应用技术学院晏风景事迹 ······ 361

西部计划志愿者,福旺小区的"好女儿"
  ——铜仁幼儿师范高等专科学校黄雄事迹 ······ 364

云南 368

扎根基层,拔节生长
  ——云南财经大学周彤事迹 ······ 369

脚上有泥土,心中有方向
  ——云南农业大学毕振佳事迹 ······ 371

坚守初心阻击疫情,维护边境口岸安定
  ——普洱学院黄鹏事迹 ······ 373

在基层播种知识与爱
  ——楚雄师范学院雷青风事迹 ······ 375

一心向基层,倾情为人民
  ——昆明理工大学津桥学院李艳事迹 ······ 378

陕西 380

巾帼不让须眉,铿锵玫瑰别样红
  ——西北工业大学陶智君事迹 ······ 381

扎根基层教育事业,高擎理想信念火把
  ——陕西师范大学杨钰莹事迹 ······ 384

此去南疆应无悔,龟兹故城献青春
  ——西安石油大学张珂事迹 ······ 387

当青春遇上西藏
  ——西安医学院邓妮事迹 ······ 390

扎根基层,筑梦青春
　　——陕西交通职业技术学院郭旭事迹 ·················· 393

甘肃 396

奔赴西北,奉献青春
　　——兰州大学朱子昀事迹 ························· 397

一朝沐杏雨,一生支教情
　　——兰州交通大学黄逸飞事迹 ···················· 400

在祖国和人民最需要的地方绽放青春之花
　　——兰州交通大学马荣娟事迹 ···················· 403

让青春在基层闪亮
　　——兰州资源环境职业技术大学王升时事迹 ·········· 406

赓续兰大精神,扎根未来之城
　　——兰州大学武怡柠事迹 ························· 408

宁夏 411

像胡杨树一样扎根,像石榴籽一样抱紧
　　——宁夏大学苟先涛事迹 ························· 412

干事创业谱青春,忠诚担当写理想
　　——北方民族大学张青波事迹 ···················· 415

少年意气风发时,不负韶华行且知
　　——宁夏师范学院张雪雁事迹 ···················· 418

扎根基层,挑战未来
　　——银川能源学院高晓峰事迹 ···················· 421

心中有梦想,脚下有力量
　　——宁夏民族职业技术学院马海萍事迹 ·············· 424

新疆 427

扎根荒漠,戈壁滩上洒青春
　　——中国石油大学(北京)克拉玛依校区王良哲事迹 ···· 428

扎根基层为人民,奋力扬帆正当时
　　——新疆师范大学刘孟凯事迹 ···················· 430

服务基层守初心,专心支教献真情
　　——新疆大学王青青事迹 ························· 433

在基层奋斗,在群众中成长
　　——新疆医科大学蒋博峰事迹 ···················· 435

扎根基层,无私奉献
　　——昌吉学院阿依米日·奥布力喀斯木事迹 ·········· 437

海南 439

向暖而生，逐光筑梦
——海南工商职业学院陈重私事迹 ················· 440

做山区教育的"点灯人"
——海南师范大学张妍事迹 ······················· 443

筑梦三沙，彰显育人本色
——琼台师范学院代丽事迹 ······················· 446

振兴乡村，坚守理想，踏歌而行
——三亚理工职业学院王京城事迹 ················· 448

用青春守护平安
——海南政法职业学院卢柏文事迹 ················· 450

闪亮的日子

北京

不忘初心立大志，紧抓党建促工作
——中国人民大学雷超事迹

雷超，女，汉族，1989年4月出生，四川广安人，中共党员，中国人民大学2014级博士研究生；四川省2019届急需紧缺专业选调生，省直机关工委宣传部一级主任科员（2022）；2020年11月下派至四川省南充市嘉陵区大通镇定点帮扶村开展驻村帮扶工作。因驻村工作实绩突出，该同志的驻村工作实效被《新闻联播》《朝闻天下》《四川日报》《南充日报》等主流媒体宣传报道。所获主要奖项及荣誉称号：四川省直机关青年学习标兵（2020）、四川省第五届机关公文写作技能大赛（领导讲话类）三等奖（2021）、南充市巾帼建功标兵（2021）、南充市嘉陵区优秀共产党员（2021）。

一、紧扣为民主题，扎牢信念根基

该同志坚持在理论学习中提升政治认识，对党绝对忠诚，在大是大非面前始终旗帜鲜明、立场坚定，敢于同各种不良社会风气积极斗争，始终热爱祖国、热爱人民、遵纪守法、廉洁自律。特别是在驻村帮扶工作中，积极投身巩固脱贫攻坚成果同乡村振兴有效衔接的工作实践，以全情投入的心态和真抓实干的状态，团结带领村"两委"班子和驻村工作队，在宣传党的政策、建强基层党组织、巩固脱贫攻坚成果、为民办事服务、提升治理水平上用心用情、积极作为，切实践行了拥护"两个确立"、树牢"四个意识"、坚定"四个自信"、做到"两个维护"。芝麻湾村被司法部、民政部评为全国民主法治示范村（2021），组织开展的法治主题教育活动"脱贫奔康换新貌　法治助力幸福村"被《人民日报》客户端四川频道宣传报道（2021）；芝麻湾村代表大通镇接受中组部换届风气督导组村"两委"换届资料检查、嘉陵区疫苗接种交叉检查并顺利通过，党建引领乡村振兴"三治"融合入选全市党建拉练点位（2021），成功创建南充市森林防火示范村（2021）、南充市级（4A）先进村党组织（2022）。

二、聚焦重点工作，突出担当作为

　　该同志扎实当好派出单位的代表、纽带、先锋，前线奋战抓好落实。落实落细工委干部职工扶贫日捐款，助力帮扶村生产生活建设；组织实施工委领导到村开展今冬明春慰问活动，向脱贫户发放慰问物资、向离退村干部发放慰问金；结合工委开展的"我为群众办实事"主题活动，积极汇报争取村主干道太阳能路灯建设专项资金（2021年第1期、2022年第2期）及村集中供水管网优化专项资金；组织实施工委机关工会定点采购大通镇特色农副产品耙耙柑2340斤进行消费帮扶；在工委支持保障下，组织驻村工作队、村"两委"班子、村党员代表、村民代表、村致富能手到国家级示范社学习参观乡村振兴；组织编写《南充市嘉陵区大通镇芝麻湾村关于进一步发展壮大村级集体经济实施方案》。与此同时，该同志关心关怀群众生产生活发展需要，聚焦防汛减灾需求，向行业部门争取地质灾害排危整治专项资金、向单位积极汇报争取村环山路防汛减灾水渠疏通整治专项资金；深化拓展老体协分会、妇女儿童之家、青年服务队等的主题活动，坚持党建带团建、党建带妇建，使芝麻湾村团支部在2022年5月被团区委评为"2021年度嘉陵区五四红旗团支部"；组织选树"孝老爱亲文明户""环境卫生文明户""重学重教文明户"，在培育崇德向善的村风民风上积极探索实践。在家庭家风家教方面，该同志一方面积极参加家庭教育公益活动，到图书馆、校园宣传推广《中华人民共和国家庭教育促进法》；另一方面同村"两委"班子组织选树身边的先进典型，芝麻湾村陈元家庭被区妇联评为2022年南充市嘉陵区"最美家庭"、芝麻湾村赵长春家庭被区妇联评为2022年南充市嘉陵区"绿色家庭"。

三、着眼务本求实，注重以学提能

　　该同志坚持将学习研究与社会实践相融相促，参与编写的《怎样当好新时代机关党委书记》被四川人民出版社出版（2021）；其本人被中国茅盾研究学会浙江传媒学院茅盾研究中心评为"年度新锐学者"（2020）；其学术论文《茅盾代理〈时事新报〉主笔史实及新发现的佚文考证》被《茅盾研究年鉴2016—2017》全文收录出版（2019），《茅盾与〈妇女杂志〉第六卷革新》《主编的担当：从茅盾致叶君健的一封佚信谈起》被《茅盾研究年鉴2018—2019》全文收录出版（2021），《世界大同视野形态下的妇女解放路径——茅盾妇女论再认识》被《茅盾研究》第16辑全文收录出版（2021），《以发展壮大村集体经济引领乡村振兴》被四川机关党建官网《驻村故事》栏目刊载（2022）。该同志还通过中国人民大学校友会和中国人民大学文学院平台面向在校生分享驻村工作思考和感悟，团结更多青年才俊投身全面推进乡村振兴的社会实践。

（北京高校大学生就业创业指导中心供稿）

青春筑梦西藏,谱写高原华章

——北京科技大学张晟传事迹

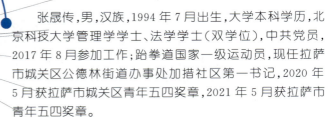

张晟传,男,汉族,1994年7月出生,大学本科学历,北京科技大学管理学学士、法学学士(双学位),中共党员,2017年8月参加工作;跆拳道国家一级运动员,现任拉萨市城关区公德林街道办事处加措社区第一书记,2020年5月获拉萨市城关区青年五四奖章,2021年5月获拉萨市青年五四奖章。

在校学习期间,他曾先后担任共青团北京科技大学委员会组织部部长助理、副部长,多次获国家奖学金及优秀学生干部、优秀共青团干部、首都高校优秀运动员等荣誉称号,是北京科技大学优秀毕业生、北京市启航奖励金获得者。

2017年6月,他毅然放弃北京公务员、高校辅导员、河北航空公司飞行员等工作选择,参加拉萨市人才引进项目,先后任拉萨市城关区金珠西路街道办事处团支部副书记、共青团拉萨市城关区第九届委员会委员,现任拉萨市城关区公德林街道办事处加措社区第一书记。

一、奋斗有我,让人民更加幸福

2015年,习近平总书记与马英九在新加坡举行会面,就推进两岸关系和平发展交换意见。那时,张晟传正在我国台湾进行公派交换学习,并以《青年人应担负起两岸未来》为题致信马英九先生。张晟传在信中写道:"希望两岸青年一代接过发展两岸关系的接力棒,更加踊跃地投身到海峡两岸的交流合作中来,携手开创中华民族伟大复兴的美好未来",得到了马英九的亲切回复。

步入工作岗位以来,张晟传在维护稳定督查工作一线累计为公安机关提供问题线索,直接打击意图破坏社会大局和谐稳定案件和涉嫌网络诈骗涉黄涉黑案件4起,协助公安机关抓获各类违法犯罪嫌疑人13人。2018—2021年,张晟传帮助农民工讨薪共计23.6万元,并严肃拒绝农民工送来的"感谢红包",获赠锦旗三面,并将此事上报城关区委、区政府和纪委监委主要领导同志知悉。2017—2019年,张晟传联合西藏自治区跆拳道协会为西藏偏远贫困地区青少年、贫困户募集捐赠鞋子、衣物、文具、运动器材累计达5万余件(套),累计价值70万元;2019年,为城关区金珠西路街道争取全民健身器材10套,价值40万元;2020年疫情防控期间,提前结束休假,投入疫情防控一线,2020年2月24日至3月31日,入户服务群众153人。2021年,由张晟传牵头建立的"城关区互联网+督查"平台在上线运营短短30天内就帮助群众解决实际困难9件,群众反映的问题有关于办理各类证照的,有反映占道经营、摩托车炸街噪声污染等问题的,对于能力范围内的事,张晟传尽心尽力帮助解决,能力范围外的,他就在请示部门领导同意后向上级部门积极反映解决。

群众利益无小事。群众的一桩桩"小事",是构成国家、集体的大事,对老百姓来说,他们身边每一件琐碎的小事都是实实在在的大事,有的甚至还是急事、难事。张晟传真情实意关注民生，立行立改反映民意，树立了为民、务实的榜样。

二、奋斗有我，让家园更加美好

张晟传的工作、生活都在多民族地区，他深知民族团结的极端重要性。在工作和生活中，他时刻以"明辨大是大非，立场特别清醒，维护民族团结行动特别坚定，热爱各族群众感情特别真挚"为标准，现在他已经可以使用藏语与当地群众进行简单的交流。

在党员结对帮扶群众的活动中，张晟传与帮扶对象顿珠、次扎西、巴桑卓玛、德吉措姆、格桑卓嘎结下了深厚的友谊，积极向他们宣讲政府创业就业支持扶持政策，帮助解决实际生活困难。在他的积极帮扶下，顿珠从整日游手好闲到转变思想观念加入了农牧民施工队，购买了小型工程机械，做起了建筑小工程，生活水平显著提高；次扎西、巴桑卓玛考录了"三支一扶"，德吉措姆考取了乡村振兴专干，格桑卓嘎考录了内地公务员，并在被录取的第一时间给他打电话报喜。

靠近光、跟随光、成为光、散发光，作为共青团城关区第九届委员会委员，张晟传主动联系拉萨市第三中学、实验小学，利用自己的运动特长协助学校开办第二课堂，开设跆拳道特色课程，和学生们一起学习"四讲四爱""讲党恩爱核心、讲团结爱祖国、讲贡献爱家园、讲文明爱生活"。他还为教育均衡和思政教育提供"方案＋体验＋服务"，2017—2020 年，累计授课 290 个学时，让青少年学生们心中有阳光、脚下有力量，以实际行动引领青年思想，服务青年成长。

三、奋斗有我，让祖国更加昌盛

2019 年 5 月，受自治区体育局、自治区跆拳道协会委托，张晟传带队参加第二届全国青年运动会跆拳道项目，带领西藏本土运动员首次亮相跆拳道全国赛场。当 5 名西藏本土跆拳道运动员从拉萨出发，跨越 4000 多公里，站在全国重大赛事的比赛场上时，就已经成为了值得中国跆拳道界铭记的历史性一刻。作为教练员，张晟传决定在比赛前由西藏选手向对手赠送哈达，一方面是因为哈达寓意吉祥如意，另一方面他希望通过这条哈达向中国跆拳道界、向全国各地的跆拳道教练员和运动员们宣告:"我们西藏自己培养的本土运动员来啦。"

疫情就是命令,防控就是责任。2020年新冠肺炎疫情发生时张晟传正休假在家,他在微信工作群中看到同事每天为疫情防控工作奔忙后,立即请示部门领导,提前结束休假,返回工作岗位,投入到疫情防控一线,每天奔走在城关辖区各街道、村居,同疫情防控一线工作人员一起入户测温、消毒杀菌、搬运物资。2020年2月24日至3月31日,他共入户服务153位居民群众,平均每天入户服务4人,以实际行动为疫情防控贡献青年力量。新时代的中国,比任何时候都更加需要弘扬使命在肩、奋斗有我的精神。奋斗创造历史,实干成就未来。今天来之不易的疫情防控成绩,更加凸显众志成城的磅礴伟力,充分说明奋发有为的至关重要。

"吾青年之盛志,如天光之正当。青春无悔西藏,谱高原之华章。我想知道天有多高,海有多广。选择坚持梦想,不妥协也算是一种疯狂。曾披荆斩棘,历经风雨跌跌撞撞。愿乘风破浪,雄心似铁坚韧如钢。有信心,苦乐都向往!"梦想就是青春的力量,奋斗就是青年的榜样,发挥青年正能量,张晟传一直在路上!

学知识、长才干、做贡献,青春正当!扬帆起航,张晟传在基层书写着自己最美的青春篇章!

(北京高校大学生就业创业指导中心供稿)

鸳鸯绣出凭君看，且把金针度与人

——北京邮电大学世纪学院张露事迹

张露，女，1995年5月出生于扬州市宝应县，江苏绣达人工艺品有限公司董事及设计总监，宝应县第十七届人大代表，是正则绣（乱针绣）第五代传承人、清禾宫品牌创始人（初创阶段）。2017年7月，她毕业于北京邮电大学世纪学院传播学专业，2021年10月11—16日参加由江苏省人力资源和社会保障厅举办的江苏省乡土人才高级研修班，并顺利结业；2021年5月5日参加文化和旅游部、教育部、人社部中国非物质文化遗产传承人群研修研习培训计划并顺利结业；2021年3月1日参加由上海市教委委托华东师范大学美术学院举办的"上海艺术管理与文化创新紧缺人才培养"培训班并顺利结业；2018年11月结业于由江苏省艺术基金管理中心委托江南大学举办的"非物质文化遗产策划与运营管理人才高研班"；2018年12月结业于由江苏省人力资源保障厅举办的"江苏省乡土人才技能大师研修班"；2020年12月获得"高级乡村振兴技艺师"职称；2020年6月24日被江苏省高层次和急需紧缺人才高级职称考核认定委员会认定为高级工艺美术师。

作为非遗传承人，张露从事织绣事业已有5年，截至目前，参与或独自完成的作品在国内行业各大赛事中屡获大奖，其中国家级金奖5项、银奖5项、铜奖5项、精品奖3项、优秀奖2项、特别荣誉奖1项、迎春花奖1项，省级金奖5项、银奖5项、铜奖2项、市级金奖1项、优秀奖2项、金桂奖1项。2019年7月19日，她设计创作的乱针绣《君士坦丁堡女郎》在中国美术馆举行的"锦绣中华——江苏刺绣艺术精品展"上展出；2021年9月21日刺绣《初见》入展长三角友好城市青年手工匠人发展大会。

2017年12月，她被省人力资源和社会保障厅授予"江苏省乡土人才三带新秀"荣誉称号，2020年4月被授予"宝应县五一巾帼标兵"荣誉称号。

由于注重对人才的培养，截至目前，她管理的公司已经培养出1位正高级工艺美术师、正高级乡村振兴技艺师，1位江苏省紧缺型高层次人才高级工艺美术大师，3位高级工艺美术师，13位工艺美术师，38位助理工艺美术师，1位高级乡村振兴技艺师，24位乡村振兴技艺师，1位助理乡村振兴技艺师，其中已有2位被评为扬州市工艺美术大师，3位被评为江苏省乡土人才"三带"新秀。

她于2019年6月在江苏省工艺美术学会艺博网上发表论文《传统文化类APP研究》和《当代刺绣行业现状调研及未来发展策略建议》。

从业以来，她一直积极努力扩大宝应文化产业的知名度，立志为传承与发展乱针绣贡献自己的力量。2019—2021年期间，她组织教授刺绣文化技艺课程活动，覆盖学员近300人。

她主张生产的绣品很受年轻人欢迎,一直在市场中居于领先地位,并且公司采取的弹性工作制方便了需照顾孩子的广大妇女来就业。

张露个人发展的重点历程:

2017 年 7 月,张露毕业于北京邮电大学世纪学院传播学专业;毕业后在已经拿到英国莱斯特大学研究生入学通知书的情况下,毅然决定回到家乡助力非遗传承。同年,江苏省人力资源和社会保障厅授予张露"江苏省乡土人才'三带'新秀"荣誉称号。

2017—2019 年,张露多次拜访缂丝国手王金山老先生,讨教缂丝技艺;拜访刺绣国手张玉英并向其讨教苏绣、乱针技法。

2018—2019 年,国家进一步重视对非遗传承人群的文化理论培养,张露积极主动报名参加国家开设的各种等级、不同类别的研培班。

2019 年,张露在江苏省工艺美术学会艺博网上发表论文《传统文化类 APP 研究》和《当代刺绣行业现状调研及未来发展策略建议》,积极努力扩大宝应文化产业的知名度,立志为传承与发展宝应乱针绣贡献自己的力量。

2019 年 7 月,张露只身一人带着自己创作的作品赴京参加全国非遗传承人作品联展。作为唯一一位宝应绣传承人,作为此次展会上最年轻的传承人,她在此次展览中的亮相极大提高了宝应绣的辨识度及影响力。

2019 年,张露只身一人带着乱针绣作品《君士坦丁堡女郎》赴京参加中国美术馆(国内艺术的最高殿堂)的"锦绣中华——江苏刺绣艺术精品展",一时间引起轰动,观展游客纷纷与"女郎"合影留念。作为参展人士中唯一一位宝应绣传承人,张露为宝应绣知名度的提高做出了一定的贡献。

2019 年,张露的绣制作品《蒙娜丽莎》被上海世界技能博物馆作为首批藏品正式收藏。(世界技能博物馆是世界技能组织、中华人民共和国人力资源和社会保障部、上海市人民政府签约共建的永久开放的公益性博物馆。)

2020 年 4 月,张露荣获"高级乡村振兴技艺师"职称,并拜中国工艺美术大师朱军成为师。

2017—2022 年,国家提出并大力推行乡村振兴战略,张露一直致力于带动乡村妇女就业,由她带领的刺绣团队培养出高级工艺美术师 3 名、江苏省乡土人才"三带"新秀 3 名、扬州市工艺美术大师 2 名、工艺美术师 13 名、助理工艺美术师 38 名。她前后累计带动了 600 多人就业。

2020 年 2 月,新冠肺炎疫情暴发,张露通过自媒体平台发布刺绣视频并自己配音为武汉加油,视频浏览量破百万,让更多的人看到年轻非遗传承人对技艺的传承和对社会的关心。

2020—2021 年,张露深刻落实文旅融合的理念,通过抖音、视频号、微博、头条等自媒体平台展现美景之下的绣美生活,无形中吸引了更多人对刺绣的喜爱和对美好生活的向往。张露在苏州镇湖绣品街经营自己店铺的同时,时刻牢记凤先生"兼收并蓄、知行合一"的教育精神,在苏州、扬州的各个社区、小学、中学、政府部门进行刺绣教学工作。

2022 年 3 月,张露根据梦境及灵感,自主创立新的刺绣品牌:清禾宫。

(北京高校大学生就业创业指导中心供稿)

巾帼铿锵，不负芳华

——北京理工大学田照梅事迹

田照梅，女，云南会泽人，1995年9月18日生，汉族，中共党员，是北京理工大学马克思主义学院2017级硕士研究生，于2019年考取云南省定向选调生，就职于西双版纳州人民政府办公室；2020年4月被派驻到勐海县勐宋乡曼吕村委会，成为一名驻村扶贫工作队员；2021年4月，到勐海县勐阿镇担任镇党委委员、镇人民政府副镇长（挂职一年），开始履行分管工作职责。

笃定信仰，在理论与实践结合中历练本领

"'德以明理，学以精工'的校训告诫并激励着我要不断学习、不断进步。"田照梅出生于农村，本科毕业后因向往首都生活而选择了远离家乡到北京求学。感受着首都浓厚的文化气息和经济发达带来的便利。在毕业时她也曾对首都的一切留念不舍，但从高考结束填报志愿时她就坚定了：到省外求学，看看外面的世界，愿能满载知识和阅历回乡从业。所以，当看见家乡招录选调生时，她毫不犹疑地选择了回到家乡。2019年8月，田照梅正式开启了她的工作生涯。在办公室工作近8个月后，于2020年4月来到了距离景洪城70公里之遥的挂钩扶贫点曼吕村，成为驻村工作队中的一员。从此，扶贫路上有了她的身影。她深知"理论政策和实践的结合程度就是高度，而学习是提高自身理论水平和促进政治立场坚定的重要途径"，只有学才能建构自己的意义世界，丰富自己的内心世界，进而从容地去探索真正的学问，发现并解决真问题，忠于目前所做的事情、忠于自己的岗位。刚从校门走入社会，她怀揣着所学的专业理论知识对职业进行了设想，但对科室职能和运转以及如何做好做实扶贫工作、落实分管工作、融入老百姓的认知处于空白。为了快速适应岗位，顺利开

展工作,她认真学习每个岗位的职能职责、阅读农业农村政策、学者研究成果,积极进村入户、了解村容村貌,向早已驻扎基层的前辈请教与群众打交道的经验……,在不断学习中积累实践基础,走好基层工作的第一步路。她驻村后的第一件事情就是了解村情民情,重点关注建档立卡贫困户的基本生产生活情况。可就这第一件事情,她就犯了难。在民族习俗的影响下,村民们名字相同的太多,将名字与人对上号、与他们沟通交流成了一件大难事。拉祜族寨子中男性以扎儿、扎体、扎务、扎朵、扎迫等为姓名;女性以娜儿、娜体、娜拍、娜务、娜朵等为姓名;布朗族寨子中男性以岩为姓,女性以玉为姓,同名同姓的村民太多了。田照梅便请教驻村的前辈和村组干部,首先了解有返贫风险以及遇到突发状况导致家里困难的村民的家庭情况,在初步了解了情况的前提下再进村入组入户掌握每一家的情况,认清每家的门牌号,有计划有重点地制订一对一帮扶计划,很快她就熟悉了村情村貌、村民情况,工作也顺利开展起来了。

脚踏实地,在立足基层中践行为人民服务

人民是公职人员的衣食父母。田照梅认为:"作为一名公职人员,坚持为人民服务的工作态度是最基本的要素。要深入群众,融入群众,关注民生,把工作的着力点放在解决群众生产生活中遇到的紧迫问题上来,遇到困难不退缩、不推卸,讲实话、干实事,做一名真正为人民服务的公职人员。"田照梅的驻村扶贫点曼吕村——一个典型直过民族聚居的山区贫困村,下辖 15 个村民小组,以拉祜族和布朗族为主,占全村人口的 90%。截至 2020 年底,全村建档立卡贫困户有 381 户 1586 人,贫困面广、贫困人口多、贫困程度深。出售蜂蜜、茶叶、红桃是曼吕村村民的主要经济来源,受新冠肺炎疫情的影响,往年许多来寨子里收农特产品的商家和企业未能如期而至,寨子里的农产品成了滞销品。田照梅积极响应消费扶贫政策,入户逐一登记滞销农产品数量,积极联系"挂包帮"单位和市场,帮助村民解决蜂蜜、茶叶、红桃等农产品滞销问题。经过努力,最终帮助老百姓销售滞销农产品,增收 3 万余元。为了使曼吕村小新寨村民小组的人居环境得到质的改善,田照梅积极协调资金 8 万元,帮助村寨修建入户道路和水沟,动员每家每户积极参加农村无害化户厕改造;与村委会一起梳理发展路径,盘活集体经济。

在挂职期间,为了让更多的村民了解医疗救助、到龄领取养老保险金、领取死亡丧葬费等惠民政策,田照梅带领社保中心工作人员,到 7 个行政村 71 个村民小组开展养老、医保政策知识宣讲,提供业务办理上门服务;帮助村民申请医疗救助 691 人次;完成全镇 153 名到龄人员领取养老金的信息采集,并为其办理了养老金领取手续;完成对 2687 名城乡居民基本养老保险金领取人员和 37 名企业退休职工领取养老待遇的资格认证,共排查出死亡人员 144 人,其中 127 人已办理死亡丧葬费或退养老金手续;建立重度残疾人参保台账,及时跟踪管理,确保在其 55 岁时按时发放重度残疾人基础养老金;组织劳动力转移就业,在严格遵守疫情防控规定的前提下全力做好稳就业、增收入工作;组织开展技能培训 2 期,100 余人参加;利用电话、微信和实地入户等方式,通过线上、线下岗位推介以及"云见面"达成就业意向,切实做好劳动力转移就业的信息登记,共摸排登记就业意向 400 人次;挂职期间辖区内未发生一起用工投诉和劳务纠纷。

青春无悔，在扎根边疆中勇于担当、作为

　　基层是大课堂，群众是最好的老师。驻村扶贫和乡镇挂职期间，光阴似箭是对这两年多时间的最好概述。"基层教会了我要有担当精神，告知我群众之事无小大。"2021年4月，田照梅到勐海县勐阿镇挂职，分管社会保障、教育体育、政府信息与政务公开、食品药品安全、通讯、邮政、节能减排等工作，负责集镇区疫情防控和包村工作。勐阿镇是中国共产党在西双版纳州建立第一支武装力量之地，是全州野生亚洲象栖息地之一，以拉祜族、傣族和哈尼族为主，少数民族人口占全镇人口的85%以上。教育落后是勐阿镇发展的最大短板。作为教育体育工作的分管领导，为了提升勐阿镇的教育水平，田照梅坚持强党建促教育事业发展，深入各个村委会各个村小组指导党支部建设，组织开展党的十九大精神、习近平总书记在全国教育大会上的讲话和"七一重要讲话"等系列重要讲话精神宣讲活动进村组，以农村党支部的高质量建设助力教育教学工作，在村寨努力营造"尊师重教"的良好氛围；坚持为党员、村组干部上党课，从村委会、从社会环境层面充分发挥党员、干部在支持教育工作方面的示范带动作用，全面提高农村党组织政治功能和服务水平；定期进村入户家访留守儿童、离异家庭儿童、单亲家庭儿童等累积40余次，劝返短暂性逃课学生继续就学，多方协调资金5万元为学生宿舍安装太阳能热水器，解决住校生常年只能用冷水洗澡的问题；积极帮助在校教师解决住房问题，解决老师的后顾之忧。

　　有一位初中二年级的学生来自脱贫户家庭，父母离异后由父亲抚养，但其父亲常年外出打工，无暇照顾孩子，在家庭长期疏于管理和缺乏父母关爱的背景下，孩子在初二下学期

开始逃课。田照梅了解到该学生的家庭情况后，制订了一对一帮扶计划，积极致电其父亲宣传法律法规，让其承担起抚养孩子的责任，使其按时将孩子的生活费交与孩子的姑姑保管；与小组组长商量由其在接送自己的孩子上学时一并帮忙接送该学生；对接妇联、学校班主任、妇女组长分别定期家访该学生，动态了解该学生的情况。

　　基层工作千头万绪，存在着许多理想与实际之间的矛盾，比如经济发展与土地要素和乡土人才缺乏之间的矛盾，传统种植业与大气污染之间的矛盾，教育发展与某些传统陋习之间的矛盾等。这些矛盾是社会发展和进步中必须面对的问题，在沉下心来看到推进解决这些问题的本质和初心是为了群众之后，田照梅将更坚定且义无反顾地去做。

（北京高校大学生就业创业指导中心供稿）

坚守初心，无愧时代

——北京师范大学茹克耶姆·萨拉木事迹

茹克耶姆·萨拉木，北京师范大学生命科学学院 2016 级公费师范生，是学校"四有"好老师启航计划的入选毕业生。2020 年毕业后，她主动选择扎根西部边疆，去往新疆喀什市东城第六初级中学任教。"坚守初心，无愧时代"是茹克耶姆对梦想的注解，在她看来，"牢记总书记的殷切嘱托，以吾辈青春之火传递信念，用真情和爱心可以点亮万千孩子的人生理想"。

一、坚守初心，逐梦路上牢记总书记嘱托

茹克耶姆出生在新疆维吾尔自治区喀什地区伽师县的一个村庄，她的家位于塔克拉玛干沙漠西缘的一块绿洲。得益于国家的脱贫攻坚政策，她欣喜地看到自己的家乡越来越好，人民过上了好日子，对孩子的教育更加重视，不过当前的师资力量仍然紧缺。她明白自己肩负着使命，立志回到家乡，用奋斗和青春浇灌出沙漠之花，因为那里才是祖国最需要她的地方。

茹克耶姆自小就怀揣着成为人民教师的梦想。爷爷是小学校长，也是位老党员，经常和她强调教育对一个区域乃至国家的重要性，他反对让孩子辍学放牧，作为校长的他在课间还去班级给孩子们削铅笔，深得学生们的喜爱和当地村民的尊重。在耳濡目染下，茹克耶姆暗下决心，她也要成为一名像爷爷那样的老师，为当地的教育贡献自己的力量。

2014 年 4 月，习近平总书记前往位于新疆南疆三地州的喀什地区进行调研，和各族干部群众、学校师生话家常、聊发展，嘱咐大家要有事干、有钱挣、有盼头。一个月后，在第二次中央新疆工作座谈会上，习近平总书记发表重要讲话指出："坚持依法治疆、团结稳疆、长期建疆，努力建设团结和谐、繁荣富裕、文明进步、安居乐业的社会主义新疆。"习近平总书记的一句"中西部强，则中国强，把祖国的新疆建设得越来越美好"让茹克耶姆倍受鼓舞、深受触动。只有中西部的青少年强，中西部才能强，中国才能强，而当她真正在艰苦的边陲任教时，才切身体会到其中的含义。她从梦的起点出发，带着总书记的殷切嘱托，勇毅前行。

二、学为人师，愿做为教育燃烧的红烛

为圆教师梦，茹克耶姆毫不犹豫地选择了北京师范大学公费师范生。在校期间，她一直视学校 2011 级公费师范生古丽加汗·艾买提为榜样。她清楚地记得在 2014 年 9 月 9 日习近平总书记到北京师范大学视察并与师生座谈时，古丽加汗曾作为唯一的学生代表向总书记汇报了自己志愿扎根边疆、奉献家乡教育事业的决心。总书记给予的肯定与鼓励，

成为茹克耶姆追梦路上最大的动力,她不仅要成为一名人民教师,更要成为像古丽加汗学长一样的"四有"好老师。2019年,茹克耶姆特意去新疆叶城县拜访古丽加汗,学长的激励令她更加坚定了自己的理想信念。

茹克耶姆深知未来要成为一名好教师,不仅要学好专业知识,更要在实践过程中不断完善自我。她努力加入北京师范大学白鸽基础教育中心,报名暑期实践活动,先后去青海省朔山中学、新疆额敏县第二中学、新疆阿克陶县红柳中学实习实践,锻炼自己的教学技能,提高教师职业素养。此外,她积极参加北京市生物知识竞赛并获得佳绩。

她把古丽加汗的话牢牢记在心里:"我将在党和人民最需要的地方书写青春故事,帮助更多的孩子走出去实现梦想,走回来建设家乡。"这样的信念促使茹克耶姆在毕业时放弃了乌鲁木齐的工作机会,坚定地选择了回到南疆从教,把北京师范大学的教育理念带回给家乡的孩子们。

三、扎根成长,在南疆边陲播撒希望

2020年毕业后,茹克耶姆在新疆喀什市东城第六初级中学任教。因为学校的教学需求,她被分配到英语组。英语和生物教学方式有着一定差异,为了能尽快适应并教好英语,她常常观看网络上优质的教学视频,并虚心向学校其他有经验、有方法的教师请教,不断提高自己的英语教学水平。学生基础薄弱,为了激发孩子们的学习兴趣,茹克耶姆平时注重培优帮困,主动教授有趣的英文儿歌,带领学生到室外做活动,在游戏中学习。就这样,学生慢慢地开始对英语萌发兴趣,成绩一步步地提高,茹克耶姆也被学生称作"会唱歌的英语教师"。

因为工作态度积极上进,茹克耶姆不仅带着三个班的英语课、一个校级英语社团,担任一个班的副班主任,还在学校党政办负责学校党建工作。教学的同时,茹克耶姆认真学习党的各项教育方针和政策,提高思想觉悟,给思想补钙壮骨。教学教研比赛、建党100周年演讲比赛,都有她奋发踔厉的身影。工作态度踏实的她在这些比赛中斩获了佳绩,学校的同事给予了她高度的认可。

基层的工作有着难言的苦楚,但是每当看到办公室墙上"为党育人,为国育才"这八个字时,她都深感自己肩负着党和国家赋予的崇高使命,不敢懈怠。她把总书记《做党和人民满意的好老师》这篇讲话放在案头,每每遇到困惑、心生倦怠、自我满足之时都会拿出来读一读,不断从中汲取继续前行的勇气和力量。

在喀什从教的经历让茹克耶姆深刻体会到,勇于追梦的青春是最幸福、最充实的,甘于奉献的青春是最美好、最难忘的。茹克耶姆回顾自己的成长经历时总说是母校给了她追求卓越的自信和勇气,也是母校让她深谙"不做教书匠,要做未来教育家"这句格言的真谛。在入选2020年"四有"好老师启航计划之后,茹克耶姆对这个身份深感骄傲和感激。她感谢学校为毕业生们提供了挥洒青春热血的成长平台并在广大学子的成长成才路上保驾护航。

结　语

变化的是岁月,不变的是初心。作为一名人民教师,茹克耶姆始终铭记并践行着"学为人师,行为世范"的校训,做学生们为学、为事、为人的示范,当好学生们的引路人。她带着习近平总书记的殷切嘱托,怀揣着远大抱负,扎根在边疆基层做好服务,在祖国最需要的地方绽放青春光彩,激励更多优秀的人实现自己的梦想和价值!

（北京高校大学生就业创业指导中心供稿）

闪亮的日子

天津

脚下沾满泥土，心中沉淀真情
——南开大学于志强事迹

于志强，1988年6月出生，2018年6月毕业于南开大学经济学院产业经济学专业，获经济学博士学位，同年7月成为广西2018年定向选调生，先后经历广西崇左市发展和改革委员会、中国（广西）自由贸易试验区崇左片区、广西崇左市扶绥县山圩镇等多部门、多岗位锻炼，现任广西崇左市扶绥县柳桥镇党委副书记、镇长。参加工作以来，无论在什么工作岗位，他都勇挑重担、敢于担当、踔厉奋发、奋楫争先，始终关注民生、关心群众，诚心诚意为民办实事、办好事，切实维护人民群众根本利益。

"始终要把人民放在心中最高的位置，始终全心全意为人民服务，始终为人民利益和幸福而努力工作。"这是于志强同志工作的真实写照。

家国情怀，力量深沉

求学时，他一直将"为中华之崛起而读书"奉为座右铭，激励自己努力学习、奋发向上。尤其在攻读博士学位期间，受"允公允能、日新月异"校训熏陶，"爱国三问"（你是中国人吗？你爱中国吗？你愿意中国好吗？）时常让他热血沸腾，周恩来、于方舟、杨石先等优秀校友的爱国事迹总让他心生敬佩，家国情怀的种子逐渐深埋在他内心。因此，博士毕业时，他遵从内心家国情怀的指引，放弃留在一线城市工作和生活的机会，选择到祖国和人民最需要的地方去。在众多选择中，他认为，广西是地理上的南部、政策上的西部，属于老少边穷地区，发展任务十分艰巨，人才技术十分稀缺，选择去南方、进八桂再合适不过了。

不负韶华，只争朝夕

"知中国，服务中国"，南开大学的传统印证在他的实践之中。2019年10月，他放弃市直部门优越的工作环境，主动向组织申请下基层。经组织安排，他挂任崇左市扶绥县山圩镇党委副书记。挂职伊始没有过渡期和适应期，他随即深入村屯、园区走访调研，总结发现山圩镇是特色小镇、木业大镇、经济强镇、工业重镇，承担着农业和工业同步发展的重任，特别需要基础设施、公共服务等方面的项目包装和资金申请。发现问题后，他充分利用在市发改委工作的经验优势，通过实地调研、座谈研讨征集项目需求、推进项目包装，仅用1个月时间就完成了山圩镇项目储备库的建立，库内项目30余个，涉及资金约15亿元。为了提高项目申报成功率，他积极沟通上级发改、住建、农业农村等部门，频繁往返市、县、镇之间，经过持续努力，完成一批重点项目的相关前期工作以及申请纳入重大项目库、"十四五"规划等重要盘子，并成功申请、建成山圩镇城镇道路提升工程项目、山圩镇中心小学节能绿色化改造示范项目等一批项目。

在一年多的挂职时间里,他先后争取项目资金约1000万元用于基础设施、公共服务建设和产业发展。特别是在崇左市发改委和山圩镇党委、政府的大力支持下,高质量完成山圩镇城镇道路提升工程项目建设,切实解决了山圩镇群众长期反映的集镇主干道破烂、坑洼、拥堵等难题,真正将道路建设成为人民群众满意的良心工程。

挂职期间,他惜时如金、奋发如木,坚持白天奔走调研、晚上归纳总结,就乡村振兴、农业现代化、园区建设等方面撰写了一系列调研报告,并在市级期刊、国家级网络媒体上发表,真正起到了理论指导实践、实践提升理论的良好作用。尤其在园区发展调研中,他在用工、用地、资金等生产要素上所提的建议切实在园区提质增效的发展过程中起到了有效"智囊团"的作用。

守土有责,守土尽责

"为百姓谋福利,与基层共成长"是他工作信心的来源。2021年面临挂职期将满,组织询问他是否选择留任基层时,他这样说道:"感谢组织让我既闻到了泥土的清香,又尝到了收获的甘甜,如果可以,我想继续用我所学造福一方群众、推动一方发展。"初心如磐、奋楫笃行,同年7月,他高票当选柳桥镇人民政府镇长,继续为地方发展贡献力量。

上任之后,如何统筹推进全镇经济社会发展和疫情防控工作,成了他夜以继日工作的动力。柳桥镇位于扶绥县西南部,地理位置优越、交通便利、民族团结,境内土地资源丰富、水生态环境优美,但是在资源环境保护上也面临较大压力。

在水资源保护上:流经柳桥境内有3条河流,镇域有8座水库,池塘山塘近百个,在河岸两边时有乱搭、乱建、乱采、乱占("四乱")等违法行为。为了遏制增量,他制定巡视巡查制度,广泛开展普法宣传教育,让群众知法、懂法、不违法,将问题消灭在源头、消除在开始;为了整治存量,他既关注民生,又锁定成效,强力推进整改,及时有效消除违法状态。尤其在发现辖区内弄攀水库"四乱"违法行为存在已久时,他不顾事情盘根错节、错综复杂,不顾整改难度巨大、时间长久,毅然决然强力推进、铁腕整改,频繁带队入户发放整改通知书、进行思想动员,特别是坚持站在民生角度与违法主体就水库周边养猪、建房、搭棚等违法行为如何更好地整改进行频繁沟通、频繁协商。经过3个月的持续攻坚,终于在违法主体和周边群众的积极帮助下,在全镇干群和县直相关部门的合力推进下,一举解决了多年来都未解决的弄攀水库"四乱"整治难题,为全镇水资源保护提供了坚实基础,为全县水资源保护提供了"柳桥样本"。

在耕地保护上:他坚定站在保护18亿亩耕地红线角度,坚持整改存量、防止增量举措,全力配合上级部门开展土地卫片执法工作,对乱占耕地搭建厂房、生产线、宿舍楼等违法行为,在争取违法主体最大理解的前提下,采取"零容忍"态度坚决推进整改,仅2021年度就完成整改图斑百余宗,整改面积近1500亩,进一步规范了全镇产业发展秩序,为全县卫片整改提供了"柳桥经验"。同时,他从保护蔗糖战略资源角度出发,持续开展打击非法占用"双高"基地种植香蕉、桉树等专项整治行动,频繁入户帮助农户算"明白账"、晓之以理、动之以情地消除群众思想顾虑、协调解决整改难题、寻找最优整改合力。经过努力,全镇完成糖料蔗生产保护区整治面积达1500亩,进一步巩固了"蕉改蔗""桉改蔗"整治氛围,稳定了全镇甘蔗种植面积。尤为重要的是,为了遏制耕地"非农化"、防止耕地"非粮化",他通过分组包片建立巡视巡查制度,及时发现和甄别没有合法用地手续建厂、农村乱占耕地建房、"双高"基地改种非甘蔗作物等违法行为,真正将问题消除在萌芽状态,将困难解决在起步阶段。

在疫情防控上:自2020年新冠肺炎疫情暴发以来,他始终坚守岗位、冲锋在前,没有双休日、节假日,全力以赴奔赴一线抗击疫情,他已经第三个年头没有回家了。尤其是到柳桥镇工作之后,"白+黑""5+2"是他工作的常态——白天进村入户、晚上总结研讨,一刻不停歇、一分不懈怠地推进疫情防控工作。特别是在对外两个卡站和对内两个卡站值班值守上,他持续排兵布阵、坚持改善提升,确保一人不漏、严防死守,真正让对外两个"大门"和对内两个"家门"成为全镇干群健康稳定生产生活的安全屏障,为全县疫情防控持续作出柳桥贡献、提供柳桥模式。2021年,柳桥镇党委、政府荣获崇左市"疫情防控先进集体"荣誉称号,是该县唯一获此殊荣的乡镇。

(天津市大中专学校就业信息服务中心供稿)

奉献基层,青春以这段岁月为证

——天津理工大学沙日娜事迹

沙日娜,女,蒙古族,中共党员,内蒙古鄂尔多斯人;2019 年 7 月毕业于天津理工大学,参加西部计划;2019 年 8 月—2020 年 8 月服务于新疆生产建设兵团第一师六团党政办,担任志愿者团支部书记;2020 年 9 月—2021 年 7 月服务于第一师四团党建办(团委),担任志愿者团支部书记;2021 年 7 月至今服务于第一师党委宣传部。

初见沙日娜,可能第一眼就会被她身上的那种"帅气"所吸引。相处时间长了,就会发现无论发型和衣着如何改变,她的身上总带着一股子军人特有的"倔"——对自己严格苛刻,对工作认真负责,对老人、孩子却是和蔼可亲。

大学毕业时,她放弃了一线城市的高薪工作。

朋友不解地问:"去哪里?"

她说:"新疆。"

"做什么?"

"不知道。"

沉默良久,她又补充一句:"做能做的事情。"

她始终不忘初心,积极投身于基层青年工作,践行着出征前的那句铮铮誓言:"到西部去,到基层去,到祖国最需要的地方去。"

人在哪里,志愿服务就到哪里

"工作岗位上是忙碌的,即使再忙碌,我也记得自己来兵团是为什么。我不是游客,更不是过客,我想倾尽我所有,尽我所能,真正地为兵团做一些事情,哪怕很微小,哪怕很简单。"沙日娜说。

在六团时,沙日娜带领志愿者上门拜访山东女兵军垦、上海知青,耐心倾听他们平凡而又伟大的人生经历;在温暖包活动中结识了少数民族学生古丽(代称)。古丽很羞涩,不敢上前讲话却痴痴地看着新衣服,穿上新棉衣,她很开心,悄悄地告诉沙日娜:"我很久没穿新衣服了,谢谢姐姐。"沙日娜这才注意到她脱下的外套是男孩子样式的,大概是哥哥"退休"下来的,得知她家有四个兄弟姐妹,家庭生活拮据,沙日娜联系到古丽的班主任,为他们承担了一些学杂费。沙日娜在调离六团后依然和古丽一家保持联系,送冬衣,送文具,力所能及地帮助他们。如果说温暖包活动让沙日娜走进了孩子,那喀拉塔勒镇的关爱青少年活动则让她爱上了这些淳朴的孩子。为了这个活动,沙日娜组织志愿者向社会各界发出号召,源源不断的物资从四面八方邮寄而来,为了确保物资的干净整洁,志愿者们在烈日下对物资进行挑选、消毒、曝晒,最后整理装箱。看着孩子们拿着课外书、画笔、玩具爱不释手,"哥哥""姐姐"叫个不停,小伙伴们给女孩扎着辫子,而身后的奶奶擦着眼泪时,沙日娜感觉再累也是值得的。这次活动中小伙伴们"嘲笑"沙日娜像个絮絮叨叨的大妈,总是跟孩子们说:"要好好学习,更要学好汉语,出去看看外面的世界,回来建设家乡。"

2020年春节新冠肺炎疫情在武汉暴发期间,许多朋友突然接到了沙日娜的微信,点进链接,内容是为武汉市中心医院医护人员筹集医用润肤霜。就这样,在沙日娜的联系下,逐渐凑齐了200多瓶医用润肤霜,并以最快的速度联系电商平台发往医院。而当时沙日娜已经在小区门口坚守了一周。疫情一暴发,她就主动找到组织参加疫情防控,每天为进出小区的居民测量体温,登记人员信息,为有需要的居民买菜送饭……

2020年6月,沙日娜主动要求到更艰苦的地方去——第一师四团(边境团场,四类地区)。在四团服务期间,她结识了一位残疾孤寡老人,并带领志愿者在老人生日时送去生日蛋糕和生活用品;她还带领西部计划志愿者为四团十二连少数民族学生筹集近3万元捐赠物资,在托木尔峰下唱响一曲民族团结之歌。

在宣传部服务期间,她在社区服务过程中了解到一位因车祸高位截瘫的年轻人,便委托社区书记为其带去她自费购买的食品;后在春节前又送去春节祝福和米面,并带去了《习近平与大学生朋友们》《习近平的七年知青岁月》两本书。在看到破旧的平房、单薄的被褥后,她回去立刻准备了一床厚实的被子和干净的被套送去。

在兵团留下青春足迹

身为运动员的她,青春岁月都是在训练场和赛场上的摸爬滚打中度过的,也从不缺乏游历祖国大好河山的机会。但兵团留下了她20岁最后的青春年华,她对兵团的一切事物都充满着好奇,拉线修边、采摘棉花、种苹果树、冬训,甚至打靶,都是她从未接触过的新奇体验和劳动。

沙日娜说,她是向往"兵"的,在兵团体验到了兵的属性。当摸到装有子弹的真枪时,她激动得说不出话来,就会傻乎乎地笑——青春的又一个愿望实现了。而她也明白那沉甸甸的枪支诠释了兵团人守土有责、守土尽责的伟大历史使命。

新疆出现新冠肺炎疫情的时候,她虽然没有和大多数的志愿者一起下沉到社区中,但是一样在后方为疫情防控提供物资保障。有一天,她收到了近百公斤的八四原液,做好入库登记后,便通知连队来领取。虽然全程戴着口罩,但等到物资发放结束后,她依然被刺鼻的消毒液熏得头昏脑涨。有人跟她说:"累了就歇会儿。"她说:"没事,尽快发放完,确保消杀工作顺利进行,我们也放心呀。"

她经常说,她与她的偶像们差距还很大。她喜欢优美的诗句,经常吟诵毛主席的经典诗词;她热爱自己的排球事业,如果有偶像魏秋月的比赛,她一定会目不转睛;她喜欢访谈类节目,经常为主持人的精彩表现而动容……她不断从偶像的身上汲取正能量,学习他们为人处世、待人接物的方式,又从实际情况出发,在日常工作和生活中践行着自己的初心使命。

从东部沿海到西北戈壁,从排球运动员到兵团西部计划志愿者,沙日娜的身上展现了当代青年应有的责任感和使命感,她真正将自己的理想融进了祖国边疆的发展之中,将个人的理想信念融入国家的发展中,勇担时代重任,在祖国和人民最需要的地方绽放青春!

(天津市大中专学校就业信息服务中心供稿)

青春当如是,灼灼芳华绽基层

——天津职业技术师范大学王芳事迹

王芳,女,汉族,甘肃白银人,中共党员,1993年2月出生,2017年毕业于天津职业技术师范大学电子工程学院。作为新时代的有志青年,她一直认为应该积极投身到祖国的边疆建设中,到祖国最需要的地方去建功立业。毕业后,几经周转,在辅导员陈云涛老师的帮助下,她得知了新疆和田在天津招录基层公务员的消息,便毫不犹豫报了名,向招录组表明自己奉献基层的态度和决心,最终,她顺利踏入了南疆大地。

一、以青春之名,赴南疆之约

"当飞机在天山上空滑过时,我的心也随之奔向那遥远而神秘的地方。"——王芳如是说。当飞机飞往新疆和田时,这个白银女孩心里充满了憧憬、期待,当然,也有些许的不安:迎接她的又会是什么呢?

"第一次离家这么远,差不多有3000多公里,爸爸妈妈也很不放心,但是他们看我态度很坚定,也都非常支持我。我的信念很坚定,既然选择了新疆,选择了基层工作,我就要努力在这片土地上扎根生长。"2018年11月,她只身飞往新疆和田地区。经过了三个月的党校入职培训,她顺利结业并被分配到了皮山县皮西那乡。自此,她成为一名奉献基层的人民公仆。

王芳所在的皮西那乡位于塔克拉玛干沙漠西南边缘的一个小绿洲里,四周被沙漠包围,自然环境非常恶劣。在这里有的是一眼望不到头的沙漠,有的是漫天飞舞的狂暴风沙,停水停电更是家常便饭,以往从未见过跳蚤的她在这里也饱尝了跳蚤的"滋味"。尽管对于生活条件的艰苦她前期已经有过心理准备,但是依然被打得措手不及。不过,她说:"生活条件的艰苦不算什么,这里的村民们也在经历着同样的事情,我们现在是'同甘共苦'了。在这里最大的困难是语言上的障碍,因为绝大多数的村民和村干部都不懂汉语。"语言障碍让他们交流起来非常不方便,同时,她在工作中也遇到了很多其他困难,但是这一切都没有难倒这个坚韧的姑娘。随着时间的推移,她在这片热土上已经生活了三年多。在这里,有过坎坷、有过心酸,但是更多的是感动,这也让她更加坚定了当初的选择,努力奋斗和无私奉献在这片土地上,熠熠生辉。

二、芳华初绽,奋勇前行

2019年4月,群众布麦尔依木·阿卜杜艾尼被确诊为线粒体脑肌病,疾病的折磨使布麦尔依木听力严重下降、视力变差,全身肌肉无力,行走困难,而布麦尔依木的父亲患有慢性病,家里也曾是建档立卡贫困户,生活十分艰难。布麦尔依木的身体状况和家庭情况受

对接,协调帮扶尼雅镇的工作,我再次申请下村开展调研。

基层听建议,查实民情:到农村、入学校、进农户,听"四老"人员建议、代表委员献策、困难群众诉苦,根据群众所思所盼所难,理清帮扶之路、谋实振兴之策。

社会公开议,集实民智:坚持对口帮扶资金使用与乡村振兴统筹推动,深入开展帮扶资金使用建言献策活动,畅通民意反映渠道,鼓励各族群众积极建言、踊跃献策,将有价值的意见、建议对接有关部门研究,纳入支援方案中。

各方齐评议,落实民意:在方案报支援单位审核的同时,采取发函、走访、座谈、论证等多种方式,征求实施单位、基层组织、联系领导、党代表、人大代表、政协委员、老干部、党外人士、群众代表等各方的意见,使项目更加体现上情、符合实情、贴近民情。申请天津市宝坻区朝阳街道 19 万元的乡村振兴项目,用于尼雅镇乡村振兴发展,体现了一个天津志愿者"奉献、友爱、互助、进步"的志愿精神。

赓续前辈信念,追寻一家亲的光

2021 年,我来到民丰县委组织部继续开展志愿工作,开始了我与叶亦克乡阿依塔克村阿卜杜塞拜尔一家的故事。阿卜杜塞拜尔属于留守儿童,和外婆相依为命,其父母常年在外。得知情况后,我常去走访,了解他们、关心他们,为其宣传党的各项惠民政策,讲解疫情防控知识,帮助他们了解最新的养老、医疗保险政策,修羊圈、收麦子、教汉语,真正把铸牢中华民族共同体意识体现在了民族团结一家亲上,拉近了党群干群关系,布威海丽且木外婆还经常问我她能不能申请成为一名党员,说也要像我一样帮助其他人。在传统节日时,我与他们一起包饺子、吃汤圆、看春晚、放烟花,做好每一件小事,切实将自己融入他们家里,成为了这个家中的一员。虽然语言不通,但是感情不会骗人,经过日复一日的朝夕相处,我实打实地赢得了"亲戚"的真心,阿卜杜塞拜尔每次见到外人总会感动地说:"这是我的汉族亲姐姐,我们之间的关系'倍儿棒'。"

衔接东西两地,传承志愿者的情

又是一年志愿期满,遥想当初的我,回顾如今的我,胡杨精神早已根植心中,在这建功新疆的两年,我不断充实着自己的理想,感受着"付出就有收获"的快乐,有作为领队去和田接新一批志愿者的自豪,有组织守护母亲河活动的担当,有协调第三届民丰县少代会的责任,有主持民丰县社会面青年汉语大赛的使命,有参加和田地区"青马工程"的职守,有以主播身份参加团团巴扎直播"中国青年年货节·民丰县专场"的仔肩,有以总协调人身份开展民丰县寒假全托班的义务,有开展五四·每周六"红领巾小课堂"的重任,有撰写的信息登上《和田日报》的喜悦,有以植树发起人的身份为土地荒漠化增添一抹绿色的付出,有荣登西部计划全疆宣传片的兴奋,有获得和田地区五四青年奖章的骄傲。回首走过的每一天,有汗水、有泪水、有艰辛、有苦涩，但更多的是成长成熟和被认可被肯定带给我的获得感，是"吾心安处是吾乡"的归属感，是青春圆梦的成就感！

奉行志愿精神，延续昆仑山的志

"修身以俟死，言行无悔尤。"工作以来，很多人都会问我："为什么要从天津到新疆来当志愿者？"其实，除了"值得"二字，没有更好的回答。我对志愿服务有一个属于自己的解读：务实、踏实、坚持、坚定。刚刚离开校园，投入志愿服务工作，当满怀的信心和骨感的现实碰撞后，当预期与实际工作不符合时，不失望、不气馁、摆正位置，认真思考"这里需要什么""我能做什么"，这是务实；当日复一日干着繁杂而琐碎的工作却没有显著收获时，不抱怨、不急躁，告诉自己：没有谁能一口气吃成一个胖子，把小事做好、做精，才能干别的大事，这是踏实；当工作中遇到学生时代从未遇到过的挑战时，不慌乱、不泄气，懂得成长是需要磨炼、需要时间的，这是坚持；当对志愿服务失去之前的那份热度时，不懊恼、不悔恨，停下来，想想成为志愿者的初心，这是坚定。在点滴中聚集力量，在平凡中铸就崇高，是我对志愿服务精神"奉献、友爱、互助、进步"和母校校训"至诚致力、卓异卓越"的最朴实、最真诚的实践。

在今后的工作中，我将一如既往、尽己所能、不计报酬、帮助他人、服务社会，传播先进文化，像胡杨一样默默积蓄能量，迎接每次绽放的荣光，在祖国西部无怨无悔地践行志愿服务精神，在民丰筑梦、追梦、圆梦！

（天津市大中专学校就业信息服务中心供稿）

到西部去，在兵团留下青春的印记

——天津外国语大学滨海外事学院刘春成事迹

　　2019 年 8 月，刘春成响应国家号召"到西部去，到基层去，到祖国最需要的地方去"，主动报名参加大学生志愿服务西部计划，踏上了向西部出发、实现青春梦想的列车。从那一刻起，他便以耐心细致的工作、坚毅的品质以及扎根兵团、奉献兵团的决心，不断感动和激励大家，展现出新时代中国青年的风貌和榜样力量。在两年多的志愿服务中，他植根基层沃土，在乡村振兴等基层一线始终坚定制度自信，用青春浇灌石榴树，扎根在基层，成长在基层。他在志愿服务中书写无悔青春，将青春根植在这片拥有不屈生命力的土地上，迸发出深沉而隽永的时代交响曲。他曾荣获共青团第一师阿拉尔市委员会 2019 年度"师市优秀共青团员"荣誉称号；曾连续两年获评大学生志愿服务西部计划优秀志愿者；2021 年 12 月荣获第十三届中国青年志愿者优秀个人奖。

　　刚刚踏入兵团，让刘春成没想到的是，他被分配到了兵团第一师阿拉尔市托喀依乡海勒克库都克村——南疆兵团为数不多的少数民族聚居村，可以想象，他当时不仅面临着繁杂的基层事务，而且还要面临语言不通、饮食不习惯等种种困难。若似月轮终皎洁，不辞冰雪为卿热。刘春成的具体工作主要是负责配合兵团团委驻村"访惠聚"工作队开展基层社会管理工作。2020 年初，面对突如其来的新冠肺炎疫情，在驻村"访惠聚"工作队的带领下，刘春成全身心地投入到村队紧张的疫情防控工作中去，在基层第一线守护着自己的家园，守护着海勒克库都克村的每一户村民，不知疲倦地一次次一趟趟一回回为村民送物资、买药品、收垃圾。2020 年 7 月，一年的志愿服务期满，刘春成没有选择回家乡，而是毅然决定参加第二年的志愿服务，因为他觉得还有好多工作未完成，他用实际行动矢志不渝地践行着"祖国需要处皆是我故乡"的铮铮誓言。2021 年 8 月，刘春成再次选择继续开展第三年的志愿服务，按照组织的安排，在第一师阿拉尔市托喀依乡党建办服务。新的征程，新的起点，新的岗位，他继续将青春之花绽放在天山南麓和塔河两岸。

刘春成说："我最喜欢艾青说过的一段话：'为什么我的眼里常含泪水，因为我对这土地爱得深沉。'不知道从什么时候开始，自己喜欢上了脚下这片富饶而又美丽的土地，舍不得离开。这不仅仅是因为在这里认识了很多朋友，深受兵团精神、胡杨精神、老兵精神、三五九旅精神的洗礼，更重要的是这里还有自己喜欢的事业。"

驻村工作期间，刘春成积极向"访惠聚"工作队建言献策，通过入户走访了解到村民晚上出行不方便，便及时向工作队反映情况，工作队经摸查研究投入 20 万元为村里安装了42 盏路灯，解决了困扰村民多年的顽疾。

刘春成还协助"访惠聚"工作队争取各方力量支持，开展助学"爱心包"捐赠活动，资助家庭困难学生。将兵团团委筹集的 20 套温暖包递到孩子手中，给村队的孩子换上新棉袄、围上新围巾，让孩子冬天不再寒冷。积极宣传党的惠民政策，把党的恩情真真切切地传给老百姓。村民阿合尼亚孜·麦提尼亚孜没有固定工作，工作队副队长苏效杰带着刘春成想方设法帮他找到工作，平时还帮忙辅导他的孩子学习，关心了解孩子的学习情况，切切实实解决了阿合尼亚孜·麦提尼亚孜的家庭困难，用真心换来了村民的真情。

刘春成积极争做新时代维护民族团结的宣传者、践行者、推动者。他曾服务的村队是一个少数民族村队，在志愿服务中他始终把民族团结当成首要工作，积极树牢民族团结意识，铸牢中华民族共同体意识，增强对伟大祖国、中华民族、中华文化、中国共产党、中国特色社会主义的高度认同，促进各民族交往交流交融，使各民族像石榴籽一样紧紧团结在一起。

刘春成积极协助驻村"访惠聚"工作队根据村队实际大力发展庭院经济，促进村民创富增收；制定村队 2020 年的工作目标：主要在提质增效上发力，加大对庭院经济资源的多元开发力度，从村队老百姓庭院经济上着手，有组织有计划地打造五队庭院葡萄架、养殖、果树、大棚蔬菜等项目，从而达到科学规划、循环利用、持续发展的效果，有效增加老百姓的收入。经过多方联系，他协调到阿克苏市蔬菜苗育苗户来到村队进行蔬菜苗的配送，为老百姓点对点服务。

刘春成还积极投身人居环境整治行动，助力村队环境面貌改善。协助驻村"访惠聚"工作队拟定村规民约，开办"爱心超市"，制定实施爱心超市积分评定办法，将村容户貌整治、公序良俗引导、发展庭院经济、鼓励多元增收等工作与爱心超市的运行结合起来，通过新风良俗攒积分，共建文明新风尚。

除此之外,刘春成还积极开办暑期假日学校,邀请八团中学的老师为孩子们辅导功课,讲授中华传统文化,提高孩子们的汉语能力;根据村民反映的手机信号差的问题,协助驻村"访惠聚"工作队协调铁塔公司修建信号塔,大大改善了村队的信号条件;协助驻村"访惠聚"工作队发放暖心煤、为困难村民打扫庭院、摘取棉花;为维吾尔族村民帕丽丹·马木提举办新式婚礼。一桩桩、一件件实事积累出浓浓的情谊,刘春成真真切切把"石榴果实"结在塔里木河河畔,结在了海勒克库都克村村民的心里。

在托喀依乡党建办志愿服务期间,刘春成积极参与到党建办的日常工作中来,完成了2021年各村"两委"换届指导工作、协助做好对相关党员的排查工作,协助做好对换届村"两委"干部及各村后备人才的培训工作,协助团委书记做好对新一届志愿服务西部计划的大学生的保障及服务工作,协助做好对各村2021年度工作的考核等多项重点工作。2021年7月28日晚8时40分,塔里木河S10段上段来水达到每秒1470立方米,洪峰过后,部分土质堤坝垮塌,河水满溢至托喀依乡纳格热哈纳村的棉田,人民群众的生命财产安全受到了威胁,刘春成及时响应乡党委的号召,参与到抗洪的队伍中,不分昼夜,冲锋在前。

西部计划是青春的代言词。刘春成为自己有这个锻炼机会而感到欣慰,更为自己有这段经历而感到自豪。在兵团服务的两年多时间里,他真正懂得了"访惠聚"这三个字——访民情、惠民生、聚民心,体会到了驻村战友间的互帮互助,体会到了维吾尔族村民的淳朴,体会到了从事党建工作的酸甜苦辣,也真正懂得了"奉献、友爱、互助、进步"的志愿精神。他积极响应"到祖国最需要的地方去"的号召,全身心投入到助力乡村振兴和乡风文明建设中。他时常把在兵团的所见所闻分享给家乡的朋友,鼓励他们也来兵团发展。他说,自己想让大家知道,新疆不是贫瘠与落后的代名词,而是一个富饶、神奇而美丽的地方,更是一个让人看一眼就永远也忘不了的地方。

从"万里长江第一城"四川宜宾到"渤海之滨、海河之畔"的天津,再到祖国边陲新疆,刘春成走过的路途越来越远,但他的脚步却越来越坚定。

"我觉得,人生总要一步步走,每一步都会有不同的惊喜。一路走来,我从未后悔过自己的选择。我会加倍努力学习,踏实工作,奋勇拼搏,发扬奉献、友爱、互助、进步的志愿精神,为兵团建设贡献自己微薄的力量,用奋斗实现青春的誓言。"刘春成说。矢志不渝,建功西部,他一定会牢记习近平总书记的殷殷嘱托,把个人理想追求融入党和国家事业当中,为党、为祖国、为人民多作贡献,在大美的新疆、壮丽的兵团,为第二故乡托喀依乡贡献他的青春力量。

(天津市大中专学校就业信息服务中心供稿)

闪亮的日子

河北

选择阿里，不负韶华

——河北中医学院刘建忠事迹

刘建忠，男，汉族，山西省方山县人，2019 年毕业于河北中医学院中医学专业。在校期间，刘建忠严格要求自己，学习成绩优异，工作能力突出。他谨记校训"博学求源、厚德济世"，将"到国家需要的地方建功立业"作为自己的人生信条。

一、倾注一腔热血，践行人生价值

河北中医学院始终积极引导毕业生树立正确的就业观，鼓励选择西部、选择基层，培养了一大批远赴祖国边疆基层就业的优秀毕业生。近三年就有 26 名毕业生奔赴西藏就业，是河北省高校当中人数最多的。2019 年，毕业生刘建忠就是其中一员，毕业后的他积极响应国家号召，怀着到基层服务的理想抱负，奔赴祖国边疆西藏阿里，深入基层一线，用实际行动践行初心使命，目前就职于西藏阿里地区人民医院。

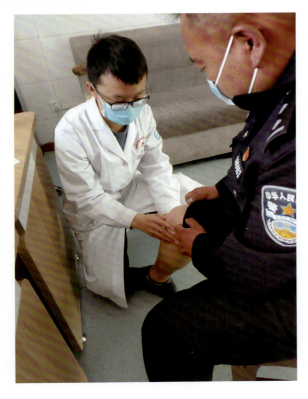

刘建忠有着扎实的理论基础和实践能力，参加工作初期很快便融入了医院的工作氛围。工作中，他切实做到以病人为中心，认真负责，兢兢业业，工作严谨高效，在岗位上表现突出，得到了患者家属及医院领导的一致认可，荣获西藏阿里地区人民医院"2020年度最美医师奖"荣誉称号。

党的十八大以来，习近平总书记多次到高校考察并与师生座谈，还多次给青年学生、大学毕业生和志愿者回信，对广大青年学子提出了殷切的期望，从"扣好人生第一粒扣子"到"青年强则国家强"，习近平总书记一次次对广大青年学子进行鼓励、鞭策和激励。他指出，新时代是年轻人的时代，当代青年一代是与新时代同行的一代，要把中华民族伟大复兴的历史责任担在肩上，寄语青年人忠于祖国不负时代，勉励青年人在中华民族伟大复兴中放飞青春梦想。

二、点滴显露真情，责任重于泰山

2020年初，新冠肺炎疫情席卷而来，刘建忠主动请缨参加抗疫任务，大年初三立即投入到西藏阿里地区昆莎机场体温检测站疫情防控工作当中。凌晨6点的阿里还是黑漆漆一片，由于出发比较早，也没有其他交通工具，他顶着冬季的严寒，在零下二十多度的天气连续三个多月每天骑着电瓶车前往医院与同事会合，从医院到机场还要一个小时的车程，厚厚的防护服无法与零下二十多度的气温抗衡，他的手时常冻得生疼，但想到当时选择阿里的初衷、想到医务工作者的责任、想到打赢疫情防控阻击战的使命，他总是努力把工作做到极致，把危险杜绝在区外。在昆莎机场体温检测站工作期间，他顶着4500米海拔高度和超低温的严酷气候条件，坚持做到连续工作100多天没有休息，共检测2万人次，发放疫情防控宣传卡片1万余份，指导近1万名旅客填写西藏健康码，发放口罩1000余个，参与消毒100余次，先后护送100余人到地区人民医院发热门诊，往返机场到地区两地路途达1.2万余公里，每一天的坚持只为一线检测工作顺利、安全进行。由于长时间失眠，他眼球充血，眼部红肿疼痛严重，医院随即安排其他同事接替他的工作，但他仍连续100多天奋战在防疫第一线，以自身行动践行舍小家为大家的奉献精神，是新一代年轻人学习的榜样。2020年，他被授予"全国抗击新冠肺炎疫情先进个人"荣誉称号。

三、激情书写青春，风采镌刻征途

刘建忠怀着一颗平凡心，做了不平凡的事情。他按照自己的职业规划，朝着目标坚定向前。因为他一直坚信，无论准备收获什么，首要的就是一点一滴的耕耘。一旦选择了，就要坚持走好。"志不求易者成，事不避难者进。"基层是青年淬炼成长的试验场，是磨砺青春的理想国。实现中华民族伟大复兴的中国梦需要一代一代青年矢志奋斗，刘建忠生逢其时，肩负重任，他用自己的实际行动诠释了我们新一代青年的责任与担当，诠释了当代青年的理想信念与家国情怀，让青春之花绽放在祖国最需要的地方。我们相信，他会把握现在的珍贵时光，以一颗执着的平常心一步步走好脚下的路，绽放属于自己的光芒。

（河北省教育厅学生就业创业事务中心供稿）

丹心向祖国，芳华献边疆

——河北地质大学董文帆事迹

董文帆，男，汉族，湖北孝感人，中共党员，2021年6月毕业于河北地质大学艺术学院环境设计专业（其间：2016年9月—2018年9月服役于中国人民解放军中央军委机关事务管理总局综合训练大队），2021年7月于喀什地委党校学习培训，2021年11月任喀什地区泽普县依克苏乡人民政府一级科员、依克苏乡机关党支部委员、社会事务办公室宣传干部、亚尔布拉克村"两委"委员至今。他以党性为后盾，以政治责任感为动力，以"党性最强、作风最正、工作出色"为要求，为基层工作和党的事业做出了积极的贡献。

一、响应国家号召，到祖国最需要的地方去

董文帆同志政治思想觉悟高，自上大学时就加入河北地质大学青年志愿者协会，并多次组织、参加志愿者服务活动，如义务献血、到敬老院关心慰问老人、宣传预防艾滋病知识等。2016年正值南海危机，该同志积极响应国家的号召，到祖国最需要的地方去，选择暂停学业，申请休学保留学籍，参军入伍，成为了一名光荣的解放军战士，在军队工作刻苦认真，态度端正，表现突出，被授予"学习标兵"称号，并获得嘉奖。2021年5月，他通过喀什地委组织部的专项招录，来到祖国的西大门、中国版图最西部的城市——喀什，成为新疆建设事业中的一颗小小螺丝钉，牢牢扎根新疆，为新疆建设添砖加瓦，贡献出自己的一份力量。

二、服务保障老百姓，精心呵护包联户

为助力乡村振兴，董文帆同志严格落实包联户责任人主体职责，组织分配给他的包联

户为两户共 12 人的民族同志家庭，一户家里没有劳动力，一户家中有 5 个小孩，最大的 12 岁，最小的 7 岁，都还在念小学，因此包联户家庭生活压力很大。为了进一步充分了解所负责的包联户的家庭基本状况和所在村的基本情况，董文帆同志每周抽出 3 天时间到村开展工作，入户走访，因正是农忙时节，包联户外出农忙不在家，他只能到田间地头"面对面"摸底调查，确保能精确摸排劳动能力、就业情况、就业服务需求，然后逐一记录，认真核查，争取在最短的时间内做到对包联户"底数清、情况明"。在了解到包联户的困难诉求后，他带上慰问品在他能力范围内给予包联户帮助和关心关爱，了解包联户的思想动态，做好心理疏导工作。董文帆同志回忆走访工作的情景时说："有一次在田间地头走访了解包联户家庭情况时，发现一位母亲带着她最大的孩子(12 岁的小男孩)在地里劳作，小男孩光着脚，拿着铁锹给棉花地田埂间的核桃树松土除草，我心想小男孩是因为没鞋穿才光脚踩铁锹松土除草，就询问小男孩脚痛不痛，本以为小男孩会说痛，下回走访就给他买双鞋带过去，但是小男孩却说，'不痛，早已经习惯了'。当听到这 8 个字的简单回答是从一个本应该到处玩耍、无忧无虑的 12 岁小孩的嘴里说出来时，我大脑突然停顿了一下，顿时不知道说什么了，沉默在田间了，只能默默看着他，也看着她 7 岁的妹妹什么都不懂的样子却也拿着锄头在地里'搞破坏、帮倒忙'式锄地帮妈妈种棉花。此时明显有一种想帮却无能为力的感觉涌上心头，就算给予他们物质上的帮助也解决不了根本问题。而我现在最好的做法就是送给这群小孩子一些优秀的书籍，让他们通过书本获得知识，用知识改变命运。也正是通过这件事情让我从另外一个角度看到了这么小的孩子都在为美好生活而奋斗，在政府的领导下乡村振兴定会实现。"

三、力促大学生就业，打赢疫情防控攻坚战

一场突如其来的新冠肺炎疫情偷走的不只是青春，还有大学生的就业机会。董文帆同志作为 2021 年疫情期间的毕业生，深深地感受到疫情对刚踏入社会的大学生的就业问题影响是多么大。2022 年 3 月初，泽普县召开政治协商会议，董文帆同志被抽调成为本次政协会议第三讨论组的秘书，负责记录汇总各位代表提出的意见和建议，会后，汇总记录完各类意见、建议后，他更深感疫情下的大学生就业存在的问题。他认真仔细地将这些意见和建议单独突出整理成件上报领导，并且跟领导做出解释说明，强调大学生所面临的困境。最终，通过各位代表所提的意见和建议及上级领导的安排部署，在意见和建议提出后一个星期内，给毕业尚未就业的大学生举办了专项招聘会，提供了涉及公益性岗位、政策性岗位、各类企业等多种不同形式的就业岗位，促进了大学生就业。同时，董文帆同志在本单位领导的安排下认真统计核查本乡因疫情影响无法返校或实习的在校大学生的人数和情况，核查清楚后上报单位领导，在符合政策条件的情况下给予这类大学生关心关爱。

一直以来，董文帆同志耐心细致地做好各项工作，在历练中积累工作经验，从小事做起、从细节做起、从今天做起，苦干实干，不懈进取，受到了一致好评。他以坚定顽强的政治信念、求真务实的工作作风、全心全意为人民服务的观念、客观公道的处事原则、持之以恒的奉献精神，始终做到丹心向祖国，芳华献边疆，为祖国边疆的发展做出了自己的贡献。

（河北省教育厅学生就业创业事务中心供稿）

以笔尖书写时代华章，
用镜头见证家乡发展

——保定职业技术学院任新新事迹

任新新，男，汉族，河北蠡县人，中共党员，保定职业技术学院新闻采编与制作专业2017级学生，2020年6月毕业，现就职于保定市莲池区融媒体中心，主要负责莲池区学习强国供稿、莲池区新闻稿件撰写、魅力莲池区微信公众号和莲池融媒网站运营等工作。

"以笔尖书写时代华章，用镜头见证家乡发展"，这是任新新作为一名新时代新闻工作者孜孜不倦的追求。两年多来，他立足建设保定现代化品质生活之城的时代主题，唱响主旋律、弘扬正能量，多角度、宽视野宣传报道保定主城区莲池区的巨大变化，于2021年被评为保定市媒体好网民。

一、以青春筑梦未来，争做笃行致远追梦人

做一名有担当、有情怀、有作为的新闻工作者，是任新新为之奋斗的人生理想和奋斗目标。

（一）坚定理想，不负韶华

在填报高考志愿专业时，他选择了自己喜欢的新闻采编与制作专业。他深深懂得，要想做一名优秀的新闻工作者，首先就得专业过硬。大学期间，他始终保持积极向上的进取精神，认真学习理论，完善知识架构，积极参加实践，不断增长才干，2018年8月在中国报道网上发表过一篇文章，2019年1月荣获中国大学生广告艺术节学院奖佳作奖，到毕业时已经发表10多篇新闻作品。

（二）认真负责，全面发展

任新新性格开朗、为人诚恳，与人相处和睦融洽，师生情、同学谊深厚。他曾任班长、学生会主席、保定市学联副主席，连续两年担任学生助理辅导员，倾情服务学院师生，具备较强的组织协调能力。大学期间，成功策划编排军训汇报表演千人方阵花样队列，连续三年组织"新时代、新青年、新思想"宣讲大赛，先后被评为河北省优秀学生干部、河北省优秀毕业生、保定市优秀大学生标兵、保定市优秀共青团员、优秀学生助理辅导员。

（三）爱好广泛，活动积极

他是学校各种活动的积极分子，通过各种机会锻炼提升自己，先后获得2017—2018年保定市奕初杯啦啦操大赛个人二等奖，2017—2018河北省职业礼仪大赛团体二等奖、个人优秀奖等奖励。在校期间的丰富活动经历，为他从事新闻媒体工作奠定了坚实基础。

二、以奉献点燃激情，积极弘扬时代主旋律

青春因拼搏而精彩，青春因奉献而厚重。任新新非常清楚，选择了新闻媒体工作，就意味着奋斗、拼搏、奉献。

（一）围绕中心，服务大局

新闻宣传是经济社会发展的"助推器"。任新新围绕"品质莲池、幸福莲池"奋斗目标，讲述莲池好故事、传播莲池好声音、塑造莲池好形象，不断提升莲池影响力和美誉度。区委区政府的决策部署在哪儿、重点工作在哪儿，他的新闻宣传就紧跟到哪儿，从田间地头到项目园区，从老旧小区到城市角落，从学校医院到防疫一线，处处都有他拍照、摄像、采访的足迹，他用一个个城改拆迁感人事迹、一幅幅城市变化发展画面、一个个抗疫温暖瞬间，充分展现了莲池速度、莲池奇迹、莲池巨变。

（二）精心策划，精品频出

为了做好宣传工作，他精心策划了有关乡村振兴、园区建设、城市转型、古城保护、老旧小区改造等方面的有深度、有分量、有影响的主题报道。两年多来，先后在中央广播电视总台发表视频作品1篇，在各类媒体发表新闻作品136篇，其中《共产党员》杂志1篇、《河北日报》1篇、长城新媒体12篇，《保定日报》莲池新闻80篇、保定电视台公共频道42篇。特别是北京冬奥会期间，他采写了"冬奥日记"12篇系列文章，入选学习强国平台"冬奥中的保定贡献"专题作品集，目前他已在学习强国平台发表作品120篇，分别被学习强国总台、省台、市台选用。

（三）凝心聚力，攻坚克难

为庆祝中华人民共和国成立71周年，区委要求一周完成迎国庆"最美奋斗者"大型展览。任新新负责主导设计制作，在时间紧、任务重、压力大的情况下，他协调联系各方，收集梳理图文，在人员不足的情况下，从母校保定职业技术学院协调36名学弟学妹协力攻坚，做到了认真筛选每一幅图片，精心设计每一张版面，反复推敲每一版文字，经过七天七夜的连续奋战，如期制作完成了110张精美展板，圆满举办了深圳园"最美奋斗者"大型展览，充分展示了深圳园、乌马庄、老旧小区三个月取得的显著拆迁成效，生动再现了一个个最美奋斗者的动人故事，形象展示了全区上下勠力同心、攻坚克难、彻夜勤战的奋斗历程，进一步增强了感染力、凝聚力、战斗力。

三、以创新激发灵感，深入挖掘新闻闪光点

一篇优秀的新闻作品需要深入的调查研究、敏锐的捕捉能力、独到的思考见解、特殊的创作灵感。这是任新新两年工作的深切体会。

（一）践行"四力"，提升本领

深入研究和深刻把握新闻传播规律，不断创新方法手段，采取多样生动形式，展现最佳传播效果，是新时代新闻工作者的使命。任新新为了更好履行这一使命，注重在平常的工作中练脚力、长眼力、增脑力、强笔力，不断提升用小切口呈现大主题、用小故事反映大变化、用小视角折射大时代的能力和本领。

（二）创新思维，助力创建

任新新通过自己所学的新闻媒体专业知识，创建了莲池区"随手拍"网页，利用"魅力莲池区"微信公众号进行推送，通过市民随手拍摄不文明行为进行举报上传，引导广大市民讲文明、树新风，助力保定文明城市创建。

（三）挖掘特色，勇于发现

世界上并不是缺少美，而是缺少善于发现美的眼睛。2021年12月8日，任新新在朋友圈看到一条消息分享——他的大学老师李超制作的西大街建筑模型。出于职业敏锐性，他立足保定古城保护开发高度，选取独特宣传角度，先后制作了《指尖上的西大街》《拿起放大镜！看看这条"迷你"大街上都有啥？》等系列图文和视频，迅速被中央广播电视总台河北总站、《河北日报》、长城新媒体、学习强国平台选用，视频综合浏览量突破百万，宣传了西大街的历史文化，反映了保定的古城风貌。

四、以坚守扛起担当，甘当一线防疫"螺丝钉"

疫情就是命令，防控就是责任。实习期间，面对突如其来的新冠肺炎疫情，任新新闻令而动、逆行而上，在疫情大考中淬炼了青春、经受住了考验，充分展示了新时代大学生应有的风采。

（一）主动请缨，勇于担当

2020年1月，任新新刚到莲池区委宣传部实习仅一个月，恰好赶上疫情。作为一名预备党员，他讲政治、顾大局，坚决响应区委选派区直干部深入基层站点开展疫情防控的号召，主动申请做一名社区疫情防控志愿者。在数九严寒的天气里，他克服种种困难，认真负责做好体温测量、信息登记、防疫咨询、入户排查、引导宣传等工作，共答复疫情咨询800多次、入户排查1100多家、发放2300多份防疫宣传资料，尽心竭力完成了各项防控任务。

（二）坚忍执着，坚守一线

为了更好地做好联防联控工作，任新新主动联系爵士豪园小区物业，将自己的铺盖搬到物业值班室，主动肩负起夜间值守、站岗巡逻重任，与小区保安一起铸牢疫情防线，就像螺丝钉一样紧紧铆在抗疫一线，用执着和坚守诠释着00后的责任和担当，赢得了小区物业和居民们的一致赞许。他的事迹《莲池小伙任新新，甘做铆在防疫一线螺丝钉》，被《人民日报》客户端、中国报道网、中国唐尧网、网易新闻、搜狐新闻、今日头条等多家媒体平台报道。

（三）发挥特长，舆论引导

任新新还充分发挥专业所长，利用魅力莲池区和网信莲池两个微信公众平台，每天加班加点编辑疫情防控稿，共计发稿1100余篇，累计浏览量超百万。特别是在疫情防控出现新动态、新政策、新要求的时候，他经常凌晨从被窝里爬出来，争分夺秒编辑校对，第一时间发布最新情况，引导提醒群众做好自我防护，起到了良好的宣传引导作用。

新时代是奋斗者的时代，是追梦者的时代。作为新时代青年，任新新将始终以"青春是用来奋斗的"为座右铭，笃行而致远、唯实且励新，弘扬主旋律、奏响最强音、传播正能量，为保定建设现代化品质生活之城、打造"品质莲池、幸福莲池"贡献智慧和力量。

（河北省教育厅学生就业创业事务中心供稿）

矢志求学建设家乡，
奉献青春报效祖国
——燕山大学晁孝正事迹

晁孝正，男，1998年11月出生，燕山大学2021届电气工程及其自动化专业本科毕业生，现供职于国网青海省电力公司民和县供电公司。在任国网民和县供电公司团支部书记期间，他所在的团支部荣获国网青海省电力公司"五四红旗"团支部，其工作纪实新闻曾被人民网、中国科技网关注报道。

一、磨炼心智，方能翱翔

晁孝正来自青海省的一个原国家级贫困民族自治县，打他记事起，家里的农活就没断过，劈柴、放羊、年后施肥、春天耕种、夏天拔草、秋天收地……最让他记忆深刻的是挑水，因为母亲常年腰疼，父亲外出打工，挑水的重担就落在了晁孝正身上。中学时期，晁孝正平时住校，周末即使遇到雨雪天，他依然需要到山脚下去挑泉水，一挑就是一个下午，挑完水的晚上他肩膀疼得肿起来。就这样，在那个一眼望不到头的山沟里，在那一个个用酸菜就着土豆过完的冬天，在那冬天早上被冻醒、夏天被水冲垮的房间里，在那春秋两季黄沙敷面的地方，梦想的种子在晁孝正心中发芽，那就是走出这个山区，看看外面的世界。

由于家庭贫困，晁孝正大学时的学费来自国家助学贷款，生活费主要靠着国家和学校的助学金以及自己勤工助学所得。生活不易，他更加珍惜在校的学习时光，刻苦勤奋是老师和同学对他的一致评价。感受着党和国家的政策温暖以及学校关怀的晁孝正也经常思考着该如何回报社会。

二、奋发图强，回归故土

2017年，晁孝正以超过青海省高考录取一本线100分的成绩来到了渤海边的燕山大学。2021年，在国网一批招聘中以位列青海省前十名的成绩回到了家乡的小县城。

明明可以选择去大城市工作，最起码生存环境比现在好很多，可晁孝正依旧选择回到家乡。在招聘面试的时候，面试官问了晁孝正这样一个问题："你既然考到了外面，为什么会又选择回来呢？""这里不光有我的家人，我的故土，我更多地想到了这里还有很多山区的孩子，我改变不了他们的出身，但我可以尽力去改变后天的环境，让后面的人活得更舒服一点。""我认为我们接受高等教育的目的是帮助我们的家乡摆脱贫困，而不是我们摆脱贫困的家乡。"晁孝正坚定地回答道。

三、不忘初心，任重道远

入职儿近一年，在干好本职工作的同时，晁孝正还担任着国网民和县供电公司团支部书记，兼任国网三江源海东民和共产党员服务队队长，作为团支部书记的晁孝正始终保持着强烈的责任心和荣誉感，坚持立足岗位担当作为，积极组织团员青年参加主题团日、青年大学习、学习强国等主题实践活动20余次；组织开展以深入党团史教育、学习时代楷模、学习雷锋精神等为主题的特色团课5次，开展党建带团建学习活动3次，开展以"学习两会精神·凝聚奋进力量""青年员工人生职业规划""集思广益破难题"等为主题的青春大讲堂11次；积极参与公司疫情防控、"今冬明春"、重要节日、重大活动、中高考保供电等的方案编制和实施，完成各类保供电任务16次；积极组织参与"四星评选"活动，并荣获2022年第一季度"学习明星"称号。

在工作中，他不忘初心，在岗位上践行使命，始终将主题实践活动放在重要位置，带领团支部扎实开展了一系列面向社会、紧贴民生的实践活动。他开展了"学雷锋"主题活动，安全用电知识进校园、进社区，探望空巢老人、抗美援朝老兵，"网上国网"推广活动，走进敬老院，疫情、考试、活动保供电，植树造林，纪念先烈，助推乡村振兴等活动70余次，其中2021年"网上国网"推广完成6.8万户，在海东供电公司四县区域名列第一；还完成各类保供电任务30余次。每当疫情来临，晁孝正都会带领青年先锋队逆行而上，一共分为5个防疫保电小分队，分别主管享堂、莲花台、驼铃、山城、大槽沟5个疫情防控点，保障了居民的生活便利。在他的带领下，他所在的团支部获得了国网青海省电力公司"五四红旗"团支部荣誉称号。

入职后，晁孝正不忘提升自己。白天忙于本职工作，夜晚紧抓每一分钟闲暇时间努力求知。在国网青海省电力公司2021年文档保密业务知识竞赛中，他以一己之力将所在团队拉入决赛当中，从254名精英选手中脱颖而出，获得了个人赛第三名、团体第二名的好成绩，也是单位唯一一位获此殊荣的员工。在2022年度国网民和县供电公司两会精神宣贯暨安全学习周活动知识竞赛中，他也取得了三等奖的好成绩。

"学无止境、勇攀高峰"是晁孝正给自己定下的永久性目标。现在，晁孝正正在积极地备考硕士研究生和注册电气工程师,以期通过不断充实和提高自己来为辖区内的民众提供更为优质的服务。在单位例会上,晁孝正郑重地立下了责任状,要在2022年国网技术学院第五期培训当中拿下"优秀学员"和"优秀班干部"荣誉,努力拿到"双优"为单位争光,为燕山大学增添一份荣誉。

四、彼岸有花,弘毅方摘

工作以后,晁孝正参与了全县屋顶光伏试点普及与应用项目,采用光伏+储能的方式,增加了分布式电源,调节了当地电力系统的稳定性和容纳性,减少了电力故障的发生,提高了供电可靠性,为青海全力打造绿色能源示范区做出了贡献,为我国尽快实现"双碳"目标尽了一份力。后期规划屋顶光伏成型之后,采取购买多余光伏电能方式推动了乡村振兴,促进了农业高质高效、乡村宜居宜业、农民富裕富足,激发了广大农民群众的积极性、主动性、创造性,使其投身乡村振兴,建设美好家园。

晁孝正还作为主创人员奔波在民和县城区线路负荷优化和台区电缆改造项目上。他研究分析了10条重点区域的重点线路负荷优化分配和用户分界开关加装、老城区台区改造电缆沿墙敷设新模式,并已研究完成老城区网架切改方案、县城南庄子低压电缆改造方案、米九路开关加装方案,多次实地探索项目的可行性,减少了线路负荷的重载率和线路故障率,积极改善当地人民群众的用电及相关生活条件。

走出大山的路还很长,想要走出去,想要向上生长,必先向下扎根。晁孝正默默耕耘、积蓄力量,踏实成长。

(河北省教育厅学生就业创业事务中心供稿)

基层自有天地，西部大有可为

——河北经贸大学童旭旭事迹

童旭旭，男，中共党员，河北经贸大学2020届毕业生。在校期间，他主编《河北省高校诗歌作品选》，曾荣获国家励志奖学金、河北省人文知识竞赛二等奖等。2020年8月，他参加西部计划新疆专项，先后服务于共青团吐鲁番市委员会和吐鲁番职业技术学院，其间荣获全国青少年模拟政协提案大赛优秀作品奖、吐鲁番市党史知识竞赛一等奖等，获评新疆维吾尔自治区优秀大学生西部计划志愿者；2021年起担任吐鲁番市青年志愿者协会党建指导员，并当选吐鲁番市青年创业联盟秘书长。

一、青春与民同休戚，一心奔赴边疆去

闻一多先生曾说："诗人主要的天赋是爱，爱他的祖国，爱他的人民。"

"我从江南的薄暮走来……把理想埋在西部的沙地，是我一生最重要的一次决定……"这是我从家乡出发，一路北上西行的旅途中所写的一首小诗。尽管我不是一个优秀的诗人，但这并不影响我拥有像闻一多先生那样的品质。

2020年，从河北经贸大学毕业后，我原本可以选择留在内地找一份安逸的工作，但作为一名共产党员，我积极响应"到西部去，到基层去，到祖国最需要的地方去"的号召，毅然参加了大学生志愿服务西部计划，并且坚定选择了新疆作为服务地，我决心让自己的青春之花绽放在西部边疆。

习近平总书记曾倡导"年轻人要自找苦吃"，要到基层磨砺，在一线成长，在艰苦地区经风雨、见世面、提升群众工作能力。

起初，身边的很多人都不理解我的选择，觉得我是在"自讨苦吃"。在我看来，新时代的青年应该且必须有自己的立场，亦应该有主见，不跟风，不必追求世俗意义上的"成功学"，而是真心把自己的青春与整个社会民众的福祉融为一体。

吐鲁番市2020年西部计划志愿者派遣会上，我有幸作为志愿者代表发言，我说："在今后的日子里，我们要沉下心来、俯下身去，不贪图享受、不怕苦畏难，不忘初心、牢记使命，让吐鲁番见证我们的光辉岁月，让吐鲁番融入我们生命的血液中，把青春奉献给吐鲁番这片厚重的土地。"我是这么说的,两年多来我也是这么做的。

二、志不求易者成,事不避难者进

初到团市委,面对的是写材料、打印、复印等工作,虽然琐碎但我并没有掉以轻心。"凿井者,起于三寸之坎,以就万仞之深",我坚信,脚踏实地做好当下的每件小事,才能够胜任更重要的岗位,甚至独当一面。

"上面千条线,下面一根针。"新疆的基层工作千头万绪,休息日总是很少,但我从未抱怨。为做好基层团组织建设,我经常主动放弃休息日,联系基层团组织负责人,了解他们工作中的痛点、难点,切实解决实际问题、做好服务,确保共青团"最后一公里"不掉线。在团市委服务的那段时间,我把志愿工作当成自己的事业来对待,用最短的时间掌握并熟练了部门的核心业务,得到了领导和同事的认可。

2020年12月,我所在的科室负责人去了"访惠聚"驻村,入职仅四个月的我被安排担任团市委基层组织建设部临时负责人。临危受命,我并没有退缩,而是积极调整心态,认真梳理部门工作脉络,做好任务分工,并积极和各单位各部门对接,确保部门业务有条不紊运作。负责部门工作的两个多月,我顺利完成了上级交办的各项工作任务和年底考核等。

2020年12月底,吐鲁番市青年创业联盟第一次会员大会召开,我被推选为秘书长。为了发挥好团属青年社会组织的作用,我积极对接吐鲁番市中小微企业服务中心,开展"关注青年创业企业成长,助力经济社会高质量发展"系列活动,先后帮助和指导15名吐鲁番市青年创业者参加新疆青年创业创新大赛、"创客中国"等赛事。受疫情影响,吐鲁番市部分中小企业发展受到了冲击,为了帮助他们渡过难关,我和理事长张磊多次访企业、进车间,为中小企业对接政策咨询、专利申请、贷款等服务,并积极向有关部门反映企业发展面临的难题。

2021年五四青年节前夕,吐鲁番市计划召开纪念五四运动102周年座谈会,我被安排为市委领导撰写座谈会讲话稿,这是我第一次写这样分量很重的文稿,心中忐忑不安。在查阅了大量的资料后,我结合吐鲁番青年工作实际撰写稿件,随后反复修改了十几遍,最终顺利通过领导审核。通过这次经历,使我认识到从事文字工作必须手要勤,脑子要动,肚子里要有储备,心里还要装着人民,只有这样,写出来的文章才能有厚度、有深度、有温度。由于服务期间表现突出,我被评为2020—2021年度新疆维吾尔自治区大学生志愿服务西部计划优秀志愿者。

三、坚守育人初心,传承红色基因

2021年8月,我的第一年服务期满,与此同时,我也入围了家乡省考面试,等待我的或将是稳定的工作和更优越的生活条件,但我心里总觉得还有遗憾,还希望为这片土地再尽一份力。于是我毅然决然地放弃了面试,续签了第二年服务并申请调入学校支教。选择支教,不仅因为支教是我报名志愿服务西部计划选择岗位时的第一志愿,更因为我的成长也曾源于一位支教老师,如今我有机会走上三尺讲台,也算是对她说"谢谢"的一种方式。

在吐鲁番职业技术学院任教期间,我接触了许多来自南疆贫困地区的孩子,使我更加深切地体会到,在边疆地区,大多数孩子所能获得的教育资源与内地发达城市的同龄孩子之间有着天壤之别。这里的学生不仅基础知识薄弱,国家通用语言文字水平也比较低。虽然我是历史老师,但有时候我也从拼音、语法等方面慢慢纠正学生的错误,并鼓励学生积极主动发言。通过浏览视频、图片,参观博物馆,开展主题团日活动等形式,我积极引导学生学习中国共产党历史,切实做好青少年学生的党史学习教育,教育广大学生感党恩、听党话、跟党走。

由于教师资源不足,我既承担学院的中职党史课程,又教授高职语文课程,同时还负责学校团委的工作。工作之余,我腾出时间给班里国家通用语言文字水平差的学生"开小灶",采用线下线上相结合的方式进行辅导。有时白天工作忙,我便利用晚上的时间一句一句听学生发来的语音练习,找出问题,然后在线下进行有针对性的讲解。经过半年的努力,我辅导的 6 名学生国家通用语言文字水平都有了很大进步,全部顺利通过 MHK 考试和普通话测试。

在付出汗水的同时,我也收获了很多的感动。有一次,一名柯尔克孜族学生发消息对我说:"童老师,谢谢您,您是我的偶像,我要努力变得像您一样优秀!"那一刻,我回想起 14 岁时的自己,当时也是这样崇拜着我的老师,并且我最终也成了她。

任教期间,我深刻理解了"教育是一棵树摇动另一棵树,一片云推动另一片云,一个灵魂唤醒另一个灵魂"这句话的深刻内涵。看到学生的成长,我心里是满满的幸福和成就感,我想这大概也是我来西部的意义吧。

四、投身志愿服务,热心公益事业

作为西部计划志愿者,同时又作为吐鲁番市青年志愿者协会党建指导员,服务期内,我积极组织开展关爱留守儿童、看望孤寡老人、为贫困户家庭葡萄埋墩开墩、疫情防控宣传、"青春圆梦微心愿"等志愿活动。在社区下沉期间,了解到一些贫困家庭子女缺少学习用品,我积极对接当地团委和少工委,协调将贫困、残疾家庭子女优先纳入"青春圆梦微心愿"名单。此外,我还自费为鄯善县部分贫困儿童购买图书、文具和生活用品等,以实际行动践行"奉献、友爱、团结、互助"的志愿精神。

在帮助贫困户家庭的几亩葡萄埋墩开墩时,全靠一锹一锹地挖,有时一干就是一整天,晚上回来手上都磨出了水泡,但想到这是他们赖以生存的根本,是他们美好生活的全部来源,我便觉得一切辛苦都是值得的。

志愿工作期间,我发现由于志愿者派出地、户籍地和服务地之间缺少志愿者信息衔接共享,很多服务期满的志愿者回到所在地后基本脱离了志愿者组织,造成了志愿人才的极大浪费。为了进一步完善服务期满西部计划志愿者的管理,推动基层志愿者组织积极吸纳服务期满志愿者,切实提升服务期满志愿者的大局贡献度,我进行了专门的西部计划社会调研,撰写了《关于优化服务期满西部计划志愿者管理的建议》,此举得到了团市委和团自

治区委的高度重视,并在团中央权益部和全国学联举办的2021年全国青少年模拟政协提案
大赛中荣获"优秀模拟政协提案作品奖"。

　　我坚信基层是最好的课堂,实践是最好的老师,西部计划是我无悔的选择,只有将自己
的理想融入党和国家的事业之中,把对中国梦的追求化为具体的行动,努力在志愿服务中
守初心、担使命,在基层磨砺中长才干、壮筋骨,才能让青春在平凡的岗位上出彩闪光。

(河北省教育厅学生就业创业事务中心供稿)

闪亮的日子

山西

践行新时代青年的光荣使命

——山西晋中理工学院郭鹏飞事迹

郭鹏飞,男,汉族,1993年3月出生,中共党员,2016年12月加入中国共产党,本科学历,工学学士,是我校机械工程系机械设计制造及其自动化专业14010141班学生,在校期间曾任学团党支部副书记、校学生会主席、校团委办公室副主任、机械工程系党总支委员、班主任助理、班级团支书等职,曾获由中国教育部颁发的国家奖学金,中北大学党委授予的"优秀共产党员"称号,学校授予的"优秀共产党员毕业生""优秀毕业生"称号,获特等奖学金2次、一等奖学金1次,优秀学生干部标兵、三好学生、优秀共青团干部标兵2次,获评优秀团员标兵、十佳青年志愿者、优秀青年志愿者以及各类先进个人等奖项共计20余次。该生2018年毕业,放弃待遇优良的国企入职机会,积极响应号召,志愿前往陕西成为一名光荣的西部计划志愿者,服务期内表现优异,被共青团陕西省委表彰为优秀西部计划志愿者。服务期两年结束后,他参加陕西省2020公务员考试并顺利被录用,现任陕西省渭南市澄城县寺前镇人民政府纪委副书记、党政综合办公室主任(兼任党委秘书)一职。从事党务政务工作一年多来,他能够秉承学校"谨信博学、经世致用"校训,以高度的责任感和强烈的事业心,在党务政务工作上兢兢业业,恪尽职守、辛勤工作,出色地完成了上级党委交办的各项任务,为服务基层做出了积极贡献。参加工作后,他获得了由共青团中央、全国学联、中国电信集团联合授予的"践行社会主义核心价值观先进个人"称号,陕西省"优秀西部计划志愿者"称号,被评为渭南市公务员培训优秀个人、县级宣传工作先进个人,获县级党史学习知识竞赛一等奖,并获评县级党务信息优秀个人、县级政务信息优秀个人等。

一、坚定理想信念,发挥党员模范作用

郭鹏飞同志自觉在思想上政治上行动上同以习近平同志为核心的党中央保持高度一致,到达陕西之后,在全省西部计划志愿者动员大会上,由于个人表现优秀被选定为全省志愿者宣誓领誓人。他积极发挥志愿服务作用,以"到西部去,到基层去,到祖国最需要的地方去"为信念,扎实开展各项工作。初到澄城县,他被选为澄城西部计划服务队队长,在县残联进行服务,负责残疾人的登记、补贴发放、器具发放等各项工作。虽然做好了足够的心理准备,但是从大学到社会直接服务于社会中较为困难的群体,加之语言不通、沟通受限,他在工作中遇到了不少阻力,但是他充分发挥党员模范先锋作用,不畏困难,语言不通就去学,沟通受限就入户,他跟随驻村工作队入户走访,了解残疾人生活状态与困难,积极对接发放器具、补贴。2019年因个人工作能力较为突出,他被调到团县委负责宣传工作,在团县委的一年中,他敬职敬业,发挥大学所学各项技能,将共青团的宣传工作搞得有声有色。在日常生活和平时的工作中,他时时刻刻处处用党员的标准严格衡量、约束自己的一言一行,

率先垂范,不断增强党的观念,加强党性修养,努力提高综合素质和业务能力,发挥着一名共产党员应有的先锋模范作用。

二、刻苦钻研,努力提升党政工作水平

自走上公务员岗位以来,他深知新时期对做好基层服务工作提出了更新更高的要求,如果没有较强的理论素养就难以全面深刻地理解党的路线、方针和政策从而为群众更好地服务,为此,他把学习理论知识、提高理论素养和改进工作作风作为提升自身素质的首要任务。他自觉加强政治理论学习和领悟能力。一是长期坚持认真学习党的基本知识和基本理论,坚定马列主义信仰。二是深入学习党的十九届六中全会以及习近平新时代中国特色社会主义思想、来陕考察重要讲话精神等,正确理解党在新时期的路线、方针和政策,在新形势下使自己的思想更加符合实际,符合新时代发展要求。三是坚持学习党章、《中国共产党党和国家机关基层组织工作条例》、《中国共产党纪律处分条例》等一系列党内法规、法纪,不断提高自己依法办事的能力。通过学习,他使自己的理论水平和政治觉悟有很大提高,也更加坚定了对共产主义的信念,更加牢记全心全意为人民服务的宗旨,更加热爱党务工作。

三、恪尽职守,努力开创党政工作新局面

参加工作不到一年,由于个人表现优异,他被镇党委充分运用三项机制,破格提拔为纪委副书记、党政综合办公室主任。在镇党委的指导带领下,在他的认真负责下,办公室负责及统筹的各项工作在县域内获得了各级部门、领导的一致好评。他所在的单位被评为国家

级"节约型机关",目标责任制考核优秀单位(排名全县第一),高举旗帜、响应号召、奋进新时代、启航新征程主题活动优秀单位(排名全县第一),党史学习教育优秀单位(排名全县第一),宣传工作优秀单位,党务信息优秀单位,政务信息优秀单位,党务政务公开优秀单位。对镇党史学习、党建引领、产业发展、为民服务等多项工作在中央、省、市、县各级媒体上进行广泛报道,其中国家级媒体录用10余篇、省级媒体录用20余篇、市级媒体录用60余篇,全年共上传250余篇,有效、及时地将全镇各项重大工作、亮点工作进行了对外宣传,让群众更加了解政府、了解新思想。

四、执着追求,一丝不苟地做好服务工作

当好"协调员"。他能够立足全镇工作大局考虑问题、处理事务,积极主动做好协调服务工作,不断强化与县委县政府、县直各部门和各村的沟通联系,使各方面工作相互衔接,形成合力,有效保证或协助了全镇党建引领、人事管理、干部考核、精神文明、文化宣传、乡村振兴、招商引资、项目服务、人居环境综合整治等各项工作的顺利开展,推动了全镇工作高效有序运转。

当好"督办员"。他紧盯中心工作及重要工作部署,配合主要领导及时跟踪、了解工作进展情况,反映存在的问题,有效推动全镇工作快速落实,办公室全年共针对督办督查反馈接听50余条、群众问策接听3360余条、上级检查催办事项1560余条,全部按时完成答复,办复率达100%。

当好"参谋员"。他站在全镇高度分析研究问题,当好领导的参谋和左右手,学习先一步、认识深一层,坚持高标准、高质量、出精品、创一流,不断提升服务水平。作为兼任党委秘书,他积极学习梳理上级领导的讲话精神和工作思路,整理汇编,为领导决策提供科学依据,圆满完成了党代会工作报告、政府工作报告、各项重要工作会等大型会议材料以及各类会议领导讲话稿的起草,全年完成领导讲话、汇报等各类综合性文稿113篇,共撰写文字材料近46万字。

当好"服务员"。充当好上级、政府、各村党组织书记、第一书记、群众的协调员、服务员,有序开展乡村振兴各项工作,积极推广全镇各项重点工作进度,为各项工作在县域甚至市域内的开展提供服务保障。

在今后的工作中,他将继续加强学习、深入实践、学以致用,以时不他待的紧迫感、不进则退的危机感来学习,充分发挥主观能动性,以实实在在的工作求得实实在在的成效,终生实践"谨信博学、经世致用"的校训,终生践行服务理念,时刻用共产党员的立身做人标准约束自己,严格坚持党性原则,加强自身修养,踔厉奋发、笃行不怠、不负韶华,以优异成绩践行新青年的光荣使命。

(山西省教育发展服务中心供稿)

扎根基层，争做可以托底的年轻干部

——山西工商学院樊磊事迹

樊磊，男，汉族，1998年5月生，山西大同人，中共党员，山西工商学院播音与主持专业2020届毕业生，新疆阿克苏地区柯坪县阿恰勒镇一级科员（现借调于柯坪县委宣传部），任柯坪县朗诵协会秘书长。

"我们生在红旗下，长在春风里，目光所致皆为华夏，五星闪耀皆为信仰"，这是樊磊同志常常挂在嘴边的一句话。也正如习近平总书记所言："青年，是整个社会力量中，最积极、最有生气的力量，国家的希望在青年，民族的未来在青年！"而祖国西部的发展更离不开青年！到西部去，到基层去，到祖国最需要的地方去！

一、说服家人，直抵内心梦想

在校期间，他了解到有师兄毕业后去了那片热土，并在那里奉献自己，挥洒青春。在与师兄们交流的过程中，他了解了边疆工作和生活的故事，从那时候开始他便有了扎根边疆、建设新疆的理想。因此，毕业时他毫不犹豫地参加了阿克苏地区的招录，并顺利通过了层层选拔，光荣成为了祖国边疆建设者中的一员。

在通过选拔之后，一个难题出现在他眼前，那就是工作地方太远，时常见不到家人。他经过再三考虑之后，终于鼓起勇气和家里人商量，家里人一听说他要去新疆工作，做个热血青年，便都闭口不谈、转变话题了。打破僵局的是他最敬重的71岁的爷爷，爷爷是一位光荣入党50周年的老兵，因受脑梗病情影响，身体状况不理想，而爷爷的身体问题也是他去新疆工作唯一担心的事情。他说，那天爷爷红了眼眶，颤颤巍巍地说："去新疆，到国家最需要的地方去工作。"也正是这句话让他更加明白男儿奉献家国的情怀，直到现在，他还会常常和大家聊起当时爷爷是多么支持他来新疆工作。

2020年10月，他如愿踏上了来疆的征程，从碧水盈盈的桑干河，辗转到神奇富饶的白水城。责任感和使命感告诉他，不是他选择了新疆，而是新疆选择了他，他只是千百名内招生中那最不起眼的一员，但他坚信艾青诗中所言的那片热土绝对需要他这样的"眼里常含热泪"的人！

他一路西行，一路期待，随着思绪的翻转，列车抵达了阿克苏。他踏上这幻想过无数次的地方，心中不免有些激动。当看到迎接他们的前辈们时，他心中顿时充满了敬仰，他们坚守在这一方土地，用行动书写着属于他们人生的华丽篇章。经过短暂而热烈的欢迎仪式后，他们一行驱车来到了柯坪县委党校进行为期3个月的岗前培训……

二、初抵边疆，挥洒热血青春

初到柯坪县委党校，再到阿恰勒镇扶贫办，又到县委宣传部，这是他工作一年来的征程。

记得在阿恰勒镇人民政府的两个月时间里，他跟着办公室里和蔼可亲的姐姐一起整理扶贫档案，从刚开始的一无所知到逐渐可以自己整理一项专档，他欣慰于自己的进步。跟着干练严肃的分管领导下村检查工作，从刚开始的手忙脚乱、语无伦次，到逐渐可以自己去检查一项工作，他想这就是破茧成蝶的开始，一切的一切才刚刚起步。

现在他被借调到宣传部工作已有一年时间了。文明创建、新时代文明实践、文化润疆等系列工作，从初来时的懵懵懂懂到现在可以游刃有余地完成一些工作，这是他一年来最大的进步。他常说："我们跋山涉水，抵达的不是远方，而是最初为人民服务的内心。"他及时解决群众的困难，并让他们及时了解最新的政策，让他们知道现在的幸福生活是源于党的好政策。

回想起之前的一次走访，他说当时他的"新疆妈妈"刚从棉花地里浇水回来，见到他时激动地说着"巴郎亚克西、亚克西"，并热情地与他们握手，一进到屋内她便为他们盛上一大碗自己做的新疆老酸奶，初来乍到的他很是不好意思。第一次走访实实在在地温暖着作为一个"外地人"的他，"新疆妈妈"一家人的淳朴、热情、好客让他在异地他乡拥有了前进的动力……

在他回到机关和老友畅聊时，他的朋友说："终于体会到了为人民服务的感觉。"在他朋友所在的办公室里，每一位老百姓办理完业务后，都会由衷地对他说一声"热合麦特"，简单的一声谢谢，使朋友忘掉了加班的疲惫。"也许这就是支撑着大家更好地工作的动力——为人民谋幸福的味道。"他感慨地说着。

三、严于律己，感悟榜样的力量

进入基层公务员队伍是他人生中的一个新起点。不管是在阿恰勒镇工作还是从借调到县委宣传部的第一天起，他都时时刻刻要求自己严格按照国家公职人员的规定身体力行，时时处处以党和人民的利益为重，牢记全心全意为人民服务的根本宗旨，从讲政治、讲党性的高度进一步增强政治责任感和工作的使命感、强化中心意识和服务意识，自觉主动为领导和科室及柯坪县的文娱活动做好服务保障，自觉遵守党规党纪和单位的各项规章制度，廉洁自律，无愧于党和国家对他的培养，无愧于帮助和教导他的好领导、好同事，无愧于生他、养他、育他的父母。他坚信：做好一件事，走好一条路，关键是方向和态度，而有什么样的人生观、价值观和世界观就有什么样的方向和态度，也决定了能否成功。

在 2021 年 1 月 17 日，一则新闻《难舍！我的第一书记》，讲述了奔走在天山南北基层一线的"访惠聚"驻村第一书记刘钢的事迹——用激情与赤诚践行驻村诺言，用拼搏与奉献推动经济高质量发展，赢得了群众的信任。樊磊把刘钢书记立为自己的标杆，努力自觉加强党性锻炼，增进为民服务最后一公里的工作能力。他希望自己也可以像刘钢书记一样有信仰有信念，一腔热血、赤胆忠心，顽强拼搏、真抓实干，带领村民咬定目标使劲干，帮助更多村民圆致富梦，唱响一曲新时代的孺子牛之歌。

四、勤奋努力,认真完成各项任务

工作以来,他始终坚持严格要求自己,时刻牢记全心全意为人民服务的宗旨,在努力做好办公室日常文明创建工作、新时代文明实践工作、选树榜样工作、管理人才工作、文化润疆等系列工作的同时还负责柯坪县党史展馆、黄群超同志援疆先进事迹陈列室、湖州对口支援柯坪展示厅、爱国·奋进馆等红色教育基地的讲解工作。截至目前,他已讲解200余场次,接待领导30余场次,受教育干部群众达到5000余人次。每次干部群众参观完之后,都会和他畅聊几句,让他真切感受到自身的价值在这里发挥得淋漓尽致。

他说记得在2021年4月份的一天,地区退休老干部一行15人前来参观县党史展馆,他生动形象、深入浅出地为退休老干部讲解了我们党经历的苦难与辉煌和柯坪县的新容旧貌对比,在讲解结束之后,大家的掌声给了他最大的鼓励与认可。他自豪地说,记得当时温宿县的退休社区书记说:"2021年正值建党100周年,我们社区也要打造小型的党史展馆,到时候需要你帮我们指点指点。"在得到了领导们的认可后,他在做好办公室日常工作的同时,常抽出自己的休息时间来研究如何更好地做好讲解工作。

他也积极参与到全县的文体活动中,大力配合全县各单位做好主持各类文体活动的工作。工作的第一年里,他便参与了全县所有的大中小型活动的主持工作,得到了同事们的一致好评。

2021年也是换届之年,他有幸参加了5年一次的党代会、政协会、人代会换届,并在换届工作中担任材料宣读人员,为确保每一次宣读工作不出一丝一毫失误,他都会提前一天联系材料组负责人拿到第二天要宣读的内容,进行反复练习,确保大会不因为他出现一丝纰漏。在换届的那段时间里,所有人都日夜不分、坚守岗位,也让他真正理解了"幕后英雄"这四个字,真正明白了一场会议的成功背后是无数人的汗水与坚持。在换届工作结束之后召开的总结大会上,他有幸被组织部部长点名表扬:"柯坪需要像樊磊这样的好干部。"这使他倍感荣幸,让他更加坚定了要在这片热土挥洒自己的青春,用自己所学的知识为边疆的建设做出自己的贡献。

五、扎根基层，做时代新青年

正如习近平总书记所言：每个优秀的人都有一段沉默的时光，那段时光是付出了很多努力，都得不到结果的日子，我们把它叫做扎根！

他说："回首过去，内心不禁感慨万千，虽然没有轰轰烈烈的战果，但也算是经历了一段不平凡的考验和磨炼，我相信只要经得起时间的考验，我们终将可以成长，可以在这片热土上扎根开花、枝繁叶茂！"现在，他可以大声地说出："扎根边疆，做时代新青年，我准备好了！"

阿克苏离他的家乡有 3400 多公里，南疆这片大地见证着他们这群青年的情怀与担当，见证着青年人的转变与奉献。在这片大地上古有张骞出使西域，近代有左公栽下的一排排柳树，当代有王震将军屯垦戍边，到了现代又有他们这样一群眼里常含热泪的新时代青年在这里绽放！

建设新疆是时代赋予青年的使命，他有幸成为其中的一员，怀着一份期待来到这里，看到这一片充满希望的热土，他发现他自身还有一腔热血，他渴望在这里挥洒热血，渴望在这里建功立业！他跟随着时代的新风，争做可以托底的年轻干部！

（山西省教育发展服务中心供稿）

在边疆书写人生华彩篇章

——大同师范高等专科学校张飞虎事迹

我叫张飞虎,2013年9月我怀着报效祖国的赤诚应征入伍,成为野战军的一名普通战士,在山西省大同市卧虎湾某部队服役两年,后训练新兵六个月,至2016年3月退伍。2019年我考入大同师范高等专科学校,在校期间曾担任校报编辑部通讯员负责人,曾获"三好学生""优秀学生干部""优秀毕业生"等荣誉称号。

2019年,新疆维吾尔自治区克孜勒苏柯尔克孜自治州阿图什市教育局来我校招聘教师;8月,我应阿图什市教育局招聘前往新疆阿图什市工作。

刚来新疆,我迎来了为期一周的理论培训,听着各校书记为我们介绍每日要干的工作,才慢慢意识到教师这份工作与作为学生的天壤之别,同时意识到自己和选派的数百名援疆教师肩负的神圣责任和使命。培训结束后,我被安排在格达良乡中心学校任教。这里是一个偏远的乡镇,陌生的环境、不通的语言、落后的基础设施建设、迥然不同的风俗习惯和饮食习惯、急待沟通了解的一群民族学生,都是我面临的考验与挑战。我当时任二年级一班语文教师兼班主任,尽管我已经做好了应对各种情况的准备,可来到学校,看见高鼻梁、大眼睛的维吾尔族学生时,还是有些茫然不知所措。但想到将从事崇高的援疆教育事业,我的心中不禁又充满了豪迈之情,决心以自己的努力来领悟建设边疆的真正含义,诠释教育的真谛。

当上课铃声响起时,学生们既惊奇又兴奋,用不太熟练的普通话与我交流,这些孩子和我分外亲热,完全没有民族界限。维吾尔族的名字都是长长的,由很多个字组成。对我来说要记住这几十个孩子的名字并不是一件容易的事。那段时间,我和同事们在一起,谈论最多的就是这些可爱的民族孩子。他们上课的积极性很高,课堂气氛非常活跃。他们有举手抢着回答问题的,也有没等我点名就主动跑到黑板前来写的;在用普通话表达不清楚时,他们手脚并用比画起来,非常可爱。只要想起孩子们,我的脸上总是洋溢着开心的笑容。

由于格达良乡地处阿图什市较偏远的地方,许多家长不重视教育,对学生的学习不管不问,导致学生没有养成良好的学习习惯,学生汉语基础薄弱。尽管孩子们都长得非常漂亮,也很聪明,但是学习不主动。在这些孩子的脑海中,压根就没有写作业这个概念,全班几乎一半的学生不写作业。由于家长无原则地庇护,这些孩子上课时想听就听,每次期末考试平均分都在二三十分,但还像没事人一样从容淡然。每天下班回到寝室,我总是躺在床上思考如何有重点、有创新地让学生对学习感兴趣。同时,在课堂上对孩子们的小进步多加表扬和鼓励,课后尽量少安排书面作业,提高他们的学习

积极性,并利用周末时间,结合自治区开展的"三进两联一交友"、"民族团结一家亲"、"残疾学生送教"、"贫困生送温暖"、入户、走访等活动,积极主动到学生家里做客,在生活中多关心关爱学生,帮助他们健康成长。

在日常的教学之余,我深深地感受到了孩子们的热情与淳朴。每天走进校园,听着学生的纯真问候,看着领导、民族老师的热情微笑,我的心里都会涌上一丝幸福和感动。虽然学生学习成绩不理想,但他们可以自信地面对每一个人,可以快乐地做好每一天的事。在这三年教师生涯中,我见识了维吾尔族歌舞,还学会了用简单的维语和他们交流,在这里我真切地感受到了"汉族离不开少数民族,少数民族离不开汉族,各民族相互离不开"的意义。我相信,在党中央的英明决策下,在自治区党委的正确领导下,在全国人民的真情援助下,新疆的明天会更加灿烂美好。

三年来,我作为援疆支教队伍中的一员,克服了生活上的差异,克服了远离家乡的孤单,克服了工作上的困难,以满腔的热情投入到援疆支教工作中。在完成日常教学工作的同时,我积极参加学校组织的各项政治学习和业务学习,认真完成领导安排的任务,从普通教师到学校中层领导,再到成为学区教研员,其间荣获教学成绩进步奖,获评2021年度优秀教师、2021年度优秀班主任,不断成长,不断奉献,不断积累。

在新疆,我感受到了祖国的地大物博,见识了真正的沙尘暴天气,体验了5级以上的地震,迎接了均衡标准验收,经历了新冠肺炎疫情和24小时全天候的值班备勤工作,以及数次安全演练。三年中,我体验了很多很多在内地无法想象的情境。

选择了援疆就选择了吃苦,选择了援疆就选择了奉献,在以后的工作中我将坚决贯彻新时代党的治疆方略,依法治疆、团结稳疆、文化润疆、富民兴疆、长期建疆,切实增强"四个意识",做到"两个维护",不断提高自身综合素质,不辜负党和国家的重托,为促进新疆发展做出贡献,用自己的青春热血铸造民族团结的历史丰碑。千里援疆,必将书写我人生的华彩篇章。

（山西省教育发展服务中心供稿）

让梦想在基层绽放

——山西财经大学谷涛事迹

一、甘过苦日子，敢挑重担子

都说西藏条件差，但对于这样高寒缺氧的环境给身心带来的考验，只有亲身经历过的人才知道。抵达西藏阿里后，强烈的高原反应给谷涛上了"第一课"，急剧加快的心跳和头部的疼痛感、因缺氧导致的失眠和思乡之情交织在一起，但这些并没有动摇他扎根边疆、建设边疆的信念。2018年，参加工作的第一年，正是脱贫攻坚工作的重要攻坚期，众所周知，扶贫干部任务多、压力大，但谷涛积极响应组织的号召，来到噶尔县扶贫开发办公室，投身脱贫攻坚，从事文字材料撰写、党务等工作，还专门负责金融扶贫业务。

作为脱贫攻坚的新人，他恶补扶贫相关知识，主动请缨走村入户，先后来到噶尔县易地搬迁安置点康乐新居、地处边境同印度碉堡相距不足1千米的边境村典角村等地，深入建档立卡户家中进行慰问、宣讲，了解贫困群众生产生活情况。面对语言不通的问题，他主动学习、记忆常用藏语特别是脱贫攻坚相关词汇，还积极争取基层宣讲、同群众交流的机会，深入左左乡朗久村、扎西岗乡扎西岗村、狮泉河镇藏布居委会等地进行宣讲，迅速适应了脱贫攻坚工作加班加点的高强度节奏。通过几年的努力，谷涛成为了一名优秀的脱贫攻坚干部，2019年度荣获"噶尔县优秀共产党员""噶尔县脱贫攻坚成果巩固先进个人"称号。为把金融扶贫业务开展好，他争当政策的宣传者、业务的办理者、群众的服务者，主动对接噶尔县农业银行，同各乡（镇）营业所保持密切联系，参与办理小额信贷业务364笔，总金额达1667.5万元，长期组织参与金融扶贫相关政策宣传活动，把民生业务办成了民心业务，收获了干部群众的一致好评。

二、把志愿服务坚持到底

大学期间，谷涛始终热心于公益，乐于参加志愿服务活动，担任了山西财经大学星火志愿服务大队的大队长，作为志愿者先后参与了太原国际马拉松大赛、太原市文庙祭孔大典、晋商博物馆志愿解说、山西省"德艺双馨"活动等志愿服务活动。来到西藏，他没有忘记"奉献、友爱、互助、进步"的宗旨,参加工作伊始,就报名加入了噶尔县青年志愿者队伍,并于2019年起担任扶贫联合团支部书记,加入了新时代文明实践志愿服务队,策划了"连通'最后一公里'"国家扶贫日主题慰问活动、"以读书增智慧、以智慧促振兴"世界读书日乡村振兴系统帮扶监测户专题活动等,与同事合力成功举办"我的脱贫攻坚故事"演讲比赛、"噶尔县脱贫攻坚知识竞赛"等活动,让扶贫理论宣传深入人心,把雪域高原上的脱贫攻坚的强音讲出来,将脱贫攻坚的模范推举出来。

三、把理想同建设西藏的事业结合起来

谷涛总是说自己的人生理想是"以笔为刀",以此来表明自己对于写作和文字的热爱。在工作之余,他始终坚持写作,而且将写作内容同自己的本职工作结合起来,以写作的形式歌颂脱贫攻坚,以演讲的方式颂扬噶尔县的新发展新成就。在噶尔县"新时代青年说——我与祖国共成长"主题演讲比赛中,他以《扶贫路上的梦与星火》为主题,把扶贫干部的心路历程写进文章中、讲述在舞台上,荣获第二名的佳绩。在阿里地区学习《习近平谈治国理政》第三卷暨迎国庆演讲比赛中,他以《我与我们的长征》为主题,回顾了全县脱贫攻坚的宏伟进程,描述了扶贫干部不懈奋斗的伟大精神,荣获第一名。在噶尔县新时代文明实践之"永远跟党走"演讲比赛中表达了坚定跟党走的决心,荣获二等奖。在共青团阿里地区委员会"青春向党·奋斗强国"演讲比赛中,他讲述了青春奋斗的故事,在阿里地区党史学习教育"'红动阿里·我心向党'红色故事我来讲"活动中,他将革命先辈的故事转化为个人奋斗的精神食粮,均获得佳绩。几年来,他记述扶贫经历,讲述身边的故事,个人作品《扶贫路上》在共青团西藏自治区委员会"庆祝中国共产党建党100周年 西藏和平解放70周年青年主题活动'Ta改变我的生活'征文比赛"中荣获三等奖;撰写的文章《阿里地区抓住"三个关键期"提高抓党建述职评议考核"含金量"》刊发在《西藏组工信息》上,《在戈壁滩上走出的小康示范村——噶尔县昆莎乡噶尔新村建设小康示范村纪实》刊发在《藏西先锋》杂志上。

(山西省教育发展服务中心供稿)

新时代的边疆建设者
——山西农业大学施耀文事迹

我叫施耀文,男,汉族,1997年1月出生,中共党员,2019年本科毕业于山西农业大学软件工程专业,现任新疆阿格乡北山村党支部书记。2019年毕业后,抱着报效祖国的理想和情怀,秉持成己达人、敢为人先的态度和热情,申请来到了偏远的新疆阿格乡参加工作,建功基层、为民服务。

一、响应号召,奔赴边疆建功立业

大学期间,我一直在思考自己近二十年寒窗苦读的目的是什么;实习期间也参加了一些工作,月薪资达到了1.2万元,可是平淡的工作不能令我深刻感受生命的意义。保尔·柯察金曾说过:"人最宝贵的东西是生命。生命属于我们只有一次。一个人的生命应该这样度过:当你回首往事时,不因虚度年华而悔恨,也不因碌碌无为而羞愧。"于是大学毕业以后,我响应国家号召"到边疆去,到艰苦的地方去,到祖国最需要的地方去"。

就这样,我来到了库车市阿格乡工作。乡党委很尊重我的意愿,派我去负责旅游工作。刚接触工作的时候,虽然有满腔热血,但由于不了解当地的风土人情,思路还是很受限。于是,我开始到康村实地走访,了解村内的可开发旅游资源,与村民们聊天,请教他们对于村内旅游的看法。有一位叫艾克拜尔的村民让我印象深刻,他说:"我见识的东西很少,对于旅游我们没有很好的打算,就希望能有更多的游客来我们家住,我很能干,也愿意吃苦,你是政府派下来带我们旅游致富的,我都听你的。"我就在想,村民们"听党话、跟党走"的这份坚定信念是对我工作的莫大信任和支持,我一定不能辜负大家的期望。

二、振兴康村,带领村民致富增收

康村位于独库公路的最南端,称为"独库第一村"。经过多方调研,我发现康村在旅游旺季时游客特别多。以前的粗放式旅游发展存在很多弊端,例如,大家都跑到村子外面举着牌子招揽游客到自己家的民宿住,村民争抢顾客影响景区形象,住宿条件不一影响游客体验,等等。在乡党委的安排下,我与多位老前辈交流,总结他们对乡村旅游的看法,制定了详细的旅游建设框架,选择和培养村内致富带头人;对分散在各家的民宿进行统一管理,制定了定价标准,根据民宿的实际条件进行定价;上架携程APP,实现了标准化管理、信息化接轨;通过招商引资,吸引投资者在村内兴建农家乐,同时打造九眼泉湿地公园,申报旅游景区;通过打造星级农家乐,调动村民参与农家乐的积极性,加强村里的基础设施配套建设,为农民创业提供了基础条件。经过全村一起努力,来康村游玩的人数增加了,康村的知名度也提高了,村民的收入都在大幅上涨。通过这一系列的举措,我们成功带领当地村民致富增收,也使康村荣获库车市旅游先进集体、旅游重点村等多个荣誉称号。

三、情系北山,努力建设美丽乡村

2020年春节前两天,我来到了北山村工作。北山村是一个牧场改制村,辖区土地的使用及管理归属康丰牧业有限责任公司,由于村委会无耕地,无集体土地,导致村集体经济发展受限。2020年的村集体收入仅有4万元,属于经济薄弱村。村里的年轻人全部外出务工了,只留下一些老人和小孩在村里。我在想:如果村里建设好了,是不是就能留住年轻人,让这个村子更有生机和活力呢?在充分了解村内情况后,我开始了对北山村的整体规划。经过多次与康丰牧业有限责任公司协商,将村内即将规划建设的用地权限收回来,同时大力招商引资,发展旅游业。

2021年,我们先将农家乐、特色民宿、墙画、灯光、房车营地、户外绳网等基础设施建设起来。墙画是北山村的一大特色,我们请来了中央美院的近三十名师生在北山村开展了为期三个月的墙绘工作,灯光由深圳广电集团的首席灯光设计师规划设计,民宿选择了当下最流行的星空屋。经过不到一年的努力,北山村的面貌发生了翻天覆地的变化,从原来的穷山沟变成了现在的聚宝盆。村集体收入也从2020年的4万元增加到了2021年的35万元,从一个经济薄弱村转变成了乡村振兴示范村。北山村的村民生活质量提高了,脸上都挂满了幸福的笑容。村干部不懈的努力终于得到了大家的认可,我也因此受到了湖南卫视《平民英雄》的专访。

在村里的大舞台上,村委会组织游客和村民一起举办篝火晚会,大家一起跳着麦西来普,载歌载舞,一片国泰民安的景象。村民阿布都沙拉木专门走到我面前,竖着大拇指对我说:"施书记,好人!"这短短的五个字顿时令我热泪盈眶,使我深深地感受到了村民对我工作的认可,也让我感受到了自己工作的意义所在,所有的付出都是值得的!

风雨多经人不老,关山初度路尤长。来基层工作三年多以来,辗转两个村子担任党支部副书记,现在又担任北山村党支部书记,这是组织对我的信任。康村和北山村面貌的变化令我深切感受到身为一名共产党员,切实为农民做实事、办好事,凝心聚力,带领群众脱贫致富、共同富裕,是责无旁贷的义务,更是收获满满的幸福。我将会继续在祖国最需要的地方扎根基层、深入群众,从基层工作中汲取养分、磨炼自己、发光发热,真正为基层人民服务,实现自我人生价值,不辜负母校和国家对我的培养。

(山西省教育发展服务中心供稿)

闪亮的日子

内蒙古

平凡的生活里,每个人都可以是"大英雄"。这一次的活动虽然结束了,但他对孩子们的牵挂并没有停止,从 2020 年至今,每个季度他都会带领几名大学生志愿者到社区给孩子们补习功课,送去书本文具,帮扶贫困学生。

在孩子们眼里他是博学多识、善良热情的大哥哥,而在他自己的信念中,他是一名应该奋进的新时代青年,心怀家国、心系社会,这是他不断完善自我的动力来源。

砥砺奋进,此心安处是吾乡

脚上沾了多少泥土,心中就沉淀多少真情,这是对入村帮扶队员徐然的真实写照。在工作的两年时间里,他申请结对帮扶贫困户 5 户,覆盖普通户 62 户。在扶贫工作中,徐然树立群众立场,深怀群众感情,用真心、真情、真举、真干为群众服务,怀着真情解民难,带着真心帮民需。他自费给贫困户上个人保险、帮助养殖户调查采购玉米的价格……在他的眼里,群众利益都无小事——小到柴米油盐等生活琐事,大到各项惠农政策落实。

多少个日夜,在乡镇村社、田间地头、农家院落,都留下了徐然奔走忙碌的身影。在入户过程中,他发现扶贫政策的宣传形式单一,贫困群众知晓率不高,东北的百姓都喜欢聊家常,他就用"唠嗑"的方式,在与群众谈笑中宣传扶贫政策。在脱贫攻坚的伟大事业中,在最真切触摸老百姓脉搏的地方,徐然牢记党组织的信任和重托,用自己的辛苦指数换取群众的幸福指数。谈及梦想,他说:"我愿将我的梦想汇入时代洪流,让蓬勃青春与家国情怀同频共振,让青春的色彩更加绚烂。"

时间如同河流,缓缓流过,波光中折射的是一路走来的宝贵回忆,每一个片段都闪烁着徐然的青春之光,这些光芒汇聚着,照亮徐然前行的道路。岁月不老,青春不朽,时代正好,光阴尚早,徐然知道,青春的日子应以努力奋斗为基调,因为这才是青春该有的样子,这才是青春最富诗意的描绘!

(内蒙古自治区高校学生就业创业服务中心供稿)

青春有梦，履方致远

——呼伦贝尔学院聂鑫鑫事迹

聂鑫鑫，男，汉族，中共党员，1995年出生，内蒙古自治区察右前旗人，2015—2019年于呼伦贝尔学院环境科学专业学习；在校期间曾任班级团支部书记、生命科学学院学生会团总支副书记、绿色北疆青年环保志愿者协会负责人，并先后获得内蒙古自治区"桃李之星"、内蒙古自治区"环境友好使者"、内蒙古自治区"三好学生"、内蒙古自治区"优秀志愿者"等荣誉称号。

2019年毕业之际，聂鑫鑫响应党的召唤，立志服务基层，报考了选调生，分配到察右前旗老圈沟乡工作，在乡村振兴的路上耕耘了3年，现担任老圈沟乡富河村党支部挂职副书记、老圈沟乡基层党建办负责人、危房改造负责人、12345政府热线负责人。

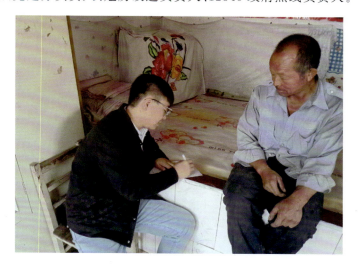

扎根基层，苦干实干，到组入户访民情

"干一行就要爱一行，要干就要干到最好。"这是聂鑫鑫经常提醒自己的一句话。2019年11月，刚到村任职的聂鑫鑫就接到帮扶贫困户的任务，对接的帮扶对象罗珍是一位几乎丧失劳动能力的75岁老大爷。村党支部书记带他去"认门"时，老大爷嘴里念叨着："好好好，年轻人，年轻人办得好……"这让他感受到沉甸甸的压力和责任。聂鑫鑫暗暗下定了决心："这次的任务不简单，既能了解民情、帮扶群众，又能传递政府温暖、密切干群关系，我要更加用心谋事、用情做事、用力成事才行。"借助帮扶机会，聂鑫鑫还将国情调研工作融入其中，他将罗珍家作为自己的第二工作地点，只要有时间他就去多走、多看、多打听，调查摸底村里的实际情况和村民的实际需求，掌握了详实的第一手资料，建构了良好的群众基础。

回想这段工作，他深有感慨："以前，自己对扶贫工作就停留在理论认知上，当真要走上'火线'，真枪实弹干一番，还真有点忐忑不安。不过，想到能为家乡脱贫出一份力，又倍感荣耀，即使困难重重，我也一定要一一克服。"为扎实开展国情调研，他抽出中午的时间，委托村"两委"干部带他去"认门""认亲";为拉近与群众的关系,他利用国情调研资金,为群众购买洗洁精、毛巾等"爱心礼包"303份,在走访调研时一一发到每家每户手中。"6个自然村,303户,552人,陈换家比较贫困,孩子没有正式工作……",聂鑫鑫的笔记本犹如电脑信息系统,上面详细记载了各村各路、各家各户的情况。不知不觉,他慢慢融入了这个"新家",有了自己新的"亲人"。

担当作为,攻坚克难,精准施策见实效

只有干出来的精彩,没有等出来的辉煌。聂鑫鑫和村"两委"干部聊天时说:"组织下派选调生到村挂职,就是为了帮助群众办几件看得见、摸得着的实事,把解难事、做好事办到群众的心坎上。"他是这样说的,也是这样做的。自入职以来,他组织开展危房改造工作,亲自走进各家各户排查危房情况,向上级请示开展危房鉴定,经他协调,26户提出危房改造申请。随后,他紧盯后续改造进展,主动监工,推进工程全面落实。以前的富河村有两个自然村没有路灯,他及时向村"两委"班子和驻村工作队提议"要新建路灯,让村民夜晚也感觉亮堂"。说干就干,一个月的时间,西沟村、前八音村新装38盏路灯,同时还将其他村里损坏了的路灯一一修缮,村民再也不担心晚上摸黑走路干活了。"别看这后生是95后,岁数不大,办事能力可不小!"村民一提到"小聂同志",脸上就露出赞扬的笑容。

2021年以来,他每月组织驻村工作队、村民小组长等召开防贫预警排查例会,全面排查整改严重困难户帮扶工作,确保困难群众生活"两不愁三保障"和安全用水政策落地见效。为了完成动态化监测和有效帮扶,他开展人居环境整治15次、安全隐患排查整治25次;联系医院到村开展义诊活动3次,为群众诊治咨询100余人次。此外,他还利用业余时间到村帮助200多位老人通过手机APP认证低保,在他的指导帮助下,全村88%的老人每月能够自行完成低保认证。同时,他还帮助在村老人注册"蒙速办",全村注册率高达83.5%。

不忘初心,久久为功,提升支部向心力

自从被任命为富河村挂职副书记以来,聂鑫鑫坚持把抓班子带队伍作为在村工作的首

要任务。他结合党史学习教育和主题党日系列活动，引导村"两委"干部和全体党员，加强学习，增强大局意识，筑牢规矩意识，落实宗旨意识，把党建做实做细。

他带头每年讲党课6次以上，每年带领全村25名党员到红军烈士陵园瞻仰，重温初心，厚植为民情怀，抓实党支部的阵地建设，对党支部活动室进行全面布置更新，推行制度上墙、党员风采展示，使党建工作更加丰富规范。

2021年他创建"红色热线"党建品牌，"红色热线"接听群众电话突破1000分钟，组建的"红色先锋队"在半年的时间里为村民开展服务120余次。他将基层党建和乡村振兴深度融合，开展乡村振兴宣讲会，参会群众达120余人。他为乡村振兴凝心聚力，实现了党建工作与乡村振兴的同频共振、互促双赢。

心系群众，勇挑重担，科学防疫守健康

"新时代中国青年要珍惜这个时代、担负时代使命，在担当中历练，在尽责中成长。"聂鑫鑫表示，在参与新冠肺炎疫情防控工作时，他对这句话有了更为深刻的理解。

2020年的大年初二，聂鑫鑫接到单位的电话通知后急忙赶到单位参与疫情防控。寒冷冬夜里，一座移动板房、一张单人床和一个小火炉组成的临时值班卡口就成为了他的"战斗岗位"。"自己的事都是小事，老百姓健康才是国家的大事。"在他的心里，村民永远是第一位的。在疫情防控指挥部、在各村值守卡点、在各个消杀现场、在督导检查的巡逻车上，总能看到他忙碌的身影。就这样，他天天吃住在村里的工作点上，连续工作56个日夜，当再次回到家里时他发现，年前冰箱里的食物已经因为断电而全部腐烂了。

最初，是理想和情怀驱使他从校门走进村门，当真正投身乡村工作后，他心里更加明朗："服务乡村群众，一切付出都是值得的，也是幸福的。"聂鑫鑫说："从大学校园到村落地头，变的是环境，不变的是心境、是心系群众的为民心；从学生干部到村干部，变的是角色，不变的是追求、是积极向上的进取心。"如今的他，总是以"青春有梦，履方致远"这句话来自励自勉。

（内蒙古自治区高校学生就业创业服务中心供稿）

71

心中有光,聚力生长;
青春无悔,奉献边疆
——内蒙古工业大学刘桢民事迹

刘桢民,内蒙古巴彦淖尔市五原县人,中共预备党员,2019 年 7 月毕业于内蒙古工业大学电力学院,获工学学士学位;毕业后进入位于巴彦淖尔市乌拉特中旗草原上的中国船舶重工集团新能源有限责任公司乌拉特中旗导热油槽式 100 MW 光热发电项目公司工作,成为一位基层电力检修人员,扎根草原绿色电力事业,守护边疆万家灯火辉煌。

乌拉特中旗位于内蒙古自治区巴彦淖尔市东北部,北与蒙古国交界,距我国甘其毛都口岸 130 公里,地处高原,地域辽阔,有丰富的风、光资源,众多新能源电厂建立在此。刘桢民毕业后,选择扎根北疆草原,毅然决然加入当地的光热发电项目公司工作,成为一名基层电力检修人员,投身于保障边疆草原绿色光热发电的伟大事业。3 年来,他工作踏实、默默奉献,在领导的支持和同事的帮助下,取得了很大的进步和优异的成绩,用辛勤的汗水保障绿色电力生产的畅通,用无悔的奉献唱响基层电力的青春之歌。

勤学苦思,不积跬步无以至千里

光热发电是一个新兴的行业,集发电与储能于一身,是可替代化石能源电站做基础负荷和调峰负荷的绿色电源,对于保证电力系统安全、高效,助力实现"双碳"目标具有重要作用。正是因为认识到这一点,所以刘桢民虽然在刚入职时屡屡受挫,但始终有着饱满的干劲和战胜困难的勇气,对自己的事业满含激情和热爱。区别于传统的火电,光热发电有着自己独有的设备和系统,刘桢民大学时期的专业学习更多的是与传统火电相关,参加工作后,面对很多陌生的设备与系统,他一时无法上手,于是他积极参加公司和部门组织的各类技术培训,认真研读系统图、操作规程,学习过程中遇到困难他便及时向专业工程师和公司聘请的专家请教。没有现成的教学和讲解书籍,他便把设备和系统的说明书搜集起来,认真研读。由于很多特殊设备都是进口的设备,随箱说明书也只有英文版本,他一字一句地翻译,一页一页地标注,一点一点地积累,经过不断的研习积累,形成了近 3 厘米厚的说明书及英译汉图册。在他反反复复的揣摩中,图册磨了边、卷了页,这是他每天都要翻看的"宝贝"。为了有效地将理论与实践相结合,刘桢民经常到现场实地察看,生怕错过参与设备的拆装过程,从而彻底了解了各种设备的特性,终于能够满怀信心地承担起检修工作。一次,在公司某关键泵试转时 DCS 转速无信号,在与厂家沟通无果的情况下,他通过结合自己的"宝贝"图册和不断积累研究的经验,迅速确认问题原因并指导厂家进行调整解决,很好地完成了该项检修工作任务,获得了部门上下的一致认可。在他心里,他的"宝贝"图册就是可以点燃万家灯火、温暖万里草原的光。

攻坚克难，航母精神指引他前行

乌拉特中旗导热油槽式 100 MW 光热发电项目为首批国家级光热发电示范工程。在公司电站建设和调试及后续运维的过程中，几乎每天都会出现很多新的技术问题。为了及时有效地解决这些阻碍项目推进的"拦路虎"，刘桢民遇到检修工作技术难题时，对问题进行积极思考与分析、翻阅文献、查找资料，同时虚心请教领导、专家、同事们，努力做到问题不过夜、细节不放过。很多时候由于工期紧张，班组人员会出现短缺情况，他主动压缩休息时间，留守现场，任劳任怨，不计较个人得失，参与了他所在班组所负责的各项相关调试，涉及其专业的工作任务都能够得到及时的落实和解决，有效加快了调试进程。

110 KV 线路倒送电一次成功、汽轮机一次性冲转成功、首次并网发电成功、首次实现满负荷发电成功……一次又一次的成功调试，激励着这个初出茅庐的小伙子，一切努力都有了回报，一切经历都充满了意义；一次又一次的调试成功，勉励着这个敢拼敢干的年轻人以梦为马的青春奋斗，勉励着他仰望星空、脚踏实地。最终刘桢民和他的班组圆满完成了公司布置的各项建设与调试任务，落实了各项工作安排，表现出色，获得了公司上下的一致好评。刘桢民总认为，在那些为绿色光热事业奋斗的日子，在那些克服无数困难的时刻，在那些加班加点的从黑夜到黎明的瞬间，是无数船舶先辈们创新、创业的事迹激励着他，"爱国、创新、科学、拼搏、协作"的航母精神指引着他，使他能够攻坚克难，砥砺前行。

疫情防控，永葆共产党员的本色

2020 年初至今，新冠肺炎疫情肆虐，给人民群众的生命安全、身体健康带来了巨大威胁。"疫情就是命令，防控就是责任。"越是这样的时刻，越要坚守在公司保稳定、战疫情、防风险、护安全的第一线。疫情初期，还在家中休假的他，主动向领导请缨，参与到公司及分包单位所有人员情况的汇总统计与摸排工作中。疫情形势严峻、工作节奏紧张，他始终听从指挥、服从命令，加班加点、连续奋战，每天联系汇总摸排约 30 余人次的信息数据，为后续公司和地方政府对公司的复工复产事宜的研判提供支撑依据，为公司的复工复产事宜做出贡献。4 月的草原乍暖还寒，夜晚常会刮起凉风裹挟着沙尘往人的领口里钻，而他却坚持利用下班时间主动到厂区门口协助开展消杀工作和夜间值守工作,保安室里火炉里的炭火、热腾腾的泡面、工友的笑脸、心中的信念,都能撕碎寒风,带给他陪伴和温暖。

疫情防控一波方平,鼠疫之战一波又起。鼠疫在草原地区是一种很恶劣的传染病,主要通过老鼠、野兔等在草原牧民的牲畜间传播,如果人感染上也有着很高的致死率。彼时的刘桢民作为入党积极分子又一次冲向第一线,主动配合当地政府开展公司厂区内的鼠疫防控事宜。秋风萧瑟,为了遏止鼠疫在厂区的传播,需要将浸泡过老鼠药的稻米在厂区内按照一定的比例搁置覆盖,刘桢民主动请缨,利用每天下班后的时间,与同组的同事拎着装满老鼠药的大铁桶投放鼠药,花了两周的时间走遍了厂区 7300 亩的土地,实现了厂区全覆盖,成功将鼠疫在厂区的传播扼杀在摇篮中。

作为新时代的青年,刘桢民总能在党和人民需要他的时候毫不犹豫地迎难而上,投身基层如是、钻研业务如是、抗击疫情如是……今后纵是有万千选择,依然如是。他用实际行动践行初心和使命,他用青春热血谱写基层的华章。他说,青年是民族的脊梁,是国家的希望,作为这一代的青年,国家竭尽全力给了他们最好的教育、最好的机会,更给了他们最好的时代,而让这个时代变得更好就是他们义不容辞的责任和使命,而他的使命就是让这片草原绿色永驻,灯火辉煌。

扎根基层,筑梦青春于北疆草原

青春是什么?青春是一个人生命的含苞待放,青春是歌,青春是画,青春是梦,而刘桢民认为他的青春更应是奉献,奉献于北疆草原建设、奉献于光热事业发展。自大学毕业之后,他便来到乌拉特中旗的草原与戈壁上工作与生活,虽然远离繁华,但他选择坚守,甘愿奉献。当他在炎炎夏日的烘烤下作业时,在白雪皑皑的草地上巡检时、在孤独寂静的深夜里值守时,他想到的是他的奉献保障了电路畅通,他的青春点燃了万家灯火和团圆亲情;他想到的是自己的坚守能实现节能减排、保护生态,自己的付出能换来祖国的一片蓝天与绿水青山,为此他无怨无悔。他曾这样说:"心中有担当,生命就会熠熠发光。我愿意为了我心中的那份责任和热爱,将青春与光热结缘,这将是我无悔的选择。"

青春献边疆,热血铸光热!刘桢民同志认真履行电力检修人的工作职责,以高度的敬业精神和顽强的工作作风,展现了光热人的风采,用顽强拼搏的奉献精神和对光热事业的执着与追求谱写了自己无悔人生的华美乐章,展现了新时代青年的良好风貌。

近三年的工作经历对漫漫人生来说只是开始,刘桢民知道在今后的工作中会有更大的考验在等着他,他将继续脚踏实地,奋勇向前,牢记共产党人的初心与使命,秉承中国船舶集团的"航母精神"、中船新能"创新、创业、国际、扁平"的核心经营理念,让青春在基层闪光,让理想在基层绽放!

(内蒙古自治区高校学生就业创业服务中心供稿)

赓续前行，奋楫争先，在基层书写青春篇章
——内蒙古民族大学刘凯事迹

刘凯，男，汉族，1998年2月出生，中共党员，2020年毕业于内蒙古民族大学化学与材料学院材料化学专业，同年考录为天津市农村专职党务工作者，任职于天津市静海区，任良王庄乡八级管理岗八级职员，兼任良王庄乡于家堡村党支部书记、村委会主任。在校期间，他先后担任班级班长、校学生会干事、院学生会办公室副主任等，曾获评校级优秀学生干部、三好学生、优秀共青团员、优秀毕业生等。

一、坚定信念，勇担使命

走出校园，踏入"基层"，半年时间里，是什么让刘凯快速成长并融入异地他乡？是什么让刘凯迅速适应工作生活并进入工作状态？是什么让刘凯坚定了理想信念？追根溯源，是内蒙古民族大学的四年学习生活为他奠定了工作的基础，指明了人生的方向，是母校的培养让他树立了远大的理想，是"博学明理，崇德至善"的校训精神指引他在不同的环境与岗位上发光发热。青年是祖国的希望、民族的未来，他们如同种子一样，扎根到艰苦的环境中，到祖国最需要的地方去建功立业，逐渐生长为参天大树，给一方土地带来荫蔽，这是当代青年的使命与担当。作为一名民大人，有责任有义务去践行这一使命和担当，但如何实现自身最大的价值，这是刘凯一直思索的问题。所以，本应与众多青年学子一道投身到科研领域去深造的他，毅然怀揣着满腔热血义无反顾地投身于基层事业。

二、不负韶华，勇毅前行

2020年的那个夏天，他来到了静海这片炙热的净土上，良王庄乡府君庙村是他工作历程中的第一站，那是一个有着悠久历史文化底蕴的村落。初到府君庙，他选择了驻村，坚持

每天入户走访,倾听百姓心声。一轮走访下来,很快他就和村里的党员、群众、村民代表熟识了起来。当时的他和村民交流都很困难,因为他听不懂当地的口音,不明白村民讲的方言是什么意思,这对于他来说是一个很大的阻碍。为了克服这一难题,后来他没事就去找大家聊天,帮助村民做一些力所能及的事情。慢慢地,他和村民的沟通便没有了障碍。2020年恰逢十年一次的人口普查,就这样他光荣地成为了全国第七次人口普查的普查员。那段日子里,从入户走访记录信息到录入数据完成上报,他经常忙碌到凌晨,每天都会走两万多步,虽然很累很辛苦,但是他收获颇丰。在工作中他快速地成长着,这让他获得了一种从未有过的快乐!

年底的时候,他接受组织安排,调到另一个村子负责一肩挑。就这样他来到了他工作历程中的第二站——良王庄乡于家堡村。"小时候,只是听说过农村换届选举,想不到多年以后自己成为了这次选举的主角。"这是他当时最大的感受!在经历了为期一个月的入户走访后,对于工作他有了更加深刻的了解,对于自己所选择的路也有了更加清晰的认知。2021年2月,他当选于家堡村党支部书记。同年3月,他当选于家堡村村委会主任,从那一刻起,他觉得他不能再是一个刚毕业的大学生了,因为他知道他肩膀上的担子有多重。基层,特别是农村,事务纷繁复杂,为了尽快适应角色的转变,本着"先当村民再当大学生村官"的态度,到任之初,他就在村干部的带领下对本村村民进行了走访,了解村情民意,特别是贫困家庭的生活情况,以及本村产业发展等情况。为了在更短的时间内适应新环境、新角色,提高自己服务群众的能力和水平,他不断自我反思,补充自己的工作知识。遇到有问题的地方,他就向身边的领导、村"两委"干部、老党员们学习,向他们请教工作方法,在日常工作中观察他们的工作方法和沟通交流方式。

到村工作以来,他始终不忘强化理论学习,坚持自己带头学、"两委"深入学、党员定期学,真正让理论学习服务于工作实践,不断提升推动基层工作、服务人民群众的能力。2021年以来,他共组织党员开展专题学习18次,召开支委会36次,组织为党员讲党课12次,发展入党积极分子7名,为党组织注入了新鲜的血液。他以党史学习教育为契机,扎实开展"我为群众办实事"实践活动。在学习中,"两委"干部更加坚定了团结带领全村人民奋力实现乡村振兴的信心与决心。

还记得那是换届过后的一周,一个女孩儿带着她的奶奶找到他,说是门前胡同的道路至今还没有硬化,每逢雨季那里就会变得泥泞不堪,无法正常通行。得知这个情况后,他迅速召开了"两委"会、党员大会,大会决定排查村内没有硬化的路段,并在雨季到来之前完成硬化。三天的时间,他和村"两委"走遍了村子的每一个角落,详细记录了需要硬化的具体路段,接着便买入材料,开始硬化。一个月后,村内4000余平方米未硬化路段均完成了硬化。过了不久,他就又发现了一个问题,村南的铁路涵洞是菜农们每天早上下地干活儿的必经之路,但那里年久失修,河内的水反渗,导致积水严重,村民们无法正常通行。经过上报乡党委政府,在乡党委政府的积极协调和区交通局及有关部门的大力支持下,完成了村铁路涵洞排水系统的提升改造,地道总长160米,配置300立方米泵池一座,安装潜水泵3台,每分钟出水量可达45立方米,完全可以满足日常排水需求以及完成应对极端强降雨天气时的排水任务。村内房屋大都是在20世纪八九十年代建造的,目前年久失修,部分房屋墙体开裂。汛期来临之时,为保障全村百姓住房安全,在他的带领下,良王庄乡于家堡村党支部继续开展民心工程,落实党委政府"我为群众办实事"。在良王庄党委政府的领导下，他分批对村内房屋进行抗震加固改造，共计改造 36 户，抗震等级可达六级，获得了广大群众的认可。在解决这些问题的同时，他也在飞速成长着。

2022 年年初，奥密克戎病毒席卷津城，天津成为了中国第一个迎战奥密克戎的城市。1 月 8 日的中午，正在村里值班的他突然接到了立即排查从津南返回的人员的通知，一场硬仗就此拉开序幕。他带领村"两委"、党员、代表、志愿者一起连夜排查涉疫地区返乡人员，十天的时间里做了四次核酸大筛查。春节的到来驱散了瘟疫，正月刚过，奥密克戎再次卷土重来。这一次，静海也"病"了，在周边区域疫情严峻的形势下，静海在重重包围之下难以"独善其身"。没想到，这波疫情比年初那波要严重得多。奥密克戎变异毒株多点突袭，形势危急，决战真的开始了。随着多区域先后划定封、管控区，个别区域调整为高风险地区，这场战疫异常猛烈。扛过了许多艰难时刻的他们深知必须闯过这一关。这一关很难，难在奥密克戎变异毒株的隐秘突袭和强力传播，难在静海与周边省市、地区人员交往流动性大，更难在连续作战后身心疲惫的考验和侥幸心理作祟的松懈。但是，除了打赢，他们别无选择。他动员全村党员群众积极投身疫情防控一线，全力守护人民群众生命安全，带头在卡口值守，对进出人员进行测温、亮码登记。核酸大筛查时，他带着医生亲自入户为行动不便的老人采集核酸，严格落实各项隔离管控措施。最终在腹背受敌的情况下，良王庄乡零感染，他们胜利了，他们保住了最后的净土。在这场战争中，他严守岗位，安排工作人员各司其职，坚决做好自己的工作，不放过任何一个微小的细节，他收获了很多，也成长了很多。疫情缓和之余，他带领村"两委"班子入户走访摸排，强化推动疫苗接种工作。经过不懈努力，村内群众整体疫苗接种率达 99%，特别是 60 岁以上老人接种率达到了 97%，筑牢了疫情防控免疫防线。

三、扎根基层，青春无悔

到村工作以来，他早已褪去了稚嫩的脸庞，没有了刚出校门时的书生气，从一名党务工作者转变成为基层党组织书记、村委会主任，再到党代表、人大代表。将近两年的时间里，他经历了太多的角色，也更加明白了脚下沾满多少泥土，心中就能沉淀多少热爱。回看两年来的工作,虽然没有轰轰烈烈的大事,但点点滴滴都是实实在在为老百姓服务的,因为他深知只有把村民的事当成自己的事,用真心去为他们着想,去为他们排忧解难,才能赢得老百姓的尊重和信任,才能对得起多年培养他的党和他可爱可敬的母校。

奋斗的青春最美丽,年轻干部到党和人民最需要的地方去,这才是青春该有的模样。在国家大力实施乡村振兴战略的今天,既然选择了服务农村、服务群众、服务基层,就没有理由和借口人浮于事、虚度年华,应当沉下心来,扎根基层而非浮在基层,珍视基层锻炼的"第一桶金"。扎根基层,他学习着,生长着,终于成为一棵参天大树。以"功成不必在我"的大胸怀、大担当,在基层这个有着"大学问"的地方锻炼自我,激发潜能,积累经验,磨砺意志,增长才干,打牢成长的根基,铸就矢志不渝的理想追求,为实现中华民族伟大复兴的中国梦而不懈奋斗。

他在最美的青春年华,选择成为一名基层干部。用青春浇灌着脚下那片他深爱着的土地,用知识去改变着基层的点滴,如今的他已经坚定目标,继续奉献他的青春力量。全世界的人都在忙着长大,却很少有人忙着成长。而他一路走来遇到了那么多可爱的人,他们陪他长大,伴他成长,不得不说他是幸运的,一切都是值得的!努力的人永远不会被生活忘记,也永远不会忘记生活!在时代的浪潮中,他是翻涌着的浪花;在前进的轨迹中,他有着最坚定的步伐;在青春的岁月中,他是最耀眼的色彩。前路漫漫,道阻且长,唯愿他继续向下扎根,向上开花,不负岁月,不负远方!

(内蒙古自治区高校学生就业创业服务中心供稿)

青春在奉献中闪光

——内蒙古交通职业技术学院乌令巴拉事迹

乌令巴拉,男,中共党员,2019 年毕业于内蒙古交通职业技术学院。2019 年参加大学生志愿服务西部计划,在乌海市海南区西卓子山街道办事处服务,任西卓子山街道机关党支部宣传委员、团工委副书记、西卓子山街道应急排民兵、综治中心办公室秘书。

他 2018 年 5 月被共青团内蒙古交通职业技术学院委员会评为"优秀团员",2020 年 5 月被共青团海南区委员会评为"海南区优秀共青团员",2021 年 5 月被共青团乌海市委员会评为"优秀共青团员",2021 年 3 月被大学生志愿服务西部计划内蒙古项目管理办公室评为"2020—2021 年度内蒙古大学生志愿服务西部计划地方项目优秀志愿者"。

一、成长在基层,服务于基层

乌令巴拉,1997 年 8 月 26 日在内蒙古锡林郭勒盟阿巴嘎旗查干淖尔镇出生。从小学三年级开始在每个假期他便跟着父亲到各个牧区的大队从事与挖水井、盖羊圈、放羊等相关的体力劳动,锻炼了吃苦耐劳的精神。2019 年乌令巴拉参加大学生志愿服务西部计划,被分配到了乌海市海南区西卓子山街道办事处综治办公室,主要工作是协助综治办主任开展信访、扫黑除恶专项斗争等各项工作。乌令巴拉成长在基层,服务于基层,对基层现状十分熟悉,对基层工作充满热情,这些优势使得其在工作中不会出现与基层土壤"水土不服"的不良反应,能够全身心地投入到工作中去,真心实意为基层群众服务。

二、知行合一,力行实践

(一)严格要求自己,尽职尽责做好本职工作

在街道办事处服务期间,日常的工作多而烦琐,非常具有挑战性,他为了克服自身不足,积极向领导、同事学习经验,同时还通过网络、权威报刊、书籍,认真学习"枫桥经验"等相关的工作方法。在通过多方面的学习和对现实环境充分认识和了解的基础上,他结合从实际出发的工作理念,制订切实可行的工作计划,稳扎稳打,并将工作计划逐步、认真地执行和完成。

在本职工作中,如邻里纠纷、家长里短等的调解,他妥善化解了各类矛盾纠纷,把理论和实践相结合,礼貌接待来反映问题的群众,对群众来信来访中反映的正当要求及时上报领导并给予解决,积极做好耐心细致的解释工作。2022 年春季,乌海市组织开展"疫情防控敲门行动",乌令巴拉被分配负责街道河南平房 300 余户人家,范围内多数为外地租户,时常不在家。对此范围并不熟悉的乌令巴拉在做好在家居民信息登记的同时,积极询问街坊邻

居,了解白天不在家的居民的家庭情况,并进行详细的备注,等到早上七点和晚上八点或十点,居民可能会回来的时间,他多次进行有礼貌的"敲门入户"。乌令巴拉在不懈的努力下提前超额完成了任务,同时获得了居民群众、领导的一致好评。

(二)常态化开展志愿服务,宣传志愿精神

在街道团工委的领导下,乌令巴拉采取了多种思路、举措开展志愿服务工作,认真做好社区思想道德宣传教育工作,帮助做好基层思想教育工作,让党的先进思想理念融入群众的心中,融入群众生活的一点一滴中,使群众思想道德建设更加到位,成果更加丰富。他的主要工作成果:一是为服务社区着想,建立健全了社区青年志愿者服务站,规范了青年志愿者服务运作机制;二是先后组织和参与了"普及反邪教知识、增强反邪意识"、疫情防控入户排查等共计 50 余次活动,发放宣传资料 2000 余份,取得了良好的效果;三是着力进行队伍建设,不断扩大志愿者队伍,提高了志愿者服务的工作效率。他在一次次的活动中点燃了志愿者的激情,展现了自己的青春风采,引领了更多的社会人士报名参加志愿活动。

(三)战"疫"在一线,谱写如歌的青春

2020 年,新冠肺炎疫情来袭,在内蒙古自治区公布全区团委联系人员后,乌令巴拉积极与所在地的阿巴嘎旗团委联系,申请参加疫情防控志愿者工作,并被分配至呼格吉勒社区,负责统计外来人口工作,他共分类统计外来居民、牧民 600 余户。2020 年 3 月,他获得阿巴嘎旗红十字会颁发的捐赠证书,4 月荣获共青团阿巴嘎旗委员会颁发的疫情防控志愿服务证书。

2021 年,他响应号召,就地过年,春节没有回家,而是在服务地过节,他清楚地认识到,当时临近春运,人员流动增加使得疫情防控更复杂,社区作为"外防输出,内防反弹"的重要防线,工作人员压力普遍较大,因此他积极储备 2021 年疫情防控志愿者队伍,形成联防联控、群防群治的坚实力量,努力为社区减负。

2022 年初,疫情形势仍呈局部散发和规模聚集性并存特征,他通过联系 2021 应往届学社衔接团员、有意向参与志愿服务活动但未大学毕业的学生、社会人士等群体,根据街道、社区需求,确定了 5 名志愿者,并按照志愿者意向和实际情况积极将其派往社区参与外来人

口登记工作和一线消杀等工作。同时，他积极发挥党员先锋模范作用，身先士卒，两次参加核酸规模检测，负责为居民进行信息登记、扫描健康码工作，累计服务群众700余人。

在办事处的这些日子里，乌令巴拉深切感受到西部人民对大学生志愿者的热忱和对人才的尊重。在这里工作的每一天，他都感到是充实的、快乐的。基层工作是辛苦的，但却锻炼了他的毅力，磨砺了他的思想；基层工作是繁杂的，但却给他提供了奉献青春的广阔天地。在这里，乌令巴拉去掉了许多浮躁，增强了历史责任感和使命感。他决定在今后的工作中继续不断提高自己的服务水平和服务质量，以后无论在什么样的工作岗位，在什么地方工作，都不会忘记曾经在这片热土上播种过希望的种子，不会忘记这片自己挥洒过汗水的热土。

岗位是平凡的，青春是火热的，乌令巴拉凭着一颗质朴、善良的心，一股火一样的热情，一种勇敢无畏的精神，以兢兢业业、勇于创新的作风，以昂扬斗志积极践行着志愿精神，忘我地铺就他绚丽多姿的志愿之路，谱写着他如歌的青春。

（内蒙古自治区高校学生就业创业服务中心供稿）

闪亮的日子

辽宁

最美的青春在基层

——辽宁师范大学孟婷事迹

小时候如果被问到长大后要从事什么职业，相信不少人会不假思索地回答"科学家""医生""警察"……而孟婷却从小立志要做一名"家乡的守护者"。

思想铸魂，在青春奉献中播撒理想的种子

1994 年，孟婷出生于山西。2014 年，孟婷第一次以大学生调研的形式走访山西省贫困县的农村小学。那天下着淅沥小雨，孟婷遇到了一个骑摩托的男孩，他浑身湿透了，光着脚丫，没有穿鞋子。她立马上前去问："你为什么没穿鞋子？"小男孩的回答却是——"我的脚磨破可以再长，鞋子磨破就没得穿了。"就是这句回答让孟婷内心激起了一阵波澜。习近平总书记曾指出，新时代青年要有家国情怀，让青春在为祖国、为人民、为民族的奉献中焕发更加绚丽的光彩。孟婷认为生活在这个蓬勃发展、前景光明的新时代是 90 后这一代人的荣幸，但在一些偏远地区还会有这样光着脚丫的小男孩需要去温暖，所以她想做一束光，去照亮他们。

孟婷在大学期间创办了四个大学生支教团队，尤其是艺路畅想支教团队，连续五年带领辽宁师范大学学子赴山西省榆社县社城镇小学支教，她帮助两百多名大学生实现了自己的公益支教梦想，也帮助八百多名小学生点燃了渴望已久的艺术梦想。与此同时，她利用播音主持学科的专业优势把"口语传播"课题带到大连市马栏小学、锦绣小学、十四小学和十四中学校本课程中，她的公益课堂项目惠及大连市 4 所中小学的 1000 余名学生，得到了大连市教育局、市关工委等教育部门的支持，并被《大连晚报》《半岛晨报》、东北新闻网等20 余家媒体报道宣传。从这个时候起，支教老师就成了孟婷身上的独属标签，同时也播种了一颗"奉献"的种子。

价值引领，在志愿服务中践行使命担当

习近平总书记曾寄语新时代青年要有家国情怀，担当时代使命，勇做走在时代前列的奋进者、开拓者、奉献者。2017 年 7 月，孟婷在大学毕业之际踏上通往西藏林芝的列车去西部支教，历经 5000 多公里伴随海拔逐渐升高，也刷新了她人生的"新高度"。支教一年，自教一生。林芝市第二高级中学是孟婷教师生涯的起点。抵达西藏后，她尽量克服高原上缺氧的不适，主动请缨担任高一年级两个班的语文老师，同时兼任四个班的政治老师。她根据

当地藏族学生和藏区环境的实际情况因材施教,既钻研非原专业擅长的教学方法,也时常给孩子们分享她对于"外面的世界"的最鲜活的理解和展望。她满怀豪情想要大干一场,可是她不懂藏语,阴晴不定的天气以及想到要吃一整年的糌粑和酥油茶,这些都令她头疼,但她依旧充满信心。来到西部,不就是要沉下心来发光发热吗?

正当孟婷对支教工作全情投入时,一场噩梦袭来。2017 年 11 月 18 日,一场突如其来的 6.9 级地震给西藏林芝笼罩上了一层阴影。早上 6 点多,还在睡梦中的孟婷被房子的晃动惊醒,当时唯一在她脑海中闪过的就是要活着出去!就在她往外跑的时候,她听到学生宿舍有人喊"老师,救我!"孟婷和研支团所有成员全部奔向学生宿舍,和带班老师第一时间把学生疏散到操场。地震后余震不断,孟婷坚守值班岗位,没有离开过半步,她时刻牢记自己是一名青年志愿者,时刻不能忘记肩上的责任。

一年的时间,为了做一名合格的教师孟婷尽其所能,周末义务组织学生补习功课,晚上跟农牧民家长打电话打到手机没电。孟婷所做的努力没有白费,她辅导的学生多次登上全国的舞台参与竞赛并屡屡获奖,她所教的学生现在有考进大连海事大学、广西民族大学、西北民族大学的,她很骄傲。

在藏期间,孟婷牢记习近平总书记对新时代青年的殷殷嘱托,写了数十篇支教日记,并发表于中国青年网、中国西藏网等各大媒体。2018 年,她被评为西藏自治区优秀志愿者,并以优秀志愿者身份走遍全国 60 余所高校,向高校学生讲述她的支教故事,分享志愿经历。2020 年,她获得志愿服务领域最高荣誉——团中央第十二届全国青年志愿者个人优秀奖。基于六年来辽宁师范大学研支团的志愿经历和个人的五年支教经历,孟婷在读研期间撰写了一部 20 余万字的关于支教的专著《绽放在高原》,2021 年 1 月由安徽出版社出版。抗疫期间,孟婷撰写的论文《论抗击新冠肺炎疫情人民战争中电视媒体的力量和作用发挥》发表于《人民日报》海外网,获得数万点击量。她用文字助力抗疫,用实际行动彰显当代青年的使命与责任担当。2021 年 5 月,受西藏林芝支教学校邀请,她重返高原进行新书签售会及高考励志讲座。孟婷认为,青年支教志愿者群体虽然散落在祖国广袤的西部大地上,寥若晨星,但璀璨光明。和她一样的青年志愿者们无法决定自己的出身,但可以决定自己的思想和行为;无法决定生命的长度,但可以通过选择与奋斗增加生命的厚度。

矢志不渝，在"基层大学"中锻炼过硬本领

风劲帆满图新志，砥砺奋进正当时。2021年7月，孟婷考取山西省晋中市选调生，告别了象牙塔，怀揣着满心期待与热血，带着"家乡守护者"的夙愿，迈进梦想起航的地方——"基层大学"。

2021年7月，孟婷远离家乡来到昔阳县孔氏乡，"语言猜测题"让她心中迷茫，走村入户的"鸡毛蒜皮"也让她无从下手。于是她开始挑灯夜战，做起"小学生"，向父老乡亲虚心请教。她开始了解社情民意，尽快转变角色，写了数篇驻村日记，尝试着讲当地方言，走遍村子的角角落落。孟婷在服务地的这一年，经历了暴雨的侵袭，也经历了抗击疫情的艰辛，身为一名共产党员，她义无反顾地冲在一线。脚下踩过多少泥土，心中就会沉淀多少真情。她常常到田间地头听期盼，在长板凳上解民忧，也会在村党支部党日活动中给老百姓讲党史、说新闻，从愣头青到螺丝钉，从基层"小白"到行家里手，从被照顾到照顾百姓，脚下是土地，心中是人民，蜕变的是黝黑的皮肤，不变的是青春热血。

曾经是一名援藏志愿者，现如今又选择了选调生这一身份，孟婷将继续扎根这片热土，做好"家乡的守护者"，情系这片土地上可爱的百姓。以青春为笔，以责任为墨，在基层一线书写青春华章，在实现中华民族伟大复兴的征程中矢志不渝、逐梦前行，在乡村振兴道路上勾勒出中国青年最美的青春！

（辽宁省大学生就业创业中心供稿）

扎根基层，青春该有的模样

——沈阳工业大学房宇琛事迹

　　房宇琛，沈阳工业大学管理学院物流管理专业 2020 届毕业生；在校时任班级学习委员，曾任校青年志愿者协会宣传部部长，积极参与校内各类青年志愿活动和党日活动，多次获得国家励志奖学金、校奖学金、校三好学生，以及校优秀干部等荣誉称号。从小在农村长大的她，对脚下的土地有着深厚的感情。毕业前，心怀着为辽宁振兴发展贡献一份力、推动乡村振兴发展的初心，房宇琛经学校推荐，报名参加了 2020 届辽宁省委选调生招录考试，被录用到营口盖州市徐屯镇龙湾村担任村支部书记助理一职。

嫩芽入土，誓要破土而出

　　房宇琛常把自己比喻成龙湾村的特色农产品——生姜。她说，大学时期的自己就是寒冬里的姜种，放在炕头上"捂"着，没有经历过风吹日晒。她踏入基层一线的那一刻，便是这棵姜芽埋入土壤之时。村民们都跟她说："咱们村这生姜可娇贵着呢，不好伺候。"但她却暗暗下决心，自己偏要成为那棵吸收养分破土而出的肥姜！

施肥浇灌，长成青葱绿叶

　　农村的事务纷繁复杂，尽管房宇琛始终秉持"我村是我家，村民是家人"的服务理念，用心用情为人民服务，但还是有一些超乎预期的突发状况。换届选举时，经验尚浅的房宇琛为了保证选举风清气正，防止选票丢失，严守票箱，差点与着急去干活的村民发生争执。多亏村领导从中调和，既维持了选举现场秩序，又让村民优先投票没耽误农活。最后，在大家的共同努力下，发出选票全部收回，选举顺利完成。从此以后，房宇琛明白了，做村里的工作，光靠认真远远不够，要把工作干好，必须学会和村民们打交道！2021年清明假期时正值房屋普查，为保障全村百姓住得安全，房宇琛挨家挨户走访，详细记录房屋建造年份、房屋面积、房屋结构、是否有房照等信息，危房统一上报上级政府，使龙湾村住房安全问题得到了解决。在村委领导的帮助下，房宇琛以最快的速度记下了全村地形和住户分布，为快速入户上传信息奠定了基础。

领导同事们的指导和帮助是房宇琛的"肥料"，在他们的倾心传授下，她学到了许多与村民打交道的方式方法，工作能力得到提升，开展工作更加得心应手。

风吹雨打，向下更深扎根

2021年5月中旬，新冠肺炎疫情突然在隔壁县区肆虐，农村防疫压力骤增。镇里领导考虑到房宇琛机敏灵动的性格，决定临时借调她去镇里支援抗疫工作。电话流调上千条信息、分发物资、核酸检测信息采集软件安装及培训、日均上报6个信息统计表，两轮全民核酸检测等工作她都能圆满地完成。那时，奋战到凌晨成了家常便饭，电话流调中遭人辱骂、不被人理解，使她曾委屈到萌生打退堂鼓的想法，她也曾因工作压力大躲在厕所里哭，但想到辖区内上万百姓的生命健康，她觉得自己的这点困难不算什么，就又擦干眼泪回到工作岗位继续奋斗。

世上没有白走的路，更没有白吃的苦，正因为有了这次经验，在2022年遭遇疫情时，房宇琛临危不乱，收拾好行李做好驻村不回家的准备，在半夜前往镇里取回物资、安装好最新版的核酸采集软件、分组通知村民检测、设立卡点、对上级分发下来的流调信息分组发放、进行核实、立即排查重点地区返乡人员，一切工作井然有序。许多行动不便的残疾人和老年人不能到集中采集点检测核酸，她便与村医组成一支入户小队，入到每一户进行上门服务。许多小孩没有身份证，核酸检测时他们就要手动输入身份证号码，降低了采集速度，于是房宇琛就利用空闲时间录屏制作了家长代领健康码教学视频，家长们纷纷夸赞教程通俗易懂，大大提高了全民核酸检测速度。经过22天的日夜奋战，龙湾村终于迎来了春暖花开。

雨过天晴，向上茁壮生长

扶贫走访暖人心。为深入了解贫困户生活中的困难，房宇琛先后走访了全村所有的47户贫困户。"一枝一叶总关情"，走访过程中，她把对村民的关爱体现在温暖的话语中，体现在踏实的工作里。她详细了解、记录每一户的致贫原因、家庭实际困难、家庭收入情况等。"小房，我现在生活很知足啦，院里有这些羊我心里就有底，你要问我有啥需要党帮助的，我就想换个轮椅"，贫困户郑大哥前几年因为车祸双腿失去知觉，丧失了行动能力，一直坐在轮椅上喂羊干活。听到他的话，房宇琛既替他开心生活好起来了，也不觉有些心酸。后来，房宇琛把新轮椅亲手送到了郑大哥家里，郑大哥满足的笑容让房宇琛感到自己的工作有着沉甸甸的意义。

深入基层收获丰。房宇琛与村"两委"共同完成了许多工作：防火防汛、收缴地力补贴和粮食补贴、设计建设村口门楼、补办合作社营业执照、完成人大换届选举……她主动发挥年轻人的优势,整理扶贫档案、上传粮补名单、统计疫苗接种率等各项工作均率先完成,得到镇里领导的一致好评。2021年正值伟大的中国共产党成立100周年,房宇琛策划组织了七一"永远跟党走"党日活动,所有党员身穿她设计定制的文化衫,升国旗、看七一表彰大会、重温入党誓词,再次回顾入党初心,坚定了今后为人民服务的理想信念。村内有几处坑洼,阴雨天气时百姓出行极其不便,总有人来到村部"投诉"。在房宇琛和村书记的努力协调下,终于解决了问题,给了老百姓一个满意的交代。

乡村振兴我先行。小时候在农村的经历让房宇琛深深地了解到农民早出晚归在田间精耕细作是多么辛苦,深知农村广阔天地大有可为。一来到龙湾村,她就对本村的生姜产业产生了浓厚的兴趣,不断向村民学习生姜种植的经验和技巧。很快房宇琛发现村内生姜种植已经形成一定规模,认为集体经济应该跟上脚步,进一步发展。2021年,龙湾村集体经济合作社在镇村两级党委的支持下,成功争取到两个项目,在村内建设两处生姜恒温储存库。恒温库建成后不仅可以解决村内就业问题,而且可以极大提高姜农的收入,为后续创建生姜深加工产品线奠定基础。

走访调查时,房宇琛发现,龙湾村人居环境良好,争取到"美丽乡村"建设项目,让村内环境进一步提升是村民们的一致意愿。在村"两委"的共同努力下,房宇琛将大家提出的意见和建议形成文字材料,并向上级部门提交了申请,最终成功申请到2022年美丽乡村建设项目。

房宇琛说,青春本就有许多种样子,她十分庆幸自己如今的模样无愧于党、无愧于民、无愧于心。

（辽宁省大学生就业创业中心供稿）

当炬火，去化作那道光！
——朝阳师范高等专科学校陆宏博事迹

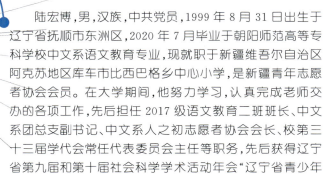

陆宏博，男，汉族，中共党员，1999年8月31日出生于辽宁省抚顺市东洲区，2020年7月毕业于朝阳师范高等专科学校中文系语文教育专业，现就职于新疆维吾尔自治区阿克苏地区库车市比西巴格乡中心小学，是新疆青年志愿者协会会员。在大学期间，他努力学习，认真完成老师交办的各项工作，先后担任2017级语文教育二班班长、中文系团总支副书记、中文系人之初志愿者协会会长、校第三十三届学代会常任代表委员会主任等职务，先后获得辽宁省第九届和第十届社会科学学术活动年会"辽宁省青少年发展论坛"征文活动二等奖、第十三届全国大学生文学作品大赛三等奖，并获辽宁省第十四届"挑战杯"大学生课外学术科技作品竞赛三等奖及学校优秀团干部、朝阳市最美志愿者、辽宁省优秀毕业生等荣誉称号。他所负责的中文系团总支连续两年荣获学校红旗团总支、先进团总支荣誉称号，所负责的人之初志愿者协会连续两年获评校级优秀大学生社团。工作以来，他先后承担所在学校语文学科教师、班主任、教务处主任、语文教研员等工作。

习近平总书记指出："广大青年要肩负历史使命，坚定前进信心，立大志、明大德、成大才、担大任，努力成为堪当民族复兴重任的时代新人，让青春在为祖国、为民族、为人民、为人类的不懈奋斗中绽放绚丽之花。"

——题　记

恰逢青春年少，作为新时代的青年，陆宏博以"敢涉万重险、勇挑千斤担"的志气，带着初生牛犊不怕虎的勇气，义无反顾，奔赴祖国最需要的地方。

初登讲台，树青年教师形象

2020年9月，陆宏博通过教师招聘进入阿克苏地区库车市教育系统。他主动申请来到距离城区近20公里的一所农村小学，任语文教师和班主任。他积极参加听评课、校本教研等各种活动。面对崭新的工作，他主动拜师学方法、谈体会，扎扎实实地积累教学经验。他主动邀请年级组和其他年级的老师到班里听课，课后及时进行反思，他最爱做的就是与同年级的老师进行讨论与思考，因此工作能力和水平有了迅速提高。仅仅一年多的时间里，他主动请缨，积极参加市级、地区级等各类比赛，取得了可喜的成绩。在库车市小学第一片区教研周青年教师现场课比赛活动中，他执教《纸的发明》，获得语文组二等奖；在库车市"新时代　新风尚　新作为"小学语文作业设计大赛中，荣获三等奖。2022年3月，在阿克苏地区十百千名师的评选中，他被授予"教学新秀"称号。与此同时，他还认真总结教学中的收获和体会，撰写论文数篇，在库车市教科局主办的期刊《教研之路》中公开发表《试论中华优秀传统文化融入小学阶段的途径和意义》一文，受到了同行的认可和好评。

他说，参加比赛不单单是为了自己，更是要为学校争荣誉。自从走出大学校园踏进另一个校园的那天起，陆宏博就以高度负责的主人翁精神，在每一个闪亮的日子挥汗泼墨，辛勤付出。

扎实工作，做好学生的引路人

初到异乡，初到西北，新疆库车的天气便给他下了第一封"战书"——气候不适，空气干燥，日照强，早晚温差大，大风、沙暴、浮尘等频频来袭。由于空气干燥，半夜鼻子、喉咙干涸撕裂，常常导致陆宏博流鼻血。除了气候、生活习惯的不同外，与部分家长语言不通也是他作为一名老师和一个班主任工作中最大的障碍。但这些困难并没有击倒陆宏博，作为班主任的他，积极想办法，语言不通时，便向其他老师请求帮忙翻译，渐渐地，家长们对这位年轻的小伙子竖起了大拇指。他还经常利用休息时间，找班上的每一位同学谈心谈话，积极解决学生们的困难。现在，班上的学生都是他的好朋友，而陆宏博将继续以大哥哥的身份守护着他的第一届学生，为孩子们的快乐童年保驾护航！2021年10月，他积极指导学生参加阿克苏地区第三十五届青少年科技创新大赛，他指导的作品《关于构建青少年微志愿掌上服务平台》获得阿克苏地区第三十五届青少年科技创新成果竞赛一等奖，其本人的作品《"光盘·光盘·盘子光光"活动方案》获得第三十五届科技辅导员科教创新成果项目类三等奖，他也被评为第三十五届阿克苏地区青少年科技创新大赛优秀科技辅导员。

2021年5月初，他临危受命，担任学校的教务主任一职，这对还是新老师的他无疑又是一大挑战。但他有着直面挑战的勇气与信心，毫不犹豫地担任起了这项工作。从这一刻开始，如何提升学校的教育教学质量成为了他不断思考和探索的问题。

他主动组织和参加随堂听课、公开课、集体备课、片区教研等教学活动，不断提升教学质量。每天早上，他到校的第一件事就是查早读和巡课，根据学校的实际情况制定、完善相应的教育教学管理规章制度，不打折扣地落实教育部和上级部门的双减、劳动教育等一系列相关要求。春季学期开学以来，为了提升教师基本功，他牵头组织举办了教师"三字一画"比赛、语文教师学科知识素养比赛等，获得了师生的一致好评。同事说，陆宏博的身上有着十分可贵的品质，那就是乐观，遇到难题积极面对，有效解决。

不忘初心,坚定不移跟党走

作为一名共产党员,陆宏博从身边的点滴小事做起,不断提高自己的认识,提升自己的觉悟。他积极参加学校的政治学习活动,对党的路线、方针、政策有了更加深入的认识与理解。他时时处处严于律己,积极发挥一名党员的先锋模范带头作用,及时向党组织做思想汇报,积极参加学校的各项党团活动。在库车市 2021 年教育系统党史知识竞赛中,他过关斩将,勇夺第一。

作为新疆青年志愿者协会的一名会员,陆宏博脚踏实地践行志愿服务精神。大学时,他便积极组织和参加志愿者服务活动,定点前往位于朝阳市的博爱启智学校为残疾儿童送温暖和帮助。工作之后,他底色不改,志愿服务精神不变。老师有困难,去找陆老师,同学有难题,去找陆老师,不管是同事还是学生,他总是热心帮忙,从不推诿。除了语文教学和教学管理工作,他还积极担任学校科技辅导员、青蓝工程指导教师,对于学校分派的其他任务,他也从不打折扣,扎扎实实做细,认认真真完成。

在 2021 年 9 月 10 日教师节表彰中,陆宏博被评为 2020—2021 学年比西巴格乡中心小学优秀教育工作者,且 2021 年年底考核为优秀,受到嘉奖。

作为一名青年党员教师,陆宏博将把立德树人作为新的动力、新的起点,以实际行动践行"学为人师,行为世范"的好老师标准,他将在祖国最需要的地方继续勤奋学习、刻苦锻炼。他将用自己的言行践行入党誓言,展示一名年轻共产党员的责任担当和执着追求,不负青春,不负时代,不负人民。

(辽宁省大学生就业创业中心供稿)

路在脚下，梦在远方

——渤海船舶职业学院陈江涛事迹

陈江涛，男，蒙古族，共青团员，1996年1月生，辽宁朝阳喀喇沁左翼蒙古族自治县人，2015年9月考入渤海船舶职业学院动力工程系轮机工程技术（船舶动力方向）专业，2017年9月应征入伍到新疆部队服役，2019年被评为优秀义务兵，退役前通过招录考试到南疆工作，并于2021年6月返校复学，于2022年6月毕业，现任新疆克孜勒苏柯尔克孜自治州阿图什市上阿图什镇兰干村村委会委员、兰干村乡村振兴工作站站长。短短两年多时间里，他分别荣获阿图什市村干部能力素质提升培训班优秀学员、上阿图什镇兰干村2021年"优秀干部"荣誉称号。

年少无畏生活艰辛，求学不负青春时光

出生农村贫困家庭的陈江涛，深知生活的艰辛与不易。当收到大学录取通知书的那一刻，全家人都哭了，父亲已经60岁，肢体四级残疾，无法从事重体力劳作；母亲智力二级残疾，生活难以自理。对于这个贫困的家庭，日常生活都是问题，学费和生活费无疑更是雪上加霜。父亲最终决定申请国家助学贷款让他读书，要用知识改变他的命运。

因家庭贫困，他曾是一个自卑的少年，2015年9月6日到学校报到的那天早上，堂叔和村里的亲戚邻居们资助他2380元钱，这是他半年的生活费，每星期的所有消费不能超过80元。就这样，陈江涛早上一个馒头、一份凉菜；中午不吃；晚上偶尔吃一个馒头，喝一碗免费的汤，共计54元艰难地度过了第一周。军训时他的身体已经吃不消了，辅导员老师通过谈话得知了他家里的情况和当下的处境后，帮忙联系了一份食堂兼职的工作，解决了他的一日三餐。不久后他就被认定为特困生，每年有4000元的助学金，就这样开始了他的大学生活。

祸不单行，大二那一年，父亲又因患间歇性精神疾病需住院治疗，面对高昂的医疗费用，贫困无疑是压在他心里的一块巨石……系领导得知情况后，向学院关心下一代委员会申请了3000元特殊助学金。面对学院的雪中送炭，陈江涛暗下决心学出个样子。这时的他决定弃笔从戎，参军报国，一是为了缓解家里的经济负担，二是可免除自己两年的学费，三是为了更好地磨炼自己，不辜负父母和老师对他的期望。

报效祖国参军入伍，军营铸就报国情怀

2017年9月11日早上，陈江涛踏上了前往新疆的列车，奔赴条件最艰难的大西北，开启了两年的军旅生涯。军营生活中，他始终严格要求自己，严格遵守部队的各项纪律，天天起得很早，内务整理得整整齐齐，训练中不怕苦不怕累，摸爬滚打、冲锋在前，很快精通了各种技战术动作，练就了强健的体魄和过硬的军人品质。由于表现出色，入伍第二年他就被部队选中去训练新兵并在新兵连担任文书工作。由于技战术过硬，他还被选拔参加了一项国际军事比赛，负责比赛保障任务，因为保障迅速到位，比赛获得了好成绩。通过刻苦学习，他真正了解了军人的崇高和伟大，更体会到了作为当代青年肩负的责任和使命。

扎根基层，服务南疆；坚守初心，梦在远方

两年的军旅生涯锤炼坚定了陈江涛到边疆工作的信念，退役后他通过了南疆基层工作人员的选拔考试。2019年10月退伍探家不到一个月，他就孤身一人再次踏上了更遥远更艰苦的南疆——新疆克孜勒苏柯尔克孜自治州。

从大东北到大西北的新疆克孜勒苏柯尔克孜自治州阿图什市上阿图什镇兰干村，直线距离超4000公里。陈江涛放下行李很快投入到村委会的繁忙工作中。脱贫攻坚中，他积极主动，加班加点，保质保量地核对每一个数据，准备好一份又一份档案，度过了无数不眠之夜。担任兰干村乡村振兴工作站站长以来，在他和同事们的共同努力下，全村309个贫困户全部如期脱贫，并通过上级的脱贫攻坚验收工作。粗略估计：他们打印的纸张超1.5万多张、加班超1000小时、上报惠农项目20余个，涉及资金700多万元，惠及群众达400多户，直接间接协调解决各类矛盾纠纷100余件。2021年8月暴雨，部分民房倒塌，田地被洪水冲毁，致使粮食绝收或减产，他参与灾后重建并负责统计上报灾害损失和发放救灾物资，累计发放棉被110多条、棉衣80多件、救灾资金2万多元；参加农村人居环境整治工作，改善农户家脏乱差的生活环境，引导村民栽种补植各种果树8000多棵，参与帮助群众翻地、种菜200多亩，提高了村民的家庭收入。

疫情防控任务中，他配合医生给隔离家庭送药、量体温。工作中经历了太多的不易，首先饮食不习惯，南疆以牛羊肉为主，从小不喜吃牛羊肉的他只能改变自己的饮食习惯。人家把馕泡泡水就可以当早餐吃，哪儿有他早已习惯的家乡小咸菜、大酱和豆浆啊。但对这一切，随着时间的推移，他也从不习惯到习惯了。还有语言方面，当时他是村里唯一的非本地干部，与新疆民族群众语言沟通不便，还得从零开始，他主动向身边的同事学习新疆民族语言，从刚开始的不会说、不敢说，到能够交流，期间经历了太多不易。努力没有白费，看到群众一张张温馨的笑脸，听到一句句暖心的话语，他觉得自己的一切付出都是值得的。

　　陈江涛工作已经两年多了,在这两年多里,他见证了脱贫攻坚取得伟大胜利的历史时刻,也经历了突如其来的新冠肺炎疫情。当前正处在脱贫攻坚同乡村振兴有效衔接的五年过渡期,他毅然坚守在自己的阵地上,没有后退一步。

　　岁月无迹,青春有痕。在他的身边,有将巡边路上的石头刻满"中国"的时代楷模布茹玛汗·毛勒朵奶奶;有祖孙三代守边护边,牺牲时年仅41岁的"帕米尔雄鹰"拉齐尼·巴依卡;还有帮助游客推车脱困的"新疆党徽大叔"阿布都加帕尔·猛得……榜样的精神深深感染着、激励着陈江涛,他下定决心一定要建设好祖国的边疆。

(辽宁省大学生就业创业中心供稿)

在基层服务中熔铸无悔青春
——辽宁理工学院刘小稚事迹

刘小稚,女,中共党员,2018年6月毕业于辽宁理工学院信息技术系,在校期间担任信息技术系自律联合会主席,曾获得优秀学生干部、市优秀应届毕业生称号,2019年参加"三支一扶"计划,深入基层,熔铸无悔青春。

不忘初心,牢记使命

2019年9月,刘小稚来到抚顺市清原满族自治县北三家镇人民政府组织办工作。当时正是"不忘初心、牢记使命"主题教育期间,刘小稚从中深受思想的洗礼,积蓄了奋进的力量。在工作中,她一直坚持共产党员对本心的笃定、对本源的坚守、对本初的执著;坚定对初心的矢志不渝、对信仰的忠贞不渝、对使命的坚韧不拔,在艰苦的环境中磨炼成长,用实际行动践行自己全心全意为人民服务的誓言。

北三家镇地处山区,年平均气温只有6.3℃。刚刚来到这里,村民们都不敢相信一个看起来弱不禁风的小姑娘会放弃大城市的繁华来到这穷乡僻壤。有的村民甚至说:"一个没有经验、刚刚毕业的大学生凭啥能带领我们?"面对村民的质疑,刘小稚却认为"虽万难,吾往矣!"共产党员绝不会在困难面前后退!

吃透村情是做好工作的第一步。北三家镇全镇总面积273平方公里,下辖1个社区、10个行政村,户籍人口14600多人。摆在刘小稚面前的首要任务就是摸透各村情况。她去村里、去贫困户家,多则二三十里路,少则十多里。为了尽快摸透各村情况,在公共交通不发达的情况下,远的村庄她就骑电动车去,近的村子就步行去,鞋子磨坏了,轮胎也扎坏过,但她始终不畏风雨穿梭于村民家中,认真调查,了解村情,听取民意,踏踏实实将工作做好、做细、做活。她深知农村工作不是简简单单的一份文件、一个电话,为了争取更多工作时间,她经常在早上拿一个面包作为午餐,拿着一个小本子走在田间地头,渴了就在村民家讨口水喝,饿了就吃几口面包,走访调查的记录逐渐写满了本子,她也越来越全面地了解了村情民情,为后续工作打下了坚实的基础。2019—2021年是脱贫攻坚年,按照镇党委、政府的要求,刘小稚积极投身脱贫攻坚普查排查工作中,负责一整村58户贫困户的走访排查。她通过逐户摸排调查把每个贫困户的情况了如指掌,她每个季度都会走访一遍所有贫困户,为政府制定脱贫决策提供了详实的数据。她迎接了国家、省、市、县精准脱贫检查10多次,以热血赴使命、以行动践诺言,在脱贫攻坚路上展示了新时代大学生党员的风采。

为了尽快投入到工作中，她利用业余时间认真学习与基层党务工作相关的文件、规章制度，将主题教育总要求"守初心、担使命，找差距、抓落实"真正落实到工作中，并积极参加有关部门组织的各项培训，不断提升自己。经过努力学习与本职工作相关的业务知识，勤于虚心向那些工作经验丰富的老同志请教，加之在领导和同事的耐心指导和帮助下，刘小稚很快地进入了"阵地"，夜以继日、加班加点整理完成了全镇"不忘初心、牢记使命"主题教育材料归档任务，得到了各级领导的肯定，受到了同事和群众的好评。

面对疫情，勇于担当

2020年，面对突然袭来的新冠肺炎疫情，作为共产党员的刘小稚始终坚守在防疫一线，充分发挥先锋模范作用，在最危险、最关键的时刻冲锋在前，勇挑重担，不惧艰险，无私奉献，展现了新时期共产党员的政治本色和道德情操。"不允许自己在防疫工作中出一点岔子"是刘小稚在新冠防疫会上的誓言！刘小稚以实际行动践行了自己的誓言，她率先投入到疫情防控工作中，逐组逐户逐人摸排、宣传防护知识，经常半夜通过大数据对武汉返乡人员、外来务工人员进行摸底、排查、登记，有时甚至凌晨还在接听咨询疫情政策的电话，最长连续工作长达58天无休。在防疫物资最紧缺的时候，她将自己储备的口罩、防护工具首先提供给村民，帮助镇里发放消毒用品等防疫物资，她始终想着不能给党和政府添麻烦，要为了人民的安全冲锋在第一线。

随着疫情的蔓延，北三家镇实行路口交通管制。对此，很多村民都不理解，刘小稚只能一个村子一个村子跑，向村民解释，一开始村民的态度并不好，但她没有气馁。通过细致耐心的劝导与讲解，村民们终于认识到实行交通管制是为了减少感染风险，是为了保证村民的生命安全。为避免人员流动造成交叉感染，刘小稚与各村干部和党员分三班倒，带头值班，轮流值守，宣传疫情防控知识，告诫来往人员疫情防控期间不要四处走动，保护自身安全。一天天地坚守，一次次地宣传，村民们渐渐地理解了刘小稚的苦心，态度从最开始的抵触转为坚定支持，他们开始由衷地佩服起了这个小姑娘。也有群众反问道："疫情严重，我们都在家不出门了，你每天在路口值守，还到处去给大家宣传，你一个小姑娘家不害怕吗？"刘小稚却眼神坚定地说："我是一名共产党员，就要把大家的生命安全当作自己的责任，只要你们待在家里保护好自己，我做的事就是值得的！"

老年人是新冠感染高危人群。刘小稚走访镇子里每个老人的家庭，劝说他们戴口罩，勤洗手，多通风，不要聚集，做好防护。已是古稀之年的王大爷是村里的贫困户，刘小稚便格外关注他，王大爷行动不方便，刘小稚就隔三岔五为老人提供帮助，还跟驻村工作队一起为老人送米面、蔬菜，帮老人打扫卫生，王大爷饱含眼泪地说："小稚啊，你比亲姑娘都亲。"老人家倔强，刚开始不肯戴口罩，认为戴口罩没必要，还碍事，刘小稚只好苦口婆心地劝说，做通了这个"老小孩儿"的工作，最后让老人自愿、自觉地戴上了口罩。

在疫情防控战场上，这位"女战士"奋力作为；在这场没有硝烟的战争中她展现了飒爽英姿，用柔弱的肩膀担负起了群众的生命安全。为了打好、打赢这场疫情防控阻击战，守护当地百姓的安全，她踏遍了村里每条道路，走遍了村里每个农户，"五加二""白加黑"，但从没喊过一声苦、叫过一声累。她用实际行动向党组织递交了一份特殊的"思想汇报"！为迎风飘扬的党旗增添了一抹亮丽的色彩！

　　作为一名刚毕业的大学生，刘小稚是优秀的；作为一名共产党员，刘小稚是光荣的。在"三支一扶"基层工作过程中，刘小稚亲身感悟到了党建引领为乡村振兴提供的强劲动能，党员带头让农村焕发出的强大活力。在基层工作中，她听得到百姓们的幸福笑声，听得到乡村振兴振奋人心的号角声，更真切地看到了脱贫攻坚对百姓生活的改变，也因此更加坚定了扎根基层、奉献基层的决心与信心！

（辽宁省大学生就业创业中心供稿）

闪亮的日子

吉林

去祖国最需要的地方书写生命华章

——东北师范大学董路通事迹

董路通,男,中共党员,武警特战队退伍军人,东北师范大学数学与统计学院数学与应用数学(公费师范)专业2020届本科毕业生;2019年作为部属师范大学公费师范生代表赴人民大会堂参加"2019年庆祝教师节暨全国教育系统先进集体和先进个人表彰大会",受到习近平总书记接见;2020年本科毕业放弃回北京带编制工作的机会,毅然选择奔赴大别山革命老区刚刚脱贫摘帽的县城中学教书育人,事迹被《人民日报》《中国青年报》等媒体报道。

当兵两年,用坚持诠释东师红色精神

一直以来,董路通最崇敬的人有两种,一是教师,二是军人。因为他认为教师和军人都是最能无私奉献的人,都能够牺牲小我,成就大我。当得知公费师范生也可以参军入伍的时候,他毫不犹豫地报了名,成为了一名守卫中国"最大的边境城市"——丹东的武警战士。来到部队以后,他训练非常刻苦,对所有任务都是全力以赴。400米障碍跑成绩在2分钟以内,5公里跑总要和老兵们一比高下,政治理论课程考试更是次次拿第一名。在新兵下连3公里考核当中,他带领全班战友奋力超越了扛旗跑在最前面的连长,荣获新兵下连嘉奖。之后,他参加了丹东市东港市五年来最大洪灾的救援行动,在搜救群众和抢运物资的过程中,他总是毫无保留地卖力、毫不计较地付出,两个昼夜之后,他的后背长满了湿疹,炸裂般的疼痛和瘙痒一阵接着一阵地袭来,然而在匆匆忙忙地抹上止痒药膏之后他便又投入了战斗,因为他知道人民群众正处在最需要他们的时候,他不能停下。十九大期间,他全程参加了丹东市区的武装巡逻安保任务,为确保十九大期间丹东地区的安全稳定贡献了自己的一份力量。执勤期间他自始至终以最高标准严格要求自己,就算站岗一整天腰被防弹衣磨得鲜血直流、疼痛难忍,他也要维护军人的良好形象。凭借日积月累的优良表现,经选拔,他进入丹东支队特战中队,成为了一名光荣的武警特战队员。之后,他参加了丹东市宽甸满族自治县的山火扑救行动,这次森林大火过火面积波及三个乡镇,当背着装备朝着山上一片刺眼的火海行进的时候,他的步伐并没有因

为害怕而稍变慢,相反,他是坚毅和充满斗志的,因为他清楚,在大火和人民之间只有他们,所以他必须全力以赴,必须打赢这场战斗,哪怕是牺牲在火场里也无怨无悔。整个灭火过程他都是冲在最前面,有一处火情在山崖边上,战士们无法靠近,他再一次主动上前,背着风林灭火器,手持灭火弹一点一点地靠近山崖边的火源,在坚持尝试很多次之后,终于把这处火扑灭了。经过持续两天极其艰辛的全力扑救,无情的森林大火在武警战士们的坚持战斗面前熄灭了。当兵两年,再苦再累他都从没有过退缩的念头,只有每到春节的时候,那种对于远在一千多公里之外的家乡和父母的思念之苦,才会让他偷偷流下眼泪稍作化解……

四次支教,用奉献传递东师情怀

一直都有教师梦的他,刚入学时在学院的组织下观看了东师优秀校友纪录片《冯志远》,冯志远在沙地上教学生写名字的场景使他泪目。贫困地区孩子们那渴求知识的眼神成为了他的牵挂和惦念。他暗下决心一定要成为像冯志远那样的教师。对教师岗位的热爱以及始终希望有机会对社会做出一些力所能及的贡献的想法促使他想去抓住每次走近学生的机会。

大一的暑假,他随远方有你公益支教团赴山东省菏泽市通古集小学开展为期21天的支教活动。尽管出发之前他已有思想准备,可是到达目的地之后他还是被这所小学破旧不堪的生活和学习条件所震撼了,不过他很快就适应了这里并投入到教学当中。他发现这里的孩子们是那么的可爱,对知识的渴求也非常强烈,他们希望有更专业的老师来教他们。临走的时候,孩子们把他团团围住,拉住他的衣服,用一双双黑亮黑亮的大眼睛看着他,央求他留下,那一幕给他留下了始终难以忘怀的深刻印象。他感到做他们的老师是一件无比幸福的事情,同时他很不忍心离开这帮可爱的孩子,从那时起,他下定决心只要有机会,他还会到贫困的地方去支教,因此结束在菏泽的支教之后,他没有像其他同学那样回家与半年未见的家人团聚,而是马上加入了爱心学校支教团,再次出发,赴吉林省德惠市刘家一中开展为期12天的支教活动。大二的暑假,哪怕是马上要步入军营了,他仍不想错过和贫困地区孩子们在一起的时光,又奔赴河南省郏县城关一中进行为期21天的支教活动。退伍之后大三的暑假,原本应该用来调整身心的时间里,他没有休息,而是选择前往河南省兰考县葡萄架乡一中进行为期12天的支教活动。每次公益支教,他都尽其所能地把自己所学所悟毫无保留地传递给孩子们,他觉得支教的旅程虽然辛苦,但却是充实而快乐的,看到学生们的成长,他获得了一种发自内心的成就感和幸福感。支教之旅增强了他对于教师这份职业的热爱,而那些孩子们的眼神则一次又一次地坚定了他要留在贫困地区的决心。

重返校园,用勤奋展现东师学风

2018年9月,他完成了两年义务兵役,光荣退役,回到了阔别两年的母校——东北师范大学。

他成为高年级学长,但昔日一起生活学习的同学都已经毕业,当年熟悉的面孔也再难寻觅一二,站在熟悉的校园里,他感受到的是一种恍如隔世的陌生感和孤独感。可是这些困难并没有成为他消沉的借口,相反,他把眼前遇到的困难与低落的情绪化作学习的新动力。

中断了两年的学业,再回来上课有很多困难,别的同学觉得很自然的事情到了他这里却似乎没这么简单,但是他知道,如果想要成为一名好老师,就必须先成为一名好学生,只要刻苦努力、愿意花时间多钻研,就一定有办法克服学习上的困难。就这样,复学之后的大三学年,他一门心思地学习,有不懂的就下课后问老师问同学,做"谦虚的小学生",只要没有课就在图书馆钻研课本,经常学到图书馆闭馆才会离开。慢慢地他的成绩再次提升了很多,通过大三学年的追赶,他的成绩位于同专业同学的前 30%。

2019 年 9 月 10 日对于他来说是终生难忘的,因为他有幸被选为公费师范生代表在北京人民大会堂参加了庆祝 2019 年教师节暨全国教育系统先进集体和先进个人表彰大会。对于他来说,这是荣誉更是鞭策,通过这次会议,他真切体会到现在党和国家对于教育事业的重视,作为未来教师队伍中的一分子,他有义务有责任不断提升自己的各项能力素质,从而游刃有余地成为一名光荣的人民教师。

扎根山区,用选择演绎东师理念

从选择当老师的那天起,他就希望自己能在祖国更需要他的地方发挥自己最大的价值,而东师"为基础教育服务"的办学理念也正是他所追求的教育。冯志远的先进事迹让他找到了学习的榜样和前进的方向,四次支教的经历也让他看到在辽阔的祖国大地之上,边远贫困地区的孩子们有着和城市里的学生一样的求知欲望,可是却大多面临着师资紧缺的状况。虽然离开了支教的地方,可是他的脑海里却时常浮现出边远山区孩子们渴望知识的黑亮的大眼睛,回荡着他们喊"老师好"的温馨画面。这群孩子让他深切体会到了做这些孩子的老师是一件无比幸福的事情。经过和父母长久的沟通之后,他用自己的真情说服了他们,最终放弃了回家乡北京工作的机会,志愿到中西部贫困地区工作,并签约至位于大别山革命老区的麻城一中,希望用自己的力量为祖国贫困地区的教育事业做出自己的贡献。对于这个选择,很多人都不理解,他的回答是:"我不怕苦,只有在祖国更需要我的地方,我的工作才更有价值!"

正如习近平总书记所说,"得其大者可以兼其小",青年人要勇做走在时代前面的奋进者、开拓者、奉献者。董路通愿做一个有家国情怀、有社会责任感的东师人,只要是对国家和社会有意义的事情,哪怕再苦再累他都心甘情愿,他所追求的从来都不是个人的成功,而是用自己的力量,努力做出更多更大的贡献!

(吉林省高等学校毕业生就业指导中心供稿)

不忘初心, 砥砺奋进新征程

——东北电力大学成瑞龙事迹

成瑞龙, 男, 汉族, 1997年9月出生于甘肃省定西市。2020年毕业于东北电力大学建筑工程学院高压输配电线路施工运行与维护专业, 现就职于国网西藏电力超高压分公司变电集控中心, 主要承担对拉萨地区8座220 kV及以上变电站的运行维护工作, 2021年参加了拉林铁路和500千伏大古水电站的投运。

潮起——风正扬帆

我国的西藏地区自然环境恶劣, 经济相对落后, 在国家"十四五"规划下, 身为一名合格的东电人, 成瑞龙同志秉承着"勤奋、严谨、求实、创新"的校训, 响应国家号召, 本着为国家奉献的精神, 结合自身专业技能投身于国网西藏电力超高压分公司。500千伏大古水电站是西藏第一座500千伏水电站, 他毅然决然地从办公室奔赴施工现场, 以专业的知识和过硬的本领为祖国的西部建设增砖添瓦。

"千里之行, 始于足下", 国家的建设任重而道远, 从甘肃定西到拉萨河谷, 从灯火通明的城市到无人区, 他承受着高海拔带来的不适, 在许多个日日夜夜里, 他从未停下前进的脚步。有道是"周虽旧邦, 其命维新", 四十多年前中国开始改革开放, 今天, 中国是飞速发展的社会主义国家, 光影中的一幕幕是由无数个像成瑞龙同志那样的人编织成的历史。

领秀——后浪奔涌

"与时俱进推改革, 不懈奋斗促发展"是国网西藏公司电力改革的口号, 也是成瑞龙同志的真实写照, 高超的业务能力使得年仅20多岁的他看起来有着与年龄不符的老练, 但他心里有火, 眼里有光。成瑞龙同志代表的是中国青年一代, 习近平总书记曾说"青年一代有理想、有本领、有担当, 国家就有前途, 民族就有希望", 每一位东电学子都应担负起中华民族伟大复兴的历史重任。

无论是在大学学习期间还是毕业工作后, 成瑞龙始终严格要求自己。学习上, 他善于举一反三, 能触类旁通, 善于按制定的规划和目标努力向前, 并不断进步。

筑梦——中流奋楫

一座水电站的投运离不开工作人员的努力, 成瑞龙同志迎难而上, 带头自行学习500千伏水电站系统运行条件的有关规程与规范, 结合各地的先进经验, 发挥自身优势, 为水电站的投运做着各种准备。从 2021 年 3 月开始他就提出要求，对水电站开展一、二设备全检式验收，并组织专业骨干验收组人员对 500 千伏大古水电站重点项目进行复检，保障了 500 千伏大古水电站首批机组的顺利投运。

"艰难方显勇毅，磨砺始得玉成"，作为"值长"，他的身上担负着更大的责任。在国家大力发展西藏的背景下，越来越多的工程投入建设，在入职后，面对拉萨相对恶劣的自然环境，再苦再累他都不曾谈起，始终坚守在一线。

几个月来，工作就是他生活的全部，可他也是父母眼中的孩子啊！他常说自己有愧于父母，因为在很多地方手机没有信号，有时只能与父母短暂地说几句话，大部分时候都是盲音。在家里他是一个"不合格"的儿子，但在家庭和工作之间，他还是义无反顾地选择了舍小家顾大家。

奋进——华章赓续

"征途漫漫，唯有奋斗"，成瑞龙同志已然取得了许多成绩，但他从入职以来就下定决心要成为一名优秀的高原电力工程师，因此他对自己提出了更高的要求：加强专业素养，提升专业能力，加强理论学习，提升业务水平，强化实践技能，提升履职能力。从"举头红日近"到"回首白云低"，每天的忙碌是他给青春最好的交代。他在毕业后的一次活动中对学弟学妹们说："这个年龄正是奋斗的时候，青春是用来拼搏的，在毕业之后回想起来，用汗水酿成的纯浆是历久弥香的，用希望和向往编织起来的画卷是绚丽辉煌的，青春在大学里面铸就的一道道铜墙铁壁固若金汤，这就是青春最好的模样！"

（吉林省高等学校毕业生就业指导中心供稿）

扎根乡村基层，绽放青春光芒

——吉林大学王征宇事迹

受到黄文秀同志先进事迹的感召，在毕业择业时王征宇同志毅然放弃一线城市的高薪就业机会和去东北家乡双一流高校任教的机会，选择带着初心和使命毅然奔赴距离家乡两千多公里的广西（黄大年老师的故乡）做一名定向选调生。2020年12月，他到河池市东兰县武篆镇坤王村任党支部书记助理，2021年8月主动请缨兼任驻村工作队队员。东兰县武篆镇是中国早期三大农民运动领袖之一韦拔群的故乡，是右江革命根据地的策源地，是邓小平、张云逸、韦拔群等老一辈无产阶级革命家战斗、生活过的地方，是著名的革命老区，同时东兰县也曾是全国832个贫困县之一，地处大石山区，条件艰苦。投入乡村一线工作岗位以来，王征宇不怕苦、不怕累，工作兢兢业业，取得了良好业绩。

围绕强村富民，策划推动产业发展

一是谋划推动村农产品深加工项目，打造"坤王牌"优质农产品品牌。 在深入田间地头与群众交流过程中，他发现村民生产种植的积极性不高，甚至有的土地出现撂荒现象，主要原因集中在农产品销售不畅、价格不高，种田难以获得好的收益。为了发展壮大村集体经济，增加村民收入，他带领村"两委"多方考察，学习经验，策划推动了村集体经济投入30万元打造农产品深加工项目，目前已推出"坤王牌"包装米产品一款，这也是坤王村有史以来第一款加工包装农产品，还策划了包装墨米、玉米糊、食用油等一系列产品。

二是千方百计拓宽农产品销路。 他积极联系解决销路，项目落地第一个月就实现销售额6万余元。为了建立良好的品牌口碑，保证运输途中产品不出现破损，他经常驾车几百公里把产品保质保量送到消费者手中。他把坤王村的农产品第一次带进直播间卖到了全广西，他深入挖掘宣传坤王村农产品优势，在相关部门组织的直播带货中一次就卖了2000多元，取得销售量第一的成绩，一举打响了"坤王牌"的知名度；目前他着手建立的坤王村直播带货间和坤王绿色农产品微店已经投入试运营；在他的多方联系努力下，坤王村的农产品已通过国家能源集团帮扶采购平台审核，坤王村的农产品将销往全国，更好地带动村民增收致富。

三是强化技术支持产业发展。 他多次邀请到享受国务院政府特殊津贴专家和广西壮族自治区有关专家到村指导村民种桑养蚕，为村民提供技术支持，村内养蚕农民收入得到显著提高。

全心全意为群众服务,增强其幸福感、获得感

一是积极争取资金推动基础设施建设更加完善。他成功争取各方资金近 30 万元支持本村村屯道路拓宽、污水塘改造以及亮化工程等,进一步改善了人居环境,使全村实现生态宜居。

二是争取资金为群众"扶智纾困",他通过各种渠道争取资金 8 万余元资助本村困难家庭学子 40 余人改善生活条件、继续完成学业。

三是心系群众从点滴小事见真情。新冠肺炎疫苗接种期间,他开私家车进屯入队,到家门口接送行动不便的老人接种疫苗;春节期间有企业给驻村工作队送来慰问品,他婉言谢绝并与企业协商把慰问品全部送到困难群众家中;疫情防控期间恰逢元宵佳节,他购买元宵给隔离在家的群众送去节日的温暖。

架起爱心桥梁,圆梦爱心课堂

坤王村是壮族村落,村里大部分村民都用壮话来进行日常沟通,这导致村里的留守儿童语文水平都不理想,而这些大山里的孩子改变自身与家庭命运的唯一途径就是好好学习,对此他看在眼里急在心上。"城里的孩子都有家教,我们村的孩子也要有!"通过他的沟通协调,在吉林大学文学院老师的支持下,文学院汉语国际教育专业的同学组成了 20 人的爱心支教团队,利用课余时间通过线上授课的方式,跨越千里的距离为坤王村全体儿童开设爱心课堂。他们不但为孩子们提高文化水平,更注重"扶智"教育,第一堂课就以梦想为授课内容,引导山区儿童从小树立好人生目标,使"读书才能改变命运"的思想深入孩子们心中。

讲好驻村故事,传播正能量

他的驻村事迹在《工人日报》客户端、广西壮族自治区党委组织部八桂先锋公众号等平台上推送,积极展示了吉林大学学子在祖国边疆基层一线守初心、担使命,扎根基层服务群众的良好形象。他连续多年回到母校吉林大学参与广西定向选调生宣讲活动,通过分享自身经历,吸引了更多的学子担当使命,扎根乡村基层,投入乡村振兴的伟大实践中。

(吉林省高等学校毕业生就业指导中心供稿)

在奋斗中成长成才

——吉林大学李嘉琪事迹

　　"国家的需要就是我的就业目标,学以致用才能彰显人生价值。"吉林大学电子科学与工程学院2020届博士毕业生李嘉琪在谈及自己的职业规划和人生发展时如是说。

　　李嘉琪,男,工学博士,中共党员,吉林大学2020届优秀毕业生。作为吉林大学"土生土长"的"三吉"青年,他在吉林大学度过了人生最难忘的十年。自2010年考入吉林大学后,他就怀着对电子信息科学的热爱,不断学习突破,终于一路硕博,在2020年9月被授予工学博士学位。在学期间,他先后担任过班长、院学生会/研究生会常务副主席、校研究生院团委副书记等职,多次获得校院两级优秀学生干部、优秀共青团员、优秀党员等荣誉称号。他扎根基层,甘于奉献,成为广大青年的好朋友、好伙伴。毕业后,他怀揣科技报国之梦加入中国航天科技集团公司所属的802研究所,成为一名基层航天人。

　　2014年,刚刚本科毕业的他,积极响应国家号召,加入"互联网＋"的创业大潮,以在校生的身份注册创建了自己的科技公司。公司创建之初,资金运营紧张,公司日常运营资金全靠团队一起拉投资来筹集,这种"勉强度日"的生存困境曾经一度让团队成员丧失了信心。一次例会上,有人提出科技公司技术基础薄弱,应当放弃现有的技术发展路线,转型为销售、多媒体、代理等其他形式的创业企业。从创业的角度来看,这不失为一种灵活变通之道。然而,"科技报国"的家国情怀早已深深根植于李嘉琪的内心,经过深思熟虑后,他多次耐心地跟团队成员解释了为什么立足科技创业,并得到了大家的支持。经过此番变动后,他和团队将目光投向了吉林省优势产业——农业领域,提出了"争取政府科创资金支持,开展智慧农业技术攻关"的阶段发展目标,并获得了吉林省2015年度科技规划项目支持。政府资金的支持缓解了初创企业的燃眉之急。在后续研发中,团队陆续提出了面向桥梁结构健康监测的光纤传感系统、智能农业监测系统等多项解决方案,并获得了长春市青年科技创新创业大赛优秀奖等多项社会荣誉。"那是我们创业最艰难的时候,但也是我们意气风发闯江湖、大刀阔斧干事情的时候,那时候学到的很多商务知识和技能对我求职和工作起到了相当重要的作用。"当回忆起那段"峥嵘岁月"时,李嘉琪的脸上总是挂满了憨厚的笑容。

2020年9月,他完成了博士期间的所有科研任务,通过严格的简历筛选和面试成功加入了中国航天科技集团,成为一名航天设计师,继续着他的科技报国之路。航天领域是一个综合性很强的系统工程领域,它对科研人员技术的全面性、精湛性要求甚高,而博士毕业往往具有很强的专业性,"刚进研究所里时,在从事相关业务过程中,总觉得自己当前掌握的知识远远不够用,各个领域的知识都极度匮乏,在工作中举步维艰,我就下决心必须改变这个被动的局面,趟出一条路来!"每天下班后,他总是自愿加班到十一二点,自主学习相关知识,一遍又一遍地推算和仿真,不断加深对领域技术的理解,逐步完善知识体系,为项目推进和课题申报奠定了坚实的基础。上海新冠疫情期间,身处抗疫一线的他毅然决定留在单位,坚守在工作岗位上,白天工作,夜晚打地铺,这样的工作状态持续了一个多月,为保障科研生产的顺利推进做出了重要贡献。

不忘航天报国初心,牢记航天强国使命。当今世界,百年未有之大变局加速推进,国际环境错综复杂,科技创新成为国际战略博弈的主战场,围绕科技制高点的竞争空前激烈。2022年5月2日,习近平总书记给空间站建造青年团队的回信让李嘉琪精神振奋,也让他更加坚定地投入到中国航天事业中去。在党的号召下,他将以"做好一颗螺丝钉"的心态扎根基层一线,历练本领,奋发图强,在奋斗中成长成才,在建设航天强国的征程中贡献自己的青春力量。

(吉林省高等学校毕业生就业指导中心供稿)

支教生活点燃青春梦想

——吉林大学徐磊事迹

我叫徐磊,男,共青团员,1997年出生于吉林省镇赉县,2016年考入吉林大学艺术学院;2020年本科毕业后,报名参加了吉林大学第22届"西部计划研究生支教团"志愿服务活动,在新疆阿勒泰地区哈巴河县初级中学服务。

2020年9月14日,我踏上了奔驰西去的列车,作别了熟悉的亲人朋友,离开无比眷恋的故乡,如愿以偿地成为了一名光荣的西部计划志愿者,来到了祖国广袤无垠且神秘的西部——新疆。

从吉林到长春,再到祖国边陲的阿勒泰地区哈巴河县,一路上看着窗外广袤无垠的大地,我一直在思考:这一年我们究竟应该做些什么,这一年我们究竟能带来些什么,这一年我们怎么样才能过得更充实、更有意义、更难忘……

来这里之前,我对支教生活有过无数次的设想和准备,无论是在内心还是在实际中都做了或多或少的准备,可事情往往都是这样,等真正发生了之后,我们才会发现很多设想和准备完全是多余的。

来到这里之后,我们发现条件比我们想象的好很多,领导、老师对我们极为热情,加上调皮可爱的同学们,这里的一切都让我们觉得很温馨、很幸福。当然,我也很有压力,压力在于我所教的科目与所学专业有些偏差——学音乐表演专业的我被分配到了语文组,得知这个消息后我很紧张,但因为学校语文教师紧缺,我不得不"临危受命"。在语文组教师和援疆老师的帮助下,我开始观摩、旁听、试讲,最终克服了教学上的重重困难,真正成为了一名初中一、二年级的语文老师。

在此期间,我上了"我为什么而活着""黄河颂"两节教研课,多次与老师们集体备课、相互听课、相互探讨和交流,从中吸取教学经验,取长补短,提高自己的教学水平。我时刻不忘用教师的标准严格要求自己,服从领导的各项安排,平时主动与其他援疆老师交流,虚心向他们学习、求教宝贵的经验。

通过一段时间的工作和生活,我们逐渐适应了这里的工作环境、民族习惯、生活习惯、饮食习惯以及气候条件等。这里是少数民族集聚地,有哈萨克族、回族、维吾尔族、蒙古族(图瓦人)等。我的班级里多数为牧民家的孩子,个别同学从小受民族语言环境的影响,普通话说得不是很标准,语文学习的基础也相对薄弱,于是我要求每个孩子都要在课堂上畅所欲言,运用普通话把自己心中的感受大声地说出来,把话说完整,说明白。为了激发孩子们学习语文的兴趣,我带领学生们开展了各种语文课外活动,写日记、读课外书、写读后感、进行诗朗诵、古诗诵读……指导孩子们做摘抄笔记,通过好词、好句和美文方面的积累,提高了学生学习语文的兴趣。我还自己买来本子、铅笔、橡皮等各种学习用品奖励那些在活动中表现出色的孩子。渐渐地,孩子们更爱读书了,会读书了,普通话水平也提高了一大截。伴随着学生的成绩不断提高,时间也到了第二学期的暑假,放假之前我给孩子们做了VCR,记录了他们这学期的成长点滴,下课后我与孩子们相互道别……临走时孩子们说:"徐老师以后一定要回来看看我们。"我说:"一定的!"

结束为期一年的支教生活后,我又回到了大学校园,此刻我已是一名一年级的研究生。回想当初选择支教团时,我是被那句歌词深深打动了:"到西部去,到基层去,到祖国最需要的地方去! 到西部去,到基层去,投入时代的洪流中,打造一个新世纪!"能走进西部计划志愿者这个大家庭,我是幸运的,无怨无悔。这一年注定会给我的人生增添很多色彩,支教生活所焕发的光芒将照亮我今后的人生道路。

(吉林省高等学校毕业生就业指导中心供稿)

闪亮的日子

黑龙江

做新时代铁人精神的传承者

——哈尔滨工业大学王吉超事迹

2020 年 6 月 7 日,习近平总书记致信祝贺哈尔滨工业大学建校 100 周年,对哈尔滨工业大学给予了高度肯定和殷切希望,全校上下掀起了学习宣传贯彻习近平总书记贺信精神的热潮。当时担任学生党支部书记的王吉超博士毕业在即,这引发了他对未来选择的深刻思考:像自己的榜样"八百壮士"李圭白院士那样听党话、跟党走,一直是他的追求。黑龙江是生态大省,作为水处理方向的博士生,践行习近平生态文明思想正当其时、大有可为。于是,王吉超更加坚定了自己的职业选择:坚持以习近平总书记贺信精神为引领,践行习近平生态文明思想,在服务龙江生态文明建设中成就"净水人生"。在学校就业部门的指导、支持和学院的鼓励下,王吉超顺利考取了 2020 年黑龙江省定向选调生,怀揣着"为人民服务"的初心扎根龙江、干事创业,在孕育出大庆精神、铁人精神的油城,开启了服务龙江全面振兴、全方位振兴的新征程。

做大庆精神、铁人精神的传播者和传承者

党史学习教育活动启动后,素质过硬的王吉超被抽调参与大庆市党史学习教育领导小组办公室工作,主要负责指导各单位新媒体宣传工作。习近平总书记深刻指出:"东北抗联精神、北大荒精神、大庆精神、铁人精神激励了几代人。今天,我们仍然要用这些精神来教育党员干部。"如何发挥好大庆独有的红色资源的作用,弘扬好"四大精神",全面展示龙江儿女、油城人民奋勇前进的精神面貌和一往无前的奋斗姿态,是王吉超反复思考的问题。在指导组领导的支持下,王吉超借鉴哈工大"政治引领、典型引路、品牌带动、校训育人"的优良传统,取得了突出成绩:各单位因地制宜体现鲜明特色,创新载体方式,打造宣传矩阵,依托电视、官方微信、抖音等媒体开设专题专栏 10 余个,累计推出党史学习教育稿件 5700 余篇次,新媒体相关点击量突破 170 万次,省、市级以上主流媒体刊播转载各单位党史学习教育相关稿件 90 余篇。指导组代表大庆参加了中央指导组在黑龙江省的党史学习教育总结评估座谈会,相关工作得到了省委党史学习教育巡回指导组和市委党史学习教育领导小组办公室的肯定。在近一年的工作中,王吉超在向全国传播黑龙江"四大精神"的同时,全面深刻体悟了大庆精神、铁人精神,逐渐成长为新时代铁人精神的传承人。

做碧水蓝天的守护者和乡村振兴的建设者

2021 年 12 月,王吉超盼望已久的下基层机会终于到来:挂职肇州县兴城镇兴城村书记助理。当他这个山东农村孩子走入兴城村这片大有可为的广阔天地时,既熟悉又陌生的感觉让他兴奋不已。哈工大环境学院专业实力始终处于全国第一方阵,凭借着学校培养的过硬专业素质,王吉超有了为村民办实事的信心和底气。虚心当学生、调研摸实情、科技解难题成为他工作中的"三部曲"。为深入了解基层环境治理现状,他制作了肇州县农村人居环

境调查问卷,围绕农村生活垃圾处置情况、生活废水处置情况、秸秆禁燃、农户改厕和村容村貌五个方面进行专项调研,做到听民生、访民意、解民忧;他依托专业优势整治黑臭水体,制定了详细的畜禽粪便治理方案,与镇村领导异地搭建畜禽粪便集中处理点,做好地面防渗处理,出动机械异地处置畜禽粪便,并张贴公告接受群众监督,有效化解邻里纠纷。此外,他还就畜禽粪便污水处理问题积极与导师展开深入探讨,最终确定可采用絮凝预处理方法处理发酵液,以及生物堆肥无害化处理的方法,为县区污水治理提供了参考。驻村几个月后,王吉超了解到东北玉米秸秆的总利用率不到50%,大部分秸秆被废弃或燃烧,浪费了大量农业资源,同时更造成了严重的环境污染。肇州县兴城镇作为大庆市唯一的农业产业强镇,每年产出大量秸秆,如何做好秸秆禁燃资源化利用成为让地方挠头的问题。他协助县生态环境局、镇相关领导,组织村屯网格员做好秸秆禁燃宣传动员,走巷串户发放宣传单,讲解秸秆燃烧对环境及个人身体健康的不利影响,到村屯实地查验消防设施完好情况,确保完好有效。这样的事例还有很多。下一步,他将充分发挥自身专业优势,依托哈工大强大的科研实力,建设美丽宜居现代兴城村。

做规格严格、功夫到家的践行者

王吉超始终以"规格严格、功夫到家"的校训精神要求自己,"哈工大的博士,像样""吉超是把好手"成为领导、同事对他的普遍评价。在抗击新冠肺炎疫情中,他坚持"人民至上、生命至上",做好卡口蹲点督导、现场秩序维护、医疗物资保障等工作,为全民核酸检测不落一人做出了贡献;他明察暗访过往大车驻留情况,常态化深入镇内外来大车司机吃饭、歇脚的驻留地,督促外来司乘人员全程无停留,有效防范了因外来司乘人员携带新冠病毒造成地方疫情恶化的风险。他有效解决了民众"急难愁盼",面对基层居家百姓年龄普遍较大、文化程度较低的现状,他通过绘制软件操作流程示意图、录制操作视频、核酸检测点现场指导等方式,切实解决了居家百姓软件使用难的问题,有力保障了全镇核酸检测应检尽检。他坚持换位思考、赢得民心——由于山东口音太浓,在遭到部分群众质疑身份时,他第一时间换位思考、调整沟通方式,以最短的时间获得了群众的信任。春耕期间大批外出务工人员返乡,风险区域返乡人员需要集中隔离,面对部分群众的不理解,他总是耐心劝导,动之以情、晓之以理,从内心深处打动劝导对象。

接待信访是基层工作的必修课。镇领导与他进行基层工作对接时说的第一句话就是"吉超,你想了解基层情况,尽快成为一名多面手,基层信访工作是最好的练兵场"。面对政策性较强的信访工作,作为一名标准的门外汉,为熟练业务,他加班加点学习政策、法律知识,通过多种途径接触群众、了解群众、听取民意,为群众排忧解难。上访群众诉说:"小叔子光棍因病去世,政府咋没有给他提供农村五保供养呢?"他聆听完后语重心长地讲解农村五保政策,解答不符合条件的缘由,成功化解了阿姨心中的不满情绪。上访群众说:"天气回暖,路上的冰都化了,但排水沟中的冰未化,大量雪水倒灌家中。"他得知情况后及时联系网格员带着抽水机连夜解决群众院中积水问题。上访群众说:"林草合同与林权证信息不对称,多次上访却未及时解决。"他得知情况后,联系林草周边的相关村屯干部,陪同乡镇领导实地查验林草实际种植面积,在确定四至、确保周边无争议后,及时出具情况说明,解决了林草争议问题。王吉超以实际行动践行"规格严格、功夫到家"的哈工大校训,以过硬本领做到了将矛盾化解在基层、化解在萌芽状态,赢得了村民群众的理解和认可。

无论是村民眼中始终忙碌的"小超人",还是同届眼中值得信赖的"超哥",作为一名博士选调生,支撑王吉超一路走来的是习近平总书记贺信精神,是初报到时看到的市政府楼前牌匾上"为人民服务"的耀眼光芒。2020年12月,王吉超担任了大庆市委组织部成立的选调生班委会的副班长,承担了大量的具体服务协调工作,获得了各方面的一致好评。2021年12月他被黑龙江省委组织部抽调参与2022年选调生招录工作,负责哈工大(威海)校区的宣讲,工作表现得到省市组织部门的高度认可。

面向新征程,王吉超将坚持以习近平总书记贺信精神为引领,深刻领会"两个确立"的决定性意义,不断提高政治判断力、政治领悟力、政治执行力,保持"功成不必在我,功成必定有我"的战略定力,将传承大庆精神、铁人精神和哈工大校训精神紧密联系起来,坚守基层一线、发挥专业特长、改革创新、奋发作为、追求卓越,不负韶华、不负时代、不负人民,在青春的赛道上奋力奔跑,在全面推进乡村振兴中建功立业!

（黑龙江省大学生就业创业指导中心供稿）

扎根基层，服务群众
——哈尔滨华德学院刘珊珊事迹

刘珊珊，女，1994 年生，黑龙江省漠河人，汉族，中共党员，2017 年 6 月毕业于哈尔滨华德学院经济管理学院财务管理专业 1305511 班，现任黑龙江省漠河市西林吉镇人民政府机关党支部书记、妇联主席、纪委委员。在校期间，她曾担任学生会部长，积极参与社会实践活动，学习成绩优异，曾多次荣获国家励志奖学金、校级奖学金，以及校级优秀学生干部、省级三好学生等荣誉称号。步入工作岗位后，她兢兢业业，虚心学习，勤奋做事，干劲十足，在 2020 年度考核中，被评为 2020 年度优秀公务员。

一、播撒信仰种子，践行人生价值

刘珊珊同志毕业后怀揣着对未来的美好憧憬，积极响应党和国家的号召，成为大学生"三支一扶"计划志愿者中的一分子，来到了祖国最需要的地方，现服务于黑龙江省漠河市西林吉镇人民政府。在疫情防控期间，刘珊珊同志主动请缨，参与宾馆隔离点分流、防疫物资发放、统计数据报表、为因疫情原因造成生活困难的群众开通绿色通道实行电话预约办理救助等工作，展现出青年干部的责任与担当，诠释了共产党员的初心和使命，为推动实现中华民族伟大复兴的中国梦征程书写着青春华章，始终以"扎根基层，服务群众"为准则。刘珊珊同志到单位报到后，努力学习与本职工作相关的业务知识，虚心向办公室里的前辈请教，在领导和同事的耐心指导下，很快地进入了自己的工作角色，熟悉了业务流程。在做好本职工作的同时，她又深入农村基层，了解群众的所需所求，希望能够尽自己的绵薄之力，帮助人民解决实际问题，真正做到为群众服务。工作中她尽职尽责，甘于奉献，认真落实"三会一课"制度，扎实开展党史学习教育，不断增强党支部的凝聚力，起到了战斗堡垒的作用。她表示：今后将继续坚持良好的工作作风，严格要求自己，牢记组织重托，在岗位上实现自己的价值。刘珊珊同志的优秀事迹先后被多家网络媒体宣传报道。

在服务期间，刘珊珊同志始终以强烈的责任感来严格要求自己、鞭策自己。平时工作之余，学习理论知识，每天在学习强国 APP 上学习，与同事"争先恐后"抢第一，不断做到学原著，悟原理，认真学习习近平新时代中国特色社会主义思想。在工作中，她积极向优秀党员同志学习，学习他们对待工作的认真态度、为人处世的方法以及如何处理基层问题。

初来党政办的她，接触最多的就是公文写作，这让完全没接触过公文写作的她有点措手不及，就这样，她开启了自行加班的日子。除了完成领导安排给她的工作任务，她还阅读了大量以往的公文，从中学习公文写作的基础，了解漠河市西林吉镇的基本情况，熟悉基层工作的大致内容。"德若水之源，才若水之波"，从对党政办的工作略知一二到现在工作起来游刃有余，不断学习是她业务日渐精进的重要原因。

二、倾注一腔热血，回报人民期待

党政办是镇党委、政府的服务窗口，因此刘珊珊同志既要完成领导交办的任务，又要接待来访的群众，工作多而繁杂，经常需要放弃休息时间和节假日的时间加班加点。领导交办的每一项工作，她都会分清轻重缓急，科学合理安排时间，做到按时、按质、按量完成。工作以来，她主要负责文件的收发传阅、工作事项通知、报送动态等工作。在工作过程中，刘珊珊同志意识到，做一件工作并不难，但是做好一件工作却不容易。在对待工作通知上，她除了通过短信、微信通知，还坚持用电话通知到位。在处理密件上，她严格登记手续，随时掌握密件的去向，防止密件丢失，所以在收到密件后，为了防止阅读者相互横传，她都会一份一份地送到每个人的手中，确保处理密件的严谨性。作为沟通上下的"咽喉"，党政办经常会接到很多的"来电"，催办文件的、村民投诉的、领导分配任务的都有，一开始接办公室电话时，刘珊珊同志就像一个传声筒，对方说一句她问一句，直到她对办公室业务熟悉了以后，才做到了独立与对方沟通，并做好相关的记录。总之，在办公室的工作中，她从小处着手，细处用心，在点点滴滴中逐渐成长。

三、点滴显露真情，激情书写青春

作为一名党员，刘珊珊同志时刻牢记"从群众中来，到群众中去"的工作宗旨，她常常向驻村工作组组长学习如何更好地与群众沟通，切实了解群众的需求并为他们解决实际问题。对于群众的来访，她总会耐心地询问解答，对于自己无法立刻回复的事情，她都会做好详细记录，留下询问者的联系方式，尽己所能地帮助他们。在工作中，刘珊珊同志体会到，要想真正赢得群众的心，需要深入基层，深入群众，用心感受。于是，她要求自己注意琢磨用群众听得懂、喜欢听、愿意信的话去讲。

刘姗姗同志虽然在基层工作的时间不算长，但是这几年的工作经历却带给了她全新的体验和收获。她很感谢党和国家给予自己这样一个献身基层的机会，感谢"三支一扶"提供

了一个良好的工作与学习的平台。如今，刘珊珊同志已逐渐适应了基层的工作环境，慢慢有了自己的生活方式，也明确了未来的职业方向。"三支一扶"经历在她的人生中埋下了一颗种子，她相信它会为自己的人生带来不一样的风景。今后，刘珊珊同志会继续履行她的志愿者之责，以更加坚定的信念扎根基层，在服务群众的浪潮中奋勇前进，绽放出更加绚丽的青春！

四、心系群众安危，责任重于泰山

庚子鼠年一场突如其来的新冠肺炎疫情肆虐。无数基层党员、干部主动返岗，中断原本幸福祥和的春节假期。他们选择逆行而上，投入到疫情防控工作的第一线，这其中就有刘珊珊。疫情就是命令，严峻的防疫形势不允许他们有片刻的休息，接到命令的刘珊珊立即驱车返回一百多公里外的工作岗位。刚到县里，她便和卫生院的同事投入战斗，开展网格化、地毯式的排查，对全县居民进行全覆盖式的登记造册。在医疗物资极为紧缺的情况下，她把从家里带来的口罩和测温仪分发给村委人员用于工作。在宣传春节期间禁止聚会时，少数群众会产生不理解的情绪，刘珊珊始终耐心对其解释，帮其分析利弊。同时，她还对相关工作人员一再强调摸排时一定要耐心、细心，不要跟群众起冲突。面对父母的担心，她安慰父母说："没事儿的，我们领导、同事都在呢，大家一起努力，很安全。"

生命重于泰山。为了让居民重视新冠肺炎疫情的严重性，增强大家的自我防护意识，刘珊珊通过发放宣传单以及在人员相对密集场所张贴宣传条幅、公告、广播等方式，有针对性地对居民进行疫情防控宣传，提高他们的自我防范意识，避免产生对疫情的恐慌情绪。在发现微信群中有居民转发未经证实的言论时，她也会及时劝导，告诉大家"不信谣、不传谣"，并在群里向大家及时传达上级有关疫情防控工作的指示精神，做好舆情的引导和监督工作。

让青春在祖国最需要的地方闪光，从群众中来，到群众中去。刘珊珊带着信念，带着奋斗的蓬勃激情，带着埋首苦读十六载的知识与才干投入到火热的基层工作中。没有豪言壮语，更多的是用实际行动兑现着干好自己的工作、守好自己的家乡的诺言。基层大有可为，青春在奋斗中闪光。

"青春是用来奋斗的"，在奋斗中攻坚克难，在奋斗中追赶超越。经过几年的基层历练，刘珊珊面对群众工作时日臻成熟，处理基层难题和突发事件时，既能坚持原则性，也能把握一定的灵活度，始终把维护群众的根本利益作为自己工作的出发点和落脚点。在接下来的工作中，她将继续扎根基层，磨炼初心、淬炼本领，把自己的青春汗水挥洒在华夏大地上。

（黑龙江省大学生就业创业指导中心供稿）

青春在基层绽放
——黑龙江大学李娜事迹

李娜,女,1994年9月出生,2017年6月加入中国共产党,2018年6月毕业于黑龙江大学新闻学专业,同年8月通过黑龙江省委选调生考录进入公务员队伍,历任绥化市兰西县长江乡党委组织干事、党委秘书、妇联主席、财政所出纳员、共青团书记等职务,现任绥化市兰西县兰西镇人大副主任。工作以来,李娜同志自觉同党组织保持高度一致,履职尽责,得到了领导和群众的一致认可,先后获评2019年度、2020年度优秀公务员,以及兰西县优秀党务工作者。

坚定理想赴基层,俯身躬行践使命

2018年大学毕业后,李娜怀揣着对党的无比忠诚和对这片黑土地的无比热爱,用实际行动践行了"到基层去,到祖国和人民最需要的地方去"的青春诺言,来到绥化市兰西县投身基层乡村工作。"上面千条线,下面一根针",这是基层工作的真实写照,基层干部远没有人们想象中的那么轻松,不但要上接"天线",还要下接"地气",刚参加工作的李娜可以说是既接过"烫手的山芋",也当过"热锅上的蚂蚁",但她并没有被眼前的困难吓倒,而是始终坚定"不要人夸好颜色,只留清气满乾坤"的初心,下定"咬定青山不放松,立根原在破岩中"的决心,保持"直将云梦吞如芥,不信君山铲不平"的信心,彻底在基层扎下根来。初到工作岗位,乡里还没有微信公众号,李娜利用所学的专业知识,申请注册了兰西县长江乡人民政府微信公众号,一改村民消息闭塞的状况,全力推进网络信息化建设,建立长江乡网络信息服务平台,在疫情防控、党史学习、"我为群众办实事"等各项工作中显著提升了宣传效果。

默默奉献得民心,平凡岗位铸忠诚

李娜任职村党总支副书记的聚宝村曾是一个贫困村,到职后,她挨家挨户走访调查,一步步了解村民们的实际情况。刚刚毕业的她由于还不了解"三农"工作政策,对于群众对有关政策的疑问和各种诉求,常有些不知所措。为了能够更好地融进农村,她虚心向老同志请教,同时利用工作之余研读土地、低保、住房改造等相关政策,力争成为一名有理论、有实践的基层干部。李娜帮扶的贫困户中有一位名叫刘占德的村民,没有子女,眼睛因重疾导致视力模糊,李娜了解情况后多次主动上门服务,帮助解决住房改造、自来水安装、社保卡补办等一直困扰他的问题,在她的帮扶下2019年刘占德成功脱贫。

兰西县长江乡素有"鱼米之乡"的美称,天然泥河水灌溉的大米是本地特产,利用泥河水库的优势,全乡泥河沿岸各村养鸭6000多只,年产鸭蛋72万多枚,但销路不广。为了能将脱贫攻坚成果同乡村振兴战略有机结合,2020年长江乡政府特举办助农活动,李娜线下走村入户向百姓宣传,线上利用微信公众号撰写活动文章,进行积极推广,共有6家企业与数个种植户、养殖户参与,通过信息化的手段,不但宣传了长江乡的农业品,拓宽了农副产品的销售渠道,也切实增加了农户的收入,带动了经济的发展。诸如此类的例子还有很多,李娜用她独有的方式在基层默默奉献,得到了广大人民群众的认可,同时也在奉献基层中渐渐完成了从大学生到乡村女干部的蜕变。

恪守本职勇作为，履职尽责敢担当

2019 年全党上下开展"不忘初心、牢记使命"主题教育活动，要求党员干部为民服务解难题，李娜主动作为，组织全乡干部深入农户家中，了解群众在生产生活中遇到的问题。通过走访，李娜和她的同事们发现聚宝村有一位郭大叔尽管生活条件非常艰苦，但还是在同时供养三个女孩子上学，同样是农村长大的李娜深知教育对于一个农村家庭的重要性，也非常支持郭大叔的做法，她拿着为三个孩子购买的书包、文具等学习用品，以及乡村干部捐赠的善款来到郭大叔家里，叮嘱三个孩子一定要好好学习，用知识改变命运，成为一个对社会有贡献的人。

2020 年 7 月李娜被县纪委监委抽调，在全县廉政教育"宣传月"活动中担任解说员，工作中她积极服从领导安排，认真完成各项任务，先后参加解说 20 多期，覆盖全县 3000 多名党员，工作态度和能力得到了县纪委监委领导和全体参观党员、干部、群众的一致好评。

2021 年全党开展党史学习教育系列活动，李娜创新乡镇学习方式，在学原著、学原文的基础上，还精心策划推出了机关党员干部"讲好党史故事"系列报道，通过微信公众平台发表音频 10 期，浏览量达到了 2000 余人次。

在庆祝建党 100 周年之际，她组织全体乡村干部参观大庆铁人精神纪念馆和兰西县党史教育学习基地，重温党的奋斗历史，缅怀革命先烈，汲取奋进力量；策划、制作长江乡"扬帆起航庆七一，不忘初心颂党恩"短视频，浏览量达 6000 余人次；主持"庆七一"文艺汇演、组织乡域内各单位篮球友谊赛；指导各村建立"我为群众办实事"清单、台账，收集群众意见 100 余条，共解决合理的实际问题 26 个；结合解决土地、道路、排涝等问题，开展环境整治、"清化收"、农村庭院经济、优化水稻品种打造优势水稻品牌等工作，挖掘典型村 1 个。通过她的努力，极大程度地调动起了长江乡党员群众学党史、悟思想、办实事、开新局的热情。

面对疫情不退缩，披荆斩棘勇向前

2020 年，新冠肺炎疫情暴发，大年初二李娜同志虽然被交通管制隔离在家中无法返回单位，但她仍然第一时间放弃了在家中休息的机会，主动发动本乡大学生志愿者参与卡点值守和核酸检测工作，其本人也积极投身居住地的志愿服务和疫情防控工作当中。为了让文字凝聚起抗"疫"精神，李娜主动负责了微信公众号和视频号的宣传任务，广泛宣传疫情期间涌现出的感人事迹,所撰写的疫情防控稿件被人民网和"学习强国"平台先后转载,所制作的抗"疫"宣传视频浏览量超过 4 万人次。此外,她还积极响应县委号召,利用微信公众号组织动员全乡党员、群众为武汉雷神山医院建设捐款 6 万余元。在打好、打赢疫情防控阻击战工作中,她履行好包村职责,细化外来人员排查,落实管控措施,认真组织全员核酸检测,构筑了坚固的群防群控安全屏障。

调动换岗心不变,百尺竿头再出发

2021 年 9 月,在换届工作中,李娜当选兰西镇人大副主任,到任后她积极做好镇人代会筹备工作,确保了兰西镇第十八届人民代表大会的顺利召开。作为领导班子成员,李娜包联先进村,她到村里后第一件事就是遍访脱贫户、监测户等。在走访过程中,她发现王井双家是符合申请低保政策的,但由于农户缺乏对政策的了解所以一直没有申请低保救助。李娜在核实情况后积极联系镇民政助理,并按照相关政策为其申请了低保救助。先进村的基础设施条件很好,但村里地势低洼,土地常年积水,导致土壤变成了碱性土壤,产粮量低,同时由于村集体资源少,村集体经济也很薄弱,李娜向领导汇报情况后,为先进村争取了 2 条200 米的侵蚀沟挖掘项目,解决了大部分低洼农田的排水问题,并由此改善了土质,增加了粮食产量。按照党委、政府的工作部署,结合美丽乡村建设工作要求,她大力开展环境整治活动,督促建设粪污储存设施 1 个,搬迁村屯内柴草垛,清理路边沟,解决粪污随便堆放、农药瓶乱扔、生活垃圾乱倒等问题,使村容村貌得到了整体提升。

以梦为马不负韶华,初心无悔砥砺前行

参加工作以来,李娜同志作为黑龙江省选调生中的一分子,巾帼不让须眉,以对党的无比忠诚和对人民的无限敬爱,始终奋斗在基层一线,用实际行动践行了党员干部的初心和使命,树立了爱岗敬业和无私奉献的良好榜样,也彰显了龙江学子的青春风采与责任担当。

(黑龙江省大学生就业创业指导中心供稿)

在龙江基层写未来

——黑龙江科技大学赵士超事迹

赵士超,男,汉族,中共党员,2014年考入黑龙江科技大学管理学院;2015年响应国家号召在校入伍参军,服役于北部战区陆军电子对抗某旅,在部队期间加入党组织,并连续两年荣获"优秀义务兵"荣誉称号;2018年复员至管理学院会计学专业工程审计方向16级学习;曾担任班长、学生党支部组织委员、学工办辅导员助理等职务,先后荣获"优秀共产党员""优秀学生干部""优秀心灵使者""校园文化建设先进个人"等荣誉称号。2020年毕业后,他主动选择留省就业,继续服务龙江经济建设,签约中小企业——哈尔滨恒达交通设备技术开发有限公司,致力于技术研发工作,扎根基层,书写未来。

一、坚定信念,投笔从戎,点亮青春

2015年,赵士超积极响应国家号召,通过层层筛选,应征入伍来到了部队,组织对他寄予了厚望,给了他许多在重要岗位上锻炼的机会。他在新兵营班级里担任副班长,协助班长管理班级的训练工作,经过层层考核,光荣地加入了党组织,成为为数不多的义务兵党员。

入伍期间,无论是军事训练还是理论学习,他始终按照"拿第一,当标杆"的标准去要求自己,两年的军旅生活使他从一名热血青年、一名大学生新兵转变成一名中国共产党党员。入伍期间,他踏入过雪原,征战过高原,在新兵期间获得"训练标兵"和"优秀士兵"荣誉称号,连续两年获得"优秀义务兵"荣誉称号。工作之中,他水火相溶,刚柔并济;强军路上,他风驰电掣、挥汗如雨。他以军营为舞台,展示青春才华,积极弘扬正能量,时刻为圆"强军梦"凝心聚力、贡献力量。这段生活的历练让他明白,基层很苦,但也很快乐,在基层这个平台上是可以大有作为的。

二、赓续荣光,提高觉悟,成就自我

2018年,赵士超脱下军装,卸下曾经的荣耀,重新走入阔别多时的学校,这是一个终点,更是一个起点。在部队他用默默无闻的奉献和坚忍不拔的意志完成了繁重的工作,用军人刚毅的身躯和无私的精神守护祖国的东北边陲。回归校园生活后,军人的精神已融入他的骨髓,他将部队的作风带进校园,快速完成角色转变。学习上,他刻苦努力、求知创新,成绩始终名列前茅;工作中,他孜孜以求、踏实肯干,主动协助老师做好学生党支部工作并担任管理学院16级第二学生党支部组织委员,他坚持把学习放在首位,把加强学习作为提高素

质、履行职责的第一需要,在工作中不折不扣地把党的各项路线、方针和政策落到实处,在他的影响下,他所在班级多次荣获"优秀班集体""优秀团支部"荣誉称号。

因为生命中有了当兵的经历,他更加珍惜在校园里学习的时光,他更懂得什么是自律,什么叫责任。他说他有责任、有义务去影响身边的人,因为他也是在那些优秀党员的影响下成长起来的。在担任组织委员期间,他带领支部党员开展了"我是党员我争先""我是党员我来干"等特色主题党日活动,得到了学院党委和师生们的好评。在他的牵头下组织成立的"党员先锋服务队"也成为了活跃在校园里的特色志愿服务队。在抗击新冠肺炎疫情中,他带领支部党员积极投身志愿服务,支部先后有近百余名党员服务于所在社区和村屯,支部的志愿服务先进事迹在学校新闻平台进行了报道。

三、扎根基层,服务家乡中小企业

2020年,赵士超本科毕业,毕业意味着另一种生活的开始:在什么地方工作、在哪个城市开始新生活。面对着就业的难题,他没有退缩,他的想法非常明确,那就是:他是黑土地养育大的孩子,他要回报他的家乡。从2014年到2020年,他的求学之路比其他人漫长,回顾过去这段时间,他的思想成熟了,本领增加了,知识渊博了,他自己身上发生了很多的改变,但不变的是决定投身这片土地的那份初心。

他是农村走出来的大学生,享受了国家的资助,作为一名曾经的贫困大学生,他说:"只有服务我的家乡,才是对家乡最大的回报。"所以,他毅然决然地回绝了中建二局、中铁一局、京煤集团等大型国企、央企的橄榄枝,选择了自己的家乡——黑龙江,选择了中小企业哈尔滨恒达交通设备技术开发有限公司,致力于技术研发。

正式工作以后,他很快就进入了角色。他俯下身,沉下心,拥抱基层,服务一线,看远一些,想深一层。从最初的懵懂到现在的精通,他愿意为梦想付出极致的努力,事无巨细,臻于至善,于是,他全力以赴,将每件小事做到极致。2021年疫情在各地散发,铁路货运系统的部分设备元件维修出现了技术瓶颈,他作为技术人员前往乌鲁木齐、合肥等地进行技术支援,他一个人不分昼夜在短时间内完成了网关、代理节点等电气元件的检修工作,确保了疫情期间当地货运车辆的正常运转——这是平时五个人的工作量。

自己的技能得到提升后,赵士超便开始思考如何传授经验,分享技术让身边的同事、新入岗位的年轻人快速"升级",由他牵头成立的研发团队根据客户实际需求设计研发出的智能绝缘电阻测试仪等产品已经申请相关专利,并在哈尔滨局、北京局、郑州局等多个车辆段投入使用,仅 2021 年就为公司创造了近 50 万元的营业额。

　　从"职场萌新"到"技术大咖",赵士超在基层平凡的岗位上靠着自己的勤奋与努力、脚踏实地、兢兢业业,干出了并不平凡的成绩,他的事迹也在 2020 年得到黑龙江电视台的专访,并在黑龙江卫视的新闻联播中播出。作为一名党员、一名退伍军人、一名高校毕业生、一名基层工作者,他必将继续怀揣着这份使命感,以坚强的意志、高尚的品质、积极的工作热情投身于基层建设中,以自己的实际行动践行最初的誓言,将青春奉献给家乡,在基层书写未来!

(黑龙江省大学生就业创业指导中心供稿)

扎根基层一线，书写青春华章

——佳木斯大学尹成玉事迹

尹成玉，男，1995年5月出生，黑龙江省讷河市人，2014年就读于佳木斯大学理学院数学与应用数学专业，2017年12月加入中国共产党，在校期间任理学院学生会组织部部长、数学一班班长，曾获得2014—2015学年单项奖学金、2016—2017学年三等奖学金，获评三好学生、优秀学生干部、优秀团员、科技创新创业活动先进个人、优秀毕业生。2018年6月，他通过省委组织部组织的选调生招录考试成为一名基层干部，现就职于讷河市二克浅镇人民政府，曾任政府秘书、综治干事、安监站站长，现任党委秘书、宣传干事、统战干事、文化村包村组长等职务，工作期间荣获2020年讷河市委嘉奖，获评优秀网评员、优秀共产党员。

行囊在学校的寝室打包，行囊又在家乡政府的宿舍展开，他摘掉"大学生"的光环，来到基层甘当"小学生"。作为一名青年干部，他在工作中经风雨、见世面，在实践中长才干、壮筋骨，用实际行动践行为民服务的初心，牢记党和人民赋予的使命。

一、多岗位历练，做服务人民的多面手

初到乡镇工作，他就担任了政府秘书、综治干事、宣传干事等职务，角色的转变和环境的变化，让他切身体会到了基层工作的艰辛，也更加坚定了他要为群众做些实事的想法。在任政府秘书期间，他始终保持着良好的工作态度，每天面带笑容主动接待来访群众。对待政府事务，他事无巨细，各项常务工作都能有条不紊地安排妥当，为全镇干部的日常工作保驾护航。从事综治工作期间，为确保为期三年的扫黑除恶专项行动有效落实，他多次到农户家中或是田间地头核实线索，为群众调处化解矛盾纠纷26起，维护了社会环境的长治久安和安定和谐。在刚刚任职安监站站长时，正值火灾高发期，他同时兼职镇里的消防员，参与扑救大小火灾32次，为群众挽回了大量经济损失。2020年防汛期间，三场台风的侵袭给防汛应急工作增加了极大的难度。作为安监站站长的他，在灾害来临前及时向群众宣传气象预警讯息，灾害发生时第一时间深入村屯做好受灾群众的转移和抢险工作，灾害发生后对受灾情况进行一一核实，确保受灾群众生活得到保障。作为包村组长的他心系群众生活，经常入户走访了解贫困群众生活状况，与当地干部群众建立了深厚的感情，通过政策扶持和帮扶带动，他所负责的文化村14户贫困户全部实现了脱贫。自2018年参加工作至今，他已经先后在政府秘书、宣传干事等6个工作岗位上锻炼提升，各项工作都能出色完成，获得了领导、同事和群众的一致好评。

二、创文明新风，做思想文化的传播者

自入职以来，作为宣传干事的他始终坚持在宣传战线上，严格贯彻落实意识形态工作责任，扎实开展思想文化传播工作。2019年7月，新时代文明实践创建工作启动，他在二克浅镇宣传委员借调的情况下，临危受命担负起全镇的宣传思想文化工作，在二克浅镇党委

的领导下，向上级申请创建 2019 年度齐齐哈尔市级文明乡镇，指导城北村和合发村完成了齐齐哈尔市级文明村的创建工作。在创建过程中，他发挥自身优势，参与镇村新时代文明实践所（站）的建设，拟定文明实践活动方案、计划，设计宣传标识、宣传栏、文化墙，并定期指导各村规范建设内容，营造了浓厚的宣传氛围。他所在乡镇的宣传思想文化工作排在全市前列，多次迎接省、市、县的各级领导观摩指导，得到了领导的高度认可。

他参加工作至今，组织参与了志愿服务、文艺演出、体育竞赛、电影下乡和送书下乡等各类惠及民生福祉、深得群众喜爱的活动共计 60 余次，切实改善了全镇居民的精神面貌，提升了广大群众的幸福感、获得感。为了能够更好地宣传新思想、传递正能量，他创新工作思路，在抖音、微信等平台创建了账号，视频及文章浏览量达上万次。在他的带动下建立了网评员队伍，积极在网络发声，正确引导舆论走向，在 2020 年的网评工作中，他被评为"优秀网评员"。

三、战疫显担当，做防疫一线的急先锋

2020 年新年伊始，新冠肺炎疫情暴发，在物资紧缺、人员紧缺的情况下，他主动请缨，告别久别重逢的家人连夜赶回工作岗位参与防控工作。正值疫情防控工作最严峻的时刻，全城封闭、物资紧缺，在这种情况下，他克服重重困难，在单位奋战了近两个月。这期间他负责物资调配、重点人员统计、宣传动员等工作。为防止疫情扩散，切实保障人民生命健康安全，他积极配合镇党委的领导、安排，为全镇工作人员及村级志愿者发放口罩 4000 余个、消毒液 36 箱、温度计 20 支、袖标 400 个、条幅 400 条、消毒酒精 60 箱、宣传单 5000 余份。在做好镇级防疫物资保障的同时，为防止出现人员聚集、聚餐、聚会，他通过微信、抖音等网络

平台进行广泛宣传,并且参与卡口值守与巡逻工作。他用严谨细致、不怕吃苦的工作精神为抗击疫情一线的党员干部提供安心的工作保障,为全镇群众提供放心的生活环境。

2021年初,由于疫情再次暴发,在返乡人员增多、防疫压力增大的情况下,他在做好本职工作的同时,再次被领导委派负责疫情防控工作。那段时间,他白天负责排查外来返乡人员信息、向群众解答隔离防控政策,晚上编辑宣传稿件、征集招募志愿者,每天都要接打近百个电话,时常夜里还要确认返乡人员信息。虽然工作量很大,也很辛苦,但他说:"只要能早日战胜疫情,让人们恢复正常的生活,苦点累点都不要紧。"同时,作为包村干部,他组织全村干部群众较好地完成了各项疫情防控举措的落实,协调处理好了卡点设置、人员管控、重点人员隔离等工作。特别是在全员核酸检测工作中,他协助核酸采样的医务人员组织全村在家群众进行采样,为做到不落一户、不漏一人,在完成集中采样工作后,他带领医务人员逐户到行动不便的群众家中进行采样,在他耐心细致的工作下,高效地完成了全村617人的核酸采样工作。

自新冠肺炎疫情暴发至今,他始终都在为做好疫情防控工作而努力,在这场没有硝烟的战争中,不畏惧、不怕难、勇向前,将全镇人民的生命健康放在首位、护在身后,生动诠释了一名基层干部的使命与担当!

青春因磨砺而出彩,人生因奋斗而升华。基层工作的历练让他不断成长,他用一往无前、奋勇拼搏的工作态度,在平凡的工作岗位上书写着青春的绚丽篇章。

(黑龙江省大学生就业创业指导中心供稿)

闪亮的日子

上海

青春之花在基层绽放

——同济大学商慧事迹

商慧,女,同济大学土木工程学院 2018 届硕士毕业生,2018 届选调生,现就职于中华人民共和国教育部。

"脱贫攻坚"的接棒人

河北威县地处冀南黑龙港流域,"农业大县""工业小县""财政穷县"是这里曾经的标签。2012 年起,教育部在教育扶贫等方面对威县输送了一系列有针对性的定点帮扶政策,也输送了一批批驻点扶贫干部。2019 年,商慧辗转 300 多公里,第一次来到威县,才真正了解了这个"四不靠(不靠山、不靠海、不靠铁路、不靠大城市)、两没有(地上没资源、地下没矿藏)"的革命老区,也真正感受到了当地干部、群众和驻县工作的前辈们战贫困、奔小康的期盼与努力。她暗下决心,一定要践行"信念坚、政治强、本领高、作风硬"的要求,真正做到"心在一线、思在一线、神在一线",接好脱贫攻坚的接力棒,当好强县富民的"威县人"。

两年多来,商慧和同伴们一起,将教育扶贫作为第一任务,摸清底数,建立台账,做好各项基础性工作。威县县委书记商黎英同志亲切称商慧为"本家人",讲到"这些优秀的年轻干部,带着感情和激情,以务实作风、扎实工作、实在成绩,为威县扶贫开发和脱贫攻坚做出了贡献!"

"教育一线"的知心人

商慧 2018 年毕业于同济大学,是土木工程专业的"工科女",因为父辈的教育情结,立志投身教育事业。

她利用在县教育局工作的机会,在认真梳理教育局各项政策及材料、了解威县教育概况的基础上;多次深入各级各类学校,结识了一大批在平凡岗位上做出不平凡事迹的"教育人",他们有大学毕业毅然从北京返威任教的知青校长,有四年从无到有把学校办成"威县特色"的"硬核"校长,有把学生当孩子的乡村寄宿学校特岗教师,有从威县特殊教育学校走进大学又学成返校任教的聋哑女教师……在这里,教育不再只是一个宏大的词汇,更是一个个鲜活的人、一件件感人的事。

商慧越来越感受到,基层是最贴近群众的地方,只有去学校、去村里,问师生、问村民,才知道他们的实际想法是什么、他们的困难在哪里。越了解她就越热爱"教育人"这个身份,越了解就越深感自身肩上的责任,越能懂得在接下来的时间里应怎么做好他们的知心人和服务者。

"厕所革命"的实干人

原来威县167所农村学校全部为旱厕,普遍存在卫生不达标、蹲位数不足等问题。"小厕所"体现"大文明",商慧在走访中也经常看到"下课排长队,脏乱臭气,蚊蝇滋生"的场景,希望能让学生们用上卫生厕所,把"厕所革命"在学校开展起来。

商慧发挥发展规划司派驻干部的主人翁意识,一边学习"厕所革命"的相关政策,一边调研县里的实际情况,在司里的支持下为威县争取捐赠资金100万元,并帮助争取2020年厕所改造专项资金186万元。

厕所不仅要建好,更要用好。为了解决厕所投入使用后出现的问题,她从前后三批改造项目里选了代表性学校调研,发挥土木工程的专业背景特长,认真研究工程改造过程中的具体问题。

"你一个女生,怎么老想参与厕所的事情?"教育局一位老师忍不住问道。商慧则感到,只有常问常学常悟,并发挥创造力,才能探索出属于自己的基层工作方法,丰富自己的"技能包"。在教育部的大力帮扶下,目前威县167所农村学校的厕所改造已陆续完工,提前一年完成改厕任务。当商慧再次来到章台镇中心小学时,新厕所已经投入使用了,看到崭新的水冲厕所,她感觉之前所有的奔波都有了意义。

"抗击疫情"的逆行人

刚刚攻下"脱贫"的山头,又是一道"新冠"的考验。元旦的喜庆气氛还没有散去,新冠肺炎疫情就让威县按下了"暂停键",作为洺州镇贾庄村党支部副书记的商慧积极配合村支书的工作,把落实上级各项防控措施作为工作的重中之重。

在接到全员核酸检测的通知后,商慧第一时间冲在了防控一线。为了让村民在零下十几度的天气里少排队、少受冻,她与村委会全体成员一起组织大家在满足防疫要求的前提下分批检测,对瘫痪在床的病人、行动不便的老人主动上门检测。而此时村委会办公室取暖设施只有三个"小太阳",一天下来写字的手冻得冰凉,但还是机械性地不停在写,核算下来一上午登记近500人,完成了90%的检测任务。加大科普宣传力度、加大重点场所管控、加大人员排查力度……就这样,她与村委会一班人度过了一段特殊而难忘的日子。

毫无头绪的"菜鸟"就在这些微不足道的小事里渐入佳境,被这些小事打磨锤炼,不断翻山越岭破解难题,稳扎稳打向前走。

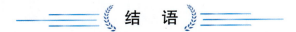

结 语

脚下沾有多少泥土,心中就沉淀多少真情。商慧和威县每位挂职锻炼干部见证了威县在教育部的大力帮扶下"弯道超车"。如今的威县已经正式退出贫困县序列。摘帽不是终点,而是奋斗的新起点。商慧和她的同伴们将在乡村振兴新征程中,继续绽放青春之花,在基层的广阔天地中增长才干、练就本领、淬炼品质。

(上海市学生事务中心供稿)

去基层奉献青春
——华东理工大学张正雄事迹

张正雄,华东理工大学化工学院2021届毕业生,中共党员。出生于云南寻甸边远贫困山区一个农村家庭的他,通过"励志计划"进入大学校园,大学期间参军入伍,服役于中国人民武装警察上海消防总队,参与火灾扑救和社会救援共达千余次,被评为优秀士兵,受到嘉奖、表扬。退伍后,他担任华东理工大学新生军训教官和校园旗护卫队成员,连续两年带训且所带队伍均被评为优秀连队,他个人被评为优秀军训排长。毕业后,站在择业就业的新起点,张正雄坚定深入基层、服务家乡的理想信念,放弃了在大城市的工作机会,选择参加大学生志愿服务西部计划,奔赴云南积极投身家乡建设,到祖国西部基层岗位上奉献青春。

"小山村"里出来的"大学生"

2018年,张正雄正在家中翻看各高校的高考招生简章,从小在山里长大的他看着比试卷好看得多的花花绿绿的图片和简介皱起了眉头:"去哪里呢?""云南寻甸是华东理工大学定点帮扶县,学校每年……",这句话一下子吸引了张正雄,看了看学校简介,估算一下自己的分数,他决定报考华东理工大学,去上海这座大城市长长见识。通过高中老师的推荐,他参加了自主招生考试,通过"励志计划"考上了华东理工大学。出发去学校报到的那天,火车缓缓离开这片他待了18年的土地,"我还会再回来的。"他轻声对自己说。自此,一颗小小的返乡的种子在他心中扎下了根。

从"大学生"到"小士兵"

初入校园,陌生而熟悉,这所定点帮扶家乡的学校给了他很多的期待和希望,"同学,过来看看,了解下大学生入伍政策吧。"食堂门口的吆喝声吸引了张正雄的注意。"参军入伍,报效祖国"这句口号触动了他。"我是因为国家的政策才来到这里读大学的,国家有大学生入伍的需要,我就去试试吧。"他抱着试试的想法报了名。他被录用了,服役于中国人民武装警察部队上海消防总队。因为消防部队的特殊性,张正雄经常参加火灾扑救及交通事故等紧急情况的救援,有时还会参与捕捉野蛇、摘取蜂窝、协助开门等任务。服役期间,他参与火灾扑救和社会救援共达千余次,同时还负责了部分台账记录及相关工作,因表现突出、军事素质过硬,他被选入中队特勤班,参与一线救援任务,还被评为优秀士兵。

从"大城市"到"小山村"

大四时,凭借充分的求职准备和老师的帮助,张正雄在秋招期间很快就拿到了多家企业的工作录用函,看着手头上的这些工作录用函,站在毕业择业的十字路口,他犹豫了,是留在大城市工作还是回家？"西部计划报名开始啦，有意向的咨询辅导员老师"，恰在此时，班级群里发了一条消息，"西部计划？我家会不会也在这个计划里面？"带着疑问，张正雄向辅导员老师详细了解了西部计划，很庆幸的是云南寻甸正是在西部计划里面。"我要去吗？我现在拿到的工作待遇很好啊。"是回小山村还是留在大城市成了他面前的选择题。回想大学四年的生活点滴和父母的殷切希望，回想在部队的艰苦磨砺时光，在同父母商议、同辅导员老师谈心后，同时因受到入伍期间得知的中队指导员郭振清两次入伍的事迹的感染，他放弃了在大城市就业的机会，选择成为一名西部计划志愿者，回到云南服务家乡，积极投身家乡建设事业。他深刻地认识到只有为祖国奉献自己的青春和力量，才能更好地实现人生价值。

"大城市"回来的"小村官"

张正雄目前服务于云南省德宏傣族景颇族自治州，在共青团德宏州委志愿服务和社会联络科工作，主要工作任务是配合科室负责人完成西部计划志愿者工作、科普工作以及团属青年社会组织相关工作，负责西部计划志愿者的日常管理以及组织开展志愿服务活动。在团委工作期间，张正雄还参与支援瑞丽边境守边任务，到瑞丽边境线值守，通过蹲点和轮流巡逻的方式在祖国边境线上进行 24 小时值守，防止不法分子偷渡到中国以及越境抛物，阻止疫情输入。另外，张正雄还积极参加单位的双报道双服务双报告活动，协助全员核酸检测，引导群众有序地进行采样，利用周末时间服务社区，服务群众。西部计划服务期即将结束，他实现了走出大山时候的初心，奔赴下一场山海之约，大学四年的专业知识学习和西部计划的经历，更让他觉得应该为国家的发展做出贡献。通过学校的联系，他将入职万华化学集团股份有限公司工作，在化工新材料、新能源领域继续发光发热。

（上海市学生事务中心供稿）

投身西部建设，助力乡村振兴

——上海海洋大学吴天强事迹

趁年轻，到基层

2020年是多灾多难的一年，尤其是突如其来的新冠肺炎疫情使全国许多地方经济、社会活动按下了暂停键。也是这一年，很多企业、公共部门的人才招聘或延期或取消，惶恐不安的我见到有合适的招聘就投简历，对继续留在上海还是回去，是选择就业还是继续深造，毫无规划。也是这一年的7月，习近平总书记给中国石油大学（北京）克拉玛依校区毕业生回信，勉励广大青年学子志存高远、脚踏实地，不畏艰难险阻，勇担时代使命，把个人的理想追求融入党和国家的事业之中，为党、为祖国、为人民多作贡献。2020年是新冠肺炎疫情肆虐的一年，也是党员干部使命担当、冲锋陷阵的一年，我积极响应号召，"趁年轻，到基层"，毅然决然地选择成为重庆市长寿区的一名基层选调生，到祖国最需要的地方去发光发热。

初见江南，扎根扇沱

2020年10月14日，我来到重庆市长寿区组织部报道，被分配到江南街道，被任命为扇沱村书记助理，协助书记做好全村宅基地建房、信访稳定、疫情防控等重点工作。在上海海洋大学本硕求学八年，我俨然已适应了上海的生活习惯，毕业之际，一下子从东海之滨的上海到火锅之乡的重庆，从长江下游到长江上游，我满怀期待，充满激情。

江南街道是长寿区三峡移民重镇、十里钢城建设基地、长江南岸新城，东与涪陵相邻，西与巴南接壤，北邻长江，地处三区交界的地域要冲，区位优势独特。自2009年撤镇设街以来，辖区面积67.89平方公里，城市建成面积11.2平方公里，辖7个村、2个社区。扇沱村面积为4.5平方公里，辖10个村民小组，位于江南街道西部，东临大元村，南接五堡村，西与巴南区麻柳嘴镇接壤，北靠长江，茶涪路横贯村内，水陆交通便利。扇沱村是个典型的农业村，耕地面积1316亩，林地3298亩，全村经济发展主要以农业为主，村民收入来源以外出务工为主要渠道。

明确身份，放下压力，恪守初心

初到扇沱村，我面临着各种困扰以及亲朋好友的不解，他们觉得既然有高学历就应该去大城市奋斗。而自我身份的转变、村民的不认同、长寿方言的学习、"山城"环境的适应等都是我必须克服的困难。刚开始在村委会接待村民、入户走访的时候，我听到老年人说得最多的一句话就是："毛儿，你说的撒子话哦，我哪个听不懂，你是哪儿哈人哦？"以至于每次填个报表、处理邻里纠纷、搜集信息的时候都得喊同事陪我一起。后来我深刻认识到，仅是进行角色转变是不够的，还必须得到村民的认同。后来，我将户口迁入江南,迈开步子,深入农村,走进农户,积极参加院坝会融入他们,最后不仅学会了方言,还真正得到了扇沱人的认同,排查整改了多起饮水、公路安全等问题,为美丽乡村建设保驾护航!

选好址,建好房

扇沱村辖10个村民小组,有毗邻长江的,有在山上的,有在场镇的,有靠近涪陵区和巴南区的。而农村宅基地建房选址既要满足远离滑坡点范围,又要在三峡水位线以上,还要不占基本农田,与乡村道路至少间隔3到5米,而且电线5米空间内不能建房,这使得扇沱村选址建房矛盾一直时有发生。

从2020年10月入职至今,共收到农户宅基地建房申请75户,我同街道干部均全部实地走访勘测过。通过实地走访选址地块,了解了农户建房需求,积极协调本组或本村合适地块,或联系地质专家现场给出建房建议、指导打孔桩夯实地基,或根据实际需求减少申请面积。街道现已出农村宅基地建房规划许可证57个,还有18户正在办理中,扇沱村农民宅基地建房选址矛盾得到了极大缓解。

筑牢疫情防线,守护人民安全

2021年11月,长寿区开展大规模核酸检测,其中扇沱村作为江南五个核酸点位之一也开展了核酸检测。其间,我吃住在村,从前期核酸检测场地选址及场地帐篷搭建,到核酸检测的秩序维护,再到晚上值班值守,日夜奋战在第一线,终于打赢了这场疫情防控阻击战。此次是我第一次以党员干部身份参与疫情防控,一切又仿佛回到起点,只不过我从当初的被服务者变成了服务者。此后,我更加认真地做实做细来长返长人员台账,多次进行全村全域走访入户摸排,对不在家的村民进行电话联系,分组分类统计外来人员、老弱病残孕幼等特殊人群,建好台账,做好人文关怀,真正做到战必克,攻必胜,织密织牢疫情防控安全网。

乡村振兴，我在行动

一是村容村貌方面。积极响应美丽乡村建设和长寿区生活垃圾清运工作，通过自筹资金和积极争取上级资金，组建清扫人员18人，涵盖所有村民小组居民，重点针对场镇、乡村公路及周边，配备垃圾箱体11个、清扫人员18人，垃圾桶点位52个，共配有52个垃圾桶，最终助力江南街道在长寿区19个街镇垃圾清运评比中荣获第一名——奖励20万元垃圾清运专项资金！

二是文化遗产方面。扇沱村场口有一座古代寺庙——王爷庙，又名紫云宫，俗称上紫云宫，王爷庙占地约两亩，为清代乾隆59年（公元1794年）为纪念镇江王爷，以求镇江降妖、免除水患所建。为打造王爷庙景点，以文化振兴给乡村振兴提质增效，扇沱村干部积极与江南街道办事处、长寿区文化旅游委沟通，多次现场勘察王爷庙现状及周边地势，成功将扇沱村王爷庙景点打造纳入长寿区培育建设国际消费中心城市重点项目，目前正在研究规划阶段，投资金额预估数亿元。

三是农民增收方面。扇沱村六组詹世成家有家庭人口2人，当时因缺技术、缺资金等而至贫。我们积极与江南街道和重钢沟通、协调，介绍她儿子詹小平去重钢务工，补助他们养鸡、养蜂、改造D级危房等，并积极帮助联络销售渠道。通过这几年的帮扶，詹小平2021年考到了驾照，2022年5月已经购买了小汽车，他们凭借自己的勤劳走上了劳动致富的道路，日子越过越红火！

在到扇沱村任职之前，我想象中的"三农"工作很简单，但当真正担任村书记助理之后，我才理解"三农"工作的复杂和重要性，我才意识到乡村振兴的时代意义。在担任村书记助理的一年半时间里，我用脚丈量过扇沱村的每一块土地，入户走访过每一个农户，解决过纠纷，参加过村居换届、疫情防控、抢险救灾等工作，也曾被人堵住不承诺解决问题不让走……但这一年半是自我淬炼、自我革新、自我提升的一年，我深知村干部作为服务群众的最后一公里，每一项工作不仅直接影响着全村农户的生活满意度，更是政府公信力的直接体现。我很庆幸自己在毕业之初就响应习近平总书记的号召，趁年轻去了基层，更加荣幸的是我因此有了追随伟大历史潮流，将汗水挥洒在落实习近平新时代中国特色社会主义思想道路上的机会。

扇沱村的乡村振兴任重而道远，我将在解放群众思想、吸引人才回流、整合闲置土地、差异化竞争等方面持续深入调研，积极动员编制"扇沱村乡村振兴五年规划"，积极整合"人、财、地"等发展要素，走出振兴第一步，夯实扇沱村乡村振兴基础。今后，我将继续锤炼党性，加强理想信念，明确身份职责，加快从"大学生"转变为"小学生"，向干部学习，深入基层，到群众中去，强化服务群众观念，增强服务群众本领，创新服务群众方法，在解决实际问题中不断提高"八项本领"和"七个能力"，学好长寿方言，讲好长寿故事，传递长寿声音！

（上海市学生事务中心供稿）

道阻且长，行者将至
——上海立信会计金融学院赵重事迹

赵重，男，汉族，中共党员，2020年6月毕业于上海立信会计金融学院，同年7月参加大学生志愿服务西部计划，成为关爱乡村医生分项志愿者，服务于云南省德钦县。在随后的两年里，赵重同学不忘初心，坚定信念，在艰苦的环境里不负众望，尽力满足当地乡村医生的需求，同时也实现了自我提升。现将赵重同学的事迹汇报如下。

一、不畏艰苦，信念坚定

2020年6月，即将从上海立信会计金融学院毕业的赵重做出了一个重大的决定，参加西部计划，到云南去。选拔考核和奔赴西部的过程都很顺利，8月1日那天，赵重如约来到了位于滇藏川三省交界处的迪庆藏族自治州德钦县，正式开始了志愿服务生涯。

然而，德钦县位于云南省西北部，海拔3400米，初来乍到的年轻人赵重用了十多天才慢慢克服高原反应，并在后续的两年中逐步养成了耐低压缺氧环境的体质。作为云南省最偏远的县，德钦县常住人口5万余人，却生活在7291平方公里的土地上。这里有澜沧江、金沙江，山高坡陡，峡长谷深，地形地貌复杂，路途险峻，甚至常有山体滑坡。乡镇与村落零星地分布，使得赵重需要穿山越岭才能到达一个个目的地，这其中有过驾驶摩托车翻越雪山，有过和野狼狗熊相伴而行。路途遥远险峻不说，手机还时常没有信号，以至于对家人的关心都不能及时反馈。毫无疑问，对于大多数外来人员来说，这里是一个适合旅游但不适合长居之地，甚至当地年轻人也纷纷出走，远走他乡生活。但赵重同学毅然坚定地把自己的青春献给了这块土地，为当地的基层医疗卫生事业做出了贡献。更让我们感动的是，一年期满的时候，自觉未能实现德钦县乡村医生行医现状根本改变的赵重，申请继续留下支边，再续一年。高原的强辐射和恶劣的气候让这个原本稚嫩的小伙子似乎历尽沧桑，却也让他的内心更加坚定。

二、尽己所能，辛勤耕耘

　　来到德钦县的第一个月，赵重就骑着摩托车把德钦县走了一遍。他到访了德钦县的每一个村卫生室，和每一名村医见面，并和他们建立联系，了解他们的工作、生活情况以及遇到的困难。赵重认为每一名村医的情况都不同，因此他根据走访了解的情况，为每一名村医建立了档案，以便精准地对他们进行帮扶。

　　后来，除了大雪封山的那几个月，赵重每个月都要下乡和村医见面，在他们不忙的时候与他们聊聊家常，了解他们的需求，鼓励他们扎根基层安心工作，积极学习考证，努力提升自己，更好地为村民服务。为了真正了解乡村医生群体，赵重非常注重走访调研。他已经记不清自己骑着摩托车把不大的德钦县走了多少遍。德钦县的六乡两镇、46 个社区、475 个村民小组，赵重对他们的名称、地理位置、人口数、民族风土人情了然于心。

　　之后的一年多里，赵重利用上海复星集团的平台优势，多方争取资金和物资，累计为德钦县带来了价值 200 多万元的捐赠，包括医疗器械、药品、急救包、取暖设备、康复健身器材、健康读本、防疫物资、卫生室修缮等。

　　他联系三甲医院，选送德钦县的优秀骨干乡村医生到医院科室进修学习，提升他们的医疗技术。他组织义诊，将医疗专家带到德钦，将优质的医疗资源送到老百姓的身边。他联合当地的其他志愿者组建青年志愿者健康知识宣教队，到德钦县的乡村小学、居民社区进行健康知识宣传普及，提升老百姓的健康素养。

　　在村医眼里，赵重是之前从未有过的对他们这么用心的人，也是最值得信赖的人，村医遇到困难或有什么烦恼都喜欢和赵重说，赵重总是尽己所能地帮他们解决。在一次集中培训中，赵重为乡村医生们的衣食住行和培训学习做了大量的工作，培训结束后，一位村医动容地对赵重说："从来没有人像你一样对我们这么用心过。"

　　在将近两年的时间里，赵重一直在工作，基层医生渴求的眼神让他无法安然休息，他真正做到了鞠躬尽瘁。帮扶工作是无止境的，在这个岗位上，赵重尽其所能，认真负责，为当地医疗事业争取硬件和软件方面的资源，赢得了所有人的认可和赞扬，成为当地乡村医生们最为信赖的人。

三、深入基层，团结群众

德钦县是一个少数民族聚居县，其中五分之四的人口是藏族，其他还有傈僳族、纳西族、彝族、白族等民族群众，这就决定了在开展工作时要处处谨慎，要了解和尊重各民族的风俗习惯，杜绝出现矛盾，对此赵重也做了最大的努力。

在确定驻扎德钦县后，赵重就通过网络学习了常用的藏语，到了当地他就抓住机会和藏族朋友交流藏语的应用。这使得他与当地乡村医生的交流更加亲切，也使他更能融入其中。另外，赵重真诚地与民交流，并尽力帮助他们。赵重将基层医生所面临的问题当作自己的问题，总是在了解情况后的第一时间寻求解决方案。所有与他交流的乡村医生都能够感受到这份真诚，对他感谢有加。事实上，赵重一直将乡村医生视为自己最牵挂的人。久而久之，村医和赵重之间的生疏感就消失了，他们愿意跟赵重说更多的话，将他视为兄弟、朋友、亲人，而赵重的下乡也变成了"走亲戚"，乡医们愿意让他留下吃饭、住宿，与他有说不完的话。而这也是赵重不愿离开的原因之一吧！为了完成大量的工作，赵重经常加班到深夜，虽然很辛苦，可是一想到自己是在做一件有意义的事情，一想到这些乡亲们的需求，那些劳累就全部消失了。

或许在领导、同事和朋友们的眼里，赵重做了很多，做得很好，但赵重却一直觉得做得还不够，他曾开玩笑说，如果给自己打分，现在最多打 59 分。他知道，要彻底改变全县乡村医生的面貌和基层医疗状况，需要做的事情还很多，任重而道远。正是这种空杯心态，让赵重从不把成绩拿出来炫耀，从不满足于现状。"既然生活把我安排在了这里，我就觉得自己有一种使命，我要在这有限的时间里完成自己的使命。'道阻且长，行则将至'，我一定会做到的。"赵重说。

青春是美丽的，青春是拼搏的，赵重用自己的勤奋、耐心、坚守书写着自己的青春无悔，这是青春该有的模样！

（上海市学生事务中心供稿）

奋进，小小火种熊熊燃烧

——上海东海职业技术学院陈斌事迹

我叫陈斌，上海东海职业技术学院2020届机电一体化技术专业毕业生，现就职于中国商飞上海飞机制造有限公司。

"我能做好"，用行动向父母证明我的选择无悔

初中毕业时，父母期望我走向主流的人生发展路线"高中—大学"。可当时我距离高中的分数线差十分，虽然父母十分反对我进入中专，但我觉得就算我读的不是高中，我也能做出成绩来。如果我复读一年又落榜了，那我是否还要遵从父母的意愿再复读？所以我想选择一条自己的路。于是当时我对父母说了一句："我能做好！"很多人都认为中专的学生就是混日子，但我当时迫切想向父母证明我在中专不会浑噩度日。

初入中专的我十分内向，后因加入了广播台，我需要经常与人打交道，经过一场场活动的锻炼，我逐渐可以与人轻松交流，变得开朗健谈。我学习的是数控专业，在校期间积极主动地参加了许多活动和比赛，学习方面一旦有难题我就会及时请教老师，不留任何疑惑。在刻苦努力的学习中，中专期间我拿到了很多奖项，包括"上海市三好学生"荣誉称号、上海市奖学金等。

中专第三年，我选择了考大学。做出这个决定并非为了大学文凭，而是出于热爱，我期望能在数控的基础上进一步学习机电一体化，当时的目标就是考上海电机学院。但因未系统学习过机电一体化方面的知识，所以在专业考试上有所欠缺，最终因一分的差距落榜，当时内心有些崩溃，后来权衡之下，我选择进入上海东海职业技术学院。

初入上海东海职业技术学院，我和大多数同学一样，一度陷入迷茫，对自己的未来规划十分模糊，甚至没有方向。初期的大专生活亦是随波逐流，让我苦恼不已。后来在交谈中，室友的一番话点醒了我：你在中专都有这么好的成绩了，到这里你为什么不再试试呢？仔细斟酌，我以前都已经努力到这个份上了，这时再颓废，以前的付出岂不都前功尽弃了？还不如再努力努力做出点成绩。读中专努力是为达成自己对父母的承诺，让自己不虚度光阴；到了大专，我下定决心为自己的未来而努力。

全力以赴,在实践中获得提升

相比于中专,大学给予了我更高的平台去提高和展示自我。而我在自己下定决心努力之后,也尽力主动去把握锻炼自己的机会。

在选举班长时,我直接向辅导员申请担任班长的职务。在辅导员的指导和我个人的努力下,我对自己的认知逐渐深入,能力上也得到了很大的提升。经过深思熟虑之后,我表达了想要加入中国共产党的意愿,向党组织递交了入党申请书,经过考察合格后,我光荣地成为了一名中共党员。

求学期间,我出于兴趣主动加入学生会。由于上一届的学生会工作按部就班,未突出过多特色与亮点,所以在成为学生会主席后,我就暗下决心要突出学生会的特色与亮点。为此,我非常主动地和老师一起协商策划活动、组织活动。我也带领学生会成员们主动组织了很多活动,后来听老师们说那一届的学生会是近几年做得最好的一届。

大三的时候,我参加了学校的一个中德合作项目,在江苏太仓的一所职业技术学院培训。当时我放下了学校的全部事务,专心投入培训,很好地锻炼了专业能力,让自己从对电路图一知半解到能够独立解决机器运行中出现的问题。

始终奋进,机会是留给有准备的实干人的

按照原本的发展路线,我理应去从事机电相关的工作。然而在机缘巧合下,我关注了C919首飞的视频,让我大为震撼——"我们国家有自己的大飞机了!"我对此感到非常自豪和向往,希望有朝一日自己也能够参与其中。有人说,当你足够认真时老天也会帮忙,上飞(中国商飞上海飞机制造有限公司)来学校招聘,我当即毅然决然投了简历。尽管专业不对口,但对飞机制造的崇敬和向往促使我去尝试。或许是厚厚一沓获奖证书的助力,我顺利地通过了面试,获得了录取!

从大学走入职场,需要在心态和能力上都有所准备,需要对自己提出更高的要求。在初入公司完成新人机械培训并拿到基础能力证书后,公司突然把我借调到监督组。去了两个月,我又被重新分回了支线项目。那时我刚到项目组不足一个月,疫情开始了。在家休息了三个月后又被分配到了现在我所在的浦东基地,从事电子方面的航电调试。但我对电子方面最不了解,初进组时压力十分大。周边的人都是飞机相关专业出身,对飞机很了解。只有我专业不对口,对飞机一窍不通。好在有培训中心,我便恶补,努力练习。我没有接触过相关的知识,所以只好花费几倍的时间、精力去研究。我一直告诫自己:累一点就累一点,就算为了丰富自己也要坚持下去。我一直跟着师父,不放过任何学习的机会。通过不断努力,从最初遇上问题的束手无策,到现在我能独立调出线路图,顺利解决故障,这其中的心酸与成就是我努力的最好印证。

这一年里,我在各种职位上反复"横跳",虽然对自己算是十分艰巨的挑战,但整体来看,不仅没有对我的职业发展道路产生影响,反而让我对公司更加了解,让我清楚每个部门该如何运作。特别是在生产准备组工作后再回到现在的部门,我深知生产准备组会有哪些难处,也就能给予更多支持,甚至在大家忙不过来的时候,我可以去帮忙衔接,不耽误进度,更方便工作的开展。

公司里的工位组长对我评价较高,我觉得主要是因为我很主动。主动是指拥有积极的工作态度,比如有一次遇到任务,刚好内容涉及机械方面的知识,我的两个师父都无法解决,于是我毛遂自荐,和几位师傅一起研究,帮助解决了这个难题。领导给我的评价是:特别能干,积极主动。

虽然现在我并不在 C919 核心部门工作,但这里给了我这样一个新手很好的平台,我可以从中累积经验。我很喜欢飞机制造行业,能为祖国的大飞机事业努力奋斗是我的荣幸。我想一直留在上飞工作,相信等我的技术过硬后,就能为祖国的大飞机事业贡献更多的力量。

(上海市学生事务中心供稿)

闪亮的日子

江苏

扎根西部热土，坚守报国初心

——南京大学李兴奎事迹

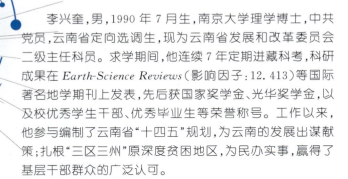

李兴奎，男，1990 年 7 月生，南京大学理学博士，中共党员，云南省定向选调生，现为云南省发展和改革委员会二级主任科员。求学期间，他连续 7 年定期进藏科考，科研成果在 *Earth-Science Reviews*（影响因子：12.413）等国际著名地学期刊上发表，先后获国家奖学金、光华奖学金，以及校优秀学生干部、优秀毕业生等荣誉称号。工作以来，他参与编制了云南省"十四五"规划，为云南的发展出谋献策；扎根"三区三州"原深度贫困地区，为民办实事，赢得了基层干部群众的广泛认可。

投身青藏科考伟大事业

李兴奎本硕博所学专业都是地质学。2012 年本科三年级时，李兴奎毅然选择跟随导师赴藏北羌塘无人区开展生产实习，从此开始了长达 7 年的青藏地质科考生涯。

7 年时间里，李兴奎每年都要进藏开展 1～4 个月的野外地质科考工作，从羌塘无人区到喜马拉雅山，从阿里地区到林芝市都留下了他的工作足迹。

野外工作十分艰苦，在西藏开展野外工作，艰苦程度更是常人难以想象的。盛夏的羌塘无人区天寒地冻，李兴奎和队友只能住帐篷睡行军床，每天起床时毛毯上都是白白一层霜，夜间下大雪时他们还要强忍困意不时用木棍捅一捅帐篷顶，防止帐篷被雪压塌。在海拔 5000 米以上的羌塘，散步、说话都要大口喘气，但是李兴奎和队友每天还要翻山越岭完成 10 公里左右的路线地质调查。由于羌塘没有手机信号，路上又经常遭遇冰雹、雷电、大雨等极端天气以及迷路、陷车等紧急情况，而且熊、狼、野牦牛等野生动物时常出没，因此他们时时会处于危险之中。尽管如此，李兴奎对待科考工作仍然自始至终充满热情，不管干什么都全力以赴、冲在前头，是科考队里出了名的"拼命三郎"。

艰辛的科考经历锤炼出了李兴奎从容淡定、踏实勤奋的品格和坚韧不拔、顽强拼搏的斗志。正是由于有着这样一种内在的精神支撑，李兴奎取得了丰硕的科考成果：在青藏高原腹地首次找到我国紧缺矿产资源——铬铁矿；在喜马拉雅山脉发现多处铍、铌、钽等战略性稀有金属矿化线索；以第一作者身份在国际地学顶级期刊 *Earth-Science Reviews* 上发表论文 1 篇，在岩矿学著名期刊 *Ore Geology Reviews* 和 *Lithos* 上发表论文 2 篇，在其他核心期刊上发表论文 3 篇；出版学术专著 1 部。

7 年的青藏科考生涯里，李兴奎用青春和热血书写了对党和祖国的无限忠诚。

参与编制云南省"十四五"规划

2019 年，李兴奎从南京大学博士毕业。他放弃了留在高校继续从事科学研究的机会，怀揣"扎根边疆、服务家乡"的理想信念，选择回云南家乡做一名定向选调生，最终成为了云南省发展和改革委员会规划处的一名干部。

入职后不久，李兴奎就作为云南省"十四五"规划编写执笔组的一员，参与云南省"十四五"规划编制工作。他很珍惜这个为云南未来发展出谋献策的机会，在规划处领导和同事们的亲切指导和关心下，他迅速完成了科研人员向机关干部的角色转变，并且把求学期间勤学苦干的作风带到了规划编制中。经过不懈努力，李兴奎最终完成了云南省"十四五"规划《基本思路》多个章节的撰写；推动完成35项"十四五"前期重大课题研究，有效支撑了云南省"十四五"规划《纲要》的编制。

扎根基层建功立业

2020年6月，按照组织安排，李兴奎来到"三区三州"原深度贫困地区之一的云南省迪庆藏族州德钦县拖顶乡驻村扶贫和挂职锻炼。本着"为党分忧、为民谋福"的一片赤诚之心，李兴奎深入村组、融入群众，和基层干部、群众打成一片。在驻村期间，李兴奎和第一书记密切配合，一次次深入田间地头了解中药材种植产业情况，一次次赴各地药企对接洽谈，最终促成云南省内龙头药企与拖顶乡本地企业签订产销合作协议，为拖顶乡中药材销售拓宽了渠道。

在挂职担任拖顶乡副乡长期间，李兴奎为拖顶乡梳理总结、包装谋划了37个重点项目，在德钦县率先建立了乡级层面的重点项目储备库，为拖顶乡争取项目支持、推动项目落地、实现经济社会高质量发展提供了重要支撑。同时，他积极与省、州、县相关部门对接协调，争取到2022年第一批以工代赈中央预算内投资资金，用于拖顶乡3个村31.2公里入户路硬化项目建设。通过该项目的实施，不但为当地150名没有劳动力优势、无法外出务工的低收入群众提供了就业岗位、实现了收入和技能的提高，同时还有效改善了当地农村人居环境，让614户2681人彻底告别泥浆路、牛粪路，为乡村振兴奠定了良好的生态基础。

（江苏省高校招生就业指导服务中心供稿）

他的青春和"家国"在一起

——南京林业大学吴泽本事迹

吴泽本,男,汉族,中共党员,南京林业大学机械电子工程学院 2021 届硕士毕业生,毕业后考取江苏省 2021 年名校优生选调生,现任淮安市涟水县朱码街道党政办工作人员、笪巷村党总支副书记。在校期间,曾任校团委副书记(学生兼职)、校研究生支教团团长、校学生会副主席、机电院 18 科硕党支部书记。2017 年 8 月至 2018 年 8 月,参加西部计划研究生支教团项目,服务于新疆生产建设兵团第六师共青团农场学校;2019 年 7 月至 2020 年 7 月,参加苏北计划,服务于江苏大学生志愿服务苏北计划省项目管理办公室,并参与团省委社会联络部(志工部)的日常工作。

吴泽本认为学生校团委副书记、校研究生支教团团长、校学生会副主席这些仅仅是经历赋予他的标签,而他最骄傲的是自己在这些光环后面所有的付出和努力,体现了一名优秀大学生胸怀家国、无私奉献、奋勇向前的可贵品质。

不忘初心,勇当志愿服务排头兵

2017 年,出身于教育世家的吴泽本怀揣着为西部教育事业奉献青春和热血的理想,踏上了西去的列车。初到新疆,少数民族的风俗、方言常常让这个大男孩摸不着头脑,教学也无从下手。一向要强的吴泽本急了! 于是,他虚心向经验丰富的老教师请教,在空荡荡的操场上演练了一遍又一遍,终于掌握了教学的基本要领,承担起数学、英语、生物三门课程的教学任务。

"想做一名科学家""想去遨游太空"……在一次关于"梦想"的班会课上,当地孩子对外面世界的憧憬和向往深深地震撼了吴泽本,也激起了他要帮助他们的想法。说干就干! 他立马联系校团委和南京乐平方公益发展中心,发动 50 余名大学生完成近 100 个孩子的新年心愿,募集价值 2 万余元的助学物资,并倡导设立了"水杉学子助学金",建立了帮助当地孩子的长效平台。

吴泽本清晰地认识到,对当地孩子要扶贫更要扶志! 他带领团队奔赴 12 个团场学校,累计行程近 1500 公里,用通俗易懂的语言为 5000 余名中小学生讲述十九大精神和兵团精神;精心打造"水杉云课堂"项目,邀请南京林业大学的 20 名优秀学子以视频的形式向当地孩子们讲述祖国发展、自我成长经历,带领孩子们云游南京……"老师,长大后我一定去南京上大学!"听完课后,不少孩子兴奋地说。一系列的举措帮助当地孩子们开阔了眼界,唤醒了他们的梦想。支教结束后,吴泽本荣获 2017—2018 年度全国大学生志愿服务西部计划优秀志愿者称号。

返校攻读硕士期间,吴泽本仍然不忘初心,继续投身一个个志愿服务项目中。他组织近 200 名大学生志愿者参与南京马拉松锦标赛志愿服务,凌晨 5 点出发,连续工作近 7 个小时,零差错圆满完成任务,荣获赛事志愿者"优秀组织奖"。他带领 15 名青年志愿者开展"重走梁希路·调研中国行"社会实践,采访 50 余人,累计行程近 4000 公里,形成 2 万多字的调研报告,为《梁希传》的编写提供了宝贵的素材,并最终荣获省大中专学生志愿者暑期文化科技卫生"三下乡"社会实践活动先进个人,所带领的团队也被评为省级优秀团队。他还参与了"长江卫士"生态公益项目,带领团队走进南京市近 100 所中小学,向近 1.8 万名孩子普及生态环保知识,并与 5 家企业签订长期培训合同,该项目最终获得"挑战杯"中国大学生创业计划竞赛铜奖。

敢做善为,争当全面发展的先行者

2019 年 7 月,吴泽本选择投身苏北计划,服务于江苏大学生志愿服务苏北计划省项目管理办公室,先后组织开展全省西部计划、苏北计划志愿者招募宣讲、面试、体检、出征、送行等一系列工作,完成了从"参与者"到"组织者"的蜕变。针对疫情的特殊情况,他提出开展网络视频面试的建议并被采纳,组织编制考生、考官及工作人员操作手册,保障了全省 2500 余名大学生志愿者顺利完成面试,为苏北乡村振兴贡献了自己的力量,该项工作得到了团省委书记室的高度肯定。

他还参与共青团江苏省委社会联络部(志工部)的日常工作。不管是组织实施江苏青年志愿者服务春运"暖冬行动",还是牵头举办第四届中国青年志愿服务公益创业赛全国赛终评江苏省专题培训、协助做好第五届中国青年志愿服务项目大赛江苏省代表团的各项服务工作等,吴泽本都表现出了优秀的组织协调能力,获得了部门领导的一致认可,并因此被

授予团省委机关"爱岗敬业奖"。

2020年初新冠肺炎疫情暴发，吴泽本主动请缨，大年初二便投入到了疫情防控工作中。他牵头负责全省疫情防控青年志愿者防护培训视频拍摄及后期剪辑工作，组织团队前往南京医科大学附属逸夫医院进行拍摄，一周之内制作完成6集培训视频，并通过"江苏共青团"网站和"中国青年志愿者""江苏青年志愿者"微信公众号面向全省10.6万名疫情防控青年志愿者进行线上防护培训。

他作为"向最美逆行者致敬"活动团省委工作组办公室成员，与紫金保险多次对接协商，优化爱心保险方案，使每份赔付额最高达50万元，并开辟理赔绿色通道，最大限度简化理赔手续，最终为省级医院342名援鄂医务人员家属落实了爱心保险。他设计调查问卷统计全省2800余名援鄂医务人员家庭"五心服务"需求，当好一名抗疫保障"后勤兵"。"该项服务工作值得肯定！"他们开展的对援鄂医务人员家庭"五心服务"得到了省领导和团中央书记处第一书记贺军科的批示肯定。

扎根基层，甘为人民群众的勤务员

2021年8月，吴泽本成为一名基层选调生，工作的第一站就来到全省12个省级重点帮扶县区之一的淮安市涟水县。他把基层一线当成最好的课堂，在田间地头吃苦受累、摸爬滚打，不断积累经验，增强工作能力和才干。作为笪巷村党总支副书记，吴泽本以国情调研为契机，常常走入农户家中开展信息采集工作，按时宣传好各项扶贫惠农政策，耐心做好低收入农户的答疑解释工作。他还与村书记讨论发展集体经济，与老党员共商产业调整思路。渐渐地，他与党员群众打成了一片，村民有事也都愿找这个"大青年"聊聊。

工作伊始，吴泽本主要协助民政助理处理民政日常工作，不断健全完善街道社会救助制度体系，巩固拓展脱贫攻坚成果同乡村振兴有效衔接。半年多时间里，他严格对标申请条件，帮助38户77人成功申请最低生活保障；对全街道603户1232人享受低保人员及458位特困供养人员进行动态管理，并建立数据库，真正做到底数清、情况明、数据实；提高高龄老人上门服务覆盖率，帮助34户符合条件的居家困难老人进行适老化改造，为153位80岁以上高龄的老人办理尊老金。"全面小康路上，一个也不能少！"曾经的郑重承诺，正在如期兑现。

在完成本职工作之余，吴泽本主动投身疫情防控一线，在服务大局中彰显担当作为。他前往辖区内7个养老服务机构，详细了解疫情防控工作难点及物资储备等情况，织密扎牢疫情防控网；认真做好重点地区来涟返涟人员信息核查工作，第一时间将需管控人员排查到位。下班后，他总是主动前往小区门口执勤，协助社区干部检查登记来往车辆及人员信息，测量进出人员体温，为群众筑牢安全防线。从3月初开始，他连续在工作岗位上战斗了40余天，夜里两三点紧急到班排查也逐渐成为常态，他用实际行动诠释了一名共产党员的责任和担当。

年华正好，理想尚在。在未来的人生征途上，吴泽本将继续胸怀家国，砥砺奋斗，不负韶华，让青春在祖国最需要的地方绽放绚丽之花！

（江苏省高校招生就业指导服务中心供稿）

扎根基层的追梦人

——中国矿业大学谢阳光事迹

谢阳光,男,汉族,1993年1月生,中共党员,研究生学历,泗洪县界集镇组织干事、杜墩村党支部副书记;曾担任中国矿业大学环测学院研会主席,2018年参加"苏北计划",毕业后通过江苏省优生选调脱贫攻坚岗选拔到泗洪县界集镇工作。他走遍38个村(居),逐户走访蹲点村的1164户村民,解决王滩村土地流转停滞等问题;推进农机车棚建设、村规民约建立、新型农村社区建设等;推进5次换届会议,创新新村干管理办法等;扎实做好疫情防控、秸秆禁烧、结对帮扶等工作;并在省市级媒体上发表文章70余篇。

谢阳光是中国矿业大学的一名毕业生。读研期间,他参加了"苏北计划",投身徐州"263"专项行动,一年的志愿服务让他坚定了基层服务的信念。研究生毕业时,面对人生的十字路口,谢阳光放弃了大城市的高薪工作和优渥环境,来到泗洪县界集镇,开始了基层追梦之旅。

注重调研,做群众身边的"知心人"

界集镇位于江苏省六大扶贫片区之一的成子湖片区。近三年来,谢阳光先后走遍界集镇38个村(居),逐户走访杜墩村、王滩村1164户村民,深入了解群众"急难愁盼"问题。"倾听百姓声音,是了解问题的有效途径。"谢阳光说,他始终告诫自己,注重群众"小问题",才能铸成民生"大事业"。

担任王滩村蹲点干部期间,他发现该村土地流转从2015年开始一直处于停滞状态。为找准问题根源,他和村干部逐户走访,与村民开展"小板凳会谈"。经过调研,他发现六成以上老百姓愿意流转,但自行流转价格较低,仅有小部分人坚持种植。他与村"两委"干部商讨后,决定推进高标准农田建设,先完善沟渠路建设,后重新划分地块,整理出连片土地进行流转,这样一来,愿意种地的农户可以继续种地,愿意流转的农户也能得到较高的土地流转费用,停滞了六年的问题迎刃而解。

注重组织,做推动发展的"践行者"

2020年6月,规划一万亩的界集镇丰沃苗木基地启动建设,预计每年可提供400万株无病毒优质种苗。然而,因项目规划用地涉及老百姓家的墓地,村里不少老人并不愿配合,一时间项目落地成了大难题。农业项目有季节性和时效性,如果不能顺利实施,很可能要推迟半年甚至一年。

为了保障项目推进，谢阳光与村"两委"班子迅速召集党员干部商讨，成立项目保障工作组，制订推进计划，明确责任范围，分组同步推进。村干部和党员、乡贤率先签字流转，并通过村红白理事会、亲戚朋友沟通等，逐户动员说服，解释产业落地的好处，化解群众心中的"疙瘩"。经过两周的努力，最终312户全部同意流转土地。目前，该项目已先后带动200余人就业，其中低收入农户52人，月均增收3000元。

注重创新，做乡村振兴的"助力者"

到基层后，谢阳光积极探索党建引领乡村振兴。作为杜墩村党支部副书记，他用心扮靓这个"十三五"省定经济薄弱村。

杜墩村现有873户农民集中居住，因不少群众仍有农田需要耕种，全小区近100台农机车停放在自家单元门附近。农机具乱停乱放，不仅对小区绿化造成损坏，还存在一定的安全隐患。为提升小区环境，他与村干部一起，召集党员、村民代表，多次讨论建设农机车棚。两个月的时间，他号召十余位党员、乡贤加入车棚建设中，整理荒地、铺设碎石、施工搭建，让农机车有了"新房子"。小区环境变好了，居民心里也更敞亮了。

在移风易俗方面，他与村干部一起制定了《界集镇杜墩村人情消费村规民约》，号召所有村民签订"人情减负承诺书"，较好地减轻了人情负担。在社区党组织建设方面，他积极探索构建了"党总支＋网格党支部＋党小组＋党员楼栋长"的四级党组织体系，开启"微党建"，打通为民服务最后一米。此外，他还创新"流动大篷车"等做法，助力杜墩村工业园区招工宣传，取得显著成效。

注重成长，做自我加压的"进取者"

除了村居工作，谢阳光还担任乡镇组织工作负责人。他全程参与推进了两次镇党代会、两次镇人代会、村居"两委"换届，切实提升了组织能力；自行编制了《基层党务"三必知"》，通过督学、测学提升了全镇党务工作者党务水平；牵头制定了新村干管理办法，创新"积分制"管理、"三帮一"机制，加速新村干成长步伐。

此外，他结对6个帮扶户，认真考察其致贫原因，常态化开展入户走访、返贫调查，做好扶贫政策宣传及百岁老人补贴帮办等服务工作。在疫情防控和秸秆禁烧关键时期，他积极投身一线，认真履行卡口执勤，并组建疫情防控党员先锋队开展志愿服务1600余人次。

"每个人都有一段沉默的时光，那段时光是不问收获、但问耕耘的时光，我把它叫作扎根。"谢阳光说："作为一名基层工作者，我将不负使命，继续前行，为乡村振兴奉献青春智慧和力量。

（江苏省高校招生就业指导服务中心供稿）

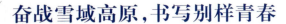

奋战雪域高原，书写别样青春

——常州大学易鉴政事迹

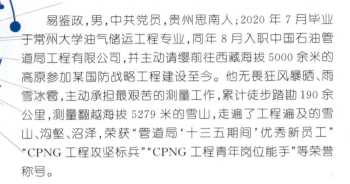

易鉴政，男，中共党员，贵州思南人；2020年7月毕业于常州大学油气储运工程专业，同年8月入职中国石油管道局工程有限公司，并主动请缨前往西藏海拔5000余米的高原参加某国防战略工程建设至今。他无畏狂风暴晒、雨雪冰雹，主动承担最艰苦的测量工作，累计徒步踏勘190余公里，测量翻越海拔5279米的雪山，走遍了工程遍及的雪山、沟壑、沼泽，荣获"管道局'十三五期间'优秀新员工""CPNG工程攻坚标兵""CPNG工程青年岗位能手"等荣誉称号。

少年负壮气，奋烈自有时。当毕业于常州大学的易鉴政主动选择前往西藏工作的那刻起，雪域高原就成了他青春的起跑线。2020年8月以来，他在世界屋脊战风雪、抗缺氧、建功业，历练"缺氧不缺精神"的顽强斗志、"艰苦不怕吃苦"的拼搏意识、"海拔高境界更高"的英勇气概，向时代证明新时代青年人炽热的家国情怀与无畏担当。

磨砺以须，倍道而进

在常州大学油气储运工程专业学习期间，易鉴政就是一个自我要求非常严格的人，他热衷科研、踏实学习、团结同学，大三时成为一名光荣的共产党员。四年时间里，他曾前往北京、青岛、南京等城市参加"挑战杯"等国家级创新创业大赛，荣获诸多奖项和荣誉。

毕业之时，常州大学党委书记陈群调研全国样板党支部——石工学院本科生党支部时，曾勉励学子，作为石油人，要敢吃苦，母校支持你们去基层、去一线、去祖国最需要的地方！

毕业后，易鉴政入职中国石油管道局工程有限公司，他秉持着新时代青年人投身基层、能源报国的信念，主动申请前往青藏高原参建某项国防工程，不满22岁的他成了该项目最年轻的青年人。

艰难困苦，玉汝于成

易鉴政工作的第一站就驻扎在世界上海拔最高的兵站——唐古拉山兵站。海拔5000余米的唐古拉山被称为人类的"生命禁区"，含氧量不到平原地带的40%，全年超过300天都有降雪，全年平均气温只有零下4℃，最低气温零下45℃，驻扎的兵站附近还常有凶猛的野熊和野狼出没。

艰苦的环境和强烈的高原反应，让易鉴政一度从120斤暴瘦到95斤。低氧环境让他睡觉时常常憋醒；水源紧张不能洗澡让他背上长满湿疹；嘴唇乌紫开裂成了每个人的标志，清晨清洗鼻腔里的血块是每天的"必做功课"。但和身体的不适相比,孤独与寂寞是他要克服的更大难题。易鉴政说:"这里有连绵不尽的雪山和戈壁,有望不到尽头的国道,没有现代城市的喧嚣和热闹,没有年轻人喜闻乐见的游玩活动,甚至没有一个小卖部。在这片'无人之地',孤独苦闷和难挨的思乡之情是心头'常客'。"

面对种种考验与磨砺,易鉴政毅然选择坚守,让自己摆脱娇气,历练毅力。

自参加工程建设以来,他主动负责极为艰苦的测量工作,累计徒步踏勘 190 余公里,走遍了工程遍及的雪山、沟壑、沼泽。在极低温的条件下,寒风夹杂着雪粒劈里啪啦地朝他脸上随意侵袭,他穿了 3 条棉裤依然不能抵挡刺骨的寒冷,测量仪铁杆上的冰霜像针一样扎手,手指甲还曾被冻脱落。面对这些,他没有抱怨,一直坚守在现场。工作的第一年,他有超过 200 天坚守在海拔最高点的工程现场。

激扬青春,书写华章

易鉴政身上有一股"静下心来、沉下身去"的钻研精神。

他瞄准理论创新和实践创新的前进方向,常常在工作之余查阅相关工程论文、技术工法、国标规范,结合专业知识,与同事通力合作、大胆创新,撰写了单项穿越施工方案和地下关键障碍物穿越方案,并在现场蹲守十余个小时,验证方案的可行性,大大降低了施工风险和成本。

为了更好地总结项目文化成果,留存青藏建设者的精神风貌和宝贵经验,他时常迎着暴雪,徒步去收集素材。

无私的奋斗与坚守,让易鉴政得到了领导和同事的肯定与点赞。他荣获了"管道局'十三五期间'优秀新员工""CPNG 工程攻坚标兵""CPNG 工程青年岗位能手"等荣誉称号。

易鉴政说:"只有荒凉的戈壁,没有荒凉的人生! 能参与到稳定边境安全的国防工程中来,是我的荣耀。"

（江苏省高校招生就业指导服务中心供稿）

万里西陲第一乡，青春作笔绘彩虹

——江苏海洋大学陈建发事迹

　　巍巍天山舒长卷，万里昆仑写春秋。乌恰县吉根乡位于祖国的西部边陲，是我国送走"最后一缕阳光"的地方，被称为"西陲第一乡"。哈拉铁列克村是这里的一个抵边村，海拔近 3000 米，居住着 200 多户柯尔克孜族百姓。

　　"在这里工作，每天都充满着力量。"村支书陈建发个子不高，瘦而精干，一听口音就是个"南方人"。

放弃苏南高薪岗位，远赴万里西陲第一乡

　　"对于我而言，来新疆克州（克孜勒苏柯尔克孜自治州）是机遇，是对青春最好的实践。"陈建发是江苏常州人，2019 年毕业于江苏海洋大学。

　　大学毕业前，陈建发已经找到了工作，单位是苏州市一家专业对口的企业，工资待遇好，环境好，离家也近。可毕业前一次偶然的机会，他得知新疆克州正在面向内地高校招录毕业生，就动了心，"我是一名青年党员，接受组织的培养教育，就应该去祖国最需要的地方，用我的肩膀扛起一份责任担当"。

"离家万里远离父母，条件肯定没有苏州好"，老师、同学都劝他慎重考虑，可是入疆这个想法一冒出来就再也抹不去。陈建发想了无数遍，始终无法说服自己，于是他毅然决然放弃了在东部经济发达城市的发展机会。

在州委党校接受了三个月的培训，学习维吾尔族等少数民族语言，11月，陈建发和女友刘晶晶等四位毕业生被分配到吉根乡，担任扶贫专干，开展精准扶贫工作。

"我家是常州的，乌恰正好是常州对口援助县，在地图上看，两地相距大约5100公里。"刚到新疆的一段时间，因为海拔高、语言有些障碍、生活饮食习惯不同，陈建发经常想念万里之外的家乡。父母时常鼓励他，既然选择了就要坚守到底。家人的支持和女友的陪伴让他很快静下心来投入工作。

与其说是"献青春"不如说是"受教育"

乌恰的老百姓70%是柯尔克孜族。数百公里的边境线上，除了人民子弟兵的值守，百姓们家家都有护边员，代代接力守边疆。淳朴好客的民风和深厚的家国情怀深深打动着陈建发。

吉根乡柯尔克孜族老奶奶、"人民楷模"布茹玛汗·毛勒朵从20世纪60年代初开始一直担任护边员。陈建发和女友刘晶晶经常到家里看望布茹玛汗奶奶，听她讲"中国石"的故事。

受奶奶影响，陈建发和同志们一起积极筹措物资，为护边员送去冬衣冬被，忙前跑后改善护边员生活条件、工作设施。乌恰县政府2019年在吉根乡建成了"护边光荣"爱国主义教育基地，刘晶晶主动申请当起了义务讲解员。

"刚毕业以为自己是来'给予'的，一心想凭满腔热血奉献青春，但在这里工作越久，感动就越深，'得到'的精神层面的'回报'就越多，工作也慢慢变得脚踏实地了。"在吉根乡工作的三年里，陈建发感觉自己变化最大的是心态，"我接受了这么好的教育，一定要学以致用，尽自己最大的努力，真真切切为这里的老百姓做一些力所能及的事情，帮助他们改善生活条件，过上更美好幸福的日子"。

养殖业是哈拉铁列克村的传统产业，但传统养殖规模小、品种单一、村民收益少。陈建发得知这一情况后，鼓励一批村民参加了克州畜牧兽医局举办的养殖技能培训，系统学习畜牧养殖技术。他帮助铁克塔什养殖合作社负责人夏木西旦·马麦提图尔汗顺利申请到商业贷款25万元，引进100只杜泊尔羊，并扩建了合作社。2021年夏木西旦家庭年收入达28.36万元，带动5名村民就业创收，为村集体年增收1.1万元。

党建文化引领，为边疆百姓插上致富翅膀

2021年4月，受上级委派，陈建发来到哈拉铁列克村担任党支部书记。从扶贫专干到村党支部书记，抓党建、促发展，改善民生、凝聚人心，陈建发感觉自己的责任更重了。

大学期间担任过学生干部的经历，让陈建发工作起来多了一些助力和底气。他积极推进"一支部三中心"的党建工作模式，以党支部为核心，建立党群服务中心、农村发展中心、维稳综治中心，借助网络新媒体加强党的建设，做好做实群众工作。

业余时间，他创办了"哈拉铁列克村党群服务中心"微信公众号，记录群众的日常生活和生产情况，及时发布农牧民学习计划和惠民政策。他还考了无人机"驾照"，自费购置了航拍器等摄影摄像器材，记录村民的暖心故事，把工作组小伙伴们工作的场景、把乌恰美丽的自然风光拍摄制作成小视频，身边的老乡牧民纷纷点赞。

人心齐，泰山移。在陈建发的带领下，哈拉铁列克村党支部始终牢记为人民服务的宗旨，扎扎实实为群众办实事，赢得了百姓的口碑，也为百姓致富插上了幸福的翅膀。

传统的柯尔克孜族百姓以游牧为主，住的是羊毛毡土坯房，在江苏省常州市的对口援助下，2019年乌恰县正式脱贫摘帽，牧民们住上了相对集中的砖瓦房。村里临街的一排平房是商铺。陈建发引进政策扶持资金，鼓励老乡租铺面开店，这里先后开起了"老家百货商店""满口甜饭店""村电子商务中心"。

为探索产业发展新思路，开拓出农牧民致富增收的新渠道，陈建发与县派驻村工作队的同志们一起，着力打造乡村振兴"一村一品"。2021年，经过反复考察，他们争取到9000元企业赞助，在村里建成圈舍，养了300多只鹧鸪鸡。目前第一批已经销售了一半，不仅收回了9000元成本，还有几千元的利润。陈建发说："先干给老百姓看，等有了稳定的收益，再带着老百姓干。"

"我们生活在一个伟大的新时代，有幸见证'两个一百年'的历史交汇。作为新时代青年，我一定要用青春作笔，在祖国的边陲画出一道艳丽的彩虹。"誓言铮铮犹在耳，陈建发道出了心声："希望更多的有志青年与伟大的时代同频共振，在祖国最需要的地方施展才华，实现人生价值。"

（江苏省高校招生就业指导服务中心供稿）

闪亮的日子

浙江

为振兴乡村教育贡献青春力量
——宁波大学热汗古力·吐尔洪事迹

热汗古力·吐尔洪,新疆阿克苏人,中共党员,中国青年志愿者扶贫接力计划宁波大学第21届研究生支教团成员。2019年7月,本科毕业的她奔赴贵州省黔西南布依族苗族自治州兴仁市支教,一年后结束支教返回宁波大学继续深造,现为宁波大学外国语学院2020级英语语言文学专业研究生。她曾获2019年度"中国大学生自强之星"奖学金,以及2020年宁波大学"最美宁大人"、2020年宁波市高校"优秀大学生"、2021年宁波大学"三好研究生"等荣誉称号,多次获得国家励志奖学金和学业奖学金。她的事迹也多次被中国青年网、《青年时报》、浙江新闻等官方媒体报道。

用一年的时间,做一生难忘的事

2019年7月,怀揣多年支教梦的热汗古力不顾饮食等生活上的困难,毅然加入了中国青年志愿者扶贫接力计划宁波大学第21届研究生支教团,同时也成为宁波大学研究生支教团历史上第一位新疆籍少数民族学生。在贵州省兴仁市第七中学,她担任七年级的英语老师,还协助学校教务处承担教务质量监督和考务工作。

师者身份的全新转变让她始终铭记育人初心,全身心投入到学生的教育管理中。她从来没有如此热爱一群孩子,厚厚的日记里记录了她与学生之间的点滴感人故事,"今天我给老师打100分""老师我们真的很爱你"是学生对她最真最诚的告白。她因材施教,原本枯燥的英语课被她上得生动而有趣,她还针对基础弱的同学专门"开小灶"一对一辅导,经过短短几个月的教学,班级英语成绩从垫底到年级组第三名。她和同伴每个月都会行走在崎岖的山路上开展家访,只为真实了解贫困山区孩子们的家庭、生活、学习、心理情况,竭尽所能帮助学生成长。

她开设智慧课堂,把先进的"互联网+教育"模式带入乡村课堂。结合外国语学院的"EYE无线共享课堂",她让平时没有机会进行英语交流的乡村孩子,通过屏幕与宁波大学的外籍留学生、外教以及在美国、澳大利亚等国留学的宁大学子视频连线,为孩子们打开了

一扇联通世界、对话世界的窗,丰富了英语课堂和课间生活的趣味性,同时也拓展了孩子们的视野,深受同学们的喜爱,其事迹曾两次获得"中国青年网"的报道。

她心系兴仁,持续不断用"小公益"筑起"大爱心"。针对留守儿童缺乏关心的问题,她与支教团的成员一起举办"请回答·未来"书信领航活动,帮助58名留守儿童与宁大学子成功结对,通过一纸书信在学习、生活、心理等方面给予孩子们陪伴和帮助。2020年"六一"儿童节前夕,她号召外国语学院教职工发起爱心捐赠活动,为兴仁市第七中学的同学们送上儿童节礼物,包括少儿书籍100余册和大量崭新的学习用具,受助学生100余人。此外,她发挥英语专业优势,参加兴仁市薏仁米博览会大型志愿服务活动,担任翻译接待等工作,助力活动圆满举办。

支教之梦,缘起于一颗感恩反哺的心

作为一名来自新疆的维吾尔族大学生,热汗古力始终记得她高中语文老师对他们说的话:"我们班里的同学都是很优秀的,希望进入大学后你们不要忘记国家对你们的培养,不要忘记母校对你们的培养,做一个温暖的、懂得感恩的人。"热汗古力就是带着这样一份感恩的心拼搏努力,来到了遥远的浙江求学,希望有一天能学有所成、报效祖国。而之所以选择浙江,她的想法很单纯:"因为我的家乡阿克苏就是浙江从2010年起对口援建的,我要把我在浙江的所闻所见、所学所得、所思所想带回我的家乡。"

她自发组织开展爱心公益课堂,以实际行动反哺家乡百姓。大二的时候,她就萌发了把外国语学院爱心支教团的成果带到家乡阿克苏的想法。2017年夏天,当她带着课程资源回到家乡村委会时,书记激动地对她说"一切都交给我,只要你们能给娃们上课就行",于是,从小学到中专、高中,各个年级的、在家里没事干的孩子都来听她上课。那个夏天,60多个学生聚集在村委会,给整个村带来了全新的活力。"我想,用知识的力量帮助我的维吾尔族同胞和朋友们了解他们不曾见过的祖国其他角落的样子,带他们去看看外面的世界,这就是我所力所能及的爱国情吧。"热汗古力就是抱着这样一份质朴的爱国之情在之后的每一次返乡时都自发组织开展爱心公益课堂,她也因此获得了2018年阿克苏市政府"优秀返乡大学生奖"。也正是这份持之以恒的心愿和行动,促成她走上了后来的支教之路。

她开讲"跨越千里的开学第一课",引导乡村的孩子懂得感恩、立志成才。2020年5月8日是兴仁市第七中学受疫情影响后复学的日子。就在复学第一天,热汗古力为班里的学生上了一堂特殊的思政课——讲述习近平总书记在浙江调研疫情防控和复工复产的故事。在上完这堂课之后,她还让每位同学都写下了自己的感想。其中有一位学习成绩稍微薄弱一点的同学写道:"当我看到浙江发展得那么好的时候,我有一种想去浙江看看的想法了,虽然我的成绩很难考上宁波大学,但是我会努力考上宁波大学,去浙江读书。"还有一个学生说道:"五年以后我也想去宁波读大学,努力像老师一样成为研究生支教团的一员。"当热汗古力看到那些小纸条时,她的眼眶湿润了,这是多大的幸福和荣耀啊!她说:"十年前的我也和这些贵州的孩子们一样,是一个普普通通的、从贫苦地区农村出来的初中生,而如今的我来到贵州支教,在国家脱贫攻坚决战决胜之年助力教育扶贫,我觉得意义不同寻常。我希望能用自己身上最真实的故事感染学生,努力引导他们立志成长成才。"当时这堂"跨越千里的开学第一课"受到了《浙江新闻》等的专题报道,更是得到了时任浙江省委书记车俊同志的书面肯定和勉励。2020年6月,她的事迹被《青年时报》青年之声专栏报道。此后,共青团浙江省委副书记周苏红在兴仁开展调研时,也对热汗古力表达了亲切的慰问和赞扬。2020年12月,热汗古力被共青团中央、全国学联授予2019年度"中国大学生自强之星"奖学金,成为"青春自强、刚健勇毅"的青年榜样。

用加倍的努力,跑出当代青年的好成绩

回到母校继续深造的热汗古力始终怀揣初心、加倍努力,立志在研究生毕业后继续为振兴乡村教育贡献青春力量。

她更加坚定理想信念,并成为了一名光荣的共产党员。除了自身的积极进取,热汗古力的求学之路能走到今天,每一步都离不开党和国家对她这样的新疆少数民族学生的扶持。因此,在大学期间,热汗古力就始终没有停止过向党组织靠拢的步伐。大三的第二学期,她被确定为入党积极分子;返校以后,她更加刻苦努力学习党的基本理论和习近平总书记系列重要讲话,学习习近平总书记给西藏大学医学院学生的回信精神,她发表的感言在浙江省团省委官方媒体上刊载。2021年5月,她正式加入了中国共产党。她在宁波大学"赓续建党百年精神,砥砺奋进再建新功"党史学习教育暨2021年度宁波大学微课大赛中带来了"一名新疆娃的青春底色"的思政微课,获得了2021年浙江省思政微课大赛三等奖。

她在传递志愿服务精神、传播青春正能量的路上继续发光发热。重返学校后,她加入了宁波大学第五期"榜样的力量"宣讲团和宁波大学"思政微课"讲师团,到十多个学院为3000多名学生带去以"支教是我的梦想,更是我的修炼"为主题的分享,鼓励同学们积极参与青年志愿活动和西部计划。除此之外,她还被选为宁波大学第一次妇女代表大会的学生代表,以及五年一度的宁波市学联第十四次代表大会的代表等,积极为市学联和学校群团工作的改革和发展建言献策。

作为国家脱贫攻坚和乡村振兴的亲历者、受益者、践行者,每每说起自己的成长故事,说起支教生涯中的点点滴滴,淳朴的热汗古力总会激动得热泪盈眶,她就是这样以一份炽热的感恩、报国之心持续奋进着,以青春的担当为振兴乡村教育事业贡献着青春的力量,在党和人民最需要的地方绽放着绚丽之花!

（浙江省教育发展中心供稿）

雪域边陲的最美文化传播者
——浙江中医药大学钱小丽事迹

钱小丽,女,浙江中医药大学2020届护理学(助产方向)优秀校友,曾连续三年担任班长,获校一等奖学金,并被评为浙江省三好学生、校优秀青年志愿者、优秀团干部等。作为一名立志成为优秀助产士的"95后"青年,她毕业后辞去浙江大学医学院附属妇产科医院的工作,选择听从自己的内心,毅然向西而行。

最美志愿者——从象牙塔到边陲小镇,情系藏区的心从未改变

2016年9月,刚踏入校园的她就主动申请成为一名学生志愿者。四年间,她因志愿者的身份逐渐成长,也和西藏悄然结下不解之缘。护理学院是全校最早招收西藏生的学院,钱小丽班上就有两位西藏姑娘,身为班长的她经常关注西藏同学的学习和生活。在交流中她了解到,由于地域辽阔、交通不便,高原地区书店较少,家庭读书氛围不浓,藏区孩子看书渠道并不多,学校图书馆的书籍数量、种类也不够系统、全面。"能不能把我们的书送到西藏去呢?"带着对藏区孩子的浓浓关爱,钱小丽奔前跑后,调研、策划、协调、组织、沟通、保障,所有的事她都冲在最前面,其倡议的"图书漂流到西藏"活动顺利向4000多公里外的雪域高原送去百余本书籍。随后她又领衔与当地学校开展书信"手拉手"、"健康教育"进校园、线上课外辅导等活动,这一系列促进汉藏交流的活动获评"浙江省优秀志愿服务项目"。

无独有偶,临近毕业,钱小丽参加了学院的职业生涯讲座,嘉宾是学院2018届优秀校友陈鹏,学长一毕业就去西藏那曲奉献青春的故事令她动容。"宣讲会上,学长讲述的基层经历让我见识到了别样的青春风采,'到祖国需要的地方去'这句话深深地吸引了我。"钱小丽如是说。

大学毕业前,本已被浙江大学医学院附属妇产科医院录用的她,毅然决然地选择了一路向西。在经过层层选拔后,她踏入梦寐以求的雪域圣地,进入墨脱——西藏南部的一个边陲小县,开始了她的基层工作生涯。

2021年,她正式加入墨脱县志愿者群,开始为墨脱的志愿团队贡献力量。结合"我为群众办实事"实践活动,先后参加了"雅江河道治理"、"快递接力"暖心活动、"亚热带墨脱徒步文化旅游"活动、联合义诊活动、"基层家庭医生随访"系列活动、困难群众走访慰问等30余次志愿服务活动,累计志愿服务时长高达500余小时,服务人数千余人。同时,在母校的帮助下,她和墨脱县团委合作开展"最美护理·雏鹰假日"志愿活动、"最美护理·雏鹰急救行"等活动,丰富县内中小学生课外精神文化活动,增强藏区学生急救自救安全知识。作为新青年的她,积极发扬"巾帼不让须眉"的最美志愿服务精神,踔厉奋发、笃行不息,在促进汉藏交流、助力藏区发展方面,源源不断地贡献着自己的力量。

最美助产士——学以致用,守望新生,用心用情坚守雪域高原

2017年,钱小丽选择了护理学专业的助产方向,朝着成为一名优秀助产士的方向砥砺

前行。2020 年,她被分到全国最后一个通公路的边境县医院——墨脱县人民医院。初到医院,全新的医疗信息系统、温馨舒适的产房让她大为欣喜。然而,风俗习惯、文化差异让她的工作开展得并不顺利。"当时有一个孕妇,第一产程状态很好,我建议她尝试自由体位,加快产程的同时还可以减少疼痛。但我的建议被拒绝了,因为她认为孕妇必须安安静静地躺在床上等待分娩,而我身边的同事也认同孕妇的做法。"这给了钱小丽很大的挫败感,不服输的她秉持"我想把这项技术传到墨脱,因为这是切实改善当地孕产妇分娩状态的适宜技术"的信念,夜以继日地查阅整理相关报道和研究证明,又联系母校获得进一步的技术支持,在充分准备后,她第一次面向当地护士、孕妇讲解自由体位分娩的安全性,同时开展自由体位分娩讲课,介绍不同体位的操作技巧和适用范围。功夫不负有心人,和她共事的同事最终接受自由体位分娩的技术,并在科室大力宣传应用。"在阿佳们笑着接纳的那一刻,我很激动,有种终于被认可的感觉;我也想做更多的宣传普及,让科学的助产理念能更深入人心。"钱小丽热情地说道。

大学实习期间,一名产妇给医院写感谢信,感谢实习生钱小丽的暖心陪伴。从那一刻起,钱小丽知道她的用心护理能温暖到他人,于是更加坚定了要成为一名优秀助产士的决心。现在,她将继续用这份爱心、细心、责任心,长期坚守在西部边陲小镇。

最美抗疫者——台前幕后守护"疫"线,护航藏区人民生命健康

由于国内疫情形势复杂,钱小丽被临时借调到职能科室参与院内疫情防控工作策划。初来乍到的她,从本院的院感防控制度开始巩固,学习借鉴其他医院的方案,学习国家公布的新冠肺炎疫情防控指南、防控方案,结合医院的实际情况,逐字逐条进行对照,制定适宜的防控方案。"方案的制定是个漫长且复杂的过程,办公室的老师对我的要求也很严格,一遍不行就两遍,两遍不行就三遍,直至拿出一个既符合国家规定又具有实施可行性的方案。"十多种方案就在她的手中逐一组合定形。她还负责全院、各乡镇卫生院职工对防控方案的学习掌握,累计安排院内演练 20 余次,组织开展乡镇卫生院医务人员院感防控相关知识的讲授、实操培训 50 余次。

　　墨脱县辖 1 个镇 7 个乡 60 个村,部分乡村出行困难,一年中常有半年的时间在封路维修,下来一趟要一天的时间。为了将疫苗覆盖全县居民,医院联合疾控中心开展"疫苗送下乡"活动,让群众享受足不出户接种新冠肺炎疫苗的好政策。面对医院人手不足的情况,钱小丽主动请缨前往一线,坐车 5 小时、打针 5 小时是常有的事情。最远的上三乡,一去就是 3 天,雨季的时候,一边是深不见底的原始森林峡谷,一边是不断有巨石滚落的滑坡,车辆在土路上就像船只遇到风浪那样,晃晃悠悠地前进,而这给本就容易晕车的钱小丽带来了挑战,但她咬着牙挺下来了,心里只想着尽早让当地百姓打上疫苗。院内疫苗接种最繁忙的时候,她常常加班到晚上 10 点多,然后整理凭证、清点疫苗、环境消杀、巩固新冠肺炎疫苗接种禁忌知识,接着又是第二天的疫苗接种,循环往复,一个月内服务人数累计超 5000 人。同时,为了更大地提高墨脱县群众的疫苗接种率,她又主动接下了另一项任务——全力做好第二剂次、第三剂次疫苗接种追溯工作。因为人手少,可利用的科技手段少,她只能利用空余时间、节假日加班加点,"我印象中最深刻的是,我和同事凌晨两三点还在给被追溯对象打电话,因为第二天还有新的任务等着。"短短半个月内,钱小丽和同事累计追溯近 10000 人。

　　2022 年,全县先后开展县域全员核酸采样演练 1 次,特殊场所全员核酸采样演练 2 次,每一次钱小丽都主动申请参加。闷热的天气,汗水浸湿身上的衣服,眼镜、防护面屏因为热气模糊不清,橡胶手套因为长时间的手消消毒变得紧缩,压迫手指,原本简单的操作变得更像是她与自己的身体极限作斗争。"打疫苗、采咽拭子让我体会到基层护士的辛苦,但是藏区百姓的一声'巴扎那'(谢谢)总能给予我力量,让我继续坚持。"钱小丽笑着说。

　　作为一名"95 后"新青年,穿上红衣,钱小丽是团队中为群众热心服务的最美志愿者;穿上绿装,她是产房中迎接新生命的最美助产士;穿上白衣,她是筑起生命防线的最美抗疫者。因为祖国需要,她放弃省级三甲医院,深扎雪域高原,在边陲小镇传播最美的青春文化,书写最美的青春华章。

(浙江省教育发展中心供稿)

听从本心，无问西东，
让青春在基层绽放

——浙江海洋大学白明州事迹

白明州，中共预备党员，2019 年毕业于浙江海洋大学信息工程学院物理学(师范)专业；2019—2022 年先后服务于四川省绵阳市北川羌族自治县团委和桃龙藏族乡人民政府，主要从事文稿写作和办公室工作。在校期间曾获学校"优秀学生干部"、学院"优秀毕业生"等荣誉称号；志愿服务期间荣获"全国优秀西部计划志愿者""绵阳市优秀共青团员""北川羌族自治县优秀志愿者"等称号。2022 年 1 月，他通过基层项目人员转聘考试，现为北川羌族自治县坝底乡人民政府工作人员。

拳拳赤子心报国，浓浓桑梓情爱家

2019 年大学毕业之际，怀着回到西部建设家乡的愿望和老师的关心与期许，白明州参加了西部计划到四川省北川羌族自治县服务。

在西部，最艰苦的莫过于生活条件。2021 年 5 月末，白明州到北川的桃龙藏族乡工作。那是北川最偏远的乡镇之一，距离县城 80 公里。桃龙藏族乡仅有一条街，常驻居民不足 200 人，有商店 4 家、饭店 2 家，除此再无任何繁华去处。因是外地人，离家远，他周末基本都是和值班人员一起在乡里度过。一次三天假期，白明州想着回老家一趟，快到家时收到有上级调研需全员返岗的消息。虽思绪万千，但工作不容懈怠。第二天，白明州 5:30 出发，先后搭乘出租车、高铁、客车和摩托，辗转 8 个小时，终于在下午 1 点多赶到离家 300 公里的桃龙藏族乡。到单位后，他发现只有值班人员，很是诧异。原来调研活动早已取消，只是忘记了通知他。那一刻，白明州的内心五味杂陈，回家吧，要花费大量时间、精力且假期已过半；不回家吧，又思念父母，最终他还是决定留在乡里。值班领导怕白明州心里难受，便拉着他给他讲一些在乡镇工作的故事，鼓励他努力奋斗。

相比生活上的艰苦，工作上的压力也不容小觑。到桃龙藏族乡后，领导安排白明州负责政法、宣传、统战和办公室工作。任务多且繁杂，一会儿要打印资料，一会儿要拍照，一会儿要接打电话，事情一件接一件，不容喘息。碰到有接待任务时，还需在饭点前 40 分钟放下手中的工作，赶到食堂打扫卫生、摆放餐具和烧锅。有时在食堂阿姨忙得焦头烂额时，白明州也会上前有模有样地挥舞几下锅铲，免得菜粘锅。白天忙着办公室工作，晚上就得花时间完成写材料和手中的其他工作，"早七晚十"是他的工作常态。

令白明州焦虑的是，由于人员流动快，工作缺乏交接，他对负责的政法、宣传、统战业务并不了解，常常是上级主管部门电话催促了才知晓有哪件事需要做，十分被动。怎么办？思前想后，他决定主动出击。一方面，抓紧完成上级安排布置的工作；另一方面，及时建立工作清单。工作清单包括三部分：第一部分是各类系统的账号、密码和操作方法；第二部分是各个时间节点需要完成的常规工作,比如每月 20 日前需提交的矛盾纠纷排查表,对于交给谁、怎么交都做好详细备注;第三部分就是待办事项。这样一来,可以按照轻重缓急有计划地推动工作落实。在桃龙藏族乡工作的后期,领导们常念叨的一句话就是"交给明州的工作,我完全不用操心"。这对白明州来说,既是肯定也是鞭策,激励他主动作为,想方设法推动工作。

些小吾曹州县吏,一枝一叶总关情

尽管在生活和工作中有各种各样的困难和考验,但在基层,对白明州的锻炼是全方位的,不仅有工作技能的提升,还有思维认知的提升。

上面千条线,下面一根针。在基层,由不得年轻人指点江山、激扬文字,工作的核心就是抓落实。虽然落实什么由领导定,但怎么落实看自己。面对工作,有的人延迟耽误还要找各种客观理由,但有的人加班加点也要按时保质完成。"些小吾曹州县吏,一枝一叶总关情。"基层直面群众"急难愁盼",服务基层的干部更要撸起袖子加油干,扑下身子抓落实,弄清群众所思、所想、所急、所盼,真正用自己的实际行动去为民纾困解难。

习近平总书记说:"广大青年要如饥似渴、孜孜不倦学习,既多读有字之书,也多读无字之书,注重学习人生经验和社会知识。"服务基层是初出茅庐的青年们读无字之书的绝好机会。身处局中又不必被局中事务牵绊,可以用局外的视角观察、审视周围的人和事,如果再加上一些深入的思考,那将是极为宝贵的财富。

雄关漫道真如铁 而今迈步从头越

通过基层项目人员转聘考试成为乡政府工作人员后,领导安排他负责文稿写作,这可谓晴天霹雳,因为他是理科生,写材料并不是强项。事实也证明了他的判断,头几次写的材料,尽管自认为相当漂亮,但几乎被领导全盘否定。抱着一定要干好的决心,经历过数不尽的加班熬夜,现在他的写作能力得到了极大的提升,在北川小有名气。

北川是山区县，山底几乎都是峡谷和沟壑，不适宜劳作，大部分老百姓只得居住在生产资料较为丰富的山腰以上地带，由此带来了两个现象，一是很多老者一生去县城的次数屈指可数，二是很多女性会骑摩托和开车且车技一流。众所周知，北川是5·12汶川地震中受灾最严重的县之一，这里有世界上规模最大的地震遗址，站在北川老县城的街头，常使人感叹自然界的无穷力量和人类的脆弱。特别是在2020年夏季，北川遭遇百年一遇的特大洪涝灾害，造成全县16万余名群众受灾，数千人失去家园。洪灾后，白明州服务的团县委负责联系一个乡的农房重建任务，那段时间他常奔波于县城和乡镇两地，穿梭于一个又一个的农房重建点。当看到一片片垮塌的山林、一座座垮塌的桥梁和几乎没有路基的道路，他真切地感受到敬畏自然就是敬畏我们自己。

征途漫漫，唯有奋斗。青年一代有理想、有本领、有担当，国家就有前途，民族就有希望。身处新时代的白明州将不负人民、不负韶华，用奋斗书写无悔青春。

（浙江省教育发展中心供稿）

"95后"大学生返乡回村,让青春在"浙里"闪光

——宁波卫生职业技术学院吴佳丽事迹

吴佳丽,女,浙江富阳人,中共党员,1998年2月出生,宁波卫生职业技术学院2019届优秀毕业生。2020年她工作一年后放弃城市优厚的工作条件返回家乡当起了村委会专职女委员。2022年3月由于工作出色,她被富阳区东洲街道评为"三八红旗手"。

返乡回村当专职女委员,她热爱"浙里"

2018年,吴佳丽进入杭州屈臣氏个人用品商店实习,实习期间测评考试成绩屡次优异,成为班级里第一个见习副经理,并且毕业后马上转正为店铺副经理。为了证明自己的能力,2020年6月,吴佳丽从屈臣氏离职,进入了杭州肯德基有限公司,成为杭州西湖区云栖小镇店的一名储备经理。在杭州肯德基有限公司工作期间,她辗转于店铺的各个工作站,进一步提升了自己的组织协调能力和紧急应变能力。为了回报家乡、回报乡村,2020年年底,吴佳丽毅然辞掉了城市的工作,回到了自己的家乡,被选为张家村村委专职女委员。这年她23周岁,虽高票当选进入村委会工作,却也饱受争议。在别人眼中,刚毕业的大学生没有这类工作经验,不会处理人际关系,是做不好村干部的。好多人也会笑称她"不是妇女的妇女主任"。在争议声中,她始终坚信事在人为,只要有一颗赤诚之心,有一份责任与担当,定会让大家信服。

作为一名基层妇联主席,她相信只要自己"捧着一颗心来,不带半根草去",想村民所想,急村民所急,总会得到村民们的支持,她是这样想的更是这样做的。她上任的第一天就上门走访农户,了解大家的实际困难。为做好困境妇女儿童工作,她把妇联成员按照区块

划分为16个小组,每个小组的妇联成员都有一位联系的困难妇女,她还制定了联系表,并规定每月必须上门探访两次,及时了解困难妇女的情况,有特殊情况的及时上报,共同解决。作为困境儿童的妇联"妈妈",她结合民政线工作,定时走访困境儿童家庭,陪伴其做家务、进行文娱活动等。为丰富村民的文化娱乐生活,提升村民在共同富裕路上的获得感,吴佳丽联合村委成员每月定期开展"我们的活动日",例如端午节包粽子活动、亚运女子巡逻队巡防活动、反诈骗宣传等活动。她的付出收获了快乐,收获了村民的赞许,因为无论是入户整治还是巡逻宣传,无论是义诊志愿还是健康文娱,每一次活动都拉近了她与村民的距离。

疫情防控冲在前,她战斗在"浙里"

2022年1月下旬,杭州滨江区突然确诊了一起本土新冠肺炎阳性病例,此时正处在聚餐聚会高峰、人口流动性比较大的年末,疫情飞速蔓延开来,波及富阳区。富阳区连夜召开多次紧急会议,她还很清楚地记得收到消息的那天晚上已经是她连续加班到晚上12:00的第三个晚上了,年末民政大社保线上也都是事情,白天也没有办法可以空下来趴一会儿。凌晨1:30,她刚洗完澡躺在床上,书记打电话通知她马上到村委开班子会议,并需要留在村委24小时值班。全村所有道路的交通管制,全员核酸,一圈又一圈地绕村宣传疫情防控工作,一晚又一晚地等着接送车来送密切接触者和次密切接触者上车……那段时间她夜以继日,白天要在卡口值班值守,对每一个进村的人员都要反复核对信息、健康码和行程码;晚上还要坐在电脑前,电话摸排街道下发的信息,对联系不上的群众需要第一时间上门排查,以便及时管控,及时掌握信息。常常都是凌晨两三点终于摸排完信息想躺下休息一会儿了,指挥部突然打电话联系她马上将密切接触者管控住,等转运车点对点接送。等送上车了,村口的早饭小摊也升起了袅袅炊烟。为把爱心人士们捐赠的物资送到志愿者、被隔离村民和管控人员手中,吴佳丽带领村网格员不辞辛苦、第一时间把蔬菜、水果、泡面和八宝粥等物资按需分发,保障了群众的基本生活,为防疫做出了积极贡献,受到了村民和属地政府部门的一致肯定和好评。

美丽乡村建设领着干，她扎根在"浙里"

富阳区东洲街道是亚运会皮划艇等比赛项目的举办场地，这对于分管疫情防控和妇联美丽庭院建设的吴佳丽来说，任务极其艰巨和复杂。为了改变张家村在美丽庭院落后局面，为了把乡村变成美丽"香"村，为把张家村打造成示范段，吴佳丽带领妇联执委和美丽庭院专管员不断地进行入户整治和示范户庭院宣传，成功将几十户不合格户改善成为合格户，家家庭院绿化错落有致、盆栽摆放整洁、垃圾分类清楚。虽然过程很辛苦，她也曾一次又一次地想放弃想逃避，但每一次看到大家在烈日炎炎下拿着扫把、垃圾袋埋头苦干时，她就又恢复了斗志！这才让她觉得自己晒得黝黑是值得的，不仅自己的工作落实到位了，也让农户们体会到了庭院干干净净、生活环境优美是一件多么值得自豪的事情。

青春在于奋斗，理想在于拼搏。吴佳丽为自己返乡回村成为一名专职女委员而感到无比骄傲和自豪。她对家乡的爱、对乡亲的爱是她行稳致远的最深厚力量。今后，她将加倍努力，视村民如父母，把全部精力奉献给生她养她的这片土地，与其他村干部一起带领村民共同富裕，让青春在"浙里"闪光。

（浙江省教育发展中心供稿）

只此青绿，人与青山两不负

——丽水职业技术学院施政欢事迹

施政欢，女，汉族，浙江丽水人，中共党员，1997年4月出生，丽水职业技术学院2018届优秀毕业生。2018年8月，她被分配到缙云县林业局五云林业中心站，2020年3月担任缙云县林业局五云林业中心站党支部书记，2021年11月至2022年3月调至缙云县林业局林业发展科，2022年3月底调至缙云县林业局新建林业中心站担任副站长至今。

因为一句"到祖国最需要的地方去吧！"坚定了施政欢要扎根基层的决心。穿上一身迷彩服，用脚步丈量大地，把青春和满腔热情奉献给党和国家，不知是多少青年的梦想，他们敢于筑梦，勇于追梦，在追梦的路上施政欢也留下了绚丽的风景。

虚心好学，迈出坚实第一步

2018年8月，当施政欢怀着对基层工作的美好憧憬和向往第一次走进基层林业站时，她的内心被深深地触动了，也更加坚定了信念，真切感受到了肩头的责任。还没等施政欢熟悉工作环境，一群村民就涌了进来："同志，我的公益林补偿资金需改户。""同志，我的公益林补偿资金发到哪个卡上了？帮我查一下……"见状，站长说道："大家不要着急，我们一个一个来，政欢，你来，看我做一下，以后公益林这方面的工作就交给你来负责。"

从8月31日那一天接手公益林工作开始，施政欢一干就是四年。最忙碌的时候，她每天要接打上百个电话，接待数十人，她始终耐心且细心地解决或解答相关问题，谦虚地以一名实习生的姿态真诚地向每一位前辈请教，将他们的经验和方法看在眼里、写在纸上、记在心中，将理论知识落实到实践中，并且渐渐探索出一套适合自己的工作方法。她及时联系护林员，收集辖区内公益林补助资金账户死亡人员信息更新资料。当面对年长或行动不便的群众时,她会上门进行公益林补偿资金账户信息更改。四年时间里,她累计更改需变更公益林补偿资金发放账户865户,对涉及林农切身利益的事,她不敢有一丝懈怠。

立足岗位,不畏艰难创佳绩

在四年多的时间里,施政欢走过了缙云大大小小的山头,不断突破自己,工作中勇于挑战一座座高峰,她积极参与了乡愁产业富民增收林业产业建设,组织涉林企业参加第十四届森博会,启动越王山古道修复工作,推进竹产业发展、香榧品牌建设、公益林矢量核查、森林动态监测、森林督查、森林抚育设计、林政案件查处、采伐与造林设计、"一村万树"示范村和推进村建设、美丽林相建设、森林病虫害防治、森林乡村创建等工作。熟练掌握 Arcgis、掌上林业等信息化软件,用数字赋能林业建设。

在不断的学习成长过程中,她紧盯工作目标,扎实开展工作。她先后参与完成中央财政森林抚育补贴项目6个,覆盖面积1800亩;新增百万亩国土绿化1900亩;落实辖区美丽林相建设8390亩,平原绿化65亩,"一村万树"示范村建设项目2个,"一村万树"推进村建设项目16个,国家森林乡村项目1个。参与编制了《缙云县松材线虫病防治方案》《2020年五云街道白岩村森林抚育提升项目》《2020年仙都街道仙源村森林抚育提升项目》。2018年8月至2021年10月,每年的4月初及8月中旬,施政欢会加强马尾松毛虫、松材线虫病的全面普查和监测工作,测报准确率达到88%以上。

突破自我,全面发展提素质

施政欢不断提高自身实践能力,用自己的青春力量讲好林业故事、讲好缙云故事、讲好中国共产党的故事。2021年中国仙都祭祀轩辕黄帝大典在仙都举办,施政欢很荣幸成为此次盛典的讲解员,她用自己的满腔热情和专业素养为嘉宾们介绍着缙云的风土人情和历史典故。

　　此外，施政欢先后开展党史教育、学法普法、古树名木保护等主题宣讲7次，荣获缙云县"我心向党"职工演讲大赛一等奖；缙云县第八届微型党课比赛三等奖；缙云县第九届微型党课比赛三等奖；缙云县首届网络评论大赛三等奖；缙云县林业局"8090"缙情说青年理论宣讲暨微型党课比赛一等奖；缙云县首届网络评论大赛三等奖；习近平法治思想主题宣讲比赛三等奖；"丽水青年说"青年理论宣讲大赛优胜奖；获2020年度"好党员"称号，"识名画学党史"浙江省百堂美术微党课"优秀宣讲员"称号，四海同心祭始祖　共同富裕起华章辛丑2021年中国仙都祭祀轩辕黄帝大典"优秀政务讲解员"称号。她曾是2017莱英体育丽水半程马拉松志愿者，乙亥(2019)年中国仙都祭祀轩辕黄帝大典联络员。这样的成绩或许是微不足道的，但这是一次次新的开始，是她继续努力拼搏的不懈动力。

　　一时结缘，一生热爱，施政欢为自己能成为一位林业人而感到无比骄傲和自豪。志不求易，事不避难，她将继续在生态文明发展的道路上勇毅前行。"路漫漫其修远兮，吾将上下而求索。"她将继续用青春之实干描绘祖国锦绣河山！

（浙江省教育发展中心供稿）

闪亮的日子

安徽

青春在奉献中绽放绚丽之花
——安徽城市管理职业学院郭子文事迹

郭子文，男，汉族，1997年4月出生，安徽城市管理职业学院健康养老学院2019届老年服务与管理专业学生，安徽省淮北市濉溪县四铺镇人民政府工作人员，兼任共青团淮北市第十二届委员会常务委员、安徽省红十字救护队队员、县红十字会顾问、县青年志愿者协会副会长、县好人志愿联合会副秘书长、县戏剧曲艺家协会副秘书长，系共青团淮北市第十二次代表大会代表，中国法学会会员、省红十字应急救护培训师、县青年讲师团宣讲员、县"好人及道德模范"宣讲团宣讲员。

志愿服务的践行者

"志愿者，帮个忙。"正在参加春运志愿服务工作的郭子文听到人群中传来老人的求助声，便连忙赶到人群中主动上前沟通，询问情况。从老人断断续续的陈述中他了解到：老人今年87岁，从县城南部郊区赶往市区看望自己的儿子，但长时间未进城，以至于迷失了方向，找不到去儿子家的路了，又不知道该如何返程。对于自己住在哪个乡镇老人也说不清楚，只记得自己所住的村庄名和村委会书记的姓名。

看到老人焦急的表情，郭子文看在眼里急在心头。经过积极协调及多位志愿者的接力，他很快联系到了老人的家人。当老人与儿子相见时，老人自责地说："没想到我现在这么无用，竟然迷路了，还给这些志愿者添了麻烦，你快谢谢他们。"老人的儿子紧紧握住郭子文的手连连致谢，并询问青年志愿者的招募条件、工作时间、服务内容等，说要动员自家孩子在工作之余也来参加志愿服务活动。

新时代新使命，新时代呼唤新青年。作为新时代青年志愿者，郭子文以"我们的节日""志愿服务月""践行社会主义核心价值观月"为契机，定期组织青年志愿者进社区、下基层开展文艺、科技、健康知识讲座等形式多样的新时代文明实践活动。不仅如此，他还逐步探索形成了"金晖助老""隔代养育——爷爷奶奶大课堂""爱心1＋N""微光公益培训"等特色项目,组织开展志愿服务活动 538 场次,志愿服务时长达 570.4 小时,受益群众达 37600 人次。

作为省红十字应急救护培训师、安徽省红十字救护队队员,郭子文还积极参与红十字会组织的各种培训学习,练习止血、包扎、固定和搬运四大现场救护技术,学习现场心肺复苏以及意外伤害处置方面的基本知识,主动传播红十字精神,宣传红十字理念,宣讲应急救护知识。在他的动员下,他身边总计有 3000 余人参加培训,系统学习了自救互救知识,并通过考核取得了红十字救护员证。

疫情防控中的逆行者

新冠疫情发生以来,四铺镇北陈村依托区域化团建机制积极发动团员青年组成疫情防控青年突击队,其中包括返乡大学生、曾经的建档立卡贫困户家庭的青年等,他们深入村庄、卡口等基层一线,开展政策宣传、体温测量、人员排查、信息收集等志愿服务工作。

郭子文积极响应,奋勇在前。"你好,外出请主动佩戴口罩!""你好,请出示证件,停车检查并接受体温测量,感谢你的配合。"白天,他是疫情防控的勤务员和宣传员,搬运分发物资,为疫情防控工作人员提供后勤保障,上街入户宣传疫情防控知识,提醒群众佩戴口罩、不要外出;晚上,他是四铺镇北陈村卡点的值守人员,严格人员管控,做好进出人员登记和体温测量,为人民群众守住防线,用自己的行动证明"新时代的中国青年是好样的,是堪当大任的"!

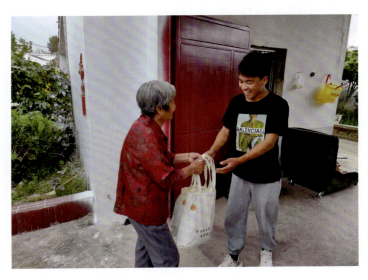

追梦路上的远行者

青春在奉献中绽放绚丽之花,也结出了丰硕的文明之果。淮北电视台《新闻联播》栏目、《中国青年报》、学习强国、中安在线等媒体平台先后多次报道郭子文的先进事迹。其主持申报的濉溪县"微光"公益培训志愿服务项目先后荣获第五届安徽省青年志愿服务项目大赛三等奖、濉溪县 2020 年最佳志愿服务项目、2020 年度淮北市学雷锋志愿服务先进典型;"青春自护大讲堂"志愿服务项目荣获濉溪县首届新时代文明实践项目大赛银奖、2020年度淮北市学雷锋志愿服务先进典型;"爷爷奶奶大课堂"志愿服务项目荣获濉溪县2021年上半年新时代文明实践项目大赛铜奖;"小树苗"成长计划志愿服务项目荣获濉溪县志愿服务项目大赛优秀奖。

郭子文先后荣获濉溪县学雷锋志愿服务"最美志愿者"、濉溪县"优秀少先队志愿辅导员"、淮北市"最美志愿者"、"2019淮北国际半程马拉松志愿者之星"、中国公益网2019年第二届"百佳志愿者"、淮北市优秀共青团员、淮北好人、2017—2018年度省直机关"青年志愿者优秀个人"、第十二届安徽省青年志愿者"优秀个人"、安徽省"优秀团员"、"全国优秀共青团员"等荣誉称号。

（安徽省大中专毕业生就业指导中心供稿）

弘扬志愿精神,争做胡杨先锋

——安徽电子信息职业技术学院谢梦龙事迹

谢梦龙,男,汉族,中共预备党员,大学专科学历,2018 年 7 月毕业于安徽电子信息职业技术学院机电工程系电气自动化专业。2018 年 5 月,在学校的号召下他主动报名参加西部计划。2018 年 7 月毕业后,他成为一名光荣的西部计划志愿者,来到离家 4040 多公里的新疆生产建设兵团第四师可克达拉市。他曾服务于第四师代管南疆 36 团党建工作办公室和第四师 64 团党建工作办公室。在上述部门负责工会、妇联、团建等工作。在志愿服务期间,他时刻牢记青年志愿者的服务宗旨,弘扬志愿精神,面对困难不畏惧、不退缩。日常生活中,他认真学习党的理论知识;工作过程中,他积极主动地向领导、同事们请教业务知识和工作方法,不断提升自身政治素养和业务能力,使自己从一个懵懂的大学生成长为一名优秀的业务能手。在三年志愿服务期结束后,他主动申请留在兵团工作,用自己对祖国西部这片广阔土地真挚的爱展现新时代青年的责任与担当。2019 年 5 月,他被评为 36 团"优秀共青团干部",同年 7 月和 8 月他先后被评为第四师可克达拉市 2018—2019 年度"优秀大学生志愿者"、兵团 2018—2019 年度"优秀大学生志愿者"以及 2018—2019 年度全国"大学生服务西部计划优秀志愿者"。在 2021 年 7 月,他再次先后被评为兵团 2020—2021 年度"优秀大学生志愿者"和 2020—2021 年度全国"大学生服务西部计划优秀志愿者"。

一、迎难而上,磨炼自己

在加入西部计划志愿者这支富有朝气的队伍之前,谢梦龙是学校机电工程系青年志愿者协会的外联部部长。谈到为什么参加西部计划,他坦言是在学校期间通过老师介绍和在网上查询西部计划志愿者的先进事迹,使他深深受到了感染,也使他在追逐梦想的道路上砥砺前行,选择加入西部计划。

初到服务师市,他主动申请到条件艰苦、距离师市最远的 36 团。36 团地处塔克拉玛干沙漠边缘,距离库尔勒市 470 多公里,距离师市 1100 多公里。从申请成为 36 团的一名志愿者开始,他就已经做好肯吃苦、能吃苦的准备。在志愿服务的过程中,他通过学而思、思而学的方式,深刻体会到兵团是一支特别能战斗、特别能吃苦、特别能忍耐、特别能奉献的队伍;同时,在兵团生活的各族职工群众朴实无华、热情好客。

那时他始终积极向党组织靠拢,以一名共产党员的标准严格要求自己、鞭策自己,认真学习习近平新时代中国特色社会主义思想,不断提高政治素养和理论水平,积极参加党团组织的各类学习活动。2019 年 5 月 24 日,他被选派参加四师可克达拉市(镇江)团干部培训班,经过一周的理论学习和实地调研,以及参观爱国主义教育基地,他深入了解到了团委的工作性质,更加明确了未来的工作方向。正所谓"党旗所指,团期所向",作为一名共青团干部,他充分发挥共青团的组织力、向心力和凝聚力,以引领青年、服务青年、凝聚青年为工作目标。

二、"勤"字当头,时刻学习

刚接手工作时,他束手无措,于是他下定决心主动学习业务知识,不断向前辈们、兄弟团场的小伙伴们虚心请教，经过三个多月的努力，他熟练掌握了工作技巧，已可以轻松完成分内工作。

2019 年他和同事一道组织开展了兵地青少年融情夏令营 4 场次，覆盖兵地 1000 名青少年学生。他还为团场创业青年争取创业扶持资金 30 万元，申请贷款贴息 3 万元。他组织开展团场妇女两癌筛查工作 3 次，筛查 1389 人，在"12·4"国家宪法日及"三八"妇女维权周等重要时间节点，他与团司法所、计生办紧紧围绕《妇女权益保障法》《反家庭暴力法》和女职工生育保护相关政策法规开展宣讲活动 10 场次，累计参与的妇女干部、群众达 620 余人次，从此他被团场职工尊称为"妇女之友"。他为团场 30 余名困难职工申请困难帮扶资金 10 万元，还组织开展了 1 场团场职工"金秋杯"体育活动。

在工作中，他以服务大局、服务社会、服务职工群众为着眼点和落脚点，创新工作载体，延伸工作半径，得到了团场干部、职工的一致好评。在 2019 年 2 月团场团委换届时，作为西部计划志愿者的他当选为 36 团兼职副书记。

三、志愿奉献，真心团结

光阴似箭，截至 2020 年 7 月他在 36 团已经志愿服务两年了，在这两年里他经常说："一年是梦想，两年是初心，三年是情怀。"第三年他毅然决然地选择了延期。根据组织的决定，第三年他从南疆 36 团调至北疆少数民族聚集团场 64 团继续围绕群团工作进行志愿服务。虽然有了工作经验，但面对少数民族聚集团场，他发现自己仍然需要克服诸多困难。毕竟和少数民族群众，尤其是年龄偏大的少数民族群众，在语言上的交流障碍给他的工作带来了很多的阻碍。但他牢记习近平总书记"各民族要像石榴籽一样紧紧地抱在一起"的嘱托，一直像爱护自己的眼睛一样爱护民族团结。经过一段时间的走访，他逐渐调整自己的工作思路，以耐心、细心、用心的状态逐字逐句认真讲解国家的政策，耐心地教少数民族群众识字、学讲普通话，看他们载歌载舞，由此他与少数民族群众逐渐从陌生到熟悉，建立起了深厚的友谊。

在从 2018 年 8 月到 2021 年 7 月的志愿服务工作中，他完成了自己从学生到工作人员的身份转变。他 2018 年 8 月递交入党申请书，2021 年 5 月被发展为中共预备党员，在此期间他认真参加"不忘初心、牢记使命"主题教育活动，认真学习习近平总书记在庆祝中华人民共和国成立 70 周年大会上的重要讲话精神和党的十九届四中、五中全会精神，积极向党组织靠拢，认真学习，积极工作。在 2021 年建党百年之际，他以预备党员的身份向党组织缴纳了 1000 元特殊党费，为党送上百岁生日祝福，希望可以帮助到需要帮助的人。他践行志愿精神，取得了一定的成绩，得到了服务单位领导、同事们的一致好评。

志愿服务期满后，选择留疆工作的他将继续以百分之百的热情和实际行动不断发扬"热爱祖国、无私奉献、艰苦创业、开拓进取"的兵团精神，做一颗胡杨的"种子"，为兵团的繁荣发展贡献自己的青春力量。

（安徽省大中专毕业生就业指导中心供稿）

在西藏书写花样年华

——安徽工业大学习凤事迹

刁凤,女,汉族,安徽五河人,中共党员,安徽工业大学公共管理与法学院2018届硕士毕业生。硕士毕业后,她通过西藏专招项目进入基层乡镇工作,现任山南市贡嘎县朗杰学乡党委委员、纪委书记。

用实际行动书写不一样的青春

刁凤在校期间是一名勤学踏实、积极上进的学生,她有干劲、有活力,在校期间一直担任班长,并且积极参加各类志愿活动,用自己的实际行动诠释当代大学生的责任与奉献。2014年本科毕业后,她积极报名参加学校的第一批研究生支教团,从安徽到四川,从校园到校园,从学生到老师,地点变了、身份变了,不变的是她那颗奉献、友爱的心。她在支教期间带着孩子们学习知识、与伙伴们开展志愿活动、向当地人了解四川的风土人情。她热情好学、对学生包容有爱,一年后,她所带班级的期末成绩在年级名列前茅,第一届研究生支教团发起的小信鸽活动依然在"飞翔",志愿精神一直在传递;她结束支教后一直与学生保持着联系,不断支持、见证每一名学生的成长。2019年,她请假飞行两个半小时去参加当年的学生的毕业典礼,她一直用爱温暖着每一名学生,用真心、真情、真诚滋润着学生的心田。

再一次选择远走家乡奉献边疆

刁凤进入西藏有四年了。朋友调侃她:"五年规划即将到期,下一个五年有何计划?"她坚定地告诉朋友,这次到西藏没有五年之约,而是无限期续约。

2018年,她研究生毕业了,即将从学校走向社会。未来的路怎么走? 正在她踌躇之际,西藏专招来了! 在人生的十字路口,她果断放弃选调生的面试,找准前进的道路,找到了自己的答案——奉献边疆。

从安徽到西藏。2018年她轻装上阵，倒了两班飞机，最终降落在了西藏贡嘎机场，28岁的她觉得一切都那么不真实，但一切又像是命中注定。她选择来西藏，这次不再是以志愿者的身份或者短期援助的形式，而是带着家人一起在这里扎根奉献，开启新的人生征程。

她说："西藏的平静不忍被外界打扰，西藏的美好不愿被世俗打破。但当所有的兴奋及新鲜感褪去后，举目无亲、无人言语的孤独感很快爬满心房，城市的繁华、便捷与这片山地里的平和、安静形成了鲜明的对比。"但她克服了心理上的孤单，并很好地融入了当地的生活。现在，她在这里能看到从前的影子，比如人心的淳朴、夜晚的星空、清澈的河水、湛蓝的天空，她仿佛回到了童年时代。这种时空的错位，不仅有距离差，还有海拔差，认清这些并依然热爱这片土地使她有了足够的勇气。

初到乡镇工作，她正赶上第三方对西藏自治区脱贫工作进行评估。2016年、2017年她曾两次参加安徽省的脱贫工作第三方评估，这次作为被评估对象，她轻车熟路毅然决定接受挑战。一个月的时间，她从对基本情况一无所知到了如指掌，从无从下笔到做出60多页的汇报PPT。她熬夜写工作总结，在休息时间入户更新收入测算表，周末完善建档立卡户表，加班仿佛是家常便饭，周末不休息成为常态。她忘记自己是"新人"，以高度的责任心投身于决战脱贫攻坚工作。

之后，因工作需要，她成为一名乡镇纪委专干，并且被借调到山南市纪委跟班学习。这期间，她负责山南市纪检监察网站的信息审核工作，对各县区上报的信息进行规范、审核，这不仅锻炼了她的工作能力，也提高了她的写作水平，之后她撰写的多篇案件剖析稿件被中央纪委国家监委、自治区纪委监委采用，都得益于这次的学习。同时，她还负责"走进纪委监委"警示教育展览活动的讲解，3天时间14场解说1400余人参观，她以过硬的知识储备经受住了这场挑战。反面题材中的事例让她觉得震撼和警醒：作为共产党员，作为一名国家工作人员，一定要扎实做好本职工作，干净做事、清白做人，始终做到慎初、慎微、慎独，锁住贪腐的缺口，筑牢拒腐防变的思想防线。

2019年10月，她第一次参加贡嘎县委第六轮巡察工作，她谦虚好学、不懂就问，很快成为巡察的行家里手。她紧盯每一张报销单、仔细辨认每一个签字、严格把关项目程序，每天泡在一堆账单、项目工程书中，以一丝不苟的工作态度、巧妙的谈话技巧让一些有侥幸心理的干部不得不承认错误。巡察期间，她以过硬的专业知识、高度的政治敏感性，不放过任何蛛丝马迹，形成了多个问题线索上交县纪委。县纪委根据反映问题的线索查处县司法局原局长李××，他因收受礼品、违规出入私人会所及公款旅游等违纪违法问题，受到留党察看两年、政务撤职（降为一级科员）处分；查处县住建局公益性岗位卓×利用职务之便侵占城镇低保户住房租赁补贴等问题。这次案件查办在全县范围内掀起了反腐、拍蝇的高潮。

如何把写在纸上的教训变成记在心里的敬畏？刁凤作为纪检监察干部一直秉持着严明的政治纪律性、过硬的专业知识、敏锐的分析研判能力、敢于碰硬的赤诚之心，切实守护着地方的政治生态。

森布日高海拔生态搬迁点作为西藏幸福家园建设的典范之地，像一幅美丽、和谐的幸福新村画卷一样展现在人们眼前，但有些村级干部却在侵占、挪用村集体和老百姓的血汗钱。刁凤作为这件案子的主办人员，每天梳理重点人员的银行流水，追踪每一笔钱的来源、去向,与工程老板周旋,经过 5 个月的不懈努力,格×最终因违反相关法律法规受到开除党籍处分,追回违规资金 39.99 万元。

她的故事在不断续写……

常年在海拔 3500 米以上的地方工作,使刁凤练就了钢铁一般的意志,"缺氧不缺精神、艰苦不怕吃苦、海拔高境界更高"。几年来,她到过世界海拔最高的普玛江塘乡,参与过西藏和平解放 70 周年大庆活动,近距离感受过中印边界的紧张严肃,从纪委专干到乡镇纪委书记,共参与办案 12 件,开展监督检查 90 余次。工作之余她还积极参与植树造林活动,加入疫情防控队伍,开展日常巡逻,助力环境卫生整治等,这些就是她日常工作的缩影。她深知,西藏的稳定需要青年来守护,西藏的安全需要青年来捍卫,西藏的绿水青山需要青年来保护。

常常有人问她何时回到家乡,她说,那颗西藏的种子已经发芽,现在依然健康成长,终有一天会长成参天大树。

如今,走在乡镇的道路上,阳光洒在脸上,微风吹动头发,她脸上洋溢着自信,眼中充满了坚定,注视着远方的路——那条属于她的路。

(安徽省大中专毕业生就业指导中心供稿)

八载光阴两赴基层，
初心不改服务乡亲
——合肥工业大学孙骏事迹

从读书深造时光荣入选中国青年志愿者研究生支教团赴贵州省黔东南自治州开展支教服务，到硕士毕业后毅然放弃央企的优厚待遇和高校的人才引进，再次响应党中央号召，通过选调生考试来到龙山村担任党总支书记助理，勇担脱贫攻坚重任，出生于1991年的孙骏，已经在基层一线挥洒了五年青春。

如今，在滁州市来安县汊河镇党委宣传委员兼汊河新区招商工作部成员的新岗位上，他正以新的姿态，努力在宣传思想、文明创建、招商引资、文化旅游等各项工作中展现新担当、实现新作为，用实际行动诠释一名合肥工业大学人的担当。

一、青春无悔奔西南，志愿支教勇担当

2010年8月，一辆绿皮车从宁波火车站缓缓驶出，开始了孙骏在合肥工业大学的四年本科生涯。他锐意进取，在百折不挠中勇攀学业高峰；他淬炼党性，在实践中熔铸理想信念之魂，第一时间递交入党申请书，并成为一名合格党员。2014年，他以优异的成绩被保送本校电路与系统专业硕士研究生。在校期间，他担任研究生会副主席、党支部书记，曾获得一等奖学金、天兵科技奖学金和优秀团干部、优秀党员等荣誉称号。

尽管学习和工作任务繁重，但有一颗种子已然在他心中悄悄萌芽。"到西部去，到基层去，到祖国和人民最需要的地方去！"2014年8月，他终于梦想成真，光荣入选中国青年志愿者第十六届研究生支教团，暂停学业赴贵州省黔东南自治州开展为期一年的支教服务。

连绵的群山、蜿蜒的道路、简陋的宿舍……虽然提前做了心理准备，但来到黔东南的第一眼，依旧令他满心震撼。没有茫然，更没有退缩，作为合肥工业大学贵州服务团团长，他帮助队员迅速完成角色转变，第一时间投入到团县委的禁毒宣传工作中去。朴实天真的农村孩子和艰苦的自然环境形成强烈的对比，更加坚定了他为孩子们带去最新的教学理念，为剑河的教育事业贡献自己所有力量的决心。

要让孩子们走出大山、改变命运，教育是关键！面对家长的读书无用论、面对学生"早打工早赚钱"的懵懂，他下定决心要让班里的每一个孩子都能够踏实地在教室里上课，感受人生中美好的校园时光。从匡衡凿壁借光终有大学问，到陈景润清华旁听推动哥德巴赫猜想，再到海伦·凯勒学习盲文考进哈佛大学，他用一个个鲜活的案例引导纠正学生们"读书不如打工"的偏见。每逢周末和节假日，附近的村寨都有他的身影，他攀爬过这里的每一个山弯，也曾渡过每一个溪口，通过持之以恒的家访、反复耐心的沟通，他的真情和真心赢得了家长的支持，他所带班级的上学率有了明显的提升，控辍保学取得了新实效。

作为一名任课教师，他坚持带了两个年级，教学任务重不说，还要面对民族不同、语言不通、大班制教学等多重困难，他不急不躁，脚踏实地地做好教学工作。当学生们都已进入甜蜜的梦乡时，他还在反思一天的教学得失，赶写第二天的新课教案，希望用最生动的教学方式激发学生对课堂的兴趣。

他用最长久的坚持和最坚韧的毅力践行了"立德、立行、至善、至美"的教育初心和"厚德、笃学、崇实、尚新"的校训精神，获得了学生的喜爱和家长的认可，先后被授予"剑河县优秀志愿者""革东中学优秀教师"荣誉称号。

硕士毕业后，面对央企的优厚待遇和高校的人才引进，孙骏没有犹豫，他坚定地选择了参加选调生考试，如愿来到他一直心系的农村基层。

二、再赴基层扶贫路，决战决胜攻坚战

当得知患有癌症的彭从连老奶奶独居在家，儿子和儿媳妇出于生计外出打工不能时常照料，而且老人经常因为听力和视力问题接不到电话听不清声音时，他按捺不住担忧的心情，立刻上门探望。看着老人凌乱的居住环境和虚弱的身体状况，他心酸不已，暗下决心不但要让老人温饱有加，更要让她感受到温馨的亲情。

结对帮扶以来，只要一有时间，他就上门探望老人，一边帮她打扫卫生，整理房间；一边和老人亲切拉家常，听老人讲述自己的大情小事。他注意到老人因为一个人生活节俭惯了，经常用腌菜下饭，舍不得吃新鲜蔬菜和水果，就专门跑到菜市场为老人买来牛奶和新鲜蔬果。几天下来，老人对他的称呼就从"孙干部"变成了"大孙子"。彭奶奶还一改不愿出门的习惯，每天都在村子里的小广场上转悠，逢人就夸自己有个不是孙子胜似亲孙子的帮扶同志。

"村里需要我，贫困户更需要我！"2020年春节期间，新冠肺炎疫情暴发，远在浙江宁波的孙骏第一时间告别了父母，飞越千里战疫情。他主动要求参与疫情防控一线的夜间巡逻、路口卡点执勤和宣传工作，对来往车辆、人员进行测温、消毒、询问和登记，认真落实各项防控举措，还自费为贫困户送去了口罩、酒精等防疫物资，为全村人民铸就了一道安全的

铜墙铁壁，周边地区反复出现疫情，龙山村却始终做到了零感染。由于疫情原因，南京等地实行封闭管理，村里的扶贫大棚草莓销路受阻，眼看着好好的草莓就要烂在地里，他立刻和第一书记想办法解决起草莓的销售问题：一方面由驻村工作队向县疫情防控应急指挥部申请车辆出入通行证，先帮助在来安县域为打开市场，畅通销售渠道；另一方面在微信群、朋友圈发布消息，然后登记好购买数量，并亲自送货上门，来一个线上线下"双管齐下"。通过这种方式，既从严从细落实了各项防疫措施、防止了交叉感染，又通过爱心接力解决了草莓滞销难题，保住了扶贫项目的稳定收益。

两年的驻村时间，也是决战决胜脱贫攻坚分秒必争的关键时刻。他深刻领会党的扶贫政策，协助村"两委"制订年度帮扶计划，扎实推进九大工程。他申报特色种养业补助、开发扶贫公益性岗位、代缴城乡居民医保，哪里有贫困户哪里就有他的身影。在产业扶贫方面，他也频出实招、硬招，推选致富带头人，拓资金、扩生产、增销路……改"输血"为"造血"，带动村民持续增收、脱贫致富。

他积极探索龙山村"贫困户＋六户＋企业＋村集体"资产收益扶贫新模式，事迹入选2019年《安徽省财政厅财政支农资金支持资产收益扶贫案例》，并在全省进行推广。2019年，龙山村集体经济首次突破50万元，2020年突破60万元，完成了从经济薄弱村到经济强村的跨越式转变。同年，他被来安县扶贫开发领导小组授予"优秀扶贫干部"荣誉称号。

三、铆足干劲谋发展，乡村振兴铸华章

"我是一颗螺丝钉，哪里需要哪里钉。"脱贫攻坚取得全面胜利后，他又积极投身乡村振兴这一伟大行动中。

俗话说："小厕所，大民生。"当地很多村民觉得旱厕是祖辈留下来的生活习俗，不想主动改，更不愿掏钱改。"曹叔，卫生厕所在江浙一带已经很普及了，我们去看过，好用得很嘞。""董姐，咱村里还安排了保洁员，定期清理三格式化粪池，没有刺鼻的臭味、没有滋生的蚊蝇，您说住着多舒服啊。"面对困境，孙骏拿出基层工作中练就的"水磨功"，挨家挨户做思想工作，优先选择几户作为攻坚试点。他认真负责的工作态度打动了村民，也加深了村民们对他的信任，当焕然一新、卫生舒适的新厕所投用后，试点户立即成了改厕的铁杆粉，走到哪里夸到哪里，转变了村民的老观念，改厕工作也顺利完成。

期间，孙骏还负责龙山、贾龙两个美丽乡村省级示范点的项目建设。"这个垫层厚度不够！""这段污水管直径多少，倾斜度测了吗？""这段人行步道不能挡住村民的入户路。"为了让建设规划更合理、民生工程更惠民，整个夏天他都泡在了工地，反复修改设计、协调开工施工、严把工程质量关，接连几个工程下来，整个人都晒黑了一圈儿。有耕耘就有收获，饮水安全、道路建设、村庄照明等基础设施基本满足了村民需求，垃圾处理、污水治理、村庄绿化等人居环境整治取得了阶段性成效。村级联建粮食加工项目投入使用，年产值近亿元，实现了本区域经济、社会、生态效益同步发展。同时，7个村集体增收和村民资产收益分红合计超过39万元，设置就业岗位解决了周围贫困户就近就业的问题，并使其每年人均增加务工收入2000余元。2021年，他被来安县美丽乡村建设工作领导小组授予"美丽乡村工作先进个人"荣誉称号。

2021年5月，孙骏担任汊河镇党委宣传委员，同年12月又兼任汊河新区招商工作部成

员。新工作,新起点,他立足汉河融入长三角一体化发展战略,深入基层调研,察民情、听民声、解民忧;组建"汉河镇融媒体"核心团队,打造立体化、全覆盖的全媒体宣传矩阵;组织"网聚正能量——网络媒体看汉河"活动,用网红的力量创作"沾泥土""带露珠""冒热气"的新闻;开辟《为民办实事》微信专栏,让居民足不出户就能反映问题、解决问题;围绕疫情防控、滁宁城际铁路、顶山—汉河省际毗邻地区新型功能区建设等中心工作和重点任务,强化措施,聚焦发力,广泛宣传,赢得了社会各界的理解和支持,为汉河高质量发展提供了强大思想保障、精神动力和舆论支持。他的调研文章《如何在长三角一体化体系中发挥好宣传工作的作用》被滁州市委宣传部评为"2021年度宣传思想文化工作优秀调研成果"。

慢进是退,不进更是退。为了推动村的腾飞,他积极协调功能区在程集村的征地拆迁工作,挨家挨户做好群众思想工作,半夜两点的田间地头经常有他忙碌的身影。功夫不负有心人,他提前完成了顶汉二期的交地、交房任务,有力保障了总投资102亿元的人民控股、总投资112亿元的捷泰电池等的重大项目的用地需求。现在,人民控股、捷泰电池、国器无人机等重大项目的基建工作正在大干快上,为汉河融入长三角一体化助力喝彩。

"未来属于青年,希望寄予青年。"习近平总书记在庆祝中国共产党成立100周年大会上的号召一直激励着孙骏不忘来时初心,不畏将来之行,用跳起来摘桃子的精神服务群众,用实际行动搭起干群"连心桥"。他以青春聚力朝气蓬勃,让不懈奋斗临空闪耀。在他的身上,人们看到了青年干部笃行实干、爱岗敬业的品质与风采,看到了俯身耕耘、无私奉献的基层干部的缩影。

（安徽省大中专毕业生就业指导中心供稿）

以硬核知识作温情守护

——中国科学技术大学朱哲圣事迹

朱哲圣,2018 年毕业于中国科学技术大学材料科学与工程系材料科学专业,在校期间曾获国家奖学金,被评为 2017 年中国科学技术大学"两学一做"学习教育优秀共产党员。

29 岁的中国科学技术大学硕士毕业生朱哲圣在上海徐汇区街道工作期间,充分运用函数工具、实验流程管理、数据搜寻等理工硬核能力,出色完成了基层工作,在严峻形势下有效保障了隔离点的运行,演绎了新时代硬核"孤勇者"的感人故事。

一、向险而行,学以致用,化身防疫长城"守望者"

2020 年初,新冠肺炎疫情暴发,人民生命安全和身体健康面临严重威胁。危难时刻,朱哲圣主动提前结束春节假期,从浙江老家匆忙赶回工作岗位,立刻投身到社区疫情防控的一线。面对集中隔离等突发情况,他克服恐慌畏惧情绪,每日通过大量电话开展重点地区来沪人员排摸工作,定时收集核对各类报表,耐心细致,确保不落一人。同时,面对庞大的数据收集和整理工作,他利用在校期间所学知识,深挖函数运用潜力,对数据进行函数处理,大大提升了数据库的处理效率,为防疫工作提供了有力的保障。疫情期间,他连续多日通宵坚守岗位,顺利完成了组织交给他的任务。

2020 年 10 月,朱哲圣再次向组织提出希望参与浦东国际机场的防疫工作,为祖国守好国门。作为第二组组长,到岗后他立刻整合团队,落实分工,利用外语能力强、熟悉社区工作的优势,组织大家学习常用英文对话、相关社区政策,大大加快了登记速度,提升了工作效率。在 55 天的浦东国际机场封闭工作期间,他严守底线,确保了全体工作人员零感染,获得了组织的认可。

2020年12月，疫情稍有缓解，大家都沉浸在即将新年的喜悦中，已经在防疫一线派驻近一年的他，作为负责人再次带队进驻建国宾馆集中隔离点。建国宾馆是具备380间隔离用房的大型隔离点，工作人员多，管理难度很大。他白天与各组负责人深入沟通，深入一线了解污染区作业程序，梳理工作流程，优化时间安排，固化工作机制，在符合疾控要求的前提下将各组作业的时间段充分整合，既保证安全，又提高效率；晚上与工作组成员合作梳理应知应会材料、防疫政策问答、突发情况预案、常用外语对答汇编等资料，确保隔离点工作平稳有序进行。

在同事的牵线搭桥下，朱哲圣在工作中结识了同在徐汇区工作的未婚妻。2021年春节，未婚妻突发疾病最需要陪伴的时候，一直在建国宾馆集中隔离点值守的朱哲圣却没办法在未婚妻的身边，只能利用有限的休息时间，通过微信安慰未婚妻。同在基层工作的未婚妻非常理解并支持他的工作，在疫情之下，正是因为基层的无数工作人员放弃了自己小家的团圆，才换来了大家平安祥和的新春。

二、魂兮归来，烈士家属圆心愿

除了忙碌的疫情防控工作，朱哲圣还负责社区的双拥优抚工作。在校时，他曾任军事协会会长，对军事历史很感兴趣，工作后他利用所学知识在平凡的岗位上发光发热，为群众办实事。2021年4月1日，斜土社区居民张根英来到日七居委退役军人服务站寻求帮助，希望组织帮助寻找她的小叔——江政芳烈士的安葬地。服务站将信息上报后，朱哲圣当即开始全力协助查找工作。

他一方面联系相关部门查询有关信息，另一方面通过互联网查找当年烈士的情况。几经辗转，与南通市通州区退役军人事务局取得了联系，他查到了档案中记载的烈士安葬地——西藏泽当县烈士陵园。张根英老人得知调查结果后，解释说家人曾去过该烈士陵园，也向当地民政管理部门求助过，但并没有找到烈士的墓地，调查一度陷入了僵局。

朱哲圣没有放弃，他转变思路在庞杂的网络中大浪淘沙，并找到了与江政芳烈士当年事迹有关的文章，在热心博主的帮助下，朱哲圣拿到了江政芳烈士墓碑的照片和五十五师烈士墓区示意图,并将墓碑所在陵园(西藏山南烈士陵园)的详细信息告知了烈士家属。

得知寻找多年的小叔安葬地有了确切的消息,张根英老人感动得热泪盈眶,激动地感谢组织的热心帮助和暖心关怀,当即将三封保存了近60年的烈士家书捐赠出来,表达了对党和政府的感激之情。

三、推迟婚期,三次重返一线的"突击队员"

2022年3月6日,奥密克戎病毒在上海突然暴发,朱哲圣放弃了筹备多时的婚礼,再次向组织申请重返一线。接到调令后,朱哲圣告别依依不舍的未婚妻,再次作为负责人进驻肇嘉浜路221号全季集中隔离点,任临时党支部副书记。临危受命,他充分发挥自己在浦东国际机场和建国宾馆的工作经验,一方面对隔离点设置方案及人员动线进行研判,完成了隔离点分区的设置;一方面组织相关科室调运各类保障物资,在最短的时间内完成了集中办公场所设置,为尽早开设集中隔离点按下了加速键。3月6日晚6点,通过各工作组通力协作,肇嘉浜路221号隔离点及时开点,正常运转。

为深挖工作组的潜力,临时党支部通过党建引领提升组织凝聚力,整合工作力量,形成强大防疫合力,朱哲圣充分发挥了党员先锋模范带头作用,通宵达旦投入工作,每天睡眠时间不足4小时。他对缺乏工作经验的成员进行深入细致的指导,确保每位同志都能按照要求严格落实职责分工,将整个隔离点的工作人员组织成一支沟通顺畅、有战斗力的抗疫队伍,有力地保证了隔离点平稳有序开展工作。

在疫情肆虐的4月,朱哲圣在集中隔离点独自度过了29岁生日。他一面耐心安慰隔离在家的未婚妻,一面继续通宵达旦地工作,为上海市的社会面清零竭尽全力。

2016年习近平总书记来到中国科学技术大学,对年轻人殷殷嘱托:"学成文武艺,报效祖国和人民。"朱哲圣牢记总书记的嘱托,始终将人民放在心中,将学得的一身本领投入到人民最需要的地方。基层是各项政策落实的"最后一公里",为保证隔离点运行,他一再推迟婚期,以实际行动践行"为人民服务"的理想信念,以青春之我耀信仰之光,用热血和担当谱写自己的青春,为实现中华民族伟大复兴的中国梦贡献力量。

(安徽省大中专毕业生就业指导中心供稿)

闪亮的日子

福建

致知无央，充爱无疆：将自强精神写在祖国基层大地
——厦门大学刘成事迹

2017年，即将研究生毕业的刘成站在人生的十字路口，怀揣着在母校涵养的家国情怀和远大理想，毅然选择投身广西壮族自治区服务西部地区，将个人成长融入国家和时代发展的洪流中。

2019年6月，在组织的安排下，刘成接过了决战决胜脱贫攻坚的最后一棒，带领合浦县曲樟乡脱贫攻坚（乡村振兴）工作分队打赢了脱贫攻坚战。

一路走来，刘成始终牢记"自强不息、止于至善"的校训精神，致知无央，充爱无疆，用厚重的肩膀扛起了"人民"二字，积极为中华民族伟大复兴的中国梦挥洒青春、努力奋斗。

走好扶贫长征路，砌好"最后一块砖"

刘成所在的曲樟乡所辖的11个行政村均为"十三五"时期的贫困村，是北海市唯一整乡推进脱贫攻坚的乡。而璋嘉村是北海市最后一批脱贫摘帽村之一，是最难啃的骨头之一，也是曲樟乡党委、政府的一块心病。

刘成第一时间将办公室搬到村委，片刻不停地到一线走访调研，深入研究排查了危房改造、义务教育保障、村集体经济、农村低保、账实规范化等可能影响脱贫成效的22项风险点，并定时限、定任务，专人、专责跟踪解决。为了提升队伍战斗力，刘成将工作重心放在转变干部工作作风上，带领全体村干部建立并坚持"早读晚规午讨论"制度，早上研读习近平总书记关于扶贫的重要讲话、扶贫政策，了解村情、户情；中午讨论工作中存在的问题和解决方案；晚上总结当天的工作并规划第二天的工作。一段时间后，村干部手中原本崭新的扶贫手册被翻得蓬松泛黑，讲话、政策、村情、户情也在琅琅书声中入心入脑，风险点也被逐一排除。

在所有风险点中，"最难啃的骨头"要数危房改造。为什么说"最难啃"？

首先是资金难。危房改造需要村民先垫钱，验收通过后再发补贴。为了解决资金难题，刘成一方面跟施工队伍协商赊账盖房，等补贴下来之后再还；另一方面请求后盾单位提供资金支持，同时申请市工商联、老促会住房保障帮扶资金。此外，为了防止因缺少资金影响工期的情况出现，刘成创造性地提出由乡政府向后盾单位借6万余元作为备用金，以备不时之需，总算是把筹钱难的问题解决了。

其次是思想难。按照客家人的习俗，动工、下砖、入伙都是要看日子的，"日子""风水"选不好群众可是不愿意配合的。刘成见招拆招，白天、晚上不断地入户做群众的思想工作。在刘成不厌其烦的软磨硬泡之下，终于做通了危改户的思想工作，解决了"看日子"难题。

再次是技术难。没人会画图刘成就自己上。在后盾单位的指导下，刘成将在学校学到的工程制图知识用在了绘制危房改造施工图上，虽然画得简单粗糙，但也基本够用。

最后是用地难。原址翻建，面积不够；异地建新，地基太软，承不了重，有下陷的风险。脱贫攻坚的战场上，即使时间再紧迫，也决不允许拆了旧危房又盖起一座新危房的情况出

现。于是,刘成拍板,就在原址翻建,面积不够的就跟隔壁的村民协调置换。

关关难过关关过,事事难成事事成。突破重重困难后,终于开工了。此后的每一天,刘成都亲自到现场监督指挥,紧锣密鼓地推进建设进度。短短一个月内就完成了2户危房改造任务,创造了危房改造的新纪录,啃下了最难啃的骨头,砌好了住房保障的"最后一块砖",顺利走好了扶贫长征路的"最后一公里"。

阻断贫困代际传递,照亮学生精彩人生

教育是阻断贫困代际传递的治本之策。在曲樟乡工作的两年时间里,刘成创新工作方式方法,联系、指导广西大学等高校支教团、实践团协助乡党委政府推进"扶贫扶志扶智""旅游＋扶贫"等工作;通过多种渠道,争取到教育扶贫资金20余万元,帮助三名孤困儿童健康成长,帮助十余名学生顺利完成学业,设立"先之达"奖学金为30余名曲樟乡品学兼优的中小学生提供奖励。在学生眼中,刘成是他们的大哥哥。他们纷纷将感动与感恩融入一封封写给刘成的感谢信中,并立志以刘成大哥哥为榜样刻苦读书,将来也要成为为国家和人民而奋斗的人。

曲樟乡有一户典型的因学致贫户,家中6个小孩皆品学兼优。一进入他们家映入眼帘的不是家徒四壁景象,而是满满当当的书架,墙上也挂满了各式各样的奖状、奖牌。浓厚的学风、勤劳的家风让刘成印象深刻。

他们家老大在刘成刚到曲樟乡的那年刚刚经历考研的失利,处于迷茫之际的她找到了刘成,讲述了她的想法。在交流过程中,刘成听出了她对于考研失利心有不甘,对失利的现实难以释怀。刘成深知更高学历的教育经历对个人成长发展有着重大的积极意义,于是便鼓励她"莫听穿林打叶声",不要被考研失利所打倒,积极为理想而奋斗,放心大胆地准备再次考研。在之后的日子里,刘成一直关注着她的备考情况,并经常辅导她备考技巧。在刘成的鼓励、帮助之下,邓家老大重拾考研二战的信心,一直坚持到了上考研战场。功夫不负有心人,邓家老大终于收获了努力后的甜美果实,顺利被广西医科大学录取。

老三在2019年以610分的高分考入了东华大学。那年夏天,刘成初次见到她时,对她那眉头间想隐藏而没能隐藏住的愁容感到疑惑。一番寒暄之后他才了解到,老三正在为上大学的费用而发愁。于是刘成多方联系,帮她申请了8000元的爱心企业助学金,并鼓励她在大学里继续发奋读书。

疫情期间,老五正值初二升初三的关键期,常常因为网络卡顿影响学习。得知情况后,刘成立即联系村干部和移动公司在他们家门口安装了信号基站,解决了她上课难的问题,她也于2020年顺利考入北海最好的中学。中考那天,从考场出来后,语文作文主题——"感恩"在她脑海中久久挥之不去,她眼前浮现着这些年来她在学习、成长中备受关心、照顾的点点滴滴,按捺不住的她提笔写下了一篇作文——《灿烂的一束光》表达感恩之情。记者得知此事后,便将这篇作文刊登在了《北海日报》上,引起了不小的反响。

人生路上最灿烂的一束光,便是在黑夜中照亮他人前行的那束光。刘成用他的初心之火、热情之光照亮了那些渴望精彩的人的人生。

开好乡村振兴局，发展荔枝大产业

乡村欲振兴，产业必振兴。曲樟乡的荔枝远近闻名。然而由于其品种的特殊性，很难远距离运输和长时间保鲜、保存，这给荔枝销售带来了极大的困难。2020年，受到疫情的影响，村民们对荔枝销售完全没有信心，甚至有村民想直接放弃，产生了"让荔枝烂在树上"的消极想法。看着村民们用一整年的血汗种出来的挂满枝头的荔枝即将被浪费掉，刘成实在于心不忍。于是他有了通过举办荔枝节帮助村民卖荔枝的想法。

办荔枝节说起来简单，可在疫情尚未走远、没有经费支持、全面脱贫在即的情况下，人员、资金、时间都不站在刘成这边。"谁来办""如何办"的难题摆在了刘成面前。

从不畏难的刘成心中早已抱定了"咬定青山不放松"的坚定信念。他心想，即使没有任何人帮忙，哪怕只有他一个人，他也要把荔枝节办起来；有钱有有钱的办节方法，没钱有没钱的办节方法，即使乡里没有任何资金支持，他也要在没有钱的情况下把荔枝节办好。曲樟乡的鸡嘴荔枝品质好，肯定会有市场需求。既然运出去有困难，那就把名气打响，吸引周围的人到乡里来现摘现卖。

理清工作思路后，刘成便开始"厚着脸皮"到各个部门申请筹办荔枝节的资金，虽然曾屡屡碰壁，但也有不少收获。一段时间跑下来，他竟争取到了市旅游文体局、市商务局、县工信局的总共15万元的资金支持，更是得到了这几个部门的领导"举全局之力支持办荔枝节"的承诺。这给了刘成巨大的鼓舞和底气。

趁着时下直播带货的热度，刘成带着乡第一书记当起了网红，在京东电商平台帮村民直播带货卖荔枝。因地制宜采用"直播＋电商"模式，开展直播采摘嘉年华"电商扶贫·合浦荔枝直播暨京东618全球购物节"系列活动，现场与亚山村、璋嘉村签署荔枝销售协议，仅半天时间便帮助贫困户销售荔枝1200余斤。

此外，刘成还将曲樟乡的人文地理、旅游文化特色元素整合起来，围绕"农业＋旅游＋文化"模式，打造以荔枝为主导的特色林果经济带，规划沿湖旅游路线，在宣传荔枝的同时，也推广了乡村旅游，有效推动了曲樟乡旅游业的发展。

在刘成的带动下，全乡都为办好荔枝节铆足了劲。2020年曲樟乡荔枝旅游文化节在大家群策群力、同心同向的努力下不负众望地取得了圆满成功。据不完全统计，仅6月16日开幕式当天，便实现荔枝销售额50万元以上，消除了荔枝丰收而市场价格走低的风险，有效扩大了曲樟乡鸡嘴荔枝品牌的宣传面和影响力。

时光流转，2021年的夏天又是一年荔枝成熟时节，丰收更胜去年。望着被鲜嫩娇红的荔枝浸染的山头，刘成在欣喜之余又开始为帮助农户销售荔枝谋划着。

总结2020年荔枝销售的成功经验，刘成深深感受到了举办荔枝节，以及本地销售、网络销售和批发销售等渠道对荔枝宣传、推广、销售的重要推动作用，于是便在着手筹办荔枝节的同时，通过向各单位推销、打通线下本地消费市场、开通网上预售渠道、吸引荔枝经销商到现场签约订单等方式多措并举、齐头并进，建立起相对稳固的荔枝销售渠道。

2021年6月11日，荔枝节在紧张的筹备中顺利开幕。出乎意料的是，2021年的荔枝节现场比去年更为火爆，一时间出现了"一荔难求"的情况，开幕式当天历史性地实现了销售额超220万元。这个夏天，没有什么比火红的荔枝和鼓得满满的腰包更让村民们开心的了。

一系列的举措保障了连续两年丰产的荔枝没有出现滞销的情况，村民们个个喜笑颜开，"山水客家、魅荔曲樟"的乡村振兴之歌在曲樟乡越唱越响。刘成在曲樟乡开展电商扶贫助农、举办荔枝节的事迹被央视《焦点访谈》栏目、人民网、新华社、广西电视台及市、县主流媒体宣传报道。刘成也荣获了"广西好网民""北海好网民"称号。

荔枝销售火起来了，农户的口袋也随着鼓起来了，发展产业的信心也更足了。小小的荔枝发展成了大大的产业。村民们纷纷为这个又黑又壮的大高个竖直大拇指，"刘队，牛队"的口碑深入人心。

办自强学堂，育乡村英才

乡村振兴，人才是关键。曲樟乡是北海市最贫困的乡镇，全乡11个行政村均为"十三五"时期的贫困村，贫穷落后让当地干部们失去了想象空间。刘成深知，在脱贫攻坚、乡村振兴的长征路上，唯有自立自强、自力更生才是行稳致远的出路。通过调研，刘成发现乡里的年轻干部干劲有余而学习、思考不足。晚上的时间基本都在无所事事中度过。在进一步与年轻干部交流后，他发现，他们并非不爱学习，而是缺少引领带动、交流平台、想象空间和行动理由。这为刘成推进乡村人才振兴提供了思路和方向。于是，刘成召集曲樟乡驻村工作队员、乡二部、村干部、老师等有知有识有志青年举办"曲樟自强学堂"。

通过自强学堂，年轻干部们学习新理论知识，集中轮读原文原著，分享自己的心得，吸收别人的观点，激发思想碰撞。

纸上得来终觉浅，绝知此事要躬行。自强学堂里，刘成带着年轻干部学习；自强学堂外，刘成带着年轻干部实践。在全面打赢脱贫攻坚战之时，刘成带领乡里的年轻干部积极深入推行操心事、烦心事、揪心事"三事通解"，率先在农村地区全面创建"解忧超市"，为解决贫困村老百姓"急难愁盼"问题建立了常态化工作机制，增强了老百姓获得感、幸福感和满意度。截至目前，全乡 11 个村的"解忧超市"总共解决了 462 个微心愿，群众满意度达 100%。

"曲樟自强学堂"的举办为年轻干部们搭建起了学习、交流的平台，赋予了他们学习、实践新意义，有效提振了青年干部们的精气神，帮助他们重拾对星辰大海的渴望。

在自强文化的熏陶之下，一个个年轻干部在潜移默化中加强了自我修养，开拓了工作视野，提升了服务本领，促进了担当作为，从一开始的不自信、没有想法到现在的勤于思考、勤于实践。自自强学堂创办以来，曲樟乡先后有 49 人次荣获国家、自治区、市、县表彰奖励。其中 1 人获评"全国乡村振兴（扶贫）系统先进个人"，2 人分别获评广西壮族自治区 2018—2020 年度全区驻村工作队优秀驻村第一书记、优秀工作队队员，48 人次被自治区、市、县评为优秀，有 9 人次先后获得单位、系统内部表彰奖励。曲樟乡工作分队被评为北海市 2020 年度广西脱贫攻坚（乡村振兴）工作队优秀工作分队。"自强之风"席卷全县，创办"自强学堂"的做法被县委组织部作为先进典型经验在全县推广。

亲近过泥土的人不会忘记人民。决战决胜脱贫攻坚的日子让刘成的身心刻上了深刻的人民烙印，他将种子播撒在了脱贫攻坚、乡村振兴一线，先后获评北海市优秀脱贫攻坚（乡村振兴）工作队队员、脱贫攻坚（乡村振兴）优秀工作队队员、广西壮族自治区 2018—2020 年度全区驻村工作队优秀工作队队员。2021 年，刘成被聘为厦门大学学生工作处首届"凌云计划"校友导师。

人生的长度在于跋涉，生命的厚重在于历练！刘成表示，回首历程，既有"轻舟已过万重山"的欣然快慰，也有"也无风雨也无晴"的豁然开朗；抬望前路，既怀"九万里风鹏正举"的磅礴力量，也怀"一枝一叶总关情"的初心使命。在全面建设社会主义现代化国家的新征程中，刘成将更加努力，撸起袖子加油干，不断实践"自强不息、止于至善"的校训精神，致知无央，充爱无疆，不负青春，不负韶华，责无旁贷地奔赴圆梦复兴的伟大征程！

（福建省大中专毕业生就业工作办公室供稿）

用心描绘基层画卷

——龙岩学院钟琳艳事迹

钟琳艳,女,畲族,1999年7月3日出生,中共党员,籍贯福建省上杭县,曾是龙岩学院2017级物联网工程【M】班学生,现在是一名服务基层的"三支一扶"志愿者;在校期间曾担任班级学习委员、学生会干事、部门副部长,多次荣获国家励志奖学金、校级奖学金,被评为三好学生、优秀共产党员、优秀共青团员、龙岩学院2021届优秀毕业生。

她生在农村,长在农村,一直想为家乡的发展尽一份绵薄之力,用知识和青春去改变家乡。她抱着投身基层的志向,在2021年"三支一扶"计划开始后,毫不犹豫地报名,经过各级审核推荐,最终于同年8月份被录取,成为"三支一扶"计划的一员,走上服务基层之路。

一、助力村级换届选优,配强村"两委"班子

2021年她刚入职便碰上换届之年,换届工作于老干部而言都是伤脑筋的工作,她才刚开始工作就接手了这个"烫手"的工作。为了巩固拓展脱贫攻坚成果同乡村振兴有效衔接,就要选优配强村"两委"班子。首先要选出群众认可度高、善于攻坚克难、带头致富能力强的"领头羊",群众工作的基础是民心,只有在群众中有威望才能更好地开展群众工作。因此她在换届前用自己踏出的脚步去减少"换届弯路",白天下村走访、谈话,晚上在办公室里整理白天记录的资料。由于组织意图要在此次换届后全面实现"一肩挑",这于她而言,无疑工作量更大了,加之对业务不熟悉,更是雪上加霜,别人花一个小时能完成的工作,她需要花更多的时间。在换届期间,需要准备的材料多,每天要汇总上报台账,她每天早上天还没亮就已经下村,回来后大家都回去休息了,她还需要回办公室整理台账上报。因为她的认真,大家都夸她。从2021年8月份入职开始帮忙准备换届工作,到11月份换届完成,她顺利实现了组织意图。这是她工作后完成的第一项重大任务,也是她工作的完美开篇。

二、助力基层战"疫"

阳春三月,本是万物复苏、欣欣向荣的时节,但是福建却像按下了暂停键,疫情出现了"倒春寒"趋势,迎来了战"疫"大考。面对这场没有硝烟的战争,她不忘出征时的诺言"到人民最需要的地方去",积极投身抗疫一线,全力以赴筑起"铜墙铁壁"。面对福建的疫情形势,基层首先要做好防控工作,防止疫情再扩散。她作为一名共产党员,没有退缩,用实际行动践行了她的入党誓言。她从没有因为自己是女生就想要特殊待遇,原本给她安排的白天执勤,她主动请缨调整到夜晚,展现出巾帼不让须眉的绚丽风采。

根据疫情形势,需要进行全员核酸检测,从上到下不落一人。她身为包村工作队的一员,参与到了此次核酸采集服务中。她在此次核酸采集中是一名信息录入员,辅助医务人员在她所包的村进行核酸采集工作。她所包的村老年人在家的居多,他们大多行动不便,需要入户采核酸,很多人家的房子建在半山腰上。在烈日下,她与医务人员身穿防护服爬到半山坡上入户为村民录入信息、采集核酸,虽然很累,但是他们没有时间休息,需要与时间赛跑。由于乡镇条件有限,只能采集,无法检测,所以他们需要在半天内完成采集,然后及时将采集样本送往县城检测。尽管很累,但她从不曾抱怨,从未曾想过放弃,她用实际行动展现了当代青年不怕苦不怕累的精神。

三、助力基层工作的"三支"

(一)用嘴为老百姓"支策"

由于上级的工作安排,她被聘为专职人民调解员,2021年11月,她参与一起现场纠纷调解工作。由于建房问题导致矛盾纠纷,现场混乱不堪,初次遇到这种场面的她临危不乱,立马与大家共商对策。她先了解清楚引起纠纷的具体原因,然后对症下药,经过初步调解,纠纷双方心平气和地坐下来协商。

（二）用腿为老百姓"支力"

在当下的智能化时代，无不用电脑办公，但是农村很多村民不会用，就是有些村干部也不会用电脑，甚至很多村民还不会用智能手机，这给他们的生活带来了很多不便之处。常态化疫情防控之下，每天都有表格需要填报，因此急需会用电脑的人。现在的村干部班子虽说都配备有会用电脑的年轻人，但是人数实在太少，有的村甚至只有一个人。她作为一名计算机相关专业毕业的学生，操作电脑不在话下。她学以致用，抽空便去指导需要帮助的村干部操作电脑。她还主动入户教群众使用智能手机。在2021年全员核酸检测中，为了采集便利，需要所有村民事先准备好核酸采集码，但是很多村民不懂如何操作，于是她便利用下班后的时间下村教他们如何操作，对于没有智能手机的村民她便用自己的手机帮忙申请，然后再帮他们打印出来，以备核酸检测时使用。

（三）用脑为老百姓"支招"

习近平总书记始终重视粮食安全问题，在中央农村工作会议上强调"中国人的饭碗任何时候都要牢牢端在自己手上，饭碗主要装中国粮"。她时刻提醒自己不管走到哪里"饭碗"都不能丢，要把饭碗牢牢端在自己的手上。2022年的春耕生产压力很大，她所包的村面积不大，但是种植任务繁重，需完成一千多亩的种植任务。现如今有强劳动力的年轻人基本都已经外出务工了，留在村里的大部分是只有弱劳动力的老年人，村里的田地大部分已经长满荒草。老人家每年会挑选一些就近的容易打理的田地来种植水稻，大部分的土地处于荒废状态。为此，她多次与工作队下村开会讨论，想尽办法完成任务。她与工作队及村干部一同下地查看，经过对荒地进行现场查看后，他们与农民技术员等共同探讨，最后决定在水源充足的地带种植水稻，在抛荒的旱地种植玉米、木薯、地瓜等粮食作物，然后在全村范围内宣传种粮补助政策及他们探讨出的想法，发动全村群众大力支持春耕生产，入户动员村民抛荒复垦，把所有能劳动的劳动力都动员起来了。

她时刻牢记出征时的诺言"到农村去，到基层去，到人民最需要的地方去，建功立业、锻炼成才"，也用行动表明了她的初心。希望她在基层的两年能以"宝剑锋从磨砺出"的艰苦历练积蓄精彩，以"此时不搏待何时"的实干奋斗闪耀光彩。

（福建省大中专毕业生就业工作办公室供稿）

心之所向，只为家国

——福建工程学院宋能事迹

宋能，中共党员，是福建工程学院2019届电子信息工程专业的毕业生。2019年8月，他放弃已签约的工作转而远赴新疆基层工作，成为一名乡镇纪检监察干部。自参加工作以来，他努力发扬"真诚勤勇"的校训精神，工作积极，表现出色，2021年2月被温宿县托甫汗镇党委、政府授予"优秀干部"荣誉称号，2021年7月被温宿县委评为"优秀共产党员"。

一、以实际行动践行党的宗旨

作为一名党员干部，他始终将农民群众的安危冷暖放在心上，面对群众的各类困难诉求总是第一时间想方设法帮他们解决。

"心系群众鱼得水，背离群众树断根。"宋能一直用这句话提醒和鞭策自己，在日常走访当中，他放下架子，融入泥土，农忙时与农民群众一起干活，闲暇时与农民群众一起拉家常，与农民群众打成一片，耐心宣传党和国家的各项惠民政策、排查安全隐患，帮助农民群众砍柴、建造鸡舍、清理垃圾、粉刷墙壁、晾晒粮食……同时认真倾听农民群众的意见建议，查找工作中存在的不足，汲取群众智慧，补齐工作短板，每次临走时还嘱咐群众有事就随时找他。

就在前不久，一名村民打来电话："小宋，现在正是果园地放水的最佳时机，我家的果园地放不上水，你看能不能帮我们协调解决一下？前两天已经找过村委会了，村委会还在协调……"。

"叔叔，最近放水的农户较多，可能水源不够充足，放水慢了一点，不过您放心，我现在就帮您协调解决。"宋能放下手头的工作，毫不犹豫地主动承担起了此事。

电话挂断后，宋能立刻打电话给镇上水管站负责同志询问具体情况，并督促水管站站长合理分配人员，按照相关要求落实落细各项工作，确保辖区所有果园地都能如期放足水源。

数小时之后，该村民在电话里乐呵呵地感谢道："真的谢谢你啊，小宋！我家的果园地已经放上了水，今年的收成又有希望啦。"

这是宋能开展群众工作的一个缩影。

最让宋能难忘的就是2020年疫情防控期间，为了群众的安全，他不分昼夜挨家挨户为群众测量体温、配送生活物资。他每天早餐只喝一包牛奶，由于路途遥远、工作繁忙，他常常因为晚上回去太迟而没饭吃，就捡几颗农民群众没捡干净而遗留在地里的核桃当作晚餐。曾经有一次由于天气过冷，导致他发烧至40℃，但他并没有倒下，始终坚守在岗位上。

是什么让他在如此艰苦的条件下没有选择放弃,顽强地坚持了下来?是中国共产党人的初心和使命,是他心中始终怀有的家国情怀。

二、以不畏艰难书写责任担当

宋能同志家境贫寒,全家的生活只靠他一个人的工资维持,但这并没有影响到他的工作热情和积极性,面对困难和硬骨头,他能够身先士卒,冲在最前头。对于绝大多数党员干部来说,最头疼的一件事莫过于写材料。宋能深知,一名纪检监察干部必须具备过硬的政治本领、业务素质和政策水平,为此,他利用业余时间、培训交流等机会不断强化学习,承担起了办公室所有的材料撰写工作。刚开始,一份材料他至少要修改数十次才能合格,但他并没有气馁。他经常加班加点,经过一年多的磨炼,他的写作能力有了很大提升,赢得了领导的肯定。

宋能时时刻刻以大局为重,主动作为。2021年7月要在托甫汗镇举行全县纪检监察工作现场会,接到通知后,宋能立即行动,撰写汇报材料、联系广告公司做展板、进行会场布置……他一人不分白天和黑夜奋战了整整一周时间,全县纪检监察工作现场会最终取得圆满成功,赢得了广大领导和同事们的称赞。2022年1月,为弘扬优秀传统文化,喜迎新春佳节,县纪委监委在托甫汗镇举办廉政书画展。活动前宋能认真策划,积极对接县纪委监委,明确活动流程和工作重点,提前邀请全镇书画爱好者,征集优秀书画作品,动员机关各科室党员干部积极参与配合。经过一番努力,最终廉政书画展在托甫汗镇成功举办,营造了风清气正、欢乐祥和的浓厚节日氛围。在他和同事们的共同努力下,2021年度纪检监察工作成效突出,取得全县第二名的佳绩。

(福建省大中专毕业生就业工作办公室供稿)

青春向党，支教无悔

——福州大学李志煌事迹

在 2019 年清华大学毕业典礼上张薇的演讲中，李志煌第一次听到"研究生支教团"这个词。张薇暂缓读研而选择去西部支教的事迹深深触动了他，一句"用一年不长的时间，做一件终生难忘的事"更是在他的心里埋下了一颗"如果有机会，我也一定要去西部支教"的种子。2020 年 9 月，他终于等到学校研究生支教团的招募通知，在了解到闽宁协作帮扶的感人事迹后，他更加坚定了去西部支教的想法。他曾询问过父母的意见，在知道支教地是以"苦瘠甲天下"闻名的宁夏西海固地区后，父母极力反对。父母怕从小生活在南方城市的他会不习惯北方偏远地区的气候和生活，怕他花一年时间支教会落后于同龄人的发展。他理解父母的良苦用心，但他觉得人生漫漫，不必纠结一年光阴，作为学生党员，能到祖国最需要的西部奉献青春、回馈社会、帮助他人，是一件幸福且有意义的事。在他的软磨硬泡下，父母最后才同意他去参加研究生支教团的选拔，最终他也顺利入选。

2021 年 7 月，他怀揣着教书育人梦想奔赴宁夏固原三营中学，经学校安排，他教授八年级 6 个班的生物课，还有课后辅导课和晚自习，每周总共 15 个课时。他意识到如何完成从学生到老师角色的转变是他面临的最大挑战，尽管支教前高校安排了支教团成员到附近的中小学上课、听课，也组织了一系列的上岗培训，但他心里还是没有底。他很担心教不好学生，便经常利用空闲时间听老教师上课、学习教学方法、参加学科研讨会、学习教学经验，根据课本内容和教学进度认真撰写教学计划。他把大部分的精力都放在备课上，认真参考研究教师辅导书的教学目标和教学重难点，上网观看一些优秀教师的授课视频，设计一些教学环节激发学生兴趣，并以此为依据制作教学 PPT。上课前，他总会花时间梳理课堂内容以确保顺利上课。最终，他花了数月时间才适应教师新角色。他相信通过努力可以教好学生，但结果却不尽如人意。第一次学科考试，他教的 6 个班的成绩基本垫底，他近乎崩溃，内心充斥着焦虑和挫败。

他意识到必须找到问题的根源。在分析试题后，他发现考试的知识点他在课上都讲过，但学生并没有掌握。在与学生交流后，他发现一些学生基础较薄弱，有时跟不上他的教学节奏，也有的学生听不懂课本内容。他开始改进教学思路，试着站在学生的角度放慢节奏讲授课本内容，更加注重在课堂上与学生形成良好互动，并在网上找到通俗易懂的教学视频以便学生理解。终于，在第二次考试中 6 个班的成绩均有较大提升，没有一个班级垫底。因为教学成绩突出，他在学校成绩分析会上受到了表扬，被评为"三营中学 2021—2022 学年八年级第二次阶段性质量提升总结成绩突出教师"。他发现这里有些学生喜欢在下课期间去办公室问老师问题，但是有的老师不一定在。为更好地帮助学生，在教学之余，他经常待在办公室且主动辅导学生的英语、数学、物理，学生的一句"谢谢老师"常会让他开心好久。

在学校，他不仅是一名生物老师，也是一名党建办公室干事。作为支教团的党支部书记，当学校党建办公室主任提出人手不足需要帮忙的时候，他主动提出成为党建办公室的一员。为了协助学校党建工作顺利开展，他经常一下课便去党建办收集、整理繁杂的材料，同时负责相关材料的撰写工作，曾负责撰写学校组织生活会、党日活动、电化远程教育等相关简报 20 余篇。他还利用空闲时间积极组织支教团成员进行理论学习,如学习习近平总书记建党一百周年讲话精神,着力提升支教团成员的理论素养,并在校园媒体上进行宣传。

在生活中,他也面临不小的挑战。他常因为不适应这里的气候而生病。有一次感冒加上喉咙痛,他坐了一个多小时的车去市里医院看病,医生说他得了急性扁桃体炎和急性咽喉炎,喉咙已经多处溃疡,建议他打一周的吊瓶。他说他是一名支教老师,不想耽误学生一周的课程,往返坐车打吊瓶两三个小时不方便,医生这才给他开了一周的药,并告诫他要是药吃完了还没好的话,一定要来医院打吊瓶。回学校后,他没有耽误学校的课程安排,依然坚持给学生上课。

在生活中,他也尽己所能地帮助学生。有一位学姐知道他在支教,便询问他班上有没有家庭经济困难的优秀学生,得知这位学姐有资助的意愿后,他马上和班主任联系,班主任为他推荐了一名成绩优异、乖巧懂事的女孩。受学姐委托,他在放学后便去家访了解实际情况。女孩是单亲家庭,父亲独自带着 5 个孩子,一家子住在一个不大的房间里,家里家具很简陋,两张大床基本占据了房间的一半。通过交谈,他得知,女孩的母亲两年前便离开了家,父亲为维持一家的生计摆过水果摊,后来在工地干活时脚受了伤,没办法干别的工作,所以家里已经近一年没有稳定收入来源了,上职校的大女儿为照顾弟弟妹妹、减轻家庭负担不得已留在了家里,但是父亲很重视教育,说只要有条件一定让娃娃都上学。所以当得知有人愿意资助他的女儿时,他十分高兴,并表示资助的钱一定都花在孩子的教育上。李志煌回去后,将家访情况如实告知了学姐,最终学姐也确定资助小女孩到高中毕业。

在支教的同时,李志煌也尝试自己拍摄剪辑支教短视频,通过自媒体平台记录支教时光,让更多的人了解支教故事和当地风土人情,视频累计播放量已达 4.7 万次。

李志煌深知,虽然个人的力量很渺小,有些现状没办法仅凭一己之力改变,但他一定会牢记育人初心,坚守教师岗位,用心做好自己的事,尽己所能去帮助更多学生。支教是一条充满希望和挑战之路,李志煌这位支教青年一直在路上。

(福建省大中专毕业生就业工作办公室供稿)

脚踏实地，做好为民服务的一颗"种子"
——福建农林大学沈瑾烨事迹

2020年7月，刚从福建农林大学毕业的应届选调生沈瑾烨怀揣着反哺家乡、建设家乡的初心，毅然回乡工作，驻点诏安县建设乡月港村。走出象牙塔，直接来到农村一线，他清楚自己肩上的重任和挑战，暗暗下定决心要用赤诚服务家乡，用脚步丈量民情，用真心贴近群众，以实际行动播撒为百姓服务的青春"种子"。

扎根沃土，用心用情为民排忧解难

参加工作以来，沈瑾烨始终把扶贫助困作为一项重要工作。他常常同村"两委"干部一道走村入户，与贫困户坐在一起像老朋友一样聊天，淡化"帮"与"被帮"的关系，以"真心换真心"，一户一户了解贫困群众的家庭情况、"疑难杂症"和所想所盼，调研回来他就将所听、所看、所想详细记录在笔记本里、记挂在心里。

月港村共有四个自然村，沈瑾烨知道，吉湖自然村因地理位置偏远，与外界联系只能依靠一条坑坑洼洼、弯曲狭窄的山路，每逢下雨这条路就泥泞不堪，全村百姓特别是26户贫困户"雨天一身泥，晴天一身土"的模样一直刺痛着他的心。他很清楚，这条土路不仅是村民们的生产生活之路，更是村民们的幸福之路。巩固现有脱贫成果、多管齐下防止返贫，推进脱贫攻坚与乡村振兴有效衔接，责任重大、意义重大。有了这样的想法，沈瑾烨多次和包村领导干部、村"两委"干部到吉湖自然村就征地修路问题倾听群众呼声、听取意见建议、统一思想认识。终于，经过不懈的努力，在乡党委、政府的支持下，全长4.5公里的吉湖自然村道路硬化项目得以开工，2021年底全面竣二，切实解决了村民出行难这一"痛点"问题。

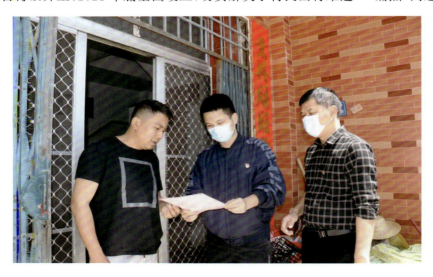

汲取养分，知史爱党，赓续红色血脉

"胸中元自有丘壑，盏里何妨对圣贤。"百年党史是一部丰富厚重的教科书，沈瑾烨在"读原著"中深耕细作，在"学原文"中吃透领悟，及时跟进学习党的创新理论，驱动思想教育助推器。作为新时代的宣讲师，他在村里创新开展群众性主题宣传教育，抓好微信、美篇等线上新媒体"微课堂"及线下"院坝党课""田间课堂"等载体，先后举办 17 场宣讲会，直接受众 1070 人次、间接受众 3000 余人。他用群众喜闻乐见、易于理解接受的方式讲好本土红色故事，力促"学党史、悟思想、办实事、开新局"，带动大家筑牢信仰之基、把稳思想之舵。

月港村里的"月港事件"纪念馆，是原中共闽粤边特委机关旧址，也是省级文物保护单位和市级爱国主义教育基地，2021 年 6 月入选福建省党史学习教育参观学习点，自党史学习教育开展以来，累计接待各级各部门的党员干部、群众 124 批次、1846 人次，沈瑾烨既是让党史学习教育"续曲"余音袅袅的讲解员，同时也是促党史学习教育"服务"沁人心脾的志愿者，他在"深学细悟"中蓄力"整改扎实"，满载一船"党史星辉"，赓续"坚定历史自信"的红色血脉。

沈瑾烨也始终关注着留守儿童群体。2021 年 4 月 10 日，在"童知党史，传承红色精神"建党 100 周年学习体验主题活动中，他与其他志愿者一起带领 30 余名留守儿童参观纪念馆，通过观看实物和故事讲解等形式，以情动人、以史化人，让孩子们从小接受红色文化"沉浸式"现场教育，身临其境感悟红色精神，直触革命岁月历史脉搏。

生根发芽，发光发热，助力乡村振兴

村里比较缺懂政策、懂电脑、善于写作的人。沈瑾烨积极发挥所长，用好民情本、建好走访台账，切实帮助基层和群众用好各级强农富农惠农政策，分类别、分阶段办实事、办好事。在同村"两委"干部探讨后，他结合村情社情拟稿制定"一村一方案"，完善更新村规民约，同村民签订"门前三包"责任书，带动清理陈年垃圾 400 余吨、河道清淤 550 立方米，助力月港村入选 2021 年度"福建省森林村庄"。

土壤硒含量对于茶树生长及八仙茶茶品质的影响是沈瑾烨大学毕业论文的研究方向，到月港村后，他将自己的专业优势同村里丰富的富硒八仙茶资源有机结合在一起，深入茶园、调研茶厂，撰写《致富路上茶香飘》发表在中国福建"三农"网，让悠悠茶香"溢出"小小村庄。

　　"事辍者无功，耕怠者无获。"沈瑾烨一方面把对写作的热爱镌刻在田间地头，在一年半的时间里共撰写了 200 余篇新闻信息发布在学习强国、人民网和新华社客户端等媒体平台上；另一方面，他把"担当"落实在每一个实实在在的行动中。他协助道安劝导员切实做好道路交通安全宣传教育，面向群众宣讲扫黑除恶、预防电信诈骗、社会安全稳定等"平安三率"相关内容；他助推村级治理，以打通服务群众"最后一公里"为方向，寻求治理突破，解决实际问题，激发群众自治活力；他全力保障村级换届过程平稳、程序严谨，换出基层治理新气象，确保选举工作风清气正、选举结果人民满意；他主动参与到防疫志愿服务行动中，坚守疫情防控第一线，以"疫线有我，请党放心"的忠诚，为全力打赢疫情防控阻击战贡献自己的一分力量。

　　2022 年春节前夕，建设乡新时代文明实践所内举办了"金虎迎春·翰墨飘香暖人心"义写春联、迎新春送福字活动。沈瑾烨将自己手写的一张张"福"字送到了村民手中。"春满人间欢歌阵阵，福临门第喜气洋洋"，一字一句书写着人间烟火气。他希望不负基层"好春光"，当好为民服务、助力乡村振兴的一颗"种子"，向阳而生、茁壮成长，真正实现"福满千家万户"。

（福建省大中专毕业生就业工作办公室供稿）

闪亮的日子

江西

深学细悟守初心，实干笃行担使命

——南昌大学刘鹏事迹

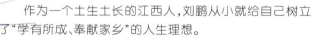

作为一个土生土长的江西人，刘鹏从小就给自己树立了"学有所成、奉献家乡"的人生理想。

大学期间，刘鹏不仅努力学习专业知识，也成为了一名青年志愿者，一次次不计回报却收获满满的志愿服务经历让他懂得了"人生的价值在于奉献"。

本科毕业后，刘鹏参加了南昌大学龚全珍研究生支教团，在共青城市中学担任支教志愿者，支教的经历也让"奉献、友爱、互助、进步"的志愿精神深深植根于他的内心。

读研究生期间，刘鹏所学的专业是行政管理，研究方向是乡村治理。他有幸参与了国家精准扶贫第三方评估工作，到过省内外许多乡村调研。在调研中，刘鹏目睹了江西许多乡村的真实面貌和贫困群众的生活现状，在与发达省份的对比中，他深刻感受到家乡发展的差距。

临近毕业的时候，刘鹏身边不少同学都去了江浙沪和广东等沿海发达地区找工作。像他这样一开始就想留在家乡就业的多少显得有点不太合群。"为什么要留在江西呢？去发达地区和大城市拼搏一下不好吗？"类似这样的声音不绝于耳。但刘鹏的内心始终萦绕着一个念头——"为什么就不能留在江西呢？"后来刘鹏就把自己的想法和导师作了交流，没想到导师十分鼓励他留在江西工作。导师深情地说："江西出去的人才是一火车，回来的人才只有一汽车。我们江西自己的大学培养的人才更应该留下来建设家乡。"导师的话让刘鹏感触良多，他当初"学有所成、奉献家乡"的理想也变得更加坚定。

十分幸运的是，刘鹏在毕业季遇上了省委组织部重新面向省内高校选调大学毕业生的难得机遇，并成为选调生中的一员，这让他有了一个实现理想、建设家乡的平台。虽然在此之前刘鹏已找到了两个挺不错的省直单位就业机会，虽然他也知道选调生将会面临许多可以预料和难以预料的困难与挑战，但他最终还是选择了走上选调之路。因为刘鹏坚信，青年时代，选择吃苦也就选择了收获，选择奉献也就选择了高尚。刘鹏常说："身为一名生在江西、长在江西、学在江西的新时代赣鄱青年，理所应当把自己的青春与家乡的发展融合起来，让青春之花绽放在家乡广阔的基层大地上。这是我们的责任，也是我们的使命。"

2020年11月10日，怀着无限的憧憬和无比的期待，刘鹏来到了山清水秀的靖安，开始为期2年的基层锻炼。到雷公尖乡三栋村任职的第一天，刘鹏就给自己明确了4点要求，那就是学习、担当、吃苦、守纪。一年多来，刘鹏坚持边学习、边调研、边工作、边总结，主动深入基层、密切联系群众、扎实开展工作，取得了较好的成效。

"一寸光阴不可轻"，干事当以学为先

狠下功夫自学。刘鹏始终把学习习近平新时代中国特色社会主义思想作为头等大事，坚持读原著学原文悟原理，注重从浏览到精读、从广度向深度转变，努力做到对"国之大者"

心中有数、了然于胸。坚持记录学习笔记、工作内容和思考心得,注重回顾工作成效、反思经验不足,一年来已完成记录和总结累计 25 万余字。

结合实际讲学。刘鹏多次面向全乡、全村党员干部和村民群众开展主题党课、专题宣讲和交流分享。

深入实际践学。"纸上得来终觉浅,绝知此事要躬行。"针对自己接触基层群众不够、处理复杂问题能力不足等短板,刘鹏主动策划并举办了富有特色的党史学习教育主题党日活动,带领党员群众走进小面积土地开发项目葛薯种植产业基地,邀请专业技术人员现场指导科学合理种植,通过党群心连心、干群同劳动,将学习教育成效体现到为民办实事的实际行动中。

"一枝一叶总关情",为民服务显担当

没有调查就没有发言权。做好基层工作尤其要把调查研究作为基本功。为了摸清实情、摸透民意,在遍访全村脱贫户、走访全村农户的基础上,刘鹏通过党员大会、群众座谈会、乡贤恳谈会等方式向老书记、老村干、老党员等拜师求学、寻策问计。此外,刘鹏还邀请了南昌大学师生到三枥村开展村情村史暨"多规合一"实用性村庄规划编制试点调研。村"两委"换届后,刘鹏跟随党支部书记利用晚上的时间走访 236 户 630 余名村民,征集意见、建议 150 余条,经过近一个多月时间的调研,结合上级有关文件精神起草制定了《三枥村"十四五"时期工作打算和 2021 年工作计划》,既为村里未来发展绘制了路线图,也为自身履职许下了庄严承诺,这一做法被宜春市委组织部多次肯定和推介。

"一勤天下无难事",摸爬滚打长才干

农村工作点多、线长、面广,特别需要"十只手指弹钢琴"。近几年,三枥村为增加村集体经济收入,利用临近县城这一得天独厚的优势,通过施工单位垫资承建的方式依北潦河

新建一栋12层（含地下一层）的党建红商贸综合办公大楼。为推动大楼建设依法依规、合情合理、有力有序推进，确保全过程各环节的安全和质量，他积极探索建立了行之有效的村集体经济合作社与村"两委"联席会议制度，建设单位、施工单位、监理单位三方议事会商制度，会议纪要制度，质量安全月报制度等，实行"事权"与"财权"分开，通过民主推荐、集体表决的方式推选理事会和工作人员，形成了既有法定代表又有干部群众共同参与、相互监督的大楼建设监管工作小组，有效化解了大楼建设过程中遇到的各种矛盾和问题，推动了大楼建设与各项工作的公平、公正、公开。为盘活村集体经济，凸显项目建设公益性，通过现金投资入股的方式面向村民筹资工程建设资金近1000万元。同时，刘鹏同参与大楼建设的领导、同事一起总结提炼出了敢于先行先试、敢于坚持原则、敢于纠正偏差、敢于开拓创新等成功经验，用以指导加强和改进村"两委"的工作。

"一言一行树形象"，修身自律守底线

刘鹏自觉主动通过及时跟进学习中央纪委国家监委和省市县纪委监委有关工作会议和文件精神，加深对纪检监察工作政治性、政策性、专业性、程序性、纪律性的理解和把握。他结合实际向村民群众宣传推广宜春市纪委市监委研发的民生资金"码"上监督平台，让群众足不出户扫码查账、上网监督，推动村级小微权力在阳光下运行。针对村民李某反映其在平台上查询到个人加征土地补偿款下拨金额与村委会发放给他的补偿金额不一致的问题，刘鹏及时查阅有关文件，深入调查过程始末并同村"两委"集体商讨，将三万余元差额补发给了李某，保障了其应有的权益。同时，他深刻反思此项工作中村"两委"存在的为民服务意识不强、工作不及时不到位问题和可能存在的违纪违规风险，确保了类似事情不再发生，切实将民生资金及时、高效、规范公开使用到位，维护村民群众合法合理权益不受侵害。

路虽远，行则将至；事虽难，做则必成。刘鹏认为，梦在前方、路在脚下。唯有不忘选调初心，牢记时代使命，下更大气力筑牢思想根基、夯实理论功底、苦练政治内功、提升能力素质，才能在这充满机遇和挑战的盛世和人生最宝贵的年华以责任彰显忠诚、凭毅力保持干净、用奋斗诠释担当，才能不负伟大时代，不负青春韶华，不负党和人民的殷切期望。

（江西省教育厅高等教育处供稿）

我的讲台在新疆

——上饶师范学院邵盼事迹

江西抚州,素有"才子之乡、文化之邦"的美誉。许多有志青年都从赣抚平原走向全国各地,建功立业,奋发有为。共产党员邵盼就是其中一位,这位来自抚州宜黄的女大学生,2018年入党,2019年作为优秀毕业生毕业于上饶师范学院汉语言文学专业。毕业后,她奔赴新疆,在我国最西端的县级行政区阿克陶县的红柳中学任教,至今已有三年,书写了教育援疆的华丽篇章。

一、学习戴子清,赓续援疆情

几十年来,上饶师范学院一直都有毕业生前往新疆任教。邵盼在上饶师范学院就读时,就多次听老师讲起1978级中文系毕业生戴子清主动要求去新疆执教三十多年的故事。她还在网上读到1981年12月21日《光明日报》头版头条刊登的戴子清的文章《我的心向往边疆》,并且多次聆听戴子清学长的报告。感动之余,她萌发了"学习戴子清,赓续援疆情"的理想。

毕业前夕,她报名参加了阿克陶县红柳中学顶岗实习,获得红柳中学2018—2019学年第二学期教师说课比赛优秀教师奖,亲身感受到党的民族政策的温暖。她决定响应习近平总书记"让青春之花绽放在祖国最需要的地方,在实现中国梦的伟大实践中书写别样精彩的人生"的号召,留疆工作,文化润疆,长期建疆。

办完毕业手续后,她回到家乡做父母的思想工作。乡亲们听说她要去新疆,并不以为然,认为留在家乡一样可以有工作,还可以照顾父母。但是,邵盼深知,才子之乡、文化之邦可能不缺她这个中学老师,而祖国的最西部更需要大学毕业生勇敢奔赴。作为一名共产党员,选择把青春贡献给祖国最需要的地方,这既是使命所在,也是责任所驱。

父母最终还是理解并支持了女儿的抉择。邵盼办妥了赴疆任教手续后,立刻找来部编高中语文教材,冒着酷暑炎热埋头备课,下好"先手棋",把对党的深情、对民族教育的期望、对学长戴子清事迹的理解、对新疆学子的热爱，都融进了备课本与课件中，度过了就业前最为忙碌而充实的一个假期。

因为事先有了一个学期在阿克陶县红柳中学顶岗实习的经验，当邵盼再次来到阿克陶县时，她并没有感到畏惧与陌生，反而打心眼里感到：爱在此，乐在此，身在阿克陶，心中乐陶陶。

阿克陶地处边陲，气候呈立体垂直分布，一天之内，可以从烈日炎炎的夏季走到冰天雪地的冬季。这对邵盼来说也不是问题，因为她体质较好，早就适应了当地的气候。

对生活的其他方面，邵盼知足常乐。学校给他们这些远道而来的外省青年教师准备了宽敞温馨的宿舍。饮食方面，邵盼有空就自己做饭。周末休息时，也会与同事逛逛街，或者与父母视频聊聊天。学校的关怀照顾、家人的理解支持、各族同事的热情好客、学生的青春可爱都让邵盼更加坚定了为新疆的教育事业贡献力量、书写华章的信心，并顺利地完成了从顶岗实习生到正式教师的角色转换。邵盼在阿克陶县红柳中学这所高级中学开启了她美好的职业生涯。

二、春风催桃李，热血育新人

身为党员教师，邵盼不忘"赓续援疆情"的初心，以"春风催桃李，热血育新人"为追求，在各方面严格要求自己，踔厉奋发，笃行不怠，赓续前行，奋楫争先。

她所在的阿克陶县红柳中学，在校生都是民汉合校的高中生，学生学习在学校、生活在学校、成长在学校，需要老师全过程陪同。邵盼怀抱"春风催桃李，热血育新人"的热忱，一心扑在工作上，以校为家，爱生如子。

开学后，学校给她分配了高二(7)班和高二(19)班。她负责教两个班的语文并担任(7)班的副班主任，协助班主任管理班级。在这之前，这两个班一直在不停地换语文老师，只因为这两个班的语文基础在年级排名倒数，加上学生比较调皮，邵盼的压力也非常大，但她并没有放弃，而是积极向老教师取经，苦练教学基本功。为备好课，她总是认真确定"路线图"，制定"任务书"，绘好"时间表"，保质保量做好教学准备工作。教学中，她奉行"爱的哲学"：爱在课堂，把学生看成活生生的人；爱在管理，不怕自己成为有麻烦的人；爱在引导，师生共同成为读书人。

作为语文老师，邵盼总是想方设法地引导学生广泛阅读，千方百计地建立班级大图书角，保证学生每天阅读时间加起来达两三个小时。邵盼告诉学生，只有多阅读，提高自身的阅读能力，才能相应提高语文学习的效率。她还因材施教，新疆的学生能歌善舞，她就让学生以唱歌的形式背诵古诗词，还经常举行诗歌朗诵、演讲比赛。她通过开展第二课堂活动，激发学生的学习活力，体现德育功能。

作为班主任工作参与者，为了更好地与学生沟通交流，邵盼学起了当地话，掌握了基本的少数民族语言。语言是交流的工具，懂一点当地的语言，给班级管理带来了意想不到的利好。她不停地找学生谈心谈话，掏心挖肺；周末她还去家访，了解学生的家庭情况，以便更好地帮助学生成长。家访时因为环境不熟，交通也不便利，她骑个电瓶车经常找不到北，吃尽了苦头。

功夫不负有心人。2021年6月，邵盼迎来了她的第一届学生毕业，她带的两个班，有学生被北京师范大学[(7)班语文课代表]和天津大学[(9)班班长]等双一流高校录取,整体上线率高出预期,取得了"开局就是决战,起步就是冲刺"的好成绩。她本人也被评为红柳中学2020—2021学年"优秀教师"。

三、担当多作为,共绘同心圆

在高质量完成教学工作的同时,邵盼时刻牢记促进新疆发展、维护新疆稳定、培养社会主义事业合格接班人的重要使命。

邵盼深知,深处边疆,身为教师,要完成好立德树人根本任务,首先要加强理论学习,武装头脑。她坚持每天登录"学习强国"平台,参与其中的学习答题,学习积分在同事中名列前茅。她积极参与党史学习教育活动,在2021年阿克陶县红柳中学党支部知识竞赛中,成绩优异,表现突出,两次荣获一等奖。

因为普通话标准,邵盼被选为学校推普办主任。上任后,邵盼大力推广国家通用语言文字教学,在全校范围内制订普通话学习计划,帮助少数民族老师考取普通话等级证书,和少数民族老师打成一片。邵盼还被党支部选为年级"党建干事",每周组织政治理论学习,和年级老师友好和睦相处,在工作中和同事们互相学习,与各民族同事一起,共同筑牢中华民族共同体意识,促进各民族像石榴籽一样紧紧抱在一起。

邵盼的努力,学校没有忘记。2022年3月,她被评为全校"民族团结先进个人"、全校"三八红旗手";在2021年庆祝中国共产党成立一百周年暨"两优一先"表彰活动中,她被评为红柳中学"优秀党务工作者"。

新冠肺炎疫情来袭,邵盼与大家进行了两个多月的网上教学,并积极参与校内外防控疫情工作共计48天。由于在疫情防控工作中表现突出,邵盼在2020—2021学年江西援疆"双语"教育优教优学"十百千"奖励项目中,荣获"抗疫一线优秀教职工"荣誉称号。

三年倏忽而过,邵盼在阿克陶县与一位同事成了家、置了业。她表示她将长期在新疆这片热土上挥洒汗水,为当地的教育事业和民族团结进步做出更大贡献,学习戴子清,赓续援疆情,不断书写别样的精彩人生。

(江西省教育厅高等教育处供稿)

坚守"疫"线，逐"疫"前行

——江西科技学院韩至娇事迹

韩至娇，女，本科学历，中共党员，江西科技学院 2019 届护理学专业毕业生；2019 年 8 月参加工作，现为鄂尔多斯市伊金霍洛旗人民医院重症医学科护士、伊金霍洛旗人民医院团支部书记；曾荣获第九届"内蒙古青年五四奖章"，2020 年，内蒙古护理协会授予她逆行湖北参加新冠肺炎疫情防控"杰出工作者"荣誉称号；2020 年她还获得支援湖北疫情新时代"最美逆行者"（湖北省人民政府）、内蒙古抗击新冠肺炎疫情先进个人、2020 年鄂尔多斯市"三八红旗手"等荣誉称号和 2020 年度云曙碧糇神奖。

韩至娇是伊金霍洛旗人民医院的一名普通年轻护士。2020 年初，她主动请缨支援湖北省抗击新冠肺炎疫情，加入内蒙古第二批援鄂医疗队，前往武汉江汉方舱医院进行医疗支援。在驰援武汉的 44 个日夜里，韩至娇同志累计办理病人出（入）舱 50 多人次、整理病历 50 多份，完成采集实验室标本 30 多份，入舱 18 次，工作时长约 150 小时，累计为患者发放生活物品和药品 600 多份。她政治信仰坚定，理论基础扎实，具有良好的个人修养和正确的世界观、人生观、价值观。援鄂期间，由于工作严谨敬业、工作能力突出，受到了各级领导与患者们的充分肯定。

一、主动请缨，彰显青春担当

2020 年 2 月 4 日，韩至娇同志加入内蒙古第二批援鄂医疗队，踏上了前往武汉进行医疗支援的行程。2 月 6 日，她被分配到武汉市江汉方舱医院进行护理工作，该医院是武汉市开放床位最多、累计收治病人最多、累计出院人数最多的方舱医院。在方舱医院的工作中，她积极克服困难，因为戴在脸上的 N95 口罩和护目镜长时间压迫面部，她的脸上、耳朵以及额头上都留下了深深的印痕，有些地方甚至起了水泡，许多时候，旧伤未愈，新伤又起，有时脸颊部严重红肿至眼睛被挤压成一条缝。为了更好地工作，她将前额的头发剃秃并将长发剪短。厚重的防护服，身体上一层又一层的束缚，让她的每一次呼吸都非常困难，因为呼吸不畅说话都要一字一字地说；因为缺氧她手脚冰凉发麻，在写护理记录时手不住地抖动；防护眼镜上的雾气使她在工作中不能看清精细的事物，甚至在走路过程中都经常东碰西撞；发药时只能尽可能把腰弯到最低，长时间下来，腰痛到直不起来。为保证患者的采血质量，在采血时都细摸血管，感觉血管的弹性，准确找到血管，并积极向其他老师学习她们多年的护理经验，不断提升自己的采血水平。为保证白天采集的医学标本以最快速度送检，在夜班时间，她尽可能多地收集汇总患者的每日病情变化资料，并进行相对应的护理指导，不断提高护理工作质量。她还将家里带来的特产发给患者品尝，遇到因为患新冠肺炎而心情郁闷的患者，她都尽力给予心理疏导。休息之余，她带领患者们跳广场舞，组织患者们进行唱歌等娱乐活动,努力让患者们保持心情愉快。好多患者都夸奖韩至娇:"不要看她只是一个小不点,没想到工作还是蛮可以的。"

二、努力工作,交出合格答卷

韩至娇同志在江汉方舱医院前后负责过 4 个小单元的共 70 位左右新冠肺炎患者的护理医疗、心理及生活护理工作,同时还经常协调在院患者与其家属的日常联络工作。在方舱医院的工作中,她任劳任怨、不计得失,在生活物资紧张的特殊时刻,看见自己照顾的患者物资缺乏,她就自己尽量节省,把节约下来的各类生活物资送给患者。40 多天里她累计为患者赠送衣物近 20 件、各类食品和生活小用品近百件。她还积极带领患者们利用闲暇时光进行体育锻炼,帮助患者装饰病区环境和读书区,以自己的持续努力让病区的患者们感受到爱与温暖,用自己的乐观感染每一位患者,从不抱怨苦和累,展现出了新一代年轻人敢于担当、不畏艰险、冲锋在前的优秀作风,彰显了青春的蓬勃力量,交出了疫情防控的合格答卷。

三、积极宣讲,传递引导力量

从 2020 年夏天开始,韩至娇同志积极投身疫情防控义务宣讲活动中,其间,她始终勤勤恳恳,放弃休息时间,深入基层乡镇学校、工厂、企事业单位进行方针政策和优秀事迹宣讲,累计宣传宣讲达 40 余场次,总宣讲时长超过 100 小时。在每一次宣讲活动中,韩至娇都结合自己的个人经历倾心宣讲,用动人的事迹、感人的话语在广大学生和群众中有力传递了正能量,很多参加宣讲活动的群众都表示,越是在困难时刻,越要发扬斗争精神,以无私无畏的勇气团结起来,共同战胜疫情防控中的一切艰难险阻。

作为一名 90 后,韩至娇同志用行动证明了自己的责任与担当,证明了在危难时刻年轻人是能够做到闻令而动、逆行出征的,她以不负自我、不负人民、不负民族的意识和勇气,为疫情防控贡献了属于自己的一份力量,让青春在抗疫一线绽放!

(江西省教育厅高等教育处供稿)

从卫国守岛到致力西藏应急事业

——江西中医药大学胡栋良事迹

胡栋良,男,1997 年 9 月生,革命老区江西赣州市人,入党积极分子;江西中医药大学 2015 级学生,于 2018 年 9 月参军入伍,2020 年 9 月退役复学,2021 年 7 月毕业,目前为西部计划西藏专项志愿者,服务于西藏自治区林芝市应急管理局。

胡栋良曾在东部战区陆军服役,入伍时就把"争排头、当第一"的念头埋在心里,服役期间团结战友、刻苦训练、顽强拼搏,积极参与各项任务。2018 年 9 月在陆军训练基地三个月高强度训练后,他成功完成由地方青年向合格战斗员的转变,从此"铁血忠诚心向党、锻造精兵上战场"成为了他军旅生涯的座右铭。每天不间断的军事理论学习和体能训练使他的军事成绩与日俱增,日常练习打牢的扎实基础加上休息时间刻苦钻研专业技能,使他在第一年参加通信集训时取得了线路专业第三的成绩,所在旅机关为他颁发了荣誉证书,从此,除了战斗员外他拥有了第二个身份:通信兵。入伍第二年,他被连队选拔参加军体运动会和海防勇士比武考核。他连续两年夏天最热时顶着酷暑参加野外驻训,冲山头、铺线路、挖掩体成了他的驻训日常,他坚持一个多月出色地完成了他的驻训任务。两年来,他参加过 3 次集训、2 次野外驻训,完成了 4 次旅级考核、3 次野外 20 公里拉练,成功保障了旅级军事演练 5 次,处理旅机关业务百余次,赴营区外处理业务 10 余次,消耗手榴弹 2 枚、子弹 200 多发,站岗执勤共计 400 多个日夜。因出色的军事成绩和圆满完成的各项任务,第二年他获得了"四有"革命军人奖章。部队锤炼了他的品性。

2020 年,他因学业未完而退役,2021 年回校补考期间,他突然找到了新的方向,而这都源于一句共青团的标语"用一年不长不短的时间做一件难忘一生的事——西部计划"。就这样,他明确了方向,把握住了为社会做贡献的机会,毅然奔赴世界屋脊——高原西藏,西藏小江南——林芝,在这里他慢慢融入民族团结大家庭,开启了他的藏区应急服务事业。

初到西藏,积极投入防疫一线

由于新冠肺炎疫情形势严峻,作为进藏枢纽地带的成都的病例增长给藏区疫情防控带来了极大的压力。2021 年 8 月,胡栋良刚到服务地林芝市应急管理局第三天就接到被团市委派去机场防疫的通知。防疫期间,他每天早上五点半天未亮就起床,六点半赶往米林机场。为照顾女同志,他主动承担机场出口人员分流工作,逐个查看健康码、24 小时核酸报告,严格筛查进藏人员行程,对来自高风险地区的进藏人员进行二次分流,来自中风险地区的进藏人员进行途经地点的再次查看。就这样,不论刮风下雨,他每天都要迎接十几个航班,四百多人,站立两三个小时,从 8 月 3 日到 8 月 31 日共坚持防疫 29 天。其间林芝市副市长带队联合团市委领导慰问战斗在一线的胡栋良等十几名防疫人员,对他们给予了高度认可,并表示正是他们的坚守才让病毒没有空子可钻,才把疫情挡在了藏区东大门以外,保障了藏族群众的正常生活。

防空应急演练任骨干、挑重担

2021年9月29日,林芝市委市政府牵头,组织各应急队伍联合开展"林芝市2021年天盾行动防空演练"。演练共设13个队伍,分别为综合保障5组、治安警戒2组、技术检测2组、救援队2队、卫生医疗队2队。演练开始后,胡栋良作为应急救援队长,迅速带领队伍与消防救援队共同奔向坍塌地段,清理路障,开辟道路,搜寻幸存人员。经过半个多小时的搜救,科学采用背、抱、抬、扶、多人担架等方式,陆续将8名被困人员转移至临时医疗点,并及时将现场情况报告给指挥部。作为参加此次防空演练的两支主力队伍之一的队长,胡栋良在演练过程中无一次差错,他带领队伍与消防救援队一同开辟道路,救出被困伤员并依病情合理安排转移,任务完成后准确无误汇报现场情况,为演练成功举行做出了积极贡献,现场专家多次为他竖起大拇指。

国庆期间赴各县区督导检查

2021年10月3—6日,胡栋良与单位人员一行4人组成市督查组,驱车去朗县、米林县、巴宜区进行督查;对朗县县委、公安局、消防大队、公路养护段、部分学校、仲达镇加油站、堆村、巴尔曲德寺等多地就人员进出管理、疫情防控落实、值班执勤、防火措施、危化品应急方案落实、人员动向、寺庙管理等进行了检查;对米林县中学、米林县文化局、法院、农业银行等进行了疫情防控等检查,要求切实解决搬迁人员生活需求,加强防火巡逻工作;对巴宜区珠峰加油站、护林站、高争民爆危化企业等就应急方案、油站管理、防火巡查等进行检查。通过赴各县区检查,督促当地把安全生产、疫情防控、森林防火、应急处突工作落到实处,做细做实,有效防范各种安全隐患。

慰问驻村点农牧民群众

2021年11月11—13日,胡栋良和林芝应急管理局干部职工一行5人联合川藏铁路办2人,携带米、面、小麦粉各100袋,赴朗县仲达镇达贵村慰问农牧民群众。他们的到来受到了驻村干部和住在海拔3800米的山腰上的农牧民们的热情迎接,农牧民排排坐在村委会门口的阶梯上,手捧着牦牛肉干让他们品尝,提着牦牛奶倒给他们喝,跟他们讲述山上牧区的生活,这让他们深切感受到了村民们乐观向上的态度和对生活的热情,感受到了村民们对党的感激和对美好生活的向往。有一个残疾村民因要照顾妻子不方便过来领取,他们一行人便带上米、面去看望村民一家,藏族大哥开心地出来迎接,并介绍家里的情况,讲述他们的生活。藏族大哥照顾瘫痪妻子的事迹感动着胡栋良,让他更加坚定了自己的志愿之路。

开展自然灾害应急演练

2021年12月13日,胡栋良参加林芝市自然灾害综合演练。演练在巴宜区设主场,在波密、墨脱设事故点,模拟地震和森林火灾等自然灾害并发,在巴宜区开展灭火行动,视频连线波密县易贡横洞和墨脱县隧道口两个坍塌事故点,动态了解被困人员情况。在演练准备期,他全程参与方案起草、地址选定、物资准备和与各成员单位之间的沟通等工作,他联络引导各成员单位各司其职,全力保障演练工作,使得演练井然有序进行。此次自然灾害演练的按期保质完成得到了市委领导好评,也让人民群众看到了救援人员不惜一切代价灭火的精神品质,让人民群众更加相信林芝的应急救援能力。

常态化应急维稳值班

应急人干应急事,到应急局工作后,胡栋良就把单位当成自己的家,想尽办法为服务单位做出贡献。为确保西藏地区社会大局稳定,他在志愿服务生涯里对应急值班值守从未有过半点马虎,他对标对表完成值班任务,及时解决群众诉求,定时报备值守情况,多次主动担任应急值守任务。在"10·27"森火期,他接到火情报告后立即请示上级,联系火情地点了解火情和救援力量情况,当天晚上一回到单位就加入了物资装卸的队伍中,连夜装了一卡车棉被、油锯、救援绳、消防头盔、防护手套等器材送往500公里外的着火点。由于人员紧缺,胡栋良在两个单位的不同值班点位无缝衔接连续值班72小时,给一线工作提供了坚强有力的后盾。在"3·7"森火期,他兼任火情报告工作,在扑救前线告知情况后,他及时更新信息并上报,自治区随即动员各方力量全力扑救火情,他为压缩救火时间、有效控制火场做出了重要贡献。

高原条件虽苦,但胡栋良始终抱着"梅香须苦寒,真金需火炼"的心态,在艰苦环境中汲取力量、茁壮成长。他表示:接下来将继续把精力投入藏区服务事业中,为加快藏区发展步伐,让藏区群众进一步感受获得感、幸福感、安全感做出更多贡献。

(江西省教育厅高等教育处供稿)

精益求精，圆世界冠军梦

——江西环境工程职业学院曾璐锋事迹

　　曾璐锋，男，汉族，1997年3月生，中共预备党员，本科学历，现任江西环境工程职业学院教师；曾获第45届世界技能大赛水处理技术项目冠军、"一带一路"国际技能大赛水处理技术项目冠军、江西省"五一劳动奖章"、江西省"青年五四奖章"，被评为"全国技术能手"、"第20届全国青年岗位能手"、江西省"双千计划"高技能领军人才、江西省"赣鄱工匠"。

　　在追求技能的道路中，他不忘初心，精益求精，默默通过努力实现了自己的梦想。2019年6月他代表中国参加"一带一路"国际技能大赛并获水处理技术项目金牌。2019年8月他代表中国参加俄罗斯喀山第45届世界技能大赛并获水处理技术项目金牌，实现了江西省世界技能大赛金牌零的突破。现如今，他留在母校把自己学到的技能传授给学生，让更多的年轻人能够通过技能成才。作为江西省水处理技能大师工作室的领办人，这两年他培养的学生在各类比赛中屡获佳绩。

一、与水结缘，立志学技

　　2015年，曾璐锋有感于时代发展给职业教育和生态环境带来的新机遇，选择了考入江西环境工程职业学院，就读环境工程技术专业，希望通过自己的努力，为保护生态环境、建设美丽中国贡献一份力量。

　　在校期间，曾璐锋学习刻苦，成绩优秀，善于钻研，勇于实践，2017年经过重重选拔之后获得了代表江西省去参加全国职业院校技能大赛高职组水环境治理与控制技术的比赛资格，并获得了团体二等奖。

　　2018年3月进入顶岗实习阶段，曾璐锋抱着学习知识和磨炼技能的心态，辞掉了第一份工作，回到学校备战第45届世界技能大赛水处理技术项目省赛，并凭借扎实的基础顺利获得省赛第一名。

二、静水深流，刻苦钻研

省赛过后，因为水处理技术是全新的项目，他在刚开始的时候并不知道接下来的全国选拔赛要考核什么，也没有样题，赛项考核模块涉及的知识比较广泛，设备又比较多，有些比赛设备与学校现有教学设备不符。于是白天他就到学校安排的污水处理企业中跟着不同岗位的工人师傅学习，晚上回到学校之后就在网上收集跟比赛相关的知识和信息，他就这样天天在企业和学校之间来回学习，在比赛前三个星期终于把比赛的所有考核模块都理清楚了一些。在接下来的三个多星期里除了吃饭和晚上休息，他基本都是待在实训室里，晚上都是十一二点才回去，然后洗漱一下，坐在电脑前把一天做的任务都过一遍，写一个总结，翻翻资料，再把第二天要完成的任务以及注意事项都列出来，到晚上一两点才睡觉，第二天七点起床开始新的一天训练成了家常便饭。最终在 2018 年 6 月份第 45 届世界技能大赛上海全国选拔赛上，他以全国第二名的好成绩入选了国家集训队。

当时正值他大学毕业，他也找到了一份待遇不错的工作。是继续备战比赛，还是放弃比赛去工作成了他的"两难选择"——备战比赛意味着辛苦，而且不一定有好成绩；去企业工作意味着放弃冲击世界顶级工匠的机会。在父母和老师的鼓励下，他再次下定决心留在学校，奋力拼搏备战比赛。

在河南集训基地的时候，训练内容为 Edukit PA 和泵管阀装置，最后有泵管阀装置的阶段考核。泵管阀装置一直是他的弱项，更不幸的是在考核前几天体能训练时他的右脚脚踝扭伤了，拆装一次泵管阀装置大概要两个小时左右，几乎全程都需要蹲着操作，在没扭伤之前做完之后腿都发麻有点受不了，扭右脚之后右脚不怎么敢用力，在训练时，受力几乎都在左脚上，结果两天下来他两只脚都有一点一瘸一拐了。最后他还是克服困难，坚持完成了在河南基地的第一次考核，但考核成绩并不理想，跟前面几位选手差距比较大。

2018 年春节过后，他立马回到北京基地抓紧训练，准备"八进四"的考核。但因为是新项目，没有成熟的体系和规则，一直到考前很多模块的规则都还在改动，再加上之前他本身就处于落后状态，那几天他每天晚上睡觉前都使劲想着比赛的流程和需要注意的规则。可能是由于紧张，每天早上五六点钟他就会自然醒来，然后又接着理一遍头天晚上理过的东西。庆幸的是虽然赛前他比较紧张，但是当他站在比赛场地开始操作的时候，他却没有紧张感，经过三天的紧张比赛后，他以第三名的成绩进入了"四进一"阶段的集训。

三、激流勇进，为国争光

通过刻苦训练和奋力比拼，2019 年 4 月，他获得国家集训队"四进一"考核第一名，赢得了参加在俄罗斯喀山举行的第 45 届世界技能大赛的入场券。2019 年 5 月底，他代表中国参加了在重庆举行的"一带一路"国际技能大赛水处理技术项目的比赛并获得了金牌。成为国家队正选选手后，他感觉到肩头上的责任更重了，因为这是一个全新的项目，没有经验可以借鉴，他心里没有一点底，同时也有期待、有渴望，期待着能够跟别的国家的选手同台竞技进行切磋交流，渴望着能够通过自己的努力为祖国争得荣誉。他一次次调整心态，一次次告诉自己要坚持、不放弃！

　　终于迎来了 8 月份在俄罗斯喀山举行的世界技能大赛，水处理技术项目的比赛为期 4 天，要完成 VR 仿真、机械操作、自动化控制、化学实验室工作、文档五大模块。虽然赛前有了一定的心理准备，但是当拿到试卷，看到几乎完全陌生的试题时，他和专家教练团队还是大吃了一惊。更不幸的是，在比赛的第一天他的比赛设备就出现了问题，导致他没能很好地完成该模块的操作，一度落后。在专家教练团队的帮助下，他及时调整心态，沉着冷静应对，始终相信自己和团队能行，绝不能放弃！因为他深深地知道，他肩负着使命，代表着国家！最终他获得了第 45 届世界技能大赛水处理技术项目的金牌，实现了江西省世界技能大赛金牌零的突破。

四、不忘初心，继续前行

　　比赛结束后，有很多学校和企业想用重金或好的待遇聘用他，但他还是义无反顾地选择了留在母校任教。之所以这么选择，是因为他在比赛过程中切实感受到了作为一名大国工匠的使命，他要做的不仅仅是提升自己，更应该把专业技术技能传授给更多的人，为我国的技能人才培养贡献一份力量。

　　现如今，他作为一名教师，尽心尽力，倾尽所能地把自己的学识、技能都教给学生。两年多来，他教导的学生屡获佳绩，多次在国家一类比赛中获得奖项；经过不断努力，他作为领办人的水处理技能大师工作室也被评为省级技能大师工作室；他自己也被评为江西省优秀高技能人才，获得"赣鄱工匠"荣誉称号。同时，他也走进很多中学和各个职业院校去给青年学子讲述自己的成长经历，希望能够给同学们带来启发，引导越来越多的人走技能成才、技能报国之路。2019 年 11 月他还受邀参加绿色浙江的"小河长"公益活动并受聘为公益导师，为保护生态环境、建设美丽中国做出了自己的贡献！

（江西省教育厅高等教育处供稿）

闪亮的日子

山东

昔日贫困，今日扶贫，让青春在奋斗中闪光

——山东管理学院朱家宝事迹

朱家宝，男，汉族，中共党员，山东济宁人，1995年11月生，山东管理学院工商学院市场营销专业2014届优秀本科毕业生；2018年7月考取山东省选调生，现任山东省济宁市金乡县兴隆镇人民政府政研室主任、网经办主任。他是"逆行者"，跳出"农门"又学成返乡，他是"95后"，用年轻和新知改变农村面貌，从贫困学生到乡镇干部，从被帮扶到帮别人脱贫，他举起新时代的接力棒，扎根基层，奋战脱贫攻坚，助力乡村振兴，他的事迹为乡亲们交口称赞，他获得全国优秀共青团员、中国青年好网民、山东省乡村"好青年"、济宁市乡村"好青年"等荣誉称号。

一、自强不息，求学寻梦

朱家宝六岁时，父亲不幸因病去世，母亲带着他回到外公家居住，被户籍地政府列为建档立卡贫困户。十年寒窗苦读，2014年8月他终于收到了大学录取通知书。但是家中经济拮据，难以供他入学。在他面对大学学费一筹莫展之际，共青团济宁市委雪中送炭，为他送来了5000元的圆梦助学金，使他得以进入山东管理学院学习。入学班会上，辅导员秦珑向朱家宝介绍了国家奖助学金政策，经过学校学院摸底、审核、确认，他拿到了第一笔国家助学金。2015年外祖父病逝后，他与母亲、外祖母三人相依为命。为减轻家庭经济负担，他在辅导机构做过助教，在酒店当过服务员，在学校代理销售过水卡，为教育机构招过生，申请过勤工助学岗位。他始终勤勉学习，综合测评成绩始终保持在专业第一，获得国家奖学金1次、国家励志奖学金2次。

四年风雨兼程，他先后担任班长、学生会秘书处干事、学生会副主席，带领所在班级获得山东省先进班集体、校级先进班集体、校级优秀团支部称号，带领学生团队获得山东省第七届齐鲁大学生创业计划竞赛一等奖、校第二届创青春创业大赛一等奖、校"互联网＋"创业大赛一等奖，获批教育部国家级大学生创新创业训练计划项目立项1项、清华大学中国农村研究院课题立项1项，连年获得优秀学生干部荣誉称号，是学院学生组织的骨干力量。2017年7月，他正式成为一名共产党员，9月发表党建文章1篇，12月被推选为山东管理学院第三次党代会代表。

二、心怀感恩，奉献筑梦

朱家宝很清楚是国家和学校托起了他改变命运的希望。感恩之余，他时常思考怎么能为学校、为社会多做一些事情。在山东管理学院老师们的指导和帮助下，他创办了山东管理学院鲁志调研团，组织开展了"萤火虫"农村电商扶贫活动、"三下乡"农村调研活动，参加了清华大学中国农村研究院农村调研活动，走访了济宁、菏泽、临沂等地的13个行政村、300多户村民，发放并收回315份调查问卷，间接服务群众2000多名，并通过中国农村研究院把调研报告及对策报送中央农村工作领导小组等有关部门，受到中国青年网、"三下乡"官网、学校官网等的详细报道，获得共青团中央"镜头中的三下乡"优秀报道奖、优秀通讯员奖、清华大学中国农村研究院"农村调查优秀图片奖"，被评为山东管理学院"践行社会主义核心价值观先进个人标兵"。

为了吸引更多大学生支援家乡建设，2016年7月，共青团济宁市委成立济宁市大学生联合会，聘请朱家宝担任首届副秘书长、秘书长。其间，他连续两年组织全市暑期"三下乡"社会实践活动，对接招募了中国石油大学、哈尔滨工业大学等的10余支志愿者队伍。2016年10月，凭借着社会实践经历和创新创业经验，他受邀参加全国高校大学生深圳行活动及全国"双创周"活动，其间他发挥专业特长，主动承担多项任务，被共青团深圳市委授予"深圳特区就业大使"称号。

三、投身乡村，履职追梦

正是这份成长经历让朱家宝与农业、农村、农民有着天然的亲情。2018年7月，他响应习近平总书记"青年到基层成长、在基层成才"号召，以金乡县第一名的成绩考录成为山东省选调生，到济宁市金乡县兴隆镇兴隆村担任党支部书记助理，成为了一名95后选调大学生村官。入职后，他做的第一件事就是向户籍地政府申请退出建档立卡名单。

2018年10月，兴隆村开展主题党日时，老党员张西文忽然举手说："书记，我有事，得先走一会儿。"原来张西文与几户村民在四年前种起了冬桃，2018年是冬桃第一次开花结果，但市场认可度低，1万多斤冬桃即将烂在地里卖不出去。朱家宝在大学里学的是市场营销专业，平时喜欢刷微博，看到村里的冬桃滞销，他就寻思着通过微博帮助村民卖桃。在村"两委"的支持下，他开设"兴隆村官朱小宝"微博账号，没想到，第一条微博发出去的当天，浏览量就达到了3万多，上万斤冬桃在3天内销售一空。见此情形，其他桃农纷纷找到朱家宝，开始借助他的微博出售冬桃。朱家宝和村"两委"因势利导，成立了冬桃产业合作社，搭建起电商平台，还吸纳了几名贫困户参与到冬桃包装中来。这样不仅增加了村里的集体收入，也让桃农亩增效益2000多元，朱家宝因此被大伙亲切地称为"卖桃书记"，他的事迹被共青团中央等权威微博推介。

2019年，兴隆镇桃农种植的40多亩10万多斤冬桃销售无门，只能低价贱卖。倾听村民诉求后，朱家宝紧急联系山东管理学院等学校的师生，联合打造"买卖兴隆"网上商城，开辟"兴隆大桃"网上购买直通车，积极联系电商企业收购，通过实地取景、发短视频、抖音直播等方式，最终将全镇滞销的10万多斤冬桃全部售空，网络销售额达到40余万元。2019年10月18日晚，济宁市金乡县举办"传承红色基因、牢记初心使命"红色家书演诵会，以朱家宝的成长经历为主线，生动展示了一名95后选调生扎根农村沃土、点燃青春梦想、在基层奋斗中书写出彩人生的感人故事。

四、扎根基层，奋斗圆梦

2020年，朱家宝服务期满转正成为兴隆镇一级科员，被任命为兴隆镇政策研究室主任、网络经济发展办公室主任。面对乡镇经济基础差、底子薄的瓶颈制约，他不甘落后，转变思路，把短板当潜力板，顶着压力发展网络经济，招引企业投资建成兴隆镇电商直播基地，装修直播间12处，孵化淘宝店铺210个，网络销售额超过3200万元。他还作为山东省乡村"好青年"代表，受邀参加了共青团山东省委公益直播活动，以全市第四名的成绩创成济宁市首批电商直播基地，获得了全省创新创业大赛金奖、银奖、二等奖各1项，在小乡镇做活了网络经济的大文章。他年轻有活力，浑身透着一股朝气，全力争取上级政策、资金、项目。

他通宵起草数字乡村建设申报材料近100页，使兴隆镇获批山东省数字乡村试点乡镇，成为济宁市仅有的三个省级试点乡镇之一。他与研发企业一一对接23个应用场景，开发了兴隆镇数字乡村信息服务平台，事迹被列为山东省大数据优秀应用案例。

他头脑灵活，善于表达，多次在省市县观摩活动现场进行讲解，搭建"齐鲁青年矩阵"微博话题，浏览量突破377.8万次；《走在乡村振兴道路上的追梦人》微视频浏览量超过350万次；创办的澎湃政务号"蒜都兴隆"总阅读量达67万次；荣获"2021年度卓越政务传播力"称号；在中央及省市级主流媒体上刊发新闻稿200余篇，被共青团中央宣传部、中央网信办网络社会工作局评为第五届"中国青年好网民"。

穷且益坚，信仰坚定，全面发展，朱家宝用青春热血践行初心使命，用感恩与奉献书写着党旗下的无悔青春，在脱贫攻坚主战场、乡村振兴新天地、防疫抗疫第一线等祖国最需要的地方绽放青春、建功立业，充分展示了基层青年干部的责任与担当，其工作事迹得到了《人民日报》海外版、央广网、新华网等主流媒体报道，事迹视频《走在乡村振兴道路上的追梦人》《防疫配送的外卖小哥》先后在中国共产党员网、学习强国、灯塔——党建在线等平台展播。

（山东省教育发展服务中心供稿）

投身"三农"事业，建设大美新疆
——山东畜牧兽医职业学院王扬鹏事迹

2020年4月，一家刚刚成立一年的公司获得了一项重要荣誉——"新疆维吾尔自治区脱贫攻坚先进集体"称号。评语是这样写的："王扬鹏为新疆维吾尔自治区现代化智能畜牧的发展、为辖区内现代化农牧业做出了积极贡献，抛洒着无悔的青春，展示了当代改革创新青年企业家奋发有为的崭新形象。"

正如歌中所唱的："新疆是个好地方呀，青山绿水好风光……不到新疆你真遗憾。"怀着无限的憧憬，2019年初，跟随着国家的号召和父辈的足迹，山东小伙儿王扬鹏来到了新疆，开始了艰苦的创业之旅。刚到新疆不久，他就感受到了新疆与老家山东的差别，尤其是农村：2018年人均年可支配收入仅有11975元，教育、医疗以及生活水平都不如老家。面对这种情况，王扬鹏力所能及地捐资捐物，先后向和田县教育局、田县布扎克乡平安村和田县民政局捐款27000元，用于资助贫困学生和关爱扶助老人。王扬鹏心里清楚，这些资助只是暂时的，"授人以鱼不如授人以渔"，只有大力发展企业，带动当地群众致富，才能彻底改变这里的落后面貌。他感到身上的责任重大。

2019年，王扬鹏和其他股东在和田县布扎克乡成立了新疆枣兔农牧发展有限公司，项目总投资1.7亿元，包括：种兔养殖示范基地（新疆枣兔农牧发展有限公司）、饲料加工基地（新疆昆仑嘉实牧业有限公司）、肉兔屠宰加工基地（新疆昆仑雪兔食品有限公司）。王扬鹏任新疆昆仑雪兔食品有限公司（简称昆仑雪兔）的法人兼CEO。

公司采用"企业＋基地＋合作社＋养殖户"的肉兔养殖运营模式，免费赊欠发放11万余只父母代种兔供给养殖户（养够三年后免费核算给养殖户），合计投入近1100余万元，签订保护价回收合同，免费提供技术培训和技术指导，当年带动1500余户养殖户进行肉兔养殖并致富，年支付养殖户利润1000余万元，年发放员工工资共计1300余万元，直接间接带动超过10000人就业，切实增加了当地农民的收入。

王扬鹏毕业于山东畜牧兽医职业学院，这所院校是全国最大的畜牧兽医人才培养基地，是畜牧业人才的摇篮。在校期间，王扬鹏就表现出很强的拼搏精神和组织才能。班长、学生会干部等工作经历对他以后的发展提供了极大的帮助。毕业后，他以优异成绩加入兔业龙头企业山东汇富农牧发展有限公司。参加工作后，他思想进步，积极向党组织靠拢，关心党和国家大事，关注党和国家的重大政策，努力提高自己的思想政治觉悟，很快就凭自己的优异表现得到了党组织的认可，成为了一名共产党员。王扬鹏在努力工作的同时还利用业余时间努力研习大数据物联网平台的相关知识，为后来昆仑雪兔实现销售大数据跟踪和物联网分配管理打下了坚实的基础。

2019年，王扬鹏作为新疆地区新一代外来创业者，参加了新疆地区现代化兔产业协会的筹办工作。协会成立后，他经常和会员企业交流，把一些山东企业的成功案例和兔业的新技术无私分享给当地企业,使得兔业在新疆地区有了长足的发展。新疆昆仑雪兔有限公司通过不断发展给当地经济注入了新的活力。截至目前,全县有2700余户农民参与昆仑肉兔入户养殖项目,提高了收入。公司大量招聘当地员工,解决了380余人就业,员工可实现人均月收入4000元以上。短短三年时间,他就让10000多人走上了脱贫致富的道路。在生产的同时,公司还积极与各大科研院所合作,寻求技术上的支持,包括山东畜牧兽医职业学院、中国农业大学、山东农业大学、四川农业大学、新疆畜牧科学院、四川畜牧科学院等,强强联手、携手并进的案例接踵而至。从昆仑雪兔的多元现代化养殖模式到畜牧业废弃物的无害化处理与利用,从种兔的科学育种到行销一体化的改革,处处体现了昆仑雪兔奋发进取、勇于担当的时代精神。

然而,昆仑雪兔的发展之路也不是一帆风顺的。语言和文化环境的不同及融资困难等一系列问题,曾让王扬鹏一筹莫展。但是随着国务院发布持续推进农村一、二、三产业融合发展的产业政策,昆仑雪兔享受到了政策红利,踏进了跨越式发展的快车道。《"十四五"全国畜牧兽医行业发展规划》重点任务中指出,"提升畜禽养殖集约化水平。将提升畜禽养殖集约化水平作为推动畜牧业转型升级的根本途径,坚持增量与提质相结合,加快转变生产方式,切实提高畜禽养殖劳动生产率、科技进步贡献率和资源利用率"。此时,公司紧抓时代和行业政策机遇,于2019年凭借技术优势成功融资建立起了占地面积近四万平方米的封闭式养殖场、近六万平方米的饲料加工厂和五万多平方米的屠宰加工车间,同时配套建设了繁育技术服务中心等配套附属机构设施,大型规模化一条龙养殖初见成效。

2020年初,因深知科研创新对现代化畜牧业的重要性,王扬鹏奔波去四川、北京、山东等地招聘专业人才,向行业顶尖专家顾问交流学习。他先后多次拜访过国家现代兔产业技术体系营养与饲料研究室主任、岗位专家首席、山东农业大学博士后导师、泰山产业领军人才李福昌教授、山东畜牧兽医职业学院教学名师、山东省动物疫病检测中心主任李舫教授等10余名专家教授,使昆仑雪兔的技术实力得到长足提升。

企业的不断扩大、发展需要科学而强有力的行销模式支撑,昆仑雪兔根据市场需求,先后成立市场调研部、销售开发部、售后服务部等专业团队,夜以继日,打破传统观念,终于形成了多模式互补、高效并举的经营策略。以往的兔产品以白条批量销售为主,主要销往批发场、菜市场等地,利润低且局限性很大,绝大多数产品销往四川、重庆、贵州等对兔肉认可的地区,但是其他大部分城市和地区的消费者却并不了解不接受肉兔产品。昆仑雪兔通过品牌效应以出色的产品质量为突破口,带动了其他肉兔副产品的发展,让更多的消费者认可并购买肉兔产品。昆仑雪兔的经营销售多元模式包含了"公司+基地+农户+市场"的分级养殖供产销链带模式、公司直营模式、线上线下结合模式。

昆仑雪兔在王扬鹏的带领下,经过近三年的努力,现已形成集饲草种植+育种+养殖+屠宰+饲料加工+微生物菌肥+市场销售于一体的农牧生态产业链,生产质量有保障,产品供不应求,主要销往川渝、福建、山东等地。一个具有扎实行业基础和专业素养,以改革创新为驱动力,以技术优势为助推力的现代畜牧企业正在高速蓬勃发展。

王扬鹏这个性格内敛、朴实憨厚的山东汉子,正在把自己的青春年华奉献给大美新疆。青春就应该在烈火中闪亮,砥砺前行,这才是青春该有的模样。

(山东省教育发展服务中心供稿)

藏区的奇迹小伙儿
——山东科技大学赵瑞华事迹

赵瑞华,男,汉族,1994年9月出生,中共党员,山东省菏泽市东明县人,毕业于山东科技大学材料成型及控制工程专业,在职研究生在读;2017年8月参加大学生志愿服务西部计划西藏专项,志愿服务于西藏自治区丁青县文新广局;2018年9月参加考试选择留藏,现任西藏自治区丁青县委员会办公室一级科员。自2017年来到西藏以来,赵瑞华同志始终坚持把西藏作为自己的第二故乡,勤勤恳恳,兢兢业业,脚踏实地,学以致用,注重理论知识与社会实践相结合,把自己在大学、在内地的所学所闻所见,运用到为西藏社会发展服务的工作当中,围绕稳定发展生态强边"四件大事",为西藏的各项事业贡献了自己的力量,实现了个人价值与国家需求的有机统一。

不忘初心,牢记使命,积极开展志愿服务

到西藏后,赵瑞华时刻牢记西部计划志愿者"用一到两年不长的时间,做一件终生难忘的事;用生命的七十分之一,营造一个生命的奇迹"的口号,始终践行"奉献、友爱、互助、进步"的志愿服务精神,认认真真、兢兢业业开展各类志愿服务工作,用内地的新思想、新观念带来一股效率快、效果好、活力足的志愿服务工作思潮。作为一名西部计划志愿者,他参与设计、制作了全区第一个"琼布爱心墙",开启爱心通道,搭建交流平台,累计接受内地爱心捐献衣物、学习用品等1万余件,使困难群众在寒冷的冬日里深切地感受到了社会各界的温暖,成为内地与西藏互联互通、民族团结的"爱心桥梁",获得了西藏自治区青年志愿服务项目大赛"银奖"。他参与举办"丁青县第四届足球篮球联赛""青春心向党、建功新时代颁奖晚会"等各类文体活动10余次,丰富了群众的文化生活。他在小学开展爱心辅导,帮助学生解决学习困难。他去农村开展"个人卫生从理发开始"免费理发活动,推动乡风文明建设。他向农牧民宣讲党的十九大和十九届历次全会精神,教育和引导群众感恩、听党话、跟党走,并推进基层精神文明建设。他用自己的脚步去丈量丁青的每一寸土地,做了大量的志愿服务工作,高山上留下了他的脚印,河水里倒映着他的微笑,花海中充溢着他的歌声,他用他的热情践行"志愿"的初心和"服务"的使命,换来了当地群众一张张满意的笑脸,并获得了"丁青县优秀志愿者"荣誉称号。

爱岗敬业，助力文化事业繁荣发展

在丁青县文新广局服务期间，赵瑞华立足于本职工作，结合自己学到的知识，在领导和同事的帮助下，积极参与发掘丁青文化品牌，推动丁青文化事业高质量发展；立足丁青热巴这一国家级非物质文化遗产，参与打造大型民族歌舞诗——"梦回溯源——《琼热巴》"，于2018年11月在拉萨藏戏艺术中心成功举办首演，于2019年12月在天津海河剧院完成首场全国巡回演出；参与制作"藏文书法最多的唐卡集——《象雄藏文书法唐卡大集》"，并成功申报大世界基尼斯纪录；参与举办第二届"琼文化论坛"、第十七届热巴文化旅游艺术节暨冰川音乐节等大型文化文艺活动20余次，极大地丰富了琼文化精神内涵、历史内涵，传播了丁青形象，打响了丁青文化品牌；参与建立了丁青县首个文化民俗博物馆，收集各类珍贵文物100余件，将其打造成了丁青县红色教育基地；参与开展了"丁青县首届十大厚德人物评选"活动，将鲜活感人的厚德事迹向大家讲述，用厚德的力量实现乡村文明的振兴；响应全民阅读的号召，参与筹划亲子伴读，喜迎党的十九大文化沙龙，"大学习、转作风、再做实、走新路"等独具特色的文化阅读活动50余期，使书香阅读观念深入人心；参与举办丁青县首届民族民间（萨瓦然达）挑战赛、"琼布最强音"歌手大赛、五一群众文化节、丁青县传统民间趣味游戏等群众性文化活动20余次；积极整合文化优势资源，积极做好"文化＋旅游"大文章，参与打造"吃住行游购娱"为一体的特色文化街区。他把丁青优秀传统文化同新时代的要求相结合，积极培育和践行社会主义核心价值观，不断传承、创新，全面激发丁青文化潜力，引导丁青人民坚定文化自觉和文化自信，积极传播琼文化，讲好丁青故事，用青春的激情打造最美的"丁青名片"。

积极作为，助力打赢脱贫攻坚战

2018年，赵瑞华到丁青县协雄乡协雄村担任驻村工作队队长，在开展驻村工作期间，他始终将驻村工作各项任务和农牧民群众的穿衣冷暖放在心头，积极开展精准扶贫工作，走遍全村115户贫困户开展贫困调研，寻找贫困根源，完善扶贫措施，想群众之所想，急群众之所急，帮助群众解决实际生产生活困难，真正做到了"真扶贫、扶真贫"。他积极推动村集体产业发展，筹集资金对协雄乡4座蔬菜大棚进行改造升级，更换薄膜，制定生产和管理办法，变荒芜为运营，满足全村群众用菜需求；协调强基惠民资金建立协雄村服务超市，推动村集体经济发展，进一步转变了群众"等、靠、要"的思想，形成了"勤劳致富"的思想理念，使广大群众迈出了"产业致富"的第一步。他积极协调县人社局、县职教中心组织开展厨师、摩托修理等青年创业培训工作10余次，全面提升农牧民群众就业能力和水平；协调县文化局建立村群众活动广场、农家书屋，组织开展锅庄、热巴、歌唱比赛等各类乡村特色文化活动20余次，进一步丰富了广大农牧民群众的精神文化生活。他结合丁青县厚德三年建设行动，以社会主义核心价值观为引领，以整顿家庭和公共卫生、个人卫生、村容村貌为内容，成功举办乡风文明建设系列活动，进一步提高群众主人翁意识，提高群众个人文明素质。同时，他深化结对帮扶各项工作，使全村115户贫困户结对帮扶物资、资金达10万余元。他还向县水利局申请，为协雄村修缮了桥梁，受到群众的一致好评。2018年6月，协雄村顺利通过国家第三方扶贫评估验收,实现脱贫摘帽目标任务。

恪尽职守,推动落实上级决策部署

到县委办工作以来,赵瑞华认真落实习近平总书记"五个坚持"工作要求,不断增强"四个意识"、坚定"四个自信"、捍卫"两个确立"、践行"两个维护",坚决贯彻执行党中央、区党委、市委和县委的各项决策部署安排,坚持以团结、协调、高效、务实、表率为基本要求,全面提高"三办""三服务"工作水平,结合县委实际工作,立足自身督查督办工作职责,起草制定了《中共丁青县委员会关于加强和改进新时代党的督促检查工作的实施意见》《丁青县委督促检查工作规则》,进一步规范督查督办流程。他深入基层开展督查督办20余次,撰写督查督办落实情况报告100余份,实现了疫情防控、维护稳定、经济发展、党的建设、生态环保、脱贫攻坚、乡村振兴等县委各项中心工作的督查督办全覆盖。他紧紧围绕全县大局和县委中心工作,抓住县委决策的关注点,捕捉改革、发展、稳定等各方面的热点难点问题,形成调研报告10余篇,有力地推动了党中央、区党委和市委各项决策部署安排在丁青落地生根、开花结果,为新时代丁青长治久安和高质量发展贡献了自己的力量。

四年多来,赵瑞华始终牢记着父母"行行别无语,只道早还乡"的牵挂;牢记着老师们"燕雀胸藏鸿鹄志,求知立业做栋梁"的期望;牢记着同学们"愿你出走半生,归来仍是少年"的祝福;牢记着朋友们"莫愁前路无知己,天下谁人不知君"的不舍;牢记着自己"黄沙百战穿金甲,不破楼兰终不还"的壮志。他以自己的赤诚之心爱岗敬业、不懈努力,把山东人的豪迈热情泼洒在西藏富饶的大地上。

"扎根基层是我人生最正确的选择。志愿工作不仅仅是在奉献,同时也是在收获。"赵瑞华说,"服务西部、建设西部,是我一生中最难忘的经历。服务于基层,服务于人民,真正做到想人民所想、急人民所急、做群众之所需,这一直指引我在平凡的工作岗位上不断做出贡献!"

(山东省教育发展服务中心供稿)

"小米姑娘"用互联网助推贫困村产业发展

——山东体育学院韩梦娇事迹

济南市莱芜区牛泉镇的东王庄村曾是一个省级贫困村,往年很贫穷落后,很少见到年轻人。但在2017年时,村民们时常会看到一名年轻女性瘦弱而忙碌的身影,她就是东王庄村有口皆碑的原东王庄村党支部委员,女大学生村官,被村民亲切称呼为"小米姑娘"的韩梦娇。

韩梦娇今年27岁,山东体育学院公共事业管理专业毕业,怀揣着服务乡亲、建设家乡的梦想,2017年7月通过了省委组织部选调生招考,被分配到东王庄村担任党支部书记助理。虽然从没接触过基层工作,但她很快就融入了这个大家庭,以饱满的精神状态参与到村里的各项工作中,她用自己的所学所见,给东王庄这个曾经落后的小山村带来了新的发展思路。

用脚步丈量民情,用行动联系群众

"年龄这么小,能干什么呢?是来'镀金'的吧!"韩梦娇第一天来东王庄村报到时,不少村民心生质疑。面对大家的疑问,韩梦娇深知自己要想融入这个村子,必须要让老百姓看到实实在在的东西,要用"百姓获得感"来赢得村民的信任。于是,一有空闲时间,她就走进贫困村民家里,和他们拉家常,来到田间地头与他们一起干农活。为了了解村民的想法,摸清每家每户最真实的情况,她将村民们的点点滴滴都记录在了工作日志上。脱贫攻坚工作期间,她走访农户102户,填写入户调查表63份,制定了《东王庄村贫困人口情况一览表》《东王庄村贫困户明细表》。在她与第一书记、村"两委"的共同努力下,东王庄村建档立卡的贫困户26户61人全部如期实现脱贫。

用真心换取真情,用实干赢得民心

东王庄村地处牛泉镇西南,是个偏僻的小山村,村里没有任何资源,集体收入几乎为零。初到村任职的韩梦娇目睹了这一切,看在眼里,急在心里,她整日思索着如何能增加村民的收入,改变这种贫穷的现状。2017年9月,东王庄村金色的小米喜获丰收,这里的村民世世代代种植小米,半沙半土的土质使得东王庄村的小米口感上乘、营养丰富,而且一直保留着种植、加工的老方法,种出的小米味道格外香浓。虽然村里种植小米多年,但并没有建立起稳定的销售渠道,小米质量上乘却经常滞销。韩梦娇了解到这一情况后,萌生了借助互联网销售小米的想法。因为东王庄村是国家一级水源保护基地,在习近平总书记"绿水青山就是金山银山"理念的指导下,韩梦娇对小米的生长环境进行了追溯,她利用自己所擅长的航拍技术,对东王庄村进行了全景拍摄,结果顾客被东王庄村秀丽的风景和各家各户晒小米的场景深深吸引,"有图有真相"的网络宣传让东王庄小米在微店、微信朋友圈、抖音等平台上一度成为"网红产品",实现了收益翻倍的效果。两年里,韩梦娇通过网络累计为村民们卖出了5万多斤小米。为此,村民们亲切地称呼她为"小米姑娘"。

用行动解决民忧,用品牌助民增收

东王庄村利用扶贫资金建立了32亩的草莓大棚,为了使村里的草莓卖上好价钱,韩梦娇在网上向消费者实时展示草莓生长过程,在开花结果时,东王庄村的草莓一度卖到了脱销的地步,在全市范围内打出了名气,实现了当年建成当年收益,上缴扶贫收益金27435元。草莓不易储存,为了继续拓宽销路,2018年韩梦娇和第一书记一道联系莱芜区各大超市推荐销售东王庄村的草莓,得到了莱芜区信誉楼、贵都等大型超市以及多家水果超市的认可,帮助果农建立了稳定的草莓销售渠道,共销售草莓1万多斤,扶贫项目发展良好。2019年,村里的扶贫产业项目40亩猕猴桃第一年结果,韩梦娇积极创新,组织游客前来采摘,举办了东王庄村第一届猕猴桃采摘节。

在东王庄村农产品销售火爆的情况下,韩梦娇抓住有利时机,为村中农产品注册了商标和品牌。她严格控制农产品质量,完善农产品包装,延长了农产品产业链,促进农产品往中高端方向发展,目前东王庄村的小米已拿到了绿色认证。她曾多次利用媒体广告、网络营销、展销会等多种促销手段,对东王庄村的农产品进行推广,扩大了产品知名度,实现了经济效益和社会效益的统一。另外,韩梦娇还对村里的年轻人进行了电商培训,让他们自发地利用好互联网这个方式,使得东王庄村的电商扶贫得到可持续发展,现在村中党支部领办的"粒粒金"小米合作社每年为村民分红。两年的时间,村民们感受到了韩梦娇一心为民的真诚和热情,已然把她当成了自家人。在韩梦娇离任之时,村里的刘常乾大爷说:"谁曾想,这看起来柔弱的小姑娘还真给咱村里带来了实惠呢。"

新岗位新使命,新平台新作为

虽然现在的韩梦娇已离开了东王庄村,但在新的工作岗位上,她依然一如既往地努力勤奋工作。目前,韩梦娇受组织安排担任牛泉镇牛泉党建工作区书记一职,正致力于打造"一村一品,一村一特色",通过"党支部+合作社+农户"的发展模式,鼓励农民种植草莓、樱桃、金银花等经济作物,有效促进农业增效和农民增收,助力乡村振兴。

一分耕耘,一分收获,韩梦娇荣获了山东省优秀共产党员、山东省电子商务双创之星、泉城最美选调生、济南市乡村振兴好青年、济南市"三八红旗手"等多项荣誉称号,还被聘为山东省委讲师团百姓宣讲员,其事迹也被《人民日报》、山东卫视、《大众日报》、《山东省青年报》、《济南日报》、《莱芜日报》等多家媒体报道。韩梦娇用自己的实际行动诠释了一名选调生的精彩!

(山东省教育发展服务中心供稿)

逆旅西北拓戈壁，投身石油逐青春

——中国石油大学（华东）郭福贵事迹

郭福贵，男，中共党员，2021年毕业于中国石油大学（华东）石油工程专业，获工学学士学位，现就职于中国石化西北油田分公司塔河油田采油三厂，2021年获中国大学生"自强之星"荣誉称号。

郭福贵是一位从云南大山深处走出来、千里迢迢远赴青岛求学、勤学笃行向科研的优秀学子，更是一位学成归来甘愿放弃大城市优渥生活、工作机会，主动扎根西部油田，怀抱"我为祖国献石油"价值追求的一名平凡的基层石油技术员。"踔厉奋发、笃行不怠、赓续传承、奔向未来"是他激扬青春的初心，一路的汗水与辛劳浇灌出的是新时代"石油精神"的绚丽花朵，一贯的坚持与付出映衬出的是新征程"能源报国"的夺目光辉，"为中国加油、为民族争气"是母校深深烙印在他肩上的使命。

漫漫求学路，勤奋勇当先

他是一位在梯田边长大的哈尼族小伙子，家乡风景秀丽，但是小时候他家庭生活困难，兄妹三人的留守儿童岁月激发了他通过读书改变命运的想法，可是家乡经济发展落后、交通堵塞的情况总是成为实现梦想道路上的绊脚石。但是他不信命。六年级，他去镇上寄宿读书时才第一次看清了自己与乡镇同学的差距——他根本听不懂普通话，但他最后以数学满分的成绩顺利考上了县第一中学。来到县第一中学后，他又一次看清了他与县里的同学的差距，有时候他总感觉他与别人生活在两个世界。第一次历史考试只考了29分的他无地自容，但他坚定地认为自己的路是自己走出来的，于是他付出比别人多几倍的努力，废寝忘食地恶补落下的知识点。"有心人，天不负"，最终他以全县录取学校最好的成绩考上了中国石油大学（华东）。他也是他们村，一个拥有500多户村民的哈尼族大村，有史以来第一个也是到目前为止唯一一个考上211重点大学的学生。

他终于第一次走出了被连绵不断的群山遮挡住的家乡，第一次来到几千公里外的大城市青岛，第一次看到蔚蓝深邃的大海，感受到红瓦绿树、碧海蓝天，可这又让他看清了来自偏远地区的自己和来自大城市的同学之间的差距——学业基础上，从山东、河北等地来的同学基础扎实，让他感觉无论怎么努力都追不上大家。起初他的学业成绩在年级几乎快要垫底，而且大学上课使用电脑是家常便饭，可是他连最基本的电脑办公软件都不会使用，每次课程小组任务他都需要主动求助其他同学教授基本技巧。他也不禁陷入了沉思："难道我的大学就要这样度过吗？我就不能变得优秀起来吗？我难道不能成为同学求助的对象吗?"他深知要立志改变现状,于是在校期间他发奋图强,白天与教室、自习室、图书馆为伴,夜晚则一头扎进实验室与科研共舞。功夫不负有心人,他最终成为学院第一个以本科生负责人身份获得第十七届"挑战杯"校赛特等奖、省赛一等奖的"科创达人",成为本年级第一个以本科生身份获得第十届石油工程设计大赛全国二等奖的"学科先锋",成为本年级第一个以第一作者身份发表高水平学术论文(SCI 二区论文,并入选第十四届全国大学生创新创业推荐学术论文)的学生。他充分把握每一次求学请教的机会,在行业专家、校内导师的悉心指导下,求学期间成功申请国家专利 9 项,连续三年获得校级科技创新奖学金,斩获创新创业卓越之星奖学金一等奖 1 次、三等奖 1 次,累计获得科技竞赛奖励 15 项,毕业论文也被评为校级优秀论文。

爱国由家起,行动自身前

他深知"知识改变命运"的道理,对党和国家的教育政策满怀感恩,于是他决定要反哺家乡,主动联合同学成立"绿树格希望团"公益会,充分利用寒暑假时间举办假期学业辅导班,致力于提升家乡基础教育水平,同时积极募集善款,改善家乡基础教育环境,组织丰富多彩的文体活动,全方位提升家乡的教育氛围。

2021 年 11 月,他发起建设乡村第一家图书馆。在缺资金缺图书的情况下,他主动联系社会爱心人士筹集爱心图书 4000 本、资金 6000 元,2022 年休班回老家时,他了解到村里小学用的课桌还是十几年前的旧木桌,黑板还是旧的水泥黑板,没有电脑可供学生学习使用,就又主动联系了社会爱心人士,募集到爱心课桌、教学电脑等教学设备。几年来,他与伙伴共筹集了 5 万余元公益基金用于购置基础教育设施。在他们的共同努力下,全村人对于读书的观念大为改观,村中小学生、初中生辍学率降至零,目前已成长出一大批优秀的医学、师范、武术、技工等专业的大中专学生。

为中国加油,为民族争气

毕业时,他也考虑过留在青岛这样的大城市,享受优美的办公环境与舒适的居住条件,但是作为一名新时代石油学子,他深知我国石油对外依存度逐年升高,面临着能源安全问题,想要保证能源的自给自足,把能源的饭碗牢牢端在自己的手里,石油人就应该挺身而出,而党和国家需要的地方就是石油人要去的地方! 因此他主动放弃留在沿海地区发展的机会,选择去最艰苦的新疆戈壁滩工作,扎根西部从事石油事业,矢志能源报国,发誓要从一个"卓越青年学子"成长为"新时代青年铁人"。

中石化西北油田作为我国能源增储上产的重要阵地,也是亟须高科技攻关以及解决"卡脖子"难题的技术新高地。作为一名油田基层技术员,同时作为一名中共党员,他时常主动申请上油井一线掌握第一手资料。在厂区准备对某井进行酸化压裂改造作业,需要一名所里的工作人员前往跟踪整个过程记录第一手资料并随时向领导汇报施工作业情况时,他主动申请上前线。该井位于托普台区块,距离生活基地十分遥远,纵然是周末时间,他也来不及多休息一会儿，穿上工服就前往井上。为了了解施工作业一线情况，他一直坚守到施工结束，此时常常已经是第二天凌晨两点。他说："这也没啥，作为基层石油技术员，为了深入了解现场情况，在井上跟工人同吃同住早已是家常便饭。"他还说真正扑下身子扎根基层工作，是他汲取营养快速成长的关键期。

"今天是上井第三天，上井期间也没办法回基地休息，也没有正常的上下班，现场情况多变，随时都在召唤我，而且三厂位置偏远，距离最近的乡镇也在 30 公里开外，气候干燥，常有黄沙做伴，不过我也已经习惯了，这里虽然没有大城市热闹、多姿多彩，但我们可以每天都举行'井场运动会'，每个人的体格都棒棒哒。虽然夜晚漫长，但我们也会通过欣赏壮丽的星空表达自己的浪漫。今年春节虽然不能回家与家人朋友团聚，但是我们同事们自发组织了'井场春晚'，大家真正成了相亲相爱的一家人。"这是在过年时写给家人的短信，"开发研究所作为采油厂最辛苦的部门，是我国油气增储上产的主力军，我从未后悔放弃比较舒适的部门工作机会，主动申请来到开发研究所，我为成为一名专业的基层技术员而自豪！"言语中、行为里都透露着他那"能源报国"的志向和决心。

很多人常常问："这里纵有沙漠的壮观、胡杨的坚韧，可是怎么能与云南的山清水秀、青岛的碧海蓝天相媲美呢？""为什么不选择在美丽的云南老家，或者发达的滨海之都找一份舒适的工作，而是要在荒凉的沙漠做着这份辛苦甚至危险的工作？"对于这些问题，郭福贵的回答是并且一直都是："祖国最需要的地方才是最美的！"

青春心向党，建功新时代。郭福贵把青春挥洒在祖国最需要的地方，把梦想扎根在祖国重要的石油工业。在美丽的西北，他用踏实的脚步丈量石油工业的天空，用勤劳的双手书写强国伟业的画卷，用奋斗的青春筑牢能源安全的长城，用卓越的身姿彰显青年一代的风采！

（山东省教育发展服务中心供稿）

闪亮的日子

河南

扎根基层,让青春在奋斗中闪光

——河南牧业经济学院朱贺事迹

朱贺,中共党员,2019年毕业于河南牧业经济学院动物药学专业,现任西藏自治区聂荣县县委组织部一级科员。大学毕业时,朱贺放弃了读书期间努力经营的创业项目,注销了自己的公司,关闭了正常运营的门店,同时也放弃了在郑州高薪就业的机会,说服了家人,怀着满腔热忱毅然决然地去了藏北羌塘草原,来到了西藏那曲市聂荣县,用行动书写着最美逆行者的青春故事。

扎根聂荣,绽放青春理想

"志不求易者成,事不避难者进。"基层是青年淬炼成长的试验场,是磨砺青春的理想国。怀抱青春报国理想,朱贺来到了聂荣县,那里平均海拔4700米,高寒缺氧,自然条件恶劣。然而,朱贺不畏严寒艰苦,用坚实的步伐一步一步丈量这片土地。

初到工作岗位,他就被组织分配到了县委组织部,他虚心求教、勤奋好学,很快就成为了部门的业务骨干。2021年4月,朱贺主动向组织申请,希望能够到基层最前沿发挥作用,去面对面接触群众,去硬碰硬解决困难,去实打实做出成绩,经组织批准担任下曲乡桑玉村大学生村官。每当别人问起朱贺为什么选择进藏工作又选择驻村工作时,他总是自豪地回答:"习近平总书记在2015年第六次西藏工作座谈会上说过'要把优秀人才选派到条件艰苦和情况复杂地区去磨炼意志、增长才干'。而我当下所选择的,正是响应国家号召,第一个主动报名大学生村官,到最艰苦的基层一线去,相信这是一次将奉献国家与实现自我价值完美结合的宝贵经历。"朱贺的职业选择,诠释了当代青年的理想信念与家国情怀。

创新务实,谱好乡村振兴曲

刚到村里工作时,朱贺不懂藏语,为尽快摸清村里的情况,他就挨家挨户走访调研,建立了"一户一档",掌握第一手的资料。朱贺认为,完成上级单位和领导交办的强基惠民七项工作职责、党史学习教育、国家通用语言文字教育、生态环境保护、"八五"普法等工作是"规定动作",理应做好。但作为年轻驻村干部更为重要的是创新"自选动作",要积极探索农村新的发展道路,要充分发挥初生牛犊不怕虎敢想敢做的精神,要有不服输的毅力,要有坚决果断的执行力,并最终落实在"为民办事服务"上。朱贺说:"虽然我是2019年8月参加工作的,到现在也不过3年多时间,但党龄已经有8年了。对于自己大学生村官的工作性质有着深刻的认识,在村里什么事情要积极做、该怎么做,都有着一名老党员该有的觉悟,驻村工作中我决定把脱贫攻坚成果同乡村振兴有效衔接起来。"

盘活资源,大力发展村集体经济

朱贺通过走访调研认识到岗位需求可以促进就业、分红可以提高村民收入,于是他便深入桑玉村奥巴发展专业合作社,与大家同辛苦共劳动,了解发展困境、制定相应措施,以合作社为引领,推动村集体经济又快又好发展。桑玉村糌粑加工厂因销路不畅、管理不善、模式落后等诸多原因已经停产近一年时间,朱贺了解后与多方进行沟通协调,创新经营模式,寻找销售出路,改变运营制度,从购买青稞到青稞加工,再到糌粑销售,他全程跟踪服务,糌粑加工厂已于2022年3月顺利开工投产并逐步打开销路。桑玉村养殖场虽然一直在不温不火地运营,但规模止步不前,难以扩大,合作社人员的收入大多以实物分红为主,针对此情况,朱贺深入分析原因,鼓励引导大家将牛奶售卖或制成乳制品销售兑换现金,并联系县城里的商店寄卖产品。桑玉村散装油加油点长期以来缺乏监督管理,朱贺帮助他们制定了管理条例,严格要求执行坐班制度和加油登记制度,重点时期落实安全生产和稳定措施。通过不断努力,合作社的三个合作组织都在一点一点向好发展。下曲乡党委书记高世忠说:"朱贺同志是一位很负责任的驻村干部,他总是想群众之所想,急群众之所急,自从驻村以来,他积极发展村集体经济,在他的带领下,现在的桑玉村合作社办得有声有色。"

发挥村级活动场所作用,促进新农村建设

朱贺到村任职后办的第一件事就是给村级组织活动场所通上了高压电,有了电就提高了驻村工作队日常生活和开展工作的方便性,开会有空调,晚上有照明,喝水有电壶,做饭有电锅,极大提升了工作队员的工作积极性。同时,朱贺组织安装了村级组织活动场所必要的设施设备,制作了文化宣传标语,为召开工作会议、开展教育学习、组织文化活动提供了场地和平台。

齐心协力修好路,打通百姓致富路

通往桑玉村5个自然村的道路都是沙石路和土路,坑坑洼洼,甚至连摩托车都难以通行,一到夏天路面积水,一不小心就会掉进"坑里"。为解决群众出行难问题,朱贺自掏腰包,拿出大学生村官工作补助购买铁锹、铁铲等工具,发动群众齐心协力修好出行路、致富路。

心系羌塘,守护群众安危

草场安全和畜牧饮水安全事关全村经济发展和安全稳定,不容小觑,朱贺结合草原防火工作和河湖长制工作,经常身体力行与全村17名草原防火应急队员和17名湖长用双脚丈量桑玉村辖区内的225679.76亩草场。在草场巡查时,他共发现6处安全隐患、2处因电线老化掉落造成的着火点,因发现及时且处理得当,避免了财产损失和人员伤亡。同时,朱贺每次巡湖检查都要带着湖长,询问湖长制落实情况,确保"湖长制"真正实现"湖长治"。

第一书记德吉拉宗说："朱贺主动放弃了2021年的休假，一天都没休息，是当地老百姓公认的好干部。"

从县委组织部到驻村，朱贺认为这都是工作中"在成长再成长"的过程，尽管艰苦困难，但他依然坚守着自己的理想追求，并用自己的实际行动践行着"与其苦熬消耗生命，不如苦干为民服务"的那曲精神。从美丽富饶的中原大地到藏北高原的羌塘腹地，踏实肯干的他也必将凭借自己的拼搏奋斗，在聂荣这一片雪域高原上，耀眼夺目，暗自芬芳，绽放出更加精彩的青春年华。

附：2022年4月，聂荣县广播电视台报道了朱贺的驻村先进事迹。

（河南省大中专学生就业创业指导办公室供稿）

勇担时代使命，扎根西藏边陲

——河南农业大学李冰事迹

李冰，男，中共党员，河南省内黄县人，2018年6月毕业于河南农业大学外国语学院英语专业。毕业时，他积极响应国家号召，"到西部去，到基层去，到祖国最需要的地方去"，扎根西藏边陲，矢志奉献新时代、服务新西部。2018年11月，他被选派分配到西藏日喀则市聂拉木县中学，担任图书馆管理员；2019年8月，在定结县中学轮岗支教，担任英语教师；2020年8月，在仁布县中学轮岗支教，担任历史教师；2021年9月，回到聂拉木县中学担任地理教师。短短三年多时间，他就成了学生眼中的"全科教师"、同事眼中的"教学能手"、领导眼中的"业务标兵"。

牢记初心，不负使命，做大自然的"博弈者"

扎根西部，服务边疆是李冰一直以来的梦想。2018年，作为党员的他关注到西藏日喀则市的人才引进计划。雪域高原的神圣与壮美、神秘与雄厚深深地吸引着他，但西藏独特的生活环境却让他有过踌躇和徘徊。正是在那个时候，他遇到了人生的伴侣、西藏之路的战友。两个志同道合的人怀揣着浓浓西藏情、深深报国志，相互勉励，共同成长，勇敢扛起了新时代青年应有的使命和担当。他认为：把自己的人生目标定位于祖国和人民最需要的地方，为西藏发展注入新鲜血液、输入青春活力，献身于祖国的社会主义现代化建设，是当代大学生应有的责任与担当。

初入西藏，环境适应是他面临的最大考验。风灾、雨灾、雪灾、震灾等自然灾害多发、易发、连发、频发，高寒缺氧、高原疾病等痛苦经历几乎让他"痛不欲生"；脆弱的生态、艰苦的环境、缺氧的空气、滞后的设施等曾让他身心"备受煎熬"。但即便如此，他也从来没有抱怨过，更没有后悔过，反倒常常用"艰苦不怕吃苦，缺氧不缺精神，海拔高境界更高"来激励自己。面对身体的不适，他积极向当地藏民寻求适应之道，通过调整作息、控制体重来提高自身耐受性；面对灾害的频发，他通过网上学习紧急避险知识来提升自己的应急处变能力。各种身体上的"折磨"没有压倒他，反倒更增加了他精神上的锐气，在这样不断的适应与反适应中，他逐步培养起了迎难而上、坚毅果敢的刚毅品格，这也为他日后更好地开展各项工作奠定了坚实基础。

迎难而上，主动作为，做课堂教学的"探索者"

参加工作以来，他始终坚定政治信念，戒骄戒躁，严格要求自己，服从组织安排。2019年8月—2020年8月，按照学校的安排，他和同事们一起前往高海拔地区定结县轮岗支教。定结县位于西藏自治区南部，毗邻印度、尼泊尔，平均海拔4500米左右，这对于从小生活在中原平原地区的他来说，无疑是一个重大挑战。在极其艰苦的环境下，他同时承担着3个班共150多名学生的英语教学工作，每个班每周平均8节课，一周下来20多节的课时量导致他经常沙哑着嗓子，手中的保温杯、胖大海从未间断过。

对于英语教学，虽说他是科班出身，但是面对孩子们异常薄弱的口语基础，他也曾不禁打起过退堂鼓，可每每这时，心中那股不认输、不服输的拼劲儿就不断涌出来，他"逼迫"自己通过说、唱、演、跳的方式，牢牢抓住学生的注意力，提高学生的学习兴趣，从而提升学习效率。此外，为了更好地适应环境，圆满完成教学任务，他每天像打了鸡血一样，几乎将所有的个人时间全部倾注在教学上，常常草草对付一口饭就赶忙跑去给学生听写单词或检查课文背诵情况，每次备课、整理教案他总是忙到深夜。他知道高原上的孩子对外面的世界充满了憧憬和向往，作为一个"外来人"，他主动联系以前的老师、同学，要来"外面世界"的照片和视频，利用个人休息时间，做成精美的宣传片，与孩子们一遍又一遍地分享着。面对孩子们的提问，他总是不厌其烦地耐心讲解，并在周末和节假日欣然接受孩子们的家访"邀约"，与他们打成一片，成为他们的良师挚友。

也正是坚忍的意志和拼搏的精神使他顺利突破了高原环境带来的局限，很快就适应了这里，并成为高原雪域的一分子。2020年9月，根据安排，他要返回原单位工作。临行前，面对孩子们的依依不舍，这个坚毅的大男孩儿双眼满含热泪……

回到原工作岗位后，他很快又接受了新的挑战。由于当地教师资源紧缺，他主动承担了英语教学之外的其他课程。作为英语专业毕业的大学生，他大学四年接受的绝大部分是全语言类的教育，这让他距离其他学科知识相对较远，备起课来困难重重，可是为了不影响正常的教学秩序，满足孩子们的求知若渴，他咬牙、攥拳，开始了他独特的"冰式"教学：

为了更好地感知地理地貌特征，他会提前一天跑到更高海拔的山间进行实地探索、"采样"，一边用手机记录下来真实高原地貌的样子，一边拜托中原地区的同学，"逼迫"他们发送实时录像，做比较教学；为了更好地讲述历史，他专门网购了《漫画读好中国史》《漫画读好世界史》等书籍，一遍又一遍地阅读，从中寻求上课素材，找到历史和现实的契合点，将有趣的历史带进生动的现实。

他始终秉持特别能吃苦、特别能战斗、特别能忍耐、特别能团结、特别能奉献的"老西藏精神"。他从不轻率地备课，更不会敷衍地上课，而是充分满足学生的求知欲，精心策划教案，精讲每一堂课，活跃课堂氛围，调动学生积极性，竭力挖掘每一个知识点，注重知识点之间的联系，寻到了适合学生学习的"情景教学"模式。通过因材施教、深入浅出，他帮助了数百名同学快速提高学习成绩，养成良好的学习习惯。他也形成了自己的教育理念，那就是让学生"在轻松快乐中学习、在寓教于乐中成长"。他用心经营着教育，用爱温暖着学生，始终尊重学生个性发展，守护学生心理健康，成为孩子们心中真正的良师益友，坚定地做到了无愧于心、无愧于生！他也因此多次获得"优秀学科教师""学生最喜爱的教师"等荣誉称号。

不负使命，奋勇担当，做新时代的"开拓者"

　　基层的田野是广袤无垠的，要想真正深入基层，必须放下架子，俯下身子，扎根在这里，只有这样才能磨炼洗礼自己，真正实现自己的人生价值。李冰始终恪守着这样的信条，将自己深深地沉淀在基层，深入到学生群任，把根扎向群众深些，再深些。

　　生活中的他时时刻刻设身处地为他人着想，与单位同事和睦相处，交流融洽，成为一个名副其实的暖男。2019年9月，听说在海拔近4500米的乃龙乡乃龙村群众拉巴生活困苦，他主动请缨，和学校其他几位老师第一时间前往困难群众家中慰问，为他们送去了米、面、食用油等生活物资及现金。在他看来，作为党员，就是要时刻践行"为人民服务"的宗旨，给需要帮助的人最真切的关心与关爱。

　　他有着极强的大局意识和团队意识。在学校举办的运动会、朗诵表演等各项活动中，他都全力以赴。再忙再累，他也要高标准完成教学任务，再苦再乏也要完成各项演练。在朗诵表演活动中，由于他的教学任务较重，为了不给集体拖后腿，他牺牲自己的休息时间，刻苦钻研，不断修改，反复练习。当铿锵有力的表演气势和磅礴雄辉的表演场面展现在师生面前时，他迎来的是一次又一次震耳欲聋的掌声。

　　他积极参加新冠肺炎疫情防控志愿服务工作，利用闲暇时间在校门口值班，登记外来人员信息，排查发热人员，切断病毒侵入校园的途径，为维护好全校师生的健康尽职尽责，为打赢疫情防控阻击战发光发热。他还在夜间主动加入党员志愿防疫巡逻队伍中去，用党员光辉护航师生的平安生活，用实际行动彰显"疫线"党员的担当和力量。

　　三年多的藏区工作，让他进一步确信当初的选择没有错。在西藏这片广袤的土地上，他感受到了前所未有的责任，也得到了前所未有的锻炼和成长。作为为西藏建设添砖加瓦的一分子，他深感骄傲与自豪，他将继续把自己的青春和热血挥洒在这片炙热的土地上！

　　虽然离开河南农业大学已经快四年了，但他始终不忘农大人的明德自强、求实力行，秉承弘农爱国、求真创新、厚德质朴、包容奋进的农大精神，在学习中进步，在进步中学习，在奉献中成长，在成长中奉献，准确展现了"缺氧不缺精神，艰苦不怕吃苦，海拔高境界更高"的深邃内涵和"老西藏精神"的新的时代注解。他以坚毅的品格、质朴的情怀和踏实的作风让幸福的格桑花在西藏大地上绚丽绽放。

（河南省大中专学生就业创业指导办公室供稿）

情洒雪域不言悔，不忘初心担使命

——洛阳理工学院黄梦义事迹

黄梦义是洛阳理工学院智能制造学院车辆工程专业 2019 届毕业生，大学期间曾获得河南省"优秀学生干部"、河南省"三好学生"、洛阳理工学院"优秀共产党员"等多项省级及校级荣誉。他于 2016 年 12 月 28 日加入中国共产党，现就职于西藏自治区那曲市巴青县医疗保障局。

向而往之，仆仆风尘，悠悠我心情飞扬

黄梦义于 2019 年 4 月积极响应国家西藏专招计划，踊跃报名，在面试和笔试中脱颖而出。2019 年 8 月在陕西咸阳西藏民族大学培训 3 个月后，在 2019 年 11 月 5 日离开故土，告别亲人，来到了从未谋面的第二故乡——西藏。

西藏，作为被人们赋予太多理想色彩的一方净土，对不甘平庸、胸怀大志的黄梦义当然有极强的吸引力。但他更明白，西藏自然环境恶劣、地理位置特殊、政治地位重要，自己是肩负着党和人民的重托来到这里的。所以他说："援藏需要的是有明确的人生定位和人生目标的人，而不是带着净化心灵梦幻的人。"

根据抽签结果，黄梦义被分到海拔 4000 多米的那曲市巴青县医疗保障局工作，主要负责单位文秘、出纳、党建、城乡居民医保参保等工作。他把巴青县作为自己的第二故乡和建功立业的主战场，凭着过硬的身体素质和惊人的毅力，迅速适应生活环境、克服高原工作的诸多不利因素，积极作为，勇挑重担，得到了领导和同事的高度认可。

作为医疗保障局的干部，黄梦义每天接触最多的便是农牧民，语言不通、无法交流成为他工作中最大的障碍。他拿出当年攻读英语四、六级的拼命精神，在办公室藏族同事的帮助下刻苦学习藏语，并在最短的时间内实现了与当地藏族群众的基础交流，老百姓竖起的大拇指和说出的"丫琼（谢谢）"激励着他继续努力，为民服务。

2020 年西藏开始实施城镇居民基本医疗保险和农牧区医疗保险制度整合工作，开展城乡居民医保基本医疗保险参保工作。由于人手很紧，单位领导让黄梦义一人负责全县医疗保障系统城乡居民参保工作。才上岗的黄梦义曾经也彷徨过，苦恼过——一个对巴青情况还没有熟悉、基础这么薄弱的干部，万一干不好这个工作，个人挨了批评、受了处分、坏了名

声都是小事，耽误了巴青县医疗保障系统的发展可就是大事了。但在领导和同事们的鼓励下，他放下思想包袱，抱定"改善巴青各族群众医疗健康水平"的信念，毅然走上一条"负责任、敢担当、能干事"的成长之路。

黄梦义通过市医保局的培训和对系政策的深入解读，熟练掌握了城乡居民医保参保流程，随后他"从学员变教官"，也从毕业生变身老师，主动担负起对各乡镇医保专干和驻村工作队的培训工作。在负责统筹全县5万余人烦琐而复杂的参保工作时，为了保证全县老百姓的参保信息准确无误，使他们尽早享受国家的优惠政策，他在高原缺氧的环境下坚持高强度工作，锻炼自己的恒心、耐心和意志，克服重重困难，终于完成了任务，在随后的那曲市医疗保障工作会议上，受到了那曲市市长的高度赞扬。

眼中有光，心中有爱，目光所及皆是美

2021年4月，按照县"强基础惠民生办公室"下发的驻村相关文件精神，单位根据黄梦义在政治素养和工作能力上的出色表现，任命他为驻村第一书记。

从机关干部转变为驻村第一书记，工作地点变了，工作对象变了，工作任务也变了，但守护净土、建设净土、为各族人民群众服务的初心没有变。他一上任就践行实事求是、走群众路线的优良传统，先对村情民况做细致的调研。在摸清基本情况和问题症结之后，他果断推出四项新政：一是"民心工程"，对条件特别困难的家庭，马上组织驻村工作队为其购买物资以解燃眉之急。二是"理财工程"，针对村合作社经营不善情况，召集驻村工作队及村"两委"研究更为先进的合作社经营模式，建立健全合作社财务管理制度，想方设法提高合作社收入，促进村级集体经济健康有序发展。三是"健康工程"，积极鼓励群众接种疫苗，保证村民生命健康和正常的生产生活，对出行不便的老年人，驻村工作队进行接送。在反诈APP宣传中，黄梦义安排驻村工作队分区域入户帮助群众下载注册，抵制、预防诈骗行为对村民的身心伤害。四是"安居工程"，他积极组织群众开展疫情防控、草场防火、人居环境整治等活动，带领驻村工作队"站上一线、不退半步"，轮班值守、细筛严排，协助村"两委"共同推进。在一年多时间里，他俯下身、沉下心，深入基层、走村入户，与群众"同吃、同住、同

功在桑梓地，无处不青山

优良家风传承不息，教育征途奋斗不止。王予川来自农村，父母都是农民，平时靠打零工挣钱，他们虽然文化水平不高，但是在家教方面毫不含糊。"父亲一直对我进行的是'严父式'教育，身体力行地教导我承担责任、坚强地去面对遇到的困难、坚信世界上好人多、感恩遇到的每个帮助我的人！"王予川说。她的母亲则与父亲不同，她温柔又坚强，对待事情很是耐心，会细心地教导她做事，关注她的内心需求。父母的言传身教深刻影响了她成为一名公费师范生、回馈家乡的人生抉择。

怀揣感恩之心，砥砺教育报国之志。从农村走出大山的她深知山外的风景有多么美丽，但她也知道走出大山对于山里的孩子来说有多艰难！大学期间，她曾两次参与暑期社会实践活动，在此期间，她和同学深入乡村小学开展调查研究，并成功在支教汇报中获奖。通过研究他们发现：一方面，农村学校生源流失、艺术课程缺失、教学方式单一等问题普遍存在，这使得乡村教育呼唤具有全科生背景的教育人才回归；另一方面，农村学校办学条件差、环境艰苦、待遇低等现实原因使一些年轻教师不敢去也不想去，农村教育很需要新鲜血液的注入，作为公费师范生的她深受触动。作为国家政策的受益者，她深知自己承担着振兴乡村教育、助力国家发展的使命，而让更多大山里的孩子走出去，更是她作为一名从大山里走出来的教育者义不容辞的责任。

踔厉奋发，砥砺前行

王予川主动学习，提升自我。入职第一年，她承担了六年级的数学教学任务，虽然已经是毕业班，但学生基础差，对于许多低年级学段的知识点，有将近一半的孩子仍旧是一知半解。于是，作为新入职的老师，她一方面不忘记进行自我修炼与学习，不断地向其他老教师请教，另一方面从学生入手，紧抓每个晚自习、课后以及星期天的时间，主动联系后进生进行补课。

她创新教育教学形式，丰富乡村校园文化。她把富有特色的全科教育与传统教育相结合，寓教于乐。进入校园后，她发现传统阳光大课间动作机械没有韵律激情，本应进行大课间活动的孩子们却不爱做课间操，于是她联合体育老师一起改编课间操，选择旋律欢快流行的歌曲再配合舞蹈动作，让孩子们真正拥有阳光大课间！她帮助指导学生成语故事大赛，从指导动作、表情、配音乐，到陪着孩子们一遍一遍练习，最终参赛的四人获得包揽全镇前三名的好成绩；小学少年宫也让她发现了新的契机——进入少年宫阅读社团后，她发现孩子们喜欢读绘本，于是她就同阅读社团的两位老师一起改编课本剧，让孩子们在阅读中发现新乐趣！

她发挥媒体力量，助力贫困资助。她了解到所在学校的留守儿童问题，于是就从本班学生入手，利用星期天的时间主动联系留守儿童补课，并积极联系，极尽所能地让外界关注留守儿童并帮助他们，并成功地在新华社记者的牵线下，联系到国有企业的物资资助。

她立足新起点，谱写教育新篇章。工作的第二年，王予川走上了德亭镇第二中心小学（原杨村小学）副校长的岗位。新的天地、新的角色也让她更加坚定大胆地往前走。她在这里从"零"出发，策划各种教学活动，搞科研、赛课、磨课、成立手工社团等，一步一个脚印让学校老师们的时间"活"起来，让学校的面貌焕然一新。

　　她坚定信仰，书写乡村教育辉煌。随着在真实教育场域的不断深耕，她对"四有"好老师的理解也愈加深入，更加理解了"有理想信念、有道德情操、有扎实学识、有仁爱之心"的真正意义与价值。"习近平总书记提出的'四有'好老师要求，是我的努力目标，更是我的实践准则，当老师越久体会也就越深。"王予川立志把似锦年华献给自己将为之奋斗终生的教育事业。"我觉得，到农村去教学，就要切实深入到农村教育里面，去感受农村教育在哪方面匮乏，希望可以凭自己的力量为嵩县德亭镇的农村教学点做出贡献，甚至引导学生们走出大山，正确地向前走，向未来走。"王予川说。她明白，教育的目的不是让孩子们走出"物质的大山"，而是走出"精神的大山"，可以真正挺直腰板说声"我是大山里的人"。

　　万千风景写不尽，浩瀚林海的九山半陵半分川，映着千万教师平凡而又炽热的青春。靠近光，追随光，成为光，发散光，带着习近平总书记的殷切嘱托，带着敬业奉献、为人师表的远大理想，熠熠发光的她在路上，千千万万的公费师范生在路上。

（河南省大中专学生就业创业指导办公室供稿）

让青春在基层熠熠生辉

——许昌学院范启航事迹

只争朝夕,在艰难困苦的环境中磨炼意志;深入一线,在基层锻炼中认识和把握国情;秉持初心,在祖国最需要的地方奉献青春。他用自己的青春书写西部的芬芳,他将梦想扎根在祖国最需要的地方。他叫范启航。

范启航,男,1995年8月生,中共党员,河南洛阳人,许昌学院2018届优秀毕业生,现任新疆维吾尔自治区克孜勒苏柯尔克孜自治州阿图什市松他克镇党建办主任、四级主任科员。在校期间,他曾任院团总支副书记、班级团支书等多个职务,先后荣获许昌学院优秀学生干部、优秀团干部、优秀共青团员等荣誉称号。2018年11月,伴随着"到西部去,到基层去,到祖国和人民最需要的地方去"的时代强音,他积极响应国家号召,参加了"新疆招录内地高校优秀毕业生"人才计划,并被分配到西部边陲的阿图什市,下派至松他克镇参加基层工作。工作以来,他先后被评为阿图什市民族团结先进个人、克州优秀党务工作者,荣获个人三等功嘉奖。

能力作风融工作,党建组织成效显

"不到新疆不知祖国之博大,不到南疆不知新疆之壮美。"山魂水韵,沙海连绵;戈壁无垠,草原广袤;千里长川,万里长河,无不体现着祖国山河之美,祖国之广。但是艰苦的生活环境和饱受贫困侵袭的群众却也是实实在在的,这时范启航才明白习近平总书记提出的"新疆一盘棋,南疆是棋眼"的深层蕴意;明白他们奔赴南疆基层工作的重要性和必要性。基层工作千丝万缕,首要任务是甩掉书生意气、接上基层地气,摆脱"幼稚病",成为"思想者",完成由学生到基层干部的角色转变。工作第一年,范启航同志负责全镇"扫黑除恶专项斗争"及禁毒工作,他明白作为一名政法干部的责任之重。作为新干部,他放低姿态,积极向同事学、向老干部学、向群众学,短短半年,就将镇扫黑办和禁毒办打造成全州示范科室,举办了州级现场会3次,荣获自治区荣誉1项、州级荣誉3项,得到了各级领导的高度评价。2019年12月,党委破格任命他为镇党建办主任,他也从政法干部成功转变为一名组工干部,这不仅仅是一个身份的转变,期间的努力与汗水只有经历过才知道。基层党建工作是党的组织建设的重要环节,是全镇完成各项任务、促进全面建设的重要保证。范启航找准自己的优势,始终坚持把学习贯穿于工作始终,把学习理论、武装头脑同解放思想、改进作风、推动工作结合起来,不断增强自身理论素养和驾驭复杂局面、处理实际问题的能力。在负责镇党建办工作期间,他充分发挥党建引领、综合协调、督促落实的职能作用,带领各支部先后获评自治区先进基层党组织2个、自治区优秀党员3人、州级先进基层党组织4个、州级优秀党员7人、市级先进基层党组织9个、各类"党建＋"示范点11个,得到了上级各部门的高度认可。

脱贫攻坚最前线，民族团结一家亲

作为一名普通的南疆基层干部，范启航在距离家乡万里之遥的南疆大地多了两家"亲戚"——阿不力米提·阿不力孜一家和吐尔逊江·买提库万一家。这两家"亲戚"和范启航之间发生了许多感人的故事。吐尔逊江·买提库万是范启航的结亲户。当范启航第一次去他家时，就被他家各式各样的地毯给"惊艳"到了，宽敞整洁的库房里，各式各样的地毯、挂毯琳琅满目。自己的亲戚心灵手巧，脱贫致富独辟蹊径，让范启航挺自豪。但经过深入了解，范启航得知吐尔逊江家产的地毯销售渠道单一，而且因为儿子不在家的缘故，没有进行大范围销售，这么漂亮的宝贝只能一直在库房里"蒙尘"，这让范启航很焦心，当务之急是帮亲戚打开地毯销路。他通过在网络平台查询、向有意愿购买地毯的朋友了解需求等方式摸排市场行情，并找到母校——许昌学院化学化工学院寻求帮助，想依托母校的资源优势，帮助亲戚打开销售渠道。果然，范启航的想法得到了母校的全力支持！范启航为什么会想到寻求母校的帮助呢？原来，这样的帮助已经不是第一次了。早在 2018 年 12 月，范启航同志就积极对接母校，为当时的重度贫困地区——阿图什市吐古买提乡小学的 200 多名学生捐赠了价值 7 万余元的过冬棉衣、羽绒服等 400 余件，看着小朋友们不受冻、天真烂漫的模样，范启航和母校师生都觉得很欣慰。在他和母校的共同努力下，建立了"心疆"农副土特产品直销微信群。他把一些老师和学生都拉进了群里，及时发布地毯销售信息，有了订单就及时推送，积极对接物流信息。通过线上经营、线下运营的方式，他帮助吐尔逊江销售了 30 余条地毯。在你来我往中，范启航早已把吐尔逊江当成自己的哥哥，经常向他宣讲党的惠民政策和身边致富带头人的典型事迹等，鼓励他向乡亲们传授经验，带动更多人参与进来，让大家一起走上致富路。

挺身而出奋抗疫，众志成城固防线

千难万险何所惧，大战大考炼真金。"启航，1月份疫情发生的时候你就负责全镇疫情防控组，工作上你是有经验的，情况危急，党委决定还是由你负责疫情防控组的工作，你有信心吗？""有！保证完成党委交给的任务！"作为一名共产党员，范启航在任务来临之际毫不犹豫，真正将人民群众的健康和生命安全放在首位，把疫情防控作为政治任务来抓，冲在前、做在先。他克服家庭困难和身体的疲累，疫情期间始终坚持在疫情防控工作的第一线，深入各村开展疫情防控工作，充分发挥了一名党员临危不惧、不忘初心、敢于担当作为的优秀品质。

工作中，他曾遇到一位担心孩子的老母亲，她深夜不顾交叉感染的风险非要亲自去给正在方舱医院观察的儿子送衣物，范启航耐心给她做思想工作。夜晚气温较低，范启航看老人身体虚弱，就把自己的外套脱下来给老人披上，直至当天凌晨5点多才说服老人回家休息，然后他一大早就将老人托付的衣物等送给了她儿子。疫情防控进入白热化阶段后，他更是每天睡眠不足4小时。白天他到各村查看防疫措施落实情况、流调信息情况，晚上带领防疫办的同志汇总防疫数据。正是因为他统筹全镇各村数据员开展精准的数据摸排工作、居家隔离工作、流调信息相关工作等，才为全镇疫情防控提供了精确数据支持，为州委、市委的正确决策提供了准确的数据参考，也为全镇打赢疫情防控攻坚战奠定了坚实的基础。

沧海横流方显英雄本色，在抗击疫情的战场上，在这场看不见硝烟的斗争中，范启航同志作为一名共产党员不忘初心、牢记使命、负重前行，第一时间挺身而出，第一时间奔赴战场，冲锋向前，时刻发挥着党员的先锋模范作用，用自己的实际行动践行了一名共产党员的初心和使命，履行了一名基层干部的责任与担当，也正是因为有许许多多像他一样的党员干部的奉献担当，这场疫情防控阻击战才有了空前的胜利。

二十年漫漫求学路，八千里追梦边疆行。正如范启航在日记中写下的："历史的画卷总是在砥砺前行中铺展，时代的华章总是在不懈奋斗中书写。不是每朵花都能在雪域盛开，不是每棵树都能在大漠生长，不是每个人都能舍下'繁华'走向'荒凉'，但服务边疆的我们做到了。"习近平总书记也曾勉励我们："每一代青年都有自己的际遇和机缘，都要在自己所处的时代条件下谋划人生，创造历史。"当一个人的青春融汇到一份事业、一个时代中，这样的青春就不会远去，而这份事业也必将在岁月的历练中熠熠生辉。人的生命对于历史长河不过是弹指一挥间，能做一朵小小的浪花奔腾，呼啸地加入献身者的洪流，应该是人生最值得骄傲和自豪的事情吧。所以，当祖国需要时，我们便义无反顾，我们都将奋不顾身，让青春在党和人民最需要的地方绽放绚丽之花！

（河南省大中专学生就业创业指导办公室供稿）

闪亮的日子

湖北

初心使命护幼儿成长，学以致用抒青春华章
——武汉城市职业学院陈潘事迹

　　陈潘，中共党员，武汉城市职业学院 2018 届学前教育专业优秀毕业生，现为武汉市汉阳区晨光第二幼儿园教师。他坚持初心，不顾世俗偏见，成为该园男性教师第一人，载入其发展史册；他敢于创新，根据幼儿身心发育特征创设内容丰富、形式多样的保教活动，首创"宅家体育课程"，指导了近万名因疫情宅家幼儿的成长和发展。他勤于研究，在专业期刊发表幼教研究论文 30 余篇，积极参与专业课题研究及建设，多次荣获国家及省市区幼儿教师职业技能大赛一等奖。工作四年以来，他以敢为人先的幼教理念和勇于奉献的党员精神先后被授予青春汉阳最美教师、优秀青年教师、防疫先锋、优秀共产党员和 2020 年度儿童教育人物等荣誉称号。在充满纯真与童趣的幼教天地，他用专业和勤业呵护祖国的花朵，用敬业和乐业展现青春的模样。

俯首育苗四载，初心如磐如一

　　从高考选专业到进校学专业，他始终笃信自己的选择，清晰合理的职业生涯规划更是坚定了他投身幼儿教育事业的信心和决心。他努力学习专业课程，连续三年专业成绩年级排名前五；他全面提高实践能力，弹唱跳画读成绩优异。2017 年，他代表学校参加湖北省学前教育技能大赛，荣获省级高职组个人一等奖。2018 年，他收到 20 余家公办幼儿园的录用通知函。2019 年，他以综合成绩排名第一的好成绩通过武汉市事业单位考试，正式入职汉阳区晨光第二幼儿园，成为一名基层幼儿教师。

　　梦想的实现却被亲朋好友苦口婆心的"规劝"泼了一盆冷水，每每想起当年"被优待"和"被跳槽"的经历，他总是从容一笑。面对微薄的收入和巨大的压力，他也曾纠结过、苦恼过。然而，只要看到孩子们天真无邪的笑容，听到孩子们童声萌萌的话语，他又坚定了自己

的初心。"同龄的朋友一听说我当了幼师,看我的眼光立刻就变了,亲戚们反复劝我改行,觉得男生当幼师不体面。"他说:"我爱幼儿教师这个职业,我也喜欢孩子,从小我的梦想就是有朝一日成为一名老师,现在,我的梦想实现了,和孩子们在一起的每一天,我都是快乐和幸福的。"

他所坚持的初心和梦想之光,同样也点亮了孩子们心中的理想之炬:科学家、医生、警察、教师、工程师……无数个小小心愿化成孩子们对未来理想职业的梦想。如何浇灌这些可贵而娇嫩的种子生根发芽?如何让这些理想之花硕果累累?职业生涯规划要从娃娃抓起——这是他在一线教育教学过程中一直思考和研究的课题。回首自己的成长和发展路径,他更懂得"心中有信念,脚下有力量"的道理,所以他小心收集着这些理想之花,用心呵护引导培养,助力他们成长为未来的栋梁之材!

刚柔并济,勤勉教学,彰显男性幼师风采

他业务精干,刻苦钻研,尤其是在教学活动创新方面,他总能做出特色、做出成绩。他说:"为了上好每一节课,我常常日思夜想,一个灵感、一个构思都会马上记录下来。"每天下班回家,他必做的功课就是对一天的教学活动进行反思。每学期开园之初,他都会为孩子们精心创设充满童趣和情趣、充满交流和互动的游戏环境。在幼儿园领导和同事眼里,他是阳光、热情、努力的大男孩,入职之初,便被安排到小班负责保教工作。原本小班幼儿就有入学情绪障碍,家长送孩子入园的心情五味杂陈,到教室后发现居然还是一名年轻男老师,家长们更是情绪不安,纷纷给园长提议要换有经验的女老师。尽管开学前他通过家访和电话沟通等方式做了一些准备工作,但仍无法消除家长们的顾虑。有个小男孩的爷爷当着他的面说:"你不行!你做不了的,赶紧让园长换人!"

面对孩子的抗拒和家长的质疑,他在努力做好心理建设的同时,及时调整工作方法和策略,快速记住每名幼儿的喜好和特征,制定符合孩子年龄特征和兴趣爱好的活动计划,摸爬滚打和孩子们做角色扮演游戏,绘声绘色地给孩子们分享精彩故事,心灵手巧地和孩子们一起做泥塑做手工。没过几天,快乐的园所生活消除了孩子们的入园焦虑症,孩子们喜欢上幼儿园了,喜欢和潘潘老师做游戏了。在家长沟通方面,他通过家校微信群及时回复家长的问题,主动分享幼儿在园所学习生活的图片和视频,他还利用休息时间进行家访,主动向家长分享幼儿在园所的表现,逐一听取家长的意见和建议。两周时间内,他对全班22名幼儿的生活习性和爱好特长了如指掌。很快家长们就发现自己的孩子越来越喜欢上幼儿园了,回家后也喜欢主动分享幼儿园的点点滴滴。家长们这才真正见识了这名男性幼儿教师的魅力。

他不仅有爱心、耐心和细心,还以男性的阳光豁达和坚毅不屈以身示范。班上有一名小男孩,因为爸爸长期出差在外,一直与多病的妈妈相守。家庭男性角色的常年缺失导致孩子性格怯懦,班级活动或互动游戏时,这名孩子总是默默坐在一角,体智能课更是不敢挑战。他注意到这一点后,及时与孩子妈妈沟通,在日常保教工作中也给予孩子更多的关注与陪伴。他总是牵着孩子的小手,耐心鼓励孩子,并给予更多机会让孩子在团队里逐渐展现自己。经过一段时间的相处和训练后,这名孩子能够主动融入集体,孩子妈妈更是欣喜

地向他讲述孩子在家主动承担家务和照顾妈妈的感人瞬间。

专业科研获佳绩，永为参木护幼苗

2020 年新冠肺炎疫情最严重的时候，作为青年党员的他，白天下沉社区做志愿服务，晚上在家自主研发"宅家体育课程"。该课程经过本班本园的教学实践，受到了幼儿和家长们的一致好评，很快课程就在全区幼儿园全面推广，武汉教育电视台、《长江日报》、荆楚网和学习强国等多家权威媒体也纷纷进行报道。武汉教科院陈红梅博士的"亲子志愿服务"公众号也进行了收录和转发。

他勤于思考，敢于创新，开创了许多内容丰富、形式多样的集专业性与趣味性于一体的教研活动，得到了同事和领导们的一致好评。他通过日常保教积累了丰富的经验，撰写了多篇幼儿教育论文，参与了多项幼儿教学课题研究。由他开发的系列课程辐射了 8 个学区的 56 所幼儿园，让近万名幼儿受益。他撰写的教育教学论文和教学案例多次获得武汉市、湖北省和国家级奖项。2018 年，他撰写的《浅谈幼儿园美术活动之"备"》荣获第八届全国幼儿园"优秀论文和优秀活动案例"二等奖；2020 年 4 月，他撰写的《男幼师梳头发，帮幼儿找回爸爸般的爱》被湖北第二师范学院伍香平教授收录至微信公众号"伍香平工作室"之"新入职幼儿教师易犯的 N 个错误"栏目，作为典型示范案例，引导启发更多新进幼儿园的教师更好地开展日常保教活动；2020 年 6 月，他撰写的《浅淡二十四节气民俗文化融入大班户外体育活动的实践研究》在第四届中国幼儿教师优秀论文评选活动中获二等奖，同年 8 月获评第十届全国幼儿园"优秀论文和优秀活动案例"。

在众多荣誉面前，他始终没有忘记自己的初心："我从不后悔自己选择了幼教这份职业。正是因为有我的加入，才打破了晨光第二幼儿园清一色女将教职员工的局面。这里是我职业生涯的起点，我愿意为自己所钟爱的事业奉献青春和热血！"

（湖北省高等学校毕业生就业指导服务中心供稿）

扎根基层践初心，奉献青春担使命
——长江工程职业技术学院张致敏事迹

张致敏，中共党员，长江工程职业技术学院 2019 届优秀毕业生。大学期间他品学兼优，热衷志愿服务，在学校领导和老师的肯定和鼓励下，他坚定决心、坚守初心，始终坚持做志愿工作，毕业后入职宜昌微炬社会公益服务中心，现担任党支部书记、副主任。他先后获评中共宜昌市委宣传部"最美志愿者"，中共宜昌市委"全市优秀共产党员"，中共宜昌市委、宜昌市人民政府"宜昌市抗击新冠肺炎疫情先进个人"，获共青团中央"全国向上向善好青年"提名。

躬身实践，于偶然中结缘志愿服务，成为"五星级志愿者"

张致敏与志愿服务的结缘是在上初二时，在宜昌市争创"全国文明城市"评选表彰活动中，他第一次接触到志愿服务。这一次的接触让张致敏深入了解了志愿服务的内容和奉献友爱的意义，并在他的心间撒下了助人为乐的种子。

2019 年 6 月，张致敏大学毕业，不顾家人的劝说和反对，放弃了待遇优厚的事业单位工作机会，毅然加入了宜昌市伍家岗区微炬社会公益服务中心，与中心创始人潘昌华同志一起开启了他的公益之路。在接近三年的时间里，张致敏时刻以严谨务实的工作态度传递着"奉献、友爱、互助、进步"的志愿服务精神。现在的张致敏已经是一名志愿服务时长超过 1500 小时的"五星级志愿者"。

脚踏实地，于实践中服务他人，获评"最美志愿者"

上大学时的张致敏就已经是一名志愿者。大学期间，张致敏积极带领同学和朋友加入江夏区志愿者协会，一起参与武汉市马拉松志愿服务、汤逊湖环保志愿服务、"青春在这里"党员志愿服务等活动。寒、暑假期间，张致敏放弃假期休息，全身心地投入到公益服务中。2018 年，在共青团伍家岗区委员会的指导下，张致敏和其他志愿者一起在宜昌火车东站和宜昌长途客运中心站开展了整整 28 天的"暖冬行动"志愿服务，因为这个工作，他当年被宜昌市志愿者协会评为宜昌市"优秀春运志愿者"。

2019 年起，以伍家岗各社区为阵地，张致敏组织开展了暑期希望家园、贫困未成年人帮扶、农村留守儿童服务、五防教育、禁毒宣传等活动。同时，张致敏还以宜昌市中心血站为依托，组织开展无偿献血和献血法宣传活动，开展长江大保护——"清理江滩"、文明典范城市创建、腾讯"99 公益日"、孤儿募捐、"发现·帮助·温暖"困难职工关爱行动，共筹备组织公益活动 100 余场。在宜昌市总工会的指导下，他的志愿工作得到了社会的广泛好评，吸引了一大批青年志愿者加入，志愿服务队伍从原来的十几人增加到 40 余人，规模不断壮大，社会影响力快速提升，受到了团市委、团区委的好评。当年，张致敏荣获中共宜昌市委宣传部"最美志愿者"荣誉称号。

坚守初心，于危难中勇担使命，获评"优秀共产党员"

2020年初，张致敏如往年一样，在宜昌火车东站开展"暖冬行动"春运志愿服务。一场突如其来的新冠肺炎疫情打破了原本的平静，已是伍家岗区微炬社会公益服务中心党支部书记、副主任的他，带领志愿者迅速成立了"宜昌火车东站抗击疫情志愿服务队"。

身为一名共产党员，张致敏不惧疫情，勇担使命。2020年1月底，在宜昌火车东站管控期间，张致敏率领防疫志愿者为旅客提供体温测验、健康查验、紧急救援、文明劝导等志愿服务，妥善处置数十起旅客突发疾病等紧急事件。为期两个多月的疫情防控时间里，他吃住在临时板房，每天工作十多个小时，一日三餐以泡面充饥，持续的不规律饮食，让他落下了胃病，但他始终坚守在工作岗位上。

2020年3月25日，宜昌铁路恢复运营，张致敏带领志愿者实行24小时轮岗制度，不间断地保障宜昌火车东站疫情防控工作的常态化。从防疫工作开展至今，他带领团队共组织志愿者29560人次，累计志愿服务时长236480小时，服务进出站旅客共计960万余人次，为此次抗击疫情做出了重要贡献，也因此获得了中共宜昌市委授予的"全市优秀共产党员"、宜昌市人民政府授予的"抗疫先进个人"荣誉称号，他带领的团队也获得了共青团中央授予的"全国抗击新冠肺炎疫情青年志愿服务先进集体"荣誉！

扎根基层，于追梦中砥砺前行，过"有意义的生活"

在疫情防控常态化背景下，95%的时间里，张致敏都坚守在宜昌东站的现场。为筑牢宜昌疫情防控保护墙，2022年他主动拓展服务阵地，将志愿服务延伸到宜昌高速收费站，负责重点人员的管控，在他的领导和志愿者们的共同努力下，取得了宜昌疫情保卫战的阶段性胜利，将疫情挡在了门外。疫情防控工作中，群众对防控措施的不解和对他们工作的误解经常上演，张致敏用自己的耐心化解了群众的误解，用自己的爱心安抚旅客的不安，这样的日子成了他的常态，而他从不抱怨，依旧心存阳光，面带微笑，用自己的热诚和善良，让更多旅客能够顺利回到自己心心念念的家。

每逢节假日客流量增多，他工作更是繁忙，没有时间陪家人吃饭，就连爷爷临终前的最后一面他也没有见到。2021年除夕夜，刚结婚不久的爱人突然到宜昌东站探班，让张致敏惊喜又愧疚。也正是因为家人的支持和理解，才让张致敏更加坚定了做好公益事业的信心、守好宜昌"东大门"的决心、做好志愿服务的耐心。

张致敏说，他始终以"有信念、有梦想、有奋斗、有奉献的人生，才是有意义的人生"来勉励自己，践行"奉献、友爱、互助、进步"的志愿精神，扎根基层，融入社会基层治理，服务更多需要帮助的人。同时，张致敏也表示，希望用自己的行动吸引更多人加入志愿者行列，让志愿服务成为一种生活方式！

（湖北省高等学校毕业生就业指导服务中心供稿）

西出阳关济伟业,筑梦克州是吾乡
——黄冈师范学院徐坦事迹

徐坦,汉族,中共党员,湖北洪湖人,2019年6月毕业于黄冈师范学院光电信息科学与工程专业,2019年8月成为新疆在内地高校招录的应届大学毕业生,进入南疆四地州中最艰苦的克州工作,现任新疆克州阿克陶县皮拉勒乡一级科员。

一、教育引导,思想萌芽

在黄冈师范学院学习期间,徐坦是第二期"青年马克思主义者培养工程培训班"学员,"荆楚英才学校"湖北省大学生骨干培训班学员,第五期湖北省大学生党员"双育计划"示范培训班学员;曾获黄冈市优秀共青团员、共产党员标兵、三好学生标兵、优秀共青团干部、优秀学生干部、优秀志愿者、实践公益人物、优秀毕业生等称号,并获明珠学子励志奖学金。

习近平总书记说:"到基层和人民中去建功立业,让青春之花绽放在祖国最需要的地方,在实现中国梦的伟大实践中书写别样精彩的人生。""到祖国最需要的地方去",从向党旗宣誓的那一刹那起,这个理想信念就已经深深埋藏在徐坦心底最深处的那片净土里了。毕业在即的他,积极响应号召,报名参加西部计划,立志扎根基层、服务群众。2019年4月的某一天,学院辅导员江老师告知他,新疆正在招录内地高校应届毕业生到新疆基层工作,对他来说,到西部去、到祖国最需要的地方去就是用实际行动践行一名中共党员的初心使命。

二、初到新疆,扎根边疆

2019年7月27—30日,他跨越4899公里,途径31站,行驶近55个小时,从华中湖北武汉来到西北新疆克州。这是他人生第一次在火车上待这么长时间,西行的路上,绿色渐少,天气炎热,越来越干燥,太阳迟迟不肯落下,特别是从北疆到南疆,广袤的土地上只剩下一些"沙漠守护神"胡杨。看着窗外的风景,听着阵阵驼铃声,突然间他对"中华大地""地大物博"的理解更加深刻了。

在克州党委党校接受培训的3个月里,他知道了克州北部、西部毗邻两国,边境线长达1195公里,他知道了社会稳定对边疆发展的重要性;他学习了基本的维吾尔语、政策法规、当地风俗习惯;参加了民族团结一家亲、乡村调研、齐过生日宴、合唱等活动;品尝了新疆特色小吃馕、烤羊肉串、手抓饭、烤包子、拌面酸奶子……从刚开始的不适应、不习惯到慢慢地爱上了新疆克州这个地方。2019年10月31日分配时,为了心中炽热的理想,他毅然决然选择了新疆克州"最后脱贫摘帽的深度贫困县"——阿克陶县,前往阿克陶县人口最多、脱贫难度最大的皮拉勒乡工作。

三、身体力行,履职尽责

(一)围绕中心、服务大局,全力以赴做好党建工作

初到皮拉勒乡,他被安排在皮拉勒乡党建办工作。他围绕机关党支部重点工作,协助支部书记组织开展主题党日活动、"三会一课"、远程教育学习等,进一步规范、丰富机关党员党内学习生活;协助支部书记开展机关发展党员工作,坚持严格标准和程序,严把教育关、培养关、入口关,确保党员发展质量。他严格按照"党建＋互联网"工作要求,通过完善新疆党员教育服务管理系统,把全乡22个村党支部的党员线下学习活动扩展到线上网络学习,扩大党员教育的受众面。他通过用好克州"党旗映天山"基层基础党建信息化管理平台,有效督促25个党支部主题党日活动、"三会一课"等党内活动的落实。他摸透全国党员管理信息系统,完善好全乡1000多名党员的信息,及时、高效、无纸化办理党组织关系转接。在党建系统平台建设、维护过程中,他日常骑着电动车到22个村检查、指导工作,常常因村多距离远,直到很晚才能推着电动车返回乡政府。

(二)"疫"不容辞、众志成城,有效打好疫情防控阻击战

2020年初,面对突如其来的新冠肺炎疫情,刚回老家休假的他就整装待发,投入到洪湖市滨湖街道办事处汉沙村的疫情防控工作之中。他坚持每天在村道路卡口值班,带头捐款,定期给村民量体温、发口罩,在他和汉沙村全体干部、群众的努力下,全村没有一例新冠肺炎疫情感染,有效打赢了疫情防控阻击战,保障了人民群众生命安全。2020年10月,在新疆阿克陶县疫情防控阻击战中,他在乡党委的安排下,团结6名自治区纪委监委支教老师,组成7人志愿者工作组,参与皮拉勒乡的疫情防控工作,负责给全乡干部及乡政府外两栋周转楼中的群众发放中药、测量体温、解决居家群众的生活困难等。经过一个月的不懈努力,实现了零感染。他在皮拉勒乡疫情防控期间的表现,得到了乡政府领导、自治区纪委监委支教老师的认可。

(三)信息采实、数据核准,认真做好党内统计工作

在阿克陶县2019年度党内统计工作期间,他在寒冷的冬天里每天坚持骑行近30公里往返于县乡之间,认真做好皮拉勒乡年度党内统计工作,经过近一个月的信息采集、核实和维护,在全县25个党(工)委中靠前完成党员信息统计工作,得到了乡领导同事的高度认可。阿克陶县2020年度党内统计工作期间,县里的突发疫情还未完全结束,生产生活尚未恢复,他为了不给组织添麻烦,在没有暖气、不通水电的房子里以面包为食,加班加点通过电话沟通联系、核准数据,用了不到15天就高质量完成了皮拉勒乡1000多名党员的信息统计、维护工作,得到了县委组织部的高度肯定。阿克陶县2021年度党内统计工作中,他被委以重任,总负责全县25个党(工)委12000多名党员的信息统计,并负责带队前往克州党委组织部参加党内统计工作集中会审,他不负众望,按时保质认真做好了阿克陶县2021年度党内统计工作。

(四)真情实意、热心付出,促进新疆民族团结进步

2020年,他积极投身于阔苏拉村的扶贫工作中,了解帮扶户、包户家庭基本情况和生活状况,为他们讨薪、办理外出务工手续等,努力实现了帮扶户、包户家庭"两不愁、三保障"。每逢节日,他都买大米、馕、水果、口罩等各种生活物资到阔苏拉村的结亲户家里做客,跟他们拉拉家常,加深与"亲戚"之间的感情。2021年,他结合党史学习教育"我为群众办实事"

活动,共入户走访20余场次,办实事好事6件,同时在下沉走访活动中,宣讲各种政策,帮忙解决各种困难。

工作三年来,他努力克服语言障碍,"难行能行,难忍能忍",坚持下村走访入户。在下村走访入户过程中,他脚踝、小腿、后背等处时常因跳蚤叮咬布满一块块红色大疙瘩。2021年6月的某一天,他在下村入户过程中被跳蚤叮咬,导致右大腿内侧远端感染,在乡领导的关心和同事的帮助下,住院动手术才得以康复。"革命理想大于天",豁达的革命乐观主义精神支撑着他这个年轻小伙子在新疆阿克陶县这片沃土上前行,他清楚地知道在基层工作会遇到很多困难,但他会努力克服饮食关、语言关、气候关、跳蚤关等各种难关,服务好当地人民群众。

（五）角色转变、履职尽责,持续提升个人综合素养

由于在乡政府的优异工作表现,2021年6月24日,他被阿克陶县委组织部借调到部里工作。借调期间,他能够迅速转变工作角色,吃苦耐劳,积极配合科室长开展各项工作,主动检查指导全县各级党组织发展党员工作及"三会一课"、组织生活会等党内组织制度的落实;负责全县党费的收缴、使用、管理和党员组织关系的转接工作;开展元旦、春节等重要节日走访、慰问生活困难党员、老党员、老干部活动;负责全县年度党内统计工作。按照部领导的要求,他主动参与全县村"两委"换届、干部考察、会务保障、环境核酸检测等工作。他总是能立足岗位职责,把握工作重点,较好地完成了各项任务,得到了部领导和同事们的一致认可。

四、初心如磐,奋楫笃行

"路"这个字是由足和各组成的,仿佛告诉我们路在脚下,人们各自有各自的路。但不论选择哪一条道路,都是荆棘和鲜花同在。对徐坦而言,这是一条属于他自己的人生之路。那些在深夜里想家睡不着的日子,那些想要逃跑的瞬间,现在在他看来其实并不重要,重要的是他为了理想还在执着追求、勇敢拼搏,那么这就是值得被记住的时光。鲁迅先生说过这样一句话:"前途很远很暗,然而不要怕,不怕的人面前才会有路。"徐坦坚定前行,因为他相信在路的尽头总会有梦想挥手相迎的样子。

（湖北省高等学校毕业生就业指导服务中心供稿）

雪域高原上的一抹青春红

——武汉生物工程学院达瓦排排事迹

　　达瓦排排,藏族,中共预备党员,武汉生物工程学院园林园艺学院 2019 届本科毕业生。毕业后,达瓦排排主动选择到西藏海拔较高、条件艰苦的日喀则市萨嘎县巨嘎乡坚巴奴村工作,任乡村振兴专干。她积极宣传党的路线方针政策,开展党员志愿服务,为农牧民群众解决各种现实困难;倾力投入脱贫攻坚,推动坚巴奴村归唐养殖专业合作社建设,实现"建社促增收"目标;推行"以二代训",实现转移就业,增加农牧民家庭收入;真诚服务群众,以不怕累、不怕苦的工作作风和甘于奉献的精神赢得了广大农牧民群众的一致好评。其所在村及专业合作社多次受到西藏自治区党委、自治区人民政府及日喀则市委、市人民政府的表彰。

　　到村任职三年来,达瓦排排始终严格要求自己,牢固树立全心全意为人民服务的宗旨,扎根基层,充分发挥专业特长,与农牧民群众打成一片、融为一体,得到了各级领导和农牧民们的高度认可。

　　她所在的村及专业合作社先后被西藏自治区党委、自治区人民政府授予"全区'先进双联户'创建活动先进村(居)",被日喀则市委、市人民政府授予"日喀则市级'先进双联户'创建活动先进集体",被日喀则市脱贫攻坚指挥部授予"日喀则市 2020 年度珠峰扶贫产业大赛突出带动奖",被日喀则市委组织部授予"驻村干部庆祝建党 100 周年和西藏和平解放 70 周年作品展优秀奖",被萨嘎县委、县人民政府授予"农牧民转移就业工作二等奖"等多项荣誉。

扎根基层,做党员示范"带头人"

　　达瓦排排毕业后主动选择到西藏海拔较高、条件艰苦的日喀则市萨嘎县巨嘎乡坚巴奴村工作。她虚心学习,迅速掌握农村各项政策和农村工作方法,广泛宣传党的路线方针政策,协助驻村工作队召开党支部党员大会,统计坚巴奴村党员包片、包户、包人明细表;开展"三会一课"、"四议两公开"、登记党员"三包"工作,提升党员的思想素质;制定了"一对一"结对帮学台账,开展入户结对帮学,增强"四个意识",坚定"四个自信",做到"两个维护"。

　　达瓦排排同驻村工作队一起积极开展"我为群众办实事"实践活动,带领党员志愿服务队为农牧民解决各种实际困难。2021 年 9 月,当得知村里一位孤寡老人正为收割饲草而发愁的时候,达瓦排排立即组织该村党员志愿者,不顾天气炎热,连续奋战 3 个多小时,帮老人完成了饲草收割任务。

　　在校期间,达瓦排排就热心公益,加入了学校藏族大学生公益社团——善意接力社,积极开展爱心义卖、帮助孤寡老人及留守儿童、义务支教等活动。达瓦排排说:"我大学期间的班主任王海燕老师，捡过瓶子，卖过长发，一直默默资助和关心帮助我们藏族同学，16年如一日，她的这种精神对我的影响很大。"

工作后，做公益成了达瓦排排的习惯。工作之余，她义务给村里的孩子补习功课，教孩子们学习普通话，她说："我想为孩子们打开一扇窗，让他们将来走出大山，了解外面精彩的世界。"

达瓦排排平时工作很忙，工资也不高，但她仍挤出时间参与志愿服务，省吃俭用开展爱心捐款活动。她经常为乡养老院的老人们购买鞋袜和保暖秋衣秋裤，为老人们捡牛粪供他们冬天取暖。每次离开的时候，老人们总拉着她的手不愿松开。

富民强村，做脱贫攻坚"答卷人"

达瓦排排坚持创新思路抓改革，紧紧围绕富民强村，引领群众致富。为更好地完成"建社促增收"的目标任务，她同村"两委"班子、驻村工作队一道，深入研究、精心安排、扎实工作、埋头苦干，全面推进坚巴奴村归唐养殖专业合作社建设。

合作社成立后，大家的积极性都很高，想方设法搞新产品、促销路。村第一书记与达瓦排排也带领村民们用酥油和奶渣制作了一种叫"蕹"的特产。产品出来了，销路又成了难题。达瓦排排自告奋勇，领着村民，拖着一车货去县里推销。刚开始，顾客不感兴趣，他们还遭遇了很多白眼，但她硬是凭着一股子倔劲儿耐心推销讲解，一直忙到天黑，终于把产品全部卖完，自此也打开了销路。

经过村"两委"班子、驻村工作队和乡村专干的共同努力，2020年，合作社总收入达到93万元，其中纯利润达到52.7万元。全村45户村民都分到了村里统一购买的电冰箱和利润分红，拿到分红后，村民们脸上都洋溢着幸福的笑容。2021年，全年纯利润达50余万元，兑现放牧工资29万余元。现如今，合作社规模逐渐壮大，制度逐渐完善，基础设施普遍加强，效益越来越好。

达瓦排排始终认为，扶贫首先要扶智。来到坚巴奴村后，她总是利用中午或晚上的休息时间教村干部学习普通话，每天1~1.5小时。很多村干部不会汉语，教起来比较费劲，达瓦排排就一边写板书，一边用藏语先翻译，再带领大家一起读写。现在，村干部的普通话越来越流利。合作社成立后，需要村民们学会记账，做财务报表，达瓦排排就主动利用自己以前学习的财会知识，手把手地教村民们学习，为合作社培养了一批记账能手。

为帮助农牧民群众通过一技之长实现转移就业、增加家庭收入，巩固脱贫攻坚成果，达瓦排排还会同驻村工作队积极推行"以工代训"，开展混凝土工种技能培训，参训人员73名，帮助了更多农牧民用自己勤劳的双手创造美好的生活。

服务群众，做农牧民的"贴心人"

作为乡村振兴专干，达瓦排排总是及时了解村民的困难，为他们排忧解难。坚巴奴村里有户高龄独居老人曲珍，因子女外出打工无人照顾，达瓦排排几乎每天都要去曲珍奶奶家里看看，陪她聊天，帮助她提水、送生活用品，天冷了还帮老人添置保暖衣服，与老人亲如家人。

2021年冬天,由于连日出现持续强降雨天气,导致坚巴奴村辖区的部分山上出现泥石流现象,道路不同程度受损,给即将到来的转场带来了安全隐患。达瓦排排和驻村工作队、党员20余人,立即前往巴拉山开展维修牧道工作,连续奋战近10天,全面清理了受损道路,使转场农牧民的人身财产安全得到了保障,她不怕累、不怕苦的工作作风和甘于奉献的精神也赢得了群众的好评。

2020年7月,村第一书记与达瓦排排在挨家挨户入户走访过程中了解到边缘户达瓦塔杰即将参加中考,但因家中缺少劳力,准备退学务农和放牧。达瓦排排积极劝导,并组织志愿者一起帮达瓦塔杰家承担农活,解决后顾之忧。她还多次自掏腰包为达瓦塔杰购买学习资料,同时联系南木林高级中学,为达瓦塔杰争取继续读书的机会,帮助他顺利返回校园。

2020年12月,村里走丢了400多只羊。达瓦排排和驻村工作队、党员们冒着严寒、踩着积雪,连夜在海拔5600多米的高原翻山越岭,和牧民一起寻找丢失的羊群。达瓦排排的手脚都被冻麻木了,但还是坚持在野外搜寻,不放过一丝希望。经过近24小时的连续搜索后,终于找回了300多只羊,最大限度减少了牧民的损失,得到了全村群众的交口称赞。

达瓦排排说:"我是一名党员,又是从西藏走出去的大学生,我有责任、有义务帮助这里的农牧民群众过上好日子。我只是众多投身乡村振兴的藏族学子中的一员,做了一些本该做的平凡事,我甘愿为这里奉献青春。建设美丽乡村有我,强国富民有我!"

(湖北省高等学校毕业生就业指导服务中心供稿)

不负韶华,选调基层勇担使命

——武汉工程大学曾庆富事迹

曾庆富,中共党员,2019年毕业于武汉工程大学,湖北省2019年选调生,先后任湖北省十堰市郧阳区梅铺镇王河村党支部书记助理、梅铺镇政府组织人事干事、郧阳区委组织部干部。大学毕业后,他放弃了返乡就业,主动留下来服务基层。工作以来,无论是脱贫攻坚、抗击新冠肺炎疫情、防汛抗旱,还是乡村振兴、优化营商环境等工作中,处处都能见到他的身影。他始终将异乡当作家乡建设,将工作当作事业奋斗,用激情和汗水诠释了新时代青年的责任与担当。在校期间,他品学兼优,先后被评为优秀共产党员、党支部书记年度人物、优秀学生干部、公益精英、优秀党员骨干等,获国家励志奖学金。走上工作岗位后,他迅速成长为部门骨干力量,先后获得十堰市郧阳区"全区优秀党务工作者"、郧阳区"优秀工作者"等荣誉称号。

奔赴基层践行初心

"共产党员是我的第一身份,为党工作是我的第一职责"始终是曾庆富不变的信念。作为一名共产党员,他始终以优秀共产党员的标准来严格要求自己,不断向身边的先进楷模学习,逐渐树立了服务基层的崇高理想。2019年夏季,毕业时他选择留在湖北发展,坚持走进基层广阔天地锻炼。功夫不负有心人,他顺利通过了2019年湖北省选调生考试,成为湖北省十堰市梅铺镇的一名基层工作人员。在参与基层社会治理过程中,他逐步把自己的小我融入祖国的大我、人民的大我之中,与时代同步伐,与人民共命运,实现自己的青春理想。作为一名选调生,他总是在学习、在思考、在行动,学习基层工作方法,思考如何发挥自身优势,在实践中主动担当、破解难题、干成实事。他是一位有理想、敢担当、能吃苦、肯奋斗的新时代好青年,渐渐成为很多青年人纷纷学习的榜样。

为民路上挥洒汗水

"到2020年现行标准下的农村贫困人口全部脱贫,是党中央向全国人民做出的郑重承诺,必须如期实现,没有任何退路和弹性。"2019年参加工作时正是精准扶贫最吃劲儿的时候,剩下的都是贫中之贫、坚中之坚。还记得他到乡镇报道的当天就被派到所包贫困村开展工作。为了尽快熟悉环境、开展工作,他把"户户走到"作为最基本的群众工作方法,脱掉了在校时的白衬衫,穿上了朴素衣装,靠着腿脚勤、嘴巴勤、笔头勤,很快就摸清楚了全村每户的基本情况,克服了语言关,讲起了当地的方言。

按照上级"百日攻坚"统一行动部署,他扎实开展走访、帮扶工作,对照上级"两不愁、三保障"的脱贫标准,查补短板,逐项销号。他参加工作不到一个月,身边的同事都觉得"小曾黑了也瘦了"。2019年底,他负责包联的村顺利实现了余量贫困户脱贫,实现了全村223户贫困户全部清零。2020年所包村顺利通过县、市、省、国家各级脱贫验收，确保了全村贫困人口同全国人民一道步入小康社会。他常说："在基层工作的这段时间，我要把每一个村民小组跑个遍，我深深体味到何为脚下有多少泥土，心中就有多少真情，这使我整个人都有了提升。"既然选择了远方，就义无反顾。2021年以来，他在巩固脱贫攻坚与乡村振兴有效衔接的主战场接续奋斗着。工作之余，也勤于学习，时常抱着《习近平的七年知青岁月》等书籍汲取奋进力量。

抗击新冠逆行上阵

在新冠肺炎疫情阻击战中，他本可以在陕西老家继续照顾才动过大手术的母亲，居家享受舒适生活，但高度的责任感和使命感促使他毅然决然请战前往"疫"线，回到属于自己的阵地，在湖北抗疫最前线的岗位上出自己的一份力。他历经多次换乘，层层过关，辗转回到基层工作岗位，投身到疫情防控工作之中。

疫情就是命令，防控就是责任。返岗之后他立刻进入工作状态，或是深入一线开展地毯式排查，摸排武汉返乡人员、武汉关联人员以及密切接触者信息；或是联合疫情防控员登门对所包村512户2165人开展"全民测体温"，挨家挨户发放"疫情防控一封信"和体温计，宣传疫情防控公告内容，普及防护知识；或是监督密切接触人员实行居家医学观察，做好村民的思想工作和心理疏导；或是做好居民日常生活保障服务，解决居民各种具体细微的生活难题。经过大家的共同努力，他所在的乡镇取得"无疫乡镇"的佳绩。"疫"去春来，回过头去看这段防疫时光，他觉得很累也很充实，和同事们一起奋斗坚守的日日夜夜令他终生难忘。

两年多以来，面对全国疫情多点零星暴发，基层防控压力巨大，他始终牢记"针尖大的窟窿能漏斗大的风"，认真做好党员干部下沉社区工作，履职尽责，对重点人员进行不间断的摸排，慎终如始织密织牢疫情防控安全网，确保疫情不反弹，发展不停步。

任务上肩冲锋在前

大事要事中彰显担当,大考大战中展现力量。近年,他所在的乡镇遭遇历史上少有的超强降水,罕见的洪水来势汹汹,短时降水累计达 198.5 毫米。面对突如其来的强降水,党委政府始终把人民群众生命安全放在首位,迅速开展排查救援工作,他作为防汛突击队的一员,彻夜冲锋在防汛一线并随时做好组织下游群众连夜撤离的准备,直至危险警报解除。

为了服务新希望集团助力湖北疫后重振"年产量 50 万头牲猪养殖项目"在该镇落地,营造良好的营商环境,他服务大局,服从安排,在领导和几位老干部的带领下一起冲在征地拆迁一线,起早贪黑,不怕苦不言累,全力做好力所能及的事。他积极做群众的思想工作,了解群众诉求,修正补偿意见,签订拆迁协议,组织农户搬家,以不获全胜不收兵的精神状态真正把涉及群众切身利益的事做到极致,把造福群众的好项目真正做好,圆满完成了领导交办的任务,也为项目如期开工建设贡献了一份力量。

发展空间越大,人生舞台也越大,基层是有着大学问的地方。新冠肺炎疫情发生以来,毕业生就业压力空前,为了引导更多有志青年认识基层、选择基层、报效基层,他积极响应母校号召,在线上为在校生、毕业生做就业指导和经验分享,使越来越多的毕业生更好地了解了基层、认识了选调生、愿意选择去基层这片天地实现自己的人生价值。

从一名帮助身边人的青年志愿者到宣誓"全心全意为人民服务"的党员,从一名怀揣理想的大学生到坚定信念服务基层的选调生,他从来没有动摇过自己的信仰。作为一名武汉工程大学培养的党员,他在工作岗位上尽职尽责、尽心尽力,在一系列关键考验中展现了共产党员的初心,淬炼着共产党员的真金本色,让我们看到了青春该有的模样。

(湖北省高等学校毕业生就业指导服务中心供稿)

闪亮的日子

湖南

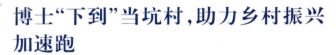

博士"下到"当坑村，助力乡村振兴加速跑

——湖南大学陈生明事迹

一个研究经济学的博士，一头扎进了偏远小山村，一年多时间，带领全村父老走上了富裕的康庄大道，让这个远近闻名的贫困村发生了翻天覆地的变化。他，就是湖南大学经济与贸易学院 2019 届博士选调生、福建省发展和改革委员会派驻龙岩市长汀县策武镇当坑村挂职的党支部书记助理陈生明。

一、走村入户踏地头，精准施策解难题

（一）外来博士成了老乡们的自家人

2020 年 12 月，根据组织安排，陈生明赴龙岩市长汀县策武镇当坑村挂职，担任村党支部书记助理职务。当坑村是原市级贫困村，交通闭塞、经济落后，年轻人大多外出务工谋生，村子里一片萧条，初到当坑的他倍感迷茫，为了确保驻村工作有的放矢、扎实见效，他拿出了搞经济学"实证分析"的劲头，在村干部的陪同下用不到一周时间通过"走村入户踏地头"的方式，把当坑村的情况摸了个遍，全面了解了当坑村的村情概况、人口分布、产业布局和支部建设等第一手资料，在最短的时间里，就对村情户情如数家珍，和当坑村的老乡们打成一片，"两委"班子中的老同志也把他当成了可以商量的自家人。

（二）用好经济学专长，科学规划当坑村发展

通过走访调研，他梳理出了村级组织建设较为薄弱、基础设施短板突出、产业结构单一等一系列的困难和问题，针对这些问题，他建立起了工作台账，列出了整改措施，明确了工作时限，充分发挥自身经济学领域的专长，帮助村里科学编制了"长汀县策武镇当坑村五年发展规划"，统筹推进"十四五"当坑村组织、产业、文化、生态等方面的乡村振兴工作。

（三）强化党建引领，抓好村组织建设

针对村级组织建设较为薄弱的特点，驻村伊始，他就把抓好村级组织建设、强化村级组织聚集力、战斗力作为"一号工程"，与党史学习教育和"再学习、再调研、再落实"活动相结合，先后组织党员赴上杭县才溪镇、新罗区小池镇培斜村、县级党建示范点濯田镇寨头村等地开展主题党日活动，通过现场观摩、专题党课讲解、座谈讨论、村村联建等方式"学先进、讲担当、鼓干劲、奋力干"，接受革命传统教育，筑牢党员思想根基。2021 年当坑村作为全县村"两委"换届的试点村，他与镇村干部一道严把换届程序，严肃换届纪律。特别值得一提的是，为了化解原有"姓氏宗族派系选能人"的错误思想对于换届工作的干扰，他抓关键、抓主要矛盾，第一时间找到村里的长辈"话事人"作为突破口，每天入户、不厌其烦地做思想工作，将"两委"主干"一肩挑"的道理讲深讲透，就像村民程秋木说的——"在生明的努力下，

我们当坑村头一次这么齐心地把换届工作给拿下了",2021年当坑村高质量完成了试点村换届选举的各项任务,选优配强了村"两委"班子,率先在全县实现"一肩挑",得到了县、乡两级党委及组织部门的充分肯定。

二、找准特色,突破瓶颈,"三驾马车"齐头并进

如何脱贫"摘帽"不返贫,实现乡村振兴,是陈生明一直思考的问题,全面而深入的调研让他认识到只有提升"造血"功能,形成可持续发展的特色产业支撑,乡村振兴才能够实现,当坑村才有更辉煌的明天。

(一)养好特色"河田鸡",找到致富密码

他积极发挥经济学专业优势,针对当坑村产业发展瓶颈,明确了当坑村农业绿色化、优质化、特色化发展的方向,开始了围绕"河田鸡"做好当坑特色产业发展大文章的探索之路。河田鸡是我国南方著名的优质黄羽肉鸡地方品种,当坑村长期以来就有养殖河田鸡的传统,但养殖普遍存在散、乱、小、低的情况,直到2020年底,全村存栏1000只以上、产值10万元以上的只有2家。他到任后在规模化、产业化方面下功夫,对原有的46家养殖户进行了整合,带动32户脱贫户参与养殖,通过向上争取到的850万元中央产业配套补助资金,建成了占地15亩、年出栏可达10万羽的规模化河田鸡养殖场,并开展全省首例村级资产折股量化分红试点,经评估可增加村集体收益20多万元,使村财政增收一倍以上,同时可吸收近百名村民到养殖场就业增加收入。他通过合理使用部分结余资金建立了村赈济基金,通过分红统筹用于易地扶贫搬迁后续扶持和低收入群众持续帮扶。一年多的时间里,他在当坑村创新构建了一整套巩固脱贫致富、共享发展红利、可持续发展的巩固拓展脱贫攻坚成果同乡村振兴有效衔接的路径。

(二)大力发展特色种植,引导培育水果玉米、油茶产业

"生明'后生仔'是用心、细心、真心帮我们村里发展产业,村民们很感动,很感激他!"当坑村党支部书记陈运长说道。驻村一年,陈生明不仅帮村里建设了大型河田鸡养殖场,还流转100亩土地用于种植水果玉米,并争取省财政资金100万元用于当坑村千亩油茶基地提升工程,在壮大村集体经济的同时推动村内产业向规模化、特色化发展,更带动了一大批群众增收致富。

一分耕耘,一分收获,如今当坑村河田鸡、水果玉米、油茶产业"三驾马车"齐头并进,乡村产业振兴迈出"加速度",当坑村老百姓正在乡村振兴的大道上阔步前行。2021年3月,当坑村被评为2020年福建省乡村振兴实绩突出村。

三、心系百姓,改善民生,往日当坑成为网红景点

所有变化都发生在2021年,陈生明充分利用懂政策、能策划的优势,先后帮助当坑村精准策划生成十多个民生项目,与镇村干部进省上市十多次,向省市县各级部门争取补助资金共计1000余万元,用于改善村主干道、生态护岸、路灯、水利等村内民生基础设施。在圭职期间,当坑村新建(加宽)道路3公里,连接村庄、养鸡场、茶园,铺就了村庄发展的致富路;2021年完成"裸房"整治56栋9547平方米,拆除"空心房"86栋13916平方米,增设垃圾池

2个,新建公厕1座,添置垃圾箱100组,铺设污水管网600米,新建路灯40盏、护岸1公里、沟渠2公里,建设当坑村幸福院、党建广场、文化墙,拓宽村中心道路,实施村部门口生态护岸步道和景观护栏等提升改造项目。"生明驻村以来,当坑村的基础设施建设、村容村貌、卫生环境等发生了巨大改变,以前的断头路畅通无阻,原来的烂泥湖正紧锣密鼓建设成为湿地公园,孩子、老人再也不会成天缩在家里,而是有了好去处。我们村的金桔果场、河滩步道吸引了好多城里人开着车子来采摘、户外烧烤。"当坑村挂村副镇长马美华动情地说道,"你看,去年建成的风车廊道还上了抖音,成了网红景点。"2021年12月,当坑村被评为2021年福建省森林村庄。

"挂职一年,虽然为当坑村带来了一点'实惠',但'接地气'的基层工作让我学到了更多,尤其是乡亲们的踏实淳朴将成为我前进的航标。"陈生明说,"作为一名选调生、作为一名基层党员,我会更珍惜剩下的挂职时间,与乡亲们一道继续为当坑村的振兴发展挥洒汗水,将青春书写在田间地头、人民心间。"

(湖南省大中专学校学生信息咨询与就业指导中心供稿)

初心不曾忘，为民显当担

——湖南科技大学潇湘学院杨波事迹

杨波，男，中共党员，湖南邵阳人，1994年11月生，湖南科技大学潇湘学院2014级学生，2018年湖南省非定向选调生，现任怀化市通道县万佛山镇人民政府副镇长，曾任万佛山镇杏花村第一书记兼扶贫工作队队长，曾获评2020年全国优秀共青团员、2021年怀化市优秀共青团干部、2019年通道县脱贫攻坚先进个人、2017年湖南省优秀共青团员等。

2019年2月，刚刚毕业参加工作才半年的杨波在通道县脱贫攻坚任务最重之时主动申请参加驻村扶贫工作，受万佛山镇党委选派以杏花村第一书记、扶贫工作队队长的身份参与脱贫摘帽工作。

带着真心去驻村

2020年1月24日除夕夜，为了庆贺新年，杨波与家人们正在欢欢喜喜地准备着年夜饭。

"为积极落实省一级应急响应，根据市委市政府要求，全市公安、医疗、镇村一律取消休假，请大家明天上午9:30之前到岗到位。"一则信息的到来，让杨波放下了碗筷。

"你搞了一年脱贫攻坚工作都没回来过，家里有什么事情你也帮不上忙，现在才回来两天又回去工作，我长大以后说什么也不当公务员，我要留在家里照顾爸妈！"听着还在读小学的弟弟的埋怨，他的眼睛微微泛红。但疫情就是命令，没来得及多想，在匆匆安慰家人后杨波便冒着冬夜的冷雨，连夜驱车300多公里赶回工作岗位。

正月初一，他便成立了党员志愿者服务队，发动全村年轻党员立刻对全村进行网格化分片包干，地毯式排查疫情，联系到户，责任到人。在党员和村民们的精诚配合下，打通了群防群治"最后一公里"，构筑起抗击疫情的严密防线。

带着爱心去驻村

杏花村人纯朴善良,待人热情,不是亲人,胜似亲人,杨波与村民之间建立了深厚的感情,他把村里大大小小的事情都当成自己家里的事情去做。

2019年4月下旬,隔壁村突发森林大火,他在第一时间响应镇党委号召,积极参与扑灭山火行动,并以党员干部的担当与责任在灭火行动中冲锋在前。但因为工作强度太大又缺少灭火经验,他被大火熏晕后从山坡上滑落下去,不得不提前退出行动。

2019年7月8日,他陪同镇里一位干部一起入户走访贫困户,帮助他们解决困难。走访工作一直持续到晚上10点多,在冒雨往回赶的路上,他们遇到了突发暴雨引起的山体崩塌。就在他们的车前方十余米处,突然一声巨响,他们眼见塌方的山体直接吞没了道路冲进了洪水汹涌的河流,不禁惊起一身冷汗。

在村里走访时,他总是喜欢到94岁的五保老人吴永泰家里看看情况。除了节假日给老人送上慰问品,他还拿起笔和本子,在向吴老嘘寒问暖时记下老人的诉求。"吃住穿都好,就是家门口那条泥巴小路,下雨天路滑,我怕摔着。"老人随意一说,他便记了下来。

随后,他带领驻村扶贫工作队和村支"两委"实地走访后证实,吴永泰老人家门口这条100余米的泥巴小路与村组相通,相邻的7个家庭的乡亲要从这条泥巴路经过,一到下雨、下雪天,村民们确实出行不方便。于是他想方设法找来沙子、水泥,在2019年12月初发动了坪上组的7户人家投功投劳完成了这一条"爱心路"的修建工作。事后,附近的村民们一起给他送来了一面印有"为民办事关怀备至,为民排忧情深似海"字样的锦旗表示感谢。

2020年7月,在与同事聊天时,他了解到万佛山镇内有两位贫困户小朋友学习成绩非常好,但是家里条件比较差,负担又重,很难为小朋友提供良好的学习环境。在亲自入户核实了情况后,他通过多方联系,找到了自己的母校湖南科技大学的几位老师为这两个小朋友提供从小学到大学的爱心资助。

正是因为这样满怀爱心的无私付出,让他既收获了宝贵的工作经验,也获得了村干部和老百姓的认可,让他们看到了选调生和基层干部的责任与担当。他所负责的杏花村在2019年12月湖南省对通道县脱贫摘帽工作的实地考核和2020年全国脱贫攻坚工作普查中,均以100%的群众满意度高分通过。

带着巧心去驻村

基层工作既要"苦干"，又要"实干"，更要"巧干"。他坚持在日常工作中用改革的思路、创新的办法去破解难题、化解矛盾，找到突破口。

他在走访杏花村坪上组时发现，有一个贫困户杨芳因为 2008 年外出打工时被人骗走 3000 元钱，受不住打击以致精神失常，被鉴定为精神二级残疾。从此杨芳便不再与陌生人交流，还经常放火烧房子。面对这种情况，他给杨芳家送去了保暖的棉被和衣服，联系有关部门鉴定了杨芳家的房子后为其完成了危房改造，并为杨芳申请了精神残疾看护，防止出现意外情况。同时，他多次到杨芳家里去做沟通工作，多的时候一天之内去了三次，最长的时候和杨芳谈了两个小时的心，但是杨芳始终一言不发。

随后，他改变了工作思路，自己购买了数本有关心理学的书籍，并认真向镇里心理学硕士毕业的同事请教。再次走访时，他以同生为由认杨芳做哥哥，经过不懈的努力，杨芳也逐渐走出了阴影，并通过他的介绍在本村内找到了一份工作，在 2019 年底也顺利脱贫。

2020 年初，因疫情影响，杏花村内扶贫产业兰花园的兰花滞销。他在了解到相关情况之后，迅速联系了母校湖南科技大学的领导，希望能够通过学校的技术指导帮助该扶贫产业建立一个网络销售平台。通过他的努力，7 月份湖南科技大学联合杏花村扶贫工作队与兰花园开展校企合作，成立了杏花村电商扶贫基地，帮助兰花园建设和运营公众号，同时开展了多场销售兰花的专题网络直播，以此带动了滞销农产品的网络销售。

带着耐心去驻村

习近平总书记在《心无百姓莫为"官"》一文中指出："群众利益无小事。"杨波一直把这句话牢牢地印刻在心里，不厌其烦地去落实好村里的基层党建、智慧党建、乡村振兴、美丽乡村建设、扫黑除恶、综治维稳、调解纠纷、办文办会、污染防治、城乡清洁、农村医保、抗洪抢险、消防救援等大大小小的工作。

杏花村有贫困户 73 户 273 人。他驻村以来入户走访贫困户与非贫困户 1000 多次，不断了解致贫原因，分析贫困户的年龄、疾病、劳动能力等情况，从而对扶贫工作有了较为深入的认识。同时完成了全村的房屋鉴定工作，完成了杏花村全部"三类人员""六类人员"的入户调查和精准帮扶工作。

杏花村还是远近闻名的产业强村，近年来个别企业经营不善，给村里带来了诸多矛盾。来到杏花村后，他通过走访、座谈和调研等形式了解村里存在的债务、扶贫、产业项目、土地流转等方面的问题，不断了解基层的真实状况，同时又通过各种渠道和方式去解决问题。

参加工作至今，杨波参与扑灭了 2 起山火、4 起家火，为困难残疾群众申请到 8 台轮椅，向公路局申请解决了 4 处事故多发点，为村民修了 3000 多米入户道路，帮村民解决各类实际问题 169 个；使杏花村的贫困发生率从原来的 17.56% 降至 2019 年底的 0.45%，并在 2020 年彻底解决了村内的绝对贫困。防疫期间他共悬挂横幅、粘贴宣传资料、设置告示 800 多份，介绍 4 位村民前往美的集团工作，办引 4 家企业复产复工，劝阻停办 7 起村民新年活动,延期 6 起红喜事,从简办理 4 起白喜事。他所负责的各项工作被县级以上媒体报道 79 次(其中省级媒体 45 篇)。同时,他的各种事迹也被新华社、中国青年网、红网、《湖南日报》、新湖南客户端等中央和省级媒体报道。2021 年 5 月,因在脱贫攻坚工作和疫情防控工作中表现突出,他在通道县举办的"五方面人员"比选考试中获得第一名的成绩,并被组织上任命为万佛山镇人民政府副镇长。

他一直说苦地方、累地方就是践行初心与使命的好地方。尽管忙,尽管累,但每次看到那些困难群众得到帮扶露出笑容时,他就觉得所有的辛苦和累都值得!

(湖南省大中专学校学生信息咨询与就业指导中心供稿)

以炽热青春建功新时代
——湖南城市学院董振昊事迹

董振昊,男,汉族,山东肥城人,现任新疆维吾尔自治区民丰县祥民街道安康社区第一书记、党支部书记。2018年7月,刚从湖南城市学院毕业的他,牢记习近平总书记对新时代青年的殷殷嘱托:到西部去,到基层去,到祖国和人民最需要的地方去,怀揣着援疆兴疆的梦想,远赴千里,扎根基层。工作三年多来,他践行初心、担当使命,把炽热青春挥洒在脱贫攻坚"战场",用真心真情浇灌出民族团结友谊之花,交出了一份无愧伟大时代、不负人民重托的满意答卷。

一、他是脱贫攻坚的奋斗者

(一)主动请缨,奋战一线

2019年是脱贫攻坚的关键时刻,刚参加工作半年的董振昊主动请缨,申请到村部工作,用他当时的话说:只有深入基层一线,才能更好地践行全心全意为人民服务的宗旨。面对董振昊的热情和决心,镇党委任命他到甫甫克村担任支部副书记。任职第一天,他就投入到脱贫攻坚工作中去,对全村197户640多贫困户基本情况进行全面了解,做到心中有数。工作期间,他吃在村里,住在村里,忙在村里,和班子成员谈帮扶、想对策,到老乡家里拉家常、讲政策,把扶贫工作做到老百姓的心坎儿上。两个月下来,每一户贫困户家都留下了他的足迹,通过遍访、回访、走访调研,董振昊深入了解了贫困户的详细情况,增进了与贫困户之间的感情,也为今后的脱贫攻坚工作打下了良好的基础。

2019年7月,在开展入户走访过程中,董振昊了解到村民古丽罕家中比较困难,丈夫早亡,古丽罕的身体不好,家庭经济收入来源大部分靠国家政策扶持,女儿当年要参加高考,家庭经济压力特别大。为帮助古丽罕一家,董振昊前后奔走,积极为其争取各项政策扶持,帮助古丽罕的女儿和村里的另外一名贫困学生争取到了5000元的青基会助学金,又通过"雨露计划"、团委、妇联等途径帮她们取得了近万元的奖助学金,解决了她们的后顾之忧。古丽罕的女儿顺利考取了华东政法大学,村里的另外一名贫困学生也被南京师范大学录取。面对她们的感谢时,董振昊谦虚地说:"这是我作为一名共产党员干部应该做的。"正是他一心为公,10个月后他挑起了村党支部书记的重担。

(二)把脉问诊,开方抓药

作为村党支部书记,董振昊坚持问题导向,聚焦甫甫克村的发展短板,科学谋划,精准发力,着力破解瓶颈问题。第一步是建队伍、强班子。"给钱给物,不如建一个好支部",选优配强支部班子,把村党支部建成脱贫攻坚的"战斗堡垒",打造一支"不走的扶贫工作队",

是打赢脱贫攻坚战的根本所在。上任伊始，在镇党委的支持下，董振昊就着手调整村班子队伍，把村里的返乡大学生拉进队伍，优化班子结构，充分发挥基层党组织的坚强战斗堡垒作用，带领班子成员走家串户，在田间地头和群众家中与乡亲们聊家常、话发展，鼓舞群众的斗志，也让班子成员打赢脱贫攻坚战的决心更加坚定。

班子建好了，接下来是就村部发展"把脉问诊、开方抓药"。针对甫甫克村人多地少的短板，大部分村民赋闲在家，导致家庭收入少、家庭负担重。董振昊提出，一人就业，全家脱贫，增加就业是最直接最有效的脱贫方式。说干就干，他和班子成员结合甫甫克村实际，充分发挥甫甫克村离县城近的地理位置优势，把发展就业作为主攻方向，想方设法做好贫困人口就业帮扶工作。2020年底，甫甫克村贫困户就业率已达到96.4%，实现贫困户一户一就业，工资性收入在人均收入中占比达到60%。

针对村集体收入薄弱问题，董振昊提出要把发展壮大集体经济作为抓党建促基层治理能力提升的重要抓手，通过政策引导、技术培训、外出学习等措施，带动贫困户脱贫致富。他建立黑鸡养殖场，养殖规模达一万只以上，同时解决了2个贫困户的就业问题；建立肉牛养殖基地，使40余户贫困户年均受益3000余元；开展奶山羊养殖，使50余户贫困户年均受益2000余元。不到一年时间，甫甫克村集体经济收入就增长了45%，村人均纯收入也达到了12000多元。2020年8月，甫甫克村顺利通过脱贫攻坚普查验收，贫困户全部脱贫。

二、他是民族团结的助推者

（一）交流交融，促进团结

"作为援疆干部，维护民族团结和国家统一，铸牢中华民族共同体意识是我们义不容辞的责任。"这是董振昊工作以来常挂在嘴边的一句话。在甫甫克村任职期间，董振昊积极协调，组织自治区纤维检验局在村里举行了"民族团结一家亲"联谊活动，与亲戚同吃一顿抓饭，与结亲干部开展"我与亲戚游民丰"民族团结等各类文娱活动，增进了民族间的交往交流交融。同时他积极组织交朋友、结对子，以实际行动促推民族团结。汉族村民张应长是种地能手，维吾尔族村民图尔洪和奥斯曼家里都有温室大棚，双方结为朋友，张应长指导他们种菜，帮助他们提高收入。这种例子在村里比比皆是。通过典型引导、文化浸润，村民的民族团结意识进一步增强，精神生活水平显著提高。2020年9月，村民齐娜罕·麦提卡斯木一家荣获"国家级文明家庭"荣誉称号，甫甫克村也荣获"国家级文明村镇"荣誉称号。

（二）解决难题，收获民心

董振昊始终高举民族团结的旗帜，把为群众办实事、办好事，解决群众的热点难点问题作为工作的重中之重，与当地各族百姓结下了深厚的民族情谊。2021年5月，董振昊听从组织安排，到民丰县祥民街道安康社区担任"访惠聚"工作队第一书记、社区党支部书记。"要想赢得群众的拥护，首先就要想群众所想、急群众所急。"作为社区的书记，董振昊认真调查研究，了解到社区居民有很多生产生活上的问题，主要集中在基础设施损坏、停车面积不够等方面。通过自筹资金、协调共驻共建单位援助、社会资源援助等方式，社区已更换楼道灯364盏,修整破损地面11处,拓宽了老旧楼房前的道路,对居民常走的便道进行了硬化,修整了1200平方米闲置空地用作小区停车场,其中已硬化的有600平方米,极大地解决了当地居民的生活难题。

弱势群体永远是董振昊最关心的对象。居民麦麦提敏心智发育不太成熟,虽然生活能够自理,但是平常都是自己一个人生活,家中无人照顾。董振昊了解到他的情况后,时常组织志愿者到他家帮他打扫卫生,送衣送物,并经常和他交流谈心,麦麦提敏十分感动,逢人就说"董书记亚克西"。

时代呼唤担当,青年责无旁贷。董振昊将继续在援疆路上努力工作,奋力奔跑,用对党的忠诚、对群众的热爱做出无愧于党、无愧于人民、无愧于时代的业绩,跑出当代青年最好的成绩。

(湖南省大中专学校学生信息咨询与就业指导中心供稿)

农村广阔天地,青年大有可为

——湖南工学院刘杰琦事迹

刘杰琦,1995年出生,2016年12月加入中国共产党,2018年6月毕业于湖南工学院,同年经省考被录用为娄底市选调生。2018年9月分配到涟源市龙塘镇工作,2021年7月调入涟源市委组织部,现任涟源市委组织部基层办副主任、派驻杨市镇东园村第一书记。2019年度、2020年度、2021年度分别获涟源市龙塘镇、市委组织部、杨市镇"优秀共产党员"称号,2019年度、2020年度分别获涟源市政府嘉奖奖励。

青春有百般模样,他选择了最朴实的回归。从校园到田园,从城镇到村组,湖南工学院2018届毕业生刘杰琦用奋斗为青春做注脚、铺就最亮丽的底色,将初心和使命书写在基层最广袤的大地上。

脚踏实地,勇攀学峰,初心在基层生根

刘杰琦在就读湖南工学院期间,学习刻苦,成绩优异。他一直牢记习近平总书记说过的话:有信念、有梦想、有奋斗、有奉献的人生,才是有意义的人生。2017年暑期,他组织的"邵阳市隆回县狮子山村'两学一做'与扶贫"三下乡活动,被推荐为国家级重点项目,活动完成后,他心中的理想逐渐变得清晰而具体——做一名最优秀的基层建设者,并一直为之而刻苦学习、努力奋斗。他坚持勤工俭学、德才兼修,除认真学好专业课以外,还担任建工学院学社联副主席、班主任助理、辅导员助理、校信息员、校宣传统战部学生助理等职务,在学习和工作中探索服务与治理的真谛。凭着一腔热忱和执着努力,优秀的他先后获得了国家奖学金、国家励志奖学金、全国大学生广告设计大赛省级一等奖、大学生研究性学习与创新性实验计划省级立项、湖南省"创青春"创新创业大赛省级铜奖等荣誉。

"去农村,到祖国最需要的地方去。"毕业之际的刘杰琦面对高薪岗位,却毅然决然选择奔赴基层,"我是在党的培养和帮助下从农村走出来的孩子,现在到了我回去出力的时候了。"怀揣着建设家乡、建好农村的热情和初心,刘杰琦参加湖南省公务员考试,被录用为娄底市选调生,如愿以偿地回到了自己熟悉的那片热土。

深入一线,脱贫战役,梦想在基层发芽

来到农村,担任过学生干部的刘杰琦很快就进入了角色。他从村支部书记助理做起,一步一个脚印,先后担任党政办秘书、人大秘书、宣传干事、统战干事、团委书记、群工站副书记、常务副站长、驻村第一书记、工作队队长等职务,在两年时间内就成了龙塘镇有史以来最年轻的、有担当的中层干部。

2019年，24岁的他担任龙井村第一书记、扶贫工作队队长。龙井村是个二合一的大村，村域面积大，户数多，贫困户多，村民居住相对分散。面对复杂的村情民情，他全年无休、手机24小时处于开机状态，他用三个月时间遍访全村107户贫困户。

他是采集信息的"刘专家"。建筑学专业出身的他自己手绘了"扶贫作战地图"，并给每户贫困户编上编号，按编号在笔记本上详细记录他们的家庭情况、人口数、致贫原因、帮扶干部等基本信息，同时还在地图上用不同颜色的笔标记出党员、组长、村民代表家的分布情况。田间地头，他与村民们同劳动、立家常，拉近与村民们的距离，大家都亲切地叫他"小刘专家"。

他是埋头干事的"刘干部"。也有村民曾质疑："年轻的95后大学生，没干过脏活累活，没吃过苦，怎么能带领村民致富，摘掉贫困的帽子?"他没有反驳，隔天就带着工作队帮助质疑他的村民收了一亩多红薯，并全部送回家。临走时，质疑他的吴嫂不好意思地说："小刘干部，你还真不娇气，我信你!"这声"我信你"更加坚定了他的斗志，从此他埋头苦干，不问闲言碎语。他按照"一户一策"的扶贫工作思路，针对每户贫困户的具体情况，分类制定脱贫措施，实现对贫困群众精准帮扶。在龙井村驻村期间，他积极帮助贫困户发展产业、外出就业、销售农产品，累计帮助贫困户销售鸡蛋2000余个，鸡、鸭200余只，牛、羊、猪5头，为贫困户创收60000余元。

他是纾困解难的"刘书记"。龙井村五组的张大哥2012年因自家建房时从房顶摔下，导致下身瘫痪，因残致贫，家中还有3个在上学的孩子，经济压力一年甚于一年。第一次走访完这个寡言少语的中年人，刘杰琦陷入了久久的思索。为了帮助张大哥一家脱贫，刘杰琦对症下药，在帮助他们落实低保、雨露计划、产业帮扶等政策后，在各方的鼓励和帮助下，张大哥家喂养了3头牛、2头猪，不仅有政府给予的补贴，年底还能卖钱贴补家用。慢慢地，张大哥一家过上了稳定的生活，顺利实现了脱贫，张大哥的话也变多了，每次刘杰琦上门，他们总能唠上一会儿，张大哥逢人便夸"刘书记人是真不赖，就是不知道能在我们这里待多久"，言里言外全是感激与满意。

脱贫攻坚工作本就异常艰苦，来势汹汹的新冠肺炎疫情又给其增加了难度，虽然面临的困难和挑战十分艰巨，但刘杰琦没有丝毫畏惧和懈怠。他秉持着"我是党员，我先上"的原则，走在抗疫最前沿。作为团委书记的他主动组建疫情防控青年志愿服务队，负责对村镇检查站点的过往车辆及行人进行登记测温，主动为出行不便的村镇老人采购生活物资，帮助医护人员登记返乡核酸检测人员的身份信息，向村镇疫情防控小组筹资捐款总计15万余元。他带头深入群众中宣传防控知识，他发明的"铁骑队"小喇叭宣传方法取得了良好的效果，被在全市推广并获央广网报道。

履职以来，他团结村支"两委"，带领群众谋发展。他关心关爱每一个贫困户，切实把责任扛在肩上，从每一件实事做起，身体力行。他说："扶贫与抗疫都是大事，做好大事关键在于认认真真做好每一件小事，功夫在平时，把乡亲们的一件件小事做好了，他们的心就顺了，心顺了就没有什么大事干不成。"

砥砺奋进，服务大局，让青春在基层绽放

由于表现优秀，2020年9月刘杰琦被选调至涟源市委组织部工作。但他始终心挂基

层,在全国各地乡村振兴工作拉开序幕的时候,他主动请缨赴一线开展乡村振兴驻村帮扶。2021 年 6 月,他带着组织的重托和信任,一头扎进了杨市镇东园村。

他在思想上坚持学习和进步,以乐观积极的心态,勇敢坚定地承担起责任;在政治上坚信党、热爱党、追随党,自觉紧密地把个人成长与党的号召、使命和奋斗目标联系在一起,怀揣坚定实现共产主义的信念,充分利用个人的知识和本领,投身到乡村振兴事业中。在他眼中,乡村要振兴,不仅要苦干实干、砥砺奋斗,而且要用先进的科学技术、新的思路观念、新的传播方式,从产业发展、文化传承、产业融合等方面发力,让乡村振兴战略立体化、全方位推进。

在产业发展方面,他有金点子。为壮大东园村集体经济,他第一时间指导东园村成立涟源市玉园种养殖合作社,并组织村支“两委”、村企负责人员赴湖北恩施“科博农业”等企业进行考察调研,经过反复磋商,确定了赤松茸种植项目。这是娄底地区首次引进赤松茸,可不能搞砸了,必须步步为营。说干就干,他首先划出了一片 300 平方米的试验田,基料配制、土壤消毒、菌种播种、洒水通风,每一环节他都亲力亲为。经过三个多月的悉心照料,一列列赤松茸色泽艳丽,腿粗盖肥,长势喜人。2022 年 3 月 22 日,第一批赤松茸成功采摘,后又陆续采摘共 1500 余斤,经尝试性投放市场,得到了消费者的一致好评。2022 年入秋扩大种植面积后,预计可帮助村里增加集体经济收入 20 余万元。三年内将扩大至 50 亩,带领群众共同致富,帮助东园村创收 100 万元以上。

在社会治理方面,他有金钥匙:

“公益银行”树新风

在东园村,他大胆尝试农户积分制管理,设置环境卫生“红黑榜”,促使农户搞好家庭卫生,引导村民变“要我整治”为“我要整治”,村内环境持续向好。以农户积分制管理为基础,他创造性地成立了东园村积分兑换“公益银行”,将人居环境、文明乡风、志愿服务等纳入管理范围,实行农户积分奖励、保洁员计量补助、乡贤捐款积分。每月底,公益银行理事会组织对农户进行考核,农户基础分和奖励分达到一定分值后,可以在“公益银行”换取相应分值的生活用品,充分发挥积分制的激励约束作用,有效调动了村民遵规守约、参与农村人居环境整治的积极性和主动性。东园村"公益银行"基层治理模式在全市范围内迅速得以推广，累计接待来村调研、学习人员 1000 余人次。2021 年，涟源市积分制"公益银行"的做法被评为湖南省第一批基层治理创新典型案例。

秀美屋场话桑麻

2022 年，刘杰琦带领东园村村支"两委"积极创建秀美屋场，坚持将乡风文明和屋场建设有机结合，深挖本村历史文化，传承乡土文脉，大力弘扬"以'德'治村、以'德'为人、以'德'育人、以'德'从政、以'德'经商"书"东园五德"文化，引导群众讲文明、改陋习，实现乡风文明提升与环境整治齐头并进。东园村公益银行积分制管理基层治理模式、农村人居环境整治及屋场建设等工作获全市先进，并被《人民日报》、学习强国、《湖南日报》、新湖南等媒体宣传报道。

"脚下有泥土，心中才有真情。青年人才是乡村振兴的主力军，今天我看到了青年的朝气勃勃，更看到了青年力量在完善基层治理中的作用，你们要自觉担负责任，扛起大旗，在乡村振兴中贡献青春力量。"4 月 15 日，娄底市委书记邹文辉到东园村调研并对驻村工作队予以充分肯定。

习近平总书记说："现代农村是一片大有可为的土地、希望的田野。"刘杰琦不论在机关还是一线，在岗位还是在田野都从未停止过追求上进的脚步，坚持在基层奋斗。他的身上不但充分体现出了一名当代大学生工作后的良好素养，更体现出了一名基层建设者难得的服务能力、思想态度和工作作风。他用一串串留在田野上的脚印，描绘出了当代青年应有的青春模样。他无疑是学弟学妹们心目中优秀的学习榜样，也是当代青年该有的青春模样。

（湖南省大中专学校学生信息咨询与就业指导中心供稿）

青春,闪耀在武陵群山

—— 吉首大学聂晴事迹

聂晴,女,土家族,中共党员,2020 年毕业于吉首大学商学院会计学专业,在校期间曾担任班长、学生会副部长等职务,2020 年获湖南省优秀毕业生荣誉称号,毕业后考录为湖南省选调生,现任张家界市永定区新桥镇纪委副书记、丁家庄驻村第一书记、张家界市选调生团支部副书记,曾获张家界市优秀团员等多项荣誉。

乡村振兴的实干者

自古以来,中国都是一个农业大国,因而乡村的发展振兴也就关系到国家富强和民族复兴大业的成败。作为一名年轻人,一名刚毕业的大学生,就应该积极响应党的号召,到基层去,到农村去,到人民最需要的地方去,用自己的知识与热血、汗水与青春,谱写出自己的乡村振兴之歌。2020 年的夏天,聂晴在毕业之际义无反顾地选择了深入基层,奔赴乡村,踏上了服务乡村振兴的大道。

2020 年 7 月的一天,聂晴来到了新桥镇。新桥镇在永定区,永定区在张家界市,张家界市曾属于武陵山连片特困地区,是湖南省最贫困的地区之一。这里群山耸立,峰谷连绵,路叫山路,地叫山地。

刚到新桥,由于组织上的信任,她被破格选为新桥镇丁家庄驻村第一书记,是全市年纪最小的第一书记。得知工作安排后,她马不停蹄地带上行李,由新桥镇直奔丁家庄。丁家庄,听起来似乎有点高大上,其实却是张家界市最贫困的乡村之一。聂晴下车伊始,立马展开实地调查。她深入村寨农户,连续一个星期与农民们吃在一起,住在一起,认真了解村寨实情。经一番调查后,聂晴了解到:丁家庄很穷,属于"零基础、零产业、零收入"的集体经济空白村,仅有国家公益林补贴一项约 2000 元收入,这点经济来源对于乡村振兴的大业而言,简直是杯水车薪!

她深知自己的职责就是把群众带上好路子、让群众过上好日子。为此,驻村期间,她几乎没有休息过一个周末,而是主动跑项目、跑资金。一次,周六一大早刚在市区和乡村振兴局对接完项目,她又马不停蹄地赶回丁家庄,在路上却发生了车祸。山路十八弯,归心似箭的她所乘的车辆与对面违规行驶的车辆发生了严重碰撞,车辆的三分之一受损,她心里对项目落地的"急"压制住了惊慌,她顾不上去医院检查,第一时间赶回了丁家庄,等项目洽谈、签约完成已是下午 4 点多钟,她这才去医院进行检查,好在身体没有什么大碍。

面对复杂的农村工作,她倍感压力,一半为了不辜负组织的期望,一半为了带领丁家庄村民创造更美好的生活,因此,无论是防洪抗汛,还是控违拆违,她都冲在急难险重工作的第一线。2022 年 4 月中旬的一个深夜,天空开始电闪雷鸣,暴雨即将来袭,刚结束加班的她又坐不住了;河里的水会不会决堤?地质灾害隐患点会不会发生滑坡?村民的安全会不会受到威胁?她顾不上多想,立马披上雨衣,下村入户开始巡逻,路面积水严重,她卷起裤腿就往前赶,雨越下越大,她的心情一刻也得不到舒缓,凌晨雨终于停了,她又迅速召集村干部和村里的党员清理被大水冲上路面的泥沙,经历连续十几个小时的高强度工作,她脸上仍未见倦色,她瘦瘦的身躯迸发出了巨大的能量。

事非经过不知难,乡村振兴探索之路充满了艰辛,但聂晴从不气馁,她知道,既然组织把振兴丁家庄的重任交给她,她就不能因为任务艰难而打退堂鼓。正因为家乡的农村很穷,条件很艰苦,所以才更需要像她这样的年轻人奋力去建设它、努力去振兴它。在对基层有了一定的了解后,她感觉到自己肩上的担子更重了,也激发出了不服输的精神,她决定要在贫困的山村干出一番事业,让自己的青春在武陵群山中闪耀出更为璀璨的光芒。

乡村振兴的有心人

世上无难事,只怕有心人。无论什么事,只要一个人有心,并且能沉下心来认真思考、刻苦钻研,那么,事情也会从难变易,迎刃而解。

了解了村庄实情的聂晴心里也知道,自己毕竟只是一个普通的劳动者,绝非拯救世界的英雄,因此,只有不断向上级领导学习,向有经验的同志们学习,向社会实践学习,才能增长自己的才干,也才能真正解决乡村的实际问题。于是,她遇事就与村干部共同商议,遇到难题就与党员群众共同破解,积极发挥领头雁作用,在基层练就过硬本领,带领村民致富增收。刚打完脱贫攻坚胜仗,她牢牢坚守不发生规模性返贫的底线,将结对帮扶干部、驻村干部拧成一股绳,组织5次全覆盖大排查行动,持续加大对低收入人群帮扶力度,把服务下沉到村组,把问题解决在田间地头,截至目前,丁家庄无致贫返贫情况发生。

要振兴乡村,首先得熟悉乡村。她时刻把老百姓挂在嘴上、装在心里,能熟知丁家庄每一户困难群众的家庭情况和住址,并经常在工作之余走访慰问,与他们拉家常,问冷暖。小到修理电器、大到农忙抢收,能帮就帮,每次走访,村民们都是热情相迎,甚至多次感叹"小聂比自家孩子来得都勤,走得都亲!"

她主动申请参加农业农村工作培训学习,整合生产资料和要素,充分发挥自身商科类专业能力,通过多次实践和考察学习,最终确定了"请专家、争项目、引技术"三步走的村集体经济发展思路。

在"请专家"问题上,聂晴首先想到的是自己母校的老师。她多次自费返回母校,邀请商学院的教授指导丁家庄的经济发展。这样既加强了乡村振兴与专家教授之间的结合,同时也使丁家庄在发展振兴的道路上不断得到新的启示。

在"争项目"方面,聂晴为推动高标准农田建设,积极争取投资额达1000万元的现代化农业示范基地落户丁家庄。为此,她与村干部一道挨家挨户作动员,共流转了闲置土地700余亩,通过农民合作社统一规划建设、统一生产经营,种植优质稻和纽荷尔脐橙特色水果,收入有望在3年内突破100万元。

在"引技术"这一环节,聂晴多次自费前往张家界市农业局和湘西州农业局,邀请相应的技术人员前来丁家庄作技术指导,并虚心听取技术人员的建议,让丁家庄乡村振兴的步伐一开始就踏在科学技术的大道上。眼看着丁家庄的产业振兴图画正在一步一步地变为现实,村民们纷纷由衷地为自己的"小书记"点赞。

乡村振兴的排头兵

当然,乡村振兴并不是一帆风顺的,良好的愿望与冰冷的现实总隔着或远或近的距离。2021年底,新冠肺炎疫情波及张家界市,导致农产品滞销。望着滞销的农产品,想着农户丰产未丰收的问题,夏晴心急如焚。

说实话,乡村振兴虽说是涉及面十分广泛的工作,但其最关键的一点就是一个字:钱。如何让农民的腰包鼓起来是乡村振兴面临的最重要的问题。如今,粮食丰收了,农产品也丰收了,但是,因为这场突如其来的疫情,丰收的果实却很难转化为村民实打实的收入,这一切都是因为销路不畅的缘故。无论是乡村放养的鸡、鸭,还是有机水果、田地里生长得十分繁茂的蔬菜,在平常的时候都是畅销货,可如今却静静地躺在地里或挂在树上,只能眼睁睁地看着它们慢慢地变质、腐烂。

作为丁家庄驻村第一书记,年轻的聂晴急得吃不下饭,睡不好觉。她经常独自坐在办公桌前,望着窗外的群山,苦苦地思索着。有时,她也恨自己,恨自己身为商学院的毕业生,竟然面对着农产品滞销问题而发愁! 原先所学的那一套又一套的商品营销模式,居然一套都用不上! 她急得向书本求教,向同事们求教,还向自己母校的教授们求教。营销学教授给她提出了一条建议:试试网络销售。顿时,仿佛有灵光一闪,她的脑子仿佛真的开了窍。于是,借助网络推动丁家庄农产品销售的想法照亮了她年轻的心。她再次认真思考,将这个想法写成了一份"建议书",递交给张家界团市委,得到了团市委的充分肯定和大力支持。张家界市百万网红"公益助农"抖音直播带货活动便在夏晴这位年轻女孩子的建议下,得以轰轰烈烈地开展起来。

聂晴不仅只是提出建议,而且奔赴网络销售前线,自己做本土农产品的代言人。经过一个多月的销售实践,就销出丁家庄的鸡、鸭、莲藕、蔬菜等农产品近3000斤,帮助农户增收27万多元。聂晴的直播活动带火、带活了新桥镇的特产,但她却不满足所取得的业绩,又积极与公益组织、商业超市建立起长期合作关系,拓宽了新桥镇农产品的销售渠道,从根本上解决了新桥镇农产品销售的老大难问题。

　　时光如水,转眼毕业已两年,聂晴除了担任丁家庄驻村第一书记外,也一直从事党建、团建工作,她深入学习贯彻习近平新时代中国特色社会主义思想,锤炼了对党忠诚的政治品格,树立了不负人民的家国情怀,不打地在基层的广阔天地中展现着自己的青春风采。工作中的她勤钻业务、追求进步,多次参加市区两级乡村振兴、人大及政协换届等重点工作,并出色完成了任务。她坚持常学常悟、常学常新,积极参加党史学习教育系列活动,在永定区"红色足迹2号线"北社区旧址和南门垭烈士纪念碑革命基地担任宣讲员,带领研学人士打卡红色地标、寻访英雄模范、缅怀革命先烈,先后为市委办等32家单位2900人次宣讲红色革命故事,还在市纪检监察系统红色经典诵读中获得二等奖,在"大美永定·党旗飘扬"演讲比赛中获全区总分第一名的好成绩。作为一名青年干部,她带头营造"学习型"青年队伍,通过"守播留名"创新方式引导全镇青年参加"青年大学习",全镇学习率多次超过100%,位居全区第二。同时,她还带领全镇23名青年干部创建"新桥心声"广播电台,播报新桥快讯、惠民政策、红色经典故事,与镇直单位联合出品抗疫接种、防范诈骗等类特辑节目,至今已播出32期,在群众中享有较好口碑,成为宣传党团政策的特色品牌。

(湖南省大中专学校学生信息咨询与就业指导中心供稿)

博士村支书与他的乡村振兴梦

——中南大学袁维事迹

袁维,男,回族,1987年10月生,湖南常德人,2007年12月加入中国共产党,中南大学土木工程学院土木工程专业毕业,研究生学历,获工学博士学位,目前担任湖南省常德经开区石门桥镇赵家桥村党总支书记。

2019年11月,袁维从中南大学博士毕业后,选调至湖南省常德市工作。他坚守在农村一线奋勇担当,扑下身子为群众服务,苦干实干抓乡村振兴,先后获评常德经开区"优秀共产党员",中组部、农业农村部"农村实用人才带头人和到村任职选调生培训班优秀班干部",并获"常德青年五四奖章"。

求木之长者,必顾其根本,到基层去

"有理论之书,也有实践之书,二者需要结合起来读。"一直以来,袁维总是这样向大家解释自己的选择。2019年获得中南大学土木工程专业博士学位后,他随即前往央企研究院工作,在这里,他享受着舒适的办公环境和优厚的工作待遇,本以为就此将以科技工作者的身份长期投身于工程研发事业中去。然而,习近平总书记的一篇回忆文章改变了袁维的想法,文章中这样写道:"无论我走到哪里,永远是黄土地的儿子。""作为一个人民公仆,陕北高原是我的根,因为这里培养出了我不变的信念:要为人民做实事!"

"因思杜陵梦,凫雁满回塘",故乡是游子们内心最深处的柔软,也是袁维无法割舍的乐土。他生于湖南常德,长在身为农民的外公外婆家,家乡在他的心中有着不可替代的地位。之前,一直有一种声音萦绕在他的耳边:"年轻人读那么多书不是为了逃离贫困家乡,而是为了建设美丽家乡。"曾经的出国留学和国外工作经历,让他看到了发达国家的现代化农业发展,并深刻认识到了"民族要复兴、乡村必振兴"。抱着"试一试"的心态,他参加了省委选调生考试,正是这场考试让他"改了道",自此,他怀着对家乡的深厚感情,毅然放弃年薪30多万元的工作,坚定地选择了到基层工作。

潜心定规划,布局谋发展,赋能乡村

赵家桥村是常德市经开区唯一的省级重点帮扶村,村内虽然山水与人文历史资源丰富,但是由于缺乏规划和产业,发展一直不温不火。上任之后,袁维发挥专长定规划、谋振兴,制定了乡村五年发展规划,核心内容是农村一、二、三产业融合发展:第一产业是油茶、果蔬种植,第二产业是农产品加工,第三产业包括民宿康养、乡村旅游等。规划引领,人才先行。为着力培育本土技术人才,他先后组织赵家桥村党员、群众赴中国一乡一品产业促进中心、望城国家农业科技园等地学习考察,联系高校开展人才培训,效果显著。产业发展走向正轨,有"龙头"也有"奔头"。2021年,村集体筹资70多万元兴建温室大棚,聘请湖南农业大学专家指导村民种植了 100 多亩辣椒、草莓等蔬菜和水果,村集体收入突破 20 万元。通过成功申报中央财政油茶林改造项目,引进农业科技企业打造油茶特色产业并发展林间套种青蒿,村民务工收入超过 30 万元。

自担任村支书以来,袁维学会了用"农民的话"来跟农民打交道,对基层治理存在的共性问题也有了深入观察。他先后争取项目资金 1000 余万元,一方面完善基础设施,新建文化广场 1 处、美丽屋场 1 处、污水处理厂 3 座、公厕 1 座,整修村道超 2 公里、山塘 2 座,等等;另一方面发展设施农业,新建标准温室大棚超 6300 平方米、冷藏库 1 座。他将关爱"三留守"问题作为促进农村和谐稳定的重要抓手,推动村校合作,中南大学"星火计划"基层党政部门实习实践基地、湖南大学乡村振兴工作站、湖南文理学院暑期三下乡团队等相继落户赵家桥村。依托新建设的新时代文明实践站,每年组织超 12 场关爱活动、服务超 1000 人次,探索构建了政府、高校、社会、村委和家庭五位一体的基层治理服务体系,赵家桥村也获得了"省级示范儿童之家""常德市级文明村"等多项荣誉称号。在 2021 年常德市基层社会治理创新试点工作会上,赵家桥村作为全市唯一的村级单位进行汇报交流,相关典型经验先后获得人民网、《常德日报》等多家媒体的报道。

乡村振兴离不开村民的参与,而基层党组织是推进乡村振兴的"主心骨"。"放下架子、眼睛往下看、身子往下沉……"袁维设身处地地感知基层所盼,让村庄有了一系列新变化。老百姓也从完全不理解到略有怀疑,从旁目观望到全力支持,参与建设美丽乡村的积极性越来越高,最后是有力出力、有工出工、有地出地。

筑防疫壁垒,舍身忘我,不负重托

2021 年 7 月,常德地区突发新冠肺炎疫情。由于防护意识淡薄、人口众多且流动性大、村干部有限等原因,农村防疫工作困难重重,形势不容乐观。作为村支部书记,他迅速组织村"两委"召开疫情防控专题工作会议,传达上级疫情防控重要通知,部署村防疫工作和具体任务,严格落实网格化管理并建立起"1+1+1"防疫工作机制,凝聚包组村干部、村民组长、大学生志愿者三股基层力量,对农村防疫工作实行全覆盖推进。在村出入口、村部等重点场所设置防疫值班点管控人员进出后,他始终冲在最前线带领村干部、组长、志愿者分组入户,以"务必讲清防疫政策、务必摸清工作数据、务必覆盖所有人员、务必落实安全措施"为目标,逐户开展疫情防控政策宣传和基础信息摸排,做到在村村民入户率100%。对于行动不便的残疾人员和家庭困难群众,他积极协调各方力量安排车接车送,确保"应接尽接,不漏一人"。在他的带领下,村里的老党员、志愿者都纷纷加入防疫工作中来,连续奋战了60多个日夜,凝聚起全村战"疫"的人心和力量,人人争做防疫"守护者",构筑了一道道防疫的铜墙铁壁。

奋斗是青春最亮丽的底色,行动是青年最有效的磨砺。他时刻谨记自己是一名"中南人",充分履践"知行合一,经世致用"的中南校训,扎根基层、服务基层、争做有理想有本领有担当的时代青年。他听从党和人民召唤,胸怀"国之大者",担当使命任务,到农村基层最前线去施展抱负、建功立业,争当伟大理想的追梦人,争做伟大事业的生力军,让青春在祖国和人民最需要的地方绽放绚丽之花!

(湖南省大中专学校学生信息咨询与就业指导中心供稿)

闪亮的日子

广东

扎根雪域高原，奉献无悔青春

——广东财经大学黄海芬事迹

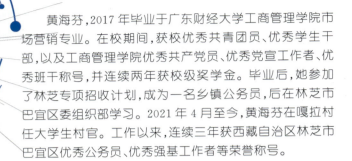

黄海芬，2017年毕业于广东财经大学工商管理学院市场营销专业。在校期间，获校优秀共青团员、优秀学生干部，以及工商管理学院优秀共产党员、优秀党宣工作者、优秀班干称号，并连续两年获校级奖学金。毕业后，她参加了林芝专项招收计划，成为一名乡镇公务员，后在林芝市巴宜区委组织部学习。2021年4月至今，黄海芬在嘎拉村任大学生村官。工作以来，连续三年获西藏自治区林芝市巴宜区优秀公务员、优秀强基工作者等荣誉称号。

2021年7月21日下午，习近平总书记赴林芝考察调研。在巴宜区林芝镇嘎拉村，黄海芬作为嘎拉村大学生村官、驻村工作队队员迎接习近平总书记。

奔赴西藏

比起远赴西藏，在大城市实习工作可能对毕业在即的大学生来说更具吸引力，可是对于黄海芬来说并不是。一方面受家里两位党员伯伯的影响，去往基层早已是黄海芬的目标；另一方面她本人认为年轻人应该有家国情怀和担当意识。就像习近平总书记2020年给中国石油大学（北京）克拉玛依校区毕业生的回信中写到的一样：广大高校毕业生要志存高远、脚踏实地，不畏艰难险阻，勇担时代使命，把个人的理想追求融入党和国家事业之中，为党、为祖国、为人民多作贡献。

困难与幸福并存

刚到西藏时，黄海芬面临的最大困难是如何融入当地，人生地不熟使得各方面的工作难以开展，在这种循环下她也就难以找到自己的存在感。"就像人不能改变天气，但是可以改变自己的心情。"她下定决心通过三方面的学习来改变这种状况：一是向身边的领导、同事学习，了解林芝的当地风俗；二是向身边办事的群众学习藏语，破除沟通障碍；三是在工作岗位上学习，在基层工作中不断摸索。一番努力下，困难逐渐化解，她在群众和工作中找到了自己的存在感。

此外，不断克服自身的弱项、提升自我的过程也是她面临的困难之一。从任乡镇干部，前往巴宜区委组织部学习，再到2021年4月下派嘎拉村任大学生村官，黄海芬前后经历了三次工作变动。不同岗位意味着不同的工作要求，党建强基、信息网宣、乡村振兴，每到一个新的岗位都是一个新的开始。怎么去克服困难提升自我？如何进入工作角色，做出成效？这是她不断思考的问题。在面临一次次考验时，她树立"从零开始"的心态，不断加强学习，始终以兢兢业业的态度积极投身各项工作。她坚信努力最终都会见到成效，问题也会迎刃而解。

黄海芬认为通过自己的努力，发挥作用、推动工作是最具幸福感的。2018年底，巴宜区中学原党总支书记索朗朗杰在工作岗位上去世。黄海芬作为新闻采访团的一员，通过实地走访，了解到除工作外，索朗朗杰与妻子的每月工资基本上都用于贫困学生的资助上。黄海芬说："通过大家的努力把索朗朗杰的先进事迹传播到基层，让更多的人了解，是一件极具正能量、有着重要意义的事情。"通过自己的努力帮助落实基层惠民政策，如帮群众跑大病医疗保险、帮学生兑现奖励和资助，把党的惠民政策传递到基层，让群众享受到实惠、接受党的温暖和关怀都让她很具有幸福感。她认为，这就是基层干部工作的意义所在。

在西藏，黄海芬也收获了诗意的爱情。她与爱人邹济民是在分配到巴宜区工作后相识的，她认为他们二人的相处带有工作搭档的性质，在工作和生活上二人互相照顾、扶持，一起在雪域高原上共同为乡村振兴而不懈奋斗。

知行合一，扎根基层

2018—2021年，黄海芬在巴宜区委组织部跟班学习，主要负责信息网宣工作。在黄海芬和同事的共同努力下，2019年巴宜区信息网宣工作取得了林芝市县区第一名、自治区县区第三名的好成绩，黄海芬本人也自2018年开始连续三年被评为优秀公务员，荣立三等功并获评2021年度自治区组织系统信息工作先进个人。四年的奋斗历程充实并丰富了黄海芬的人生经历，能够在提升自己本领的同时获得社会的认可，这让黄海芬深刻感受到了自己存在的意义，使其个人价值得以延伸实现。更为重要的是，工作生活的点滴让她体会到了民族团结一家亲的深厚情谊。

黄海芬回想起自己初到嘎拉村，老百姓就送来酥油茶和牛肉饼，当地群众的热情和淳朴让她立刻充满了工作动力。她说："不好好干，就对不起老百姓的支持。民族团结一家亲，这为群众做实事办好事奠定了基石。"

黄海芬认为要想做好工作，就要时刻保持谦逊的学习态度，多多去跟身边的群众讨教，并且尽可能地结合自己的所长去发挥作用，勇于担当、建言献策；另外，还需要沉得住气，甘于寂寞,这样才能在深入基层后收获更好的自己,也更好地服务群众。

任嘎拉村大学生村官以来,她立足嘎拉村作为旅游村的实际,充分发挥市场营销专业特长,帮助嘎拉村推出了文创产品桃花口罩、规范桃花源景区农家乐管理和嘎拉村红色研学主题教育展览馆运营等,获得了群众的一致好评。其中,嘎拉村红色研学主题教育展览馆2022年4月开馆以来,累计接待各级参观学习考察团60多个,参观人数达3000余人次。

心里的种子开了花

黄海芬多次提到在学校里她获得的专业知识是最宝贵的财富,为她日后的基层工作打下了基础。大学期间她担任学生党支部支委,除了做好党员发展工作,还协助学院党委组织开展了多项志愿服务活动,不知不觉中她对基层工作也有了更深层次的接触与了解,这也为她后来去往西藏工作的想法默默埋下了种子。回忆起大学时光,黄海芬坦言自己时常能感受到学校的人文关怀。工作后,校领导连续两年前往西藏,专门慰问在林芝的广财学子并举行了座谈会。黄海芬动情地说:"广财就像我们的坚强后盾。"

当时,工商管理学院副院长刘晓斌教授是黄海芬的班级导师,至今他仍对这个做事认真负责、乐于为集体服务的班长记忆犹新。大一时刘老师要求班上每位同学每周读一本书,并写读书报告,黄海芬每次都认真完成。在广财的四年,黄海芬的学习能力、沟通能力都得到了全面提升。得知黄海芬毕业选择去西藏时,刘老师特地赶到学校,当面对她的选择表示支持,希望她继续发挥做事认真、沟通能力强的优点,好好为当地村民服务。刘老师表示,培养有责任有担当有能力的学生,一直是广财坚持的信念,而黄海芬就是这个信念最好的体现。

郑冬瑜老师是黄海芬大学期间的辅导员,同时也是黄海芬所在学生党支部的支部书记,郑老师见证了她无论是作为学生党员还是作为学生干部,都能出色而负责地完成各种工作。无论班级活动还是党支部民主生活会,她都能处理得井井有条。印象中的黄海芬一直真诚待人,认真做事,得到了周围同学的一致认可。虽然毕业后黄海芬远赴西藏,但每次回广州,她都会和郑老师见面小聚,告诉郑老师她在林芝的工作、生活点点滴滴。当别人都为黄海芬放弃了中国银行的录取资格感到可惜并进行劝阻时,郑冬瑜老师却并不惊讶她有这样的决定。"时间能证明一切,她就是这样一个有着家国情怀的很纯粹的人。"

李文婷在大学期间与黄海芬在同一个学生党支部,她回忆与黄海芬共事的那几年,多次提到她日常工作很细心、有条理。令她印象最深的是大四毕业季,很多党员同学都忙于考研、考公务员或者准备出国深造,黄海芬也一样在为自己的毕业忙碌着,但作为支委的她从来没有因为忙碌而疏忽党支部的工作,总是晚上跑回来一个人默默处理党支部的事情。大四即将毕业的时候,党员档案工作处理需要花费很多时间精力,但是黄海芬每次都不辞劳苦,每天实习结束后就立马回到档案室,一丝不苟地处理党员档案。

从学生党员再到基层干部,变化的是身份,不变的是初心。"中国梦"的种子深深地在黄海芬的心里扎下了根,最终在西藏破土发芽,成长为一棵能为人民提供荫凉的大树。

(广东省高等学校毕业生就业指导中心供稿)

青春花开扶贫路，绘就美好新明天

——中山大学万雅文事迹

　　万雅文，女，中共党员，2018届中山大学地理科学与规划学院硕士研究生，毕业后选调到共青团贵阳市委工作。2019年9月，她被派往国家级贫困村贵州省修文县六广镇新明村驻村，担任驻村第一书记、同步小康驻村工作组组长。在校期间，她曾任中山大学学生会干部、中山大学第十六届研究生支教团云南澄江分队队长。从一名西部计划志愿者成长为一名90后驻村干部，她在脱贫攻坚和乡村振兴接续奋斗的战场上奉献青春，围绕村集体经济发展、人居环境整治、扶智助学等重点领域开展工作，落地扶贫资金323.79万元，用青春力量绘就新明村乡村振兴的美好未来。

90后驻村干部与脱贫攻坚的不解之缘

　　万雅文与脱贫攻坚的故事要从2014年前说起，那时，正在读研的她休学一年参加中山大学研究生支教团，远赴云南澄江担任西部计划中的一名支教老师。那一年里，万雅文不仅仅是孩子们的老师、朋友，还是一位教育扶贫的攻坚者。她开展的公益项目募集资金40余万元，服务对象超过8000人次，为澄江的5所山村小学装上了热水器、净水器，并通过互联网为孩子们实现了3983个微心愿。一年的支教时光影响了她的人生轨迹。读研期间，她将城乡区域发展作为她主要研究的方向之一。硕士毕业后，获得"十佳优秀毕业生"称号的她放弃了留在沿海城市发展的机会，选择了成为一名选调生，成为一名共青团的青年工作者。2019年9月，她再次肩负使命，被派往国家级贫困村修文县六广镇新明村，成了一名脱贫攻坚与乡村振兴的亲历者与实践者。

基层党建的引路人，以思路统领发展

　　万雅文驻村两年来，坚持用好思路谋发展、抓统领，为新明村的未来发展明确了"一二三四"工作思路，即围绕农村基层组织建设"一个中心"，谋好脱贫与振兴"两篇文章"有效衔接，抓实干部队伍建设、党员教育管理、结对共建共联"三大抓手"，扎实补齐集体经济发展、农村人居环境、基础设施提升、精神文化生活"四大短板"，充分发挥新明村党支部的战斗堡垒作用。

乡村振兴的领头雁，抓产业推动发展

　　要让新明村村民奔向更美好幸福的生活，关键在于变"输血"为"造血"。到村工作以后，万雅文就把摘掉新明村"产业空壳村"的帽子作为首要任务，从各家结对帮扶单位、爱心企业筹措了资金共91.08万元，用以建设新明村结对帮扶生猪养殖场。该项目自2019年10月开工建设，至2020年6月完工，推动了集体生猪养殖场以"村集体＋养殖大户＋基地"模式运营，实现了当年村集体经济收入达到15.2万元，填补了村集体经济的空白。

情暖民心的小夜灯，用温度支撑发展

　　万雅文以打造一支"有温度的驻村工作队"为群众工作目标，积极排解群众的急事难事，完成了在库的 26 户贫困户 58 人在 2019 年全部脱贫，所有建档立卡脱贫户仍继续享受各项惠民政策，并协调 19 个专项扶贫资金改善生活条件项目、10 万余元的物资为脱贫户的幸福"加码"。万雅文意识到"扶智扶志"与扶贫同等重要，团市委给考取二本以上的 7 名学生每人发放奖学金 5000 元，并对 6 名困境青少年进行"一对一"长期资助，每月资助每人 200～400 元。她还组织 300 余名青年志愿者到村里孩子集中就读的两所小学举办 16 次爱心助学"送教上门"志愿服务活动，累计捐赠物资超过 25 万元。

　　有孩子告诉万雅文，她一直将志愿者带着她做的小夜灯摆在床头，就像她远在浙江打工的父母每晚都守护着她。万雅文希望，如果不能带全部孩子去看世界，那就把世界带回来给他们看。一盏小夜灯，也许将成为照亮孩子们未来见识更大更广阔的世界的航灯。

应急志愿的排头兵，以安全保障发展

　　青年干部要有勇于拼搏、敢于斗争的韧劲，在疫情防控期间，万雅文组建了一支由 60 余名村民志愿者组成的青年突击队，其中多名受资助的返乡大学生主动参与联防联控，这支队伍获得了贵阳市新冠肺炎疫情防控工作"优秀青年突击队"荣誉称号。面对疫情对贫困劳动力复工就业的冲击，万雅文推动村内就地就业工作，开发招商引资项目和公益性岗位 52 个。面对困扰新明村多年的煤矿采空区引发地质灾害的突出矛盾，她积极协调市县各级补助资金。2020 年至今，她围绕危房改造、基础设施巩固提升建设已落地扶贫款项 191.94 万元，完成危房改造 32 户，安装了 243 盏路灯，投放了 100 个垃圾桶，建设了 2 个标准化卫生公厕。在推进工作中，她建立"驻村干部包户帮扶"的工作机制，及时了解农户的建设动态并解决建设推进中遇到的难题，推动申报地质灾害集中安置项目，将方案纳入省级项目库，她坚信新明村的人居环境将会发生突飞猛进的变化。

善作善成的新血液，用活力促进发展

青年团干部要有勤于学习、善于创新的朝气，万雅文总结驻村工作中的长效扶贫经验，注重理论创新与实践相结合，著有相关政研文章在《中国青年作家报》《贵州日报》《当代贵州》等国家、省、市各级报刊上刊发。此外，她还领唱 2021 年贵阳电视台《唱支山歌给党听》MV，获得"书香贵阳•传诵红色经典"贵阳市市直机关干部朗读大赛第一名、"贵阳市党史学习教育主题征文"一等奖。在修文县猕猴桃丰产的良好势头下，万雅文策划了帮扶新明村猕猴桃"黔货出山•风行天下"夏秋攻势的"线上直播、线下团购"特色展销活动，完成产销对接 15.6 万斤，销售额超过 50 万元。为了让农户快速加入电商队伍，她在直播间携手苗家明星歌手当主播，带领返乡大学生、党员干部齐上阵，并争取到京东京喜 APP 首页推送流量，累计有 31.97 万名网友在线观看新明村猕猴桃直播，为消费扶贫、黔货出山贡献力量。

结　语

从校门到机关门，再从机关门到基层门，在脱贫攻坚、乡村振兴一线奉献青春的三年多里，万雅文钻过牛棚猪圈，摸索产业发展路子；整理过村居档案，迎接脱贫攻坚检查；通过走访农户，宣传帮扶方针政策；办过助学活动，用奖学金圆贫困生的梦；踏过山间泥泞，推动产业结构调整；跑过爱心企业，协调集体生猪养殖；补过民生短板，整治透风漏雨危房；守过防疫卡点，构建群防群控体系；当过带货主播，帮助销售滞销农副产品……2021 年，她被共青团中央、农业农村部授予首届"全国乡村振兴青年先锋"称号，被贵州省工会、贵州省人力资源和社会保障厅等单位授予贵州省"最美劳动者"称号，被中共贵阳市委授予"全市优秀共产党员"称号，新华社、团中央志愿服务大讲堂等媒体对她的驻村事迹进行了专题报道。

万雅文把所学所思奉献给脱贫一线，把青春之歌融入时代旋律，把奋斗目标融入历史使命，她是奔涌在脱贫攻坚、乡村振兴洪流中激流勇进的青春"后浪"。

（广东省高等学校毕业生就业指导中心供稿）

"牛司令"和"牛医生"讲述华农兽医故事

——华南农业大学赵嘉威和刘云秋事迹

"八山一水一分田"的梅州,农林牧渔业资源丰富。在全面推进乡村振兴,大力发展畜牧业的背景下,赵嘉威和刘云秋作为梅州市引进的急需紧缺人才一起来到梅县区梅南镇顺里村,在当地的肉牛养殖场当起了"牛倌夫妻"。不同于一般的"牛倌",赵嘉威和刘云秋都是华南农业大学95后硕士,分别毕业于临床兽医学专业和预防兽医学专业。两人作为兽医行业的高素质人才,一个"预防",一个"临床",双剑合璧共闯梅州,既用真挚淳朴的方式演绎爱情故事,也用坚定的初心努力实现人生价值。他们说:"我们这些学农的人,尽管有较为丰富的理论知识,但还是要运用到实践中才有意义。"

坚定信念,实现人生价值

养牛是技术活儿,更是体力活儿,必须时刻注意安全、提高警惕。夫妻俩负责养殖的是有"肉中之王"美誉的安格斯牛,这是一种早熟、优质的肉用品种,养殖起来要格外注意各阶段的饲养管理。"我是'牛司令',负责牛的营养配方和整个牛场的管控。他是'牛医生',负责技术和人员培训,确保牛健康成长。"刘云秋介绍道。作为"牛司令"的刘云秋对养殖场的大小事都要了解,从饲草的质量、牛营养的调配到牛群的变动、数据的分析等,都是她的工作范围,而赵嘉威则以兽医工作为主。工作时,夫妻二人分工明确又配合默契,遇到问题时常常彼此鼓励、共同解决。

相比于大城市里光鲜亮丽的办公室,"牛司令"和"牛医生"的工作环境显得艰苦许多。每天,夫妻二人都会穿上工作服,走进牛圈里细心查看每头牛的情况。气温炎热时,他们穿梭在牛群中间,常常汗流浃背。辛苦之余,养牛也有温情时刻。"和牛相处多了,真的会很有感情。"身为兽医的赵嘉威看到精心照料已久的母牛顺利产犊,或是小牛在妈妈身边乖乖喝奶时,都会感到十分开心。刘云秋还给一头小牛起了名字:"我刚来工作的时候,这头牛才半个月大,因为从小就比别的牛壮,所以我给它起名叫大壮,一转眼它都两岁半啦!"

一心扑在事业上的赵嘉威和刘云秋以养殖场为家,吃住都在场里解决。每当遇到病牛或者生产高峰期来临时,赵嘉威都要晚上再去看看牛的情况才能安然入睡。"看着牛一点点成长,心里挺有成就感的。"刘云秋说。

艰苦奋斗,干出傲人成绩

在基层工作需要真真切切地把理论与实际相联系,将知识应用到实践中。刚开始工作时,面对肉牛养殖的全过程,初出茅庐的两人度过了一段"白天钻牛棚,晚上查资料"的日子。遇到问题时,他们会联系导师,仔细请教和确认。虽然也闹过笑话,但是在导师的指导、自身的努力和身边领导同事的帮助下,两人越来越得心应手,也做出了成绩,收获了认可。"今后也要多学习和总结、提升自己,掌握更多技能。""养牛确实是很辛苦,需要有毅力才能把工作做好,但是这两年的工作经历也让我们收获成长了许多。"夫妻俩在接受记者采访时表示,"在基层企业有很多实操的机会,对我们学农、学兽医的人来说,这是一个非常好的平台。只要你有足够的毅力和能力,这里会成为你广阔的舞台。"

"要想在畜牧行业有一点成就,需要长时间的经验积累,不断学习和解决问题。"刘云秋说,"工作中一定会有各种各样的困难,不是所有事情都会有一个好结果,重要的是你在这个过程中收获的经验。只要你能够坚持,不怕辛苦,就一定会有回报,幸福是奋斗出来的!"在他们二人以及养殖场员工的共同努力下,目前养殖场存栏约 1200 头牛,2022 年出栏约 200 头商品牛,到 2022 年底实现存栏约 2000 头。夫妻俩说:"我们从不后悔自己当初的选择,日子越来越有奔头,一定会有更'牛'的未来!"

学以致用,助力乡村振兴

"如果我们这些学农的都不从事农业,那我们学农业就没有意义了,况且我们也喜欢跟牛打交道。"面对空旷的田野和前不着村后不着店的肉牛养殖场,赵嘉威和刘云秋没有后悔。他们认为,既然选择了肉牛养殖业,就要吃得了苦,坚持不懈地扎根农村,将自己的专长应用到实践中,助推产业发展,助力乡村振兴。"这份'牛事业'是我们喜欢的,做自己想做的事情,我们会踏踏实实地干,一步一个脚印坚定地走下去,发挥所学所长推动梅州肉牛养殖产业实现高质量发展。"

什么样的青春最美丽?赵嘉威和刘云秋用实际行动告诉我们:奋斗的青春最美丽!党的十九大提出,实施乡村振兴战略要培养造就一支懂农业、爱农村、爱农民的"三农"工作队伍。期待更多像赵嘉威、刘云秋这样有理想有信念、吃得了苦、耐得住寂寞的高素质人才,发扬拓荒牛、老黄牛精神,在农业基层工作中破茧成蝶、大展身手,为推动乡村振兴事业做出贡献。

(广东省高等学校毕业生就业指导中心供稿)

逐梦雪域边疆，闪耀奋斗青春

——华南师范大学罗智华事迹

选择——到祖国最需要的地方去

"智华，这里有一个西藏林芝乡镇计划，不知道你感不感兴趣。"当从辅导员那里得知这一机会后，这位本可以成为珠三角中学地理教师的年轻小伙，没有丝毫犹豫，毅然决然地选择了报名。对于学地理的罗智华而言，他明知那里有冰天雪地，也不乏荒芜凄凉，但他更加深知巍然屹立的青藏高原是祖国战略安全的天然屏障。有朝一日能报效祖国、奉献边疆，一直是他的梦想。或许他不曾想过，因为这个选择，他从此开启了"逐梦雪域边疆，闪耀奋斗青春"的人生华章。

2019年8月，罗智华如愿来到西藏林芝，志愿填报了全国最后一个通公路的县——墨脱县，踏上了云背崩乡奉献青春年华之路。他发自内心地视背崩乡为第二故乡，视门巴群众为亲人。乡村振兴战略实施以来，他积极响应驻村工作，主动申请成为大学生村官，长期驻扎在背崩村。

"上面千条线，下面一根针"是基层工作最真实的写照。罗智华主动学习新时代驻村工作任务，和边境村民同吃同住，深入田间地头，熟悉风土人情，很快就成为当地群众的贴心人。驻村上罗智华真切感受到基层工作的艰辛，也更加深刻认识到国家脱贫攻坚的伟大。面对种种挑战，他不曾退缩，反而更加坚定了要努力为群众干实事、干好事、干成事的决心。工作以来，罗智华建言献策出思路、多管并举谋振兴、真抓实干促发展，用责任与担当展现了新时代青年的靓丽风采。

从书生到茶农，让绿叶子变成"金叶子"

　　罗智华所驻的背崩村共有 140 户 586 人——这在地广人稀的西藏称得上是一个大村了。为深入推进产业扶贫，实现背崩村由"输血式"发展向"造血式"发展的转变，政府投资 1760 万元在背崩村建成了面积达 1268 亩的檫曲卡茶园，茶叶逐步发展成背崩村的主导产业，为群众实现脱贫致富发挥了重要作用。然而，由于技术欠缺和管理不善等原因，茶叶品质和产量严重下降，2021 年全村仅采摘茶青 1.8 万余斤，收入 63 万元。

　　罗智华深知墨脱县独特的亚热带高山气候非常适宜优质茶叶种植，适合以茶产业为支撑的特色农业发展道路。面对茶叶减产、茶园管理中存在的各种问题，他忧心忡忡，时常想"脱贫攻坚刚刚结束，决不能因茶叶生产不规范，群众收入减少而导致返贫"。如何突破茶叶种植管理瓶颈成了摆在他面前的一道难题。为此，他主动联系请教内地茶叶专家，积极开展茶叶试验，逐步摸索出施肥、修剪、采摘等环节中影响和制约茶叶产量及质量的因素。

　　取得"真经"以后，他明确工作思路和方向，决心从改变群众思想观念入手，得空就走访群众询问茶叶管理情况，了解群众想法，并多次以联户为单位举行座谈，认真指导茶园管理，鼓励群众购买肥料，敦促大家按照专家的要求做好施肥、修剪、锄草和采摘等工作，带领群众逐步走上科学化、标准化、规范化茶叶种植道路。

　　罗智华带着乐呵呵的笑容，一家一户地做工作，茶园越来越热闹了。在他的影响带动下，2021 年底，全村群众积极购买有机肥 40 余吨，完成了冬季茶叶修剪和施肥等工作。2022 年春茶长势喜人，茶青品质和产量实现了质的提升。截至 2022 年 4 月 15 日，已采摘春茶 9000 余斤，超过了去年全年茶叶产量的一半。为了更好地做好做优做实村里茶叶大增产的后续发展，他还积极协助群众成立背崩村檫曲卡茶叶专业合作社，真正让小小"绿叶子"成为带动群众增收的大大"金叶子"。

从村官变身罗老师，让厌学者变成乐学者

由于特殊的地理环境和历史原因，墨脱交通通信极其落后。在2013年扎墨公路修通之前，墨脱县是全国最后通公路的县城。在2019年背崩乡到县城的公路修通之前，背崩乡是墨脱县最南端、最封闭的乡镇。地理位置的偏僻和信息的闭塞，让墨脱有点高原"孤岛"的感觉，村干部文化水平普遍偏低，思想保守，视野局限，发展思路不开阔，进而让乡村振兴也举步维艰。找准了制约乡村振兴的症结之后，罗智华决定以提升村干部和村民的文化水平为突破口，进行提素质、补短板。理想很丰满，但现实很骨感。大多数干部、村民虽然有学习的愿望，但又很难为情、不好意思学，厌学情绪严重。

面对这种情况，罗智华把从大学学到的师范技能运用到了村里的"大孩子"身上。他组织了"小手拉大手"系列活动，主动联系、动员返乡大学生在寒暑假回到村里开设"乐学辅导班"，一时间背崩村掀起了大人小孩同学习的热潮。辅导班把最标准的普通话、最先进的科学知识、最好听的红歌、最生动的民族团结教育故事传播给村里的老老少少，"学知识、上好课、长本领"成了当地孩子们的一个可望又可即的梦想。罗智华自费购买信纸、信封分发给村里的学生，让小学生、中学生们以写信的方式敦促家长学习，在学生们良好学习习惯的感染和带动下，父母们的学习积极性也被调动起来，形成了良好的学习氛围，逐渐实现了"要我学"到"我要学"的巨大转变。

随着学习氛围的逐渐浓厚，罗智华开始从村干部、双联户长入手组织大家学习国家通用语言、国家安全知识。对于有些从没有写过字的户长，他甚至手把手教学，虽然时常惹得大家哄堂大笑，但也慢慢拉近了他与大家的距离，让他成了当地群众最信任的"罗老师"。驻村至今，他先后开展国家通用语言培训20余场次、培训800余人次。通过长期培训，村干部慢慢学会了读文件，党员可以用流利的普通话背诵入党誓词了，群众也能端正地写好常用汉字了。

从走出去到留下来，让苦力工升级为技术工

在党和政府的大力关心支持下，在全国人民的无私援助下，背崩村作为西藏跨域式发展的一个缩影，驶入了发展的快车道，实现了短短数十年跨越上千年的历史巨变。但以农业种植为主的单一生产结构仍然没有改变，以国家补贴、采茶和不稳定的外出务工为主要增收渠道的现状仍然没有改变。技术赋能助力群众增收的愿望一直落空，务工群众只能干着别人不愿干、不屑干的脏活、累活、苦活，且收入很不稳定。巩固拓展脱贫攻坚成果，推进乡村振兴，人才是关键。为此，罗智华时常思考如何为背崩村培养人才、积累人才、留住人才。

"我想学习装载机，有没有这方面的培训啊？"年轻小伙高向东问起。罗智华听到后激动不已，立马问道："想学的人多不多？"经初步统计发现，全乡各村共有120余人有学习意愿。在了解到群众学习技能的渴望后，"我一定要把这个培训班办起来！"罗智华心中下定决心。他积极协调，不仅争取到培训经费，还协调在背崩村举办挖掘机、装载机培训班，做到了在家门口培训，极大地方便了群众，节约了培训成本。

在了解到本村群众致富增收后劲不足的问题之后,罗智华积极联系开展各类技能培训,通过激发群众的致富内生动力,让群众增收有"术"。目前全乡各村共有120人完成了装载机培训并通过考试拿到了证书,且有4人购买了挖掘机(装载机),村里逐渐积累了一批技术人才。部分群众在附近的边防公路、派墨公路上实现了就近就便就业。此后,罗智华还积极协调一家驾校送教上门,在背崩村开展小车驾驶培训,目前已有50余人报名。

扎根——火热青春绽放在祖国边陲

从沿海到高原,从广东到西藏,从市区到边陲,罗智华一路从祖国的南端走到了祖国的西端,朝着祖国最需要的地方前进。每当被问到扎根边疆、在驻村一线有什么体会的时候,罗智华总说:"西藏的景色很美,但我最爱的还是村庄每户屋顶飘扬的五星红旗和每一位扎根在祖国边陲的戍边人。我在这里找到了实现人生价值的方式,我从未有过如此的坚定,把党作为人生信仰,把祖国当做生命寄托。"伟大正确的政党、秀丽的山湖、淳朴的民心、好客的墨脱人民,让罗智华把最火热的青春、最赤诚的爱国之心、最深厚的民族情谊留在了这个边陲小县城。

2021年,时任华南师范大学党委书记的朱孔军同志在全校思政第一课上讲述了罗智华赤诚服务边疆的故事,越来越多的大学毕业生受其感染选择奔赴基层服务。如今,罗智华的驻村工作还在继续,他始终坚信做好驻村工作的每一件小事,就是积极践行全心全意为人民服务的宗旨,就是为中国梦添砖加瓦。新时代青年的正确选择是什么?面对这个问题,罗智华用实际行动给出了铿锵有力的回答:扎根基层,去祖国最需要的地方,成为神圣国土的守护者、幸福家园的建设者。

(广东省高等学校毕业生就业指导中心供稿)

乡建扶贫筑梦人

——华南理工大学陈可事迹

陈可，华南理工大学建筑学院城乡规划学博士研究生，华南理工大学建筑学院乡建扶贫志愿者服务队队长，广州方略乡创文化有限公司创始人。他作为核心成员主持或参与了广东、四川等地超100个镇村的乡村规划建设与乡建扶贫实践，创新探索"规划设计建设运营一体化"乡建模式，在广东近70个镇村付诸实施，相关地区经验做法由省住房城乡建设厅向全省进行推广，入选国家住建部全国推广案例。陈可和团队多年的志愿服务及双创实践，获得多个全国全省奖项，其中：乡建扶贫志愿者服务队获评2019年第二十一届"广东青年五四奖章集体"，多个项目获得2019年第五届中国"互联网＋"大学生创新创业大赛"青年红色筑梦之旅"赛道全国银奖、2019年度全国高等院校城乡规划专业大学生乡村规划竞赛全国一等奖；他被评为2018年度中国大学生自强之星、"感动华园"大学生年度人物。在乡村帮扶的持续创新实践中，陈可及其所在科研团队的实践项目亦获得多项荣誉，其中，"首创'碳中和乡村'构建生态资源资产化乡村绿色发展新模式"项目入选2021年第六届"教育部直属高校精准帮扶十大典型项目"，《广东省村庄规划编制及省定贫困村编制指引研究》课题成果获2019年广东省优秀城市规划设计一等奖。陈可多才多艺，曾相继入选第一届华南理工大学"华音初上"校园歌手大赛总决赛十强歌手。

作为一个从小在繁华城市长大，从小学到大学甚至都在一个街道上学的"广州仔"，陈可是怎样走上投身乡村建设、乡村扶贫、乡村振兴的道路的呢？

缘起：与乡村缘分的开始

"与乡村的缘分实际上是出于学校扎根乡村的历史情结以及个人的研究兴趣，是一个自然的选择和学习实践的过程。"陈可常常这样感慨。

华南理工大学是全国最早开展乡村人居环境规划实践和理论研究的高校之一，而陈可与乡村的故事，则缘起于本科五年级由建筑学院叶红老师指导的专业实习和毕业设计。

"真题真做"的毕业设计课题，涵盖城乡战略规划、乡村规划设计等多个研究领域，陈可当年的毕业设计成果曾获得学院城乡规划专业毕业设计的历史最高分，并入选校级优秀毕业设计成果，而当年的规划方案则实实在在地引导了许多项目落地实施。这促使陈可在本科毕业后直接留在学校老师的工作室继续跟进，也为他在香港读硕士期间将生态环境规划技术和岭南乡村研究相结合打下了基础，更为他日后重返华园从事乡村研究与乡建实践埋下了种子。

"带着研究的状态去实践，是我特别向往的一种工作方式。"也正是出于对这种生活方式的向往，陈可在本科五年级的时候便确定攻读硕士和博士研究生。将乡村研究与实践充分结合，是他很早便确立的学习和职业发展方向。

承脉：从零到一的实践

硕士毕业后，陈可回到了曾经共同奋斗的团队当中，参与组织四川省一个农业大县的

20 多个乡镇的总体规划。

"这段深入贫困山区的实践经历,极大提升了我对环境的适应能力以及对乡村地方文化的兴趣。"生在广州的陈可甚至学会了四川话,能够运用一口地道的方言汇报方案,和老乡、干部"摆龙门阵"。在这次实战中,他更加笃定了扎根乡村的信心,并决定回到华园继续学习。

"实际上,将学习、研究所得付诸实践,就是一个在实践中反思学问的过程。我们能很快地评估,究竟书本上、文献里哪些知识能契合特定时代特定地域的发展需求,又有哪些知识可以被优化补充和更新迭代。"在博士研究生阶段的前期,陈可曾作为现场负责人连续驻县驻村将近一年,从中积累资料,更积累对于新时代乡村价值的理解和乡村问题的认知。在此期间,他所在的课题组、项目团队也探索了许多乡建扶贫的落地模式和做法,在韶关市武江区、翁源县等地做出了 70 多个镇村实际建成案例。

随着驻村经历的增加,陈可和伙伴们发现,乡村的建设发展依然存在许多问题,比如缺专业技术、缺优质人才、缺乡村资源与社会资金的联动平台等。这样的问题导致许多村庄规划难以落地,也导致广大乡村地区建设发展分散低效。这些痛点也成了陈可和他的团队创立建筑学院乡建扶贫志愿者服务队以及方略乡创创业团队的契机,其目标便是通过联动多专业团队以及在校师生,实现"乡村规划设计—乡建工程管理—乡建人才培训—乡村业态导入—乡村品牌孵化"的落地服务,让乡村变美、变活、变富。

陈可和团队多年的志愿服务及双创实践,获得多个全国全省奖项,其中:"乡建扶贫志愿者服务队"获评 2019 年第二十一届"广东青年五四奖章集体";"城乡破壁者——乡村振兴集成运营服务"项目获得 2019 年第五届中国"互联网+"大学生创新创业大赛"青年红色筑梦之旅"赛道全国银奖;"韶关市冲下村实践队"参加 2019 年度全国高等院校城乡规划专业大学生乡村规划竞赛,获得全国一等奖及最佳研究奖;而他个人也被评为 2018 年度"中国大学生自强之星"。

适应:无惧前行的挑战

在乡建扶贫与创新创业相结合的工作中,陈可和他的团队进行了许多新的实践尝试,例如创新探索"碳中和新乡村"绿色发展新模式、驻村开展规划建设"一体化"模式、建设培训基地为镇村干部提供智力与技术支持等。

"在乡建项目中,需要专门训练跨学科、跨行业领域的实践能力。"陈可认为,只有具备跨学科的视野才能更好地发挥专业服务力量,承担在政府干部、乡亲们、设计师、企业人员等多主体当中的纽带作用。这也是建筑学子投身乡村振兴工作中需要不断提升的能力。

不同于城市建设项目,乡建项目往往具有分散化、单个体量小、可变性大的问题。而乡村建设链条里各个环节中优质专业团队的缺失,也是乡村建设相对于城市建设需要关注的重点问题。针对这一现象,陈可及其团队在粤东西北和珠三角地区以及四川成都周边地区,开展了乡村"规划—设计—建设—运营"全流程研究和落地实践,并做出了不少综合示范案例:

一所空置小学被改造为广东(翁源)乡村振兴培训学院,现在已经是广东省首批美丽乡村建设培训基地,承办了多场省级、地级市、县(区)级培训活动。

一处空置粮仓被活化利用为乡村振兴培训实践中心。在这里成功组织了中国城市规划学会乡村规划与建设学术委员会2019年年会,汇聚了国内多所知名高校、企业及设计机构的专家学者参与,实现了"乡村的事情在乡村做"。

通过整体规划与跟踪建设,陈可和团队见证了乡村环境的变化、人气与活力日益兴旺,大大提升了本土村民对家乡的荣誉感、自豪感、归属感。陈可说:"我们渴望通过更多综合示范基地的样板,把多方联动、产村融合的成效展示出来,把可复制、可推广的解题思路分享出来。"这是陈可对乡村振兴的愿景,也是他和团队正在积极做的事情。

在乡建帮扶的持续创新实践中,陈可及其所在科研团队的实践项目亦获得多项荣誉,"首创'碳中和新乡村'构建生态资源资产化乡村绿色发展新模式"项目入选2021年第六届"教育部直属高校精准帮扶十大典型项目";《广东省村庄规划编制及省定贫困村编制指引研究》课题成果获2019年广东省优秀城市规划设计一等奖;"翁源县52个示范村(省定贫困村)村庄整治创建规划"项目获2019年广东省优秀城市规划设计二等奖。

"民族要复兴,乡村必振兴。"在躬身脱贫攻坚和乡村振兴有机衔接的新征程中,陈可立志于进一步聚焦新技术、探索新模式,努力把"科技创新利器"变成村民的"掘金铲"。最近,他也在联合多位在校研究生着手创立"新青年乡村研习社",带动更多院系、不同专业的青年学子扎根乡村,帮助更多贫困山区、革命老区实现脱贫攻坚和乡村振兴的有效衔接,用最美的春光把青春奉献在祖国乡村大地上!

(广东省高等学校毕业生就业指导中心供稿)

闪亮的日子

广西

初心不改，青春无悔
——广西医科大学何许冰事迹

何许冰，广西医科大学毕业。她从小就有一个"救死扶伤"的梦想，始终坚定地认为全科医生是广大人民群众健康的"守门人"，是父老乡亲最熟悉的朋友、邻居。带着这个初心，2021年8月，她回到自己的家乡梧州，在梧州市藤县金鸡镇中心卫生院开始了她的服务生涯。

凭着一股拼劲，她决心为乡镇卫生院带去力所能及的改变

刚回到卫生院不久，她就参与了科室对一名心跳骤停患者的抢救，抢救的失败对她产生了沉重的打击，现实使她深刻地了解到了乡镇卫生院缺医少药、医疗技术水平落后的现状。她想起高中时贴在书桌上的座右铭"别抱怨，去改变"，带着一股拼劲，她决心要使卫生院有所改变。在征得医院领导的支持下，她组织开展了心肺复苏、简易呼吸气囊、危急病人抢救流程及分工、除颤仪使用等专业培训，并多次为同事答疑解惑，在一定程度上提高了卫生院的抢救水平，同时也获得了同事们的认可，但凡遇到病人抢救或疑难病症，同事们都会首先请教她。

凭着一股韧劲，她不顾世俗眼光把自己变成了村民的家庭医生

家庭医生签约服务是对居民健康进行全方位守护的重要手段，也是乡镇卫生院的一项重要工作。刚到卫生院工作的她积极主动承担了20余户家庭的签约入户随访任务。在对20余户家庭100余人进行入户随访时，她发现许多居民对家庭医生签约服务不了解、不认可，受当地乡风民俗的影响，部分居民认为医生"晦气、不吉利"，对家庭医生签约及入户随访有反感、抵触情绪，许多患有高血压、糖尿病的慢性病人血压、血糖控制不理想，依从性

差。为了落实好家庭医生签约服务政策,她主动联系村医、村干部,共同做好解释工作,去每家每户走访,为居民讲解服务政策、答疑解惑,为有慢性病的居民宣讲疾病相关知识,制定个性化的非药物及药物治疗方案。在半年多的时间里,她走访了20余个村落、200余个家庭,每当患有高血压的居民反馈头晕症状消失、患有糖尿病的居民说手脚麻木得到缓解时,她就感觉到自己所有的努力都值得。

凭着一腔热血,她第一时间加入抗疫医疗队伍

2022年春节,在得知广西百色暴发新冠肺炎疫情、藤县连夜紧急组织医护人员支援百色抗击疫情时,何许冰充分发扬党员先锋模范作用,第一时间踊跃报名,随藤县支援百色医疗队伍奔赴百色靖西市,入驻靖西二中北校区集中隔离点工作。靖西市作为百色疫情的重灾区之一,新冠肺炎确诊人数仅次于德保县。何许冰所在的新增隔离点里,由于相关工作人员缺乏经验,存在诸多问题。医疗小组入驻后立即与隔离点相关负责人联系,经检查发现隔离场所存在布置不合理、防疫物资、基本医疗保障药品及生活保障物资不足、缺乏热水供应、后勤人员穿脱防护服不规范等问题。何许冰积极出谋划策,与团队成员共同完成隔离场所污染区、办公区、半污染区及清洁区的科学设置,并联系外围工作人员紧急增补防护服、手消液、紫外线灯、降压药等物资,另外还对非医学专业的后勤人员进行穿脱防护服培训。因时间紧迫,在物资相对不足、后勤人员紧缺的情况下,她积极组织参与采集隔离人员基本信息、安排隔离房间、检测体温、采集核酸以及常见疾病的处理等工作。针对隔离人员年龄跨度大(有出生才9个月的婴儿和30余名高龄老人),合并基础病多(老年人多数合并有高血压、糖尿病、冠心病等基础疾病),语言沟通不畅(因多数老年人讲壮话,团队的医护人员都听不懂壮话,只能用普通话沟通,给日常工作增加了困难),情绪不稳定(隔离人员容易出现焦虑、烦躁等不良情绪)等特点,她会同团队人员制定针对性的措施,确保隔离期间的安全稳定,顺利完成了支援任务。因全国各地疫情反弹,疫情防控任务重、压力大,回到卫生院后她又在发热哨点继续进行疫情防控工作。

凭着一份责任，她投身到东航客机
坠毁事件救援工作中

2022年3月21日一架东航客机在梧州市藤县埌南镇莫埌村不幸坠毁，举国哀恸。藤县第一时间开展紧急救援工作。何许冰代表金鸡镇中心卫生院赶赴坠机现场，会同其他医疗保障组成员进行医疗保障工作。现场搜救期间出现了持续强降雨的恶劣天气，现场人员有来自国外的记者、从全国各地赶来的遇难者家属以及各省市前来的消防队员、军人、专家等，医疗保障压力空前。其间，她分别参与了事故现场的人员的核酸采集，为不慎受伤的搜救人员进行清创包扎，为现场出现晕厥、胸闷等不适症状的遇难者家属第一时间进行治疗，为救援工作顺利进行保驾护航。

这是何许冰毕业后回卫生院工作的第一年，她投身卫生院的医疗工作，参加疫情防控，参与应对重大突发事件，忙碌地迎接各种挑战。3·21坠机事件的伤痛仍未抚平，新冠肺炎疫情还远未结束，卫生院仍存在人员、药品、设备等严重不足的问题。无论是关于疫情防控还是医疗卫生工作，都还有很多事情等着她去做，她的故事也将继续书写。也许有一天，她回首那些为基层发光发热的日子，在泥泞中穿着隔离服艰难前行的模样，会发现，每一天都是青春岁月里最耀眼的时光。

（广西壮族自治区高等学校毕业生就业创业指导中心供稿）

发挥专业特色，潜心扎根基层，奉献无悔青春

——广西生态工程职业技术学院韦小隆事迹

　　他是一个来自长寿之乡巴马县的农村男孩，从凤凰乡那朝村板扣屯走出来，以梦为帆，来到广西生态工程职业技术学院中草药栽培技术专业学习。他勤工助学，以优异成绩成为班上同学的表率。他发挥专业特长，以优异成绩进入实习单位……但命途多舛，父亲在他实习期间不幸过世，他毅然决然挑起家庭重担，返回家乡，发挥专业特长，将个人梦与中国梦结合，利用广西河池市巴马瑶族自治县特有的自然环境，创新经营模式，发展农村经济，自建新生态种植示范基地种植园30亩，技术扶持乡里阳光助残种植基地300亩，带动120个残疾人就业，带动残疾农户致富。他，就是韦小隆，既是凤凰乡那朝村的团委书记，也是广西逐梦生态农业科技发展有限公司的法定代表人。他主动作为，为乡村振兴贡献新力量；他善于谋划，为基层创业谱写新篇章；他勇于奉献，为抗疫奏响新旋律。

　　韦小隆于1995年12月出生于一户建档立卡贫困户家庭，父母都是老实巴交的农民，没有文化、没有技术。他还有一个妹妹，家里的开支主要依靠父亲在乡里打苦工的收入维持。他从小就懂得体贴父母的辛劳，读书期间也勤工俭学，由于不忍父亲为生计奔波劳累，2005年，上高二的他决定休学一年外出务工。他来到一家健身房当学徒及教练，依靠自己赚取了学费及生活费后才重新回到校园。深知生活不易的他萌发了提高学历水平的决心，为报答父母的养育之恩，他立志成才，带领家庭走出贫困。

　　2017年，他到广西生态工程职业技术学院中草药栽培技术专业就读，在校期间表现非常积极，是不折不扣的榜样人气学长。他在校期间加入学校中草药协会，积极、主动协助老师进行学校中草药栽培基地的管理、栽培试验。他曾在学校中草药栽培试验基地栽培牛大力、三叶青、药用玫瑰等药用植物。经过在校期间的学习实践，他熟练掌握了许多常见中草药的栽培技术，并在寒暑假回家时对家乡的情况做了考察。他发现那朝村属于丘陵土坡，

地形缓，水分足，土质好，很适合种植中草药，而且有很多原始林地，林下也有些药材，比如多花黄精、野生灵芝、牛大力等，经常有药民来采摘，可以考虑保护和移植，所以那朝村是发展中草药的好地方。生有涯而学无涯，在校期间，他掌握了过硬的专业知识，并在实习期就被桂林一家生物技术有限公司聘用为技术员。

然而，2019年10月的一天，他正在上班的时候，家里传来噩耗，父亲在务工返回途中因车祸意外过世，这对他来说是天大的打击。他匆忙跟单位请假便回家为父亲料理后事。悲伤之余，等待他的还有家里的重担，妹妹2019年刚考上大学，母亲是一个目不识丁的农民，只能在家务农，家里的主要负担都压到了他身上，命运给了他一道艰难的考题。当他还在家里守孝的时候，那朝乡党委书记到他家走访，与他交流，安慰他要化悲痛为力量，扛起家里的重担。经过交流，党委书记了解到了他的特长和专业，并告诉他现在村里正在发展的集体经济产业就有中草药栽培，与他的专业吻合，目前已经流转土地700亩，种植100余亩，但是因缺乏专业带头人和技术指导，项目推动困难重重，特别需要他这样的专业人才。

由于专业的吻合和自身的兴趣，韦小隆与乡党委书记到中草药基地察看，在了解了基地的发展情况及规划后，他决定留下来。在基地，韦小隆查看了原先已经种植的100多亩白芨，采集土壤样本进行分析，然后列出了一系列的生产计划和措施。他主动与村支书、主任和基地负责人洽谈，决定参与中草药种植，并负责项目生产。

向难而行，冲锋在前，争做新时代具有责任意识和创新精神的建设者。2019年11月，韦小隆进入那朝村集体经济中草药基地工作，他手上拿着小锄头，走进每一块田里，认真察看土质情况，一会儿记录，一会儿拍照，深挖当地的中草药资源。遇到不了解的中草药，他就发图片给老师帮忙鉴定，有时由于拍摄的图片特征不明显，老师就把植物的典型特征告诉他，让他一一对照，并让他跟当地村民了解该药用植物的俗名、生物学特征和药用价值，以此判断，确定该植物的真伪。栽培过程中，遇到不确定或不懂的技术问题时，他都会跟老师沟通交流，老师总会细心地给他进行分析、指导。在他的努力实践下，那朝村中草药栽培基地的组培苗生根困难以及根块类药材栽培过程中根块不发达、产量低的问题都被一一解决。同时，他还利用空闲时间建设了自己的创业基地——野生中草药标本园，发挥专业特色，潜心扎根基层，开始自己的创业生涯。2020年7月，他注册了广西逐梦生态农业科技发展有限公司，从事绿色有机农产品和药食同源植物的种植、研发和生产经营。他创新种植技术，包括地膜除草改良土壤技术和山地生态平衡技术，创新生产经营模式——包括以"公司＋合作社＋农户"(农户种植散户，指家庭农场、农民合作社等)相结合的模式，通过打造产业示范基地，有效带动群众发展特色产业增收致富。他建立中草药加工厂，收购农民种植的产品，对中草药材进行深加工和销售。他与高新技术企业合作，研发生产中草药养生产品。他推动农林旅游产业融合，构建新型产业，延伸产业链，开发新品牌，抢占更大的市场份额，反哺农林产业，实现乡村振兴。

经过近3个月的努力，韦小隆组织群众完成五指毛桃种植300多亩，他一方面传授种植技术，另一方面宣传中草药产业优势和"乡村振兴战略"中产业发展的重要性及国家支持的政策方向，分析中草药市场前景，从多方面做群众的思想工作，使群众逐渐接受中草药这一特色产业，也纷纷到基地来学习。但种植需要时间，效果一时半会儿出不来，韦小隆为激发群众种植中草药的内生动力，形成以点带面的形势，便在自家的5亩土地上自创小型"中草药园"。他本身资金不足，就通过邀请朋友、同学入股筹集到5万元启动资金，自己投工投劳搭建大棚,发挥吃苦耐劳的精神,独自种植百合、红玫瑰等短期品种。"中草药园"虽然小,但五脏俱全,里面设有育苗区、试验区、养殖区、观景台等,试验区有他从山上移植的牛大力、百步、黄精等多种类型的药材。虽然"中草药园"刚起步,但韦小隆思路清晰,规划先进,他前期主要种植红玫瑰,吸引游客前来观赏、拍照,并与花店、婚庆公司合作,既可以向花店出售产品,又可以作为婚庆公司拍婚纱照的景点,两全其美。后期他开始研究特色养殖产品,购进当地土鸡到基地进行中草药鸡培育。他还种植了食用玫瑰、茶叶等。他致力于打造观赏、采摘、销售、餐饮一体化的休闲田园风光,通过培育新型农民种养殖模式增加群众的收入。

自新冠肺炎疫情暴发以来,他就一直关注着相关防疫信息,他说:"作为新时代青年,就要有无私奉献、敢于拼搏的大爱,感恩祖国,感恩自己的学校,不辜负这个伟大的时代。"在村里创业的他毅然决然地投身到了抗疫一线,成为村防疫站的志愿者。村里的团支书一职因找不到合适的人选而一直空缺,村"两委"经讨论后提请他为村团支书,特殊时期,简化程序,乡党委及时讨论通过后任命他为该村团支书。在之后的抗疫工作中,他更加积极地投入到了守卡、重点人员排查、疫情宣传等工作中。

矢志扎根基层,在乡村振兴路上诠释家国情怀。在韦小隆的中草药种植园中,一枝一叶都饱含着他对基层建设的热情、挥洒的汗水,一点一滴都凝结着他开创未来的初心。他在生态宜居美丽乡村的画卷中绘出了浓墨重彩的一笔。

(广西壮族自治区高等学校毕业生就业创业指导中心供稿)

"我的诗和远方就在大瑶山"

——广西工业职业技术学院梁露事迹

　　她考上大学却陷入交不起学费的困境;她大学毕业后,毅然回到地处边远山区的故乡金秀瑶族自治县做特岗教师;她因表现出色,荣获了"县优秀共产党员"荣誉称号。她的故事体现了一名家庭经济困难学生人生路上的"三大转变":无助、自助、助人。

生活的困境与转折

　　梁露2015年毕业于广西工业职业技术学院,家住广西来宾市金秀瑶族自治县,现在在金秀瑶族自治县学生资助管理中心工作,担任学生资助管理中心副主任一职,并全面主持学生资助管理中心的各项工作。

　　2012年,她考入广西工业职业技术学院,但她家庭的经济情况并不好,父母亲没有固定工作;父亲常年在省外奔波,依靠在工地上打零工挣钱养家;而她的母亲那时身体欠佳,无法工作。在金秀瑶族自治县学生资助管理中心和高中老师的帮助下,她顺利申请到4年共计3万元国家开发银行生源地信用助学贷款,极大缓解了她大学期间的学费压力。

　　2015年,她完成了专科阶段的学习,并以优异成绩考上了桂林电子科技大学的本科。在生源地助学贷款的支持下,2017年3月,她顺利完成了本科的学业。

　　梁露说:"山里的孩子爱大山,心系着父母和家乡,以梦为马,我的诗和远方就在金秀。"她以坚定的理想信念,不忘初心,义无反顾参加了金秀的特岗教师招考。功夫不负有心人,在不断的努力下,她最终顺利通过招考和考核,回到了瑶乡的一个乡村中学,担任一名信息老师。

　　她很快进入了角色,并快速成长。她热爱自己的工作,更爱自己的学生。山区的孩子玩着泥巴长大,对电脑充满了好奇,但孩子们已经上初中了却连开关机都没掌握。她把孩子们带入了一个新的时空,让他们从容面对信息技术的中考。山区的老师教学资源匮乏,她就利用周末的时间给老师们进行信息技术与学科融合方面的培训,让他们都能跟上信息时代的步伐,在今后的工作中能更轻松生动地上好课。

　　她认为努力的人都是受上天眷顾的幸运儿,在从教的道路上,她积极探索,积极争取外出学习培训、赛课的机会,希望能多和最优秀的老师交流。经过不断的努力,她获得了信息技术教学方面的县级、市级、自治区级奖项。

在扶贫路上成长、蜕变

　　她的成长被上级看在眼里。2018年11月,时值扶贫攻坚最关键的阶段,全县教育扶贫在大数据处理方面存在困难,局领导得知她是通信工程专业毕业,有信息技术专长,为确保全县教育扶贫数据精准,临时抽她设计资助数据统计模板,并对全县各校负责资助工作的人员进行信息技术培训。她边培训边实践,仅用3天时间就清理完了全县4年来的共8万多人次的资助数据,使其全部数字化,并与数据扶贫数据库完成对比,圆满完成了扶贫迎检工作。

2020年,她被抽调到县学生资助管理中心,开始了她的资助工作生涯。她用心学习,努力成长,在领导和同事的帮助下开始了新的蜕变。在扶贫攻坚收官阶段,她再次被委以重任,成为资助中心主持全面工作的副主任。这是领导对她的信任和重托,也是她和资助的缘分。当得知顺利通过扶贫攻坚验收时,大家都留下了幸福的泪水。

作为一名党员干部,她在从事教育资助工作期间尽职尽责,努力发扬连续作战精神,坚持做到思想上不放松,工作上不减力,在2021年中国共产党成立100周年之际,她很荣幸地获得了"金秀瑶族自治县优秀共产党员"荣誉称号。

从受助者变成助人者

据梁露介绍,她在学生时代沐浴在党的资助政策的春风里成长,所以当她走上学生资助管理工作岗位时,她特别理解贫困学生在求学路上的种种想法。当她接手生源地助学贷款工作时,她放下了业务人员的身份,以知心学姐的身份面对略带羞涩来申请贷款的学弟学妹。她用自己的成长经历鼓舞他们:"虽然家庭贫困,但我们可以选择自信地面对未来。"

在资助中心工作的两年中,她将目光聚焦于贫困学生,积极落实教育资助政策,经常下乡访户了解贫困学生的家庭情况,做到不让一名学生因贫困失学。她还时常受邀参加县里举办的基层干部培训班,给培训班的干部们讲解国家的教育资助政策;不仅如此,她还在组织中心成员下乡开展教育资助政策宣传的同时主动联合各个乡镇,将教育资助政策宣传单发放给县里所有乡镇的每一户贫困户。

作为一名曾经受助的学生,对于资助育人工作,她的想法总是非常贴合实际,解决问题的切入点也很到位。她将金秀县的民族高中和民族小学两所学校作为资助育人工作的重点。她在民族高中的高二年级实施了对获助学生的反哺育人教育,要求高二年级受助学生每年主动完成3件志愿者服务活动;目的是让更多的受助学生能在完成学业的同时不忘初心,感恩国家的资助。她每年都在民族小学开展丰富的资助宣传活动,如:开展资助育人书法、演讲、山歌等活动,特别是把资助育人内容唱成很具瑶族特色的山歌,这样不仅能让资助育人工作在学生们的口中传唱,还能让学生们把国家的资助记在心里。除民族高中和民族小学外,她在县里的所有学校都很积极地开展教育资助政策宣传工作,活动形式有印发教育资助政策简介传单,张贴资助宣传海报,开展资助主题书法活动、征文活动、演讲活动,开展印发给初中、高中毕业生或家长的一封信活动,提高了学生和其他群众对教育资助政策的知晓率,让家庭经济困难的学生有了更多的获得感,使国家的教育资助政策家喻户晓,使更多家庭贫困学生得到帮助。

言传身教践行感恩教育

金秀县的贷前贷后感恩教育,从她读书时就一直在做。在贷款前,资助中心的工作人员会下到高中、中职给即将毕业的学生做宣传,为了让所有贷款学生都能全面了解贷款流程,县资助中心以学校为单位建立了各校的资助工作联络群,且联络群由各校的贷款学生管理,这样做一是可以让贷款的学生们参与到政策宣传中,二是让他们能有机会为其他需要服务的贷款学生奉献自己的一份力,三是可以达到资助育人的目的。因为有好的基础,所以在梁露全面主持资助中心的工作后,大家在资助工作上更有自信了。2019年以来,在每年的志愿者招聘过程中,梁露都会优先考虑家庭贫困的学生,特别是因学致贫家庭的学生,目的是让这些家庭经济困难的学生能通过自己的努力收获一份报酬,并感受到来自国家的温暖。为了不让任何一名学生因贫困而失学,她一直努力着。近年来,随着贷款学生人数的增长,她的工作也越来越忙,但她的内心无比充实。资助工作不只是一份职业,也是她愿意为之付出的甜蜜事业。

时光飞逝,一转眼梁露也参加工作五个年头了。她从乡镇中学到了县学生资助管理中心,但她不会因为环境的改变而改变自己的梦想。在今后的工作、学习中,她将不忘初心,继续砥砺前行,通过雷厉风行、勇于担当的工作作风,让贫困学生真切感受到国家资助给自己带来的变化和温暖,不断增强贫困学生对祖国的信任和信心。她将努力围绕贫困学生的发展需求,整合资源,"经济资助"与"成才辅助"双管齐下,创新方法、拓展平台,力求实现资助工作新突破,切实提升育人实效,使资助工作贯穿学生大学成长的全过程,为其终身发展提供助力。

(广西壮族自治区高等学校毕业生就业创业指导中心供稿)

昆仑山深处的青年宣传员

——贺州学院齐寿鑫事迹

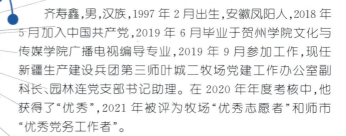

齐寿鑫,男,汉族,1997年2月出生,安徽凤阳人,2018年5月加入中国共产党,2019年6月毕业于贺州学院文化与传媒学院广播电视编导专业,2019年9月参加工作,现任新疆生产建设兵团第三师叶城二牧场党建工作办公室副科长、园林连党支部书记助理。在2020年年度考核中,他获得了"优秀",2021年被评为牧场"优秀志愿者"和师市"优秀党务工作者"。

义无反顾奔向兵团

"到边疆去,到艰苦的地方去,到祖国最需要的地方去!"因为一句话,2019年9月,怀揣着理想的齐寿鑫放弃了安徽省一家百强上市公司的优厚待遇,来到了六类高寒地区、国家边境少数民族聚居团场之一的叶城二牧场。

"我想把祖国最偏远、最艰苦的地方宣传出去,我想让更多的群众了解这边的生活和不易。"工作以来,他没有请过一次假,没有和5000公里外的家人吃过一次团圆饭,逢年过节他都是在牧场值班值守,只为将节日活动宣传好、报道好。近两年,他先后前往牧场最偏远、最艰苦的三连入驻,进行宣传报道5次,参与拍摄了多部专题片;陪同协助新华社等各大媒体深入报道叶城二牧场三连2次,网络点击量过百万;帮助连队设计了2个党建书吧,送去了千册图书,将知识送到基层、送到群众身边;收集群众困难诉求并上报解决40余件。为了做好偏远边境连队对外宣传报道工作,他不怕苦不怕累,每次都主动请缨、毫不退缩,以实际行动践行了一名共产党员全心全意为人民服务的宗旨,体现了新时代青年的实干与担当。

比生命还重要的设备

2020年春季的一次上山拍摄,出发前下着小雨,阴沉沉的天气告诉他今天并不适合出行,但党务工作者的职责告诉他此行容不得退缩。前往三连的道路本就难走,到处都是悬崖峭壁,加上刚下过雨,路面泥泞,车辆打滑十分严重。在从三连老连部下山返回的途中,原本只有一车宽的山路因为雨水的冲刷,一个转角处部分坍塌了,车辆在经过时未能保持平衡,一下子就坠了下去。在天旋地转之时,他出于宣传工作者的职业素养死死抱住摄像机。在持续的翻滚中,车辆坠下山摔入河中,近乎报废。万幸的是最终车胎着地,减缓了部分冲击力。此刻山里没有信号,对讲机也无法呼叫,他带着手脚上的伤,步行了近两个小时才回到连部。获救后,他依旧坚持完成了拍摄工作,未因事故的发生休息过一天,直到现在他手腕处还有那次车祸留下的疤痕，但他无怨无悔，依旧坚守在他热爱的宣传岗位上，用他的镜头述说着昆仑山深处的故事。

教育是一个孩子的未来

受过高等教育的他深知读书可以改变命运。作为牧场新时代文明志愿服务队的一员，他乐于帮助每一个素不相识的人。2020年9月，正是全国各地中学陆续开学的日子，当得知当地一名单亲家庭的孩子因为家庭经济困难无法继续上学时，他特别着急。他一边打电话给孩子的母亲，嘱咐她无论如何一定要先把孩子送去学校读书，一边给对方转去7000元钱用于支付孩子上学的学费。为了帮助贫困家庭子女完成学业，在牧场团委每一次开展帮助贫困学生活动时，他总是第一个报名捐款，为贫困学生送去文具、书包等学习用品。他行动着，也影响着身边需要帮助的孩子："知识改变命运，只有努力读书、奋发图强才能找到属于自己的一片天地"。

战"疫"背后的宣传员

2020年初新冠肺炎疫情期间，他白天根据防疫要求在牧场负责正常业务工作，晚上还在小区门口值夜班，严防严控，按要求对进出小区的每一个人进行登记，对不符合规定和要求的人积极进行劝返，为疫情防控贡献了自己的一份力量。他还先后通过各种渠道捐款并交纳特殊党费共计1000余元，他说这是身为一名党员应有的觉悟。因为从事党务宣传工作，在疫情防控期间，他还关心着身边的每一个人，用心做好每一件事，高质量完成了对牧场防疫先锋的宣传报道工作。他及时将牧场疫情防控工作中发生的感人的人和事宣传出去，先后报道了王亚丽、土鲁宏·阿布拉热依木等的事迹并在兵团卫视播出。

"这是我的初心和使命，我从中获得了快乐，找到了人生的价值，我热爱这片土地。新时代的青年人理应勇于担当，将责任扛起来、担子挑起来。"齐寿鑫这样说道。这个朴实的小伙子自工作以来，时刻牢记"热爱祖国、无私奉献、艰苦创业、开拓进取"的兵团精神，先后帮助牧场建立起了1个新时代文明实践所、8个实践站。不论是在国旗下，还是职工群众家里，都有他在群众中进行宣讲的身影。

作为一名优秀的党员，齐寿鑫放弃了在家乡的稳定工作，主动到祖国最需要的地方去奉献青春，矢志不渝地为建设祖国贡献一份力量，为在校学生诠释了党员践行"不忘初心，牢记使命"的意义，真正起到了党员先锋模范作用，影响了多位学子前后赴疆，共同建设祖国。

作为一名新时代的宣传人，他积极作为，不畏艰难，在平凡的工作岗位上做出了力所能及的贡献。作为一名新时代的青年，他认真负责、吃苦耐劳，彰显了新时代年轻人的活力和拼劲。作为一名新时代的青年党员，他乐于助人、无私奉献，凭着对党的忠诚、对祖国的热爱、对初心的坚守，默默坚守岗位，在边疆大地传播党的声音、时代的正能量。

（广西壮族自治区高等学校毕业生就业创业指导中心供稿）

扎根西部乡镇，踏实管好公租房

——柳州工学院赵冠群事迹

赵冠群，男，汉族，29岁，吉林长春人，中共党员，柳州工学院2019届物流管理专业本科毕业生。2019年11月，他积极响应国家号召来到新疆喀什地区麦盖提县麦盖提镇人民政府工作，主要负责公共租赁住房管理的相关工作。工作以来，他克服困难和挑战，主动向同事们学习，了解乡镇实际情况，踏踏实实做好本职工作，工作能力不断提升，因表现出色，2020年年度考核为优秀，2021年7月获得麦盖提镇"优秀共产党员"称号。

一、转变身份，快速适应工作

基层工作的主要特点是杂而多。赵冠群负责公租房管理工作，每日都是直接面对居民。刚参加工作时，赵冠群才发现做群众工作需要懂得的东西太多，也明白基层工作远没有自己想得那么简单。群众工作包含极大的复杂性、矛盾性。面对居民的住房问题，必须要做到知民情、解民意。刚开始时，他开展工作较为困难，有时无法理解居民的诉求。通过走访了解居民的实际居住情况，他逐步理解了居民申请公租房的诉求是什么，主要困难是什么。他暗下决心，为了这些善良而淳朴的居民，也为了让更多居民的居住环境得到改善，即便付出全部青春也无怨无悔。

二、不断学习，努力提高自身素质

来到乡镇工作后，赵冠群发现自己所学的知识还有许多局限性，尤其是在公租房相关知识方面，如关于公租房分配、轮候等方面的知识还十分匮乏。他意识到，在做好本职工作的同时，还要不断学习，以便更好地把握相关政策，更胜任今后的工作。通过不断学习，他及时了解了各种相关政策和动向，也对镇上的基本情况有了更深的认识，这对他开展工作有很大的帮助。

三、在工作中实现自我价值

除了负责公租房的管理工作，赵冠群还参与了其他工作。

（一）扛起责任

他始终把居民居住问题作为自己日常工作中最重要的任务抓紧抓实。学习上级领导系列讲话精神，充分认识改善居民居住环境的重要性和艰巨性，研究并严格落实《麦盖提县公共租赁住房管理办法》，严格按照相关规定做好公租房分配的相关工作，确保符合要求的居民全部入住公租房。

（二）工作开展

一是通过问题房屋清理，确保申请居民获得如期安置。2020年镇房管办累计开展房屋清理工作3次，累计清理问题房屋877套，安置申请居民812户，确保房源充足，避免资源闲置。

二是申请维修资金，用于被损坏公租房的维修，累计摸排问题房屋及公共区域损坏287处，确保公租房资源得到合理利用。

三是房屋租金追缴。经梳理，2015—2019年房租欠费共计516万元，并将情况说明上报至检察院，确保将国家财产损失降到最低。

四是棚户区改造安置工作。2020年6月起，麦盖提县内开始棚户区改造工作，目前，已安置棚户区临时过渡房屋1398套。身为主要安置负责人，赵冠群根据各社区的实际情况，分别在第一、五、六、七这四个社区设置办公点，房管办办公室则为其他棚改安置户数较少的社区进行过渡安置。此举节省了居民的时间，提高了工作效率。

五是大批量搬迁工作。2020年8月底，根据县委的工作安排，刀郎社区城南新区B区3、4、5号公租房作为隔离点，需进行搬迁。赵冠群和同事对524套房屋进行逐一核对。9月3—5日，集中进行三栋楼的居民退房手续办理，共办理退房手续425套，剩余99套房屋中，空房42套，联系不上18套，未办理退房手续39套。9月11—15日，房管办干部前往刀郎社区进行现场办公，身为主要负责人，他采取"安置—缴费—领钥匙"一站式流程，节省了居民的时间，提高了工作效率。

（广西壮族自治区高等学校毕业生就业创业指导中心供稿）

闪亮的日子

四川

雪域高原上的青春熠熠生辉

——四川大学益西卓玛事迹

益西卓玛,女,1997年12月出生,青海海东人,藏族,中共预备党员,2020年毕业于四川大学经济学院,同年考录青海省定向选调生。2021年9月转正为青海省果洛州农牧和科技局一级科员,现任果洛州玛沁县大武乡格多村支部书记助理。

不负求学好时光

2016年,从青海海东互助土族自治县毕业的益西卓玛怀揣着对大学生活的美好期待顺利进入四川大学经济学院学习。在四川大学就读期间,她努力弥补基础薄弱的短板,勤奋拼搏,多次获得四川大学奖学金。

在学校的指导和支持下,她联合成都其他高校的同学组建了"解语花"藏族病患专属翻译陪同就医服务队,服务藏族患者3万余名,荣获四川大学"十佳志愿者"荣誉称号。"解语花"项目得到了团中央青年志愿者行动指导中心党委书记张朝晖的点名表扬,并获得第四届中国青年志愿服务项目大赛四川省金奖、国家级银奖,在2018年"创青春"大学生创新创业大赛中获得了四川省金奖、国家级铜奖,在第五届中国"互联网+"大学生创新创业大赛中获得了四川省金奖、国家级铜奖。"解语花"的事迹在央视新闻和知乎联合发起的"哪一刻你发现年轻人正在悄悄改变社会"活动中引起了强烈反响,中央统战部、国家民委、《中国青年报》、人民网四川频道、四川省人民政府、腾讯网、新浪网等均有报道。

为什么要成为青海果洛的选调生?

毕业前夕,在众多职业选项面前,在最美的青春年华,益西卓玛义无反顾报考了青海省果洛州选调生。"十几年的求学生涯教会我懂得感恩与回馈,川大赋予的家国情怀鼓励我到祖国最需要的地方去。"

"你为什么要报考果洛?"这句问话常常出现在她被录取之后,问者大多是亲朋好友,语气里有的是不解、担忧,他们怕她适应不了高寒恶劣的自然环境,遭受各类高原疾病的困扰。

在她看来,正是青海这片热土养育了她,学有所成的自己应该为它的发展贡献一份力量。"正是因为我已步入社会,我才需要快速修炼自己,成为一个有能力的人;正是因为川大的培养，在抗震救灾、抗击新冠肺炎疫情时，才有一批批川大人奔赴一线，坚守初心，做有意义的事，为祖国建设和人民幸福贡献川大力量……"这些就是她选择成为果洛选调生的理由。

成为选调生后经历了什么？

比以前更黑了。 "不可否认，我比以前更黑了，不是当下流行的小麦色，是真的黑和黄，外加高原红。"

2020 年 8 月 30 日，是她正式到果洛州农牧和科技局报到的第一天，她内心充满了向往。当她走进一个三层的办公楼时，老化的办公桌、破旧的硬板凳映入眼帘，她下定决心要尽快融入工作角色，更好地融入工作中，要成为工作链中可靠的"螺丝钉"。初来果洛时，她得到了领导、同事们无微不至的关心和照顾，单位领导多次谈心谈话关心她是否能适应高原，办公室主任手把手传帮带，各科室科长、局属各单位负责人包容了她在业务知识等诸多方面的不足……同事们的真诚热情帮助她迅速消除了紧张感和陌生感，作为农牧科技人"一份子"的归属感和自豪感油然而生。

头发比以前更少了。 2021 年 1 月，肩负着组织的期望以及局领导的嘱托，满怀着对于基层工作的热切向往，益西卓玛到玛沁县大武乡格多村担任村支部书记助理，开启到村任职的新征程。她想象自己是一只雄鹰，即将去高原更广阔的天空中飞翔，但很快她就意识到，或许自己只是一只麻雀，还飞不起来。第一次跟同事去入户，看着草原上高大凶猛的藏獒，她战略性地后退几步，跟同事说："要不咱先去别人家吧？"经过一段时间的锻炼，她总结出了入户的经验：面带微笑、不怕狗。有些时候，因为疏忽大意忘记了群众托付的小事，第二天再去入户的时候她心里总觉得歉疚。年底撰写村情要素调研报告的时候,掉头发的数量是写毕业论文时的好几倍。当她发现自己会因为村民的喜悦而快乐、为村民的愁苦而忧虑时,她似乎明白了些什么,总担心自己有失偏颇,拿不出一篇高质量的调研报告。

成为选调生后收获了什么?

"援疑质理,俯身倾耳以请。"7月的格多草原绿草如茵,黄色小花遍布。草原的牧民都靠牲畜吃饭,而牲畜又靠草,但一片片的黑土滩和老鼠洞犹如牛皮癣,是牧民心里的痛。为了在坡度大于25度的山坡上种草,原村支部书记多旦发明了一种方法:把成群的牦牛赶到黑土滩上,让牛去踩踏,然后把草籽撒在牛踩的脚印里。"效果非常好,你看山上的草就是我们这样种的。"多旦书记指着远处的群山,自豪地说。进入基层之后,面对治理有实效、工作有奇招的"土专家",益西卓玛虚心求教,当好学生,常抱空杯心态,俯下身子,掏心窝子,以"见贤思齐焉"为起点,以解决实际问题为终点,从实践中获得真知,于"土方法"中找到了学以致用的好方法。

"服务群众无小事,一枝一叶总关情。"躬逢盛世,困难的人们、幸福的生活、无穷的远方,都与基层干部息息相关。她走访年逾古稀的老人、身患残疾的阿尼(藏语意为"阿姨"),耐心地听他们的困难诉求,留下电话号码,让他们有事打电话给她。她也看到刚生育完的阿切(藏语意为"姐姐")刚出月子就下地放牧,脸上却洋溢着幸福的笑容,她觉得自己能做的也只有为她讲解女性健康知识,提醒她要多注意休息。"闻其饥寒为之哀,见其劳苦为之悲",她明白了只有拿出真情怀、真热忱,把困难群众的难处当作自己的痛楚,才能将心比心为民心,才能让帮扶成为"有尊严的帮扶",让发展成为"有温度的发展"。

"牡丹花好空入目,枣花虽小结实成。"在琐碎繁杂的工作中,她仿佛一个高速运转的"小马达",但这却锻炼了她牦牛般顽强的意志。她把自己的大部分时间、精力都给了工作,以一腔热血和激情积极做事,忙碌却很充实。她很珍惜现在的工作平台,从办文办会办事到为人处世,她从中学到了很多。工作之余,她始终铭记"永远怀着一颗学生的心",无论上班有多累,她都会打开书本坚持阅读、绕着格曲河走一走,"独与天地精神往来,而不敖倪于万物",健康生活,努力工作。

她说:"这里是离天最近的地方,巍巍的阿尼玛卿亘古不变,格萨尔的英雄史诗传唱千年,淳朴的藏人策马扬鞭,舞动藏地华章,歌唱时代新篇。此愿:甘龄雪域好儿郎,青春正激扬,怀梦想,致远方,唯愿服务民生、国祚民昌。"

(四川省高校学生信息咨询与就业指导中心供稿)

反哺家乡，投身基层

——西南石油大学何易东事迹

何易东，男，1993年4月出生，籍贯四川省营山县，中共党员，西南石油大学油气田开发工程专业硕士研究生毕业，现任四川省营山县绥安街道党工委副书记。他2011年考入西南石油大学石油工程专业，2015年推免为西南石油大学油气田开发工程硕士研究生，在校期间先后担任班级学习委员、学生会干部，曾多次荣获国家励志奖学金，以及西南石油大学优秀毕业生、优秀三好学生、优秀团员等称号。2015年，还未大学毕业的他和研究生同台竞技，荣获第五届全国石油工程设计大赛一等奖；2018年6月硕士研究生毕业后，他怀揣着反哺家乡、投身基层的志向，放弃了石油企业优厚的待遇，毅然决然参加省委组织部基层选调考试，成为一名基层干部。

矢志扎根脱贫一线，助推全县脱贫攻坚进程

2018年7月，组织在分配工作岗位时提前征求何易东的意见，当时恰逢营山县脱贫摘帽，扶贫干部"5+2""白+黑"是常态，何易东主动向组织提出到最艰苦的地方去，到脱贫一线去。2018年8月，组织安排他到营山县扶贫开发局工作，刚到办公室，身边的同事心里不禁打起了鼓：这么一个白净小伙子能不能适应脱贫攻坚高强度的工作？其实何易东心里早就打定了主意。

到营山县扶贫开发局工作后，他迅速进入工作状态，找准工作着力点，工作的第一站是项目股，主要负责全县扶贫资金安排，如何将扶贫资金精准、高效地安排到需要的地方去，成了何易东思考的难题……他依托全县脱贫攻坚项目库建设工作契机，虚心向领导、同事请教，积极学习相关业务知识，吃透弄懂脱贫攻坚系列政策，了解全县53个乡镇150个贫困村的具体情况，在项目股工作期间先后完成全县2018年统筹整合方案编制、2018年省市县级财政专项扶贫资金分配、2018年财政专项扶贫资金绩效评价等各项工作。

终于，付出有了收获，2019年4月，营山县以"零漏评、零错退、群众认可度99.75%"的优异成绩一举摘掉了背负25年的贫困县帽子。2019年12月，由于在工作中的出色表现，在营山县扶贫开发局工作一年半以后，组织安排他到共青团营山县委任副书记。

积极参与双城经济圈建设，助力川渝同步小康

2020年1月3日，习近平总书记主持召开中央财经委员会第六次会议并发表重要讲话，专题部署推动成渝地区双城经济圈建设。按照川渝互派干部挂职的工作安排，组织安排他到重庆挂职锻炼。2020年9月，工作刚刚满两年的他踏上了去重庆合川的列车，由于有脱贫攻坚工作经历，加上2020年是全面建成小康社会的关键之年，他被选派到重庆市合川区农业农村委员会挂职担任扶贫开发科副科长。

到了合川后,他深知挂职不是镀金,不是享受,而是学习,更是锻炼。一到办公室,他就熟悉工作环境、工作对象。为尽快实现角色转换,除自觉参加有关学习、会议,查阅资料、文件外,他还与同事一起整理了近几年的全区脱贫攻坚资料,分门别类装了满满十余盒,同时也对合川脱贫攻坚有了进一步的了解。他勤于学习、思考,注意对比川渝两地脱贫攻坚工作的差别,坚持多听、多看、多学、多记、多想,做到边学习、边交流、边思考。重庆市2020年区县党委和政府脱贫攻坚成效考核是区扶贫办的年度重点工作,既考核2020年脱贫成效,又考核5年以来的扶贫工作,任务艰巨,责任重大,从迎检筹备、资料准备到迎检陪同,他都全程参与,在自身得到充足锻炼的同时,他也快速融入了新的工作环境,和新同事们打成一片。就这样,他在平凡的工作岗位上创造着属于他的不平凡业绩。

到最基层去,与群众心贴心、面对面

川渝挂职期间的优异表现使他进入了组织的视野,在组织找他谈话,询问他下一步的工作想法时,他向组织提出要到最基层去,和群众面对面打交道,真正为老百姓办实事。就这样,挂职结束后,组织安排他到营山县绥安街道办事处任党工委副书记,在安排班子分工时,他主动认领任务,除负责党建、人事外,还负责街道信访、综治、统战工作。

在街道工作期间,他积极探索、大胆实践,第一时间熟悉工作,力争成为行家里手。在防邪反邪方面,他深入小区、院落了解邪教人员情况,初步摸索出了防邪反邪教育挽救工作的一般规律,总结出使"法轮功"痴迷者思想转化的有效方法,牵头教转"法轮功"邪教人员12名,入选南充市教育转化专家库。在劝返缅北滞留人员方面,他积极整合街道、社区、派出所力量,组建劝返专班,采取有效治理措施,成功劝返缅北滞留人员11名。

从2018年研究生毕业到现在,何易东已经历经了四个工作岗位,但无论是在哪个岗位他都在用自己的实际行动诠释着反哺家乡、投身基层的初心。他在平凡的工作中成就着不平凡的事业,这就是青春该有的模样!

(四川省高校学生信息咨询与就业指导中心供稿)

扎根边疆，奉献基层，为实现人生价值奋斗终生

——西华师范大学鲁旭鹏事迹

2019 年 4 月底，正陷于迷茫中的鲁旭鹏看到新疆喀什地区赴内地招录高校毕业大学生的通知，他听从了祖国的召唤，选择扎根于祖国边陲。2019 年 7 月，他怀着忐忑的心情背起了行囊，踏上了驶往喀什的绿皮火车，怀揣着"扎根边疆，奉献基层，为实现人生价值奋斗终生"的梦想来到喀什。

在这个经济基础薄弱的地方，基层烦琐复杂的工作，语言、生活习惯的迥异，不断冲击着他的神经。当他陷入自我否定的泥沼时，一位老支部书记跟他说："正是因为存在这样的问题，所以新疆需要你们，作为内地大学生，你应该发挥自身的优势，奉献青春，服务群众，融入百姓生活，了解群众需求，用才学、用智慧改变这里的落后，这才是你来到新疆的意义。""奉献青春，服务群众"这八个字一直激励着他克服各种困难，一路坚持，一路执着。

"基层一根针，穿起千条线"，维护稳定、意识形态领域斗争、疫情防控、安全生产、乡村振兴、联系服务群众、推广科学文化知识和国家通用语言文字、开展法治宣传教育、加强精神文明建设等工作全部要落实在基层管理上，肩负于基层干部身上。尽管语言不通，但他依旧坚守每天入户走访了解群众的生活状况、困难诉求、矛盾纠纷。他刚到驻村地时，包户还存在"等靠要"思想，躺在家中等低保、等国家补贴、等慰问品。他看在眼里，急在心里。为改变这种情况，他一遍一遍入户走访做思想工作，有些群众不理解，发牢骚："他没事做吗？天天来让我就业，让我打扫家庭卫生。"针对最难的一户，他坚持入户走访一年，谈心谈话，动之以情、晓之以理，最后她终于愿意走出家门，开始就业，现在每个月有 2000 元的工资，逢年过节她总是热情邀请他到家里坐坐，并亲切地称呼他为"小鲁江"。

作为村里的"领头羊"，他发挥"抓党建促乡村振兴"的作用，在对周边市场进行调查后，组织群众到农贸市场就业，群众的人均收入从 2020 年的 11457 元增加到 2021 年的 12742 元。

他制订计划,利用农闲时间组织群众进行汉语、技能培训。俗话说"口袋有钱,心中不慌",为增加村集体收入,2021年他带领村委会主任跑市场,不断和县市场开发中心沟通对接,签订项目租赁和就业合同,为村里争取租费54.8万元和30个就业岗位。他积极进行市场调研,盘活村里闲置的资产,村集体收入从2021年的21.48万元增加到现在的60万元,预计2022年年底能达到80万元。

作为美术学院毕业的学生,他注重村里的精神文明建设,过年过节都会组织各类文娱活动,丰富村民的业余生活。肉孜节、古尔邦节、国庆节、春节、三八国际妇女节、六一儿童节等,他都会组织活动,并与群众一起载歌载舞,共同营造爱党爱国、勤劳致富、尊老爱幼、邻里互助的社会氛围。2021年恰逢建党百年大庆,他带领党员队伍组织开展"学党史·悟思想·办实事"活动,筹集经费10万余元,解决群众困难诉求42件,办好事实事23件。

他深刻地认识到,只有学习才能改变落后的现状。他坚持每天早上带领干部学习理论和业务知识,利用休息时间自学维吾尔语,去夜校授课向群众正向传递正确的人生观、价值观、世界观,多名学员向夜校校长申请,请求他延长授课时间。下一代的教育是改变落后状况的关键,因此寒暑假时他就组织返乡大学生开展"红领巾小课堂",讲授书法、绘画、舞蹈、篮球、手工等课程。他还组织考前集训班,对要参加高考的学生进行集中冲刺培训,考生的高考成绩从2020年的本科0人、大专8人、中专3人,提升到2021年的本科4人、大专7人、中专3人。

两年多的风风雨雨,他已经从刚入社会的雏鹰成长为一名合格的战士。2021年,他带领所在村成为自治区级文化示范点、地区级民族团结进步创建示范单位、地区级扫黄打非示范点、县级先进集体,而他个人也被评为喀什地区"民族团结一家亲"和民族团结联谊活动先进个人。更重要的是,他获得了群众的认可,很多老百姓直接说:"他就是我的孩子,我们就是一家人。"在喀什,他坚信艰难困苦终成玉汝;他始终相信自己的选择,坚守初心,在基层经风雨、见世面、磨砺自我。

走吧,去基层!去看夜里萤火虫漫舞,去感受月光洒满大地,去领略不一样的乡土风情!基层最不缺的是舞台,最需要的是满腔的志愿热忱。

(四川省高校学生信息咨询与就业指导中心供稿)

基层选调生的初心与使命

——内江师范学院李其事迹

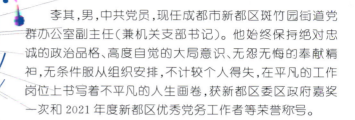

李其,男,中共党员,现任成都市新都区斑竹园街道党群办公室副主任(兼机关支部书记)。他始终保持绝对忠诚的政治品格、高度自觉的大局意识、无怨无悔的奉献精神,无条件服从组织安排,不计较个人得失,在平凡的工作岗位上书写着不平凡的人生画卷,获新都区委区政府嘉奖一次和 2021 年度新都区优秀党务工作者等荣誉称号。

一枝一叶总关情,平凡岗位显担当

自参加工作以来,他先后经历党建、人事、纪检、宣传等多岗位工作的锻炼。每次接触新的工作岗位,他都广泛收集资料、认真学习文件,虚心向领导和同事们请教。虽然基层工作纷繁复杂,但他坚持以群众的需求为出发点,努力为群众做好事、办实事、解难事,把工作做到群众心坎上。在斑竹园街道工作的三年多时间里,他走遍了机关、街道、社区和农村,坚持用脚步丈量出最真实的基层情况,用走访和调研掌握最真实的乡音,为融入群众、做好工作打下坚实基础;以认真、严谨、负责任的态度扎实做好机关重大活动、会议保障及组织协调等工作;牵头或参与党代会报告、纪委全会报告等重大材料的撰写工作。他重视规范和制度建设,先后拟定和组织拟定《斑竹园街道社区专职工作者管理办法》等制度,切实发挥制度的刚性作用。他负责全街道 22 个村(社区)的"两委"换届工作,牵头撰写《斑竹园街道村(社区)"两委"换届工作指导手册》,绘制村(社区)换届工作流程图,代拟各项领导小组文件及报告,圆满完成 22 个村(社区)"两委"换届工作,村(社区)干部年龄、学历等进一步优化。他兼任斑竹园街道机关支部书记以来,认真组织机关支部党员抓好"不忘初心、牢记使命"主题教育、党史学习教育等专题教育活动及蓉城先锋、学习强国等线上线下学习,组织机关支部党员开展"牢记初心使命、重温入党誓词""参观天府家风馆、涵养优良家风"等活动,受到领导及机关党员的一致好评。到基层工作以来,他在平凡的岗位上不断用行动诠释选调生及新时代青年干部的使命担当。

危难时刻显本色,抗击疫情勇争先

面对突如其来的新冠肺炎疫情,2020 年大年初一他返回工作岗位,参与街道层面的疫情防控安排部署。白天,他穿梭在街道、村社一线,做好入户摸排、防疫宣传,与村(社区)党员干部一道做好卡点值守等工作;晚上,他坐在办公室里挑灯夜战,整理摸排的相关信息,撰写防疫相关材料。在下沉社区、村组、企业开展疫情防控督导时,他详细了解防疫措施、人员部署落实、宣传舆论引导等工作,详细汇总工作信息,坚持每日一总结、每日一汇报,在协调解决重点问题方面发挥了参谋、助手的作用。他还挖掘、撰写先进人物事迹报道30余篇,部分报道被市委组织部宣传、采用,在疫情防控宣传引导工作中起到了积极作用。他积极号召党员、干部、群众捐款捐物,以实际行动支持新冠肺炎疫情防控工作,仅2020年初,就发动全街道党员干部累计捐款27万余元。面对新都区零星发生的新冠肺炎疫情,他又牵头组建斑竹园街道机关支部党员志愿服务队,带头参与隔离人员管控、重点人员筛查、疫情发生点全员核酸检测等工作,累计协助完成入户检测1200余人次,核酸检测4万余人次,不断在疫情防控中展现一名共产党员的责任和担当。

驻村帮扶入基层,乡村振兴显身手

2020年末,受组织委派,他被派驻到斑竹园街道双龙村任党委副书记,开展为期两年的驻村工作。驻村以后,他迅速转变身份,以问题为导向,一方面通过党员大会、座谈等方式向群众宣讲各项政策、措施;另一方面通过入户走访、现场调研的方式,围绕双龙村农业产业、人居环境整治、川西林盘保护、乡村旅游产业发展等与村"两委"干部、群众进行深入探讨交流,完成双龙村村情调研报告。他结合驻村调研选题,以新都区乡村振兴工作为样本,完成《关于乡村振兴人才队伍建设的思考》调研报告,获评优秀调研报告,并在《新都人才》上刊登发表。他围绕双龙村以党组织牵头成立股份经济合作社发展村集体经济的发展方向,积极参与双龙田园综合体建设工作,积极对上争取,推动双龙田园建设项目纳入成都市基层党建工作创新项目,以获得相关政策和资金支持。他积极推动双龙村党的建设工作,指导并参与完善"三会一课"制度、合作社党支部建设等工作,吸纳优秀青年干部人才加入中国共产党并列入后备干部队伍,不断增强双龙村的凝聚力和战斗力,切切实实做到既"驻村"也"助村"。

新时代、新使命、新征程,作为肩负神圣历史使命的新时代选调生,他将在新时代顺应新潮流,展现新作为,不断践行选调生融入基层、成长在基层、在基层发挥作用的初心和使命,奏响新时代奋斗者的赞歌。

(四川省高校学生信息咨询与就业指导中心供稿)

忠诚奉献的"蓝精灵"

——四川警察学院杨凡事迹

杨凡,25 岁,四川警察学院 2014 级治安学学员、红十字会在册志愿者、国家中级应急救援员、四川警察学院应急特勤大队 2014 级副大队长、四川警察学院应急救援与特殊勤务研究协会 2014 级主席、2015 年四川警察学院成训基地"定期训练"应急救援助理教官,现任成都市公安局龙泉驿区分局禁毒大队四级警长。他还是 2021 年四川省公安厅援助凉山州警务工作队队员,拥有多项警用装备国家实用新型专利,创新项目获评 2017 年度全国大学生创新创业大赛优秀项目,曾获 2018 年公安部"长虹治安杯"三等奖、2019 年全国公安院校学生科技应用创新大赛银奖。

青春的模样,是拼搏进取的脚步;青春的魅力,是推陈出新的创造;青春的热血,是扎根基层的奉献;青春的意义,是不忘初心的坚守。每个人的青春都有自己独特的色彩,有的是遨游于海天之间的蓝色;有的是戎装成守的绿色;有的是纯洁无瑕的白色;有的是公平正义的黑色。而杨凡的青春,是忠诚奉献、公平正义的藏蓝色。

作为红卫山革命精神的传承人,杨凡 2018 年毕业后便投身一线警务工作,以自身所学,践担着誓言。选择川警,是他年少时梦想的指引;选择警徽,是他青春无悔的追求;奉献创造,是他终生拼搏的信念。

一、红色头盔,点缀一拐的色彩

2014 年 10 月,历经烈日和汗水的洗礼,杨凡正式从川警"小青蛙"蜕变为肩扛一拐的"蓝精灵"。他和红卫山的故事也正式拉开了帷幕。第一次课前集合、第一次身着警服、第一次风纪检查,在无数次的新奇和兴奋过后,他开始用自己的方式来追逐梦想。当同学们选择琴棋书画作为课外兴趣时,他选择学习应急救援知识;当同学们休假外出时,他报名志愿服务活动。在校期间,他凭借坚忍的意志,历经多重考核,从近百人中脱颖而出,成功加入四川警察学院应急特勤大队和泸州市红十字会山地救援队,先后参与 2014 年 12 月合江佛宝百岁老人搜救任务,2015 年救援队应急救援知识进校活动,2016 年泸马赛事救援保障,2017 年 1 月古蔺天坑救援行动,2018 年叙永国际山地马拉松救援保障等多项社会志愿应急救援、救助活动,并荣获 2017 年度泸州市红十字会山地救援队工作积极分子称号。在学警时代,他便以个人之力、微末之举,助群众脱危。

二、勤学善思，播下创新的种子

学警的日常是规律且紧凑的，在教室的窗边奋笔疾书，在操场的跑道上汗如雨下，在训练场的深坑里摸爬滚打。每每稍有空闲，总有好奇和不解在挑动他的思维。对知识，他不愿复制粘贴；对训练，他不满止步不前；对生活，他充满斗志；对未来，他满怀想象。他反复推敲，只为树立心中法制的旗帜；他不断尝试，只为找出解题的最佳方案；他遍体鳞伤，只为突破个人身体的极限；他刻苦钻研，只为抓住思维的灵光。他在基层实习中验证校内理论，在理论中融入个人感悟，被学校评为社会实践先进学员。他在训练中奋进突破，综合警务技能水平名列区队前茅。他在学习中刻苦钻研，被学院评为学习进步先进个人。另外，他还取得了2018年度全国公安院校联考四川省男生总排名第7名的好成绩。他善思善研，参与提出多项警务装备创新理念，并成功申报国家专利或获国家大学生创新创业大赛认可，荣获部级奖项多次。

三、投身一线，闪耀头顶的警徽

毕业前夕，为了追寻心中的理想，杨凡毅然放弃了前往部级、省级直属机关工作的机会，选择在成都市龙泉驿区公安分局实现自己的警察梦。在这里，他扎根基层，投身一线，用踏实的工作、积极的思考、灵活的方式帮助辖区群众排忧解难。在洪河派出所的一年间，他主动学习、总结，参与侦破多起大案要案，累计抓获各类犯罪嫌疑人近200人，帮助数百名群众排忧解难，是所里公认的"进步新星"。在特巡警大队的时光，他强化自身纪律意识，增强个人警务技能，不仅在日常工作中总结、创新，提升打击防控效能，还屡次代表单位在市局比武中取得佳绩。2021年，他主动报名参加省厅援助凉山州贫困地区警务援助工作队，在一年中参与侦破20余起涉毒大案、要案，累计查获毒品200余公斤，抓获涉毒嫌疑人百余人。同时，他还积极参与到成都市区域化毒情综合整治探索工作中，努力为打赢禁毒这场人民战争做出贡献。在他看来，不论是直面犯罪时的热血，还是在帮助群众时的柔情，都是头顶的警徽照向心中的最耀眼的光芒。

四、不忘初心，探索警务的创新

如果说学生时代的创新是为了拓展一条求学、成长的道路，那么工作之后的坚持便是他对为公安事业奋斗终生的信念的践行。他坚持在工作中动脑筋，在问题中求突破，从公安实战角度出发，为基层一线思考，在单位有针对性地提出了大量工作改进建议，自主创新研发了大量实战应用装备并无私地将个人总结和创新成果与单位、同事分享，帮助多个部门、单位解决了警务装备缺陷，完善了工作运行方案。

杨凡虽已步入工作岗位，但他时刻牢记学院的教诲，积极响应师长号召，主动参与到学院教学创新工作中，用自己的创新项目带动校内的学员，启发学弟、学妹们不断探索、进取。

他先后荣获2018年公安部"长虹治安杯"三等奖,2019年全国公安院校学生科技应用创新大赛银奖等部级奖项,带动一批又一批学员加入创新研发的队伍中来。

作为学员,他勤学耐劳,尊师重教;作为警察,他忠诚为民,无私奉献。他虽不是川警成千上万毕业学员中最优秀的一员,但他却是近年来能紧追初心、永不退缩的一个。他对工作、对创新的追求,就像他累计奔跑过5000公里的脚步,虽漫长却坚定,虽艰辛却快乐。杨凡从未将自身的眼光局限于当下,他希望用现在的积累去静待未来的绽放;他从未将创新的目标停在表面,他希望用点滴的启发去推动警务的革新。

或许,他现在未达中心;或许,他才做未见成效;但,他在行动、在思考。

(四川省高校学生信息咨询与就业指导中心供稿)

闪亮的日子

重庆

在祖国南疆挥洒青春

——重庆大学成孟春事迹

"你是怎么想的？你是个研究生，放着高薪的工作不干，为啥要去偏远的农村？"

"哎……真拿你没办法！"

记不清多少次了，面对亲朋和同事的不解，成孟春只说了一句话："谢谢你们的关心，我从不后悔自己的选择！"

2019年，在重庆大学读研的成孟春毕业了。因成绩优异，这期间，他获得了硕士研究生国家奖学金，以及重庆大学优秀研究生干部、优秀毕业研究生等荣誉称号。

毕业后，成孟春作为一名选调生远赴广西，就职于凭祥市委组织部。翌年，他主动请缨，离开政府部门，申请前往中越边境的该市平而村，成为脱贫攻坚（乡村振兴）工作队的一名队员，并担任村党总支书记助理。

三年多以来，成孟春夜以继日，忘我工作，用脚步丈量着平而村的每一寸土地，把汗水都洒向了这片热土，书写着无悔的青春之歌。

党建引领，筑牢守边"堡垒"

到平而村任职后，成孟春从事脱贫攻坚、乡村振兴、基层党组织建设、禁毒打私及疫情防控等工作。

工作期间，他团结带领全村党员、群众，落实好各项制度，推进农村基层组织标准化、规范化建设，在镇党委的领导下顺利完成村"两委"换届工作。他积极吸纳6名优秀青年加入党组织，对52名党员进行实用技能培训，增强其带头致富能力。在党史学习教育中，他以"三会一课""固定党日＋"等活动为抓手，深入开展"我为群众办实事"活动，为民办实事、好事60余件，服务村民1.2万人次。为强化理想信念教育，成孟春还在国庆节等重大节日期间积极与辖区驻地部队、派出所、边检站等单位协调,组织党员干部70人次开展升国旗、祭扫烈士墓等活动,教育引导党员干部保持红色血脉、赓续红色血脉,增强守边护边能力。

此外,成孟春和队友们还多方协调,整合辖区内资源,推行大党委制度,组建国门党建联盟,探索建立了"党支部+军警+党员+群众"的基层治理模式,并成立党群理事会,严格实施网格化管理,达到"一个支部就是一座堡垒,一个党员就是一面旗帜,一个边民就是一名哨兵"的治理效果,做到了"大事不出村,小事不出屯",确保辖区及边境沿线社会大局安全稳定。

聚焦为民服务,推进兴边富民

任职两年来,在脱贫攻坚工作中,成孟春累计申请项目资金1000万余元,极大改善了村内基础建设。

他带领全体村民通过建设村内易地扶贫搬迁安置点便民超市、开发百香果种植基地、盘活边贸合作社等方式,发展壮大村集体经济,促进村民年均增收30%。他积极邀请崇左市、南宁市等地的农业专家,举办种养殖技能和实用技术培训8次,为400余村民提升就业技能,促进5名村民实现自主创业。为保障村民金融需求,成孟春与凭祥市农商行等金融机构协调,与平而村委达成协议,在全区率先探索农业设施抵押等融资模式,使该村成为全市"整村授信"的先行示范点。他先后邀请南京大学、广西民族大学等科研院校的师生到村进行中越民间文化、边境教育等课题调研及村庄规划,将实施乡村振兴战略向纵深推进。

2020年以来,他积极向上级争取,设置"边境巡查员"等88个公益岗位,并深入开展家访,推荐符合条件的群众到企业务工,实现就业增收。

日常工作中,他和队员们大量走访调查,为群众排忧解难,先后为23户申请低保,为24人申办慢性病卡,为30人申请"雨露计划",为228人次申请就业交通补贴,为45人次申请稳岗就业补贴,为17户申办小额信贷,为28名越南籍人口申请人身意外险……以实际行动践行初心使命,密切了党群、干群关系,最大限度地争取和凝聚了民心。

一心守国门,当好"三大员"

工作中,成孟春是村里的"三大员"——防疫网格化管理的管理员、防疫封控点的守卡员,还是联合驻地派出所执勤的夜巡员,每周工作时长在80小时以上。

2021年12月,春节临近,返乡人员逐日增加,平而村里的防疫压力增大。为了守住国门,杜绝非法入境及走私现象发生,成孟春和队友迅速启动"网格化"管理措施,在边境一线设点封控,挨家挨户发放防疫宣传单900余份。为1506名一户一档人员进行登记,排查无牌照车辆20余辆,累计为550名返乡人员提供服务,春节后又根据实际情况进行了一个月的每日全员核酸检测,每天工作到深夜才回到宿舍休息。

截至2022年3月底,平而村的防疫封控卡点增加至29个,守边村民达193人。初设卡点时,面对防疫物资紧缺的状况,成孟春没有"等靠要",而是积极协调爱心企业,累计募集防疫物资10余批,并联系亲友为平而村争取了1.2万余只口罩、56床棉被和50件棉衣,最大限度为守边人员提供了物资保障。

为充分发挥巡边员队伍的作用，戎孟春组织 193 名党员、群众设立 29 个边境封控卡点，全年全时守护祖国边境安全。

用最美的青春，书写诗与远方

驻村第一天，百标屯党支部书记、70 岁的老党员黄礼生得知村里来了个研究生，一大早就来到村委会紧握住戎孟春的手说："你从大城市来，有文化，一定有本事带领平而村发展得更好。你就放心大胆干吧！有啥困难，就到家里找我说说。"黄老的一席话以及村民们充满期待的眼神，让戎孟春吃下了"定心丸"。他下定决心：一定要苦干实干，以实际行动回报村民的期盼！

"功夫不负有心人。"两年来，戎孟春以实际行动积极投身基层组织建设，带领守边党员、群众强力推进兴边富民行动，先后为平而村争取到了"国家森林乡村""广西兴边富民示范村""广西综合减灾示范村""广西壮族自治区卫生村"等 10 余项荣誉称号。因工作表现突出，他连续两年工作考核结果为"优秀"，并获评崇左市及凭祥市两级"优秀脱贫攻坚（乡村振兴）工作队员"等。

2020 年 11 月，正值全国进行脱贫攻坚成果验收时，戎孟春的祖母因病辞世了，为了不影响工作，戎孟春选择了坚守岗位。2021 年春节，戎孟春的弟弟结婚，因边境地区防疫任务艰巨，他再一次选择坚守国门一线……"拥有美丽的青春，当下便是诗与远方。"回顾在村里度过的 700 多个昼夜，戎孟春如是说。

驻村两年，戎孟春将日常生活点滴与内心感悟都写进了他的 3 本驻村日记里。在那密密麻麻的字里行间，展现着他最美丽的青春，也诠释着他无悔的坚守，见证着他的忠诚、执着与担当。

（重庆市大学中专毕业生就业指导服务中心供稿）

当好地质新"兵"，彰显巾帼风采
——重庆科技学院任雪瑶事迹

任雪瑶，女，中共党员，2018年毕业于重庆科技学院石油与天然气工程学院。工作以来，她一直奋战在玉门油田勘探开发地质综合研究第一线。由她创新的侏罗系古支沟砂体精细刻画技术，通过"三沟两群一带"模式助力玉门油田在鄂尔多斯盆地的16个油藏的发现与效益建产，在三年内累计提交探明储量1050万吨。

敏而好学，业务精湛

2018年，任雪瑶大学毕业后被分配至玉门油田勘探开发地质综合研究第一线。

玉门油田是"铁人"王进喜的故乡。这里诞生了新中国第一口油井、第一个油田、第一个石化基地，孕育出了"艰苦奋斗、无私奉献、三大四出、自强不息"的"玉门精神"和"爱国、创业、求实、奉献"的"铁人精神"。

刚参加工作不久，任雪瑶便和经验丰富的李铁锋签订了导师带徒协议。她牢记师傅的教诲，常常下班后还缠着师傅，向他取经学习。从"这口井为什么要定在这里？"到"如果这口井出油了下一步怎么办？"她时常"打破砂锅问到底"，力求知其然更知其所以然，在实践中不断汲取知识，完善自己。井位踏勘、野外考察、专家讲堂、技术交流等活动，她一样不落，即使加班加点成为常态，她也从不叫苦叫累。即使再忙，她也从不应付差事，面对一个分层数据，她也要对比所有井区加以确认。为了有效收集报告资料，她认真查阅了大量资料，取得了宝贵的第一手资料，这为后来编制地质报告打下了基础。

平时，任雪瑶勤于钻研勘探开发技术，主动学习掌握多个专业软件，提高自身综合能力。她以团委"金点子""青年学术交流"等活动为平台，常思善学，拓宽研究思路。通过不懈的努力，不到一年，她就快速成长为研究项目的骨干力量，干起活儿来像老手，又快又好，原本经验不是很丰富的她，很快成长为玉门油田勘探开发研究院的科研排头兵。

攻坚克难，业绩骄人

都说磨炼是青年的成长礼，作为一名勘探科研工作者，任雪瑶以献身地质事业为荣。

炎炎夏日，她背着地质包，装着地质"三大件"、图纸资料、几包方便面，奔波在沟壑阡陌中，徒步翻过一座又一座的大山。渴了喝点泉水，饿了啃袋方便面，累了就躺在树下小憩。日复一日中，她常常是直到天黑伸手不见五指时才回到项目部，随后随便吃口冷饭便又开始整理、分析资料直至深夜，当许多同事都进入梦乡时，她还在孜孜不倦地工作着。

2020年至今，任雪瑶深耕砂体展布规律研究，和三位女青工开展"巾帼建功"活动，下决心啃下"鄂尔多斯盆地侏罗系成藏规律复杂"这块硬骨头。为了查清该区域的构造形态，她不顾烈日炎炎，翻越一座又一座山梁，一遍又一遍地勘查、研究地质构造，与项目部的其他三位女同事一起探讨项目区域内的构造情况。她们在反复受挫折的过程中逐步摸索到方法，最终查明了区域内地质构造，与地质物探相结合，创新了侏罗系延10古支沟成藏论，揭示了古支沟砂体展布规律和油气富集规律，发现高效油藏7个，最高单井试油日产50吨……

短短两年内，任雪瑶和她的队友们以技术创新指导勘探突破，共发现16个油藏并建产，实现高效勘探、快速建产；先后部署侏罗系开发井100余口且均获成功，提交优质探明储量1050万吨。侏罗系原油产量快速上升至日产291吨、年产10万吨，使老油田焕发出新的活力！

2021年7月，玉门油田迎来了天然气流转区块。为了深入了解天然气区块情况、摸清地质规律，研究院组织科研人员赶赴鄂尔多斯盆地开展野外地质考察。当时，新婚仅7天的任雪瑶和丈夫都不愿错过这次难得的野外考察学习机会，毅然跟着队伍出发了。她把这次野外考察作为一次特殊的"蜜月之旅"。途中，夫妻俩仔细记录专家讲授的沉积特征与规律，及时拍照记录剖面与岩石样品、化石标本，为天然气区块勘探工作收集到了第一手资料。

两年来，任雪瑶作为中国石油玉门油田宣传的青年典型，先进事迹刊登于2022年《中国石油报》第五版《锤炼》栏目。同时，她荣获中国石油集团有限公司油气勘探重大发现三等奖2项、玉门油田分公司贡献突出重点项目奖1项、玉门油田分公司科技进步一等奖1项、中国石油集团有限公司优秀储量报告二等奖1项，累计发表学术论文4篇。因工作业绩突出，她荣获了甘肃省"巾帼建功先进个人"荣誉称号。

兢兢业业，巾帼建功

任雪瑶不仅在工作中勇挑重担，在党、团组织中也以党员标准严格要求自己。

2021年，她带头参加集团公司第一期"青马工程"及中国石油集团公司第一次团代会，积极参与青年政治生活。为巩固团支部建设，她鼓励团员青年参加学雷锋志愿活动，赴环县开展18个月的现场技术支持保障生产会战，增强了团支部的凝聚力。新冠肺炎疫情期间，她牵头组建"抗疫复工青年突击队"，保障好玉门油田科研生产任务顺利进行。同年，她获得了玉门油田勘探开发研究院"优秀团干部"荣誉称号，她所在的党支部被玉门油田授予"示范党支部"荣誉称号，团支部获评"五四红旗团支部"……

"谁言女子不如男，千古木兰多美谈。"任雪瑶是一名"油三代"，从小深受石油精神的熏陶和滋养。作为一名党员、技术人员、部门带头人，她弘扬"大庆精神"和"铁人精神"，在工作中吃苦肯干，技术上精益求精。她以自己的实际行动践行着献身地质事业的诺言，在荒漠与大山中忠于奉献，不负韶华，书写着无悔的青春之歌。

（重庆市大学中专毕业生就业指导服务中心供稿）

心系桑梓正青春

——重庆城市管理职业学院董小梅事迹

董小梅,重庆城市管理职业学院商务英语专业2019届毕业生、西部计划志愿者,曾获全国大学生"自立自强之星"等荣誉称号,现任中共平河乡龙潭村党支部书记、村委会主任、中国共产党巫山县第十五次党代会代表。

投身公益,回乡圆梦踏征程

"赠人玫瑰,手留余香。"在三峡腹地巫山县长大的董小梅自幼乐于助人,热心公益。在重庆上大学时,她曾任校青年志愿者协会会长。2014年以来,董小梅牵头组织开展志愿服务活动100余场次,累计服务超600余小时,因事迹突出,先后被华龙网、《重庆日报》等媒体报道70余次。

2019年7月,董小梅以优异的学业成绩和突出的个人表现被评为市级"优秀毕业生"。毕业时,她没有选择到大城市就业,而是主动请缨,加入西部计划志愿者的行列,毅然回到了家乡巫山县。

返乡后,她先后在县团委、卫健委、县委组织部等部门工作,接受多岗位锻炼。工作期间,她曾被选为共青团巫山红叶行动总支部委员会副书记,秘书处副秘书长。此后,她牵头成立分区"红叶志愿者团队",带领队员参加"99公益日"活动,并助力县青年协会"情暖童心好少年"公益项目,广泛吸纳社会资源,为项目筹集"梦想资金"4.1万元。此后,她积极参与重庆市东西部扶贫协作现场会、巫山县云端机场通航、第十三届巫山国际红叶节暨第四届巫山神女杯艺术电影周等大型活动20余次,开展多项志愿服务。

经董小梅的努力,分区"红叶志愿者团队"逐步成为巫山县青年志愿者的亮丽名片之一,她本人也荣评重庆市"向上向善好青年""自立自强先进个人""青年志愿者先进个人"。

带领村民,网上播开幸福"花"

在大学时代,董小梅就立志创新创业,将来带动乡亲父老致富,改变家乡贫穷面貌。

她利用寒暑假带领由18人组成的团队,多次赶赴大山深处,来到偏远乡村,围绕巫山巫溪等渝东北贫困地区就"互联网+"发展问题开展社会实践调查,并作为新青年学生团队负责人,参与实施"星火燎原——我国中西部乡村振兴的新模式"项目。凭借该项目,她参加在重庆市举办的第四届中国"互联网+"大学生创新创业大赛，荣获"红色筑梦之旅赛道"金奖，并摘得精准扶贫单项奖桂冠。

2019年返乡之初，在巫山县政府部门工作的董小梅利用周末和节假日，以忘我的热情深入到多个乡村电商基地、走进128个乡村的农家，详细了解电商创业者的故事，了解它们面临的实际困难。在抖音电商平台、学校和县乡村振兴部门的帮助下，她组织带领家乡青年搭建电商平台，亲自备课，组织开展数字化乡村电商培训12场次，传播电子商务知识，现场示范直播，先后使8名农村青年受益并立志自主创业。不久，董小梅结合各乡村实际，将调研成果总结、凝练为《"薪火相传"——农村电商助力脱贫攻坚服务乡村振兴的新模式》，被重庆市教委立项为"大学生创新创业训练项目"。

2020年，新冠肺炎疫情突如其来。董小梅了解到，参与"薪火相传"项目基地的马渡村等五个村的种植贫困农户受疫情影响，柑橘、蔬菜等农产品大量滞销，于是，她与学校创业导师王艳蓓和巫山返乡创业致富带头人张淦共同策划了"扶贫电商+消费扶贫"的云接力销售方式。董小梅带领母校的近百名"新青年团队"的学弟学妹，并通过多方链接社会资源，与巫山楚乡原农产品销售有限公司、巫山天地农业有限公司等农产品销售公司形成扶贫合力，经过短短20多天的努力，帮助百余户种植户销售果品共6340箱，总重量126800斤，价值38.04万元，解了他们的燃眉之急。同年6月，疫情有所缓解，董小梅响应重庆共青团委号召，参加"山茶花扶贫志愿者"直播带货等活动，积极为家乡代言，在巫山脆李等农产品基地直播5场次，推介家乡的生态水果、手工粉条等优质农副产品，吸纳5000余名网民观看，因此成为当地的'直播带货达人'。

扎根龙潭，当好村民的"领头雁"

2021年，董小梅回到家乡——巫山县平河乡龙潭村，参与村"两委"改选，并高票当选为党支部书记和村民委员会主任。

作为全县最年轻的女性村支书和村长，董小梅以实际行动践行共产党员的初心使命。她利用所学知识和创业经验，坚持"党建引领产业富民""产业为基础文旅结合增值""产业振兴带动各方面振兴"理念，结合农村"三变"改革，采取多项举措，致力于推进乡村振兴，提升乡村治理水平。

党建引领，树立文明乡风

董小梅带领全村44名党员、干部、群众，大力推进人居环境整治。通过开展邻里互助、群众评比，本村6户家庭分获市、县级"最美家庭"，28户家庭获县级"绿色家庭"。经过村"两委"倡议、党员动员，村民自筹经费近15万元，安装太阳能路灯100盏，庭院景观灯50盏，完成旺家山幸福亭和云岭包和谐亭的环保灯光装饰，使村容村貌大幅改善。2022年，龙潭村一改过去"后进村"的面貌，先后被评为重庆市美丽宜居乡村、家风家教示范基地、巫山县移风易俗专项行动试点村。

德治引领，提升村民综合素质

在董小梅的带领下，龙潭村以"24字"家风家训为基准，开展群众性精神文明创建，推进移风易俗。她带头宣讲党史3场次，开展"六讲六做"宣讲活动10余场次，召开院坝会100场次，教育引导村民感党恩、听党话、跟党走，通过培育优良家风，引导村民崇德向善，见贤思齐,使村民的文明道德素质明显增强。

科技引领,带动村民增收致富

2021年,董小梅为本村水产养殖集体经济农业技术申报国家发明专利1项、实用新型专利3项,为农产品申报商标注册12项。她带领团队开展助力龙潭村数字经济发展教学培训,积极链接高校专业教育资源,与母校合作共建新媒体人才社会服务基地、新青年专创融合技能助农基地。她带动村民开设直播间,指导和鼓励村民们走进直播间,推介农产品,当年实现线上销售额53万元,使50余户村民直接受益。同年,她积极吸纳优秀青年在乡返乡创业,进一步巩固脱贫攻坚成果,协同推进乡村振兴。在推进"三变"改革过程中,董小梅注重培育新型农业经营主体,发挥专业公司和专业合作社的作用,动员村民以土地入股等方式加入合作联合社,鼓励农户成立专业化农业公司、专业合作社和家庭农场,并提供全程技术指导。三年来,她积极引导村民"抱团取暖"闯市场,抵御市场风险,使全村产品单价年均提升21.4%,村民收入年均增长18%。2021年,龙潭村被评为重庆市"三变"改革示范村、巫山县乡村振兴重点建设村、巫山县乡村旅游示范村。

培育人才,增强乡村发展后劲

乡村振兴,人才是关键。2019年,董小梅积极向县、乡两级领导汇报,动员在乡返乡大学生参与,强化村级班子建设,高质量完成村"两委"换届工作。当选后,董小梅支书主任一肩挑,带领大学生干部在乡创业,使上届"两委"成员年龄大、学历低的局面得以根本扭转。新一届班子平均年龄31岁,三分之二拥有大专以上学历,女性"两委"超半数,为村党组织建设注入了新鲜血液。工作中,董小梅注重在青年村民中发展党员,累计发展党员1人,确定发展对象3人,确定入党积极分子8人。此外,董小梅尤为注重发掘本土社会治理资源,建立本土志愿者名录,引入3批次县外志愿者到村进行志愿服务,登记本土志愿者118人。

村民的腰包鼓了,村容村貌变了,村民的幸福感、获得感、安全感日益增强。伫立在巫山深处,看着眼下这些可喜的变化,立志在乡创业的董小梅信心满满,在服务群众"最后一公里"的道路上,迈出更加坚定的步伐……

(重庆市大学中专毕业生就业指导服务中心供稿)

"守望天使"的梦想
——重庆商务职业学院王峰事迹

  王峰,男,重庆商务职业学院餐饮旅游学院烹调工艺与营养专业2021届专科毕业生,是重庆市大学生西部计划志愿者,重庆市南川区第十五次团员代表大会代表,重庆市南川区西部计划团支部书记,南川区大观镇团委副书记、机关工委委员。

  在校期间,王峰曾任全国优秀公益体育社团"守望天使团队"第六任理事长,带领团队荣获第五届中国青年志愿服务项目大赛银奖、首届重庆市残疾人志愿服务项目大赛铜奖、第七届中国"互联网+"大学生创新创业大赛重庆赛区铜奖等奖项,个人获评重庆市志愿服务活动先进个人。毕业后,他加入西部计划志愿者行列,他带领的青年志愿服务队获评"全国学雷锋志愿服务"四个100"先进典型最美志愿服务站,负责的项目入选重庆市"南川区特色志愿服务项目",曾获第三届重庆市志愿服务项目大赛银奖等荣誉。近年,该团队的事迹被人民网、华龙网、《重庆日报》、新浪网等多家媒体竞相报道。

沉在基层,服务群众

  2018年,王峰被重庆商务职业学院餐饮旅游学院录取。进入校园,他便参加了学校公益组织——"守望天使"团队,成为一名志愿者。因组织协调能力出色,翌年,他被选举为团队第六任理事长。其间,他带领团队组织志愿者300余人次,与重庆乐一融合特殊托养康复中心联合举行关爱星儿(自闭症儿童)活动208场次,服务自闭症儿童数百人。他通过学院社区、残疾人就业帮扶项目实施夕阳(关爱孤残老人)计划,联合校外公益组织开展志愿服务活动50余场次。他还走进街道、社区和景区,开展垃圾分类、文明劝导、交通引导、疫情防控宣传等志愿服务。

  2021年7月,经重庆市南川区项目办统一安排,王峰被分配至大观镇人民政府,从事志愿服务工作。初上岗位,他便负责全镇农村厕所改造计划。在山村走访时,王峰发现有些农户深受传统生活习惯的影响,认为使用水冲式厕所既花钱又费功夫,太不值得。不少村民仍习惯使用公共旱厕,家里的新式户厕被闲置。有的村民家的新式户厕,因没有接通自来水导致被弃用。面对这些农户,王峰不厌其烦,苦口婆心做通他们的思想工作,鞋子都走烂了两双。在他和团队的宣传引导下,2021年末,全镇365户农户农村厕所改造计划顺利实施并高质量完成。

此外,王峰还被安排在党群办公室,负责处理群众在市域"互联网+督查"平台反映的各类矛盾纠纷。他将受理的群众投诉进行整理,并向镇领导请示,协调相关职能部门及时办理解决问题。半年多的时间里,他累计受理、化解矛盾纠纷149件,群众满意率达97.8%。

后因工作需要,王峰负责协助镇党委书记和人大主席完成大观镇第八届党代会、人代会代表换届选举工作的文件起草、公文处理、文件材料印制、代表资格审查、档案整理、会场服务等工作。其间,他经常加班至深夜,确保了两个重大会议顺利召开。

发挥专长,助农致富

在大学里,王峰学的是烹调工艺与营养专业,所以他尤为擅长烘焙。课余时间,他喜欢研究美食制作。

他在调查和实践中发现,大观镇虽为全国重点镇、全国休闲农业乡村旅游示范区、国家级现代农业示范区、重庆最美生态旅游地标、重庆市级特色小镇、重庆市经济百强镇等,但是在位于镇里的重庆乡村旅游"第一朵金花"——十二金钗大观园的12个景点附近的农家乐的餐食却多以家常菜为主,菜品风味大同小异,缺乏特色,对游客的吸引力明显不足。他经过多次调研,决定发挥自己的专长,服务当地群众。在向母校的专业老师多次请教、沟通后,他就地取材,运用大观镇的特有食材,结合景点特色研发出各类中式点心。经多次试验,最终"十二金钗大观园中式酥点"制作方法和塑形基本成形。

为了把制作新式点心的方法传授给更多农户,王峰先后在大观镇金龙、中江、铁桥等村(社区)举办"青春夜校"烘焙公益课堂9场次,传授樱花酥、荷花酥、梅花酥等中式点心的制作方法,使400余位村民受到启发。在他的积极带动下,莉娟农家乐和于家院子、金龙村的代家湾农家乐、中江村的太极庄农家乐等10余家农家乐新增了兰亭茶叙、容嬷嬷小吃等项

目,中式点心梅花酥、荷花酥、樱花酥成为大观镇游客观光旅游后必备的"伴手礼","十二金钗大观园中式酥点"也因此成为一道亮丽的风景线。这些点心项目促进农户每月增收500～1000元,并深受消费者的好评。此后,报经区团委同意后,王峰赴全区多个社区开设"青春夜校"烘焙公益课堂,推广大观镇的经验和模式,让更多的群体受益。

在大观镇服务期间,王峰还组织南川区西部计划团支部的志愿者400余人次开展"青春助农"等志愿服务活动20余次,帮助果农植树、剪枝,累计服务1600余小时,服务群众1000余人次。

"能奉献一片爱心,尽己所能服务更多的群众,我很开心。我认为自己的付出和努力都非常值得。"王峰说,"青春不是用来享受、挥霍的,而是用来书写多彩的青春回忆的。"

(重庆市大学中专毕业生就业指导服务中心供稿)

扎根美满村，当好村民的"娘家人"

——重庆化工职业学院贾涛事迹

2019年7月，担任重庆化工职业学院学生会主席的贾涛主动请缨，以西部计划志愿者的身份奔赴重庆市长寿区八颗街道美满村。翌年，经群众推荐、民主选举，贾涛作为返乡本土人才因有知识、有才干，担任了村党支部书记助理，开始了新的工作和生活。

沉在基层，为群众解难题

是时，美满村作为全区"软弱涣散基层党组织"之一，在963户村民心目中并不美满，存在村级班子软、后备干部少、遗留问题多、干群关系不够和谐、群众意见大等短板。为根本扭转这一局面，贾涛以村为家，吃住在村里，天天与群众打交道。

工作中，他先后入户走访群众260余人次，与党员干部谈心谈话70人次，召开院坝会48场次；摸排外出务工经商人员、退伍军人、种养殖能手等45人，物色考察后备干部10余人，确保整顿工作实现"三清"，即软弱涣散村党组织"清零"、村级财务"清账"、信访积案"清仓"……为切实解决群众生产生活中的急难愁盼问题，2020年8月，贾涛积极与上级部门沟通协调，如实反映困难，为美满村争取到高标准农田机耕道12.5公里，规划建设文化活动广场4个、灌溉设施5公里，现已硬化公路7公里、硬化晒坝3421平方米，新修公共厕所1座，新修排污管网5122米……一年后，村口的"断头路"拉通了，长期灌溉难的问题解决了，环境脏乱差现象不见了，村容村貌焕然一新。村民们额手称庆，由衷赞誉。

2021年是村（社区）集中换届年。贾涛带领13名村组干部，积极参加换届政策宣传、党员群众走访、矛盾纠纷排查、化解等工作。他主动到选情复杂的第4、第5村民小组蹲点，采取"入户调研摸底子、党群帮扶结对子、结合实际开方子"，以及"一湾一策""一事一议"等方式，广泛倾听群众呼声，认真研判社情民意，了解群众的思想动态，只用不到半年时间就化解信访积案6件，帮扶弱势群体80余人，解决群众困难260余个。

脱贫攻坚，"百日行动"显身手

"脱贫路上，决不让一个困难群众掉队！"两年前贾涛初到美满村时，正值脱贫攻坚"百日攻坚"行动的关键时期。他和村"两委"一道，紧扣重点难点问题，拟出任务书、倒排时间表、画出"施工图"，决心啃下脱贫攻坚"硬骨头"。

建档立卡未脱贫户是村里的"老大难"。村民杨文良一家是2019年底甄别出的未脱贫户，实现脱贫销号的期限只有不到一年的时间，难度可想而知。但办法总比困难多，贾涛会同八颗街道帮扶责任人，成立志愿帮扶小组，实施"定点攻坚"。及时为杨文良申请了低保救助，提供农村服务型岗位，使其每年获得 6000元的稳定收入。杨文良之子杨涛因患脚踝骨坏死，无法实现就业，贾涛多方帮助其联系做手术的医院，通过政策兜底报销了 95% 的医疗费，并鼓励其在休养期间去驾校学车，使其成功拿到驾照。此后，贾涛多方联系，把他介绍到长寿经开区的工厂上班，实现了就业，每月有了 3800 元的固定收入。2020 年底，杨文良一家成功脱贫摘帽。

脱贫攻坚过程中，贾涛和村"两委"班子一直坚持点面结合，积极落实教育、医疗、住房"三保障"措施。辖区义务教育阶段 117 名学生无 1人辍学，41 名贫困人口均纳入基本医保、大病保险、医疗救助三项制度保障范围；全村完成危房改造 11 户，"四类人员"住房安全得到全面保障。村党支部落实产业扶贫，核发产业到户奖补资金 8.6 万元，帮助贫困户发展蔬菜种植、生猪和蛋鸡养殖等特色产业；落实金融扶贫，帮助 17 户农户申报小额信贷 10.95 万元。2020 年 12 月，全村 20 户 41 名建档立卡户全部脱贫摘帽。

情系民瘼，关心关爱暖人心

到美满村工作以来，在做好本职工作的同时，贾涛还积极联系社会单位和志愿者加入帮扶困难群众的行列。西南大学、重庆师范大学、重庆医科大学、重庆第二师范学院、八颗街道社区卫生服务中心等单位先后选派志愿者 1236 人次赴村开展志愿活动，累计开展科技卫生"三下乡"、文明素质培训、院落整治、义诊等志愿活动 38 次，服务村民 1671 人次。2021年 3 月，为巩固脱贫攻坚成果，贾涛联系母校的辰光志愿服务队，开展"扶贫济困 与爱同行"主题志愿活动，慰问低保户，巩固脱贫，了解其生产生活中的实际困难，关心老人身体健康，入户宣传乡村振兴相关政策 25 场次，为村民贴心服务。

2019—2020 年，因工作成绩突出，贾涛荣获团中央授予的第十三届中国青年志愿者优秀个人称号，并获评重庆市优秀西部计划志愿者、2021 年八颗街道优秀党务工作者。

实践出真知，实践长才干。参加工作以来，两脚沾满泥土的贾涛，沉在基层，与村民结下深厚情谊，被群众亲切地誉为"娘家人"。

"群众的认可就是对我的莫大鼓励和鞭策。今后，我将继续服务好广大村民，多为群众办实事。只有大家过得好，我的心里才更踏实、更快乐。"在谈及下一步的打算时，贾涛如是说。

（重庆市大学中专毕业生就业指导服务中心供稿）

闪亮的日子

贵州

剑锋所至,即为梦想

——贵州财经大学杨友事迹

谈到梦想,我心里就会有这样一种强烈的想法"只想在平凡人最美的青春里,轰轰烈烈地去拼搏,虽不一定会赢,但一定会因此有所得。"我从进大学的第一天起就把职业理想定位在销售岗位上,并以此为目标去努力提升自己的综合能力。销售是与人面对面打交道的工作,成功的销售不仅要具备良好的沟通能力,还要具备较强的适应能力、逻辑思维能力、综合分析能力,以及强大的内在学习能力、领导力和协调能力等。即使现在有人问我哪一个行业最能锻炼人,我依然会笃定地回答——销售。

我一直是个内心不太安定的大孩子,敢想敢做,当然也有过青春的迷茫。在看到班级里很多同学收到了银行、国企或大公司的入职通知时,我曾经也因为自己选择的只是一家小公司而有所怀疑和动摇。我通过应聘销售岗位而入职的这个区域小公司只有七八位同事,人虽不多但公司总体也算是行业领先者。这家小公司采用平面化的管理方式,这不仅让我能在工作中学到相对全面的本领,而且同事之间的交流与沟通也因"小"而十分融洽。凭借着入职第一天起就不服输的心性,以及因努力伴随着机遇的加持,目前我已经被成功调入公司在上海灿谷的总部。

两年来前行的不易倒也让成功倍加令人快乐,也让我很想与学弟学妹们分享一下我就业的成长故事及经历的成长考验。

一、不惧艰难的同时敢于迎难而上

一是要保持职业理想的初心。信息学院毕业的我进入公司接到的第一个任务是负责公司文化宣传的海报制作,海报制作需要对 PS 制作软件技能的擅长,这与我的专业实际并不相符。但有四年计算机方向基础学习的支持,以及对在海报制作中如何更好地凸显对公司产品的宣传的思考,反而激发了我的工作热情。工作之余,我投入了大量的时间,通过各种方式努力学习 PS 海报制作的技能,以及广告设计的技能,并把力求"完美呈现"作为工作效果的目标追求,经过一段时间持之以恒的投入与付出,我不仅在这一领域中的工作表现日益精深,同时人也变得更加自信。当公司领导以赞赏的口吻向我表达"我们公司的宣传海报是专业的人做专业的事"时,无疑是对我辛勤劳动的付出最好的肯定。

二是不要惧怕工作中的挑战。我所学的专业是计算机软件方向,但作为公司里唯一一个有计算机相关专业学习背景的人,我承担起了公司里因硬件问题而不能正常运行的几台计算机的修理与维护工作。从接到任务的第一天起,我马上就投入到积极自学、努力成长在工作状态中,通过报培训班、查阅书籍,以及利用专业优势找相关专业的同学咨询与讨教,经历了一段睡眠时间每天平均只有三四个小时的努力,我顺利完成并从此承担起了此项工作任务。也正因如此,公司特意外派我进行了一段时间的相关培训学习,这也让我在电脑硬件的工作范畴里迅速成长起来。所以,师弟师妹们,成长的机会绝不是等来的。

三是努力强化专业成长的深度。因为前期工作态度与工作能力出色,公司安排我为公司管理量身建构一套信息化的管理模块。虽然这与我所学的信息管理与信息系统专业十分对口,但具体到工作中我才发现关于使用企

业微信管理好员工和业务,以及建立一个企业内部工作邮箱的建构要求是我在课本中没有学过的。于是,熟悉的节奏仿佛又回来了,又是一段睡眠时间极少的日子过后,通过各种方式、各种渠道的学习与努力,我终于为公司建立起了一个初步信息化的管理模式,并在应用中不断完善与修正,让这个小公司的业务管理与运行流程更具专业化、便捷化、可视化。正是这次工作任务不仅让我明白了曾经大学所学的"知识管理"这门课的用途,也让我更充分体会到了学好专业知识的重要性。师弟师妹们,很多我们所学的课程就是这样,可能当时感觉不到课程的重要性,但当

某一天因工作所需为你所用时,你一定会庆幸自己没有虚度大学的学习时光。

二、敢于崭露锋芒的同时善于表达欣赏

一是敢于自信地展示自我的工作能力。我从来都不惧怕展露出自己的锋芒。建立在自信基础上的锋芒在我看来是可以为你带来无尽勇气的力量之源,是一种敢于直面一切的精神力量。青春不必甘于平庸,展示自我的锋芒既是勇气也需要能力。还记得有一次我和公司的领导出差,途中聊天时领导问我:"你未来想成为什么样的人呢?"我毫不犹豫地回答:"我想做岗位上的团队领导。""为什么想做领导呢?""我从小学到大学都在当班长,我发现年纪越大,对班长的认知也在变化,感觉承担的责任越来越大,接触的人也越来越优秀,而且越优秀的人越努力,看问题的方法与解决问题的能力也更强,所以,我想成为这样的领头羊。"领导用温暖而坚定的语调回复道:"我就需要这样的人。没有当领导的心,看问题的视野就有局限,就不可能把事情做好做大。"随着我在工作中的优异表现,我晋升成为区域分公司的经理助理,并在协助区域经理的工作进程中实现着自我更快的工作成长。

二是要懂得欣赏他人的优秀。师弟师妹们,高等教育的培养要求我们人之为人不仅要有学商,亦要有情商。在具体的工作中,我们踏实做人,积极进取,争取优秀的工作成绩不仅是为了让自我的才华不被埋没,也是为了能更好地成就我们曾经在心中火热升腾的就业理想。在做好自己的同时,在工作中,身边优秀团队的支持会让我们的工作成效事半功倍。因此,团队也是你快速进步的阶梯,要懂得欣赏身边工作伙伴的长处,学习他们的优点,不吝你对他人的赞赏,并在交流与互动中坦诚相待,体会荣辱与共的快乐,你一定会真切体会到"一个好汉三个帮"的重要性所在。

三、敢于"亮剑"拼搏的同时懂得珍惜美好

我一直都坚定地认为销售是一个不可能被埋没的职业，因为这个工作难就难在我们其实一直是在与自己的内心展开搏斗。销售难的地方在于和陌生人打交道的过程中面临着太多的不确定性挑战，这样的挑战能不断地磨砺我们的心智，而只有直面磨砺才会让我们的内心在自觉与不自觉的成长过程中起来越强大。我任职经理助理岗位后，得以跟随在经理的身边，在更高的层面上观察与学习销售渠道业务的拓展。在我新年放假回家时，经理给我布置了一项销售任务并让我提前三天放假回家，任务是要求我回县城找三家汽车经销商洽谈合作的金融业务，并温暖地嘱咐我，"成败不要紧，但要学以致用，好好用我平时教你的本领自己去历练"。我家居住在一个小镇上，镇上一共有七家同类型的经销商，我用了足足两天时间与七家经销商进行业务交流，既磨炼了我与人沟通时的语言逻辑表达，也磨炼了我大胆交流的勇气。第三天我到了县城，通过一天的摸底，随后有针对性地先找到三家商户展开相关的销售业务。经过一个假期的努力，我竟然与十家商户谈成了相关业务，超额完成了工作任务。在这个过程中，我弄明白了县城、村镇相关业务上的主要区别。当然，取得这样的工作回报与收获背后的不易也是冷暖自知，我无数次拖着疲惫的身躯回到家时甚至可以忘记一切倒头就睡。现在想来，这些都成了我成长路上一种另类的"甜蜜助力"。通过这次历练我还学会了如何有效地进行工作记录，特别是就如何处理客户的意见与建议。可以说，认真倾听、不惧挑战是一切成功的开始。

师弟师妹们，人的成长离不开团队的分工协调，单打独斗很难立足于真实的社会场景之中。我们的成长离不开他人的帮助，因此，我们要善待并珍惜身边每一位与我们同向而行的伙伴。我从分公司调到总公司很大程度上就是得益于我的经理的力荐。一次偶然的机会，总公司领导来我所在的分公司视察，总部公司的领导询问我的经理："你们现在的宣传海报是谁给你们做的？"我的经理回复："是我招聘的一个即将毕业的大学生。"并大力表彰了我的工作能力、工作态度，还提及了我在学校同时辅修两个专业，当过班长，拿过国家奖学金，做过国家级创业项目，给研究生上过课，以及到公司后的表现等。总部领导继续问问："是不是我们上次开会时拿着个本子在旁边听的那个小伙子？"得到肯定的答复后，总部领导说："现在总部准备做一个创业项目需要这样的人手，让他过来学习一下，我亲自带他。"于是，我就成功从代理公司升职到了上海总部。我在总部的同事们几乎都是拥有六年以上行业经验的精英或者曾经的团队带头人。这让我更为深刻地体会到机会总是留给努力的有准备的人的。

我的就业故事在此落笔，却也是一个更为崭新的开始，我会去挑战全新的未知的征程。未来也必会充满挫折与挑战，但不负青春、努力才会有光明的未来。在此祝愿各位学弟学妹们努力学习，踏实进取，不忘初心，未来可期！

（贵州省普通高等学校毕业生就业工作办公室供稿）

青春绽放在苗岭大山深处

——贵州医科大学胡学常事迹

胡学常,男,汉族,中共党员,贵州省锦屏县河口乡裕和村人,1993年2月出生,2018年7月毕业于贵州医科大学法医学院法医学专业。同年10月,通过不断努力才从贵州偏远贫困大山里走出来的贫困学子胡学常放弃了在省城贵阳的高薪工作,毅然决然地奔向苗岭大山深处的深度贫困乡——贵州省雷山县方祥乡,让青春在基层闪光。

一、不忘初心,牢记使命

2019年3月,胡学常积极响应中组部和省委组织部的号召,作为选调生到一线去历练,再加上他清楚地知道自己一路走来不容易,要不是得到党和政府的关心和支持,到现在可能还走不出曾经贫困的大山,于是他主动申请来到贵州省雷山县方祥乡平祥村驻村,决心通过努力让贫困的大山摆脱贫困、让农民过上好日子。胡学常到村工作后先后担任驻村干部、村民委员会主任助理等职务。他和村干部一道为村里谋出路、抓发展,不仅使自己的综合能力得到了提升,也成了当地群众的贴心人。

胡学常刚到村时,正是脱贫攻坚啃硬骨头的时候,其实他自己也为自己捏了一把汗,毕竟毕业于医科大学的法医学专业,再回到村里开展农村工作,显然专业是不对口的。再加上平祥村是一个少数民族传统村落,村民们日常是用苗语交流,因此听不懂苗语也成了他工作中的一大难题。好在他上大学期间通过学校培养和自身努力,在统筹协调、交际沟通、写作等方面的能力得到了综合培养,这给他吃下了"定心丸"。为了方便入户开展走访工作,他不断地向村干部和年轻党员学习交流,加紧学习苗族日常语言。几年下来,他已经可以用苗语和农户交流了,完全融入了当地百姓的生活生产之中。

二、排忧解困,贴近民心

"小胡,抵达丢王涅酒那?嘿内达哇咋弄酒那酒,启行达哇咋弄年诶。"(苗语,意思是"小胡,又来入户啦?快点先来我家吃个糯米粑,晚上来我家过苗年哈。")在入户开展工作的路上,村民们总是热情地跟他打招呼,他的心里总是暖暖的。能被邀请到村民家中过苗年,就足以证明村里人已经把他当成了自家人,这也得益于平日里他对村民们无微不至的关心。

刚到村里工作时,胡学常就发现村里有部分年龄未到60岁却又因残疾难以谋生且无人管护的困难群众,他们平日的生活都是靠着左邻右舍接济。他便以此为切入点,开始融入群众生产生活，拉近与群众的距离。通过与民政部门对接，他得知残疾达到一定等级便可申请特殊困难救助。申请残疾等级鉴定对于法医专业毕业的他来说是轻车熟路。通过一系列的合法程序后，平祥村的4位村民每月分别领到了938元的特殊困难救助金，公平地享受到了应该享受的惠民政策，解决了基本生活问题。这件事一时间如同爆炸新闻般传遍了全村，也就是从那时候起，群众便纷纷向他投来了佩服的眼光，改变了"他这个'毛头小伙子'只是到村里来'镀金'，办不了实事"的看法。

在后来的入户走访工作中，通过大力宣传精准扶贫、易地搬迁、养老保险、合作医疗、农村低保、农业生产、乡村振兴等方面的国家政策2000余人次，村民们享受到了党的大好政策，生活好起来了，他也工作得越来越开心、越来越顺手了，与村民的心贴得也更近了。

三、舍家为业，战贫斗困

有时村里工作忙起来胡学常周末都不舍得回家，他和爱人谢永香结婚时也只请了5天婚假便匆匆忙忙回到了工作岗位上。在妻子怀大女儿期间，他陪伴妻子的时间前前后后加起来也就15天。平时他满腔热血地把精力投入到工作之中，对于家人便少了些关心，好在家人也都非常支持他，夫妻感情也非常好，妻子总是将家里打理得井井有条，从不让他因为家里的琐事而分心。他有两个可爱的女儿，也许是父亲经常不在身旁的缘故，每次只要他回到家，两个女儿都争着去黏他，感冒发烧的时候也都略显得比其他人家的孩子坚强些。有一次因为工作忙，他连续三个月都没有回家，妻子想给他一个惊喜，没有告诉他已经在县城买了房子，他也想给妻子和孩子们一个惊喜，没有提前告知他要回家，结果他去了原来的出租屋，最后还得等妻子来领他回家，闹了一次回家却找不到家的笑话。工作任务固然繁重，但在各级党委政府的坚强领导下，在村"两委"一队和全体村民的共同努力下，平祥村于2019年底如期实现了贫困人口清零的目标，累计减少贫困人口107户361人，提前打赢了脱贫攻坚战。

四、壮大产业，振兴有望

要致富还得靠产业；产业兴，农民兴。由于平祥村地处雷公山国家级自然保护区核心区内，多年来，产业发展受到了保护与发展的矛盾冲突带来的制约。为了帮助村民寻找产业发展的出路，村"两委"一队决定大胆尝试种植大棚蔬菜，村民们的热情也非常高涨。但是由于管理不到位、交通不便、市场小等原因，大棚蔬菜项目以失败而告终，村民和村"两委"一队成员的士气遭到了一定程度的挫伤。酸甜苦辣都是营养，失败也是经验。他不放弃，继续开发新的产业。在走访中他得知，当地种植的辣椒品质虽好但产量小，形不成规模，难以形成产业，他认为应该从辣椒种植标准化规模化入手。于是，他便向村里极力推荐尝试培育辣椒苗，通过入户动员和精心培育，辣椒苗培育项目取得了成功，为老百姓创造了收益，还培养出了一批育苗技术员。当年种植的辣椒"一炮而红"，树立起了在当地小有名气的辣椒品牌，干辣椒价格一度飙升到70元每斤的高价且供不应求。

尝到了甜头后，结合雷山县"苗侗山珍、茶麻菇稻、蜂蜜黔求"的产业定位，他决心探索培育茶苗，不能让育苗大棚闲置下来。于是他积极组织人员到乡人民政府和帮扶单位县发改局争取项目启动资金，最终使项目得以启动，培育茶苗9亩90万株，预计为村集体经济创造了25万元的收益。

经过三年多的驻村帮扶，他见证了平祥村的发展。如今的平祥村立足生态、聚焦发展，狠抓基础建设不放松，乡村面貌日新月异，传统农业与特色种养殖、乡村生态旅游成了村产业发展的又一主攻方向，而他也正在全力以赴抓好抓强农村产业。

县委组织部选中平祥村作为支书、主任"一肩挑"的试点村，并于2020年5月选派他任平祥村主任助理。2021年5月脱贫攻坚驻村工作期满后，他又申请继续留在村里开展乡村振兴驻村工作，青春该有的模样正是这样。他想继续为纯朴的平祥村老百姓努努力，争取以平祥村为点，带动曾经的深度贫困乡更好地发展。他用美好的青春诠释了共产党人的初心使命，在平凡的岗位上闪闪发光，把青春种植在大山里，让它生根发芽、开花结果，惠及广大群众。

（贵州省普通高等学校毕业生就业工作办公室供稿）

基层服务担使命,风雨磨砺守初心

——贵阳学院杨贵菊事迹

　　杨贵菊,女,1996 年 11 月出生于贵州省黄平县,2020 年毕业于贵阳学院应用心理学专业。大学期间,她曾担任班级学习委员、贵阳学院学生信息员等,曾获贵阳学院"优秀学生干部"称号。毕业当年,她参加大学生志愿服务西部计划,服务于贵州省开阳县花梨镇人民政府。志愿工作期间,她积极向上、勤奋好学、爱岗敬业、团结同志、成绩突出,使身心得到锻炼,理想得到升华,能力得到提高,情操得到陶冶。通过两年的志愿者生活,她的信念在岁月中成长,青春在奉献中闪光。

　　毕业之初,杨贵菊毅然决然地选择投身到大学生志愿服务西部计划,践行当代大学生"到基层去,到西部去,到祖国最需要的地方去"的庄严承诺。在基层,她过着相对平淡、艰苦的生活,那里没有城市中的灯火阑珊、琳琅满目、浮华喧嚣,她带着梦,带着希望,带着些许迷茫……就这样开始了新的征程。虽然基层工作繁杂琐碎,但她力争做到周全化、高效化、条理化。她积极配合党政办主任根据镇党委、政府的分工和上级主管部门的工作要求,牢记服务领导、服务机关、服务群众的工作职责,不怕困难、团结协作,圆满地完成了各项工作任务。

夯实基础,不断提高自身素养和业务水平

　　文化中心作为深入宣传贯彻习近平新时代中国特色社会主义思想、大力弘扬先进文化、巩固镇村两级文化阵地、加强精神文明建设、活跃广大人民群众文化生活等的重要阵

地,承担的工作职责较多,做起来千头万绪,这就要求必须有较高的思想政治素质和业务水平,否则工作起来就会顾此失彼。闲暇时,杨贵菊认真研习公文写作、创新活动形式、提高政治素养、加强知识学习,以便更好地服务群众,更好地发挥自己的优势帮助弱势群体,推动办公室的各项工作有条不紊地开展。

正确定位,努力做好日常工作和各项事务

作为一名西部计划志愿者,弘扬"奉献、友爱、互助、进步"的志愿者精神是使命,完成党政领导安排的包村包组任务、做好部门日常工作是责任和义务。

在文化中心,杨贵菊主要负责花梨镇新时代文明实践所(站)相关工作,其次是协助主任处理好其他各项工作。她帮助空巢老人打扫卫生、解决生活困难和提供亲情陪伴等服务,为留守儿童、特困家庭提供扶贫帮困、教育、家政等服务,开展消防安全、文明行为、垃圾分类、节约用水、移风易俗等宣传活动,结合各个节日节点组织策划开展相应文化活动(例如中秋做月饼、端午包饺子、七夕联谊会、春节耍花灯),提升了群众的精神文化生活。

在卫计办,她主要负责人口监测、避孕节育措施落实工作,包括:核查上报出生、死亡、婚出、婚入、流出、流入等人员信息,录入或变更 PCMIS 系统,处理 PCMIS 系统中各模块的数据;每月上报并与公安、卫生院比对出生、死亡、现孕数据;对高孩次政策外生育人群的避孕节育措施落实情况进行排查,对应术对象动员落实安全、有效、适宜的避孕措施;时刻监测精神病人婚育情况;精准管控早孕早育人员,并宣传相关法律法规。

在包村包组工作中,她负责保花梨镇翁昭村向阳寨组、高峰组。她起早贪黑开展人口普查、换届选举工作,下组挨家挨户摸排疫苗接种情况、厕所改革情况,给有智能手机的村民安装国家反诈 APP,排查外来人员,统计流动人口,采集、录入宅基地和火源点信息,同时还负责宣传环境卫生、"五治"工作、森林防火、食品安全、网络诈骗等方面的知识。

除部门工作和包组工作外,她还负责做好卡点值班值守工作,参与地质灾害、疫情防控24 小时轮班值守,熬过无数个夜晚,晒过无数天烈日,一切只为保护群众生命安全。

端正心态，在自我加压中实现人生价值

服务期间，她始终对工作保持热忱，端正心态、静心思考、细心钻研，事事处以平常心，做到严于律己、自我加压，不把小事当无事，不把小错当无错，尽全力把每一件事做到尽善尽美。她时时铭记自身的责任和使命，处处以大局为重，以高标准、严要求鞭策自己。看重实干、看轻享受，看重奉献、看淡索取，从小事做起，从点滴积累，在平凡的岗位上练出了扎实的基本功，不辜负国家的信任和培养。经过将近两年的沉淀，她变得更踏实、更细心，变得更有毅力和责任感，也更深刻地认识到基层事务虽然烦琐，但桩桩件件都关系到人民群众的切身利益，事事处处关系到党和国家的大政方针的贯彻落实。她相信，经过历练，她将能更好地实现自己的人生价值。

在基层的所有经历已经成为杨贵菊生命中不可或缺且价值连城的宝贵财富，足以让她受益终生。她愿意默默为基层奉献。在志愿服务基层的道路上，她经历磨砺，摆脱稚气，走向成熟，在平凡的岗位上尽自己最大的努力配合领导、同事做好乡镇日常工作、推进乡村振兴。

奉献是一种精神，服务是一种理念，而服务基层是她最有价值、最宝贵的人生经历，也是所有志愿者的共同追求！

（贵州省普通高等学校毕业生就业工作办公室供稿）

孩儿立志出乡关，学业有成复归来

——遵义师范学院贺忠权事迹

贺忠权，男，中共党员，贵州省兴义人，本科毕业于遵义师范学院生物与农业科技学院，硕士毕业于中国科学院大学生命科学学院，培养单位为中国科学院植物研究所。在校期间，他被评为三好学生、优秀党员、优秀学生会主席、优秀共青团干部、优秀学生干部、大学生"勤工之星"、支教先进工作者、植被与环境变化国家重点实验室"优秀科考队员"等。本科期间，他主持并结题国家级科创项目1项，取得国家级专利2项。硕士期间，他完成野外考察数据20余万条，完成绘制1:5万县域植被图1张，撰写20余万字的专著1部，以第一作者身份发表核心期刊论文1篇。二十余载求学路，他始终初心如磬，乡音未改。学成之际，他不忘党恩，毅然决然响应党的号召，践行"立志、成才、报国、裕民"的求学理念，主动扎根基层，团结带领大地村3000多名父老乡亲阔步迈进乡村振兴路，书写了一幅新时代乡村大学生迎难而上反哺家乡的奋斗篇章。

一、追逐儿时梦，立志成才出乡关

90后的贺忠权出生在一个小山坳里，家境贫寒，父母都是地道的农民，文化程度不高，但在教育问题上从不含糊，他们相信知识改变命运，"走出大山"是全家人对贺忠权最大的期盼。生为一个农村孩子，他的日常生活除了上学就是帮家里做农活，插秧、割稻、种玉米都是家常便饭，这让他更能体会到父母的辛苦和读书机会的来之不易，性格里也自然多了一份勤奋与坚韧。考大学是他自幼以来的梦想，也是他这个穷苦孩子走出大山的唯一途径。因家庭经济困难，他的求学之路举步维艰，从小学到高中，为保证他不中断学业，母亲几经周折为他凑学费。终于，在2014年的夏天，遵义师范学院的大学录取通知书打开了他人生的第一扇大门，他的命运也由此改变。

岁月不居，时节如流，他努力镌刻梦想。"谁不是青葱年华，那是一段心无旁骛追寻理想的岁月。"他在回忆本科阶段的经历时说道。"给自己充电"是他在大学时给自己的最准确的目标定位。他积极申请入党，担任学生会主席、勤工助学中心主任、班级委员、外联部部长等职务；参加大学生支教工程，策划义卖活动，组织同学为留守儿童捐赠物资。大学期间他在长知识、学本领、拓视野方面一个都没落下。忙碌的四年生活不仅培养了他严谨的求知态度、敏捷的思维逻辑，还培养了他成熟稳重的性格。

继续攻读硕士研究生是他最坚定的计划。功夫不负有心人，2018年6月，他顺利拿到了中国科学院大学硕士研究生录取通知书。他的硕士指导老师多年来对贵州喀斯特地貌有深入的课题研究，他与导师一拍即合，决定将研究方向定为中国西南喀斯特植被恢复与石漠化治理。这似乎是一次可以靠科研助力家乡建设的机会，他喜出望外。三年的研究生学习中，他进行了长达两年总计8000余公里的黔中高原野外环行，系统研究了喀斯特高原典型区域的植被类型及其特征，综合分析了植被分布与岩性、土壤、坡向、演替进程、人类干扰等因素的相关性，揭示了植被分布与演替规律，为贵州石漠化综合治理、植被恢复中的群落物种优化配置提供了重要的本底资料，同时也为中国植被志的编研提供了基础数据。

二、不忘来时路，学成返乡振乡村

攻读学士学位和硕士学位的七年时光里，贺忠权完成了自己"走出大山"的梦想，但更加令他深省的是这个世界的参差。2021年夏天，在从中国科学院大学顺利毕业之际，他做了一个不同于其他同学的决定——回到大山里。

"农村的雨露滋育了我，农民的纯朴和善良感染了我，我深深地知道农村的落后、农民的贫苦，用知识和青春去改变养育了我的家乡便是我的福分，更是我义不容辞的责任。"这是贺忠权在2021年选调生入职座谈会上的发言。他对农村和农民有一种难以割舍的情怀。

2020年12月，贺忠权参加贵州省定向"985工程"等重点高校选调优秀毕业生招考，经过笔试、面试层层选拔，2021年8月成为晴隆县人民政府办公室的一名选调生。根据选调生基层锻炼规定，组织下派他到晴隆县鸡场镇大地村任驻村第一书记。为尽快适应行政工作角色，他主动担任一名县委常委副县长的秘书，并全面协调全县人民的防控工作，忙碌而充实是他工作、生活的真实写照。

大地村是晴隆县的一个贫困村，全村总人口3936人，贫困人口1087人，建档立卡贫困户239户，人口年龄结构偏大、文化水平偏低，而产业化落后、经济收入薄弱是村经济情况的主要特征。到村任职以来，贺忠权始终坚持群众利益无小事，想问题，办事情，做决策，时时刻刻把群众利益放在首位，团结村"两委"一班人，有效地推进了产业结构调整和经济发展方式的转变。"上面千条线，下面一根针"，刚深入基层的他，不断学理论、培素养、聚初心、正位子、放下架子、担起担子。他主动对标对表深入贯彻学习方针、政策，深刻领悟脱贫攻坚精神，并主动带领全村持续跟进国家、省、州、县最新民生政策方针，深入学习并探索其他村"两委"换届、脱贫攻坚、基层治理、防贫返贫等民生先进工作经验。

驻村以来，他不断强基固本摸底子，抓准夯根谋发展，狠抓机遇求发展，努力为民谋福祉。他积极发动村"两委"响应落实结对帮扶机制。他常态化开展"四逐四准"工作，按照

"一达标、两不愁、三保障"标准深入摸排、了解,关注帮扶贫困对象的生产生活,实施危改35户,补助资金10万余元,使全村165户665人"挪穷窝""换旧业",使民生福祉不断改善,全面实现了"拔穷根"。为全面织牢因病返贫致贫防控网,全村基本医疗保险参保比率逐年提高,实现脱贫人口基本医疗保险全覆盖。为巩固提升饮水安全,他主动向上级申请扶贫项目,在全村修建7处集中供水点和40个小水窖,让村民喝上了放心水、安全水。驻村以来,他与村"两委"班子始终把人民对美好生活的向往作为奋斗目标,不断健全"一中心一张网十联户"工作机制,及时利用民政临时救助、公益性岗位、医疗救助等方式解决群众刚性困难,畅通服务群众"最后一公里"。

扎根基层的时光里使贺忠权学会了坚韧,磨砺了斗志,理解了责任,感悟了崇高。在与群众一朝一夕的相处中,他收获了由平凡而伟大的坚实成长。

三、青春正当时,砥砺前行新篇章

习近平总书记说:"基层强则国家强,基层安则天下安。基层是最基础的单元和细胞,最贴近民生,也直接影响民生。"

2022年是进入全面建设社会主义现代化国家、向第二个百年奋斗目标进军新征程的重要一年,是党的二十大召开之年,固牢脱贫攻坚成果与乡村振兴有效衔接正当时,脱贫不是终点,而是新的起点。

贺忠权同志在2021年度述职报告中谈道:"大地村产业发展滞后,动力不足,村级集体经济薄弱是主要短板。展望未来,我们要继续坚持以习近平新时代中国特色社会主义思想为指导,在镇党委的坚强领导下,我们要紧紧围绕'把优秀民族文化传承好,把优美生态环境保护好,把特色资源优势利用好,更好推进乡村全面振兴'这个总目标、总任务,紧扣全镇'十四五'发展目标,按照'党建强、产业兴、生态好、文化立、人才活'发展思路,抓住两项重点,用好巩固脱贫攻坚成果'五年过渡期'的各项帮扶政策,扎实推进脱贫攻坚成果与乡村振兴有效衔接。"他从山里来,又回到山里去,用青春书写对社会主义新农村深沉的爱与责任。征程万里风正劲,重担千钧再出发,国有所需,青年当有所为,他将在这片炙热的家乡大地继续发光发热。

(贵州省普通高等学校毕业生就业工作办公室供稿)

千人民族舞，校园添活力

——贵州工程应用技术学院晏风景事迹

2021年9月，一条《阿西里西》课间民族舞蹈视频在抖音上意外爆红，受到各大媒体的广泛关注。2021年12月6日，中央电视台新闻频道以《乡村小学1600名学生课间同跳民族舞》为标题，用了整整十分钟对毕节市大方县理化苗族彝族乡理化小学的晏风景老师在课间时带领学校千名师生齐跳民族舞的事迹进行了宣传报道。

紧接着人民网、教育部新闻办、《中国民族报》、众望新闻、未来少年、早知天下事、《人生十六七》杂志、京九晚报小记者、一舞一实、大宁新闻早班车、京汉之家、直播贵阳、贵州交通广播、毕节市广播电视台《云上毕节》、大方县广播电视台等媒体纷纷对晏风景老师的事迹进行了转载及宣传报道。面对多家媒体时，晏风景老师说："对于我来说，只要孩子们身体健康，学习进步，心情愉悦，我就已经很满足了。"

晏风景2017年毕业于贵州工程应用技术学院舞蹈表演专业，毕节市威宁自治县大街乡人。从小生活在大山里的他，对外面的世界充满了好奇和期待，2013年依托幼儿师范教育专业毕业的教育背景和个人的兴趣爱好，他考取了贵州工程应用技术学院舞蹈表演专业，潜心学习中国民族民间舞以及黔西北民族民间舞，多次参加各类舞蹈大赛以及文艺演出，获得了无数奖项。成绩优异的他在毕业后留校担任贵州工程应用技术学院艺术学院舞蹈系外聘教师。

2019年9月，晏风景以优异成绩考取特岗教师，成为大方县理化小学的一名语文教师，在业余时间，他坚持练舞。他惊讶地发现，孩子们喜欢看他练舞，并不断模仿舞蹈动作，而且也喜欢听他练舞时的歌曲。看着孩子们眼里充满期待，他决定带着孩子们一起跳。

学校里有一间空置的舞蹈教室，在决定带着孩子们一起跳舞后，他便利用这间空置的舞蹈教室，结合自身的专业知识，根据孩子们的实际情况，找机会教孩子们跳舞。他特意组建了一支有30个孩子的舞蹈团队，为孩子们编排各式各样的舞蹈。中午一个小时的舞蹈课堂,是这些孩子们最放松最开心的时候。晏风景老师在大学期间便致力于研究地方民族舞蹈特色,并将其运用到舞蹈编排中,于是他决定将民族舞《阿西里西》编排成课间操;教导全校 1600 名学生和他一起练习,他一人在舞台上直接教学,一个动作一个动作地教,学生们在台下一个动作一个动作地学,但只有十余个舞蹈动作的《阿西里西》对于并没有接受过舞蹈训练的孩子们来说,仍是困难重重。晏风景老师看着动作不到位但是仍然认真努力练习的孩子们感动不已。他不厌其烦地纠正孩子们的舞蹈动作,哪怕只有一个动作存在问题,他也会耐心地提出指导意见,并带着孩子们一直练习。全校 1600 多名学生在晏风景老师的带领下整整练习了两个多月,终于在操场上学会了整支舞蹈,于是就有了文章开头惊艳众人、火遍抖音的《阿西里西》视频。

2021 年 5 月,晏风景老师受贵州工程应用技术学院邀请复排舞剧《林青的远方》,饰演刘茂隆。排舞剧花了两个多月的时间,在此期间,晏老师频频接到孩子们的电话:"晏老师,您什么时候回来?""晏老师,您回来教我们新的舞蹈吗?""晏老师,我们想您。"孩子们的声声呼唤温暖了晏风景的心,为了早日回到孩子们的身边,他更加认真地投入到舞剧的排练中,高质量高水平的发挥使舞剧《林青的远方》在公演时备受各界赞誉。

两个多月后,晏风景老师终于回到了孩子们的身边,孩子们开心极了,一下课就围在晏风景老师的周围,晏风景老师也继续为孩子们编排新的舞蹈。目前,像《阿西里西》这样的舞蹈,孩子们已经学会了 4 支。晏风景老师还组织开展了"传统民族文化进校园·大课间舞蹈比赛",得到全校师生们的好评。学生李媛媛说:"自从跟晏老师学习跳舞以来,我比以前爱笑了,开朗了许多。我喜欢跟晏老师跳舞。"学生王程说:"跳舞带给我最大的改变就是我比以前瘦了很多,我还要继续加油,感谢晏老师。"校长唐桂兰在舞蹈上给予了晏风景老师最大的支持与肯定:"学校都是尽最大可能地支持,你放心去干吧!""晏老师是位难得的好老师!"

现在的晏风景不仅是 5 年级的语文老师、5 年级(2)班的班主任,还是全校师生们的舞蹈老师。2022 年新学期伊始,他已经将策划的 5 支舞蹈全部教授完毕。值得高兴的是,最后一支舞蹈仅仅只用了 3 天时间就全部教授结束,孩子们的接受能力提高得如此之快,让他

坚守初心阻击疫情，维护边境口岸安定

——普洱学院黄鹏事迹

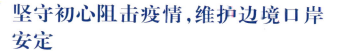

黄鹏，男，回族，中共党员，1996 年 6 月出生于云南楚雄，2018 年 6 月毕业于普洱学院体育学院并入伍成为一名军人，2018 年 12 月根据《深化党和国家机构改革方案》，退出现役，随集体转改为人民警察。

勐康出入境边防检查站勐啊分站组建于 1978 年，位于云南省普洱市孟连县勐马镇勐啊村。从 2018 年参军入伍开始，黄鹏就一直和战友们坚守在这里，经历了通道和边境管控不断巩固加强，见证了口岸发展变化。工作以来，他先后参与查获非法出入境人员 349 起 403 人、网上在逃人员 18 人，移交刑事案件 5 起 24 人，带队配合完成 8000 余名入境人员的隔离检测工作，为 18 万余件防疫物资及重病患、跨境求学儿童等共计 300 余人提供出入境便利；参与查获毒品案件 12 起 6 人，缴获毒品 86.25 公斤，查获涉诈物资 36 起 7000 余件、走私案件 26 起，案值 120 万余元。他连续两年被评为优秀公务员，连续两年获得嘉奖，2020 年 3 月被评为边检文明使者，2020 年 12 月被云南省政府评为云南省抗击新冠肺炎疫情先进个人。

一、敢于担当记使命，铸牢防线阻疫情

勐啊口岸处在疫情防控防输入最前沿，维护口岸（通道）出入境边防检查工作秩序，对出入境人员、交通工具及其携带载运的行李物品、货物等实施检查与监督，就是黄鹏的主要工作职责。2020 年，新冠肺炎疫情肆虐全球，危难关头，全国上下全力应战，打响了疫情防控阻击战。对新时代移民管理警察来说，疫情防控是一次大考，能否交出合格答卷关系到疫情防控成效，关系到普洱边境的安全稳定。面对疫情输入传播风险，全体民警坚持守土有责、守土负责、守土尽责，冲锋陷阵，逆行而上，在各自的岗位上默默坚守，连续保持一级勤务状态。口岸在疫情期间保持货运通行功能，看似货物通行流量减少，但工作量却没减少，黄鹏每天严格落实闭环管理措施、维持登记间距、100% 车辆消杀、100% 体温检测等工作，上勤期间做好个人防护，下勤后做好个人消杀清洁、营区日常消毒，更要保证出入境边防检查工作不能出现半点差错。疫情就是命令，防控就是责任，生命重于泰山！这是移民管理警察面对疫情的铮铮誓言，他们用行动诠释着初心和使命，用付出彰显着责任与担当。

二、行走刀尖守边境，淬炼忠诚本色

2020 年 6 月 15 日下午，黄鹏带队负责对入境货车进行例行检查。"你好，请下车接受边防检查。"当车辆行驶至入境检查通道后，黄鹏接过货车司机的出入境证件进行核查。黄

鹏观察到该名司机神情略显慌张并且眼神总是不由地瞟向准备检查车底的民警,便觉得很可疑。但在对车辆进行全面检查后,他们却并未发现异常。就在准备放行车辆时,货车司机的神情再次引起了黄鹏的警觉:车辆有问题! 他果断叫停车辆,再次对车底进行了细致检查,最终从货车底部的夹缝中查获冰毒7.5公斤。

三、织密边境防控网络,确保边疆和谐稳定

在做好国门口岸坚守的同时,勐啊分站还要对口岸通道两翼的边境线不间断地开展巡逻检查,预防境外人员偷渡入境。2020年12月5日,黄鹏负责带队对实验站执勤点实施边境管控任务,凌晨2点,正是人人熟睡的时间,巡逻完回到执勤点帐篷后,黄鹏刚端起一碗热气腾腾的泡面准备加餐,对讲机里就突然传来了紧急的呼叫:"河里有人,已经上岸,B组注意。"黄鹏立即放下手中的泡面,带着组员火速冲向界河,当场抓获2名偷渡入境的违法人员。"你们有没有同伙?"两名偷渡入境的违法人员听到询问后低下了头,保持沉默,黄鹏当即做出判断:他们的同伙应该已经偷渡上岸了。"A组留守,B组跟我来!"朝着对讲机喊话完毕后,黄鹏带着民警对偷渡入境违法人员上岸点附近的树林进行搜查。"警察,别动!"一声呐喊划破了宁静的夜,偷渡入境违法人员全部被成功抓获。疫情当前,黄鹏等执勤人员始终没有忘记自己肩负的责任,依旧认真组织对便道、小道开展全方位巡逻防控,担负起了做好新时代强边固防工作的重大政治责任,履行好"为国守门、为国把关"的职责,为防范境外疫情输入发挥了重要作用。

在疫情大考面前,在大灾大难面前,背向疫情,面朝群众,边境民警用血肉之躯筑起了抗击疫情的钢铁长城。黄鹏也将继续以冲锋的姿态,继续值守在自己的岗位上,坚决打赢疫情防控阻击战,筑牢疫情防输入屏障,全力以赴完成党和人民赋予的神圣使命,以实际行动坚守好国门口岸、边境一线,以赤子之心来守护好普洱边境地区的一方安宁。

(云南省大中专毕业生就业服务中心供稿)

在基层播种知识与爱

——楚雄师范学院雷青风事迹

雷青风,女,汉族,大学本科学历,现任湖南省衡阳市祁东县云龙山小学教师。在校期间她曾获得过多种表彰,还曾担任学生会主席;任教期间曾在县级"一师一优课"的比赛中获得二等奖。

2020年6月,雷青风从楚雄师范学院数学与应用数学专业毕业,毕业后她选择参加特岗招聘考试回到家乡,为家乡的教育事业贡献自己的一份绵薄之力,她希望自己能够像蒲公英一样:落地、扎根、发芽。尽管她所在的地区交通不是特别方便、住宿条件差、师资力量匮乏、学生人数很多,但她热爱自己的职业,更把它当作自己的事业。她对教学倾入了全部的热情,面对繁重的工作、艰苦的环境、微博的收入,她刚开始很不习惯,但是面对山村孩子们淳朴的笑脸、渴望的眼睛,她最终坚定地留下了,并用更多的爱温暖着孩子们。

面对艰苦,"爱"是使她转变的原因。在到岗的前一天,学区领导打电话问她是否愿意担任学校的电脑信息管理员。她心里在打鼓:"那应该会多很多工作吧?我能做好吗?"就在她犹豫的时候,领导又说:"雷老师,你比同一批的其他老师积极主动,相信以你的能力一定可以做好的,学校老教师比较少,希望你能挑起这个担子。"于是,她人还没到校,任务就先接了一个。到校后,校长让她当一年级的班主任,并且告诉她,由于老师比较少,她需要兼任一年级所有科目的老师,也就是:语文、数学、音乐、美术……她都要教。没有给她消化这个"重磅消息"的时间,第二天,她就要独自面对二十多个小朋友。进到教室的时候,她看见教室里面的桌子没有几张是好的,甚至还有来送学生的家长在教室里,她有点懵。就这样她开始了工作,本以为每天就是上课、看作业、写教案……但是每天还有学校安排的数据上报工作。她第一次接触学籍管理系统是给一年级新生建立学籍时,这也是她头一次觉得头大,要填各种表格、各种信息,还要不停查有没有错误。她摸索着花了一周的时间才终于弄好了全校学生的学籍信息,之后她又每天忙于上课和报数据,第一个月,她累得每天晚上8点左右就睡着了。尽管很累,学校各方面的条件都很差,但是她一想到学校领导对自己的肯定以及那些淳朴天真的乡村孩子,就又觉得自己所做的一切都很值得,她的观念也就发生了转变,慢慢也就适应了。

在日常工作中,她恪尽职守、任劳任怨。2020年10月,县国培办组织"送教下乡"项目培训报名工作,校长鼓励他们积极参加,因此她也报了名。跟她想象的培训不一样的是,每次线下培训都给他们每个人安排了任务,导师还让她当了组长,她感觉自己的工作量一下子又加倍了。从参加这个培训开始,她经常加班到深夜,一方面要备课,另一方面要完成导师交给他们的任务。当有线下培训的时候,早出晚归也成了她的家常便饭。她非常庆幸自己当时不是用完成任务的心态去对待这个培训,因此在这个过程中她收获了许多。2020年11月,学区要选人参加县级"一师一优课"比赛,她报名了语文组,在学区的初赛中斩获了第一名,有幸代表学区去县里"参战"。自此,她开始了上课、培训、比赛三手抓的日子。她不停地修改课件,设计教学环节,让同校的老师们帮忙提意见。终于,到了比赛的日子,她遇到了好多培训的时候认识的老师,她在惊叹于他们的优秀的同时,也暗下决心要向他们学习。还好,所有的付出和努力都是值得的,最终她获得了二等奖,这对她来说绝对不是终点。

对待教学工作,她勤勤恳恳,无私奉献;对待学生,她则尽心尽力,不仅在学习上指导他们,在生活方面也注意关心、陪伴他们,真正可谓是以心育人,孩子们的行为习惯和学习习惯有了显著的提高。她班里有一位男孩子一年级刚入校排队打饭时总是"插队",还为此跟同学吵过架,连打饭菜的阿姨都说他习惯太不好了,一开始她跟他说插队这种行为不文明,请他改正这个习惯,但是后来他还是那样。她观察了这个孩子很久,发现他"插队"的原因是:他对周围的事物比较好奇,排队时会离开队伍去看,等到看完了他就直接再回到原来的队伍,在其他同学的眼里就成了他"插队"。她把这个孩子叫到了办公室,跟他聊了一下,她发现他其实是一个很讲道理的孩子,但是因为性格比较急躁,所以容易生气。了解了情况之后,她先跟他说了发脾气的坏处,然后让他做班上的"小警察",帮老师监督同学们是否排队,不可以插队,也不可以吵架,他用圆溜溜的眼睛看着她问道:"真的吗?"她点点头。从此以后,这个孩子几乎没有再插过队,也没再跟同学们吵架了,食堂的阿姨也说这个孩子改变非常大。

她耐心帮助、细心关爱学生。雨季的时候，有的学生因家庭条件差，打着破雨伞来上学，她课余时间会帮助学生修理雨伞，尽管不太会修，但是她总是硬着头皮去尝试，通过点点滴滴用心去帮助、爱护学生们。就这样，她在学校默默贡献着，日复一日，每天过着艰苦的日子，但有一群天真可爱的孩子陪伴着她，给她增添了不少快乐，也让她选择更坚定地走下去。

即使交通不方便，即使生活条件差一点，也改变不了她从教的初心。为了帮助这些大山里的孩子们打开眼界，引导他们学习知识，培养他们的爱国情怀和勇敢奋进的优秀品质，她愿意付出所有。

（云南省大中专毕业生就业服务中心供稿）

一心向基层，倾情为人民

——昆明理工大学津桥学院李艳事迹

李艳，女，汉族，云南楚雄禄丰人，中共党员，1997年1月8日出生，2020年毕业于昆明理工大学津桥学院交通运输专业。在校期间，她勤奋刻苦，成绩名列前茅，曾获得国家励志奖学金、校级丙等奖学金，被评为优秀共青团员等。受昆明理工大学津桥学院"明德任责，致知力行"的精神熏陶，她将"不忘初心，勇担使命；立足基层，服务百姓"作为自己的人生信条。毕业前夕，她主动报考了新疆生产建设兵团"三支一扶"考试，毕业后工作于中国电建集团昆明勘测设计研究院有限公司，后收到"三支一扶"录取通知，便果断放弃亲戚朋友都认为非常"高大尚"的设计院工作，离开父母，离开家乡，来到了祖国最需要的地方，在人生最灿烂的时节为党和人民奉献出宝贵的青春。

一、知详情、办实事、促发展

2020年9月7日刚到新疆生产建设兵团第四师代管36团经济发展办公室的工作时，李艳对团场情况一无所知。为了快速了解当地的基本情况，更好地投入工作中，她向办公室的同事要来了团场的基本情况介绍，十几页的数据和文字，她用了不到两个晚上就记得滚瓜烂熟。同时，通过多方努力，她还寻求到团场园区现状图及规划图，将团场各个连队的位置及各个区块规划的用地的性质记得一清二楚。向带她的师傅刨根问底是她常做的事。领导和师傅安排的活儿干完了，她就主动要活儿干，一看到师傅做的工作是自己没接触过的，她就问此工作应该怎么干，需要哪些步骤，准备哪些材料，每个事情几乎教一遍她就能掌握。在人口报送中，她每个月都亲自到米兰分局仔细核对当月的人口情况，而且能清楚地记得各个连队及社区的具体人口数，以及当月出生、死亡、迁入、迁出、办理暂住证的相关情况。在发改工作中，她积极热情，耐心服务招商引资企业，努力推动项目进展。她经常跟企业沟通，询问企业遇到的困难，并主动跟领导汇报，协助领导解决企业存在的问题。她常常跟领导一起到企业督导安全生产，了解项目状况，团里的招商引资企业的负责人总是对她说："就喜欢跟你打交道，跟你对接工作"，而她总是笑嘻嘻地回道："为你们服务这本来就是我该做的，能让你们满意我也就放心了，只有你们满意了，才能更好地带动我们团场经济的发展呀！"

二、扶民志、缓民难、解民忧

在李艳工作不到一个半月的时候，团里迎来了全国"扶贫日"，作为团里扶贫工作的业务人员，她早早就为"扶贫日"活动做足了功课，用心写了14条通俗易懂的横幅，为各个连队及社区各准备了一条，团部客运站、马路边、步行街共悬挂了7条，制作扶贫宣传标语13条。她早早就根据前期对团场6个连队和1个社区进行系统摸排的结果，对因疫情影响而导致收入低、家中子女要上学、生病等原因而收入骤减、支出骤增的家庭进行对比，并跟领导沟通，积极为这些家庭申请帮扶资金，最终在"扶贫日"这天为团里23户23人每人申请到帮扶资金500元。同时，在日常工作中，她常常跟居民沟通，针对部分有劳动能力且有意愿工作的"零就业家庭"，通过与招商引资企业沟通协调，给居民推荐工作，从根本上为他们解决难题，为他们排除家庭无经济收入的焦虑与困境。到后来，团里的居民有什么压难，想要申请帮扶资金，都会找她帮忙。

三、历艰辛、找方法、助抗疫

　　由于所在团场地理位置特殊，因此疫情防控要求十分严格，团里也丝毫不敢放松，核酸采样已经成为常态化的工作。作为基层工作人员，白天要干工作，晚上还要协助医务人员到社区及连队进行核酸采样，很多人都感觉精疲力竭，而李艳却像个可以连续不断工作的铁人一样。2020年10月28日晚上，是她首次沉到连队、社区协助采样。为了更好地做到人与人之间少接触，加快采样速度，明确样本数量，她首先对到达采样点的居民进行一个一个登记，然后直接用嗓子喊，完成5连近300人的采样后，她的嗓子已经完全沙哑了。当天晚上，她回到宿舍洗漱完躺下时已经是凌晨5点了，而早上她依然是办公室里最早到的那个。同事问她："你不累吗？你不困吗？"起初，她只是笑笑，过了几秒钟她才用沙哑的嗓子回答道："其实，当初在疫情暴发的时候我就一直想当志愿者。大四放寒假在家时我跟村里报了名，想去当志愿者，但后来一直没有得到回复。第二年5月，学校复课，我报名做志愿者时，辅导员跟我说名额满了。看到那些最美的逆行者一直奋战在前线，我也想在祖国和人民受到磨难时出一份自己的微薄之力。这次正好圆了我一直以来的心愿，现在心里只有激动，希望早日战胜病毒。"

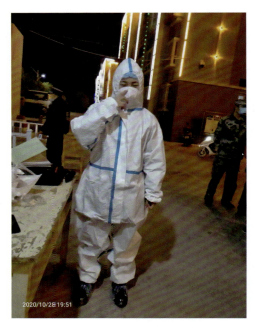

　　不忘初心，砥砺前行。李艳恪守着一名党员的职责，尽职尽责奋斗在基层，倾情为人民办实事，绽放了最美的青春之花。

（云南省大中专毕业生就业服务中心供稿）

闪亮的日子

陕西

巾帼不让须眉，铿锵玫瑰别样红

——西北工业大学陶智君事迹

陶智君，西北工业大学 2018 届毕业生，现任陕西省略阳县委常委、徐家坪镇党委书记。在略阳县绿色转型、高质量发展的道路上，她利用自己所知所学，出谋划策，积极协调，为企业排忧解难，为中心工作保驾护航。在疫情防控一线阵地，她积极执行县委县政府指令，冲锋在前作贡献。在徐家坪镇乡村振兴楷模建设中，她牢记习近平总书记的嘱托，感恩奋进，高质量打造乡村振兴楷模，用实际行动诠释了一名共产党员的责任与担当。

❧ 县委工作：勇于担当，推动略阳高质量发展 ❧

面对新的岗位、新的挑战，陶智君时刻保持"忠心、恒心、耐心、细心、爱心、感恩心、进取心、平淡心"的八颗心，迅速转变工作角色，积极投身到工作岗位中。面对突如其来的降雨造成的洪水，她冲锋在前，同大家一起抗洪抢险，视察地质灾害点，按照"四边三撤"总要求转移群众，确保了群众的生命财产安全。她走访了全县 17 个镇办，了解乡风民俗、熟悉产业结构与特色农副产品，利用自己在过往工作中积累的电商工作经验，深入谋划略阳电商运行情况，提出将略阳草根网红、农副产品等与电商相融合，互相促进，提高产品销量。在打造略阳品牌的同时也为略阳培养了一批网红主播，推动了略阳电商工作更上一个台阶。她深入企业一线，了解企业发展瓶颈，积极协调为企业出谋划策，解决难题，当好为企业服务的金牌店小二。同时，在省委党校进行调训期间，她利用周末时间返回工作岗位开展工作，参与策划的县科协科普"五进"活动和反电信诈骗科普宣传志愿服务，分别被中科协命名为"2021 年全国科普日优秀活动"、被省科协评为"2021 年陕西省全国科普日优秀活动"。她发动红十字会为抗疫一线单位及县防控指挥部募集 54.46 万元的新冠肺炎疫情防控物资，同时研究审议了《略阳县红十字改革方案》，拉开了略阳县红十字会改革的序幕。她以党史学习教育为抓手，全面提升团县委服务青年、服务社会、服务大局的意识。她通过加强培训提升妇女素质，通过开展公益活动关爱妇女儿童，通过围绕家庭主线开展特色创建，巩固脱贫成效，助推乡村振兴。她全力招商引资争取项目资金，打造实干妇联、为民妇联、贴心妇联，为略阳的高质量发展贡献出自己的力量。

❧ 疫情防控：巾帼不让须眉，一线指挥显担当 ❧

"要像对待自己的孩子一样，用心用情做好隔离学生的服务工作。"2021 年 12 月 31 日晚，在接到县委组建专班、管控滞留西安考研考生隔离的指令后，陶智君不讲条件、不推不靠，迅速召集卫健、街道办、民政、酒店等相关单位，现场协调指挥施工，连夜督战建成"四区两通道"标准化隔离点，实战演练接收、入住、管理全过程。同时，她还带领专班人员制定工作方案,储备防疫物资,制作宣传、警示标语,逐一检查消防安全、设施设备,为79名学生印制提示卡,提醒入住学生做好相关隔离事项,发放牛奶、水果,制定合理的营养餐标准,保证学生饮食,为学生配备电热毯、取暖器、羽绒服等生活用品。在集中隔离点,她组建了临时党支部,发挥核心领导作用,接收了8份火线入党申请书,组织11名党员重温入党誓词,引导激励大家高标准、高规范、高效率做好服务工作。她统筹制定专班人员职责要求,开展疫情防控、消防知识培训,克服吃住不便等困难,24小时驻扎在隔离点集中办公,实现闭环管理。2022年1月2日,隔离点顺利接收79名学生入住,她带领大家一起干,给学生发放物资、转送一日三餐,并邀请5名市级心理辅导专家做好学生心理疏导,给学生赠送略阳文化书籍、慰问信,建立微信群推送文化、体育、学业相关信息,积极与学生互动,宣传略阳正能量,满足学生精神需求。她还通过微信群、语音通话、视频监控等方式了解学生居住状况、生活需求以及医务人员工作规范情况。在她的带领下,办公区灯火通明,大家每天连续工作12小时以上,做到了学生有需求、服务有保障,一刻不停歇,一切有条不紊,她在防控一线巾帼不让须眉,保障了隔离工作安全有序运行,得到了市委、县委的充分肯定。

乡村振兴楷模建设:用脚步丈量民情,用实干赢得民心

"祝愿乡亲们在致富路上越走越稳,用勤劳双手把家园建设得更加美丽。"陶智君时刻牢记习近平总书记的殷切嘱托,以建设"一轴双环三址六园"、打造"三区"为总体思路,积极谋划项目,向上争取资金,向下发动群众,通过改造上坪示范区污水管网,实施居住环境整治,拆除破旧建筑,改造翻新群众房屋,墙体进行彩绘,新建天麻智能种植大棚,打造苗木花卉基地,筹建医疗康养一体卫生院、上坪示范区红色研学基地、蔬菜智能大棚、集镇综合市场、日间照料中心、铁路历史博物馆等工程,让徐家坪的面貌焕然一新。她大力发展产业,天麻、蚕桑、核桃、樱桃、枇杷、柴胡、时令蔬菜等的种植欣欣向荣;中药材烘干加工、果酒生产、桑叶茶叶加工和服装加工等产业发展良好;郙阁文旅综合体农业旅游、古栈道《郙阁颂》文化旅游项目、街口红军伏击遗址建设等旅游项目正有序施工。徐家坪镇的第一、二、三产业融合发展,真正实现了生产、生活、生态融合。

她以党建为引领,走村入户,召于院坝会,摸清村情、了解群众急难愁盼;与镇领导班子、村"两委"谈心谈话,强化团队意识,调动班子成员积极性,共同商讨发展方向;召开青年干部座谈会,确定新老干部结对传帮带,激发年轻干部主人翁意识。她成立重点任务工作专班,将任务分解到人,跟踪推进,使全镇上下凝心聚力,以昂扬的斗志、坚定的决心,感恩奋进、拼搏进取。

星光不问赶路人,时光不负有心人,徐家坪镇的党员干部群众在陶智君的带领下正奋力谱写新时代高质量发展和乡村振兴的壮丽诗篇。

(陕西省高等学校毕业生就业服务中心供稿)

扎根基层教育事业，高擎理想信念火把

—— 陕西师范大学杨钰莹事迹

杨钰莹，女，汉族，中共党员，陕西师范大学文学院2019级硕士研究生，陕西师范大学第二十届研究生支教团重庆永川分队队长。

守初心——青春需要一场壮行

杨钰莹支教梦的萌芽源于偶然参加的一次志愿者事迹宣讲会。当时支教团的学姐以亲身事迹作例分享，她眼神坚定，感情真挚，在提到支教中与学生相处的细节时甚至几度哽咽，仿佛支教于她是一件不朽的事业。学姐说，支教是寻根，是历练，是一场壮行，是在服务与奉献中重新定义青春的价值。

耳闻之不如目见之，目见之不如足践之。自此之后，支教、奉献、志愿这三个词在杨钰莹的心中开始扎根，并逐渐生成崇高的理想信念之炬，指引她坚定地选择基层，扎根西部，在祖国和人民最需要的地方开启另一段人生旅途。

遇新知——转换身份、角色

2018年9月，杨钰莹来到距家九百多公里的重庆市永川来苏中学，肩负起了校团委副书记、班主任和语文老师的全新使命。梦想可亲，但追梦之行的开端却没有想象中那样顺利，如何克服教学困难、听懂当地方言、融入新鲜环境，都成为她急需解决的问题。

以文化人，破题解题站稳讲台

作为初出茅庐的新手老师，杨钰莹踏上讲台后首先对班级学习情况进行了摸排，果不其然，学生整体学习基础不牢，有的孩子甚至分不清李白和李商隐。为创设整体学习环境，培养学生在语文课堂上的"主人翁"意识，她实行了"三个一"应对策略，即每一个孩子都有机会做一次"语文学长"，带领全班同学学习语文，该岗位每日轮换；每周组织一次体验活动，如故事接龙比赛、即兴演讲比赛等；每月评比展示学生作业、学习成果，营造班级良好的争优创先氛围，激发孩子们的学习热情。该办法实施后，杨钰莹班级的语文成绩在第一次月考中便获得了年级第一名，这无疑是对她的极大鼓舞，减轻了她起初在教学方面的种种忧虑。

以情感人,细心耐心做好"班妈"

就在杨钰莹自认为工作初步走上正轨时,某天一位学生的"匿名信"微妙地打破了这种心理平衡。信中用歪歪斜斜的字迹写道:"杨老师,我们都很喜欢你,可是你都不怎么来宿舍看我们,隔壁班的王老师就经常去宿舍,还给他们班娃儿洗脚,我们也想请你来宿舍看看我们。"学生如此朴实的真情让杨钰莹突然意识到,自己忙于工作的同时,疏忽了对学生的关爱,而这恰恰是这些孩子——以留守儿童为主的群体,最迫切需要的。

此事过后,杨钰莹要求自己不论多忙都要完成周内深入宿舍和学生谈心,周末深入家访与家长交流的规定动作,开学两个月时间,她便达成家访覆盖率60%的目标,平均每个周末都要翻山涉水前往4名学生家中家访。通过一场场和学生的促膝长谈,一次次和家长的真诚沟通,她不仅成了孩子们名副其实的贴心"班妈",更赢得了家长和学校的认可。

"为师者,方知师之不易,方知传道授业只是基础,而立德树人才是根本。班主任工作是抒情的表达,唯有用心用情、有教无类才能温暖学生、照亮自己。"杨钰莹如是说。

立新功——以传统文化赋能乡村振兴

"实施乡村振兴战略要物质文明和精神文明一起抓",依托来苏镇天然的"苏东坡文化"宝蕴,杨钰莹试图营造起传承弘扬中华优秀传统文化的浓厚氛围,使孩子们能在精神文化的正向濡染中终身受益。

让书籍成为孩子们的忠实伙伴

为让学生扩大阅读量,开阔视野,杨钰莹联合支教团其他成员一同发起了网络募捐项目,在短短两周的时间内就为陕西师范大学在永川的两处服务地——来苏中学、景圣中学共添置了价值7万元的3000册传统文化类书籍,还在每个班级设计了"Star图书角",孩子们争先恐后地借书、分享书、交流读书心得的喜悦神情,使人好似感到书香的味道是甜的,它流进志愿者们和孩子们的心底,使他们透过触手可及的纸张走向尚在远处的未来。

让诗歌荡涤少年们的纯真心灵

为营造"我爱来苏·诗意班级"的氛围,杨钰莹引导孩子们朗诵苏东坡的诗词,领悟苏东坡的智慧,一时间"学苏""吟苏""背苏"在校园里蔚然成风。记忆力超群的孩子们热度不衰,主动提出要在班级内开展诗词大赛,于是一场由学生主导、教师参与的班级诗词盛会如约而至。腹有诗书气自华,年少时对诗歌的记忆,若干年后重温依然会口齿噙香,也相信孩子们的记忆拼图中一定有那个在诗词大会上闪耀的自己。

让课堂涵养校园中的正学之风

课堂是传播知识的主渠道,出于对传统文化的坚守,杨钰莹在校园里开设"东坡文化"选修课,让学生们在徐徐的吟诵声中领略诗歌的内涵,感受东坡精神。两个学期的传统文化教学,也让杨钰莹得出了自己的教学心得体会,编写出了来苏中学首本《东坡小传》校本教材,让东坡精神在来苏中学的每一张课桌上熠熠生辉。在助力来苏镇文化事业建设上,杨钰莹走进市民学校"四点半课堂",对美丽乡村建设出言献策,让东坡精神在来苏镇的绿水青山间映照四方。

启新程——理想信念指引前行方向

杨钰莹在支教总结中写道:"在重庆市永川来苏中学志愿奉献的一年,是我单薄人生履历中最亮色的一笔。这份光亮是陕西师范大学研究生支教团这个荣誉集体带给我的帮助,更是志愿者精神在每时每刻给予我的力量支撑。"

支教期间,杨钰莹曾因密集的赛课训练而身体吃不消,高烧不退,也曾因生活环境适应困难而数度陷入情绪的螺旋,还曾因学生家庭的矛盾困境而保护学生、调停游说,等等,但每每无助失落时,只要想起母校老师提点的一句话,"坚信意志和信仰的力量",她就可以重新坚持,再度前行,继续练就"功成不必在我"的精神境界和"功成必定有我"的责任担当。

在来苏中学的年度教师评选中,杨钰莹以全票通过,被授予年度"最美教师"称号,但她知道,这个奖体现的不仅仅是她个人的价值,更是对所有秉承西部红烛、助力乡村振兴志愿者的褒扬。

支教返校后的她依然坚定地书写着她所信仰的未来与梦想,秉承奉献服务精神、攻坚克难意识,心怀"国之大者",积极投身于弘扬推广中华优秀传统文化、疫情防控攻坚战等事业中,为人民、为社会献出蓬勃的青春之力。支教一年,自教一生,从基层磨砺出的点点滴滴,都会成为滋养杨钰莹前行路上的不竭养分和动力。

习近平总书记曾指出:"理想信念之火一旦点燃,就不会熄灭。"一路走来,杨钰莹始终以蓬勃的朝气彰显着青年一代的责任和担当,先后获评中国大学生自强之星、中国大学生年度人物候选人、优秀志愿者,曾被《中国青年报》《农民日报》、重庆卫视等媒体采访报道。相信坚韧勤奋的她定能以实际行动为中华民族伟大复兴贡献更多青春力量!

(陕西省高等学校毕业生就业服务中心供稿)

此去南疆应无悔,龟兹故城献青春

——西安石油大学张珂事迹

张珂,男,汉族,中共党员,陕西西安人,西安石油大学石油工程学院石油工程专业2019届本科毕业生。2019年7月,他参加南疆地区基层公务员招录,同年8月前往阿克苏地委党校培训,现任新疆维吾尔自治区库车市乌尊镇政府干部、乌尊艾日克村党支部委员、村委会委员。

"立鸿鹄志,做奋斗者。"入疆以来的无数个日日夜夜,他时刻牢记为民服务的宗旨,以务实的作风履行职责,以端正的态度严守纪律,以勤学的精神钻研业务,统筹协调在镇、村两级开展工作,坚持在干中学、在学中干,用自己的实际行动在基层谱写着青春的赞歌。

学铁人,自愿奉献的边疆之路

新疆维吾尔自治区地处祖国西部边陲,最远处距离张珂的家乡陕西近4000公里,而他工作的南疆四地州又是国家级深度贫困地区"三区三州"之一。当地自然条件差、经济基础弱、贫困程度深,工作的困难艰巨不言而喻。但这一切都没能阻挡他前行的脚步,坚定的理想信念让他在人生的无数种可能中,选择了一条为人民服务、自愿奉献的道路。他常说四年大学生涯他学得最多的就是"甘愿为党和人民当一辈子老黄牛,埋头苦干、无私奉献的铁人精神",他听到的最多的故事便是王进喜同志带领石油工人风餐露宿"天当被、地当床",人拉、肩扛、搬运钻机,破冰取水保证开钻,用身体搅拌泥浆制服井喷的先进事迹。大学毕业时,面对承诺年薪十几万元的石油企业和离家八千里路的南疆乡镇,一个意味着繁华城市的灯火辉煌、国有企业的优厚待遇,另一个意味着地广人稀的瀚海戈壁、深度贫困的南疆乡村,他没有犹豫,毅然决然地背起了行囊,踏上了西行的列车,夜色卷着黄沙带着他来到了偏远艰苦的边疆地区。

下乡村,日渐坚定的扎根之路

"热爱乡村、信念坚定"是身边同事、朋友和当地群众对他的一致评价。从地委党校学习培训结束后,他不畏环境艰辛,不惧工作烦琐,牢记党员初心,一到基层便立刻放下行囊,迫不及待地投入到工作岗位上。为了尽快融入角色,他与当地干部同住、与农民党员同劳、与各族群众同餐,在工作中学习语言、在生活中了解风俗,把边疆当家、把村民当亲人,始终坚持用心用情对待每一件事、每一个人。他手把手教村"两委"班子成员学习国家通用语言文字,提升他们的电脑操作水平。他充分利用业余时间和节假日,深入田间地头、房前屋后,走到群众身边,了解村情、民情,把自己转化为地地道道的"村里人""自己人"。全镇每一个村社、每一条道路都留下了他的脚步,全村每一个家庭、每一名村民都记住了他的身影。他用自己的实际行动践行着"到西部去、到基层去,到祖国最需要的地方去,让青春在党和人民最需要的地方绽放绚丽之花"的青年本色。

勤作为,脚踏实地的基层之路

艰难困苦,玉汝于成。在村里,他牢记自己村党支部书记助理的身份,充分发挥自身年轻干部思路广、办法活的优势,认真协助村党支部书记做好基层党建工作,在语言不通、风俗不同的村里,克服重重困难,用略显生涩的民族语言组织全村党员共同学习习近平新时代中国特色社会主义思想,与大家一道交流探讨中央第三次新疆工作座谈会精神、十九届六中全会精神,把党的声音原原本本地传达到全村每一名党员的心中。针对本村农民党员对自身党员身份荣誉感和使命感意识不强、带头模范作用不明显的问题,他深入思考,因地制宜推行无职党员设岗定责,高标准开展党员践行承诺和党员联系群众活动,用实际行动凝聚人心,树立党员良好形象,增强本村党组织凝聚力,紧紧把党和群众联系在一起。经过一年多的努力,他成功协助村第一书记、党支部书记把全村的工作从乡镇的"后进村"变成了人人夸奖的"先进村"。

功崇惟志、业广惟勤。在乡镇,作为负责党建、人才工作的干部,他紧盯抓党建促脱贫工作,把发展壮大村级集体经济作为增强当地农村基层党组织战斗力和凝聚力的有效手段,从确定经济薄弱村、填写补助资金申请表到起草村级集体经济发展方案,他全程参与、尽心尽力;协助领导积极对接上级组织部门、农业农村部门,为辖区内的 5 个经济薄弱村申请到发展扶持资金 250 万元;联系辖区种植专业户建设本镇樱桃种植技术培训基地,获上级扶持资金 15 万元。同时,他还认真开展"我为群众办实事好事"活动,组织发放化肥 172 袋,用自己的辛勤付出为当地广大农牧民群众增收致富打下了坚实的物质基础。下基层以来,无论多忙多累他都始终牢记为公初心,以平和宽容的心态对待每一位来访群众,耐心细致地为群众办好每一项业务,让群众少跑腿、好办事、办好事,在群众心中树立了良好的基层干部形象。

防疫情,守土尽责的必胜之路

疫情就是命令,防控就是责任。新冠肺炎疫情发生后,他坚决响应党中央号召,日夜坚守在疫情处置和防控工作第一线，恪尽职守、任劳任怨，努力克服条件简陋、生活不便、身体疲倦等诸多困难，全力以赴配合镇疫情指挥部协调调度防疫物资，保障村民生活所需；及时发放《疫情防控工作手册》，指导各村工作人员逐户逐人上门走访摸排、测量体温、消毒天源；主动参与隔离点建设保障工作，仓库到隔离点400米的路程他日均走出了三万余步。为了扎扎实实做好舆情引导、防控宣传，他挨家挨户去宣传，张贴海报，把宣传单、告知信发到每一个人手里，把手机用起来，抖音发视频、微信发起来，能用的宣传手段一样不落。他用自身行动，激励大家心往一处想、劲往一处使，充分展示了新时代党员无私奉献的情怀，彰显了担当有为的党员先锋本色，为本镇本村疫情防控工作做出了应有的贡献，在这场守护人民生命财产安全的考试中交出了一份人民满意的答卷。

"我想做个坚定的'逆行者'，时刻坚守在疫情防控一线，服务群众，为深爱的人民、热爱的土地尽职尽责。"这是张珂在测量体温、宣讲防疫政策、措施和法律法规时跟一起工作的同事讲的话。作为一名新时代大学毕业生，在基层工作的时间里，他冲锋在前，守护人民群众的安全健康；他克己奉公，在工作中时刻严格要求自己；他大爱无声，夜深人静处依然默默坚守。由于出色的表现和个人的主动申请，如今他已由乌尊艾日克村党支部书记助理晋升为村党支部委员、村委会委员，在乡镇的工作也由基层党建工作调整为更为重要的业务工作。

（陕西省高等学校毕业生就业服务中心供稿）

当青春遇上西藏

——西安医学院邓妮事迹

邓妮,女,汉族,1998年5月出生,陕西咸阳人,共青团员,2021年毕业于西安医学院护理专业,毕业后积极响应国家号召,前往西藏自治区阿里地区,因培训期间出色的表现以及优异的成绩,被分配到阿里地区人民医院工作。工作期间,她对待病人认真负责,为人温柔有亲和力,还被患者亲切称为"态度最好、最温柔的护士"。

"到西部去,到基层去,到祖国最需要的地方去",这句铿锵誓言仍在耳边回响,但此时的邓妮已经站到了拉萨机场的出站大厅里,正式踏上了西藏这片土地。面对这陌生又新奇的环境,一种广阔天地大有作为的豪迈和背井离乡的心酸交织在她的心头。她此刻还不了解今后所要面对的困难,以及克服困难逐步蜕变的自己。

到西部区,到基层去

阿里地区被称为世界屋脊的屋脊,位于西藏自治区西北部,区内平均海拔4500米以上,是名副其实的"生命禁区"。"不是因为爱情,也不是因为家庭的原因",面对同学的疑问,邓妮害羞地回答。确实,同学们的满脸疑惑很有道理,一个瘦弱的女孩子既不是因为爱情也不是因为父母意愿,谁会选择去寸草不生的阿里呢,这几乎就是"自杀"行为。但是他们忘记了还有一个更重要的也更无法拒绝的理由,那就是响应国家的号召,去到祖国最需要的地方,去建设西部,奉献自己最有意义的青春。

邓妮毕业前夕,阿里地区地委组织部的工作人员来到她所在的西安医学院开展专招工作。在宣传的时候,组织部的工作人员一方面传达了国家号召和政策措施,另一方面也讲述了阿里地区环境条件的艰苦。一边是内地城市的车水马龙,一边是阿里地区的艰苦环境,大多数人都选择了前者,但是邓妮一人却毅然决然地选择了去最艰苦的地方,去祖国最需要的地方。"面对艰苦的环境和未知的一切,谁能不害怕呢? 但是一个人害怕的事情,往往就是她最应该做的事情,不是吗?"回忆起报名那天时邓妮笑着说道。

笃定信念,完成蜕变

满怀对未知的憧憬与好奇,邓妮独自离开自己的故乡——十三朝古都陕西咸阳,来到了神秘、美丽而又陌生的青藏高原。独自奋斗的艰辛、严峻的高原生存环境、不能承欢膝下的惭愧、专业工作发展的不确定性,以及对未知的恐惧,这些都不能阻挡邓妮立志要在这个地方挥洒自己的一腔热血的决心! 这大概就是青春的模样、"信仰"的力量! 下飞机的那一瞬间,她第一眼望见的便是西藏的天,从此一眼万年,她深深地爱上了它! 蓝天白云、缺氧但依旧感觉空气清新。她突然明白了那句话:"缺氧但不缺精神,海拔高境界更高。"小姐姐为她和同行的队友献上洁白的哈达,消除了她"独在异乡为异客"的感受,反而让她有一种回家的感觉。

刚踏上西藏的土地,她所面临的第一个困难就来了,那就是高原反应。对于第一次踏上西藏的人来说,高原反应不仅是必须面对的第一个困难,也是最致命的困难,它不仅会导致人呼吸困难、身体机能下降,严重时还可能诱发肺水肿等突发疾病,危及生命。而这仅仅是她要适应西藏工作、生活的第一道坎。但邓妮也没有退缩,而是完成了华丽蜕变,逐步从一名普通的高校大学生转变为一名合格的基层工作者。

不忘初心,成就理想

经过了三个月的岗前培训后,邓妮满怀着憧憬和希望来到了这个她要实现人生理想和自身价值的地方——阿里地区人民医院。全新的生活环境让她对专业工作有了新的思考:必须结合西藏的实际情况,从最基础的科普开始,包括营养与饮食搭配、传染病及慢性病的预防与管理、常见疾病的健康宣教等,然后逐渐过渡到护理管理体系的优化,最终落实到护理专业技能的提升以及对先进护理理念的学习等。

邓妮开始工作的第一天问题就猝不及防地来了——她来到产房的第一天就遇到了产妇产后大出血的症状。"我以前哪里见过这种情况,当时整个人都吓蒙了,而且我学的专业是护理专业,不是助产专业,我当时已经不知道自己应该干什么了。"经过这件事之后,邓妮明白毕业仅仅只是一个开始,自己未来要学习的东西还有很多。

"只要还有明天,那么今天就永远还是起跑线。"面对一个完全陌生的专业和科室,邓妮一直用这句话勉励自己。在日常学习中,她积极参加科室和医院的学习培训,面对不懂的问题时,她总是不弄明白就不撒手。在这样的努力下,她很快就掌握了产房相关的专业知识和技能,并靠着过硬的技术和用心的服务获得了产妇及其家属们的一致好评,被亲切地称为"态度最好、最温柔的护士"。

工作感想

西藏对于别人来说可能只是一个名字,是游客心目中的圣地,是文艺青年口中的诗和远方,是一个他们可能会经过的地方,但是西藏对邓妮来说是目的地,是她要停留的地方,是她理想扎根和结果的地方。如果有人问她放弃内地的繁华和稳定是否后悔,她会坚定地回答:"我不会!"入藏以来,她一直秉持着自己那颗炽热的初心,努力实现自己的人生价值。她很庆幸她的人生价值是以这样的方式实现!

(陕西省高等学校毕业生就业服务中心供稿)

扎根基层，筑梦青春

——陕西交通职业技术学院郭旭事迹

郭旭，陕西交通职业技术学院 2019 届公路运输与路政管理专业毕业生，现任商洛市商州区腰市镇兴胜村党支部书记兼村委会主任。在校期间，他曾任学生会学习文化部部长，被评为陕西交通职业技术学院优秀毕业生。他始终严格要求自己，以提高自身综合素质为目标，以全面发展为努力方向，在平时的学习和社会工作中不断积累经验。2021 年 1 月，他在村级换届当中当选为商洛市商州区腰市镇兴胜村党支部书记兼村委会主任；7 月当选为商洛市商州区第十九届党代表，被中共商洛市商州区腰市镇党委评为优秀共产党员；2022 年 2 月，兼任商洛市商州区农村信用联社监事会监事。

凝心聚力履职责，担当作为行使命

郭旭放弃了交通行业的高薪工作，毅然选择来到农村基层最平凡的岗位，在他眼中，广袤农田、成群家畜的兴胜村才是释放青春光芒的地方。他身为 90 后党支部书记，并未因年龄优势沾沾自喜，反而更珍视现有的工作、更看重肩负的责任。他时刻牢记初心使命，认真履行职责，依靠组织凝聚党员力量，做到支部建在阵地，党旗飘在一线，党员立在岗位；注重以支部日常工作促党建水平提升，以强化管理促班子素质提高，以个人修养、典型引导促支部党员党性增强，党建管理工作不断进步，充分发挥"一轴四轮"（以村党组织为轴心，抓党建、抓稳定、抓生态、抓富民）的作用，形成了党员干部率先垂范、坚决扛起政治责任的良好氛围，为推动兴胜村各项事业高质量发展提供了强有力的思想和组织保障。

担任村委会主任以来，郭旭从一名青涩的大学毕业生迅速蜕变成了心系百姓的人民公仆。看着兴胜村的经济现状，他时刻都在思考如何带领村民致富、过上好日子。他组织村党支部确定了"围绕经济抓党建，抓好党建促经济"的工作思路，把党建工作与推动乡村经济发展有机融合，积极利用在陕西交通职业技术学院学习的知识背景，充分发挥专业优势，探索出了党建助推经济发展的"三步走"经验：一是积极协调兴胜村三座新建小型养猪场的建设工作，在年中达到养殖条件，年底出栏生猪 280 头。二是 2021 年底兴胜村引进万头生猪养殖项目，项目总投资 5000 万元，目前一期建设已经完成，投入资金 2500 万元，2022 年年中出栏量达约 1 万头。三是整合资源，积极流转撂荒土地 200 余亩，发展烤烟种植总面积 500 亩、蔬菜 60 亩。

危难时刻显担当，迎难而上强保障

"疫情防控是命令，更是责任！"郭旭多次在党支部会议和村干部会议上强调防疫任务的艰巨性，要求全体村干部"亮身份、做表率"，引导党员干部充分发扬"越是艰险越向前"的精神,关键时刻磨砺锻炼党员的意志品质,提升队伍素质,确保最大限度地发挥党员作用。他始终把兴胜村的疫情防控作为工作的重中之重,把村民的生命安全和身体健康放在首位,发扬艰险向前精神,全面做好维护秩序、统计数据、执勤卡点、定向服务等各项工作,筑牢安全防线。

为实现全民防疫的目标,郭旭带领村干部白天走村过巷宣讲疫情防控知识、挨家挨户收集核实人员信息、走访组织村民接种疫苗、倡导在村群众加入志愿者队伍、蹲守路口卡口站岗执勤;晚上,他又回到办公室汇总梳理数据、研究讨论工作方案,对存在的防控薄弱点拿出意见建议,忙到深夜就在办公室休息是家常便饭。为了多跑一户、精准统计数据,他和党员干部常常尽可能简省三餐,有时边啃馒头、饼子,边入户采集数据;有时在办公室里边扒拉着盒饭边接打电话、回复微信,全心全意开展工作。虽然每天都是 24 小时待命状态,但郭旭却没有一丝耽误,没有一句怨言,他说:"在这场全民的'战疫'中,每一个人都在贡献着自己的力量,我只是做了一名党员应该做的,疫情一天不退,我们的工作就不能松懈。"在危难关头,他带领兴胜村全体党员干部坚持一条心、一股绳、一盘棋,毫不畏惧、一往无前,众志成城、团结一心,外防输入不放松,内防管控不懈怠,持续巩固了"零疑似、零确诊"的成果,用实际行动彰显了履职尽责的决心,出色完成了各项工作,践行了初心使命,迎难而上成为了群众的坚强"后盾"。

面对突发的自然灾害,郭旭更是责无旁贷冲在抗灾一线。2021 年夏天的特大暴雨让很多村民都手足无措,他带领村"两委"成员不分昼夜地在雨中巡逻,逐一对村内的危旧房屋做好警示标志,清运倒塌老房的建筑垃圾,随时观测雨情,耐心安抚孤寡老人和留守儿童,及时送去物资并平复他们的情绪;连夜撤离居住在危险地带的群众,最大限度保障了村民的人身和财产安全。连续多日的超负荷工作,让郭旭全无二十多岁年轻人的意气风发,脸上多了一层沧桑和疲惫。但他从未退缩放弃,而是咬紧牙关扛过困难,坚持站在群众最需要的地方,让村民第一时间看见他,心有所依、需有所靠。

精准帮扶助脱贫,全力以赴奔小康

为响应党的号召,助力家乡坚决打赢脱贫攻坚战,郭旭主动挑起带领群众共同致富的重担。靠着勤奋努力和踏实肯干,他成长成了一名脱贫致富的党员带头人。

为了从思想上、生活上帮助村民彻底脱贫致富,郭旭一边巩固脱贫攻坚成果,一边建设秦岭山水乡村,着力改善农村人居环境,引导村民改变生活习惯,培养良好文明风气,提高群众生活质量。按照"两边一补齐"的工作要求,兴胜村共拆除闲置危旧房 10 户 30 间,增加了临时公益岗,抓好了村内环境卫生整治,村内公共场所必将成为兴胜村的精神"加油站",为培养更多有文化、懂技术、会经营的新型农民,为丰富村民文化生活、引领文明新风发挥作用;开展环境专项整治工作,优先聘请无职党员担任农村保洁员,发挥他们的模范带头作用,将集中整治与日常管理相结合,使全村面貌焕然一新,2021 年第三季度被评为商洛市商州区人居环境整治先进村;加大农业基础建设投入力度,修复了便民桥护栏 70 余米,修建了兴胜村与邻村交界的主干下水道,解决生活污水排水困难问题,实施高标准农田建设工程,解决部分土地不成整的问题。一系列举措补齐了基础设施短板，全面提升了乡村风貌，为向小康奋斗、迎接美好生活奠定了环境基石，筑牢了思想之基。

郭旭时刻不忘自己作为一名共产党员的责任和义务，经常跟随村"两委"成员下村入户，每当看到群众没日没夜地在田间辛苦劳作却收入微薄时，他内心总是感慨万分，暗下决心创新工作思路，发挥养殖技术优势，照亮兴胜村的脱贫之路！带着坚定的信念，在与村"两委"积极商量并得到大力支持后，他多方了解、多次走访、实地调查，积极帮助村民新建三座小型养猪场，为村里发展养殖产业出计献策，并在 2021 年底为兴胜村引进万头生猪养殖项目。慢慢地，郭旭帮助群众改变了生活状况，使村里的整体经济收入稳步增长，也得到了村民的肯定和认可。助推打赢精准扶贫攻坚硬仗时，他终于舒展了眉头，脸上也有了笑容。

他按照"摘帽不摘责任、摘帽不摘政策、摘帽不摘帮扶、摘帽不摘监管"四不摘要求，深入到 42 户脱贫户及 500 余户普通群众家中，了解"两不愁、三保障"及安全饮水情况，解决了全村 20 余户因病因灾经济困难家庭的求助问题，落实了五户因病经济困难家庭的农村最低生活保障，充分体现了党的农村脱贫政策的落实落地，做到了脱真贫、真脱贫！

"坚志而勇为，谓之刚。刚，生人之德也。"内心的强大，在于是否经历过次次波折；能力的锤炼，在于是否克服了道道难关；梦想的实现，在于是否击败了重重困难！郭旭立志不断加强基层组织建设，以抓党建促进村级经济发展与振兴乡村战略有机结合，使村党支部真正成为广大党员和基层群众的主心骨、领头雁。他正和兴胜村的群众一起用实际行动谱写着共产党员的使命与担当，推动乡村生活更加富裕、和谐、文明。

（陕西省高等学校毕业生就业服务中心供稿）

闪亮的日子

甘肃

奔赴西北，奉献青春

——兰州大学朱子昀事迹

朱子昀，男，汉族，福建厦门人，中共党员，1995 年 8 月出生，2018 年本科毕业于兰州大学生命科学学院，后被厦门大学生命科学学院录取；2021 年厦门大学硕士研究生毕业后，参加大学生志愿服务西部计划，现服务于银川市金凤区丰登镇人民政府。

重返西北，下到基层弥补当年遗憾

2021 年 7 月 26 日 11 时许，随着厦门飞往银川的航班安全降落在河东机场，时隔三年，朱子昀再次踏上了西北的土地。

作为一个土生土长的福建厦门人，如果说 2014 年 9 月开始因高考被兰州大学录取，而在兰州度过本科的四年求学时光还存在偶然因素的话，那么这次的西北之行，就是在完成研究生学业后，他做出的主动选择了。

在朱子昀完成本科学业，即将离开兰州大学时，《习近平的七年知青岁月》出版了，作为党支部副书记，他反复认真研读了这本书，心里深受触动："当时也有下到基层锻炼自我的想法，但是因为我有学业必须要完成，所以这成了我的一个不小的遗憾。"直到 2021 年硕士研究生毕业，这个遗憾终于有了弥补的机会。在人生新的十字路口上，朱子昀偶然了解到了全国大学生志愿服务西部计划。"用一年不长的时光，去做一件终生难忘的事。"西部计划的口号唤醒了他埋在心底三年的想法——拿出青春的一段时光，回到西北去圆自己的一个梦。

没有太多的犹豫，他完成了西部计划的报名，顺利通过了招募，并被派遣到银川市金凤区丰登镇人民政府从事宣传工作，开始了他的西部计划志愿服务之旅。

独树一帜，发挥特长展现自我价值

作为丰登镇唯一一个厦门大学的研究生，镇领导在他报到的第一天就告诉他，希望他能发挥特长和自身的优势，做出一些不一样的事。

"只靠自己一个人闭门造车是不可能把全镇的宣传工作做好的。"在对丰登镇和各村的宣传情况进行了解、分析的基础上，朱子昀清楚地意识到：自己是一个西部计划志愿者，按照国家的规定，他在丰登镇服务的时间是不会太长的，为了真正把全镇的宣传工作做好，首要任务是建立一套可持续发展的机制。

因此，他决定从带好村级宣传员做起，根据宣传要求，加强对各村宣传员的指导，要求信息上报做到"主题明确、内容简练、要素齐全"，各村宣传员在把稿件报送镇里时，基本就可以符合要求，只需进行微调就能见报。这一做法不仅激励了村级信息员报送的热情，也提高了出稿的效率，使信息报送形成了良性循环。朱子昀从 2021 年 8 月开始负责丰登镇的宣传工作以来，累计向媒体和上级报送 400 余篇新闻信息，各类活动宣传信息被《宁夏日报》

《银川日报》等各级媒体采用约180余次，这是他一年工作的"成绩单"。丰登镇的工作群每天总是被不间断的新闻报道"刷屏"，这让镇村的干部很快认识了从厦门来的"小朱"。

丰登镇一有重大活动和工作，就能看到一个穿着红马甲、拿着摄像机的身影在活动现场穿梭。喜爱摄影和剪辑的他把特长也发挥到了工作中。"宣传也不仅仅是写信息，如今的宣传更涉及自媒体的应用，我恰好会那么一些，也想给大家记录一下工作的瞬间。"

2021年10月，宁夏突发了较为严重的疫情，那段时间朱子昀作为镇上少数的年青男干部，连续11个晚上到封控点位值夜班，但在白天，他也穿梭在全镇的各个疫情工作区，从一个服务基层的志愿工作者的独特视角去收集拍摄各种疫情防控第一现场的素材。

经过一个月的加班加点，由他本人精心拍摄、剪辑、制作的疫情防控工作纪录片《丰登守护者》在丰登镇疫情防控表彰大会上作为开场视频播放。由于视频中的主角正是与会的所有人员，视频就是他们抗疫期间工作的真实写照，让全镇在场的同事们重温了疫情防控期间大家守望相助的每个温暖瞬间。村书记代表在后续发言时也几度哽咽："大家在疫情防控的时候，就小朱骑着自行车到处转悠，我们都不知道他在忙啥，现在我们才知道，他把我们干活儿的瞬间都记录下来了。"在这次表彰大会上，朱子昀也作为抗疫先进个人代表发言。

"志愿者对我来说并不仅仅是一份工作，我想要获得成长，也想力所能及地影响一些人，这就是兰州大学教会我的'自强不息，独树一帜'。"

自强不息，向下扎根向上生长

朱子昀的拍摄和视频剪辑特长在西部计划志愿者培训开始的时候，就被自治区项目办发现了。从西部计划志愿者培训开始，朱子昀就主动为西部计划项目办和服务单位拍摄了许多活动的记录视频和宣传视频，也因为西部计划服务期间优异的表现，他被自治区团委推选为西部计划志愿者代表和省委书记进行了汇报交流，更是参演了2022年宁夏西部计划招募的宣传片《不悔的选择》。

"我在镇机关是志愿者，却不仅仅是志愿者，更是一名基层的公务人员。"通过一段时间的基层历练，他感受到了习近平总书记说的"从走过的路中汲取智慧，提振信心，增添力量"，就像在 2022 年宁夏西部计划招募的宣传片里他说的那样——"我来到西北沉淀自我，也在沉淀中实现了自我，超越了自我。'我入党已经八年多了，有五年在西北度过，兰州大学教会了我'初心和使命'，而在宁夏我又补上了'向下扎根，志存高远'这一课，这一点一滴的故事，让'山海情'对我来说不再是专闻，而是实实在在的每一天，这段短暂而又珍贵的'西部记忆'，也将成为我一生的宝贵财富。"

朱子昀表示，希望在志愿服务结束后，能够以不同的角色重新回到闽宁协作支援西北的队伍中，继续奉献和成就自我，再续未了的山海情！

（甘肃省教育厅学生工作处供稿）

一朝沐杏雨，一生支教情

——兰州交通大学黄逸飞事迹

我叫黄逸飞，男，中共党员，河南新乡人，2021年毕业于兰州交通大学，毕业后，参加大学生志愿服务西部计划研究生支教团，现服务于甘肃省陇南市成县第四中学，承担九年级物理和高一信息技术教学任务，荣获县级优秀青年志愿者称号。攻读研究生（推免）期间，他将于兰州交通大学电子与信息工程学院攻读信息与通信工程专业。

"俱怀逸兴壮思飞，欲上青天揽明月"是我的座右铭。大学期间，在参加"青马工程"的那一段时间，我认真拜读了《习近平与大学生朋友们》，在大学生如何成才的问题上，我从习近平总书记的经历中学到了很多。为了圆自己的支教梦，为了用心感受时代脉搏，在青春的赛道上奋力奔跑，我毅然决然投身西部乡村教育事业，奉献自己的一份力量。

一、请党放心，支教有我

陇上江南，美在成县。我所支教的学校在山里。清晨时分炊烟袅袅，半山腰云雾缭绕。不论是蜿蜒的山路，还是淳朴的乡土风情，都符合我对在偏远地区支教的认知。我和学生们的年纪相差不大，我能和他们打成一片，做到"课下无大小，课上立规矩"。我记得有一天早晨天气特别冷，我上完早自习的时候，有个男同学跑到我面前，从兜里掏出两个热乎乎的茶叶蛋递给我让我吃，我的内心顿时破防，看着他淳朴的眼神，我深深地感受到了一名人民教师的责任，下定决心要在这一年不长的时间里尽心尽力帮助他，用我自己的所学开阔他们的眼界，增长他们的见识，让他们意识到学习的重要性，努力帮助他们考出好成绩，走出大山。

有人说："使人成熟的并不是岁月，而是经历。"将近一年的支教生活一转眼就过去了，与刚踏上讲台的时候相比，现在的我多了几分从容，不知不觉中，我也渐渐适应了"老师"这个称呼。这段时间发生了许多事情，令我最受触动的事要数寒假前期末那段时间的家访了。刚踏进那些孩子们家里的时候，我最大的感受就是冷，很多学生和家长都是住在狭小的出租屋内，没有条件取暖，甚至没有良好的学习环境，学生放学以后只能趴在唯一的一张床上学习，因为没有条件取暖，为了防止手指被冻僵不能写字，还要时不时地用哈气让手暖和一会儿。如此艰苦的学习环境竟没有让这些孩子们退缩，他们仍然在拼尽全力学习，想要用学习来改变自己的命运。在那一刻，我感受到了作为一名乡村支教老师的责任——要帮他们走出去。

支教路上，我想尽办法让学生们喜欢上物理，感受到物理世界的魅力所在。我将一些新奇的实验带入课堂，讲解一些跟所学知识相关的生活小妙招和一些家电的工作原理，每次看到讲台下学生们恍然大悟的表情我都会感到很满足。我还针对一些基础薄弱的学生，在课下进行单独辅导。同时，我还会买一些试卷和小零食奖励考得好和有进步的学生。在我的不懈努力下，差成率从一开始刚接手九年级时的将近50%降到了17%，合格率从一开始的9%上升到了现在的25%……我始终相信："只有老师真心付出，学生的未来才能更加出彩。"

漫步校园时，可爱的学生们都会过来和我打招呼，叙述自己当天的好玩的经历；有时我从超市买零食回来，会有调皮的学生来看我买的啥好吃的，我也会经常分给他们，看着他们高兴的笑容，我对每一天都充满了期待。

考试前一晚，经常有学生结伴来我宿舍问我问题，真是让我又感动又欣慰。我记得有一次有一个学生答完疑后告诉我他们班有几个学生将来也想像我一样，能成为一名支教老师。这句话震撼了我，让我感到荣幸和自豪。从那以后，我更潜心地钻研教材，并借助网络资源学习其他优秀教师的教学理念，反复研究陇南市中考命题的特点，有针对性有思路地指导学生复习，在一次又一次的模拟考试中，学生们的成绩不断提升。在工作中，和我年龄相仿的"特岗"教师、"人才引进"教师以及校领导们也在通过各种各样的方式帮助我们，让我深受感动。

二、请党放心，抗疫有我

哪里有疫情，哪里就有党员的身影。作为一名中共党员，在支教期间我第一时间主动请战，保质保量地完成了支教学校的疫情防控任务。不仅如此，我还响应县教育局"停课不停教，停课不停学"的号召，认真备课，通过多种形式的线上教学，保证了学生们疫情期间的有效学习。我还利用大学期间学到的 Multisim 仿真软件，通过钉钉群课堂带领学生们进一步了解如何通过软件搭建并运行电路。

在假期期间，河南疫情呈现多点暴发态势。阻击疫情中，我是舍小家顾大家的"逆行者"。为了积极响应新乡市城区全员核酸检测的号召，我尽心尽力协助社区和医护人员完成全员核酸检测任务。针对不会使用智能手机扫描健康码的老年人，我一遍又一遍地给他们讲解操作流程。我的耐心使得很多抗疫工作得以有序进行，受到了相关部门负责人和群众的表扬和鼓励。

三、请党放心，抗洪有我

在假期期间，受台风"烟花"影响，河南省新乡市遭受突如其来的大暴雨，造成洪涝灾害，大批灾民流离失所。作为当代大学生党员，我本着奉献的精神积极投身抗洪救灾中，还前往新乡市第二十二中学帮助母校搬运救援物资，布置蓝天救援队休息点和灾民安置点，协调物资，有时候连水都顾不上喝。在母校领导们和老师们的眼中，我是一名满怀感恩、有责任心、有担当的好党员。

一路走来，有酸甜有苦辣，这段支教经历和抗洪抗疫经历俨然为我上了难忘的一课。"愿以寸心寄西部，且将热血洒山河。"这是我追求的境界。作为一名中共党员，作为一名乡村支教教师，作为一名西部计划志愿者，我不敢有一丝一毫的懈怠。时光匆匆，我马上要进入人生的下一个阶段了，感谢宝贵的支教经历伴我披荆斩棘、奋勇向前！

（甘肃省教育厅学生工作处供稿）

在祖国和人民最需要的地方绽放青春之花

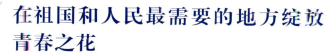

——兰州交通大学马荣娟事迹

马荣娟,女,汉族,甘肃平凉人,中共党员,兰州交通大学测绘与地理信息学院地理信息科学专业 2022 届毕业生,兰州交通大学中国青年志愿者第 24 届研究生支教团成员,兰州交通大学第十四期"青马工程"培训班成员;2019 年 9 月入党,先后任学院团委学生会组织部部长、院刊副主编、地信 1801 班团支书;专业成绩排名第四,曾获兰州交通大学普通一等奖学金、中天科技奖学金、天翼奖学金、三好学生奖学金、优秀学生干部奖学金等,获评兰州交通大学 2018 年度优秀共青团干部、兰州交通大学 2021 年度优秀共青团员、兰州交通大学优秀学生干部等。2021 年 11 月,在老师的带领下她分别赴甘肃省张掖、武威、金昌、陇南市参加脱贫攻坚服务活动,践行志愿服务精神。

青春无畏,挥斥方遒

2018 年 9 月,一个双手紧握行李箱的青涩女孩走进了兰州交通大学,她好奇地打量着校园里的一切,大学里的众多新鲜事物本能地激发起了她的探求欲望。"恰同学少年,风华正茂;书生意气,挥斥方遒",朝气蓬勃的马荣娟,深知这里是播种梦想的地方,也是梦想启航的地方,只有将对未来的憧憬转化为前进的动力,才能不负这宝贵的青春。于是,在丰富多彩的社团活动的影响下,她快速褪去中学时期的青涩,调整自我状态,积极而又认真地投入到了大学生活。

逐渐适应大学生活后,她踌躇满志地穿梭在学校的各个学生组织间,竞选团支书、加入学生会、留任院刊编辑部,与志同道合者一起指点江山、激扬文字,立志以书为信仰谱写青春华章,以笔为媒介实现自我价值。大一结束时,她已取得了兰州交通大学测绘与地理信息学院"庆中秋演讲比赛"二等奖、"测绘专业与技术英语竞赛"二等奖,兰州交通大学普通二等奖学金等多种奖励。

冬去春来,四季流转,她没有辜负宝贵的青春,而是始终如一地严格要求自己,合理规划时间,认真努力学习,积极参加各种竞赛和志愿活动,学习不断进步,思想愈加成熟,变得越来越自信,也收获了生命中第一份美好的爱情,让青春在她的大学时光里熠熠生辉!

逐梦"青马"工程,支教西行

2021 年对马荣娟来说是极其不平凡的一年。2021 年 9 月,为积极响应国家"到西部去,到基层去,到祖国最需要的地方去"的号召,马荣娟通过了兰州交通大学中国青年志愿者第 24 届研究生支教团的层层选拔,光荣地成为了兰州交通大学第十四期"青马工程"培训班中的一员。同时,学校团委积极应西部计划全国项目办对研究生支教团成员的各项要求,将兰州交通大学第24届研究生支教团全员纳入兰州交通大学第十四期"青马工程"培养体系，马荣娟还担任了"青马工程"培训班的宣传委员。"青马工程"与支教团的有机结合，再次锻炼了她的各项能力，同时更加坚定了她投身于祖国西部建设的信心与决心。

行程万里，不忘初心。"交大赋予我知识，传授我经验，历练我成长，在我即将毕业之际让我有机会用一年不长的时间去做一件让自己终生难忘的事情，让我既可报母校四年的培育之恩，也可尽一份兰交学子的报国职责。"马荣娟说。自加入支教团的那一刻起，马荣娟始终坚持高标准、严要求，积极投身体能训练，认真参加教学实习、提升教学素养，为即将到来的支教生活奠定了坚实的基础。同时，受"青马工程"培训班的影响，马荣娟始终勉励自己要秉承"尚德、励志、博学、笃行"的校训，坚持立德树人的根本任务，立足"教书育人、桥梁纽带、脱贫攻坚"的角色定位，将爱与希望播撒在祖国西部，将青年学子的强国梦融入实现中华民族伟大复兴的征程中，为实现中华民族伟大复兴的中国梦而努力奋斗。

"农村的土地养育了我，农村的雨露滋润了我，农民的纯朴和善良感染了我，我深知农民的贫苦，所以我要用知识和青春去改变养育了我的家乡。"马荣娟说。作为在祖国西部成长起来的孩子，能为家乡的教育事业尽一份绵薄之力是马荣娟此时最大的梦想。她表示，要在祖国西部的广袤大地上追求理想、无私奉献、历练成长，传承爱与希望，担当教育扶贫的青春使命；要始终传承"艰苦奋斗，自强不息"的支教精神，在推动偏远地区现代化建设中建功立业，为祖国的教育和扶贫事业奉献自己的青春力量。

脱贫攻坚，砥砺奋进

2021年11月，马荣娟在老师的带领下深入甘肃农村，参加"甘肃省巩固拓展脱贫攻坚成果第三方评估"调研活动。在此次调研活动中，她前往甘肃省武威、金昌、张掖等3市5县29个乡镇进行走访活动，之后又辗转于陇南的8县52个行政村完成脱贫攻坚任务。

此次调研时间紧、任务重。在陇南调研时，因要调查的县相距甚远，村庄分布广泛——最远的村庄要坐车走三四个小时的山路，行程颠簸、舟车劳顿，晚上还要整理烦琐的资料。但即便如此，马荣娟依旧没有任何抱怨和懈怠，而是积极认真地完成自己的各项任务和使命。她用脚步丈量了 2.78 万平方公里的土地,用眼睛记录了拥有 240 万人口的陇上江南的百姓的生活,深度见证了自脱贫攻坚以来我国取得的重大成就,也体察到了众多不幸家庭的辛酸苦楚。

2022 年 4 月 28 日,中青网头条以"甘肃:奏响'青马'强音　抓牢铸魂育人"为题,报道了马荣娟深入基层的事迹。"这半个多月的磨炼,是我人生当中无法抹去的记忆,走出校园才能感受到社会底层人民的艰苦及基层工作者的艰辛。"马荣娟说,"作为新时代青年,我定会接过前人的接力棒,深入祖国西部助力教育扶贫,用自己的青春回报家乡、回报祖国、回报人民。"

扎根基层,无私奉献,是青年学子回馈国家的体现,也是自身价值的实现方式。习近平总书记给中国石油大学(北京)克拉玛依校区毕业生的回信中说:"希望全国广大高校毕业生志存高远、脚踏实地,不畏艰难险阻,勇担时代使命,把个人的理想追求融入党和国家事业之中,为党、为祖国、为人民多作贡献。"

作为一名西部支教志愿者,马荣娟定会牢记习近平总书记的殷殷嘱托,在服务奉献中争做有志气、有骨气、有底气的新时代青年,以实际行动践行"艰难困苦,玉汝于成"的信念,努力在支教岗位上发光发热,让奋斗的青春与祖国西部建设发展同频共振,不忘自己支教的初心与使命,不负时代,不负韶华,不负党和人民的殷切期望,在祖国和人民最需要的地方书写自己的青春篇章。

(甘肃省教育厅学生工作处供稿)

让青春在基层闪亮

——兰州资源环境职业技术大学王升时事迹

王升时,男,汉族,甘肃省陇西县人,兰州资源环境职业技术大学智能制造学院 2019 级工业机器人技术 11 班大三在读学生。由于在班级里的突出表现,他得到了同学和老师们的一致认可,并担任班级宣传委员和智能制造学院学生会宣传部副部长。

求学路上的艰辛和坎坷使王升时倍加珍惜每一次学习的机会,并时刻不忘以"品质至上"的校训去锤炼自己。他志存高远、脚踏实地,始终秉持心中的信念,扛起肩头的责任,以聪明才智为家乡和国家贡献力量,用所学回报社会,以真情服务群众,当好新时代大学生的宣传者、示范者和践行者。

扎根一线,服务基层

2021 年 9 月,王升时走出大学校园,开始了自己的实习工作。在工作期间,他时刻不忘以一名合格大学生的标准来严格要求自己,开拓进取、刻苦钻研。他注重学以致用、理论联系实际,不断帮助基层群众解决困难,帮助当地政府打通惠民政策落实的最后一公里。他时常顶着炎炎烈日深入农村一线,倾听群众的声音,与生活困难群众一起制订生产生活计划,并将基层生活困难群众的诉求反馈给有关政府部门,让有关政府部门及时了解群众困难所在,并"对症下药"。经过不断的努力,他从一名不接地气的大学生转变成了困难群众眼中的自家人,黑黝黝的肤色是他真心付出、青春奉献最好的证明。他积极发挥个人优势,通过基层锻炼长知识、学本领、明志向,为个人成长打下了坚实的基础。

青春有担当,志愿正当时

2021 年 10 月,王升时的家乡甘肃省漳县新冠肺炎疫情严重,他积极投身家乡的疫情防控志愿服务中。他严格遵守属地政府的安排部署,确保疫情防控工作全面落实。他冒着被感染的风险,冲在疫情防控第一线。疫情防控中他主要负责人员身份信息的录入,常常从早忙到晚,连中午也不停歇。他还时常陪同医护人员到卧病在床的老人家里去帮忙,在疫情防控工作中做出了自己力所能及的贡献。他牺牲休息时间到核酸检测点帮忙布置场地,维持现场秩序,宣传注意事项……任劳任怨。在疫情形势紧张期间,许多小区实施封闭管理,王升时就带领创立了"顺道鲜生",并且联合"战友集团"免费将平价蔬菜无接触式配送到每个小区。疫情期间,他们共为十多个社区提供过配送服务,为上千户家庭提供了物资保障。疫情结束后,"顺道鲜生"转型为渠道供货商,为医院、小区、学校等10余家单位供应食材。

"志愿服务让我坚信抗疫是一件需要全民参与的事情,只有团结一致,才能尽快阻止疫情蔓延,让大家恢复正常生活。""疫情当前,使命在肩。"王升时在志愿者岗位上发光发热,为当代大学生的责任担当写下了生动注脚。

(甘肃省教育厅学生工作处供稿)

赓续兰大精神，扎根未来之城

——兰州大学武怡柠事迹

武怡柠，女，汉族，1995年10月出生，中共党员，兰州大学生态学专业全日制研究生、理学硕士；2020年度河北省定向选调生，现任河北省雄安新区安新县端村镇四级主任科员。主要工作经历：在河北省雄安新区安新县端村镇人民政府党建办公室从事党建工作；在端村镇东淀头村驻村任职，担任村支部书记助理；任端村镇美丽乡村驻村工作队队员。

一、涵养政治素质，强化思想建设

"雄安无小事，事事连政治"，入职以来，武怡柠同志认真学习贯彻党的十九大精神，站稳政治立场，严守政治纪律。

一是认真学习党史，传承革命精神。通过端村镇日新讲堂，为领导同事们讲述了中国共产党从一大至今的光辉历程；在受邀为东垒头小学百余名师生讲党课时，结合村情校史，讲述了中共成立、雁翎队抗日等建党百年来的九个动人故事，得到了师生家长的一致好评，并在冀云安新、雁翎之声等媒体平台上宣传报道。

二是加强精神塑造，感受信仰力量。积极参加题为"学习伟大长征精神，锻造雄安建设铁军"的"青年雄才大学堂"活动，作为安新县学员代表，向与会领导干部讲述有关长征精神的小故事，在分享交流中汲取精神营养，全面提升自身思想政治素质；组织机关党员去西柏坡开展"重温入党誓词，牢记入党初心"党日活动；组织带领各村党员代表参观"党的光辉历程图片展"，在学习交流中回顾党的光辉岁月；受邀参加东垒头小学"携手迎奥运——师生作品展"，感受同学们迎接冬奥会的热情，在实践中感悟冬奥精神。

二、甘于无私奉献，以百姓心为心

"饮水思源，缘木思本"，武怡柠同志热衷本职工作，扎根基层一线。

一是认真开展党建工作。入职后，武怡柠同志被分配到党建工作办公室，她认真学习党务知识，做好镇村党建工作，在安新党建、雁翎之声、冀云安新等平台发表过三十余篇信息稿，撰写多篇工作汇报；组织全镇党员学习使用"雄安党建"APP，率先完成百分百注册，使端村镇党委、东淀头村党支部荣获雄安新区优秀组织奖；协助筹备端村镇第十届人民代表大会第一次会议，并发挥积极作用。

二是严格履行驻村职责。作为东淀头村的村支部书记助理，武怡柠同志扎根基层，深入一线，在疫情防控、"两委"换届、"五清三建一改"、新冠疫苗接种、党建示范点打造、防资检测等工作中将人民至上的理念一以贯之，扎根基层，服务群众；作为美丽乡村驻村工作队队员，严格按照乡村振兴和美丽乡村建设要求，进一步夯实基层基础，助力乡村振兴。

三是始终牢记为民初心。她深入调查民情，关注脱贫户的生活状况，解决实际困难；在端午节、重阳节等重要节日，协助"两委"干部组织"粽叶飘香""情暖金秋"等敬老爱亲活动，为村里的老人送去温暖，得到了全村上下的一致好评；在干部群众的共同努力下，东淀头村先后获评全国文明村镇、全国综合减灾示范社区、新区级"美好乡村"和新区先进基层党组织等。

三、练就过硬本领，勇于担当作为

"立身百行，以学为基"，武怡柠同志勇于创新，善于学习，不断增强各项本领。

一是创新宣传方式。她自学多媒体剪辑，编辑制作了关于微"孝"行动、就地过年、疫苗接种、非必要不返乡等的宣传视频，创作"乡亲邻里，共同免疫。携手抗疫，端村有你。"等通俗易懂的顺口溜，达到了较好的宣传效果；代表端村镇参加安新县党建引领"四个美好"评选活动，并取得第三名的佳绩，为端村镇打造"在水之端，村居民安"的靓丽名片。

二是增强调研本领。她参加新区"青年雄才大学堂"活动，带队完成课题组对安新县的调研任务，协助课题负责人完成题为"突破教育瓶颈，助力学有优教"的调研报告，分析新区目前存在的教育问题，并提出了相应的解决对策，最终顺利通过新区考核。

三是勇挑工作重担。2022年年初，端村镇疫情形势严峻，她临危受命，调至镇防疫办开展疫情防控工作，在镇卫生院协助进行新冠疫苗接种工作，同时负责全镇外出务工人员信息排查和返乡人员平台监测。为准确掌握全镇一万余名外出务工人员的实际情况，她对人员进行反复摸排，根据其从事的行业、现居住地等分门别类进行汇总，对未返乡人员进行实时监测。同时，她还与河北电信公司合作开发微信小程序——"防疫云"，结合"十户一长"制度，落实户长包联职责，实现"人防"和"技防"相结合。为了更好地完成抗疫任务，春节期间她依旧坚守岗位，充分发挥党员干部的先锋模范作用，筑牢抗击疫情的战斗堡垒。

四、锤炼品德修为，汲取道德滋养

"寒夜一盏灯，温暖千万人"，武怡柠同志自觉树立和践行社会主义核心价值观，不断修身立德，打牢道德根基，在实践中不断锤炼奉献社会和服务人民的良好品格。

一是践行志愿服务精神。武怡柠同志在2013年本科就读期间就已加入青年志愿者协会,到端村镇工作后,更是积极加入白洋淀志愿者队伍,参加镇村组织的各项志愿活动。提升镇域内的卫生情况活动、为孤寡老人清扫庭院活动、疫情期间核酸检测中都能看到她的身影。

二是修身明德、正己守道。青年要不断修身立德,打牢道德根基。在参加安新县纪念五四运动102周年青年代表座谈会时,武怡柠与在座的青年代表进行深入交流,并作题为"践行五四精神,扎根未来之城"的发言,获得了与会领导的肯定。在工作实践中,武怡柠同志始终秉承"自强不息,独树一帜"的兰大校训,正如她在毕业论文致谢的最后一段写到的那样:"时事变迁,人事沉浮,但我永远会在心里留下一方书桌,将兰大往事放在案头,怀着感恩之心,不忘谆谆教诲,打破自我束缚,走出房门,迎接自己的使命!"武怡柠用自己的实践践行了毕业时的诺言。

"拂面春风好借力,正是扬帆远航时。"经过自身的不懈努力,武怡柠被评为安新县优秀共青团员、2021年度安新县优秀公务员等,得到了领导和同事的一致认可。"耕耘更知韶光贵,不用扬鞭自奋蹄。"2022年是国家级雄安新区成立五周年。"千年大计,国家大事",未来之城雄安造化垂青,活力无限。作为新区成立后的第三批定向选调生,武怡柠肩负着更艰巨的使命和责任,也必将赓续"自强不息,独树一帜"的兰大精神,为雄安新区的建设贡献自己的力量、彰显青春本色。

(甘肃省教育厅学生工作处供稿)

闪亮的日子

宁夏

像胡杨树一样扎根，像石榴籽一样抱紧

——宁夏大学苟先涛事迹

青春该有的模样是历经各种坎坷磨炼后的蜕变，是平凡生活中对孤独的坚守，是不管身处何方仍然初心不改、砥砺前行。

2019年，从宁夏大学教育学院毕业后，苟先涛作为第七批响应党中央号召的其他省区市高校优秀毕业生，在踏入大美新疆的那一刻起，就立志要将一生献给新疆这片热土。工作三年，他初心如磐、一心为民，把习近平总书记关于全面打赢脱贫攻坚战的号召和三次中央新疆工作座谈会精神贯穿始终，冲锋战斗在全国最艰苦的脱贫攻坚第一线、反恐维稳第一线，在工作中总是身先士卒，积极主动为集体、团队解决疑难杂症，攻坚克难在最前沿，为新疆柯坪县的脱贫决战及维护新疆社会稳定和长治久安做出了自己的贡献，在2020年以及2021年中，年度考核等次均为优秀。

拜别，为了点燃青春梦想

青年志在四方。因从小就十分敬佩毛泽东主席，苟先涛立下了"孩儿立志出乡关，学不成名誓不还。埋骨何须桑梓地，人生无处不青山。"的远大志向。虽然他是家中最小也是唯一的男孩，但他充分体现了贵州娃子"吃得苦、霸得蛮、耐得烦"的特点，梦想着有朝一日能走出家乡，在外面的大世界闯荡一番。大学毕业后，他努力做通了家人的思想工作，拜别了父母亲以及70多岁的奶奶，毅然选择来到新疆，主动申请到南疆最艰苦的地方锻炼。工作两年后，他将女朋友也动员来到了新疆，在阿克苏地区柯坪县人民医院里扎了根。如今，因为疫情和工作原因，他已经两年没有回家陪家人过春节了。奶奶现已73岁高龄，父母亲也因长年累月的高强度劳动身体不适，他们最期盼的就是接到他打回家的电话，虽然每次通电话他们都极力表现出一切如常的样子，但从他们脸上掩盖不住的皱纹和泪痕就能看出他们已经不像当年那般康健了。然而即便有再大的困难，他们也不愿给他增添一丁点儿麻烦，只是希望在外的他能够为了自己的理想信念和追求去努力。作为家里唯一的男孩，一种"树欲静而风不止，子欲养而亲不待"的担忧时刻萦绕在他心头，但他却只能在夜深人静的时候默默祈祷祝福，并将对父母亲的亏欠化作对南疆基层百姓的真挚情感。

拼搏，为了啃掉脱贫这块硬骨头

柯坪县地处塔里木盆地西北缘，是"三区三州"深度贫困县，自然条件恶劣，以人穷、水苦而闻名，2014年贫困发生率高达34.3%，改变贫穷落后的生活状况是基层各族干部群众最迫切的希望。到乡村工作后，苟先涛深感"责任重大、使命光荣"，为了尽快适应工作，融入环境，他跟随驻村"访惠聚"工作队入户调研走访，巷道村头是他的办公室，田间地头是他的办公桌，接了地气、沾了土气之后，他工作的思路也更加明晰。

2020年是非常重要的一年。这一年，他始终无悔地忙碌着，忙着学习和领悟第三次中央新疆工作座谈会精神和十九届五中全会精神；忙着掌握农村基层党组织建设工作的重点任务，推动农村基层党组织向好发展，从而成为促进其他各项工作的引领核心；忙着服务群众、团结各民族人民象石榴籽一样紧紧抱在一起。同时，他还忙着落实村党支部安排的各项事关稳定的工作任务，确保辖区社会稳定、长治久安；忙着协助开展疫情防控服务宣传，确保疫情防控安全；忙着同其他干部一起开展脱贫攻坚成效的迎检和验收，确保乡村脱贫成果验收圆满成功。"上面千条线，下面一根针"，只有扎实做好基层的各项工作，才能确保党中央和各级党委的决策得到有效落实。在不断的努力之下，苟先涛同志欣喜地看到了柯坪县发生的一系列变化：柯坪县实现了全县建档立卡贫困户3001户14691人全部脱贫，25个贫困村顺利摘帽，老百姓腰包鼓了，乡村美丽了，公共服务和基础设施建设也更加完备，群众满意度达到了100%。尤其可喜的是，柯坪县2020年在自治区脱贫攻坚成效考核中名列第一，高标准完成了党中央交办的任务。

奉献，为了基层群众

柯坪县玉尔其乡曾是深度贫困乡，也是维稳工作重点乡，情况复杂。苟先涛在村里接受了两年的有效锻炼之后调到了玉尔其乡综治中心，全力协助乡党委副书记、政法委员坚持一手抓社会稳定，一手抓发动群众争取人心，推动全乡社会面大局持续稳定向好，使基层党组织凝聚力进一步增强。

2021年4月20日，苟先涛在工作中走访玉尔其乡阿热阿依玛克村6组64号结亲户艾克拜尔家时了解到，他们家经济相对困难，两个女儿都在上小学，一个五年级、一个三年级，艾克拜尔回归社会后在柯小驼服装厂集中就业，工资每月不足3000元，妻子在家照顾孩子。得知此事后，苟先涛多次到艾克拜尔家中与他一起坐在炕头上面对面聊天，倾听他的经历，引导他逐步改变对自己的认识。通过和村党支部书记以及乡政法委员反映研判，最终决定同意艾克拜尔在当地的一处工地务工，每月工资5000多元，收入增加了将近一倍。

功夫不负有心人。当苟先涛第5次入户时，艾克拜尔万分感激地说他明白了自己之前的堕落给父母和孩子造成的伤害，给周边邻居带来的影响，他还流着泪在所有人面前坚定地给自己定了3个目标（努力挣钱，养育好两个女儿，再盖一座房子）。如今，艾克拜尔已经充分认识到了自己曾经的过错，还在苟先涛的介绍下，在玉尔其乡辖区的一个工地上找到了一份稳定的工作，小日子正慢慢向他自己设定的目标迈进。

在苟先涛看来，群众的事再小也是他的大事。对走访中群众反映的困难诉求，他始终尽全力而为，自己解决不了的就向乡党委反映。在玉尔其乡2村有一位老人膝下无儿无女，老伴去世后，她就失去了生活来源。他们原来有8万元存款在老伴名下，但因老伴突然离世及其他一些客观原因，她的问题一直未得到解决。苟先涛在了解了情况后，便以上报情信息的方式向乡综治中心反映了这一情况,之后由乡党委副书记、政法委员牵头及时联系司法所、派出所、村委会、银行等进行现场办公,通过反复、多方协调,为老人顺利解决了生活问题,老太太感动得泪流满面,紧紧握住几位干部的手,直呼"亚克西卡德尔,亚克西巴郎"。

奋斗是青春最美的底色。苟先涛同前几批入疆的前辈一样继承和弘扬了老一代支边青年的优良传统,把爱国爱疆作为一生的信仰,像胡杨树一样扎根在祖国西部边陲,用实干赢得了基层群众的喝彩,用奉献诠释了基层干部的担当。

(宁夏大中专毕业生就业指导服务中心供稿)

干事创业谱青春，忠诚担当写理想

——北方民族大学张青波事迹

张青波，男，汉族，辽宁朝阳人，1998 年 5 月出生，2019 年 6 月加入中国共产党，2021 年 6 月毕业于北方民族大学外国语学院 2017 级英语专业，2021 年 8 月参加大学生志愿服务西部计划，现服务于新疆生产建设兵团第三师图木舒克市妇联。自参加工作以来，他主要负责妇女发展维权、家庭教育和儿童工作、师市妇儿工委办以及师市分流点工作。他以扎实肯干的工作作风、强烈的使命感和职责感对待每一项日常工作，坚持做好本职工作，全心全意为人民服务，积极发挥党员模范带头作用，在塔克拉玛干沙漠旁展示着青春该有的模样。

一、从民族院校来，到民族地区去

张青波毕业于宁夏回族自治区北方民族大学，在校期间，担任外国语学院 2017 级英语 1 班班长兼团支部副书记、英语系学生党支部副书记，第二十届团委学生会主席兼团委副书记，2018 级阿拉伯语 1 班、2019 级英语 4 班、2020 级英语 1 班班导师助理，第七次全国人口普查员，学生公寓助管等职务；曾获得校级优秀共产党员、优秀共青团员、优秀本科毕业生、优秀毕业实习生、优秀学生干部、三好学生、军事训练优秀学员等称号，以及三等奖学金；共参与国家级项目 1 个、校级项目 1 个。

2021 年 8 月，唱着"到西部去，到基层去，到祖国和人民最需要的地方去建功立业"的志愿旋律，他从辽宁乘坐火车出发，经过 4000 多公里路程，耗时两天半，终于来到了塔克拉玛干沙漠旁的新疆生产建设兵团第三师图木舒克市。第三师图木舒克市是维稳戍边的战略要地，位于南疆四地州的几何中心，是兵团向南发展的重要依托，由广东省东莞市牵头对口支援，辖区总面积 8118 平方公里，下辖 1 个市、3 个街道、12 个团镇、4 个农（牧）场，插花式分布在喀什地区克孜勒苏柯尔克孜自治州境内。

二、坚定理想信念，提高政治站位

　　作为刚刚工作的新手，他以民大学子的求学上进精神自觉加强理论学习，不断提高政治站位，认真学习习近平新时代中国特色社会主义思想、党的十九届六中全会精神及重要讲话精神，增强"四个意识"，坚定"四个自信"，做到"两个维护""两个确立"。作为医疗保障局团委妇联党支部的一名党员，他积极参加党内活动，开展批评与自我批评，不断提高政治判断力、政治领悟力和政治执行力。凭借着在校期间积累的党建相关工作经验，他很快承担起党支部发展党员，组织关系转接，"三会一课"、主题党日活动，组织生活会和党员民主评议，"双服务、双报到"，"书香机关、书香党支部"等的落实和记录工作，并积极完成党支部书记和委员们交办的其他任务，为师市党建工作成效巩固提升年做出了应有的贡献。

三、为妇女谋发展，为儿童谋福利

　　工作期间，他经常深入街道、边境偏远团场开展慰问走访、物资发放、普法宣讲、实地考察等工作，几乎达到了全覆盖，共陪同接待厅级领导干部 9 人次、处级干部 12 人次。他还积极与全国、兵团妇联和社会爱心组织对接，争取到各级各类资金项目 9 种，总价值 120 余万元，包含母亲健康快车 1 辆、母亲邮包 1777 个、家乡同心包 100 个、小候鸟图书角 8 个、女生不简单关爱包 500 个、HELLO 小孩爱心套餐 200 个、海尔空调 2 台和保温杯 100 个，实现春蕾助学 117 人，并为 21 名低收入妇女申请到两癌救助金。

　　他还向兵团妇联、慈善总会努力申请先心病手术名额 5 个、唇腭裂手术名额 7 个、贝拉米奶粉 600 罐、法律援助项目 1 个，开展新一年度的低收入妇女两癌救助金申请工作。

四、重视家庭教育，促进民族团结

张青波认真学习习近平总书记关于家庭、家教、家风的重要论述，重视相关工作，积极联合公检法司、民政、科协等部门下基层举办亲子阅读等活动。2021年度，他去申报全国五好家庭1户、最美家庭2户，以及兵团实施妇女儿童发展规划先进集体3个、先进个人5个，评选出兵团最美家庭3户、兵团美丽庭院10户、师市最美家庭24户、师市美丽庭院30户。为更好地促进交流交往交融，2021年2月，他带领最美家庭、美丽庭院获评者，以及巾帼致富带头人50余人前往东莞市开展为期一周的手拉手活动和家庭教育心理指导等学习。此外，他还积极联系援疆工作队为新增的17户多民族家庭发放奖励帮扶金。

五、参与志愿服务，敢于干事担当

除了日常的业务工作之外，张青波还向组织部虚心学习，努力做好单位干部的考核与职级晋升工作。由于妇联负责统筹师市分流点的工作，结合疫情防控要求，考虑到人手不够的情况，妇联全体工作人员实行轮岗进行值班，他与分流点的人员同吃同住。遇到任务量大、旅客不理解闹脾气的特殊情况时，他就会义不容辞地冲上去进行解释劝导。在春节、十一等法定节假日，他积极参与师市团委组织的各种志愿活动，比如社火、冰雪节、环境整治、植树、拾棉花劳动竞赛，等等。在平时，为方便他人，他总是第一个争着抢着请求组织把他的值班时间安排在周六、周日，把不好分配的时间段和任务先领走。

张青波很普通、很真实，但是在逐梦之路上他又很独特，就像沙漠中的绿洲，闪亮又极具价值。

（宁夏大中专毕业生就业指导服务中心供稿）

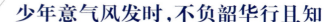

少年意气风发时，不负韶华行且知

——宁夏师范学院张雪雁事迹

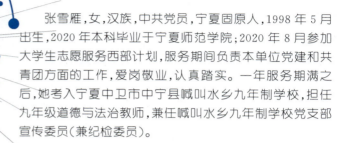

张雪雁,女,汉族,中共党员,宁夏固原人,1998年5月出生,2020年本科毕业于宁夏师范学院;2020年8月参加大学生志愿服务西部计划,服务期间负责本单位党建和共青团方面的工作,爱岗敬业,认真踏实。一年服务期满之后,她考入宁夏中卫市中宁县喊叫水乡九年制学校,担任九年级道德与法治教师,兼任喊叫水乡九年制学校党支部宣传委员(兼纪检委员)。

滚滚前行的大变革时代从不缺少英雄的故事。无论是挥斥方遒、指点江山的大人物,还是服务基层、平凡奉献的小人物,都在这个万物竞发的新时代发光发热,实现着自己的人生价值。今天,让我们从一个普通大学生张雪雁的就业之路说起。

一、恪守初心,服务西部"志愿红"

一次志愿行,一生志愿情。大学生志愿服务西部计划为众多青年搭建了一个青春的舞台,这个舞台留下的是奉献的美好瞬间,是一份责任,也是一种担当。

满腔激情的奔赴者

2020年,张雪雁考研失利之后,在与学姐的交谈中了解到大学生志愿服务西部计划,并对这项工作产生了浓厚的兴趣。当她点进"大学生志愿服务西部计划"官网,看到网站左上方写着"到西部去,到基层去,到祖国最需要的地方去"之时,鲜红的大字激起了她的满腔激情,她毅然选择了报考西部计划,并最终被分配到银川市西夏区基层服务岗位,主要负责党建和共青团相关工作。

实际行动的践行者

到岗之后,她接到的第一个任务是参加第七次全国人口普查。能参加十年一次的全国人口普查对于刚入职不久的她来说更多的是骄傲和自豪。她和社区工作人员逐门逐户进行入户登记,并对居民详细解释开展此次人口普查的目的和意义。在普查过程中,她也遇到了各种各样的困难,但她不畏艰难,和搭档一起做图表、创新工作方法、熟悉工作流程,从不懈怠。在普查期间,她经常加班加点,晚上十点多还穿梭于各个楼层,拎着宣传彩页爬上爬下,每次累到想发牢骚的时候,总会想想自己当初坚定选择的模样,最终坚持到底并且圆满完成了普查工作。此次人口普查工作使她明白了在不同的困难中磨炼出的是不同的能力,将有限的服务时间用来提高自己的能力和素质才不枉此行。

愿为星火的志愿者

在深入基层开展志愿服务工作期间,为了更好地巩固文明城市创建成果,除了每周五固定下沉社区开展志愿服务之外,她还会利用休息时间集中开展文明城市创建活动。在下沉社区的过程中,为了节省时间,她中午都不回家休息,帮助行动不便的居民清理楼道里的重物,一直忙到晚上十点左右。有时还帮助居民从上至下清扫楼道,却被低楼层的居民以刚收拾完又落灰为由斥责……难熬的瞬间有很多,但听到暖心的群众说"丫头,辛苦你了!"的时候,她又会觉得自己的工作得到了认可,又会觉得平凡的岗位仿佛闪烁着点点微光,从而又充满斗志继续向前。

二、甘为人梯,书写责任"三原色"

教育是一方净土,需要教育者耐得住寂寞,尤其在这快速发展的时代,更需要坚守初心,不受外界的干扰和诱惑。2021年9月,怀着对教育事业的无限憧憬和满腔热情,她进入了中宁县喊叫水乡九年制学校任教。那里条件艰苦、交通不便、生活单调,但那里有充满求知欲的孩子们。所以,责任"三原色"的画卷自此铺开。

炽热"红",关心学生倾"师爱"

一切为了学生,为了学生的一切,这是教师的立足之本。她是这样想的,也是这样做的。作为九年级的班主任,在这个工作烦琐却责任重大的岗位上,她不知疲倦,不厌其烦,把自己定位成学生学习与生活中的好伙伴、好朋友,总是用最真诚的爱去关心和教育学生。在工作中,她还善用"谈话法"常态化对学生进行辅导。对于班级当中最叛逆调皮的一个小孩,她积极引导,教育学生学会换位思考,让学生在反省中受教育,培养良好的行为习惯,最终,在她的努力之下,九年级第二次模拟考试之后,她收到了这样的信息:"老师,我这次有进步哦,其实我发现我好像也是可以的呢。"这大概就是教育的意义吧,她这样对自己说,而那一刻的欣慰也只有她自己才明白。

成熟"黄",充电学习钻"师艺"

作为一名新入职教师,无论在教学方面还是在对学生的教育方面她都比较缺乏经验。因此,在教学实践中,她始终坚持自我"充电",勤于学习,努力钻研业务,经常阅读教育教学类著作、期刊,上网查阅资料,掌握新课标与理念新要求,了解课程改革的内容与方法,积极参加学校组织的各类业务培训、交流听课等活动,博采众长,补己之短。每上完一节课,她都会认真做好课程总结,反思不足之处,不断改进方法,提高效率,巩固成果。

广阔"蓝",甘于奉献塑"师德"

其身正,不令则行。她深知作为教师,身教往往胜于言传。入职以来,她自觉端正师德师风,严格遵守各项规章制度,用自己的一言一行为学生做示范,即便是平凡的小事,要求学生做到的,她自己首先做到。班主任被称为"学校里最苦的岗位",但对于学校安排的各项工作她从未拒绝,当孩子们搞"团团伙伙"、追求"个性"等令人头疼的问题接踵而至的时候,她及时调整沟通方式,扶正纠偏,为孩子们的健康成长保驾护航。

三、踔厉奋发,保持热爱"向未来"

法证之父艾德蒙·罗卡有一个特别经典的观点:"凡走过必留下痕迹。"很多时候,不能到达理想彼岸的原因就是忘记了自己为何出发、去往何处。此时就需要拾起一颗红心,保持一份热忱,静待彼岸花开。

学习的"领航员"

在校期间,张雪雁曾担任政治与历史学院学生党支部宣传委员兼纪检委员,从事支部党建工作,先后参与组织了支部"不忘初心、牢记使命"主题教育活动、主题党日活动等,每一件工作她都认真完成。在她眼里,多小的事都是大事,多简单的工作也要用心完成。主题教育期间,她坚持"先学一步、学深一层",用自己的行动带领支部和周围的同学形成了"比、学、赶、超"的浓厚学习氛围。她个人也被评为先进典型,其事迹也被学校宣传报道。用她自己的话说,对党建工作的负责源于对党建事业的热爱。参加工作后,她将这一份热爱延续到了工作岗位之中。

业务的"务实者"

2021年是中国共产党诞生100周年的大日子,习近平总书记在党史学习教育动员大会上强调,要切实为群众办实事解难题,注重方式方法创新,抓好青少年学习教育。在全党上下掀起"学党史、悟思想、办实事、开新局"的学习热潮时,作为西夏区共青团妇联党支部的党建专干和西夏区团委中的一员,张雪雁认为服务党员、引领青年、关爱同事是她的职责所在。写方案、组织学习、撰写宣传材料、整理学习档案……每一件烦琐的工作都被她打理得井井有条。"虚工实做、做实虚工"是她一直以来的工作作风。在做好常态化党史学习教育工作的基础之上,她守正创新,牢牢把握"我为群众办实事"的落脚点,聚焦共青团工作主责主业,开展"我为青年办实事"活动,全年共开展特色"实事"项目2批,帮助100名特困儿童实现了"微心愿",她还为贫困大学生申请了"希望工程"助学金。

岗位的"先锋手"

"凡是过往,皆为序章。"请坚信,没有一种努力是徒劳,没有一种付出会被辜负。在进入教育行业以后,由于具有丰富的党建工作经历和扎实的业务能力,张雪雁顺利当选为学校党支部宣传委员兼纪检委员。从事自己熟悉而又热爱的工作,使她干劲十足。2022年,她被中宁县教育工委授予"党员先锋岗"荣誉。同时承担班主任工作和道德与法治教学工作的她,时刻以一名党员的身份要求自己,时刻以"为党育人,为国育才"为落脚点,念好"教育经",切实将教学思政落实到每节课和每个教学场景当中。

前路会有坎坷,但背后有国家,眼前有理想,积极投身新时代,俯身扎根勇担责,用努力在基层书写出了无悔青春!

(宁夏大中专毕业生就业指导服务中心供稿)

扎根基层，挑战未来

——银川能源学院高晓峰事迹

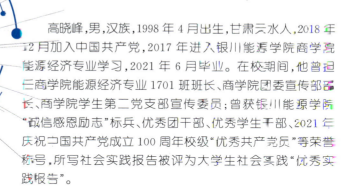

高晓峰，男，汉族，1998年4月出生，甘肃天水人，2018年12月加入中国共产党，2017年进入银川能源学院商学院能源经济专业学习，2021年6月毕业。在校期间，他曾担任商学院能源经济专业1701班班长、商学院团委宣传部部长、商学院学生第二党支部宣传委员；曾获银川能源学院"诚信感恩励志"标兵、优秀团干部、优秀学生干部、2021年庆祝中国共产党成立100周年校级"优秀共产党员"等荣誉称号，所写社会实践报告被评为大学生社会实践"优秀实践报告"。

在学校的支持和老师的指导下，2021年8月高晓峰怀揣着服务群众、奉献基层、实现自我的梦想，积极响应国家"到西部去，到基层去，到祖国最需要的地方去"的号召，积极主动报名参加了由团中央发起的大学生志愿服务西部计划，成为一名光荣的西部计划志愿者，并被安排到了新疆这片神奇而又美丽的土地，服务于和田地区洛浦县，迈出了扎根基层、服务西部的第一步。

踏实努力，争做优秀

在校学习期间，高晓峰踏实努力，时刻思考作为一名新时代青年学生应该怎么做才能够不虚度年华，时刻为实现自己心中的目标而风雨兼程地努力着。

2019年4月30日，习近平总书记在纪念五四运动100周年大会上的讲话中说："一代人有一代人的长征，一代人有一代人的担当。建成社会主义现代化强国，实现中华民族伟大复兴，是一场接力跑。我们有决心为青年跑出一个好成绩，也期待现在的青年一代将来跑出更好的成绩。衷心希望新时代中国青年积极拥抱新时代、奋进新时代，让青春在为祖国、为人民、为民族、为人类的奉献中焕发出更加绚丽的光彩！"作为当代的青年学生，高晓峰始终牢记总书记讲话精神，努力学习，开拓进取，为实现自己的理想而不懈奋斗！

来到新疆后，高晓峰始终严格要求自己，秉承"奉献、友爱、互助、进步"的志愿者精神，按照"勇挑重担、乐于奉献、不怕苦、不怕累"的要求完成各项工作任务；积极主动学习一些简单常用的维吾尔语，克服了语言上的障碍，在平凡中坚守岗位，在昆仑山下、塔克拉玛干旁书写自己的志愿青春，用实际行动诠释了志愿者精神。

扎根一线，服务基层

人在事上练，刀在石上磨。作为一名95后，高晓峰始终怀着一颗赤子之心服务基层，参加工作这一年多来他常说："让火热的青春在南疆、在塔克拉玛干旁这片荒凉的土地上绽放出最绚烂的花朵，能够来到这片土地，在这里奉献自我，这是我莫大的荣幸。"

2021年9月，在和田地区刚结束志愿培训的他被分派到了洛浦县委组织部工作。这时正值全县村"两委"换届选举，在人手严重不足的情况下，他被直接分派参与换届选举工作，没有更多的时间去学习和适应，他就在学中干、在干中学，这使他得到了更好的锻炼。因为经常在各乡镇和村里跑，加班熬夜是少不了的，他累得每天回到住处都是躺下就能睡着。在一个月左右的时间里，他在基层读"无字书"、进"百家门"、行"万里路"，接触了大量的工作，也增长了一番见识。

工作中他的身影经常出现在村街民巷、田间地头，他的脚步已经遍布了洛浦县80%以上的村落。他奋力在这片土地上做好"访民情，惠民生，聚民心"（"访惠聚"）工作——这一举措是新疆维吾尔自治区针对区情和形势提出的密切联系群众、融入群众、服务群众，践行党的群众路线的具体体现。他在"访惠聚"工作过程中默默奉献着自己的一份力量。他深入基层，发现和宣传"访惠聚"工作队的好经验、好做法，在这片少数民族聚居的地方宣传党的各项惠民利民政策。

基层是一个大熔炉，也是年轻人成长的沃土，和田地区气候条件不好，风沙大，而基层工作又千头万绪、事无巨细，但他始终秉承志愿者精神，树立主动服务理念，强化综合效能的发挥，当好群众的勤务兵和贴心人，做好领导的好助手，同时发扬共产党员奋斗本色，以不怕苦不怕累的实际行动继承和发扬艰苦奋斗的精神。

九层之塔，起于累土；千里之行，始于足下。基层看似是小平台，其实是大舞台，他正用火热青春在洛浦书写基层充满激情和奋斗的人生篇章。

执着追求，无悔青春

"雄关漫道真如铁，而今迈步从头越。"作为一名刚从学校毕业参加工作的新时代青年，高晓峰深知自己肩负着努力学习、服务西部、报效祖国的重任，深知只有这样方能行稳致远，进而有为，成长为敢担当、有本领的人。

在服务西部计划的这一年里，他在认真负责干好本职工作的同时，还和他们这一批的其他大学生志愿者们一起积极组织和参加其他活动，比如：利用业余时间参加团委开展的"红领巾小课堂"活动，有针对性地对这里的小学生进行学业辅导和组织开展兴趣活动，让小学生的生活变得多姿多彩，也让他们看到了外面的世界。在"红领巾小课堂"上，他和学生一起朗读课文、古诗，并有针对性地开展学业辅导，帮助他们提高学习成绩和汉语水平。同时，他还根据青少年儿童的身心特点，开展以唱歌、舞蹈、趣味游戏等为内容与"民族团结一家亲"联谊活动，加强民族团结教育，丰富青少年儿童的生活，引导他们追求积极健康的生活方式。"红领巾小课堂"的开展不仅丰富了孩子们的生活，也为他提供了一个社会实践平台，引导着他立大志、明大德、成大才、担大任，进一步增强了他的社会责任感。

现在他号召学弟学妹和越来越多的大学生奔赴西部地区，扎根基层、奉献基层、服务基层，感受不一样的生活。他希望自己能为这片土地带去无尽的生命力，为偏远艰苦地区的孩子们带去更多美好。

"大道至简，实干为要"，青年不仅要立大志、立远志，还应当将奋斗当作青春的底色，不以事艰而不为，不以任重而畏缩。他深知青春是用来奋斗和拼搏的，要以"功成不必在我"的胸襟和"功成必定有我"的担当去攻坚克难、躬身实践。在生活上，他艰苦奋斗、简朴生活；在工作上，他认真踏实，勤劳肯干，在脱贫攻坚与乡村振兴有效衔接上贡献自己的力量；在疫情防控中，他展现当代青年该有的样子，主动担当作为、锻炼过硬本领，显示出强大的新生力量。他在大事、要事、急事、难事的磨炼中砥砺品行、增长才干。

青春之路，始于足下。在爬坡过坎、滚石上山之际，他摒弃地域偏见，到祖国最需要的地方去。面对工作中的各种疑惑和困难，他从稚气到成熟，从陌生到熟悉，从压力到充满动力。在这段丰富而又无悔的青春中，他实现了人生转变，铸就了坚忍的意志。现在，他续签了第二年的志愿服务，在西部继续书写着不悔青春，让青春在基层、在志愿服务中绽放不一样的光彩，同时也把追求的风采镌刻在漫漫的征途上。

（宁夏大中专毕业生就业指导服务中心供稿）

心中有梦想，脚下有力量

——宁夏民族职业技术学院马海萍事迹

马海萍,女,回族,共青团员,1998年6月出生于宁夏回族自治区固原市泾源县的一个贫困小山村,2021年6月毕业于宁夏民族职业技术学院幼儿教育系学前教育专业。在校期间,她学习认真刻苦,积极参加学校内组织的各种活动,学习成绩优秀、综合素质强,曾连续获得国家一等助学金、燕宝助学基金。

一、在勤奋好学中练就本领

纸上得来终觉浅,绝知此事要躬行。还是一名即将毕业步入社会的大学生时,她就深知自己将要面临艰难的就业挑战,所以她从不放过任何一次实践历练的机会,小到一天的幼儿园观摩,大到两周的幼儿园见习,她从未缺席。每次活动结束,她都会得到幼儿园老师的肯定和赞许。在最后一学期,她如愿被一所幼儿园聘用,成为了一名幼儿园实习教师。投身实践工作之后,她才真正体会到了实践和理论的差别,因为缺乏社会历练,纵使理论知识扎实,她也在工作中一次又一次受挫,但她还是迎难而上、不气馁、不逃避。耳边始终回响着习近平总书记那句"不惧怕困难,不怨天尤人"的金句,这句话一直赋予她力量。即便再失落,一觉醒来,她便又会重新满怀爱和激情去迎接那群天真烂漫的小天使们。她的积极乐观、不怕困难得到了园所老师的高度肯定和赞许。

二、在深入基层中践行初心

刚毕业的她在看到"三支一扶"计划招募公告后便果断决定从即将转正的幼儿园教师工作中转战到乡村振兴队伍中去,毅然决然地报考了"三支一扶"计划。"来到基层,来到祖国最需要的地方,投身基层热土,才能践行报国初心,才能回报养育恩情。"这是她报考"三支一扶"计划的初衷。经过层层选拔,她最终凭借优秀的成绩如愿成为了一名平凡而光荣的"三支一扶"计划基层志愿者,在2021年9月1日正式成为了惠农区民政局的一名工作人员。

在踏入民政局的那一刻,民政局走廊上"民政为民　民政爱民"八个大字让她感受到了自己身上肩负的神圣使命和责任,怀着懵懂而又激动的心情,她踏上了基层工作的征途。

三、在感恩奋进中磨砺意志

刚开始,单位没有给她分配具体的工作,只是让她打打下手,听起来很简单,但当真正面对这些完全陌生的工作时，她没有一点点专业知识可以用，也没有任何工作经验可以借鉴。面对同事们交付的工作她觉得困难重重，面对要写的工作文稿她无从下笔、一窍不通，但她没有灰心，更没有放弃，短暂的失落后，她便迅速调整心态，转变观念，努力融入工作当中，遇到不懂的就赶快去向有经验的同事一遍又一遍地请教，直到明白为止。她暗自告诉自己，要努力学习，尽心做事，把握机会，提高自己的综合能力，暗下决心要快速转变角色，找准定位，做到不怕苦、不怕难、不怕累，以笨鸟先飞的工作态度、猛虎上山的工作劲头，努力在平凡的工作岗位上展现不平凡的自己。她的努力没有白费，领导看到了她这个努力而又上进的女孩，在一个月后，她接到了正式的任务分工——内务工作专干，负责局系统文电收发、会议组织、档案整理、各类建议意见及提案的整理、机关考勤等。刚收到分工通知的时候，她认为这些工作应该都是基础性工作，肯定没有多复杂，没有多难干，工作起来肯定能轻轻松松、得心应手，但是工作了几天之后，她才发现这些工作原来这么烦琐复杂。在文件收发的过程中，会因不太了解工作而漏收、多收；整理档案时，因疏忽大意而出错；组织会议时，会因一些细微的礼仪问题而频频出错。她这才真正悟到"基层工作是不简单的，是磨炼意志、增长才干的最佳磨刀石"的真正内涵。

石嘴山是一个土壤盐渍化严重、生态脆弱的地方。为深入贯彻习近平生态文明思想，践行"绿水青山就是金山银山"的绿色发展理念，石嘴山市委、惠农区委每年春秋季都会组织党员干部职工进行春秋季义务植树活动。作为民政局的一员，她积极参加每次植树活动，挖坑、植树、培土、灌水、苗木涂红刷白每个环节她都在现场干得一丝不苟……在周而复始的工作中，面对满是沙土和石头的贺兰山腹地，她从未退缩，小小的身影总是在地里忙个不停。文明城市称号是一个城市的靓丽名片，所以每周的创城活动她都积极主动参加，有时去路段清扫垃圾，有时下到社区，帮助社区工作者整治社区环境。当问她为什么要这么努力时，她说："我在惠农上班、挣钱，总要给惠农人民回馈点什么；生活在贺兰山下、黄河岸边这座自强不息的美丽小城，呼吸着如此新鲜的空气，总要给这座城市回报点什么。"

四、在平凡坚守中勇毅前行

2021年底,宁夏出现新冠肺炎疫情后,她主动请战,成为一线疫情防控志愿者。起初,她被分配到路段和小区进行走访,指导居民扫码注册疫苗接种码,并进行疫苗接种和疫情防控宣传工作。第二周开始,她便被分配到小区进行卡点值守。她每天八点便早早前往小区门口接班,有时要值守到晚上八九点。寒风刺骨的冬天,她娇小的身躯几乎被厚重的军大衣全部包裹,每天回家,肩膀都被军大衣压得很疼;因为天气太冷,为了暖和一点,她只能来回踱步,不敢坐下休息。她回忆2020年疫情期间她被封在学校,有政府的运筹帷幄,有"逆行者"的守护,她才安全地度过了那段艰难的时期。所以,她认为作为一名基层工作者,自己就应该用实际行动践行新时代青年的初心,听党指挥,为打赢疫情防控阻击战冲锋在前、贡献自己的一份力量。

基层工作虽然有苦,但她觉得还是甜多。这份甜里既有她战胜自我的喜悦,也有淬炼成长的甘甜。扎根基层一线,她把自己的青春汗水挥洒到基层热土上,把自己的人生理想融入党和国家的事业中。她奋力前进,磨炼自我,耐得住寂寞,稳得住心神,听得进教导,收获而不骄躁,受挫而不短志,在未来的道路上,她必将收获更多的甜。

"看似寻常最奇崛,成如容易却艰辛。"征途漫漫,有平川就会有高山,有缓流就会有险滩,有丽日就会有风雨。心中有梦想、脚下有力量才能创造无愧于时代的人生!作为一名心中有梦、眼里有光的"破壁少年",她拥抱机遇,迎接挑战,以坚韧不拔的意志乘风破浪,以心系人民的情怀让青春远航,在风华正茂的年纪书写青春的新篇章!

(宁夏大中专毕业生就业指导服务中心供稿)

闪亮的日子

新疆

扎根荒漠，戈壁滩上洒青春

——中国石油大学（北京）克拉玛依校区王良哲事迹

王良哲，男，汉族，山西晋中人，共青团员，中国石油大学（北京）克拉玛依校区资源勘查工程专业2020届毕业生，目前就职于位于新疆吉木萨尔县的中石油新疆油田公司吉庆油田作业区研究中心，任助理工程师，负责地质导向和现场管理工作。

入职后，王良哲接到的第一项任务就是去熟悉作业区现场的工作。检查油嘴、开关阀门和温度变送器，进行油水井取样等是他和班组师傅每天的例行工作。由于井区原油含蜡量高、地层压力大，他们经常需要通过听油声来判断设备运行情况。一开始由于经验不足，他在给蜡堵严重的井更换油嘴时经常会被喷得一身油污，随着经验的累积，很快他就能够熟练操作。为尽快掌握先进作业技术，实习期间王良哲总是随身背着装满资料的书包，随时拿出自己画好的流程图和整理出来的资料与现场设备进行比对，将看不懂的地方记下来，返回研究中心后再第一时间向前辈请教，如此循环往复，直到将现场问题搞懂吃透。

皑皑的白雪和猛烈的大风是对冬季现场工作最大的考验。为保证油气资源供应，王良哲和同事们要在零下二三十度的天气里顶着风雪完成每一口井的巡检工作，认真读取并记录每一个生产数据，特别是在对设备进行检查时，遇到边边角角的狭小位置或者低处就得趴在冰雪中检查，经常被冻到四肢僵硬。有时单罐生产井的冰雪还会冻住保温管的液位计，他就需要先拿管钳或者固定扳手去除掉冻结在液位计上的冰块。有一次在除冰过程中钢丝绳掉出了滑轮，他和同事两个人顶着罐口冒出的掺杂有硫化氢味道的热气，坚持完成了液位计的维修工作，保证了液位数据的准确性和拉油工作的正常进行。

王良哲在作业区工作以来，师傅们带着他跑遍了吉庆油田420平方公里的井场。他从钻井、压裂、采油、处理、集输……到全流程熟悉石油勘探和开采的每一个环节。盛夏的戈壁滩上骄阳似火，他看到巡井工日复一日穿梭在各个井场，认真巡检每一口井，一天下来汗水浸透了工服。有一次，他忍不住问一位老师傅："这样一天下来太累了，您觉得辛苦吗？感到过枯燥乏味吗？""是很累，但活儿总得有人干呀，干了石油就意味着吃苦，看着咱管的井个个正常生产，一切都值了。"老师傅朴实的话语深深触动了王良哲，打那以后，除了跟着李培斌去现场学习外，他抽空还主动跟着采油工跑井，学习掌握实操要领。"小伙子勤学好问，有钻研精神。"经验丰富的李培斌对王良哲甚是喜爱，对他倾囊相授，不仅带着他熟悉了解现场，处理现场问题时也让他积极参与，事后还让他总结、分析得失。

作为国家级陆相页岩油示范区，吉庆油田的页岩油开采为全新领域，没有现成经验可借鉴，要实现页岩油开发效益，必须找准"甜点"，即油气埋藏富集层，准确布点钻井。相比传统的石油开采，页岩油开采更为艰难。"说白了，页岩油开采就是从石头里榨油，好一点的页岩像蛋糕，有很多小缝隙，可以榨出油；不好的像面条，即便面条榨塌陷了也挤不出油。我们要做的是在地下几千米的地方找到'甜点'。"如今的王良哲说起页岩油生产不再陌生。

他以"页岩油水平井轨迹跟踪优化"这一高难度项目作为自己实习期的研究方向，通过对前期钻遇地层进行分析，总结出优质储层录井测井特征，最终以第一名的成绩被评为吉庆油田作业区"优秀实习生"。

转正设计的研究过程长达半年，为了尽快出成果，王良哲主动放弃休假，每天坚守白天去井场搜集资料、跟现场师傅学习，晚上回到办公室再整理分析研究。为了找到第一手资料，王良哲将办公地点搬到了西部钻探、渤海钻探等服务单位的地质导向办公室，每天跟师傅们一起干活儿。师傅们是每天两班倒，而他是一个人跟两个班，从早上九点开始到晚上两点回宿舍，中午通常只能短暂休息一会儿。地质导向是一个综合性很强的工作，要熟悉地区地层，要学会钻井、录井、测井等工作技术方法，还需要掌握专用的导向软件（Petrel 和 Starsteer 等）。作为一名新人，王良哲没有被困难吓倒，没人教他就自己买书、到处找人要资料，通过看教学视频一点一点自学软件。功夫不负有心人，2021年底，王良哲作为主要负责人参与的科技项目获得了作业区科技进步二等奖。他希望自己能像戈壁滩上的红柳一样，在新疆基层绽放出火焰般的色彩。

（新疆维吾尔自治区教育厅学生工作处供稿）

扎根基层为人民，奋力扬帆正当时

——新疆师范大学刘孟凯事迹

　　作为一名选调生，我非常感谢这个"万紫千红总是春"的时代，在习近平新时代中国特色社会主义思想的指引下，我赶上了一个可以实现人生梦想且处处充满舞台的新时代。"广大青年要牢记'空谈误国、实干兴邦'，立足本职、埋头苦干，要不怕苦难、攻坚克难，勇于到条件艰苦的基层、国家建设的一线、项目攻关的前沿，经受锻炼，增长才干。"我谨记习近平总书记的谆谆教导，硕士研究生毕业后积极响应国家号召，毅然选择到基层，到条件较为艰苦的乡镇一线开始自己的工作之路。

　　基层工作千头万绪，一次次会议落实、一趟趟走村入户、一项项沟通协调，看似都是平凡琐碎的小事，最终推进的却是政策落地、民众受益的大事。面对百事压肩，任务繁杂琐碎，我也身兼数职，工作之初在综合治理办负责推广建设"民情地图"系统、迎接第二轮中央环保督察台账工作，后来又到党政综合办负责撰写领导汇报公文材料、协助乡村振兴、攻坚整治镇域水环境、应急管理（包括消防安全、安全生产、森林防灭火、"三防"、道路交通）等工作。忙碌又充实的基层工作让我少了些浮躁，多了些沉着，少了些书生气，多了些泥土味。我千方百计拜群众为师，白天主动进村入户，晚上连续挑灯夜战，这些努力使我较快地完成了角色转变，逐渐从基层工作的门外汉变成了熟手，赢得了全镇干部群众的普遍认可。

常怀沉到底沟通的赤诚之心

　　习近平总书记曾说："有感情的同志下基层做工作，看得见、摸得着、体会得到，那是一种温度。"初到乡镇时，环境的变化让我一时之间无法适应，为了能让我尽快熟悉工作环境，上班第一天镇长就带领我到隔壁乡镇学习"民情地图"基层治理系统建设推广经验。我怀着懵懂、紧张、激动的心情认认真真将"民情地图"推广中的经验、方法、注意事项详细地记录在笔记之上，主动添加技术人员联系方式，为后续推广工作做好铺垫。为更好地将上级关于"民情地图"推广的要求落实于村，我请办公室同事带领我逐个走访 22 个村（社区），每到一个村（社区），我便拿出纸笔记录下该村（社区）的村情村况，添加所遇之人的联系方式，而后主动联系第三方技术人员，请教如何推广、如何推广更为有效、如何避免推广过程中的问题；再将相关技术细节通过工作群、会议落实于各村（社区），但凡村（社区）遇到技术问题全可找我或上级协调、沟通和解决。我忍受住了网格员在录入数据遇到困难时的埋怨、村（社区）"两委"干部对推广意义的不理解、群众录入信息时的搪塞甚至辱骂。通过两个月披星戴月、没日没夜、走村入户地标定、录入标准地址、实有房屋、实有人口和实有单位，以及每日召开晨会研判录入情况、实时解决遇到的问题，切实将全镇的"一标三实"数据呈现成网络数据，并以全县最快的速度完成工作任务，最后在受到县领导的表扬时我内心无比满足。之后，我又根据镇领导的安排全力推进镇"民情地图"联勤指挥中心的办公室建设工作，从一开始的白墙到最后的高标准指挥中心呈现在眼前，从一开始装修时的走线布线、多系统多设备杂乱无章到完成后的线路隐秘便捷、多系统多平台凝于一体，我倾注了大量心血，也取得了良好的成效。

常怀沉下身学习的谦卑之心

"满盈者，不损何为？慎之！慎之！"作为一名刚从象牙塔走进基层的硕士研究生，我时刻告诫自己不能因学历高而自傲，要沉下身子、放下架子，怀谦卑之心，甘当小学生，向领导、向同事学习，跟群众取经，提高解决实际问题的能力。"我是刚来本地的外地人，多有不懂，还请多多指教。"在工作中，我时刻跟所遇之人说这句话，虚心向身边的人请教，向领导学习。在这个过程之中，我学到了要把复杂问题简单化、解决问题要看全局、做事既要有质量也要有效率的工作方法，学会了要通过抓住问题的核心来解决问题、要以大局观看待问题、要高质量完成交办的事等，这条条经验都让我如获至宝。我也懂得了群众是朴实的、是直接的，处理问题应该符合群众的真实要求，如此才能高效破解难题。我所驻村的村庄有一座桥是沟通五罗片地区的重要交通枢纽，但是该桥是座拱桥，桥面虽很宽，却无法行车。因为车辆通过时底盘会被磨损，致使车辆经常卡于桥梁中间，阻碍交通。诸多村民多次向村委反映该问题，但因村委经济困难，无法修缮该桥梁，后经向上级部门多次反映，在省委、深圳等多方的资金帮扶下于 2021 年 10 月开工，经过两个月的紧张施工，于当年 12 月完成了桥梁建设工作。桥梁建设完成后，村民非常认可村委的工作方式，并非常积极地落实村委后期推广的各项工作，比如在疫情防控、疫苗接种、社保、医保及养老保险征缴等问题上都积极配合，推动村委任务完成效率一直处于全镇各村（社区）前列位置。通过这件事我深切认识到，获得村民认可最快捷、最直接的方式就是解决和满足村民的实际需求。同时，在与村民的一次次交心聊天中，在与网格员、村（社区）"两委"干部的一次次沟通中，我对当地方言也逐渐熟悉，更感受到与村干部、群众动真情、交真心的幸福。

常怀沉下力做事的实干之心

"士虽有学，而行为本焉。"基层工作重在实干，不能只坐在办公室里，要给双脚绑上"实干为民"的沙袋，把力量加上去沉下来，真正走进基层，在基层中不断地锻炼脚力。

工作以来，我每天骑着"小电驴"往返于村庄和镇政府之间，参与到疫情防控、疫苗接种、森林防灭火、人居环境整治等工作中。罗东村委所辖的长湖村有一户村民因前任村主任工作的疏忽致使其农村土地承包经营权证书没有办理，看到其他村民拿到证书时他才到村委会来反映。面对这种情况，我赶紧和深圳第三方测量公司联系，邀请其派技术人员重新测量土地，并与县农业局沟通后续制作证书事宜，同时，我还重新在全村摸排了一遍，又发现有12户村民也遇到了证书缺失、姓名错误、测量错误等问题，借此机会一起交付给第三方测量公司和县农业局重新走相关流程，现在12户村民已全部领到了最新的承包经营权证书。通过这件事我深切体会到习近平总书记说过的一句话："对老百姓来说，他们身边每一件琐碎的小事，都是实实在在的大事，有的甚至还是急事、难事。如果这些'小事'得不到及时有效的解决，就会影响他们的思想情绪，影响他们的生产生活。"因此，通过深入细致地体察民情，站在村民的立场和角度来观察、思考、调查、研究问题，并从普通村民的利益出发来评价工作的得失，就能够与村民打成一片，收获村民的欢迎和认可。

道虽近，不行不至；事虽小，不为不成。于我而言，成为一名合格的选调生没有捷径，只有沉到底沟通、沉下力做事、沉下身学习，以"此生屋檐尽荒草，唯思报国解民忧"的家国情怀扎根基层，以"民之所需，行之所至"的为民情怀服务百姓，用我的"辛苦指数"来换取百姓的"幸福指数"，换取乡村的"繁荣指数"，换取组织的"信任指数"。虽然在过去的一年时间里我几乎没有享受过一个完整的节假日，白天奔波在田间地头，晚上写材料、做方案，奋战到半夜，繁重的工作有时让人精疲力尽，但冷静下来，想想自己当初选择基层的本心，我始终认为自己投身基层既是伟大时代的深情召唤、民族复兴的迫切要求，也是实现自身价值、实现执着梦想的必由之路。我始终相信扎根基层是我不悔的选择，我会一直坚定地走下去。

（新疆维吾尔自治区教育厅学生工作处供稿）

服务基层守初心，专心支教献真情

——新疆大学王青青事迹

我叫王青青，女，2020年6月毕业于新疆大学，毕业后积极了解大学生去基层相关事项，于2020年9月经乌鲁木齐人力资源和社会保障局选拔成为一名大学生"三支一扶"计划志愿者，现在乌鲁木齐市米东区第123中学从事中学数学学科支教教学工作。

习近平主席号召广大毕业生到西部去，到基层去，到祖国最需要的地方去。我正是在一次习近平主席讲话分享会上听到"有信念、有梦想、有奋斗、有奉献的人生，才是有意义的人生。当代青年建功立业的舞台空前广阔、梦想成真的前景无限光明，希望大家努力在实现中国梦的伟大实践中创造自己的精彩人生。"这段振聋发聩的讲话的，并从中及取了投身基层的力量，下定决心去尽自己的绵薄之力，去真诚奉献自己的爱心，去为青春增添光彩。

一、到基层去

在上学时，我们都在"知识改变命运"这句话的影响力下努力学习，也真正感受着这句话的分量。"好好学习，等大学毕业了就去找一份稳定而又体面的工作，继而成家立业。"我相信这是很多人的真实想法。但是经过大学四年的学习，我的认知、视野等各方面都有了长足的提升，这时候我在思考：按部就班的人生真的可以达到自我实现吗？不，我始终相信青年时期多经历一些摔打、挫折、考验，去寻求自我，去奉献青春，是有利于我们找到自己的努力方向从而不断努力实现自我的。

来到123中学之后，面对校址偏远、物质匮乏的情况，我十分难以适应，饮食不习惯等众多考验也接踵而至，但是每当看到孩子们开心地笑着、激动地闹着，那一刻，我就觉得一切的辛苦都没有白费，一切都值得。

我来到学校后的第一个任务是担任八年级（4）班的数学老师。在教学工作中，我严谨地备课、上课、听课、评课，及时批改、讲评作业，做好课后辅导工作，同时广泛涉猎各种知识，不断努力提高自己的教学水平。在最初的时候，我意识到自己不是师范专业出身，所以在专业技能方面倍感压力，不知道自己的教学方法是否适应课堂教学的需求。我在困惑中虚心学习，在教学中大胆探索，学到了更多的教学方法，能力有了很大的提升。

在克服各种困难的过程中，我也获得了内心的成长。一次，我得了重感冒，但为了不耽误学生的课程，我仍然坚持完成了当天的教学工作。当时我十分孤独脆弱，常在深夜里辗转无眠、想念父母亲人。病痛与艰苦的条件、巨大的工作压力与紧张的课程让我意识到原来自己不是坚不可摧的，但学生的温暖和作为支教老师的责任感支撑着我克服了种种困难。与其说教师为学生们托起了未来的桥梁，不如说是学生们支持着每一位支教老师写下了自己人生的"板书"。看着自己的学生学习成绩进步了，看着他们的笑脸以及渴望知识的眼睛，看着他们单纯又美好的样子，我觉得这一年的教师生活就算再辛苦也值得。

二、更重的任务

在承担教学工作的同时,因八(4)班原班主任的工作变动,学校安排我担任班主任,同时还接手八(5)班的数学教学工作。这对刚从大学校园走入社会的我是一个考验。但是我并没有慌乱,而是不断地向学校里的各位有经验的班主任取经,在短短一学期内成功完成了从刚毕业的大学生向成熟的初中班主任的转变。在学期末的班主任交流会上,我说:"自

从担任班主任以来,我深深地感受到了当一名教师不容易,当一名班主任更不容易。教师对每一位孩子的成长和前途负有责任,给他们提供一个安全的、健康的成长环境,需要教师有慈母般的爱心和耐心。一个好的班集体需要领导的支持,需要每位老师的辛勤工作,需要家长和社会的密切配合。作为一名班主任,需要整合这些资源,引领着大家心往一处想,劲儿往一处使,时时处处体现出一位班主任的担当。一个班关起门来就是

一个大家庭。如果这个大家庭中的每一个同学都如兄弟姐妹般互相关心着、帮助着、照顾着、鼓舞着,那么这个大家庭便是和谐的、温暖的。那么我是如何努力来营造一个温馨的班级的呢? 总的来说,就是引导孩子们学会担当、学会付出、学会理解和包容、学会和谐相处,摆正心态、积极向上,做一个阳光的青少年! 孩子是每个家庭最大的事业,面对父老乡亲殷切期盼的眼神,作为一名班主任要教好每一个孩子,不放弃,不抛弃,要一个也不能少。试问自己:假如有来生,孩子们还会不会这样回答你——"我还愿意做您的学生,我还愿意您当我的老师"? 和孩子们相处的时间,除了课本知识,我还教会了他们什么? 他们会记住我这位班主任老师吗? 他们会记住123中学这所学校吗? 我们所做的一切对孩子们的成长起到了至关重要的作用吗? 带着这些疑问,我常反省自己的班主任工作。我认为只有把班主任工作当作事业来做,自己才无愧于当一名老师的良心,才无愧于父老乡亲殷切期盼的眼神,才无愧于他们的重托!"

总之,班主任的工作非常琐碎! 要眼勤(勤看)、嘴勤(勤问)、腿勤(勤到岗)、身勤(勤教),这是最基本的必修课。我知道自己需要学习的东西还有很多,努力和奋斗也不能停止,我会一直坚持下去,也会做得更好!

支教生活很累,但我相信只要有爱心、责任心、事业心,只要努力付出,人生就一定会别样精彩!

(新疆维吾尔自治区教育厅学生工作处供稿)

在基层奋斗，在群众中成长

——新疆医科大学蒋博峰事迹

蒋博峰，男，汉族，中共党员，2018年毕业于新疆医科大学公共卫生学院预防医学专业。毕业当年，他原本被乌鲁木齐市级单位录用了，但抱着服务基层的理想信念，他毅然选择了报考选调生，并顺利通过了考核。2018年11月，他被分配至乌鲁木齐县托里乡羊圈沟村任村党支部委员、村委会副主任，两年后任托里乡政府机关党支部副书记、疫情办负责人、中共托里乡第十五届党代表。

在村里的两年，蒋博峰一直牢记"青春奉献基层"的初心，走遍了村里大大小小的牧场。羊圈沟村地理位置偏僻，四面环山，道路凹凸不平，在山里骑马成了最好的出行方式。蒋博峰这个城里娃娃为了方便工作，到村里的第一件事就是向哈萨克族老乡学习骑马。越是艰苦环境，越能磨炼干部品质。蒋博峰到村里任职以来，刻苦努力，勤于学习，既学习党的理论知识，又学习哈萨克语，还为行动不便的老党员送学上门；结合实际，大胆实行党建＋维稳、党建＋防疫、党建＋高质量安全发展模式，使村级治理能力大幅提高；结合自身专业所学开办关于艾滋病、抑郁症、布病、心肺复苏等的健康讲座；壮大村集体经济，梳理集体草场等集体资源并进行公开拍租，村集体经济从5万余元增长至10万余元，集体经济翻倍增长。

2020年1月，新冠肺炎疫情暴发，蒋博峰凭借专业知识敏锐地意识到此次公共卫生事件的严重性，他立即停止调休，第一时间返回工作岗位，参与到疫情防控一线，一干就是两个月。他始终牢记"疫情就是命令，防控就是责任"，主动提出担任疫情防控专干，学习《传染病防治法》《突发公共卫生事件应急条例》等法律法规，制定防控工作方案、应急预案。

在疫情防控期间，他还经常给村里的居家隔离人员进行心理疏导，让大家保持积极乐观的心态。托里乡羊圈沟村地处偏远的天山南麓山区，村民多为牧民，为强化宣传，在他的带领下，村党支部组建马背宣讲队，深入牧民家中开展疫情防控宣讲工作。村庄处于封闭状态，村民生活存在种种困难，他就组织党员、干部按照网格成立志愿服务队，为村民代购米、面、油、菜等生活必需品以及药品,并负责送货上门。

　　病毒无情,人间有爱,蒋博峰同志用自己的实际行动践行了共产党员的担当。虽然没机会到抗疫最前线工作,但他结合自己的所学做好村里的健康宣教、防疫消杀,提高基层群众对公共预防的重要性的认识。踏踏实实为乡亲们做点事正是他这样的基层防疫干部的初心和使命。

　　2020年底到乡政府任职后,他担任疫情防控办公室负责人,为紧张的农村地区秋冬季疫情防控工作出谋划策,积极组织村社区防疫人员开展专业技术培训,创新开发应用微信小程序管理外来流动人员,经常深入辖区村社区、企业、单位排查疫情防控短板隐患,确保了辖区人民群众生命健康安全。他积极组织村社区党员、牧民代表参观现代科技牧场,进一步引导辖区牧民转变产业结构,走高质量发展之路。

　　个人的选择只有契合时代要求、符合人民需要,才会绽放光芒。一代人有一代人的长征,一代人有一代人的担当。新时代全面乡村振兴需要有这么一群人在基层奋斗,在群众中成长。乡村工作是艰苦的,但也是闪亮的,是青春该有的模样。蒋博峰同志就像那坚韧的红柳,扎根在乡村,坚韧不拔、甘于吃苦、平实做人,用自己的青春理想一点点改变着乡村。

(新疆维吾尔自治区教育厅学生工作处供稿)

扎根基层，无私奉献
——昌吉学院阿依米日·奥布力喀斯木事迹

阿依米日·奥布力喀斯木，女，维吾尔族，新疆英吉沙人，中共党员，1997年9月出生，2020年6月毕业于昌吉学院马克思主义学院思想政治教育专业。在校期间，阿依米日·奥布力喀斯木刻苦学习、勇于实践、乐于奉献，曾担任辅导员助理、分团委副书记、学生会主席，并荣获国家励志奖学金、自治区励志奖学金。毕业时，她积极响应组织号召，考取了新疆维吾尔自治区2020届选调生。她将立足基层、扎根乡土、服务百姓作为自己的人生信条。现任新疆维吾尔自治区喀什地区英吉沙县萨罕镇人民政府党建专干，主要负责镇村两级的党组织建设、团工作发展等。她在基层工作中时刻牢记共产党员为人民服务的宗旨，勤奋工作，努力学习，挑战困难，用实际行动诠释了青年大学生的价值追求和人生理想。

一、孜孜不倦学习，坚定理想信念

刚从大学校门走上乡镇工作岗位，作为一名"新兵"，为做好本职工作，阿依米日·奥布力喀斯木总是虚心学习。在参加岗前培训时，她认真学习、成绩优异、表现出色，被自治区党委组织部评为优秀学员。她还在新疆干部学院举办的征文比赛中荣获二等奖，在诗朗诵比赛中获得独诵组的三等奖。奔赴基层后，她仍不敢懈怠，她清醒地认识到基层党建工作是重中之重，要在乡镇层面上不断有所创新，与各村支部也要不断加强联系，要熟记党建知识，各项业务工作开展上要素质过硬，要深刻理解党的方针政策和上级工作部署的精神实质。于是，她经常向镇村领导和其他同事们请教，学习公务文书写作、信息写作等知识，重视对理论及实践经验的学习，并认真撰写学习心得。通过学习，她在业务上逐渐熟练，能力得到了提升。尤其是在担任乡镇党建专干后，她更是不断深入抓学习，不断提高自身道德修养和综合素质，从而使自己能够得心应手地开展工作。

二、到群众中去，实现人生价值

毕业后，受疫情影响，选调生考试成绩迟迟没有公布，在这期间通过应聘考试，阿依米日·奥布力喀斯木在乌鲁木齐一所高中担任思政老师。工作半年后，她接到了选调生招录考试合格进入下一阶段的通知。是选择在这个首府城市继续这样一份较为体面的工作，还是本着从前的初心到人民群众最需要的地方去扎根基层、建设基层？她毅然选择了后者。在她笔记本的首页，记录着马克思的这样一句话："如果我们选择了最能为人类而工作的职业，那么重担就不能把我们压倒，因为这是为大家做出的牺牲，面对我们的骨灰，高尚的人们将洒下热泪。"她扎根基层的这个决定，便是以自己的行动对这句话的诠释。面对最广大的百姓，到人民群众中去，到人民最需要的地方去，是她最朴实的选择。

党建工作任务繁重，这对于刚刚走上工作岗位的她来说，既是组织的信任与培养，也是对自我的挑战与锻炼。为了完成好业务工作，她走遍了全镇21个村，对各村开展的工作细致进行了解，并深入分析问题及其原因。她还针对村级后备干部培养不规范的问题认真进行调研并撰写了调研报告。

　　她每个月都深入村组进行走访，观察并询问老百姓是否有困难诉求，她说："不仅要'问'农户有没有困难，还要仔细去'看'他有没有困难，要爱民情深，不要做表面功夫，对老百姓好，解决老百姓的困难，百姓就感谢你，就感恩党，这是很重要的。"参加工作以来，通过自身的努力和组织的关心，她迅速完成了从大学毕业生到人民公仆的角色转变。

三、立足岗位奉献，默默建功立业

　　在乡镇一线工作，工作任务琐碎繁重，但阿依米日·奥布力喀斯木耐得住寂寞，不心浮气躁，始终有一种甘于奉献的精神，坚持勤勤恳恳做事，实实在在做人，能吃苦、重实干。她在自己的工作领域发挥自己最大的作用，为百姓谋福利。2022年春节前夕，为了让萨罕镇"两新"组织中的众多合作社成员在劳作之余获得一份身心上的愉悦，她组织大家齐聚一堂，准备了精彩的节目会演，还通过与萨罕镇托万塔格瓦孜村恭祥木工合作社老板充分协商、努力沟通，为每一位职工都谋取到了一袋米和一桶油的福利，为大家送去了节日里最亲切的问候，传递了党和政府的关怀，让大家欢度节日，让新年更有温度。

　　这些点点滴滴无不凝聚着她的付出与奉献。她在艰苦而平凡的工作岗位上用行动展现了当代青年有责任、敢担当、有勇气、讲奉献的青春风采，充分发挥了共产党员的先锋模范作用。作为一名基层干部，她立志为建设基层贡献自己的力量；作为一名昌吉学院的毕业生，她用实际行动诠释着"惟德惟才，笃学笃行"的校训！

（新疆维吾尔自治区教育厅学生工作处供稿）

闪亮的日子

海南

向暖而生，逐光筑梦

——海南工商职业学院陈重私事迹

"孝老爱亲，血脉情深，孝老抚幼，苦乐相扶，相濡以沫，心有灵犀，以向上向善传承优良家风，以尽忠尽孝升华家国情怀。"2021年11月5日，第八届全国道德模范颁奖仪式上，来自中国建筑一局集团北京分公司海口国际免税城项目的机电工长陈重私获得了孝老爱亲类全国道德模范荣誉称号。

站在领奖台上、聚光灯下，23岁的陈重私眼前似乎又浮现出至亲的面容、成长的镜头、求学的道路，还有那些煎熬又迷茫的日与夜。万千思绪里，他鞠躬接下沉甸甸的奖章，又抬头挺胸，在众人的掌声致敬中高高举起了花束。

"风里雨里，航程壮丽；千里万里，阳光在心里……"歌曲《新的天地》回荡全场，旋律在陈重私仍显瘦弱的体腔中共鸣，现实与梦想此时此刻悄然交织在一起，幻化斑斓。

建设一线，勇当尖兵

钢筋林立，机械轰鸣。地面上，运输车辆往来穿梭；高空中，塔吊挥舞着长臂，按下"加速键"的海口国际免税城项目施工现场，火热气氛扑面而来。

作为国家"一带一路"倡议支点城市、琼北综合经济区的核心，海口，承载着国际旅游岛、自由贸易港定位，以及产业、金融、贸易、人才汇聚发展的重要使命。春潮涌动，前景无限，全新的、具备引领海南国际旅游消费时尚的综合体——海口国际免税城应运而生。项目规划占地面积675亩，总建筑面积约为96万平方米。项目建成后，与三亚国际免税城南北遥相呼应，将成为免税新地标、海口新名片。

艳阳高照，免税城项目工地室外气温已高达31℃，远处有一个忙碌的身影——戴着安全帽，穿着工装，劳保鞋上还留有在工地泥泞中忙碌穿行后沾染的尘土，走近看，是个眉清目秀的小伙子，戴着细腿儿金框眼镜，显得斯文睿智、内敛沉静——他就是陈重私。

2021年6月，作为海南工商职业学院的推优人选，陈重私入职中国建筑一局集团北京分公司海口国际免税城项目，来到这片正全力以赴生长着的热土。

初入职场时，陈重私满脸稚嫩，略显紧张和拘谨，"内向"是同事对他最多的评价，面对工作沟通需要，陈重私有意寻求改变，主动寻求挑战自我、锻炼表达的机会。

2021年9月，海南省建设工程质量安全标准化观摩会上，他主动申请担任机电科技展厅专职讲解员。

第一次面对百余人讲解，本就腼腆的他最开始还是充满了担心，"万一讲解中途卡壳了怎么办？""万一我讲得不对，给项目带来影响怎么办？"担忧、焦虑情绪充斥内心，让他连续几天整夜整夜地翻来覆去睡不好。"那几天重私就跟魔怔了似的，每天一个人躲在角落里比比画画、念念叨叨"，同事开玩笑地说。

经过反复打磨解说词、练习演讲、设想场景、揣摩语气，结合多年的社会兼职经验，陈重私逐渐找到了感觉，找回了自信。正式讲解那天，他不慌不忙，侃侃而谈，从机电材料、机电设备、做法样板等多方面展示了项目机电工艺特色。专业的视角、流畅的表达、老练的表现收获了与会代表的认可和赞扬。这次尝试极大激励了他自我突破、提升、完善自信心，也鼓舞他在建筑路上行稳致远。

"忙是肯定的，做一行爱一行也是肯定的。"

入职一年多以来，陈重私参与了屋顶48个机房及室外管线的机电施工工作。他从带着各专业分包单位排施工计划开始，对每个机房逐个定工序、定节点，确保各专业工作有序穿插；巡场时他会对工序完成预设时间进行检查，不断纠偏、调整，推动现场工作进度。在帮助分包单位协调解决现场疑难问题过程中，他的现场把控协调能力得到了各级责任人的一致好评。

干得越多越久，陈重私越体会到自己经验欠缺，在工作之余，他保持对知识的渴望和追求，坚持自学，广泛涉猎工程建设、项目管理领域，翻阅机电安装工艺标准图集和各类专业书籍，认真钻研机电施工工艺及管理要领，并将学到的知识在工作中加以实践。

随着海口市国际免税城免税商业中心项目进入多专业全面攻坚阶段，工作重点集中于室内精装、外立面幕墙、机电安装及室外园林景观等专业施工，他深知机电工作在攻坚时期所扮演的重要角色，时刻鞭策自己排除万难，快速让业务水平胜任新施工阶段的要求，全力支持保障项目冲刺建设。

春天是万物生长的季节，海口市国际免税城"长势喜人"。为确保工期，让免税城按时"开门迎客"，项目工地发起"大干三十天"的冲锋号。

"做钢筋龙骨的守护者、品质交付的担当者！永葆工程人本色，再铸一座精品工程！"陈重私与同事们立下铿锵誓言。

天微微亮，城市还未完全醒来，陈重私早已准备开启一天的工作。高温、高压、高要求，工作到凌晨更是常事，记不清多少次讨论到口干舌燥；记不清多少次挑灯夜战、废寝忘食，与时间赛跑；记不清多少次，为查清问题症结，一站就是几个小时，甚至忘了吃饭，汗水止不住地冒，工作服湿透，留下片片汗渍；记不清多少次摸索尝试，终于寻觅到胜利的光芒，青年不服输的血性在一次次尝试中被激发出来。

每每带着满身疲惫回到宿舍，他脑海里满满当当还是工作的事。他想到作为一建人，能见证"亚洲最大免税城"的诞生，把先进的工艺、设备、技术应用到祖国的建设中，再有的付出是多么值得！第二天，他又精神抖擞地出现在工地上。

"他是浑身上下充满正能量的人。"海口国际免税城项目机电负责人周发响回忆，陈重私总是眉眼带笑，青年特有的精气神在他的脸上闪着光亮。"国际免税城项目地块多、工期紧、任务重，处在机电安装高峰期时，小陈在忙完自己的工作后还经常主动帮助身边的同事。"

除了长期参加"田螺计划"关爱孤寡老人志愿活动，他一入职就加入了中国建筑一局集团(海口)"建证未来"志愿服务队，全程参与项目组织的义务劳动、社区救助等将近30场志愿活动。

己欲立而立人，己欲达而达人。2021年12月，在得知海南某研三学生被诊断为白血病、急需 80 万元治疗费的事情后,陈重私虽然与她素未相识,却第一时间捐款 3000 元,还发动同事们一起帮助她。在陈重私和众多热心人的参与下,一场爱的接力融化了冰雪……

追梦路上,初心为伴

"只要有光,就要奔跑。"

人世间的所有美好,只有通过劳动才能实现。越奋斗越幸福,因为奋斗,所以更加幸福。

在日新月异的琼岛挥洒智慧和汗水,在奋勇争先的事业中架构充盈自己的梦想,从刚毕业时的"纸上谈兵"到如今理论实践俱佳的行家里手,从技术员、队长助理一路历练担任机电工长,陈重私的职业成长之路可谓新时代青年技术工人的模板。

有一次夜间施工,突如其来的大暴雨让屋顶施工不得不陷入停滞。看着雨水越来越多,陈重私突然意识到地下室雨水立管还在施工阶段,大雨很有可能对底部设备造成损害。来不及多想,他边冲向现场,边联系屋顶的施工人员准备用盲板临时封堵雨水口。到现场时,雨水已经没过脚踝,陈重私赶紧召集现场工作人员进行应急排险,同时启动区域临时水泵,检查周围设备用房的涉水情况,并对照图纸分布点位指挥屋面人员实施封堵。他有些沙哑的声音几乎淹没在雨声中。大家共同努力奋战,历经两个小时,水终于止住了,避免了地下室配电房、设备间发生危险,也避免了潜在的经济损失。而这只是他工作中众多场景里的一个"剪影"。

万丈高楼平地起,打铁还需自身硬。慢慢地,陈重私从师傅的"小跟班"、别人口中的"小朋友",变成了受大家尊重和信任的"陈工"。这位能吃苦、敢冲锋、手脚勤、业务熟、作风正的年轻人在项目上有口皆碑。

漫漫征途,初心为伴。挥别过去,陈重私相信,向着星辰大海,最美的风景还在前方。

(海南省人力资源开发局供稿)

做山区教育的"点灯人"

——海南师范大学张妍事迹

在苏格兰诗人斯蒂文森的《点灯的人》中，有这样一位平凡的点灯人，他带给人们的是普通街灯的光亮，但这恰是真实的温暖和幸福。在东方市，有这样一位老师，她想为山区孩子点亮心灵的灯塔，以实际行动照亮他们的人生之路。她就是东方市教育局东河中心学校的教师——张妍。

张妍，女，24岁，中共党员，2016—2020年就读于海南师范大学初等教育学院，是海南省首批乡村卓越教师培养计划毕业生，现就职于海南省东方市教育局东河中心学校，任三、四年级英语教师。

一、潜心钻研，激发学生学习英语的兴趣

东河中心学校的学生以留守儿童居多，教学资源匮乏，教师少，英语教师更少。初入校园，张妍便接手了三、四年级三个班的英语，跨年级教学的压力让初上岗位的她如履薄冰。由于缺乏丰富的教学经验，她常常被备课、上课、批改作业、与学生谈心等各项事务淹没，任重道远，而时间根本不够用。她说："这里的孩子基本都是留守儿童，和城里的孩子相比，不管在语言环境还是家庭教育上差距都较大。"因为学生们的英语基础很薄弱，发音不标准，大部分学生不愿意说英语，甚至羞于开口。

任何美好理想都离不开筚路蓝缕、手胼足胝的艰苦奋斗。任职后，如何激发学生们学习英语的兴趣，让他们开口说英语是她辗转反侧、上下求索想要解决的问题。因此，她克服羞怯心理，在课堂上用夸张的肢体语言、面部表情聚焦学生的注意力。她还用学生耳熟能详的旋律把课文的单词、句子改编成一首首动听的歌曲，让学生在唱的过程中"自觉"说出英语，寓教于乐，极大地调动起了学生说英语的积极性。同时，她还利用午休和晚修的时间来辅导英语后进生学习……

在教学过程中，她努力将课本知识与现实生活相结合，让学生们在生活中运用英语。她还经常用英语同学生们讲故事、做游戏、排练话剧，在互动、游戏的欢声笑语中，师生之间的相处更融洽了。

凿不休则沟深，斧不止则薪多。她的努力工作激发了学生们学习英语的热情，使学生们的英语成绩得到显著提高。"虽然很累，但当我看到学生们拿着试卷露出灿烂的笑容时，我觉得一切都值得。"她也因此被评为"东方市2020—2021年度优秀教师"。

二、爱心引领，翩翩少年初长成

张妍坚信：爱在举手投足间，只要坚持不懈地为学生点亮心灵的灯塔，他们就一定能走出人生的荒漠，迎来属于自己的春暖花开。有些孩子连双像样的鞋子都没有，脚趾磨出了

血泡,她便以奖励的名义自掏腰包为他们买鞋、买学习用品;四年级有一半的学生在村小没学过英语,完全跟不上班里的其他同学,她耐心地辅导他们,从最简单的 26 个字母开始教,一遍遍地鼓励他们,帮助他们树立信心;遇到大雨滂沱,坑坑洼洼的山路上满是积水时,因担心学生们路上出事,她就牵着他们的手挨个把他们平安送回家……一桩桩、一件件,温暖了孩子们的心,也收获了来自家长最真诚的感谢!

张妍的班上有一个小男孩是一个自闭症儿童。为了让孩子接受她,她就找机会与这个孩子多接触,同他聊天、说笑,让他帮忙做做小事:整理作业本、盖奖章等,耐心引导他、鼓励他勇敢开口说英语。在班上,张妍会不失时机地让这个孩子展示他的口语,老师和同学们或鼓励或敬佩的目光让他越来越有信心。一次课上,这个孩子自己举手起来完整地背诵了一遍课文后,张妍热情洋溢地给他发了一封表扬信,他拿着那封表扬信别提多高兴了! 渐渐地,他脸上的笑容越来越多,也越来越自信。

"雄关漫道真如铁,而今迈步从头越。"张妍说她想成为一位山区教育的"点灯人",怀揣着教育初心将光亮回馈给每一位孩子,带领他们迎着朝阳,踏歌前行!

三、一路耕耘,收获并成长

两年来,张妍坚信教育只有进行时,没有完成时,她凭着一颗求真务实之心、一腔执着上进之情,用心血和汗水换来了学生的尊重、家长的好评、领导的赞扬。

1.2020 年 12 月,她指导学生参加东方市"民歌 民舞 民服进校园"活动,获得优秀表演奖;

2.2021 年 4 月,她代表东河中心学校党支部参加东方市教育系统红心礼赞百年路·教育奋起新征程党史学习教育主题演讲比赛,荣获二等奖;

3.2021 年 6 月,她代表东方市教育局党委参加市级各机关单位党旗接力·代代传承建党 100 周年主题演讲比赛,荣获二等奖;

4.2021 年 8 月,她获得海南省"新时代好少年·红心向党"主题教育读书活动"先进个人奖";

5.2021 年 8 月,她参加东方市"学党史·明师德·正师风"主题演讲比赛,荣获二等奖;

6.2021年9月,她获得东方市教育局2020—2021学年度"优秀教师"荣誉称号.其事迹被作为优秀典型事例在东方市融媒体中心报道宣传;

7.2022年3月,她在海南省小学英语学科作业设计优秀案例评选活动中荣获三等奖

张妍说教育就像长途跋涉,虽然她熟悉这段路,但她每次都带着不同的学生,而学生们最终要去不同的远方。她想为山区的孩子们点亮心灵的灯塔,带领他们走完这段崎岖山路,给予他们踏上一段陌生路程甚至去冒险的勇气。心有所信,方能行远。生活充满了太多的不确定性,但她依然坚持自己的教育梦想,渴望自己的灵魂能不生一丝白发,做一名纯粹、有价值的人民教师,让山区学生能感受到教育的美好,享受到教育的幸福。她用爱和执着坚守着她最挚爱的教育事业。

（海南省人力资源开发局供稿）

筑梦三沙，彰显育人本色

——琼台师范学院代丽事迹

代丽，女，2021年6月毕业于琼台师范学院小学教育专业。2020年，她登上轮船"三沙一号"，踏上祖国最南端的学校——永兴学校支教。从一名实习生到成为一名正式的老师，从懵懂到担任小学部负责人，她始终坚守在偏远地区教师岗位上，谱写青春的绚丽篇章。

一、坚定理想信念，勇于砥砺奋斗

永兴岛地处偏远，生活条件艰苦，岛上高温、高湿、高盐。淡水、水果、蔬菜等基本物资尤为珍贵，但她始终没有动摇过扎根三沙的念头，始终坚持自己的教育梦，在平凡的工作中实现人生理想和自我价值。她立足于教师岗位，保持一颗平常心和进取心，不骄不躁，谦虚谨慎，秉持奉献、服务三沙的精神，扎扎实实从小事做起，时时处处严格要求自我，爱岗敬业积极奉献，深受学生爱戴、家长尊敬、领导同事肯定。

二、提高自身能力，增长教学技能

虽然永兴学校的学生人数不多，但她仍坚持以最好的状态呈现给学生，以高质量标准完成教学任务。除了完成基本教学任务之外，她不断提高自己的知识储备：熟读教材、通读相关书籍、了解当前教育趋势、不断丰富教学方式。她尽心尽力尽责，努力让学生受到更好的教育。她还积极主动与省内其他优秀学校建立良好联系、合作，让小岛上的学生充分与外界联系，拓宽视野，树立远大理想。

在工作期间，她尊重学生、帮助学生、鼓励学生，努力寻找和善于发现学困生身上的闪光点，在学习上和生活上带领他们热爱学习、热爱生活，看着学生从性格内向、不敢表达，到学期结束后喜欢语文并且积极主动去学习语文、敢于发言、敢于表达，实现了质的飞跃，她因此而感到十分欣慰！

三、无私默默耕耘，耐心静候花开

除了责任，她还倾注了无私的爱。岛上渔民工作忙碌，很多学生缺少家庭的关爱和照顾，成绩往往不好。她主动利用工作之余，家访、课后辅导，引领学生插上智慧的翅膀，照亮他们的学习之路。

她的学生中有个小女孩让她印象深刻。小女孩的父母非常忙碌，有时候连饭都无法给孩子准备，更无暇顾及她的成绩。在期中考试的时候，仅仅得了20多分。观察到小女孩手足无措的样子和失落的表情，她感到非常难受。于是，她主动提出为这个小女孩提供课后辅导。每天晚饭过后，她都会陪着小女孩一起学习不少于三个小时。日日夜夜的陪伴，一句句鼓励、贴心的话语，一次次温暖、肯定的目光让小女孩的学习热情高涨。她这一坚持就是三个月。终于，期末考试的时候，小女孩考了69分。虽然，这成绩并非优异，但已是非常大的进步了！她和小女孩感到非常开心！小女孩从一晚上只能写两三个字，到能够规范写出长句；从不及格到提升了40多分。她犹记得小女孩激动的、红扑扑的脸蛋，难忘自己批改试卷时颤抖的手！69分是对学生刻苦付出的回报，也是对老师无私付出的肯定！有人问她："晚上、周末没有自己的事要做吗？不会觉得累吗？"她说道："累，这是肯定的，但我觉得我在做一件非常有意义的事情。"

　　直到现在，她也一直在坚持为学生提供免费课后服务。她想：把老师的爱和温暖传递给学生，耐心细心引导每一个孩子，每一个孩子都能收获知识、不断成长，耐心耕耘、静待花开，这就是教育的意义吧！

四、风华正茂之时收获累累硕果

　　她始终争取做好每一件事。在大学期间，她担任班长和团支书一职，连续三年被评为三好学生、优秀学生干部，2019年被评为海南省优秀贫困大学生，2020年被评为优秀实习生。参加支教以来，她又被评为三沙市永兴学校优秀班主任、2021年度优秀青年志愿者。

　　"路漫漫其修远兮，吾将上下而求索。"教育是一个连续的过程，作为教师需要有终生学习的理念，不能懈怠自己的工作和学习，因此她不断努力提高自己的专业水平和知识储备。

　　她表示：作为一名青年教师，她将立足实际，认真做好自己的本职工作，在教育中奉献自己的一份力量，在三沙这片土地上、在碧海蓝天的美好中国，无私奉献自己的青春，做一名优秀的好老师！

（海南省人力资源开发局供稿）

振兴乡村, 坚守理想, 踏歌而行

——三亚理工职业学院王京城事迹

王京城,男,黎族,1999年2月出生,中国共产党预备党员,和平镇堑对村人,三亚理工职业学院2020届旅游管理(游艇服务与管理)专业毕业生,现任海南琼中堑对乡村建设有限公司农旅部部长,堑对村村委会委员、镇团委委员、村团支部书记。

堑对村位于万泉河上游,五指山北麓,一年两景的优良生态景象展现了堑对"春夏的草原,秋冬的海"的生动写照,也成为了堑对生态旅游的"金字招牌"。依托地理位置和自然资源,从2016年开始,堑对村在帮扶单位省委办公厅、县委政研室的大力支持和和平镇委、镇政府的坚强领导下,积极践行"绿水青山就是金山银山"的发展理念,充分发挥堑对良好的生态环境、独特黎族文化等优势,全面实施"产业+旅游"扶贫工程,并按照"农旅结合、以旅兴农"的工作思路,不断完善旅游基础设施,形成"一村一景一特色"。王京城见证了村里基础配套设施一点点改善,游客一点点变多,当时就有一颗种子在他的心里深深扎下了根:高考时一定要报考一个合适的专业,学好新知识、掌握新本领,毕业后为家乡建设出一份力。

入学三亚理工职业学院后,王京城选择就读旅游管理专业,在旅游管理专业系统、全面地学习了专业知识以及大三的实习都为他之后的创业打下了坚实的基础。刚进大学的他深知创业可不是一件容易事,因此他开始拼命学习专业知识,并于在校期间开始尝试自主创业,"开过打印店,也卖过绿橙,平均下来一个月能赚1000多元"。到毕业时,王京城一共攒下了近4万元,这也成为他返乡创业的启动资金。他响应琼中县团县委的号召,参加了各类大学生志愿活动,一边学习一边积累宝贵的工作经验:读书经验分享交流活动、高考经验交流活动、春节下乡文化会演活动、返乡大学生支教活动、暖冬春运志愿服务活动等。

王京城特别喜欢学校主教学楼墙上的那句话:"走进校园的目的是为了更好地走向社会。"他认为走进社会是为了开启更好的人生,2020年6月大学毕业后,王京城便直接返乡开始了他的创业之路。他找到和平镇分管的领导说了自己的创业想法,搭建网上电商平台,专门售卖具有地方特色的土特产品。让王京城倍感振奋的是,和平镇政府不仅为他免费提供了办公场所及办公设备,更直接将整个镇的电子商务站都交由他来负责。工作内容包括:(1)收集家乡的农产品;(2)搭建电子销售平台;(3)乡村旅游及农产品的宣传和推广;(4)抖音账号、快手账号、小红书账号、微信公众号等的运营。他的创业故事在2021年2月先后被《海南日报》、学习强国海南学习平台报道。

2021年村"两委"开始换届,作为返乡创业大学生的他也很荣幸地被推选为新一届的"两委"干部,这也为他更好地建设家乡提供了一个更大的舞台。

2021年9月,在驻村第一书记劳民同志的指导和带领下,海南琼中堑对乡村建设有限公司于2021年9月9日成立并挂牌。王京城通过公司面试,有幸成为该公司农旅部部长,分管劳务输出和农旅开发两个板块。劳务输出方面,他们公司组织本村的泥工、木工、水电工等有特长的村民组成劳务专班走出去，以海南琼中垦对乡村建设有限公司为载体参与市场竞争，承接兴建各类建筑及信息化工程安装业务。截至目前，琼中垦对乡村建设有限公司分别与和平镇政府、县农业农村局、琼中城投等公司签订合作协议，承接临时安置点建设、农村公共厕所改建、县中医院发热门诊楼墙体建设等工程，工程总金额125万元，获得利润31万元，累计转移安置农村剩余劳动力35人次。农旅开发方面，公司与和平镇加岭村村委会合作建设大棚蔬菜标准化示范基地50亩，其中一期20亩已完成土地平整、排水沟开挖，目前正在搭建安装大棚角架。项目完成建设后，预计蔬菜年产量可达10万斤，将丰富当地菜篮子品种，有效保障供应，改善民生。

2022年为了更好地打开市场，让海南琼中垦对乡村建设有限公司走出去寻找更多的资源，特在海口设立办事处。同时公司现已经推进山兰稻的种植工作，并与和平镇长沙村村委会、新兴村村委会、垦对村村委会等3个村委会共同开展种植，计划投入资金50万元。

乡村振兴是一个实现自身价值的大舞台，基层是一个很锻炼人的地方。每个人都应该有自己的梦想，在追逐梦想的路上逐梦前行。王京城希望更多的有志青年继续发扬勤奋学习、拼搏进取、自强不息的精神，用优异的成绩回报社会、回报家乡，实现心中的梦想。

（海南省人力资源开发局供稿）

用青春守护平安

——海南政法职业学院卢柏文事迹

卢柏文,现任临高县公安局网络警察大队副大队长,被抽调到县局合成作战中心工作,负责打击各项违法犯罪。在临高县委县政府和上级公安机关的统一坚强领导下,特别是在局党委的正确指导、悉心培养下,他迅速成为临高公安尖刀力量的中流砥柱,讲政治、顾大局,主动学习、精通业务,敢打硬仗、能打胜仗,不断提升做一名合格人民警察的能力水平,先后荣获嘉奖1次,获评先进个人1次,荣立个人三等功1次。

一、加强政治理论学习,锤炼过硬作风

入警四年来,他坚持以习近平新时代中国特色社会主义思想为指导,始终围绕党中央各项决策部署精神,深入系统学习了习近平新时代法治思想、习近平总书记关于政法工作的重要指示精神,以及公安部省公安厅统一系列业务指导精神,增强"四个意识",坚定"四个自信",做到"两个维护",不断提高政治素养和"四个铁一般"本领。

二、主动学习,迅速成为业务尖兵

从进入临高公安队伍的那天起,他就被分到临高警方三大尖刀之一的打击"盗抢骗"专案组工作。在打击"盗抢骗"专案组,他十分珍惜实战学习的机会,不分昼夜、没有节假日地不断主动学习集刑侦、网警、情报、图侦等各方面前沿高端资源系统于一体的各项业务知识,特别是打击治理电信网络诈骗知识,主动向新型领域违法犯罪宣战,并积极将学习成果转化为实战成果,通过以案促学,推进以学促用,在案件办理中自觉应用学习到的法律法规知识,用案件办理检验学习成效,做到学用结合、学以致用。

三、敢打硬仗,能打胜仗

在局党委的高度重视、信任下,自2020年起,他担任临高县公安局合成作战中心打击组组长,肩负起保障一方平安的各项打击重任。为此,他积极倡导并发挥狼性、感恩、担当的合成作战团队精神,与合成作战中心的各位战友及各警种精诚合作,讲奉献、顾大局,召之即来、来之能战。短短的两年时间里,他累计牵头并参与侦破"盗抢骗"案件900余起,侦破部督案件3宗,厅督案件5宗;打掉"盗抢骗"团伙27个、涉黑涉恶团伙2个,破获涉毒案50余起;实现大要案同步上案,带破小案不放过,推进合成作战优势逐步突显,得到了公安部、省公安厅的通报表扬及贺电表扬,荣立个人三等功1次,并被提拔为网络警察大队副大队长。

四、不怕困难，敢于冲锋陷阵

一是紧紧助力打击涉毒违法犯罪工作。2019年至2020年期间，为助力全县摘掉全国涉毒重点地区的帽子，他主动带领2名民警组成专班打击组，指导全县东部片区严打工程工作。在大家的共同努力下，累计侦破涉毒案件50余起，抓获涉毒人员60余人，积极完成了局党委下达的各项指标任务，得到了局党委的高度肯定，助力全县顺利摘帽。

二是全力以赴，深入推进打击电诈工作。近年来，他坚持把电诈案件侦破作为工作中的重中之重，通过加强案件研判，强化信息落地，狠抓证据收集和办案质量，全力以赴、以快制快，深入推进电诈打击工作，实现了公安部推送电诈案件打击数量和打击率连续三年均排在全省前列，并对有关战法积极形成经验，得到了省公安厅专刊的推广。自2020年10月起，他扎实推进"断卡行动"，打击治理电信网络诈骗"黑灰产"源头。其间，他全力做好"断卡"线索核查工作，全面整治辖区内涉"两卡"乱点，共抓获涉嫌"两卡"违法犯罪采取措施172人，其中刑拘14人、逮捕9人、行政拘留68人、惩戒21人、训诫60人。如，2021年7月11日，他根据侦查发现一电诈团伙4名嫌

疑人于当日14时许在临高县与儋州市交界一带实施作案，遂立即出警。同日16时许，在民警表明警察身份的情况下，嫌疑车辆以倒车方式企图逃离现场并在冲撞警用车辆后掉进路旁的排水沟里，在带队民警鸣枪示意停车无效的情况下，他主动驾车追拦，因与嫌疑车辆猛烈碰撞，造成他轻微脑震荡及腰部受伤，现场将该诈骗团伙4名嫌疑人全部抓捕归案。经进一步调查取证，最终破获该团伙系列案11起，确定诈骗金额37万余元，该4名嫌疑人均被从重惩处判处十年有期徒刑。

五、廉洁自律，锤炼忠诚本色

他始终坚持树牢政治意识、坚守底线思维，将廉洁自律、政治忠诚贯穿于工作中、生活中，不忘初心、牢记使命，时时处处以党员的身份严格要求自己，展现了临高县合成作战尖兵的风采，展示了党员的先锋模范带头作用。

（海南省人力资源开发局供稿）

校企合作旅游与酒店管理专业教材

"互联网＋教育改革"新理念教材

旅游市场营销

LÜYOU SHICHANG YINGXIAO

耿　燕　周诗涛　主编

中国言实出版社

图书在版编目（CIP）数据

旅游市场营销 / 耿燕，周诗涛主编. -- 北京 ：中
国言实出版社, 2020.3（2023.2重印）
ISBN 978-7-5171-3271-4

Ⅰ. ①旅… Ⅱ. ①耿… ②周… Ⅲ. ①旅游市场—市
场营销学 Ⅳ. ①F590.8

中国版本图书馆CIP数据核字（2020）第029372号

旅游市场营销

责任编辑：李　颖
责任校对：王战星

出版发行：中国言实出版社
　　　地　址：北京市朝阳区北苑路180号加利大厦5号楼105室
　　　邮　编：100101
　　　编辑部：北京市海淀区花园路6号院B座6层
　　　邮　编：100088
　　　电　话：010-64924853（总编室）　010-64924716（发行部）
　　　网　址：www.zgyscbs.cn　电子邮箱：zgyscbs@263.net

经　销：新华书店
印　刷：北京谊兴印刷有限公司
版　次：2020年3月第1版　2023年2月第2次印刷
规　格：787毫米×1092毫米　1/16　16印张
字　数：326千字

定　价：49.80元
书　号：ISBN 978-7-5171-3271-4

P 前言
Preface

　　旅游业是当今世界经济中发展最快的"绿色朝阳产业"，在我国服务业中也发挥着重要作用。随着全球旅游业的快速发展，旅游市场的竞争日益激烈，加强旅游市场营销创新、加快旅游市场营销专业人才培养已成为当前亟待解决的问题。为了满足日益增长的旅游市场需求，培养社会急需的旅游市场营销应用型人才，编者精心编写了本书。

　　本书针对旅游人才培养的特色与要求，以能力培养为目标，旨在使学生掌握旅游市场营销的基本技能，从而更好地适应旅游市场对人才的需求。全书共 11 个项目，分别为旅游市场营销概述、旅游市场营销调研与预测、旅游市场营销环境分析、旅游者购买行为分析、旅游目标市场营销、旅游产品策略、旅游产品价格策略、旅游营销渠道策略、旅游产品促销策略、旅游目的地营销和旅游网络营销。

　　本书具有以下特色。

1. 立德树人，润物无声

　　为落实立德树人根本任务，本书在每个项目前设有"素质目标"，在正文中穿插"美丽中国""嘉言善行""以人为本""薪火相传""卓越创新""旗帜引领"等模块，引导学生树立科学的营销价值观。

2. 校企合作，职业引领

　　在编写本书的过程中，编者深入企业内部，全面了解旅游市场营销工作的实际情况，并就教材内容与行业专家、企业员工进行研讨，重在提升教材的职业属性，确保教材内容实用且针对性强。此外，本书部分案例由旅游企业提供，新颖、真实且与当前旅游业热点问题相关，便于学生把握旅游市场营销理论知识的最新应用。

3. 全新理念，注重实践

　　本书坚持"以学生为中心"的理念，让学生在做中学、在学中做，做到理论联系实际。本书在每个任务后设置"任务实施"，让学生通过小组讨论、案例分析、情景模拟等形式对所学知识进行简单应用。此外，本书在每个项目后设置"项目实训"，针对整个项目的重要知识点设置综合性实训活动，帮助学生实现对所学知识的系统化应用。

4. 资源丰富，智能教学

本书不仅在重要知识点处配备了微课，还配备了教学课件、课后习题答案等教学资源，读者可以登录文旌综合教育平台"文旌课堂"（www.wenjingketang.com）下载。读者在学习过程中有任何疑问，都可登录该平台寻求帮助。

5. 体例新颖，易教易学

本书在讲解相关理论知识和营销技能时，穿插了"同步案例""提示""课堂互动""知识拓展"等模块，既便于教师教学，又能加深学生对重难点知识的理解，拓宽学生的知识面。

本书由耿燕、周诗涛担任主编，魏以正、褚笑清、胡丽娟、崔伟伟担任副主编。在编写过程中，编者参阅了大量文献资料和网络资料，在此向这些资料的作者表示衷心的感谢。

由于编者经历和水平有限，书中可能存在疏漏与不妥之处，诚请广大读者批评指正。

本书编委会

主　编　耿　燕　周诗涛

副主编　魏以正　褚笑清　胡丽娟　崔伟华

目 录
Contents

项目一　旅游市场营销概述

▶ **任务一　了解市场营销** ·· 2

　　任务导入 ·· 2

　　知识讲解 ·· 3

　　　一、市场与市场营销的概念 ····································· 3

　　　二、市场营销观念 ·· 3

　　任务实施 ·· 7

▶ **任务二　认识旅游市场营销** ·· 8

　　任务导入 ·· 8

　　知识讲解 ·· 9

　　　一、旅游市场与旅游市场营销 ··································· 9

　　　二、旅游市场营销新理念 ······································· 11

　　任务实施 ··· 16

▶ **项目实训** ··· 16

▶ **项目自测** ··· 17

项目二　旅游市场营销调研与预测

▶ **任务一　认识旅游市场营销调研** ··································· 20

　　任务导入 ··· 20

　　知识讲解 ··· 21

　　　一、旅游市场营销调研的类型 ·································· 21

　　　二、旅游市场营销调研的内容 ·································· 23

　　　三、旅游市场营销调研的过程 ·································· 24

　　　四、旅游市场营销调研的方法 ·································· 26

　　任务实施 ··· 27

▶ **任务二　设计调查问卷** ··· 28

　　任务导入 ··· 28

知识讲解 ………………………………………………………………… 30

　一、调查问卷的结构 ………………………………………………… 30

　二、调查问题的设计 ………………………………………………… 31

　三、调查问卷数据的处理 …………………………………………… 32

任务实施 ………………………………………………………………… 33

▶ **任务三　进行旅游市场预测** ………………………………………… 33

任务导入 ………………………………………………………………… 33

知识讲解 ………………………………………………………………… 34

　一、旅游市场预测的概念 …………………………………………… 34

　二、旅游市场预测的内容 …………………………………………… 35

　三、旅游市场预测的过程 …………………………………………… 35

　四、旅游市场预测的方法 …………………………………………… 36

任务实施 ………………………………………………………………… 38

▶ **项目实训** ……………………………………………………………… 38

▶ **项目自测** ……………………………………………………………… 39

项目三　旅游市场营销环境分析

▶ **任务一　了解旅游市场营销环境** …………………………………… 42

任务导入 ………………………………………………………………… 42

知识讲解 ………………………………………………………………… 43

　一、旅游市场营销环境的概念 ……………………………………… 43

　二、旅游市场营销环境的特征 ……………………………………… 43

　三、旅游市场营销环境的构成 ……………………………………… 44

任务实施 ………………………………………………………………… 44

▶ **任务二　认识旅游市场营销宏观环境** ……………………………… 45

任务导入 ………………………………………………………………… 45

知识讲解 ………………………………………………………………… 46

　一、政治法律环境 …………………………………………………… 46

　二、社会文化环境 …………………………………………………… 46

　三、经济环境 ………………………………………………………… 48

　四、人口环境 ………………………………………………………… 50

　五、自然环境 ………………………………………………………… 51

　六、科技环境 ………………………………………………………… 51

任务实施 ………………………………………………………………… 52

▶ **任务三　认识旅游市场营销微观环境** ……………………………… 52

任务导入 ………………………………………………………………… 52

知识讲解 ··· 53

　　一、旅游企业 ··· 53

　　二、旅游者 ·· 53

　　三、竞争者 ·· 54

　　四、中间商 ·· 54

　　五、供应商 ·· 55

　　六、社会公众 ··· 55

　任务实施 ··· 56

任务四　掌握 SWOT 分析法 ································· 56

　任务导入 ··· 56

　知识讲解 ··· 58

　　一、优势与劣势分析 ·· 58

　　二、机会与威胁分析 ·· 58

　　三、旅游市场营销战略选择 ······························ 59

　任务实施 ··· 60

项目实训 ··· 61

项目自测 ··· 61

项目四　旅游者购买行为分析

任务一　了解旅游者购买行为 ································· 64

　任务导入 ··· 64

　知识讲解 ··· 65

　　一、旅游者购买行为的概念 ······························ 65

　　二、旅游者购买行为的特点 ······························ 65

　　三、旅游者购买行为的类型 ······························ 66

　　四、旅游者购买行为的模式 ······························ 67

　任务实施 ··· 68

任务二　掌握影响旅游者购买行为的因素 ················ 68

　任务导入 ··· 68

　知识讲解 ··· 69

　　一、文化因素 ··· 70

　　二、社会因素 ··· 71

　　三、个人因素 ··· 72

　　四、心理因素 ··· 73

　任务实施 ··· 76

▶ **任务三　熟悉旅游者购买决策的过程**……………………………………77

　任务导入……………………………………………………………………77

　知识讲解……………………………………………………………………78

　　一、认识需求……………………………………………………………78

　　二、收集信息……………………………………………………………78

　　三、判断选择……………………………………………………………79

　　四、购买决策……………………………………………………………79

　　五、购后行为……………………………………………………………79

　任务实施……………………………………………………………………80

▶ **项目实训**……………………………………………………………………81

▶ **项目自测**……………………………………………………………………81

项目五　旅游目标市场营销

▶ **任务一　细分旅游市场**……………………………………………………84

　任务导入……………………………………………………………………84

　知识讲解……………………………………………………………………85

　　一、旅游市场细分的概念………………………………………………85

　　二、旅游市场细分的作用………………………………………………85

　　三、旅游市场细分的原则………………………………………………87

　　四、旅游市场细分的标准………………………………………………88

　　五、旅游市场细分的程序………………………………………………91

　任务实施……………………………………………………………………92

▶ **任务二　选择旅游目标市场**………………………………………………92

　任务导入……………………………………………………………………92

　知识讲解……………………………………………………………………93

　　一、旅游目标市场应具备的条件………………………………………93

　　二、旅游目标市场选择模式……………………………………………94

　　三、旅游目标市场营销策略……………………………………………96

　任务实施……………………………………………………………………100

▶ **任务三　进行旅游市场定位**………………………………………………100

　任务导入……………………………………………………………………100

　知识讲解……………………………………………………………………101

　　一、旅游市场定位的概念………………………………………………101

　　二、旅游市场定位的方法………………………………………………101

　　三、旅游市场定位的步骤………………………………………………104

　任务实施……………………………………………………………………105

▶ 项目实训 ·· 105
▶ 项目自测 ·· 106

项目六　旅游产品策略

▶ 任务一　了解旅游产品 ·· 110
　　任务导入 ·· 110
　　知识讲解 ·· 111
　　　　一、旅游产品的概念 ···································· 111
　　　　二、旅游产品的特点 ···································· 111
　　　　三、旅游产品的类型 ···································· 112
　　　　四、旅游产品的结构 ···································· 113
　　　　五、旅游产品组合策略 ································ 114
　　任务实施 ·· 116
▶ 任务二　熟悉旅游产品生命周期 ·························· 116
　　任务导入 ·· 116
　　知识讲解 ·· 117
　　　　一、旅游产品生命周期的概念 ···················· 117
　　　　二、旅游产品生命周期各阶段的营销策略 ······ 117
　　任务实施 ·· 120
▶ 任务三　熟悉旅游产品品牌策略 ·························· 121
　　任务导入 ·· 121
　　知识讲解 ·· 122
　　　　一、旅游品牌的概念 ···································· 122
　　　　二、旅游品牌的作用 ···································· 122
　　　　三、旅游品牌的创立与塑造 ························· 123
　　　　四、旅游品牌策略 ·· 125
　　任务实施 ·· 126
▶ 任务四　开发旅游新产品 ······································ 126
　　任务导入 ·· 126
　　知识讲解 ·· 127
　　　　一、旅游新产品的种类 ································ 127
　　　　二、旅游新产品开发的策略 ························· 129
　　　　三、旅游新产品开发的步骤 ························· 130
　　任务实施 ·· 133
▶ 项目实训 ·· 133
▶ 项目自测 ·· 134

项目七　旅游产品价格策略

任务一　了解旅游产品价格 ································· 138
　　任务导入 ··· 138
　　知识讲解 ··· 139
　　　　一、旅游产品价格的概念 ······················· 139
　　　　二、旅游产品价格的特点 ······················· 139
　　　　三、旅游产品价格的类型 ······················· 139
　　任务实施 ··· 141

任务二　掌握旅游产品定价 ····························· 142
　　任务导入 ··· 142
　　知识讲解 ··· 142
　　　　一、影响旅游产品定价的因素 ···················· 142
　　　　二、旅游产品定价的方法 ······················· 146
　　任务实施 ··· 148

任务三　熟悉定价和价格调整策略 ······················· 149
　　任务导入 ··· 149
　　知识讲解 ··· 150
　　　　一、旅游产品定价策略 ························· 150
　　　　二、旅游产品价格调整策略 ······················ 154
　　任务实施 ··· 155

项目实训 ·· 156
项目自测 ·· 157

项目八　旅游营销渠道策略

任务一　了解旅游营销渠道 ····························· 160
　　任务导入 ··· 160
　　知识讲解 ··· 160
　　　　一、旅游营销渠道的概念 ······················· 160
　　　　二、旅游营销渠道的功能 ······················· 161
　　　　三、旅游营销渠道的类型 ······················· 162
　　任务实施 ··· 165

任务二　选择旅游中间商 ······························· 166
　　任务导入 ··· 166
　　知识讲解 ··· 166
　　　　一、旅游中间商的类型 ························· 167
　　　　二、选择旅游中间商的原则 ······················ 169

三、旅游中间商的评估 …………………………………………… 170

任务实施 ………………………………………………………… 171

任务三　管理旅游营销渠道 …………………………………… 171

任务导入 ………………………………………………………… 171

知识讲解 ………………………………………………………… 172

一、选择旅游营销渠道的原则 …………………………………… 172

二、影响旅游营销渠道选择的因素 ……………………………… 173

三、旅游营销渠道管理策略 ……………………………………… 174

任务实施 ………………………………………………………… 176

项目实训 ………………………………………………………… 177

项目自测 ………………………………………………………… 177

项目九　旅游产品促销策略

任务一　了解旅游产品促销 …………………………………… 180

任务导入 ………………………………………………………… 180

知识讲解 ………………………………………………………… 181

一、旅游产品促销的概念 ………………………………………… 181

二、旅游产品促销的功能 ………………………………………… 182

任务实施 ………………………………………………………… 184

任务二　熟悉旅游产品促销组合策略 ………………………… 184

任务导入 ………………………………………………………… 184

知识讲解 ………………………………………………………… 185

一、广告策略 ……………………………………………………… 185

二、人员推销策略 ………………………………………………… 188

三、营业推广策略 ………………………………………………… 192

四、公共关系策略 ………………………………………………… 195

任务实施 ………………………………………………………… 198

项目实训 ………………………………………………………… 198

项目自测 ………………………………………………………… 199

项目十　旅游目的地营销

任务一　了解旅游目的地营销 ………………………………… 202

任务导入 ………………………………………………………… 202

知识讲解 ………………………………………………………… 202

一、旅游目的地 …………………………………………………… 202

二、旅游目的地营销 ……………………………………………… 206

任务实施 ·· 208

任务二　掌握旅游目的地形象营销策略 ············· 209

　任务导入 ·· 209

　知识讲解 ·· 210

　　一、旅游目的地形象 ·· 210

　　二、旅游目的地形象定位 ·· 211

　　三、旅游目的地形象传播 ·· 213

　任务实施 ·· 215

项目实训 ·· 216

项目自测 ·· 216

项目十一　旅游网络营销

任务一　了解旅游网络营销 ······························ 220

　任务导入 ·· 220

　知识讲解 ·· 220

　　一、旅游网络营销的特点 ·· 220

　　二、旅游网络营销的功能 ·· 221

　　三、旅游网络营销的方式 ·· 223

　任务实施 ·· 226

任务二　熟悉旅游互动营销和旅游微营销 ············ 226

　任务导入 ·· 226

　知识讲解 ·· 227

　　一、旅游互动营销 ··· 227

　　二、旅游微营销 ··· 229

　任务实施 ·· 231

任务三　掌握旅游网络营销的策略 ····················· 232

　任务导入 ·· 232

　知识讲解 ·· 233

　　一、旅游产品或服务策略 ·· 233

　　二、旅游产品价格策略 ··· 234

　　三、旅游营销渠道策略 ··· 236

　　四、旅游网络促销策略 ··· 236

　任务实施 ·· 238

项目实训 ·· 238

项目自测 ·· 239

参考文献 ·· 240

项目一　旅游市场营销概述

项目引言

　　随着大众旅游时代的到来，旅游业的发展迎来了黄金时期。旅游市场营销是市场营销理论在旅游市场中的实际应用，它既是营销行为，又是管理行为。本项目将主要介绍市场营销与旅游市场营销的基础知识，使学生初步认识旅游市场营销，为后面的学习奠定基础。

知识目标

◇　理解市场与市场营销的基本概念。
◇　了解市场营销观念的发展历程。
◇　理解旅游市场的概念与特征。
◇　理解旅游市场营销的概念。
◇　掌握旅游市场营销的几种新理念。

素质目标

◇　了解市场营销观念的发展，树立正确的营销价值观。
◇　了解旅游市场营销新理念，培养创新精神，树立绿色环保理念。

任务一　了解市场营销

任务导入

把"剃须刀"卖给女士

J公司创建于20世纪初，其产品因能使得男士剃须更加方便、舒适、安全而大受欢迎。那么，能不能把剃须刀卖给女士，让女士也成为自己的消费者呢？

为此，J公司提出了开发女士专用"刮毛刀"的设想。公司用了一年时间进行市场调研，发现在30岁以上的女士中，有65%的人为保持美好形象，要定期刮腿毛和腋毛。这些女士除使用脱毛剂之外，主要靠购买各种男用剃须刀来满足此项需求。毫无疑问，这是一个极有潜力的市场。

根据市场调研结果，J公司精心设计了新产品。其刀头部分与男用剃须刀并无两样，采用一次性使用的双面刀片，但是刀架则选用了色彩鲜艳的塑料，并将握柄改为弧形，以便于女士使用。此外，握柄上还印压了一朵雏菊图案。这样一来，新产品立即突显了女士的特点，实现了男士专用品向女士用品的华丽转换。

为了使雏菊刮毛刀迅速占领市场，J公司还拟定了几种不同的"定位观念"。例如，突出刮毛刀能够"双刀刮毛"，突出其"完全满足女士需求"，强调价格"不到50美分"。同时以产品使用安全、"不伤玉腿"作为其推销重点，并通过广告进行大面积宣传。结果，雏菊刮毛刀一炮打响，迅速畅销全美。

资料来源：中华合作时报网，http://www.zh-hz.com/Item/404126.aspx

问题：

（1）什么是市场营销？

（2）市场营销观念经历了哪几个发展阶段？J公司把"剃须刀"卖给女士，体现了哪几种市场营销观念？

一、市场与市场营销的概念

（一）市场的概念

市场是生产力发展到一定阶段的产物，并随着商品经济的发展而发展。市场作为商品经济的研究范畴，从不同的角度来理解，有着不同的内涵。

从地理的角度可以把市场理解为特定的空间，即买方、卖方、商品聚集和交换的特定空间，如百货商店、农村集市等。这种理解通常被认为是狭义的市场概念。

从社会整体的角度理解，市场是商品交换关系的总和。随着社会生产和分工的发展，商品交换日益频繁，人们对交换的依赖程度也日益提高，市场已成为建立各种经济关系的桥梁和纽带。同时，为商品交换服务的各种组织，如银行、运输企业等应运而生，且迅速发展起来，而社会各部门之间的联系都是通过错综复杂的交换关系来实现的。

从卖方（即企业）的角度来理解，市场是某种商品的现实购买者和潜在购买者需求的总和，研究的是以满足消费者需求为中心的企业营销活动。市场由三个要素构成，即有某种需求的人、为满足这种需求的购买力和购买欲望，用公式可以表示为：市场=人口+购买力+购买欲望。本书所称的市场均是指这一概念。

（二）市场营销的概念

市场营销是指通过创造和交换产品及价值，从而使个人或群体满足需求的社会和管理过程。根据上述概念，可以归纳出市场营销的内涵：

（1）市场营销的主要行为是交换，交换是市场营销的核心。

（2）市场营销的主要对象是产品。

（3）市场营销的最终目的是满足消费者的需求。

（4）市场营销是一个积极主动的过程，营销目的能否实现取决于营销者创造的产品满足消费者需求的程度以及对交换过程的管理水平。

二、市场营销观念

市场营销观念是企业在从事营销活动时所依据的指导思想和行为准则，它体现了人们对市场环境、企业在市场运行中所处地位、企业与市场的相互关系等基本问题的认识、看法和根本态度，是企业所奉行的一种经营哲学和理念。

市场营销观念是商品经济的基本观念之一，它的形成不是人们

市场营销观念的演进

主观臆想的结果，而是商品经济发展到一定阶段的产物。随着商品经济的发展和市场环境的不断变化，市场营销观念也经历了相应的演变过程。从西方市场营销学发展的历史来看，市场营销观念经历了传统营销观念和现代营销观念两个阶段。

（一）传统营销观念

传统营销观念是在卖方市场和从卖方市场向买方市场转变的过程中形成的，主要表现形式有生产观念、产品观念和推销观念三种。

1. 生产观念

生产观念认为，消费者乐于接受那些可以买得到和买得起的产品。其基本特征是以产定销，即企业生产什么就卖什么，生产多少就卖多少，是一种以生产为导向的经营观。企业经营的重点是生产，首先考虑的是"我擅长生产什么"。生产观念是在卖方市场条件下产生的，企业只要扩大生产规模、提高产量并降低成本，就可以获得巨额利润，而无须考虑产品销路。

2. 产品观念

产品观念是与生产观念几乎同时出现的一种营销观念，两者在本质上是一样的。产品观念认为，消费者喜欢那些质量好、价格合理的产品。因此，企业只要提高产品质量，使产品物美价廉，顾客自会找上门来，企业无须大力推销。所谓"皇帝的女儿不愁嫁""酒香不怕巷子深"，正是这种观念的具体体现。坚持产品观念必然会导致"营销近视症"，即企业把主要精力放在产品或技术上，而不是放在市场需求上，从而导致市场丧失，失去竞争力。

3. 推销观念

推销观念是在从卖方市场向买方市场过渡期间产生的。1920—1945 年，由于科技的进步和大规模生产的推广，企业产量迅速增加，使得供求状况也发生了变化，逐渐出现了某些产品供过于求、卖方间竞争日趋激烈的情况。尤其是 1929—1933 年经济危机时期，大量产品销售不出去，迫使企业开始重视广告、推销等营销策略。

推销观念强调推销的作用，认为企业应该增加销售人员，利用广告牌、报纸、广播等媒介，千方百计地把产品推销给顾客。这种继续以生产为中心，同时加强产品推销工作的经营思想仍属于以产定销的范畴。

提　示

推销观念与生产观念的区别表现在：前者以推销为中心，通过开拓市场、扩大销售来获利；后者以生产为中心，通过增加产量、降低成本来获利。

（二）现代营销观念

现代营销观念是在买方市场形成后产生的观念，其基本特征是以销定产，即市场需要什么企业就生产什么。这是一种以消费者为导向的经营观。现代营销观念的产生和发展有其深刻的经济、社会背景，主要表现在以下几个方面：① 商品经济高度发达，法律制度比较完善，形成了较公平的竞争环境；② 买方市场全面形成，市场竞争日趋激烈；③ 全球经济一体化的出现和发展，使商业竞争超出了国界；④ 科技的持续、高速发展，使产品更新换代加快，为人们的差异性需求提供了物质基础；⑤ 全球环境保护主义的出现，影响和制约着企业的营销活动，开发无污染、低能耗的绿色产品，成为世界消费市场的主流。

现代营销观念包括市场营销观念、社会市场营销观念、大市场营销观念和全球营销观念四种。

1．市场营销观念

市场营销观念是一种以消费者的需求和欲望为导向的经营观念，它通过采用整体营销手段使消费者满意，从而实现企业的长远利益。这种营销观念表现为“消费者需要什么，我就卖什么”“哪儿有消费者的需求，哪儿就有我的机会”“顾客是上帝”“顾客至上”等。

市场营销观念包括以下四个互相关联的理念：

（1）消费者需求。现代市场营销学认为，市场营销的关键是满足顾客的真正需求，从而使顾客满意。倘若企业的营销不能使顾客满意，企业必将面临失败。

（2）目标市场。现代西方发达国家已进入消费者寻求生活个性化的时代，所以企业应把选择目标市场、进行市场定位作为其营销战略。美国市场营销学家认为，任何企业都不可能在每个市场经营或满足消费者的各种不同需求，只有选定若干个自己营销能力所及的目标市场，并制定有针对性的营销策略，企业才会做得更好，如图 1-1 所示。

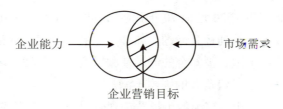

图 1-1　企业营销目标

（3）整体营销。传统营销观念下的营销活动往往突出某一方面，如生产观念支配下的企业只注重产量和成本，推销观念支配下的企业强调利用推销手段；而市场营销观念支配下的企业主张在从事市场经营活动时，应综合应用产品设计、包装、定价、促销、公关、分销和储运等各方面的策略，即整体营销。市场营销学把这些策略归纳为四大营销策略，即产品策略、价格策略、分销渠道策略和促销策略。每种策略中又包含一系列具体的手段，如图 1-2 所示。

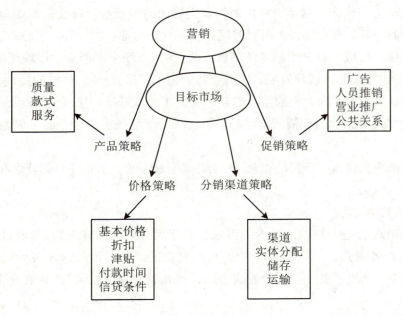

图 1-2　整体营销

（4）远景利益。市场营销学专家认为，企业要追求的不应是一时一地的产品利润，而是通过长期使顾客满意来获取企业的长远利益。也就是说，企业在销售产品或服务时，不能先考虑利润再考虑顾客需求，而应先看这种产品或服务对满足顾客需求有什么功效，然后根据顾客需求被满足的程度确定企业的盈利。顾客需求被满足的程度越大，企业的可能盈利就越多；反之，企业的盈利越少。

2．社会市场营销观念

社会市场营销观念产生于 20 世纪 70 年代，当时以美国为代表的西方发达国家在经济高度繁荣的同时，面临着一系列社会问题，如许多工商企业为牟取暴利，做虚假广告，以次充好，用冒牌产品或不卫生、不安全的产品欺骗顾客，另外还有环境污染、资源浪费等问题。这些问题的出现引起了消费者的强烈不满。

基于上述原因，有人提出，单纯的市场营销观念已不能解决消费者需求与消费者整体利益和社会长远利益的冲突，企业应树立一种超越市场营销观念的新观念——社会市场营销观念。

社会市场营销观念以社会利益为导向。企业要贯彻社会市场营销观念，就应以维护和促进全社会的利益与发展为最高目标，企业的生产经营不仅要满足消费者的需求和愿望，而且要有利于社会的整体利益和长远利益，将消费者需求、社会利益和企业目标统一起来，使之协调一致，如图 1-3 所示。

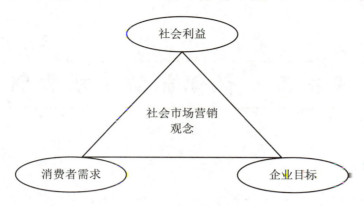

图 1-3　社会市场营销观念

3．大市场营销观念

20 世纪 80 年代以来，随着国际形势的变化，市场竞争日益激烈。各国政府为了保护本国的本土产业，纷纷加强对经济的干预，贸易保护主义盛行。即使企业的某种产品适销、价格合理，分销渠道和促销策略都适当，企业也未必能够进入特定的市场。在这种形势下，美国营销管理学专家菲利普·科特勒提出了大市场营销观念。

大市场营销观念是指企业为了打破各种贸易壁垒，成功进入特定市场或者在特定市场经营，应在策略上运用政治权力和公共关系等手段，以赢得参与者的支持和合作。大市场营销观念不仅适用于国际市场，也适用于国内市场。

4．全球营销观念

20 世纪 90 年代以来，全球政治和经济环境发生了重大变化。欧盟的形成、北美自由贸易区的出现等重大事件说明了一个重要的事实：国际经济与贸易正日益呈现出全球化和一体化的趋势，国际竞争空前激烈。这对以全球市场为目标的跨国企业带来了严峻的挑战。为适应世界市场经济贸易全球化和一体化的重大变化及发展趋势，全球营销观念应运而生。

全球营销观念突破了国界的概念，强调营销效益的国际比较，即按照最优化原则，把不同国家的企业组织起来，以最低的成本和最优化的营销组合去满足全球市场的需求，从世界市场范围来考虑企业营销战略的发展，以提高企业的综合竞争优势。

任务实施

主讲教师组织并引导学生讨论"市场营销和产品创新哪个更重要"。具体实施步骤如下：

（1）学生自由分组，每组 3～5 人，并推举出小组长。

（2）小组成员围绕"市场营销和产品创新哪个更重要"这一议题，分头查找网络或书籍资料，然后进行组内讨论，并形成统一的结论。

（3）讨论完毕后，推选代表发言。

任务二　认识旅游市场营销

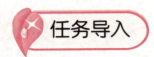

江苏旅游行业看好"2.5 天小·长假"

江苏地区或将
实行 2.5 天小长假

2019 年 6 月 6 日，江苏省委办公厅印发《中共江苏省委江苏省人民政府关于完善促进消费体制机制进一步激发居民消费潜力的实施意见》（以下简称《意见》），其中"政策支持"部分提出，鼓励错峰休假和弹性作息，探索在有条件的地区实施"2.5 天小长假"的政策措施。《意见》印发后受到了旅游行业的普遍关注，政策能否落实、旅游企业如何应对等一系列问题成为江苏旅游行业关注的焦点。

"小长假"带来新市场

《意见》的印发是江苏某国际旅行社有限公司副总经理赖某连日来一直关心的一件事。"如果'2.5 天小长假'得以落实，游客出游的选择机会随之增多，旅行社也可以更加从容地面对市场。总的来说，小长假让旅行社看到了一个更大的市场。"赖某说。

"对于旅游行业来说，2.5 天中的 0.5 天是实打实的有效时间。"江苏某商务国际旅行社董事长李某说。表面上看，多出来的 0.5 天与游客将要在出游路上花费的时间相差无几，但实际上，这 0.5 天会影响旅游行业颇为重要的指标——过夜天数。"'2.5 天小长假'可能更符合当下的发展规律，随着技术水平和工作效率的提高，每周增加一段自由支配的时间，目前看来比集中放假要好一点。这样不仅游客出游的舒适度会提高，旅行社的接待压力也会得以缓解。"

0.5 天也是竞争之地

2.5 天假期中多出来的 0.5 天在旅游企业眼中如此重要，那么，普通市民又将如何度过这 0.5 天呢？在互联网公司工作的南京市民张某回答："看电影、打游戏，或者在家躺半天。"与张磊相似，很多人都没有将多出来的 0.5 天与旅游联系到一起。

　　赖某表示，旅行社将设法抓住这个假期市场，购物中心、文娱场所等同样也不会错失良机。"这就需要旅行社打造更具吸引力的产品，通过对产品的精心打磨，推出让消费者心动的产品。"

　　李某也认为，出台《意见》的初衷是激励市民消费，但市民的消费渠道越来越多样化，并非一定要选择旅游。因此，旅游企业要做的就是尽力打造有吸引力或是适合市民出游的产品，采取一些有效的营销方式，从而引导消费热点，培养游客的消费习惯。

资料来源：中国旅游新闻网，
http://www.ctnews.com.cn/art/2019/7/16/ar_468_46860.html

问题：

　　（1）什么是旅游市场营销？旅游市场营销有哪些新理念？

　　（2）你认为应该如何升级或重新打造旅游产品，从而满足"2.5天小长假"带来的市场需求？

一、旅游市场与旅游市场营销

（一）旅游市场的概念和特征

1. 旅游市场的概念

　　从地理的角度来看，旅游市场是指旅游者与旅游产品提供方进行旅游产品买卖的场所。而在经济学的研究范畴中，旅游市场还包括旅游产品交换过程中供求双方之间发生的各种关系。

　　本书主要研究旅游市场营销活动，所以，从市场营销学的角度看，旅游市场是指在一定时期内，某一地区范围内存在的对旅游产品具有支付能力的现实和潜在旅游购买者的总和。

 知识拓展

旅游市场的构成要素

　　旅游市场主要由以下四个要素构成：旅游人口、旅游购买欲望、旅游购买力和旅游购买权利。

　　（1）旅游人口，即旅游产品的消费者，是构成旅游市场的基本要素。市场内人口越多，表示潜在的旅游产品购买者越多，对旅游产品的需求量就越大。

　　（2）旅游购买欲望，是指旅游者购买旅游产品的主观愿望或需求。只有在人们想要购买旅游产品的时候，潜在的购买力才有可能转变为现实的购买力。

（3）旅游购买力，是指人们在可支配收入中用于购买旅游产品的能力。如果没有足够的支付能力，即使有购买欲望，旅游也无法成为现实。

（4）旅游购买权利，是指允许旅游者购买某种旅游产品的权利。例如，某些国外旅游景点要求旅游者必须持有签证才能入境。

资料来源：操阳，纪文静. 旅游市场营销［M］. 大连：东北财经大学出版社，2017.

2. 旅游市场的特征

（1）全球性。旅游市场的全球性体现在需求和供给两个方面。随着经济全球化的进程不断加快和各国文化交往日益频繁，人们远距离甚至跨国旅游的需求不断上升。据调查，中国已经成为世界旅游市场最大的出境国和入境国之一。从供给上说，全世界各个国家都在大力发展旅游业，各旅游目的地都希望通过举办各种活动来吸引全球游客。

（2）波动性。旅游业是以旅游者需求为主导的产业，而影响需求的因素多种多样，使得旅游市场呈现出较大的波动性。例如，国际局势的变化、战争、自然灾害、季节变化、经济波动等都会引起旅游市场的变化。

（3）异地性。旅游是人们离开自己的居住地，到异国他乡旅行游玩和暂时停留的一种活动。旅游客源地和旅游目的地在空间上是分离的，也就是说，旅游产品的购买者主要是异地居民。旅游市场异地性的特点，要求旅游企业在制定营销策略时要考虑因地理位置不同而产生的差异（如气候差异、文化差异等）给旅游者带来的影响。

（4）竞争性。旅游业已经成为支撑经济发展的重要行业，各个国家对旅游业的政策支持力度也逐渐加大，加之该行业进入门槛较低、技术性不高，众多资源纷纷涌入旅游行业，使得旅游市场竞争越发激烈。

（二）旅游市场营销的概念

旅游市场营销是市场营销学在旅游行业中的具体应用和发展，是指旅游企业为满足旅游者需求和实现企业经营目标而进行的对旅游产品的构思、定价、促销、分销的计划和执行过程。

课堂互动

你怎样理解旅游市场营销的概念？请结合实际说明。

二、旅游市场营销新理念

（一）旅游网络营销

我国网民规模
已达 8.54 亿

中国幅员辽阔，旅游资源丰富，旅游企业要想利用这些资源吸引更多的旅游者，网络营销模式可以说是当之无愧的首选。一方面，我国互联网普及率高，第四十四次《中国互联网络发展状况统计报告》显示，截至 2019 年 6 月，我国网民规模达 8.54 亿，较 2018 年底增长 2598 万，互联网普及率达 61.2%，较 2018 年底提升 1.6 个百分点。另一方面，互联网具有丰富的表现形式，利用微博、微信等新媒体能向大众直观、全面地展示旅游景区。

旅游网络营销是指旅游企业以电子信息技术为基础、以计算机网络为媒介和手段而进行的各种营销活动。旅游网络营销实现了旅游企业与旅游者之间的实时互动营销，相比于传统的营销方式，效率更高、成本更低。

卓越创新

临沂：平邑县打造掌上"智慧之旅"

2018 年以来，平邑县按照山东省人民政府《山东省精品旅游发展专项规划（2018—2022 年）》关于推动精品旅游智慧化、开发智能化旅游服务系统的工作要求，依托平邑全域旅游产业发展工作实际，在平邑智慧旅游平台的基础上，研发了平邑县全域旅游 VR（虚拟现实）全景体验系统。该体验系统主要包括平邑县全域旅游和天宇自然博物馆、九间棚等 7 个旅游景区的 VR 全景体验项目，游客只需拿起手机扫一下二维码，就可以轻松进入各个虚拟景区，360度全方位观赏景区的主要旅游景点。

该系统正式上线以来，受到广大游客和市民的充分肯定，现已成为平邑旅游的一张新名片，取得了良好的营销效果。

资料来源：中国旅游新闻网，
http://www.ctnews.com.cn/art/2019/1/16/art_310_33049.html

（二）旅游体验营销

旅游体验营销是指企业为满足旅游者的情感需求，结合旅游产品的特性，策划有特定氛围的营销活动，让旅游者参与并获得美好而深刻的体验，从而扩大旅游产品销售的一种新型营销方式。

旅游体验营销主要有以下五种形式。

华山旅游体验营销案例

1. 感觉营销

    感觉营销是指通过人的感觉（视觉、听觉、触觉、味觉与嗅觉）创造直觉体验的感受，以满足人们的审美体验为重点，通过利用美的元素、风格，配合美的主题来迎合旅游者的审美情趣，从而引发其购买兴趣并增加产品的附加值。例如，我国著名的九寨沟景区有着"人间仙境""童话世界"的美称，以其独有的原始自然之美，加上变幻无穷的四季景观和丰富的动植物资源，成为旅游者心中唯美的天堂，如图1-4所示。

人间仙境九寨沟

图1-4　九寨沟景区

2. 情感营销

    情感营销是指通过营造情景和氛围来触动旅游者的内心情感，给旅游者创造兴奋、快乐等情感体验的营销形式。例如，澳大利亚战争纪念馆内创设了多个重大战役的场景（见图1-5），声、光、电全面调动，再现了一幅幅悲壮的历史画卷，使旅游者从内心深处感到震撼，从而增强体验的效果。

澳大利亚战争纪念馆

图1-5　澳大利亚战争纪念馆内的场景

3. 思考营销

思考营销是指以启发智力为目的，在产品营销中加入一些有创意的知识性元素，从而引起旅游者对问题的思考，为其创造认知和解决问题的体验。例如，户外拓展旅游项目采用的就是典型的思考营销形式。

4. 行动营销

行动营销是指通过增加旅游者的行动体验，满足其对某种生活状态的渴望。例如，某农家乐休闲旅游区将农田划分为小块菜地，长期租给城市居民，让他们在休息日前来自耕自耘，体验自给自足的田园快乐。

5. 关联营销

关联营销包括上述四种营销形式，能带给旅游者最全面的混合体验。通过感官刺激引起旅游者的兴趣，使其知晓旅游产品或服务；通过情感营销建立情感纽带，加深旅游者的理解；思考营销可以使旅游者深入分析，形成持久的认知，然后形成某种态度；行动营销促进行为动机的产生，使旅游者完成购买行为。在此基础上，旅游者个体的混合体验与他人的共有混合体验构成了全面的混合体验，如图1-6所示。

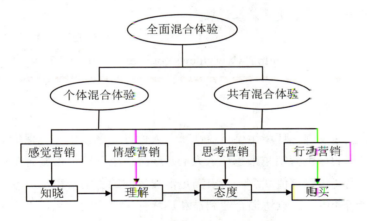

图1-6　关联营销的全面混合体验模式

薪火相传

河北村：天池河边新光景

河北村因在太原市娄烦县天池河北边而得名。2017年，河北村开始探索发展乡村旅游，成立了以村集体为主的乡村旅游开发公司，充分挖掘当地旅游资源，展现红军东征时经过河北村的历史。

河北村与S公司合作建立了红军东征路户外拓展训练营，开设队列训练、特色拓展项目、高空项目、亲子活动、感恩课程、真人CS对抗、丛林探险特色项目等课程，让青少年体验军旅生活。

此外，河北村还引进了四季风旅游集团，以"企业+农户"模式开发村里的土窑洞，打造"云栖谷创意文旅小镇"。村里投资近1 000万元对基础设施、村容村貌进行整治改造，建立了多个农家小院、美食小院、手工作坊、农耕馆，让游客更好地体验农家生活。

图1-7　河北村举办乡村文化旅游节

2019年4月，娄烦首届乡村文化旅游节在河北村云栖谷创意文旅小镇开幕，如图1-7所示。同年，河北村还举办了涂鸦大赛、设计大赛、音乐节、美食节等活动，吸引更多游客前来。

资料来源：中国旅游新闻网，
http://www.ctnews.com.cn/art/2019/1/16/art_310_33049.html

（三）旅游绿色营销

随着经济的快速发展，环境污染日益严重，人们开始意识到环境保护的重要性，以保护生态环境为宗旨的绿色营销越来越深入人心。旅游绿色营销是指旅游企业以环境保护为经营思想，以绿色文化为价值观念，力求满足消费者的绿色消费需求。旅游绿色营销要求旅游企业在营销活动中，注意协调企业利益和环境保护之间的关系，以实现经济社会的可持续发展。

具体来讲，旅游企业可以从以下几个方面进行绿色营销：首先，树立绿色营销观念，以资源为重；其次，确定绿色营销目标；再次，制定绿色营销组合策略，即研发绿色产品、确定绿色产品的价格、实施绿色促销、开辟绿色渠道，从而引导绿色消费；最后，实行绿色认证。国务院发布的《"十三五"旅游业发展规划》中要求，建立健全以绿色景区、绿色饭店、绿色建筑、绿色交通为核心的绿色旅游标准体系，推行绿色旅游产品、绿色旅游企业认证制度，统一绿色旅游认证标识，开展绿色发展教育培训，引导企业执行绿色标准。

不同旅游企业进行绿色营销的方式不同。例如，旅行社可以开发绿色旅游产品、设计生态旅游线路、提供绿色导游服务等；而旅游景区的绿色营销重点在于对景区的环境保护。

西山旅游公路自行车赛道

2018 年 8 月，为贯彻落实乡村振兴战略，促进绿色生态旅游发展，太原市启动了环城旅游公路暨公路自行车赛道的建设，并对沿线环境展开综合整治。西山旅游公路自行车赛道（见图 1-8）全长约 135.8 千米，由 14 条不同等级的公路组成，主起点为西仁线牛家口村，终点设在柴西公路与柴化线交叉处，整个赛道途经晋源区、万柏林区、尖草坪区三个行政区，贯通南北，辐射周围 100 多个景点。人们在赛道上骑行，仿佛驶入绿色浸染的美丽画卷。西山旅游公路的建设采用了多项环保技术，不仅方便游客出行，也改善了周边的生态环境。

西山"网红"旅游公路

图 1-8　西山旅游公路自行车赛道

2019 年 5 月 26 日，环太原国际公路自行车赛在此举行，吸引了来自意大利、西班牙等 12 个国家和地区的 20 支车队参赛。此次比赛也让西山旅游公路成功进入大众视野，西山旅游公路因此被称为太原的"黄金旅游圈"，带动了西山地区旅游业的发展。

资料来源：《太原日报》2019-07-17

任务实施

主讲教师组织并引导学生讨论"旅游绿色营销对旅游业发展的重要性"。具体实施步骤如下：

（1）学生自由分组，每组3～5人，并推举出小组长。

（2）小组成员围绕"旅游绿色营销对旅游业发展的重要性"这一议题，分头查找网络或书籍资料，然后进行组内讨论，并形成统一的结论。

（3）讨论完毕后，推选代表发言。

项目实训

1. 实训内容

列举旅游企业进行旅游市场营销的实例，分析该企业是如何进行市场营销的。具体实训步骤如下：

（1）学生自由分组，每组3～5人，并推举出小组长。

（2）小组成员分头查找网络或书籍资料，选择一则具有代表性的旅游企业营销实例，分析该企业在市场营销活动中有哪些创新点，取得了哪些效果。

（3）将小组实训结果制作成PPT，每个小组推荐一人在课堂上进行分享。

2. 实训评价

在某个小组展示的过程中，主讲教师及其他小组成员根据表1-1对其进行评价。

表1-1　项目实训评价表

评价项目	评价标准	分值	教师评价（70%）	小组互评（30%）	得分
知识运用	掌握旅游市场营销的基本概念和新理念	35			
技能掌握	对旅游企业营销案例的分析合理、准确	35			
成果展示	案例具有代表性，PPT制作精美，观点阐述清晰	20			
团队表现	团队分工明确、沟通顺畅、合作良好	10			
合计		100			

1．不定项选择题

（1）市场营销的核心是（　　　）。

A．生产　　　　　　　　　　B．分配

C．交换　　　　　　　　　　D．促销

（2）现代市场营销观念认为，企业市场营销的最终目标是（　　　）。

A．满足市场需求　　　　　　B．获取利润

C．企业发展　　　　　　　　D．推销产品

（3）"酒香不怕巷子深"体现了（　　　）。

A．生产观念　　　　　　　　B．产品观念

C．推销观念　　　　　　　　D．市场营销观念

（4）旅游市场的特征包括（　　　）。

A．异地性　　　　　　　　　B．消遣性

C．暂时性　　　　　　　　　D．波动性

2．简答题

（1）简述全球营销观念。

（2）旅游体验营销的形式有哪些？

项目二 旅游市场营销调研与预测

项目引言

在现代旅游市场营销活动中，能否及时、准确地掌握旅游市场的信息及其变化趋势是决定旅游企业能否生存和发展的关键。旅游市场营销调研是旅游企业进行营销活动的基础，旅游市场预测可以为旅游企业制定正确的营销决策提供依据。本项目将主要介绍旅游市场营销调研与预测的相关知识。

知识目标

◇ 理解旅游市场营销调研的概念、类型和内容。
◇ 掌握旅游市场营销调研的过程与方法。
◇ 掌握调查问卷的结构。
◇ 理解旅游市场预测的概念和内容。
◇ 掌握旅游市场预测的过程与方法。

素质目标

◇ 通过学习旅游市场营销调研的相关知识，培养实事求是、从实际出发探求事物内在联系及其发展规律的精神。
◇ 通过学习旅游市场营销预测的相关知识，学会以超前的思维、开阔的视野看待问题。

任务一　认识旅游市场营销调研

任务导入

东营市旅游发展委员会对全域旅游市场营销进行调研

作为黄河的入海口和胜利油田的崛起地，山东省东营市具有得天独厚的旅游资源和悠久的历史文化，旅游发展潜力巨大。2017年12月，为创建全域旅游示范市，找准旅游短板，东营市旅游发展委员会聘请由国家智慧旅游信息化专家顾问团成员、智慧旅游营销专家汪某带队的三个小组，分别对东营市内主要景区和各县区的旅游潜在客源地展开调研。

本次调研活动历时五天，线上线下同时进行，以座谈会、实地考察、问卷调查等形式，进行市内、市外全面调研。在市内调研方面，专家组在三区两县和黄河口生态旅游区，对东营市全域旅游发展和市场营销情况进行了实地调研。在市外调研方面，专家组对省旅发委和济南、淄博、潍坊、青岛四地的市旅发委的市场处、行管处等部门进行了重点访谈，并走访四地市的主要旅行社，了解东营旅游产品及组团情况。

通过调研活动，全面分析东营的旅游现状、市场营销情况及其在周边地市的知名度、影响力和客源情况，为东营旅游营销工作把好脉、找准短板，从而推动东营旅游工作再上新台阶。

资料来源：凤凰网，http://news.ifeng.com/a/20171221/54377353_0.shtml

问题：

（1）什么是旅游市场营销调研？

（2）上述案例中采用了哪几种调研方法？

知识讲解

　　旅游市场营销调研是指旅游营销人员运用科学的方法，有目的、有计划地收集、整理和分析有关旅游市场营销方面的信息，以了解旅游市场发展的现状和趋势，为旅游企业经营决策提供科学依据的活动。进行旅游市场营销调研，有助于旅游企业了解旅游者的需求、竞争者的发展状况、旅游市场的发展趋势等信息，从而制订正确的营销计划，在激烈的市场竞争中求得生存和发展。

一、旅游市场营销调研的类型

（一）按调研目的划分

　　按调研目的划分，旅游市场营销调研可分为探索性调研、描述性调研、因果性调研和预测性调研。

1. 探索性调研

　　探索性调研又称非正式性调研，是指旅游企业在情况不明、不知从何着手时，为了找出问题的症结，明确进一步调研的具体内容而进行的小规模调研。探索性调研的主要功能是帮助旅游企业发现问题和市场机会。一般来说，进行探索性调研有两种方法：一是收集相关资料，进行经验分析；二是咨询业内熟悉情况的人士。

市场调研

2. 描述性调研

　　描述性调研是指旅游企业经过周密计划，对旅游市场信息进行系统收集与汇总，并将客观事实或现象如实地描述出来，进而找出各种因素之间的内在联系。在实践中，大部分营销调研都属于描述性调研，如对企业的销售情况、广告效果、竞争者情况等的调研。

⊛ 以人为本

芦山县文化体育与旅游局开展问卷调查

　　2021 年 11 月 3 日，四川芦山县文化体育与旅游局安排旅游统计调查员开始为期 1 个月的旅游消费统计调查工作。此次调查以游客填写调查问卷的形式展开，共在禾茂田园（见图 2-1）、龙门溶洞等热门景点，以及开元曼居、吾善康养等热门住宿地设立了 7 个点位。

图 2-1　禾茂田园

在此次调查过程中，共发出 240 份调查问卷，旨在搜集游客的群体构成、游玩情况、消费情况等信息。调查结果将有益于芦山县更好地为游客提供服务，为芦山县文旅产业发展提供基础素材。

资料来源：芦山县人民政府官网，
http://www.yals.gov.cn/gongkai/show/7b71e0152673cd38fe558b4b84036992.html

3．因果性调研

因果性调研是指在描述性调研的基础上，为了进一步找出问题的原因，对旅游市场现象的因果关系进行调研，旨在说明旅游市场上某个因素的变化是否会影响其他因素以及影响程度。它所要回答的问题是"为什么"，如游客为什么不满意。

4．预测性调研

预测性调研是指旅游企业为了推断和测量旅游市场未来的变化发展情况而进行的调研。通过预测性调研，旅游企业可以分析未来一定时期内的旅游市场变化趋势，从而抓住市场机会，制订有效的旅游市场营销计划。

课堂互动

某景区准备进行一次旅游者满意度调研，希望了解旅游者对景区各项服务是否满意、哪些方面需要改进等问题。请问：此次调研属于哪种类型？

（二）按调研范围划分

按调研范围划分，旅游市场营销调研可分为全面调研、重点调研、典型调研、抽样调研等。

1．全面调研

全面调研是指以市场调研的总体为对象，对调研总体的所有单位进行调研。全面调研有助于旅游企业获得全面的原始资料和可靠数据，但是由于工作量大、耗时长且费用高，在实际调研中很少采用这种方式。

2. 重点调研

重点调研是指在调研总体中选定一部分重点单位进行调研。所谓重点单位，就是指数量不多，但在调研对象中处于重要地位的单位。这种调研方式的优点是可以节省人力和财力，使旅游企业较快掌握调研对象的基本情况；缺点是可能出现以偏概全的情况，例如，可能会因重点单位选择不合理而导致调研结果出现偏差。

3. 典型调研

典型调研是指在对调研对象进行全面分析的基础上，有意识地选定一部分具有代表性的人、物或单位进行调研。这种调研方式的优点是调研对象少，旅游企业可对调研单位进行细致、透彻的调研，从而获得调研单位的详尽资料；缺点是一旦典型单位选择不当，就可能使调研结果毫无意义。

提　示

> 重点调研与典型调研的区别在于：① 样本选取不同，前者以重点单位（占总体很大比重）为样本，后者以典型单位（具有代表性）为样本；② 调查目的不同，前者是为了掌握现象总体的基本情况，后者是为了研究现象总体出现的新情况、新问题；③ 适用情形不同，前者适用于部分单位能比较集中地反映所研究的项目或指标的情形，后者适用于调查总体同质性较大的情形；④ 推断总体的可靠程度不同，前者不能推断总体总量，后者在一定条件下可以推断总体总量，但无法判断可靠程度。

4. 抽样调研

抽样调研是指根据概率统计的随机原则，从调研对象中抽取一部分单位作为样本进行调研，以此来推算总体情况的一种调研方式。抽样调研的样本不是凭主观判断挑选出来的，而是随机地挑选出来的。在调研总体中，每个单位被抽取的概率相同，因此抽样调研不仅可以节省时间、人力、物力和财力，其结果也更具有公正性。

二、旅游市场营销调研的内容

旅游市场营销调研的内容相当广泛，一般来说，凡是与旅游企业营销活动有关的因素，都是旅游市场营销调研的内容。

（一）旅游市场营销环境调研

旅游企业的营销活动与周围营销环境有着密不可分的联系。营销环境既可以给旅游企业带来市场机会，也会对旅游企业构成威胁。旅游企业通过对市场营销环境进行调研，可以分析政治、人口、经济、科技等因素的变化对其市场结构和营销策略的影响，从而更好地适应和利用环境。

（二）旅游市场需求情况调研

旅游企业的一切活动都是围绕旅游者进行的，满足市场需求是旅游企业一切活动的中心和出发点。旅游市场需求情况调研是旅游企业营销调研中最重要的内容，其目的是掌握旅游者的数量、消费水平、消费结构、消费习惯、需求趋势等情况。因此，旅游企业不仅要调研现有的需求，还应调研潜在的需求。

（三）旅游市场竞争者情况调研

旅游企业应当掌握市场上有哪些竞争者及其市场占有率、市场覆盖率情况，同时还应了解竞争者的营销策略、发展趋势和对本企业的威胁程度。

（四）旅游者购买行为调研

旅游者购买行为是指旅游者为满足个人或家庭生活而做出的购买旅游产品的决策过程。旅游者购买行为会受到很多因素的交互影响，旅游企业需要了解旅游者的家庭结构、收入水平、生活习惯等基本情况，掌握旅游者的购买动机和购买行为的规律，从而制定有效的市场营销策略。

（五）旅游市场营销策略调研

旅游市场营销策略调研是对旅游企业的产品策略、价格策略、渠道策略和促销策略实施情况的调研。了解这些策略的运用现状，分析其效果及产生不同效果的原因，可以为旅游企业调整营销策略提供依据。

三、旅游市场营销调研的过程

旅游市场营销调研的过程如图 2-2 所示。

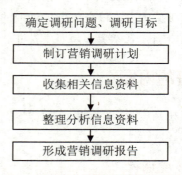

图 2-2　旅游市场营销调研的过程

（一）确定调研问题、调研目标

旅游市场营销调研的首要工作是明确本次调研所要解决的问题，确定调研的目标，即希望通过调研获取哪些信息、获取这些信息有何用处等。调研目标是全部调研活动的指南，它应该是可实现的，还应该清楚、具体，具有鲜明的针对性，这样调研活动才可能顺利进行。

（二）制订营销调研计划

明确调研问题和调研目标之后，应根据调研目标制订合适的调研计划，以便于后续调研活动的进行。一般来说，旅游市场营销调研计划应包括以下内容：

（1）摘要。要求用简短的文字描述调研的基本内容。

（2）调研目的。说明进行本次调研的背景、调研结果可能带来的实践作用或理论贡献。

（3）调研内容和范围。说明本次调研的主要内容，界定调研的对象和范围，明确所要获取的信息，并确定调研的问题及相关的理论假设。

（4）调研方法。说明将采用何种方法进行调研，可采用一种方法或多种方法结合。

（5）调研进度和经费预算。详细列出每一项活动所需的时间和对应的费用，最后列出总预算。

（6）附录。列出项目负责人和参与者的名单、每个人的专业特长和具体分工、抽样方案和问卷设计的相关说明等。

（三）收集相关信息资料

收集相关信息资料是对旅游市场营销调研计划的具体实施，主要是两方面的内容：一是收集二手资料，如国家机关、行业机构、市场调研与信息咨询机构等发布的统计数据，科研机构撰写的研究报告、著作或论文，以及旅游企业相关的内部资料；二是收集一手资料（又称原始资料），这是调研人员通过实地调查搜集到的资料，是进行市场研究的基础。一般来说，一手资料获取成本高，但适用性强，二手资料则相反。

（四）整理分析信息资料

通过调研收集到的信息资料一般比较零乱，必须经过整理和分析后才具有使用价值。旅游企业可运用统计方法和模型方法对收集的信息加以编辑、计算、加工、整理，最后用文字、图表、公式将资料中潜在的各种关系及变化趋势表达出来。

（五）形成营销调研报告

旅游市场营销调研人员结合分析资料，提出客观的调研结论，并采用调研报告的形式将调研结果呈送决策者。调研报告的内容包括前言、正文和附件。前言中立写明报告题目、承办人、调研工作的起止日期，调研的目的、范围，简述调研过程和有关背景情况；正文中详细叙述调研和分析结果，列举调研中发现的重要事实，对调研问题进行分析，并提出

解决问题的建议；附件包括一些重要的调研资料和比较复杂的图表等。

提交调研报告之后，旅游市场营销调研人员还应该对调研报告进行追踪，了解其建议是否被采纳，从而总结调研工作的成效。这样既可以帮助旅游企业决策者解决问题，又可以积累丰富的工作经验。

 知识拓展

撰写调研报告的注意事项

旅游市场营销调研人员撰写调研报告时，应客观、公正、全面地反映事实，以求最大限度地减少营销活动管理者在决策前的不确定性。具体应注意以下几点：

（1）报告内容要围绕调研目的展开，正面回答调研问题，指出尚未澄清的疑点。

（2）以客观的态度列举事实，不带有任何偏见。

（3）文字简练流畅，易读易懂。

（4）尽量使用直观易懂的图表说明问题。

资料来源：刘秀荣. 市场营销［M］. 镇江：江苏大学出版社，2015.

四、旅游市场营销调研的方法

常用的旅游市场营销调研方法有访问法、观察法和实验法三种。

（一）访问法

访问法是指调研人员通过各种方式向被调查者发问或征求意见来收集市场信息的一种方法。它包括深度访谈、座谈会、问卷调查等方法，其中，问卷调查又包括电话访问、邮寄调查、入户访问、街头拦访等调查形式。采用访问法可以获得比较真实的一手资料，但是其调查范围有限、速度慢，而且成本较高。旅游行业中最常见的就是顾客满意度调研，通常采用问卷调查的形式。

（二）观察法

徐记海鲜"神秘顾客"

观察法是指调研人员在调研现场，直接或通过仪器观察、记录被调查者的行为和表情，以获取信息的一种调研方法。观察法一般是在被调查者不知晓的情况下进行的，所得资料比较客观，但是往往只能了解外部现象，无法得知被调查者的动机、意向、态度等内在因素。"神秘顾客"调查法是营销领域中应用最广泛的一种观察法，在旅游行业中通常用于饭店、度假村等组织的服务质量调研。

同步案例

当"神秘顾客"来到酒店

王先生致电某酒店订房，在与酒店员工交谈的过程中，他快速记下几个细节：总机在铃响两声后接听，前台在铃响一声后接听，问候语标准；报价时没有主动提及房价内已包括两份早餐；在得知客人姓氏后，没有主动使用姓氏称呼客人……

三天后，商务客打扮的王先生来到该酒店，从走下出租车的一刻起到进入酒店大堂，王先生又默记下几个细节：行李生主动上前拉车门，问候并致欢迎词；行李生开车门的动作不规范；行李生没有提醒客人带齐随身物品，也没有询问后备厢内有没有其他行李；门童能主动拉门、问好，但缺少笑脸，且眼光一直投向别处……

对这家酒店的预订员、行李生和门童来说，王先生只是他们每天接待的众多顾客中普普通通的一名，而事实上，王先生此行却有着特殊的任务，他在酒店消费过程中经历的上述细节，都将出现在提交给该酒店管理层的《顾客经历报告》中。王先生是酒店聘请的一名"神秘顾客"，其任务是帮助酒店改善服务质量，从而不断提升顾客对酒店服务的满意度。

资料来源：豆丁网，https://www.docin.com/p-204810450.html

（三）实验法

实验法是指旅游市场营销调研人员通过实际的、小规模的旅游营销活动来调查关于某一旅游产品或某项旅游营销措施执行效果等市场信息的方法。其优点是科学性强，缺点是实验时间长、成本高。这种方法常用于调研旅游者对旅游新产品的接受程度。

上述三种调研方法各有优点，也有局限之处，在实际调研过程中究竟选择哪种方法，应根据调研问题和调研目标来确定，也可综合采用几种方法进行调研。

任务实施

以"大学生喜欢什么样的旅游产品"为主题，模拟召开小组座谈会。具体实施步骤如下：

（1）主讲教师担任主持人，选择8~12名学生作为受访者参会，其余学生为记录人员。

（2）主持人事先设计好相关问题，然后召开小组座谈会，针对主题引导受访者进行深入讨论，记录人员进行记录。

（3）会议结束后，记录人员整理会议记录，得出调研结论。

任务二　设计调查问卷

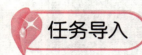 任务导入

关于山西王莽岭景区游客旅游体验的调研

尊敬的游客:

　　您好! 我们是××大学的学生, 因论文写作需要, 正在进行一项关于山西王莽岭景区的调查, 恳请您配合我们。我们承诺对您的个人信息严格保密, 请您根据实际情况填写。感谢您的支持与配合!

一、旅游调查

（1）（可多选）您获取山西王莽岭景区信息的渠道是（　　　）。

　　A. 电视、广播　　　　　　　　　　B. 互联网

　　C. 报纸、杂志　　　　　　　　　　D. 亲朋好友

　　E. 旅行社　　　　　　　　　　　　F. 其他（请注明）_____

（2）您此次到王莽岭景区旅游的组织方式是（　　　）。

　　A. 单位组织　　　B. 旅行社组团　　　C. 自助旅游　　　D. 其他

（3）这是您第（　　　）次游览王莽岭景区。

　　A. 一　　　　　　B. 二　　　　　　C. 三　　　　　　D. 三次以上

（4）您此次到王莽岭景区共（或计划）游览（　　　）。

　　A. 1 天以内　　　B. 2 天　　　　　C. 3 天　　　　　D. 4 天及以上

（5）您此次到王莽岭景区的住宿选择是（　　　）。

　　A. 酒店　　　　　B. 一般旅馆　　　C. 农家乐　　　　D. 亲友家中

　　E. 其他（请注明）_____

（6）（可多选）您认为景区的哪些部分对您有吸引力（　　　）。

　　A. 险峻的山势　　B. 植被　　　　　C. 云雾　　　　　D. 日出

　　E. 宜人的气候　　F. 挂壁公路　　　G. 历史文化

　　H. 其他（请注明）_____

（7）（可多选）您认为王莽岭景区还可以增加哪些旅游项目（　　　）。

　　A. 攀岩活动　　　　　　　　　　　B. 挂壁公路骑行

　　C. 定点摄影写生　　　　　　　　　D. 二维码景点介绍

E.　索道与缆车　　　　　　　　　　F.　其他（请注明）_____

（8）请根据您此次对王莽岭景区的旅游体验，填写表2-1（在相应栏内打√）。

表2-1　王莽岭景区的旅游体验

评价要素	非常满意	比较满意	一般	比较不满意	非常不满意
门票价格					
餐饮质量					
住宿条件					
旅游产品种类					
景区景观特色					
景区服务质量					
景区交通					
旅游整体体验					

（9）请您对山西王莽岭景区的发展提出宝贵意见：_____

二、基本信息

（1）您的性别是（　　）。

　　A.　男　　　　　　　　　　　　　B.　女

（2）您的年龄是（　　）。

　　A.　20岁以下　　　　　　　　　　B.　20～29岁

　　C.　30～39岁　　　　　　　　　　D.　40～49岁

　　E.　50～59岁　　　　　　　　　　F.　60岁及以上

（3）您的身份或职业是（　　）。

　　A.　学生　　　　　　　　　　　　B.　公务员

　　C.　自由职业者　　　　　　　　　D.　企业员工

　　E.　农民　　　　　　　　　　　　F.　教师

　　G.　离退休人员　　　　　　　　　H.　其他（请注明）_____

（4）您的月收入水平是（　　）。

　　A.　3 000元及以下　　　　　　　　B.　3 001～5 000元

　　C.　5 001～7 000元　　　　　　　　D.　7 001～9 000元

　　E.　9 000元以上

问卷到此结束，再次感谢您的合作与参与！预祝您工作、学习愉快

　　　　资料来源：六维论文网，http://www.lwfree.cn/fanwen/20180712/19609.html

问题：

（1）什么是调查问卷？调查问卷一般包括哪些部分？

（2）如何设计调查问题？

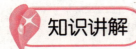

调查问卷又称调查表，是指以问题的形式系统地记载调查内容的一种文件。调查问卷是收集一手资料最常用的工具。

一、调查问卷的结构

一般来说，调查问卷应由问卷标题、问卷说明、填写说明、问卷主体与问卷结语等五个部分组成。

（一）问卷标题

问卷标题是对调查主题的概括，要使被调查者大致了解所要回答的问题，因此既要突出主题，又要简明扼要，能引起回答者的兴趣。

（二）问卷说明

问卷说明是对此次调查的简要说明，包括调查的组织者、目的、意义、用途等。其主要目的是为了获取被调查者的信任，从而获得更为准确的调查结果。

（三）填写说明

填写说明是为了帮助被调查者了解如何填写调查问卷，如何将调查问卷交回调查者手中。这部分内容可集中放在调查问卷前面，也可放在需要说明的问题前面。

设计调查问卷

（四）问卷主体

问卷主体是调查问卷的核心部分，主要包括调查者所要了解的问题和问题对应的备选答案。问卷主体一般可分为两部分：一是被调查者的基本情况，如姓名、性别、年龄、文化程度和职业等；二是调查的基本内容。

（五）问卷结语

问卷结语主要是为了表达对被调查者的感谢。例如："十分感谢您的参与与合作！""谢谢您的参与！"等。此外，问卷结语中还可以附上调查者的联系方式，如姓名、电话、电子邮箱、联系地址等，以便增强与被调查者之间的联系。

二、调查问题的设计

调查问卷中的问题主要包括开放式问题、封闭式问题和混合式问题。

（一）开放式问题

开放式问题又称无结构的问题，是指不给出具体答案的问题。对于开放式问题，被调查者可以充分地表达自己的看法和理由，有利于调查者获得较深入的观点。但开放式问题也有其缺陷，由于各种被调查者的答案可能不同，因此不便于统计，而且免不了夹杂调查者个人的偏见。开放式问题在一份调查问卷中不宜过多，以免被调查者产生抵触情绪。

开放式问题的主要形式有自由回答式、语句完成式、文字联想式、故事完成式。其中，自由回答式应用范围最广。例如："您认为景区内还有哪些需要改进的地方？""您认为乡村旅游未来的发展方向是什么？"

（二）封闭式问题

封闭式问题又称有结构的问题，是指提供了备选答案的问题。对于封闭式问题，被调查者可从中选择一个或多个答案。封闭式问题的答案易于编码和分析，正且方便被调查者回答。但是如果被调查者对题目理解有偏差，调查者将难以察觉。

封闭式问题的主要形式有二项选择式、多项选择式、等级式、顺序式，如表 2-2 所示。

表 2-2 封闭式问题的主要形式

形式	特征	举例
二项选择式	一个问题给出两个答案	您以前是否去过乌镇旅游？（ ） A. 是 B. 否
多项选择式	一个问题给出三个或三个以上答案	您一般采用什么旅游方式？（ ） A. 跟团 B. 独自出游 C. 家庭旅游 D. 与朋友搭伴
等级式	列出不同等级的答案，由被调查者根据自己的意见或感受进行选择	请问您对本次旅游的整体感受如何？（ ） A. 很满意 B. 满意 C. 一般 D. 不满意 E. 很不满意
顺序式	列出若干个答案，由被调查者根据自己的实际情况排列先后顺序	制约您出游的因素有哪些？请根据您的实际情况对以下因素进行排序（ ） A. 金钱 B. 时间 C. 天气 D. 旅游目的地的安全性 E. 旅游路线设计

（三）混合式问题

混合式问题是开放式问题和封闭式问题的结合，是一种半封闭、半开放的问题。调查者在设计调查问题时，将问题的部分答案列出，提供给被调查者选择，除此之外，被调查者还可提供不在备选选项里的答案。例如：

您认为旅游中最重要的有哪些方面？（　　　）

A. 住宿条件好　　　　　B. 饮食丰富　　　　　C. 玩得开心
D. 景色优美　　　　　　E. 其他（请注明＿＿＿＿）

 知识拓展 ————————————————————————————

设计调查问题的注意事项

旅游营销人员在设计调查问题时，应注意以下三个方面：

（1）问题的内容。所提问题必须与调研主题密切相关，同时要避免涉及个人隐私的内容。

（2）问题的形式。要考虑对上述三种问题形式的综合运用及其在问卷中的分布情况，还要注意措辞简洁、直接、客观，以及问卷回收后的数据统计、汇总的便利程度。

（3）问题的排序。问题的排序应该合乎逻辑，引导性的问题应放在前面，难以回答的问题和涉及隐私的问题应放在最后。

三、调查问卷数据的处理

（一）检验

（1）检验所有问卷的完整性。调查问卷的所有问题都应有答案，若有的问题没有答案，可能是被调查者不愿回答或者调查者的疏忽所致，调查者应当尽快联系被调查者，看其是否能够作答。如果仍无答案，则应剔除这些问卷，以免影响数据的完整性。

（2）检验调查者填写的问卷是否合理，答案前后是否一致。如果出现不合理、前后矛盾的情况，调查者应当向被调查者询问，或者自己根据答案内容的前后逻辑关系进行改正。若无法解决问题，可将这份问卷剔除。

（3）检验有效问卷的份数是否符合调研方案的要求。

（二）数据录入

为方便数据录入与分析，调查者应对问卷的问题和答案进行编码。例如，将问题编码为 Q1、Q2……；将选择题答案按 A、B、C、D 编码为 1、2、3、4，或者将每个选项都设为变量"0"或"1"（即被调查者选了该答案，变量为"1"，否则为"0"）。

调查工作结束后，应将回收的问卷按照编码进行数据录入，一般采用 Excel 或 SPSS 等统计软件进行，以便后期进行分析。

（三）数据整理

为了方便对数据进行分析和对比，调查者可根据调查主题和重要程度对数据进行统计分类，并制作图表。这样有助于调查者分析数据所反映的问题，并且比得出相应的结论。

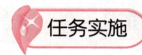

某酒店近来业绩有所下滑，酒店经理认为应该提升服务质量，从而提高顾客满意度，增加营业额。因此，他准备进行一次顾客满意度调研。请根据上述情境，为其设计一份调查问卷。具体实施步骤如下：

（1）学生自由分组，每组 3～5 人，并推举出小组长。

（2）小组成员通过查找网络或书籍资料，结合调研主题和实际情况，为该酒店设计一份调研问卷。

（3）每个小组推荐一人在课堂上展示问卷，主讲教师和其他小组进行点评。

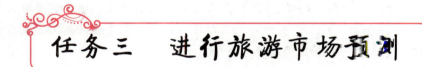

途牛发布《2019 暑期旅游消费趋势预测报告》

2019 年 6 月，途牛旅游网发布《2019 暑期旅游消费趋势预测报告》，根据用户暑期旅游产品预订数据，对 2019 年暑期旅游市场消费特征进行预测分析。整体来看，2019 年暑期，人们的出游热情较以往更为高涨，预订人次同比增长 32%。

在客群年龄段分布方面，26～35 岁和 36～45 岁两个年龄段的游客人次占比分别为 31%、37%。其中，为人父母的"70 后""80 后""90 后"的新晋"奶爸宝妈"占主流。因此，"00 后"和"10 后"的青少年和儿童在暑期出游客群中占据了较大比重。

在暑期"带娃出游"的家庭中，携一名儿童出游的家庭占 21%。随着二孩政策的普及，携两名儿童出游的家庭占比达 10%。此外，也有不少家庭相约一同"带娃看世界"，

多个亲子家庭组团出游，既能开阔孩子眼界、增进亲情，又能使孩子在旅途中增添玩伴。

报告显示，从目前的预订情况来看，北京、上海、深圳、南京、广州、宁波、苏州、温州、成都、济南位居客源地榜单前十名，多数都是夏季较为酷热的"火炉"城市，"清凉避暑"成为当地游客的共同诉求。从人均旅游产品花费来看，北京、上海、南京、天津、杭州、深圳、广州、苏州、成都、武汉等城市的消费者暑期出游最"不差钱"。

在出游行程规划方面，境内方向，时长六天左右的产品更受青睐，丽江、大理、昆明、张掖、酒泉、迪庆、青岛、承德、大连、呼伦贝尔成为境内最受游客欢迎的十大避暑目的地；境外方向，用户较多预订九天左右时长的产品，从目前暑期出境旅游产品预订情况看，泰国、日本、新加坡、马尔代夫、印度尼西亚、美国、加拿大、法国、澳大利亚、意大利等目的地国家较为热门。

资料来源：旅游圈，http://www.dotour.cn/article/146560.html

问题：

（1）如何进行旅游市场预测？

（2）途牛旅游网发布的《2019暑期旅游消费趋势预测报告》包括哪些内容？

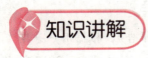 知识讲解

一、旅游市场预测的概念

旅游市场预测是指根据在旅游市场中收集的相关信息，利用已有的经验、预测技术，对旅游市场和与之相关的各种因素的变化进行研究、分析，以此预测旅游市场未来状况和发展趋势的过程。旅游市场预测可以为旅游企业的营销决策提供依据，从而增强营销效果。

二、旅游市场预测的内容

（一）旅游市场环境预测

旅游市场环境预测主要是对影响旅游市场供求关系的外部宏观因素的预测，主要包括以下内容：① 对国际、国内政治形势及有关政策、方针变化的预测；② 对国民经济发展水平的预测；③ 对自然环境和资源变化的预测；④ 对科技发展对旅游业产生影响的预测；⑤ 对社会文化、生活方式变化和人们消费水平变化的预测；⑥ 对旅游业相关行业变化对旅游业带来的影响的预测等。

（二）旅游市场需求预测

旅游市场需求预测是旅游市场预测的核心内容，包括对旅游市场总量、旅游市场需求量、旅游者的购买力和消费特征等因素的预测，以及上述因素的变化对旅游市场需求的影响的预测。

（三）旅游市场供给预测

旅游市场供给预测主要是对旅游市场的供给状况及其变化趋势的预测。通过对旅游市场供给的预测，旅游企业可以了解旅游行业的资源分布情况、行业现状、发展趋势、行业内各旅游企业供给能力的差异和服务差异，以及行业的整体供给潜力等。

三、旅游市场预测的过程

旅游市场预测的过程如图 2-3 所示。

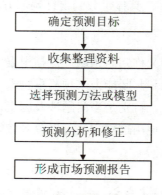

图 2-3 旅游市场预测的过程

（一）确定预测目标

进行旅游市场预测时，首先要明确预测目标，弄清楚预测要达到的目的和所要解决的问题。此外，旅游企业还需要根据预测目标和实际情况制订预测工作计划，编制预算，调配力量，以保证预测工作顺利进行。

（二）收集整理资料

确定目标之后，旅游营销人员应进行适当的调查，收集整理相关资料，为市场预测提供分析和判断的可靠依据。市场预测所需要的资料有两类：一类是关于预测对象本身的资料；另一类是影响预测对象发展的各种因素的资料。

（三）选择预测方法或模型

预测方法的选择是否适当，将直接影响预测结果的可靠性。选择预测方法时一般要考虑以下两个方面：一是预测目标和要求；二是预测对象本身的特点。运用预测方法的核心是建立预测模型，然后根据模型进行计算、分析与处理。

（四）预测分析和修正

旅游营销人员应通过科学的预测方法对收集的资料进行综合分析，并经过思考和推理，对市场发展趋势做出预测。除此之外，还要根据最新信息对预测结果进行评估和修正，最后得出结论。

（五）形成市场预测报告

在完成对市场的主要预测过程后，还要撰写书面的预测报告，对预测过程和预测结果进行阐述，并根据分析结果为旅游企业的营销活动提出富有建设性的建议。

四、旅游市场预测的方法

旅游市场预测的方法有很多，具体可分为定性预测方法和定量预测方法两大类。

（一）定性预测方法

定性预测方法

定性预测又称判断预测，是指根据已经掌握的资料，结合个人的经验、理论分析和判断能力来预测事物未来发展方向的方法。定性预测的适用范围很广，特别是当问题涉及因素很多，所掌握的资料又难以进行统计处理时，使用这种方法可以收到较好的效果。定性预测的方法主要有以下三种。

1. 购买者意向调查法

购买者意向调查法是指通过直接询问旅游者的购买意向和意见来预测未来发展趋势的方法。如果旅游者的购买意向明确、清晰，并且愿意向调查者透露，使用该方法比较有效。调查旅游者购买意向的具体方法比较多，如直接访问、电话调查、邮寄调查、组织座谈会等。

2．集中意见法

集中意见法又称销售人员综合意见法，是指将相关人员集中起来，共同讨论市场变化趋势，进而提出预测方案的方法。为了避免依靠某一个人的经验进行预测而产生偏差，旅游企业要集合有关人员进行共同研究和预测。

这种方法的优点是：在市场的各种因素变动激烈时，能够考虑到各种非定量因素的作用，从而使预测结果更加接近现实。它常与定量预测方法配合使用，以提高预测结果的可靠性和准确性。

3．专家意见法

专家意见法即组织各领域的专家，运用专业知识对预测对象过去和现在的情况、发展过程进行综合分析和研究，从而对预测对象未来的发展趋势做出判断的方法。其具体方法有三种，如表2-3所示。

表2-3　专家意见法

形式	内容
小组讨论法	召集专家集体讨论，互相交换意见，从而做出预测
单独预测集中法	由每位专家单独提出预测意见，再由项目负责人综合专家意见得出结论
德尔菲法	采取不署名和反复进行的方式，先组成专家组，将调查提纲和背景资料提交给专家，轮番征询专家意见后再汇总预测结果。其特点是各个专家互不见面，不知道别人的意见，因此可避免相互影响，且会经过反复征询、归纳、修改，直至意见趋于一致，从而使结论比较切合实际

（二）定量预测方法

定量预测是指利用比较完备的统计资料，运用计量方法和数学模型来预测市场发展趋势的方法。这类方法主要是对历史资料进行统计分析，采用的前提是旅游市场过去的特征和相关关系在未来基本保持不变。因此，只有在旅游市场处于相对稳定状态时，采用定量预测方法才能得到可靠的结果。常用的定量预测方法有时间序列分析预测法和因果分析预测法。

1．时间序列分析预测法

时间序列分析预测法是指通过编制和分析时间序列，对时间序列所反映的发展过程、方向和趋势加以外推或延伸，以预测下一时间可能达到的水平。客观事物的发展具有合乎规律的延续性，如某种旅游产品的市场占有率、季节性变动周期等常会在一定时期内保持不变，正是这种延续性使时间序列分析预测法的应用成为可能。

时间序列分析预测法包括很多具体方法，主要有简单平均法、移动平均法、指数平滑法、趋势外推法等。

2. 因果分析预测法

因果分析预测法是指以事物之间的相互依存关系为根据的预测方法。它是在定性研究的基础上，确定出影响预测对象（因变量）的主要因素（自变量），从而根据这些变量的观测值建立回归方程，并通过自变量的变化来推测因变量的变化。因果分析预测法的主要工具是回归分析技术，因此又称其为回归分析预测法。

在采用这种方法进行预测时，首先要确定事物之间相关性的强弱。相关性越强，预测精度越高；反之，预测精度越低。同时，还要研究事物之间的相互依存关系是否稳定，如果不稳定或在预测期内发生显著变化，则利用历史资料建立的回归模型就会失效。

 课堂互动

> 旅游目的地的接待能力是有限的，如果经营者对客源数量估计不足，当大量游客到来时，就难免会出现游客爆满、旅游设施供不应求、服务质量下降的情况。每年"五一""十一"期间，我国各大景区都会出现不同程度的游客爆满甚至游客滞留的情况。那么，景区可以采用哪些方法对节日期间的游客数量进行预测呢？

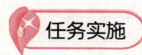 **任务实施**

收集旅游市场预测报告，并在课堂上进行展示。具体实施步骤如下：

（1）学生自由分组，每组 3～5 人，并推举出小组长。

（2）小组成员通过查找网络或书籍资料，收集三份旅游市场预测报告，了解预测报告的结构和内容，对比分析其特色。

（3）将分析结果制作成 PPT，每个小组推荐一人在课堂上进行分享。

项目实训

1. 实训内容

对所在城市的大学生旅游市场进行调研，了解大学生的旅游需求。具体实训步骤如下：

（1）学生自由分组，每组 3～5 人，并推举出小组长。

（2）小组成员通过查找网络或书籍资料，结合调研主题和实际情况制订调研计划、设计调查问卷，然后进行实地调研，并对调研数据进行整理、分析，最后撰写调研报告。

（3）将调研过程和调研报告制作成 PPT，每个小组推荐一人在课堂上进行分享。

2．实训评价

在某个小组展示的过程中，主讲教师及其他小组成员根据表2-4对其进行评价。

表2-4　项目实训评价表

评价项目	评价标准	分值	教师评价（70%）	小组互评（30%）	得分
知识运用	掌握旅游市场营销调研的内容和方法	35			
技能掌握	调查问卷设计规范，调研方法运用合理	35			
成果展示	调研报告结构规范、内容完整、层次清楚，观点阐述清晰	20			
团队表现	团队分工明确、沟通顺畅、合作良好	10			
合计		100			

项目自测

1．不定项选择题

（1）旅游市场营销调研首先要解决的问题是（　　　）。

　　A．确定调研方法　　　　　　　B．选定调研对象

　　C．明确调研目的　　　　　　　D．解决调研费用

（2）下列不属于调查问卷组成部分的是（　　　）。

　　A．问卷标题　　　　　　　　　B．问卷主体

　　C．表格　　　　　　　　　　　D．问卷结语

（3）调查问卷的问题形式包括（　　　）。

　　A．开放式问题　　　　　　　　B．实质性问题

　　C．封闭式问题　　　　　　　　D．混合式问题

（4）旅游市场预测的方法包括（　　　）。

　　A．集中意见法　　　　　　　　B．时间序列分析预测法

　　C．专家意见法　　　　　　　　D．因果分析预测法

2．简答题

（1）简述旅游市场营销调研的过程。

（2）根据调研目的划分，旅游市场营销调研可以分为哪几种类型？

（3）旅游市场预测的内容有哪些？

项目三 旅游市场营销环境分析

项目引言

任何企业都不可能在"真空"中生存发展。营销活动是在多变的客观环境条件下进行的，这些环境因素直接或间接地影响着旅游企业的营销活动及其营销目标的实现。所以，认识环境因素对旅游企业市场营销的影响，并正确进行 SWOT 分析，是旅游企业顺利开展营销活动的保证。本项目将主要介绍旅游市场营销环境的概念、特征和构成，以及如何运用 SWOT 分析法分析营销环境

知识目标

✧ 理解旅游市场营销环境的概念和特征。
✧ 掌握旅游市场营销宏观环境的构成。
✧ 掌握旅游市场营销微观环境的构成。
✧ 掌握旅游市场营销环境的 SWOT 分析法。

素质目标

✧ 了解宏观环境对旅游市场营销活动的影响，培养全局意识和整体意识。
✧ 了解微观环境对旅游市场营销活动的影响，培养以人为本的意识和责任意识。

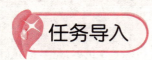

任务一　了解旅游市场营销环境

任务导入

酒店行业逢最惨低谷期，智慧转型迫在眉睫

2019 年，"酒店行业不似以往景气"的论调似乎已经成为行业人士的共识。据《2019 年上半年中国酒店市场景气调查报告》显示，上半年景气指数为−9，同期下降 41 个指数点，是 2015 年以来的行业最低潮。如何向智慧酒店转型，成为酒店行业共同思考的问题。

酒店行业经营困难的问题由来已久，市场不景气、用工难、消费习惯改变是整个行业面临的三大难题：

（1）市场不景气。受经济环境及政策影响，中国酒店行业自 2015 年开始进入低迷期。2015 年，前三季度星级酒店停业数量达到近 3 000 家。此后数年，高端酒店市场遇冷，经济型酒店疲软。

（2）用工难。随着老龄化现象初露端倪，年轻一代往往不愿意接受酒店行业长时间、高强度、紧张重复的机械性工作，行业人员流动率高达 30%。而酒店行业收益不佳，又无法提供有竞争力的薪资，从业人数不足，整体服务质量难以维持，导致恶性循环。

（3）消费习惯改变。新一代主流消费群体倾向于"有趣、有梗、有格调"的新兴酒店，传统酒店在装潢、设施设备等硬件质量上的优势正在消失。尤其年轻一代习惯从携程、美团等平台上订房，如何通过新鲜有趣的图文和视频抓住客户，成为酒店运营者需要思考的问题。

智慧酒店

酒店行业通常以 10～15 年为一个周期，随着近几年租约陆续到期，大量酒店将面临重新翻新或者另立租约的问题。在这轮内部升级调整的过程中，大家无一例外地把目光瞄准了当前大热的"智慧酒店"。智慧酒店通过配置多样化的智能设备来提升客户体验，用大数据更精细化地管理酒店，从而有利于降低管理成本，提升服务质量与经营效益。

资料来源：环球旅讯，https://www.traveldaily.cn/article/130278

问题：

（1）旅游市场营销环境包含哪些方面？

（2）酒店行业面临着哪些营销环境问题？

一、旅游市场营销环境的概念

旅游市场营销环境是指直接或间接地影响旅游企业市场营销活动的所有外部力量和相关因素的集合。这些力量和因素是影响旅游企业营销活动及其目标实现的外部条件。市场营销环境对旅游企业来说既能提供机遇，也能造成威胁。

二、旅游市场营销环境的特征

（一）客观性

旅游市场营销环境有其运行规律和发展趋势，不以企业的意志为转移。旅游企业可以适应和利用客观环境，但不能改变或违背客观环境。主观臆断某些环境因素及其发展趋势，必然会导致营销策略的盲目与失误，进而造成营销活动的失败。

（二）变化性与相对稳定性

旅游市场营销环境中的各个因素会随着时间的变化而变化，因此，旅游市场营销环境总是处于不断变化的动态过程中。但环境中的某些因素，如人口环境、自然环境、社会环境等在一定时间内会保持不变，具有相对稳定性。

（三）不可控性与企业的能动性

旅游市场营销环境是复杂多变的，旅游企业不能控制它。但是旅游企业可以通过调查与预测、调整营销策略等措施摆脱环境的制约或改变某些环境因素，从而促进企业发展。

（四）差异性

由于地理位置、自然环境、社会经济制度、民族文化、经济发展水平等的不同，使得不同国家和地区的旅游市场营销环境显示出差异性。即使在既定的区域环境中，旅游企业所面临的具体环境也会因企业经营任务和目标的不同而有很大的差别。

（五）关联性

构成旅游市场营销环境的各项因素并不是相互独立的，而是相互影响、相互制约的。每一种因素的变化都会导致另一种或几种因素发生相应的变化，进而形成新的旅游市场营销环境。

三、旅游市场营销环境的构成

旅游市场营销环境可分为宏观环境和微观环境两大类，如图3-1所示。宏观环境也称总体环境或间接环境，是指非旅游企业所能控制的、影响旅游企业营销活动的社会性力量与因素，包括政治法律环境、社会文化环境、经济环境、人口环境、自然环境、科技环境等。微观环境又称个体环境或直接环境，是指直接影响旅游企业营销活动的各种力量与因素，包括旅游企业、旅游者、竞争者、中间商、供应商、社会公众等。

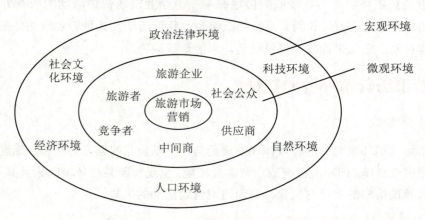

图 3-1　旅游市场营销环境的构成

任务实施

举行一场关于"论旅游市场营销环境的重要性"的演讲比赛。具体实施步骤如下：

（1）学生自由分组，每组3～5人，并推举出小组长。

（2）小组成员分头查找网络或书籍资料，列举实例论述旅游市场营销环境的重要性，即旅游市场营销环境对旅游企业经营活动的重要影响，并完成演讲稿。

（3）每小组推荐一人上台演讲。

任务二 认识旅游市场营销宏观环境

任务导入

5G为旅游带来更大想象空间

2019年6月6日，工业和信息化部正式向中国电信、中国移动、中国联通、中国广电发放5G商用牌照，这标志着我国正式进入5G商用元年。5G技术的广泛应用，将为旅游行业带来哪些影响呢？

实际上，5G技术在旅游行业已有很多试点应用。2019年3月15日，故宫博物院和华为签署战略合作协议，共同开展5G应用示范、故宫智慧院区、人工智能大赛等方面的合作，进一步推动故宫博物院的数字化、信息化、智慧化建设。

随着5G技术的深入应用，故宫博物院的游客体验将进一步提升。例如，让世界各地的游客能随时身临其境地体验参观故宫博物院的乐趣，让游客享受到更高速的网络服务和高清视频内容……故宫作为世界上管理难度较大的博物馆之一，5G的成功试点意味着该技术可以向全国各地文物古建类景区推广。

再如，黄山旅游景区把5G技术和无人机结合，在黄山上设置了两个无人机站，用无人机360°拍摄黄山景观，然后通过5G技术实时传输给VR终端，最高能够达到8K超高清视频，使游客可以通过VR实时欣赏黄山美景。另外，人们还用5G、VR技术复原了红军过草地、爬雪山的震撼场景。

业内人士普遍认为，涵盖"吃、住、行、游、购、娱"的旅游服务行业有大量场景与5G应用场景重合，未来5G技术在旅游行业的应用将更加广泛。

资料来源：中国旅游新闻网，

http://www.ctnews.com.cn/art/2019/6/11/art_1_4_44666.html

问题：

（1）旅游市场营销宏观环境包含哪些因素？它们是如何影响旅游市场营销活动的？

（2）上述案例中，旅游业受到了哪种因素的影响？

一、政治法律环境

政治法律环境包括政治环境和法律环境。政治环境引导着旅游企业营销活动的方向，法律环境则是旅游企业营销活动的准则。

（一）政治环境

宏观营销环境分析

国家每出台一项与旅游相关的方针、政策，都会对旅游企业的市场营销活动产生一定的影响。因此，旅游企业开发国内市场，首先要认真研究国家的政策动向，尤其要随时跟踪和研究不同阶段的各项具体方针、政策及其变化趋势。

此外，旅游是全球性的活动，出境旅游已成为旅游业发展的一种趋势。国与国、地区与地区之间的关系都会影响国家的经济政策，进而影响旅游企业的营销活动。

（二）法律环境

为保证国家经济的良好发展，政府颁布了相应的法律和法规来制约、维护、调整企业的活动。旅游企业研究并熟悉这些法律、法规，既能保证自身严格依法管理和经营，也可运用法律手段保障自身利益。

> **提　示**
>
> 我国目前的主要经济法律、法规有《中华人民共和国合同法》《中华人民共和国产品质量法》《中华人民共和国公司法》《中华人民共和国消费者权益保护法》《中华人民共和国广告法》《中华人民共和国反不正当竞争法》《中华人民共和国商标法》等。此外，和旅游相关的法律、法规有《中华人民共和国旅游法》《中华人民共和国出境入境管理法》《旅游安全管理办法》等。

二、社会文化环境

社会文化环境是指一个国家、地区或民族的传统文化，通常由教育水平、价值观念、宗教信仰、风俗习惯等内容构成。一般来说，社会文化环境因素主要通过影响旅游者的消费欲望和购买行为，来间接地影响旅游企业的市场营销活动。

（一）教育水平

人们的教育水平不同，价值观念、审美标准、兴趣爱好、生活方式也会存在差异，从而形成不同的旅游消费需求和购买习惯。一般来说，教育水平高的消费者对生活质量和精神文化有更高的要求，因而对旅游的需求更为强烈，消费也更趋于理性，对旅游产品的要求更高。

（二）价值观念

价值观念是指人们对事物的态度和看法。人是社会经济活动的主体，价值观念、情感意志等影响、制约着人们的经济活动。不同社会文化背景的旅游者，价值观念相差很大，这必然会造成他们在消费需求和购买行为上的巨大差异。例如，有的人追求物质与精神享受，表现为高消费甚至超前消费；而有的人崇尚节俭，在消费时会充分考虑自身的经济实力，而且更倾向于将钱存起来。

（三）宗教信仰

宗教信仰是构成社会文化的重要因素，其对信教人群的旅游需求和消费行为影响巨大。不同的宗教有自己独特的生活方式、节日礼仪，因此旅游企业在营销活动中要充分尊重旅游者的宗教信仰，避免由于不同宗教信仰产生的矛盾和冲突给旅游企业带来损失。

（四）风俗习惯

风俗习惯是指在一定的自然环境和物质生产条件下长期形成于世代相袭的一种风尚、习惯，表现为独特的心理特征、伦理道德、行为方式和生活习惯。不同的国家、地区、民族有不同的风俗习惯，在饮食、服饰、节日、婚丧嫁娶、人际交往等方面都有各自的特点。了解目标市场旅游者的风俗习惯，是旅游企业进行市场营销活动的重要前提。

 同步案例

南宁方特东盟神画推出"巴厘岛泼水节"

南宁方特东盟神画（以下简称"南宁方特"）是国内首个展示东盟十国自然历史文化的主题乐园。2019 年 7 月，南宁方特推出"巴厘岛泼水节"，以陪伴游客度过缤纷暑期。

泼水节是巴厘岛上一个庄重、盛大的传统节日。华强方特（南宁）旅游发展有限公司总经理孔某介绍，引入这个极富特色的节日，旨在带领游客在南宁方特奇妙的东南亚跨国之旅中，穿越到夏日的巴厘岛，以一系列夏日清凉活动开启避暑新玩法。南宁方特结合园内独有的巴厘岛风情，打造了两大泼水节主题区域，同时开启了"日场+夜场"狂欢模式。乐园开放时间为 9:00—21:00，在园区内的泼水节主题区域，白天会有

清凉的全民泼水大作战游戏、巴厘岛特色的草裙舞、椰壳舞和水上互动，让游客尽情泼水狂欢（见图3-2）；晚上还会举行盛大的DJ电音派对，让游客在欢快的节奏中释放自我，感受夏日的激情。

图3-2　游客泼水的场景

资料来源：中国旅游新闻网，

http://www.ctnews.com.cn/art/2019/7/6/art_507_46129.html

三、经济环境

经济环境是指旅游企业进行市场营销活动所面临的社会经济条件及其运行状况和发展趋势。经济环境主要包括居民收入、消费结构、产业结构、外贸收支状况、经济增长率、货币供应量、银行利率等因素，其中，居民收入、消费结构、外贸收支状况对旅游企业营销活动的影响较大。

（一）居民收入

居民收入是直接影响市场容量大小的重要因素。旅游企业可从以下四个方面进行分析：

（1）国民收入，是指国家物质生产部门的劳动者在一定时期内所创造价值的总和。以一年的国民收入总额除以人口总数，即可得到该国的人均国民收入。

（2）个人总收入，是指旅游者个人以工资、红利、租金、退休金等形式所获得的总收入。个人总收入是影响社会购买力、旅游市场规模大小和旅游者支出模式的重要因素。

（3）个人可支配收入，是指个人总收入减去个人纳税支出后的余额。它是影响旅游者购买力和旅游支出的决定性因素。

（4）个人可任意支配收入，是指在个人可支配收入中减去用于维持个人与家庭生存不可缺少的费用后所剩余的部分。这部分收入是消费需求变化中最活跃的因素，也是旅游企业开展营销活动时所要考虑的重要因素。

（二）消费结构

经济学家认为，个人收入与消费之间存在着一定的关系。旅游者个人收入中用于各种消费支出的比例关系及其相互关系就是消费结构。恩格尔系数用于衡量收入对消费结构的影响，其计算公式如下：

$$恩格尔系数 = \frac{居民用于食物的支出}{居民的总支出} \times 100\%$$

随着家庭收入增加，用于购买食物的支出占家庭收入的比重会下降，用于住宅和家务经营的支出占家庭收入的比重大体不变，用于其他方面（如服装、娱乐、教育）的支出和储蓄占家庭收入的比重会上升。可见，恩格尔系数越小，人们可自由支配的收入就越多，用于旅游的支出可能就越多。

福祉民生

中国居民恩格尔系数

联合国根据恩格尔系数的大小，对世界各国的生活水平有一个划分标准，即一个国家的平均家庭恩格尔系数大于 60% 为贫穷，50%～60% 为温饱，40%～50% 为小康，30%～40% 为相对富裕，20%～30% 为富足，20% 以下为极其富裕。

1978 年，中国居民恩格尔系数平均值为 60%（农村 68%，城镇 59%），属于贫穷级别；2003 年，中国居民恩格尔系数平均值为 40%（农村 46%，城镇 37%），属于小康级别；2017 年，中国居民恩格尔系数为 29.39%，这是历史上首次跌破 30%；2018 年，中国居民恩格尔系数降至 28.4%；2019 年，中国居民恩格尔系数再创历史新低，降至 28.2%。

资料来源：人民日报海外网，
https://baijiahao.baidu.com/s?id=1625935279049008016&wfr=spider&for=pc

（三）外贸收支状况

当一个国家的外贸收支出现逆差时，本国货币将会贬值，使其出国旅游的价格升高，此时旅游客源国政府会采取以鼓励国内旅游来替代国际旅游的紧缩政策；相反，当外贸收支出现顺差时，本国货币将会升值，出国旅游的价格降低，此时旅游客源国会放任甚至鼓励居民出国旅游或购买国外产品。

四、人口环境

人口是构成市场的第一要素，直接影响旅游企业的市场营销活动和经营管理。人口环境对旅游市场营销的影响主要表现在以下三个方面。

（一）人口数量与增长速度

一般来说，人口数量越多，潜在旅游市场就越大；人口增长速度越快，潜在旅游市场的扩充速度就越快。因此，旅游企业在进行市场营销活动时，必须重视对人口数量与增长速度的研究。

（二）人口分布

受自然环境、地理条件、经济发展水平的影响，人口分布是不均衡的。人口疏密状况不同，旅游企业营销力量的投放力度也会有所不同。旅游企业往往在人口密集的城市优先布局营销资源，优化营销渠道，大量投放广告。另一方面，由于生活环境和收入水平的差异，城乡居民对旅游产品的需求也会不同。一般而言，城镇居民对旅游的需求比农村高。

 课堂互动

列举身边的实例，分析城乡居民的旅游需求有哪些区别。

（三）人口结构

人口结构是指将人口按照不同的标准进行划分，划分标准一般有年龄、性别、职业、宗教、民族、家庭人数等。

在年龄结构方面，不同年龄的旅游者对旅游产品的需求不一样，旅游企业应针对不同年龄阶段的旅游者设计不同的旅游产品。随着经济的发展，人均寿命延长，人口老龄化现象显现，逐渐形成了一个巨大的"银发市场"。旅游企业可以重点关注老年人市场，推出适合老年人的各项产品或服务。

在性别结构方面，女性与男性在旅游需求与购买行为上有很大的差异。随着女性参加工作的机会增多，收入增加、经济独立，女性旅游者的数量逐渐增加。旅游企业可针对女性旅游者的消费特点设计开发旅游产品。

此外，不同职业群体的消费能力、消费特点、闲暇时间不同，对旅游产品的需求也不同。旅游企业应充分了解其特点，从而合理设计旅游产品，并选择有效的旅游宣传方式。

五、自然环境

与其他行业相比，旅游业与自然环境的联系更为紧密。多数景点的开发都依托于特殊的自然资源，如独特的地形地貌、壮丽的山川湖泊等，这些都是吸引旅游者的重要因素。我国旅游业的快速发展得益于对自然资源的合理开发利用。一旦人类对自然环境过度开发，使得自然环境遭到破坏，旅游业必然会受其反噬。因此，旅游企业要增强环保意识，在营销活动中注意与自然环境的融合，实施绿色营销、生态营销等。

另一方面，旅游企业要尽量避免环境变化和环境破坏给企业带来的威胁。地震、洪水、泥石流、恶劣天气等自然灾害都会给旅游业造成损失。例如，2017 年 3 月 8 日，四川九寨沟发生 7.0 级地震，部分景点在地震中遭到了严重破坏（见图 3-3），对当地旅游业造成了重大的损失。

震后航拍九寨沟景区，
看今昔对比

图 3-3　地震后的诗日朗瀑布

六、科技环境

科学技术的发展对经济发展产生了巨大的影响，它不仅影响旅游企业内部的经营管理活动，还与其他环境因素相互作用，影响旅游企业的营销活动。

首先，科技的发展为旅游企业开发新产品提供了技术手段。新技术的出现会带来新的消费领域，旅游企业如果能抓住市场机会，凭借先进的技术去开发新的旅游产品，满足旅游者的需求，就可以获得良好的经济效益。

其次，新技术的应用为旅游企业调整营销策略、提高营销效率提供了基础。例如，企业管理的信息化有利于旅游企业及时了解市场变化，从而对营销策略做出相应调整；网络的普及促进了电子商务的蓬勃发展，促使旅游企业适时调整经营模式和营销策略；多媒体技术的广泛应用也为旅游企业的促销活动提供了更多有力工具。

分析人口老龄化对旅游业的影响。具体实施步骤如下：

（1）学生自由分组，每组3～5人，并推举出小组长。

（2）小组成员通过网络搜索或查找书籍资料，了解我国人口老龄化的现状，分析人口老龄化对旅游业的影响和旅游企业应采取的对策。

（3）小组讨论结束后，每个小组推荐一人报告讨论结果。

任务三　认识旅游市场营销微观环境

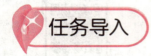

马蜂窝"未知旅行实验室"

　　如果条件允许的话，无论是长短假期，人们都喜欢通过旅游来度过假日时光。调查显示，现在旅游的主要人群是年轻人。这实际上反映了年轻一代的特征：拒绝接受规则，追求自由和个性。

　　年轻、个性、分享、移动社交，这就是马蜂窝1.3亿用户的典型用户画像。2016年9月6日，马蜂窝针对年轻人追求个性、自由的特征，成立了"未知旅行实验室"。这是一家旨在探索"旅游与人性"奇妙关系的非常规理想主义实验室，定期面向大众发起以"未知"为核心的旅游实验，旨在与全球旅游爱好者共同探索世界上与旅游相关的一切未知与可能。

　　与传统在线旅游不同的是，马蜂窝一贯保持着"潮""酷"的年轻化品牌形象，是旅游行业中最了解当下年轻旅游者的新型在线旅游平台。在传统在线旅游平台提供千篇一律的产品与服务的情况下，马蜂窝从情感和人性关怀的角度出发，以攻略、内容为核心，发掘更多个性化、差异化的产品，利用大数据引擎、精准的用户画像和千人千面的个性化推荐，让每一位不同需求的旅游者都能快速找到合适的旅游产品，从而更加精准地满足年轻用户的需求。而"未知旅行实验室"则是马蜂窝与年轻旅游者建

立联系的有效渠道，是马蜂窝作为新型旅游企业标杆的重要行业布局。

资料来源：哈佛商业评论，https://www.hbrchina.org/2018-09-29/6475.html

问题：

（1）旅游市场营销微观环境包含哪些因素？它们是如何影响旅游市场营销活动的？

（2）上述案例中，马蜂窝主要考虑了哪些因素？

一、旅游企业

旅游企业自身是旅游营销微观环境中的一个重要因素，是开展旅游市场营销活动的主体。旅游企业内部环境包括企业组织结构、企业文化、企业资源等。任何一个旅游企业的市场营销活动都不是某个部门的孤立行为，而是旅游企业内部各部门科学分工与密切合作的组织行为。旅游企业要想实现市场营销管理目标，必须协调处理好各部门之间的关系，促使营销活动高效地展开。

微观营销环境分析

二、旅游者

旅游者是旅游企业的服务对象，是影响旅游企业营销活动最基本、最直接的环境因素，可以是个体，也可以是组织。

个体旅游者是旅游产品或服务的直接消费者，包括购买旅游产品或服务的个人或家庭。其旅游目的是为了满足个人或家庭的物质需求和精神需求。此类旅游者具有以下特点：① 人数众多，市场比较分散；② 需求差异大，因年龄、性别、习惯、偏好等的不同，旅游需求也不同；③ 主要以个人或家庭为购买单位，所以购买数量较少；④ 购买频次较高；⑤ 购买流动性大；⑥ 大多对旅游产品缺乏专业的认识，购买行为更具诱导性。旅游企业可以根据个体旅游者的这些特点做好营销工作，从而有效地引导其购买行为。

组织旅游者是指为开展业务或奖励员工而购买旅游产品或服务的企业或机关团体。其特点是：① 数量较少，购买规模较大；② 对旅游产品或服务的需求受价格变动的影响较小；③ 有专门的采购人员，会对旅游产品或服务进行专业了解。针对组织旅游者的这些特点，旅游企业要注重提升旅游产品或服务的质量，与组织旅游者保持良好的合作关系，

从而实现双赢。

三、竞争者

旅游企业要想在激烈的竞争中胜出，在进行市场营销活动时，必须密切关注竞争者的举动，以便适时调整营销策略。从消费需求的角度划分，旅游企业的竞争者一般可分为愿望竞争者、一般竞争者、产品形式竞争者和品牌竞争者。准确识别竞争者，并采取相应的竞争策略，对旅游企业的发展十分重要。

愿望竞争者是指提供不同产品，以满足不同需求的竞争者。每一个理性的消费者都有许多需求和愿望，但在一定时期内，消费者的实际购买力是有限的，因此会根据自身的需求形成一个购买阶梯。例如，某消费者获得了一笔奖金，他希望购买一台新电脑或者出去旅游，此时电脑销售企业与旅游企业就形成了竞争关系。

一般竞争者是指提供能够满足同种需求的不同产品的竞争者。例如，旅游者可以选择飞机或高铁作为出游工具，此时航空公司和高铁客运企业就互为竞争者，它们是一种平行的竞争关系。

产品形式竞争者是指提供种类相同，但规格、档次、性能不同的产品的竞争者。例如，旅游者需要解决旅游期间的住宿问题，他可以选择高档酒店，也可以选择平价的旅馆或农家乐，这些酒店、旅馆和农家乐之间便是产品形式竞争者。

品牌竞争者是指产品相同、规格、档次、性能等也相同，但品牌不同的竞争者。例如，五星级酒店有希尔顿、香格里拉、万达等品牌。

上述不同的竞争者与旅游企业形成了不同的竞争关系，这些竞争关系是旅游企业开展营销活动时必须考虑的重要因素。

四、中间商

旅游中间商是指处于旅游企业和旅游者之间，协助旅游企业寻找客户或直接与客户交易的企业，主要包括旅游批发商、旅游代理商、旅游经销商，以及随着互联网的产生与发展而出现的在线服务商等。旅游中间商一方面承担着组合旅游产品，并向旅游者推介和销售的职能，另一方面担负着向旅游产品供应企业及时反馈旅游市场需求的职能。

旅游中间商对旅游企业的营销活动影响重大，在营销活动中的多个环节都会出现，因此，能否选择合适的中间商关系着营销目标能否顺利实现。

五、供应商

　　旅游供应商是指向旅游企业提供生产旅游产品所需资源的组织或个人。例如，饭店的供应商有水电部门、家居企业、菜市场、养殖户等；旅行社的供应商有旅游风景管理区、交通部门、饭店、旅游纪念品生产商等。

　　旅游企业的营销活动离不开供应商产品或服务的供给，供应商主要从产品价格、质量，以及供应产品的及时性与稳定性等方面影响企业的营销活动。旅游企业应该选择那些信誉好、产品质量好、价格合理、供应及时的供应商，并与其保持长期的良好合作关系，同时还要加强供应商管理，以保证供应充足、及时。

课堂互动

　　某饭店经理要在旅游高峰期的一个周末开展一次以美食节为主题的促销活动，此次美食节周五晚上开始，主打海鲜。于是他联系了常年合作的海产品供应商，供应商承诺提供此次促销活动所需的所有海鲜。周五早上，供应商打电话说龙虾、螃蟹暂时缺货，周六才能到货。可是已经有许多客人预订了龙虾和螃蟹。

　　如果你是饭店经理，你会怎么做？

六、社会公众

　　社会公众是指对旅游企业实现其市场营销目标有实际或潜在影响的一切团体和个人。一般来说，社会公众可分为内部公众和外部公众。其中，内部公众一般与旅游企业有归属关系，包括股东和员工，他们的意见、态度、情感等对旅游企业的生存与发展产生直接影响；外部公众是指与旅游企业在经济业务、外事往来等方面有着密切联系的公众，主要包括旅游者、新闻媒介、社区公众和政府等。

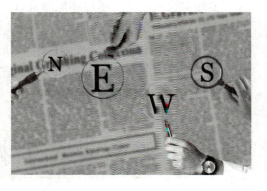

　　社会公众对旅游企业的市场营销活动有很大的影响，旅游企业应该积极采取措施，处理好与社会公众之间的关系，从而为旅游企业开展市场营销活动创造良好的环境。

美团携手温德姆 142 家酒店，捐款支持"净水计划"

2019 年 7 月 19 日，美团宣布，将联合温德姆酒店集团及其旗下温德姆、华美达和戴斯等多个品牌的 142 家酒店，展开以公益为主题的合作。

这是美团与温德姆酒店集团基于"消费公益"的首次尝试，将有 6 万笔酒店订单纳入本次公益合作计划。温德姆酒店集团的上述 142 家酒店将在美团平台上获得"公益商家"专属标识，消费者可以在广州、上海、重庆等多个城市的酒店预订页面看到此专属标识，点击筛选后即可进行预订。消费者每完成一笔订单，公益商家都会为"净水计划"项目捐赠一定金额的善款，用于向吉林通化的一所小学捐赠净水设备。

"美团订酒店，一年 3 亿间。"截至 2019 年 7 月，美团在国内的酒店合作伙伴已经达到 40 万家。未来，美团希望与更多的优秀商家展开公益合作，更好地履行社会责任。

资料来源：环球旅讯，https://m.traveldaily.cn/article/130590

任务实施

选择学校附近的一家酒店或旅行社，分析其面临的竞争者。具体实施步骤如下：

（1）学生自由分组，每组 3～5 人，并推举出小组长。

（2）每个小组选择学校附近的一家酒店或旅行社，通过实地调研了解其面临的竞争者有哪些，并判断分别属于哪一类型的竞争者，对该企业有什么影响。

（3）将小组讨论结果制作成 PPT，每个小组推荐一人在课堂上进行分享。

任务四　掌握 SWOT 分析法

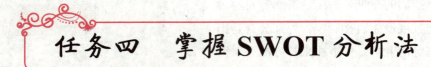

任务导入

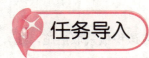

我国低空旅游产业的 SWOT 分析

我国低空旅游起步于 20 世纪 90 年代的八达岭长城游览。截至 2017 年 12 月，我国内地空中游览项目已开展的有 88 个，拟开展的有 132 个。由于低空旅游产业还处于市

场培育与产业布局阶段，整个低空旅游产业大概只有 40% 多的企业能够实现微小盈利。

1. 产业现状的 SWOT 分析

通过选取具有代表性的区域进行调研，并且走访开展低空旅游业务的通用航空公司，对我国整个低空旅游产业现状运用 SWOT 分析法进行具体分析。

（1）优势：行业法规体系逐步健全、通航基础设施逐步完善、各地低空旅游资源丰富、跨界融合新兴产业形态、产业市场空间前景广阔。

（2）劣势：通航企业运营成本偏高、低空旅游产品价格较高、项目审批程序复杂、噪声污染扰民、单一商业模式较难盈利。

（3）机会：产业扶持政策相继出台、旅游消费市场快速增长、旅游业供给侧结构改革、各地通用航空发展迅速。

（4）威胁：空域管理改革还不充分、运营安全风险压力较大、新兴航空智能技术兴起、航空消费尚未形成文化。

2. 营销战略分析

通过四象限匹配分析，可得出我国发展低空旅游产业的竞争战略。

（1）发展型战略：依托自身的旅游资源禀赋与现有的航空产业基础，抢抓低空旅游产业政策叠加的发展机遇，积极引导通航企业在区域内景区布局低空旅游业务，从而抢占低空旅游产业发展的市场先机。

（2）稳定型战略：结合景点特征或城市特色及其空域资源，完善景区基础配套设施，采用新技术降低航空器运营的噪声污染，运用现代信息技术手段加强商业模式创新、变革营销方式与改善服务保障体系，全面提升低空旅游产业的市场化程度。

（3）紧缩型战略：选择合适的低空旅游产业发展模式，努力降低项目运营成本，因地制宜地开发低空旅游市场。结合"互联网+"战略加强低空旅游宣传策划，应用新兴人工智能技术提升航空安全管理水平。

（4）多角化战略：深化军民深度融合战略，推进低空空域的充分开发，拓展宣传渠道以扩大产业消费群体，鼓励与支持通航企业与旅游景区合作开发低空旅游产业，形成低空旅游产业的立体化格局。

资料来源：民航资源网，http://news.carnoc.com/list/465/465733.html

问题：

（1）什么是 SWOT 分析法？如何进行 SWOT 分析？

（2）我国低空旅游产业应该采用哪一种战略？为什么？

SWOT 分析法是市场营销环境分析中常用的方法，是指基于内外部竞争环境和竞争条件下的态势分析，列出企业内部的优势、劣势和外部的机会、威胁，并依照矩阵形式排列，然后对各因素进行系统分析，从而得出相应结论的企业战略分析方法。

提 示

SWOT 中的 "S" 代表 "Strength"（优势），"W" 代表 "Weakness"（劣势），"O" 代表 "Opportunity"（机会），"T" 代表 "Threat"（威胁）。

一、优势与劣势分析

SWOT 分析法

旅游企业内部的优势与劣势是相对于竞争者而言的。优势可以表现在有利的竞争态势、充足的资金来源、良好的企业形象、雄厚的技术力量、较大的市场份额、规模经济、成本优势等方面；劣势包括设备老化、管理混乱、缺少关键技术、研究开发落后、资金短缺、经营不善、竞争力差等。

分析旅游企业的内部环境时，要从整个价值链的每个环节上（管理、组织、经营、财务、生产、销售、人力资源等）将旅游企业与其竞争者进行详细的对比分析。此外，在调查分析这些因素时，不仅要考虑旅游企业的历史与现状，还要考虑未来发展趋势。只有充分、准确地了解旅游企业的优劣势，才能扬长避短，制定合适的营销战略和决策方案，从而实现旅游企业的经营目标。

二、机会与威胁分析

旅游企业外部环境是企业无法控制的，它通过对旅游企业提供机会或产生威胁来影响旅游企业的营销活动。机会是指对旅游市场营销活动有利的、能够促进企业发展的各种因素，具体包括新市场、新需求、政策利好、市场壁垒解除、竞争者失误等；威胁是指对旅游市场营销活动不利的或限制企业发展的各种因素，具体包括新的竞争者出现、替代品增多、市场紧缩、经济衰退、客户偏好改变、突发事件等。

一般情况下，旅游企业所面临的机会和威胁是并存的。在综合分析营销环境时，可根据机会水平和威胁水平的不同，将旅游企业所面临的综合环境分为四种不同的类型，如图 3-4 所示。

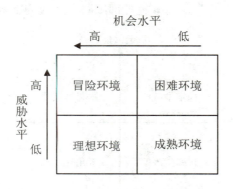

图 3-4　综合环境的类型

（1）冒险环境，即高机会和高威胁的营销环境。对于冒险环境，不宜盲目冒进，应全面分析旅游企业自身的优势和劣势，扬长避短，以抓住市场机会，寻求突破性发展。

（2）困难环境，即低机会和高威胁的营销环境。旅游企业要选择是努力改变环境、减轻威胁，还是寻求新的发展空间，以摆脱困境。

（3）理想环境，即高机会和低威胁的营销环境。旅游企业应该适时地抓住市场机会，进行产品开发和市场拓展，抢占市场份额，提升市场地位，从而赢得竞争优势。

（4）成熟环境，即低机会和低威胁的营销环境。旅游企业应在经营好常规业务、维持企业正常运转的同时，积极寻找新的市场机会。

三、旅游市场营销战略选择

在对优势、劣势、机会、威胁进行分析的基础上，将各种因素根据轻重缓急或影响程度进行排序，构造 SWOT 矩阵。在这个过程中，要将那些对旅游企业发展有直接的、重要的、大量的、迫切的、久远的影响因素优先列出来，而将那些间接的、次要的、少许的、不迫切的、短暂的影响因素排在后面。

旅游企业内部的优势与劣势是相对的，要与外部环境的机会与威胁结合起来综合分析，并在此基础上选择正确的营销战略。根据 SWOT 分析法，将内外部环境结合起来综合分析，可以形成四种内外匹配的战略：发展型战略、稳定型战略、紧缩型战略、多角化战略，如图 3-5 所示。

发展型战略是指发展企业内部优势与利用外部机会的战略，是一种理想的战略模式。当企业具有特定方面的优势，而外部环境又为发挥这种优势提供有利机会时，可以采取该战略。稳定型战略是利用外部机会来弥补内部劣势，使企业获取优势的战略。当企业存在外部机会，但由于一些内部劣势而妨碍其利用机会时，可采取措施来减少这些劣势。紧缩型战略是一种旨在减少内部劣势、回避外部环境威胁的防御性战略。当企业存在内忧外患时，往往面临生存危机，可以通过降低成本来改变劣势。多角化战略是指企业利用自身优

势，采用多角化经营分散风险，从而减轻外部威胁所造成的影响。

图 3-5　SWOT 分析战略选择矩阵

综上所述，不同 SWOT 状态下的具体营销战略选择如表 3-1 所示。

表 3-1　不同 SWOT 状态下的营销战略选择

SWOT 分析结果	营销战略选择	营销战略方向	营销原则	营销决策
优势+机会	发展型战略	产品认知	开拓	占领市场、领导同行、增强企业实力
劣势+机会	稳定型战略	个性突显	争取	随行就市、速战速决、抓住市场机会
劣势+威胁	紧缩型战略	有效回收	保守	降低成本、急流勇退、占领角落市场
优势+威胁	多角化战略	品牌塑造	进攻	集中优势、果断还击、提高市场份额

运用 SWOT 分析法选择营销战略的原则是：发挥优势因素，克服劣势因素，利用机会因素，化解威胁因素；考虑过去，立足当前，着眼未来。通过 SWOT 分析，旅游企业可以明确自身的优势，改进或回避自身的不足，把握有利于企业生存和发展的机会，从而将优势转变为企业的竞争力。

某经营出境游业务的国际旅行社经过调查，了解到影响本企业出境游业务的主要因素如下：① 政策导向刺激出境游需求；② 出境旅游目的地国家数量不断增加，覆盖面遍及五大洲；③ 签证政策越来越灵活；④ 国内旅游者出境游的观念有待进一步改变；⑤ 旅游法律、法规不健全，出境旅游者的权益得不到有效的保护；⑥ 国际上突发事件的频繁发生，如恐怖活动、传染性疾病等，加剧了出境旅游者的恐惧心理。

请判断上述因素对该旅行社而言是机会还是威胁，然后综合分析该旅行社面临的环境为哪一类型，可采取哪些营销措施。学生分析完成后，可自愿或由主讲教师选择部分学生在课堂上发言。

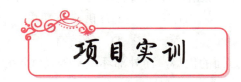

1．实训内容

假设某旅游企业想要针对大学生开发设计新的旅游产品，请运用 SWOT 分析法对其旅游市场营销环境进行分析。具体实训步骤如下：

（1）学生自由分组，每组 3～5 人，并推举出小组长。

（2）小组成员通过网络搜索或查找书籍资料，选择一家旅游企业，分析其开发新产品的优势与劣势、面临的机会与威胁，然后构造 SWOT 矩阵，并为其选择合适的营销战略。

（3）将分析过程和结果制作成 PPT，每个小组推荐一人在课堂上进行分享。

2．实训评价

在某个小组展示的过程中，主讲教师及其他小组成员根据表 3-2 对其进行评价。

表 3-2　项目实训评价表

评价项目	评价标准	分值	教师评价（70%）	小组互评（30%）	得分
知识运用	掌握旅游市场营销环境的概念与构成	35			
技能掌握	能够准确运用 SWOT 分析法，分析结果合理	35			
成果展示	PPT 制作精美，观点阐述清晰	20			
团队表现	团队分工明确、沟通顺畅、合作良好	10			
合计		100			

1．不定项选择题

（1）SWOT 分析法中的"O"代表（　　）。

　　A．优势　　　　　　　　　　B．劣势

　　C．机会　　　　　　　　　　D．威胁

（2）向旅游企业提供生产旅游产品所需资源的组织或个人是（　　）。

    A．中间商　　　　　　　　　　B．供应商

    C．广告商　　　　　　　　　　D．经销商

（3）当企业具有特定方面的优势，而外部环境又为发挥这种优势提供有利机会时，可以采取（　　）。

    A．发展型战略　　　　　　　　B．稳定型战略

    C．紧缩型战略　　　　　　　　D．多角化战略

（4）从消费需求的角度划分，旅游企业的竞争者一般可分为（　　）。

    A．愿望竞争者　　　　　　　　B．一般竞争者

    C．产品形式竞争者　　　　　　D．品牌竞争者

2．简答题

（1）简述旅游市场营销环境的特征。

（2）旅游市场宏观环境有哪些构成要素？

（3）根据机会水平和威胁水平的不同，旅游企业面临的综合环境有哪些类型？

项目四 旅游者购买行为分析

项目引言

　　旅游者是旅游活动的主体，旅游市场营销的目的就是为了满足旅游者的需求，因此，分析旅游者购买行为对旅游企业进行市场营销活动意义重大。准确把握影响旅游者购买行为的因素和旅游者购买决策的过程，有助于旅游企业制定有效的营销策略，从而推动旅游营销活动的顺利开展。本项目将主要介绍旅游者购买行为的基础知识、影响旅游者购买行为的因素、旅游者购买决策的过程。

知识目标

　　◇　理解旅游者购买行为的概念和特点。
　　◇　了解旅游者购买行为的类型。
　　◇　熟悉旅游者购买行为的模式。
　　◇　掌握影响旅游者购买行为的因素。
　　◇　掌握旅游者购买决策的过程。

素质目标

　　◇　坚持把旅游者需求放在第一位的营销理念，在更好地满足旅游者需求的前提下引导旅游者做出购买行为。
　　◇　通过分析大学生的旅游购买行为，培养科学严谨、实事求是的工作态度。

任务一 了解旅游者购买行为

任务导入

中国千禧世代的旅游特征分析

中国千禧世代（出生于 1980—2000 年的人）的旅游者是中国最富有的群体之一。各旅游企业都想抓住这一消费群体，以扩大市场份额。

凯络、安纳特和精旅传媒合作推出《下一站去哪儿：中国千禧世代旅行者洞察报告》，报告详述了中国千禧世代对旅游的影响，以及他们在旅游中的购买行为特征。凯络携手上海数据交易中心，在两个月的时间里对超过 800 万名年龄在 22～37 岁的旅游者进行了标记和追踪研究，同时还融合了凯络的消费者调研系统（CCS）的数据。

数据显示，中国千禧世代的旅游者在行为和态度上存在明显差异，可划分为三类：敢于冒险的影响者、对文化好奇的旅游者、时尚的追随者。其中，敢于冒险的影响者是潮流先锋和意见领袖，热衷于探索更多真实的文化体验。这个群体在社交平台上非常活跃，他们对文化、食物、艺术、音乐和户外活动很感兴趣，在对旅游地的选择和舆论形成上有着重要的影响。同时，他们在休闲旅游上的花费也比其他任何群体都要高，大约比一般人高出 23%。

对文化好奇的旅游者是这三大群体中最大的一个群体，他们热衷于寻找丰富的文化活动，喜欢与当地人互动，体验大自然。

而时尚的追随者，无论走到哪里都非常重视品质。对他们来说，目的地的气氛很重要，这在他们心中占据着重要地位。另外，时尚的追随者也更倾向于追求潮流，因为相比其他同龄人，他们更渴望放松。

凯络还通过跟踪千禧世代的数字足迹（即在互联网上的活动信息）来了解他们的旅游决策过程。中国千禧世代中有 95% 的人是通过移动设备登录微信、QQ 和微博等来获取信息的。报告指出，重要的意见领袖和名人在影响旅游选择和解决安全问题等方面，都产生了一定的影响。

另外，报告中还提出了其他一些有趣的见解。例如，机票价格是中国千禧世代选择去哪儿的一个重要因素，所以提供打折机票是吸引他们前往目的地的一个好办法。

资料来源：旅游圈，http://www.dotour.cn/article/31305.html

问题：

（1）什么是旅游者购买行为？

（2）中国千禧世代在旅游中有哪些行为特征？

 知识讲解

一、旅游者购买行为的概念

旅游者购买行为是指旅游者为满足其旅游需求，在收集旅游产品相关信息进行决策和购买、消费、评估、处理旅游产品时的行为表现。

旅游者是旅游活动的主体，旅游企业应以旅游者为导向，通过分析旅游者的购买行为及其影响因素，适当地调整营销策略，从而促进营销活动的顺利进行。

二、旅游者购买行为的特点

（一）综合性

旅游活动由吃、住、行、游、购、娱六要素组成，与日常的消费者购买行为相比，旅游者购买行为具有综合性的特点。在旅游消费过程中，旅游者通常会购买饮食、住宿、交通、游览、娱乐、通信等方面的产品或服务。例如，旅游者确定好旅游目的地后，需要购买往返的车票或机票，到达目的地后需要选择住宿的酒店，还要进行娱乐活动。

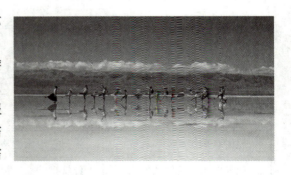

（二）多样性

旅游者进行旅游活动的目的不同，旅游的动机也各不相同。例如，有的人希望回归自然、休养身心，有的人想了解和欣赏异地的文化、风俗、宗教和艺术，还有的人想在异地结交新朋友或探亲访友等。基于不同的旅游动机，旅游者会选择不同形式的旅游活动。例如，中老年旅游者多从身体健康的角度考虑，因此会选择泡温泉、做理疗等旅游活动。

（三）不可重复性

旅游是一种异地消费行为，所以形成旅游产品的旅游资源、旅游设施和旅游从业人员提供的服务不能转移到旅游者的常住地。旅游者只是购买了旅游产品的使用权，而没有取得对旅游资源、旅游设施等的所有权，因此旅游活动结束后，旅游者就会失去对旅游产品的使用权。

同时，由于旅游产品更多地表现为旅游从业人员凭借旅游设施和旅游资源等物质产品向旅游者提供的旅游服务，而这种服务只有在旅游者购买时才会产生，因此服务结束后旅游者将无法继续占有旅游产品的使用价值。

（四）高档次性

旅游是人类对美好生活的向往与追求，是认识新鲜事物和未知世界的重要途径。旅游者购买行为的产生主要是为了满足其享受的心理需求，所以旅游者购买行为表现为高档次的消费。在旅游过程中，旅游者对物质产品或服务的要求也会高于对基本生活必需品的要求。例如，旅游者在异地旅游时，往往会出于安全、卫生、舒适甚至是炫耀等方面的考虑而居住高星级的宾馆。

三、旅游者购买行为的类型

按照不同的标准，可以将旅游者购买行为分成不同的类型，如表 4-1 所示。

表 4-1　旅游者购买行为的类型

分类标准	具体类型
旅游购买的决策单位	个体购买行为、组织购买行为
旅游者购买的参与程度	当日往返旅游购买行为、短程旅游购买行为、远程旅游购买行为
旅游购买者的购买能力	经济型购买、标准型购买、豪华型购买
旅游者购买费用的来源	自费旅游、公费旅游、社会资助旅游
旅游者购买的时间	现实的购买行为、潜在的购买行为
旅游者购买目的	观光型、娱乐消遣型、求知型、公务型、保健型
旅游者的性格特点	习惯型、理智型、冲动型、随意型

结合自身经历，谈谈自己有上述哪一种或哪几种类型的购买行为。

四、旅游者购买行为的模式

（一）"需求—动机—行为"模式

"需求—动机—行为"模式从心理学的角度构建了旅游者的购买行为模式，如图 4-1 所示。当旅游者产生旅游需求而未得到满足时，就会引起一定程度的心理紧张。此时如果出现满足需求的目标，旅游者的需求就会转变为内在的动机，进而驱使旅游者产生具体的消费行为。当旅游者的需求通过旅游消费活动得到满足时，内在的心理紧张感就会消失。

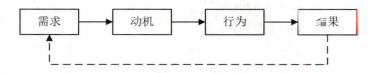

图 4-1　"需求—动机—行为"模式

（二）"刺激—反应"模式

对具体的旅游者来讲，旅游企业的营销活动是否能够产生作用、能够产生多大作用，对哪些人最为有效，可以通过"刺激—反应"模式（见图 4-2）加以认证。这是研究旅游者购买行为最基本的方法。

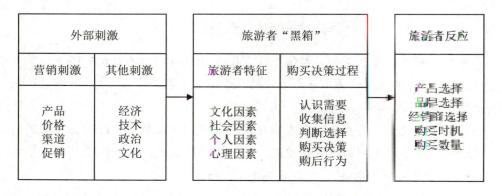

图 4-2　"刺激—反应"模式

从这一模式中可以看到，具有一定潜在需求的旅游者首先受到旅游企业营销活动的刺激和各种外部环境因素的影响而产生购买倾向；而基于特定的内在因素和决策方式，不同特征的旅游者对于外界的各种刺激和影响又会做出不同的反应，从而形成不同的购买意向

和购买行为。

其中，外部刺激、购买者最后的决策和选择都是可见的，但是旅游者如何根据外部刺激进行判断和决策的过程却是不可见的，这就是心理学中所说的"黑箱"效应。分析旅游者购买行为就是要对这一"黑箱"进行分析，从而了解旅游者的购买决策过程及影响这一决策过程的各种因素。

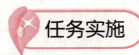

任务实施

分小组讨论"自由行和跟团游哪个好"。具体实施步骤如下：

（1）学生自由分组，每组 3～5 人，并推举出小组长。

（2）小组成员围绕"自由行和跟团游哪个好"这一议题，分头查找网络或书籍资料，然后进行组内讨论，并形成统一的结论。

（3）讨论完毕后，推选代表发言。

任务二　掌握影响旅游者购买行为的因素

任务导入

吴先生一家的旅游购买过程

吴先生，36 岁，重庆某公司部门经理，月薪 10 000 元。吴太太，35 岁，某中学历史老师，月薪 6 000 元。两人有一个 8 岁的儿子，上小学二年级。吴先生母亲已故，父亲与他们一起生活，今年 62 岁，是一名退役军人。

一个周末的晚上，吴先生一家在客厅里看电视，当屏幕上出现迪士尼乐园的场景时，儿子非常兴奋，大叫着要去那里玩。吴太太觉得太远，劝说儿子，但儿子坚决要去。"行，放假了爸爸带你去玩。"最后吴先生敷衍道。

晚上临睡前，妻子想到刚刚的事，对吴先生说："暑假我们一家出去旅游吧，咱们家房子也买了，儿子现在还小，爸爸有退休工资，日子还算稳定。你看人家老李家，每年都出去玩一次，咱们还是在结婚前出去过几次，而且也该让咱儿子出去长长见识。正好，你今年还有一次带薪假期。"经过一番思索后，吴先生同意了这个提议。

接下来，吴先生便查了一些旅游线路的资料，如九寨沟—黄龙、昆明—大理—丽江—香格里拉、丝绸之路等，这些旅游线路对他非常有吸引力。他想看九寨沟美丽的自然风光，也想去感受丽江小镇和纳西族人安逸祥和的生活方式，还想去丝绸之路领略中华古老而灿烂的文化。妻子喜欢看人文景点，特别是一些历史遗迹。因此，吴先生希望能找到一条自然资源和人文资源并重的旅游线路。

某天，吴先生听到同事说去国外旅游，他的思维一下子打开了：他们一家人从来没有去国外旅游过，为什么不去国外呢？对于吴先生的想法，妻子表达了几点疑虑：一是对国外的情况不熟悉，而且语言不通；二是她听同事说，出境游有很多线路，不知道选哪条。对此，吴先生决定先去旅行社了解一下情况。

于是，吴先生去了重庆中国旅行社咨询情况。工作人员介绍说，新马泰旅游线路开发时间较早，线路成熟，价格便宜，而且这几国的文化背景和中国有相似之处；欧洲旅游线路近年来也很盛行，但价格较高，而且现在的旅游产品形式是把多个国家捆绑在一起，因此出游时间也长一些。此外，对于韩国、日本、澳大利亚和马尔代夫，以及一些非洲国家的旅游线路，工作人员也一一向吴先生做了介绍。

吴先生思索了一会儿，决定把欧洲游和新马泰旅游作为重点考虑和选择的对象。他将欧洲游和新马泰旅游的资料带回家，和妻子说了自己的想法。妻子对比了价格、旅游景点和住宿条件，决定去新马泰旅游。

资料来源：新浪博客，http://blog.sina.com.cn/s/blog_8ca836ca0100zgvt.html

问题：

（1）哪些因素影响了吴先生一家对旅游产品的选择？是怎么影响的？

（2）在上述案例中，哪些是主要影响因素，哪些是次要影响因素？

知识讲解

影响旅游者购买行为的因素主要包括文化因素、社会因素、个人因素和心理因素，如图4-3所示。这四种因素不是孤立、单独地影响旅游者购买行为，而是在一定购买力前提下，相互关联、相互制约，共同发挥作用的。

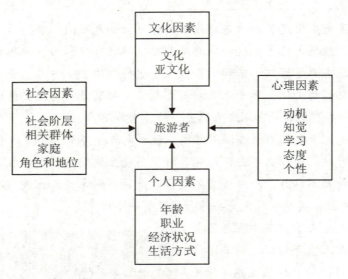

图 4-3　影响旅游者购买行为的因素

一、文化因素

（一）文化

从广义上讲，文化是指人类在社会历史实践中创造的物质财富和精神财富的总和；从狭义上讲，文化是指社会的意识形态以及与之相适应的制度和结构。文化因素对旅游者的购买行为具有最广泛和最深远的影响，是人类欲望和行为最基本的决定因素。生活在一定文化环境中的每一个人，他们认识事物的方式、行为准则和价值观念都会受其文化传统的影响而不同于生活在其他文化环境中的人。文化的差异决定了旅游者消费行为的差异，也会影响旅游者对旅游产品的选择与购买。

（二）亚文化

亚文化是指某一文化群体所属次级群体成员共有的独特信念、价值观和生活习惯等，主要包括民族亚文化、地域亚文化、宗教亚文化和种族亚文化等。亚文化以特定的认同感和影响力将各成员联系在一起，使之具有特定的价值观与行为方式。

（1）民族亚文化。由于自然环境和社会环境的差异，不同民族形成了不同的亚文化群，这些亚文化群在饮食、服饰、建筑、宗教信仰等方面表现出明显的不同。

（2）地域亚文化。地理环境上的差异也会导致人们在生活方式、生活水平、购买力和消费结构上的不同。例如，我国各地的饮食文化有着明显的差异，西南部的人喜欢吃辣，江南人偏爱甜；北方人以面食为主，南方人则以大米为主食等。

（3）宗教亚文化。不同宗教有其特有的信仰和禁忌，形成了一定的宗教亚文化。

（4）种族亚文化。种族是指在本质形态上具有某些共同遗传特征的人类群体，如白种人、黄种人、黑种人等，不同种族有不同的文化传统和生活习惯。

二、社会因素

（一）社会阶层

社会阶层是指由具有相同或类似社会地位的社会成员组成的相对持久的群体。处于同一阶层的旅游者在价值观念、态度和行为等方面往往具有同质性，这些都会影响旅游者的购买行为，而且他们在购买旅游产品时通常会考虑自己所处阶层中其他购买者的行为。因此，研究社会阶层对于深入了解旅游者购买行为具有非常重要的意义。

（二）相关群体

相关群体是指能直接或间接地影响旅游者的态度、行为或价值观的各种组织或个人。相关群体可分为三类：一是对旅游者影响最大的群体，如家族成员、朋友、邻居和同事等，他们和旅游者关系密切，对旅游者的购买行为有直接的影响；二是旅游者所参加的各种组织，如社会团体、行业协会等；三是旅游者不直接接触，但影响也很显著的群体，如社会名流、影视明星、体育明星等，这些被称为崇拜性群体。

（三）家庭

家庭是社会生活的基本单位，也是最重要的消费单位和购买决策单位，对旅游者购买行为的影响最大。而且，大部分旅游活动都是以家庭形式进行的，家庭中的每个成员对购买决策都有一定的影响力。

另外，旅游者购买行为还受家庭生命周期的影响。家庭生命周期是指一个家庭从建立、发展到分解所经历的过程。处于不同生命周期阶段的家庭，其旅游时的购买行为和购买偏好有所不同。例如，有小孩的家庭购买旅游产品时更多地偏向孩子的需求。

知识拓展

家庭购买决策的类型

家庭购买决策可分为以下四种类型：① 各自做主型，每个家庭成员都有权相对独立地做出有关自己的决策；② 丈夫支配型，家庭购买决策权掌握在丈夫手中；③ 妻子支配型，家庭购买决策权掌握在妻子手中；④ 民主型，大部分决策由家庭成员共同协商决定。旅游企业必须认真研究一般家庭是怎样做出旅游购买决策的，从而有针对性地制定相应的营销策略。

资料来源：刘秀荣. 市场营销 [M]. 镇江：江苏大学出版社，2015.

（四）角色和地位

图 4-4　迪拜阿拉伯塔酒店

每个人在生活中都扮演着多种角色，每个角色都代表一定的社会地位，旅游者通常会有意无意地根据自己的角色和地位选择旅游产品。旅游营销人员若能将旅游产品或品牌打造成某种身份或地位的象征，将更能吸引特定目标市场的旅游者。例如，迪拜的阿拉伯塔酒店外形酷似船帆（见图 4-4），以金碧辉煌、奢华无比著称，因此吸引着世界各地的名流、富豪前往入住。

三、个人因素

（一）年龄

年龄是划分旅游市场的重要标准，不同年龄的旅游者由于生理和心理状况、收入、旅游购买经验不同，在旅游产品、购买时间和购买方式的选择上也有很大的差别。一般来说，老年人更倾向于节奏舒缓、体力消耗小的旅游活动，而且更注重康养、医疗；中年人购买旅游产品时更有计划性，而且他们更多的是和父母、子女等一起旅游，因此更多地考虑他们的需求；年轻人追求自由和个性化，更喜欢新奇、刺激、体力消耗大的活动。因此，旅游企业应根据不同年龄旅游者的需求，提供不同的旅游产品。

（二）职业

旅游者的职业在很大程度上决定了他们的社会地位、收入水平和闲暇时间。收入水平决定其购买力水平，而闲暇时间则是旅游者实现旅游消费必不可少的因素。例如，教师因为有较长的假期，所以有更多时间旅游，旅游的选择也更多；企事业员工假期相对较少，多集中在几个小长假进行旅游，而且由于时间紧，进行远距离旅游的可能性较小。

此外，职业也在一定程度上影响旅游者的旅游偏好。例如，教育和文化工作者更喜欢人文历史类的旅游产品，收入高但工作繁忙的高管人员多喜欢放松型、休闲型的旅游产品。

（三）经济状况

旅游消费是一种弹性较大的消费，旅游者的经济状况决定其是否产生旅游购买行为，以及购买规模、购买档次。旅游者的经济状况较好，就会产生较高层次的需求，选择比较高档的旅游产品，如出境旅游。相反，经济状况较差的旅游者，通常会选择相对便宜的旅游产品。

（四）生活方式

生活方式是指个人在成长过程中，在与社会诸因素相互作用下所表现出来的活动、兴趣和态度模式。不同生活方式的旅游者对旅游产品的需求会有很大不同。例如，平时喜欢运动健身的人可能会选择登山、骑行等运动类旅游产品，而平时不爱运动的人更倾向于选择轻松、舒适的旅游产品。旅游企业和营销人员应分析不同国家、地区和不同阶层的旅游者的生活方式，开发出适合他们的旅游产品。

四、心理因素

（一）动机

动机是指人们采取某种行为的内在动力或愿望，旅游者的购买动机是指旅游者为了满足旅游需求而引起购买行为的愿望或意念。动机源于需求，当某种强烈的需求未得到满足时，个体会产生一种内在驱动力，进而采取行动。旅游者的需求不同，旅游动机也各有不同。旅游动机一般可分为以下五种：

（1）身心方面的动机，是指为了缓解身体上的疲劳和心理上的压力，寻求精神上的乐趣而产生的旅游动机。例如，上班族在假期出游，暑假时父母会带着孩子出去游玩、避暑等。

（2）文化方面的动机，是指旅游者希望通过旅游活动来了解异国他乡的历史文化、风土人情、宗教文化等情况。例如，敦煌莫高窟（见图 4-5）、布达拉宫（见图 4-6）等景点吸引的大多为具有此类动机的旅游者。

图4-5　敦煌莫高窟

图4-6　布达拉宫

（3）社会方面的动机，是指人们为了增进社会交往，保持与社会的经常接触而产生的旅游动机，如探亲访友、旧地重游、开展社交活动等。

（4）地位和声望方面的动机。地位、角色会影响旅游者的购买行为，同时，旅游产品档次的高低也会体现旅游者的社会地位和身份的高低。因此，为了体现个人的声望、地位，赢得别人的赏识，或者结交名人，旅游者会选择一定形式的旅游活动来提升和展现自己，如进行会议旅游、求学旅游、考察旅游等。

（5）经济方面的动机，是指人们为了达到一定的经济目的而产生的旅游动机，包括贸易、经商、购物等。

 和谐共生

"亲近自然，感受山水"为首位旅游动机

2020年8月，为全面揭示我国不同社会群体旅游状况的变化及未来趋势，中国社会科学院旅游研究中心联合腾讯文旅产业研究院、腾讯CDC（用户研究与体验设计中心），通过网络开展全国性调查。调查者将受访者旅游动机划分为10个方面，分别为"亲近自然，感受山水""了解文史，丰富知识""亲朋出游，增进感情""个人兴趣，满足好奇""健康治疗，修养身心""放松购物，美食娱乐""进行社交，结识新友""运动健体，冒险探索""逃离日常，回归自我""提高声望，获人钦羡"。

与2020年3月的调查结果进行对比后发现：整体来看，2020年8月旅游动机指数上升明显；"亲近自然，感受山水"的旅游动机综合指数排名一直居于首位，"了解文史，丰富知识""健康治疗，修养身心""进行社交，结识新友"的旅游动机综合指数排名上升，"个人兴趣，满足好奇""放松购物，美食娱乐""逃离日常，回归自我"的旅游动机综合指数排名下降。

从"读万卷书，行万里路"到"世界那么大，我想去看看"，江河湖泊、奇山秀水等一直是旅游核心吸引力。近年来，随着消费需求的多元化、个性化发展，生态、绿色、健康进一步成为游客的价值追求，亲近自然、与自然和谐共生七成为人们的共同愿景。

资料来源：中国网，http://travel.china.com.cn/txt/2021-04/28/content_7744044.html

（二）知觉

知觉是指人脑对直接作用于感觉器官的客观事物的各种属性的整体反映。由于每个人吸取、组织和解释知觉信息的方式不尽相同，其行为也不同。旅游者有了旅游动机之后，随时可付诸行动，但其具体行动取决于对客观情景的知觉。

知觉一般会经历三个过程：选择性注意、选择性曲解和选择性记忆。选择性注意是指在外界诸多刺激中，仅仅注意到某些刺激或刺激的某些方面，而忽略了其他刺激的行为；选择性曲解是指人们有选择地将某些信息加以扭曲，使之符合自己意向的行为；选择性记忆是指人们倾向于保留那些与其态度和信念相符的信息。旅游企业应了解旅游者对旅游产品的知觉方式，以及影响旅游者知觉的相关因素，从而有效地对旅游者的知觉过程施加影响。

（三）学习

学习是指由于经验而引起的个人行为的改变。旅游者在购买旅游产品的实践中，不断地积累各种各样的经验或留下各种印象，这些经验和印象又会影响他们下一步的购买行为。旅游者一方面从广告中学习、获取知识，另一方面从自己或周围人的购买经验中学习。因此，旅游企业要通过各种途径向旅游者提供信息，从而激发旅游者的购买行为。同时，旅游企业要始终提供优质的产品或服务，这样旅游者才有可能通过学习建立起对旅游品牌的偏爱，形成购买习惯。

（四）态度

态度是指一个人对某些事物或观念长期持有的好与坏的认识评价、情感感受和行动倾向。态度是逐渐形成的，而且形成后不会轻易改变。态度会影响旅游者对旅游产品的判断和评价，以及旅游者的购买意向，进而影响其购买行为。如果旅游者对某种旅游产品持肯定态度，就可能持续购买这种产品，甚至向周围的人推荐这一产品。

 知识拓展

改变旅游者态度的策略

旅游企业可采用以下策略改变旅游者的态度：① 不断提高产品质量和服务水平，以不断增强旅游者的积极态度，改变旅游者的不良态度；② 提供新产品、新品牌，以满足旅游者的需求，增强旅游者对旅游企业的好感；③ 通过不间断的广告强调现有产品的特点，吸引新的旅游者。

资料来源：陆鹏. 旅游市场营销 [M]. 北京：中国物资出版社，2011.

（五）个性

个性是指个体在多种情境下表现出来的具有一致性的反应倾向。一个人的个性通常可以用外向与内向、谨慎与急躁、领导与追随、独立性与依赖性等性格特征加以描述，这些特征在旅游消费过程中都会有所体现。例如，追随性或依赖性强的人对市场营销因素较敏感，易于相信广告宣传，从而建立对品牌的信任度和忠诚度；而独立性强的人对市场营销因素不太敏感，一般不轻信广告宣传。

 课堂互动

请根据自己最近一次的旅游购买经验，谈谈你在购买旅游产品时主要受哪些因素的影响。

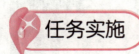 任务实施

乡村旅游兴起以来，得到了越来越多城市游客的青睐。数据显示，2017 年中国乡村旅游的游客达到 28 亿人次，其中城市游客为主力军。请分析城市游客选择乡村旅游，主要受到了哪些因素的影响。具体实施步骤如下：

（1）学生自由分组，每组 3～5 人，并推举出小组长。

（2）小组成员通过查找网络或书籍资料，了解城市游客进行乡村旅游的现状，分析为什么越来越多的城市游客选择乡村旅游，主要受到哪些因素的影响。

（3）小组讨论结束后，每个小组推荐一人报告讨论结果。

任务三　熟悉旅游者购买决策的过程

任务导入

一次愉快的暑期旅游

大学生假期旅游已成为高校的一种时尚，尤其在寒暑假期间，各大旅行社都会推出针对大学生的旅游线路。

李晓和王明是某高校的大二学生，他们平时关系很好。一天，李晓在回宿舍的路上收到一张旅游传单，顿时被传单上的图文吸引了。想到同学们经常"晒"自己出去游玩的照片，而自己这么大了也没去别的地方看过，他决定这个暑假出去旅游一次。于是，李晓找到自己的好朋友王明说了自己的想法，两人一拍即合，决定一起去旅游。经过与家长反复沟通、商议，并从家长那里获得足够的旅游资金后，两人开始了他们人生中的第一次旅游消费活动。

两人毕竟是第一次旅游，而且旅游花销较大，各个旅行社的知名度、服务水准差异也大，所以他们决定分头收集有关旅游产品的信息。经过上网查看旅游攻略和宣传广告，与有经验的同学交流，去学校附近的旅行社咨询后，他们决定选择A旅行社推出的"青海湖五天四夜深度游"旅游项目。这个项目是针对大学生设计的，在网络上的评价很高，此前参加过的同学也向他们大力推荐，加之李晓对青海的美景一直很向往，价格也很合理，便在网上预订了这一产品。

暑假来临，两人如期参团去了青海。在这里，他们认识了一群来自全国各地的小伙伴，一起去了最美湖泊——青海湖、最美草原——祁连山大草原、最美天空之镜——茶卡盐湖。他们在草原上举行篝火晚会，在蒙古包露营，在青海湖边纵马飞奔、环湖骑行，还去了刚察仓央嘉措广场。回校后，两人逢人便兴致勃勃地讲述该次旅游的轶事，将该次旅游总结为一个字——"爽"，俨然成了A旅行社的推销员。

问题：

（1）李晓和王明的旅游购买决策过程主要分为哪几个步骤？

（2）李晓和王明收集信息的渠道有哪些？他们选择旅游产品的标准有哪些？

旅游者的购买决策过程一般分为五个步骤：认识需求、收集信息、判断选择、购买决策、购后行为，如图4-7所示。

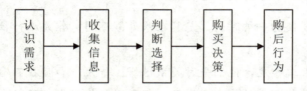

图4-7　旅游者的购买决策过程

消费者购买决策过程

一、认识需求

旅游者购买决策从认识需求开始，即旅游者认识到自己对旅游产品的需求。这种需求可能是由内在的生理活动引起的，也可能是由外界的某种刺激引起的，或者是内外两方面因素共同作用的结果。旅游企业要采取适当措施对旅游者加以引导，以唤起和强化旅游者的需求，让旅游者更快、更好地明确自己的旅游需求。

二、收集信息

旅游者认识到自己对某项旅游产品的需求之后，就会对其产生兴趣，从而有意识地收集相关信息。一般来说，旅游者可从以下渠道获取信息：

（1）相关群体渠道，即从家庭、朋友、同事、邻居等处获取信息。

（2）商业渠道，即从推销员、旅行社等处获取信息。

（3）公共渠道，即从报刊、电视等大众媒体的宣传报道以及一些专家学者的评论中获取信息。

（4）个人渠道，即从自己的实际旅游经历中获取信息。

其中，商业渠道一般起通知作用，而相关群体渠道、公共渠道、个人渠道起评价作用，对旅游者影响最大的是个人渠道。

三、判断选择

旅游者从不同的渠道获取有关信息之后，便可以对可供选择的品牌进行分析和比较，并对各种品牌的产品做出评价与判断，最后决定是否购买。旅游企业营销人员应当深入调查研究旅游者购买旅游产品时所考虑的因素，并重点宣传这些因素，以影响旅游者的购买行为。

四、购买决策

经过以上几个阶段，旅游者会产生购买意向。然而，在购买意向转化为购买行为之前，以下两种因素会影响旅游者做出最后的购买决策：

（1）他人的态度。其他人如果在旅游者准备购买时提出反对意见或更有吸引力的建议，有可能使旅游者推迟购买或放弃购买。

（2）意外的变故。在旅游者准备购买时所出现的一些意外变故也可能使旅游者改变或放弃购买决策。例如，旅游目的地的政治环境或自然环境发生变化，使得前往该地区的不安全因素增加，从而影响旅游者的购买决策；个人的经济条件、身体状况、心理状况等发生变化，也会影响购买决策。旅游企业营销人员应当密切关注这些情况，并制定相应的策略。

五、购后行为

旅游者完成旅游活动之后，便进入了购后阶段。对旅游者来说，这一阶段既是本次购买行为的结束，也可能是下次购买行为的开始。旅游者在旅游活动之后会对自己购买的产品进行评价，而这种评价往往会影响旅游企业的形象和产品形象。旅游企业应当积极收集旅游者的评价，以改进自己的产品或服务，维护企业的形象。

 知识拓展

让"足迹分享"助力景区营销

自从微信朋友圈兴起以来，朋友的"足迹"便可通过朋友圈清晰地呈现出来，如图4-8所示。好玩的景点、刺激的项目……这些内容一旦发布出来，常常会引发大批朋友"点赞"，为景区、商家带来意想不到的口碑传播效应。

互联网呈现出的一个非常典型的特点就是自媒体时代的小众分享欲望，而这种分享欲望会产生两个作用：一是良好的引导，二是明显的排斥。

图 4-8　微信朋友圈"足迹分享"

据山东旅游职业学院党委书记、原山东省旅游规划设计院院长陈某介绍，针对某个特定景区，最多的时候，曾经有游客在微博上连续发过 140 张图片。该游客分享的图片无意中成了该景区的免费广告，并直接引导了朋友的购买行为。当然，这个游客不但是景区的传播者，也是监督者。如果他在朋友圈里发了一句对景区不满的评价，他的朋友受他影响就不会再来了。"所以互联网时代，人人都是'媒体评论员''市场营销员'。"陈某说。这种小众分享欲望，正在悄然改变着景区的营销方式。

2015 年 8 月底，山东泰山景区的 32 个主要景点全部实现了免费 Wi-Fi 全覆盖，成为全国首个正式启用免费 Wi-Fi 的 5A 级景区。"流量大一点，发图片快一点，留给大家足够的时间发微信，是智慧景区用好自媒体线上营销非常关键的一点。"陈某说。从泰山免费 Wi-Fi 试点情况来看，山上随处可见把图片发到微信朋友圈和微博的游客，和亲朋好友进行分享已经成为大多数游客的习惯。

硬件配置的提升固然重要，但景区如果能从游客角度出发，有针对性地进行宣传推广，营销过程中增加互动体验部分的比例，将大大增强游客进行"足迹分享"的欲望，并且让分享的内容更充实、更有感染力。陈某认为，"足迹分享"虽然是游客的个人行为，但引导游客做出积极评价则是景区需要下工夫推动的事。

资料来源：北方网，http://travel.enorth.com.cn/system/2017/03/24/031671149.shtml

任务实施

模拟购买"××一日游"旅游产品的决策过程。具体实施步骤如下：

（1）学生自由分组，每组 3~5 人，并推举出小组长。

（2）小组成员通过各个渠道收集所在城市及周边城市旅游资源的相关资料，对比相关产品，确定"××一日游"的线路。

（3）针对上述购买决策过程，各小组思考营销人员应如何介入整个过程，促使旅游者做出购买决策。

（4）将决策过程及营销介入过程制作成 PPT，每个小组推荐一人在课堂上进行分享。

1. 实训内容

对大学生旅游市场进行调研，并制定相应的营销策略。具体实训步骤如下：

（1）学生自由分组，每组 3～5 人，并推举出小组长。

（2）小组成员通过查找网络或书籍资料，对大学生旅游市场进行调研，了解大学生的旅游动机，及其购买行为和购买决策的影响因素，并根据调研结果制定相应的营销策略。

（3）将实训结果制作成 PPT，每个小组推荐一人在课堂上进行分享。

2. 实训评价

在某个小组展示的过程中，主讲教师及其他小组成员根据表 4-2 对其进行评价。

表 4-2　项目实训评价表

评价项目	评价标准	分值	教师评价（70%）	小组互评（30%）	得分
知识运用	掌握旅游者购买行为的影响因素和购买决策过程	35			
技能掌握	调研过程科学，制定的营销策略合理、具有可行性	35			
成果展示	PPT 制作精美，观点阐述清晰	20			
团队表现	团队分工明确、沟通顺畅、合作良好	10			
合计		100			

1. 不定项选择题

（1）一般说来，旅游者经由（　　）获得的信息最多。

A．公共渠道　　　　　　　　B．相关群体渠道

C．个人渠道　　　　　　　　D．商业渠道

（2）（　　）是人脑对直接作用于感觉器官的客观事物的各种属性的整体反映。

  A．感觉   B．知觉

  C．注意   D．动机

（3）在下列影响旅游者购买行为的因素中，属于心理因素的是（　　）。

  A．动机   B．产品功能

  C．家庭   D．社会阶层

（4）在下列影响旅游者购买行为的因素中，属于社会因素的是（　　）。

  A．文化   B．社会阶层

  C．家庭   D．相关群体

2．简答题

（1）简述旅游者购买行为的特点。

（2）简述旅游者购买行为的"刺激—反应"模式。

（3）简述旅游者购买决策的过程。

项目五 旅游目标市场营销

🚢 **项目引言**

　　旅游市场的购买者多且分散，其需求和购买习惯也各不相同，而每个旅游企业的资源是有限的，任何一家旅游企业都不可能满足旅游者的所有需求。因此，旅游企业必须通过市场细分选择目标市场，并在目标市场上确定自己与竞争者不同的特性和地位，制定和实施有针对性的营销组合策略，从而更好地满足旅游者的需求，实现旅游企业的营销目标。本项目将主要介绍如何细分旅游市场、选择旅游目标市场和进行旅游市场定位。

 知识目标

- ◇ 理解旅游市场细分的概念和作用。
- ◇ 熟悉旅游市场细分的原则、标准和程序。
- ◇ 掌握旅游目标市场的选择模式和营销策略。
- ◇ 了解影响旅游目标市场营销策略选择的因素。
- ◇ 掌握旅游市场定位的方法和策略。
- ◇ 熟悉旅游市场定位的步骤。

 素质目标

- ◇ 通过学习旅游市场细分的原则，树立以旅游者为中心的理念。
- ◇ 了解云南"三林"，感受祖国山河的雄奇、壮丽、秀美，激发对祖国山河的热爱之情。

任务一　细分旅游市场

任务导入

同程旅游深挖细分市场

近年来，在线旅游行业同质化经营越发严重，持续的"价格战"也使得各个在线旅游企业损失巨大。同程旅游从细分市场入手，不断提升用户体验，挖掘"蓝海"（表示未知的市场空间），从而实现扭亏为盈。

2016年9月，同程旅游率先布局中老年旅游市场，成立"百旅会"中老年旅游会员俱乐部，以"活到一百岁，游遍全世界"作为口号（见图5-1），力求满足中老年用户在旅游、休闲、社交等方面的需求。"百旅会"的对象主要是50岁以上的同程旅游会员，加入后可享受一系列个性化服务和组织活动，包括每月一次周边放松游、每季度一次国内游和每年一次出境游等，以及不定期的会员联谊、节目表演和分享交流等活动。

图5-1　"百旅会"图标

此后，在旅游市场细分的基础上，同程旅游陆续推出"同程好妈妈会""同程精英会""同程企福会"等品牌。其中，"同程好妈妈"立足于亲子市场，提出了"阅读+旅行"的理念，将孩子、家庭、户外与课程打造成四维一体的成长平台；"同程精英会"聚焦中产和商旅人群，提供包括消费返利、积分派送、度假Plus礼遇、尊贵出行体验等增值服务，满足高端人群的旅游需求；"同程企福会"是为企业量身定制的，一次性推出体检、度假、积分商旅、保险和礼品六大福利，意图打造"一站式福利整合专家"。

资料来源：搜狐网，http://www.sohu.com/a/127806688_114877

问题：

同程旅游的细分市场有哪些？

一、旅游市场细分的概念

旅游市场细分是指旅游企业通过市场调研，根据旅游者的需求、欲望、购买行为和购买习惯等方面的差异，把一个整体市场划分为若干旅游消费者群的市场分类过程。每一个旅游消费者群就是一个细分市场（或子市场），每一个细分市场都是由具有类似需求倾向的旅游消费者构成的。

旅游市场细分

 提　示

旅游市场细分并不是通过旅游产品本身的分类来细分市场，而是根据旅游者对旅游产品的欲望与需求的不同来划分旅游消费者群。旅游者需求的异质性和旅游企业资源的有限性决定了旅游企业进行旅游市场细分的必要性。

二、旅游市场细分的作用

（一）有利于发现市场机会

从来不少机会，但须要好好把握

在买方市场条件下，旅游企业营销决策的起点在于发现有吸引力的市场环境机会。这种环境机会能否发展为市场机会，取决于两点：一是与旅游企业的战略目标是否一致；二是利用这种环境机会是否能够比竞争者更有优势并获得显著收益。显然，这些必须以旅游市场细分为依据。通过旅游市场细分，旅游企业可以发现不同群体的需求状况及满足程度，迅速占领未被满足的市场，从而扩大市场占有率，取得营销优势。

（二）有利于制定市场营销组合策略

市场营销组合是指旅游企业综合考虑产品、价格、销售渠道和促销形式等各种因素而制定的市场营销方案。就每一特定市场而言，只有一种最佳组合形式，这种最佳组合只能是旅游市场细分的结果。旅游市场细分不仅有助于旅游企业正确地选定目标市场，还有助于旅游企业针对不同细分市场的特点选择正确的营销组合策略，从而保证营销活动的针对

性和有效性。

（三）有利于提高企业的竞争力

旅游企业的竞争力受客观因素的影响而存在差别，但通过有效的旅游市场细分可以改变这种差别。旅游企业进行市场细分以后，每一细分市场上竞争者的优势和劣势就明显地暴露出来，旅游企业只要看准市场机会，利用竞争者的弱点，同时有效地利用本企业的资源优势，就能用较少的资源把竞争者的顾客和潜在顾客变为本企业顾客，从而提高市场占有率，增强竞争力。

 同步案例

"小·说旅馆"生意兴隆

在一个美丽的小镇上，有一家"小说旅馆"。从外观上看，这个只有三层楼的旅馆与周围的其他建筑没有什么不同，但每年却有数以万计的游客特别是一些喜爱读书的人在这里下榻，生意十分兴隆。

旅馆的老板在多年的工作中发现，有相当多的客人特别是一些文化人在旅途之余不愿光顾酒吧、赌场、健身房等地，也不喜欢看电影、电视，而是愿意静下心来读一些名著，而在当时，酒店又无法满足这部分客人的"特殊"需求。于是，旅馆的老板便购买了一幢楼房，装修后开设旅馆。该旅馆设客房 20 套，房间内没有电视机，旅馆内也没有酒吧、赌场、健身房、游泳池等设施。

走进这家旅馆，人们会发现旅馆的房间没有编号，每个房间都是以世界著名的作家或闻名于世的小说主人公来命名的，其房间内的摆设与布置也与该作家或主人公密切相关。例如，在"福尔摩斯"客房内，衣帽架上挂着的半圆筒状的帽子和黑色披风、桌子上放着的大烟斗，使人仿佛感到这位"神探"就近在眼前；在"海明威"客房中，人们可以看到旭日初升的景象，通过房间中的一架残旧打字机和挂在墙壁上的一只羚羊头，人们似乎联想到海明威的小说《老人与海》《战地钟声》里动人的情节描写。

在旅馆的每个房间和庭院内，随处可见阅读小说、静心思考、埋头写作、交流读书心得的游客。随着时间的推移，"小说旅馆"的影响日渐扩大，越来越多的游客都以能在这家小旅馆住一宿为乐，一些新婚夫妇甚至还以在这家旅馆以法国女作家科利特命名的"科利特"客房中欢度蜜月为荣。

资料来源：新东方网，http://xiaoxue.xdf.cn/wnj/201607/10531156.html

三、旅游市场细分的原则

为了保证旅游市场细分的质量，旅游企业在进行市场细分时，应遵循以下原则。

（一）可衡量原则

可衡量原则包括两个方面的内容：一是旅游细分市场的旅游者特征信息易于获取和衡量，如男女性别人数、各年龄层次人数、各个收入组的家庭户数等都是可计量的，也有些因素不易测量，如旅游者购买动机；二是细分出来的各子市场不仅范围界定明晰，而且规模大小能够被测量，否则，市场细分将失去意义。

（二）可进入原则

可进入原则是指利用旅游企业现有的资源条件与市场营销能力，可以进入并占领所选定的子市场。该原则主要包括两个方面的含义：一是细分后的市场值得旅游企业去占领，也就是能为旅游企业带来价值；二是细分后的市场是旅游企业能够进入的，即旅游企业具有进入某个细分市场的资源条件和竞争实力。

（三）可盈利原则

可盈利原则是指细分后的子市场的规模与购买力潜量足以使旅游企业实现盈利目标。如果细分后的子市场的旅游者数量、购买力及旅游产品的使用频率等指标不高，则说明该子市场的潜力不大，难以补偿旅游企业的生产与销售成本，更谈不上盈利。因此，有效的旅游细分市场必须具有足够的需求规模与潜量，保证旅游企业可盈利，从而使旅游企业不断发展和壮大。

（四）稳定性原则

稳定性原则是指细分后的子市场在一定时期内能够保持不变。旅游市场细分是旅游企业选择目标市场、制定营销组合策略的依据，因此，能否在一定时期内保持市场细分的相对稳定，直接关系到旅游企业营销活动能否正常开展。

课堂互动

　　某酒店根据当地居民收入水平将一个四线城市（该市只有一个3A级景区）的市场细分为高档、中档和低档三个子市场，并针对其中的高档市场在酒店设置了总统套房。然而，总统套房推向市场后，入住率几乎为零。
　　请问：该酒店的市场细分违背了什么原则？

四、旅游市场细分的标准

旅游市场细分的标准主要包括地理标准、人口标准、心理标准和行为标准。

（一）地理标准

地理标准主要是指旅游者所在的地理位置、自然环境，包括洲际、国别、城市规模、地形、人口密度、气候条件等一系列变量因素。处在同一地理环境中的旅游者往往具有相似的消费需求特点，不同地理环境的旅游者则存在明显差异。由于国界因素的强化，根据客源国进行旅游市场细分是目前旅游目的地国家或地区细分国际旅游市场最常用的形式。

世界旅游组织（UNWTO）根据各地区在自然、经济、文化等方面的联系，将世界旅游市场划分为六大旅游区：东亚及太平洋旅游区、南亚旅游区、中东旅游区、非洲旅游区、欧洲旅游区及美洲旅游区。

根据客源地和旅游目的地之间的距离，可将旅游市场细分为远程旅游市场、中程旅游市场和近程旅游市场。

根据不同客源地旅游者流向某一目的地的人数占该目的地接待人数的比例，可将国际旅游市场细分为一级市场、二级市场和三级市场。一级市场是指目的地国接待的旅游者人数在接待总人数中占比最大的两三个国家或地区的旅游市场，一般占目的地国接待总人数的40%～60%；二级市场是指在目的地国接待总人数中占相当比例的旅游市场，一般可包括三四个国家或地区；三级市场是指来访者很少但人数日渐增加的国家或地区。

大多数地理因素相对稳定，以此为标准细分旅游市场非常易于操作。但即使处在同一地理环境中，旅游者的需求与偏好仍然会有很大差异。因此，旅游企业在进行市场细分时还需要考虑其他因素。

（二）人口标准

人口标准即人口统计变量因素，主要包括旅游者的年龄、性别、家庭规模、家庭生命周期、职业、收入水平、教育、种族、宗教等。人口标准对于细分旅游市场是一个十分重要的标准，因为旅游者的欲望、偏好和购买频率往往与人口变量存在着一定的因果关系，而且人口变量比其他变量更易测量。

旅游市场按年龄变量可细分为老年市场、中年市场、青年市场和儿童市场；按收入水平可细分为高档旅游市场、中档旅游市场和低档旅游市场；按性别可细分为男性旅游市场和女性旅游市场。此外，旅游企业还可采用多变量细分市场的方法，即把两个或两个以上的人口变量结合起来细分市场。例如，根据性别（男、女）、年龄（老年、中年、青年、儿童）和收入水平（高、中、低）三个变量，可细分出 24 个子市场，如图 5-2 所示。假定某旅游企业欲将高收入的青年女性确定为自己的目标市场，就可以按这一目标市场的需求制定营销方案。

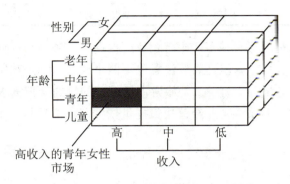

图 5-2　按三种人口变量细分市场

（三）心理标准

心理标准主要包括旅游者的个性特征、购买动机、旅游偏好等心理因素，如表 5-1 所示。按照上述地理和人口标准划分的处于同一群体中的旅游者对旅游产品的需求也会显示出差异性，这可能是旅游者心理因素在发挥作用。越来越多的旅游者开始追求个性张扬、受尊重等心理需求的满足，旅游企业也应该重视心理因素对旅游者的影响，并据此对市场进行细分，研究不同细分市场的消费心理与消费习惯，为旅游者提供更加个性化的产品或服务。

表 5-1　旅游市场心理细分标准

心理标准	具体分类
个性特征	内向型、外向型
购买动机	求廉型、求实型、求新型、求冒险型
旅游偏好	山水游、城市游、古迹游、购物游

（四）行为标准

行为标准主要包括旅游者的购买目的、购买时机、购买方式、忠诚度等行为因素。由于受到地理、人口及心理等因素的共同作用，旅游者的反应和行为具有一定的差异性，而这种差异性是细分旅游市场至关重要的出发点。旅游市场行为细分标准如表 5-2 所示。

表 5-2　旅游市场行为细分标准

行为标准	具体分类
购买时机	旺季市场、淡季市场、节假日市场
购买目的	观光、商务、会议、文化民俗、度假、其他
购买方式	团体市场、散客市场
追求利益	质量、价格、服务

续表

行为标准	具体分类
购买次数	一次购买、重复购买
忠诚度	高度忠诚者、中度忠诚者、转移忠诚者、无忠诚度者

　　旅游市场细分的标准还有很多，旅游企业应根据自身条件与行业特点，选取适当的标准对旅游市场进行合理细分。但是需要注意以下两个问题：一是在实际工作中，结合多个因素对市场进行细分效果会更好；二是旅游市场细分的目的是把需求各异的旅游者聚合成若干需求同质的群体，为旅游企业经营决策提供依据，不能只是为了细分而细分。

 同步案例

新加坡旅游局细分中国旅游市场

图 5-3　"心想狮城"品牌发布会

　　2017年9月，新加坡旅游局在中国发布了全新品牌——心想狮城（见图5-3），通过诉说新加坡的"热忱"故事，让新加坡成为广大游客心之所向的地方。

　　"心想狮城"含义丰富，不仅表达了游客对狮城的向往，还承袭了中国文化中"心想事成"的吉祥寓意。此举象征着新加坡旅游局全球战略进入新的纪元，旅游目的地营销策略从"向游客推荐景点、景区"上升到"与游客建立情感共鸣"的层面，并以"心想狮城"品牌深耕中国市场。

　　随着中国游客的出境游偏好从单一的观光游变为兴趣游，并追求越来越全面的深度体验，新加坡旅游局对自身资源和游客需求进行了族群化梳理，将游客分为美食主义者、城市探索者、精品收藏家、极限挑战者、狂欢发烧友、文化爱好者六大类，着力打造个性十足的"心想狮城之旅"。

　　为了更好地满足中国游客的需求，新加坡旅游局与中国几十家传统旅行社和航空公司，以及携程、马蜂窝、途牛、飞猪等线上旅行机构达成长期战略合作伙伴关系，开展全面合作，共同推出面向不同人群的旅游产品。结合不同游客群体的出行习惯、需求及新加坡不同时期丰富多彩的节庆活动，按月推出更有针对性的旅游产品。此外，大力提升新加坡旅游在中国二线市场的品牌认知度，与当地从业者不断加强合作，共同打造定位清晰、特色鲜明的旅游产品。

资料来源：鹿豹座，http://www.lbzuo.com/anli/show-16675.html

五、旅游市场细分的程序

（一）确定旅游产品市场范围

旅游企业可通过市场调研来确定旅游产品市场范围。需要注意的是，旅游产品市场范围的确定要以市场需求而不是产品特征为依据。当市场需求发生变化时，旅游企业的细分市场也要做出相应的调整。同时，旅游企业还应结合自身的资源条件和经营目标，明确自己能力所及的市场范围。

（二）列举潜在旅游者的基本需求

确定好旅游产品市场范围之后，旅游企业可根据地理、人口、心理、行为等市场细分标准，大致估算潜在旅游者的基本需求，并尽可能详细地将这些需求列举出来。

（三）分析潜在旅游者的不同需求

旅游企业在列出所有潜在旅游者的需求情况后，应在此基础上对各种需求进行归类。例如，有的需求是所有旅游者共同强调的，有的则是某些旅游者的特殊需求。

（四）以特殊需求作为细分标准

在对旅游者的需求进行分析之后，排除其中的共同需求，选择具有鲜明特征的特殊需求作为旅游市场细分标准。共同需求虽然重要，但只能作为制定营销组合策略的参考，而不能作为市场细分的基础。

（五）初步确定各细分市场并命名

根据潜在旅游者基本需求的差异，对各旅游者群体进行必要的合并与分解。初步确定各细分市场并赋予每个细分市场一定的名称，以反映不同细分市场的特点。

（六）最终确定各细分市场

深入分析每个细分市场的需求与购买行为特点，并分析其产生的原因，以便在此基础上决定是否可以对这些细分市场进行合并或进一步细分，最终确定各细分市场。

（七）评估各细分市场规模

根据市场调研结果，评估每一细分市场的旅游者数量、购买频率、平均每次的购买数量等，并对细分市场的产品竞争状况及发展趋势做出分析。

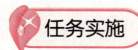

假设你是当前所在城市一家旅行社的员工，旅行社计划开设新的旅游线路，需要调查所在城市的旅游需求状况，并结合当前旅游业的发展，对所在城市的旅游市场进行细分。请以上述情境为基础，编写所在城市的旅游市场细分方案。具体实施步骤如下：

（1）学生自由分组，每组 3～5 人，并推举出小组长。

（2）小组成员通过查找资料和实地调研的方式，对所在城市的旅游需求状况进行调查分析，并依据旅游市场细分标准，对所在城市的旅游市场进行细分，完成市场细分方案。

（3）将市场细分的过程和结果制作成 PPT，每个小组推荐一人在课堂上进行分享。

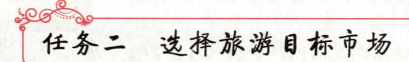

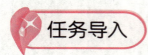

黑龙江打造避暑旅游品牌形象

黑龙江省森林覆盖率达 46.81%，省内森林公园多达 67 处，素有"森林之冠""天然氧吧"的美誉。近年来，黑龙江以省域为谋划设计尺度，以大森林、大湿地、大湖泊、大界江、大农田等壮美的自然景观和人文环境构成避暑旅游资源，主推夏季避暑旅游，策划内容丰富的避暑旅游产品体系，成功塑造了避暑旅游品牌形象。

黑龙江省非常重视对于目标客源市场的分析和把控，其夏季旅游营销活动已经呈现常态化，并且成效显著。2019 年，黑龙江省文化和旅游厅推出了森林避暑、湿地畅游、湖泊休闲、火山康养、乡居生活、迷人哈夏、两极览胜、跨境旅游、文明探秘、美食饕餮等十大类夏季旅游产品，以及迷人的哈尔滨之夏、双湖秘境、乡居田园、中国两极穿越等十条精品旅游线路。

此外，黑龙江省还依据各城市的人口情况、经济发展水平及游客对夏季避暑游的需求程度，将上海、长沙、重庆、武汉等"十大火炉城市"作为自己的主要目标市

场，开展"精准营销"，全力打造"北国好风光尽在黑龙江"的品牌知名度与美誉度。陆续在各个"火炉城市"举行黑龙江省文化旅游推介会，以旅游节庆、惠民政策、文化活动等方式，为身处"火炉城市"的游客群体推出一系列夏季"降温""避暑"套餐。各避暑旅游资源丰富的城市，也针对目标客源市场开展了丰富多彩的系列营销推广活动。

资料来源：中国旅游新闻网，

http://www.ctnews.com.cn/art/2019/7/31/art_124_47943.html

问题：

黑龙江省夏季避暑游的目标市场是什么？其选择目标市场的依据是什么？

旅游企业进行市场细分的目的在于有效地选择并进入旅游目标市场。旅游目标市场是指旅游企业决定进入并为之提供产品或服务的、具有共同需求或特征的旅游者集合。简言之，旅游目标市场就是旅游企业在市场细分的基础上，要进入的一个或几个最有利于旅游企业经营和发展的子市场。

目标市场选择

一、旅游目标市场应具备的条件

一般来讲，旅游企业选择的目标市场应该具备以下几个条件。

（一）具有一定的规模和发展潜力

旅游企业选择某一个或几个细分市场作为目标市场，目的是希望在进入该市场后能具有长期盈利能力，因此选择的市场应当具有一定的规模和预期增长率，这样的细分市场才有一定的发展潜力。若该市场规模太小或者趋于萎缩状态，旅游企业进入后难以获得发展，那么应谨慎考虑，不宜轻易进入。

（二）具有较强的吸引力和竞争力

一般来说，细分市场的获利能力越高，其吸引力就越强。迈克尔·波特认为，评价一个细分市场的长期获利能力及竞争力，除了要考虑市场的规模和发展潜力，还需要考虑现有竞争者、替代品、购买者、供应商和潜在竞争者等因素，并以此建立了波特五力模型。如果目标市场存在竞争激烈、替代品较多、购买者和供应商的议价能力较强、行业进入壁垒较低等情况，旅游企业进入后难以获利，这样的市场对旅游企业而言就没有吸引力。

波特五力模型

波特五力模型是迈克尔·波特于20世纪80年代初提出的，主要用于分析企业所在的行业环境。他认为行业中存在着决定竞争规模和程度的五种力量，这五种力量综合影响着产业的吸引力以及现有企业的竞争战略决策。五种力量分别为同行业内现有竞争者的竞争力、潜在竞争者进入的能力、替代品的替代能力、供应商的议价能力、购买者的议价能力，如图5-4所示。

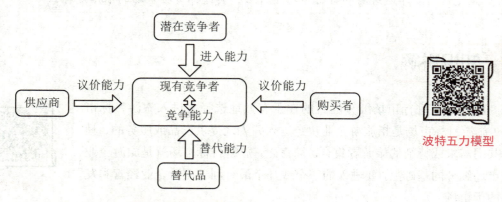

波特五力模型

图5-4 波特五力模型

资料来源：搜狐网，http://www.sohu.com/a/200512415_476021

（三）符合旅游企业的经营目标

选择的细分市场应与旅游企业的经营目标及资源优势相匹配，这样旅游企业才能充分利用自身资源，发挥自身优势，从而增强竞争力。如果某个细分市场具有很大的吸引力，但是却不能推动旅游企业实现发展目标，这样的市场也应考虑放弃。

二、旅游目标市场选择模式

旅游企业在选择目标市场时有五种可供参考的市场覆盖模式，如图5-5所示。

（一）市场集中化

市场集中化也称密集单一市场，是指旅游企业只选择一个细分市场，提供一种旅游产品的市场模式。这种模式的优点在于：一是旅游企业专注一个细分市场，更容易深入了解该细分市场的需求特点；二是旅游产品更符合该市场的需求，因此更容易占领市场。缺点在于：一是如果市场环境发生突变，旅游企业就会面临危机；二是如果有强大的竞争者进入，会令旅游企业措手不及。

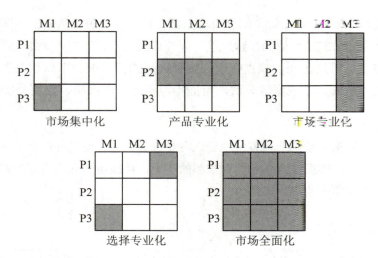

注："P"表示产品，"M"表示市场。

图 5-5　目标市场选择的五种模式

（二）产品专业化

产品专业化是指旅游企业同时向几个细分市场提供同一种旅游产品，但产品的档次和功能有所不同。产品专业化的优点在于：一是可以分散旅游企业经营风险，即使其中某个细分市场不景气，旅游企业仍可以从其他细分市场获利；二是旅游企业可以在该产品领域形成竞争优势，树立起良好的形象。缺点在于：如果该产品被一种全新的技术或替代品所替代，旅游企业将会陷入危机。

（三）市场专业化

市场专业化是指旅游企业专门向某一细分市场提供各种旅游产品。市场专业化的优点在于：旅游企业生产经营的产品类型众多，能有效分散经营风险。缺点在于：由于产品多样化，旅游企业将有限的资源分散到各个旅游产品中，很难把旅游产品做精、做出品牌；而且一旦该市场的需求降低，旅游企业将会陷入危机。例如，某旅游企业专门向出国游的旅游者提供导游、租车、订票、订房、签证代办等服务，当国际形势发生变化时，出国游的旅游者急剧减少，旅游企业就会生意冷清。

（四）选择专业化

选择专业化是指旅游企业选择几个联系较少的细分市场作为目标市场，并为这几个细分市场提供不同的旅游产品。每个细分市场都有适度的市场容量并且符合旅游企业的发展

目标和资源实力,旅游企业在每个细分市场上都有较大的竞争优势。这一模式的优点在于:能够最大限度地分散旅游企业的经营风险,即使旅游企业在其中一个细分市场陷入亏损,在其他细分市场还可以盈利。缺点在于:由于选择的多个细分市场相关性不够,旅游企业难以共享自身资源,造成资源分散,可能不但不能分散风险,反而会加剧风险。

(五)市场全面化

市场全面化是指旅游企业全方位地进入各个细分市场,用各种产品去满足各种旅游者的需求。市场全面化要求旅游企业具有雄厚的实力,是旅游企业为占据市场领导地位所采用的战略,一般旅游企业很少采用。

 课堂互动

> 某旅行社针对亲子家庭推出"亲子游"旅游产品,针对学生推出"研学游"旅游产品,针对恋人推出"浪漫情侣游"旅游产品等。
> 请问:该旅行社采用了哪种目标市场选择模式?

三、旅游目标市场营销策略

(一)常见的旅游目标市场营销策略

旅游企业确定其目标市场营销策略时,通常有三种策略可供选择:无差异性目标市场营销策略、差异性目标市场营销策略和集中性目标市场营销策略。

1. 无差异性目标市场营销策略

无差异性目标市场营销策略是指在旅游市场细分之后,将所有子市场作为一个完整市场来对待,只提供一种旅游市场营销组合的营销策略,如图5-6所示。选择这一策略,通常是由于各细分市场的共性特征极为明显,从而使旅游企业可以忽略各细分市场的特性差异。

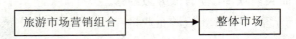

图5-6 无差异性目标市场营销策略

采用无差异性目标市场营销策略的最大优点是成本较低,主要表现在以下几个方面:① 产品标准统一,便于规模化生产,因此可以降低成本;② 无差异的广告宣传可以减少促销费用;③ 忽略市场细分,相应减少了市场调研、产品研发,以及制定多种市场营销策略等带来的成本开支。这种策略适用于那些垄

断性强、吸引力大的旅游产品，如故宫、长城、埃及金字塔等世界自然文化遗产。

但是，无差异性市场营销策略对绝大多数旅游产品都是不适宜的，因为旅游者的需求偏好极其复杂，某种旅游产品能够受到旅游市场的普遍欢迎的情况是极其少见的。即便一时能赢得某一市场，如果其他企业都竞相模仿，也会造成市场上某个局部竞争非常激烈，而其他部分的需求却没有得到满足的情况。

2. 差异性目标市场营销策略

差异性目标市场营销策略是指把整体市场划分为若干需求大致相同的细分市场，然后根据旅游企业的资源及营销实力选择部分或全部细分市场作为目标市场，并为各个目标市场制定不同的市场营销组合策略，如图 5-7 所示。例如，旅行社同时推出观光旅游、经济团旅游、豪华团旅游等产品，采用的就是差异性目标市场营销策略。

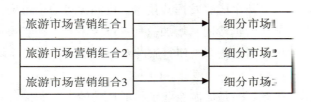

图 5-7　差异性目标市场营销策略

采用差异性目标市场营销策略的最大优点是可以有针对性地满足具有不同特征的旅游者的需求，提高旅游产品的竞争力。缺点是由于产品品种、销售渠道、广告宣传的多样化，市场营销费用也会大幅度增加。采用该策略可能使得旅游企业的成本和销售额同时上升，但不一定能够实现利润的增长。因此，旅游企业在市场营销中有时需要进行"反细分"或"扩大旅游者的基数"，作为差异性目标市场营销策略的完善和补充。

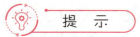 提　示

　　反细分策略是指将许多规模太小的子市场结合起来，以便能以较低的成本满足这一市场的需求。

差异性目标市场营销策略一般适用于以下几种旅游产品：① 旅游者需求弹性较大的旅游产品；② 处于成熟期的旅游产品；③ 层次丰富的旅游产品。此外，旅游企业采用此策略时还应考虑自身的人力、物力和财力，若自身实力不够雄厚，则不宜采用此策略。

3. 集中性目标市场营销策略

集中性目标市场营销策略又称密集型营销策略，是指将整体市场分割为若干细分市场后，只选择其中某一细分市场作为目标市场，并以特定的营销组合策略来满足该市场的需求，如图 5-8 所示。其指导思想是把旅游企业的人力、财力、物力集中用于某一个或几个小型市场，不求在较多的细分市场上都获得较小的市场份额，而要求在少数较小的市场上

获得较大的市场份额。

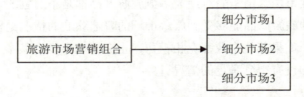

图 5-8　集中性目标市场营销策略

　　这种策略也称为"弥隙"策略，即弥补市场空隙，适合资源较少、实力较弱的中小型旅游企业。如果与大型旅游企业硬性抗衡，直接面对面地争夺市场，中小型旅游企业必须学会寻找对自己有利的微观生存环境。也就是说，如果中小型旅游企业能避开大型旅游企业竞争激烈的市场，选择一两个能够发挥其技术、资源优势的小市场，往往容易成功。由于目标集中，可以大大节省营销费用，增加盈利；由于生产、销售渠道和促销的专业化，也能够更好地满足特定旅游者的需求，使得旅游企业更易于在这一市场上取得有利的市场地位。

　　这种策略的不足之处是：一是旅游企业承担的风险较大，如果目标市场的需求情况突然发生变化，目标市场旅游者的兴趣突然转移或是市场上出现了更强有力的竞争者，旅游企业就可能陷入困境；二是市场规模较小，旅游企业的发展空间受到束缚。

 同步案例

布丁酒店：不跟如家抢生意

　　晚上九点多，布丁酒店创始人朱某接到一个投诉电话，是入住北京某布丁酒店的一个朋友打过来的。对方非常激动："你这个酒店太混蛋了！你知道吗？我现在是光着身子在打电话，洗澡洗到一半的时候发现酒店没有香皂、没有沐浴露！我出差这么多年了，这些东西都是酒店提供的，我会带吗？"通话结束之后，这位朋友立即办理了退房手续。

　　"你本来就不是我的客人。"这是朱某在电话中给这位朋友的回复，"布丁酒店开始就没有提供六小件（泛指酒店为客户提供的一次性免费洗漱用品，包括牙刷、牙膏、香皂、沐浴露、拖鞋、梳子），而是需要客人自备。"

　　"这个朋友 40 多岁，有一定收入，平时住宿的预算标准是 500 元以上，住的应该是喜来登、香格里拉这种级别的酒店。当时只是为

了新鲜，才跑去体验布丁酒店。"朱某告诉记者，布丁酒店的目标客户不是住如家、汉庭、7天的商务人士，也不是住旅馆、招待所的这群人，而是介于二者之间的"夹心层"。

在多年的酒店经营过程中，朱某发现很多客人对价格非常敏感。"连锁酒店行业的价格透明、统一，比如我当初报价 170 元，就有很多客人讨价还价说 150~160 元，因为他有自己的出行预算，但是前台没有降价权限，这部分人最终只能选择离开。"朱某继续分析，"低于连锁经济酒店价位的只有非连锁的旅馆、招待所，高于的这部分人只能选择住 100 元、120 元的招待所。其实他们也挺不情愿，毕竟旅馆、招待所连最基本的安全、卫生条件都不能保证。"

这个小细节让朱某看到了巨大商机，于是创办布丁酒店，用"低价不低挡"吸引这部分消费者。"当初创办布丁的时候，定位就非常明确。我们的客源年龄在 18~35 岁，月收入在 2 000~6 000 元之间，这些客人新潮、追求时尚、理性消费、对价格敏感。"朱某说。

资料来源：劲旅网，http://www.ctcnn.com/html/art/5597_1.htm

（二）影响旅游目标市场营销策略选择的因素

在选择旅游目标市场营销策略时，旅游企业需要对自身的实力、旅游市场同质性、旅游产品同质性、旅游产品生命周期和竞争者的市场策略五个方面进行综合衡量与比较。

1. 旅游企业的实力

旅游企业的实力包括资金、人才、技术、管理、服务和营销能力等方面。如果旅游企业实力雄厚，且市场营销管理能力较强，即可选择差异性目标市场营销策略或无差异性目标市场营销策略。如果旅游企业能力有限，就不能把整个市场作为目标市场，而宜采取集中性目标市场营销策略。

2. 旅游市场同质性

旅游市场同质性是指各细分市场在旅游者需求、购买行为等方面的相似程度。相似程度高，则同质性高；反之，则同质性低。对于同质性高的旅游市场（如旅游交通市场），应该选择无差异性目标市场营销策略。而对于同质性低的旅游市场，应该选择差异性目标市场营销策略或集中性目标市场营销策略。

3. 旅游产品同质性

旅游产品同质性是指在旅游者眼里，不同旅游企业产品的相似程度。相似程度高，则同质性高；反之，则同质性低。对于同质性高的旅游产品（如酒店同档次的客房、旅游航空客运服务等），可以采取无差异性目标市场营销策略。而对于同质性低的旅游产品（如特色旅游线路、旅游餐饮服务等），可以采取差异性目标市场营销策略或集中性目标市场营销策略。

4．旅游产品生命周期

旅游产品的生命周期包括四个阶段：投入期、成长期、成熟期和衰退期。在旅游产品投入期，应采用无差异性目标市场营销策略。因为此时同类产品较少，竞争不激烈，采用无差异性目标市场营销策略可以最大限度地吸引旅游者。当旅游产品进入成长期、成熟期，竞争日益激烈，旅游者需求也呈现多元化，旅游企业应采用差异性目标市场营销策略，增加旅游产品的品种，不断开拓新市场。当旅游产品进入衰退期时，可采用集中性目标市场营销策略，强调旅游产品的差异性，从而更有针对性地适应旅游者需求的变化，维持和延长产品的生命周期。

5．竞争者的市场策略

若竞争者采取无差异性目标市场营销策略，旅游企业应采取差异性目标市场营销策略或集中性目标市场营销策略，以蚕食其市场并取而代之；若竞争者已采取差异性目标市场营销策略，旅游企业应采取集中性目标市场营销策略或深度细分的差异性目标市场营销策略。另外，如果竞争者数目较少、实力较弱，则旅游企业也可以采用无差异性目标市场营销策略或差异性目标市场营销策略。

综上所述，旅游企业应从实际出发，在综合考虑以上各种因素的基础上选择目标市场营销策略。

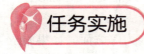
任务实施

分别举例说明旅游企业选择旅游目标市场的五种模式。具体实施步骤如下：

（1）学生自由分组，每组3～5人，并推举出小组长。

（2）小组成员分工合作，通过查找网络和书籍资料，了解五种旅游目标市场选择模式在现实中的应用情况，并查找相关案例。

（3）将结果制作成PPT，每个小组推荐一人在课堂上进行分享。

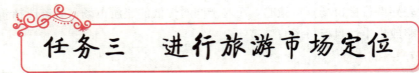
任务三 进行旅游市场定位

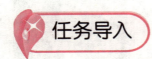
任务导入

希尔顿欢朋定位于中高端商旅和亲子两大人群市场

在中国市场上，希尔顿欢朋由希尔顿和铂涛集团合作推广，定位为中高端的酒店品牌，主要面向注重高品质生活方式的商旅人士和亲子家庭。希尔顿作为最早进入中国的国际酒店品牌，在中国酒店市场上拥有巨大的品牌影响力。而铂涛集团是中国拥有酒店品牌数最多的企业，旗下有 22 个品牌，涵盖了酒店、公寓、咖啡连锁和艺术品公益平台等。两大集团的合作为希尔顿欢朋提供了强大的客源保证。

希尔顿欢朋定位于中高端的商旅人士和亲子家庭两大群体，在酒店设计上充分考虑了这两大群体的需求。对于商旅人士，酒店提供商务区、会议室、极速 Wi-Fi、人体工学座椅和可移动办公桌等，力求打造舒适的办公环境；而对于亲子家庭，酒店在客房放置了专为亲子家庭设计的沙发床，以保障孩子们的睡眠质量。在餐饮方面，改变高星级酒店大而全的宴会厅及经济型酒店仅供应早餐的行业现状，推出热早餐、西式午餐、下午茶和晚餐，充分满足商旅人士和亲子家庭的饮食需求。

资料来源：旅游圈，http://www.dctour.cn/article/21812.html

问题：

（1）什么是旅游市场定位？

（2）希尔顿欢朋的市场定位是什么？

一、旅游市场定位的概念

旅游企业确定目标市场以后，接下来要做的就是旅游市场定位。旅游市场定位是指针对旅游者对旅游企业产品某些属性的重视程度，确定产品相对于竞争者在目标市场上所处的位置，并通过一定的信息传播途径，在旅游者心目中树立与众不同的市场形象的过程。

市场定位

旅游市场定位的实质是将本企业与其他企业严格区分开来，使旅游者明显感觉和认识到这种区别，从而在旅游者心目中占有特殊的地位。

二、旅游市场定位的方法

（一）根据旅游产品的特色定位

根据旅游产品的特色定位是旅游市场定位中最常见的一种方法，即根据旅游产品的某种或某些优点进行定位。例如，张家界——大自然的迷宫；云南石林、沙木、土林——大自然的杰作（见图5-9）。

图5-9　云南石林、沙林、土林

云南"三林"

　　云南石林被誉为"天下第一奇观"和"阿诗玛故乡"，是世界上唯一处于亚热带高原地区的喀斯特地质地貌奇观。云南石林保存和展现了最多样化的喀斯特形态，这里有许多剑状、柱状、蘑菇状、塔状的石灰岩柱，还有溶丘、洼地、暗河、溶洞、石芽、钟乳、溶蚀湖、天生桥、断崖瀑布、锥状山峰等。几乎所有的喀斯特形态都集中在这里，构成了一幅喀斯特地质地貌全景图。

　　云南沙林形成于3亿多年以前，是受地震冲击、岩浆喷射、风雨侵蚀等的影响逐步形成的。沙林色彩以红、黄、白为主，夹杂着青、蓝、黑、灰等，云南沙林酷似"丹青国画"，堪称世界一绝。

　　土林是水蚀地貌的一种形态，在季风气候和流水侵蚀的作用下，形成了一个个土柱，密密层层，如同森林一般。一个个拔地而起的土柱，就像一尊尊完美的雕塑，千姿百态，别具一格。走进云南土林，仿佛走进了"自然雕塑博物馆"。

　　　　　　　　　　资料来源：搜狐网，https://www.sohu.com/a/402896616_100027469

（二）根据"质量—价格"定位

"质量—价格"反映了旅游者对旅游产品实际价值的认同程度，即对产品"性价比"的判断。旅游企业采用这种方法进行定位，将其产品或服务的价格作为反映其质量的标识，可对旅游者起到一定的知觉暗示作用，即产品或服务越富有特色，能为旅游者提供的价值越高，其价格也就越高。

（三）根据旅游产品用途进行定位

根据旅游产品用途进行定位，强调产品能满足旅游者什么样的利益诉求。例如，饭店一般可以分为商务型饭店、度假型饭店、长住型饭店及汽车旅馆等，针对不同需求的旅游者提供不同服务。

（四）根据旅游产品使用者进行定位

根据旅游产品使用者进行定位是指旅游企业主要针对某些特定旅游者进行营销活动，从而在这些旅游者心中建立起旅游产品的"专属性"特点，激发旅游者的购买欲望，如常州嬉戏谷——全球动漫游戏迷的天堂（见图 5-10）。

图 5-10 常州嬉戏谷

（五）借助竞争者进行定位

借助竞争者进行定位是指旅游企业通过将自己与市场声望较高的其他旅游企业进行比较，借助竞争者的知名度来实现自己的形象定位。这种定位的常用做法是：推出比较性广告，说明本企业产品与竞争者产品在某一或某些特点方面的相似之处，从而引起旅游者的注意，并在其心中形成良好印象。例如，"桂林山水甲天下，阳朔山水甲桂林"。

 知识拓展

常见的旅游市场定位误区

随着旅游市场的不断扩大，旅游企业在进行市场定位的过程中，可能会出现以下几种常见的误区：

（1）定位不够，即定位不到位。旅游者对旅游企业或产品只有一个模糊的概念，并不知道企业或产品的特殊之处。

（2）定位过高，是指旅游企业传递给旅游者的定位概念过于狭窄，使得旅游者对旅游企业或产品的认识较为局限，导致未来难以进一步拓展市场。

（3）定位混乱，是指旅游企业向市场传递的定位信息过多且不统一，或者经常改变市场定位信息，使旅游者对其产生混乱的印象。

资料来源：张丽娟. 旅游市场营销［M］. 北京：北京交通大学出版社，2014.

三、旅游市场定位的步骤

旅游市场定位的步骤包括识别潜在竞争优势、核心竞争优势定位和制定发挥核心竞争优势的战略。

（一）识别潜在竞争优势

识别自己的潜在竞争优势是旅游市场定位的基础。旅游企业的竞争优势主要表现在两方面：成本优势和产品差别化优势。成本优势是指旅游企业能够以比竞争者低廉的价格销售相同质量的旅游产品，或以相同的价格水平销售质量更好的旅游产品；产品差别化优势是指旅游产品独具特色的功能和利益与旅游者需求相适应的优势。

首先，旅游企业必须进行规范的市场研究，切实了解目标市场的需求特点以及这些需求被满足的程度，这是取得竞争优势的关键。其次，要研究主要竞争者的优势和劣势，可以从三个方面评估竞争者：一是竞争者的业务经营情况，如近三年的销售额、利润率、市场份额、投资收益率等；二是竞争者的核心营销能力，主要包括产品开发能力、产品质量和服务质量等；三是竞争者的财务能力，包括获利能力、资金周转能力、偿还债务能力等。最后，旅游企业要了解自己，包括企业资金能力、营销能力、产品优势和不足等。

（二）核心竞争优势定位

核心竞争优势是指与主要竞争者相比，旅游企业在产品开发、服务质量、销售渠道、品牌知名度等方面所具有的可获取明显差别利益的优势。旅游企业应将自己的全部营销活动加以分类，并将主要环节与竞争者的相应环节进行比较分析，以识别和判断自己的核心竞争优势。

（三）制定发挥核心竞争优势的战略

旅游企业在市场营销方面的核心能力与优势不会自动地在市场上得到充分的表现，必须通过明确的市场战略体现出来。例如，通过广告传导核心竞争优势战略定位，逐渐形成一种鲜明的市场概念，这种市场概念能否成功，取决于它是否与旅游者的需求和追求的利益相吻合。旅游企业首先应使目标旅游者逐步了解、熟悉、认同、喜欢或偏爱本企业的市场定位，在旅游者心中建立与该定位相一致的形象；其次，通过各种努力强化旅游企业产品在目标旅游者心中的形象；最后，对定位过程中出现的定位过高、过宽、模糊或混乱等情况及时加以矫正。

任务实施

收集旅游企业市场定位的实例。具体实施步骤如下：

（1）学生自由分组，每组 3～5 人，并推举出小组长。

（2）每个小组选择一个类型的旅游企业，收集 3 个旅游企业市场定位的实例，并分析分别采用了哪种定位方法、定位是否合适。可供选择的旅游企业类型有旅游景区、在线旅游企业（如携程、去哪儿等）、酒店、旅行社等。

（3）将结果制作成 PPT，每个小组推荐一人在课堂上进行分享。

项目实训

1. 实训内容

分析所在城市的一家旅游企业的目标市场和市场定位。具体实训步骤如下：

（1）学生自由分组，每组 3～5 人，并推举出小组长。

（2）每个小组选择一家旅游企业，小组成员分工合作，通过上网查找资料、采访企业相关负责人等方式了解该旅游企业的目标市场营销策略，分析其目标市场和市场定位。

（3）将采访情况和分析结果制作成 PPT，每个小组推荐一人在课堂上进行分享。

2．实训评价

在某个小组展示的过程中，主讲教师及其他小组成员根据表 5-3 对其进行评价。

表 5-3　项目实训评价表

评价项目	评价标准	分值	教师评价（70%）	小组互评（30%）	得分
知识运用	掌握旅游目标市场选择和市场定位的基本步骤	35			
技能掌握	采访过程科学，对旅游企业目标市场和市场定位的分析合理、准确	35			
成果展示	PPT 制作精美，观点阐述清晰	20			
团队表现	团队分工明确、沟通顺畅、合作良好	10			
合计		100			

项 目 自 测

1．不定项选择题

（1）就每一特定市场而言，最佳旅游市场营销组合只能是（　　　）的结果。

　　A．旅游市场细分　　　　　　　B．精心策划

　　C．综合平衡　　　　　　　　　D．统筹兼顾

（2）采用无差异性市场营销策略的最大优点是（　　　）。

　　A．市场占有率高　　　　　　　B．成本较低

　　C．市场适应性强　　　　　　　D．需求满足程度高

（3）旅游市场定位是（　　　）在细分市场的位置。

　　A．塑造旅游企业　　　　　　　B．塑造旅游产品

　　C．确定目标市场　　　　　　　D．分析竞争者

（4）旅游目标市场选择的模式包括市场集中化、市场专业化、（　　　）。

　　A．产品专业化　　　　　　　　B．产品标准化

　　C．选择专业化　　　　　　　　D．市场全面化

2. 简答题

（1）简述旅游市场细分的标准。

（2）旅游目标市场营销策略有哪几种？

（3）影响旅游目标市场营销策略选择的因素有哪些？

（4）旅游市场定位的方法有哪些？

（5）简述旅游市场定位的步骤。

项目六 旅游产品策略

项目引言

　　旅游产品是旅游企业经营活动的载体，是旅游企业竞争的核心和基础。旅游产品策略是整个市场营销组合策略的基石，直接或间接地影响价格、渠道和促销策略的制定与实施。因此，旅游企业产品策略的成功与否，在很大程度上决定着市场营销的成败。本项目将主要介绍旅游产品的基础知识、旅游产品生命周期、旅游产品品牌策略和旅游新产品开发的相关知识。

知识目标

◇　了解旅游产品的概念、特点，熟悉旅游产品的类型、构成
◇　熟悉旅游产品组合策略。
◇　掌握旅游产品生命周期各阶段的特点和营销策略。
◇　理解旅游品牌的概念和作用。
◇　熟悉旅游品牌策略。
◇　熟悉旅游新产品的种类。
◇　掌握旅游新产品开发的策略和步骤。

素质目标

◇　通过学习旅游产品衰退期的营销策略，弘扬自强不息的精神。
◇　通过学习开发旅游新产品的相关知识，培养敢为人先的创新精神。

任务一　了解旅游产品

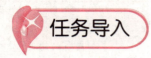

任务导入

扬州宾馆"红楼厅"

《红楼梦》作者曹雪芹一生过半的时间都居住在江苏扬州,《红楼梦》中所说的"贾府菜"就是淮扬菜。扬州宾馆巧打文化特色牌,以"红楼梦"为主题,建造"红楼厅",设计"红楼宴"。

"红楼厅"(见图 6-1)的格局以《红楼梦》中的描绘为依据,充满了浓郁的古典情趣。大厅门口悬挂着三个精巧的灯笼,上书"红楼厅"三个字。步入富丽堂皇的"红楼厅",迎面是一座皇家园林式的牌楼,牌楼下是一幅名为"丹凤朝阳"的漆器大地屏,厅内四周的漏花窗上镶嵌着金陵十二钗的仕女图。地屏前,一张古色古香的漆器炕榻上放置着书中各个人物的衣冠服饰,游客可随意穿戴,上炕品茗,也可拍照留念。厅内一直播放着电影《红楼梦》的插曲,身着古装的"贾府丫鬟"在厅内为顾客服务。

图 6-1　红楼厅

"红楼宴"是以淮扬菜为基础,以曹雪芹在《红楼梦》中的描写为依据,取名与《红楼梦》中的典故或人物有关的特色菜肴。"红楼宴"由四部分组成:其一为观赏菜"一品大观",由三个五彩缤纷的拼盘拼成一个"品"字;其二是"广陵冷碟",为六道开胃的冷菜,不仅造型精巧,色香味俱佳,菜名也很典雅,如"金钗银丝""水晶肘花"

"翡翠羽衣"等；其三是"宁荣大菜"，是"红楼宴"的精华，有洁白高雅的"雪底芹菜"、造型奇特的"宝钗借扇"等；其四是"怡红细点"，为"红楼宴"之主食，有"晴雯包""如意饺"等。

现在，游扬州、逛西湖、品"红楼宴"、富春茶社饮茶等已成为扬州旅游的特色项目。

资料来源：搜狐网，http://www.sohu.com/a/164495326_660438

问题：

（1）什么是旅游产品？

（2）上述案例中的旅游产品属于哪一类型？

知识讲解

一、旅游产品的概念

产品是指能够提供给市场，被人们使用和消费，并能满足人们某种需求的东西。它既包括物质形态的产品实体，又包括非物质形态的服务。

旅游产品是指旅游企业经营者为了满足旅游者的精神和物质需求，在旅游市场上提供的各种物质产品或服务的总和。它以旅游线路为主体，与各部门、各行业结合，满足旅游者伴随旅游活动所产生的吃、住、行、游、购、娱等六大基本需求。旅游产品主要包括旅游资源、旅游设施、可供旅游者使用的各种物品，以及各种形式的旅游服务等。

二、旅游产品的特点

（一）综合性

旅游产品是由旅游资源、旅游设施、旅游物品，以及各种形式的旅游服务构成的，不仅包括劳动产品，还包括非劳动的自然创造物，既有有形部分，又有无形部分，是一种组合型产品。

（二）无形性

旅游产品的主体内容是旅游服务，而旅游服务的消费是看不见、摸不着的，只能通过旅游者的体验来判断其质量的好坏。虽然旅游产品中包括一部分物质产品，如客房、景点设施等，但它们主要是作为提供旅游服务的条件而存在的。

（三）同一性

旅游产品是一种特殊的消费品，主要满足人们的精神文化需求，具有生产和消费的高度同一性。其他产品的生产和消费在时间和空间上一般是分开的，而旅游产品往往是一种"面对面"的服务，旅游者到达现场后才开始生产，旅游者一旦离开，生产立即终止。

（四）风险性

旅游产品容易受到很多因素的影响，导致其供给、需求和价格发生剧烈变化，进而使其价值和使用价值的实现面临很大的风险。

三、旅游产品的类型

（一）按性质划分

按性质划分，旅游产品可分为以下几种类型。

1. 观光旅游产品

观光旅游产品是指旅游者以观赏自然风光、城市景观、名胜古迹、主题公园等为目的的旅游产品。我国幅员辽阔，历史悠久，自然风光优美，名胜古迹享誉海外，在开发观光旅游产品方面具有得天独厚的优势。

2. 度假旅游产品

度假旅游产品是指旅游者利用假期进行消遣和休闲娱乐所购买的旅游产品，一般包括海滨旅游、乡村旅游、度假村旅游、度假中心旅游等。度假地必须具备优美的自然景色、良好的气候条件、舒适的住宿条件、完善的体育和娱乐设施、便捷的交通和通信条件等。

3. 专项旅游产品

专项旅游产品也称专题旅游产品或特色旅游产品，一般包括文化旅游、商务旅游、体育旅游、保健旅游等。其特点是旅游者因特定目的到特定的旅游地进行特定活动。

4. 生态旅游产品

生态旅游产品是指以注重生态环境保护为基础的旅游产品。其主体是那些关心环境保护、追求回归自然，并希望了解旅游目的地生态状况和民族风情的旅游者。

5. 旅游安全产品

旅游安全产品主要是指保障旅游者安全的各种产品，包括旅游防护用品、旅游意外保险产品等。

（二）按形式划分

按形式划分，旅游产品可分为以下几种类型。

1. 团体包价旅游

团体包价旅游是指 10 人以上的旅游者组成旅游团，采取一次性预付旅费的方式，将各种相关旅游服务全部委托一家旅行社办理的旅游形式。团体包价旅游所包括的服务有住宿、饮食、交通、导游等。旅游者参加团体包价旅游，可以获得较优惠的价格、预知旅游费用，而且旅行社提供全部旅游服务，使旅游者具有安全感。但是，团体包价旅游意味着旅游者不得不放弃自己的个性而适应团体的共性。

2. 半包价旅游

半包价旅游是指在团体包价旅游的基础上，扣除中餐、晚餐费用的一种旅游形式。其目的在于降低旅游产品的直观价格，以提高产品的竞争力，更好地满足旅游者在用餐方面的要求。

3. 小包价旅游

小包价旅游又称选择性旅游，由非选择性和选择性两部分组成。非选择性部分包括住宿、早餐、交通等，这部分费用由旅游者在旅游前预付；选择性部分包括导游服务、午餐、晚餐、参加游览、欣赏文艺节目、品尝风味美食等，旅游者可根据时间、兴趣和经济情况自由选择，费用既可预付，也可现付。

4. 零包价旅游

零包价旅游是指旅游者随团前往和离开旅游目的地，但在旅游目的地自由活动的旅游形式。参加零包价旅游的旅游者可以获得团体机票价格的优惠，并可由旅行社统一代办旅游签证。这种旅游形式多见于旅游发达国家。

5. 单项服务

单项服务是指旅游企业根据旅游者要求提供的单一服务项目。其常规性的服务项目主要包括导游服务、接送服务、代订饭店客房、代办签证、代办旅游保险等。此外，包价旅游中满足个别旅游者特殊要求的服务也可视为单项服务。

课堂互动

你购买过上述哪一种或哪几种旅游产品？结合实际体验谈谈该旅游产品有哪些优缺点。

四、旅游产品的结构

一般来说，旅游产品由核心产品、形式产品和延伸产品三部分组成，如图 6-2 所示。

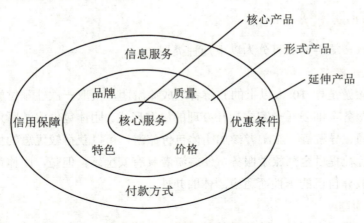

图 6-2　旅游产品的结构

（一）核心产品

核心产品是指旅游产品中所包含的能满足旅游者基本旅游需求的服务或利益，即旅游者真正想要购买的部分。核心产品是旅游产品中最基本、最重要的组成部分，一般是指旅游资源和旅游服务。旅游企业在开发和促销旅游产品时，应该明确旅游产品能为旅游者带来的基本效用和利益，使旅游产品更具吸引力。

（二）形式产品

形式产品是指核心产品借以实现的外在形式，一般包括旅游产品的品牌、特色、价格、质量等。旅游产品的基本效用必须通过特定形式才能实现，旅游营销人员应努力寻求更加完善的外在形式，以满足旅游者的需求。

（三）延伸产品

延伸产品又称附加产品，是指旅游产品附带的各种利益的总和，如旅游信息服务、信用保障、付款方式、优惠条件等。延伸产品是旅游者所需的无形利益，它能区别不同旅游企业的旅游产品。目前，旅游产品的同质化程度越来越高，市场竞争日趋激烈，不断提高旅游产品的附加价值有助于旅游企业在竞争中赢得主动权。

五、旅游产品组合策略

旅游产品组合是指旅游企业提供的全部产品线和产品项目的组合或搭配。旅游产品组合策略是指旅游企业针对目标市场，对旅游产品组合的宽度、深度等进行选择和决策，以使组合达到最优化的策略。旅游产品组合的宽度是指旅游企业所拥有的产品线的数量，旅游产品组合的深度则是指每条产品线中不同等级、规格的产品数量的多少。

提 示

产品线是指在技术与结构上密切相关，具有相同使用功能，能满足同类需求的一组产品。例如，饭店通常经营餐饮、客房、娱乐等多条产品线。

产品项目是指某一品牌或产品线内由价格、外观及其他属性加以区别的具体产品。例如，饭店经营的客房产品可分为标准间、豪华间、总统套房等。

具体来讲，旅游产品组合策略主要有以下几种。

（一）扩大产品组合策略

扩大产品组合策略有两种方式：一是扩大产品组合的宽度，即增加产品线，拓展旅游企业的经营范围；二是增加产品组合的深度，即增加产品项目的品种。采用这种策略的优点如下：一是能适应旅游者多方面的需求，从而增加销售量，提高旅游企业的市场占有率；二是可以综合利用旅游企业的资源增强其市场竞争力，减少季节性与市场需求量变化对企业的影响。

（二）缩小产品组合策略

缩小产品组合策略有两种方式：一是缩小产品组合的宽度；二是降低产品组合的深度。当市场不景气时，旅游企业应淘汰或放弃处于衰退期的产品和盈利能力差的产品。缩小产品组合策略可以使旅游企业集中精力针对少数产品改进品质，从而提高产品质量和服务水平。当然，采用此策略也意味着旅游企业放弃了部分市场，可能导致风险增加。

（三）完善产品组合策略

完善产品组合策略有三种方式：一是向上延伸，即在原有中、低档产品或服务的基础上增加高档产品或服务，以提升旅游企业形象，增加销量；二是向下延伸，即在原有高档产品或服务的基础上，推出中、低档产品或服务，以占领更多的市场份额，为更多的旅游者服务，但要注意负面影响；三是双向延伸，即在原有中档产品或服务的基础上，增加高、低档产品或服务，以完善产品结构。

同步案例

长隆旅游度假区

长隆旅游度假区是国家级 5A 级景区、国家级文化产业示范基地，坐落于"羊城"广州，集乘骑游乐、特技剧场、巡游表演、生态休闲、特色餐饮、主题商店、综合服务于一体，旨在满足游客"巅峰游乐、亲近动物、品味吃住、时尚运动、合家赏乐"的多元化旅游度假需求。长隆旅游度假区拥有长隆欢乐世界、长隆国际大马戏、长隆香江野生动物世界、长隆水上乐园、广州鳄鱼公园、长隆酒店、香江酒店、长隆高尔夫练习中心和香江酒家等多个旅游产品。

长隆旅游度假区

丰富的产业链、不断的产品更新、丰富的产品组合、多元化的推广策略等使得长隆旅游度假区成为中国极受欢迎的一站式旅游度假胜地。据统计，2018 年"五一"期间，长隆旅游度假区累计接待市民游客 23.97 万人次。

资料来源：赢商网，http://sz.winshang.com/news-278628-2.html

任务实施

分析某旅游产品的构成。具体实施步骤如下：

（1）学生自由分组，每组 3～5 人，并推举出小组长。

（2）小组成员分头查找网络或书籍资料，然后进行组内讨论，选择一个旅游产品，按照核心产品、形式产品、延伸产品三部分分析其构成。

（3）将分析结果制作成 PPT，每个小组推荐一人在课堂上进行分享。

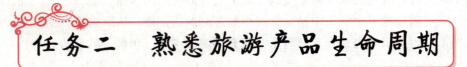

任务二　熟悉旅游产品生命周期

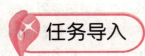

任务导入

农家院"退潮"，民宿成新宠

苇店位于北京市怀柔区渤海镇，是北京郊区一个典型的山村，过去的经济来源主要是四周山上的栗子树。旅游业兴起以后，由于这里是市区通往慕田峪长城的必经之地，距慕田峪又仅有 5 千米，优越的地理位置和丰富的旅游资源吸引了大量游客。当地村民纷纷利用自家院子经营起农家院，招待各地游客。

杨某是苇店村土生土长的农民，2004 年也开起了农家院。开始几年，生意非常火爆，旅游旺季时家里的 10 来间客房几乎每天都能住满。"大概从 2011 年开始，来农家院的游客就慢慢少了，现在我干脆就不做了"，杨某介绍，不止她家，村里之前的几十家农家院，现在都处于半歇业状态。这是由于近几年村里来了不少投资商，在村里租赁当地村民宅院改建成高端民宿，大部分游客都选择住民宿了。就这样，曾经红火的农家院由于门槛低、复制性强、竞争激烈，逐渐被边缘化。

"农家院客源流向高端民宿，这种现象几年前已有端倪"，北京市农村经济研究中心资源区划处处长陈某表示，游客选择民宿已不仅是为了解决住宿需求，他们还渴望得到更加舒适的享受，甚至在美学艺术上也有了更高追求，而这些是传统低端的农家院所不能满足的。"可以说，即使没有民宿，农家院也会被乡村酒店、精品客栈等其他形式所代替"，陈某表示。

目前，越来越多的民宿经营者开始在硬件上进行升级改造，从房间内部装饰、具体用品到外部环境都有所提升。相比农家院的简单乡村体验，如今"小而美"的民宿，无论是艺术性还是功能性都有很大升级，更能满足消费者的需求。

资料来源：新浪财经，

https://finance.sina.com.cn/chanjing/cyxw/2019-07-24/doc-ihytcerm5778445.shtml

问题：

（1）什么是旅游产品生命周期？

（2）上述案例中的农家院和民宿分别处于旅游产品生命周期的哪一个阶段？

一、旅游产品生命周期的概念

旅游产品生命周期是指旅游产品从进入市场开始，直到最终退出市场为止所经历的市场生命循环过程。任何产品在市场营销过程中，都要经历从发生、发展到衰退的过程，就像任何生物都有其出生、成长到衰亡的生命过程一样。

二、旅游产品生命周期各阶段的营销策略

典型的旅游产品生命周期一般分为四个阶段：投入期、成长期、成熟期和衰退期，如图 6-3 所示。

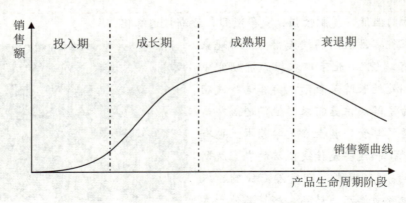

图 6-3　旅游产品生命周期

旅游产品生命周期反映了旅游产品从投入市场到被市场淘汰的整个过程，以及在整个过程的不同阶段所呈现的特点，如表 6-1 所示。旅游企业应根据旅游产品生命周期不同阶段的特点采取不同的营销策略。

表 6-1　旅游产品生命周期各阶段的特点

特点＼阶段	投入期	成长期	成熟期	衰退期
销售额	低	迅速上升	达到顶峰	迅速下降
利润	无	一般	高	低
购买者	爱好新奇者	较多	大众	较少
竞争者	少	逐渐增加	相对稳定，开始减少	减少
营销目标	建立知名度，争取试用	提高知名度和市场占有率	保持市场占有率，争取利润最大化	退出市场，实现产品更新换代

（一）投入期

投入期是指旅游产品刚刚投放市场的阶段。在这一阶段，旅游者对旅游产品缺乏了解，销售额增长缓慢。由于前期投入成本较高，旅游企业几乎没有利润，甚至亏损。此外，市场竞争也比较小，甚至没有。

根据投入期的特点，旅游企业应制定针对性的营销策略，把握好进入市场的时机，设法把销售力量直接投向潜在购买者，使市场尽快接受该产品。具体策略如下：

（1）加强对旅游产品的宣传，使新产品能很快进入市场，被旅游者所接受。

（2）确定合理的价格，通常可采取高价和低价两种策略。高价策略能够使产品树立"高档"形象，扩大产品的知名度，也能让旅游企业快速收回成本；低价策略有助于产品迅速占领市场，而且低价格会压低利润，使得潜在竞争者数量减少。

（3）加强渠道建设，选择合适的中间商，制定有吸引力的中间商策略，激励中间商协助推广新产品。

（4）利用旅游企业已有的声誉或品牌知名度，促进新产品的销售。

（二）成长期

成长期是指旅游产品在市场上打开销路后的销售增长阶段。在此阶段，旅游产品在市场上已被旅游者所接受，销售额迅速上升，成本大幅度下降，旅游企业的利润也有了明显提高。由于有利可图，此时提供同类旅游产品的竞争者开始介入。

成长期的营销目标是提高产品知名度和市场占有率，尽可能延长产品的成长期，使获取最大利润的时间得以延长。可采用的具体策略如下：

（1）提高旅游产品质量和服务质量，同时要根据旅游者的需求进一步改进旅游产品，增加旅游产品的种类，以吸引更多的旅游者。

（2）在销量不断增加、成本不断下降的基础上，选择适当时机采取降价策略，以防止竞争者进入，同时激发对价格敏感的旅游者的购买欲望，以争取更多旅游者；若旅游产品或服务前期价格较低，此时可适当提高价格，以提升产品形象。

产品生命周期

（3）在维持原有市场的基础上，通过市场细分，找到新的尚未被满足的细分市场，并迅速进入这一新市场。

（4）将促销的重点从介绍旅游产品转向树立旅游产品形象，创立品牌，以增强旅游者对旅游企业和旅游产品的信任感。

（三）成熟期

成熟期是指旅游产品在市场上普遍销售以后的饱和阶段。在此阶段，大多数旅游者已经接受该产品，市场销售额增长放缓或开始下降。在成熟期的前半阶段，销售额达到顶峰，稳定一段时间后开始回落，进入成熟期的后半阶段。在这一阶段，由于市场竞争激烈，营销费用增加，价格开始下降。

成熟期的市场营销重点是保持市场占有率，防止与抵抗竞争者的进攻，争取利润最大化。可采用的具体策略如下：

（1）拓展市场，主要通过三种方式实现：一是开辟新的细分市场，寻找新的旅游者；二是刺激现有旅游者，提高产品销售量；三是对旅游产品进行重新定位，树立新形象，寻求新的旅游者。

（2）改良旅游产品或服务。旅游企业应提高旅游产品或服务质量，增设尽可能多的服务项目，让旅游者满意；加强新产品开发，不断适应市场需求，吸引更多的旅游者。

（3）改进营销组合策略。旅游企业可以通过改变定价、分销渠道和促销方式来延长旅游产品的成熟期。营销策略是对营销因素组合的巧妙运用，可以通过改变一个或几个因素的搭配关系来刺激旅游者的购买欲望。

（四）衰退期

衰退期是指旅游产品在市场上因滞销而被迫退出市场的衰亡阶段。在此阶段，由于市场竞争激烈、需求饱和或者新产品出现，销售额迅速下降，旅游企业利润逐渐趋于零甚至为负数。

当旅游产品进入衰退期时，旅游企业的营销重点是有计划地退出市场。通常有以下几种策略可供选择：

（1）转移策略。这种策略一般有两种方式：一是立即转移，即旅游企业立即将资源转向新的经营项目；二是逐步转移，即旅游企业尽早开发出新产品，有序地完成新老产品的更替。

（2）继续策略。旅游企业继续生产衰退期产品，利用其他竞争者退出市场的机会，通过提高服务质量、降低价格等方法来维持销售，直到这种产品完全退出市场为止。

（3）集中策略。旅游企业把人力、物力、财力等资源集中到最有利的细分市场和分销渠道上，以获取尽可能多的利润。

（4）收缩策略。旅游企业压缩销售费用，精简推销人员，停止广告宣传，降价处理产品，以保持一定的利润。这样可能导致产品在市场上加速衰退，但仍可以从忠实的旅游者那里获得利润。

任务实施

收集处于产品生命周期各阶段的旅游产品案例。具体实施步骤如下：

（1）学生自由分组，每组 3~5 人，并推举出小组长。

（2）小组成员分头查找网络或书籍资料，分别收集处于产品生命周期各阶段的旅游产品案例，并分析其特点和旅游企业当前采用的营销策略。

（3）将分析结果制作成 PPT，每个小组推荐一人在课堂上进行分享。

任务三 熟悉旅游产品品牌策略

任务导入

"好客山东"旅游品牌

2007 年，"好客山东"旅游品牌推出，使山东省成为全国率先实施旅游品牌化战略的省份。2010 年，"好客山东"成功注册，成为全国首个取得商标权的省域旅游形象品牌。如今，"好客山东"品牌已响彻齐鲁内外、中华大地。

在推出"好客山东"之前，山东省旅游品牌为"一山一水一圣人"，将泰山、趵突泉（也有人认为是黄河）、孔子作为代表形象。2007 年，在进一步挖掘、提炼"一山一水一圣人"品牌内涵的基础上，结合孔子之仁、梁山之义、好客之风等齐鲁大地文化内涵，山东省文化和旅游厅推出简洁且情感丰富的四字定位——"好客山东"，并设计了品牌标志，如图 6-4 所示。

图 6-4 "好客山东"品牌标志

山东省文化和旅游厅采用"联合推介 捆绑营销"的模式，集结 17 个地级市，整合国内外主流媒体资源，通过持续性的创意策划和广告投放，开启了中国史无前例的省域旅游品牌的大规模、轰动式营销推广。在很短的时间内，浅显易懂、朗朗上口的"好客山东"便获得了广泛的社会认同，并引发全国各省、市、区争相效方。

"好客山东"
旅游宣传片

在不断的摸索完善中，山东省已建立起以省域品牌"好客山东"为统领，集合城市品牌（如"泉城济南""逍遥潍坊""文化济宁"等）、资源品牌（如孔子在这里诞生——"游三孔，知天下"，泰山在这里崛起——"登泰山，保平安"等）、产品品牌（如"山东三珍""山东客栈""鲁菜馆"等）、节事品牌（如"好客山东·贺年会""好客山东·休闲汇"等）等构筑而成的"金字塔"品牌谱系。

资料来源：搜狐网，http://www.sohu.com/a/242007107_590941

问题：

（1）什么是旅游品牌？

（2）在上述案例中，山东省文化和旅游厅采取了哪种旅游品牌策略？

 知识讲解

一、旅游品牌的概念

旅游品牌是指用来识别旅游企业的产品或服务的名称、标记、术语、符号、图案或其组合，包括品牌名称和品牌标识。

品牌名称是指品牌中能够用语言称呼的部分，如上海锦江饭店、迪士尼乐园等。品牌标识是指品牌中可被识别的部分，一般是可被认知的图案、符号、字体、颜色等，如希尔顿饭店的变形英文字母、广州花园酒店的花篮形标识等，如图6-5所示。

图 6-5　旅游品牌标识

二、旅游品牌的作用

（一）对旅游者的作用

旅游品牌对旅游者的作用主要体现在以下几个方面：

（1）旅游品牌有助于旅游者辨认、识别所需产品，保护自身权益。

（2）旅游产品是一种无形产品，旅游品牌代表着旅游产品的品质、特色等，可以帮助旅游者规避购买风险、降低购买成本。

（3）旅游品牌带来的身份认同或地位象征，可以帮助旅游者传递自我概念、树立形象。

（二）对旅游企业的作用

旅游品牌对旅游企业的作用主要体现在以下几个方面：

（1）旅游品牌如果具有一定的知名度和美誉度，旅游企业就可以利用品牌优势扩大市场份额，降低市场营销费用，构建旅游者对本企业产品的忠诚度。

（2）旅游品牌通过注册获得商标专有权，可以有效地保护旅游企业的合法权益。

（3）旅游企业可以向不同细分市场推出不同的旅游品牌，以适应不同旅游者的个性差异，更好地满足旅游者的需求。

（4）旅游品牌有助于扩大旅游产品组合，降低新产品投入市场的成本。旅游企业推出新产品时，可以借助现有的知名品牌扩大产品组合，从而降低促销成本，提高经济效益。

三、旅游品牌的创立与塑造

（一）创立旅游品牌的基本模式

旅游企业一般可以采用以下三种模式来创立旅游品牌。

1. 通过服务质量创立旅游品牌

旅游品牌的内涵十分广泛，但起决定作用的是产品或服务质量。只有提供高质量的产品或服务，旅游品牌才能赢得旅游者的支持。若旅游者对某个旅游品牌满意，也可能会向周边的人推荐这一品牌，从而实现品牌形象的传播。另外，旅游企业作为服务性企业，服务质量是其品牌价值的重要部分，提高服务质量可以有效提升品牌的价值。

2. 通过经济规模创立旅游品牌

一般来说，具有强大品牌竞争力的旅游企业必须以一定的经济规模为支撑。旅游企业需要不断强化市场营销，引进技术和人才进行各方面的创新，进而逐渐扩大经营规模，提高品牌知名度。

3. 通过企业文化创立旅游品牌

旅游品牌的创立离不开独具特色的企业文化，具体包括旅游企业的经营理念、价值取向、员工精神等。一方面，旅游企业团结向上的奋斗精神和为公众服务的价值观会赢得旅游者的认同与支持，有利于提高企业品牌的知名度和美誉度。另一方面，旅游企业将优秀的民族文化、地方文化与企业实际相结合，为旅游者提供富含文化内涵的产品或服务，可以增强旅游产品的吸引力，从而提升旅游品牌的价值。

（二）旅游品牌的塑造

在明确了旅游品牌的创立模式之后，旅游企业应根据市场状况和自身实际，对品牌塑造进行整体构思。旅游品牌的塑造大致可分为三个阶段：品牌定位、品牌设计、品牌传播。

1. 品牌定位

旅游品牌定位由三个要素构成，即主体个性、传达方式和受众认知，三者缺一不可。主体个性是指旅游企业在满足旅游者需求方面的独特风格；传达方式是指旅游企业将主体个性准确、有效地传递给目标受众的措施和途径；受众认知是指旅游企业或其产品品牌得到目标市场的普遍认同。

2. 品牌设计

旅游品牌设计包括品牌名称设计和品牌标识设计两个方面。品牌名称要简洁、易读、易记、突出个性；品牌标识要醒目、具有美感且富有内涵。在进行品牌设计时，必须要有创新意识，坚持设计风格的独特性。

3. 品牌传播

旅游品牌要经过有效传播，才能在旅游者心目中树立鲜明的形象。旅游企业应采取多种方式和渠道，尽力向社会宣传企业或产品的品牌形象。

薪火相传

打造"延安故事"文创品牌

2018 年，国家旅游商品研发中心的品智广告参与了延安旅游（集团）有限公司千万投资项目——打造"延安故事"文创品牌。

延安旅游资源丰富，品智广告对其历史文化、人文景观与精神传承等方面进行了综合梳理，明确以"中华文明"与"革命圣地"作为品牌传播的核心，并以此为基础塑造品牌故事。

品智广告将主广告语设置为"带得走的延安文化"，并围绕这一主题概念，对目的地文化元素进行深入挖掘、创意开发和商品化，有效增强了旅游目的地的吸引力和附加值。

根据延安特色，品智广告对"延安故事"品牌标识进行了全新的 VI（视觉识别系统）设计，如图 6-6 所示。品牌标识以环形等高线形式勾勒黄土高坡地貌，中心以延安特色的窑洞为点缀元素，整体为五角星形。辅

图 6-6　"延安故事"品牌标识

助应用图形提取自延安具有代表性的人文景点与旅游元素，体现延安独特和多元的旅游价值。

资料来源：三机网易网，

http://3g.163.com/news/article/EMHE212D05389V4A.html

四、旅游品牌策略

旅游品牌策略是增强旅游企业竞争力的重要策略之一，主要有以下几种。

（一）统一品牌策略

统一品牌策略是指旅游企业的所有产品都使用同一品牌。很多知名酒店都采用这一品牌策略，如香格里拉酒店集团，如图 6-7 所示。这种策略的优点包括：可以节约成本，尤其在新产品上市时能够降低新产品宣传费用，使其顺利进入市场；有助于旅游企业创建名牌，旅游企业集中宣传一种产品，更容易提高品牌知名度。

图 6-7　香格里拉酒店集团品牌

其缺点包括：若某一种产品出现问题，可能导致其他产品受牵连，甚至影响整个旅游企业的信誉；旅游者难以区分产品质量和档次。

统一品牌策略适用于以下情况：一是品牌知名度较高；二是各产品线在质量和形象方面具有较强的一致性。

（二）个别品牌策略

个别品牌策略是指旅游企业的各种不同产品分别使用不同的品牌。其原因如下：第一，旅游企业提供许多不同类型的产品，如果使用同一个品牌，这些不同类型的产品就容易混淆；第二，旅游企业虽然提供同一类型的产品，但是为了区别不同质量水平的产品，也会分别使用不同的品牌。例如，万豪国际集团旗下拥有万豪、丽思·卡尔顿、万丽等众多品牌（见图 6-8），不同品牌代表了不同级别的产品。

万豪品牌

丽思·卡尔顿品牌

万丽品牌

图 6-8　万豪国际集团旗下品牌

该策略的优点包括：针对不同旅游产品和目标市场的特点，使用不同的品牌，可以更好地满足旅游者的需求；可以避免一种产品营销失败给其他产品带来负面影响；有利于旅游企业实行多元化经营。该策略的缺点是成本高，旅游企业对每种品牌的产品都需要投入大量的促销费用。

（三）多品牌策略

多品牌策略是指旅游企业的同类产品使用两个或两个以上互相竞争的品牌。该策略的优点是：有利于提高产品的市场占有率，扩大企业的知名度；有利于激发各品牌在旅游企业内部相互促进、共同提高。该策略的缺点是可能导致品牌间的竞争，使旅游企业的总体销量无法提高。

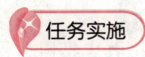

选择一个熟悉的城市，为其设计旅游品牌。具体实施步骤如下：

（1）学生自由分组，每组 3～5 人，并推举出小组长。

（2）每个小组选择一个城市，根据对该城市旅游资源和特色的了解，为其设计一个旅游品牌，包括品牌名称和品牌标识。

（3）每个小组推荐一人在课堂上展示其设计的品牌，并进行解说。

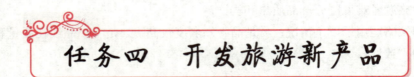

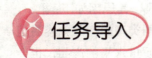

冰雪风光摄影游

海南省某摄影爱好者俱乐部成员在网络上看到了辽宁林苑旅行社的旅游广告，广告内容为东北三省冰雪三日游。这些摄影爱好者非常有兴趣参与这一旅游项目，于是致电林苑旅行社，询问除了常规的旅游项目之外，能否增加摄影相关的内容。旅行社根据顾客需求，结合传统旅游项目，迅速推出了新的旅游产品：冰雪风光摄影游。

新产品中除了滑雪、滑冰等传统项目，还增加了专门到吉林赏雾凇、到雪乡拍雪景（见图 6-9）等内容。这些新增项目以写生、休闲为主，让更多摄影爱好者感受到了北方"千里冰封、万里雪飘"的壮丽景象。

图 6-9　雪乡雪景

资料来源：王英霞. 旅游市场营销 [M]. 北京：科学出版社，2017.

问题：

（1）上述案例中的旅游新产品属于哪种类型？

（2）上述案例中，旅游新产品的创意来源于哪里？

知识讲解

旅游新产品是指由旅游企业初次设计，或者在原有产品基础上做出重大改造，使其在内容、服务方式、结构等方面更为科学合理的产品。一般来说，旅游产品系统中任何层次的更新和变革，导致其在内容、质量、档次、品种、特色等方面与原有产品有一定差异，并为旅游者带来新的利益的产品，都可称为旅游新产品。开发旅游新产品有助于旅游企业满足旅游者不断变化的消费需求、增强市场竞争力，从而更好地生存和发展。

一、旅游新产品的种类

（一）全新旅游产品

全新旅游产品是指旅游市场上从未出现过的产品，包括新开发的旅游景点、新开辟的旅游线路、新推出的旅游项目等。例如，漂流、探险等旅游项目的出现，在旅游产品的开发上引起了一场新的革命。这类产品的开发周期长，成本较高，但是一旦开发成功，将会为旅游企业带来相对稳定且持久的收益。

（二）换代型新产品

换代型新产品是指对原有旅游产品进行较大改革后形成的新产品。开发换代型新产品相对容易，并且不需要花费巨额资金，旅游企业的风险也不大。例如，锦涛酒店在2018 年推出 7 天优品 3.0 产品（见图 6-10），以"至简即优"为核心理念，摒弃一切华而

不实的功能与装饰，并提供自助入住、自助售卖、自助洗衣等自助服务，力图营造极致简约的品质居旅体验。

图 6-10　7 天优品 3.0 产品

（三）改进型新产品

改进型新产品是指对原有旅游产品进行局部改进后形成的新产品。这种新产品与原有旅游产品相比，可能在配套设施或服务方面有所改进，也可能旅游项目有所增减，但旅游产品的实质并无太大改变。例如，长江三峡最初只有两艘豪华游轮（见图 6-11），为了适应市场需求，在游船的数量、规模、等级和旅游线路的安排上进行了改进。

图 6-11　长江三峡的豪华游轮

（四）模仿型新产品

模仿型新产品是指旅游企业对市场上的原有旅游产品进行模仿后，开辟出新的销售领域的产品。例如，江苏苏州乐园、常州恐龙园、安徽芜湖方特乐园等都是对国外类似旅游产品进行模仿后的产物。模仿型新产品在旅游市场上比较普遍，开发此类产品可以有效利用其他企业的成功经验，风险较小，是中小型旅游企业开发新产品的首选。

二、旅游新产品开发的策略

旅游新产品开发是一项风险高、投资大的经营活动，能否选择正确的开发策略关系到新产品开发的成败。旅游新产品开发策略主要包括率先占据市场策略、低成本策略、模仿策略、拾遗补阙策略和层次结合策略。旅游企业应综合考虑自身实际情况、市场情况、竞争者情况等，并以此作为选择新产品开发策略的依据。

（一）率先占据市场策略

率先占据市场策略是指旅游企业率先推出新产品，利用新产品的独特优势占据市场。采用这种策略就是要利用先入为主的优势，使旅游者建立对本企业产品的偏好，进而获得丰厚的利润。采取这种策略的旅游企业应当具有雄厚的经济实力，同时对市场需求及其变动趋势具有超前的判断能力。

（二）低成本策略

低成本策略是指旅游企业在新产品开发过程中，尽量以低廉的成本扩大市场占有率，以提高企业利润。

（三）模仿策略

模仿策略是指旅游企业对市场上已经出现的旅游产品进行模仿，并开发出在质量和价格方面富有竞争力的产品。模仿策略的主要优点在于，旅游企业能够最大限度地吸取其他企业的成功经验与失败教训，充分发挥后发优势。

（四）拾遗补阙策略

拾遗补阙策略是指旅游企业积极开发目前市场上急需或短缺的旅游新产品。这种策略有利于旅游企业在市场上抢占优势地位，提高市场占有率，从而增强竞争力。

（五）层次结合策略

层次结合策略是指旅游企业同时推出多种不同档次的旅游新产品。旅游企业在开发新产品时应注意高、中、低档产品的结合，从而扩大经营范围。

⊕ 以人为本

山东航空开发"慈翔"中老年旅游产品

随着社会老龄化的加剧，中老年人已经成为一个不可忽视的群体。如何满足中老年人的旅游需求，成为旅游行业值得深度研究的课题。

中老年人对旅游的线路安排、安全问题等均有较高的个性化要求。在市场上为中老年人量身定做的旅游产品寥寥可数，广大中老年群体面对的是大量低价购物团、非定制团等旅游产品。

**山东航空"慈翔"
老年旅游**

在这样的市场背景下，山东航空率先启动了中老年旅游产品的市场调研，以期打造一款针对中老年人的高品质旅游产品。2013 年 10 月，山东航空联合山东省老年人体育协会、山东省内多家优质旅行社，秉持关怀中老年人、传播孝道文化的理念，以"父母假期 孝心敬制"为主题，推出了行业内首个针对中老年人的高品质航空旅游产品——"慈翔"中老年旅游产品，改变了市场上没有中老年人专属旅游产品的局面。

"慈翔"中老年旅游产品具有以下亮点：

（1）零购物：全程不强制进店购物。

（2）一站式乘机：始发地免费接送，为游客提供门到门的接送服务；目的地安排专职司机和专用旅游巴士。

（3）双安心：每晚为游客测血压，保障游客健康；建立微信群，邀请游客及其家人加入，在群里发布旅途中的图片和视频，让家人了解旅途过程。

（4）三独有：免费发放遮阳帽、护颈枕等物品；提前为游客换取登机牌；客舱内为游客引导座位、安排行李，并优先提供毛毯、靠枕等机上用品。

（5）四大超行业标准：选择适合中老年人游玩的景点，保障中老年人旅途安全；配备专业人员，包括专职全陪、专职导游、专职司机和两名远程监控人员；根据近 50 个指标筛选住宿酒店，如地面防滑、隔音效果好、床品舒适等；餐饮标准高出行业平均水平 50%以上，至少安排一次当地特色餐。

截至 2018 年底，"慈翔"中老年旅游产品累计购买量达 57 561 人次，其中 2018 年为 15 650 人次，游客满意度达到 96.7%。"慈翔"中老年旅游产品的发展，为山东航空带来了可观的经济和社会效益。

资料来源：民航资源网，http://news.carnoc.com/list/489/489943.html

三、旅游新产品开发的步骤

旅游新产品开发一般包括七个步骤，如图 6-12 所示。

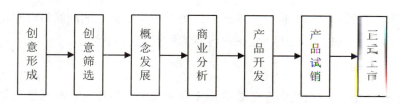

图 6-12　旅游新产品开发的步骤

（一）创意形成

创意形成是旅游新产品开发的起点，好的创意是保障新产品开发成功的关键。旅游企业应在确定新产品开发目标和要求的基础上，广泛、全面地收集各种创意。创意主要来源于以下几个方面。

1．旅游者

旅游者的想法和要求是创意的首要来源。旅游企业应了解旅游者对旅游产品的要求，通过分析旅游者的意见或建议而形成创意。

2．旅游企业内部

旅游新产品创意的一个重要来源就是旅游企业内部管理人员与业务人员，他们可以从不同角度为旅游新产品的开发提供创意。管理人员可以决定开发新产品的方向或目标；业务人员因长期直接与旅游者接触，最了解旅游者的真实需求。在美国，一半以上的新产品创意来自企业内部。

3．竞争者

旅游企业可以分析竞争者产品的优势与不足之处，对其进行强化或改良，从而形成自己新产品的创意。

4．旅游中间商

旅游中间商直接与市场接触，不仅了解旅游者，也熟悉市场动向。因此，他们的想法和建议也是重要的创意来源。

5．其他来源

除上述来源外，旅游企业还可以通过互联网、广播、电视、报纸、杂志、专家讲座、相关专家的研究成果等获得新产品的创意。

（二）创意筛选

通过集思广益，旅游企业能获得许多有关新产品的创意。旅游企业要对这些创意进行分析、筛选，研究各种创意的可行性，剔除那些不可行的创意，找出真正有价值的创意。

筛选时一般从以下两个方面考虑：一是该创意是否与旅游企业的战略目标相适应；二是旅游企业有无开发这种创意的能力，包括管理能力和资金能力等。

（三）概念发展

经过筛选后，保留下来的创意还要进一步发展成为产品概念。产品概念是指旅游企业从旅游者的角度对产品创意做出的详尽描述。描述内容主要包括旅游产品的名称、价格、特色、给旅游者带来的利益等，让旅游者能一目了然地识别出新产品的特征。

（四）商业分析

商业分析是指对新产品概念进行可行性分析。旅游企业应从财务、安全、环保、市场环境等方面进行可行性分析，然后从多种方案中选出最佳方案。商业分析侧重于商业上的可行性，主要是预测新产品的销量、成本与利润，以及企业资金等资源状况，判断其是否符合旅游企业目标。

（五）产品开发

经过商业分析，如果产品概念有开发价值，则可以把产品概念转变成现实的旅游产品。在开发过程中，旅游企业应邀请各方面的专家和旅游者对旅游产品进行测试、鉴定，并请他们提出意见，以便改进产品。

例如，无锡开发横渡太湖的旅游产品时，第一次从无锡到杭州实地试航，途中需要 8 个小时，湖上行程时间太长；后改为经太湖在浙江湖州上岸，然后乘汽车到杭州，如此湖上的行程只需 5 个小时，比较适宜；最后又邀请了一批日本客人试航，增加了风味餐并举行饮酒赋诗等活动，使得产品很受欢迎。

（六）产品试销

产品试销是指将开发的新产品投放到有代表性的地区进行试销，以便收集相关信息，了解旅游者的反应。试销可以起到以下作用：一是使旅游企业对其新产品有更进一步的了解，发现产品存在的各种问题，以便在产品全面上市前加以改进；二是有助于旅游企业制定正确的营销策略，以便顺利地将新产品推向市场。

（七）正式上市

经试销成功的新产品，即可投入市场。在这一阶段，旅游企业需要做出以下决策：

（1）新产品上市的时间，即旅游企业在什么时候将新产品投入市场。如果新产品存在有待改进的地方，应在改进后再投入市场；如果竞争者也将推出类似新产品，则应根据自身情况选择抢先进入、同时进入或滞后进入这三种进入市场的时机。

（2）新产品上市的地点。一般来说，小型旅游企业可选择一个中心城市推出新产品，在取得一定的市场地位后再将新产品扩展到其他地方甚至全国；大型旅游企业可以在某个地区（如东北、华南等）推出新产品，然后再逐步扩展。

（3）新产品的目标旅游者。旅游企业推出新产品时，应针对最佳的潜在旅游者制定营销方案。这样做的目的是利用最佳的潜在旅游者带动一般旅游者，以最快的速度、最低的成本占领更大的市场。最佳的潜在旅游者应具备以下特征：愿意最早使用新产品，对新产品持肯定和赞赏态度，能为新产品做正面的宣传，对周围的旅游者有较大影响。

任务实施

假设某旅游企业想要针对大学生开发设计新的旅游产品，请为其设计旅游新产品开发的具体流程。具体实施步骤如下：

（1）学生自由分组，每组 3～5 人，并推举出小组长。

（2）小组成员通过网络搜索或查找书籍资料，选择一家旅游企业，制定旅游新产品开发的策略，并依据旅游新产品开发的一般步骤为其设计新产品开发的具体流程。

（3）将最终成果制作成 PPT，每个小组推荐一人在课堂上进行分享。

1. 实训内容

选择所在城市的一家旅游企业，分析其旅游产品策略。具体实训步骤如下：

（1）学生自由分组，每组 3～5 人，并推举出小组长。

（2）每个小组选择所在城市的一家旅游企业，通过查阅资料、实地调研等方式，了解该企业有哪些旅游产品，分析旅游产品分别处于生命周期的哪个阶段，以及旅游企业采用了什么样的品牌策略，并提出有针对性的建议。

（3）将小组实训结果制作成 PPT，每个小组推荐一人在课堂上进行分享。

2. 实训评价

在某个小组展示的过程中，主讲教师及其他小组成员根据表 6-2 对其进行评价。

表 6-2　项目实训评价表

评价项目	评价标准	分值	教师评价（70%）	小组互评（30%）	得分
知识运用	掌握旅游产品的概念、类型；掌握产品生命周期的概念及各阶段的特点；掌握旅游产品品牌策略	35			
技能掌握	对旅游产品生命周期阶段和品牌策略的分析合理、准确；提出的建议具有可行性	35			
成果展示	PPT 制作精美，观点阐述清晰	20			
团队表现	团队分工明确、沟通顺畅、合作良好	10			
合计		100			

项目自测

1. 不定项选择题

（1）一般来说，旅游产品由核心产品、形式产品和（　　）构成。

　　A. 外形产品　　　　　　　　　B. 期望产品

　　C. 延伸产品　　　　　　　　　D. 潜在产品

（2）旅游产品组合的策略包括（　　）。

　　A. 扩大产品组合策略　　　　　B. 深化产品组合策略

　　C. 缩小产品组合策略　　　　　D. 完善产品组合策略

（3）旅游品牌的塑造大致可分为（　　）三个阶段。

　　A. 品牌定位　　　　　　　　　B. 品牌设计

　　C. 品牌传播　　　　　　　　　D. 商标注册

（4）旅游产品的种类有（　　）。

　　A. 全新旅游产品　　　　　　　B. 换代型新产品

　　C. 改进型新产品　　　　　　　D. 模仿型新产品

（5）（　　）是指旅游企业积极开发目前市场急需或短缺的旅游新产品。

　　A. 率先抢占市场策略　　　　　B. 低成本策略

　　C. 拾遗补阙策略　　　　　　　D. 层次结合策略

2. 简答题

（1）旅游产品按性质划分，可分为哪些类型？请分别举例说明。

（2）当旅游产品进入衰退期时，可采取哪些营销策略？

（3）简述旅游品牌策略。

（4）简述旅游新产品开发的步骤。

项目七 旅游产品价格策略

项目引言

　　旅游者的购买意愿如何，在很大程度上取决于旅游产品的价格合理与否。旅游产品价格是一个十分敏感又难以控制的因素，直接影响着旅游产品和旅游企业的形象。本项目将主要介绍旅游产品价格的基础知识、旅游产品定价的影响因素和方法、旅游产品定价策略和价格调整策略。

知识目标

　◇　理解旅游产品价格的概念。
　◇　了解旅游产品价格的特点和类型。
　◇　熟悉旅游产品定价的影响因素。
　◇　掌握旅游产品定价的方法。
　◇　熟悉旅游产品定价策略和价格调整策略。

素质目标

　◇　通过学习"新疆出台《办法》规范旅游景区收费"案例，认识政府对旅游产品价格的引导作用，坚定制度自信。
　◇　通过学习旅游产品定价的方法和策略，培养诚信经营、公平交易的营销价值观。

任务一　了解旅游产品价格

任务导入

"福州—黄山三日游"产品的价格

福建中旅旅行社推出"福州—黄山三日游"旅游产品，门市价1 999元/人，优惠价1 598元/人，儿童价598/人。

具体行程：第一天上午乘高铁从福州至黄山，然后乘车至南屏，下午游览南屏，晚餐后去黄山岚之汤汤泉馆(自费)；第二天早餐后乘车至黄山风景区，游览黄山各景点；第三天早餐后乘车至宏村世界文化遗产地，游览宏村后返程。

费用包含：

（1）交通：往返高铁二等座，当地旅游空调车，确保一人一正座。

（2）住宿：五星级酒店（参考酒店有君瑞百合、新华联瑞景、香茗假日或同级酒店）。

（3）餐饮：2早2晚餐（1晚800元/桌的春节晚宴，1晚588元/桌的"徽州八大碗"）。

（4）门票：行程中所列景点门票（不含行程中标明的"自费"）。

（5）导游：当地地接导游服务。

资料来源：欣欣旅游，https://www.cncn.com/xianlu/649784317772

问题：

（1）什么是旅游产品价格？

（2）上述案例体现了旅游产品价格的什么特点？

知识讲解

一、旅游产品价格的概念

旅游产品价格是指旅游者为满足自身旅游需求而购买单位旅游产品所支付的货币量，是旅游产品价值的货币表现形式。从旅游企业的角度看，旅游产品价格表现为向旅游者提供各种产品或服务的收费标准。

二、旅游产品价格的特点

旅游产品不同于一般的物质产品，因此其价格也具有不同于一般物质产品价格的特点，主要表现在以下几个方面。

（一）综合性

旅游产品价格的综合性是由旅游产品的综合性所决定的。旅游产品是由旅游资源、旅游设施、各种旅游物品，以及各种形式的旅游服务构成的组合型产品，需要满足旅游者吃、住、行、游、购、娱等多方面的需求，因此旅游产品价格必然是旅游活动中吃、住、行、游、购、娱等价格的综合表现。

（二）垄断性

各个国家或地区的旅游资源都不完全相同，即每一种旅游产品都有其唯一性。这就决定了旅游产品价格具有一定的垄断性，具体表现为旅游产品价格在特定的时间和空间范围内远远高于其价值。

（三）波动性

旅游需求会受到季节变化、经济波动等因素的影响，并产生一定的变化，而旅游供给又是相对稳定的。这种供求之间的矛盾会造成旅游产品价格在不同时间的差异较大，从而反映出旅游产品价格具有较大的波动性。

春节后旅游产品价格"大跳水"

三、旅游产品价格的类型

旅游产品价格可按照不同的标准划分为不同的类型，常见的有以下几种。

（一）按旅游者购买旅游产品的方式划分

按旅游者购买旅游产品的方式划分，旅游产品价格可分为全包价格、部分包价价格和单项价格。

全包价格又称统包价格，是指旅游者一次性购买旅行社提供的某条旅游线路的价格，包括住宿费、餐饮费、交通费、导游服务费、景点门票费、保险费及其他相关费用等。

部分包价价格是指旅游者通过旅行社购买旅游产品，但只一次性支付该产品中某一部分或某几部分的价格。

单项价格是指旅游者以零星购买方式购买的单项产品或服务的价格，如车票的价格、景点门票的价格。

（二）按旅游活动涉及的范围划分

按旅游活动涉及的范围划分，旅游产品价格可分为国内旅游产品价格和国际旅游产品价格。国内旅游产品价格是指旅游者在本国国内购买旅游产品的价格。国际旅游产品价格则包含国际交通费、旅游目的地国家或地区的旅游产品价格和客源国国内的旅游服务费。

不同国家的经济发展水平不同，不同国籍的旅游者的购买力水平也存在差异，因此，区分国际旅游价格与国内旅游价格不仅符合旅游经济活动的实际，而且有助于经济相对落后的国家或地区吸收更多的外汇。

（三）按旅游企业的促销手段划分

按旅游企业的促销手段划分，旅游产品价格可分为旅游差价和旅游优惠价。

1．旅游差价

旅游差价是指同种旅游产品由于地区、时间、质量等不同而引起的一定幅度的价格变化或价格差额。合理利用旅游差价可以有效刺激需求，调节供求关系，从而扩大销售。旅游差价一般表现为地区差价、季节差价、质量差价、批零差价等。

（1）地区差价，是指同种旅游产品由于销售地区不同而形成的价格差额。地区差价的形成主要是由于不同地区间的旅游需求和经济发展水平不同。

（2）季节差价，是指同种旅游产品由于销售季节不同而形成的价格差额。旅游活动受季节变化影响较大，使得旅游产品的销售有淡季和旺季之分，这是季节差价产生的主要原因。

（3）质量差价，是指同种旅游产品由于质量不同而形成的价格差额。例如，酒店按房型及配套设备设定房价。

（4）批零差价，是指同种旅游产品的批发价格和零售价格之间的差额。批零差价一般发生在旅游批发商和旅游零售商之间。

课堂互动

请判断以下各项分别属于哪种类型的旅游差价：

（1）在携程网上，如家酒店在北京地区的商务房标价为255元/天，在成都地区的商务房标价为303元/天。

（2）武汉某酒店的商务大床房标价为638元/天，豪华大床房标价为748元/天，行政套房标价为972元/天。

（3）故宫门票：旺季60元（每年4月1日至10月31日），淡季40元（每年11月1日至次年3月31日）。

2. 旅游优惠价

旅游优惠价是指旅游企业在公开标明的价格基础上，给予旅游者一定比例的折扣或优惠的价格。由于市场竞争加剧，旅游企业为了在市场竞争中保持竞争优势，会采用价格优惠的形式来吸引旅游者。一般有以下几种优惠形式：

（1）销售量优惠，是指根据旅游者购买旅游产品数量的多少而实行的优惠，即对购买数量较多的旅游者实行价格优惠，以鼓励和刺激旅游者增加购买量。

（2）同业优惠，是指对同行业者实行的价格优惠。例如，航空公司对旅行社、饭店人员的优惠，旅行社对饭店、航空公司人员的优惠。其目的在于互惠互利，促进合作。

（3）老客户优惠，是指旅游企业针对经常购买本企业产品的客户实行的价格优惠。这是旅游企业稳定客源、维持顾客忠诚的重要手段。

（4）特殊群体优惠，是指旅游企业对军人、教师、学生、本地居民、残疾人士等特殊群体实行的价格优惠。

任务实施

主讲教师组织并引导学生分组讨论：参加同一个旅游团，为何价格不一样？具体实施步骤如下：

（1）学生自由分组，每组3～5人，并推举出小组长。

（2）各组成员围绕"参加同一个旅游团，为何价格不一样"这一议题进行小组讨论，举例说明哪些情况下会出现"同团不同价"的现象，并分析这种情况是否合理。

（3）讨论完毕后，推选代表发言。

任务二　掌握旅游产品定价

任务导入

旅行社的"透明价"

　　打开某旅行社的网站，可以看到该社所有旅游线路的报价和行程安排。该社为了获得旅游者的信任，促进销售增长，采取了一种不同于其他旅行社的定价方式，即所谓的"透明价"。

　　针对每条旅游线路，该社都制作了一个"旅游行程及价格表"，将交通、餐饮、住宿、景点门票、导游等各项服务的实价都单独列出，然后加总，最后在此价格的基础上加上毛利，即得出这条线路的报价。毛利率一般在 2%～10%之间，价格较高的长线旅游产品毛利率较低，价格较低的短线旅游产品毛利率则高一些。很多旅游者对这一做法表示肯定，称该社的"旅游行程及价格表"为"明明白白卡"。自采用这一方式之后，该旅行社的效益显著提升。

资料来源：百度文库，

https://wenku.baidu.com/view/1f8a9714dc88d0d233d4b14e852458fb770b38b3.html

问题：

（1）旅游产品定价方法有哪些？

（2）上述案例中的旅行社采用了哪种定价方法？

知识讲解

一、影响旅游产品定价的因素

　　影响旅游产品定价的因素一般包括旅游产品成本、旅游企业定价目标、旅游产品的特色、旅游市场的供求关系、目标市场、竞争品的价格、政府的宏观管理及其他因素。

（一）旅游产品成本

　　旅游产品成本是旅游产品价格的最低界限，对旅游产品定价有很大的影响。旅游产品

成本一般由固定成本和变动成本两部分组成，固定成本是指不随数量的变化而等比例变化的费用支出，变动成本是指随着数量的变化而变化的费用支出。旅游企业确定产品价格时，要使总成本得到补偿，产品价格不能低于平均成本。当旅游产品价格高于产品成本时，旅游企业可以盈利；反之，旅游企业的销售收入不能弥补其劳动消耗，会造成亏损。

影响定价的因素

（二）旅游企业定价目标

旅游企业定价目标是指旅游企业通过确定产品价格所要达到的预期目的。常见的定价目标有以下几种。

1.利润目标

利润目标是旅游企业定价目标的重要组成部分，获取利润是旅游企业经营的直接动力和最终目的。

（1）以最大利润为目标。追求最大利润是旅游企业的共同目标，但这并不是说旅游企业要实施最高定价。定价过高，旅游者会难以接受，导致产品销路受阻，反而使旅游企业无法实现利润最大化。因此，旅游企业要根据市场需求和销售规模确定适当的价格，以实现利润最大化。

（2）以适度利润为目标。它是指旅游企业在补偿社会平均成本的基础上，适当地加上一定的利润作为产品价格，以获取合理利润。以适度利润为目标使旅游产品价格不会显得太高，而且符合政府的价格指导方针，从而防止激烈的市场竞争，使旅游企业获得长期利润。

提　示

社会平均成本是指同一行业内的不同企业生产同种产品或提供同种服务的平均成本，是产品或服务的定价成本。按社会平均成本定价是价值规律的要求。

2.预期投资收益率目标

预期投资收益率是指利润与投资总额之间的比率。旅游企业总是希望能够在预期时间内收回成本，因此定价时一般会在总成本上增加一定比例的期望收益，以预期投资收益率为定价目标。在选择此目标时，旅游企业要对主客观环境进行认真分析和研究，确定合理的投资收益率。

3.市场占有率目标

市场占有率又称市场份额，是指旅游企业某种产品的销售量占同一时期市场上的总销售量的比例。它是旅游企业经营状况和产品竞争力的综合反映。较高的市场占有率可以保证旅游企业产品的销路，为旅游企业带来较高的长期利润。因此，旅游企业一般尽量保持或增加市场占有率，并以此定价。

4. 稳定价格目标

稳定的价格通常是大多数旅游企业获得一定目标收益的必要条件，市场价格越稳定，经营风险就越小。稳定价格目标的实质是通过本企业产品的定价来左右整个市场价格，避免不必要的价格波动。按这种目标定价，可以使市场价格在一个较长的时期内保持相对稳定，减少旅游企业之间因价格竞争而发生的损失。

5. 维持生存目标

当市场竞争十分激烈，企业经营状况不佳时，旅游企业应把维持生存作为定价目标。这时，旅游企业以低价为基本定价策略，保证价格能补偿变动成本和部分固定成本，以维持企业的经营。

（三）旅游产品的特色

旅游企业在定价时需要充分考虑其产品相比于其他企业的产品具有什么特色，如果旅游产品特色鲜明、垄断性强，具有不可替代性，则可采用较高的定价。

（四）旅游市场的供求关系

当旅游市场供不应求时（如旅游旺季），旅游企业可采取较高的定价；当旅游市场供过于求时（如旅游淡季），旅游产品价格需要相应地降低，以刺激旅游者购买。

（五）目标市场

目标市场对旅游产品定价的影响表现为两个方面：一是目标市场旅游者的购买能力，要使旅游者可以支付得起，这是旅游产品定价的最高界限；二是目标市场旅游者对旅游产品价值的认知，价格过低往往会使旅游者误认为旅游产品质量较差、档次较低。因此，旅游企业在定价时要充分考虑旅游者的经济水平、心理认知和购买习惯等。

（六）竞争品的价格

在实际营销过程中，旅游企业可选择高于竞争品价格、和竞争品同价、低于竞争品价格等三种定价方式。到底采取什么样的竞争价格，主要取决于旅游企业在市场上与其他竞争者相比处于什么样的地位。

（七）政府的宏观管理

为了平衡市场物价、保护旅游者利益、扶持旅游企业、限制恶性竞争等，政府会通过行政、法律、经济等手段影响旅游企业定价。例如，2018年，中国国家发展和改革委员会发布《国家发展改革委关于完善国有景区门票价格形成机制 降低重点国有景区门票价格的指导意见》，随后各地纷纷响应，如泰山景区（见图7-1）门票价格由240元/人降为115元/人。

图7-1　泰山景区

旗帜引领

新疆规范旅游景区收费

为规范旅游景区门票及相关服务的价格，维护旅游价格秩序，保护旅游者和旅游经营者合法权益，促进旅游业持续健康发展，新疆维吾尔自治区发展改革委修订出台了《自治区旅游景区门票及相关服务价格管理办法》（以下简称《办法》）。《办法》于2021年12月1日开始施行。

《办法》明确景区门票及相关服务价格依照景区类别分别实行政府指导价和市场调节价。依托国家自然资源或文化资源投资兴建的景区，或非依托国家自然资源和文化资源，由政府投资建设的景区，包括风景名胜区、自然保护区、文物保护单位、森林公园、湿地公园、地质公园、博览园、部分博物馆和纪念馆等，其门票及景区内垄断经营的交通运输服务价格实行政府指导价。景区内住宿、餐饮、游乐项目等服务价格，以及非依托国家自然资源或文化资源，由商业性投资建设的人文景观门票及相关服务价格实行市场调节价，由经营者自主合理确定票价水平。

在规范价格管理方面，《办法》提出，景区内垄断经营的交通运输服务价格应单独标示，不得与门票捆绑销售。实行政府指导价的景区（含免费开放的）举办各种临时展览（活动、演出），原则上免费；对确有观赏价值且投入较大的，景区可制定临时票价并向当地发展改革委报告，由旅游者自愿选择参观。

资料来源：人民网，http://xj.people.com.cn/n2/2021/1115/c3632-35005537.html

（八）其他因素

除上述因素外，国内外的经济形势、货币流通情况、利率的高低等，都会影响旅游产品的成本和旅游者对产品价格与价值的理解，从而影响旅游产品的定价。

二、旅游产品定价的方法

旅游产品定价方法主要包括成本导向定价法、需求导向定价法和竞争导向定价法。

（一）成本导向定价法

成本导向定价法是指旅游企业以旅游产品的成本为定价基础的定价方法，主要包括以下几种形式。

定价的方法

1. 成本加成定价法

成本加成定价法是指在单位旅游产品成本的基础上，加上一定比例的预期利润额作为旅游产品的销售价格。其计算公式为：

$$旅游产品价格 = 单位成本 × （1 + 预期利润率）$$

成本加成定价法具有计算简单、简便易行的优点，其缺点是忽略了市场竞争和供求状况的影响，缺乏灵活性，难以适应市场竞争的变化形势。

课堂互动

某酒店的油焖大虾的成本为 70 元，酒店的预期利润率为 50%，则这道菜的价格应当定为多少元？

2. 盈亏平衡定价法

盈亏平衡定价法又称收支平衡定价法，是指旅游企业根据旅游产品的成本和预计销售量计算出产品价格，使得企业盈亏平衡、收支相抵的定价方法。其计算公式为：

$$旅游产品价格 = \frac{固定成本}{盈亏平衡点销量} + 单位变动成本$$

根据盈亏平衡定价法确定的旅游产品价格，是旅游企业的保本价格。低于此价格，旅游企业会亏损；高于此价格，旅游企业则有盈利。实际售价高出保本价格越多，旅游企业盈利越大。因此，盈亏平衡定价法常用作对旅游企业各种定价方案进行比较和选择的依据。

同步案例

某旅行社某旅游线路的单位变动成本为 1 200 元，固定成本为 200 000 元，预计销售量为 200，则采用盈亏平衡定价法为该旅游线路定价的计算过程如下：

旅游产品价格 = 200 000 ÷ 200 + 1 200 = 2 200（元）

3. 目标利润定价法

目标利润定价法是指在保证目标利润的条件下确定旅游产品价格的方法。采用这种方法时，首先应明确所要实现的目标利润，然后预测销售量，最后确定旅游产品价格。其计算公式为：

$$旅游产品价格 = \frac{固定成本 + 目标利润}{预期销售量} + 单位变动成本$$

目标利润定价法的优点是能保证旅游企业实现既定的目标利润；缺点是只从旅游企业的角度出发，忽略了竞争因素和市场需求情况。这种方法一般适用于市场占有率较高或旅游产品具有垄断性的旅游企业。

 同步案例

某旅行社某旅游线路的单位变动成本为 1 200 元，固定成本为 200 000 元，预计销售量为 200，想要获得 20% 的利润，则采用目标利润定价法为该旅游线路定价的计算过程如下：

目标利润 =（200 000 + 1 200 × 200）× 20% = 88 000（元）

旅游产品价格 =（200 000 + 88 000）÷ 200 + 1 200 = 2 640（元）

（二）需求导向定价法

需求导向定价法是指旅游企业依据旅游者对旅游产品价值的理解和需求程度，来确定旅游产品价格的定价方法。该方法具体可分为以下几种。

1. 理解价值定价法

理解价值定价法是指根据旅游者对旅游产品价值的理解来确定价格的方法。这里的价值指的是旅游者的感知价值，而不是产品的实际价值。

理解价值定价法的关键是旅游企业对旅游者愿意承担的价格要有正确的估计和判断，这就要求必须充分考虑旅游者的消费心理和需求价格弹性。对于需求价格弹性大的产品，价格可以定得低一些；而对于需求价格弹性小的产品，价格可以定得高一些。例如，名牌企业产品的价格往往较高。

 提　示

需求价格弹性是指在一定时期内，产品需求量的相对变动对于该产品价格的相对变动的反应程度。需求价格弹性通常用需求价格弹性系数加以表示，即需求量变动的百分比与价格变动的百分比之比。由于需求规律的作用，价格和需求量是呈反方向变动的，即：价格下跌，需求量增加；价格上升，需求量减少。

旅游企业采用这种定价方法时，要研究旅游产品在不同旅游者心目中的价格水平，这就需要进行市场调研。同时，旅游企业也要积极地采取各种营销手段对旅游者施加影响，使旅游者对产品价值的理解与旅游企业保持一致，以便争取定价主动权。

2. 需求差异定价法

需求差异定价法是指旅游企业针对不同的旅游者，或在不同的时间、地点，对同一旅游产品确定不同价格的定价方法。这种方法中，价格差异并非取决于成本的高低，而是取决于旅游者需求的差异。

采用需求差异定价法应具备以下条件：① 对市场进行合理细分，且细分市场的需求差异较为明显；② 高价市场中不能有低价竞争者；③ 价格差异适度，不会引起旅游者的反感。

（三）竞争导向定价法

竞争导向定价法是指旅游企业以竞争企业的价格为依据，根据市场竞争状况的变化来确定和调整价格的定价方法。这种方法具有在价格上排斥对手，提高市场占有率的优点。该方法具体可分为以下几种。

1. 率先定价法

率先定价法是指旅游企业根据市场竞争状况，率先确定符合市场行情的价格，以吸引旅游者的定价方法。采用这种方法的优点是，能使旅游企业在竞争激烈的市场中获得较大的利益，居于主导地位。率先定价法适用于实力雄厚或产品富有特色的旅游企业。

2. 随行就市定价法

随行就市定价法是指旅游企业的产品价格与市场上同类产品的价格水平保持一致的定价方法。采用这种方法的优点是，可以避免挑起价格战，降低市场风险；同时可以补偿平均成本，获得适度利润，且容易为旅游者所接受。这是一种较为流行的保守定价法，尤其为中小型旅游企业普遍采用。

任务实施

某旅行社准备推出"苏州—西安三日游"的旅游线路，请为其制定价格明细表，并确定最终价格。具体实施步骤如下：

（1）学生自由分组，每组 3~5 人，并推举出小组长。

（2）小组成员分头查找网络或书籍资料，参考市场上相关产品的行程与报价，制定"苏州—西安三日游"的具体行程，并列出相关费用，确定产品最终价格。

（3）将任务实施成果制作成 PPT，每个小组推荐一人在课堂上进行分享。

任务三 熟悉定价和价格调整策略

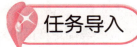

南宁园博园门票降价惠游客

南宁园博园（见图 7-2）是第十二届中国国际园林博览会的举办地，国家 4A 级景区，于 2018 年 12 月建成开放。园内设中华城市展园、东盟园、丝路园、广西园、设计师园和企业园六大主题展园区，共 80 个展园，打造了东南亚特色植物园、罗汉松园、矿坑花园、芦草叠塘、宝巾花园等多个精品景点。

图 7-2 南宁园博园

根据政府部门的相关要求，南宁园博园管理中心宣布，2019 年 9 月 1 日起，南宁园博园门票价格下调。门票调整分为三个部分：一是园博园门票普通票价格由 60 元/人下调至 45 元/人，而游客在南宁园博园微信公众号、美团、携程、爱南宁 App 等线上购买的普通票价格由 55 元/人下调至 35 元/人。二是优惠票价格由 30 元/人下调至 20 元/人，优惠票适用人群为 6～18 岁的未成年人、全日制大学本科及以下学历的学生、60～65 岁的老年人。三是免票人群保持不变，即 6 岁及以下或身高 1.4 米及以下的儿童、65 岁及以上的老年人、现役军人、残障人士等。

此外，景区还推出了园博园年卡（每张 300 元/年）、月卡（每张 50 元/月）、晨练卡（每张 20 元/月）。

资料来源：中国旅游新闻网，
http://www.ctnews.com.cn/art/2019/3/28/ar_508_50056.html

问题：
南宁园博园管理中心采用了哪种价格调整策略？

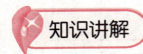

一、旅游产品定价策略

（一）心理定价策略

心理定价策略

心理定价策略是指旅游企业根据旅游者的不同消费心理确定产品价格的策略。该策略主要有以下几种。

1. 整数定价策略

整数定价策略是指旅游企业根据旅游者求方便的心理，有意将产品价格定为整数，一般以"0"作为尾数。例如，图7-3是"巴塞罗那托莱多古城9日游"价格。这种定价策略容易使旅游者产生"一分钱一分货"的感觉，从而起到显示旅游产品高档、优质的作用。整数定价策略多用于价格较高的高档旅游产品。

图 7-3 "巴塞罗那托莱多古城 9 日游"价格

2. 尾数定价策略

尾数定价策略是指旅游企业根据旅游者求廉的心理，在产品定价时有意定一个与整数有一定差额的价格。例如，图7-4是"神农架3日2晚跟团游"价格。这种定价策略会让旅游者产生一种错觉，即带有零头的数比整数小。此外，该策略还会使旅游者产生"价格经过了精确计算"的感觉，从而对旅游企业产生信任感。

图 7-4　"神农架 3 日 2 晚跟团游"价格

 知识拓展

神奇的尾数效应

心理学家研究表明，价格尾数的微小差别能够明显影响消费者的购买行为。一般认为，五元以下的商品，末位数为"9"最受欢迎；五元以上的商品，末位数为"95"效果最佳；百元以上的商品，末位数为"98"或"99"最为畅销。

尾数定价法会给消费者一种经过精心计算、价格最低的感觉；有时还可以给消费者一种"原价打了折，商品更便宜"的感觉；同时，消费者在等待找零钱期间，也可能选购其他商品。

资料来源：胡亚光，胡建华. 旅游市场营销学 [M]. 北京：旅游教育出版社，2015.

3. 声望定价策略

声望定价策略是指旅游企业利用旅游者崇尚名牌、以价论质心理，对旅游产品确定较高价格的策略。实施这种定价策略的条件包括：旅游企业有较高的声誉，其产品必须是优质产品，且能不断改进；产品价格不能超过旅游者心理上和经济上的承受力。

4. 习惯定价策略

习惯定价策略是指按照旅游者习惯的价位进行定价的策略。一些旅游产品是旅游者经常购买的，在其心中已经形成一种习惯性价格标准，这类产品的价格不宜随便变动。降低价格会使旅游者怀疑产品质量出现问题；提高价格会使旅游者产生不满情绪，导致转移购买。

（二）促销定价策略

促销定价策略是指旅游企业为了达到促销目的，对产品暂定低价，或暂以不同的方式向旅游者让利的策略。促销定价策略主要有以下几种。

1. 招徕定价策略

招徕定价策略是指旅游企业将几种旅游者熟悉的产品以非常低的价格出售，吸引旅游者购买，以推动其他产品销售的定价策略。这种定价策略可以扩大销售，使旅游企业的总利润上升，但会让旅游者形成产品档次低的印象。

2. 特别事件定价策略

特别事件定价策略是指旅游企业在某个特定的时间和场合、某种特别的节日或某些重要的社会活动日，大幅度降低产品价格，以吸引大量旅游者的策略。不过，这种定价策略必须在特殊时机采用，否则会失去效果，甚至影响正常的经营活动。

 同步案例

山西各旅行社、景区借"三八"节淘金

2019 年"三八"节到来之际，山西省各大旅行社、景区等纷纷推出多条针对女性的优惠旅游线路，吸引了诸多游客前来咨询报名，使早春的旅游市场暖意融融。

图 7-5 太行山大峡谷

针对"三八"节市场，山西宝华国旅推出多条休闲特惠旅游线路。例如，通天峡一日游的价格为女士 88 元/人、男士 99 元/人，忠义藏山一日游 99 元/人，太行山大峡谷（见图 7-5）两日游 188 元/人等。山西东方国旅在 3 月 8 日也推出绵山一日游、娘子关一日游及太原周边游等优惠旅游线路。

除了许多旅行社借"三八"节瞄准女性消费群体之外，一些景区也瞄准"三八"节，借机发力，催热春游市场。3 月 8 日，洪洞大槐树景区推出女性游客凭身份证及其他有效证件半价游景区活动。另外，位于黎城的壶山温泉度假酒店在 3 月 8 日推出温泉 88 元和 128 元单票特惠活动，含温泉、游泳、鱼疗项目。从 3 月 8 日至 3 月 11 日，王莽岭景区也特别推出"相约三八，赏最美汉佼人，登太行至尊王莽岭"主题活动，男女均免门票。

资料来源：市场信息网，http://hhkx.scxxb.com.cn/html/2019/jsjyw_0305/9041.html

（三）新产品定价策略

新产品定价策略关系到新产品能否顺利地进入市场，旅游企业能否获得较大的经济效益。新产品定价策略主要有以下三种。

新产品定价策略

1. 撇脂定价策略

撇脂定价策略是指旅游企业在新产品投放市场时将价格定得很高，以便在短期内获取尽可能多的利润，尽快收回投资的定价策略。这种定价策略利用旅游者求新、求奇的心理，抓住市场上尚未出现激烈竞争的有利时机，以尽可能高的价格将新产品投入市场。这是一种短期的定价策略，需要随着市场的变化进行适时调整。

提　示

"撇脂"是指从鲜牛奶中撇取脂肪，含有捞取精华的意思，这里用来比喻利用高价榨取市场利润。

该策略的优点如下：利用高价带来丰厚的利润，能迅速收回投资，减少投资风险；在全新旅游产品或换代型新产品上市之初，利用旅游者求新、求奇的心理，可以提高旅游产品的形象；为后期降价竞争创造条件，当竞争者涌入市场时，旅游企业有足够的空间来降低价格，掌握竞争的主动权。

该策略的缺点如下：过高的价格不利于开拓市场、增加销量，也不利于占领和稳定市场，容易导致新产品开发失败；高价高利会导致竞争者大量涌入，仿制品、替代品迅速出现，从而迫使产品价格急剧下降。

撇脂定价策略是一种高价格策略，适用于特色鲜明、垄断性强，其他企业在短期内难以模仿的旅游产品。

2. 渗透定价策略

渗透定价策略是指旅游企业以低价向市场投放新产品，塑造新产品物美价廉的形象，尽快打开并占领市场，以谋取长期稳定利润的策略。

该策略的优点如下：新产品能迅速占领市场；低价微利阻止了竞争者进入，可增强旅游企业的市场竞争力。

该策略的缺点如下：利润微薄，本利回收周期长；不利于旅游产品和品牌形象的树立。

渗透定价策略是一种长期的低价格策略，适用于市场需求潜力大、批量大、成本低、需求价格弹性大的旅游产品。

3. 满意定价策略

满意定价策略是一种折中策略，是指旅游企业按行业平均价格水平来确定价格的策略。采用这种策略确定的产品价格比撇脂价格低，而比渗透价格要高，是一种中间价格。

该策略的优点如下：兼顾了供给者和需求者双方的利益，既能使旅游企业获得稳定的利润，又能使旅游者满意。

该策略的缺点如下：由于产品的定价是被动地适应市场，而不是积极主动地参与市场竞争，因此可能使旅游企业难以灵活地适应市场变化。

二、旅游产品价格调整策略

（一）折扣定价策略

折扣定价策略是指旅游企业在基本价格的基础上加上适当的折扣形成实际售价的策略。其目的是通过让价稳定原有市场、吸引旅游者，从而加快资金周转。折扣定价策略具体包括以下几种策略。

1. 数量折扣策略

数量折扣策略是指旅游企业对购买量大的旅游者或中间商给予一定价格折扣的策略。一般购买量越多，折扣也越大，其目的是鼓励旅游者或中间商增加购买量。

数量折扣又可分为累计数量折扣和一次性数量折扣两种类型。累计数量折扣是指对一定时期内累计购买超过规定数量或金额给予的价格优惠，目的在于鼓励旅游者或中间商与旅游企业建立长期、稳定的关系。一次性数量折扣是指对一次购买超过规定数量或金额给予的价格优惠，目的在于鼓励旅游者或中间商增加每份订单的数量。

2. 交易折扣策略

交易折扣策略又称功能折扣策略，是指旅游企业根据中间商在市场中的不同地位和功能，给予不同折扣的策略。其主要目的是拓宽销售渠道，调动旅游中间商销售产品的积极性。

3. 季节折扣策略

季节折扣策略是指旅游企业为鼓励旅游者在淡季购买旅游产品而给予一定折扣的策略。采用此策略可以增加淡季旅游产品的销售量，使旅游企业保持全年经营的相对稳定性。

（二）价格变更策略

在生产经营过程中，随着市场环境的变化，旅游企业需要对产品价格进行调整，以适应新的市场环境。

1. 降价策略

若出现以下几种情况，旅游企业可降低价格：

（1）旅游企业生产或服务能力过剩，需要增加销售量。

（2）新的竞争者进入或原竞争者采取新策略，使得旅游企业的市场占有率下降。

（3）经济不景气，需要通过降价拉动消费，尤其是需求价格弹性大的产品降价效果更理想。

2. 提价策略

若出现以下几种情况，旅游企业可提高价格：

（1）由于通货膨胀，旅游企业出于减少损失的考虑，不得不提高价格。但提高价格时，应注意旅游者和竞争者的反应。

（2）旅游企业产品供不应求，可通过提高价格来平衡旅游者的需求，且必须注意提价后要保证产品质量。

（3）旅游产品的成本增加，旅游企业需要提高价格，才能保持现有的利润。

 课堂互动

作为旅游者，旅游企业降价或提价之后，你会有什么样的反应？

任务实施

在东京和德岛地区之间通行的 "MY Flora" 号被称为"日本最豪华大巴"。其车厢内只有 12 个座位，所有座位都采用了隔间的设计，以保证游客拥有足够的私人空间。"MY Flora" 号车厢的地板都铺上了地毯，因此上车后需要脱鞋。这辆大巴主打安稳、舒适，座位宽度接近一般座位的两倍，并采用了可调节座椅。单程价格为 1.3 万日元（约合人民币 805 元），比同路线的其他大巴价格高很多，然而平时的上座率仍然达到了 90% 以上。

以小组为单位，针对上述案例进行讨论，具体实施步骤如下：

（1）学生自由分组，每组 3～5 人，并推举出小组长。

（2）各小组围绕下列问题进行讨论：

① "MY Flora"号采用了哪种定价策略？

② 为什么"MY Flora"号价格比其他大巴车高很多，却依然受到游客青睐？

③ 如果"MY Flora"号降价，游客可能有什么反应？

（3）小组讨论结束后，每个小组推荐一人报告讨论结果。

1. 实训内容

选择一家旅游景区，了解该景区对不同类型旅游产品的定价方法和定价策略。具体实训步骤如下：

（1）学生自由分组，每组 6~8 人，并推举出小组长。

（2）选择所在城市的一家旅游景区，进行实地调研，并访问景区负责人，了解景区门票价格、景区内交通价格、餐饮价格及其他旅游产品价格等情况，分析该景区采用了哪些定价方法和策略。

（3）将实训成果制作成 PPT，每个小组推荐一人在课堂上进行分享。

2. 实训评价

在某个小组展示的过程中，主讲教师及其他小组成员根据表 7-1 对其进行评价。

表 7-1　项目实训评价表

评价项目	评价标准	分值	教师评价（70%）	小组互评（30%）	得分
知识运用	掌握旅游产品定价的方法和策略	35			
技能掌握	调研目的明确，调研过程有组织、有计划；对景区旅游产品定价方法和策略的分析准确	35			
成果展示	调研结果全面，阐述观点清晰	20			
团队表现	团队分工明确、沟通顺畅、合作良好	10			
合计		100			

项目自测

1．不定项选择题

（1）旅游产品价格是旅游产品价值的（　　）表现形式。

　　A．货币　　　　　　　　　B．等价物

　　C．交易　　　　　　　　　D．价格

（2）旅游产品价格的综合性是由（　　）的综合性所决定的。

　　A．旅游者　　　　　　　　B．旅游产品

　　C．旅游服务　　　　　　　D．旅游市场

（3）（　　）是指利用旅游者崇尚名牌、以价论质的心理，对旅游产品确定较高价格的定价策略。

　　A．整数定价策略　　　　　B．尾数定价策略

　　C．习惯定价策略　　　　　D．声望定价策略

（4）旅游差价一般表现为（　　）。

　　A．地区差价　　　　　　　B．季节差价

　　C．质量差价　　　　　　　D．批零差价

（5）新产品定价策略包括（　　）。

　　A．撇脂定价策略　　　　　B．招徕定价策略

　　C．渗透定价策略　　　　　D．满意定价策略

2．简答题

（1）旅游优惠价有哪些形式？

（2）简述影响旅游产品定价的因素。

（3）折扣定价策略有哪几种类型？

项目八 旅游营销渠道策略

项目引言

在客源市场越来越多样化的今天，建立旅游营销渠道可以帮助旅游企业有效地将旅游产品传递到旅游者手中，进而提高旅游企业与旅游者之间进行市场交换的速度。本项目将首先简要介绍旅游营销渠道的基础知识，然后重点介绍如何选择旅游中间商和管理旅游营销渠道。

知识目标

- ◇ 理解旅游营销渠道的概念。
- ◇ 了解旅游营销渠道的功能和类型。
- ◇ 掌握旅游中间商的类型、选择原则和评估内容。
- ◇ 熟悉选择旅游营销渠道的原则和影响因素。
- ◇ 掌握旅游营销渠道管理策略。

素质目标

- ◇ 通过学习"阿克苏、阿拉尔旅游去哪儿网官方旗舰店试上线"案例，激发创新意识，增强社会责任感。
- ◇ 通过学习旅游营销渠道管理策略，增强风险控制意识，树立互惠共赢的价值观。

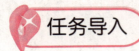

任务一　了解旅游营销渠道

任务导入

B 旅行社的营销渠道

B 旅行社位于辽宁省沈阳市，凭借其优越的产品"性价比"和完善的售后服务在沈阳同行业中脱颖而出。同时，较为完备的营销渠道体系也是该旅行社成功的原因之一。该旅行社的营销渠道主要有以下三种：

（1）门店直销。该旅行社在沈阳市的许多大型商场、超市设有专营门店，门店一般位于商业圈附近或大型居民社区附近，以接受散客为主。

（2）同业销售渠道。该旅行社向其他旅行社提供自己的旅游产品，请其他旅行社顺带销售该旅行社的产品，同样，该旅行社也会销售其他旅行社的旅游产品。

（3）与网络销售平台合作。该旅行社与驴妈妈、途牛、携程等在线旅游平台合作，委托其在线销售旅游产品。

资料来源：王英霞. 旅游市场营销 [M]. 北京：科学出版社，2017.

问题：

（1）什么是旅游营销渠道？

（2）B 旅行社采用了哪几种旅游营销渠道？

一、旅游营销渠道的概念

旅游营销渠道又称旅游分销渠道，是指旅游产品在从旅游生产者向旅游者转移的过程中，取得旅游产品使用权或帮助使用权转移的所有企业和个人，即旅游产品使用权转移过程中所经过的各个环节联结起来而形成的通道，如图 8-1 所示。旅游营销渠道的起点是旅游生产者，终点是旅游者，渠道成员主要包括旅游生产者、旅游中间商和旅游者。

图 8-1　旅游营销渠道

课堂互动

很多旅行社都会通过携程、同程、驴妈妈、途牛、去哪儿等在线旅游平台销售旅游产品，那么这些在线旅游企业属于哪一类型的渠道成员？

二、旅游营销渠道的功能

（一）促进信息交流

旅游营销渠道联结着旅游生产者和旅游者，可以促进双方之间的信息交流。一方面，渠道中的旅游中间商将旅游生产者的产品信息传递给旅游者，使他们增加对旅游产品的了解；另一方面，旅游中间商直接与旅游者接触，对市场动态最为了解，可将相关信息及时反馈给旅游生产者，帮助其根据市场需求的变化提供合适的旅游产品。

（二）承担营销职能

旅游营销渠道中的中间商可介入旅游产品营销活动，为旅游生产者分担市场调查、广告宣传、产品销售等营销职能。此外，旅游中间商有专门的销售网络和销售队伍，更了解市场情况，能有效地促进产品销售。

（三）提供多种产品组合

旅游产品是一种综合性产品，任何一家旅游企业都无法向旅游者提供能满足其吃、住、行、游、购、娱等多方面需求的产品。而通过旅游营销渠道，旅游中间商可以与多家旅游企业联系，并将多种旅游产品组合起来，从而向旅游者提供系列化的产品。

（四）承担市场风险

旅游营销渠道成员在旅游产品的流转过程中，由于大量集散旅游产品，因此必须要共同承担市场供求变化、价格下跌和自然灾害等风险。

阿克苏、阿拉尔旅游去哪儿网官方旗舰店试上线

浙江省充分发挥文化旅游资源大省的优势，围绕旅游开发，实施"数字赋能旅游"工程，开发去哪儿网 OTA 平台，建成浙江援疆——阿克苏、阿拉尔旅游去哪儿网官方旗舰店，助力阿克苏、阿拉尔走上致富路。2020 年 7 月 1 日，旗舰店试上线，围绕吃、喝、玩、乐，全方位展示阿克苏和阿拉尔的旅游资源，向全国各地游客推荐阿克苏、阿拉尔的精品旅游线路。

旗舰店采取模块化模式构建了头图、首页轮播图、宣传视频、活动介绍、门票产品、酒店产品、度假产品、游记攻略、特色美食、土特产品、官方微信微博等 11 个模块。旗舰店展示的精品旅游线路有 20 多条，把相对分散的旅游景点串联成片，产品内容涵盖一日游、两日游、多日游、当地游，以及南北疆大环线旅游产品、南疆小环线旅游产品等。

资料来源：浙江新闻，https://zj.zjol.com.cn/news/1478083.html

三、旅游营销渠道的类型

（一）按有无旅游中间商参与交换活动划分

按有无旅游中间商参与交换活动划分，旅游营销渠道可分为直接渠道和间接渠道。

1. 直接渠道

直接渠道是指旅游生产者直接向旅游者销售产品，而不经过任何中间环节的渠道，如景区直接向旅游者出售门票（见图 8-2）。

图 8-2　景区直接向旅游者出售门票

直接渠道有利于旅游生产者与旅游者之间的信息交流与沟通，降低流通成本。其缺点是在销售量小或者不稳定的情况下，不利于旅游生产者拓展市场，且销售成本高。

2. 间接渠道

间接渠道是指旅游生产者利用旅游中间商将产品销售给旅游者的渠道。

间接渠道有助于旅游产品广泛分销，缓解旅游生产者的资源压力，有利于旅游生产者间的专业化协作。其缺点是不利于旅游生产者与旅游者之间的直接沟通。

 知识拓展

景区门票分销渠道

随着人们生活水平的提高，旅游成为人们假日消遣的最佳方式。景区门票分销外包是旅游企业提升市场竞争力、快速吸引客流的绝佳途径，那么景区门票分销的渠道有哪些呢？

第一种是线下分销渠道：① 景区售票点，即景区自营的售票点；② 旅行社，其经营范围通常包括景区门票、出行票务（如机票、车票等）、出行规划、国际旅游所需证照的咨询代办等，在互联网普及之前是景区门票分销的重要渠道；③ 票务代理商，即景区指定的门票代售点，其局限性很大，只能服务一定区域的人群。

第二种是线上分销渠道：① 建立景区官方微信公众号平台，让游客通过关注公众号购买景区门票；② 租用现有的网络平台，通过佣金分成的方式与网络票务代理商合作进行景区门票分销；③ 建立自己的服务平台，可以通过与有资质、有开发能力的企业合作开发自己的购票平台进行分销。

资料来源：百家号，
http://baijiahao.baidu.com/s/?id=1602311367284611950&wf=spicer&for=pc

（二）按流通环节的多少划分

按流通环节的多少划分，旅游营销渠道可分为短渠道和长渠道。

1. 短渠道

短渠道是指没有或只经过一个中间环节的渠道，包括零级营销渠道和一级营销渠道，如图 8-3 所示。

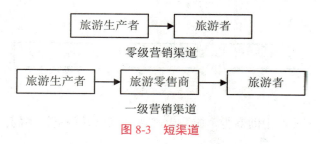

图 8-3 短渠道

短渠道的优点如下：① 中间环节少，旅游产品可以迅速到达旅游者手中；② 旅游生产者能够及时了解旅游者需求，从而快速调整决策；③ 流通费用较低，有利于降低旅游产品销售价格。其缺点是销售范围受到限制，不利于旅游产品的大量销售。

2. 长渠道

长渠道是指经过两个或两个以上中间环节的渠道，主要包括二级营销渠道和三级营销渠道，如图 8-4 所示。

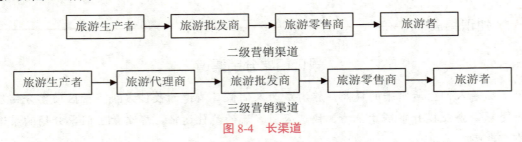

图 8-4　长渠道

长渠道的优点如下：① 容易打开旅游产品销路，开拓新市场；② 能让旅游生产者减少资源占用，节约费用开支。其缺点如下：① 流通环节较多，流通费用增加，产品最终售价可能会比较高；② 旅游生产者对市场的控制力较弱。

课堂互动

判断下列营销渠道属于长渠道还是短渠道。

（1）饭店派代表在机场招徕旅客。

（2）旅行社在火车站设立门市部。

（3）酒店开设的票务中心为旅客提供票务服务。

（4）假日酒店在中国的销售渠道：北京假日酒店总代理—上海假日酒店分代理。

（三）按同一级旅游中间商的数目多少划分

按同一级旅游中间商的数目多少划分，旅游营销渠道可分为窄渠道和宽渠道。

1. 窄渠道

窄渠道是指旅游生产者在同一流通环节中只选择少数同类中间商为自己销售产品的渠道，如图 8-5 所示。它一般适用于专业性较强、价格较高的旅游产品，如探险旅游产品、修学旅游产品等。

图 8-5　窄渠道

窄渠道的优点是旅游中间商少，旅游生产者可以指导和支持中间商开展销售业务，有利于相互协作。其缺点如下：① 分销面较窄，会影响旅游产品的销量；② 若旅游中间商选择不当，旅游生产者将会失去整个市场。

2．宽渠道

宽渠道是指旅游生产者在同一流通环节中使用较多旅游中间商为自己销售产品的渠道，如图8-6所示。宽渠道一般适用于大众化旅游产品，如观光型、度假型旅游产品等。

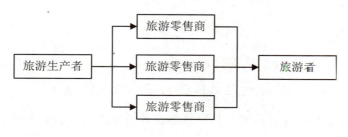

图8-6　宽渠道

宽渠道的优点如下：① 旅游中间商多，分销广泛，可迅速把产品推向流通领域，使旅游者随时买到符合需求的产品；② 能促使旅游中间商展开竞争，从而提高旅游产品的销售量。其缺点是不利于旅游者与旅游生产者之间建立密切的关系。

（四）按旅游生产者所采用渠道类型的多少划分

按旅游生产者所采用渠道类型的多少划分，旅游营销渠道可分为单渠道和多渠道。

1．单渠道

单渠道是指旅游生产者采用同一类型渠道分销其产品的销售途径，如全部采用自营的门市直销或者全部交给旅游批发商经销。

2．多渠道

多渠道是指旅游生产者根据不同类型或不同地区的旅游者情况，选用不同类型渠道的销售途径。例如，旅游生产者可能在企业所在地采用直接渠道，在外地采用间接渠道；在有些地区采用独家经销，在另一些地区采用多家分销等。

任务实施

收集关于旅游营销渠道的案例，并辨别其属于哪一类型的营销渠道。具体实施步骤如下：

（1）学生自由分组，每组 3～5 人，并推举出小组长。

（2）每个小组收集 3 个有关旅游营销渠道的案例。

（3）小组长在课堂上简单展示本小组收集的案例，判断分别属于哪一类型的营销渠道，并说明其优缺点。

任务二　选择旅游中间商

 任务导入

C旅行社选择旅游中间商的依据

C旅行社为了尽快抢占旅游市场，准备在各个地区选择符合条件的旅游中间商。C旅行社首先选择几家当地的旅行社为备选中间商，然后对其进行了一系列的考察与评估。该旅行社选择旅游中间商的依据如下：

（1）地理位置及销售覆盖面是否符合本旅行社的目标。

（2）销售对象是否与本旅行社的目标市场匹配。

（3）与本旅行社的合作意向。

（4）经济实力，即是否能够进行专业的单线接待。

（5）企业信誉，如是否有过违规或违法行为。

（6）经营历史和提供信息的能力。

（7）经营本旅行社业务的比重。

（8）旅行社自身的经营目的、产品、市场、竞争力等。

资料来源：佰佰安全网，https://www.bbaqw.com/cs/43022.htm

问题：

（1）什么是旅游中间商？

（2）C旅行社选择旅游中间商时主要考虑了哪些因素？

 知识讲解

旅游中间商是指介于旅游生产者和旅游者之间，从事或协助旅游产品销售，具有法人资格的经济组织或个体。

一、旅游中间商的类型

（一）按是否拥有旅游产品的所有权划分

按是否拥有旅游产品的所有权划分，旅游中间商可分为旅游经销商和旅游代理商。

1. 旅游经销商

旅游经销商是指将旅游产品先买进再卖出的旅游中间商，其利润主要来源于旅游产品买进和卖出之间的差价。由于旅游经销商需要大量买进旅游产品，所以需要承担一定的市场风险。

2. 旅游代理商

旅游代理商是指只接受旅游生产者的委托，在一定区域内代理销售其产品的旅游中间商。旅游代理商只是协助销售旅游产品，通过与买卖双方进行洽谈促进产品销售，因而承担的风险较小，其收入来自被代理企业支付的佣金。

提　示

> 旅游经销商和旅游代理商销售的产品不同：前者向旅游者整体销售经过自己精心组合的包价旅游产品，而后者向旅游者提供现成的旅游产品或服务。

（二）按在流通中的地位划分

按在流通中的地位划分，旅游中间商可分为旅游批发商和旅游零售商。

1. 旅游批发商

旅游批发商是指从事旅游产品批发业务，不直接与旅游者接触的旅游中间商，一般是一些实力雄厚的大型旅游公司或旅行社。他们从旅游景点、运输公司、饭店等旅游服务企业那里大批量预订或购买单项旅游产品，然后将其组合成各种形式的整体旅游产品，使之能满足旅游者的综合需求，最后通过旅游零售商销售给旅游者。旅游批发商是联结旅游生产者和旅游零售商或旅游者

的桥梁，大多拥有较强的人、财、物及采购优势，有些旅游批发商还拥有自己的零售网络，抗风险能力很强。

旅游批发商的经营范围大小不一，经营业务的专业化程度也不相同。有的旅游批发商经营范围涵盖国内市场和国际市场，从事大众化旅游产品销售，如北京凯撒国际旅行社。有的旅游中间商则是在特定的目标市场经营特定的旅游产品，如探险游、研学游等。

 同步案例

道旅科技——全球酒店批发商

道旅科技品牌宣传片

深圳市道旅旅游科技股份有限公司（以下简称"道旅科技"）成立于 2012 年，是一家以技术驱动，从事国际酒店客房批发业务的公司。其核心业务是利用自主研发的酒店客房分销系统，上游联结各大酒店批发商及酒店集团库存数据，下游联结全球旅行社、在线旅游企业（OTA）、航空公司等系统，实现了全球酒店库存的实时数据与各线上线下获客渠道的互联互通。从成立之初至今，道旅科技一直专注于酒店 B2B（指利用互联网进行的企业对企业业务）市场。

在硬实力方面，道旅科技的系统已联结了 70 万家酒店，覆盖全球六大洲 211 个国家的 7 405 个城市，并能迅速地与 310 家全球酒店供应商进行比价，确保提供的酒店价格最低，还能在 1 秒钟内展现酒店实时价格和订单信息。在软实力方面，道旅科技与携程、中青旅、腾邦国际、东方航空等国内 1.1 万家在线旅游企业、航空公司、旅行社等建立了稳定的合作关系。

资料来源：新浪网，

http://gd.sina.com.cn/sztech/hlw/2018-04-10/detailsz-ifyzeypz9989949.shtml

2. 旅游零售商

旅游零售商是指从事旅游产品零售业务，直接向旅游者销售旅游产品的旅游中间商。旅游零售商要全面、广泛地了解旅游产品和旅游者，一方面需要向旅游者提供关于旅游产品的信息咨询服务，另一方面需要了解旅游者的经济水平、旅游需求、购买习惯等情况，从而帮助旅游者选择能够满足其需求的旅游产品。

同时，旅游零售商在市场营销活动中应具有较强的沟通能力和应变能力，要与旅游景点、运输公司、饭店等旅游服务企业保持良好的合作关系，以及时根据旅游市场和旅游者的需求变化调整服务内容。

 知识拓展

旅游零售商在与旅游批发商或旅游生产者交易时应注意的问题

从一定意义上说，旅游零售商是代表旅游者向旅游批发商或旅游生产者购买产品的组织或个人。为保护旅游者的利益，促进旅游零售业务的顺利开展，旅游零售商在与旅游批发商或旅游生产者交易时，一般要注意以下问题：

首先，注意对方的产品质量、企业信誉等，如旅游生产者或旅游批发商提供的旅游产品是否可靠，各项活动的开展是否准时，处理业务的效率如何，出现意外事故的应急措施，有无制度保障等。

其次，注意对方提供旅游产品的价格。在激烈的市场竞争中，若旅游产品报价过高，对旅游者的吸引力就会降低，推销难度增大，旅游零售商的经济效益就不明显；若报价过低，则会使旅游者对旅游产品的质量产生怀疑，也不利于产品销售。

资料来源：张丽娟. 旅游市场营销 [M]. 北京：北京交通大学出版社，2014.

二、选择旅游中间商的原则

旅游中间商有不同的类型，其规模、声誉、市场影响力也有很大不同。因此，旅游生产者选择旅游中间商时，要结合企业的实际情况，在充分了解市场和中间商情况的前提下，做出相应选择。选择旅游中间商时应遵循以下四个原则。

（一）经济性原则

追求利润是企业一切经营活动的出发点，旅游生产者选择旅游中间商的目的之一就是降低销售成本，获得更高的利润。因此，旅游生产者在选择旅游中间商时应预测和比较选择各中间商可能带来的销售收入和成本支出，选择能为其带来最大利润的中间商。

（二）可控性原则

旅游中间商是独立经营的企业，有自己的经营目标，在销售过程中可能会为了自身利益而损害旅游生产者的利益。因此，旅游生产者在选择旅游中间商时，应考虑自己对旅游中间商的控制能力，依据可控性原则确定中间商的数量，并选择合适的中间商。

（三）控制风险原则

风险和利益往往是共生关系，选择旅游中间商时应尽可能减少甚至规避风险。目前，我国旅游市场还不够规范，企业信誉评估体系尚未建立，信用缺失、诚信危机导致的"三角债"现象较为普遍。因此，旅游生产者在选择旅游中间商时需要注意控制风险，防范中间商拖欠债务等风险。

💡 提 示

"三角债"是企业之间拖欠债务所形成的连锁债务关系，通常由甲企业欠乙企业的债、乙企业欠丙企业的债、丙企业欠甲企业的债，以及与此类似的债务关系构成。

中间商恶意拖欠导致企业濒临破产

S 国际旅行社地处某旅游胜地，经过多年经营，该社已具备了一定的经济实力，不少境外旅游公司都希望与该社建立业务关系。一家境外的 Y 旅游公司却把恶意的眼光瞄向了S旅行社，经过一番"考察"后，Y 旅游公司与S旅行社签订了一份较为公允的销售协议。根据协议，Y 旅游公司向S旅行社送团须预付定金、团到后结款。

双方签约后，起初Y旅游公司按协议不断小批量送团。在一段时间内，Y旅游公司显得十分"诚信"，并以此取得了S旅行社的信任。一段时间后，Y旅游公司就开始少量拖欠团费，但很快又结清，S旅行社就没在意。随着送团规模的扩大，Y旅游公司拖欠的团费越来越多。为追讨欠款，S旅行社经理亲赴境外与Y旅游公司进行交涉，然而对方早有准备，S旅行社经理被Y旅游公司以贿赂的形式"拉下水"，于是拖欠团费的情况更加严重，导致S旅行社最终濒临破产。

资料来源：舒伯阳. 旅游市场营销［M］. 北京：清华大学出版社，2016.

（四）适应性原则

旅游中间商对市场的适应能力直接影响旅游生产者对市场的适应能力。所以旅游生产者在选择旅游中间商时，应充分考虑自身对旅游中间商的适应性和旅游中间商对目标市场的适应性。

三、旅游中间商的评估

选择合适的旅游中间商可以推动旅游生产者的产品销售。旅游生产者在选择旅游中间商时应对其进行客观评估，以充分了解旅游中间商。旅游生产者对旅游中间商的评估主要包括以下几个方面。

（一）目标市场适应性评估

该项评估包括以下内容：① 经营地点的适应性，即经营地点与目标市场的接近程度；② 目标市场旅游者购买习惯的适应性，即所提供的服务与旅游者希望得到的服务的适应程度；③ 旅游中间商与旅游生产者的适应性，即两者的合作程度。

（二）销售能力和意愿评估

旅游生产者选择旅游中间商是为了促进旅游产品的销售，因此要评估旅游中间商销售能力的强弱。但是销售能力强的中间商可能会因为同时销售多家企业的产品，而对本企业产品的销售意愿不强，这样也无法增加产品的销售量。反而一些口小规模的中间商会尽全力推销本企业的产品，其销售量可能会更大。因此，旅游生产者要综合评估旅游中间商的销售能力和销售意愿。

（三）费用评估

费用评估是指对选择和维持旅游中间商所需费用的评估。进行费用评估有利于旅游生产者保留盈利能力强的中间商，淘汰盈利能力差、费用高的中间商。

（四）信誉评估

信誉评估包括对旅游中间商在旅游市场上的知名度和美誉度进行评估。旅游生产者可以通过中间商的合作者、服务对象来了解其信誉，以便于选择信誉良好的旅游中间商。

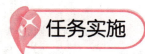

任务实施

主讲教师组织并引导学生分组讨论：酒店可选择哪些旅游中间商？具体实施步骤如下：

（1）学生自由分组，每组 3～5 人，并推举出小组长。

（2）小组成员通过查找网络和书籍资料，结合实际情况，讨论酒店可选择哪些旅游中间商，并举例说明。

（3）讨论完毕后，推选代表发言。

任务三　管理旅游营销渠道

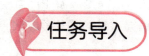

任务导入

广西三江县引客奖励政策

三江县地处桂、湘、黔三省交界处，是民族文化的"富矿区"，被誉为"世界楼桥之乡""世界民族歌舞之乡""百节之乡"。全县有风雨桥200余座、鼓楼230余座，侗族村寨被列入世界物质文化遗产预备名录，侗族大歌被列入世界非物质文化遗产名录，程阳桥（见图 8-7）、岜团桥、马胖鼓楼、三王宫被列为国家重点文物保护单位。

图 8-7　程阳桥

2019 年，由广西各旅游企业抱团主办的"中国侗族在三江"旅游推介会先后在上海、广州、长沙等地举办。推介会通过风情展演、现场推介、旅游产品展销等方式，向各地旅游同业人员推介三江县侗族特色旅游资源，宣传侗乡旅游奖励政策。

为了吸引更多游客走进三江，三江县出台了相应的引客奖励政策：对非节假日期间组团到三江县旅游、在三江县住宿一晚以上且游览三个以上收费景区的旅游团，实施梯级奖励方法。具体标准如下：非周末单次团队接待游客 20 人以上，按每人 25～60 元不等的标准进行奖励；周末单次团队接待游客 20 人以上，按每人 15～50 元不等的标准进行奖励；对单次组织游客达 400 人以上（含 400 人）的旅游动车专列，每趟奖励 5 万元/列。

资料来源：中国旅游新闻网，
http://www.ctnews.com.cn/art/2019/8/26/art_113_49924.html

问题：

上述案例中，三江县采用了什么渠道管理策略？

知识讲解

一、选择旅游营销渠道的原则

（一）旅游者需求导向原则

随着交通和通信技术的不断发展，旅游业的竞争日趋激烈，而且旅游产品的同质化程度较高、产品替代性强，因此，让旅游者更加方便、快捷地购买到旅游产品是旅游生产者在市场竞争中取胜的关键之一。这就要求旅游生产者在选择旅游营销渠道时，要多考虑旅游者的需求。

（二）经济效益导向原则

以经济效益为导向是企业生存发展的必由之路。旅游营销渠道的建立、运行和维护都需要一定费用，这些费用应该从营销渠道带来的经济效益中得到补偿。如果一个营销渠道带来的经济效益不足以维持渠道的运转或无法带来预期的利润，那么选择这一渠道的意义就不大。选择能给旅游生产者带来预期收益甚至更高收益的渠道，才符合渠道选择的经济效益导向原则。

二、影响旅游营销渠道选择的因素

影响旅游营销渠道选择的因素主要包括以下几个。

（一）旅游产品因素

旅游产品因素是进行旅游营销渠道选择时应首先考虑的因素。旅游产品的类型、档次等都会影响营销渠道的选择。例如，大众化的旅游产品由于目标市场范围广，宜采用宽渠道、间接渠道；专业性强、档次高的旅游产品，因其市场需求小、营销针对性强，则应采用窄渠道、直接渠道；季节性、时效性强的旅游产品宜采用短渠道。

此外，旅游产品所处生命周期阶段也会影响营销渠道的选择。一般来讲，旅游产品处于投入期时，往往采用直接渠道；当旅游产品进入成长期或成熟期时，可考虑采用间接渠道。对于生命周期较短的旅游产品，应在投入期与成长期选择短而宽的营销渠道，利用较多的中间商迅速占领市场。

课堂互动

某旅游景区最初采用自售门票的方式，目标市场为所在城市及周边城市的旅游者。现在景区已有一定的知名度，想扩大市场范围，以获得更多收益。

请问：该景区可采用什么样的营销渠道？

（二）旅游市场因素

旅游市场复杂多变，对旅游营销渠道的选择影响重大。旅游市场因素主要包括目标市场的特点和竞争状况。

1. 目标市场的特点

目标市场的特点主要包括旅游者的购买习惯、目标市场的规模和地理分布等。若旅游者购买频率高、单次购买量少，应选择较宽的营销渠道。若目标市场的规模很大、地理分布很广，应选择较宽、较长的营销渠

道；若目标市场规模较小、分布比较集中，则应选择直接渠道或者短渠道。

2. 竞争状况

当市场竞争不激烈时，可选择与竞争者类似的营销渠道；如果市场竞争激烈，则应尽可能选择与竞争者不同的营销渠道，以便在渠道建设上能够降低成本、扩大市场份额或有其他独到之处。

（三）旅游生产者因素

旅游生产者的资金实力、销售能力、管理能力等都会影响旅游营销渠道的选择。

1. 资金实力

资金雄厚的旅游生产者，可以自己组织分销队伍进行销售，可采用直接渠道，也可采用间接渠道；而财力较弱的旅游生产者则只能依靠旅游中间商，因此大多选择间接渠道。

2. 销售能力

旅游生产者在销售力量、销售经验等方面具备较好的条件，可以选择直接渠道；反之，则必须借助旅游中间商，选择间接渠道。

3. 管理能力

旅游生产者渠道管理能力的强弱会影响营销渠道的长度与宽度。如果旅游生产者能对中间商进行有效控制，则可选择较长、较宽的渠道；若无法有效地管理中间商，会影响旅游产品的市场开拓，就应该选择较短、较窄的渠道。

（四）旅游中间商因素

旅游中间商的销售能力、销售意愿、企业信誉、维护成本及其与旅游生产者经营目标的匹配程度等，都会影响旅游生产者对营销渠道的选择。

（五）宏观环境因素

1. 经济形势

如果整个社会经济形势良好，旅游生产者对营销渠道的选择余地就较大；当经济不景气时，市场需求下降，旅游生产者应尽量减少不必要的流通环节，采用较短的渠道。

2. 法律法规

各个国家的有关法律法规对营销渠道的选择也有重要影响。例如，《反不正当竞争法》《反垄断法》《进出口规定》《税法》等，都会影响营销渠道的选择。

三、旅游营销渠道管理策略

（一）了解旅游中间商的要求

旅游中间商会对旅游生产者抱有各种希望，满足旅游中间商的要求，是鼓励旅游中间商与旅游生产者保持良好合作关系的重要措施。旅游生产者首先要了解旅游中间商有哪些要求，然后再确定能够满足旅游中间商的哪些要求并使其满意。

（二）激励渠道成员

为了更好地实现营销目标，旅游生产者应当给予旅游中间商一定的激励，以此调动旅游中间商销售产品的积极性，并通过这种方式与旅游中间商建立良好的合作关系。激励渠道成员的方法有很多，旅游生产者应针对不同类型的旅游中间商采用不同的激励方法。

 知识拓展

对旅游中间商的激励

旅游生产者需要不断地对旅游中间商进行激励，以调动其经营本企业产品的积极性，建立、维持和加强与中间商的合作关系。对旅游中间商的激励主要有以下两个方面。

1. 强化与旅游中间商的合作关系

旅游中间商是独立经营的企业，而非受雇于旅游生产者。旅游生产者要激励中间商，首先要尊重旅游中间商的独立性，将其看作本企业的"顾客"，与其建立利益共享、风险共担的合作关系。

旅游生产者和旅游中间商的合作关系是一个逐步强化的过程。一般来说，在双方合作刚刚开始时，偏向于松散型买卖关系，旅游生产者应通过努力使其转变为紧密型合作关系，再创造条件升华为利益共同体的战略联盟关系。

2. 开展形式多样的激励活动

旅游生产者应将旅游中间商的利益与其经营的旅游产品的销售额挂钩，以合理的差价或佣金比例调动其积极性；开展形式多样的激励活动，尽可能地满足旅游中间商合理的利益要求，以扩大产品销售。

激励形式既包括物质激励，也包括精神激励。例如，配合中间商进行联合促销，组织中间商进行奖励旅游，评选最佳中间商等。

资料来源：张丽娟. 旅游市场营销 [M]. 北京：北京交通大学出版社，2014.

（三）调整营销渠道

在旅游营销渠道管理过程中，旅游生产者需要根据每个旅游中间商的具体表现、市场变化和营销目标的改变，对营销渠道进行调整。调整的目的是为了使旅游中间商更好地配合旅游生产者做好整体营销工作，从而实现企业的营销目标。

调整营销渠道的方式主要有以下几种：① 增减营销渠道中的某一中间商；② 增减某

一营销渠道；③ 调整整个营销渠道。

（四）管理渠道冲突

渠道冲突是指渠道各成员之间、各渠道之间因为利益上的矛盾而发生的冲突。渠道冲突会影响旅游营销渠道的整体运行效率和质量，为了保证营销渠道的高效运行，旅游生产者要加强对渠道冲突的管理，具体可采取以下几种措施：

（1）设定共同目标。旅游生产者要设定共同目标，并让渠道成员明确，只有在共同目标的指引下，双方才能共同实现利润最大化。

（2）良好沟通。旅游生产者与渠道成员之间要保持良好的沟通，使各方在客源市场和利益分配等方面达成共识。

（3）明确权责。旅游生产者可以制定合理的权责方案，明确各渠道成员的权利与责任，以此来协调甚至约束渠道成员的行为。

（4）互惠互利。旅游生产者在决策时要兼顾各方利益，做到互惠互利，以减少渠道成员之间、旅游生产者与渠道成员之间的矛盾与冲突。

 提 示

> 渠道冲突主要有两种形式：① 横向冲突，是指不同营销渠道或同一营销渠道同一层次的渠道成员之间的利益冲突，主要表现为因争夺客源而引起的代理商之间的冲突；② 纵向冲突，是指同一营销渠道不同层次的渠道成员之间的冲突，主要表现为因利益分配问题而引起的生产者与批发商、批发商与零售商之间的冲突。

任务实施

某地区经营 A 企业旅游产品的中间商 X，认为同一地区经营 A 企业旅游产品的另一家中间商 Y 在促销和售后服务等方面过于"积极"，抢了他们的生意。而中间商 X 如果也加强促销力度和售后服务，就会使得成本上升，进而压缩原有的利润。因此，中间商 X 希望中间商 Y 能够降低促销力度，退出原本属于他们的市场，但中间商 Y 拒绝放弃已经获取的利益。

请根据上述情况，分析 A 企业可采取哪些措施调节中间商 X 与 Y 之间的矛盾，中间商 X 又应该如何应对中间商 Y 的这些行为。学生分析完成后，可自愿或由主讲教师选择部分学生在课堂上发言。

1．实训内容

选择一家旅游企业，分析其渠道管理策略。具体实训步骤如下：

（1）学生自由分组，每组 3～5 人，并推举出小组长。

（2）每个小组选择所在城市的一家旅游企业，通过查阅资料、实地调研等方式，了解该企业当前的营销渠道情况，分析其渠道管理策略，并提出有针对性的建议。

（3）将小组实训结果制作成 PPT，每个小组推荐一人在课堂上进行分享。

2．实训评价

在某个小组展示的过程中，主讲教师及其他小组成员根据表 8-1 对其进行评价。

表 8-1　项目实训评价表

评价项目	评价标准	分值	教师评价（70%）	小组互评（30%）	得分
知识运用	掌握旅游营销渠道的概念、类型和管理策略	35			
技能掌握	对旅游企业营销渠道的分析合理、准确；提出的建议具有可行性	35			
成果展示	PPT 制作精美，观点阐述清晰	20			
团队表现	团队分工明确、沟通顺畅、合作良好	10			
合计		100			

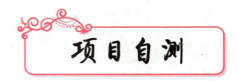

1．不定项选择题

（1）（　　）是指旅游生产者直接向旅游者销售其产品，而不经过任何中间环节的渠道。

　　A．直接渠道　　　　　　　　B．间接渠道

　　C．线上渠道　　　　　　　　D．线下渠道

（2）按旅游生产者所采用渠道类型的多少划分，旅游营销渠道可分为（　　）。

    A．宽渠道   B．窄渠道

    C．单渠道   D．多渠道

（3）选择旅游中间商的原则有（　　）。

    A．经济性原则   B．重要性原则

    C．可控性原则   D．适应性原则

（4）按在流通中的地位划分，旅游中间商可分为（　　）。

    A．旅游代理商   B．旅游批发商

    C．旅游经销商   D．旅游零售商

（5）影响旅游营销渠道选择的旅游企业因素包括（　　）。

    A．资金实力   B．销售能力

    C．企业形象   D．管理能力

2．简答题

（1）简述旅游营销渠道的功能。

（2）旅游中间商评估的内容有哪些？

（3）旅游营销渠道的管理策略有哪些？

项目九　旅游产品促销策略

项目引言

　　在现代市场竞争中，企业之间不仅存在产品、价格和渠道等方面的较量，还存在促销策略的比拼。因此，旅游企业不仅要开发适销对路的产品，制定富有吸引力的产品价格，建立便捷的销售渠道，还要采取强有力的促销手段，努力塑造企业和产品在市场上的良好形象。本项目将首先简要介绍旅游产品促销的基础知识，然后重点介绍广告、人员推销、营业推广、公共关系四种营销策略。

知识目标

◇　理解旅游产品促销的概念和功能。
◇　掌握旅游广告策略。
◇　掌握旅游人员推销策略。
◇　掌握旅游营业推广策略。
◇　掌握旅游公共关系策略。

素质目标

◇　通过学习"携程集团助力旅游扶贫"案例，理解我国"精准扶贫"政策的内涵和价值，树立投身精准扶贫工作的崇高理想信念。
◇　通过学习"安徽金寨为青岛市民送上旅游免费月'大礼包'"案例，弘扬革命精神，培育爱国情怀。

任务一　了解旅游产品促销

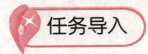

任务导入

山东人游山东

2019 年国庆"黄金周"期间，山东省文化和旅游厅在全省范围内开展"山东人游山东"文化旅游活动，推出一系列便民、利民、惠民措施。

国庆假期期间，山东省财政厅拿出不少于 1 300 万元的惠民消费券助力文化和旅游消费。同时，山东省文化和旅游厅协调相关市、县和景区、饭店等旅游企业开展了相关活动。16 个市的 141 个景区对省内游客实行折扣优惠，平均优惠率达 20%；80 家饭店对省内游客实行折扣优惠，平均优惠率达 30%；50 多家省旅游企业会员单位进行打折销售，让更多山东人共享中华人民共和国成立 70 周年"好客山东"的发展成果。

景区和饭店在节日期间还推出了其他优惠措施。景区方面，全省 A 级景区推出多景区联票、参与活动赢门票、一卡通、延长门票有效期限等措施，服务全省游客。饭店方面，各旅游饭店推出更多的特价房、特价餐，向住店客人赠送餐饮、娱乐体验券，或推出住店优惠购景区门票活动等，以最大的诚意吸引游客消费。

此外，各类旅游景区、度假区、美食小镇等还开展了丰富多彩的非遗小吃、非遗演艺、非遗文创旅游产品进驻、展演活动。

国庆"黄金周"之前和期间，全省还举办了多项新媒体推广活动，为"山东人游山东"活动营造浓厚氛围。例如，依托媒体新闻客户端、微信朋友圈等发起线上投票评选"味道山东"特色美食活动；在抖音平台开展"好客山东乐享六好"抖音挑战赛等。

资料来源：中国旅游新闻网，

http://www.ctnews.com.cn/art/2019/9/24/art_310_51799.html

问题：

（1）什么是旅游产品促销？

（2）上述案例体现了旅游产品促销的哪些功能？

一、旅游产品促销的概念

旅游产品促销是指旅游企业通过一定的传播媒介，将旅游企业、旅游产品等的相关信息传递给旅游者，激发旅游者的购买欲望与兴趣，使其产生购买行为的综合性活动。这一概念包含以下三层意思。

（一）促销的核心是沟通和传递信息

旅游企业的营销活动是以满足旅游者需求为前提的，营销活动顺利开展的关键在于旅游企业与旅游者之间信息的有效沟通。促销过程是一个信息沟通过程，其核心是沟通和传递信息。旅游企业通过促销活动将旅游产品或服务的相关信息传递给旅游者，使买卖双方的认识趋于一致并保持良好关系，进而激发旅游者的购买欲望和购买行为。同时，旅游企业还可以通过市场调研了解旅游者需求的变化，进而制订相应的营销计划，保证营销活动的顺利进行。

 知识拓展

促销的信息沟通过程

促销的信息沟通过程如图 9-1 所示。

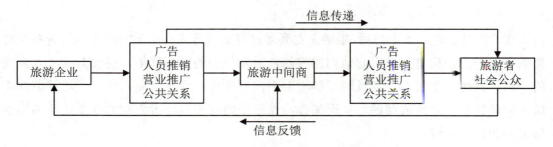

图 9-1　促销的信息沟通过程

旅游企业是促销的主体，即信息发出者，其基本职能是对促销活动进行计划、组织和控制，包括制订促销计划、确定促销信息、选择促销媒体、评价促销效果等；旅游者和社会公众是促销的对象，即信息接收者，旅游企业的所有促销活动都必须围绕促销对象进行。

在信息沟通过程中，促销对象对媒体传递的信息做出反应并回传给促销主体，这是信息的反馈过程。促销主体可以通过反馈检验促销的效果，并以此为依据调整营销

计划和实施方案，以保证信息的有效沟通和促销目标的实现。

资料来源：龙忠敏，朱钦侯. 市场营销——理论 实务 实训［M］.

镇江：江苏大学出版社，2016.

（二）促销的目的是引发、刺激旅游者产生购买行为

促销能够吸引旅游者对旅游企业或产品产生兴趣，激发其购买欲望，进而促使其采取购买行为。在一般情况下，旅游者的态度直接影响和决定着旅游者的行为。因此，要促使旅游者产生购买行为，就必须充分利用各种方式，通过信息的传播和沟通，影响或转变旅游者的态度，使其对本企业的产品产生兴趣和偏爱，进而做出购买决策。

（三）促销的方式有人员促销和非人员促销

人员促销是指促销人员通过与旅游者面对面的口头说明，帮助、说服旅游者产生购买行为的促销活动。人员促销是一种传统的促销方式，也是最普遍、最基本的促销方式，针对性强，但影响面较窄。非人员促销是指旅游企业借助一定的媒介，传递旅游企业或产品信息，促使旅游者产生购买欲望和购买行为的一系列活动，包括广告、公共关系等方式。非人员促销是一种间接的促销方式，针对性较差，但影响面较宽。旅游企业在促销活动过程中，通常将人员促销和非人员促销有机结合起来，以促使促销活动发挥更理想的作用。

二、旅游产品促销的功能

（一）提供信息，疏通渠道

旅游产品在进入市场前后，旅游企业要通过有效的方式向旅游中间商和旅游者及时提供有关产品的信息，以引起他们的注意，激发他们的购买欲望，促使其购买本企业的产品。同时，旅游企业要及时了解旅游中间商和旅游者对产品的意见，迅速解决旅游中间商销售中遇到的问题，从而加强与旅游中间商和旅游者之间的联系，疏通销售渠道，加快产品流通。

（二）诱导消费，促进销售

旅游企业根据旅游中间商和旅游者的购买心理和特点来从事促销活动，不但可以刺激需求，还可以创造新的需求，使无需求变成有需求。当旅游产品的销量下降时，旅游企业可以通过适当的促销活动，促使需求得到某种程度的恢复和释放，以延长旅游产品生命周期。

（三）突出特点，强化竞争优势

随着市场经济的迅速发展，市场上同类产品之间的竞争日益激烈。如果没有掌握相关信息，旅游者就难以区分不同旅游企业所提供的许多同类产品。因此，旅游企业需要通过有效的促销活动，宣传、介绍产品的特点和能给旅游者带来的特殊利益，以增强旅游者对本企业产品的印象和好感，强化竞争优势，从而达到促进旅游者购买的目的。

（四）提高声誉，稳定市场

旅游企业的形象和声誉是企业无形的财富，直接影响企业的竞争力。良好的形象和声誉可以使旅游企业争取到更多旅游者的信赖和支持，为旅游企业的生存和发展创造必要条件。旅游企业通过促销活动，不仅可以传递产品信息，扩大企业及其产品的知名度，而且有利于协调旅游企业与各方的关系，消除偏见与误解，赢得支持与信任，从而树立企业的良好形象，巩固市场地位。

携程集团助力旅游扶贫

2019 年 10 月 17 日是中国第六个"扶贫日"，也是第二十七个国际消除贫困日。而在旅游扶贫环节，携程集团积极响应"精准扶贫"的号召，在国家发改委的指导和支持下，在吉林省汪清县、河北省灵寿县、广西壮族自治区田东县开展旅游扶贫活动。

携程助力旅游扶贫

携程集团将上述三个扶贫县纳入了"携程旅游扶贫计划"项目，通过线上集中宣传推介特色景点、行程路线、特色美食、酒店民宿、交通票务等，拉动汪清县、灵寿县、田东县旅游产业的发展。携程集团在 App 中为三个扶贫县定制了专属界面，提供"吃、住、行、游、购、娱"等"一站式"的旅游资源预订服务。用户只要登录携程 App，进入"旅游扶贫"中灵寿县的推荐页面，就能浏览"静享清凉""石家庄消暑两日游"等旅游产品，并即时获取秋山风景区及当地人气美食等信息。此外，田东县和汪清县一日游产品等也已经上线。

自 2013 年国家提出"精准扶贫"以来，携程集团充分发挥行业优势与自身影响力，履行社会责任，致力于开发扶贫旅游、乡村旅游等项目，努力帮助贫困地区群众脱贫致富。

资料来源：环球旅讯，https://www.traveldaily.cn/article/132160

任务实施

主讲教师组织并引导学生分组讨论：促销、推销、营销、直销、传销有什么区别？具体实施步骤如下：

（1）学生自由分组，每组 3～5 人，并推举出小组长。

（2）各小组通过查找网络和书籍资料，了解促销、推销、营销、直销、传销的概念，并举例说明这几个概念的区别。

（3）讨论完毕后，各小组推选代表进行发言。

任务二　熟悉旅游产品促销组合策略

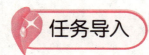
任务导入

黄山区打出春季旅游营销"组合拳"

2019 年春季到来之际，安徽省黄山市黄山区为加强与客源市场对接、扩大区域旅游吸引力，精准化、多层面、广渠道地加大了旅游宣传力度。

1. 深入市场揽客源

3 月上旬，黄山区文化旅游体育局组织各乡镇、旅游企业赴杭州开展"健行渐美——最美春天"2019 春季旅游产品推介会，深入主要客源地市场，开展旅游营销，为黄山区旅游融入杭州都市圈搭建平台。杭州市及周边地区的旅游企业、自驾游协会、新闻媒体等单位的 100 余人参加了推介会。

同时，与城市居民进行"零距离"交流，了解其出游需求，为其提供多样化的旅游产品和资讯。

2. 线上线下齐宣传

黄山区紧密围绕安徽省文化和旅游厅"春游江淮等您来"的主题进行推广，"线上+线下"多声部、立体式、全方位地向游客展示黄山区春季之美。线上通过中国新闻网、国家旅游地理、安徽新闻网等平台，发布各类春季旅游主题报道 40 余篇；线下邀请新华社安徽分社、光明日报、中国日报、安徽日报、安徽广播电视台、新安晚报等 33 家媒体，以及同程签约"验客"（是指互联网上代表广大用户体验商家产品或服务的用户）采风拍摄，取得了良好的推广效果。

3．旅游活动聚人气

黄山区引导各旅游企业围绕优势资源，举办了"太平猴魁茶文化旅游节""玫瑰花节""杨家寨渔乐节""新华雷笋节"（见图 9-2）等农事旅游主题活动，推出"旅游+农事体验""旅游+摄影""旅游+美食"等特色产品。各大景区也在各个节日期间推出各种形式的旅游优惠活动，掀起乡村旅游热潮。

区内旅游企业为适应新的市场环境，针对不同需求的游客推出跨区域主题线路产

图 9-2　新华雷笋节

品，如"黄山西海穿越线""自驾游安徽精选线路""太平湖+芙蓉谷+钓鱼比赛"等，为游客带来了高品质的个性化旅游服务和活动体验。

资料来源：中安旅游网，

http://travel.anhuinews.com/system/2019/04/09/008115811.shtml

问题：

（1）什么是旅游产品促销组合？

（2）黄山区采取了哪些促销策略？

 知识讲解

旅游产品促销组合是指旅游企业根据旅游产品的特点和营销目标，综合考虑各种影响因素，对各种促销策略进行选择、编配和运用。

旅游产品促销策略主要包括广告、人员推销、营业推广和公共关系。由于各种促销策略都有其优势与不足，因而在促销过程中，旅游企业常常将多种促销策略结合起来使用，充分发挥各种促销策略的优势，以达到促销目标。

一、广告策略

（一）旅游广告的概念

旅游广告是指旅游企业通过付费的方式，借助各种广告媒体所进行的传播企业和产品有关信息的活动。旅游广告通常包括以下四个基本要素：

（1）广告主体，即广告的发布者，是指为促销旅游产品或服务，自行或委托他人设计、制作和发布广告的法人，主要是指旅游企业。

（2）广告客体，即广告的接收者，主要包括旅游中间商、旅游者及其

广告策略

他社会公众。

（3）广告媒体，即广告传播的媒介渠道，包括电视、广播、报纸、杂志、网络等各种传统和新兴媒体。

（4）广告信息，即广告活动的内容，一般是指旅游产品、服务的相关信息。

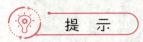

> 这里所说的旅游广告是指商业广告，带有强烈的商业目的，并且广告播出必须支付一定的费用，免费传播的广告不算商业广告。

（二）旅游广告的作用

旅游广告向广大目标受众传播旅游企业和产品的相关信息，可以起到沟通信息、促进购买、参与竞争、传播文化的作用。

1. 沟通信息

旅游企业可以通过广告把旅游产品信息传递给旅游者，使需要这种产品的单位和个人知道在什么地方可以买到他们所需要的产品，从而起到沟通信息的作用。

2. 促进购买

一些旅游者本来可能不打算购买某旅游产品，但通过广告认识到这种产品的特点后，可能会产生购买意愿，进而转化为购买行为。

3. 参与竞争

广告有助于旅游企业树立良好的市场形象，帮助旅游企业扩大市场份额，提高市场占有率。这样旅游企业既赢得了主动，同时又在一定程度上阻止了竞争者进入市场。

4. 传播文化

旅游企业通过广告传播产品信息的同时能够渗透各种文化内涵，让旅游者在了解产品信息的同时受到文化艺术的感染，从而达到传播企业文化的目的。

 知识拓展

一些国家的旅游广告词

马来西亚：亚洲魅力之所在！

土耳其：不是欧罗巴，胜似欧罗巴！

意大利：露天博物馆！

瑞典：是奇妙的，即使在冬季！

瑞士：上月球之前先来瑞士一游！

加拿大：越往北，越使你感到温暖！

埃及：历史的金库！

澳大利亚：最真一面，在澳大利亚见！

（三）制定广告策略的步骤

制定广告策略的步骤主要有明确广告目标、编制广告预算、确定广告内容、选择广告媒体和评价广告效果，如图9-3所示。

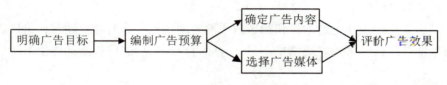

图9-3　制定广告策略的步骤

1．明确广告目标

旅游广告要想取得好的效果，必须有的放矢。一般来说，旅游企业的广告按照目标可分为以下三种类型：

（1）告知型。告知型广告一般用于旅游产品的投入期和成长期，主要目的是将旅游产品的信息告知旅游者，宣传旅游企业的形象，从而激发旅游者的消费需求。

（2）说服型。当旅游产品处于成长期或成熟期，面临激烈的市场竞争时，旅游企业就应该采用说服型广告。通过强调品牌间的细微差别，可以培养旅游者对该品牌的偏好，从而说服他们购买本企业的产品。

（3）提醒型。旅游企业具有一定的知名度或产品处于成熟期时，可采用提醒型广告。其目的在于加深旅游者对企业或产品的记忆，提醒旅游者购买本企业的产品。

 课堂互动

请判断以下广告属于哪种类型：

（1）桂林山水甲天下，阳朔山水甲桂林。

（2）2019年×月×日，××酒店隆重开业，七折酬宾，欢迎惠顾。

（3）春天来了，你来××景区踏青了吗？

2．编制广告预算

旅游企业做商业广告是一种付费宣传，必须围绕目标控制成本，因此需要编制广告预算。旅游广告的预算一般包括旅游市场调研费、广告设计费、广告媒体使用费、广告公司佣金等。

3．确定广告内容

广告内容是指广告传递的信息，主要包括要传递哪些信息和如何传递信息（要有什么样的创意）。不同旅游企业的广告应该有不同的风格，这样才能引起目标受众的关注，取得良好的广告效果。

4．选择广告媒体

媒体是旅游者和旅游企业沟通的媒介。旅游企业选择哪种媒体作为自己的宣传工具，需要考虑媒体形式、产品特点（如是大众化产品还是专业产品）、媒体费用，另外还要考虑当地的法律法规、文化习惯、目标受众接触媒体的习惯等。

5．评价广告效果

评价广告效果一般从沟通效果和销售效果两方面进行。旅游企业通过评价广告效果，一方面可以衡量广告带来的客观结果，另一方面可以为以后的广告活动提供参考价值。

二、人员推销策略

（一）人员推销的概念

人员推销策略

人员推销是指推销人员与旅游中间商或旅游者进行直接沟通，从而促使旅游中间商或旅游者购买旅游产品的促销方式。简言之，人员推销就是推销人员帮助和说服旅游者购买旅游产品的过程。

人员推销主要包括两种组织形式：一种是建立自己的销售队伍，如销售经理、销售代表等，即使用本企业的推销人员来推销产品；另一种是使用合同销售人员，如旅游代理商、旅游经销商等。

（二）人员推销的特点

1．双向性

推销人员推销旅游产品时必须把产品的特点、售后服务等情况介绍给旅游者；另一方面，推销人员还可以通过与旅游者的交谈，了解其对本产品的意见和态度，上报给决策层，以便更好地满足旅游者的要求。

2．灵活性

推销人员在推销过程中与旅游者进行的是面对面的交谈。通过交谈和观察，推销人员可根据旅游者的态度和反应，及时掌握旅游者的购买动机，然后有针对性地采取措施，从不同的层面满足旅游者的需求，从而促进交易达成。

3．针对性

与广告重复性强、覆盖面广的特点相比，人员推销更具有针对性。旅游企业在推销前要对市场进行调研，选择有较大购买可能的旅游者进行推销，以提高成交率。

（三）人员推销的管理

1. 推销人员的挑选

推销人员素质的高低直接影响其工作效率和企业的经济效益。因此，旅游企业必须制定严格的推销人员选拔标准，并据此招聘推销人员。

旅游企业招聘推销人员主要有两个途径：一是内部选拔，即把企业内部品行端正、业务能力较强的人员选拔到销售部门工作，这样可以减少培训时间和费用，迅速充实推销人员队伍。二是对外公开招聘，经过严格的考试，择优录用。旅游企业可以通过笔试和面试，了解应聘人员的工作态度、表达能力、仪表风度、应变能力、知识的深度和广度等。

一般来说，优秀的推销人员应具备以下素质：① 热忱勇敢，抗压力强；② 热爱学习，善于表达；③ 文明礼貌，有亲和力；④ 善于应变，技巧娴熟。

2. 推销人员的培训

旅游企业招聘到推销人员后，应先对其进行岗前培训，培训达标后再委派工作。对旅游企业原有的推销人员，也应定期进行培训，以提高其业务水平，使其适应旅游企业的发展与市场变化的需要。

知识拓展

推销人员培训的内容

推销人员培训的内容主要包括以下几个方面：

（1）企业知识，包括企业历史、企业文化、产品方向、经营方针、规章制度等。

（2）产品知识，包括产品的特点、用途、价格等。

（3）市场知识，包括市场行情、竞争程度、需求分布、国家政策、地区特点等。

（4）客户情况，了解客户的购买动机、购买习惯、需求情况、采购系统、所属部门、管理机构等，是推销人员能够成功推销的关键。

（5）推销技巧，包括以下几个方面：如何发现、接近客户；如何处理好人际关系，与客户打交道；如何克服心理和技术障碍，顺利达成交易；如何与客户保持联系，巩固产销关系等。

（6）业务程序和职责，使推销人员掌握制订计划、安排时间、洽谈、订立合同、结算方法、开销范围、出差等方面的知识，以便节约费用、避免损失、扩大销售。

资料来源：刘秀荣. 市场营销 [M]. 镇江：江苏大学出版社，2015.

3. 推销人员的激励

旅游企业激励推销人员的方式主要有工资、奖金、物质奖励、教育培训、表扬、晋升、旅游、休假等。建立公平、合理的激励机制，既是对推销人员辛勤劳动的补偿，也是激励推销人员努力工作的有效方法。

4．推销人员的评价

对推销人员的工作表现做出合理的评价，是旅游企业分配报酬、调整促销策略、改善人员推销工作的重要依据。对推销人员进行评价的指标主要有销售量增长情况、毛利、每天访问客户的平均次数、每次访问客户的平均时间、每次访问客户的平均费用、销售费用占总成本的百分比等。

旅游企业通常采取两种方式评价推销人员：一是横向比较，即将各个推销人员的业绩进行比较；二是纵向比较，即把推销人员目前的业绩与过去的业绩相比较。

（四）人员推销的步骤

人员推销的步骤如图 9-4 所示。

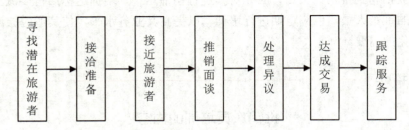

图 9-4　人员推销的步骤

1．寻找潜在旅游者

寻找潜在旅游者是人员推销过程的首要环节。寻找潜在旅游者的途径很多，推销人员可以选择市场调研、查阅现有的信息资料、广告宣传等。另外，推销人员还可以请现有客户推荐新的客户。寻找到潜在旅游者后，推销人员要先对其进行排查，确认其值得开发后再访问，以免浪费时间和资源。

2．接洽准备

接洽准备工作主要包括掌握有关信息、确定洽谈目标、拟定洽谈方案等。准备工作做得充分，洽谈时就能处于主动地位；否则，仓促上阵往往会使自己陷于被动状态，难以取得良好的洽谈效果。

3．接近旅游者

接近旅游者是指推销人员为进行推销洽谈，与目标旅游者进行初步接触。能否成功地接近旅游者，直接关系到整个推销工作的成败。在这个过程中，为了能争取主动，使旅游者有继续谈下去的热情，推销人员需要掌握一定的方法和技巧，如注重礼仪、稳重自信、能选好话题，积极引导、启发、刺激旅游者的注意和兴趣等。

4．推销面谈

推销面谈是指推销人员运用各种技巧和方法说服旅游者购买的过程。这是整个推销活动的关键环节，其目的在于向旅游者传递有关产品的信息和有关企业经营服务方面的信息，激发旅游者的购买欲望，从而促使旅游者采取购买行动。

5．处理异议

异议是指旅游者对推销人员或其推销的产品、推销活动所做出的怀疑、否定或反面意见的反应。常见的异议有需求异议、产品异议、价格异议、权力异议、信用异议、财力异议、服务异议等。推销人员必须首先认真分析异议的类型及根源，然后有针对性地加以处理。处理旅游者异议常用的方法有直接否定法、迂回否定法、转化处理法、询问处理法、回避处理法、预防处理法等。

6．达成交易

达成交易是指旅游者接受推销人员的建议，做出购买决策和行动的过程。在买卖双方洽谈的过程中，当旅游者产生较强的购买欲望时，会通过语言信息或非语言信息表露出购买意向。这时，推销人员要善于捕捉这些信息，抓住时机，促成交易。

7．跟踪服务

达成交易并不意味着整个推销活动的结束，推销人员还必须为旅游者提供各种售后服务，以消除旅游者的后顾之忧，树立信誉。因此，跟踪服务既是人员推销的最后一个环节，也是新一轮工作的起点，它能加深旅游者对旅游企业和产品的信赖，促成重复购买。同时，推销人员通过跟踪服务可以获得各种信息，从而积累经验，并为旅游企业营销决策提供参考。

 同步案例

顺便带去粽子

某日中午，中餐厅开始营业不久，进来一位客人，服务员小刘很热情地接待了他并且安排他进了包房。与此同时，小刘了解到这位客人是外地游客，主要是想在这边宴请他的朋友，所以先过来点菜。

小刘请他入座，一边倒茶，一边递毛巾，接着递上菜单为客人点菜。由于客人对朋友的饮食习惯把握不准，所以点菜时间比较长。点好菜后，小刘正准备离开包房下单，客人突然叫住小刘，说："不好意思，我现在要取消包房，因为刚刚接到朋友的电话，他说在另外一个酒店已经订好包房，要请我吃饭，让我立马过去。"

小刘见客人一脸歉意的样子，马上微笑着对客人说："没关系的，我可以马上帮您取消包房。"这时客人再次解释说："我本来是想请他吃饭的，没想到他那边已经都准备

好了，实在对不起。"

听客人这么说，小刘心里暗暗自忖："这段时间正是粽子销售的高峰期，如果能够让客人买几盒粽子，该有多好啊。"

她犹豫了一下，还是跟客人开口了："没关系的，下次有时间再来。这次既然是您朋友请吃饭，您看需不需要带点什么礼物给他？我们酒店的粽子是厨师自己做的，无论味道还是质量都是有口皆碑的，现在也正是粽子上市的时节，如果您顺便带上几盒粽子给朋友，肯定比您空手去参加宴会要好得多。"

客人想了一下说："也是啊！总不能空着手去，就帮我拿八盒粽子吧。"

资料来源：搜狐网，https://www.sohu.com/a/223835600_395910

三、营业推广策略

（一）营业推广的概念

营业推广又称销售促进，是指旅游企业在一定时期内，运用各种短期诱因鼓励旅游者或旅游中间商购买、经销（或代理）企业产品的促销活动。它是一种短期内为完成一定营销任务而采取的刺激旅游者购买的促销策略。

营业推广策略

（二）营业推广的特点

1. 针对性强，方式灵活多样

营业推广直接面向旅游者或旅游中间商进行，推广方式灵活多样，通过激励条件调动有关人员的积极性，具有较强的吸引力。

2. 非正规性和非经常性

营业推广是其他促销策略的补充措施，是一种短期的促销活动。任何企业都不能仅靠营业推广生存，它只能起到短暂而特殊的促销作用，因此是非正规性和非经常性的促销活动。

3. 攻势过强，易引起客户反感

营业推广总是伴随着各种优惠条件和强大的宣传攻势，这虽然有利于旅游企业尽快地销售产品，获得短期经济效益，但攻势过强，容易使客户产生逆反心理，误认为企业急于推销的产品存在质量问题，从而有损产品和企业的形象。因此，旅游企业进行营业推广时要注意选择恰当的方式与时机，尽量避免对同一产品频繁使用同一策略。

课堂互动

> 某酒店因近日客流较少，推出八折优惠活动，活动期间，客流量明显增大。于是每当业绩不佳时酒店便进行打折促销，几次过后，却发现顾客越来越少。请分析为什么会出现这种情况。

（三）营业推广的方式

旅游企业可根据营业推广的对象采取不同的方式，具体如下。

1．针对旅游者的营业推广

旅游企业通常采用免费参观景区、赠送优惠券、赠送礼品、折扣优惠、部分人群免费等方法刺激旅游者采取购买行为。

2．针对旅游中间商的营业推广

旅游企业通常采用合作广告、销售会议、销售提成、购买折扣等方法鼓励旅游中间商积极分销旅游产品。

3．针对推销人员的营业推广

旅游企业通常采用奖金、竞赛、培训等手段提高推销人员的销售积极性。

薪火相传

安徽金寨为青岛市民送上旅游免费月"大礼包"

金寨县隶属于安徽省六安市，位于皖西边陲、大别山腹地，是中国第二大将军县。这里走出了多位彪炳史册的将军，被誉为"红军的摇篮、将军的故乡"，是著名的革命老区。金寨也是安徽旅游资源大县，拥有国家 5A 级旅游景区天堂寨（见图9-5），4A 级旅游景区红军广场、燕子河大峡谷、梅山水库、响洪甸水库等。

图9-5　天堂寨

2019 年 7 月 26 日，由安徽省金寨县人民政府主办、金寨县文化旅游体育局承办的金寨旅游推介会在青岛举行。会上，金寨县向青岛游客送上旅游免费月"大礼包"：从 10 月 10 日到 11 月 10 日，青岛市居民凭身份证、户口簿等有效证件，可享受金寨县所有 3A 级以上旅游景区免门票的政策。

此外，为迎接中华人民共和国成立 70 周年，金寨县文化旅游体育局还携手青岛市重点旅行社，推出"挺进大别山　重走红军路"主题活动，带领游客参观革命旧址、学习大别山革命历史、品尝红军餐等。

资料来源：中国旅游新闻网，

http://www.ctnews.com.cn/art/2019/7/27/art_258_47743.html

（四）制定营业推广策略的步骤

一般来讲，旅游企业制定营业推广策略的步骤包括确定推广目标、选择推广方式、制定推广方案、实施推广方案和评价推广效果，如图9-6所示。

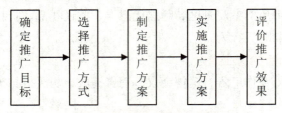

图 9-6　制定营业推广策略的步骤

1. 确定推广目标

旅游企业首先要明确营业推广所要达到的目标。这一目标既要与旅游企业的营销总目标相匹配，也要符合所选目标市场的特点。例如，针对旅游者的营业推广目标是吸引潜在旅游者尝试购买旅游产品、鼓励旅游者重复购买本企业的产品；针对旅游中间商的营业推广目标是吸引中间商与旅游企业合作；针对推销人员的营业推广目标是鼓励推销人员积极销售旅游产品。

2. 选择推广方式

为实现营业推广目标，旅游企业应该对目标市场的类型、营销目标、竞争环境、产品特点、各种推广方式的成本和效率等进行分析，从而选择适当的营业推广方式。

3. 制定推广方案

旅游企业应根据确定的推广目标和推广方式制定科学、切实可行的营业推广方案。营业推广方案是对旅游企业营业推广活动的具体安排，包括推广规模与强度、推广对象、推广途径、推广时机、推广时间、推广费用等内容。

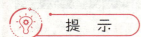

提　示

推广时机是指什么时候进行营业推广，旅游企业一般选择旺季到来前或销售高峰期进行营业推广；推广时间是指营业推广的期限。

4. 实施推广方案

营业推广方案制定好之后，旅游企业要有条不紊地组织实施。在实施前，可以先进行小规模测试，以防止发生重大失误；在实施过程中，也要进行必要的控制，发现问题及时解决，不断改进推广方案，力求达到最佳推广效果。

5. 评价推广效果

旅游企业可以采用多种方法对营业推广的效果进行评价，常用的方法包括比较法、客户调查法和试验法

等。旅游企业对营业推广效果进行全面评价，有利于及时总结经验、吸取教训，从而改进营销工作。

四、公共关系策略

（一）公共关系的概念

公共关系是指旅游企业在开展市场营销活动的过程中，正确处理与社会公众的关系，以便树立企业和品牌的良好形象，从而促进产品销售的一种活动。如何利用公共关系促进旅游产品的销售，是现代旅游企业必须重视的问题。与营业推广相比，公共关系注重长期效果，属于间接促销手段。

公共关系策略

作为企业整合营销传播的一种方式，旅游公共关系主要由旅游企业、公众、传播三大要素构成，如图9-7所示。旅游企业是公共关系的主体，公众是公共关系的客体，传播则是沟通公共关系主体与客体的桥梁，这三者共存于同一个社会环境中。

图9-7　旅游公共关系的构成

（二）公共关系的功能

1. 凝聚功能

公共关系的宗旨是"内求团结，外求发展"。公共关系的凝聚功能是对旅游企业内部而言的，旅游企业可通过公共关系这一管理手段，使员工对企业有归属感，对产品有信任感，对自己有自豪感，从而充分调动员工的工作积极性。

2. 监测功能

公共关系的监测功能是指旅游企业通过对信息的采集、处理和反馈，对公共关系状态进行监测。这种监测功能也包括对企业营销部门工作的监测，从而保证各项工作的正常进行。

3. 调节功能

旅游公关人员的重任之一就是协调旅游企业的各种内外关系，尤其是积极争取公众对旅游企业的理解和信任。

4. 应变功能

公共关系部门不可能始终准确地预测所有情况的发生，当意外事件发生致使旅游企业形象受损时，公关部门要尽力弥补，以挽回和捍卫企业形象。

（三）公共关系的具体策略

在实践中，常用的公共关系策略有以下几种。

1. 利用新闻媒体进行宣传

利用新闻媒体宣传企业和产品是一种较常用的公关策略。旅游企业可以向新闻媒体投稿宣传企业及其产品的信息，召开记者招待会、新闻发布会、新产品信息发布会，或邀请记者写新闻通讯、人物专访及特稿等。新闻媒体具有客观和真实的特点，使受众在心理上易于接受。

卓越创新

当宁夏旅游遇上网络直播

2018年7月，宁夏回族自治区旅游发展委员会组织开展了"宁夏好神奇"旅游直播活动，让"播客"们在直播旅途中挖掘宁夏的神奇之处。直播活动以"奇"字为主旋律，覆盖了沙坡头（见图9-8）、水洞沟（见图9-9）、六盘山国家森林公园、贺兰山岩画等12个富有特色的景区，分别设置了沙坡头感受大漠长河相拥的奇迹、水洞沟穿越史前时空隧道的奇妙、沙湖欣赏沙与湖对话的奇景、镇北堡西部影城畅谈梦想中的奇恋等活动内容，让"奇"字彰显"塞上江南·神奇宁夏"的品牌特质。

图9-8　沙坡头　　　　　　　　图9-9　水洞沟

其间，八位网络主播在一直播、花椒、映客等平台同时直播，将相关视频上传至抖音、秒拍、快手等短视频平台，新闻话题在新浪网、搜狐网、腾讯新闻等引发了广泛讨论，多家媒体持续报道，有效扩大了宁夏旅游品牌的知名度。据统计，累计12场次的"宁夏好神奇"旅游直播活动观看人数超过8000万，单场同时在线观看人数最高达1000多万，网友评论达30多万条。

资料来源：中国产业经济信息网，http://www.cinic.org.cn/hy/ly/443939.html

2．参加各种社会活动

旅游企业可通过赞助文体、福利事业或市政建设等社会活动，扩大旅游企业的社会影响力，提高企业知名度与美誉度，赢得社会公众的信任和支持。

3．刊登公共关系广告

公共关系广告的主要作用是宣传企业的整体形象，包括介绍旅游企业历史的广告、节假日庆贺的广告、对同行的祝贺广告、向公众致意的广告、鸣谢广告等。这种广告有助于增加公众对旅游企业的了解，进而推动旅游产品的销售。

4．开展各种专题活动

旅游企业可以通过开展各种专题活动扩大企业的影响力，加强与外界公众的联系，树立良好的企业形象。专题活动包括展览会、周年庆典活动、对外开放参观活动、有奖答题活动等。

5．危机事件处理

在旅游企业经营过程中，危机事件常有发生，如旅游者投诉、旅游安全事故、对企业不利的信息传播等。这些事件的发生往往会使旅游企业的信誉下降，产品销售额下跌。在发生危机事件时，旅游公共关系人员应该及时做好公关工作，表达出处理危机的诚意和与公众沟通的意愿，化"危机"为"机会"。

6．人际交往

旅游企业可以直接与公众进行交流互动，如演讲、咨询、谈判、举办联谊会等。开展这些活动有助于旅游企业加强与社会各界的接触和合作，改善旅游企业的营销环境。

7．导入企业形象识别系统

在当前的市场竞争中，旅游企业形象的塑造至关重要，企业形象识别系统（CIS）已成为推动旅游企业发展的一种动力。采用 CIS 可以使旅游企业将其经营理念、企业文化等，通过动态和静态的传播方式传递给社会公众，从而树立良好的形象，使旅游者对企业及其产品产生好感。

 知识拓展

选择促销组合策略需要考虑的因素

1．促销目标

促销目标是指旅游企业从事促销活动所要达到的目的。旅游企业在营销的不同阶段，会有不同的促销目标，无目标的促销活动无法取得理想的效果。因此，促销组合策略要符合旅游企业的促销目标。

2．费用

旅游企业能够用于促销活动的费用总是有限的，

因此，在满足促销目标的前提下，要尽量选择费用较低的促销组合策略。

3．产品生命周期

促销目标在产品生命周期的不同阶段是不同的，因此在产品生命周期各阶段要选择不同的促销组合策略。例如，投入期的促销目标是扩大产品知名度，应以广告和人员推销为主；而成长期和成熟期的促销目标是提高产品美誉度，应改变广告形式，并配合运用营业推广和公共关系策略。

4．市场条件

从市场地理范围大小看，小规模的地方市场应以人员推销策略为主；而广泛的全国甚至世界市场，则宜采用广告策略。从市场类型看，个体市场因旅游者多而分散，宜采用广告等非人员促销策略；而对用户较少、批量购买的组织市场，则主要采用人员促销策略。

此外，在有竞争者的市场条件下，选择促销组合策略时还应考虑竞争者的策略，要有针对性地不断变换自己的促销组合策略，以适应竞争需要。

资料来源：龙忠敏，朱钦侯. 市场营销——理论 实务 实训［M］.

镇江：江苏大学出版社，2016.

任务实施

模拟推销人员向旅游者推销旅游产品，具体实施步骤如下：

（1）学生自由分组，每组 2～5 人，并推举出小组长。

（2）学生自由设置场景（如向个人推销、向一家三口推销等），分别扮演推销人员和被推销者进行情景模拟。

（3）活动结束后，每组派一名学生上台总结活动成果。

项目实训

1．实训内容

选择所在城市的一家旅游企业，分析其促销组合策略。具体实训步骤如下：

（1）学生自由分组，每组 3～5 人，并推举出小组长。

（2）每个小组选择所在城市的一家旅游企业，通过查阅资料、实地调研等方式，了解该企业的促销活动情况，分析其促销组合策略，并提出有针对性的建议。

（3）将小组实训结果制作成 PPT，每个小组推荐一人在课堂上进行分享。

2．实训评价

在某个小组展示的过程中，主讲教师及其他小组成员根据表9-1对其进行评价。

表9-1　项目实训评价表

评价项目	评价标准	分值	教师评价（70%）	小组互评（30%）	得分
知识运用	掌握旅游产品促销的概念和各种促销策略的概念	35			
技能掌握	对旅游企业所采用的促销策略的分析合理、准确；提出的建议具有可行性	35			
成果展示	PPT制作精美，观点阐述清晰	20			
团队表现	团队分工明确、沟通顺畅、合作良好	10			
合计		100			

项目自测

1．不定项选择题

（1）旅游产品促销的核心是（　　　）。

　　A．沟通和传递信息　　　　　　B．吸引旅游者

　　C．促进交易　　　　　　　　　D．引发需求

（2）旅游企业在旅游产品处于成熟期时，通过反复做广告使旅游者经常想到本企业的产品，这类广告通常属于（　　　）。

　　A．告知型广告　　　　　　　　B．说服型广告

　　C．提醒型广告　　　　　　　　D．以上三项都不是

（3）（　　　）不属于人员推销的特点。

　　A．双向性　　　　　　　　　　B．广泛性

　　C．灵活性　　　　　　　　　　D．针对性

（4）营业推广的对象有（　　　）。

　　A．旅游者　　　　　　　　　　B．旅游中间商

　　C．内部服务人员　　　　　　　D．推销人员

（5）公共关系的功能包括（　　　）。

　　A．凝聚功能　　　　　　　　　B．监测功能

　　C．调节功能　　　　　　　　　D．应变功能

2．简答题

（1）简述旅游产品促销的功能。

（2）简述旅游广告的作用。

（3）简述人员推销的步骤。

（4）简述制定营业推广策略的步骤。

（5）公共关系的具体策略有哪些？

项目十　旅游目的地营销

项目引言

随着越来越多的地区将发展旅游业作为促进地区经济发展的战略之一，旅游目的地之间的竞争日趋激烈，旅游目的地营销也成为各地区相互竞争的重要手段。本项目将主要介绍旅游目的地营销的基础知识和旅游目的地形象营销策略。

知识目标

◇　理解旅游目的地和旅游目的地营销的概念。

◇　熟悉旅游目的地的构成要素和类型。

◇　熟悉旅游目的地营销的参与者和策略。

◇　理解旅游目的地形象的概念、类型。

◇　掌握旅游目的地形象定位的原则、方法。

◇　了解旅游目的地形象传播的手段。

素质目标

◇　通过学习旅游目的地营销的相关知识，树立"人人都是旅游形象代言人，人人都是旅游宣传员"的主人翁意识，培养正确的荣辱观，自觉维护旅游目的地形象。

◇　通过学习"湖南文旅厅与首尔加强旅游合作"案例，体会我国开放包容的大国情怀、合作共赢的大国担当。

任务一　了解旅游目的地营销

任务导入

湖南文旅厅与首尔加强旅游合作

　　2019 年 5 月，湖南省文化和旅游厅与韩国首尔市在长沙签署《中国湖南省—韩国首尔特别市促进旅游交流与合作的工作备忘录》。据协议，双方将加强合作，形成合力，共同推进民间旅游交流、国际交流活动，举办旅游推介会等，并利用各自的媒体资源为对方开展宣传推介，从而促进两地旅游产业协同发展。双方计划用三年时间，实现互送游客 100 万人次。

　　2019 年 6 月，2019 首尔国际旅游产业博览会在韩国首尔市举行。湖南省文化和旅游厅率长沙市、衡阳市南岳区等地的七家单位赴韩国参加博览会，湖南省是中国馆展出展位和参展企业最多、规模最大的参展省份。本次参展是双方签署协议后的首次互助活动。

资料来源：中国旅游新闻网，
http://www.ctnews.com.cn/art/2019/5/28/art_113_43736.html

问题：

（1）什么是旅游目的地营销？

（2）上述案例中，湖南文旅厅采用了哪种旅游目的地营销策略？

知识讲解

一、旅游目的地

（一）旅游目的地的概念

旅游目的地是指能够对一定规模的旅游者形成旅游吸引力，并

旅游目的地概念和类型

能满足其特定旅游需求的各种旅游设施和服务体系的空间集合。旅游目的地是旅游产品的集合体，能为旅游者带来完整的旅游体验。

从范围上看，旅游目的地的空间范围有大有小：它可以大到一个城市、一个国家，甚至跨越国家界限；也可以小到一个景区、一个城镇、一个村落。从旅游者的角度来看，旅游目的地与旅游者的旅游目的、动机和行为有关，旅游者最终停留和活动的地点即为旅游目的地，其他地方为过境地。

（二）旅游目的地的构成要素

旅游目的地的构成要素主要包括以下几个方面。

1．独特的旅游吸引物

旅游吸引物是指自然界和人类社会中，能对旅游者产生吸引力的各种事物和因素。它既包括有形的自然旅游资源和人文旅游资源，又包括旅游服务、社会制度、居民生活方式等无形的旅游资源。这种吸引物必须对特定目标市场有独特的吸引力，并具有一定的市场竞争优势。

2．足够的市场空间和市场规模

旅游目的地不仅要有足够的地理空间，还要有足够的市场空间和市场规模，以支持旅游业的开发和经营；同时，旅游市场应运行规范，具有较高的可进入性。

3．完备的旅游设施和旅游服务体系

旅游目的地要有一定的旅游产业基础和服务能力，具有完备的旅游设施和旅游服务体系。这种体系要具有开放性特征，以便于构建有效联结客源地与目的地的产业链，并支持旅游企业的规模化运营。

4．当地居民的认同、参与和支持保障

旅游目的地要想得到长期的可持续发展，需要有当地居民的认同、参与和各项支持保障。在旅游业中，当地居民既是利益主体，也是构成社会环境的一部分，甚至是人文旅游资源的重要部分。他们扮演着经营者、管理者等多种角色，他们的参与和支持决定着当地旅游业的发展状况。

5．一体化的管理机构

为规范旅游业的运行模式，维护旅游者的利益，旅游目的地内部必须形成一体化的组织机构和管理机构，以保证内部市场行为的明确、统一和协调一致。对于跨越行政区域的旅游目的地，其管理机构可以有一定的弹性或自主性，但也必须保证统一的管理职权，以此作为旅游目的地协调发展的组织保证。

 知识拓展

旅游目的地利益集团的构成

一个旅游目的地中包含了各种利益集团，主要有以下几类。

1. 当地居民

当地居民是最主要的利益集团，他们在目的地生活、工作，并为旅游者提供当地资源。目的地旅游业的发展既会给当地居民带来积极影响，如增加就业机会，也会带来消极影响，如交通拥挤、生态环境恶化等。因此，目的地在发展旅游业的过程中必须充分重视当地社区的作用，让当地居民积极参与目的地营销活动。

2. 旅游者

旅游者从旅游目的地提供的旅游产品中寻求满意的旅游体验，他们追求服务水平较高和组织管理有序的目的地。

3. 旅游企业

旅游企业的主要目的是寻求最大的投资回报。他们通过向旅游者提供各种旅游产品而受益，是旅游经济运行过程中重要的市场主体。

4. 政府部门

发展旅游业是政府部门增加收入、推动当地经济发展和增加就业的一种重要手段。政府部门作为一个重要的利益集团，对目的地的旅游发展通常具有领导和协调作用。

5. 其他利益集团

其他利益集团主要包括当地的、区域的和国家的商会或协会等。

资料来源：操阳，纪文静. 旅游市场营销［M］. 大连：东北财经大学出版社，2017.

（三）旅游目的地的类型

1. 按资源性质和特点划分

按资源性质和特点划分，旅游目的地可分为观光旅游目的地、度假旅游目的地和专项旅游目的地。

观光旅游目的地是指适合开展观光旅游活动的旅游地，主要有自然观光地、城市观光地、名胜观光地等。

度假旅游目的地是指能满足旅游者度假、

休闲和休养等需求的旅游地，主要有海滨度假地、山地温泉度假地、乡村旅游度假地等。

专项旅游目的地是指能满足旅游者的特色旅游需求（如修学、会议、探险、购物等）的旅游地。

2.　按构成形态划分

按构成形态划分，旅游目的地可分为板块型旅游目的地和点线型旅游目的地。

板块型旅游目的地是指旅游吸引物紧密地集中在某一个特定区域，所有的旅游活动在空间上都以该区域为中心展开，并以该区域的服务设施和旅游体系为依托的旅游地。

点线型旅游目的地是指旅游吸引物分散于一个较广泛的地理空间区域内，在不同空间点上，各个吸引物之间的吸引力相对均衡，没有明显中心吸引点的旅游地。它通过旅游线路将这些不同空间点上的吸引物结合在一起，旅游者在某一空间点只停留一段时间。

提　示

度假旅游目的地和专项旅游目的地一般都属于板块型旅游目的地；而许多观光旅游目的地都是围绕旅游线路组织旅游活动的，属于点线型旅游目的地。

3.　按空间范围划分

按空间范围划分，旅游目的地可分为国家旅游目的地、区域性旅游目的地、城市旅游目的地和景区旅游目的地。

国家旅游目的地是从世界旅游空间范围来划分的，一般由多个区域性旅游目的地组成。主要有两类：① 旅游资源特色鲜明且相对集中的大国，如中国、澳大利亚等；② 对旅游业依赖性较强、经济结构以旅游业为主的小国，如马尔代夫。

区域性旅游目的地是从一个国家的空间范围来划分的，通常由多个城市旅游目的地组成。区域性旅游目的地是以国内航空港和铁路枢纽为中心建立起来的旅游服务体系，在这个体系中包括多个旅游城市和若干个旅游景区。良好的进入条件、便捷的客源分流体系是区域性旅游目的地的主要经济特征。

城市旅游目的地是从一个特定的旅游区域空间范围来划分的，一般由多个旅游景区组成。城市旅游目的地具有完备的以酒店为主体的接待体系，以便利的公路交通作为保证。

景区旅游目的地是指对一定规模的旅游客源市场具有特定吸引力，并能为旅游者提供系统旅游服务的大型旅游景区，它是旅游目的地的最小单位。

自信中国

中国将在 2030 年成为世界第一旅游目的地国

2030 年中国或将成为
世界第一旅游目的地国

一份来自全球性研究机构欧睿国际的报告预测，中国将会在 2030 年取代法国，成为世界第一旅游目的地国。中国将接纳最多的海外游客，同时也将超过美国和德国，拥有最多的出境游人数（在 2030 年将达到 2.6 亿人次）。

此份报告的作者在 2018 年世界旅游市场论坛上表示，旅游业已经成为中国经济的关键产业之一。中国游客的增加主要归功于周边其他亚洲国家居民的收入提升，他们也更易获得前往中国的旅游签证。

2018 年，中国国内游客数量高达 47 亿人次，预计这一数字将在 2023 年增长 42.5%，达到 67 亿人次。

随着旅游业在中国经济中的地位逐渐加重，地方旅游部门正在推进产业升级，不少乡村开始大力发展旅游业。2017 年，中国政府正式推出"全域旅游"计划，聚焦旅游中的环境保护、文化多样性和生态可持续性。

资料来源：环球网，https://city.huanqiu.com/article/9CaKrnKeyIj

二、旅游目的地营销

（一）旅游目的地营销的概念

旅游目的地营销是指在特定空间层次上将旅游目的地作为一个有机整体，通过开发旅游产品、塑造和传播旅游目的地形象、传递旅游信息等方式，面向旅游客源地进行的营销活动。

这一概念主要包括以下几个方面的内容：

（1）旅游目的地营销的主体是区域旅游组织，不是一般的旅游企业。旅游目的地营销是在区域层面上进行的营销活动，区域旅游组织代表区域内所有的旅游企业，作为统一的营销主体，并以统一的旅游目的地形象参与旅游市场竞争。

（2）旅游目的地营销的客体是旅游客源市场。旅游目的地主要通过产品开发和形象塑造来拓展市场范围，提高市场竞争力。

（3）旅游目的地营销的内容主要是旅游目的地形象。区域旅游组织既要塑造本区域独特的旅游形象，又要协调好本区域旅游产品的营销活动，因为良好的目的地形象也有赖于优势旅游产品的支撑和烘托。

（二）旅游目的地营销的参与者

旅游目的地营销的参与者是指区域内的所有相关机构和人员，主要可以分为两类：一是公共层面的政府旅游组织，其营销对象是区域内的所有旅游产品，营销获益者是整个旅游目的地；二是私人层面的组织或个人，包括旅游景区、旅行社、金融机构、酒店、当地居民等。

知识拓展

我国的政府旅游组织

我国的政府旅游组织基本可划分为三类：旅游行政组织、旅游行业组织和旅游教育与学术组织。

（1）旅游行政组织，主要包括中华人民共和国文化和旅游部、省（自治区、直辖市）旅游局、省级以下的地方旅游行政组织。

（2）旅游行业组织，是指旅游行业中的各种行业协会。目前全国性的旅游行业组织主要有中国旅游协会、中国旅行社协会、中国旅游饭店协会、中国旅游车船协会和中国旅游景区协会等。

（3）旅游教育与学术组织，主要有高等旅游院校协作会和中国旅游未来研究会等，此类组织数量较少。

资料来源：李学芝，宋素红. 旅游市场营销与策划——理论、实务、案例、实训［M］. 大连：东北财经大学出版社，2012.

课堂互动

> 旅游目的地的居民应该如何参与旅游目的地营销？

（三）旅游目的地营销的策略

1. 整合营销

整合营销是指对各种营销工具和手段进行系统化组合，将各种不同的信息进行整合，以产生协同效应的营销策略。

 知识拓展

旅游目的地整合营销"八个一"工程

旅游目的地整合营销可以概括为"八个一"工程：

（1）一句好的旅游宣传口号。

（2）一张好的导游图。

（3）一套好的解说系统。

（4）一本好的旅游手册。

（5）一部好的旅游风光宣传片。

（6）一首好的旅游歌曲。

（7）一个好的旅游徽标。

（8）一次好的旅游节庆活动。

同时，旅游组织可通过发布旅游广告，编制导游丛书、文化丛书、摄影丛书，开展主题活动等实现旅游目的地的整合营销。

资料来源：操阳，纪文静. 旅游市场营销［M］. 大连：东北财经大学出版社，2017.

2．协同营销

协同营销是指与其他旅游目的地进行协同促销、全方位联动的营销策略。各旅游目的地通过共同分担营销费用，协同进行营销传播、品牌建设、产品促销等方面的活动，实现共享营销资源、巩固营销网络的目标。同时，旅游目的地内的各景区也可以利用自身特色进行联合宣传促销，树立目的地的整体旅游形象。

任务实施

甲：我想找个美食比较多、生活节奏比较慢、景点比较多的地方旅游，你们觉得哪里好？

乙：成都啊，生活节奏慢，美食就不用说了，景点有宽窄巷子、武侯祠，还可以去熊猫基地看大熊猫。

丙：我觉得天津很合适。天津的小吃最有名了，有狗不理包子、十八街麻花、煎饼果子，景点有天津之眼摩天轮、古文化街、瓷房子，很有当地特色，而且天津人都很热情。

丁：厦门很不错，蚵仔煎、土笋冻、沙茶面都很好吃，景点有鼓浪屿、南普陀寺、曾厝垵，还有美丽的厦门大学，是个很美的城市。

……

根据以上情景，学生分组模拟推荐旅游目的地。具体实施步骤如下：

（1）学生自由分组，每组3～5人，并推举出小组长。

（2）组内自行分配角色，一人说出自己对旅游目的地的要求，其他人根据要求进行推荐。

任务二　掌握旅游目的地形象营销策略

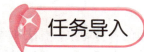

任务导入

携程助昆士兰州打造鲜活目的地形象

昆士兰州是中国游客赴澳大利亚旅游的重要选择之一。数据显示，截至2019年3月，昆士兰州的游客接待量和游客消费额都得到了显著提升，分别达到了48.9万人次和16亿澳元（约77.3亿元人民币）。

2018年底，昆士兰州旅游及活动推广局与携程签署了战略合作备忘录。合作双方就当地著名的黄金海岸马拉松和全新旅游咨询小程序等项目开展了深度合作。

2019年8月，双方再次合作，联合开展目的地推广活动，旨在推动昆士兰州成为中国游客心目中的首选度假目的地。本次联合市场活动结合线上传播和线下展示进行全方位的传播推广，包括邀请中国旅游"达人"深度体验目的地，并借助其对目标客户群体的广泛影响力，结合携程"旅拍"平台的市场渠道，展开第一轮线上推广；再通过拍摄携程形象代言人宣传昆士兰各大标识性景点的海报，进行线下市场投放，大力推动昆士兰州度假主题产品对中国市场的影响。

资料来源：凤凰网，http://finance.ifeng.com/c/7qMnFQCFhES

问题：

（1）什么是旅游目的地形象？

（2）昆士兰州采用了哪些手段传播旅游目的地形象？

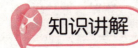

一、旅游目的地形象

（一）旅游目的地形象的概念

旅游目的地形象是指在一定时期和环境下，旅游者对旅游目的地的各种印象、看法和感情的综合体现，即旅游者对旅游目的地的社会、政治、经济、文化、生活、旅游业发展等各方面的总体认识和评价。

旅游者对旅游目的地形象的认识因人而异，不同旅游者对同一旅游目的地形象的感知会有所不同。

 知识拓展

旅游目的地形象的感知结构

旅游目的地形象的感知结构包括主体、客体和本体三部分。

1. 主体

旅游目的地形象感知的主体是人，只有人才会对外界产生认知。这一主体可以分为三类：旅游者、当地居民和规划师。这三者对旅游目的地的认识存在感知目的和需求上的显著差异。

2. 客体

旅游目的地形象感知的客体是旅游目的地，涵盖了若干具有共性特征的旅游景点，以及旅游者实现旅游目的所不可缺少的各种旅游设施。

3. 本体

旅游目的地形象感知的本体可分为两类：直接感知形象和间接感知形象。前者强调人对旅游目的地地理景观的感知；后者强调人与人之间的感知关系，侧重于深层次的心理感受而不仅是单纯的感官感受。

资料来源：操阳，纪文静. 旅游市场营销［M］. 大连：东北财经大学出版社，2017.

（二）旅游目的地形象的类型

1. 按内容划分

按内容划分，旅游目的地形象可分为总体形象和局部形象。

总体形象是指旅游者对旅游目的地的总体看法

和印象；局部形象是指旅游者对旅游目的地某一方面或某几方面的看法和印象。旅游企业可选择最能反映自身特色和影响力的形象并进行强化，给旅游者以深刻的印象。

2. 按现实性划分

按现实性划分，旅游目的地形象可分为实际形象和期望形象。

实际形象是指旅游者普遍认可的旅游目的地形象，是旅游目的地形象塑造的基础和起点；期望形象是指旅游目的地期望在旅游者心目中树立的形象，是旅游目的地形象塑造的奋斗目标和努力方向。

3. 按可见性划分

按可见性划分，旅游目的地形象可分为有形形象和无形形象。

有形形象是指能通过感官直接感受到的旅游目的地形象，如旅游地的基础设施、旅游服务人员的行为等；无形形象是指通过旅游者的抽象思维和逻辑思维形成的形象，主要体现为旅游地、旅游企业等的内在文化，这些不是用眼睛观察到的，而是用心感受到的。

 课堂互动

> 杭州在你心目中是怎样的形象？

二、旅游目的地形象定位

旅游目的地形象定位是指使旅游目的地形象深入旅游者心中并占据一定位置的过程，其目的是确立有利于自身发展的形象。

（一）旅游目的地形象定位的原则

1. 整体性原则

旅游目的地形象是一种综合性形象，涉及旅游活动中的吃、住、行、游、购、娱六大要素。因此，旅游组织应将旅游目的地形象作为一个整体对外宣传，为旅游者选择旅游目的地提供决策依据。

2. 个性化原则

旅游目的地形象的个性化定位是决定市场竞争力的关键因素之一，也是满足旅游者追求个性旅游需求的法宝。在进行旅游目的地形象定位时必须遵循个性化原则，充分、合理、有效地挖掘地方特色，做到"人无我有"。

3. 动态性原则

随着旅游者需求的变化，旅游目的地形象也必然随之发生变化。及时根据旅游者需求的变化调整形象定位，是旅游目的地实现可持续发展目标的基本保证。

4. 多重定位原则

多重定位是指主定位下的不同层面的定位。例如，海南定位为旅游基地，则将三亚定

位为风光旅游城、文昌为文化旅游城、五指山市为风情旅游城、海口为商贸旅游城等。

（二）旅游目的地形象定位的方法

旅游目的地形象定位有以下几种方法。

1. 领先定位

领先定位是指先于竞争者进行旅游目的地形象定位。该方法适用于那些拥有独一无二、无可替代的旅游资源的旅游目的地，如中国的长城（见图 10-1）、埃及的金字塔（见图 10-2）等，它们在世界范围内都具有不可替代性。

图 10-1　中国的长城　　　　　　　　　　图 10-2　埃及的金字塔

2. 比附定位

比附定位是指依附竞争者定位，其实质是借势定位，即借竞争者之势衬托自己的形象。例如，三亚（见图 10-3）的形象定位为"东方夏威夷"。

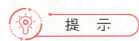
提　示

> 在对旅游目的地形象进行比附的过程中，应与知名旅游目的地进行对比，以此提升自身的整体形象。

3. 逆向定位

逆向定位是指强调并宣传定位对象是旅游者心中第一位形象的对立面或相反面的定位方法。例如，野生动物园一改传统动物园将动物囚禁在笼中让人观赏的做法，将旅游者与动物的位置对调，即人在"笼"中、动物在"笼"外，如图 10-4 所示。

4. 空隙定位

空隙定位是指在旅游者心中已有形象的基础上另辟蹊径，树立一个与众不同、从未有过的主体形象的定位方法。例如，深圳锦绣中华（见图 10-5）的建立，使旅游者心中形成了微缩景观的概念。

图 10-3　三亚风光

图 10-4　野生动物园

图 10-5　深圳锦绣中华

5. 重新定位

重新定位是对原旅游目的地形象进行二次定位。旅游目的地的发展一段会经历产生、成长、成熟、衰落四个阶段，在衰落阶段采用该方法，可以促使目的地新形象替换旧形象，重新在旅游者心中占据一定的位置。

 课堂互动

　　旅游目的地形象定位的最终表述，往往用一句宣传口号加以概括，口号是旅游者了解旅游目的地形象最有效的方式之一。你能列举一些旅游目的地的宣传口号吗？

三、旅游目的地形象传播

　　旅游目的地形象传播是指应用传播学的一般原理，将各种有关旅游目的地形象的信息通过各种传播途径有效地传递给旅游者，从而影响旅游者行为的双向沟通活动。选择适当的旅游目的地形象传播手段，可以起到事半功倍的宣传效果。常用的旅游目的地形象传播

手段有以下几种。

（一）广告

广告是一种高度大众化的信息传播方式，是目前旅游目的地形象传播的首要途径。广告媒体主要包括电视、广播、报纸、杂志、互联网等。旅游目的地还应充分利用画册、明信片、挂历、宣传材料等的传播效应，促进旅游目的地形象的有效传播。

（二）公共关系

公关关系是一种促进旅游目的地与公众建立良好关系的方式，有利于迅速传播良好的旅游目的地形象。因此，旅游目的地要积极参加、组织各种与旅游有关的展览会、交流会、研讨会、招商引资会、新闻发布会等形式的公关活动，邀请专家学者、旅游企业的管理人员、新闻媒体记者等前来旅游目的地旅游参观，以扩大旅游目的地的知名度。

（三）聘请旅游形象大使

聘请旅游形象大使或形象代言人，是旅游目的地形象传播的一种常规手段，其实质是利用名人效应来形成"眼球经济"。例如，上海、南京、青岛、三亚等城市纷纷聘请旅游形象代言人，加大促销力度。旅游目的地通过聘请旅游形象大使，可以强化旅游目的地品牌形象，吸引公众注意力，进而传播旅游目的地整体形象。

 提 示

眼球经济是指依靠吸引公众注意力获取经济利益的一种经济活动。

（四）影视旅游

当前，许多旅游目的地都将影视剧的拍摄作为形象营销的新方式和传播工具，通过拍摄的影视剧传播旅游目的地的形象和信息，以期获得更高的市场价值。世界上许多著名的大城市都积极利用影视来推广城市形象和旅游产业。例如，纽约通过《金刚》等电影展示了其大都市的形象，使帝国大厦成为纽约最著名的旅游景点之一；伦敦借助《哈利·波特》《神探夏洛克》等电影，成为旅游者向往的城市。

《长安十二时辰》带热西安旅游

2019 年 6 月底，网络剧《长安十二时辰》开播，剧中展现的盛唐时期的繁华景象、恢弘壮丽的长安城，让"网红"城市西安更受关注。

"西安原本就是暑期的热门旅游目的地，《长安十二时辰》播出后，当地的旅游热度正快速上涨。" 携程机票事业部高级总监邵某介绍。数据显示，2019 年 7 月 3 日—11 日，飞往西安的机票搜索量同比上涨 130%，峰值时段同比增幅超过 200%。此外，根据马蜂窝旅游网发布的《2019 西安旅游攻略》显示，自《长安十二时辰》播出一周后，西安旅游热度上涨 22%。

此外，自该剧热播以来，携程西安跟团游、自由行的订单分别增长了 40% 和 30%。携程一些业务线纷纷推出相关主题产品，例如，携程私家团上线了"西安 5 日 4 晚私家团（5 钻）"，带游客在西安重走追捕"狼卫"之路。

《长安十二时辰》热播，西安又火了

资料来源：人民网，http://sn.people.com.cn/n2/2019/0711/c378288-33130767.html

（五）节事活动

节事活动是旅游目的地精心策划的节庆、事件等各种活动的简称，是一种集参与性、观赏性、大众性于一体的旅游形象传播手段。旅游目的地可以通过举办具有地方特色的节庆活动，或者申办大型活动（如上海世博会、广州亚运会、武汉军运会等）等提高其曝光度和影响力，进而提升并传播旅游目的地形象。节事活动能够在短时期内集中展示旅游目的地的自然和人文资源的独特魅力，从而迅速提高其知名度和美誉度。

任务实施

有一些旅游目的地本来是不为人知的，但是成为影视剧的取景地之后，就会摇身一变，成为"网红"景点。请选择一部热门影视剧，制作旅游目的地宣传片。具体实施步骤如下：

（1）学生自由分组，每组 3～5 人，并推举出小组长。

（2）每个小组选择一部影视剧，挑选其中最能展示旅游目的地形象的画面或片段，并配以相关文字，将其制作成 PPT 或视频。

（3）每个小组将制作的 PPT 或视频在课堂上进行分享。

项目实训

1. 实训内容

选择一个旅游目的地，分析其营销策略。具体实训步骤如下：

（1）学生自由分组，每组 3～5 人，并推举出小组长。

（2）每个小组选择一个旅游目的地，通过查阅资料、实地调研等方式了解其营销情况，分析该目的地是如何进行形象定位与传播的，有何创新点，并提出有针对性的建议。

（3）将小组实训结果制作成 PPT，每个小组推荐一人在课堂上进行分享。

2. 实训评价

在某个小组展示的过程中，主讲教师及其他小组成员根据表 10-1 对其进行评价。

表 10-1　项目实训评价表

评价项目	评价标准	分值	教师评价（70%）	小组互评（30%）	得分
知识运用	掌握旅游目的地营销的概念，旅游目的地形象的概念、定位方法和传播手段	35			
技能掌握	对旅游目的地形象定位方法和传播手段的分析合理、准确；提出的建议具有可行性	35			
成果展示	PPT 制作精美，观点阐述清晰	20			
团队表现	团队分工明确、沟通顺畅、合作良好	10			
合计		100			

项目自测

1. 不定项选择题

（1）旅游目的地的最小单位是（　　　）。

　　A. 国家　　　　　　　　　　B. 景区

　　C. 区域　　　　　　　　　　D. 城市

（2）按内容划分，旅游目的地形象可分为（　　　）。

    A．实际形象　　　　　　　　　B．期望形象

    C．总体形象　　　　　　　　　D．局部形象

（3）旅游目的地形象定位的原则有（　　　）。

    A．整体性原则　　　　　　　　B．个性化原则

    C．动态性原则　　　　　　　　D．多重定位原则

（4）（　　　）适用于那些具有独一无二、无可替代的旅游资源的旅游目的地。

    A．领先定位　　　　　　　　　B．比附定位

    C．逆向定位　　　　　　　　　D．空隙定位

2．简答题

（1）什么是旅游目的地？旅游目的地由哪些要素构成？

（2）旅游目的地的营销策略有哪些？

（3）常用的旅游目的地形象传播手段有哪些？

项目十一 旅游网络营销

项目引言

　　旅游业对信息的高度依赖和互联网在信息传播方面的绝对优势，决定了旅游业以网络作为营销工具和手段的必要性。旅游网络营销是适应网络技术发展和信息网络时代社会变革的新生事物。本项目将主要介绍旅游网络营销的基础知识、旅游互动营销、旅游微营销、旅游网络营销的策略。

知识目标

◇　了解旅游网络营销的特点、功能和方式。

◇　理解旅游互动营销的概念。

◇　熟悉旅游互动营销的作用、内容和形式。

◇　理解旅游微营销的概念。

◇　熟悉旅游微营销的特点和优势。

◇　掌握旅游网络营销的策略。

素质目标

◇　学会将丰富的旅游资源与现代传播媒介相结合，培养创新精神，致力于传承中华优秀传统文化。

任务一　了解旅游网络营销

河南（洛阳）快手"网红"文旅大会开幕

近年来，洛阳坚定文化自信，厚植特色优势，加快构建文化传承创新体系，坚持以文化的理念发展旅游，以旅游的方式传播文化。2020 年 7 月 18 日，"豫见快手　嗨在洛阳"河南（洛阳）快手"网红"文旅大会开幕。来自全国各地的快手"网红"、短视频文旅创作者邂逅"古今辉映、诗和远方"的古都洛阳，共同开启文旅短视频创作之行，助推河南文化旅游产业加快复苏。

2020 年 7 月 19 日—21 日，文旅创作者分组走进洛阳核心文化旅游景区，沿着"豫见龙门、世界记忆""观光思古、悠享神都""舌尖河洛、寻味中原"等主题线路，开启奇境山水之旅、黄河人家之旅、诗意清凉之旅、醉美仙境之旅，以"短视频+直播"方式和百花齐放的创意，向全网用户呈现洛阳独特的文化之韵、山水之美。

资料来源：洛阳市人民政府官网，http://www.ly.gov.cn/html/1/2/4/3/10927038.html

问题：

（1）什么是旅游网络营销？

（2）上述案例体现了旅游网络营销的哪些特点？

知识讲解

旅游网络营销是指旅游企业以电子信息技术为基础，以计算机网络为媒介和手段进行的各种营销活动。简言之，旅游网络营销就是旅游企业以互联网为主要手段开展的营销活动。

一、旅游网络营销的特点

旅游网络营销作为一种新的营销方式，与传统营销方式相比具有以下几个特点。

（一）双向互动性

　　互联网为旅游企业提供了与旅游者进行双向沟通的通道。一方面，旅游企业可以通过网络发布旅游产品或服务的信息，也可以通过网络调查收集旅游者的意见；另一方面，旅游者可以根据自己的需求查询旅游产品或服务信息，并且进行在线咨询或购买。这种双向互动的沟通方式，打破了传统营销中信息不对称的局面，使旅游者在选择旅游产品或服务时处于主动地位。

（二）突破时空性

　　互联网可以超越时间和空间限制进行信息交换，突破了传统营销媒体的制约。旅游企业通过网络营销，可以随时随地为旅游者提供全球性营销服务。同时，旅游者也摆脱了时空的限制，无论在任何时间都可以购买国内外旅游目的地的旅游产品或服务。

（三）成本经济性

　　旅游网络营销可以让旅游企业实现无实体店面操作，并减少产品分销环节，从而降低营销费用。

（四）产品展示性

　　旅游企业可以通过网络向旅游者全方位地展示旅游产品或服务的相关图片、视频等。例如，一些景区利用图片、视频、VR 旅游等形式，向旅游者充分展示景区的特色。

提　示

　　VR 旅游是指建立在现实旅游景观的基础上，通过模拟或超越现实景观构建一个虚拟旅游环境，使旅游者足不出户即可"周游世界"的旅游方式。例如，故宫博物院以一期一个主题的方式为游客带来不同展厅、不同展品的 VR 全景，使游客即便错过了线下展览也能通过 App 观展。

二、旅游网络营销的功能

（一）树立品牌形象

　　良好的企业形象是取得营销效果的重要保证，在互联网上，人们了解一个企业的主要方式就是访问该企业的网站。网站的专业化程度、个性风格等直接影响着企业的网络品牌形象，同时也会对网站的其他功能产生影响。因此，旅游企业可以充分利用旅游网站展现自己的形象，通过一系列推广措施，增加旅游者对旅游企业及其产品的认知与认可，并通过互动式沟通获得更多的收益。

(二）发布旅游信息

互联网为旅游企业发布信息创造了优越的条件。旅游企业不仅可以将旅游产品或服务的信息发布到网站上，还可以利用各种网络营销工具和网络服务商的信息发布渠道向更大的范围传播信息，以吸引更多的旅游者。这些信息主要包括旅游目的地基本信息（如地理位置、经济文化、民俗风情等）、旅游企业（如景区、酒店、旅行社等）基本信息、产品信息（如旅游线路、酒店客房、景点门票等）、促销活动信息（如时间、地点、优惠等）等。

（三）开展网络调查

网络调查具有周期短、成本低、无时空限制等特点，在组织实施、信息采集、信息处理和调查效果评估等方面具有明显的优势。旅游企业通过开展网络调查，可以准确地了解旅游者需求，从而为制定网络营销策略提供依据。网络调查的内容涉及品牌形象、旅游者购买行为、旅游产品或服务满意度等方面。

（四）进行线上销售

线上销售是旅游企业营销渠道在网络上的延伸。具备线上交易功能的旅游企业网站，就是一个线上交易场所。除了自建网站开展线上销售业务外，旅游企业还可与在线旅游平台合作进行线上销售。

（五）促进销售

大部分旅游网络营销方式都能够直接或间接地促进销售。当然，其功能并不限于促进线上销售，事实上，旅游网络营销在很多情况下对于促进线下销售也具有重要作用。

（六）管理客户关系

良好的客户关系对于开发客户的长期价值具有至关重要的作用。旅游网络营销可以为建立和稳定客户关系、提高客户满意度和忠诚度等提供更为有效的手段。一方面，旅游企业可以为旅游者提供各种在线服务；另一方面，通过网络调查或留言板等工具，收集旅游者的信息和反馈意见，便于旅游企业了解旅游者需求的变化情况，进而改进旅游产品或服务。

222

三、旅游网络营销的方式

旅游网络营销的方式主要有以下几种。

（一）网络广告营销

网络广告营销是指旅游企业根据整体营销战略，将推广内容制作成网络广告（见图 11-1），并选择适当的网络媒体进行投放的网络营销方式。常见的网络广告形式有网幅广告、富媒体广告、视频广告和文本链接广告等。与传统的四大传播媒体（报纸、杂志、电视、广播）广告和户外广告相比，网络广告具有传播范围广、互动性强、形式多样、内容丰富等特点，是实施现代营销媒体战略的重要手段。

网络广告的概念和发布

图 11-1　网络广告

（二）"软文"营销

搜索引擎、视频和"软文"营销

"软文"营销是指将旅游产品的广告写成"软文"，让旅游者不经意间看到广告，进而引导旅游者去搜索、购买旅游产品的网络营销方式。"软文"营销是性价比最高、推广效果最好的营销方式之一，一篇高质量的"软文"能够吸引成千上万的旅游者。但是其弊端也很明显，那就是"软文"要写得够"软"才有效果。而要想写一篇高质量的"软文"，作者不仅要具备良好的文案写作能力，还要对行业进行深度了解，否则，一篇"假冒伪劣"的"软文"很容易被旅游者识破，从而导致"软文"营销失败。

 同步案例

崂山旅游景区的"软文"营销

2016 年 6 月 11 日，一篇标题为《"自驾游""孝亲游""学生游"，崂山人气爆棚》的"新闻稿"在凤凰网等多家媒体进行了投放。稿件通篇都与其他新闻稿件无异，主要描述了假期有多少游客选择去崂山旅游度假，哪些人选择了崂山旅游，崂山景区设置了哪些安全防

护和便民设施等。文章开篇处还出现了"累计接待游客 42 186 人次、同比增长 2.7%"等专业数据，以佐证崂山景区的火爆性。

精明的群众恐怕一眼就能看明白，这是在以网络"软文"投放的方式来宣传崂山景区。看似无意的采访记录，实则是想告诉大家：崂山景区是旅游的最佳去处。

资料来源：搜狐网，https://www.sohu.com/a/239544331_146332

（三）电子邮件营销

电子邮件营销（EDM）是指在旅游者事先许可的前提下，通过电子邮件的方式向目标旅游者传递有价值的信息的网络营销方式。它有三个基本因素：旅游者许可、通过电子邮件传递信息、信息对旅游者有价值。三个因素缺少一个，都不能称之为有效的电子邮件营销。

旅游企业采用这种网络营销方式，不仅可以避免过多的无效营销对旅游者造成干扰，还可以增强与旅游者之间的联系，通过传递符合旅游者需求的信息来提高其品牌忠诚度。

（四）搜索引擎营销

搜索引擎营销（SEM）是指利用旅游者对搜索引擎的依赖和使用习惯，在旅游者检索信息时将推广信息传递给目标旅游者的网络营销方式。例如，在百度上搜索"酒店"，会出现携程、艺龙、去哪儿等企业的推广信息，如图 11-2 所示。

一般而言，企业推广信息在搜索引擎中排名越靠前，推广效果就越好。在我国，流量最多的网站一般都是搜索引擎网站。为了最大限度地扩展未知的潜在市场，旅游企业通过搜索引擎开展网络营销尤为必要。

图 11-2　在百度上搜索"酒店"的结果

（五）SNS 营销

SNS 全称 Social Networking Services，即社会性网络服务，专指旨在帮助人们建立社会性网络的互联网应用服务，如微信、微博、QQ、豆瓣网等。旅游企业可以在 SNS 平台上创建自己的官方账号，通过定期更新活动信息，向目标旅游者发送旅游产品或服务的信息，并通过主动的实时互动营销来保证 SNS 营销的有效性。例如，苏州市旅游咨询中心通过官方微博进行营销活动，如图 11-3 所示。

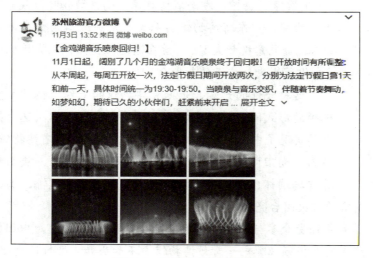

图 11-3　苏州旅游官方微博

此外,旅游企业还可以通过观察和调研 SNS 平台上具有旅游消费倾向的旅游者来获取最新的旅游需求,进而有针对性地设计符合这些需求的产品或服务,从而提高潜在旅游者对企业 SNS 营销途径的关注程度,强化网络营销效果。

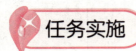 **任务实施**

选择一个旅游网络营销的实例,体会网络营销对旅游企业的推动作用。具体实施步骤如下:

(1)学生自由分组,每组 3~5 人,并推举出小组长。

(2)通过查找资料,每个小组选择一个旅游企业进行网络营销的实例,分析其网络营销方式,并说明此次营销的效果。

(3)将讨论结果制作成 PPT,每个小组推荐一人在课堂上进行分享。

任务二 熟悉旅游互动营销和旅游微营销

 任务导入

七大国家一级博物馆入驻抖音

2018 年 5 月,中国国家博物馆、湖南省博物馆、南京博物院、陕西历史博物馆、浙江省博物馆、山西博物院、广东省博物馆共七大国家一级博物馆集体入驻抖音,与抖音合作推出"博物馆抖音创意视频大赛",旨在通过短视频让七大博物馆所承载的中国传统文化和博物馆文化获得更加广泛的新受众。

看国宝翻翻起舞

这次合作的开端,是七大博物馆的七件"镇馆之宝"以创意短视频的形式同一时间在抖音平台展出。据介绍,这次抖音创意视频大赛实现了中国国家博物馆的后母戊鼎、湖南省博物馆的西汉 T 形帛画、南京博物院的明代青花寿山福海纹香炉、陕西历史博物馆的兽首玛瑙杯、浙江省博物馆的朱金木雕宁波花轿、山西博物院的西周鸟尊等七件国宝的首次同台亮相。

为了吸引更多年轻受众参与此次"博物馆抖音创意视频大赛",中国国家博物馆通过其抖音官方账号发布视频《嗯——奇妙博物馆,不如跳舞,魔性地走起》。发布后第二天，该视频点赞量已接近 40 万，评论数接近 1 万。原本静默在展台上"肃穆而立"的国宝文物们，在视频中配合着抖音旋律翩翩起舞，使更多年轻人加深了对这些文化瑰宝的认知。

资料来源：广东新快网，http://epaper.xkb.com.cn/view/1116606

问题：

上述案例中，七大国家一级博物馆采用了哪种旅游网络营销方式？

一、旅游互动营销

（一）旅游互动营销的概念

旅游互动营销是指在通信网络的基础上，旅游企业在营销过程中充分听取旅游者的意见与建议，使旅游信息在旅游企业和旅游者之间得以快速传递，并用于旅游产品的规划与设计，从而提高旅游企业市场占有率和旅游者对旅游产品忠诚度的一种营销方式。旅游互动营销的实质是旅游企业跨越时空的限制，充分考虑旅游者的需求，以最低的成本为旅游者服务。

（二）旅游互动营销的作用

1. 有利于提高旅游者的参与性和积极性

采用旅游互动营销，旅游企业可以在网络上适时发布产品或服务信息，旅游者则可以根据这些信息在任何地方进行购买，还可以通过聊天室、留言板、电子广告牌等向旅游企业提出自己的问题，并与其他旅游者交流旅游经历和体验，从而提高旅游者的参与性和积极性。

2. 有利于提高旅游者的满意度

旅游互动营销可以让旅游企业站在旅游者的角度思考问题，充分考虑旅游者的意愿和动机，使其在自发的心理驱动下接受信息，而不是强制灌输信息。这样不仅能使旅游企业的营销决策有的放矢，而且可以提高旅游者的满意度。

3．有利于提高市场竞争力

采用旅游互动营销，旅游企业能够以较低的成本获得更大范围、更有效的品牌传播，提高信息反馈和更新的及时性，从而在激烈的市场竞争中发现机遇，提高竞争力。

（三）旅游互动营销的内容

旅游互动营销主要包括以下内容。

1．信息互动

一方面，旅游企业要把营销活动的相关信息及时、准确地传递给旅游者；另一方面，旅游者也要将对营销活动的评价和建议等信息反馈给旅游企业，以促进相互了解。

2．情感互动

旅游企业要加强与旅游者之间的情感交流，使互动由信息层次深入到情感层次，从而与旅游者建立一条特殊的情感纽带，促进相互信任。

3．行为互动

旅游企业与旅游者根据反馈的信息，调整各自的行为，促进相互支持，双方由情感互动深化为行为互动。

（四）旅游互动营销的形式

旅游互动营销的形式主要有两种。一种是旅游企业的公关事件或由此引发的话题引起了广大目标群体的共鸣，于是目标群体积极响应、推波助澜，从而带来轰动效应。这一形式是公关事件成功的主要原因。

另一种形式是通过一个与人们传统价值观念或习惯对立的活动或话题引起人们的讨论，从而提高企业知名度。

 同步案例

英国等你来命名

2014 年 12 月，英国旅游局发起"英国等你来命名"活动，以线上竞赛的方式，邀请中国游客为 101 个英国境内的美景趣事提出中文名建议。

英国旅游局 101 个景点中文译名出炉

中国游客通过特别打造的活动网站，可了解 101 个美景趣事的历史渊源、听原名发音，并提交中文名、点"赞"和分享，获得"赞"最多的游客将赢得大奖。英国旅游局还鼓励中国游客在活动期间直接动身前往英国，体验当地风景及文化，并在英国旅游局的中文社交媒体平台（微信、微博等）上发布照片。

同时，英国旅游局还发布了一系列活动在线视频，以尝试为英国取名的普通中国游客为主角，讲述他们在英国旅游的故事。

活动推出后，共收到了近 13 000 个中文名，命名总投票数达到 43 万多。英国旅游局将投票排名最高的命名分享给了英国当地政府或景区，共同探讨如何将 101 个美景趣事的中文名应用于生活中，以提升中国游客的旅游体验。

资料来源：数英，https://www.digitaling.com/projects/13379.html

二、旅游微营销

（一）旅游微营销的概念

旅游微营销是指旅游企业以移动互联网为主要沟通平台，通过微博、微信等社交媒体传播企业及其产品或服务信息，从而达到营销推广的目的。

 提　示

> 社交媒体又称社会化媒体，是指通过互联网技术为人们提供撰写、分享、评价、讨论等社交功能的工具和平台，如国外的 Facebook，国内的微博、微信、米聊、抖音等。

旅游微营销是一种低成本、高性价比的新型营销方式。与传统的旅游营销方式相比，旅游微营销更加快捷、高效地实现了旅游产品信息传播、品牌树立、渠道促销、客户关系维护等功能。

（二）旅游微营销的特点

1. "微"无处不在

旅游微营销的"微"体现在传播的内容、体验、渠道和对象等各个方面。其传播的内容是"微内容"，如一句话、一个表情符号、一张图片等；传播的体验是"微动作"，通过简单的按键操作就能完成咨询、选择、评价等；传播的渠道是"微介质"，如手机、平板电脑等；传播的对象是"微受众"。在信息日益碎片化的时代，让旅游者更快速、

更便捷地获得旅游信息日益重要，而这正是旅游微营销的特点之一。

2．社交媒体是传播平台

社交媒体的出现终结了社会经济地位较高的个人或组织依托传统媒体独享发声权的历史，因此，赋予普通人话语权被认为是社交媒体的最大贡献。旅游微营销就是以社交媒体为传播平台，实现了实时发布旅游信息、推送旅游新闻、与旅游者进行交流互动等功能。

卓越创新

你一定要来青岛

2018年6月9日—10日，上合组织青岛峰会成功举办。峰会结束后，为最大化利用此次国际盛会的余热效应，山东省旅游发展委员会紧抓热点，在微博上发起"你一定要来青岛"的话题，集中宣传青岛旅游资源，同时聚合媒体、景区、政府等，共同开展了一系列青岛旅游品牌推广活动。

图11-4　青岛宣传海报

首先，制作发布旅游景区系列海报（见图11-4）和旅游宣传片《美丽青岛，倾倒世界》，以图片和视频的形式展示青岛风采。

其次，联合青岛多个热门景区，在山东省旅游发展委员会官方微博上发布景区门票抽奖活动。活动引发了网友的热烈追捧，越来越多的网友自发加入互动活动中，共同宣传青岛旅游资源。

最后，在峰会结束后的一个月时间里，坐拥800万"粉丝"的山东省旅游发展委员会官方微博大量集中发布青岛旅游资源推荐信息，并定期选取摄影"达人"投稿的优质内容来展示青岛千姿百态的城市风貌。微博网友纷纷发布有关青岛的照片，并与山东省旅游发展委员会官方微博互动，表达自己对青岛的喜爱。

美丽青岛，倾倒世界

截止到2018年7月18日，"你一定要来青岛"微博话题阅读量达3 876万，讨论量达2万，微博话题数次登上全国旅游话题榜前十位。

资料来源：搜狐网，http://www.sohu.com/a/243092136_99958192

（三）旅游微营销的优势

1. 便捷性

旅游微营销以手机等移动终端为传播渠道，以微博、微信等社交媒体为传播平台，旅游企业只需在这些平台上建立账号，就可以向旅游者发布旅游信息，并与其进行交流沟通，得到他们的反馈意见。

2. 精准性

旅游微营销是专注于更小细分市场的差异化营销，是一种"定制化"的精准营销。在微博、微信等平台上，旅游者可以根据自己的需求去搜索信息，改变原有被动接收信息的方式；同时，旅游者会主动关注自己感兴趣的旅游企业账号，使得被推送消息的旅游者大多是本企业的目标受众。

3. 受众广

数据显示，截至 2019 年 6 月，微信月活跃用户数达 11.33 亿，新浪微博月活跃用户数达 4.86 亿，网络直播用户规模达 4.33 亿。从这些数据中可以看出，微信、微博、直播平台等社交媒体拥有庞大的受众群体，旅游企业采用旅游微营销，可实现规模效应。

4. 成本低

与传统报纸、广播、电视广告营销动辄百万、千万元的广告制作与传播费用相比，旅游企业在进行微营销的过程中，只需要花费极少的运营费用和维护费用，因此成本较低。

 课堂互动

你关注了哪些旅游企业的微博账号、微信公众号？它们各有什么特色？

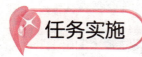 任务实施

微博是旅游微营销中重要的社交媒体平台，目前国内不少城市的文化和旅游局都已开通了官方微博。假设你所在城市的旅游局计划开展一次微博营销活动，请为其撰写一个有吸引力的微博营销活动策划方案。具体实施步骤如下：

（1）学生自由分组，每组 3～5 人，并推举出小组长。

（2）小组成员分头查找网络或书籍资料，了解所在城市的旅游特色，然后进行讨论，为所在城市选择一个有吸引力的微博话题，并策划相关的活动形式、活动内容等。

（3）将策划方案制作成 PPT，每个小组推荐一人在课堂上进行分享。

任务三　掌握旅游网络营销的策略

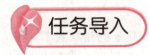任务导入

黄山区增强旅游网络营销"软实力"

安徽省黄山市黄山区为增强旅游网络营销"软实力"，积极搭建网络推广平台，创新旅游产品形式，提升信息化服务水平。

首先，积极搭建网络推广平台。黄山区不断强化与网络媒体的合作，进一步推广"健行渐美"的黄山区整体形象。同时，重点建设好旅游政务网、资讯网、手机 wap（无线应用协议）网，实现网上预订、在线信息发布等功能；加快旅游微平台建设，于 2011 年、2014 年率先在全市开通官方微博（见图 11-5）和官方微信公众号，及时发布黄山区吃、住、行、游、购、娱等旅游要素的权威资讯。

图 11-5　黄山区旅游官方微博

其次，创新旅游产品形式。黄山区改变传统的单一产品销售模式，整合景区、酒店、旅行社等资源，开发符合市场需求的"住宿+景区门票"等"旅游套餐"，全面拓展旅行社网络市场和自驾自助游市场；引进网络平台商途家网，与黄山第一上海中

心、绿地、中信、翡翠谷、太平湖等企业合作开发新业态旅游产品，以满足游客的多样化需求。

最后，提升信息化服务水平。黄山区与移动公司合作，通过对来黄山旅游的游客的手机数据进行统计分析，得到游客的客源地、停留天数等详细信息，为市场细分、精准营销提供了数据支持；同时，加强线上服务的投入引导，引导区内景区、酒店等进驻携程网，并通过携程网开展门票销售、酒店预订等电子商务服务。

资料来源：中国网，http://news.china.com.cn/live/2015-01/31/content_31152838.htm

问题：

黄山区采用了哪些旅游网络营销策略？

一、旅游产品或服务策略

（一）旅游产品形象策略

旅游产品具有主体无形、产销同地等特点，旅游者在购买前无法触摸到旅游产品实体。因此，旅游企业可充分利用网络的多媒体功能，对旅游产品进行有形化展示，使旅游者在网络上看到旅游产品的形象，认识旅游产品的价值，甚至可以通过虚拟旅游感受旅游产品的魅力，进而产生旅游动机，并最终转化为旅游消费行为。

（二）旅游产品定制化策略

随着社会经济的发展，个性化消费日益成为人们追求的目标。反映在旅游业上，旅游者不再满足于被动地接受而是希望主动地参与旅游产品设计，使旅游产品向定制化方向发展。

旅游企业可以通过便捷的网络信息沟通渠道，清楚地了解旅游者的偏好和需求，以便精准地锁定目标旅游者，从而进行有的放矢的营销活动；还可以提供菜单式自助服务，使旅游者可以根据自身需求，选择所需的产品或服务进行组合。例如，斑马旅游一直致力于打造更贴合旅游者需求的个性化产品，在其网页上设置了"定制游"板块（见图 11-6），旅游者只需输入自己的要求，便可获得专属定制游产品。

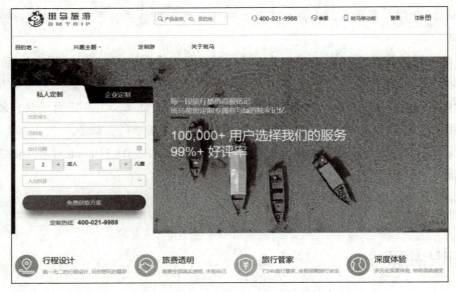

图 11-6　斑马旅游"定制游"板块

（三）旅游服务完善化策略

提供良好的服务是实现旅游网络营销的重要环节，也是提高旅游者满意度和树立旅游企业良好形象的重要途径。旅游企业应从旅游者的角度出发，建立方便旅游者的新型互动关系。

例如，在售前环节，建立分类导航服务、"虚拟展厅"等，方便旅游者查询各类信息；在售中环节，简化预订流程，资料填写尽量采用选择方式录入，提升旅游者在使用过程中的舒适度；在售后环节，建立网络旅游者论坛、信息反馈平台等沟通渠道，重视反馈信息，及时处理意见和投诉，提高旅游者满意度，进而形成良好的"口碑效应"。

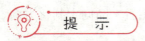

提　示

口碑效应是指由于客户在消费过程中获得的满足感、荣誉感而形成对外逐步递增的口头宣传效应。只有满足客户的需求，他们才会主动地为企业传扬口碑。

二、旅游产品价格策略

（一）价格公示策略

旅游产品价格公示策略是指利用网络的媒体功能和互动功能，将各个旅游企业的产品及其组合的价格进行公示，以方便旅游者进行比价。例如，在艺龙旅行网搜索"北京酒店"，可以看到多个酒店的标价（见图 11-7），旅游者可以根据自己的实际情况进行选择。

图 11-7　艺龙旅行网北京酒店价格

价格公示策略主要有以下两种做法：一是提供各种旅游产品的系列价格表，标明产品组合，并根据淡旺季和供需变化公布价格调整表；二是开辟旅游产品组合调整价格区，供旅游者自由组合，并获得相应价格。

（二）个性化定价策略

信息与网络技术的飞速发展，使定制旅游得以实现。旅游企业可以采用个性化定价策略，借助完善的数据库，当旅游者输入旅游目的地及愿意支付的机票、酒店客房、用餐、租车等的价格时，便能提供满足旅游者个性化需求的旅游产品并形成组合，最终让旅游者能以自己满意的价格出游。

（三）弹性化定价策略

价格对旅游企业、旅游者和旅游中间商来说都是较为敏感的问题，而网络信息自由的特点使这三方对旅游产品的价格信息都有比较充分的了解，因此决定了网上销售产品的价格弹性较大。

旅游企业可以采用以下几种方式进行弹性化定价：① 建立网络会员制，根据会员过去的购买记录、购买习惯等，给予会员一定的折扣；② 开发网上议价系统，由旅游企业和旅游者协商定价；③ 建立价格调整系统，根据旅游淡旺季、市场共需、竞争者的价格变动等情况，适当调整价格，还可以提供优惠、折扣等，以吸引旅游者。例如，去哪儿网为旅游者提供大量机票折扣信息供其选择，如图 11-8 所示。

国内低价机票				武汉 **北京** 上海 广州 深圳 杭州 成都 南京 重庆 昆明

北京 ⟶ 青岛	10.29	1.1折	¥150	北京 ⟶ 太原	10.28	1.6折	¥170
北京 ⟶ 长春	11.12	1.2折	¥200	北京 ⟶ 西宁	11.08	1.7折	¥370
北京 ⟶ 南京	11.16	1.3折	¥280	北京 ⟶ 昆明	11.21	1.8折	¥530
北京 ⟶ 沈阳	10.29	1.3折	¥160	北京 ⟶ 西安	11.06	1.8折	¥380
北京 ⟶ 锡林浩特	10.30	1.4折	¥120	北京 ⟶ 杭州	11.22	1.9折	¥450
北京 ⟶ 榆林	11.05	1.4折	¥130	北京 ⟶ 赤峰	10.31	1.9折	¥170
北京 ⟶ 丽江	11.23	1.5折	¥420	北京 ⟶ 东营	11.19	2折	¥120
北京 ⟶ 武汉	10.26	1.5折	¥340	北京 ⟶ 银川	11.06	2折	¥270
北京 ⟶ 合肥	11.12	1.5折	¥250	北京 ⟶ 三明	11.05	2折	¥371
北京 ⟶ 兴义	11.14	1.5折	¥300	北京 ⟶ 无锡	11.08	2折	¥380
北京 ⟶ 乌鲁木齐	11.05	1.5折	¥430	北京 ⟶ 海拉尔	11.08	2折	¥321
北京 ⟶ 常州	11.19	1.6折	¥280	北京 ⟶ 哈尔滨	11.11	2折	¥302

折扣说明：经济舱折扣以标准经济舱全价为基础计算得出

图 11-8　去哪儿网上的机票折扣信息

三、旅游营销渠道策略

互联网的跨时空、交互性、信息量大等特点，为旅游营销渠道策略向"短宽化"转换提供了可能。短宽化渠道由于中间环节少，降低了营销费用，加快了旅游企业和旅游者之间的信息沟通速度，也有利于旅游企业对整个营销渠道的控制。

旅游网络营销中的短宽化渠道主要包括以下两种形式：① 直接营销渠道，如旅游企业自建网站或微信公众号，直接向旅游者提供旅游产品信息和交易渠道；② 间接营销渠道，旅游企业选择一个电子中间商（如携程、同程等）沟通买卖双方的信息，而不需要多个旅游批发商和旅游零售商，以减少产品流通环节。

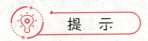 提　示

电子中间商是指基于网络提供信息服务中介功能的新型中间商。电子中间商不直接参与交易，而是为买卖双方提供高效的信息沟通和交易服务的网络虚拟平台。

四、旅游网络促销策略

旅游网络促销是指充分发挥互联网的传播功能，借助丰富的网络传播方式进行促销宣传。

（一）网站推广

网站是旅游企业与旅游者通过网络进行沟通的"桥梁"，也是旅游者认识旅游企业、了解旅游产品的重要途径。旅游企业可以通过广告、公共关系等手段向旅游者推广旅游网站，扩大其知名度，让更多的旅游者访问旅游网站；还可以通过旅游网站开展多种形式的促销活动，如网上抽奖、赠品促销、积分促销等，以增强企业影响力。

（二）网络广告促销

网络广告促销是指通过信息服务商进行广告宣传，开展促销活动。旅游企业进行网络广告促销主要有以下两种形式：① 直接发布各种规范的旅游企业与旅游产品信息，通过图、文、声、像等多种形式将其展现给旅游者；② 以知识性、信息性、趣味性的卡通片促销，突出旅游产品的优势和特色。

（三）网络公共关系

网络公共关系与传统公共关系的功能类似，但由于网络具有开放性和互动性等特征，网络公共关系还具有一些新特点：① 企业主动性增强，可以通过网络论坛、电子邮件、微信、微博等直接面向目标市场及时发送新闻，不受篇幅、时间和空间的限制；② 旅游者的权威性得到强化，他们的意见和行为对旅游企业的影响更直接、更迅速；③ 传播的效能性大大提高，网络的双向互动式沟通使传播的广度和力度得到提高。

旅游企业开展网络公共关系活动的形式多种多样，如发布网络新闻、宣传企业网站、组织网络旅游爱好者沙龙或旅游俱乐部等。此外，旅游企业还要与新闻媒介、网络社区、公共论坛等保持良好关系，以增强网络公共关系的实施效果。

 知识拓展

网络公共关系的禁忌

旅游企业在开展网络公共关系活动时，应注意以下禁忌：

（1）忌滥发邮件。

（2）忌邮件没有主题或主题不明确。

（3）忌隐藏发件人姓名。

（4）忌邮件内容繁杂或采用附件形式。

（5）忌邮件格式混乱。

（6）忌不及时回复邮件。

（7）忌在论坛上传播虚假消息，误导舆论，愚弄公众。

（8）忌网页花哨，华而不实。

（9）忌长时间不更新网站。

资料来源：刘军，李淑华. 公共关系学［M］. 3版. 北京：机械工业出版社，2018.

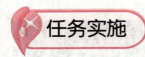

任务实施

了解定制游的流程及其定价策略，具体实施步骤如下：

（1）访问具有定制游功能的网站（如斑马旅游、世界邦等），模拟定制旅游产品，并写出操作流程及要点。

（2）通过与客服人员的沟通，了解该网站定制游的定价方法及策略。

（3）学生自愿或主讲教师选择几名学生在课堂上进行分享。

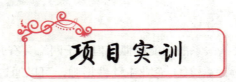

1. 实训内容

选择一家旅游企业，了解该企业的网络营销情况。具体实训步骤如下：

（1）学生自由分组，每组 3～5 人，并推举出小组长。

（2）每个小组选择一家旅游企业，通过查阅资料、实地调研等方式，了解该企业采用了哪些旅游网络营销方式和策略，是否开展了有创意的网络营销活动，效果如何，并提出有针对性的建议。

（3）将小组实训结果制作成 PPT，每个小组推荐一人在课堂上进行分享。

2. 实训评价

在某个小组展示的过程中，主讲教师及其他小组成员根据表 11-1 对其进行评价。

表 11-1　项目实训评价表

评价项目	评价标准	分值	教师评价（70%）	小组互评（30%）	得分
知识运用	掌握旅游网络营销的概念、方式和策略	35			
技能掌握	对旅游企业网络营销方式、策略的分析合理、准确；提出的建议具有可行性	35			

续表

评价项目	评价标准	分值	教师评价（70%）	小组互评（30%）	得分
成果展示	PPT 制作精美，观点阐述清晰	20			
团队表现	团队分工明确、沟通顺畅、合作良好	10			
合计		100			

项目自测

1．不定项选择题

（1）（　　）不属于网络广告的形式。

　　A．网幅广告　　　　　　　B．富媒体广告

　　C．平面广告　　　　　　　D．视频广告

（2）旅游微营销的优势有（　　）。

　　A．便捷性　　　　　　　　B．精准性

　　C．受众广　　　　　　　　D．成本低

（3）旅游产品价格策略有（　　）。

　　A．价格公示策略　　　　　B．个性化定价策略

　　C．统一定价策略　　　　　D．弹性化定价策略

2．简答题

（1）旅游网络营销的特点有哪些？

（2）简述旅游网络营销的功能。

（3）简述旅游互动营销的作用。

（4）旅游网络促销策略有哪些？

参考文献

[1] 张颖，伍新蕾. 旅游市场营销 [M]. 2 版. 大连：东北财经大学出版社，2018.

[2] 操阳，纪文静. 旅游市场营销 [M]. 大连：东北财经大学出版社，2017.

[3] 王英霞. 旅游市场营销 [M]. 北京：科学出版社，2017.

[4] 李学芝，宋素红. 旅游市场营销 [M]. 3 版. 大连：东北财经大学出版社，2018.

[5] 舒伯阳. 旅游市场营销 [M]. 2 版. 北京：清华大学出版社，2016.

[6] 刘长英. 旅游市场营销 [M]. 北京：北京大学出版社，2015.

[7] 周广海、谢佩清. 旅游市场营销 [M]. 南京：南京大学出版社，2015.

[8] 胡亚光，胡建华. 旅游市场营销学 [M]. 北京：旅游教育出版社，2015.

[9] 张丽娟. 旅游市场营销 [M]. 北京：北京交通大学出版社，2014.

[10] 龙忠敏，朱钦侯. 市场营销——理论 实务 实训 [M]. 镇江：江苏大学出版社，2016.

[11] 刘秀荣. 市场营销 [M]. 镇江：江苏大学出版社，2015.

[12] 刘军，李淑华. 公共关系学 [M]. 3 版. 北京：机械工业出版社，2018.

[13] 赵立群，贾静. 旅游电子商务 [M]. 2 版. 北京：清华大学出版社，2018.

[14] 金涛. 旅游网络营销 [M]. 北京：中国旅游出版社，2017.

[15] 蒋玉华. 目的地旅游形象定位与营销创新研究 [M]. 哈尔滨：东北林业大学出版社，2018.

工业和信息化精品系列教材

新一代
信息技术导论

微课版

龚啓军 刘胜久 ● 主编
邓熠 敬安奎 李聪 姜吉容 尤淑辉 ● 副主编

INTRODUCTION TO NEW GENERATION
INFORMATION TECHNOLOGY

人民邮电出版社
北 京

图书在版编目（CIP）数据

新一代信息技术导论：微课版 / 龚启军，刘胜久主编. -- 北京：人民邮电出版社，2024.6
工业和信息化精品系列教材
ISBN 978-7-115-62995-1

Ⅰ．①新… Ⅱ．①龚… ②刘… Ⅲ．①信息技术－教材 Ⅳ．①G202

中国国家版本馆CIP数据核字(2023)第196889号

内 容 提 要

　　本书以新一代信息技术为主线，介绍信息领域较为前沿的相关内容，全书共 14 章，第 1 章为新一代信息技术概述，主要介绍新一代信息技术的概念及各种技术之间的相互关联；第 2 章为信息素养，主要论述信息时代的公民必备素养；第 3 章～第 14 章分别介绍信息安全、IT 项目管理、软件机器人、程序设计、大数据、人工智能、云计算、现代通信技术、物联网、数字媒体、虚拟现实、区块链技术的主要内容。每章的末尾都附有适量的习题，以帮助学生巩固所学的知识。

　　本书深入浅出、通俗易懂、图文并茂、形象生动，既可以作为高职高专院校计算机相关专业的教材，也可以供信息技术领域的专业人员和广大信息技术爱好者自学使用。

◆ 主　　编　龚启军　刘胜久
　　副主编　邓　熠　敬安奎　李　聪　姜吉容　尤淑辉
　　责任编辑　刘　佳
　　责任印制　王　郁　马振武
◆ 人民邮电出版社出版发行　　　北京市丰台区成寿寺路 11 号
　　邮编　100164　电子邮件　315@ptpress.com.cn
　　网址　https://www.ptpress.com.cn
　　北京鑫丰华彩印有限公司印刷
◆ 开本：787×1092　1/16
　　印张：11.5　　　　　　　　　　2024 年 6 月第 1 版
　　字数：356 千字　　　　　　　　2024 年 6 月北京第 1 次印刷

定价：56.00 元

读者服务热线：(010)81055256　印装质量热线：(010)81055316
反盗版热线：(010)81055315
广告经营许可证：京东市监广登字 20170147 号

前言
PREFACE

步入新时期以来，以云计算、大数据、物联网、移动互联网（合称云大物移）为代表的新一代信息技术突飞猛进，技术的变革推动了社会的变革，进一步重塑了经济、社会等的格局。人类文明进入了云时代、大数据时代、智能时代、软件定义时代等多种时代交织、多重时代叠加、多样时代混合、多维时代共存的新时代。

在第一个百年奋斗目标实现之后，我国将通过两个十五年实现第二个百年奋斗目标，实现中华民族的伟大复兴。科学技术的进步一日千里，社会形态的变革日新月异。在世界百年未有之大变局下，我国面临的内外冲突与挑战层出不穷。人才永远是应对挑战、抢抓机遇的第一资源，人才的培养是社会主义现代化建设中非常艰巨的任务。

为精准落实国家及行业的战略，加快培养满足经济社会发展需求的新一代信息技术人才，满足新时代的人才培养需求，我们紧密跟踪信息技术的前沿趋势，挑选极具代表性的多项技术，结合具体的应用场景，进行有针对性的研究与论述，组织并撰写了本书，以期为开阔学生的学术视野、激发学生的学习兴趣、激发学生的学习热情提供新的思路与方法。

本书主要面向职业院校大一新生，通过对信息技术前沿知识的讲授，帮助学生了解新一代信息技术的基本原理与主要应用场景，为学生后续的学习、生活、工作及科研等奠定知识基础。本书注重基础性、技术性、实用性，通过实际场景，结合通俗易懂的讲述，将新知识以潜移默化的方式传授给学生，满足学生在后续专业学习等方面的需求。

本书由重庆工程职业技术学院的龚启军、刘胜久任主编；重庆工程职业技术学院的邓熠、敬安奎、李聪、姜吉容及北京华晟经世信息技术股份有限公司的尤淑辉任副主编。

本书共14章，第1章、第11章由邓熠编写，第2章由姜吉容编写，第3章、第13章、第14章由敬安奎编写，第7章、第8章、第10章由龚启军编写，第4章、第5章、第12章由刘胜久编写，第6章由李聪编写，第9章由尤淑辉编写；全书由龚启军统稿。

在本书的编写过程中，北京华晟经世信息技术股份有限公司的部分工程师提出了很多宝贵意见，在此表示感谢。

由于编者水平有限，本书难免存在疏漏与不足，敬请各位读者批评指正。

编　者

2023年10月

目录

CONTENTS

第1章 新一代信息技术概述……1

1.1 什么是信息技术……2
1.1.1 信息……2
1.1.2 信息技术……3

1.2 什么是新一代信息技术……4
1.2.1 物联网……4
1.2.2 云计算……5
1.2.3 大数据……5
1.2.4 人工智能……6
1.2.5 区块链……6
1.2.6 虚拟现实……6

1.3 新一代信息技术的应用……7
1.3.1 智慧课堂——全息教室……7
1.3.2 智慧课堂——VR 教室……7
1.3.3 智慧课堂——虚拟实验室……8
1.3.4 智慧课堂——远程教学……8
1.3.5 智联校园——温湿度监控……9
1.3.6 智联校园——智慧图书馆……9
1.3.7 平安校园——AI 人脸识别……10
1.3.8 平安校园——AI 监测……10
1.3.9 绿色校园——智慧食堂……11
1.3.10 绿色校园——共享电器……11
1.3.11 绿色校园——智慧节能……12
1.3.12 绿色校园——垃圾分类……12

本章小结……12

课后习题……13

第2章 权责对等——信息素养……14

2.1 信息素养……15
2.1.1 信息素养概述……15
2.1.2 信息素养的内涵……15

2.2 信息检索……15
2.2.1 信息检索概述……16
2.2.2 信息检索类型……16
2.2.3 信息检索的发展趋势……18

2.3 信息伦理……19
2.3.1 信息伦理的基本特征……19
2.3.2 信息从业人员的行为规范……20
2.3.3 人工智能治理……20

2.4 网络法治……21
2.4.1 网络法治建设……21
2.4.2 依法治网的内涵和外延……21
2.4.3 互联网立法……22

本章小结……23

课后习题……23

第3章 安全第一——信息安全……24

3.1 信息安全概述……25
3.1.1 安全攻击事件……26
3.1.2 信息安全的特征……26
3.1.3 信息安全的主要威胁……27

3.2 信息安全技术……28

3.2.1 信息安全三原则 ·············· 28

3.2.2 信息安全保护技术 ·········· 28

3.3 Windows 个人防火墙设置 ············ **32**

3.3.1 实验环境和自定义防火墙规则

介绍 ····························· 33

3.3.2 防火墙的设置 ·············· 33

本章小结 ···························· **38**

课后习题 ···························· **38**

**第 4 章 张弛有度——IT 项目
管理** ·············· **39**

4.1 项目管理概述 ···················· **40**

4.1.1 项目 ······················ 40

4.1.2 项目管理 ·················· 41

4.1.3 项目经理 ·················· 42

4.2 项目管理要素 ···················· **43**

4.2.1 项目管理方法 ·············· 43

4.2.2 项目管理组织 ·············· 43

4.2.3 项目生命周期 ·············· 44

4.3 项目管理内容 ···················· **45**

4.3.1 项目集成管理 ·············· 45

4.3.2 项目范围管理 ·············· 46

4.3.3 项目时间管理 ·············· 47

4.3.4 项目成本管理 ·············· 47

4.3.5 项目质量管理 ·············· 48

4.3.6 项目人力资源管理 ·········· 48

4.3.7 项目沟通管理 ·············· 49

4.3.8 项目风险管理 ·············· 50

4.3.9 项目采购管理 ·············· 51

本章小结 ···························· **52**

课后习题 ···························· **52**

**第 5 章 机进人退——软件
机器人** ············· **53**

5.1 RPA 概述 ······················ **54**

5.2 RPA 的优势 ···················· **54**

5.2.1 RPA 有何独特价值 ·········· 55

5.2.2 RPA 有何独特优势 ·········· 55

5.2.3 RPA 对于企业高质量发展的重要价值··· 56

5.3 RPA 的应用 ···················· **56**

5.3.1 RPA+ 财会 ················ 57

5.3.2 RPA+AI 介绍 ·············· 57

5.3.3 RPA+AI 在电网中的应用 ····· 57

5.3.4 RPA+AI 一网通办 ·········· 61

5.4 RPA+ 云计算 ··················· **64**

5.4.1 RPA 上"云"现状 ·········· 65

5.4.2 RPA 上"云"步骤 ·········· 65

5.4.3 RPA 上"云"收益 ·········· 67

5.4.4 RPA 上"云"挑战 ·········· 68

本章小结 ···························· **69**

课后习题 ···························· **69**

第 6 章 大道至简——程序设计····**70**

6.1 程序设计基础知识 ················ **71**

6.1.1 程序设计语言现状 ·········· 71

6.1.2 程序设计语言与算法 ········ 72

6.1.3 结构化程序设计 ············ 72

6.2 程序设计语言和工具 ·············· **74**

6.2.1 顺序结构示例 ·············· 74

6.2.2 选择结构示例 ·············· 75

6.2.3 循环结构示例 ·············· 76

6.3 程序设计方法和实践 ·············· **77**

6.3.1 软件工程 ·················· 77

6.3.2 面向过程程序设计 ·········· 77

6.3.3 面向对象程序设计 ·········· 78

6.4 oneAPI 简介 ··················· **78**

本章小结 ···························· **79**

课后习题 ···························· **79**

第 7 章 数据为王——大数据····**80**

7.1 大数据概述 ····················· **81**

7.1.1 大数据时代 …………… 81
7.1.2 数据来源 ……………… 82
7.1.3 大数据的特征 ………… 82

7.2 大数据的发展 ……………… **83**

7.3 大数据的相关技术 ………… **84**
7.3.1 大数据采集 …………… 84
7.3.2 大数据预处理 ………… 86
7.3.3 大数据存储 …………… 86
7.3.4 大数据分析及挖掘 …… 87

7.4 大数据的应用 ……………… **88**
7.4.1 城市交通 ……………… 88
7.4.2 城市环境 ……………… 88
7.4.3 智慧城市 ……………… 89
7.4.4 智慧物流 ……………… 90

7.5 大数据未来的展望 ………… **90**
7.5.1 释放数据价值 ………… 90
7.5.2 发挥大数据技术效用 … 90
7.5.3 数据治理制度体系 …… 90
7.5.4 新数据流通 …………… 90
7.5.5 数据合规 ……………… 91

本章小结 ………………………… **91**

课后习题 ………………………… **91**

第8章 智能赋能——人工智能 ……………… **92**

8.1 人工智能概述 ……………… **93**
8.1.1 人工智能的定义 ……… 93
8.1.2 人工智能的发展 ……… 93

8.2 我国人工智能的发展与未来 ……… **95**
8.2.1 发展历程 ……………… 95
8.2.2 我国人工智能政策环境分析 … 96
8.2.3 未来的发展 …………… 96

8.3 人工智能的核心技术 ……… **97**
8.3.1 计算机视觉 …………… 97
8.3.2 机器学习 ……………… 97
8.3.3 自然语言处理 ………… 98

8.4 人工智能的应用领域及其他方面 …… **98**
8.4.1 医疗领域 ……………… 98
8.4.2 交通领域 ……………… 100
8.4.3 其他方面 ……………… 101

本章小结 ………………………… **104**

课后习题 ………………………… **104**

第9章 如影随形——云计算 ……… **105**

9.1 初识云计算 ………………… **106**
9.1.1 云计算产生的背景 …… 106
9.1.2 云计算的演进历程 …… 107

9.2 云计算的概念与特征 ……… **108**
9.2.1 云计算的概念 ………… 108
9.2.2 云计算的特征 ………… 108
9.2.3 云计算的分类 ………… 109

9.3 云计算的关键技术 ………… **111**
9.3.1 虚拟化技术 …………… 111
9.3.2 分布式存储技术 ……… 112
9.3.3 云管理平台 …………… 113
9.3.4 云安全 ………………… 113
9.3.5 自动化部署技术 ……… 114

9.4 云计算的应用 ……………… **114**
9.4.1 云物联 ………………… 114
9.4.2 云游戏 ………………… 115
9.4.3 云教育 ………………… 115
9.4.4 云原生 ………………… 115

本章小结 ………………………… **116**

课后习题 ………………………… **116**

第10章 天地握手——现代通信技术 ……… **117**

10.1 现代通信技术概述 ………… **118**
10.1.1 什么是通信 …………… 118
10.1.2 现代通信简介 ………… 118
10.1.3 现代通信技术的发展 … 118

10.2 5G 技术 …………………… **120**

10.2.1 5G 技术 ·········· 120
10.2.2 5G 技术的特点 ······ 121
10.2.3 5G 关键技术 ········ 122

10.3 5G 的应用领域 ·········**124**

10.3.1 工业领域 ·········· 125
10.3.2 物流领域 ·········· 126
10.3.3 教育领域 ·········· 126
10.3.4 能源领域 ·········· 127
10.3.5 智慧农业 ·········· 127
10.3.6 智慧交通 ·········· 128

本章小结 ················**128**

课后习题 ················**128**

第 11 章 万物互联——物联网 ·········**129**

11.1 物联网概述 ···········**130**

11.1.1 什么是物联网 ········ 130
11.1.2 物联网的发展 ········ 131
11.1.3 物联网的特征 ········ 131

11.2 物联网的体系结构 ·······**132**

11.2.1 物联网感知层关键技术 ·· 132
11.2.2 物联网网络层关键技术 ·· 134
11.2.3 物联网应用层关键技术 ·· 137

11.3 物联网的应用领域 ·······**138**

11.3.1 智慧停车 ·········· 139
11.3.2 智慧抄表 ·········· 139
11.3.3 智慧物流 ·········· 140
11.3.4 智慧家居 ·········· 140
11.3.5 智慧农业 ·········· 141

本章小结 ················**141**

课后习题 ················**141**

第 12 章 天马行空——数字媒体 ·········**142**

12.1 数字媒体概述 ··········**143**

12.1.1 传统媒体与数字媒体 ···· 143
12.1.2 数字媒体产业 ······· 143

12.1.3 数字媒体表达基础 ····· 144

12.2 数字媒体的表现形式 ·····**144**

12.2.1 文字 ············· 144
12.2.2 图像 ············· 144
12.2.3 声音 ············· 145
12.2.4 视频 ············· 145
12.2.5 动画 ············· 145

12.3 数字媒体的应用 ········**145**

12.3.1 文字编辑软件 ········ 146
12.3.2 图像编辑软件 ········ 146
12.3.3 声音编辑软件 ········ 147
12.3.4 视频编辑软件 ········ 147
12.3.5 动画编辑软件 ········ 148
12.3.6 其他应用软件 ········ 148

本章小结 ················**149**

课后习题 ················**150**

第 13 章 无缝穿越——虚拟现实 ·········**151**

13.1 虚拟现实概述 ··········**152**

13.1.1 什么是 VR ·········· 152
13.1.2 虚拟现实系统的主要分类 ···· 152
13.1.3 虚拟现实运行原理 ····· 153
13.1.4 虚拟现实的关键技术 ···· 154

13.2 虚拟现实技术的发展与现状 ····**155**

13.2.1 虚拟现实技术的发展 ···· 155
13.2.2 虚拟现实技术的现状 ···· 156
13.2.3 虚拟现实技术的未来 ···· 156

13.3 虚拟现实技术的应用 ·····**157**

13.3.1 军事领域 ·········· 157
13.3.2 游戏娱乐领域 ········ 157
13.3.3 医疗领域 ·········· 158
13.3.4 工业领域 ·········· 158
13.3.5 教育领域 ·········· 158
13.3.6 旅游领域 ·········· 159
13.3.7 交通领域 ·········· 159

本章小结 ················**160**

课后习题 ·······················160

第 14 章　全民账房——区块链技术 ··············**161**

14.1　中心化系统与去中心化系统 ·······162

14.2　区块链技术 ···············164

14.2.1　区块链简介和特点 ············ 164

14.2.2　区块链工作原理 ·········· 164

14.2.3　区块链分类 ············ 169

14.2.4　区块链技术的应用 · 170

本章小结 ·····················**173**

课后习题 ·····················**173**

参考文献 ···············**174**

第 1 章
新一代信息技术概述

学习目标

【知识目标】

* 了解数据、信息和信息技术的基本概念。
* 了解新一代信息技术的基本内容。

【能力目标】

* 掌握新一代信息技术的基本技术。
* 掌握新一代信息技术的基本应用。

【素质目标】

* 培养了解新技术发展动向的学习习惯。
* 培养自主学习能力，做到学以致用。

案例导读

素养拓展

　　近代以来，人类社会经历了 3 个时代：蒸汽时代、电气时代和信息时代。随着信息时代的到来，信息技术深刻改变了我们的学习、生活和工作。比如，在以物联网、云计算、大数据、人工智能和区块链等新兴技术为代表的新一代信息技术推动下，数字经济蓬勃发展，深刻改变了传统的经济形态和社会形态。数字技术改变了工作时间相对固定的传统生产方式，工作时间更具弹性。劳动者可以与客户、同事、平台、公司、设备等建立实时连接，工作场所更具灵活性。借助数字基础设施、互联网平台和智能终端，人们可以将自己的知识和技能充分运用，工作内容更加丰富多彩。此外，诸如网络通信、网上购物、移动支付、远程会议、远程教学、办公自动化、共享单车等早已融入人们的生活、工作与学习中，如图 1.1 所示。

图 1.1　信息时代的应用场景

新一代信息技术的发展方向不是信息领域各个分支技术的纵向升级，而是信息技术横向渗透到制造、金融等其他行业。信息技术研究的主要方向将从产品技术转向服务技术，以信息化和工业化深度融合为主要目标的"互联网＋"是新一代信息技术的集中体现。

1.1 什么是信息技术

信息已经成为活跃的生产要素和战略资源，信息技术及其应用水平是衡量一个国家综合竞争力的重要指标。信息技术是一门典型的通用技术，它不再是与数、理、化、天、地、生等学科平行的一门学科，而是与很多学科相关的横向学科，且更加强调与健康、能源、材料等其他相关领域紧密关联的交叉学科。

↘ 1.1.1 信息

信息普遍存在于人类社会和自然界中，人类自诞生以来就在存储、传播各种信息。在中国古代，对"信息"一词的表述，最初为音、信、音信、消息等。在《诗经·郑风·子衿》篇中，有诗云："纵我不往，子宁不嗣音？"意即"纵然我不去看你，你难道就不给我寄传音讯？"这里的"音"就是"信息"的意思。

1. 信息与数据

信息（Information）是对客观世界中各种事物运动状态和变化的反映，是客观事物相互联系和相互作用的表征，也是人们对客观事物的认知和反映。信息的载体可以是数字、文字、语音和图像等。不同形式的消息，可以包含相同的信息。例如，分别用语音和文字发送新闻，所含信息内容相同。

数据（Data）是信息的表现形式，其内容反映或描述事物的特性。数据不仅包括数字、文字、字母和其他字符，还包括图形、图像、动画、视频和音频等。

数据和信息存在一定关系，数据是信息的表现形式和载体，信息则是数据的表达和内涵。数据经加工处理变成信息，而信息需要经过数字化转变成数据之后才能存储和传输。

2. 信息的特点

信息主要有以下几个特点。

（1）社会性。信息与社会应用密切相关，只有经过人们加工、取舍、组合，并通过一定的形式表现出来，才真正具有使用价值。

（2）传递性。信息无论在空间上还是时间上都具有传递性，在空间上的传递称为通信，在时间上的传递称为信息存储。信息需要传递，如果不传递，其存在就失去了意义。语言、表情、动作、报刊、书籍、广播、电视、电话、网络等都是人们常用的信息传递方式。

（3）共享性和依附性。信息必须通过共享才能体现其价值，且信息是事物运动状态和变化的反映，而不是事物本身，因此它不能独立存在，必须借助某种载体才能表现出来。同一信息的载体是可以变换的，例如某手机品牌发布新产品，传递这个信息的载体可以是电视，也可以是广播或网络等。

（4）普遍性。信息无处不在，无时不有，如交通路口的红绿灯、上课的铃声、收发的文件等。人们通过信息认识世界，同时借助信息的交流来实现人与人之间的联系、协作，进而推动社会进步。

（5）时效性。信息的时效性是指信息仅在一定的时间内有价值。例如，小明今天才知道昨天有一场大型招聘会，由此错过了一次获得工作的机会。

（6）可再生性。信息经过处理后，可以通过其他形式再生。例如，由人造卫星传回地面的照片，经计算机处理后，可将各种颜色或气团所代表的内容转化为具体信息，人们从而可获得天气状况、水土生态现状、环境质量情况等信息。

（7）可压缩性。信息可以被压缩，因此可以用不同的信息量来描述同一事物。人们常常用尽可能少的信息量来描述某个事物的主要特征。

3. 信息处理

随着社会的发展，人们对信息的开发利用不断深入，导致信息量剧增，信息间的关联也日益复杂，因此信息处理就显得越来越重要。而信息处理实质上就是由计算机进行数据处理的过程，即通过数据的采集和输入，将数据有效地组织到计算机中，再由计算机系统对数据进行存储、加工和输出等一系列操作。

图 1.2 所示为人进行信息处理的过程。

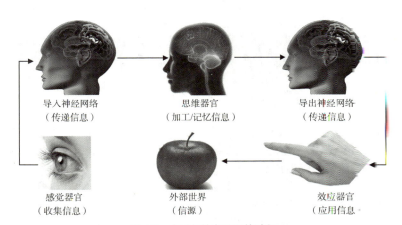

图 1.2　人进行信息处理的过程

由此可见，信息处理指的是与下列内容相关的行为和活动。

（1）信息的收集：如对信息的感知、测量、获取、输入等。

（2）信息的传递：如邮寄、出版、电报、电话、广播等。

（3）信息的加工 / 记忆：如分类、计算、分析、综合、转换、检索、管理等。

（4）信息的应用：如控制、显示等。

⬩ 1.1.2　信息技术

信息科学的基本学科体系分为 3 个层次，分别是哲学层、基础理论层、技术应用层。信息技术位于信息科学体系的技术应用层，属于信息科学的范畴。

1. 什么是信息技术

信息技术（Information Technology，IT）是指在信息的获取、传递、处理、存储、控制、分析和应用等过程中所采用的技术的统称。

信息技术的范畴主要包括传感技术、通信技术、计算机技术和控制技术。

传感技术是信息的收集技术，对应于人的感觉器官（简称感官）。

通信技术是信息的传递技术，对应于人的神经系统。

计算机技术是信息的分析和处理技术，对应于人的思维器官。

控制技术是信息的应用技术，对应于人的效应器官。

2. 信息技术的发展

迄今为止，信息技术共经历了 5 次革命。

（1）第一次信息技术革命是语言的使用。使用语言是人类从猿进化到人的重要标志。人类最初只能通过手势、表情、肢体动作、嗓声等形式来表达和传递信息，因此只能在人的听觉和视觉所能及的范围内传递信息。语言的产生和使用是信息表达和交流手段的一次关键革命，产生了信息获取和信息传递技术（但受时空的限制）。

（2）第二次信息技术革命是文字的创造。文字可以长时间存储信息，也可以跨时间、跨地域传递信息，从而促进了信息存储技术的产生与发展。

（3）第三次信息技术革命是造纸术和印刷术的发明。造纸术和印刷术的发明，将信息的记录、存储、传递和使用扩大到更广阔的空间，使知识的积累和传播有了可靠的保证，是人类信息存储与传播手段的一次重要革命。

（4）第四次信息技术革命是电报、电话、广播、电视的发明和普及。随着电报的诞生，信息实现了实时传送。电话的发明，实现了人类远距离通话，使得信息传递技术有了长足发展。广播、电视的出现和发展则打破了信息交流的时空界限，提高了信息传播效率，是信息存储和传播手段的又一次重要革命。

（5）第五次信息技术革命是计算机、网络等现代信息技术的综合使用。第五次信息技术革命始于20世纪中叶，是一次信息传播和信息处理手段的革命，对人类社会产生了深远影响，使信息数字化成为可能，信息产业应运而生。

随着现代信息技术的发展，信息产业也呈现出多元发展的态势。总的来说，信息技术有以下几个发展方向。

（1）半导体、微电子等信息材料技术。信息材料技术是指信息材料的研发与制造技术，如半导体集成电路、高温超导材料、光电元件、纳米材料、超导电子存储器件、海量信息存储器、智能芯片、生物芯片、生物传感器等材料和产品的研发与制造技术。

（2）计算机硬件和软件技术。计算机硬件和软件技术包括并行处理计算机、光学计算机、生物计算机、神经网络计算机、自动翻译系统、人工仿真系统、计算机集成制造系统等。

（3）通信技术。现代通信技术将向着网络化、数字化、宽带化方向发展。

（4）信息应用技术。信息应用技术主要有电视会议、远程教学、电子出版、电子银行、电子货币和电子商务等。

1.2　什么是新一代信息技术

新一代信息技术，不只是指信息领域的一些分支技术（如集成电路、计算机、无线通信等）的纵向升级，更主要的是指信息技术的整体平台和产业的代际变迁。近年来，以物联网、云计算、大数据、人工智能、区块链等为代表的新一代信息技术产业正在酝酿新一轮的信息技术革命。新一代信息技术产业不仅重视信息技术本身和商业模式的创新，而且强调将信息技术渗透到各个行业，推动其他行业的技术进步和产业发展。新一代信息技术产业发展的过程，实际上也是信息技术融入社会经济发展的各个领域，创造新价值的过程。

什么是新一代信息技术

1.2.1　物联网

物联网是指将各种信息传感设备及系统，如传感器网络、射频标签阅读装置、条形码与二维码设备、全球定位系统和其他基于物与物通信模式的短距离无线自组织网络，通过各种接入网与互联网结合起来而形成的一个巨大智能网络，即"物物相连的互联网"。其目的是让所有物品都与网络连接在一起，系统可以自动、实时地对物体进行识别、定位、追踪、监控并触发相应事件。如果说互联网实现了人与人之间的交流，那么物联网就实现了人与物之间的沟通和对话，也可以说实现了物与物之间的连接和交互。

物联网主要有以下几个特征。

1.　对物体进行数字化与虚拟化

即利用射频识别（Radio Frequency Identification，RFID）技术、传感器、二维码等，随时随地获取物体的属性信息。通过对物体的数字化、虚拟化，各个物理实体成为彼此可识别、可寻址、可交互、可协同的智能物体。

2. 能够进行泛在网络

即通过各种电信网络与互联网融合,将物体的各种信息实时、准确地传递出去,实现信息的可靠传递。将各种类型的数字化和智能化物体接入网络,通过自组织互联,实现对互联网的延伸与扩展,形成泛在网络。

3. 实现信息感知与交互

即通过采集、筛选、压缩、交融、汇集等技术进行信息感知,通过网络与内容、用户与内容以及用户与网络的信息交互进行交流,进而达到应用物联网技术的效果。

4. 信息处理与服务

即利用云计算、人工智能和模糊识别等各种智能计算技术,对各种海量的数据和信息进行高效分析和处理,对物体实施智能化的控制,为用户提供基于"物物互联"的新型信息化服务。

↘ 1.2.2　云计算

云计算是一种利用互联网实现随时随地、按需、便捷访问共享资源(如网络、服务器、存储、应用和服务等)的新型计算模式。即用户通过网络以按需、易扩展的方式获得所需的各种资源(如硬件、平台、软件等),提供资源的网络被称为"云"。"云"中的资源在使用者看来是可以无限扩展的,并且可以及时获取、按需使用、按量付费。"云"的这种特性使其成为一种像水、电、气、网等设施一样的基础设施。云计算主要有以下几个特点。

1. 随需应变的自助服务

消费者可以单方面地按需自动获取计算能力,如服务器时间和网络存储,从而免去与每个服务提供者交互的过程。

2. 无处不在的网络访问

网络中提供许多可用功能,可通过各种统一的标准机制从多样化的瘦客户端或者胖客户端平台获取,如移动电话、笔记本计算机、掌上电脑等。

3. 资源共享池

服务提供者将计算资源汇集到资源共享池中,通过多租户模式共享给多个消费者,根据消费者的需求对不同的物理资源和虚拟资源进行动态分配或重分配。共享的资源包括网络、服务器、应用软件、带宽和虚拟机等。

4. 快速而灵活

能够快速而灵活地提供各种功能以实现扩展,并且可以快速释放资源来实现收缩。对消费者来说,可租用的功能是应有尽有的,并且可以在任何时间进行任意数量的购买。

5. 计量付费服务

云系统利用一种计量功能(通常是通过一个付费使用的业务模式)来自动调控和优化资源利用,根据不同的服务类型按照合适的度量指标进行计量(如存储、处理、带宽和活跃用户账户等),监管、控制和报告资源使用情况,提升服务提供者和服务消费者的透明度。

↘ 1.2.3　大数据

近年来,随着计算机技术的发展,大数据成为一个热门词。大数据是指无法在一定时间范围内用常规软件工具进行捕捉、管理和处理的数据集合,是需要新处理模式才能具有更强的决策力、洞察力和流程优化能力的海量、高增长率和多样化的信息资产,具有数据量大、类型繁多、价值密度低、速度快且时效高等特征。

1．数据量大

大数据的起始计量单位至少是 PB（约 1 000 个 TB）、EB（约 100 万个 TB）或 ZB（约 10 亿个 TB）。

2．类型繁多

大数据的类型包括交易数据、移动通信数据、用户行为数据、机器数据和传感器数据等，多种类型的数据对大数据技术的数据处理能力提出了更高的要求。

3．价值密度低

随着物联网的广泛应用，信息感知无处不在，收集的数据海量，但价值密度较低，如何通过强大的计算机算法更快捷地完成数据的价值提纯，是大数据时代亟待解决的难题。

4．速度快且时效高

大数据中的数据处理遵循"1 秒定律"，即大数据对数据处理速度有要求，一般要在 1 秒内处理所有数据并得出数据的分析结果。时间太长数据就失去了本身的价值，成为过期的或无效的数据。这个速度要求是大数据处理技术和传统的数据挖掘技术最大的区别。

1.2.4　人工智能

信息化实现了从认知世界到数据世界的转变，人们对数据世界的需求进而发展到对知识世界的需求。为了试探性地搜索启发式的、不精确的、模糊的甚至容纳错误的推理方法，以便符合人类的思维过程，产生了人工智能（Artificial Intelligence，AI）。

人工智能可分成两个部分来理解，即人工和智能。人工，即一些人力所能做到的事情，由人去完成。智能，即智慧和能力。

人工智能作为计算机科学的一个分支，是研究、开发用于模拟、延伸和扩展人的智能的理论、方法、技术及应用系统的一门新的技术科学。人工智能可以生产出一种能与人类智能相似的方式做出反应的智能机器，是多种学科互相渗透的一门综合性新学科，是研究如何制造出智能机器或智能系统，来模拟人类智能活动的能力，用以延伸人类智能的科学。人工智能不是人的智能，但能像人那样思考，也可能超过人的智能。人工智能自诞生以来，理论和技术日益成熟，应用领域也不断扩大，未来人工智能带来的科技产品将会是人类智慧的"容器"。

1.2.5　区块链

区块链是指在对等网络环境下，通过透明和可信规则，构建不可伪造、不可篡改和可追溯的块链式数据结构，实现对事务处理模式的管理。区块链技术的出现与发展实际上缩短了"信任"的距离，借助去中心化账本机制打破了现有传统业务中存在的不平等和"数据孤岛"现状，借助数字签名保证了数据的安全性，借助 P2P 技术和加密算法实现了点对点数据传输和数据加密。区块链整合了多方技术资源，旨在构建公开透明、可信的社会价值体系，推动人类进入"智能时代"和"可信时代"，具有广泛的应用前景。

1.2.6　虚拟现实

虚拟现实（Virtual Reality，VR）是指利用计算机技术模拟出一个逼真的三维空间虚拟世界，使用户完全沉浸其中，并能与其进行自然交互，就像在真实世界中一样。例如，VR 游戏可以让用户完全沉浸在游戏中，犹如身临其境。一个良好的 VR 系统应具有沉浸性、交互性和自主性等特点。

1．沉浸性

即虚拟环境的逼真程度。理想的虚拟环境应该使用户真假难辨，使用户获得与真实环境相同的视觉、听觉、触觉、嗅觉等感官体验。

2. 交互性

即用户与虚拟环境之间可以进行沟通和交流，并得到与真实环境一样的响应，即用户在真实世界中的任何动作，均可以在虚拟环境中完整地体现。例如，可以用手去直接抓取虚拟环境中的物体，这时不仅手有触摸感，同时还能感受到物体的质量、温度等信息，而且被抓取的物体会随着手的移动而移动。

3. 自主性

即虚拟环境中的物体按操作者的要求进行自主运动的程度。例如，当受到力的推动时，物体会沿着力的方向移动或翻倒。

1.3　新一代信息技术的应用

在信息时代，信息技术在各行各业均得到极为广泛的应用。本节中，我们主要以智慧校园建设为例论述信息技术在校园中的应用。智慧校园是指以促进信息技术与教育教学融合、提高教与学的效果为目的，以物联网、云计算、大数据等新技术为核心，是一种能实现环境全面感知、智慧型、数据化、网络化、协作型、一体化的教学、科研、管理和生活服务，并能对教育教学、教育管理等进行全面洞察和精准预测的智慧学习环境。

新一代信息技术的应用

↘ 1.3.1　智慧课堂——全息教室

全息教室是在"裸眼条件下"实现立体视觉教学的授课空间，如图 1.3 所示。在保证老师原有教学习惯的同时，全息教室还可展示 3D 的物体或人物，比如在医学课堂上可以展示高度逼真的 3D 心脏模型，模型随时可放大、缩小、旋转，而且学生们并不需要佩戴任何设备，裸眼观察即可。除此之外，利用 5G 技术，可以实现极低延时的远程多点教学功能，简单来说就是全国任何一个有采集空间的地方，都可以成为老师的讲课地点，而老师的 1∶1 立体影像将被传输到全息教室中，并在传统模式下与同学们进行授课、问答、互动等教学行为。

图 1.3　全息教室

↘ 1.3.2　智慧课堂——VR 教室

将第五代移动通信技术（Fifth Generation，5G）与先进通用技术相结合，基于实时图像、语音、超高清视频等技术，实现 5G + VR 的沉浸式教学，构建 VR 教室，如图 1.4 所示。5G 来临后，基于 VR 设备技术的发展，实现可携带、可穿戴，让学生边玩边学，突破线下场所的限制，真正实现随时随地、沉浸式、趣味性、全方位、体验式学习。学生如临其境，学习专注度更高，更愿意主动探索知识，实现在课堂上通过 VR 技术把老师无法用语言描述的、抽象的内容，通过具体的、360° 的、全沉浸的场景展示给学生，更大程度地解决学生对知识的理解、应用问题。

图 1.4　VR 教室

↘ 1.3.3　智慧课堂——虚拟实验室

　　虚拟实验室是一种基于 Web 技术、5G+VR 技术构建的开放式网络化的虚拟实验教学系统的应用，是现有各种教学实验室的数字化和虚拟化，如图 1.5 所示。通过多媒体手段，依托学科特色，建立富有科技感的虚拟仿真实验平台，满足师生多次、随时进行实验探究和学习的需求，打破高危险、高污染、高辐射、高成本、高投入等对实验教学的制约。在直观、立体、高效、多样化的人机互动过程中，既提高了学生的学习兴趣，也满足了学生个性化的学习需求。同时，不受物理空间、时间的限制，集探究性、趣味性、科学性于一体，虚拟实验室在培养学生的实践能力、研究能力、创新能力和提高综合素质等方面有着其他教学环节无法比拟的独特优势。

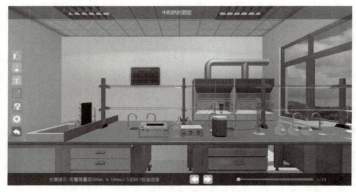

图 1.5　虚拟实验室

↘ 1.3.4　智慧课堂——远程教学

　　利用云＋网一体化技术，通过高清显示器、计算机、手机等终端开展互动教学活动。主讲教室实时直播，采集超清视频和高品质的音频数据，实现超清、无感知延时、随堂互动学习。课堂上，老师可以对教案里的 PPT 进行投屏，也可以发起签到、投票、选人、抢答、主题讨论、随堂练习、问卷等课堂活动，实时收集学生的学习反馈。直播课堂支持固定教室、移动教室和学生终端等形式，支持录播回看，实现随时随地想学就学，如图 1.6 所示。

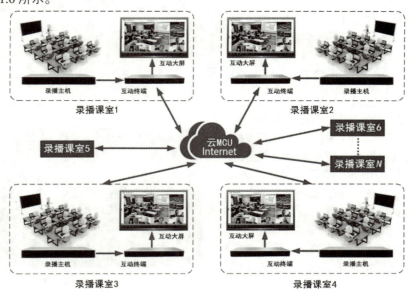

图 1.6　远程教学

↘ 1.3.5　智联校园——温湿度监控

在智联校园中，校园温湿度监控系统是通过温湿度采集设备和终端控制软件实现的。在监测点放置无线温湿度采集器，通过无线网络进行数据上传，数据汇总到无线数据集中器中，最后被上传到后台进行信息处理与分析。通过监控终端可以对温湿度进行监控和调节，保障校园供热安全运行、经济节能、低碳环保，如图1.7所示。

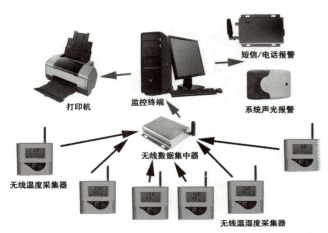

图1.7　温湿度监控

↘ 1.3.6　智联校园——智慧图书馆

智慧图书馆是集5G+物联网技术打造的智慧图书馆综合管理系统，包括图书自动柜员机（Automated Teller Machine，ATM）、电子借阅终端、电子阅读系统等，可实现自助借还、图书自动盘点、多媒体显示、电子阅读、座位预约等多种功能，如图1.8所示。

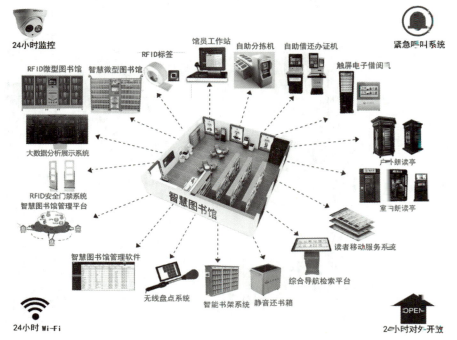

图1.8　智慧图书馆

↘ 1.3.7　平安校园——AI 人脸识别

大数据＋AI 识别技术可应用于校园校门管控及学生公寓的安全保卫工作，可以保障校园人员及宿舍人员的稳定和各项管理制度的执行，助力高校安全稳定及师生人身财产安全，如图 1.9 所示。

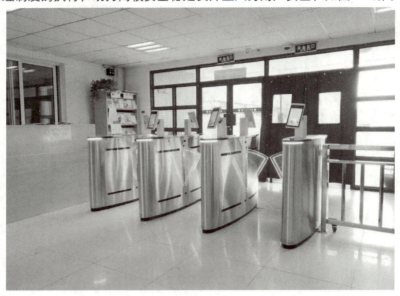

图 1.9　AI 人脸识别

↘ 1.3.8　平安校园——AI 监测

在视频监控功能基础上，应用大数据＋AI 学习算法和物联网技术，把人体的主要活动轨迹结构化，根据人的运动轨迹定义各种异常行为，借助深度学习形成动作体系。在实际监测中，根据人的肢体运动轨迹，计算出各种异常动作行为，向监控中心发出预警，如图 1.10 所示。

图 1.10　AI 监测

1.3.9 绿色校园——智慧食堂

智慧食堂基于物联网＋云端存储技术，对食堂预订餐档口点餐、后厨管控、食品安全管理、采购库存、成本核算、食堂经营数据等进行全方位统计、分析，采购、库存做到全过程、全流程管理，实时掌握食堂经营状况，如图1.11所示。智慧食堂帮助高校食堂摒弃传统运营弊端，满足校园师生及管理部门在食堂运营中的全方位需求。

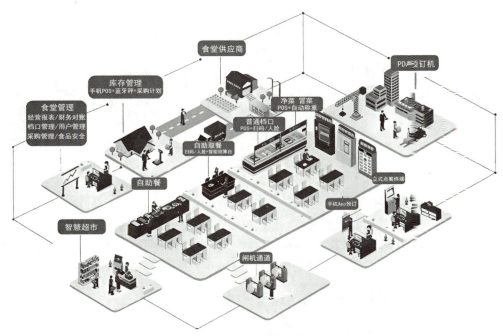

图 1.11　智慧食堂

1.3.10 绿色校园——共享电器

共享电器采用窄带物联网（Narrow Band Internet of Things，NB-IoT）智能物联技术，每一台电器设备都能够和物联网平台互联，平台后台统一运营维护，确保电器设备节能高效。图1.12所示为共享洗衣机，支持人脸识别和校园一卡通等支付方式，使用手机App进行线上维护保修、定时消毒，时刻保证设备正常运行。

图 1.12　共享洗衣机

↘ 1.3.11　绿色校园——智慧节能

基于大数据的智慧节能管理系统,通过集成以太网、物联网、互联网、移动互联网等技术与信息化相融合,凭借新技术,实现大数据+物联网的节能数据监测智慧管理系统,如图1.13所示,可实现数据采集、智能运维故障诊断、统计分析、移动管理等功能。

图1.13　智慧节能

↘ 1.3.12　绿色校园——垃圾分类

利用物联网+AI识别技术,实现垃圾分类进校园,使垃圾分类成为校级规章制度,如图1.14所示。垃圾分类支持手机App,通过手机扫描智能识别垃圾类型,投入对应的垃圾箱,并同步积分,在商城进行积分换礼。学生将校园中养成的垃圾分类习惯带到家庭和社会,必将产生更大的扩散效应。

图1.14　垃圾分类

新时代的智慧校园建设面临新的变化,不仅需要提升管理效率,还需要在服务上使师生满意。即需要打造一个更加开放、灵活的架构体系,并在此架构体系上充分整合内部应用与外部资源,辅以产品为基础的定制与运营服务,打造数据融合的智慧校园开放生态,保证高校信息化长期发展的可用性、可持续性和先进性,为后期人工智能校园奠定良好的应用基础与数据基础,同时在智慧校园建设中解决学校原有的各种信息化建设难题。

本章小结

本章主要以信息技术的基本概念为引领,从新一代信息技术的概述、核心技术、应用实例3方面进行介绍,帮助学生了解物联网、云计算、大数据、人工智能、区块链、虚拟现实等新一代信息技术的基本原理和基本知识，明晰物联网、云计算、大数据、人工智能等新一代信息技术之间的关系，了解新一代信息技术在多个行业中的应用。最后，以智慧校园为例讲解了新一代信息技术的实际应用，为学生在后续专业课程学习中融合、创新、应用新一代信息技术奠定坚实的基础。

课后习题

1. 什么是信息？什么是信息技术？人类处理信息的过程是怎样的？
2. 信息有哪些特点？
3. 新一代信息技术包含哪些技术？

CHAPTER

02

第 2 章
权责对等——信息素养

学习目标

【知识目标】

* 了解信息素养的内涵。
* 了解信息检索的定义、类型。
* 了解信息伦理的基本特征、信息从业人员的行为规范。

【能力目标】

* 掌握信息知识。
* 培养信息意识。
* 增强信息能力。

【素质目标】

* 培养良好信息素养。
* 树立社会责任意识。

案例导读

素养拓展

　　李强是一名高三学生，他本人比较喜欢计算机相关专业，当前正面临着填报志愿，他是如何做的呢？首先，他在多个综合搜索平台搜索、浏览相关文章，对计算机相关专业有了初步认识。但是综合搜索平台信息众多，需要认真辨别信息，进行信息筛选，于是他查阅专业书籍，对学科领域有了较全面的认识。接下来，查阅专业数据库平台，了解本专业的最新研究成果和发展前景等。最后，整理、总结获取的多维度信息资源，发掘信息价值，以解决填报志愿这个实际问题。

　　这一过程体现了信息素养，可以判断什么时候需要信息，如何获取信息，如何评价和有效利用所获取的信息。例如：如何查询高质量的学术文章？写论文时如何引用参考文献？可见，良好的信息素养，对我们的成长是十分有益的。

2.1 信息素养

人工智能、大数据等信息技术的快速发展对大学生的信息素养提出了更多维度和全方位的要求，信息素养成为智能时代大学生素质教育发展的重要衡量指标。

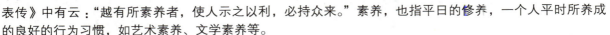

信息素养与检索

↘ 2.1.1 信息素养概述

素养，在《辞海》中有两种解释，一是经常修习涵养，《汉书·李寻传》中有云："马不伏历（枥），不可以趋道；士不素养，不可以重国。"二是平素所供养，《后汉书·刘表传》中有云："越有所素养者，使人示之以利，必持众来。"素养，也指平日的修养，一个人平时所养成的良好的行为习惯，如艺术素养、文学素养等。

信息素养，其本质是在信息全球化的时代，人们需要具备的一种基本能力，也是基本素养的重要组成部分之一。要成为一个有信息素养的人，就必须能够在浩如烟海的信息数据中，通过查询、检索、评估等方法，获取有价值的信息。

↘ 2.1.2 信息素养的内涵

一般来讲，信息素养包括以下几个方面的内容，如图 2.1 所示。

1. 信息意识

信息意识是塑造信息素养的重要条件，包括专业信息把握，尤其是和自己专业相关的最新信息；拥有信息安全意识，防止信息的泄露；捕获生活中有用的信息；完成数据编辑后有意识地进行存储，保存重要信息等。

2. 信息知识

图 2.1 信息素养

信息知识是指与信息有关的理论知识和方法，包括信息理论知识与信息技术知识。信息理论知识包括信息的基本概念、信息处理的方法与原则、信息的社会文化特征等。信息技术知识包括信息技术基本常识、信息系统的工作原理及相关信息技术新发展趋势等。

3. 信息能力

信息能力即对问题的解决能力，无论我们如何研究信息素养，最终目的应该是利用信息技术来增强解决问题的能力，包括能够使用不同的表达方式来进行检索的信息检索能力；能够及时、正确处理不良信息的信息处理能力；能够使用不同信息检索工具，并且了解不同检索工具优缺点的信息工具使用能力；能够通过多条途径获得信息的信息获取能力和能够正确应用信息的信息应用能力等。

4. 信息道德

信息道德是指在信息活动各个环节中，用来规范各种社会关系的道德意识、道德规范和道德行为的总和。比如，传播的信息符合社会道德规范，维护知识产权，懂得知识产权相关法律，应用恰当的言论准确表达信息等。

2.2 信息检索

人类文明发展至今，所累积的知识与文献不计其数，在当今的信息时代，信息的增长更是惊人，人们常用"信息爆炸"一词来描述。面对日益庞大的信息资源，想要从如此浩瀚的知识宝库中寻找特定需求的信息是一项相当困难的工作。人们必须采用一种科学的方法从中获取自己所需的信息，这就是信息检索。

↘ 2.2.1　信息检索概述

广义的信息检索是指将杂乱无序的信息进行有序化，形成信息集合，并根据需要从信息集合中找出特定信息的过程，也可以称为信息资源存储与检索。存储主要是指对一定范围内的信息进行筛选并描述其特征，然后加工使之有序化，形成信息集合，即建立数据库，这也是检索的基础；检索则是指采用一定的方法与策略，从检索系统中查找出所需信息。信息检索中的"存"与"取"之间存在着密不可分的关系。首先，两者是相互依存的：没有存储就没有检索，如果不检索，存储也就失去了意义。其次，两者之间有时是存在矛盾和制约的：从存储的角度来看，当然是越简单越好，但是过于简单的存储，势必影响信息检索的质量与效率，即有效的检索需要以增加存储作为前提。

狭义的信息检索是指根据特定需要，应用科学的方法，采用专门的工具，从大量信息中迅速、准确、相对无遗漏地获取所需信息（文献）的过程。通常我们所说的信息检索主要是指狭义的信息检索，即信息查找的过程。

信息检索的实质是将用户的检索标志与信息集合中的信息存储标志进行比较与选择，当用户的检索标志与信息存储标志匹配时，信息就会被查找出来，否则就查不出来。匹配有多种形式，既可以是完全匹配，也可以是部分匹配，这主要取决于用户的需要。真正具有信息素养的人不仅要具备信息意识，更要掌握信息检索技术，具备信息获取能力。

信息检索与信息搜索是两个不同的概念，二者之间的区别如表 2.1 所示。

表 2.1　信息检索与信息搜索的区别

项目	信息检索	信息搜索
获取途径	从有序信息集合中识别与获取所需信息	从任意资源获取所需信息
过程和方法	有一定的策略，系统地查找资料	随机或更随意一些
技能	需要一定的专门知识和技能	不需要索引的知识和技能
用途	课题或专题	日常生活、学习
结果	检索前通常不知道会有什么结果	通常知道结果
效率	迅速、准确	一般

信息量日益庞大且高度分散，信息类型复杂多样，这对信息检索的角度、深度及广度提出了新的要求，也增加了信息检索的难度，产生了形式多样的报道、存储和查找信息的系统，即信息系统。

所谓信息系统，是指将信息资源按一定方式、方法建立起来的供读者查检信息的一种有层次的体系，是表征有序的信息特征的集合体。在这个集合体中，对所收录信息的外部特征和内容特征都需要有详略不同的描述，每条记录（款目）都标明有可供检索用的标志，按一定序列编排，科学地组织成一个有机整体，同时应具有多种必要的检索手段，其中二次信息或三次信息是信息资源系统的核心。

↘ 2.2.2　信息检索类型

信息检索具有广泛性和多样性，根据不同的划分标准，可以将信息检索划分为多个不同的类型，如图 2.2 所示。

1.　按信息检索的内容和对象划分

（1）文献检索。文献检索是以文献（包括目录、题录、文摘、索引和全文等）为检索对象，以科学的方法利用专门的工具，从大量的文献资料中迅速、准确、完整地查找到文献资料的过程。

（2）数据检索。数据检索是以数值或数据（包括数据、图表、公式等）为对象的检索。它一般以数据大全、手册、年鉴等为检索工具。

（3）事实检索。事实检索是以某一客观事实为检索对象，查找某一事件发生的时间、地点及过程的检索。它一般利用字词典、年鉴、百科全书、手册等作为检索工具。

2. 按信息检索的组织方式划分

（1）全文检索。全文检索是指计算机程序通过扫描文章中的每一个词，对其建立一个索引，并指明该词在文章中出现的次数和位置，当用户查询时根据所建立的索引进行检索。

（2）超文本检索。超文本检索是利用非线性信息组织方法建立数据库并检索相关信息的方式。超文本的基本组成元素是节点和节点间的逻辑连接链。节点用于存储信息，节点中的信息和逻辑连接链联系在一起，构成相互交叉的信息网络，当用户激活某个节点时，计算机就会在屏幕上显示出相应节点的信息。

（3）超媒体检索。超媒体检索是在超文本检索的基础上发展而来的。随着多媒体技术的发展，开始用图像、图形、视频、动画、声频等超媒体信息载体建立超链接。存储对象从单维发展到多维，存储空间一直在不断扩大。

3. 按信息检索的手段划分

（1）手动检索。手动检索是指检索者利用手动操作的方式直接查找印刷型文献的检索，它依靠检索者手翻、眼看、脑判断来进行。这是一种传统的信息检索方式，其优点是检索者可以边检索边思考，随时获得反馈信息，及时调整检索策略，避免可能出现的漏检和误检。它具有较强的灵活性，不需要借助任何辅助设备，因而具有广泛的适应性和方便性。手动检索的缺点是检索速度慢、检索效率低，尤其是在查找较复杂课题和资料信息时，费时费力，效率不高。

（2）计算机检索。计算机检索是指利用计算机等设备从存储媒体、数据库及信息网络等已经数字化的信息库中查找信息资料的方法。它需要利用计算机、通信硬件、系统软件及网络等设备来完成。它的优点是检索速度快、检索效率高、查全率较高；不足之处是成本高、费用大。计算机检索是在手动检索的基础上发展起来的，已经成为信息检索的主流方式。计算机检索包含光盘检索、联机检索和网络检索等。各种信息检索手段差异比较如表2.2所示。

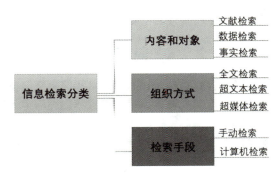

图2.2　信息检索的分类

表2.2　各种信息检索手段差异比较

项目	手动检索	计算机检索		
		光盘检索	联机检索	网络检索
组成	印刷型书刊、资料	计算机硬件、检索软件、信息存储数据库、通信网络	中央服务器、检索终端、检索软件、联机数据库、通信网络	网络服务器、用户终端、检索软件、网络数据库、通信网络
优点	直观、回溯性好、无时间限制、信息存储与检索费用低	设备简单、检索费用低、检索技术容易掌握	检索范围广泛、检索速度快、检索功能强、及时性好	检索方法简单，检索较灵活、方便，及时性好，检索费用和速度均低
缺点	检索入口少、速度慢、费时、效率较低、更新不够及时	检索技术复杂、设备要求高、回溯性差、检索费用昂贵、有时间限制	检索费用高、受通信线路质量影响大、检索技术要求较高	存在信息失真现象；非法网页的链接，容易造成中毒；网络骗局的出现

信息检索所采用的方法和手段对检索结果影响非常大。检索过程中，采用科学、正确的检索方法和手段，可大大提高检索效率；反之，则会事倍功半。

↘ 2.2.3　信息检索的发展趋势

随着计算机技术、通信技术和信息存储技术的飞速发展，信息检索已经从手动检索发展到网络化检索阶段，信息检索对象已经从独立数据库的单一信息源扩展到开放、动态、更新快、分布广泛、管理松散的网络信息，信息检索的用户也由原来的信息专业人员扩展到包含各专业人员在内的普通用户，这对信息检索从检索方式到检索结果都提出了更高、更多样化的要求。信息检索的发展趋势如图2.3所示。

图2.3　信息检索的发展趋势

1. 智能化

智能化是未来网络信息检索的主要发展方向。用户需要做的仅仅是告诉计算机想做什么，至于怎样实现则无须人工干预，用户将彻底从烦琐的规则中解脱出来。近几年，智能信息检索作为人工智能的一个独立研究分支得到了迅速发展，面向网络的信息获取已成为当前计算机科学技术领域迫切需要突破的课题，人工智能技术应用于信息检索领域将是人工智能走向应用的一个新契机与突破口。

2. 可视化

可视化是指用图像取代文字辅助人们进行检索，其优点在于图像的表达方式生动、形象、清晰、准确、效率高，并能从多维进行展示；而纯文字的表达方式是模糊、一维的。

3. 多元化

多元化首先表现在可以检索的信息形态多样化，如文本、声音、图像、动画、视频等；其次，基于内容的检索技术和语音识别技术的发展，将使多媒体信息的检索变得逐渐普遍。网上检索工具已不仅仅是单纯的检索工具，还在向其他服务范畴扩展，如提供站点评论、天气预报、新闻报道、股票点评等，以多种形式满足用户需求。

4. 个性化

个性化是指各网站数据库内容的特色化及个性化服务。网络资源呈指数级膨胀，使用户在获得自己需要的信息资源时要花费大量的时间和精力。个性化服务的实质在于提供真正满足用户需求的产品，贯彻以用户为中心的理念。

5. 全文化

全文化检索以文字、声音、图像等类型数据为主要处理对象，是目前信息检索发展的最高阶段，也是前沿趋势。与其他检索技术相比，全文化检索的新颖之处在于可以使用原文中任何一个有实际意义的词作为检索入口，得到的检索结果是源信息而不是信息线索。

6. 商业化

网络信息检索系统拥有数量众多的用户，可以吸引大量广告，为电子信息的增值服务提供广阔的空间。

网络信息检索系统不再仅仅是一种检索工具，而是一种产业。它的商业利益将成为推动系统完善和扩展的主要动力，促使网络信息的检索与利用由公用性转向商业化，网络信息检索系统将成为新的投资热点。

7. 自然语言与人工语言检索并用

自然语言检索是指用自然语言作为提问输入和对话接口的检索方式。作为最终用户，不必考虑如何表达自己的提问，不必学习一套烦琐的命令、格式或代码，就能得到检索结果，但是这种方法不能完全取代人工语言检索。人工语言检索的最大优点是用它标引的数据库检索效率（查全率和查准率）相当高，这是自然语言检索所不能比拟的。因此，这两种检索方式将在并存中为用户提供更多的选择。

8. 传统信息检索和网络信息检索长期并存

印刷型检索工具是较为理想、可靠的信息载体，而网络信息检索技术参数太多，有时还存在计算机病毒和网络黑客入侵。在更好的信息载体未出现之前，印刷型检索工具仍然是十分安全和可靠的，而且由于二次信息、三次信息的检索工具都是从庞大而浩瀚的信息资源中分拣、提炼、整理出来的各种信息数据资料，对人们传播、利用知识，协助管理者做出正确决策等起着重要作用，因此传统信息检索和网络信息检索将长期并存，以满足不同用户的要求。

21世纪，信息科学与技术正在发生深刻的跃变，信息技术已进入全民普及阶段。深入开展信息素养教育，将成为未来几十年的主旋律。

2.3　信息伦理

信息伦理指的是信息的生产、采集、储存、管理、传播、使用等一系列信息活动过程中表现出来的道德规范和个人与社会、个人与他人之间相互关联的行为准则。信息伦理的内容主要涉及信息安全、隐私权、信息准确性、信息知识产权、信息管理、信息传播以及信息存储与使用等方面。

信息伦理与网络法治

↘ 2.3.1　信息伦理的基本特征

信息伦理的基本特征主要包括自主性、开放性、多元性等，如图2.4所示。

1. 自主性

现代信息技术的快速发展使得信息的生产速度快、变化快，信息的存储载体多、方式多，信息的传播速度快、模式多，而获取信息的途径也很多。在网络化的虚拟世界中，信息的生产者，可以是信息存储者，也可以是信息传播者；信息的存储者和传播者也可以是信息的生产者，每一个信息的主体都可以在信息角色中互相转化。在法治建设相对滞后的网络世界，维持信息秩序良好运行的主要方式是信息伦理。信息参与者自发自觉形成一种自我约束，对信息伦理的自主性要求更高，依赖性更少。

图2.4　信息理论的基本特征

2. 开放性

信息社会消除了人与人之间的时空障碍，人们可以自由表达自己的意愿，也能包容和接纳他人的信息，实现开放和共享信息。开放性是信息伦理区别于其他伦理的明显特征。

3. 多元性

在信息社会中，信息来源于不同的信息主体，导致信息犹如汪洋大海，不仅量大而且种类多，传播渠道也很丰富。另外，在开放的网络世界中，一些现实社会中"善"的信息和"恶"的信息均能得到表达、传播和接收，人们也能够利用网络社会的虚拟性表达对信息"善"和"恶"的态度，信息伦理呈现出多元化的特征。

↘ 2.3.2　信息从业人员的行为规范

　　行为规范是社会群体或个人在参与社会活动中所遵循的各种规则、准则的总称，是社会认可和人们普遍接受的具有一般约束力的行为标准。行为规范引导和规范全体成员可以做什么、不可以做什么和怎样做，是社会和谐重要的组成部分，是社会价值观的具体体现和延伸。

　　信息从业人员也有必须遵守的行为规范，包括遵守信息法律法规、自觉抵制不良信息、批判与抵制不道德的信息行为、不随意发布信息、信息行为不损害他人的利益等，如图 2.5 所示。

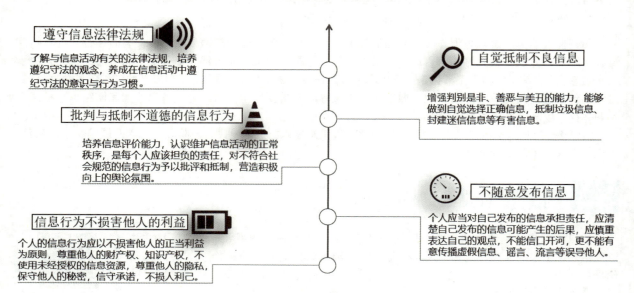

图 2.5　信息伦理的行为规范

↘ 2.3.3　人工智能治理

　　当前，全球科技革命和产业变革兴起，以深度学习、跨界融合、人机协同、群智开放、自主操控为特征的新一代人工智能不断取得突破，已成为新一轮科技革命和产业变革的重要驱动力量。在极大提升人类生产、生活品质的同时，新一代人工智能具有的通用目的性、算法黑箱性以及数据依赖性等技术特性，引发了社会、企业、个人等不同维度的风险和挑战，从而对治理提出了专业化、多元化、敏捷化、全球化的迫切需求，因此，人工智能治理这一概念应运而生。

　　人工智能治理是一项复杂的系统工程，既需要明确治理原则和目标、厘清治理主体，又需要提出切实有效的治理措施。全球正在逐步构建起人工智能治理框架，以坚持科技造福人类，平衡创新发展与有效治理的关系作为治理目标，采用多元主体参与、协同共治的治理机制，通过制定伦理原则、设计技术标准、确立法律法规等综合治理手段，推动人工智能健康有序发展。

　　人工智能的治理体系需要柔性的伦理和硬性的法律共同构建。

　　一方面，以伦理为导向的社会规范体系，可以为人工智能技术层面的开发和应用提供价值判断标准，约束和指导各方对人工智能进行协同治理，可以选择从伦理角度入手，确立人工智能的基本伦理规范，探索清晰的道德边界，并积极构建人工智能伦理的长效机制。

　　另一方面，以法律为保障的风险防控体系，依靠国家强制力划定底线，可以防范和应对人工智能技术带来的诸多风险。整体来看，人工智能相关立法正逐渐走向理性，从源头治理走向综合治理，从粗放治理走向精细治理。同时，在自动驾驶、智能金融、智能医疗等场景下，人工智能立法取得率先突破，积累了一定的监管经验。

　　人工智能时代已经到来，各方主体要以伦理的力量、法律的理性引领人工智能技术的发展，确保人工智能技术更加安全可控、更合乎伦理和法理，使人工智能成为促进社会有序发展、共享发展、公平发展、开放发展、和谐发展的生产力基础。

2.4　网络法治

在网络给人们带来极大便利的同时，网络安全的威胁和风险也日益突出。网络安全为人民，网络安全靠人民。守护网络安全，建设网络强国是新时代网络建设的重要任务。

↘ 2.4.1　网络法治建设

"十三五"期间，我国网络法治领域立法取得了显著成效，基础法律框架初步建成，前沿立法领域也在不断探索。我国网络法治建设取得突破性进展，国家重要立法相继出台，进一步夯实了互联网法律体系的制度基础。网络安全制度体系、数据治理制度体系全面展开，网络空间生态治理强基固本，网络社会治理服务高质量发展，新技术、新业务领域强化风险预防，涉外立法领域充实制度工具。2021 年是"十四五"规划的开局之年，网络法治建设全面开启新征程。

当前，网络安全管理开展战略布局，个人信息保护规则进一步深化，网络内容管理重点关注平台责任，网络领域反垄断改革持续深入，新技术、新业务重点应用立法加速推进。

下一步，按照国家对网络法治领域提出的总体性要求，未来网络法治领域应加强网络法律体系理论研究，积极推动基础立法配套规则制定；正视安全风险，构建风险防范制度体系；统筹内外双循环立法局势，优化内外互动通融的制度保障体系；培育融合互补的网络内容生态，打造多元创新的制度格局。

网络法治建设必须加强顶层设计、统筹谋划，对依法治网的要求逐步深化，分为 3 个阶段，如图 2.6 所示。

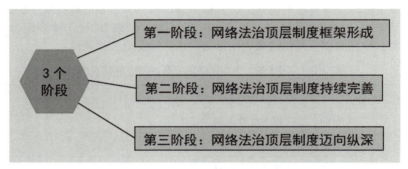

图 2.6　对依法治网的要求逐步深化

↘ 2.4.2　依法治网的内涵和外延

根据全面依法治国的部署，以及对网络法治建设提出的要求，网络法治建设进入新里程。网络法治体系可以分成 3 个层面：一是网络要素规范，是指以网络空间为独立规范对象，包括规范网络基础设施、网络运行算法、新技术新应用、数据等对象，涉及网络安全、新技术新业态管理等领域；二是网络行为规范，是指对网络空间内所形成的各类法律关系的调整，具体包括网络内容管理、电子商务规范、数据交易规范等，涉及数据治理、网络生态治理等领域；三是数字社会规范，是指对网络空间深度融合传统社会所形成的数字社会秩序进行规范，包括个人信息保护、弱势群体权益保护、数字劳动权益保障、涉外法治等方面，涉及网络社会管理和涉外法治领域。

我国在相关领域取得了显著成效。

网络安全领域，出台了《中华人民共和国网络安全法》《中华人民共和国反恐怖主义法》等法律法规，明确了网络安全管理基本要求；数据治理领域，出台了《中华人民共和国民法典》，对数据和网络虚拟财产的保护做了原则性规定，并基于社会现实的需要，在"人格权编"中系统地确立了个人信息保护制度。《中华人民共和国民法典》对个人信息保护制度的基本规则与制度的规定，为我国后续个人信息保护和数据治理的立法工作奠定了基础；网络生态治理领域，我国制定修订了《互联网新闻信息服务管理规定》《网络信息内容生态治理规定》等管理规定，在此基础上进一步出台了一系列规范性文件，对直播、搜索等各种业态和账号等的特定服务环节进行规范；制定了《中华人民共和国电子商务法》，解决电子商务发展中的突出矛盾和问题，建立开放、共享、诚信、安全的电子商务发展环境；网络社会管理领域，2020 年 10 月修订的《中华人民共和国未成年人保护法》（2021 年 6 月 1 日实施）新增网络保护方面的内容，设"网络保护"专章对监管机构职责、网络信息内容管理、未成年人个人信息保护、网络服务提供者责任、网络欺凌及侵害的预防和应对、网络沉迷防治等做出全面规范；修订了《中华人民共和国反不正当竞争法》，设置"互联网不正当竞争专条"，对互联网不正当竞争行为进行规范。

在新技术、新业态管理领域，制定了《区块链信息服务管理规定》《网络音视频信息服务管理规定》等规定对新技术、新业务的市场准入、数据安全管理和消费者权益保护等制度进行规范。

在涉外法治领域，《中华人民共和国网络安全法》明确了网络空间主权的原则，对数据跨境流动等涉外制度进行了明确规定；制定了《不可靠实体清单规定》等应对外国制裁和维护我国权益的法律规范。

↘ 2.4.3　互联网立法

为了确保互联网工作在法治轨道上健康运行，我国深入推进网络领域重要立法工作，并出台了一系列基础性法规和部门规章，如《中华人民共和国数据安全法》《中华人民共和国个人信息保护法》《中华人民共和国反垄断法》《中华人民共和国反电信网络诈骗法》等法律，《关键信息基础设施安全保护条例》等行政法规，夯实了网络法治的制度基础。表 2.3 所示为 2021 年、2022 年我国互联网立法情况。

在依法治国战略的部署下，我国网络法治领域顶层制度设计逐步完善，互联网立法的基本框架已经形成，各领域也完成了基本法律制度的构建。但以信息通信技术为引领的科技革命仍然在不断深化演变，新技术新业务不断带来未知的挑战和风险，我国网络法治具体领域的配套法律规则也尚未健全，互联网立法应当如何持续发展和完善以应对挑战成为网络法治未来需要研究的问题。

表 2.3　2021 年、2022 年我国互联网立法情况统计

效力位阶	名称
法律	《中华人民共和国反外国制裁法》
	《中华人民共和国数据安全法》
	《中华人民共和国个人信息保护法》
	《中华人民共和国反垄断法》（2022 年修订）
	《中华人民共和国反电信网络诈骗法》
行政法规	《关键信息基础设施安全保护条例》
部门规章	《阻断外国法律与措施不当域外适用办法》
	《网络交易监督管理办法》
	《网络产品安全漏洞管理规定》
	《汽车数据安全管理若干规定（试行）》
	《网络安全审查办法》
	《数据出境安全评估办法》

续表

效力位阶	名称
法律法规配套规范性文件	《关于平台经济领域的反垄断指南》
	《常见类型移动互联网应用程序必要个人信息范围规定》
	《网络直播营销管理办法（试行）》
	《关于加强网络安全和数据保护工作的指导意见》
	《关于落实网络餐饮平台责任切实维护外卖送餐员权益的指导意见》
	《关于进一步严格管理 切实防止未成年人沉迷网络游戏的通知》
	《关于加强互联网信息服务算法综合治理的指导意见》

本章小结

本章主要介绍了信息素养的内涵；信息检索的概述、类型及发展趋势；信息伦理的基本特征；信息从业人员的行为规范；网络法治等内容。通过学习，学会运用信息素养解决实际问题，树立正确的职业道德观，敢于担当社会责任。

课后习题

1. 什么是信息素养？
2. 信息素养的内容包括哪些？
3. 信息检索的发展趋势是什么？
4. 信息检索的类型有哪些？
5. 信息从业人员须遵守哪些行为规范？

CHAPTER
03

第 3 章
安全第一——信息安全

学习目标

【知识目标】

＊　了解信息安全的特征。

＊　了解信息安全的主要威胁。

＊　理解常见的信息安全保护技术的原理。

【能力目标】

＊　掌握 Windows 个人防火墙的配置，从而更好地保护个人上网安全。

＊　掌握基本的信息保护措施，保护个人信息安全。

【素质目标】

＊　具备信息安全意识、责任意识，养成上网和处理信息的好习惯。

＊　具备团队沟通、协作能力。

案例导读

科技赋能　网络安全为人民

素养拓展

　　2022 年 9 月 5 日，国家网络安全宣传周开幕式在安徽合肥成功举办。这一届网络安全宣传周的主题是"科技赋能　遇见未来"。2014 年 4 月 15 日，中央国家安全委员会第一次会议提出了总体国家安全观，首次提出了 11 种安全观，后来不断丰富发展，形成了包括网络安全在内的新时代国家安全体系下的 10 多种安全观，如图 3.1 所示。

　　举办网络安全周，提升全民的网络安全意识和技能，是国家网络安全的重要内容。坚持网络安全为人民，网络安全靠人民，维护公民在网络空间领域的合法权益。坚持网络安全教育，设立网络空间安全一级学科，大力培养网安人才，通过技术和产业融合发展，形成人才培养、技术创新和产业发展的良性生态。下面我们一起看看 2022 年网络安全宣传周上的新成果。

　　中国电信天翼推出的"量子加密通信"既可以保证通话质量又可以保证通话安全，如图 3.2 所示。"AI 智安"为车联网车辆远程控制提供安全保障，打造"技术＋服务"数字助老新模式来帮助老年人提升防骗"免疫力"等，这些与人民群众息息相关的新的安全保护技术正在逐步推广。除此之外 2022 年网络安全宣传周上的新成果还包活针对签章问题的 5G 快签，5G 快签可以在手机上一键登录，几秒就能完成身份认证，不但安全等级高、信息传播速度快，而且双重云端存储也让各个流程变得透明、留痕、可追溯。

图 3.1　国家安全体系

图 3.2　天翼量子加密通信

维护网络安全是全社会的共同责任，需要政府、企业、社会组织、广大网民共同参与。在网络安全宣传周期间，全国各地政府、各单位聚集力量，团结一心，通过安全知识竞赛、安全技术大赛、安全产品体验、安全技术高峰论坛、宣传视频等形式不断促进网络安全技术事业的蓬勃发展，我国的网络安全事业前景一片光明！

3.1　信息安全概述

2022 年是《中华人民共和国网络安全法》实施的第 5 周年。全球产业链、供应链深刻变化，全球网络治理体系深刻变革，国际发展形势错综复杂，大国网络空间角力日益激烈，进一步加剧了变局中的不稳定和不确定。进入数字化浪潮时代，大数据、人工智能、云计算、物联网、工业互联网等技术全面渗透到社会生活的各个领域，影响了人们学习、生活、工作的方方面面。数字时代下高质量网络安全与我们的衣食住行、娱乐、消费等密不可分。

我国网络安全专业人才缺口巨大，多所高校都积极响应国家号召，加大了人才培养的力度。目前，用人单位紧缺的网络安全人员技能方向如图 3.3 所示。除努力学习网络安全知识之外，我们在日常生活中不能将涉及国家机密的信息放在互联网等平台上，参观一些军事、历史文物、档案馆、博物馆等特殊场所时，遵守规定，不随意拍照和发布相关信息。

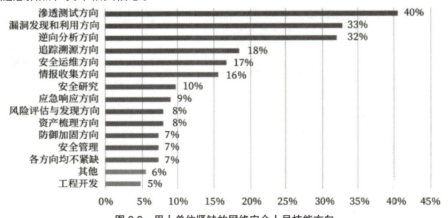

图 3.3　用人单位紧缺的网络安全人员技能方向

↘ 3.1.1　安全攻击事件

信息安全概述

信息安全，刻不容缓。2021 年，网络安全事件层出不穷，当前各行各业的安全态势愈发严峻，涉及医疗、金融、制造、交通运输等多个行业。2021 年的部分重大网络安全事件如表 3.1 所示。

表 3.1　2021 年的部分重大网络安全事件

编号	行业	安全事件	影响
1	巴基斯坦央行	网络服务器攻击	服务中断
2	格拉芙	勒索病毒	数据泄露
3	俄罗斯银行	DDoS 攻击	系统宕机
4	日本加密货币交易所 Liquid	网络攻击	加密货币被窃取，值 9 400 万美元
5	巴西国库	勒索软件	及时补救，未造成太大损失
6	奥迪大众	黑客攻击	车主个人信息在地下论坛被售卖
7	美国医院	勒索软件	医院系统瘫痪，病人紧急转移

↘ 3.1.2　信息安全的特征

信息安全之所以重要，不仅因为大到国家安全，还因为小到个人的生活起居都与之相关。目前网络上的个人信息窃取事件频发。不仅仅在计算机上，在智能手机和各种智能化嵌入式系统等设备上都涉及个人信息。在信息安全等级保护工作中，根据信息系统的保密性（Confidentiality）、完整性（Integrity）、可用性（Availability）来划分信息系统的安全等级，三个性质简称 CIA，如图 3.4 所示。我们的个人信息在传输和使用中，需要满足如下几个特征。

图 3.4　信息安全 CIA 安全特征

1. 保密性

保密性是指关键的、需要保密的信息，在产生、处理、传输和使用的过程中不被未授权的实体或者用户查看。比如生活中将重要物件锁在柜子里，只有拥有钥匙的人才能打开查看。

2. 完整性

完整性是指关键信息在产生、处理、传输和使用的过程中不被未授权的实体或者用户篡改，同时合法用户不进行不合理的更改。

3. 可用性

可用性是指允许合法用户按照自己拥有的权限随时使用自己的信息，而不被拒绝或者因为其他原因不能使用。

事物是不断发展的，我们也需要以发展的眼光看待信息安全的特征。如今，信息安全特征要求更丰富了，如图 3.5 所示。除 CIA 三原则之外，还有另外两个安全特征要求。

4. 可控性

可控性是指信息所有者可以授权其他用户和实体进行处理，除此之外还有其他管理权限，如实施安全监管等。

图 3.5　信息安全 5 个基本特征

5. 不可抵赖性

不可抵赖性也可称为不可否认性，是指数据传输、使用和处理者可以通过某些特征识别出行为发起者，一旦出现安全事件可以追溯到源头。比如现实生活中大家购买的车票是与身份证信息挂钩的。

3.1.3 信息安全的主要威胁

信息安全威胁无处不在，除常见的网络病毒、木马和系统漏洞之外，还有外界的自然环境影响；此外，还包括内部人员、管理和社会工程之类的危害，如图3.6所示。

图3.6 信息安全威胁

为了更好地管控、处理信息安全威胁，我们将这些安全威胁进行分类。需要说明的是，社会工程攻击是指利用人的心理弱点进行诈骗以盗取重要信息，例如钓鱼邮件，利用邮件接收者的好奇心理进行攻击等。逻辑炸弹是指程序代码中的恶意代码段，在后台悄悄运行窃取和破坏相应的个人信息。

我们对信息产生、传输、使用和处理的过程进行分析，将信息安全常见的威胁分为6类，如表3.2所示。针对各个环节的安全威胁和影响，我们可以进行有效的防范。另外，分析信息安全威胁，还可以从危害影响程度来进行处理。

表3.2 信息安全常见的威胁

编号	类别	安全威胁	备注
1	物理安全	环境、设备和媒体等	设备硬件故障、自然灾害、供电问题、电磁辐射
2	通信链路安全	窃听、电磁干扰、线路故障、错误路由等	错误路由会把信息发往攻击者处
3	操作系统安全	各种病毒、非法访问、系统漏洞、后门等	操作系统的安全威胁较为常见，网络是病毒传输的重要途径
4	应用系统安全	钓鱼网站、跨站脚本攻击、网页木马等	面向用户一层的应用网站、App等都存在安全威胁
5	管理系统安全	服务器、防火墙、数据库等	常见的攻击是黑客利用技术手段攻击获取权限，或者使得管理系统不能使用
6	信息安全	篡改、窃取、删除、虚假假冒等	对于信息的安全，除本身的信息安全破坏之外，还有信息使用者的习惯和公司的管理方式、手段等

3.2　信息安全技术

信息安全技术

在《三国志·魏志·华佗传》中记载，州官倪寻和李延因采薪之忧去找神医华佗医治。两人都是头疼且全身发热，可华佗却给两人开出了不一样的药方，于是两人开始怀疑华佗的医术。经过与华佗仔细交谈，原来倪寻的病情是赴宴归来肠胃不适引起的，而李延的是风寒所致，因此两人药方不一样，两人服药之后随即康复。针对信息安全的威胁我们也需要对症下药。

↘ 3.2.1　信息安全三原则

信息安全三原则是我们在使用信息安全技术时必须遵循的一些基本原则，包括最小化原则、分权制衡原则、安全隔离原则等。

1. 最小化原则

最小化原则即在合法合规的前提下，给予信息使用者满足其使用需求的最小权限。这一过程不是一蹴而就的，好比引水灌溉田地的最少用水方法，需要实践和多方总结。

2. 分权制衡原则

在信息系统中安全需要多方共同维护和制衡，不能将系统的权力集中在一个中心化的节点或个人身上，不然容易使信息系统被滥用，引来安全威胁。因此需要将系统权限分给多方用户，共同维护系统的安全稳定。这就是分权制衡原则。

3. 安全隔离原则

安全隔离原则即指受保护的信息需要与访问主体隔离开来，另外需要将物理环境危害降到最低。因此信息系统需要备份中心，同时远离物理环境恶劣的地方。

↘ 3.2.2　信息安全保护技术

我们列出了主要的信息安全威胁和应对技术，如图 3.7 所示。

图 3.7　主要的信息安全威胁和应对技术

1. 加密技术

我们平时在寄送重要包裹时，通常会用特殊包装袋包装，并模糊货物名称，这样一来别人就不知道我们寄的是什么物品了。同样，我们在传输和使用重要信息的过程中不能直接进行传输，而是需要对其进行加密，如图 3.8 所示。

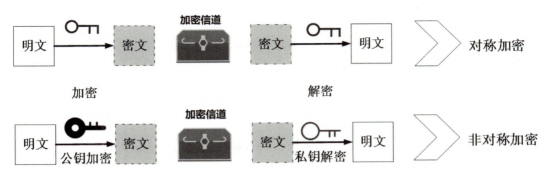

图 3.8 加密技术过程示意

（1）明文，是指可以直接查看并知道内容的信息；而密文，则是指经过保密处理的信息，不能直接读出所表示的内容。

（2）对称加密和非对称加密的区别在于：对称加密使用的加密和解密密钥是一样的，常见算法如数据加密标准（Data Encryption Standard，DES）和高级加密标准（Advanced Encryption Standard，AES）等；而非对称加密使用了两种不同的密钥，解密密钥为私钥不能公开，而加密密钥公钥则可以公开，例如 RSA（3 位创建者 Rivest、Shamir、Adleman 姓氏的首字母）和椭圆曲线加密算法（Elliptic Curve Cryptography，ECC）等。

（3）加密技术对于很多破坏信息保密性的攻击都有效。同时需要说明的是，大家平时输入的密码并不是用于加解密的密钥，而是生成密钥的一种口令，依据这些口令就唯一生成一定长度的密钥。一般情况下，密钥越长，破解越难。

如图 3.9 和图 3.10 所示，其中 DES 的密钥设置了"123456"，工作模式为电码本模式，大的信息被分为大小合适的分组，然后进行加解密。RSA 模式中，密钥长度目前为 1 024 位，可以尝试实操和改变密钥验证加解密效果。

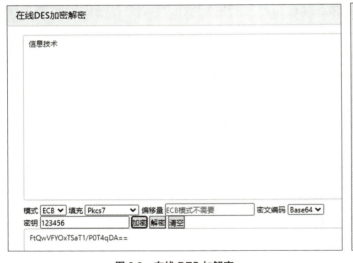

图 3.9 在线 DES 加解密

图 3.10 在线 RSA 加解密

需要说明的是，弱口令很容易被破解，因此需要使用强口令（大小写字母、数字、特殊字符组合的大于 8 位的组合口令）并定期更换。总之，加密技术对于很多破坏信息保密性的安全威胁都有效。例如黑客发起的嗅探攻击、截获攻击、窃取用户的私密信息、非法篡改等安全威胁。

2. 哈希MAC技术

哈希 MAC 技术结合了 Hash+MAC。哈希函数实现信息的完整性校验，消息认证码（Message Authentication Code，MAC）利用哈希函数和密钥实现源认证和完整性认证。下面分别介绍。

（1）哈希函数。简单来说，哈希函数就是一种通过特殊算法将任意长度的消息输出为固定长度摘要的函数，输出的信息称之为消息摘要。哈希函数具有 3 个特征：

①单向性，即只能由消息得到相应的摘要，不能反向得出，而且消息一个小的变化会引起摘要的不同；

②抗弱碰撞，即已知一个消息 X，不能找到另一个消息 X'，使得两者消息摘要相同；

③抗强碰撞，不能找到 X 和另一个消息 X'，使得两者消息摘要相同。常见的哈希算法有 MD5（Message-Digest Algorithm5）、SHA（Secure Hash Algorithm）系列等。其中，SHA1 加密过程如图 3.11 所示。

图 3.11　SHA1 加密过程

（2）MAC。MAC 是基于密钥的消息验证码，添加 MAC 的目的是实现消息源认证。这里的密钥是共享的对称密钥 K，因为只有认定好的通信双方，且在密钥没有泄露的前提下，才可以识别对方的 K。

如图 3.12 所示，接收端收到了传输过来的消息 D' 和加密消息摘要 C'（因为消息可能中途被改变，为了和原始消息区分，所以用 C' 表示），首先对 C' 进行解密取得发送端发送的摘要，这里假定用 E' 表示，然后对接收到的消息 D' 执行哈希函数得到摘要 E''，最后对 E' 和 E'' 进行按位对比，两者只有完全相同才能确保消息在传输过程中没有被篡改。

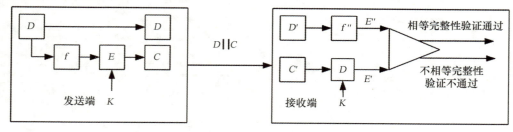

图 3.12　MAC 验证示意

3. 数字签名技术

如同现实生活中的手动签章一样，针对假冒、否认、伪造和篡改问题，引入数字签名技术，如图 3.13 所示。

数字签名技术是指将消息摘要用发送者的私钥加密，与原文一起传送给接收者。接收者用发送者的公钥解密被加密的消息摘要，然后用哈希函数对接收到的原文产生一个消息摘要，与解密的消息摘要对比。如果二者相同，则说明收到的信息是完整的，在传输过程中没有被篡改；否则说明信息被篡改过，因此数字签名能够验证信息的完整性。

如图 3.14 所示，数字签名与非对称加密使用了相反的密钥。针对消息 m，使用特定的哈希函数计算得到摘要 s，然后利用发送者的私钥对摘要和消息进行统一加密，然后发送给接收方。验证者考虑到私钥的唯一性，利用与之一一对应的公钥进行解密达到验证身份的目的。验证者将消息摘要进行对比，对比结果为 1 则对方身份合法，否则对方身份不合法。这里的关键技术如同大家的身份证号一样，具有唯一识别性。数字签名技术除保密性、完整性和不可否认性保障之外，在签名中添加时间戳和序列号还可以防止重放攻击（二次欺骗）。常见的签名算法是基于公钥加密算法设计的，如 RSA 和椭圆曲线签名算法（Elliptic Curve Digital Signature Algorithm，ECDSA）。

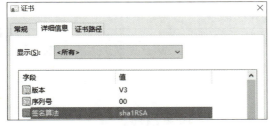

图 3.13　数字签名技术

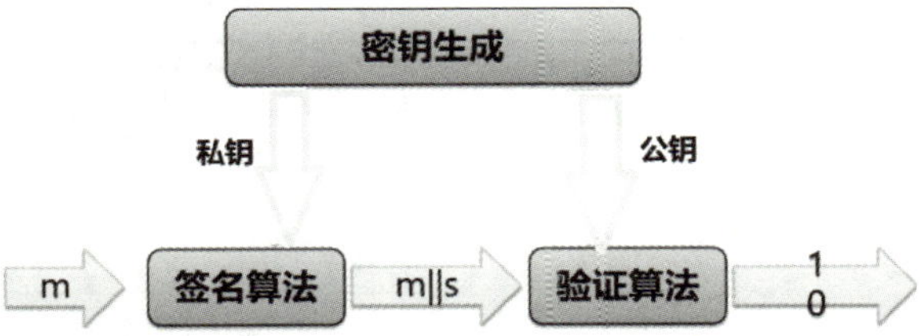

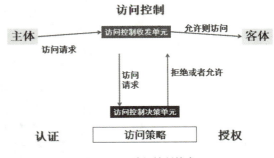

图 3.14　数字签名模型

4. 访问控制技术

访问控制技术如图 3.15 所示。访问控制技术主要是为了解决什么样的用户可以访问什么样的资源，以及可以做什么事情的问题。为了达到这一目的，需要先经过认证和授权。首先将信息相应的权限授予合法用户，然后在访问过程中验证用户的合法身份和相应的权限，从而达到阻断未授权的访问或者恶意攻击者访问信息资源。其中主体表示访问者，可以访问信息资源。访问策略则基于合法用户，对相应信息资源的权限进行定义。主要的访问控制类型有 3 种模式：自主访问控制（Discretionary Access Control，DAC）、强制访问控制（Mandatory Access Control，MAC）和基于角色访问控制（Role-Based Access Control，RBAC）。

图 3.15　访问控制技术

5. 防病毒技术

计算机病毒是指编制者在计算机程序中插入的损坏计算机功能或损坏计算机数据、影响计算机正常使用并且能够自我复制的一组计算机指令或程序代码。病毒具有传播性、破坏性、隐蔽性、寄生性、触发性等特征，被视为影响数据安全和系统使用的头号公敌，如图 3.16 所示。

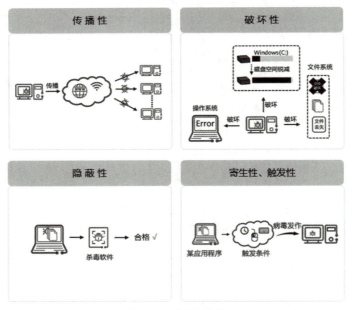

图 3.16　计算机病毒

计算机病毒发展到现在已有多种不同的类型，也有很多不同的分类方法。按照依附的媒介不同，计算机病毒可以分为 3 类，如表 3.3 所示。

表 3.3　常见的计算机病毒分类

编号	类别	具体种类	备注
1	网络病毒	木马病毒	在后台窃取数据
		蠕虫病毒	高速大量传播、复制，影响网络和 CPU
		漏洞和邮件型病毒	欺骗单击，提供可乘之机
2	文件型病毒	寄生病毒	寄生在正常程序文件中
		覆盖病毒	直接替换被感染的程序文件
		链接病毒	隐藏在文件系统中的某个地方
3	引导型病毒	磁盘引导区	引导系统的过程中侵入系统，驻留内存，监控系统运行，伺机传染和破坏
		系统主引导区	

应用防病毒技术具体需要经过 3 个阶段，即网络流量抓取、病毒检测和反病毒处理，如图 3.17 所示。防病毒技术主要包括病毒防御技术、病毒检测技术和病毒清除技术。病毒防御技术是指收集病毒起感染作用的某些特征并建立规则库，以便后面进行预防对比，预先阻止病毒进入磁盘分区和系统，具体包括磁盘引导区保护、加密可执行程序、读写控制技术、系统监控技术等。病毒检测技术是指根据病毒的关键字、特征程序段、病毒特征、传染方式、软硬件症状等进行检测，如常用的杀毒软件会扫描各个分区。病毒清除技术是指利用杀毒软件处理病毒。

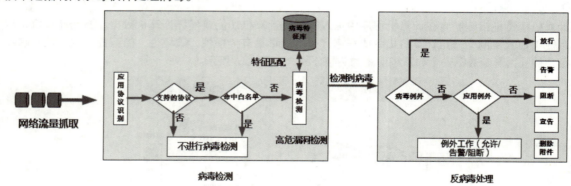

图 3.17　防病毒技术

信息安全技术还有很多，比如入侵检测和入侵防御、安全审计等。目前，单一的安全技术已不再适用，融合多种安全技术的安全工具被使用较多。此外，采用人工智能自学习规则和云端协助也成为一大趋势。

3.3　Windows 个人防火墙设置

防火墙是由计算机软件和硬件组成的系统，处于安全的网络和不安全的网络之间，根据系统管理员设置的访问控制规则过滤入站和出站的网络流量。通常对数据流的处理方式有 3 种：允许通过、拒绝通过、直接丢弃。

无状态包过滤防火墙仅对单个报文进行过滤，而有状态包过滤防火墙会对传输层和应用层进行过滤，并根据报文所属协议的不同，归属同一会话的报文，从会话角度进行报文检测和状态跟踪。Windows 系统下的个人防火墙属于有状态包过滤防火墙，结合操作系统进行访问控制，包括基本和高级两种形式。基本的配置方式即允许那些应用程序通过防火墙而不接受检查，高级的配置方式则允许用户自定义规则。

本节我们带领大家学习 Windows 系统防火墙的高级设置（自定义防火墙规则），以帮助大家更好地理解防火墙技术从而保护个人计算机信息安全。

↘ 3.3.1 实验环境和自定义防火墙规则介绍

实验环境：Windows 10 家庭中文版。

Windows 防火墙规则分为入站规则和出站规则，可以将规则应用于一组程序、端口或者服务，也可以应用于所有程序或者特定程序。Windows 防火墙可以阻止某个软件的所有连接，允许所有连接或者只允许安全连接（使用加密来保护通过该连接数据的安全性），可以为入站和出站流量设置互联网协议（Internet Protocd，IP）地址等。

↘ 3.3.2 防火墙的设置

（1）通过按组合键"Win+R"打开"运行"对话框，输入命令"Control"并执行，进入控制面板，单击"系统和安全"就可以看见 Windows 下的个人防火墙了，如图 3.18 所示。

图 3.18 Windows 系统与安全界面

（2）单击"Windows Defender 防火墙"，进入防火墙内，然后单击"高级设置"，进入自定义规则设置窗口，如图 3.19 所示。其中公用、专用和域配置文件针对不同类别的网络接口，例如域可以指本机连向一个企业组成的域时的进出站规则。需要说明的是，防火墙默认阻止不匹配任何规则的入站流量，出站流量如果不匹配任何规则则允许通过。单击"Windows Defender 防火墙属性"，可以查看和修改各个配置文件的详细信息，如图 3.20 所示。我们可以修改配置文件的出站规则为阻止。

图 3.19 Windows 个人防火墙高级设置

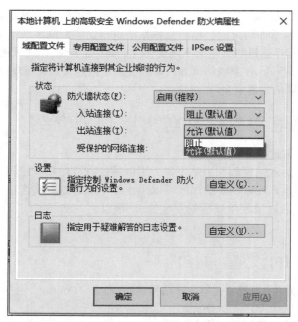

图 3.20 Windows 个人防火墙不同配置文件的配置

（3）单击"入站规则"列表项，显示所有已经配置好的入站规则，如图 3.21 所示。选中规则，单击鼠标右键，可以禁用规则和查看属性。选中规则并单击右上角的"新建规则"就可以新建规则了，如图 3.22 所示。此处有 4 种不同的规则，分别是基于程序、基于端口、基于预定义和自定义的规则，而自定义规则又是基于端口和程序名进行设置的。

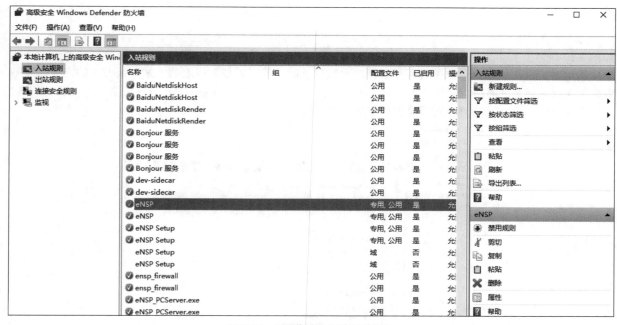

图 3.21 配置自定义入站规则界面

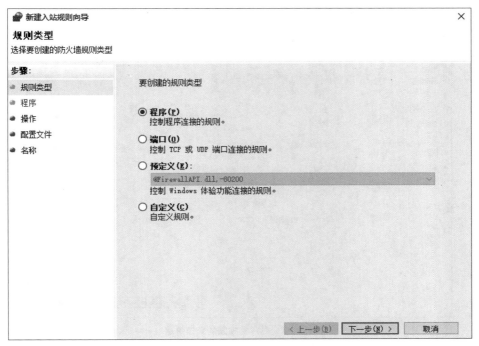

图 3.22 Windows 个人防火墙支持的规则类型

（4）此处我们单击"自定义"，单击"下一步"按钮，打开"程序"界面，如图 3.23 所示。可以选择"所有程序"，也可以选择程序文件的可执行文件指定单个文件，比如此处我们选择"QQ 音乐"。单击"下一步"按钮，进入"协议和端口"界面，如图 3.24 所示。

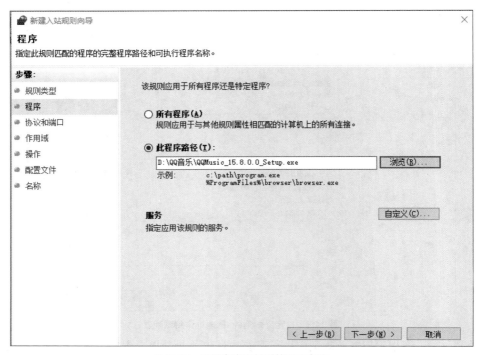

图 3.23 设置自定义规则的程序名称

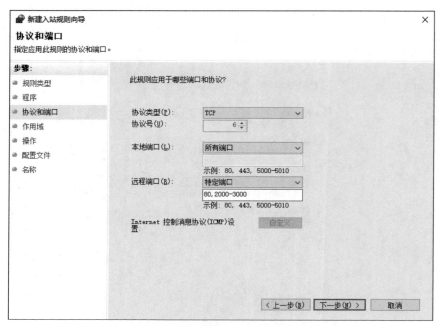

图 3.24　自定义规则的端口策略

（5）在"协议类型"中，选择该规则对应的协议类型，这里选择 TCP 下拉选项。在"本地端口"和"远程端口"下拉列表中选择"所有端口"或"特定端口"，实例中的选择（注意分隔号为英文逗号）。外部主机只允许通过我们选择的端口连接 QQ 音乐这个软件的端口。单击"下一步"按钮进入"作用域"界面，如图 3.25 所示。

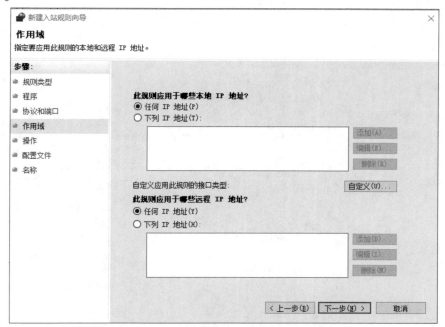

图 3.25　自定义规则的 IP 地址作用域配置

（6）在作用域中，可以设置将此规则应用于那些本地 IP 地址、接口类型（自定义接口类型里可以选择所有接口类型或局域网、远程访问和无线 3 种类型）和远程 IP 地址。此处我们都选择适用于任何 IP 地址。单击"下一步"按钮，打开"操作"界面，如图 3.26 所示。

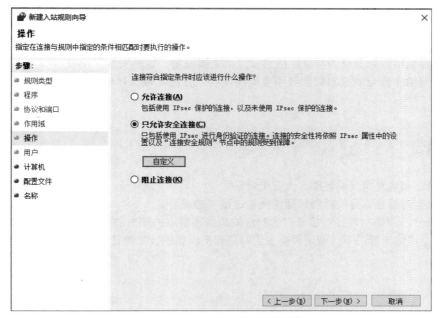

图 3.26　自定义规则的操作配置

（7）在这里操作类型包括"允许连接""只允许安全连接"和"阻止连接"。这里我们选择"只允许安全连接"，单击"自定义"并且选择第一项"只允许经过身份验证和完整性保护的连接"，报文的匹配规则更严密，安全性也更高。接下来，单击"下一步"按钮，进入"用户"界面，再单击"下一步"按钮进入"计算机"界面，在这里我们可以添加授权的用户和计算机连接"QQ 音乐"。这里我们暂不设置。

（8）添加完授权用户和计算机后我们可以单击"下一步"按钮，进入"配置文件"界面，如图 3.27 所示。在这里设定规则的适用网络接口，此处我们勾选所有复选框，表示适用所有接口。最后单击"下一步"按钮，在"名称"界面中我们给规则起一个名字，这里命名为"QQ 音乐 Inrule"。结束配置，刷新之后我们可以像查看其他规则一样查看，也可以进一步配置它。

图 3.27　自定义规则引用的配置文件

本章小结

　　本章主要内容包括信息安全的特征、信息安全的主要威胁、信息安全保护技术和 Windows 个人防火墙设置等。通过学习信息安全的基本概念和相应实操内容，我们能够培养自身的信息安全意识，增强信息安全防护能力。

课后习题

1. 安全的通信和信息需要满足哪 5 大安全特征？
2. 试列举一些对信息本身的威胁和通信传输过程中的威胁。
3. 本章按照分门别类的方式对信息安全对应的威胁和相应的技术进行分类，这样有助于我们逻辑清晰地归类掌握知识。请你拓展一下，调研目前主流网络安全设备的技术特征和应对的安全问题。

CHAPTER

04

第 4 章
张弛有度——IT 项目管理

学习目标

【知识目标】

* 了解 IT 项目的特点。
* 了解风险管理的重要性。
* 了解 IT 项目管理中的质量管理。

【能力目标】

* 掌握项目的九大管理知识领域的具体内容。
* 掌握项目的 3 种组织结构的具体内容。

【素质目标】

* 弘扬科学家精神，培育独立自主的奋斗精神。
* 提高专业技能，培养组织能力和管理能力。

案例导读

素养拓展

在互联网公司，每个新项目能获得多少资源，由项目的权重决定。如果只是一个小项目，它能匹配的资源也不会多。而腾讯会议在立项时，就是一个小项目。

腾讯会议是生于云的业务之一。2020 年初，为了应对剧增的云会议需求，腾讯会议在 8 天的时间内实现了 100 万核资源的扩容。而完成这项不可思议的工作背后，依靠的正是云的能力。但这仅仅是个开始，在上线 245 天后，腾讯会议用户数突破了 1 亿个，如今用户数已超过了 3 亿个。伴随着用户规模的快速扩张，腾讯会议对于云的能力需求也在发生变化，除了底层资源上云，对上层应用乃至技术栈进行云原生升级的需求也变得十分迫切。腾讯会议宣传图如图 4.1 所示。

起初腾讯会议就是云与智慧产业事

图 4.1 腾讯会议宣传图

业群（Cloud and Smart Industries Group，CSIG）的一个创业项目，只有几十人，预期在上线一两年内能达到 5 万日活跃用户数（Daily Active User，DAU）的规模。这么一个小团队，在做技术选型时，优先考虑的是相对先进且大家都更熟悉的技术栈，这样开发效率也会更高。但作为一个新生儿，挑战也随之而来。2020 年初，腾讯会议的用户量激增，项目的初创团队已难以支撑，腾讯便从公司层面派了十几个团队前来帮助。这个时候问题出现了，来帮忙的兄弟团队使用的技术语言以及熟悉的技术栈都各不相同，为了临时应急，腾讯会议只能提供统一接口，让这些团队各自接入。这导致整个腾讯会议变成了一个非常大的异构系统。后来，当其他团队散去，如何将复杂的技术栈进行合并统一，成为腾讯会议团队面临的一大挑战。

腾讯云副总裁、腾讯会议技术负责人陈健生表示，"云原生的优势在于它具备非常好的横向伸缩能力，同时能够释放人力、提高研发效率，所以当业务发展到了一定规模，升级迭代是必须要做的事情"。

4.1 项目管理概述

此部分简要介绍项目、项目管理与项目经理 3 个部分的内容，以从宏观上理解项目，尤其是 IT 项目的特点，为后文的项目管理要素及项目管理内容讲解奠定基础。

4.1.1 项目

项目就是在既定的资源和要求的限制下，为实现某种目标而相互联系的一次性的工作任务。中国项目管理研究委员会对项目的定义：项目是一个特殊的将被完成的有限任务。它是在一定时间内，满足一系列特定目标的多项相关工作的总称。

项目具有 3 个基本特征：明确的目标、独特性、时限性。项目和运营的不同之处在于，当达到目标或者终止项目时，项目就结束了。项目可大可小，可能仅仅包含一个人，也可能由成千上万的人组成。项目可在一日之内完成，也可能历经数年。

项目的价值在于项目具有明示和潜在的功能，能满足利益相关方明示和潜在的需求，组织和个人的业绩和工作能力也是通过项目来展现的。项目的价值来源于项目目标的完成。

IT 项目包括使用硬件、软件或者网络来创造一件产品、一项服务或者一种结果。IT 项目涉及的因素较多，管理也较复杂，主要表现在 4 个方面：目标的渐进性、创新性、高风险性、智力密集性。

每个项目都会以不同的方式受到范围、时间和成本目标的约束。在项目管理中，这些限制有时被称为三维约束。为了使项目成功完成，项目经理必须考虑范围、时间和成本，并平衡这 3 个经常冲突的约束。

尽管三维约束描述了项目的基本影响因素——范围、时间和成本，以及它们之间的相互关联，但其他因素同样可以发挥巨大作用。有时会出现这样的情况：在达到了范围、时间和成本目标的同时，却没有满足质量要求或令顾客满意。那应该如何避免出现这种问题呢？答案就是，优秀的项目管理不应该仅仅满足项目的三维约束。

质量通常也是项目的一个关键因素，它和令顾客满意或项目发起人满意一样重要。事实上，有些人称，项目管理应具有"四维约束"，即包含范围、时间、成本和质量。还有些人认为，质量考虑也包括顾客满意，必须作为设置项目范围、时间和成本目标的核心。所有项目每年消耗大约 1/4 的世界总产值。项目构成了大多数商业组织和企业工作的重要组成部分，因此，成功管理这些项目对于企业成功至关重要。

项目群是指一组相互联系的项目，宜使用协同方法进行管理来获得收益和进行控制，而这种收益和控制在单独管理这些项目时是不易获得的。将项目合并为组，有助于将管理、招聘员工、采购以及其他工作快捷化，而且要经济些。

↘ 4.1.2　项目管理

项目管理就是将知识、技能、工具和技术应用到项目活动中，以达到组织的要求。项目管理有两个方面的含义：一是指管理活动，即一种有意识地按照项目的特点和规律，对项目进行组织和管理的活动；二是指管理学科，即项目管理是以项目管理活动为研究对象的一门学科，是探究项目活动、科学组织和管理的理论和方法。

20 世纪 90 年代，越来越多的企业引入了项目管理，一些跨国企业也把项目管理作为自己主要的运作模式和提高企业运作效率的解决方案。当前，项目管理学科发展的特点是全球化、多元化、专业化等。

实现项目管理可以在项目的生命周期内不断进行资源的配置和协调，不断做出科学决策，从而使项目执行的全过程处于最佳的运行状态，为企业创造巨大的价值。项目管理的另一个重要价值就是知识积累。图 4.2 所示为项目管理学科的发展过程。

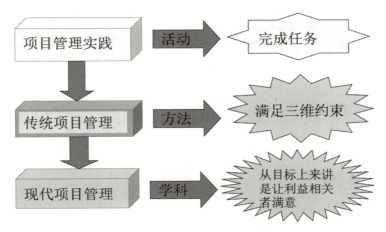

图 4.2　项目管理学科的发展过程

利益相关者是指参与项目活动和受项目活动影响的人，包括项目发起人、项目团队、支持人员、客户、使用者、供应商，甚至项目的反对者。这些利益相关者通常具有极不相同的需要和期望。

项目管理知识领域描述了项目经理必须具备的关键能力。项目集成管理是第 1 个项目管理知识领域，它会影响其他知识领域并受其他知识领域的影响。

项目管理的 4 个核心知识领域包括项目范围、时间、成本和质量管理。由于它们决定着具体的项目目标，所以这些都是核心知识领域。

- 项目范围管理：涉及确定并管理成功完成项目所需的所有工作。
- 项目时间管理：包括估算完成项目所需的时间，建立可接受的项目进度计划，以及保证项目的按时完成。
- 项目成本管理：包括制定并管理项目预算。
- 项目质量管理：确保项目满足各方明确表述的或隐含的需求。

项目管理的 4 个辅助知识领域包括人力资源、沟通、风险和采购管理。之所以称它们为辅助知识领域，主要是因为项目目标通过它们才能得以实现。

- 项目人力资源管理：关注如何有效利用项目涉及的人员。
- 项目沟通管理：包括生成、收集、分发和储存项目信息。
- 项目风险管理：包括对项目相关风险的识别、分析，以及如何应对。
- 项目采购管理：是指从实施项目的组织外部获取和购进产品、服务。

项目经理必须具备所有 9 个知识领域中的知识和技能。表 4.1 是各项目管理知识领域常用的项目管理工具和技术。

表 4.1　各项目管理知识领域常用的项目管理工具和技术

编号	知识领域	工具和技术
1	集成管理	项目挑选方法、项目管理方法论、利益相关者分析、项目章程、项目管理计划、项目管理软件、变更请求、变更控制委员会、项目评审会议、经验教训报告
2	范围管理	范围说明、工作分解结构、工作说明、需求分析、范围管理计划、范围验证技术、范围变更控制
3	时间管理	甘特图、项目网络图、关键路径分析、赶工、快速追踪、进度绩效测量
4	成本管理	净现值、投资回报率、回收分析、增值管理、项目组合管理、成本估算、成本管理计划、成本基线
5	质量管理	质量控制、核减清单、质量控制图、帕累托图、鱼骨图、成熟度模型、统计方法
6	人力资源管理	激励技术、同理聆听、责任分配矩阵、项目组织图、资源柱状图、团队建设练习
7	沟通管理	沟通管理计划、开工会议、冲突管理、传播媒体选择、现状和进程报告、虚拟沟通、模板、项目网站
8	风险管理	风险管理计划、风险记录单、概率/影响矩阵、风险分级
9	采购管理	自制-购买分析、合同、需求建议书、资源选择、供应商评价矩阵

4.1.3　项目经理

　　项目经理在管理项目方面发挥着重要的作用，因此也更能促使组织走向成功。项目经理为达到项目目标而与项目发起人、项目团队以及其他与项目相关的人一起工作。他们与项目发起人一起工作，定义特定项目的成功标准。优秀的项目经理并不认为他们对成功的定义应该与项目发起人的一样。他们会花时间去了解项目发起人的期望，然后基于重要的成功标准来衡量项目绩效。项目经理必须与其他项目利益相关者一起工作，尤其是与项目发起人和项目团队一起工作。假如项目经理熟悉9个项目管理知识领域以及与项目管理相关的各种工具和技术，那他们将会更有效率。

　　项目经理不应该仅仅局限于试图达到项目具体的范围、时间、成本和质量目标，同时也必须促进整个过程以满足项目活动涉及者或影响者的需求和期望。通过项目管理，综合协调好进度、费用、质量等控制性目标，使企业在财务能力、客户满意度、项目成功率和学习能力以及增长指数方面都获得极大的改进。一位优秀的项目经理对于项目的成功是至关重要的，经验丰富的项目经理有助于项目获得成功。他将与那些与项目相关的项目发起者、项目团队成员以及其他人一起，为达到项目目标而努力。

　　项目群经理对项目组内的项目管理进行领导并指明方向。项目群经理同样会协调项目团队、职能部门、供应商和运营员工的工作，以支持项目并保证项目产品和过程达到最大的收益。项目群经理的责任远远不是交付项目这样的简单，他们是变更的委托代理人，负责产品生产和工艺制作。

　　项目群经理常常会召集所有的项目经理召开总结会议，共享重要的信息，并调整每个项目重要的方面。许多项目群经理在其职业生涯早期就像项目经理一样工作，他们喜欢和手下的项目经理一起分享他们的智慧和专业技术。优秀的项目群经理会意识到，管理一组项目要远远比管理一个单一的项目复杂，仅有技术技能和项目管理技能是不够的。项目群经理必须同样拥有坚实的业务知识基础、优秀的领导能力以及沟通技能。

　　在许多组织里，项目经理同样会进行项目组合管理，这是一种新兴的商业战略。在项目组合管理中，将项目以及项目群组合并进行管理，使其成为一个投资组合，从而促成整个企业的成功。负责项目组合管理的经理从战略视角帮助组织挑选并分析项目，以此帮助组织做出明智的投资决策。这些经理并不一定具有从事项目经理和项目群经理的工作经历。但是毫无疑问，拥有坚实的财务知识基础和优秀的分析能力，并了解项目和项目群怎样才能达到战略目标，对他们来说是最重要的。

项目经理应该掌握一般的管理知识和技能，应该了解与财务管理、会计、融资、销售、营销、合同、制造、运送、物流后勤、供应链、战略规划、战术规划、运作管理、组织结构和行为、人事管理、补偿、效益、生涯规划、健康、安全实践等相关的重要信息。对于一些项目，项目经理拥有这些一般管理领域的经验，甚至是至关重要的。而在其他的一些项目中，项目经理则可以将一些领域的相关工作委派给团队成员、支持员工，甚至由供应商来负责。即便这样，项目经理也必须拥有智慧和足够的经验，以便清楚哪个领域是最重要的、谁最胜任这项工作等。项目经理也必须对关键项目的决策承担责任。

所有的项目经理都应该不断丰富自己在项目管理、一般管理、软技能（或者称为人际关系技能）和所在行业所需的知识和经验。现在，非 IT 业务人员对信息技术都非常了解，但是很少有信息技术专业人员在培养自己的商业技能方面花费时间。IT 项目经理必须自愿学习更多的技术技能，以便成为高效率的团队成员和成功的项目经理。现在，任何人，不论在技术方面多么擅长，也都应该培养自己的商业技能和软技能。

4.2　项目管理要素

项目管理要素主要包括项目管理方法、项目管理组织及项目生命周期等 3 个方面的内容，下面分别进行论述。

项目管理要素

4.2.1　项目管理方法

尽管项目是暂时的，目的是提供一种特定的产品或服务，但是项目经理不能独立地开展一个项目。如果项目经理独立地开展项目，那么结果是这些项目不可能真正满足组织的需求。因此，项目必须在一个大的组织环境中进行，项目经理需要在一个比项目本身更大的组织环境中对项目进行思考。为了有效地处理复杂的情况，项目经理必须以两个全面的视角来认识项目，并且理解该项目是如何与比项目本身更大的组织相联系的。系统方法描述了这种在一个组织的环境下开展项目的系统观点。

系统方法产生于 20 世纪 50 年代，用于描述一种在解决复杂问题时所需的整体性和分析性的方法。该方法包括系统哲学、系统分析和系统管理。系统哲学是指将事情作为系统考虑的整体模型。

系统是为实现某种目的而在同一个环境中工作的一系列相互影响的部分。系统分析是一种解决问题的方法。该方法需要明确系统的范围，将其分解为各个组成部分，然后识别和估计其问题、机会、限制和需求。完成这些工作后，系统分析者随之为改进现有情况审视替代方案，识别最优或至少合格的解决方案或行动计划，并且检查针对整个系统的计划。系统管理则用来解决与系统的创建、维持和变更相联系的业务上、技术上和组织上的问题。

应用系统方法对于成功的项目管理是很重要的。高层管理者和项目经理们必须遵循系统哲学，从而理解项目与整个组织是如何联系在一起的。他们必须使用系统分析的方法来满足解决问题的需求。他们必须应用系统管理来识别与每个项目相关的关键业务上、技术上和组织上的问题，以便识别和满足关键利益相关者的需求，并最大限度地符合整个组织的利益。

具有一种简单的应对系统管理 3 个方面（业务、技术和组织）的观念都将对成功选择和管理项目具有重大的影响。使用更全面的分析方法可以帮助项目经理们将经营问题和组织问题整合到他们的计划过程中。该方法也可以帮助他们将项目看成一系列相互关联的阶段。如果能把经营和组织问题整合到项目管理的计划过程中，并且将项目看作一系列相互关联的阶段，那就为项目的成功奠定了非常好的基础。

4.2.2　项目管理组织

项目管理的系统方法要求项目经理在一个超越项目本身的、更大的组织环境中去看待他们的项目。组织问题经常是项目管理工作中极困难的一个方面。项目经理通常没有花足够的时间来识别项目的各个利益项目相关者，特别是那些对项目持反对意见的人。为了提高 IT 项目的成功率，项目经理很有必要在理解组织的同时，更好地理解各种"人的因素"。

我们可以将组织看作由 4 个不同的框架所组成：结构、人力资源、政治和标志。项目经理必须学会运用上述 4 种基本框架，以便在组织中更有效地运作项目。在有关组织的研究中，许多都集中于组织结构问题。一般将组织结构分为 3 种类型：职能型、项目型和矩阵型。当今的大多数组织都在某种程度上包含这 3 种组织结构，但是通常会有其中一种结构占主要地位。

职能型组织结构是一个层级结构。职能经理或负责专业部门的副总裁都对首席执行官（Chief Executive Officer，CEO）负责。他们各自的人员都具备各自领域的专业技能。

项目型组织结构也具有层式结构，但在这个结构下，不是职能经理和主管副总裁对 CEO 负责，而是项目经理直接对 CEO 负责。他们手下的人员具有完成特定项目所需的各种技能。采用这种组织结构的组织主要依照合同来为其他组织做项目，并通过此种途径来获得收入。

矩阵型组织结构介于职能型组织结构和项目型组织结构之间。公司员工通常既要向职能经理汇报，又要向至少一位以上的项目经理汇报。矩阵型组织结构中的项目经理拥有来自不同职能部门的项目人员。根据项目经理管理权限的不同，矩阵型组织结构可能表现为弱矩阵型、强矩阵型和均衡矩阵型。

与组织结构一样，组织文化同样会影响组织管理项目的能力。组织文化是刻画组织机能的一系列共享的假设、价值观和行为。它通常包含上面所描述的 4 个框架。组织文化是非常强大的，许多人认为大多数公司存在问题的潜在原因并不在于组织结构或人员，而是组织文化。同一组织具有不同的亚文化，这一点也同样重要。一些组织文化可使组织更易于管理项目。

组织文化和成功的项目管理之间存在一定的联系。员工在这样的组织文化中最易成功，员工也更认同组织：工作活动强调群体，有强大的单位整合力，风险容忍度高，基于绩效进行奖励，冲突容忍度高，注重开放系统，并且平衡地聚焦于人、组织和结果。

↘ 4.2.3 项目生命周期

由于项目是作为系统的一部分开展的，并具有一定的不确定性，所以将项目分为几个阶段是一个不错的方法。项目生命周期就是这样一系列项目阶段的集合。一些组织设定一系列的生命周期以将其应用于所有的项目，而另外一些组织则依据项目类型选择遵循行业相应的惯例。通常，项目生命周期定义了每个阶段需要进行的工作、产出、可交付的成果、何时产出和各个阶段所需的人员。可交付成果是一项产品或服务，例如一份作为项目产出一部分的技术报告、一次培训会议、一款硬件或一段软件代码。

在项目生命周期的启动阶段，资源需求通常最低但不确定水平最高。在这期间，项目利益相关者最有可能影响项目最终产品、服务或成果的特征。在项目生命周期的中间阶段，随着项目的推进，完成项目的确定性也随之提高，有关项目需求和目标的信息更加丰富，并且比项目启动或最后阶段需要更多的资源。在项目的最后阶段，要变更项目付出的代价太大。项目最后阶段的重点是确保满足项目需求，并确保项目发起人认可项目的完成。

项目阶段划分根据项目和行业的不同而不同，但基本都包括以下几个阶段：定义、开发、实施和收尾。要注意这些阶段与项目管理过程组是不同的。项目管理过程组包括启动、计划、实施、监控和收尾。项目阶段的前两个阶段（定义和开发）的主要工作是制订计划，常称为项目可行性阶段。后两个阶段（实施和收尾）的主要工作是开展实际工作，常被称为项目获取阶段。一个项目在开始下一个阶段之前，必须确保成功完成了本阶段的工作。使用这种项目生命周期的方法可以更好地对项目进行管理和控制，并能更好地处理与企业日常运营之间的关系。

在项目的定义阶段，经理通常要对项目进行简要的描述，为项目编制高水平的总体计划，并通过这个计划来描述项目的必要性和一些基本的概念。在这一阶段，还要对项目做一个前期的大致成本估算，并对所涉及的工作进行一个整体描述。项目工作通常是通过一个工作分解结构（Work Breakdown Structure，WBS）来确定的。通过 WBS，我们可以将项目分解为不同的层级。WBS 是一个面向产出的文本资料，用来确定项目的总体工作范围。

　　在定义阶段结束之后，开发阶段紧接着就开始了。在开发阶段，项目团队要编制出更详细的项目计划，并给出更准确的成本估算和更详细的 WBS。这种分阶段的方法可以减少在不适合的项目方案上投入的时间和财力。项目要想发展到下一阶段，就必须通过定义阶段这一关。

　　项目生命周期的第 3 个阶段称为实施阶段。在这一阶段，项目团队要给出具体要做的工作任务和最终准确的成本估算，并向利益相关者提交绩效报告。项目团队的大部分工作和支出通常都集中在项目实施阶段。

　　项目生命周期的最后一个阶段称为收尾阶段。在收尾阶段，应该已经完成所有的工作任务，包括一些顾客对项目整体的验收工作。项目团队应该通过撰写总结报告记录项目的运作经验。项目团队可以与一些正在筹划类似项目的其他团队交流有关项目的经验教训。

　　但是，许多项目并不一定符合这种传统的项目生命周期。这些项目虽然具有常见的几个阶段，这些阶段也同传统项目周期具有相似的特点，但是它们更加灵活。例如，有些项目可能仅有启动、中间和最后阶段，或者可能有多个中间阶段。有些特定的项目可能仅仅是为了开展一项可行性研究。不管项目生命周期的特定阶段如何，将项目考虑为连接开始和结束的一系列阶段是一个很好的做法，这样人们可以在各个阶段计算达成项目目标的进度。图 4.3 所示为项目生命周期示意。

　　如同项目具有生命周期一样，产品也有其所谓的生命周期。IT 项目有助于产品和服务的产出，如新的软件、硬件、网络、研究报告以及对新系统的培训等。理解产品的生命周期如同理解项目生命周期的各个阶段一样，对成功的项目管理非常重要。

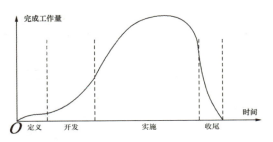

图 4.3　项目生命周期示意

4.3　项目管理内容

　　项目管理内容主要包括项目集成管理、项目范围管理、项目时间管理、项目成本管理、项目质量管理、项目人力资源管理、项目沟通管理、项目风险管理、项目采购管理 9 个方面的内容，下面分别进行论述。

项目管理内容

4.3.1　项目集成管理

　　项目集成管理涉及整个项目的生命周期中协调所有其他项目管理的知识领域。这种集成确保了项目的所有因素能在正确的时间聚集在一起成功地完成项目。项目集成管理包括 7 个主要过程。

　　（1）制定项目章程。它是指与项目利益相关者一起合作，制定正式批准项目的文件——章程。

　　（2）创建初步的项目范围说明书。它是指通过与项目利益相关者的合作，尤其是与项目产品、服务或其他产出的用户合作，开发出总体的范围要求。这个过程的目的便是建立初步的项目范围说明书。

　　（3）制订项目管理计划。这个阶段涉及协调所有计划要付出的努力，创建一份一致、连贯的文件——项目管理计划。

　　（4）指导和管理项目实施。这涉及通过实施项目管理计划中的活动，来执行项目管理计划。这个阶段主要完成交付物、变更请求、工作绩效信息、被实施的变更请求、纠正措施、预防措施和缺陷修复。

　　（5）监控项目工作。这涉及监督项目工作是否达到项目的绩效目标。这个阶段主要完成惩治和预防措施建议、缺陷修复建议以及变更请求。

　　（6）整体变更控制。它涉及对影响项目交付物和组织运营资产的所有变更做好协调工作。这个阶段的任务包括被批准和被拒绝的变更请求、被批准的纠正和预防措施、被批准和生效的缺陷修复、交付物、项目管理计划和项目范围说明书的更新。

（7）项目收尾。它涉及完成所有的项目活动，从而正式结束项目。这个阶段包括最终产品、服务或者成果，行政上和合同上的终止手续，以及对组织运营资产的更新。

许多人认为项目集成管理是整个项目成功的关键，是非常重要的项目管理知识领域，因为它将所有其他的项目管理领域联系在一起。必须有人来协调项目所需的人员，以及所有的计划和工作；必须有人集中精力管理项目的总体框架，并引导项目团队成功地完成项目；当项目的目标或人员出现冲突时，必须有人做出最终的决策；必须有人和高层管理沟通主要的项目信息，这个人便是项目经理。项目经理完成所有这些任务的首要方法，就是项目的集成管理。

良好的项目集成管理能使利益相关者满意，这也是非常重要的。项目集成管理包括界面管理。界面管理涉及明确和管理项目众多元素相互作用的交界点。随着项目参与人员的增加，交界点的数量可能会呈指数增加。因此，项目经理最重要的工作之一，便是建立和维护好组织内部的沟通和关系。项目经理必须和所有的项目利益相关者做好沟通，包括顾客、项目团队、高层管理、其他项目经理以及与本项目有竞争关系的项目等。

项目集成管理是在整个组织的背景下进行的，而不仅仅发生在一个特殊项目的内部。项目经理必须将项目的工作和组织的运营整合起来。项目经理必须能够在组织需求不断变化的背景下调整他们的项目，并且针对高层管理的要求能够及时做出反应。同样地，高层管理也必须让项目经理了解可能影响他们项目的一些事件，并努力使这些发展与整个组织保持一致。

↘ 4.3.2　项目范围管理

有多种因素影响着项目能否取得成功。其中许多因素，如用户参与度、清晰的业务目标、一个最小化的或清晰界定的范围，以及公司的基本需求等，都是项目范围管理的基本要素。项目管理中最重要也是最难的问题之一就是定义项目范围。范围是指生产项目的产品所牵涉的工作和用来生产产品的过程。可交付的成果是指作为项目一部分产生的产品。可交付的成果可以是与产品相关的，如一套硬件或一段软件代码；也可以是与过程有关的，如一份规划文件或会议记录。项目的利益相关者必须在项目究竟要产生什么样的产品上达成共识，以及在一定程度上还要就如何生产这些产品以提交所有的可交付成果达成共识。

项目范围管理是指界定和控制项目中应包括什么和不包括什么的过程。这个过程确保了项目团队和项目的利益相关者对项目的可交付成果以及生产这些可交付成果所进行的工作达成共识。项目范围管理包含5个主要阶段。

（1）范围规划包括确定如何定义、验证并控制项目范围以及如何构建WBS。项目团队编制出的项目范围管理计划应作为范围计划阶段的主要输出。

（2）范围定义是指评审启动过程编制的项目章程和初步范围说明书，并且随着需求的扩展及变更请求得到批准，在规划过程中增加更多的信息。范围定义的主要输出有项目范围说明书、项目变更请求以及项目范围管理计划的更新。

（3）创建WBS就是指将主要的项目可交付成果分解成更细小和更易管理的部分。它的主要输出包括WBS、WBS词典、范围基线、项目变更请求，以及项目范围说明书和项目管理计划的更新等。

（4）范围验证或范围核实是指将项目范围的认可正式化。关键的利益相关者，如项目的客户及项目发起人，在这一过程中进行审查，然后正式接收项目的可交付成果。如果不接受现有的可交付成果，客户或项目发起人通常会请求做些变更，并提出采取纠正措施的建议。因此，该阶段的主要输出包括经过验证的可交付成果、变更请求及建议的纠正措施。

（5）范围控制是指对项目范围的变化进行控制，这对许多IT项目来说是很有挑战性的。范围控制包括在项目开展过程中对项目范围变更的识别、评估及实施等。范围变更经常影响团队实现项目的时间目标和成本目标的能力。因此，项目经理必须仔细权衡范围变更的成本及收益。这一阶段的主要输出包括变更请求、建议的纠正措施、项目范围说明书、WBS、WBS词典、范围基线、项目管理计划及组织过程资产的更新等。

↘ 4.3.3 项目时间管理

许多 IT 项目在项目范围、时间及成本管理方面都是失败的。项目经理也常把按时交付项目视为最大的挑战和引发冲突的主要原因。

或许导致进度问题的部分原因非常普通，那就是我们可以简单、容易地估量时间。你可以为范围和成本超支辩解，并且使实际的数字看起来更接近估计的情况，但是，项目进度一旦被设定，任何人都能够用项目实际完成时间减去原始估计时间的办法，迅速地判断出进度绩效。通常人们在比较项目计划完成时间和实际完成时间时，并没有考虑项目进展中所允许的变更。与此同时，时间也是灵活度最低的变量。无论在项目进展过程中出现了什么情况，时间依然一如既往地流逝。

个人的工作作风和文化差异也会造成进度上的冲突。有些人倾向于制定详细的进度表，专注于任务的完成；而有些人却倾向于让进度保持开放性和灵活性。在不同的文化背景下，甚至在一个国家内，人们对于时间进度的态度也有所不同。例如，在某些国家，企业在下午会停止营业几个小时，以便让员工午休；而有些国家可能会在一年的某个时期内规定各种宗教假日或其他长假，假期期间人们不会从事太多的工作。不同文化背景下的人们也可能在工作伦理上有着不同的看法。鉴于引发进度冲突的种种可能性，做好项目时间管理非常重要，因为这有助于项目经理在这个领域中不断地提高绩效。

项目时间管理，简单的定义就是：确保项目按时完成所需的过程。然而，要想按时完成项目绝不是一件容易的事情。项目时间管理涉及以下 6 个主要过程。

（1）活动定义是指识别项目成员和利益相关者为完成项目所必须开展的具体活动。活动或任务构成了工作的基本要素，通常能够在 WBS 中看到。它们往往有预计的工期，以及成本和资源需求。这一过程的主要输出包括列出活动清单、分析活动属性、列出里程碑清单和变更申请等。

（2）活动排序是指识别并验证项目活动之间存在的关系。该过程的主要成果包括绘制项目进度网络图、变更申请、更新活动清单及活动属性。

（3）活动资源估计是指估计项目团队为完成项目活动需要使用多少资源——人力、设备和原料。该过程的主要成果包括估算活动资源需求、绘制资源分解结构、变更申请、更新活动属性及资源日历。

（4）活动工期估计是指估算完成单个活动需要多长时间。该过程的成果包括活动工期的估算以及对活动属性的更新等。

（5）进度安排是指通过活动顺序分析、活动资源估计和活动工期估计，从而估算出项目进度。这一过程的成果包括编制项目进度表、整理进度模型数据、设定进度基线、变更申请，以及更新资源需求、活动属性、项目日历和项目管理计划等。

（6）进度控制是指控制和管理项目进度的变更。这一过程的成果包括测量绩效、申请变更、建议采取的纠偏措施，以及更新进度模型数据、进度基线、组织过程资产、活动清单、活动属性和项目管理计划等。

↘ 4.3.4 项目成本管理

一般来说，如果 IT 项目的项目目标没有很好地完成，那么他们也不会很好地实现预算目标。会计通常将成本定义为，为了达到某一特定目标花费或用掉的资源。成本经常用金钱来衡量，它用来获取商品和服务。因为项目花费的钱和消费的资源可以有其他用途，所以项目经理了解项目成本管理是很重要的。

许多 IT 专家知道，大多数 IT 项目的初始成本估计是很低的，或者是基于不明确的项目需求，因此自然会产生成本超支问题。从一开始就不重视现实的项目成本估计的重要性仅是问题的一部分。另外，许多 IT 专家认为，进行成本估计是会计的工作。其实正相反，准确的成本估计是一个要求十分苛刻的、重要的技能，许多专业人士都需要掌握。成本超支的另一个原因是许多 IT 项目涉及新技术和业务经营过程。任何新技术和业务经营过程都是未经过测试的，有潜在的风险。

项目成本管理涉及在一个允许的预算范围内确保项目团队完成一个项目所需要经过的管理过程。在这个定义中注意有两个重要短语——"一个项目"和"允许的预算"。项目经理必须确保恰当地定义他们的项目有准确的时间和成本估计，并且有一个他们认可的现实的预算。在持续努力降低和控制成本的同时，使项目利益相关者满意是项目经理的工作。一共有 3 个项目成本管理过程。

（1）成本估计涉及找出完成项目所需资源的成本的近似值或估计值。成本估计过程的主要输出是活动成本估计和支持细节、变更请求和成本管理计划的更新。成本管理计划应该在项目集成管理下，作为项目管理计划的一部分来制订。

（2）成本预算涉及将总体成本分配给各个工作包，以建立衡量绩效的基线。成本预算过程的主要输出是成本基线、项目筹资需求、变更请求和成本管理计划的更新。

（3）成本控制涉及对项目预算变更的控制。成本控制过程的主要输出是绩效指标、预期完成信息、变更请求、建议的纠偏行为、项目管理计划（包括成本管理计划）、成本估计、成本基线和组织的过程资产的更新。

↘ 4.3.5 项目质量管理

项目质量管理的目的是确保项目满足它所承载的需求。项目管理是要满足或超越利益相关者的需求及期望的。项目团队必须与关键的利益相关者，特别是项目的主要客户建立良好的关系，以了解质量对于他们的意义。毕竟客户最终决定质量是否能被接受。许多项目的失败，是因为项目团队仅仅关注满足生产主要产品的书面要求，忽略了其他利益相关者对项目的需求和期望。

质量必须与项目范围、时间及成本处于同等地位。如果一个项目的利益相关者对项目管理的质量或项目的最终产品不满意，那么项目团队就要调整范围、时间及成本，以使利益相关者满意。仅仅满足范围、时间及成本的书面要求是不够的。为使利益相关者满意，项目团队必须与所有利益相关者建立良好的工作关系，并了解他们的规定或潜在的需求。

项目质量管理包括 3 个主要过程。

（1）质量规划是指确定与项目相关的质量标准及实现这些标准的方式。将质量标准纳入项目设计是质量规划的一个关键部分。对一个 IT 项目而言，质量标准包括考虑系统成长、规划系统合理的响应时间，以及确保系统提供持续准确的信息。质量标准也适用于 IT 服务。质量规划的主要产出是质量管理计划、质量量度、质量清单、过程改进计划、质量基线及项目管理计划的更新。量度是一个测量标准。一般量度的例子有生产产品的缺陷率、商品和服务的供货率及客户满意度。在教学辅助网站上可看到一些样本文档，其中有质量管理计划、量度、质量清单及其他与质量相关的文档的例子。

（2）质量保证是指定期评估所有的项目绩效，以确保项目符合相关的质量标准。质量保证过程要负责管理整个项目的生命周期的质量。高层管理者必须带头正视所有员工在质量保证中所扮演的角色，特别是高层管理人员的角色。这一过程的主要输出是变更请求、建议采取的纠正措施、组织过程资产及项目管理计划的更新。

（3）质量控制是指监控具体的项目结果，确保它们符合相关的质量标准，识别提高总体质量的方法。这个过程通常与技术工具及质量管理技术相关，如帕累托图、质量控制图及统计抽样等。质量控制的主要输出有质量控制测量、审定并建议的缺陷修复变更请求、审定的可交付成果及质量基线、组织过程资产及项目管理计划的更新。

↘ 4.3.6 项目人力资源管理

许多公司主管都认为"人才是企业最重要的财富"。组织和项目成功与否就取决于人。大部分项目经理也一致赞同，如何有效地进行人力资源管理是他们面临的最困难的挑战之一。项目人力资源管理是项目管理的一个重要组成部分，特别是在难以发掘和留住优秀人才的 IT 领域当中。正确理解当前全球 IT 职业的状况及其对未来的影响是很关键的。

对企业来说，他们如何宣传自身的人力资源政策是至关重要的。如果人才真的是他们最宝贵的财富，那么无论就业市场怎样变化，企业都必须满足他们的人力资源需求和公司员工的个人需求。如果企业希望成功地完成 IT 项目，那么就必须明白项目人力资源管理的重要性并注意有效地使用人才。

具有战略眼光的企业正在讨论目前和未来的人力资源需求，如提高福利、重新制订工作计划和激励机制，以及招聘新员工。许多企业已经通过改变他们的福利政策来满足员工的需求。大部分员工享受企业提供的一些津贴福利，像休闲工作装、灵活的工作时间和培训费赞助等。一些企业会提供办公室、托儿所、健身俱乐部折扣优惠或者是承诺增加退休金。

公司也可以建立基于工作绩效而非工作时间的基本奖励制度。如果能在 IT 工作的多个方面客观地评定员工的工作绩效，那么员工在什么地方工作和花多长时间完成工作的问题就无关紧要了。客观的工作绩效评定和符合标准的激励机制应该是公司首要考虑的重要因素。

项目人力资源管理包含使项目涉及的人员得到有效利用的全部过程。人力资源管理涉及所有项目干系人：赞助商、客户、项目团队成员、后勤员工、项目供应商等。项目人力资源管理包括下列 4 个过程。

（1）人力资源规划：包括识别和记录项目角色、责任和汇报关系。这个过程的关键输出是项目的角色和责任、项目的组织结构以及人员配置管理计划。

（2）组建项目团队：分派好项目所需要的各种人员，让其为项目工作。这个过程的关键输出是项目人员的分派、了解资源的可用性信息和人员配置管理计划的更新。

（3）开发项目团队：通过培训个人与团队的技能来改善项目绩效。对项目经理来说，培养团队建设技能是他们经常遇到的一个挑战。这个过程的重点输出是评估团队绩效。

（4）管理项目团队：通过追踪团队成员的表现、激励团队成员、及时提供反馈、解决问题和矛盾、协调变化等一系列措施来提高项目绩效。重点输出是变更申请、建议的修正和预防措施、组织过程资产和项目管理计划的更新。

↘ 4.3.7　项目沟通管理

许多专家都认为，对任何项目尤其是 IT 项目的成功来说，较大的威胁就是沟通失败。类似不确定的范围或不切实际的时间计划等出现在其他知识领域的问题，均是由沟通引起的。项目经理们及他们的团队，要像高层管理那样，优先考虑如何进行良好的沟通，特别是与关键的项目利益相关者。图 4.4 所示为项目管理中的沟通过程示意。

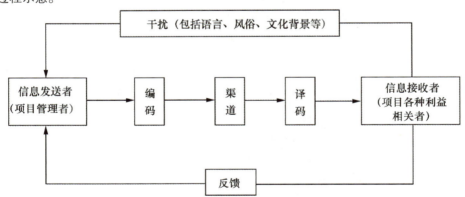

图 4.4　项目管理中的沟通过程示意

IT 领域在持续地发展着，这些发展给人们带来了许多技术术语。大多数业务专家和初级管理者对计算机技术都不是很精通，当他们被迫要和计算机专家沟通时，事情常常被技术术语弄得更为复杂而让人困惑。尽管现如今大部分人都在使用计算机，但使用者和开发者之间的差距随着技术的进步而变得越来越大。当然，不能说每位计算机专家都不善于沟通，不过任何领域中的大多数人都还是需要提高自身的沟通技巧的。

另外，大部分 IT 研究生的教育系统普遍更重视提高学生们的技术能力，而非沟通和社交能力。大多数 IT 相关的课程都有许多技术要求，而很少在沟通（包括听、说、写）、心理、社交、人性等方面有所要求。人们总是觉得上述这些软技能是很容易自己学会的，但实际上这些都是需要去学习和开发的重要技能。

许多研究都已表明，IT 专家对这些软技能的需要程度有时甚至更甚于其他技术。在从事 IT 项目时，一个人是不能将信息技能和软技能完全分开的。为了让项目顺利进行，项目团队的每名成员都需要这两方面的技能，并在正式学习和工作实践中不断地进行技能开发。

项目沟通管理的主要目标是确保适时而恰当地产生、收集、发布、储存和处置项目信息。项目沟通管理有 4 个主要过程。

（1）沟通规划。它包括确定项目利益相关者所需的信息和沟通需求：谁需要什么信息、什么时候需要、信息如何传递给他们等。这一过程的输出是沟通管理计划。

（2）信息发布。它包括使项目利益相关者能通过适当的方式获得所需的信息。这一过程的主要输出是组织过程资产和变更请求的更新。组织过程资产是一个特定组织中包括正式和非正式的计划、政策、程序、方针、信息系统、财务系统、管理系统、经验教训和帮助人们理解、跟进和改进业务经营过程的历史信息等。

（3）绩效报告。它包括收集和发布绩效信息（包括状态报告、进度测量、预测等）。这一过程的输出是绩效报告、预测、变更请求、建议的纠正措施和组织过程资产的更新等。

（4）项目利益相关者管理。它包括对沟通进行管理，来满足项目利益相关者的需求和预期并解决问题。这一过程的输出是已解决的问题、批准的变更请求和纠正措施、组织过程资产和项目管理计划的更新等。

4.3.8　项目风险管理

项目风险管理既是一门艺术，又是一门科学。它通过识别、分析和应对整个项目生命周期中的风险来最大限度地满足项目目标要求。作为在项目管理中常被忽视的一个方面，项目风险管理能对项目的最终成功起极大的促进作用。项目风险管理对项目选择、项目范围的确定、制定现实可行的进度和成本估计都有积极的作用。它能帮助项目利益相关者更好地理解项目的性质，让团队成员参与辨识优势和劣势，并有助于把其他的项目管理知识结合到一起。

好的项目风险管理往往不会让人觉察到它的存在，这和危机管理不同。在危机管理中，会有一个危及项目成功的很明显的威胁，这样危机就会得到项目团队的密切关注。成功地化解危机，有着更大的可视性，并常常伴随着管理部门的奖励。相反，当有效地开展了项目风险管理时，它会导致问题的减少，并能为那些所剩不多的问题带来更多的、快捷的解决方案。对一个外部观察者来说，他将很难判断一个新的系统的顺利开发是归功于风险管理还是运气。但是项目团队心里总是很清楚，正是良好的风险管理才让他们的项目运行得更好。

所有的行业，尤其是软件开发行业，都容易忽视项目风险管理的重要性。项目风险管理既要懂得那些发生在项目里的潜在问题，也要注意对项目的成功起阻碍作用的消极风险或负风险，当然，也有能对项目产生积极作用的正风险。项目风险的一般定义是，它是一种不确定性，会对项目目标的实现产生消极或积极的影响。

在很多情况下，负风险的管理就像是一种保险。它是一项用来减轻项目中潜在不利因素的影响的活动。而正风险管理就像是对机会的投资。要把风险管理看成是一项投资，这很重要，因为这其中会有成本产生。一个组织愿意在风险管理活动中花多少投资，这取决于项目的性质、项目团队的经验和对前两者的约束条件。在许多情况下，风险管理的成本都不会超过其潜在的收益。

如果在 IT 项目中有那么多的风险，为什么那些组织还要实施这些项目呢？许多公司至今仍在经营着，正是因为他们管好了那些能带来极好机会的风险。只有追逐机会才能保持企业的常青。而 IT 往往就是一个企业战略的关键；没有它，许多企业可能就生存不下去了。既然所有的项目都会有产生消极或积极结果的不确定性，那么问题就在于，如何决定哪些项目该去追求，在整个项目生命周期中又如何去识别与管理项目风险。

无论是组织还是个人，都努力在项目的一切方面或个人生活中寻找风险与机会之间的平衡，这意味着不同的组织和个人对风险有着不同的容忍度。有些组织或个人对风险的容忍度处于中等水平，有些则偏好规避风险，另外一些则偏好冒风险。而这 3 种对风险的偏好就是风险效用理论的一部分。

风险效用或风险容忍度是指从潜在的权衡中得到的满足或愉悦程度。风险回避的人的边际效用是递减的。换句话说，权衡越重，或者风险价值越大，偏好回避风险的组织或个人的满足度就越低，或者说风险容忍度更低。而风险偏好的组织或个人则有更高的风险容忍度，他们的满意度会随着风险价值的提高而增加。风险偏好者更喜欢不确定的结果，且常愿意接受风险带来的损失。而风险中立者则喜好寻找风险与收益之间的一种平衡。

项目风险管理的目的可以看作：在最小化潜在的负风险的同时最大化潜在的正风险。"已知风险"这个词有时用来描述那些项目团队已经识别和分析过的风险。对已知风险可以有计划地进行管理；但是对于未知的风险，也就是未经识别和分析的风险，就不好管理了。正如你会想到的，优秀的项目管理者知道，花时间去识别和管理风险是值得的。

风险管理共包含 6 个主要的过程。

（1）风险管理规划。它决定怎样看待和计划项目的风险管理活动。通过审视项目范围说明书、项目管理计划、企业环境因素以及组织的过程资产，项目团队可针对特定的项目讨论和分析风险管理活动。该过程的主要输出是风险管理计划。

（2）风险识别。它包括识别容易影响项目的风险，并将各个风险的特点形成文档。该过程的主要输出是最初的风险登记单。

（3）定性风险分析。它包括按发生的可能性和影响程度对风险进行优先排序。在识别风险之后，项目团队可以利用各种不同的工具和方法来对风险进行分级，并更新风险登记单里的信息。该过程的主要输出是风险登记单的更新。

（4）定量风险分析。它包括量化风险对项目目标的影响程度估计。该过程的主要输出也是风险登记单的更新。

（5）风险应对计划。它包括采取措施来增加实现项目目标的概率，降低风险对实现项目目标的威胁。利用上面步骤的输出结果，项目团队可以制定风险应对战略，这也就会导致再次更新风险登记单、项目管理计划和与风险相关的合同协议等。

（6）风险监控。它包括在项目生命周期中，监控已知的风险，识别新的风险，降低风险发生的概率，并评估风险降低措施的效果。该过程的主要输出包括矫正和预防措施的提出，做出相应的变化调整，以及对风险登记单、项目管理计划和组织过程资产的更新。

↘ 4.3.9 项目采购管理

采购、购买或外购是指从外部来源获取商品和（或）服务。IT 方面的外购一直处于成长之中，无论是在组织所在的国家内部，还是跨出国境。组织外包是为了降低成本，更加关注自己的核心业务，获取技能和技术，提高柔性和责任度。对 IT 专业人员而言，了解项目采购管理已变得越来越重要了。

采购意味着从外界来源获得商品或者服务。"采购"一词被广泛用于政府；许多私人企业使用"外购"和"外包"。那些提供采购服务的组织和个人通常被称为供应商、供货商、承包人、分包人或者销售商，其中"供应商"是应用极多的一个词语。许多 IT 项目往往涉及外部商品和服务的使用。在过去的几年里，外包成为研究领域争论的一个热点话题，尤其是跨边境外包，通常称为离岸外包。

那些成功使用外部资源的 IT 项目往往得益于良好的项目采购管理。项目采购管理包括为项目从项目执行组织的外部获取货物或者服务的过程。在某种合同条件下，某个组织既可以是某项产品或者服务的买方，也可以是卖方。

项目采购管理有 6 项主要的过程。

（1）计划采购及获取。它包括决定购买什么、什么时候和怎样购买。在采购计划中，决策者需要明确什么地方采取外包的方式，决定合同的种类，并且向潜在供应商描述工作的内容。这些供应商包括承包商、供货商，或者那些为其他组织和个人提供产品或服务的组织。该阶段的产出包括采购计划、合同工作说明、决定自制还是外包，以及其他由这个阶段产生的对项目的变更请求等。

（2）筹划招标。它包括描述采购对产品和服务的要求，以及找到潜在的资源或者供应商等。该阶段的产出包括采购文件，比如需求建议书（Request For Proposal, RFP）、评价标准，以及对合同工作说明的更新等。

（3）要求卖方回应。它包括从供应者那里获得恰当的信息、报价、标书、供应以及提案等。该阶段的主要产出是高质量的供应者名录、一份采购文件包以及提案。

（4）选择卖方。它涉及通过评价潜在的供应商以及对合同进行谈判和协商，从而在其中进行选择。该阶段的产出包括选出的供应商、合同、一份合同管理计划、可用信息资源，同时包括对项目采购管理计划的更新，以及所要求的变更等。

（5）管理合同。它涉及与已选供应商的关系管理。该阶段的产出包括合同文档管理、所要求的变更、建议的更正行为、对组织过程资产及项目管理计划的更新等。

（6）终结合同。它涉及合同的完成和处置，包括未清条款的解决。该阶段的产出是合同履行，以及组织过程资产的更新等。

本章小结

经过多年的发展，项目管理已经成为一个较为成熟的领域，但是 IT 项目管理却有着超出一般项目管理的内容。本章运用九大项目管理知识领域（包括项目集成管理以及范围、时间、成本、质量、人力资源、沟通、风险和采购管理），为管理 IT 项目提供了合适的框架和内容。

课后习题

1. 总结项目集成管理所包含的 7 个过程各自的重点工作。
2. 为什么有效的项目范围管理对 IT 项目如此重要？
3. 为什么活动定义是项目时间管理的第一个过程？
4. 简述在成本预算过程中会发生什么。
5. 项目质量管理中的主要过程是什么？
6. 总结项目人力资源管理所包含的过程。

第 5 章
机进人退——软件机器人

学习目标

【知识目标】

* 了解什么是 RPA。
* 了解 RPA 的优势。
* 了解 RPA 的主要应用。

【能力目标】

* 掌握 RPA 的应用场景。
* 掌握 RPA+AI 的应用领域。

【素质目标】

* 深刻认识和理解科学技术是第一生产力，创新是引领发展的第一动力。
* 了解制造业发展趋势，为智能制造添砖加瓦，推动高质量发展。

案例导读

　　RPA 即英文 Robotic Process Automation 的缩写，中文通常翻译为"机器人流程自动化"，又称为软件机器人。

　　中华人民共和国国务院（简称国务院）印发的《新一代人工智能发展规划》中提出：到 2030 年，中国将实现人工智能核心产业规模超过 1 万亿元，带动相关产业规模超过 10 万亿元。行业专家预测，以数据为生产要素的新一轮产业变革正在袭来，人工智能将成为带动我国产业升级和经济转型的主要动力。

素养拓展

　　借此契机，汪冠春带领他的团队——来也科技与国内 RPA 领航者奥森科技合并，进军 RPA+AI 市场，投身智能办公领域。与此同时，来也科技积极推进由企业客户需求出发，继而面向全社会的 RPA 工程师、AI 训练师等新岗位的培训合作，推动职业技术教育的发展。来也科技机器人流程自动化软件平台四大模块示意如图 5.1 所示。

图 5.1　来也科技机器人流程自动化软件平台四大模块示意

5.1 RPA 概述

RPA 是一种软件自动化技术。由配置在计算机等智能设备上的 RPA 模拟人类的点击、输入等人机交互操作，完成基于固定规则的重复性工作，比如财务数据汇总、业务信息归纳整理，或者在不同软件与系统间操作，完成数据提取和处理。如今，以 RPA 作为工具，实现人机协同，不仅帮助各行业企业与办公者大幅提升效率，满足对于工作结果准确性与合规性的高标准要求，也正在大幅改善办公者的工作体验。图 5.2 所示为 RPA 示意。

RPA概述

图 5.2　RPA 机器人示意

在智能化流程植入企业运营的过程中，很多企业将更多的目光投向相应的战略革新，包括运营模式的进化、重新定义岗位职责、人工智能相关的机器学习和深度学习的强化，系统可靠性和安全性等方面也得到越来越多的验证。

为达到企业和组织降本增效的目的，主要的途径是寻找可优化的工作流程。这些可优化流程有如下特点。

1. 重复度高

在许多企业和组织中存在数量大、频次高、重复度高、业务规则清晰的工作流程，从研发到生产、从销售到服务、从人事到财务，即使是一两个人的"地摊经济"，也存在着重复劳动。这些工作流程如果由人工来操作，重复、量大、费时、易出错，这些机械、重复的工作是造成工作低效的重要原因。

2. 跨多个系统

由于业务、技术等各方面的原因，许多业务场景中存在多个互相隔离的业务系统，造成在办理业务时有如下问题：重复信息多次录入，容易出错；数据无法导出，只能手动复制粘贴；各级系统平台数据无法同步；对系统中数据的状态变化，无法获得及时提醒；数据上报时，工作流程非常烦琐。

5.2 RPA 的优势

几年前，四大会计师事务所将财税场景的 RPA 引入国内，良好的项目口碑使 RPA 在企业内部和企业之间快速蔓延，并推动了 RPA 在人事、采购、法务以及各种业务场景中的应用。对中小型的企业来说，RPA 降本增效的价值广受欢迎，帮助企业更好地控制运营成本，以面对不断变化的商业风险挑战。RPA 的价值与优势如图 5.3 所示。

RPA的优势

提升工作效率
使用RPA机器人可以实现7×24小时不间断工作，并且执行效率高

人力成本
通过RPA实现人工工作任务的自动化操作，同时可解决人力资源短缺问题

推动流程优化
RPA机器人基于标准化的流程执行，应用RPA即固化流程的过程，有助于改善公司流程

合规性与安全性
避免手动操作产生的错误，同时流程嵌入合规要求，防止敏感数据接触，有效防止不合规的非法业务操作

释放员工潜力
使员工从繁重、重复的事务性工作中解脱，承担更多的战略角色，投入更有价值及创造性的工作中

信息化开发成本
实施周期短、投入见效快
RPA机器人可以快速搭建自动化流程，无须改动原有系统功能，节省大量财力、物力，并在短期内产生效益

图 5.3 RPA 的价值与优势

5.2.1 RPA 有何独特价值

1. 效率翻倍，成本降低

企业采用 RPA，就是引入数字化的劳动力，可以全天候 24h 不间断工作，以更高的效率完成工作。而员工熟练掌握了 RPA 之后，可以搭建属于自己的 RPA，通过机器人完成日复一日的枯燥的工作，有效地帮助他们提升产出，将时间投入需要创造力和高阶专业能力的工作中。对人力资源丰富的企业来说，采用 RPA 将获得更多的产出，提升收益。

2. 防范错误，安全严谨

RPA 的模拟操作，避免了人为操作失误、信息误差等，提升了工作成果的合规性；通过减少人与敏感数据的接触，从而防范数据隐瞒、欺骗等问题的发生。

3. 弹性的劳动力供应方案

RPA 的部署和扩大应用，可在短时间内完成。对于企业业务的周期性变化，比如在促销季激增的客服人员需求，招聘季的新员工入职培训需求，可快速满足，完美实现劳动力需求与供给的匹配。

4. 提升工作幸福感，增强创造力

通过长期观察，应用 RPA 以后，员工的工作幸福感通常显著提升。而员工从重复烦琐的事务中解放出来，可以将精力用于提升核心技能，从事更有创造性的工作，为企业创造更高的价值。

5.2.2 RPA 有何独特优势

1. 部署更快，风险更低

企业系统升级往往消耗巨大成本，效果却难以估计。RPA 是低风险、非侵入性的手段，以外挂的形式部署在现有系统上，基于规则在用户界面进行自动化操作，不影响原有 IT 基础架构，可以在不干扰、不改变现有企业计算机系统的情况下，快速完成部署、实施。

2. 收益可预知、可量化

使用 RPA，企业在正式部署前可以预先看到投入产出比。收益清晰、可量化，比如工作时间的缩短、运营成本的降低、准确率的提升、员工满意度的提升等。

3. 维护成本低，易规模化扩张

当具体的应用场景发生变化，通常只需要业务人员对 RPA 进行简单的调试即可完成，维护成本更低；当企业希望将自动化推广到更大规模的场景时，相对于传统自动化手段，RPA 可快速部署，更易实现规模化扩张。

↘ 5.2.3 RPA 对于企业高质量发展的重要价值

企业要实现高质量发展，RPA 具有重要的应用价值，不仅能够降本增效，也可以构建自动化运营基础，助力业务成长，而拥有自动化能力的企业，将迎来创造力的全面增强。RPA 可完成的主要工作如图 5.4 所示。

代替人工采集数据
网页数据、Excel数据、数据库、OCR识别等多种数据源的采集与数据加工，如网银流水下载、ERP账务数据收集并处理等

代替人工录入数据
处理数据的填报工作，如税务申报、海关填报等

代替人工核对数据
对多个业务系统的数据进行核对分析，如网银对账、发票核对、电商门店系统与财务系统 数据核对等

代替人工操作业务
根据设定的工作流程、自动化、智能化地模拟人工处理业务流程

代替人工可 7x24h 执行重复、耗时、量大、基于规则的工作任务

图 5.4 RPA 可完成的主要工作

1. 用人机协同打破系统制约，实现企业效率实质提升

伴随信息化建设的发展，多软件、多系统、多版本并存已经成为常态。如果过分依靠人力去完成跨系统的交流与操作，实现业务在系统间的流转，必将带来极大的工作量，制约企业效率的实质提升。RPA 是一双无形的手，串联起不同系统，实现人机协同，而不是让人被系统牵制。

2. 打通业务数据，构建自动化运营基础设施，助力业务增长

面对业务升级的挑战，通过 RPA 将各系统、部门、平台内的数据打通，形成数据闭环，企业可充分利用数据价值，提升业务决策效率；同时，通过构建数字化环境、自动化的运营基础设施，可进一步寻找新的业务形态与增长点。

3. 建立新一代劳动力方案，实现效率提升与创造力增强

新一代的劳动力方案，既包括企业自身的数字化观念与技能提升，也包括以 RPA 为代表的数字化劳动力的引入。员工的创造力是企业发展的动力，通过赋予人类数字化技能，可全面提升人类员工的工作效率，使其专注于更高技能、创造性的工作，帮助企业实现效率提升、创造力增强。

传统的 RPA 实现的是基于固定规则的流程自动化，在企业实际业务场景中，还有大量不是基于固定规则的业务流程。借助 AI 之后，RPA+AI 则能具备感知和认知能力，将流程自动化与认知自动化结合起来，让企业中更多复杂的、高价值的业务场景实现自动化。

5.3 RPA 的应用

当前，中国经济正在由高速增长转向高质量发展阶段，中国企业一方面追求业务创新、价值突破，同时受国际贸易大环境和全球经济周期影响，也承受着越来越高的成本和风险压力。为压缩成本、降低风险，RPA 在很多传统领域与新兴领域投入广泛应用。本节主要论述传统的 RPA 在财会领域的应用及 RPA+AI 在电网及一网通办等新兴领域的应用。

RPA的应用

5.3.1　RPA+ 财会

财务与会计领域长期面临着大量枯燥、重复性的工作，通常需要在紧迫的时间窗口内，手动处理大量数据，且流程复杂。面对月底、年底激增的财务信息处理需求，财务人员经常需要加班加点才能完成。由于财务数据本身涉及企业收入与经营决策，对于准确度及合规性要求极高，一旦出现失误，需要付出高昂的代价。

财务与会计领域迫切需要人机协同的升级，以充分发挥出数据的价值，调动人才的创造力与积极性。

5.3.2　RPA+AI 介绍

RPA+AI，突破性地实现了"智能化地解决重复性劳动"。

如果说 RPA 是机器人的双手，将基于固定规则的工作流程实现了自动化，而通过与 AI 及相关技术的结合，RPA 具备了认知能力，可以读懂图片、文件、票据，使用常用的软件，完成不同难度的对话沟通，甚至可以分析发现哪些日常工作流程是可以被自动化的。结合了 AI 能力的 RPA 机器人，正在帮助办公者处理更多种类、更高复杂程度的工作任务。

对 RPA 来说，如果说 AI 是它的大脑，认知能力是它的眼睛、嘴、耳朵，RPA 是它的双手，那结合了 AI 能力，RPA 从只能帮助基于规则的、机械性、重复性的任务实现自动化，拓展到了更丰富的业务场景中，将物理世界与数字世界有效连接，满足实际业务中更灵活、多元的自动化需求。而企业采用具备丰富 AI 能力的 RPA，可以快速、经济、灵活地将 AI 技术应用到业务中。

自从 RPA 和人工智能技术出现，行业中原有的商业模式已经发生改变，通过与人类员工之间形成新型的工作配合，成倍提升企业的生产效率，而全球掀起的数字化浪潮，孕育出了人工智能和流程自动化的种种应用，人和机器之间，逐步融合成一个整体。

1.　降本增效的潜力

RPA 的实施在能源行业中得到的各方面认可，都要远高于其他行业平均水平，包括运营质量、数据准确性、增产效果、快速收回部署成本方面、数据质量的提升等。

2.　是助力不是取代

软件机器人并不是取代人类的员工，而是将工作中的一些任务自动化，协助人类员工对操作流程进行改善，而不是彻底取代某个人类员工的整个工作职责。在职责中涉及更高层次的决策、规划等工作，则只有人类员工才能做。

同时，由于软件机器人承担了大量重复性的工作，从枯燥烦琐的事务性工作中解放了人类员工，由此人类员工可以有更多的时间去从事需要更多创造力、关键决策或者创造性的工作，甚至重新改造业务流程，提升商业运营的效率，制定更详尽的业务标准，最终提升工作效率和质量。

3.　RPA 实施中规模化的灵活性

传统的系统实施需要通过需求分析、确定目标、业务梳理、系统选型、编程调试、知识转移等一系列步骤，一旦系统定制完成，实施范围和规模便已经确定。当下市场瞬息万变，市场因素的改变，也将导致系统在功能上和规模上发生改变。

而在 RPA 部署过程中，很好地满足了这个需求。图形可视化的操作流程设定便于更改，更好满足业务特征的需求；机器人部署规模可灵活放大缩小，实时根据业务需求的浮动与季节性的波动，增加和减少软件机器人的部署，让运营成本变得更加可控。

5.3.3　RPA+AI 在电网中的应用

中国的电网企业有着最具前瞻性的视野，建成了世界先进的特高压输电网络，部署了先进的运营和管理系统。随着内部和外部系统的大量使用，产生大量的数据，使得系统间的衔接工作变得尤为重要。如何在提升管理效率和降低员工工作强度中寻求平衡；如何在提升工作满意度的同时又能提升工作效率，将是数字化产业面临的新挑战。

在面对数字化转型的新挑战中，电网企业通过大量试验性部署实施，已经基本认可了 RPA 技术在生产管理环节中带来的显著改善，流程自动化改造将是帮助企业提升效率，减少大量重复性劳动的核心变革，成为企业降本增效的得力助手。人工智能流程自动化几乎覆盖所有电网企业的主要职能部门，除一般的行政、人事、财务等总部功能以外，电网企业主要业务流程均被覆盖。

RPA+AI 作为新一代智能化流程的应用，功能实施遍及电网行业各个运营流程和部门，让每个员工具有更强的决策能力，成倍提高工作效率，确保运营操作几近完美的准确率，降低人为出错的可能，加强系统全天候的安全防范，大幅提升工作效率。

在智能化流程植入企业运营的过程中，很多企业将更多的目光投向相应的战略革新，包括运营模式的进化、重新定义岗位职责、人工智能相关的机器学习和深度学习的强化，系统可靠性和安全性等方面也得到越来越多的验证。

我国电网企业在进入新工业时代之际，将充分发挥 RPA+AI 带来的优势，巩固我国电网行业在世界范围的领先地位；深入挖掘人工智能应用方面的潜力，推动全球能源互联网的建设，为人类社会的发展进步提供保障。

新技术被应用在一些见效快、效果明显的部门，包括配电系统、电力交易、产量优化系统、电网平台、客户管理等，以及后台支持系统，如订单管理、合同管理、员工数据管理、故障检测等。

新技术的使用，还能满足市场数据分析需求，确定用户用电规律；战略上，帮助企业精确分析用户的需求，从而制定可行的市场策略；运营上，软件机器人能提高运营的准确率，快速响应用户需求。

此外，RPA 也帮助大型电力能源企业统一管理遍及各地的分子公司的运营系统，虽然各地因市场特点、法律合规需求的不同，导致各自系统有差异，RPA 作为桥梁，链接于不同系统之间，包括客户数据库、供应商管理系统、内部财务系统、外部支付系统、合规系统等，进行日常的数据采集和处理。

国内电网行业早在 10 多年前，就已经提出智能电网的理念，要打造一个以物理电网为基础，主要以特高压电网为骨干网架、各电压等级电网协调发展的坚强电网。需要整合当前先进的传感测量技术、通信技术、信息技术、计算机技术和控制技术等，建成统一坚强智能电网，强化电网的资源配置能力，保障安全生产，提升运行效率，形成电网与电源、电网与用户之间的互动性。

目前国内电网企业在 RPA 智能化流程应用上发展迅速。在一些电网企业中，已经在 ERP、营销、生产等业务应用系统之间初步形成智能电网运行控制和互动服务体系。特别是在调度自动化系统和安全生产保障系统方面增效明显，充分满足了优化资源配置的需求，确保电力供应的安全性、可靠性和经济性，满足环保的规范要求，保证电力质量，适应电网企业的市场化发展，为用户提供可靠、经济的电力供应和增值服务。

对电网企业内部来说，RPA+AI 以其简单易用、降本增效的优势，迅速打造自动化流程，链接原有的各个系统平台。将原本重复性高、劳动强度高的流程由软件机器人全部承担，释放了基层员工的大量宝贵时间，让他们把更多的精力集中在创造性和决策性的工作上。同时通过使用机器人员工，操作准确率接近 100%，大量减少错误导致的成本，并为生产安全保驾护航。管理决策所依托的定期报告，数据采集制作周期大幅缩减，让决策更能及时反映企业实时动态。

在这些成果收益的背后，有着国内电网企业多年系统实施的经验，以及敢于大胆尝试的勇气，不断推进 RPA＋AI 的应用，快速构建我国自主的智能电网。虽起步晚于海外同行业，但我国电网行业以高度的社会责任感和强烈的社会使命感，在发展道路上阔步前行，通过大步快走，加速从传统的电力供应商向新型的综合能源服务商的转型，大力推动数字化系统工程，不断加大对 RPA 和人工智能的投入，达到提升客户获得电力的便利性、满意度的目标。

1. 打造能源互联网数字化创新服务支撑体系

（1）RPA+AI 助力发挥我国电网既有优势。

2019 年，我国建成了世界上首个电压等级最高、输电容量最大、技术水平最先进的特高压直流输电工程，

即 ±1 100 kV 高压直流工程。独立自主掌握特高压输变电网系统规划、工程设计、施工安装和调试试验技术，以及特高压直流输电关键技术，实现了工业化规模应用。我国电网企业在亚洲地区甚至全球范围内有着创建能源互联网的可能。

要实现能源互联网的目标，需要建成以电力数据为核心的能源大数据中心，打造数字化创新服务体系。RPA +AI 可以打通多系统边界，实现对各种业务流程的操作和管理，包括数据智能采集和分析，监察输变电设备，预测负荷等数据，实现互联网与能源生产、传输、存储、消费以及能源市场深度融合的能源产业发展新形态。

（2）通过智慧能源打造智慧城市。

充分利用 RPA+AI，打造智慧能源控制系统，优化控制城市能源智能化管理等多种应用，逐步告别"计划停电"，全面部署智能开关与自动化监控系统，实现配网线路故障自动定位、非故障区自动恢复供电、故障自愈、电力质量实时监测等功能。

（3）人工智能增强传统电网市场能力。

①打造智慧能源综合服务平台。

我国正经历着能源转型与经济模式转型，意味着能源企业的经营模式也将发生深刻变革。同时这也为行业内的企业运营发展方式指出了变革方向，以开放共享为理念，打造一个智慧能源综合服务平台，以提升能效为切入点，以泛在的能源大数据智能应用为核心，搭建综合能源服务的生态系统，进而孕育出各种新型的能源服务业态。RPA 策略正是其中关键一环。

对一个智慧能源综合服务平台来说，每时每刻发生着数据交换，其运作离不开各个部门的支持。面对来自不同平台系统的数据，综合服务平台所涉及的工作将会变得重复性高、数据量大，而 RPA 的导入可以满足各系统数据采集和分析的需求，形成高效的数据链，使得构建智慧能源综合服务平台成为可能。

②发展新兴业务。

新业务带来新机会，同时也将面临新的数据接口挑战。每当开发一个新业务，如建设运营充换电（储能）站或者数据中心，可能会涉及来自外部的系统接入，一方面需要考虑如何让业务平稳对接，另一方面需要考虑系统接入的安全性，如何制定安全策略、实时监控，杜绝隐患。

RPA+AI 的实施，能够实现这些功能。一方面 RPA 能兼顾不同平台的操作，让多平台形成统一的运营，也减少新业务带来的冗长操作、增加运营部门的积极性。另一方面，AI 可以 24 h 全天候监控网络连接，对出现的异常变化做到随时记录、及时通告，并自动设置安全策略积极应对。这为企业发展新兴业务保驾护航，提供发展动力。

③构建能源生态体系。

构建能源生态体系，需要与社会众多服务供应商组建联盟，充分利用电网企业已有的基建和物资，如推动通信光纤网络、无线专网和电力杆塔商业化运营，开拓电动汽车、电子商务、智能芯片、储能、综合能源服务等新兴业务。

为构建一体化生态体系，需要电网企业提前开放标准化接口，提前构建统一的 RPA 策略，与第三方企业能形成无缝对接，同时也能防范随之而来的风险。另外，当电网企业本身已经形成 RPA 流程自动化标准之后，甚至可以作为机器人派遣中心，为合作方提供服务，带来新的业务，同时对系统稳定有更好的支持。

2. 推动能源互联网的发展

随着可再生新能源的广泛应用，对电网的实时管理能力提出了新的挑战，而 RPA 技术的应用提供了一种可能的解决方式。

通过 RPA 搭建跨平台、跨系统的信息管理平台，将大量可再生新能源分布式采集装置、分布式储存装置和各种类型负载互连起来，整合管理新型电力网络各个节点，用信息流控制能量流，实现实时数据采集、智能化监控、操作和管理，构建能量双向流动，能量对等交换的共享网络，实现可再生能源的最大化利用。

RPA 带来系统开放性。新能源采集在不断地发展，新的发电装置、储能装置和负载不断地加入电网，RPA 能够轻易地通过模拟人类员工的操作，很好地适应不同系统的介入，真正做到"即插即用"，形成对等、扁平和能量双向流动的能源互联网。

3. 成立企业卓越中心助力整体智能自动化

一个企业的 RPA 部署,往往从一个部门开始;一个部门 RPA 的成功,往往能在企业中起到领头羊的作用。

目前,在数字化浪潮中,企业在 IT 新基建的过程中,一般有两种选择,IT 建设中心化或者去中心化,两者各有利弊。但在大企业实施过程中,往往都有由点及面、逐步推动的过程,其目的一方面是测试安全,另一方面是能在后期企业推广中统一部署、统一架构,在整个企业中统一 RPA 的政策。虽然这样做会有一定的经济代价,但是长远的好处是显而易见的。

因此那些领先部署的部门、分子公司,最后往往能形成机器人派遣中心,也叫卓越中心(Centre Of Excellence COE),从而主导整个企业的机器人工作流程分配。RPA+AI 在电网中的应用示意如图 5.5 所示。

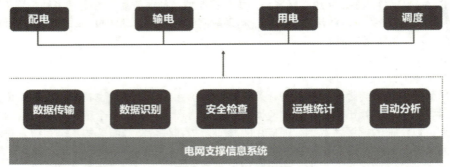

图 5.5　RPA+AI 在电网中的应用示意

RPA+AI 电网实施成果如下。

①生产安全保障。

对于人员的操作失误,如能提前整合员工健康信息,通过 RPA 把数据结构化,自动对每位前往作业的员工提前进行健康评估、情绪测评,对处于不适宜状态的员工停止派发工单,RPA 将成为一线员工的好助手,员工的人身安全就多了一道保障。

②系统安全保障。

通过软件机器人 24h 全天候的工作,识别网络攻击特征,记录攻击地址,及时发出警报,通知相关人员,同时也能根据攻击特征自动生成安全策略进行应对。

③数据隐私保障。

- 由 RPA 代劳大量基础数据的处理工作,人员泄密的可能性几乎为零。
- 立足国内自身研发力量开发 RPA 平台,并在适当的时候开放源码,让电网企业完全放心使用。
- 与 RPA 有关的机器学习带来的隐私问题,逐步由新的学习模型架构来解决。如联邦学习——一种新的机器学习框架,通过大量分布的边缘设备,不断交换数据,进行独立数据样本的机器学习模式。与传统的集中化机器学习形成对比,无须把数据集中到一个平台,在进行有效机器学习的同时,还能满足用户数据隐私、数据安全、数据权限分级保护的需求。
- 国内 RPA 厂商立足自身,结合成熟技术,开发了适用于国内企业应用场景的 RPA 产品,并不断更新完善产品,搭建产品社区,让国内用户,包括政府企事业单位,都能安心使用,并方便、及时地得到技术支持和后期维护。

④技术可靠性保障。

- RPA 能实施 24h 不间断的监察,通过光学字符阅读器(Optical Charater Reader,OCR)或其他人工智能图像识别软件,实时发现出现的异常,彻底消除人为失误的可能。另外,通过分阶段实施,获得试验性实施经验,得到验证性测试(Proof Of Concept,POC)认证,逐步在企业全面推广,避免在实施过程中出现系统性误差的可能。
- 此外,RPA 能够实施自我监督,通过全流程管控机器人,对机器人操作结果进行二次确认,为流程自动化的可靠性增加了一道保障。

- RPA 属于非侵入式开发，在原有系统外加载软件机器人的操作，不会降低原来系统的安全性。

⑤打破数据孤岛效应。

- RPA 能适应任何图形化操作界面，通过软件机器人自动化操作，以接近 100% 的准确率完成系统间数据交换。无论各个业务系统是否来自不同的软件商，甚至是否部署在不同操作系统的服务器上，都能"完美"地进行数据整合。
- RPA 属于外挂式应用，无须定制编程。其适应性强，可以随时根据业务系统的调整而调整，简单、方便，业务人员经过培训后，即能自行进行 RPA 的调整和创新，随时优化工作流程，提升工作效率。

⑥增强市场竞争力。

- 通过软件机器人的部署，电网企业能灵活调整输配电计划，向用户提供个性化的用电方案，达到用户降低用电成本和电网企业错峰输电的双赢效果。
- 通过大规模部署机器人，达到降本增效。部署和运行一个机器人的平均成本要远低于一个同等的全职雇员，让软件机器人协助完成大量单调、枯燥的工作，优化非增值流程，激发员工主动性，将更多的时间投入市场开发和决策中，增强企业市场能力。
- 对接第三方业务中数据的接入，RPA 能很好地适应各种系统环境，完成数据转移。对于第三方业务更新，能快速满足与之相对应的数据接口需求，保障新业务的安全、实时运行。
- 在系统中部署全天候系统监察系统，严格比对接入数据的准确性，并确保系统免受外来的攻击，实时做出安全策略调整。

⑦赋能员工提升效率。

- 工作效率上的提高。

一个软件机器人通过日夜不停地工作，且拥有平均超过人类 30% 的速度，通常能抵 5 ～ 6 个全职人工。而且在工作标准化得到认证以后，机器人的工作失误率几乎为零，避免了人为因素出现的错误，或工作标准不统一，导致企业效率降低。

- 员工工作体验的提升。

减少枯燥、重复性工作，避免员工在压力下造成错误，让员工团队变得更稳定，更有创造力。

- 增强人类员工的决策能力。

随着软件机器人的应用，人类员工能更好地运用信息系统，增强了在工作中做出正确决策的能力，使普通劳动者升级为决策制定者，基层员工能更好地实现工作职能。

- 提升企业效率。

一方面，随着软件机器人在企业内的全面推广，更多的工作流程得到自动化、智能化改造，积累更多标准化的解决方案。员工可以方便地使用和改进已有的流程自动化方案，充分发挥软件机器人规模化效应，提高员工工作效率。对企业来说，数据标准化的统一，流程标准化、智能化的改造，让整个商业运营变得更加可预测、更加稳定。另一方面，随着人类员工有更多时间实现专业方面的积累，让工作成果变得更专业、更细致，从而给企业带来更高的产品服务质量，提升员工个人对企业的归属感，对稳定整个企业人才库起到了很大的作用。

↘ 5.3.4　RPA+AI 一网通办

"晕头转向跑断腿，一进政务大厅两眼黑。"这是不少群众在办理业务时对政务服务现状的普遍认知。这背后反映出的是我国各级各部门在政务信息化过程中所存在的互联互通难、数据资源共享难和业务协同难的典型"三难"问题。

全盘推翻重构，对日常业务量巨大且关系民生的政务服务体系而言并不现实；而传统升级改造又存在着牵一发而动全身、改造周期漫长、投入巨大等难点。如何借助前沿科技寻找"一体化数字升级"的最优解呢？

本质上，这体现了智慧政府与服务型政府相互融通的特点。而要真正将"三难"问题转变为网络通、数据通、业务通的"三通"，结合了互联网、大数据和人工智能等新技术于一体，并具备"低代码、非侵入"特点的 RPA+AI 将成为非常便捷有效的解决方案，扮演国家与各省、部门与部门、民众与政府间的智慧政务连接器。

RPA 可通过模拟人在计算机上对鼠标键盘的操作，像真人一样进行自动化办公，且 $7\times24h$ 全天候不间断，按照规则去自动化执行流程或者一系列的任务，将政务工作人员从重复、烦琐的工作中解放出来。同时，RPA 能够充当各系统、各应用间的"摆渡车"，在不影响原有 IT 系统结构的同时，解决接口缺失问题及数据迁移自动化。

一方面，通过 RPA 打通场景、平台，可以赋能不同业务与部门间数据的流通，达成资源配置效率和业务效率的全面提升，构建了政府的数字化环境，为新形态业务的发展提供了自动化基础；另一方面，结合 AI 技术后，RPA 可以满足财务、人力等平台支撑部门更复杂的自动化需求，甚至已经参与到业务的自动化，使政府员工可以专注于自身的核心技能，释放员工的创造力。

通过 RPA+AI 助力一网通办，让企业和个人的申请做到：一次告知、一表申请、一口受理、一号办理、统一发证。形成"互联网 + 政务服务"模式，加快全国一体化政务服务平台建设，是深入推进"放管服"改革的关键举措，有利于进一步优化营商环境，进一步降低制度性交易成本，进一步激发社会和市场活力，为企业和群众干事创业营造更好的环境，为经济社会发展注入新的动力。

2015 年 5 月国务院在全国推进简政放权放管结合职能转变工作会议上，首次提出了"放管服"改革的概念，推进"互联网 + 政务服务"，促进部门间信息共享，深化简政放权、放管结合、优化服务改革。为进一步推动部门间政务服务相互衔接，协同联动，打破信息孤岛，全国范围内政务服务事项基本做到标准统一、整体联动、业务协同，除法律法规另有规定或涉密等外，政务服务事项全部被纳入平台办理，全面实现"一网通办"。

全国一体化在线政务服务平台的建设任务，主要包括政务服务一体化、公共支撑一体化、综合保障一体化等 3 方面 14 项重点建设内容。在推进政务服务一体化方面，通过规范政务服务事项、优化政务服务流程、融合线上线下服务、推广移动政务服务等 4 项举措，推动实现政务服务事项全国标准统一、全流程网上办理。在推进公共支撑一体化方面，通过统一网络支撑、统一身份认证、统一电子印章、统一电子证照、统一数据共享等 5 项举措促进政务服务跨地区、跨部门、跨层级数据共享和业务协同。在推进综合保障一体化方面，通过健全标准规范、加强安全保障、完善运营管理、加强评估评价等 5 项举措，确保平台安全、平稳、规范运行。

加强平台中各类公共信息、个人隐私等重要数据的安全防护，建立数据安全规范。在系统后台对每类数据的安全属性进行必要的定义和设置，详细规定数据的开放范围和开放力度，并严格执行相应的权限管理。各部门推进本部门政务信息系统向国家电子政务内网或外网迁移，对整合后的政务信息系统和数据资源按必要程序审核或评测审批后，统一接入国家数据共享交换平台。深化新技术应用，做到信息数据过程化管理、全天候的监督。另外，对于个人信息在政务中的安全使用，通过数据脱敏实现批量个人数据的匿名化，通过数字水印实现溯源处理。

推行一网通办的过程中，各地政府都会面临一些类似的挑战：

既要提供全面和快速的政务服务，又要考虑工作人员的压力和工作时间；

既要解决自动化的问题，又会疑虑自动化的系统流程遭破解而泄露隐私；

既要解密数据，让系统变得更智能化，又会担心数据被越权使用。

在这种情况下，RPA+AI 这种结合了互联网、大数据与人工智能等前沿技术的创新型产品所能提供的"整合"与"协同"价值就至关重要了。同时，RPA 还拥有"连接器""无侵入"两个特性，通过模拟人类的操作方法，在不更改信息系统的前提下，使用非侵入的方式，将不同系统的数据进行提取及整合，让数据的安全得到保障。通过 RPA+AI 智慧连接国家与各地方、相关部门及各系统、民众与政府业务员，助力国家"一体化"数字政府建设，加速"一网通办"时代到来。图 5.6 所示为一网通办常见应用场景。

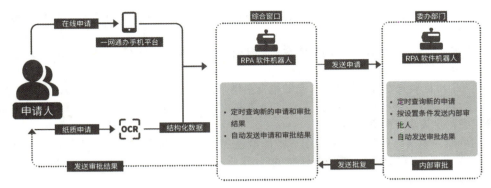

图 5.6　一网通办常见应用场景

1. 数据孤岛

RPA+AI "摆渡车" 助力一网通办提质增效。

① "连接器" "无侵入"。

具备 "非破坏、无侵入的多系统集成能力" 的 RPA+AI 系统，恰好为解决这一难题提供了一种新的思路，即客户无须改变原生系统，也无须原系统厂商配合，通过平台提供的丰富的基础流程组件，包括登录、验证码识别、非结构化数据（PDF、图片等）处理、Excel 数据处理等，快速构建起高效的流程机器人，并最终形成一个具备精准满足新业务发展需求、具备 7×24h 连续服务能力、错误率更低的高效精准的流程执行平台。

② 完善标准，加快构建政务信息共享标准体系。

RPA 可以根据用户需求，标准化工作流程，避免因工作标准不统一而造成的数据差错，提高数据质量，提升办事效率，让一网通办变得更加智能、便捷。通过将 OCR、自然语言处理（Natural Language Processing, NLP）等 AI 技术与 RPA 的深度结合，政务服务人员在处理窗口业务或内部文件档案流转时，无须在国家级和省市地方级别的不同系统之间来回切换，即便是跨部门、跨机构的信息查询、收集与整理，也全部可以通过 RPA+AI 来自动完成。不仅提升了 "一网通办" 的处理效率，真正让科技发展普惠到了普通百姓与一线政务工作人员，更顺畅地连接起前后台业务流程，实现了数据与业务的双向连通。

2. 基层工作人员压力

让软件机器人做 "机器" 的事，释放员工潜力。

① 助力一次录入。

通过 RPA+AI 将传统手动表格数字化，模拟人工自动化将数据填入各个对应系统中，为公务员减少枯燥、重复性工作，消除了人工输入发生错误的可能，同时减轻基层的工作压力。

② 降低重复操作。

在政务服务信息通过综合窗口收集之后，数据流转至各级委办局在子系统中进行审批的过程中，同样可以通过 RPA+AI，对信息进行自动抓取、整理和审批，从而避免了大量二次录入的工作量产生，并将政务服务的前后台业务流程整合成了一体。

③ 人机协同，产出加倍。

采用 RPA，既是雇佣数字劳动力，也是赋予员工自动化的技能和工具，整体来看提升了传统人力的产出效率，对人力资源丰富的组织来说，产出提升总额也会更高。

④ 增强组织创造力。

长期来看，使用 RPA 以后，劳动者的工作满意度大幅改善，可以有时间和精力去从事那些更有创造性的事情，为组织创造更高价值。

3. 快速及全天候响应需求

RPA+AI 7×24 h 不间断办理，提高民众满意度。

① RPA 能做到全时段无人化操作，软件机器人一经设置，可以日夜不停地工作，协助人类员工缩短时间完成事项办理。

② 通过 AI 技术自动识别，RPA 自动抓取数据，自动填写并提交，打破数据孤岛，大幅度提高办事效率，缩短窗口服务的等待时间。

③ 审批环节，根据事先设置条件，RPA 自动根据新增申请搜寻内容，根据条件判断，及时完成事项审批，并保留记录，对异常事项进行标注并提醒关注。快速有效并风险可控地完成事项办理，提升办事企业和办事群众的满意度，改善政府形象。

④ 弹性的劳动力供需方案，对于业务需求的周期性变化，组织需要弹性、可控的数字劳动力资源。采用人机结合，"完美"实现了劳动力需求与供给的匹配。

4. 数据安全挑战

大业付安全，可信 RPA。

采用 RPA，本身就是一种更安全的信息观念，机器人的模拟操作，避免了人为操作错误和信息误差。同时，可以通过减少办公者与敏感数据的接触，从而防范数据隐瞒、欺骗等问题的发生。

① 非侵入式开发。

RPA 属于非侵入式开发，在原有系统外加载软件机器人的操作，不会降低原来系统的安全性。RPA 可以模拟人的操作，只停留在操作界面，不用软件系统开放接口，不会像网络爬虫一样侵入后台，将全部内容一览无余。对于 RPA 会涉及的键盘和鼠标自动化操作，都是通过 Windows 操作系统或浏览器的公开接口进行的，不使用进程注入、消息钩子、应用程序接口（Application Program Interface，API）钩子等可能危害系统安全性的操作。

Windows 操作系统或浏览器对于此接口的安全性已经有所考量和保障。

② 本地部署，有据可查。

为了应对数据隐私方面的问题，一方面，需要选择可以在内网和专网中离线运行的 RPA 平台，在没有网络接入或仅有内部网络接入的物理隔离环境，可以大大减少数据隐私问题，同时也可以最大限度地减少被外部因素威胁系统安全的可能性。另外，在流程的运行过程中，应启用 RPA 平台的日志记录和屏幕录像记录，这样所有流程的操作均可追溯，确保操作过程中带来的任何问题，无论是系统故障、安全威胁还是数据泄露，都有据可查。

③ 24h 监察，分步实施。

RPA 能实施 24 h 不间断的监察，实时发现出现的异常，如人为失误、外部攻击等。另外通过分阶段实施，获得试验性实施经验，得到 PoC 认证，逐步在政府组织内部全面推广，避免在实施过程中出现系统性误差。

④ 国产自主。

为了应对国产自主方面的问题，一方面，应优先选择已兼容国产自主软硬件的 RPA 平台，例如飞腾 CPU、银河麒麟操作系统、达梦数据库软件等。兼容这些主流国产自主软硬件，工作量并不小。另一方面，应优先考虑那些已进行平台兼容性认证的 RPA 平台。

5.4 RPA+ 云计算

企业上"云"，是近年来不同规模、不同类型的行业都纷纷关注并提上日程的信息系统建设规划之一。通过互联网的方式，将企业的基础设施、管理及业务部署到云端，需要及时按需按量获取云服务商提供的计算、存储、网络、安全等云服务，在大幅度降低企业 IT 运维成本的同时，还能更灵活地体验各种先进云端技术。从切实可见的好处与优势，到各地政府相继发布的支持政策，高居不下的热度反映出了企业对于上"云"的兴趣及期待。

RPA+云计算

RPA 作为智能时代政企数字化转型的重要工具之一，也在 2019 年迎来了在中国的发展"元年"。由配置在计算机等智能设备上的 RPA 模拟人类的点击、输入等人机交互操作，完成基于固定规则的重复性工作，比如财务数据汇总、业务信息归纳整理，或者在不同软件与系统间操作，完成数据提取和处理。如今，以 RPA 作为工具，实现人机协同，不仅能帮助政企员工大幅提升产出效率，满足对工作结果准确性与合规性的高标准要求，也正在大幅改善办公者的工作体验。

两大热点相结合会有怎样的碰撞火花？RPA 上"云"是否能够像软件即服务（Software as a Service，SaaS）一样，成为解决 RPA 高度定制化与实施成本高等问题的关键，让软件机器人达到机器人即服务（Robot as a Service，RaaS）的新阶段呢？而对政企用户来说，RPA 上"云"又会带来哪些优势与益处？

↘ 5.4.1　RPA 上"云"现状

什么样的产品形态才能称为真正的 RPA 上"云"？

作为 RPA 基础三件套之一的 RPA 机器人管理端，原生即浏览器 / 服务器（Browser/Server，B/S）架构，部分厂商将其部署到云端后，就将其称为 RPA 上"云"。另外，近年来，RPA 产业链中产生了一种新的产品形态——RPA 机器人流程的下载和交易平台，也叫作机器人商城。用户只需要在商城中注册一个账号，即可登录商城平台，进行机器人和流程模板的买卖交易。上述两个都是 SaaS 形态的产品，但是它们不能代表 RPA 上"云"。

RPA 上"云"，其核心的要点是 RPA 机器人流程的设计开发和测试运行都应基于云端。为了达到这个效果，设计开发和测试运行 RPA 流程所涉及和连接的所有相关信息系统，都必须同时部署在云端，这才是真正的 RPA 上"云"。

2018 年 7 月，中华人民共和国工业和信息化部（简称工信部）发布《推动企业上"云"实施指南（2018—2020 年）》，提出了企业上"云"的工作目标：到 2020 年，云计算在企业生产、经营、管理中的应用广泛普及，全国新增上"云"企业 100 万家，形成典型标杆应用案例 100 个以上，形成一批有影响力、带动力的云平台和企业上"云"体验中心。而随后，各地政府对于上"云"相关的支持与发展政策也逐步启动。

政策的大力支持增强了企业上"云"的倾向，我国企业对上"云"重要性和紧迫性的认知也日渐深化。据《中国企业上"云"指数（2018）》数据显示：2018 年我国 43.9% 的企业使用了云服务，较 2017 年增长了 8.9%；公有云和混合云的企业用户比例较 2017 年有较大增长，分别提升了 1.6 和 2.1 个百分点；2018 年企业基础云化、云化创新、管理变革这 3 个一级指标水平分别为 40.8、33.8、31.7，分别较 2017 年增长 6.3%、9.0%、7.1%。

RPA 替代的是工作中机械重复的部分，但是由于行业不同、岗位不同、环境不同，即使替代的是同一类人力工作，实施方案也可能不尽相同，定制化几乎是 RPA 项目与生俱来的特点。而通过 RPA 上"云"，在节省 RPA 厂商资源成本的同时，还能让 RPA 在各个行业及领域快速落地，上"云"特有的按需订阅的方式也更能满足企业的弹性需求。

随着云时代的来临，我们越来越多地看到，更多云原生的系统为数据流转提供了可能。通过 RPA 上"云"后的流程梳理和自动执行，让原本各个系统之间的信息孤岛被打通。从办公协同软件、会议系统，到云端的 ERP、客户关系管理（Customer Relationship Management，CRM），再到层出不穷的 SaaS 应用，RPA 上"云"的出现起到了重要的纽带作用。国际知名信息技术研究和分析公司 Gartner 在《新技术：RPA 增强功能》一文中也提出，预计在 2024 年，超过 20% 的 RPA 部署将基于云，"云交付"将是 RPA 发展的主要技术趋势指引。

↘ 5.4.2　RPA 上"云"步骤

RPA 上"云"不是一个简单和独立的过程，无法通过租用几台虚拟机或者购置公有云服务，然后部署应用和服务就可以直接实现。RPA 上"云"是一个系统性的大工程，不仅需要考虑将单个应用系统本身从物理机架构上迁移到云端虚拟机架构上，而且需要考虑应用系统之间的互相调用关系。RPA 上"云"所涉及的应用系统不仅包括 RPA 基础三件套：RPA 管理端、设计器、运行器，还包括 RPA 调用的人工智能平台、

RPA 流程和模板交易平台，RPA 流程所涉及和连接的相关信息系统，都必须同时部署到云端。

1. RPA 上"云"前的准备工作

RPA 上"云"前的准备工作主要包括以下几个要点：了解现状、需求评估、量化分析等。

（1）了解现状。

通过信息收集等调研方式，收集网络环境、硬件平台、系统配置、应用、数据存储情况等信息，了解组织内部 IT 资源的现状。具体包括网络环境是互联网、有限制的互联网（例如政务外网），还是内网（例如军工、涉密单位的局域网）；硬件平台是 x86、IA-64，还是 ARM 架构，不同硬件平台之上的软件几乎都需要重新编译；系统配置信息包括浏览器类型和版本、Office 等办公软件版本、邮件系统类型等关键基础软件信息；应用信息包括 CRM、ERP、办公自动化（Office Automation，OA）等关键的业务系统的类型和版本等；数据存储情况包括数据库类型、数据存储架构等。

（2）需求评估。

需求评估分别从业务需求、系统需求出发，分析组织的信息化现状、存在的问题、业务未来的发展需求、业务是否迫切需要上"云"，制定上"云"目标等。例如，如果是军工、涉密单位的内网应用，便利性和降本增效不是用户的主要诉求，安全性和可靠性是用户的主要诉求，RPA 流程所涉及和连接的相关信息系统不适合上"云"，数据也不能上"云"，这种场景就不适合迁移到云端。

（3）量化分析。

量化分析就是根据 RPA 业务流程的负载、特性、复杂性、关联性分析、确定并量化上"云"风险，以及对业务可能造成的影响及损失，以确定 RPA 上"云"的优先级、批次及上"云"策略。对大部分的组织来说，原有的 IT 基础架构和软硬件部署模式都是相对独立的，不同的软件应用都由不同的开发商提供，不同系统之间还有网络安全隔离，各系统间还有协同关系。所以需要优先确定 RPA 上"云"的规划，是逐步迁移还是一次性迁移。如果是分步骤上"云"，需要确认哪些系统先迁移、哪些后迁移，并解决迁移后和周边的系统如何协同等问题。最后还需要进行风险评估，根据收集到的相关信息对目前系统进行 RPA 上"云"的风险评估，分析各种潜在危险，并针对可能发生的危险事件采取相应措施。

2. RPA 上"云"的分步骤实施

RPA 上"云"可遵循统筹规划、分步实施、由易而难、由简单到复杂的策略。

首先，优先考虑的是独立应用的系统，包括 RPA 管理端、RPA 调用的人工智能平台、RPA 机器人流程和模板交易平台。这几个应用系统相对独立，且已经是云端架构，一般可以直接迁移到目标云端平台上。

其次，考虑 RPA 核心系统和应用上"云"，包括 RPA 设计器、运行器，这两个应用是所有 RPA 流程所涉及和连接的相关信息系统上"云"的基础，如果 RPA 设计器和运行器没有上"云"，无法享受到 RPA 上"云"的便利，同时其他业务系统上"云"也没有任何意义。RPA 设计器和运行器上"云"后，可以逐步地、分批次地与 RPA 流程所涉及和连接的信息系统进行对接，直到所有信息系统全部上"云"。

最后，RPA 流程所涉及和连接的相关信息系统上"云"，包括 ERP、CRM、人力资源（Human Resources，HR）、OA、财务系统等。信息系统上"云"又可以按照业务依赖的强弱程度再分批次上"云"：业务依赖性弱、相对独立的信息系统可以优先上"云"；业务依赖性强、与其他信息系统有千丝万缕联系的信息系统后续上"云"。

3. 云RPA 与云平台的对接方法

（1）现代化办公软件与 RPA 集成。

随着云时代渐渐成为主流，以 Office 套件为首的办公软件，也大力推广其云端的版本，并提供领先的功能和流畅的用户体验。RPA 的应用也离不开办公场景，从对 Excel 表格的操作，到对 Word 中文档的自动排版生成，再到对 Outlook 中附件的自动下载，RPA 跟办公软件应该算是非常亲密的朋友了。当老朋友办公软件逐渐云化，更多地开放数据接口，更丰富的云端功能调用，让 RPA 也不愿拖后腿。原本要在外部界面通过鼠标才能完成的操作，如今在云端都可以直接进行模块调用，完成批量流程的设计。云端 API 的内置打通，让 RPA 的流程设计变得更加简化。原生接口的支持，也避免了录制中复杂逻辑的编辑。

另一方面，会议系统作为办公软件中的重要组成部分，也是 RPA 施展拳脚的领地。云端会议系统的接口打通，让 RPA+AI 能够快速地实现会议创建、加入会议、自动形成会议纪要，并实现会议纪要与邮件系统的自动流转等。

（2）业务系统与 RPA 的集成。

CRM、ERP 等业务系统已经成为企业内部 IT 的重要资产，越来越多的业务数据、客户关系数据等在该系统中运转和留存。RPA 作为企业降本增效的重要工具，更是希望能跟此类业务系统做深度整合。云端的串联，让快捷的业务自动流转成为可能。客户关系的自动填充，拜访计划的自动录入，让销售人员能有更多时间活跃在一线的客户沟通中。RPA 上"云"让操作云端 CRM 系统变得更直接、更深入，并可以更方便地在移动端或者远程办公时操作，显著提高工作效率。云端信息也基于公有云厂商和 RPA 厂商等的层层信息加密和数据保护，极大程度地减轻了应用本地部署的运维压力和威胁防御压力。

（3）广泛的应用打通。

除了办公软件和业务系统等典型的大型云软件，企业内部还运行着海量的第三方 SaaS 软件。在数据交互的时代下，信息孤岛将越来越少，RPA 更多地将扮演四通八达的高速公路的角色。RPA 将越来越多地跟第三方网站、平台、应用打通，即在 RPA 中就可以以无代码或者低代码的形式，实现这些接口的调用，并实现数据交互及相关操作。当 RPA 上"云"后，数据连通将变得更加自然和流畅。

↘ 5.4.3　RPA 上"云"收益

相对本地化部署的 RPA 基础设施来说，将 RPA 部署到云服务器上，能为实施 RPA 的组织带来哪些收益呢？

1. 复制成本低，可摊平初次部署成本

RPA 的本地部署方案如果更换运行环境，每次都需要在新的运行环境中，重新部署机器人执行器和流程所连接的相关信息系统。由于操作系统、信息系统等本地环境的差异，经常会导致部署时的个性化问题，增加部署的时间和人力成本。而将 RPA 部署到云服务器上，虽然初次部署成本较高，需要将机器人设计器、机器人执行器和机器人管理端等三件套，以及相关信息系统全部迁移到云端，但是云端部署复制成本趋近于零，只需直接复制该部署环境即可，当云端机器人数量和流程数量越来越多时，平均部署成本随之降低。

2. 标准化程度更高，可有效降低流程开发成本

RPA 流程的复杂度，除与流程本身的业务复杂度相关外，与该流程所运行的软硬件环境，包括操作系统、浏览器类型、信息系统版本、屏幕分辨率等也有很大的关系。本地部署的 RPA 流程，为了保证其运行鲁棒性，相当一大部分流程内容需要增加大量由于环境差异所造成的分支流程；而将 RPA 部署到云服务器上，所有的软硬件环境可能性将变成唯一性，流程业务只需要针对这一种情况进行处理即可，大大降低了流程的开发成本，同时提高了流程运行的稳定性。

3. 可以在任何地方被访问，用户使用更加方便

RPA 上"云"给用户带来了使用上的灵活性和可移动性。通过浏览器和网页界面，用户可以直接登录云端服务，在一台计算机上开始工作，而在另外一台计算机上完成工作，不受空间和地域的限制。并且，用户的使用体验可以不受设备的限制，不同设备的使用体验都是一样的，不管是台式机、笔记本计算机，还是平板计算机。由于 RPA 通过软件模拟人类在计算机上的操作，因此实施本地部署方案，要么需要占用用户工作计算机的使用时长，要么需要配置一台与用户工作计算机相同的计算机。使用云端 RPA 则没有这个问题，降低了用户使用复杂度。

4. 按需计费，显著节约用户成本

RPA 通过增加机器人运行器的数量来扩大整体部署规模，实施本地部署方案，这将产生一笔非常可观的开支，不仅需要软硬件购置成本，而且需要聘请技术支持专业团队来解决服务器问题。当组织削减数字化劳动力时，RPA 的硬件成本将造成极大浪费。而采用云端 RPA 的部署方式，无须 IT 基础设施成本，并可

以按需付费，增加或减少 RPA 的数量，极具灵活性和可扩展性，整体可以显著节约用户成本。

5. 公有云的大量技术资源可以被直接利用

云计算技术经过多年的发展，已日渐成熟。除原生即部署于云端的机器人管理端和机器人商城之外，与 RPA 关系密切的多个人工智能平台，例如 OCR、NLP 等，通常都部署于云端平台。RPA 连接的常见业务系统，例如 ERP、CRM、HR、OA、财务系统等，也大量按照 SaaS 方式部署。上述系统云端 RPA 都可以直接进行对接。如果云端 RPA 与所连接的业务系统部署于同一个云端平台，那么两者之间可以进行深度整合。

↘ 5.4.4 RPA 上"云"挑战

数据表明，尽管 RPA 上"云"有诸多的收益，仍有近 80% 的客户不为"云端 RPA"所动，而保留使用本地部署的方式。实际上，不仅是 RPA，企业或政府的很多核心 IT 系统，今天都还没有上"云"。虽然云计算发展了十余年，已经成为 IT 基础设施的代名词。但我们发现，企业或政府通常把需要对外展现或对外提供服务的业务放在云上；而在内部运作的 IT 系统，例如 ERP 系统等，大多还是采用本地部署的方式。

当然，也有的 RPA 本身以云原生的形态存在，但为了操作本地的 IT 系统，仍然需要在本地安装一个代理软件，并且让这个代理软件和云端 RPA 保持网络连接，接受云端 RPA 的控制。那么，为什么 RPA 以及所连接的信息系统，例如 ERP 等 IT 系统，上"云"并实现 SaaS 化会遇到如此多的阻力呢？

1. 用户体验

尽管今天"云原生"的理念早已深入人心，并且很多的"云原生"的软件和工具也都已经被大规模应用了，但仍有许多软件系统部署于本地。究其原因：一方面，"云原生"的软件必须时刻保持网络连接在线，造成了使用的不便；另一方面，本地化的软件使用本地资源进行画面渲染和用户交互响应，用户体验强于云原生。更进一步讲，"云原生"的软件通常在浏览器中运行，权限较低，操作本地的各种外设极为不便，使软件功能受到了很大限制。

很多企业级软件比较强调定制化，需要根据企业的实际情况，对软件进行相应的功能调整，对于本地安装的软件，定制开发并无技术难度，只要和软件厂商协商即可。而 SaaS 形式的软件，通常只能在标准化功能的范围之内进行配置。另外，SaaS 形式的软件强调持续交付，更新比较频繁。这一特性对企业级软件来说是双刃剑，企业或政府的诉求通常是核心功能的稳定性，只要当前版本能完成任务，尽量不去折腾。这种体验感的非连续性，也是一部分客户不选择 SaaS 的原因。

2. 迁移成本

系统的迁移从来都是棘手的问题，只要原有的业务系统还能工作，通常从基层员工到决策者都没有迁移的动力。对员工来说，迁移有巨大的学习和适应成本；对决策者来说，还要考虑到迁移导致业务中断的风险。实际上，目前 RPA 的一大使用场景恰恰就是面向那些老旧的、已经无法维护的，但又能正常工作的业务系统，以非侵入的方式对其进行外挂式的自动化操作和自动运维。

与系统迁移相比，旧系统中的数据迁移则更加困难。新旧系统的数据格式不一致会产生大量数据清洗的工作。如果数据迁移没有导入、导出接口，那么只能采取逐个录入的方式进行迁移（这也是 RPA 的使用场景之一）。另外，在迁移过程中，大量原始数据在互联网上流转，其安全性也常常会受到质疑。

3. 信息安全和数据隐私

虽然 SaaS 化的产品存在价格低、实施快、易升级等优势，但对于组织内部使用的 IT 系统，如 ERP 等，信息安全和隐私才是主要关注的因素。在很多情况下，这些内部 IT 系统中的数据已经重要到了关乎企业生死存亡的地步。相比之下，本地部署的 IT 系统即使在价格、实施周期上不占优势，对决策者来说也是两害相较取其轻。

互联网上的任何服务都有被攻击的可能性，导致信息的丢失或者泄露。为了尽量规避信息安全和隐私的隐患，很多大型企业和政府的做法就是彻底与互联网物理隔绝。虽然物理隔离互联网也并不代表绝对安全（例如还有"摆渡攻击"的可能性），但毕竟会大幅提高安全性。

实际上，单纯从技术角度来考虑，云计算在信息安全和可靠性等方面已经做得很好了。一线的云服务商都将信息的安全、可靠视作生命线，在相关的资源投入上不惜代价。公有云平台的设计首先会以安全性为主导，采取安全开发生命周期（Security Development Lifecycle，SDL）的方法将安全性构建到软件代码中，强制开发流程将安全要求嵌入从规划到部署的整个软件生命周期。为了确保整个运营过程中遵循一致的安全优先级，大型公有云厂商制定了严格的安全指南，如安全管理流程的相关规定。

同时在数据隐私方面，公有云厂商所提供的关于隐私和数据保护的方法立足于这样的承诺：客户拥有并控制自己客户数据的收集、使用和传播。云厂商会尽力维持隐私实践的透明度，为用户提供合理的隐私选择，尽责地管理所存储和处理的客户数据。作为衡量公有云厂商数据隐私承诺的一种方法，厂商需要遵循国际和国内标准。

RPA是新生事物，"云原生"的RPA虽然不存在太大技术问题，但考虑到需要和已有业务系统共存，因此目前多数RPA厂商仍然采用本地化软件及客户端/服务器（Client/Server，C/S）架构的模式来部署自己的产品。

企业在使用以RPA为代表的各种数字工具时，鼓励企业里非技术类员工以全民开发者的新身份，参与到企业内部与外部跨界的过程中，仍然需要关注安全与合规的层面。如今，现代化的RPA平台根植于云原生的架构，已经用于为大型政府项目和金融机构提供大规模、关键任务的解决方案。因此，现代化的RPA平台在上"云"的过程中，往往会基于云平台的安全和合规。

为帮助客户遵守国家、地区以及特定行业管理个人数据采集和使用的要求，云服务提供商致力于提供全面的合规认证和证明，包括国际和行业特定合规性标准ISO/IEC 20000、ISO/IEC 27001和ISO/IEC 27018，《信息安全技术　网络安全等级保护基本要求》（GB/T 22239—2019）、《信息技术　中文编码字符集》（GB 18030—2005）、可信云服务评估（Trusted Cloud Service，TCS），以及服务性机构控制体系鉴证（System and Organization Controls，SOC）的认证报告。最终由用户自己来决定云厂商的服务是否符合用户的业务所适用的具体法律法规。为方便用户做出评估，云厂商往往会提供针对安全合规项目的详细信息，包括认证证书和审核报告。

与此同时，RPA厂商也在增加合规认证等方面的投入来减少政企客户的顾虑与担忧。企业上"云"的政策支持与优势越来越强、RPA上"云"的势头也越来越猛，RPA厂商也正在与云供应商共同努力，为政企客户创造更多更灵活的部署方式，打造更安全、更有保障的智能自动化转型解决方案。

本章小结

RPA是智能时代政企数字化转型的重要工具之一。本章分析了RPA的独特价值及优势，并论述了RPA的应用，重点讲解了RPA上"云"。RPA与云计算相结合将会碰撞出新的火花，RPA上"云"将像SaaS一样，成为解决RPA高度定制化与实施成本高等问题的关键，让RAP达到RaaS的新阶段。

课后习题

1. RPA涉及的主要技术有哪些？
2. RPA主要适用于哪些工作场合？
3. RPA上"云"需要面临哪些问题？如何解决？
4. RPA+AI如何应用于教育领域呢？

CHAPTER

06

第 6 章
大道至简——程序设计

学习目标

【知识目标】
* 了解什么是自然语言、程序设计语言。
* 了解什么是编译型语言、解释型语言。

【能力目标】
* 掌握顺序结构、选择结构、循环结构。
* 掌握简单的程序设计开发。

【素质目标】
* 扎实提升程序设计专业技能,提高专业素养。
* 培养大学生的大局意识、团队精神和协作能力。

案例导读

  2018 年 12 月 6 日,中国拥有完全自主知识产权的平台,适用于核电站、研究堆、小堆、动力堆等多种反应堆控制的首套军民融合安全级分布式控制系统(Distributed Control System,DCS)平台——"龙鳞系统"正式发布。"龙鳞系统"涉及主控制站、安全显示站、网关站、工程师站等部分。

  龙鳞系统具备反应堆保护系统闭锁复位、事故后监测系统(Post-Accident Monitoring System,PAMS)参数显示和记录、定期试验、设备级手动控制、自身状态检测等功能,能满足 M310、华龙一号等堆型的应用要求,也可被推广应用于其他堆型,促进提升我国核电技术自主化水平并为国产核电技术"走出去"战略服务。核电站建设场景如图 6.1 所示。

素养拓展

图 6.1 核电站建设场景

"龙鳞"系统包含软件和硬件，作为核心技术之一的嵌入式操作系统都是自主开发的，实现了自主可控。"龙鳞"平台是针对核电安全级仪控系统的需求研制的具有高可靠特征的通用平台，它将软件、硬件结合在一起，有点像是"砖头"——我们用这个包含软硬件的"砖头"去搭建核电中枢系统。

"龙鳞"系统在不断的累积中向前走，正因为这个东西掌握在我们自己手中，所以可以因地制宜进行个性化调整，可以自己把握。

6.1 程序设计基础知识

在程序设计基础知识部分，我们主要讲解程序设计语言现状、程序设计语言与算法、结构化程序设计等方面的内容，为深入认识、了解程序设计奠定基础。

程序设计基础知识

↘ 6.1.1 程序设计语言现状

语言一般分为两种：自然语言和程序设计语言。自然语言是人们在长期的生产、生活中产生的语言，如汉语、英语、法语、德语、日语等；程序设计语言是人们为完成特定的工作或任务而自行设计开发的语言，如 C、C++、Java、Python 等。按照不同的分类标准，程序设计语言可以有多种不同的分类方法。根据执行的方式不同，程序设计语言可以分为编译型和解释型两种。所有的程序编写之后通过编译才能运行的称为编译型语言；解释型语言是指可以编写一条语句就执行一条语句，边编写边执行，而不需要等所有的程序编写完之后才能执行。比如 C 语言是编译型语言，结构化查询语言（Structured Query Language，SQL）是解释型语言。根据是否开源，程序设计语言可以分为开源、闭源两大类。C 语言是闭源语言，Java 是开源语言。在一些复杂的系统中，往往需要同时使用多种不同的程序设计语言进行开发。

计算机只能识别 0、1，最初计算机是通过穿孔纸带输入、输出的，当时的程序设计语言实际上就是 0 和 1 组成的序列，只有少数的专家才能编写，调试也很困难，这就是第一代的机器语言。后来，出现了第二代的汇编语言。汇编语言执行效率较高，但是与通常的自然语言差距较大，掌握起来较难。于是，人们发明了类自然语言的第三代高级语言，如 C、Java 等。高级语言通过类似自然语言的方式进行编写，得到了广泛应用。

表 6.1 所示为各年份不同编程语言的使用排名统计，从表中可以发现，C 语言一直是非常受欢迎的编程语言。

表 6.1 各年份不同编程语言的使用排名统计

编程语言	2023	2018	2013	2008	2003	1998	1993	1988
Python	1	4	8	7	13	25	17	—
C	2	2	1	2	2	1	1	1
Java	3	1	2	1	1	18	—	—
C++	4	3	4	4	3	2	2	6
C#	5	5	5	8	10	—	—	—
Visual Basic	6	15	—	—	—	—	—	—
JavaScript	7	7	11	9	8	22	—	—
Assembly language	8	12	—	—	—	—	—	—
SQL	9	251	—	—	7	—	—	—
PHP	10	8	6	5	6	—	—	—

续表

编程语言	2023	2018	2013	2008	2003	1998	1993	1988
Objective-C	18	18	3	46	49	—	—	—
Ada	27	30	17	18	15	8	7	2
Lisp	29	31	13	16	14	7	4	3
Pascal	211	140	15	20	99	12	3	14
(Visual) Basic	—	—	7	3	5	3	8	5

一般情况下，开发程序的过程主要包括 6 个步骤：设计算法、编写程序源代码、编辑源程序、编译和连接、调试程序（直到改正了所有的编译错误和运行错误）、运行程序。

通过需求分析、设计、编码、编辑、编译、连接、运行、调试，类自然语言形式的源程序可以逐步转化为汇编码和机器码，最终生成可执行的文件，这个过程可以被称为编译、汇编。比如 C 语言生成的可执行文件扩展名是 .exe，Java 语言生成的可执行文件扩展名是 .class。反之，通过可执行文件，也可以逐步反编译、反汇编而还原出类自然语言的源程序。每一种语言的编译、汇编工具和反编译、反汇编的工具都有很多。为了避免用户通过逆向分析的方法获取源代码，开发者设计出了很多种反制措施。

↘ 6.1.2 程序设计语言与算法

在计算机界，有一个经典的公式：程序=数据结构+算法。算法是程序的核心。根据算法处理对象的不同，算法可以分为数值算法和非数值算法。一般而言，算法有以下 5 种表述方法。

1. 自然语言

自然语言是应用非常广泛的算法表述方法。但是自然语言有其固有的歧义性，同一种语言，在不同情况下，不同人的理解是不同的。在专业场合，用自然语言表述算法已不适用。

2. 流程图

流程图是表述算法常用的工具。与物理学中的电路图类似，流程图也有其绘制规则与具体的图标。流程图需要满足一些原则，如单输入单输出、线条不能有交叉等。流程图在算法分析方面应用较多。

3. NS流程图

流程图绘制方便，便于理解，但是不太直观。后来，相关人员对传统的流程图进行改进，提出了一种新的流程图，命名为 NS 流程图。NS 流程图呈规整的盒状，与传统意义上的流程图是等价的。

4. 伪代码

伪代码是介于流程图与具体的程序之间的算法表述方法。由于不同的程序设计语言差异较大，伪代码的表述方法也有很多。伪代码可以较为方便地转化为具体的程序实现，如类 C 语言伪代码可以较为方便地转化为 C 语言实现。

5. 程序

程序是算法的终极表现形式。通过自然语言、流程图/NS 流程图、伪代码，算法最终转化为具体的程序。程序通常比算法更为复杂，算法可以从理论上证明其正确性，虽然有进程代数等一些数学工具，但是静态的证明仍然需要通过动态的运行才能得到进一步验证。

↘ 6.1.3 结构化程序设计

结构化程序设计的 3 种基本的控制结构是"顺序""选择"和"循环"。顺序结构、选择结构（IF-THEN-ELSE 结构）、循环结构（DO-WHILE 结构）的流程图分别如图 6.2 ～图 6.4 所示。

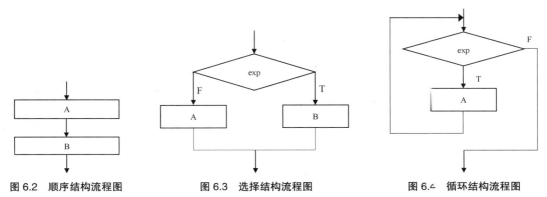

图6.2　顺序结构流程图　　　图6.3　选择结构流程图　　　图6.4　循环结构流程图

实际上用顺序结构和循环结构完全可以实现选择结构，因此，理论上基本的控制结构只有两种。

那么，什么是结构化程序设计呢？

结构化程序设计的定义为："如果一个程序的代码块仅仅通过顺序、选择和循环这3种基本控制结构进行连接，并且每个代码块只有一个入口和一个出口，则称这个程序是结构化的。"

上述定义过于狭隘了，结构化程序设计本质上并不是无GO-TO语句的编程方法，而是一种使程序代码容易阅读、容易理解的编程方法。在多数情况下，无GO-TO语句的代码确实是容易阅读、容易理解的代码，但是在某些情况下，为了达到容易阅读和容易理解的目的，反而需要使用GO-TO语句。例如，当出现了错误条件时，重要的是在数据库崩溃或栈溢出之前，尽可能快地从当前程序转到一个出错处理程序，实现这个目标的方法就是使用前向GO-TO语句（或与之等效的专用语句），机械地使用3种基本控制结构实现这个目标，反而会使程序晦涩难懂。因此，结构化程序设计较为全面的定义为："结构化程序设计是尽可能少用GO-TO语句的程序设计方法。最好仅在检测出错误时才使用GO-TO语句，而且应该总是使用前向GO-TO语句。"

虽然从理论上说只用上述3种基本控制结构就可以实现任何单入口单出口的程序，但是为了实际使用方便起见，常常还允许使用DO-UNTIL和DO-CASE两种控制结构。二者的流程图如图6.5和图6.6所示。

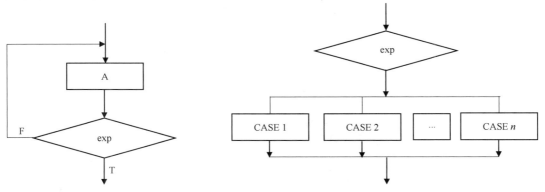

图6.5　DO-UNTIL控制结构流程图　　　图6.6　DO-CASE控制结构流程图

有时需要立即从循环（甚至嵌套的循环）中转移出来，如果允许使用LEAVE（或BREAK）结构，则不仅方便而且会使效率提高很多。LEAVE或BREAK结构实质上是受限制的前向GO-TO语句，用于转移到循环结构后面的语句。

如果只允许使用顺序、IF-THEN-ELSE型分支和DO-WHILE型循环这3种基本控制结构，则称为经典的结构程序设计；如果除上述3种基本控制结构之外，还允许使用DO-CASE型多分支结构和DO-UNTIL型循环结构，则称为扩展的结构化程序设计；如果再允许使用LEAVE（或BREAK）结构，则称为修正的结构化程序设计。

结构化程序设计的原则是：自顶向下、逐步细化、模块化设计、结构化编码。

6.2　程序设计语言和工具

我们选择以 C 语言为例，论述程序设计语言和工具。

C 语言的开发工具包括 VC、BC、TC 等，其中 Visual C++ 是 Windows 平台上最流行的 C/C++ 集成开发环境之一。随着云服务的普及，一些在线开发工具也日益受到人们的青睐，如 rextester、Coding Ground、CodeChef 等。

按照现在键盘的设计，键盘最多可以容纳 128 个键。

ASCII 中字母和数字的编码都是连续的，应用较广。

其他的编码格式还包括 GBK、UTF-8、CJK、GB2312、Big 5 等，不同的编码格式区别较大，在使用时需要注意。

程序设计语言和工具

↘ 6.2.1　顺序结构示例

顺序结构是最简单的结构化程序设计方法。顾名思义，顺序结构就是按照从上到下的顺序依次执行。下面我们通过一个简单的示例进行论述。

图 6.7 所示是一个三角形。求解三角形面积的公式有很多，由于一个三角形的面积是确定的，也就是说，所有的三角形面积公式都是等价的，可以相互转换。

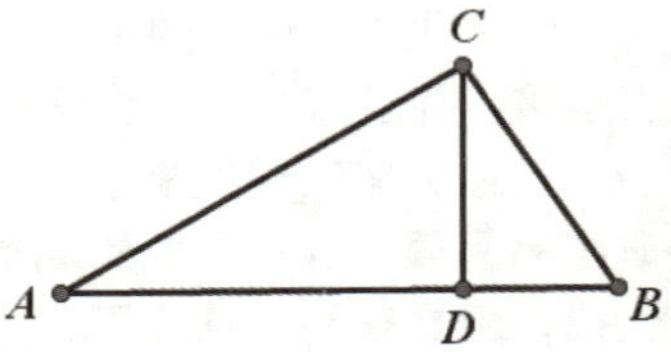

图 6.7　$\triangle ABC$ 示意

对任何一个平面三角形 $\triangle ABC$ 而言，其顶点 A、B、C 对应的边分别记为 a、b、c，根据秦九韶 – 海伦公式，其面积 S 可以用如下公式得到：

$$\begin{cases} S = \sqrt{p(p-a)(p-b)(p-c)} \\ p = \dfrac{1}{2}(a+b+c) \end{cases}$$

于是，可以用顺序结构得到三角形面积的计算方法，直接输入三条边的长度，得到三角形的面积。代码如图 6.8 所示，运行结果如图 6.9 所示。

```c
#include <stdio.h>
#include <math.h>

int main()
{
    double a = 0, b = 0, c = 0, s = 0, area = 0;
    printf("Please input 3 sides of triangle : \n");
    scanf("%lf%lf%lf",&a, &b, &c);
    s = 1.0 / 2 * (a + b + c);
    area = sqrt(s*(s-a)*(s-b)*(s-c));
    printf("%lf\n", area);
}
```

图 6.8　计算三角形面积的代码

```
Please input 3 sides of triangle :
3 4 5
6.000000
Press any key to continue
```

图 6.9　计算三角形面积的运行结果

↘ 6.2.2　选择结构示例

在顺序结构方面，我们讲述了三角形的面积计算方法。但是 6.2.1 节中的程序有一个缺陷，如果输入的三条边长度不满足三角不等式，也就是说，如果输入的三条边长度不能构成三角形，6.2.1 节中的三角形面积计算方法失效。如何才能判断输入的三条边是否可以构成三角形呢？这就需要用到选择结构。

C 语言中，选择结构主要有 3 种不同的实现方法，分别是双分支、三目条件运算符和多分支。

双分支包括 3 种，分别是：

if 语句；

if-else 语句；

if-else-if 语句。

三目条件运算符：

exp1 ? exp2 : exp3

需要注意的是，三目条件运算符还是 C 语言中唯一的三目运算符。

多分支包括：

case；

break；

default。

如果已经测得班级每个人的身高数据，如何得到身高最高的人的信息呢？下面，我们以求最大值为例，论述选择结构。假设输入 4 个数据，若要求出 4 个数据的最大值，需要比较 4-1=3 次。代码如图 6.10 所示，运行结果如图 6.11 所示。

```c
#include <stdio.h>

int main()
{
    int a = 0, b = 0, c = 0, d = 0, max = 0;
    printf("Please input 4 integer numbers: \n");
    scanf("%d%d%d%d",&a, &b, &c, &d);
    max = a;
    if(b > max) max = b;
    if(c > max) max = c;
    if(d > max) max = d;
    printf("%d\n", max);
}
```

图 6.10　求最大值的代码

```
Please input 4 integer numbers:
20 12 49 5
49
Press any key to continue
```

图 6.11　求最大值的运行结果

思考：

输出 4 个整数的最小值如何实现呢？

用其他选择语句如何实现？

↘ 6.2.3　循环结构示例

在 6.2.2 节，我们论述了选择结构。对 n 个数据来说，要求出最大值或者最小值，需要比较 $(n-1)$ 次。我们发现，每比较一次，就需要执行一次 if 语句，如果数据量非常大，比如，成千上万，甚至更多，难道需要书写成千上万条 if 语句吗？实际上，对于这种简单重复的操作，完全可以用循环结构来实现。

循环结构有 3 种不同的实现方法，分别是 while 语句、do-while 语句和 for 语句。

while 语句：

while(exp)

循环体语句

do-while 语句：

do

循环体语句

while(exp)

for 语句：

for(exp1; exp2; exp3)

循环体语句

在这 3 种实现方法中，while 语句和 for 语句都可以归为当型循环类，而 do-while 语句则属于直到型循环。while 语句和 for 语句是等价的，二者可以相互转换。当型循环和直到型循环的主要区别是，当型循环先判断循环条件是否成立，再决定是否执行；而直到型循环先执行一次，再判断循环条件是否成立。也就是说，直到型循环中的循环体语句至少执行一次，而当型循环中的循环体语句可能一次也不执行。

下面，我们以求前 100 个正整数的和为例，论述循环结构。数学王子高斯的故事相信大家都读过。

如果需要求前 100 个正整数的和，完全可以用循环结构实现。我们以 while 语句为例，代码如图 6.12 所示，运行结果如图 6.13 所示。

```c
#include <stdio.h>

int main()
{
    int i = 1;
    int sum = 0;
    while(i <= 100)
    {
        sum += i;
        i ++;
    }
    printf("%d\n", sum);
}
```

```
5050
Press any key to continue
```

图 6.12　求前 100 个正整数的和的代码　　　图 6.13　求前 100 个正整数的和的运行结果

思考：

用 do-while 语句和 for 语句如何实现呢？

求前 10 个正整数的阶乘如何实现呢？

实际中，顺序结构、选择结构和循环结构这 3 种结构一般不是独立的，在具体的程序中，往往同时采用两种，甚至 3 种结构。选择结构和循环结构可以相互嵌套，也可以自身嵌套。对循环结构的分析是计算复杂性分析的重要内容。

6.3 程序设计方法和实践

程序设计是软件工程的重要内容，但软件工程不仅仅是指程序设计。在程序设计方法和实践部分，我们主要讲解软件工程、面向过程程序设计及面向对象程序设计3个方面的内容。

⬂ 6.3.1 软件工程

软件工程是指导计算机软件开发和维护的一门工程学科。采用工程的概念、原理、技术和方法来开发与维护软件，把经过时间考验而证明正确的管理技术和当前能够得到的较好的技术、方法结合起来，以经济地开发出高质量的软件并有效地维护它。这就是软件工程。

虽然软件工程的不同定义使用了不同词句，强调的重点也有差异，但是，人们普遍认为软件工程具有下述的本质特性：软件工程关注于大型程序的构造；软件工程的中心课题是控制复杂性；软件经常变化；开发软件的效率非常重要；和谐地合作是开发软件的关键；软件必须有效地支持它的用户；在软件工程领域中通常由具有一种文化背景的人替具有另一种文化背景的人创造产品。

自从1968年正式提出并使用了"软件工程"这个术语以来，研究软件工程的专家学者们陆续提出了100多条关于软件工程的准则或"信条"。巴利·玻姆（B.W.Boehm）在1983年的一篇论文中提出了软件工程的7条基本原理。他认为这7条原理是确保软件产品质量和开发效率的原理的最小集合。这7条原理是互相独立的，其中任意6条原理的组合都不能代替另一条原理，因此，它们是缺一不可的最小集合。这7条基本原理是：用分阶段的生命周期计划严格管理、坚持进行阶段评审、实行严格的产品控制、采用现代程序设计技术、结果应能清楚地审查、开发小组的人员应该少而精、承认不断改进软件工程实践的必要性。

⬂ 6.3.2 面向过程程序设计

面向过程程序设计采用结构化技术（结构化分析、结构化设计和结构化实现）来完成软件开发的各项任务，并使用适当的软件工具或软件工程环境来支持结构化技术的运用。这种方法学把软件生命周期的全过程依次划分为若干个阶段，然后按顺序完成每个阶段的任务。这种程序设计方法从对问题的抽象逻辑分析开始，按顺序对每个阶段进行开发。前一个阶段任务的完成是开始进行后一阶段工作的前提和基础，而后一阶段任务的完成通常使前一阶段提出的解法更进一步具体化，加了更多的实现细节。每一个阶段的开始和结束都有严格标准，对任何两个相邻的阶段而言，前一阶段的结束标准就是后一阶段的开始标准。在每一个阶段结束之前都必须进行正式、严格的技术审查和管理复审，从技术和管理两个方面对这个阶段的开发成果进行检查，通过之后这个阶段才算结束；如果没通过检查，则必须进行必要的返工，而且返工后还要再经过审查。审查的一条主要标准就是每个阶段都应该交出"最新式的"（即和所开发的软件完全一致的）高质量的文档资料，从而保证在软件开发工程结束时有一个完整、准确的软件配置交付使用。

面向过程程序设计把软件生命周期划分成若干个阶段，每个阶段的任务相对独立，而且比较简单，便于不同人员分工协作，从而降低了整个软件开发工程的困难程度；在软件生命周期的每个阶段都采用科学的管理技术和良好的技术方法，而且在每个阶段结束之前都从技术和管理两个角度进行严格的审查，合格之后才开始下一阶段的工作，这就使软件开发工程的全过程以一种有条不紊的方式进行，保证了软件的质量，特别是提高了软件的可维护性。总之，采用这种方法可以大大提高软件开发的成功率，软件开发的生产率也能明显提高。

面向过程程序设计历史悠久，为广大软件工程师所熟悉，而且在开发某些类型的软件时也比较有效，因此，在相当长一段时间内这种方法学还会有生命力。面向过程程序设计的缺陷是这种技术要么面向数据，要么面向行为（即对数据的操作），还没有既面向数据又面向行为的结构化技术方法。

↘ 6.3.3　面向对象程序设计

面向对象程序设计把数据和行为看成同等重要的，它是一种以数据为主线，把数据和对数据的操作紧密地结合起来的方法。面向对象程序设计具有下述 4 个要点。

（1）把对象作为融合了数据及在数据上的操作行为的统一的软件构件。面向对象程序是由对象组成的，程序中任何元素都是对象，复杂对象由比较简单的对象组合而成。也就是说，用对象分解取代了传统方法的功能分解。

（2）把所有对象都划分成类。每个类都定义了一组数据和一组操作，类是对具有相同数据和相同操作的一组相似对象的定义。数据用于表示对象的静态属性，是对象的状态信息，而施加于数据之上的操作用于实现对象的动态行为。

（3）按照父类（或称为基类）与子类（或称为派生类）的关系，把若干个相关类组成一个层次结构的系统（也称为类等级）。在类等级中，下层派生类自动拥有上层基类中定义的数据和操作，这种现象称为继承。

（4）对象彼此间仅能通过发送消息互相联系。对象与传统数据有本质区别，它不是被动地等待外界对它施加操作，相反，它是数据处理的主体，必须向它发消息请求它执行它的某个操作以处理它的数据，而不能从外界直接对它的数据进行处理。也就是说，对象的所有私有信息都被封装在该对象内，不能从外界直接访问，这就是通常所说的封装性。

面向对象程序设计的出发点和基本原则是尽量模拟人类习惯的思维方式，使开发软件的方法与过程尽可能接近人类认识世界、解决问题的方法与过程，从而使描述问题的问题空间（也称为问题域）与实现解法的解空间（也称为求解域）在结构上尽可能一致。

面向对象程序设计在概念和表示方法上的一致性，保证了在各项开发活动之间的平滑（即无缝）过渡。面向对象程序设计普遍进行的对象分类过程，支持从特殊到一般的归纳思维过程；通过建立类等级而获得的继承性，支持从一般到特殊的演绎思维过程。

正确地运用面向对象程序设计方法开发软件，则最终的软件产品由许多较小的、基本上独立的对象组成，每个对象相当于一个微型程序，而且大多数对象都与现实世界中的实体相对应，因此，降低了软件的复杂性，提高了软件的可理解性，简化了软件的开发和维护工作。对象是相对独立的实体，容易在以后的软件产品中重复使用，因此，面向对象程序设计的另一个重要优点是促进了软件重用。面向对象程序设计方法特有的继承性和多态性，进一步提高了软件的可重用性。

6.4　oneAPI 简介

oneAPI 是为软件开发人员提供的一个云开发环境，用户可以注册账号后在云端编辑、调试、运行自己开发的 C++ 程序。远程云计算环境中已预装有一些基本的 Data Parallel C++ 课程模块，具体课程相关的实验及操作和说明等信息，可以参考相关 JupyterLab 中的实验内容中的说明 / 介绍信息或中文版本实验手册。

oneAPI 以跨架构语言 Data Parallel C++ 为基础，使用通用和熟悉的 C 和 C++ 结构，C++ 提供了显著的效率优势。Khronos Group 的 SYCL 支持实现数据并行性和异构编程。

对于初学者，一般推荐使用基于纯浏览器方式的 Jupyter Noteook 登录 DevCloud 系统。通过 Jupyter 环境使用相关的资源，同时在 Jupyter 环境中，也可以通过菜单 / 命令方式启动传统的终端窗口，进行命令行的操作。另外也有传统的安全外壳（Secure Shell SHH）方式的接入选项，适合进阶开发者使用，也可以通过配置 Visual Studio Code 相关环境远程连接到 DevCloud 进行操作和使用。它将带领 C++ 编程人员站在开发领域的前沿，帮助将计算提升到全新的水平。

图 6.14 所示为是英特尔 oneAPI DevCloud 架构。

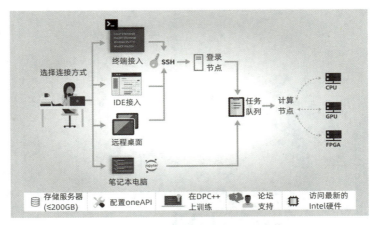

图 6.14 英特尔 oneAPI DevCloud 架构

本章小结

本章主要论述了程序设计的基本思想，包括程序设计语言的分类、结构化程序设计方法、面向过程程序设计及面向对象程序设计等，并以 C 语言为例，通过简单的示例讲解了顺序结构、选择结构与循环结构。本章的重点是计算思维的培养与锻炼，需要在后续的学习中逐步掌握。

课后习题

1. 简述编译型语言与解释型语言的异同。
2. 举例说明顺序结构、选择结构、循环结构。
3. 解释面向过程程序设计和面向对象程序设计。
4. 编写简单的程序，利用勾股定理判断输入的三条边能否构成一个三角形。
5. 编写简单的程序，输入 10 个数据，计算出所有数据的平均值与方差。
6. 编写简单的程序，找出所有的水仙花数。（所谓水仙花数是指一个 3 位数的每个位上的数字的 3 次幂之和等于它本身，如 $1^3 + 5^3 + 3^3 = 153$。）

CHAPTER

07

第 7 章
数据为王——大数据

学习目标

【知识目标】
* 了解什么是大数据。
* 了解大数据的特征。
* 了解大数据的相关技术。

【能力目标】
* 掌握大数据的应用场景。
* 掌握大数据未来的展望。

【素质目标】
* 引导学生规划对未来的职业愿景，激发学生对社会主义核心价值观的认同感。
* 培养学生诚实、守信、坚韧不拔的品质，增强学生沟通表达、自我学习和团队协作能力。

案例导读

电力大数据遇上乡村振兴

民族要复兴，乡村必振兴。把握新发展阶段，贯彻新发展理念，构建新发展格局，要把乡村振兴战略与国家大数据战略有机结合，把大数据作为乡村振兴的重要突破口。推动乡村振兴需要将大数据技术与农业乡村发展深度融合，加快乡村经济、社会发展。

电力大数据被称为经济发展的"风向标"，乡村生产、生活电气化水平和用电情况可

素养拓展

图 7.1　电力大数据助力乡村振兴

直接反映当地经济水平和发展程度。"电力 + 大数据"应用——"乡村振兴电力指数"便应运而生，如图 7.1所示。该应用通过海量行业 / 居民用电、清洁能源发电、设备运行信息等数据，从产业发展、富裕程度、宜居水平、供电保障、绿色用能 5 个维度开展大数据分析，形成"1 个总指数和 5 个分指数"的评价体系，指数越高则说明发展情况越好；同时还可延伸到村民流动、医疗、通信、文教配套等 15 个领域，多维度折射乡村发展面貌，助力补短板、促发展、惠民生。

以电为本、以数为媒，通过能源大数据技术让乡村振兴发展成果得以"量化"。未来我国将在"电力＋帮扶""电力＋环保""电力＋乡村旅游"等方面精准发力，建设更多乡村能源大数据应用场景，让电力大数据在乡村"流动"起来，让村民实现从"用上电"到"用好电"。

7.1 大数据概述

当今是一个数据爆发式增长的时代。移动互联网、移动终端和数据传感器的出现，使数据以超出人们想象的速度快速增长。据调查机构估测，数据量一直在快速增加，这个速度不仅是指数据流的增长，还包括全新的数据种类的增多。目前数据量增长的速度，已经大大超过了硬件技术的发展速度，并正在引发数据存储和处理的危机。

大数据概述

↘ 7.1.1 大数据时代

随着信息革命的深入推进，数据已经成为国家基础性战略资源。同时，数据安全往往超出传统的安全范畴，并上升到维护国家主权的高度。掌控数据主权，实现数据驱动发展，是个复杂的系统工程。在这方面，我国战略科学家钱学森同志，以其远远超前于时代的科学思想，为我们指明了应对之策。20世纪70到80年代，钱学森用系统工程的基本理论，提出了"从定性到定量的综合集成研讨厅体系"，并探索应用于海量数据的存储、传输、分析，实现"数据－信息－知识－智能－智慧"的综合提升。这套思想方法为互联网时代向大数据时代迈进提供了至关重要的理论奠基。钱学森30多年前萌发的"以系统工程为核心、以综合集成为手段"的数据思想，仍旧闪耀着真理光辉，在新的历史时期，焕发出勃勃生机和强大生命力。

1. 数据治权

钱学森的数据思想，源于他在领导国防科技情报和信息工作的长期实践中应用系统工程的方法，实现数据"活化"，从而真正发挥数据资源在国家和社会治理中的作用，进而掌握"数据治权"。

着眼长远的战略性。1963年，钱学森指出：科学技术情报资料的积聚是非常迅速的，用"汗牛充栋"来形容它是远远不够的，必须从收集、研究、建立检索系统、提供情报服务等各方面统筹考虑，建立一个体系。虽然当时尚未提出"大数据"的概念，但钱学森已敏锐地察觉到数据迅猛增长的趋势和价值，并强调从国家层面统筹规划。

引领时代的前瞻性。早在1978年，钱学森就预言："沟通全世界，形成全球性的情报体系是大势所趋""恐怕不久的将来，全世界总是要建立情报资料网，这个网络与全球的计算机网络、卫星系统、资料库、通信线路、用户终端等设施都要互联互通"。钱学森所说的这个沟通全球的数据基础设施，在今天已经成为现实。

化知为智的创新性。钱学森开创性地将系统科学和思维科学的方法引入数据的分析和应用中，为大数据向智慧层次发展提供了一套行之有效的方法论支撑。

2. 数据主权

数据主权（Data Sovereignty）是指网络空间中的国家主权，体现了国家控制数据权的主体地位。数据主权是一个国家对本国数据进行管理和利用的独立自主性以及不受他国干涉和侵扰的自由权，包括所有权与管辖权两个方面。数据所有权是国家对于本国数据排他性占有的权利。数据管辖权是国家对本国数据享有的管理和利用的权利。数据主权主要的特征是具有独立性。这种独立性体现在一个国家的独立自主性上，即对本国相关数据完全控制和自由管理的权利，而且有能力做到排除任何外国的干涉，保障本国数据不受他国侵害的安全性和稳定性。

数据主权涉及数据的生成、收集、存储、分析、应用等环节，关系到国家、企业和个人的切身利益，具有无限的价值。国际国内形势均表明，数据主权将成为继边防、海防、空防之后大国博弈的另一个空间。许多国家和地区已经启动数据资源保护、数据安全体系构建和数据基础设施建设，增强数据主权安全保障能力，进而维护国家安全。

"聪者听于无声，明者见于未形"。加强数据主权建设需在法律层面明确"国家数据主权"，为数据安全生命周期监管提供法律依据；需实行数据分级保护，明确规定相应的安全责任主体；需加强对数据的跨境监管，对国内数据出境严格管控，规范外资和外资控股企业数据中心的建设，在我国境内开展业务的企业，必须将其业务数据存储于我国境内的数据库或数据中心，必须接受政府监管；需加快大数据领域关键核心技术国产化替代步伐，特别是在数据传输关键技术和装备、数据终端产品、关键芯片、密码技术等方面始终让数据基础设施牢牢掌握在自己手中，筑牢数据主权的坚固藩篱。

↘ 7.1.2　数据来源

大数据在我们生活、学习、工作中已经随处可见。大数据如它的名字一样，可以收集到大量的数据。在我们周围的各个领域都能体现出大数据的价值，下面介绍几种大数据的数据来源。

1. 交易数据

交易数据是一种对数据进行买卖的行为，企业或政府可以通过交易平台，找到数据资源。我们日常生活中购物会用信用卡或储蓄卡进行交易，我们刷卡的过程也是一种数据的收集，可以收集到我们的交易数据，如图 7.2 所示。

2. 手机收集

手机收集就是指通过手机收集数据，即通过用户所使用的移动通信设备进行数据收集。随着智能手机的普及，男女老少都开始使用智能手机。通常智能手机所掌握的数据要优于互联网所掌握的数据。智能手机上的软件可以帮助储存和收集各种数据，从而获取信息，如图 7.3 所示。

图 7.2　刷卡交易

图 7.3　智能手机收集信息

3. 传感器数据

传感数据是指从环境中收集的根据外部刺激而变化的信号。传感器可以用于采集各种类型的环境数据，如温度、湿度、压力、光照等，进而实现监控、检测和识别周围环境的变化。传感器数据是建立实时监控系统中非常重要的参考数据。

↘ 7.1.3　大数据的特征

大数据（Big Data）是指"无法用现有的软件工具提取、存储、搜索、共享、分析和处理的海量的、复杂的数据集合"。业界通常用 6 个 V（即 Volume、Variety、Variability、Velocity、Value、Veracity）来概括大数据的特征，如图 7.4 所示。

1. 大量化

大数据的特征首先体现为"大"。从 MP3 时代，一个小小的

图 7.4　大数据的特征

MB 级别的 MP3 就可以满足很多人的需求。然而随着时间的推移，存储单位已经从过去的 GB 发展到 TB，乃至现在的 PB 和 EB 级别。只有数据体量达到了 PB 级别以上，才能称为大数据。随着信息技术的高速发展，数据开始爆发式增长。社交网络、移动网络、各种智能工具等，都成为数据的来源。

2. 多样化

如果只有单一的数据，那么这些数据就失去了价值。广泛的数据来源，决定了大数据形式的多样性。任何形式的数据都可以产生作用，目前应用非常广泛的就是推荐系统，如淘宝、网易云音乐、今日头条等，这些平台都会通过对用户的日志数据进行分析，从而进一步推荐用户喜欢的东西。日志数据是结构化明显的数据，还有一些数据结构化不明显，如图片、音频、视频等，这些数据因果关系弱，需要人工对其进行标注。

3. 可变性

可变性是指数据的变化。这意味着相同的数据在不同的上下文中可能具有不同的含义。在进行情绪分析时，这一点尤为重要。分析算法能够理解上下文并发现该上下文中数据的确切含义和值。

4. 快速化

通过算法对数据进行处理的速度非常快，这就是所谓的 1 秒定律。快速化使得可从各种类型的数据中快速获取高价值的信息，这一点也和传统的数据挖掘技术有着本质的不同。而且这些数据是需要及时处理的，因为花费大量资源去存储作用较小的历史数据的经济效益非常低。鉴于这种情况，大数据对处理速度有非常严格的要求，服务器中大量的资源都用于处理和计算数据，很多平台都需要做到实时分析。数据无时无刻不在产生，谁的速度更快，谁就更具优势。

5. 价值

价值是大数据的核心特征，现实中大量的数据是无效或者低价值的，但是大数据最大的价值在于其是通过从大量不相关的各种类型的数据中，挖掘出对未来趋势与模式预测分析有价值的数据。比如，某宝电商平台每天产生大量交易数据（大数据），平台技术人员通过一些算法可以分析出具有某些特征的人喜欢什么类型的商品，然后根据客户的特征，为其推荐喜欢的商品。

6. 真实性

大数据的真实性是指数据的准确度和可信赖度，代表数据的质量。数据一直都在，变革的是方式。大数据的意义不仅仅在于生产和掌握庞大的数据信息，更重要的是对有价值的数据进行专业化处理。人类从来不缺数据，缺的是对数据进行深度价值挖掘与利用。可以说，从人类社会有了文字以来，数据就开始存在了，现在也是如此。这其中唯一改变的是数据从产生到记录，再到使用这整个流程的形式。

7.2　大数据的发展

在人类进化的几万年间，数据一直是人类生活必不可少的一部分。从古至今我们一直都在收集周围的信息从而让我们的生活变得更好。

回顾大数据的发展历程，总体上可以划分为以下 4 个阶段：萌芽期、成长期、爆发期和大规模应用期。

大数据的发展

1. 萌芽期

萌芽期（1980—2008 年）：大数据术语被提出，相关技术概念得到一定程度的传播，但没有得到实质性发展。同一时期，随着数据挖掘理论和数据库技术的逐步成熟，一批商业智能工具和知识管理技术开始被应用，如数据仓库、专家系统、知识管理系统等。1980 年，阿尔文·托夫勒（Alvin Toffler）在其所著的《第三次浪潮》一书中，首次提出"大数据"一词，将大数据称赞为"第三次浪潮的华彩乐章"。2008 年 9 月，《自然》杂志推出了"大数据"封面专栏。

2. 成长期

成长期（2009—2012 年）：大数据市场迅速成长，互联网数据呈爆发式增长，大数据技术逐渐被大众熟悉和使用。2010 年 2 月，肯尼斯·库克尔（Kenneth Cukier）在《经济学人》上发表了长达 14 页的大数据专题报告《数据，无所不在的数据》。2012 年，牛津大学教授维克托·迈尔·舍恩伯格（Viktor Mayer Schönberger）的著作《大数据时代》开始在国内风靡，推动了大数据在国内的发展。

3. 爆发期

爆发期（2013—2015 年）：大数据迎来了发展的高潮，包括我国在内的世界各个国家纷纷布局大数据战略。2013，以百度、阿里、腾讯为代表的国内互联网公司各显身手，纷纷推出创新性的大数据应用。2015 年 9 月，国务院发布《促进大数据发展行动纲要》，全面推进我国大数据发展和应用，进一步提升创业创新活力和社会治理水平。

4. 大规模应用期

大规模应用期（2016 年至今及以后）：大数据应用渗透到各行各业，大数据价值不断凸显，数据驱动决策和社会智能化程度大幅提高，大数据产业迎来快速发展和大规模应用实施。

随着我国大数据战略谋篇布局的不断展开，国家高度重视并不断完善大数据政策支撑，大数据产业加速发展，大致经历了 4 个不同阶段，如图 7.5 所示，我国正逐步从数据大国向数据强国迈进。

图 7.5　我国大数据发展阶段

7.3　大数据的相关技术

大数据的相关技术涵盖数据存储、处理、应用等多方面的技术，根据大数据的处理过程，可将其分为大数据采集、大数据预处理、大数据存储、大数据分析及挖掘等环节。

7.3.1　大数据采集

数据采集是大数据生命周期的第一个环节，它通过 RFID 数据、传感器数据、社交

大数据的相关技术

网络数据、移动互联网数据等多种方式获得各种类型的结构化、半结构化及非结构化的海量数据。由于可能有成千上万的用户同时进行并发访问和操作，因此，必须采用专门针对大数据的采集方法，其主要包括以下3种形式。

1. 数据库采集

数据库采集是指一些企业使用传统的关系数据库MySQL和Oracle等来存储数据。随着大数据时代的到来，Redis、MongoDB、HBase、NoSQL数据库也常用于数据的采集。企业通过在采集端部署大量数据库，并在这些数据库之间进行负载均衡和分片，来完成大数据采集工作，如图7.6所示。

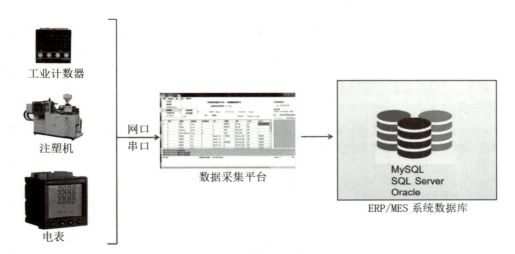

图7.6 数据库采集

2. 网络数据采集

网络数据采集主要是指借助网络爬虫或网站公开的API等方式，从网站中获取数据信息的过程，如图7.7所示。通过这种途径可将网络上各种结构化数据、半结构化数据、非结构化数据从网页中提取出来，并以结构化的方式存储为统一的本地数据文件。

图7.7 网络数据采集

3. 文件采集

对于文件采集，使用比较多的工具就是 Flume。Flume 是一个高可用、高可靠、分布式的海量日志采集、聚合和传输系统，能够有效地收集、聚合、移动大量的日志数据。

其实通俗一点来说，Flume 是一个很靠谱、很方便、很强的文件采集工具。Flume 目前是大数据领域数据采集最常用的一个框架。Flume 最主要的作用就是实时读取服务器本地磁盘的数据，将数据写入 HDFS 或者 Kafka 上。

↘ 7.3.2 大数据预处理

数据的世界是庞大而复杂的，也会有残缺、虚假和过时的数据。想要获得高质量的分析挖掘结果，就必须在数据准备阶段提高数据的质量。大数据预处理可以对采集到的原始数据进行清洗、填补、平滑、合并、规格化以及一致性检查等，将那些杂乱无章的数据转化为相对单一且便于处理的构型，为后期的数据分析奠定基础。大数据预处理主要包括数据清理、数据集成、数据转换以及数据规约四大部分。

1. 数据清洗

数据清洗指利用 ETL 等清洗工具，对有遗漏的数据（缺少感兴趣的属性）、噪声数据（数据中存在着错误或偏离期望值的数据）、不一致数据进行处理，处理过程如图 7.8 所示。

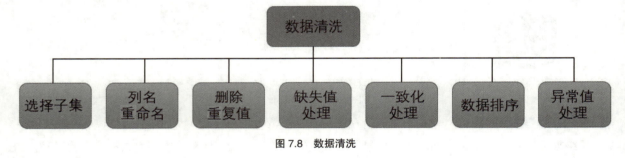

图 7.8　数据清洗

2. 数据集成

数据集成是指将不同数据源中的数据，合并存放到统一数据库的存储方法，着重解决 3 个问题：模式匹配、数据冗余、数据值冲突检测与处理。

3. 数据转换

数据转换是指对所抽取出来的数据中存在的不一致问题进行处理的过程。它同时包含数据清洗的工作，即根据业务规则对异常数据进行清洗，以保证后续分析结果的准确性。

4. 数据规约

数据规约是指在最大限度保持数据原貌的基础上，最大限度精简数据量，以得到较小数据集的操作，主要包括数据方聚集、维规约、数据压缩、数值规约、概念分层等。

↘ 7.3.3 大数据存储

大数据存储是指用存储器，以数据库的形式，存储采集到的数据的过程，包括 3 种典型路线。

1. 基于MPP架构的新型数据库集群

基于 MPP 架构的新型数据库集群是采用无共享（Shared Nothing）架构，结合大规模并行处理（Massively Parallel Processing，MPP）架构的高效分布式计算模式，通过列存储、粗粒度索引等多项大数据处理技术，重点面向行业大数据所展开的数据存储方式。它具有低成本、高性能、高扩展性等特点，在企业分析类应用领域有着广泛的应用。

较之传统数据库，基于 MPP 产品的 PB 级数据分析能力有着显著的优势。MPP 数据库也由此成为企业新一代数据仓库的最佳选择之一。

2. 基于Hadoop的技术扩展和封装

基于 Hadoop 的技术扩展和封装，是针对传统关系数据库难以处理的数据和场景（针对非结构化数据的存储和计算等），利用 Hadoop 开源优势及相关特性（善于处理非结构/半结构化数据、复杂的 ETL 流程、复杂的数据挖掘和计算模型等）衍生出的大数据处理技术。

3. 大数据一体机

大数据一体机是一种专为大数据的分析处理而设计的软、硬件结合的产品。它由一组集成的服务器、存储设备、操作系统、数据库管理系统，以及为数据查询、处理、分析而预安装和优化的软件组成，具有良好的稳定性和纵向扩展性。

7.3.4 大数据分析及挖掘

从可视化分析、数据挖掘算法、预测性分析等方面，对杂乱无章的数据进行萃取、提炼和分析的过程。

1. 数据可视化

数据可视化指借助图形化手段，清晰并有效传达与沟通信息的分析手段。数据可视化主要应用于海量数据关联分析，即借助可视化数据分析平台，对分散异构数据进行关联分析，并做出完整分析图表的过程，具有简单明了、清晰直观、易于接受的特点。

2. 数据挖掘算法

数据挖掘算法是大数据分析的理论核心，即通过创建数据挖掘模型而对数据进行试探和计算的数据分析手段。

数据挖掘算法多种多样，且不同算法因不同的数据类型和格式会呈现出不同的数据特点，如图 7.9 所示。一般来讲，创建模型的过程是相似的，即首先分析用户提供的数据，然后针对特定类型的模式和趋势进行查找，并用分析结果定义创建挖掘模型的最佳参数，随后将这些参数应用于整个数据集，以提取可行模式和详细统计信息。

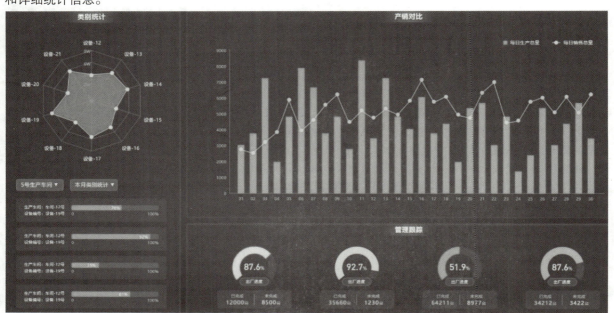

图 7.9 数据挖掘算法

3. 预测性分析

预测性分析是大数据分析最重要的应用领域之一，通过结合多种高级分析功能（如统计分析、预测建模、数据挖掘、文本分析、实体分析、优化、实时评分、机器学习等），达到预测不确定事件的目的，帮助用户分析结构化和非结构化数据中的趋势、模式和关系，并运用这些指标来预测将来事件，为采取措施提供依据。

7.4 大数据的应用

大数据技术的应用前景是十分光明的。当前，我国的工业化、信息化、城镇化、农业现代化任务很重。建设下一代信息基础设施、发展现代信息技术产业体系、健全信息安全保障体系、推进信息网络技术广泛应用，是实现"四化"同步发展的保证。大数据分析对我们深刻领会世情和国情、把握规律、实现科学发展、做出科学决策具有重要意义，我们必须重新认识数据的重要价值。

大数据的应用

↘ 7.4.1 城市交通

贵州省贵阳市智慧停车 App 破解"停车难"，四横八纵的"绿波网"让车辆平峰期通行实现"一路绿灯"……贵阳市通过加快推进大数据在智慧交通领域的应用，不断优化车辆、人员、道路等各种交通资源配置，提供精细化、个性化的交通服务，优化和提升了交通服务水平，如图 7.10 所示。

智慧交通建设既是重大发展工程，也是重大民生工程。随着社会发展和科技进步，人们对良好道路交通环境的要求和期待越来越高。高效便捷的现代交通体系，也无疑是推进高标准要求、高水平开放、高质量发展的关键一环。近年来，贵阳市抢抓机遇，大力加强交通基础设施建设，交通网络体系不断完善。在加强交通硬件建设的基础上，要充分利用大数

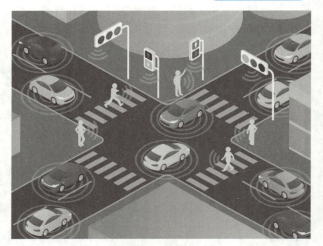

图 7.10　大数据在交通领域的应用

据、人工智能等信息技术手段，深入实施"大数据+"，赋予交通发展更多科学内涵，全面提升交通服务水平。

深入实施"大数据+"推动贵阳市智慧交通发展，要找准融合发展路径。以交通大数据"聚通用"为核心，做到"聚"有抓手、"通"有平台、"用"有特色。要深入推进交通大数据外场采集基础设施建设，形成交通大数据资源集聚地；要不断破除"信息孤岛"，实现跨层级、跨部门、跨区域的数据资源整合；要以行业监管和公众服务为重点，在数据资源的集聚、共享和应用上不断探索创新，多角度发挥好"大数据+"的智慧监管和服务作用。

深入实施"大数据+"推动贵阳市智慧交通发展，要持续创新推动融合。要在平台建设、体制与机制建设等方面持续发力，在推动交通大数据"聚通用"的基础上，进一步规范交通系统的数据标准化，推动物联网技术等融合应用，为人、车、路、货系统之间的相互识别、相互操作或智能控制提供有力支持，全方位提升贵阳市交通管理的前瞻性、及时性、准确性、科学性。

交通管理是一个综合性的系统工程，不仅要改善市民的出行体验、提升交通运行效率，还要在宣传推广、市民习惯养成等方面用心服务，建得好、用得好、管理好、维护好，让贵阳市的交通更有序、更通畅、更文明。

↘ 7.4.2 城市环境

大数据技术已经被广泛应用于城市环境污染监测中，如图 7.11 所示。利用大数据技术可以实时收集各项环境质量指标数据，对收集的数据进行预处理后将其进行集成存储，之后进行数据分析，得出的结果用于辅

助制定环境治理方案，有效提升城市环境整治效果。将大数据技术运用到城市环保中，可以实现 7×24 小时的连续监控，还可以利用分析结果虚拟出真实的环境，立体化呈现在设备上，辅助管理人员制定相关的决策。

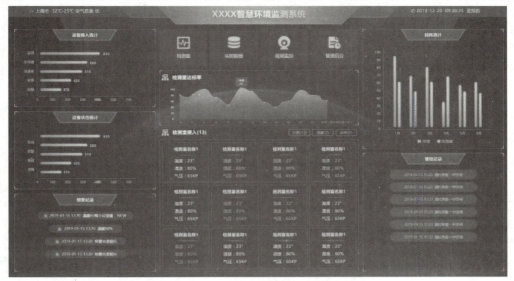

图 7.11　大数据技术在城市环境保护领域中的应用

↘ 7.4.3　智慧城市

在智慧城市建设中，大数据技术通过整理分析城市发展的相关数据信息，为城市自然灾害及人为灾害的预防提供有效的科学策略，在一定程度上减少灾害带来的损失，尽可能地保障城市居民的生命财产安全，进而保障城市的安全发展。确切来说，大数据在为城市建设发展提供技术支持与数据支持时，主要通过分析城市建设用地、城市空间格局、人口规模与空间分布、城市交通、城市联系度、城市公共服务、城市居住空间、城市环境质量、绿色空间亲密度等，进而结合这些信息，做好城市的规划管理，并促进智慧城市的规范化、科学化管理，如图 7.12 所示。

图 7.12　大数据在智慧城市中的应用

↘ 7.4.4　智慧物流

　　大数据是现代社会的一大趋势，智慧物流是物流业转型升级的一种新兴业态，二者之间通过"数据"的形式共享和价值共通而紧密联系在一起。

　　一方面，所有的物流环节必然要产生大量的数据，只有对这些数据进行采集、挖掘、分析和运用，才能更好地推动物流业的发展。另一方面，数据已经成为当前信息时代的一种无形资产，对包括物流在内的各个行业和领域都具有不可估量的价值。

7.5　大数据未来的展望

　　"良时正可用，行矣莫徒然"。当前是我国进入全面建设社会主义现代化国家开局的关键时期，也是我国大数据实现跨越式发展的重大战略机遇期。党的二十大报告更是对加快发展数字经济、建设网络强国和数字中国提出了明确要求。未来我们应紧抓大数据发展的核心问题，加强全局、全域、全链的统筹谋划，广泛调动各方面积极因素，提升产业链供应能力，推动数据高质量管理，促进数据高价值转化，筑牢数据安全防线，加快培育数据要素市场。我们相信，在我国海量数据和丰富应用场景优势的驱动下，我国大数据行业终将披荆斩棘，助力数字经济高质量可持续发展，在全面建设社会主义现代化国家的征程中发挥至关重要的推动作用。

↘ 7.5.1　释放数据价值

　　释放数据价值将成为全球竞争战略的重要组成部分。增强政府和公共部门对数据的应用效能，促进公共服务的数字化和智能化发展；以新一代数字化技术为依托，为数字经济的快速发展提供高质量的新型数字基础设施；加速企业的数字化转型，用数字化、信息化手段重塑企业的竞争优势；建立可信、高效的数据流通机制，实现端到端的数据流通全生命周期管理；建立公允、规范的数据资产价值评估、计量机制，为数据价值的充分挖掘和释放奠定坚实的基础。

↘ 7.5.2　发挥大数据技术效用

　　进一步发挥大数据技术在数据价值挖掘方面的效用。增强大数据技术在不同场景、不同行业的适配能力，在保障数据合规、保护数据安全的前提下促进数据价值的释放；在保障平稳运行、满足业务需求的同时控制整体成本，提升技术应用效率；进一步提升大数据技术的自动化、智能化水平，有效支撑各种复杂业务场景下的即时、大规模决策；发展去标志化、加密技术，平衡价值挖掘中的性能、合规和业务可用性。

↘ 7.5.3　数据治理制度体系

　　数据治理制度体系与技术工具双轨并进。结合行业的实际，借鉴成熟的数据治理经验提升数据治理的专业性，以创新的管理经验助力数据价值的释放；进一步推进平台工具建设，搭建数字化运营体系，增强企业业务决策能力、缩减运营成本、降低运营风险、保障安全合规，增强数据的应用效能；建立"用数据决策、用数据管理、用数据服务"的服务机制，增强政府公共管理能力和国家治理能力，促进国民经济社会的快速、健康发展。

↘ 7.5.4　新数据流通

　　新数据流通业态和政策制度协同创新，地方逐步探索数据权与数据流通机制，为新技术手段与新流通模式的探索和发展提供良好的政策环境。

↘ 7.5.5　数据合规

在《中华人民共和国网络安全法》《中华人民共和国数据安全法》《中华人民共和国个人信息保护法》3部法律框定的基础架构下，加快完善配套的行政法规、部门规章和标准体系，完善数据合规框架和执法指引，为产业发展提供更细粒度的合规指引与规则解析，促进产业实践与法律的良性互动。

本章小结

本章主要介绍了大数据的概念、相关技术及具体的应用。首先通过案例介绍大数据的应用领域，其次介绍了大数据技术从古至今的发展，继而列举大数据的相关技术，最后介绍大数据的应用和未来的展望。

课后习题

1. 请阐述什么是大数据。
2. 请阐述大数据的两个时代。
3. 请阐述大数据预处理的过程。
4. 请阐述大数据的"6V"特征。
5. 请举例说明大数据的应用。

CHAPTER
08

第 8 章
智能赋能——人工智能

学习目标

【知识目标】

* 了解什么是人工智能。
* 了解人工智能的核心技术。
* 了解人工智能的发展。

【能力目标】

* 掌握人工智能的应用场景。
* 掌握我国人工智能的发展情况。

【素质目标】

* 引导学生树立正确的世界观、人生观、价值观，坚定走技能成才、技能报国之路的信心。
* 培养学生新时代下的工匠精神、创新意识和创新能力。

案例导读

人工智能如何大显神通助力北京冬奥

2022 年 2 月 4 日晚，北京冬奥会开幕式在鸟巢拉开帷幕，总导演张艺谋用了 4 个词来形容当晚的开幕式，它们是"空灵、浪漫、现代、科技"。从二十四节气倒计时，到黄河之水天上来，再到"冰雪五环"（见图 8.1）破冰而出，北京冬奥会开幕式为世界各地的观众呈现出了一场无与伦比的视觉盛宴。在这场视觉盛宴的背后，少不了众多科技的支持。

其中，"冰雪五环"破冰升起、巨型"雪花"形主火炬台托举微光等节目都使用了人工智能（Artificial Intelligence，AI）技术，科技冬奥成就了这个令人难忘的夜晚，彰显了北京冬奥会的独特魅力。

图 8.1 "冰雪五环"

素养拓展

　　从通过人工智能向世界展示了中国文化韵味的"二十四节气"创意倒计时，到展现文明交流交融的"黄河之水"最终幻化成"冰雪五环"；从寓意开放和共享的"中国门"，到展示文明与成就的"中国窗"，让全世界的人们看到了一场创意无限、美轮美奂的开幕式，感受到了中国文化的魅力，领略到了中国文化之美。

8.1 人工智能概述

人工智能概述

　　人工智能是能够模拟、延伸和扩展人类智能的理论、方法、技术及应用系统的一门新的技术科学,研究目的是促使智能机器会思考（人机对弈、定理证明等）、会学习（机器学习、知识表示等）、会看（图像识别、文字识别等）、会听（语音识别、机器翻译等）、会说（语音合成、人机对话等）、会行动（机器人、自动驾驶汽车等），如图 8.2 所示。

　　人工智能是计算机科学的一个重要分支，融合了自然科学和社会科学的研究范畴，涉及计算机科学、统计学、脑神经学、心理学、语言学、逻辑学、认知科学、行为科学、生命科学、社会科学和数学，以及信息论、控制论和系统论等多学科领域。

↘ 8.1.1 人工智能的定义

　　人工智能的定义可以分为两部分，即人工和智能。人工比较好理解，争议性也不大。有时我们要考虑什么是人力所能及的，或者人自身的智能程度有没有高到可以创造人工智能的地步。

　　关于什么是智能，就问题多了，这涉及其他诸如意识、自我、思维等问题。人唯一了解的智能是人本身的智能，这是人们普遍认同的观点。但是我们对自身智能的理解非常有限，对构成人的智能的必要元素也了解有限，所以就很难定义什么是人工制造的智能

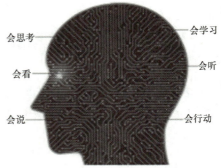

图 8.2　人工智能

了。因此人工智能的研究往往涉及对人的智能本身的研究。其他关于动物或其他人造系统的智能也普遍被认为是人工智能相关的研究课题。人工智能在计算机领域内，得到了越加广泛的重视。

↘ 8.1.2 人工智能的发展

　　人工智能从 20 世纪 50 年代诞生以来，承载着人类对自己智慧的无限自信。在这样的自信下，人工智能发展到了今天，人们在追求计算机从事尽可能多的智力劳动的路上走得很快，也很远。今天人工智能的发展，实际上标志着人类第三次认知革命，即它的目标是通过探求人类智能认识自我而形成主观世界的机制，并把这样的能力赋予机器以改造客观世界，以实现人类智能的体外延伸。从这个意义上来说，人工智能的发展将会改变整个人类的文明进程。

1. 20世纪50年代——人工智能的起步

　　1950 年，著名的图灵测试诞生，按照"人工智能之父"艾伦·图灵（Alan Turing）的定义：如果一台计算机能够与人类展开对话（通过电传设备）而不能被辨别出其计算机身份，那么称这台计算机具有智能。图灵测试中人类测试者向两个未知的回答者（其中一个是人类，另一个是计算机）问出一系列的问题，来判断哪个是人类、哪个是计算机，人类测试者若不能分辨那就说明计算机通过了测试，如图 8.3 所示。

（1）1954 年第一台可编程机器人诞生。

（2）1954 年乔治·戴沃尔（George Devol）设计了世界上第一台可编程机器人。

（3）1956 年：人工智能诞生。

（4）1956 年夏天，美国达特茅斯学院举行了历史上第一次人工智能研讨会，被认为是人工智能诞生的

标志。会上，约翰·麦卡锡（John McCarthy）首次提出了"人工智能"这个概念，艾伦·纽厄尔（Allen Newell）和赫伯特·A.西蒙（Herbert A.Simon）则展示了编写的逻辑理论机器。

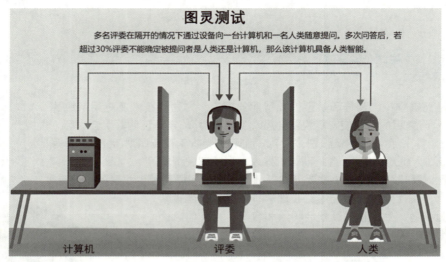

图 8.3　图灵测试

2. 20世纪50年代—20世纪70年代——人工智能的黄金时代

1966—1972 年期间，美国斯坦福国际研究所研制出机器人 Shakey，这是首台采用人工智能的移动机器人，如图 8.4 所示。

1966 年美国麻省理工学院的约瑟夫·魏泽鲍姆（Joseph Weizenbaum）发布了世界上第一个聊天机器人 ELIZA。ELIZA 的智能之处在于它能通过脚本理解简单的自然语言，并能产生类似人类的互动。

1968 年计算机鼠标问世。

3. 20世纪70年代—20世纪80年代——人工智能的发展期

20 世纪 70 年代出现的专家系统模拟人类专家的知识和经验解决特定领域的问题，实现了人工智能从理论研究走向实际应用、从一般推理策略探讨转向运用专门知识的重大突破。专家系统在医疗、化学、地质等领域取得成功，推动人工智能走入应用发展的新高潮。

图 8.4　机器人 Shakey

4. 20世纪80年代中—20世纪90年代——人工智能的中低迷发展期

随着人工智能的应用规模不断扩大，专家系统存在的应用领域狭窄、缺乏常识性知识、知识获取困难、推理方法单一、缺乏分布式功能、难以与现有数据库兼容等问题逐渐暴露出来。

5. 20世纪90年代——人工智能的春天

20 世纪 90 年代后期，人工智能与机器人和人机界面结合，产生了具有情感和情绪的智能代理，情绪、情感计算（即评估情绪的变化然后在机器上再现）得以迅速发展，尤其是对话代理（聊天机器人）。

2011 年至今，随着大数据、云计算、互联网、物联网等信息技术的发展，泛在感知数据和图形处理器等计算平台推动以深度神经网络为代表的人工智能技术飞速发展，大幅跨越了科学与应用之间的"技术鸿沟"，诸如图像分类、语音识别、知识问答、人机对弈、无人驾驶等人工智能技术实现了从"不能用、不好用"到"可以用"的技术突破，迎来爆发式增长的新高潮，如图 8.5 所示。

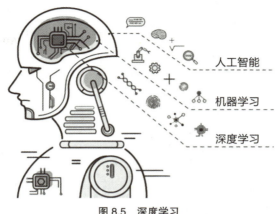

图 8.5 深度学习

8.2 我国人工智能的发展与未来

当前我国经济处于从高速增长向高质量发展的重要阶段，以人工智能为代表的新一代信息技术，将成为我国"十四五"期间推动经济高质量发展，建设创新型国家，实现新型工业化、信息化、城镇化和农业现代化的重要技术保障和核心驱动力之一。

↘ 8.2.1 发展历程

1978 年 3 月，全国科学大会在北京召开。大会提出了"向科学技术现代化进军"的战略决策，开创了解放思想的先河，促进了中国科学事业的发展，使中国科技事业迎来了科学的春天。这是中国改革开放的先声，广大科技人员出现了思想大解放，人工智能也在酝酿着进一步的解禁。

20 世纪 80 年代初期，钱学森等主张开展人工智能研究，中国的人工智能研究进一步活跃起来。我国人工智能 40 多年的发展历程如图 8.6 所示。

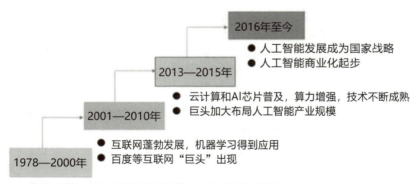

图 8.6 我国人工智能 40 年的发展历程

↘ 8.2.2　我国人工智能政策环境分析

2015 年以来，国家开始重视人工智能的重要作用，一些有利于人工智能发展的国家和地方重要政策和文件相继发布，如图 8.7 所示。

中央	2020年3月 中共中央政治局常务委员会强调加快5G网络、数据中心等新型基础设施建设进度 2020年5月 "智能"连续4年被写入政府工作报告 2020年11月 国家信息中心发布《智能计算中心规划建设指南》
教育部	2020年1月 教育部再次审批通过180所高校开设人工智能专业；发布《关于"双一流"建设高校促进学科融合 加快人工智能领域研究生培养的若干意见》 2020年12月举办"2020全球人工智能与教育大数据大会"
工信部	2020年3月《工业和信息化部办公厅关于推动工业互联网加快发展的通知》 2020年6月《工业互联网专项工作组2020年工作计划》 2020年8月《工业和信息化部科技司关于组织开展AI精准赋能中小企业对接活动的通知》
科技部	2020年1月《加强"从0到1"基础研究工作方案》 2020年10月《中国新一代人工智能发展报告2020》
地方	浙江省：《浙江省新型基础设施建设三年行动计划（2020—2022年）》 广州市：《2020年广州市进一步加快5G发展重点行动计划》 成都市：《成都市新型基础设施建设行动方案（2020—2022年）》

图 8.7　重要政策

↘ 8.2.3　未来的发展

近年来，人工智能在经济发展、社会进步等方面已经产生重大而深远的影响。人工智能作为新一轮科技革命和产业变革的重要驱动力量，其目标的实现必将推动产业高质量、现代化、智能化水平提升。人工智能未来的发展主要体现在以下 3 个方面。

1. 突破核心技术

人工智能相关技术逐步成为"事关国家安全和发展全局的基础核心领域"。为进一步推动解决我国人工智能核心技术中的不足和短板，相关文件指出，在"十四五"期间将通过一批具有前瞻性、战略性的国家重大科技项目，带动产业界逐步突破前沿基础理论和算法，研发专用芯片，构建深度学习框架等开源算法平台，并在学习推理决策、图像图形、语音视频、自然语言识别处理等领域创新与迭代应用。

2. 打造数字经济新优势

发展人工智能应以产业的融合应用与产业数字化转型为核心目标，进而逐渐形成数据驱动、人机协同、跨界融合、共创分享的智能经济形态。要以数字化转型整体驱动生产方式、生活方式和治理方式变革，充分发挥我国数据、应用场景的优势，实施"上云用数赋智"行动，促进数字技术与实体经济深度融合。通过建设重点行业人工智能数据集，发展算法推理训练场景，推进智能医疗装备、智能运载工具、智能识别系统等智能产品制造，推动通用化和行业性人工智能开发平台建设，在智能交通、智慧能源、智能制造、智慧农业及水利、智慧教育、智慧医疗、智慧文旅、智慧社区、智慧家居、智慧政务等领域形成一系列数字化、智能化应用场景。

3. 营造良好数字生态

针对当前学术界和产业界关心的伦理与法律风险、AI 技术滥用、算法杀熟等人工智能健康发展的问题，要构建与数字经济发展相适应的政策法规体系。

8.3 人工智能的核心技术

人工智能包括五大核心技术：计算机视觉、机器学习、自然语言处理、机器人技术。

人工智能的核心技术

↘ 8.3.1 计算机视觉

计算机视觉（Computer Vision，CV）是指计算机从图像中识别出物体、场景和活动的能力，如图 8.8 所示。有些技术能够从图像中检测到物体的边缘及纹理，分类技术则可用来确定识别到的特征是否能够代表系统已知的一类物体。

计算机视觉有着广泛的应用领域，比如，安防、医疗、金融、VR、交通等；人脸识别被支付宝或者网上一些自助服务用来自动识别照片里的人物。此外，计算机视觉在安防及交通等领域也得到较为广泛的应用，如图 8.9 所示。

图 8.8 图像识别

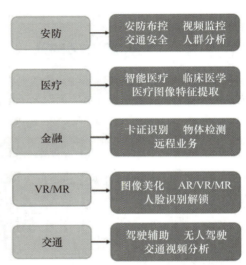

图 8.9 计算机视觉技术应用领域

↘ 8.3.2 机器学习

机器学习是人工智能的一个分支，也是人工智能的一种实现方法。它从样本数据中学习并得到知识和规律，然后用于实际的推断和决策。它和普通程序的一个显著区别是需要样本数据，是一种数据驱动的方法。

传统的计算机工作的模式是程序员向计算机输入一连串指令（也可以理解为代码），然后计算机按照这些指令一步一步地执行下去，程序的执行结果往往是可以预料的。这种逻辑在机器学习里面是行不通的，机器学习的过程是指向计算机（实质是机器学习算法）输入数据，然后计算机根据数据返还结果，这些结果是计算机通过数据自我学习得到的，学习的过程通过算法完成。

人的绝大部分智能是通过后天训练与学习得到的，而不是天生具有的。新生儿刚出生的时候没有视觉和听觉认知能力，在成长的过程中从外界环境不断得到信息，对大脑形成刺激，从而建立起认知的能力。要给孩子建立"苹果""香蕉""石榴"这样的抽象概念，我们需要给他／她看很多苹果、香蕉、石榴的实例或者图片，并反复告诉他／她这些水果的名字。

经过长期训练之后，终于在孩子的大脑中形成了"苹果""香蕉""石榴"这些抽象概念，以后孩子就可以将这些概念应用于眼睛看到的世界。图 8.10 显示了机器学习和人类学习的比较。

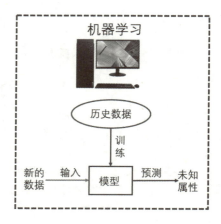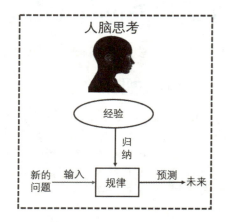

图 8.10　机器学习和人类学习的比较

↘ 8.3.3　自然语言处理

　　一个完整的自然语言处理系统包含语音识别、语义识别、语音合成 3 部分，如图 8.11 所示。需要说明的是，国内企业在语音识别和语音合成方面已处于世界领先地位。

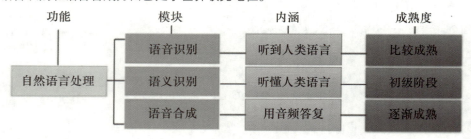

图 8.11　自然语言处理

　　语音识别技术是将声音转化成文字的一种技术，类似于人类的耳朵，拥有听懂他人说话的内容并将该内容转换成可以辨识的内容的能力。

　　区别于语音识别"听到"人类语言，语义识别更强调"听懂"。当用户对智能系统说出一个饭店的名字，系统对用户语音进行识别，并搜索饭店，这是"语音识别"；当用户对智能系统说"自助餐、海鲜、连锁店"等模糊语句，智能系统根据用户的性别、爱好、饮食倾向等特征进行智能分析，并精准推荐，则是"语义识别"。语义识别比语音识别的技术难度高好几个层次。

　　语音合成是指计算机将准备"回复"给人类的语句，通过合成音频的形式，利用扬声器外放。百度地图的语音导航等都利用了语音合成技术，这项技术已日臻成熟。当前，科大讯飞的语音合成技术代表了世界领先水平。

8.4　人工智能的应用领域及其他方面

　　人工智能的主要应用领域包括医疗，交通等领域及其他方面。

↘ 8.4.1　医疗领域

　　AI 最初在科幻小说或电影中登场，被赋予了很多的科幻和未来的想象；而今 AI 蓬

人工智能的应用领域

勃发展，应用在生活各个领域中，科学家也想方设法开发人工智能用于解决医疗领域中的问题，希望能够帮助患者诊断疾病或治疗。

1. 医疗机器人

随着老龄化社会来临，医疗照护的需求激增，医疗资源和人力资源出现短缺情况，因此，为了降低医疗人员负担，结合人工智能的机器人技术被应用于医疗领域来填补这方面的缺口，如图8.12所示。它在诊断病情、治疗服务和患者管理等多个方面都发挥了重要作用，有助于改善治疗效率，提高病人满意度，极大地提升了医护人员为病人提供服务的能力。总之，医疗机器人在改善医疗服务、加强医护人员与患者之间的互动方面起到了重要作用。

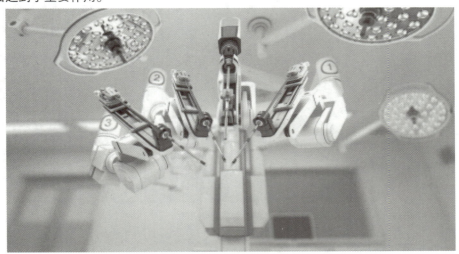

图 8.12 医疗机器人

2. 智能诊疗及影像识别

智能诊疗就是指将人工智能技术应用于辅助诊疗中，通常会通过深度学习技术，让计算机"学习"专家医生的医疗知识，模仿医生的思维和诊断推理，如图8.13所示。例如在数百万个病例数据库中，阅读癌症或其他病灶的医学诊断图像，通过深度学习提升诊断和治疗的正确率，辅助医师进行诊疗。

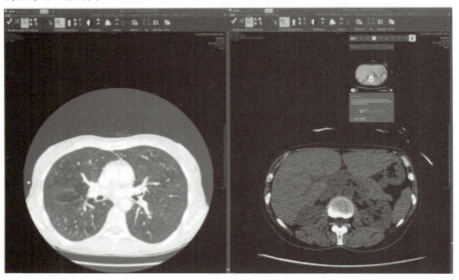

图 8.13 智能诊疗

3. 智能药物开发

智能药物开发是指将人工智能中的深度学习技术应用于药物研究中，目前已进入 3.0 时代，如图 8.14 所示。通过大数据分析和临床文献等信息的汇入，并导入机器学习技术，进行各类药物开发，达到缩短新药研发周期、降低新药研发成本、提高新药研发成功率等目的。

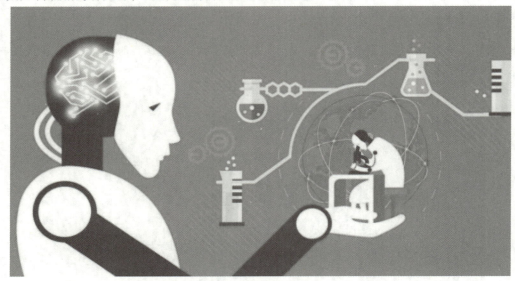

图 8.14　智能药物开发

8.4.2　交通领域

在当前快速发展的城市化进程中，智慧城市是城市发展的必然趋势，也是信息化技术背景下的城市发展方向。随着机动车数量的快速增加，城市发展中的交通管理、交通拥挤、事故救援等问题日益突出。在构建智慧城市的过程中，智慧交通是其中必不可少的重要内容，这就要求城市建设中应该重视交通智能化的情况。借助于智慧交通系统，能够从城市发展的实际情况出发，全面而有效地提升交通管理的效率，有效遏制交通事故率，缓解城市交通压力，从而全面构建智慧城市。

1. 无人驾驶

从自动驾驶场景开始，人工智能实际上可以提供很多不同的方法来改善公共交通。不是通过一场激进的革命，而是通过我们已经熟悉的方式渐进演变：从纸票到磁条纸票、智能卡和非接触式；从用笔和墨水规划路线和时间表，到使用个人计算机（Personal Computer，PC），再到使用专用软件。人工智能只是这些改进链中添加的新工具，而人工智能本身在能力和应用方面还处于起步阶段。

无人驾驶汽车是智能汽车的一种，也被称为轮式移动机器人，依靠车内以计算机系统为主的智能驾驶控制器来实现无人驾驶，如图 8.15 所示。无人驾驶中涉及的技术包含多个方面的内容，主要包括计算机视觉、自动控制技术等，我国从 20 世纪 80 年代起也开始进行无人驾驶汽车方面的研究。

2. 道路识别

在智慧交通的环节中，首先是如何有效识别道路，进而在此基础上，开展相关的道路智能化工作。道路识别是基础，首先是通过道路监控来获得道路图像，并将其传送至处理端进行相关的图像灰度化处理。然后进行特征抽取，随后进行小区域内容划分，结合分界函数来进行车辆识别。再结合相关算法来有效控制车流密度、速度，最后结合实际的交通情况快速做出交通状况的可能性分析，并结合智能化导航以避免可能存在的拥堵问题，如图 8.16 所示。

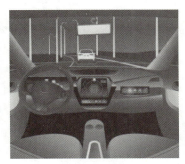

图 8.15　无人驾驶

图 8.16　道路识别

3. 智能交通信号灯

智能交通信号灯是一种可以缓解交通压力、使十字路口通行效率最大化的智能交通系统，世界上已有多种智能红绿灯系统。智能红绿灯的发展情况是由电子控制技术、数据通信传输技术、计算机处理技术及信息技术的发展状况而决定的。随着这些技术的不断发展，智能红绿灯技术会逐步更迭。

智能交通信号控制系统是一个独立的系统，又是整个地区智能交通信号灯系统的一部分，还是城市道路交通管理系统中对交叉路口、行人过街，以及环路出入口进行信号控制的子系统，主要包括交通工程设计、车辆信息采集、数据传输与处理、控制模型算法与仿真分析、优化控制信号调整交通流等，如图 8.17 所示。

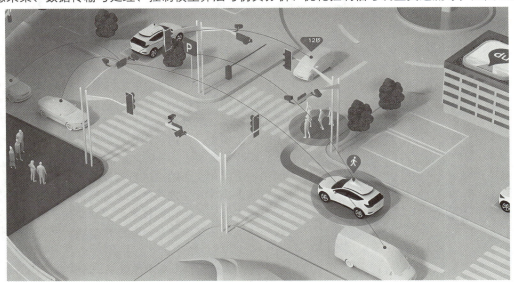

图 8.17　智能交通灯

8.4.3　其他方面

人工智能其他方面的应用主要包括智能分拣、人脸识别、机器翻译、声纹识别、智能客服机器人、智能音箱等方面。

1. 智能分拣

制造业上有许多需要分拣的作业，如果采用人工作业，效率低下且成本高，而且还需要提供适宜的工作环境。如果采用工业机器人进行智能分拣，可以大幅降低成本，提高效率。

以分拣零件为例，如图 8.18 所示。需要分拣的零件通常并没有被整齐摆放，机器人虽然有摄像头可以看到零件，但却不知道如何把零件成功地分捡出来。在这种情况下，利用机器学习技术，先让机器人随机进行一次分拣动作，然后告诉它这次动作是成功分到零件还是抓空了。经过多次训练之后，机器人就会知道按照怎样的顺序来分拣才有更高的成功率，分拣时夹哪个位置会有更高的成功率。经过几小时的学习，机器人的分拣成功率可以达到约 90%，和熟练工人的水平相当。

图 8.18　分拣零件

2. 人脸识别

近几年来，随着人脸识别技术的不断成熟，出门仅靠"脸"即可轻松走天下，刷脸在现实生活中随处可见。"刷脸"乘坐地铁、"刷脸"安检登机、"刷脸"支付、"刷脸"考勤打卡、"刷脸"取快递……不得不说，人脸识别技术正使人们的生活更加方便、快捷，如图 8.19 所示。

在高铁站、飞机场，人脸识别的"火眼金睛"提高了身份验证的效率。高铁站的验票闸机也开始使用人脸识别取代过去的人工核查，目前利用人脸识别技术的刷脸安检已进入普及阶段，在高铁站、普通火车站和机场均已被大面积推广。人脸识别可以对交通站点进行人流监测，根据人员行动规律预测交通人流高峰，提前做好疏导预案。除此之外，在交通违规管控方面，人脸识别技术可以帮助执法人员快速、高效地找到违规人员身份信息，并结合车辆识别等技术进行跟踪拦截。

图 8.19　人脸识别

安防是人脸识别市场渗透最早、应用最广泛的领域之一，公安在追捕逃犯时也会利用人脸识别系统对逃犯进行定位，对可疑情况进行预警、追溯嫌犯轨迹、寻找失踪人口等，监狱系统目前也通过人脸识别系统进行报警和安防。

3. 机器翻译

机器翻译是计算机语言学的一个分支，是利用计算机将一种自然语言转换为另一种自然语言的过程。机器翻译用到的技术主要是神经机器翻译（Neural Machine Translation，NMT）技术，该技术当前在很多语言上的表现已经超过人类。

随着经济全球化进程的加快及互联网的迅猛发展，机器翻译技术在促进政治、经济、文化交流等方面的价值凸显，也给人们的生活带来了许多便利。例如我们在阅读英文文献时，可以方便地通过有道翻译、百度翻译等网站将英文转换为中文，免去了查字典的麻烦，提高了学习和工作的效率。

4. 声纹识别

生物特征识别技术有很多方面的内容，除了人脸识别，目前用得较多的还有声纹识别。声纹识别是一种生物鉴权技术，也被称为说话人识别，包括说话人辨认和说话人确认。

声纹识别的工作流程为：系统采集说话人的声纹信息并将其录入数据库，当说话人再次说话时，系统会采集这段声纹信息并自动与数据库中已有的声纹信息进行对比，从而识别出说话人的身份，如图8.20所示。

相比于传统的身份识别方法（如钥匙、证件等），声纹识别具有抗遗忘、可远程的鉴权特点。在现有算法优化和随机密码的技术手段下，声纹也能有效防录音、防合成，因而安全性高、响应迅速且识别精准。

图 8.20　声纹识别

同时，相较于人脸识别、虹膜识别等生物特征识别技术，声纹识别技术具有可通过电话信道、网络信道等方式采集用户声纹特征的特点，因而在远程身份确认方面极具优势。

目前，声纹识别技术有声纹核身、声纹锁和黑名单声纹库等多项应用案例，可被广泛应用于金融、安防、智能家居等领域，落地场景丰富。

5. 智能客服机器人

智能客服机器人是一种利用计算机模拟人类行为的人工智能实体形态，它能够实现语音识别和自然语言理解，具有业务推理、话术应答等能力，如图8.21所示。

当用户访问网站并发出会话时，智能客服机器人会根据系统获取的访客地址、IP地址和访问路径等，快速分析用户意图，满足用户的真实需求。同时，智能客服机器人拥有海量的行业背景知识库，能对用户咨询的常规问题进行标准回复，提高应答准确率。

智能客服机器人被广泛应用于商业服务与营销场景，为客户解决问题提供决策依据。同时，智能客服机器人在应答过程中，可以结合丰富的对话语料进行自适应训练，因此，其在应答话术上将变得越来越精确。

图 8.21　智能客服机器人

随着智能客服机器人的发展，它已经可以深入解决很多企业的细分场景下的问题。比如电商企业面临的售前咨询问题，对大多数电商企业来说，用户所咨询的售前问题普遍围绕价格、优惠、货品来源渠道等主题，传统的人工客服每天都会对这几类重复性的问题进行回答，导致无法及时为存在更多复杂问题的客户群体提供服务。而智能客服机器人可以针对用户的各类简单、重复性高的问题进行解答，还能为用户提供全天候的咨询应答、解决问题的服务，它的广泛应用也大大降低了企业的人工客服成本。

6. 智能音箱

智能音箱是语音识别、自然语言处理等人工智能技术的电子产品的应用与载体，如图8.22所示。智能音箱因发展迅猛，被视为智能家居的未来入口。究其本质，智能音箱就是能完成对话环节的拥有语音交互能力的机器。通过与智能音箱直接对话，消费者能够完成自助点歌、控制家居设备和唤起生活服务等操作。

图 8.22　智能音箱

支撑智能音箱交互功能的前置基础主要包括将人声转换成文本的自动语音识别（Automatic Speech Recognition，ASR）技术，对文字进行词性、句法、语义等分析的自然语言处理技术，以及将文字转换成自然语音流的语音合成（Text To Speech，TTS）技术等。

本章小结

本章主要从认识人工智能、人工智能的发展历程以及我国人工智能的发展等分别进行了介绍，同时介绍了当今社会人工智能的主要应用场景，并列出几个应用场景。未来人工智能的应用场景将持续扩大，深度渗透到各个领域，在细分垂直场景也将有更具创新的 AI 研究成果与应用。

课后习题

1. 什么是人工智能？
2. 简述人工智能的发展历程。
3. 人工智能的核心技术包括哪些？
4. 简述人工智能的应用领域。

CHAPTER

09

第 9 章
如影随形——云计算

学习目标

【知识目标】
* 了解什么是云计算。
* 了解云计算的关键技术。

【能力目标】
* 熟知云计算的应用场景。
* 掌握云产品的使用。

【素质目标】
* 培养学生的民族自豪感与使命感，培养学生的创新意识和创新能力。
* 培养坚持不懈、迎难而上的精神，拓宽新技术视野。

案例导读

不忘"同"心，云上筑梦

2021 年华为云（见图 9.1）Stack 在政企市场上开启生态建设的元年。截至目前，华为云 Stack 已联合 150 多家伙伴，300 多个伙伴商品上架华为云市场混合云专区，生态的丰沃是繁荣的基础，也是面向未来的保障。华为云因为有生态伙伴，走在了发展的高速路上。华为积极践行国家东数西算的大战略，承担企业责任。

素养拓展

图 9.1 华为云

9.1 初识云计算

云计算（Cloud Computing）是基于互联网的相关服务的增加，例如实时多变的计算和存储服务。使用和交付模式的改变，要求通过互联网提供的资源具有动态易扩展这一虚拟化特征。

↘ 9.1.1 云计算产生的背景

有人说云计算是技术革命的产物，也有人说云计算只不过是已有技术的新包装，是设备厂商或软件厂商新瓶装旧酒的一种商业策略。我们认为，云计算是经济、社会、政治和技术综合作用产生的，如图 9.2 所示。

图 9.2 云计算产生的背景

1. 经济方面

（1）全球经济一体化

后危机时代加快了全球经济一体化的发展速度。实践证明，国家和地区的区位优势和比较优势可以促使全球合作寻租的兴起，从而更好地实现优势互补。另外，基于成本考虑，价值链上的协作者会自发整合相关资源；基于效率考虑，协同效应需要弹性的业务流程支持，对成本和效率的需求进一步催化了云计算的发展。

（2）日益复杂的世界和不可确定性

在复杂的世界面前，不确定因素在更快、更多地涌现，计划跟不上变化，任何一台精于预测的计算机也无法准确预测未来。

（3）需求是云计算发展的动力

IT 设施要成为社会基础设施，现在面临高成本的瓶颈。这些成本至少包括人力成本、资金成本、时间成本、使用成本、环境成本等。云计算带来的益处是显而易见的：用户不需要专门的 IT 团队，也不需要购买、维护、安放有形的 IT 产品，可以低成本、高效率、随时按需服务；云计算服务提供商可以极大提高资源（硬件、软件、空间、人力、能源等）的利用率和业务响应速度，有效聚合产业链。

2. 社会方面

（1）数字一代的崛起

未来的世界在网上，世界的未来在云中。截至 2022 年 6 月，中国网民规模为 10.51 亿人，较 2021 年 12 月新增网民 1 919 万人，互联网普及率达 74.4%。网民人均每周上网时长为 29.5h，使用手机上网的比例达 99.6%。

中国拥有超大规模的社会化媒体内容的贡献者，他们使用博客、微博、社区、视频和图片分享等形式，更依赖于在线交流。云计算为数字一代消费者提供了良好的服务。

（2）消费行为的改变

"互联网 +" 已成为"云时代"天空下璀璨的一颗星。对消费市场参与者而言，基于互联网平台，利用信息通信技术，把互联网和包括传统行业在内的各行各业结合起来，在新的领域创造一种新的生态，就成为一种必然选择。

3. 技术方面

（1）技术成熟

技术是云计算发展的基础。首先是云计算自身核心技术的发展，主要包括硬件技术、虚拟化（计算虚拟化、网络虚拟化、存储虚拟化、桌面虚拟化、应用虚拟化）技术、海量存储技术、分布式并行计算技术、多租户架构技术、自动管理与部署技术等；其次是云计算赖以存在的移动互联网技术的发展，主要包括高速大容量网络、无处不在的接入、灵活多样的终端、集约化的数据中心、万维网（World Wide Web，Web）技术等。

（2）企业 IT 的成熟和计算能力过剩

需求的波动性使得按峰值设计建设的 IT 资源中存在大量的闲置资源。企业内部的资源平衡带来私有云需求，外部的资源协作促进公有云的发展。商业模式是云计算的内在要求，是用户需求的外在体现，而且云计算为这种特定商业模式提供了现实可能性。从商业模式看，云计算的主要特征是以网络为中心、以服务为产品、按需使用和付费，这些特征对传统的用户自建基础设施、购买有形产品或介质、一次性买断模式等是一个颠覆性的革命。

9.1.2 云计算的演进历程

从概念的提出，到现在的发展，云计算逐渐成熟起来。云计算的发展主要经过了 4 个阶段。这 4 个阶段分别是电厂模式、效用计算模式、网格计算模式、云计算模式，如图 9.3 所示。

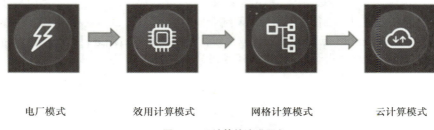

电厂模式 　　　　效用计算模式 　　　网格计算模式 　　　云计算模式

图 9.3　云计算的演进历程

1. 电厂模式阶段

有人说电厂模式就好比利用电厂的规模效应来降低电价，并让用户使用方便，且无须维护和购买任何发电设备，这个比喻很好。云计算就是这样一种规模计算模式，通过将大量的分散资源集中起来，进行规模化管理，从而降低成本，方便用户使用。

2. 效用计算模式阶段

在 1960 年左右，当时计算设备的价格是非常高昂的，远非普通企业、学校和机构所能承担，所以很多人产生了共享计算资源的想法。1961 年，麦肯锡在一次会议上提出了"效用计算"的概念，其核心借鉴了电厂模式，具体目标是整合分散在各地的服务器、存储系统以及应用程序来共享给多个用户，让用户能够非常方便地使用计算资源，并且根据用量来付费。

3. 网格计算模式阶段

网格计算是一种跨地区，甚至跨国家、跨洲的独立管理的资源结合。该模式对资源进行独立管理，而不是统一布置、统一安排。网格资源是异构的，不强调统一的安排。另外网格的使用通常让分散的用户构成虚拟组织，在这样一种统一的网格基础平台上用虚拟组织形态从不同的自治域访问资源。

4. 云计算模式阶段

云计算的核心与效用计算和网格计算的核心非常类似，也是希望 IT 技术能像使用电力那样方便，并且成本低廉。但与效用计算和网络计算不同的是，云计算在需求方面已经有了一定的规模，同时在技术方面基本成熟。

9.2 云计算的概念与特征

云计算的概念
与特征

云计算是一个产生于 IT 领域的概念。在技术发展的历程中，类似于电子商务，云计算也是一个比较模糊的技术术语。

↘ 9.2.1 云计算的概念

云计算是分布式计算的一种，它是通过网络形成的"云"，将所运行的巨大的数据计算处理程序分解成无数个小程序，再交由计算资源共享池进行搜寻、计算及分析后，将处理结果回传给用户。

云连接着网络的另一端，为用户提供了可以按需获取的弹性资源和架构。用户按需付费，从云上获取所需的计算资源，包括数据库、存储设备、服务器、网络设备、移动设备和云桌面等，如图 9.4 所示。

图 9.4 云的连接设备

↘ 9.2.2 云计算的特征

云计算采用计算机集群构成数据中心，并以服务的形式交付给用户，使得用户可以像使用水、电一样按需购买资源。云计算服务提供商往往提供通用的网络业务应用，可以通过浏览器或者其他 Web 服务来访问，而软件和数据都存储在服务器上。云计算资源通常通过常用的浏览器资源进行访问，表现为一种在线商业应用，软件和数据可存储在数据中心。云计算的特征如图 9.5 所示。

图 9.5 云计算的特征

1. 按需服务

用户可以根据自身实际需求扩展和使用云计算资源，云计算具有快速提供资源和服务的能力。服务商能通过网络方便地进行计算能力的申请、配置和调用，可以及时进行资源的分配和回收。

2. 广泛的网络访问

通过互联网提供自助服务，使用者不需要部署相关的硬件设施和应用软件，也不需要了解所使用资源的物理位置和配置等信息，可以直接通过互联网进行透明访问，来获取云中的计算资源。

3. 资源池

供应商的计算资源被汇集在一起，通过使用多租户模式将不同的物理位置虚拟化的资源动态分配给多个消费者，并根据消费者的需求重新分配资源。各个客户被分配有专门独立的资源，客户通常不需要任何控制或知道所提供资源的确切位置，就可以使用被抽象化的云计算资源。

4. 快速弹性使用

服务商的计算能力根据用户需求变化，能够快速而有弹性地实现资源供应，快速部署资源或获得服务。云计算平台可以按照客户需求快速部署和提供资源。通常情况下资源和服务是无限的，可以随时随地无限量购买。云计算业务使用则按资源的使用量计费。

5. 可度量的服务

云服务系统可以根据服务类型提供相应的计量方式，云计算控制系统通过一些适当的抽象服务计量能力来提高资源利用率，还可以检测、控制和管理资源使用过程。同时，在供应者和消费者之间提供透明服务。

6. 高可靠性

服务器故障不影响计算与应用的正常运行，表现出可靠性。云计算拥有高可靠性的主要原因在于单点服务器出现故障后可通过虚拟化技术对分布在不同物理服务器上的应用进行恢复或利用动态扩展功能将其部署到新的服务器上进行计算。除此之外，云计算使用了数据多副本容错、计算节点同构可互换等措施来保障服务的高可靠性，从而使得云计算比本地计算更加可靠。

↘ 9.2.3　云计算的分类

1. 按服务类型分类

云计算按服务类型可以分为三大类，分别是 IaaS、PaaS、SaaS，如图 9.6 所示。

图 9.6　云计算按服务类型分类

（1）基础设施即服务（Infrastructure as a Service，IaaS）提供 IT 基础设施，例如服务器、虚拟机、存储、网络、系统等。IaaS 把计算、存储、网络以及搭建应用环境所需的一些工具当成服务提供给用户，使得用户能够按需获取 IT 基础设施。IaaS 主要由服务器、存储设备、虚拟机、IaaS 用户和互联网用户组成，如图 9.7 所示。

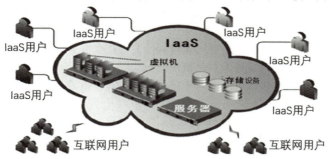

图 9.7　IaaS 云服务

（2）平台即服务（Platform as a Service，PaaS）提供开发、测试、交付和管理软件应用程序所需的环境，无须考虑对基础结构进行设置或管理。PaaS 是一种分布式平台服务，为用户提供一个包括应用设计、应用开发、应用测试及应用托管在内的完整计算平台，如图 9.8 所示。PaaS 的核心技术主要有：描述性状态迁移（Representational State Transfer，REST）技术、多租户技术、并行计算技术、应用服务器技术、分布式缓存技术等。PaaS 的主要用户是开发人员。PaaS 平台的种类目前较少，比较著名的有：Force.com、Google App Engine、Windows Azure、Cloud Foundry。

图9.8　PaaS云服务

（3）SaaS向用户提供软件应用复合和用户交互接口等服务，以订阅为基础按需提供。SaaS云服务提供商负责维护和管理云中的软件以及支撑软件运行的硬件设施，同时免费为用户提供服务或者以按需使用的方式向用户收费，如图9.9所示。SaaS核心技术主要有：虚拟化技术、分布式存储技术、高速网络技术、超大规模资源管理技术、云服务计费技术等。SaaS就是软件服务提供商为满足用户的需求而提供的软件计算能力，用户无须安装、升级和防病毒等，并且免去了初期的软硬件支出。

图9.9　SaaS云服务

2. 按部署类型分类

云计算按部署类型主要分为公有云、私有云、混合云、社区云，如图9.10所示。

（1）公有云

公有云通常指第三方提供商为用户提供的云，如图9.11所示。公有云一般可通过互联网使用，通常是免费或成本低廉的。这种云有许多实例，可在整个开放的公有网络中提供服务。公有云服务于普通大众，优点是：

使用方便，除通过网络提供服务外，还可以通过其他方式提供服务；

成本低廉，客户只需为他们使用的资源支付费用；

无须担心安装和维护问题，服务商可以访问所提供的云计算基础设施。

图9.10　云计算按部署类型分类

图9.11　公有云

（2）私有云

私有云是为一个客户单独使用而构建的，因而提供对数据、安全性和服务质量的有效控制。私有云公司拥有基础设施，并可以控制在此基础设施上部署应用程序。私有云可部署在企业数据中心的防火墙内，也可以将它们部署在一个安全的主机托管场所。私有云的核心属性是专有资源。私有云中的数据较安全，服务稳定，可以充分利用现有的硬件和软件资源。企业私有云架构如图 9.12 所示。

（3）混合云

混合云融合了公有云和私有云，是近年来云计算的主要模式和发展方向。我们已经知道私有云主要面向企业用户，出于安全考虑，企业更愿意将数据存放在私有云中，但是同时又希望可以获得公有云的计算资源。在这种情况下混合云得到越来越多的使用，它将公有云和私有云进行混合和匹配，以获得最佳的效果。这种个性化的解决方案，达到了既低廉又安全的目的。混合云如图 9.13 所示。

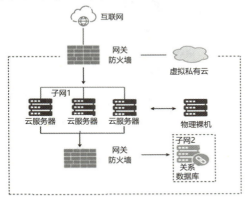

图 9.12　企业私有云架构

图 9.13　混合云

（4）社区云

社区云是由几个组织共享的云端基础设施，支持特定的社群，有共同的关切事项，例如使命任务、安全需求、策略与法规遵循考量等。管理者可能是组织本身或第三方；管理位置可能在组织内部，也可能在组织外部。

下面我们以表格的形式从部署网络、服务对象、数据安全、功能拓展、服务质量、弹性扩容、成本等方面对比 3 种云（公有云、私有云和混合云）的特征，如表 9.1 所示。因社区云介于公有云和混合云之间，边界较模糊，特征不太清晰，所以此处可参与对比。

表 9.1　公有云、私有云和混合云对比

云类型	属性						
	部署网络	服务对象	数据安全	功能拓展	服务质量	弹性扩容	成本
公有云	互联网	大众	低	差	较好	优	数据风险成本高
私有云	企业内部	企业、个人	高	好	好	差	维护成本高
混合云	内外网	内外部用户	高	较好	差	中	学习成本高

9.3　云计算的关键技术

按需部署是云计算的核心。要解决按需部署，必须解决资源的动态可重构、资源监控和自动化部署等，而这些又需要以虚拟化、分布式存储等技术为基础。所以云计算特别需要关注虚拟化技术、分布存储技术、云管理平台、云安全和自动化部署技术等。

云计算的关键技术

↘ 9.3.1　虚拟化技术

虚拟化技术的出现，实现了软件与硬件之间的解耦，很好地解决了计算机硬件资源不足的情况，而且还可以实现故障迁移、弹性伸缩。虚拟化前软件必须与硬件资源耦合，资源利用率低，扩展与容错性差。虚拟化后提供了虚拟 CPU 与内存资源池、多虚拟机共享。将计算机软件与硬件解耦，可以实现故障迁移、弹性伸缩，如图 9.14 所示。计算机虚拟化又分为 CPU 虚拟化、内存虚拟化、网络 I/O 虚拟化等。

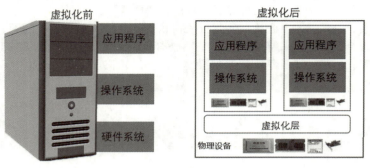

图 9.14　虚拟化技术

1.　CPU 虚拟化

CPU 虚拟化指的是将单个 CPU 虚拟成多个 CPU 进行使用，可以解决一部分兼容问题，提升软件运行效率，充分利用计算机的资源。

2.　内存虚拟化

通过虚拟化技术对内存进行虚拟化，一方面可以使得进程拥有"更多的内存"，另一方面让多个虚拟机能同时利用同一块内存，内存的使用从 0 开始，并保持连续。

3.　网络 I/O 虚拟化

网络输入输出（Input/Output，I/O）虚拟化是一种新型的虚拟化技术，源自对物理连接或物理传输上层协议的抽象，让物理服务器和虚拟机可以共享 I/O 资源。这种虚拟化技术大多应用在本地主机服务器连接到机器顶端单元的场景中，这个单元承载着各种网络、存储和图形适配器，它们构成了 I/O 连接资源的动态池。

4.　网络虚拟化技术

网络虚拟化又称为网络功能虚拟化（Network Function Virtualization，NFV），是将以前基于硬件的网络转变为基于软件的网络。具体来说，它是一个在物理网络上模拟出多个逻辑网络的过程。这种技术允许独立于硬件来交付网络功能、硬件资源和软件资源，即虚拟网络。它可以用来合并许多物理网络，或者将一个这样的网络进一步细分，又或者将虚拟机（VM）连接起来。其优势是

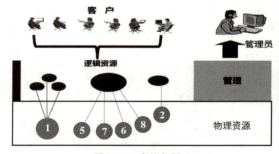

图 9.15　虚拟化原理

提升硬件的利用率，加快新产品和新业务的推广效率，简化网络管理和提升网络安全性。虚拟化原理如图 9.15 所示。

↘ 9.3.2　分布式存储技术

云计算的数据量往往大于传统 IT 架构的数据量，传统的存储架构已经很难满足海量数据存储的需求。在云计算架构中，通常采用分布式存储来实现更好的伸缩性，如图 9.16 所示。

1.　传统数据存储

传统数据存储集中存储数据，其使得数据存储出现系统性能、可靠性的瓶颈问题，导致读写计算性能不足，扩展性差，数据规模较大时无法满足存储需求。

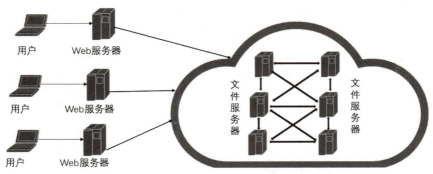

图 9.16　分布式存储

2. 分布式数据存储

分布式数据存储运行在多个节点上，自动整合集群内所有的存储资源，并通过虚拟化对外提供文件访问服务，具有更好的扩展性与更大的容量，更符合大规模数据对计算机系统性能的要求。

↘ 9.3.3　云管理平台

智能化云管理平台，具有高效调配大量服务器资源的能力，使其更好协同工作。其中，方便地部署和开通新业务、快速发现并且恢复系统故障及通过自动化、智能化手段实现大规模系统可靠运营是云计算平台管理技术的关键，如图 9.17 所示。

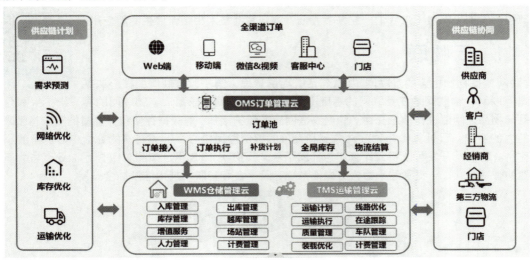

图 9.17　智能化云管理平台

↘ 9.3.4　云安全

云安全最早由趋势科技公司提出，是传统的安全防护内容与云计算技术相结合的产物。云安全通常包含两个方面的内容：一是云计算安全，融合传统安全技术来保护云计算的各个部分，使得云计算本身足够安全；二是安全云，即在云计算中发展安全技术，使得云计算可以提供新的安全产品和服务。

云安全主要包括：物理安全，主要指物理设备和网络环境的安全，如物理环境选址等；虚拟化安全，主要指虚拟机共存、动态迁移、数据集中存储等的安全；数据安全，主要指数据的传输和隔离安全、数据残留安全、隐私信息安全等；应用安全，主要指云服务中出现的安全问题和终端用户的安全等。安全管理与安全运维，主要指从云环境中的软硬件环境、应用服务、数据等都需要的效地多安全性方面进行管理，平台的平稳运行也需要工作人员参与进来。云安全主要内容如图 9.18 所示。

安全即服务（Security as a Service，SECaaS）是一种用于安全管理的外包模式，通常情况下包括通过互联网发布的应用软件及基于互联网的安全产品等。SECaaS 具有人员力量强大、安全工具先进、技术知识专业等优势，并具有业务推动能力，另外具有身份和虚拟机管理、网络层保护等特色。

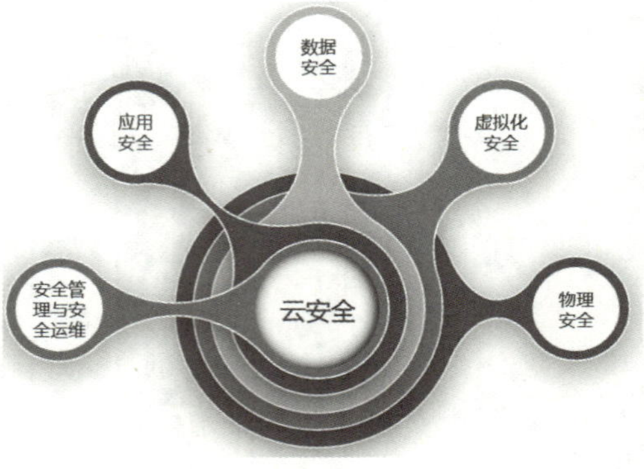

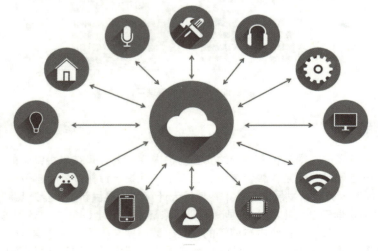

图 9.18　云安全主要内容

9.3.5　自动化部署技术

部署就是指完成软件开发后，通过一些配置使得开发的软件能够在目标环境中运行。在此过程中，源代码会转变为在目标环境中可运行的软件包。自动化部署指部署过程中的操作全部自动化，无须人工参与。在大型项目的部署上应用自动化部署技术可以大大提升效率。目前，已经有一些工具可以帮助我们实现这些操作，如 Jenkins、GitLab CI/CD、GitHub Actions 等。

9.4　云计算的应用

相信大家一定都使用过百度网盘。除此之外，大家还能列举使用过或者见过的其他云计算应用实例吗？接下来我们一起来看看云计算与其他技术相结合催生的新应用。

云计算的应用

9.4.1　云物联

"物联网就是物物相连的互联网。"这句话有两层意思：第一，物联网的核心和基础仍然是互联网，物联网是在互联网的基础上延伸和扩展的网络；第二，物联网的客户端扩展和延伸到了任何物品与物品之间以进行信息交换。随着物联网业务量的增加，对数据存储和计算量的需求将带来对"云计算"能力的要求。云计算作为物联网数据和设备的存储管理中心及计算资源的补给中心，有着不可替代的重要作用。物联网开发可以将云计算作为开发平台。云物联 PaaS 平台如图 9.19 所示。还有华为基于鸿蒙系统搭建的智慧终端，一键管理平台，将操作系统、云平台和物联网技术深度结合。

图 9.19　云物联 PaaS 平台

↘ 9.4.2　云游戏

云游戏是以云计算为基础的游戏方式。在云游戏的运行模式下，所有游戏都在服务器上运行，并将渲染完毕后的游戏画面压缩后通过网络传送给用户。在客户端，用户的游戏设备不需要任何高端处理器和显卡，只需要基本的视频解压能力就可以了。云游戏如图 9.20 所示。

图 9.20　云游戏

↘ 9.4.3　云教育

云教育是指基于云计算商业模式应用的教育平台服务。在云教育平台上，所有的教育机构、培训机构、招生服务机构、宣传机构、行业协会、管理机构、行业媒体、法律机构等都被集中整合成资源池，各种资源相互展示和互动，按需交流，达成一致的目标，从而降低教育成本，提高效率。

云教育打破了传统的教育信息化边界，推出了全新的教育信息化概念，集教学、管理、学习、娱乐、分享、互动交流于一体，让教育部门、学校、老师、学生、家长及其他教育工作者可以在同一个平台上，根据权限去完成不同的工作。云教育平台如图 9.21 所示。

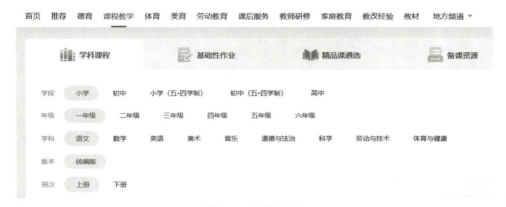

图 9.21　云教育平台

↘ 9.4.4　云原生

云原生也就是面向"云"而设计的应用。在使用云原生技术后，开发者无须考虑底层的技术实现，可以充分发挥云平台的弹性和分布式优势，实现快速部署、按需伸缩、不停机交付等云原生架构，如图 9.22 所示。

图 9.22　云原生架构

除此之外，云计算在医疗健康、金融、政务、智慧交通等领域有丰富的应用。

本章小结

本章我们介绍了云计算，从我国云计算发展的典型实例华为云引出，介绍了云计算产生的背景、演进历程、概念与特征、分类、关键技术、应用等。学习云计算有助于学生了解云计算的特征、应用趋势和关键技术，以及学习并掌握云产品的使用方法。

课后习题

1. 与云计算相关的技术有哪些？
2. 从云计算发展出的计算模式有哪些？
3. 云计算的核心技术有哪些？
4. 云计算与大数据、人工智能等新技术如何结合起来呢？

第 10 章
天地握手——现代通信技术

学习目标

【知识目标】

* 了解什么是通信技术。
* 了解通信技术的发展历程。
* 了解 5G 及应用领域。

【能力目标】

* 掌握 5G 的关键技术。
* 掌握 5G 的应用。

【素质目标】

* 培养吃苦耐劳、勇于创新的精神。
* 坚定科技自信，厚植家国情怀。

案例导读

    2008 年 5 月 8 日，北京奥运圣火在世界之巅珠穆朗玛峰（后简称珠峰）点燃，9 时 20 分 32 秒，中国向全球发布首张奥运圣火从珠峰传递的照片。为了那一刻，中国移动在突破人类生存极限的珠峰建设世界海拔最高的移动网络，全力为"圣火跨珠峰"提供通信保障，这是奥林匹克史上的一次创举，也兑现了中国对全世界的承诺，更是中国人践行奥运精神的缩影，如图 10.1 所示。

    2020 年 4 月 30 日，中国移动"5G 上珠峰"活动计划在海拔 5300 米的珠峰大本营、海拔 5 800m 的过渡营地、海拔 6500 米的前进营地，通过 SA+NSA 组网的形式建设 5 个 5G 基站，实现了 5G 信号对珠峰北坡登山线路及峰顶的覆盖；2020 年珠峰高程测量登山队成功登顶，其高清视频画面通过 5G 网络与全世界实时共享，如图 10.2 所示。面向未来，我国科研人员持续发扬"特别能吃苦、特别能战斗、特别能忍耐、特别能团结、特别能奉献"的"老西藏精神"，为数字化转型、高质量发展贡献一份力量。5G 信号首次登顶世界之巅，是在极限环境下的一次挑战，为珠峰登山、科考、环保监测、高清直播等活动提供了通信保障，有力彰显了我国 5G 快速发展的实力。

素养拓展

图 10.1　北京奥运圣火珠峰传递登山队成功登顶珠峰　　　　图 10.2　珠峰 5G 基站

从 2G、3G、4G 到今天的"5G 上珠峰"，是一代代中国人在人类生命禁区的接力极限挑战。有了 5G，在家也能通过慢直播"登"珠峰了。"云"游世界屋脊，不再是梦想。

10.1　现代通信技术概述

现代通信技术与传统的通信技术有很大不同。现代通信技术不再以邮政、电报、电话等技术为支柱，而是以微电子技术、计算机技术、光纤通信技术、通信卫星技术等为支柱。计算机技术是现代通信的核心，光纤通信技术和通信卫星技术是现代通信的主要手段。

现代通信技术概述

↘ 10.1.1　什么是通信

对很多人来说，通信是一个非常笼统的概念。从字面上看，通信，就是通联信息——我把信息发给你，你把信息发给我，这就是通信。

更严谨一点，我们可以这么定义：人与人，或人与自然之间，通过某种行为或媒介，进行的信息交流与传递，叫作通信。通信是世间万物的一种权力，是一种行为。有生命的、没有生命的，都可以发起这种行为。这种行为，是每个人或每个物融入世界的一种必要方式。通过信息的交换，它可以表达自身的"存在感"和"价值"。

↘ 10.1.2　现代通信简介

现代通信往往被理解为单一的电信通信、数字通信、IT 产业及电子产品制造业等高新技术通信，而忽略了通信的本质。邮政通信也是现代通信的一部分，邮政通信以实物传递为基础，通过文字、图片、实物等的空间转移传递信息，是国家个人通信自由及隐私保护的体现。有效、合理地管理、发展邮政通信带动服务经济的增长，使各项资源（特别是人力资源）更合理、公平地符合人类发展，才能使国民经济往更好的方向前进，才能在不破坏资源的前提下和谐共处，真正达到"天人合一"，真正成为"自然人"。

↘ 10.1.3　现代通信技术的发展

自 20 世纪 80 年代至 2019 年 10 月，现代移动通信技术共经历 4 代，即第一代（1G）、第二代（2G）、第三代（3G）、第四代（4G），每一代移动通信技术所采用的技术不同、实现的功能不同、通信原理不同。通常，一个移动通信系统由核心网、承载网、接入网（基站）、终端组成，如图 10.3 所示。

图 10.3　移动通信原理图

1. 1G时代

1G 是第一代移动通信技术（First Generation），制定于 20 世纪 80 年代，它是以模拟技术为基础的蜂窝无线电话系统，这种模拟信号传输方式只能应用于语音传输业务，且涵盖范围小、信号不稳定、语音品质低。1G 主要有两大主流通信系统，即高级移动电话系统（Advanced Mobile Phone System，AMPS）和全接入通信系统（Total Access Communication System，TACS）。1G 基站为 Base Station（简称 BS），终端是模拟手机（俗称大哥大）。1G 原理图如图 10.4 所示。

图 10.4　1G 原理图

2. 2G时代

2G 是第二代移动通信技术 (Second Generation)，主要的功能有语音和短信，以数字语音传输技术为核心，开启了数字通信之路。2G 具备频谱效率高、系统的容量大、语音质量好等特点，同时比 1G 多了数据传输服务，典型的数据传输服务有全球移动通信系统（Global System for Mobile Communication，GSM）。同时 2G 还采用了时分多址（Time Division Multiple Address，TDMA）技术和码分多址（Code Division Multiple Access，CDMA）标准。

3. 3G时代

3G 是第三代移动通信技术（Third Generation），是将无线通信与国际互联网等多媒体通信结合的一代移动通信系统。3G 实现了跨时代的改变，可以借助网络实现网上冲浪、查看图片等。我国于 2009 年 1 月 7 日颁发了 3 张 3G 牌照，分别是中国移动的 TD-SCDMA，中国联通的 WCDMA 和中国电信的 WCDMA2000。3G 手机除了能高质量地完成语音通信外，还能进行多媒体通信，也可以上网、查看电子邮件或浏览网页等。

2G 和 3G 主要采用 CS 数字电路交换方案，2G 基站为 Base Transceiver Station（简称 BTS），即基站收发信机，3G 基站为 NodeB。其中，2G 以 GSM 网络为代表、3G 以 UMTS 网络为代表。2G/3G 原理图如图 10.5 所示。

图 10.5　2G/3G 原理图

4．4G时代

4G是第四代移动通信技术（Fourth Generation）。4G时代的到来使人类完全进入数据网时代，即进入全IP时代。4G采用PS分组交换技术，不再采用传统CS电路交换技术。4G基站为eNB。4G在语音上采用VoLTE技术或CS FallBack技术，同时4G的数据速率比3G提升了10～100倍。4G原理图如图10.6所示。

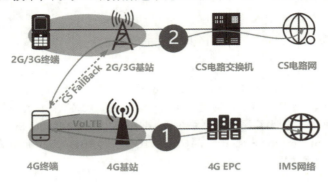

图10.6　4G原理图

具体说明如下。

（1）在4G初期或4G网络覆盖不好时，采用CSFB（CS FallBack）到2G/3G网络进行语音通信。

（2）在4G网络后期或4G网络覆盖好时，采用VoLTE（Voice over LTE）完成语音业务的承载，这点就完全不需要2G/3G网络支持。同时也通过4G LTE网络完成上网业务的承载。

10.2　5G 技术

↘ 10.2.1　5G 技术

5G是第五代移动通信技术（5th Generation），是实现人机物互联的网络基础设施。5G在4G基础上对移动通信技术提出了更高的要求，同时促使互联网从移动互联网过渡到智能互联网时代。5G基站为gNB。依据投资的成本大小，5G分为非独立组网（Non-Standalone，NSA）和独立组网（Standalone，SA）两种组网方式。在这里主要介绍一下独立组网的原理，如图10.7所示。

5G技术

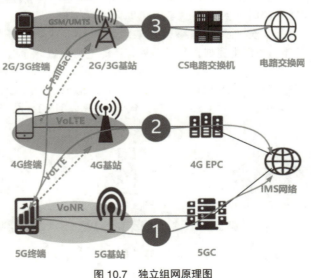

图10.7　独立组网原理图

原理图说明如下。

（1）在 5G 网络覆盖好的情况下，5G 终端通过 VoNR（高清通话）进行语音承载，如图 10.7 中的 1。

（2）在 5G 网络不好的情况下，回落到 4G VoLTE（高清语音）进行语音承载，如图 10.7 中的 2。

（3）在无 5G 和 4G 网络的情况下，回落到 2G/3G 网络进行语音承载，如图 10.7 中的 3。

10.2.2　5G 技术的特点

5G 技术主要的特点包括高速度、泛在互联、低功耗、低时延、大容量万物互联等。

1. 高速度

5G 比 4G 的传输速度更快，不是靠增强通信基站的信号发射功率，而是靠扩容传输带宽，就像拓宽高速公路一样，两车道拓宽至四车道，甚至八车道，车辆的通行速度自然加快了。同时 5G 广泛采用大规模阵列天线技术，支持多流并行传输，大大提升了频谱效率，更进一步提升了峰值速率。5G 的传输速度比 4G 快 10 倍以上。

2. 泛在互联

随着业务的发展，网络需要无所不包、无处不在，只有这样才能支持更加丰富的业务，才能在日趋复杂的场景下使用。

泛在互联有两个层面的含义：一是广泛覆盖，二是纵深覆盖。广泛是指我们社会生活的各个地方需要广覆盖，以前高山峡谷就不一定需要网络覆盖，因为生活的人很少，但是如果能覆盖 5G，就可以大量部署传感器，进行环境、空气质量甚至地貌变化、地震的监测。5G 可以为更多这类应用提供网络。纵深是指我们生活中虽然已经有网络部署，但是需要进入更高品质的深度覆盖。至今大部分人家中已经有了 4G 网络，但狭小空间（如卫生间）的网络信号经常很弱，地下车库基本没信号，想要在这种环境中处理事情，会面临无网络的情况。在 5G 时代，可把以前网络品质不好的卫生间、地下停车库等都用 5G 网络覆盖。

3. 低功耗

要支持大规模物联网应用，就必须有功耗的要求。而 5G 就能把功耗降下来，让大部分物联网产品一周充一次电，甚至一个月充一次电，这样能大大改善用户体验，促进物联网产品的快速普及。

4. 低时延

网络延迟衡量信息从网络的一端或节点传输到另一端所花费的时间，低时延意味着实时处理和即时反馈。低时延现在已经成为现实。

5G 应用的一个新领域是无人驾驶、工业自动化的高可靠连接。人与人之间进行信息交流，140ms 的时延是可以接受的，但是如果这个时延用于无人驾驶、工业自动化领域就无法接受。5G 对于时延的要求是不超过 1ms，甚至更低，如图 10.8 所示。

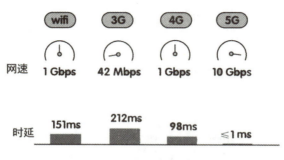

图 10.8　5G 低时延对照图

5. 大容量万物互联

迈入智能时代，除手机、计算机等上网设备需要使用网络以外，越来越多的智能家电设备、可穿戴设备、共享汽车等不同类型的设备以及电灯等公共设施也需要使用网络，如图 10.9 所示。

图 10.9　万物互联

↘ 10.2.3　5G 关键技术

5G 作为新一代移动通信技术，它的网络结构、网络能力和网络要求都与过去有很大不同，有大量技术整合其中。5G 的关键技术包括 Massive MIMO 技术、NOMA 技术、网络切片技术、D2D 技术、边缘计算技术、超密集组网技术等。

1. Massive MIMO技术

Massive MIMO（Massive Multiple-Input Multiple-Output）技术即大规模天线阵列技术，是指能在不增加带宽的情况下，在发射端和接收端分别使用多个发射天线和接收天线，使信号通过发射端与接收端的多个天线传送和接收。Massive MIMO 技术在 4G 中已经得到了应用，但是在 4G 中应用 Massive MIMO 技术的一般都是基站，对于终端最多能够支持接收端采用多路，但是发射端需要采用单路，如图 10.10 所示。

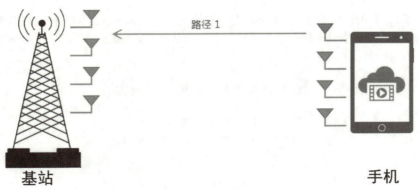

图 10.10　在 4G 中应用 Massive MIMO 技术

5G 的超高下载速率主要来自 Massive MIMO 技术，该技术通过在空中同时传输多路不同的数据来成倍地提升网速。Massive MIMO 技术是指能在不增加带宽的情况下，在发射端和接收端分别使用多个发射天线和接收天线，使信号通过发射端与接收端的多个天线传送和接收，从而提高通信质量，如图 10.11 所示。

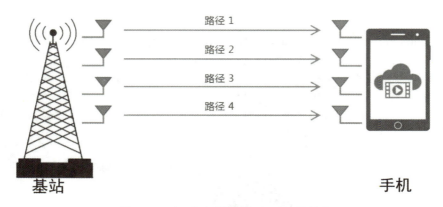

图 10.11 在 5G 中应用 Massive MIMO 技术

2. NOMA技术

NOMA（Non-Orthogonal Multiple Access）技术即非正交多址接入技术。NOMA 的基本思想是，在发送端将多个 UE 信号叠加，占用所有时频资源，并通过空口发送，而在接收端基于多用户检测（Multiple User Detection，MUD）和串行干扰消除（Successive Interference Cancellation，SIC）技术来逐个解码信号，提取有用信号。

NOMA 技术的应用主要有两种方式：基于码域和基于功率域。基于码域，即为每个用户分配非正交扩展码。基于功率域，即在发送端每个用户信号以不同的功率电平叠加。

3. 网络切片技术

网络切片技术可以将一个物理网络切割成多个虚拟的端到端网络，如图 10.12 所示。每个虚拟网络之间（包括网络内的设备、接入、传输和核心网）是逻辑独立的，任何一个虚拟网络发生故障都不会影响其他虚拟网络。

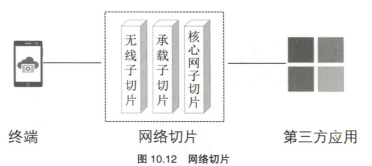

图 10.12 网络切片

4. D2D技术

在现有的移动通信系统中，手机用户之间的通信都是由基站进行控制的。一直以来，我们都希望能在通信过程中尽量少占用基站资源，D2D（Device-to-Device）就是这样一种技术。

D2D 技术可以实现终端直通，如图 10.13 所示。在邻近终端设备之间直接进行通信，一旦 D2D 链路建立起来，传输语音或数据消息就无须基站的干预，这样可减轻基站及核心网的数据压力，大幅提升频谱资源利用效率和吞吐量，增大网络容量，保证通信网络更为灵活、智能、高效地运行。

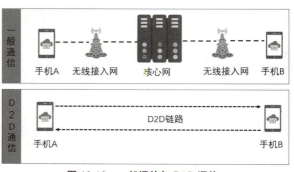

图 10.13 一般通信与 D2D 通信

5．边缘计算技术

边缘计算（Multi-Access Edge Computing，MEC）技术可解决集中部署的云计算带来的时延过长、带宽占用问题，更好地服务于实时性要求较高和带宽要求较高的业务。

边缘计算成为助力 5G、赋能千行百业的关键词之一。物联网、车联网带来的新型服务模式迫切需要 5G 以极低的时延处理海量的数据，为了更加靠近终端用户及其设备，让用户获得更高的内容分发效率，边缘计算技术应运而生。边缘计算技术在工业互联网、自动驾驶、智慧交通、卫生医疗、智慧农业、VR 等领域都将发挥重要作用，有着十分广阔的前景，如图 10.14 所示。

图 10.14　边缘计算技术在各领域的应用

6．超密集组网技术

超密集组网（Ultra-Dense Network，UDN）技术通过更加"密集化"的无线网络基础设施部署，在异构网络中引入超大规模低功率节点，满足了增强热点、消除盲点、改善网络覆盖、提高系统容量的实际需求，打破了传统的扁平单层宏网络覆盖，使得多层立体异构网络（Heterogeneous Network，HetNet）应运而生，如图 10.15 所示。这样不仅可获得更高的频率复用效率，还能在局部热点区域实现百倍量级的系统容量提升。

图 10.15　超密集组网

10.3　5G 的应用领域

随着 5G 的普及，以及与云计算、大数据、人工智能等的广泛结合，5G 必将担当起促进各行各业数字化转型的重任。"数字化企业"有三大组成部分：企业管理人员形成"数字化"思维意识，具体涉及管理人员要具有"数字经济"知识和技能学习系统；企业"数字化"改造关联的规章制度和奖惩机制；管理人员"数字化"思维落地的监督和考核系统项。5G 将渗透到经济社会的各领域，成为支撑经济社会数

5G的应用领域

字化、网络化、智能化转型的关键新型基础设施。5G 的应用领域有工业领域、物流领域、教育领域、能源领域、智慧农业、智慧交通等。

10.3.1　工业领域

1. 5G网络实现生产数据的实时采集

利用数字孪生、人工智能等技术建设虚拟生产单元，模拟、仿真、分析物理生产单元运行过程，实现产能预测、生产优化和精准管控，如图 10.16 所示。

2. 精准动态作业

5G 结合北斗卫星导航系统（简称北斗系统），可对装船机、辊道等生产设备的位置和姿态进行精准测量，并根据生产需求实时动态调整，提升作业精度和自动化水平，如图 10.17 所示。

图 10.16　5G 网络实现数据采集

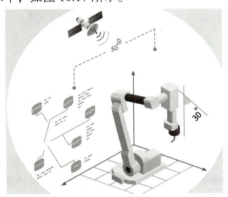

图 10.17　使用 5G 精准定位

3. 生产能效的管控

通过内置 5G 模块的仪器仪表，实时采集企业用电、水、燃气等各类能源消耗数据和污染物排放数据，实现大规模终端的海量数据秒级采集和能效状态实时监控，辅助企业降低生产能耗，减少污染物排放量，实现清洁生产，如图 10.18 所示。

4. 工艺合规校验

通过 5G 网络将采集的指标、操作信息等同步传送至边缘云平台。边缘云平台利用人工智能、大数据、云计算等技术对工人实际操作工序、取料信息等进行分析，并与规定标准流程进行实时合规校对，分析找出颠倒顺序、危险操作和错误取料等现象，实现工艺检测自动报警，如图 10.19 所示。

图 10.18　5G 秒级采集

图 10.19　5G+ 机器视觉 + 人工智能

5. 生产过程溯源

5G 与区块链、工业互联网标识结合，将生产过程中的人、机、料信息关联整合，实时追溯产品批次、品质等信息，辅助动态调整工序参数，提升产品质量，如图 10.20 所示。

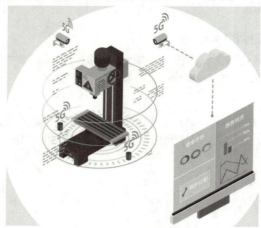

图 10.20　使用 5G 对产品进行追溯

↘ 10.3.2　物流领域

发挥 5G 网络高速、泛在优势，实时监测和分析大范围物流运输途中车辆、货物、人员等音、视频信息，保障冷链、保税品、危化品运输中货物和人身的安全，如图 10.21 所示。

图 10.21　5G 应用在物流领域

↘ 10.3.3　教育领域

5G 在教育领域的应用主要围绕智慧课堂及智慧校园两方面开展。5G+ 智慧课堂，凭借 5G 低时延、高速率特性，结合 VR/AR/ 全息影像等技术，可实现实时传输影像信息，为两地提供全息、互动的教学服务，提升教学体验；5G + 智慧校园可通过 5G 网络收集教学过程中的全场景数据，结合大数据及人工智能技术，构建学生的学情画像，为教学等提供全面、客观的数据分析，提升教育教学精准度，如图 10.22 所示。

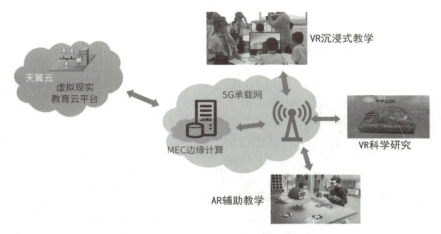

图 10.22 5G 在教育领域应用

10.3.4 能源领域

能源领域主要分为电力和煤矿领域。

在电力领域，能源电力生产包括发电、输电、变电、配电、用电 5 个环节。目前，5G 在电力领域的应用主要面向输电、变电、配电、用电 4 个环节开展，应用场景主要涵盖了采集监控类业务及实时控制类业务。

在煤矿领域，5G 应用涉及井下生产与安全保障两大部分，应用场景主要包括作业场所视频监控、环境信息采集、设备数据传输、移动巡检、作业设备远程控制等。

10.3.5 智慧农业

中国联通通过在云南大理苍山国家级自然保护区投入多台 5G 网联无人机，对防火关键地段实施全方位火情监测，如图 10.23 所示。为了缩短预警时间，中国联通还通过 5G 网联无人机对苍山全境进行空中专网覆盖，实现 24h 全天候作业待命。人员无须到现场，在指挥中心即可通过 5G 网联无人机综合管理应用平台和 5G 网络同时指挥多台无人机在指定时间飞往指定地点进行巡检。一旦发现火情，指挥部可以调派大载重灭火无人机第一时间前往进行投弹灭火作业，或为消防人员运输扑火工具、食物等物资，大幅提高作业效率。

图 10.23 5G 网联无人机

↘ 10.3.6 智慧交通

智慧交通，简单来说就是使用通信网络、大数据、物联网、人工智能等技术，把车辆、道路、驾驶员、交通指挥系统连接在一起，形成智能指挥、自动规避、自主规划等智慧交通网络。未来道路上不仅行驶着有人驾驶车辆，而且还有无人驾驶车辆，基于 5G 的边缘计算技术，通过将计算能力下沉到网络边缘侧，可实现低时延和高带宽接入，实时指挥、调度车辆安全、高效行驶，如图 10.24 所示。

图 10.24　5G 应用智慧交通

本章小结

本章首先介绍了现代通信技术的概念及 1G～5G 的发展历程，其次论述了 5G 的关键技术，在 5G 全面覆盖之后，我国的城市将会变得更加智能化，农业产业也将会形成新的模式。此外，5G 将和信息化、工业化进行深度结合，引发产业领域深刻变革，从而引导消费、生产、服务等各行各业向数字化、智能化方向发展。

课后习题

1. 简述现代通信技术发展史。
2. 简述第五代移动通信网络。
3. 简述 D2D 通信及其优势。
4. 简述网络切片。

第 11 章
万物互联——物联网

学习目标

【知识目标】

* 了解物联网的基本概念。
* 了解物联网的发展。

【能力目标】

* 掌握物联网的体系结构。
* 掌握物联网的应用领域。

【素质目标】

* 培养钻研奋进的钉子精神。
* 培养精益求精的工匠精神。

案例导读

"北斗 + 物联网"的神奇魔法

2020 年 6 月 23 日 9 时 43 分，伴着山呼海啸般的巨响，腾空而起的长征火箭底部拖曳着耀眼的白色尾焰，托举着北斗三号最后一颗全球组网卫星飞向太空，如图 11.1 所示。约 30 分钟后，卫星顺利进入预定轨道，至此，我国提前半年完成北斗系统星座部署。

那么，北斗和物联网有什么关系？北斗系统会给我们带来什么变化呢？

以集装箱为例，出海后的集装箱要发回位置信息，就需要通过卫星通信实现，就要具备卫星通信能力。一般而言，有两种方法可以让集装箱获得卫星通信能力：一是让集装箱连接到船上的局域网，通过船上的卫星通信天线发送信息出去；二是集装箱直接连

图 11.1　北斗三号最后一颗全球组网卫星飞向太空

素养拓展

接到低轨道通信卫星上。但是，船舶上未必有局域网，而且海事卫星的数据通信费用价格昂贵。如果让集装箱直接连接低轨道卫星，价格就更高昂了。

有了北斗系统，这些问题就能迎刃而解。北斗系统不仅具有全球定位能力，而且也具有低价格的短报文通信能力。也就是说，北斗系统能够建立初步的物联网，主要应用在感知、网络两个层面，体现 GPS 所不具备的优势。在感知层面，北斗系统的定位、授时功能可完成精准时间信息和位置信息感知的任务；在网络层面，北斗系统的短报文通信功能可实现感知信息和控制信息的全天候、全天时、无缝隙传递。由于北斗三号的服务区域已经扩展至全球，同时还实现了关键技术方面的突破，为用户提供了更为优质的服务。

有了北斗系统，无人化的海运触手可及。远洋轮船上的海员们需要数月面对茫茫大海，生活相当枯燥。如果在北斗系统的基础上，开发一款完全自动化的海运工具，就可以让海员们免去与世隔绝之苦。或许，他们只需要在船舶进入港口前，在北斗系统的指引下上船，实施一些需要人工干预的复杂操作，然后自己依然可以回到岸上继续正常的生活。

有了北斗系统，短途的无人机和无人车快递将无处不达。依靠北斗系统提供的导航定位功能，尽管在城市或许体现不出独特的优势，但如果要把快递送到山村、海岛及远离市区的工地上，无人系统＋北斗系统就可以取代快递小哥，让那些地方的人们也能享受到电子商务时代的便捷与舒心。

未来，如果人类能够解决跨国服务贸易、海关、边检等方面的自动化问题，或许就可以把快递送到全球。届时，北斗全球快递将成为人类生活的标配。

11.1　物联网概述

物联网被称为继计算机、互联网之后世界信息产业发展的第三次浪潮，它是新一代信息技术的重要组成部分，也是信息时代的重要发展阶段。物联网的出现，促进了社会的进步，使人们可以更加精细和动态地管理生活和生产，达到"智慧"状态，提高资源利用率和生产力水平，改善人与自然的关系。

物联网概述

↘ 11.1.1　什么是物联网

物联网（Internet of Things，IoT）是指"万物相连的互联网"，是指在任何时间、任何地点实现任何人、任何物、任何机器之间的信息交换和通信的网络，如图 11.2 所示。

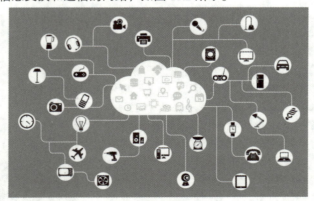

图 11.2　物联网示意

目前较为公认的物联网定义是：物联网是通过 RFID 装置、红外传感器、全球定位系统（Global Positioning System，GPS）、激光扫描器等信息传感设备，按约定的协议，把任何物品与互联网相连接，进行信息交换，以实现智能化识别、定位、跟踪、监控和管理的一种网络。

物联网的定义包含两层意思：第一，物联网的核心和基础仍然是互联网，它是在互联网基础上延伸和扩展的网络；第二，其客户端延伸和扩展到了任何物品与物品之间，进行信息交换。因此，物联网就是"万物相连的互联网"。

↘ 11.1.2　物联网的发展

2009 年 8 月，"感知中国"的理念被提出，我国开始重视物联网的发展；同年 11 月，题为《让科技引领中国可持续发展》的讲话被发布，该讲话强调要着力突破传感网、物联网关键技术，及早部署后 IP 时代相关技术研发，使信息网络产业成为推动产业升级、迈向信息社会的"发动机"。

《2010 年国务院政府工作报告》中提出"加快物联网的研发应用"，明确将物联网纳入重点产业。2010 年 6 月，由 60 多家单位自愿成立的"感知中国"物联网联盟在无锡正式成立。物联网联盟的成立，将充分发挥无锡的研发与产业优势，带动全国物联网产业快速发展。

2012 年 3 月，中国提交的"物联网概述"标准草案经国际电信联盟审议通过，成为全球第一个物联网总体标准。"物联网概述"对物联网的概念、术语、技术视图、特征、需求、参考模型、商业模式等都进行了标准描述，能够促进全球物联网规范发展。

2013 年 2 月，国务院提出《关于推进物联网有序健康发展的指导意见》，明确了我国物联网发展的总体目标和近期目标，提出了加强统筹协调形成发展合力、营造良好发展环境等保障措施，并明确提出"积极开展物联网相关技术的知识产权分析评议"。同年 9 月，国家发展改革委、工信部、科技部、教育部、国家标准委联合物联网发展部际联席会议相关成员单位制定了 10 个物联网发展专项行动计划。

2016 年 11 月，国务院发布了《"十三五"国家战略性新兴产业发展规划》，实施网络强国战略，加快建设"数字中国"，推动物联网、云计算和人工智能等技术向各行业全面融合渗透，构建万物互联、融合创新、智能协同、安全可控的新一代信息技术产业体系。

2017 年 6 月，工信部发布《关于全面推进移动物联网建设发展的通知》指出，进一步夯实物联网应用基础设施，推进 NB-IoT 网络部署和拓展行业应用，加快 NB-IoT 的创新和发展。

2021 年 9 月，工信部发表《物联网新型基础设施建设三年行动计划（2021—2023 年）》，明确要求"到 2023 年底，在国内主要城市初步建成物联网新型基础设施，社会现代化治理、产业数字化转型和民生消费升级的基础更加稳固"。

2022 年 1 月，国务院印发《"十四五"数字经济发展规划》，要求提高物联网在工业制造、农业生产、公共服务、应急管理等领域的覆盖水平，增强固移融合、宽窄结合的物联接入能力。至此，物联网发展进入黄金时期。

↘ 11.1.3　物联网的特征

从物与物、人与物之间的信息交互来看，物联网的核心在于全面感知、可靠传输和智能处理，其过程与人处理事情的过程基本相同，如图 11.3 所示。

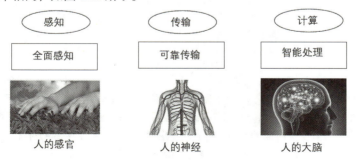

图 11.3　物联网体系与人处理事物的过程

1. 全面感知

利用 RFID 器件、条形码、二维码等随时随地获取物体信息，同时可通过温湿度传感器、红外传感器、照相机等识别设备感知物体的物理属性和个性化特征。感知包括传感器的信息采集、协同处理、智能组网，甚至包括信息服务。

2. 可靠传输

通过无线网络与互联网融合，将物体的信息实时准确地传递给用户。通过各种承载网络，包括互联网、电信网等公共网络及电网、交通网等专用网络，建立物联网实体间的广泛互联，具体表现在各种物体经由多种接入模式实现异构互联，形成"网中网"的形态，将物体的信息实时准确地相互传递。

3. 智能处理

利用云计算、数据挖掘以及模式识别等智能技术，对随时接收到的跨地域、跨行业、跨部门的海量数据和信息进行分析处理，增强对物理世界、经济社会各种活动和变化的洞察力，实现智能化的决策和控制。

11.2 物联网的体系结构

物联网作为一个网络系统，与其他网络一样，也有其特有的体系结构。物联网的体系结构分为 3 个层次：感知层、网络层和应用层，如图 11.4 所示。

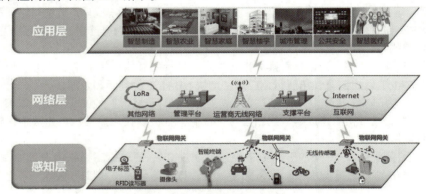

图 11.4 物联网的体系结构示意

感知层位于底层，相当于人的感官，是物联网全面感知的基础。其作用是感知和识别物体，采集和捕获信息。

网络层位于物联网的第二层，是物联网无处不在的前提，类似人体结构中的中枢神经系统。其作用是随时随地连接感知层和应用层，通过通信网络进行数据传输。

应用层是物联网的最高层，是物联网智能处理的中枢，其作用是对感知层采集的数据进行计算、处理和知识挖掘，从而实现对物理世界的实时控制、精确管理和科学决策。

↘ 11.2.1 物联网感知层关键技术

感知层是物联网的基础，由具有感知、识别、控制和执行等功能的多种设备组成，通过采集各类环境数据信息，将物理世界和信息世界联系起来。感知层的主要实现方式是通过不同类型的传感器感知物品及周围各类环境信息。感知层应用的技术有条形码技术、RFID 技术、传感器技术、多媒体信息采集与处理技术、定位技术等。

物联网感知层
关键技术

1. 条形码技术

条形码，或简称条码，是由一组规则排列的条、空以及对应的字符组成的标记，如图 11.5 所示。这些条和空按照一定的规则组成，可以表示特定的信息。当使用专门的条形码识别设备（比如手持式条形码扫描器）扫描这些条形码时，条形码中包含的信息就可以被转换为计算机可以识别的数据。条形码扫描器如图 11.6 所示。

目前市场上常见的是一维条形码，它所包含的全部信息是一串几十位的数字和字符。二维条形码相对复杂，但包含的信息量大为增加，可以达到几千个字符，如图 11.7 所示。当然，计算机系统还要有专门的数据库保存条形码与物品信息的对应关系。当读入条形码数据后，计算机上的应用程序就可以对数据进行操作和处理了。

图 11.5　一维条形码

图 11.6　条形码扫描器

图 11.7　二维条形码

2. RFID技术

RFID 是射频识别（Radio Frequency Identification）的英文缩写，利用射频信号通过空间耦合，实现无接触信息传递，并通过所传递的信息达到对静止或移动物体自动识别的目的。目前，它主要用来为物联网中各种物品建立唯一的身份标识。工业界通常将 RFID 系统分为标签、阅读器和天线三大组件，如图 11.8 所示。

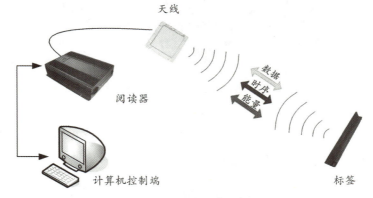
图 11.8　RFID 工作示意

（1）标签。
由耦合元件及芯片组成，每个标签具有唯一的电子编码，附着在物体上标识目标对象，用于阅读器识别。
（2）阅读器。
读取（有时还可以写入）含有标签信息的设备，可设计为手持式或固定式。
（3）天线。
在标签和阅读器间传递射频信号。其工作原理是标签进入磁场后，阅读器发出的射频信号凭借感应电流所获得的能量发送出存储在芯片中的产品信息，或者由标签主动发送某一频率的信号，阅读器读取信息并解码后，送至中央信息系统进行有关数据处理。

RFID 是一项易于操控、简单实用且特别适合自动化控制的应用技术。RFID 可自由工作在各种恶劣环境下，短距离射频产品不怕油渍、污染、灰尘污染等恶劣的环境，可以在这样的环境中替代条形码；长距离射频产品多用于交通上，识别距离可达几十米，如自动收费或识别车辆身份等。

3. 传感器技术

传感器是能感受特定的被测信号并按照一定的规则将其转换成可用信号的器件或装置，由敏感元件、转换元件、变换电路和辅助电源等 4 部分组成，如图 11.9 所示。传感器的工作原理是将检测到的信号按一定规则转换为电信号或其他所需形式的信息输出，以满足信息的传输、处理、存储、显示、记录和控制等要求。

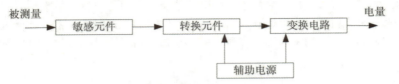

图 11.9　传感器组成示意

传感器技术在物联网中具有重要的地位，它是物联网感知、获取数据信息的窗口，是物联网不可或缺的信息收集手段，传感器的发展将直接影响物联网的发展及应用。目前，传感器的应用领域相当广泛，涵盖从工业交通到家用电器以及机械制造、国防工业、环保气象、土木建筑、农林水产、医疗保健、金融流通、海洋及资源开发等各个方面。

4. 多媒体信息采集与处理技术

多媒体信息采集与处理技术是指利用各种摄像头、相机、麦克风等设备采集视频、音频、图像等信息，多媒体信息采集设备如图 11.10 所示，并将这些采集到的信息进行抽取、挖掘和处理，将非结构化信息从大量采集到的信息中抽取出来，然后保存到结构化数据库中，从而为各种信息服务系统提供输入数据。

图 11.10　多媒体信息采集设备

5. 定位技术

物联网系统的一项主要应用是对事件的监测，而事件发生的位置对于监测消息是至关重要的，没有位置信息的监测消息毫无意义，因此需要利用定位技术来确定相应的位置信息。

定位技术（Location Technology）是测量目标的位置参数、时间参数、运动参数等时空信息的技术，它利用信息化手段来得知某一用户或者物体的具体位置。目前，常见的定位技术包括卫星定位、蜂窝定位、室内定位技术等。

↘ 11.2.2　物联网网络层关键技术

物联网网络层
关键技术

网络层是物联网的神经系统，主要进行信息的传递，通过因特网和各种网络的结合，对接收到的各种感知信息进行传送，更好地实现物与物之间的通信、物与人之间的通信以及人与人之间的通信，并实现信息的交互共享和有效处理。主要技术包括如下几个方面的内容。

1. 无线传感网技术

无线传感网（Wireless Sensor Network, WSN）是由大量具有通信和计算能力、低成本、小体积的传感器节点随机部署在无人值守的监控领域而构成的能够自主完成指定任务的智能网络系统。无线传感网综合了传感器技术、嵌入式技术、无线通信技术等。典型的无线传感网一般由传感器节点、汇聚节点、传输网络和远程监控终端等 4 部分构成，如图 11.11 所示，通过各种微型传感器节点对各种环境信息进行感知检测，经过初步的分析处理之后通过自组多跳的方式传送到汇聚节点，然后经过传输网络将信息传送到远程监控终端。

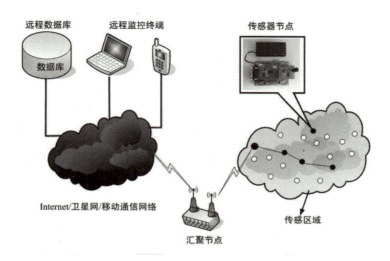

图 11.11　无线传感网组成

2. 蓝牙

蓝牙是一种支持设备短距离（一般为10m内）通信的无线通信技术，能够在移动电话、掌上电脑、无线耳机、笔记本计算机及相关外设等众多设备之间进行信息交换，如图11.12所示。在蓝牙通信中，蓝牙设备有两种可能的角色，分别为主设备和从设备，同一个蓝牙设备可以在这两种角色之间转换。一个主设备最多可以同时和7个从设备通信。在任意时刻，主设备可以向从设备中的任何一个发送信息，也可以通过广播方式同时向多个从设备发送信息。

蓝牙技术的优势是稳定、全球可用、应用范围广、易于使用、低功耗、安全性高。

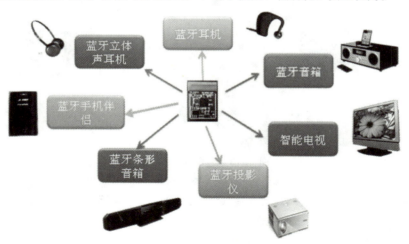

图 11.12　蓝牙应用场景

3. Wi-Fi

无线保真（Wireless Fidelity，Wi-Fi）是一种基于 IEEE 802.11 系列协议标准实现的无线通信技术。Wi-Fi 于 1996 年由澳大利亚的研究机构 CSIRO 提出，凭借其独特的技术优势，被公认为是主流的无线局域网技术标准，其技术标准如表 11.1 所示。

以前通过网线连接计算机，而 Wi-Fi 则是通过无线电波来联网。常见的连接设备是无线路由器，在这个无线路由器电波覆盖的有效范围内都可以采用 Wi-Fi 连接方式进行联网。几乎所有智能手机、平板计算机和笔记本计算机都支持 Wi-Fi 上网，Wi-Fi 是当今使用最广的一种无线网络传输技术。

表 11.1　Wi-Fi 技术标准

标准	描述
IEEE 802.11	1997 年推出，支持速率 2 Mbit/s，工作在 2.4 GHz ISM 频段
IEEE 802.11b	1999 年推出，最初的 Wi-Fi 标准，工作在 2.4 GHz ISM 频段
IEEE 802.11a	1999 年推出，IEEE 802.11b 的后继标准，又称高速 WLAN 标准，工作在 5 GHz ISM 频段，速率可高达 54 Mbit/s，但与 IEEE 802.11b 不兼容
IEEE 802.11g	2003 年推出，工作在 2.4 GHz ISM 频段，结合了 IEEE 802.11b 和 IEEE 802.11a 标准的优点，速率可高达 54 Mbit/s
IEEE 802.11n	2009 年推出，兼容 IEEE 802.11b/a/g，理论速率最高可达 600 Mbit/s（目前业界主流为 300 Mbit/s），可工作在 2.4 GHz 及 5 GHz 两个频段

4. ZigBee

蜂舞协议（ZigBee）是一项新型的无线通信技术，具有功耗低、成本低、网络容量大、可靠性高、安全性好等特点，主要用于短距离、低功耗且传输速率不高的各种电子设备之间进行数据传输。如在智慧农业中，采用 ZigBee 无线技术，通过在农业大棚内布置已嵌入 ZigBee 模块的温度、湿度、光照等传感器，对棚内的温度、湿度、光照等进行自动化监测控制，如图 11.13 所示。

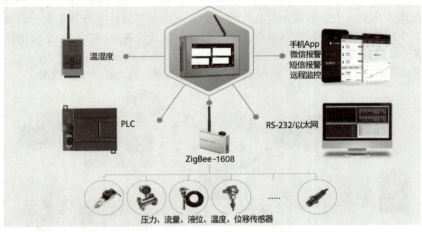

图 11.13　ZigBee 应用场景

除此之外，ZigBee 技术还可以用于家庭自动化、工业控制、医疗监测等适合传感器密集使用的领域或场所。ZigBee 技术的低成本、低功耗及高安全性都利于 ZigBee 无线传感网的大规模部署应用。ZigBee 作为物联网的一部分，对物联网的推广有着举足轻重的作用。

5. NB-IoT

窄带物联网（NB-IoT）是物联网领域的一个新兴技术，支持低功耗设备在广域网的蜂窝数据连接，也叫作低功耗广域网（Low-Power Wide-Area Network，LPWAN）。NB-IoT 是基于蜂窝的网络，只消耗大约 180 kHz 的带宽。

NB-IoT 聚焦于低功耗、低成本、广覆盖、大连接的物联网市场。低功耗：终端模块的待机时间可长达 10 年，可用于水电表、智慧停车 / 灯杆等应用，如图 11.14 所示。低成本：单个模块价格不超过 35 元，可在智慧城市大规模部署。广覆盖：比 LTE 和 GPRS 基站提高了 20 dB 的增益，覆盖区域扩大 100 倍，地下和水下信号覆盖有保障，且传输距离达到惊人的 10 km，可以覆盖一个小县城，可用于地面井盖检测。大连接：一个扇区能够支持超过 10 万个连接，在农林牧渔监控领域应用广泛。

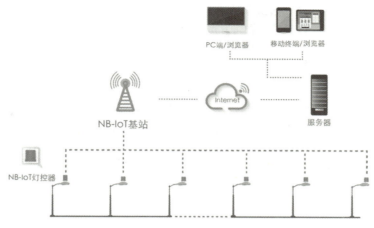

图 11.14　NB-IoT 应用场景

6. LoRa

远距离无线电（Long Range Radio，LoRa）是一种低功耗局域网无线标准。它的主要特点是在同样的功耗条件下比其他无线方式传播距离更远，比传统的无线射频通信距离增加了 3 ~ 5 倍，实现了低功耗和远距离的统一。LoRa 可用于自动抄表、无线预警和安全系统、工业监测和控制以及智能家居等，如图 11.15 所示。

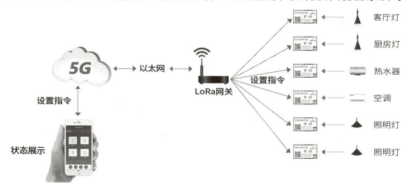

图 11.15　LoRa 应用场景

7. 移动通信

移动通信（Mobile Communication）是指通信的双方，至少有一方是在移动中进行的通信，包括固定点与移动点、移动点与移动点之间的通信。在移动通信中，移动终端可以对信息数据进行高效的接收传送工作，并且作为终端设备的一种，具有良好的便捷性。移动终端在使用过程中，能够根据网络通信接入点的变化，随时对信息开展改变工作与传递工作，这就有效保障了移动终端与网络之间的信息能够进行及时沟通。物联网信息节点的广泛性和移动性，让移动通信技术在物联网中应用广泛。

↘ 11.2.3　物联网应用层关键技术

应用层位于物联网 3 层结构中的顶层，其功能为"处理"，即通过云计算平台进行信息处理，主要技术包括如下。

1. 中间件技术

中间件技术是一种独立的基于分布式处理的服务程序，它应用于客户端、服务器的操作系统之上，用来管理计算机资源和网络通信，连接两个独立的应用程序或者独立系统，能够使相连的系统即便拥有不同的接口仍然能实现信息交换。

　　中间件技术可以运行于多种硬件和操作系统平台，支持分布式计算，提供跨网络、硬件、操作系统平台的透明应用和服务交互。它的这些特性使得它成为物联网应用中的关键部分，实现了各种传感器、RFID系统等感知设备与应用系统之间的数据传输转换。开发人员只需要提供一个中间件的接口就可以保证应用软件在物联网中的正常使用，在很大程度上降低了应用开发难度。

2. 人工智能技术

　　物联网时代一个显著的特征就是大数据时代的到来。很显然，要想处理好这些信息，需要进行筛选、分析、数据挖掘等任务，单靠人力是不行的。而现有的数据库系统固有的弊端又对这些信息的处理助益不大，通用的计算方式和软件能力也限制了信息的过滤能力。人工智能的目标就在于为人们提供能够有所超越的信息处理能力，提高信息采集和应用的效率。在物联网中，人工智能技术通过对感知信息的分析及智能处理来实现物联网的智能化，并提供科学决策。例如，当整条道路上几乎没有车辆的时候，利用感知层获得的实时数据和应用层积累的历史数据，可以实时调整一些路口的红绿灯，如将这条路上的人行指示灯全部设置为绿色等。

3. 云计算技术

　　云计算技术是分布式计算的一种，可实现对海量数据的存储、计算，是物联网发展重要的技术支撑。

4. 信息和隐私安全技术

　　信息和隐私安全技术包括安全体系架构、网络安全技术，以及"智能物体"的广泛部署给社会生活带来的隐私保护、安全管理机制和保障措施等。为实现对物联网广泛部署的"智能物体"进行管理，需要进行网络功能和适用性分析，开发合适的管理协议。

11.3　物联网的应用领域

　　《物联网新型基础设施建设三年行动计划（2021—2023年）》明确提出到2023年年底，在国内主要城市初步建成物联网新型基础设施，社会现代化治理、产业数字化转型和民生消费升级的基础更加稳固。物联网的应用领域如图11.16所示，主要包括智慧停车、智慧农业、智慧抄表、智慧物流和智慧家居等。

图11.16　物联网的应用领域

↘ 11.3.1　智慧停车

随着我国私家车的日益增加，现有的车位已满足不了市民的需求，停车难已经成为困扰"有车一族"的最大难题，也成为大家关注并力图解决的焦点问题。应用物联网技术可以完成车位信息和车辆状态收集、处理和推送，实现交通管理的动态化、全局化、自动化、智慧化，如图 11.17 所示。

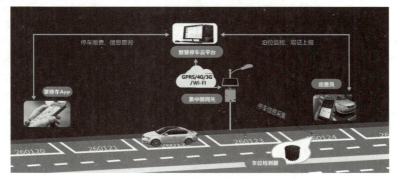

图 11.17　智慧停车示意

物联网停车场实现车位实时状态查询、停车位预定，为用户提供"有到必有车位"的便利。车辆到达车库后，物联网停车场监测通过智能车牌识别摄像机抓拍的车牌，快速识别车辆信息，实现车辆免取卡无须停车直接进入停车场。车辆进入停车场内，根据车位引导系统到达停车位。支持反向寻车，输入车牌号码，反向寻车系统就会快速提供停车位的信息和电子地图显示。停车缴费支持 POS 机、自助缴费机、手机移动支付、人工缴费等多种模式。

↘ 11.3.2　智慧抄表

在智慧抄表应用中，可以使用物联网技术、公有云等实现水、电、气的远程抄表。智慧抄表系统根据客户应用环境提供 NB–IoT、LoRa 等多种远程抄表方式，实现远程自动抄表，抄表简单、快速、准确，如图 11.18 所示。

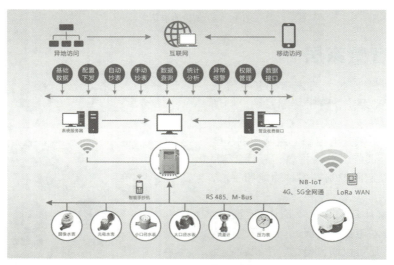

图 11.18　智慧抄表示意

客户使用的电表是配套的新型远程预付费智能电表，具有分时计费功能，支持阶梯计价、尖峰平谷等复杂的收费计算项目。智慧抄表管理系统可以实现远程预付费，相比集成电路（Integrated Circuit，IC）卡预付费更加灵活自由，缴费方式灵活多样，用户只需拿起手机用微信或支付宝便可快速缴费充值。此外，智慧抄表系统不仅能帮助相关部门管理好住宅小区各项事宜，给企业带来收益，增强企业的生存力和竞争力，而且可以为住宅小区居民的生活带来更好的品质与服务，促进物业的良性发展。

↘ 11.3.3 智慧物流

智慧物流是利用条形码、RFID、传感器、GPS 等先进的物联网技术，结合信息处理和网络通信技术，广泛应用于运输、仓储、配送、包装、装卸等基本活动环节，实现货物运输过程的自动化运作和高效率优化管理，提高物流行业的服务水平，降低成本，减少自然资源和社会资源消耗，如图 11.19 所示。

例如，通过物联网技术，借助北斗系统，能够对车辆进行实时跟踪，方便对行车人员进行监控，灵活地对车辆进行调动。在物流企业的实际工作中，可以充分利用物联网技术，将仓储作业和物联网技术有机融合在一起，实现仓库出入库作业盘点等一系列操作的自动化。仓库自动化处理软件对数据进行分析，并结合具体的出入库数据进行实时记录，方便人们通过可视化的数据处理模式掌握库存情况。此外，物联网中的 RFID 技术能够有效地对货物进行精准识别，在物流追踪和数据交换过程中提高物流传输效率，进一步提高整个物流行业的运输水准。

图 11.19 智慧物流示意

↘ 11.3.4 智慧家居

智慧家居通过物联网技术将家中的各种设备（如音视频设备、灯光系统、窗帘控制系统、空调控制系统、安防监控系统、数字影院系统、智能家电等）连接到一起，提供家电控制、照明控制、电话远程控制、室内外遥控、防盗报警、暖通控制、红外转发以及可编程定时控制等多种功能和手段，如图 11.20 所示。

在物联网智慧家居环境中，不论你是否在家都可以通过远程设备对电器、灯光、门、窗进行控制。如果出门在外，还可以通过电话、手机或者互联网远程连接家中的智能终端，了解家电的使用情

图 11.20 智慧家居示意

况，并随时监控家里的各种状况。家里的电器可以识别电压的峰谷，自动避开用电高峰。各电器也可以按预定模式协作运行。如果家中来了访客，则可通过可视对讲系统留言、留影，也可以通过远程控制打开门锁。如果家中出现煤气泄漏或者小偷潜入，安防设备会自动报警并抓拍小偷图像信息，同时通知住户和物业。

在回家途中，也可以通过手机提前开启空调和热水系统，从而到家就能即刻享受惬意舒适的智能化生活。

⬎ 11.3.5　智慧农业

物联网在智慧农业中的应用包括光照监测、温度监测、二氧化碳监测、湿度监测等，如图 11.21 所示。

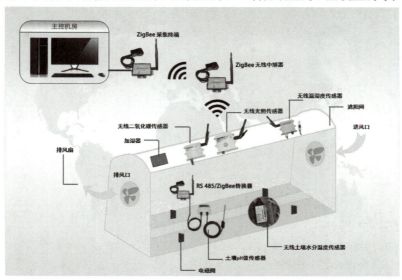

图 11.21　智慧农业示意

例如，利用温度、湿度和光线传感器等，可以实时获取大棚内农作物的生长环境信息，然后通过手机等设备远程操控遮光板、通风口等设备的开启或关闭，让农作物始终处于最优的生长环境中，从而提高农作物的产量和品质。利用遥感技术能监测农作物品种分布区域、品种分类、土地肥沃程度、生长情况、受灾情况等，再依据相关的信息确定栽培什么农作物以及如何施肥等相关情况，从而提升农业经济效益，最大限度避免农业生产中出现的一些问题。

本章小结

本章首先介绍了物联网的基本概念，其次论述了物联网的发展、特征、体系结构、关键技术以及应用领域等。将物联网与现有的互联网结合起来，实现了人类社会与物理系统的整合。随着科技的进步，物联网必将走进千家万户，给大众提供更为便利的服务，深入人类生产、生活活动中的各个领域，拓展信息传递范围，给予经济发展巨大的推动力。

课后习题

1. 什么是物联网？
2. 物联网的特征是什么？
3. 物联网的体系架构有哪 3 层？
4. 物联网的核心技术是什么？
5. 列举物联网在生活中的应用。

CHAPTER

12

第 12 章
天马行空——数字媒体

学习目标

【知识目标】

* 了解什么是数字媒体。

* 了解数字媒体产业。

* 了解数字媒体的表现形式。

【能力目标】

* 掌握主流数字媒体的表达基础。

* 掌握主流数字媒体软件的使用。

【素质目标】

* 弘扬中华优秀传统文化，坚定文化自信。

* 增强创新意识，培养创新思维，增强创新能力。

案例导读

天马是中国古代神话中的形象，据《山海经·北山经》记载："又东北二百里，曰马成之山，其上多文石，其阴多金玉。有兽焉，其状如白犬而黑头，见人则飞，其名曰天马。"敦煌壁画中的天马，如图 12.1 所示。汉武帝对马有着特殊的感情，凡是好马往往称其为天马。《史记·大宛列传》中有云："得乌孙马好，名曰'天马'。及得大宛汗血马，益壮，更名乌孙马曰'西极'，名大宛马曰'天马'云。"

天马行空，意思是神马在空中奔腾飞驰，多形容诗文、书法、言行等气势豪放，不受拘束，出自明朝刘廷振的《萨天锡诗集序》："其所以神化而超出于众表者；殆犹天马行空而步骤不凡。"大家都听过《神笔马良》的故事吧？那我们可不可以"天马行空"创造一支马良的同款神奇画笔呢？如何将纸上的文字故事转化为可视的动画片呢？数字媒体就是这支神奇的画笔。

素养拓展

图 12.1　敦煌壁画中的天马

12.1　数字媒体概述

此部分简要介绍数字媒体技术，包括传统媒体与数字媒体、数字媒体产业、数字媒体表达基础等 3 个部分的内容，为后面进一步的论述奠定基础。

数字媒体概述

12.1.1　传统媒体与数字媒体

媒体通常分为两类：旧媒体和新媒体。旧媒体是指互联网问世之前的传统媒体，包括印刷类的报纸、杂志、图书以及广播类的电视、电影、音乐。新媒体是指利用计算机及网络技术改变传统媒体模式，以电子或数字的方式呈现和传播内容的媒体。与旧媒体不同的是，新媒体通常会为用户提供一个交互的环境，让用户可以实时反馈和参与创作。这一类的新媒体包括在线的报纸、杂志、博客、社交网站等。

数字媒体是以数字技术为主要技术支持，通过数字处理设备开发、整合，传递文字、图像、声音、视频和动画的媒体组合。相对传统媒体而言的新型媒体，数字媒体提供了更强大、更有弹性的用户交互功能。

在用户交互功能方面，数字媒体提供的第一种功能是虚拟现实，它利用计算机产生一个三维的仿真世界，为用户提供视觉和其他感觉的沉浸式的环境和体验，让用户仿佛身临其境；第二种功能是增强现实，它在显示屏上把虚拟世界叠加在现实世界之上并进行互动；第三种功能是混合现实，它结合了真实和虚拟世界，从而创造一个新的可视化环境，真实的实体和虚拟的对象共存并实时互动。

数字媒体作为不断发展的以数字形式为基础、艺术表达为外壳的媒体形式，实质上一直处于变化与发展中。数字媒体被广泛应用于各个行业和领域，包括娱乐、艺术、教育、新闻、文化、工程、工业、数学研究、科学研究、医学、商业等，也深深地植入人类的日常生活之中。

12.1.2　数字媒体产业

在电子产业、计算机产业、网络产业、电子商务产业之后，数字媒体也逐渐成为下一个明星产业。数字媒体产业是在信息产业、互联网产业、电信产业等新兴技术产业发展的基础上，结合内容产业、大众媒体产业等传统文化产业形成的一个综合的产业。因此，数字媒体产业就不可避免地延续了各个相关产业的特点。

数字媒体产业一方面是在其他产业发展基础上形成的后续产业，其发展不可避免的会依托于其他产业的发展状况。另一方面，数字媒体产业的发展也将会给其他产业和社会文化带来一定程度的影响。

数字媒体由于多样的传播渠道和全新的整合可能性，使其具有极大的空间构建新的产业链，或对原有产业链进行彻底重组。在发展过程中，不乏新的并且行之有效的商业模式。互联网的开放性引入了众多的生态群体，以及由技术革新不断带来产业重组机会，使得行业创新者、先行者有机会借助互联网和数字媒体的新形式。

12.1.3　数字媒体表达基础

数字媒体的表达可以从技术和艺术两个方面来理解。

1. 技术方面

数字媒体技术主要研究与数字媒体信息的获取、处理、存储、传播、管理、安全、输出等相关的理论、方法、技术与系统，是通过现代计算和通信手段，综合处理文字、声音、图像等信息，使抽象的信息变成可感知、可管理和可交互的一种技术。

数据可以用两种形式表示：模拟和数字。模拟数据由连续的信号单位组成，而数字数据由不连续、离散的信号单位组成。传统媒体，如图像和声音都是以模拟形式生成、储存和传送的。绘画和照片则由一连串的色彩区块组成。这些传统模拟式媒体无法直接使用数字计算机生成、编辑和传送。为了解决此问题，必须将媒体数据数字化。

2. 艺术方面

数字媒体在艺术方面，着重从思维到手段的综合，包括如何梳理理念、组织语言手段、把握表现风格，直至最终形成作品表达形态。

设计手段能体现数字媒体艺术表达的通道，由观念、理念到付诸实践是漫长的内在转化的过程。在这个过程中，不仅思维模式起着极其重要的作用，而且由于数字媒体是融合了多种媒介的综合表现，我们对不同媒介的不同语言也应该进行较为深刻地理解和灵活运用。

12.2　数字媒体的表现形式

数字媒体的表现形式主要有文字、图像、声音、视频、动画 5 个方面的内容，下面我们分别进行论述。

数字媒体的
表现形式

12.2.1　文字

文本是民族文化和思想的表达方式，也是文化产业的核心资源。文本创新是一切创新形式的基础，艺术表达的构思最初就是从文本的构思中产生的，创意重在"表达"二字，而基础的文本表达就是设计师头脑中记忆储存的灵感产生的基础，是作品理念表达的第一步。

汉字作为象形文字的典型代表，以方块外形作为形态主体。许慎的《说文解字》中记载"及神农氏，结绳为治，而统其事"，结绳记事为最早的记载方式，随后由仓颉造字到早期的陶器符号一路演化为最早的文字形式——甲骨文。从此，原始文字脱离了任意绘形、任意理解的阶段，产生了一批具有一定意义、可以记录语言的单字，从而成为中国象形文字的开端。

12.2.2　图像

图像是非文字的形象表示法，图像涵盖的范围十分广泛，包括简单的素描、图表、图形、标志、绘画、相片以及电影或动画中的一帧图像等。数字媒体应用使用大量的各种图像来表达媒体信息。为便于计算机和网络平台处理各种图像，图像必须以数字化方式呈现。图像也是视觉传达的主要形式，是静态信息的主要传播通道。

↘ 12.2.3　声音

数字技术彻底改变了声音的生成、使用和分布。声音可以表达不同的心情和步调，配合其他的媒体元素可以为电玩游戏或者其他交互式数字媒体产品提供惊人的沉浸式体验。

在人的五感中，听觉作为重要感觉有着丰富的情感感知功用。现代媒体手段中，将视觉和听觉结合而成为多媒体，可见视觉和听觉这两个感觉通道对人们的生活影响巨大。声音作为一个媒体要素，能极大地影响人们意识世界中的情境。

↘ 12.2.4　视频

视频技术最早是从阴极射线管的电视系统逐渐发展起来的。随着技术的发展，视频信号也从早期的黑白信号转变成彩色信号。

视频又称为影片或影像，泛指将一系列的静态影像以电子信号加以捕捉、记录、处理、储存和重现的各种技术。除此之外，它们也提供新的娱乐和教育平台。近年来计算机和网络技术不断发展与突破，视频技术已经由传统模拟技术进入数字化时代。数字视频在当今数字媒体应用中是非常重要的、不可或缺的媒体元素。

↘ 12.2.5　动画

动画是指以一定速度连续播放一连串的静态图片，因为肉眼的残像现象产生错觉，而感觉到图像在动态运动。运用动画可以充分发挥人的创意。动画不但成为有效传递信息的媒体方式，也给人类提供了一种新的娱乐方式。

动画是一门综合艺术，集合了绘画、漫画、电影、摄影、音乐等众多艺术类别于一身。动画电影不同于一般的电影，很多表现手法和意境只有通过动画才能实现，而制作者们也赋予了动画电影独特的艺术生命。

12.3　数字媒体的应用

键盘和指点设备如鼠标、轨迹球、触摸板和触控屏是常用的输入设备，使用它们可以将语言文字输入计算机，也可以通过图形用户接口和计算机互动以下达运行的指令。

声音方面的输入设备有话筒和 MIDI 键盘。话筒可以捕捉声音信号并传递给计算机进行处理；MIDI 键盘是像钢琴一般的用户接口，当用户弹奏它时，会传递 MIDI 信号给计算机处理和储存。

数字媒体的应用

影像方面输入设备的种类繁多。首先是数码相机和数码摄像机，它们的影像质量取决于两个因素：空间分辨率和色彩分辨率。空间分辨率是指从镜头中的电荷耦合装置捕捉到的图像的像素数。

扫描机使用光传感装置来捕捉文字或图像。和数码相机一样，它的影像质量取决于两个因素：空间分辨率和色彩分辨率。

将印刷文字转换成不同格式数字文件的另一个常用装置是光学字符识别，其产生的数字文件可以用文字编辑软件（如 Word）来修改。为了进行数字化，需要使用大量的人力将这些数据重新输入计算机，十分费时、费力。使用光学字符识别器可以大幅减少文字数据数字化的工作量。光学字符识别器的流程和可转换成的数字文件格式如图 12.2 所示。

图 12.2 光学字符识别流程和可转换成的数字文件格式

多媒体输出设备包括显示屏、印刷设备、音效设备和头戴式设备等。音效设备包括声卡和扬声器。

数字媒体应用方面有两种类型：媒体相关的应用软件和创作编辑应用软件。媒体相关的应用软件主要用于生成和编辑不同的媒体元素，包括文字、图像、视频、声音、动画。创作编辑应用软件提供图形用户接口，以及整合媒体元素的软件工具。

12.3.1 文字编辑软件

数字媒体员使用文字编辑软件来生成和编辑文本文件，使用文字编辑软件可以实现设置不同的字形和字体、拼写检查、输入输出不同格式的文件以及排版。

1. 文字输入与编辑软件Microsoft Office Word

Microsoft Office Word 是微软公司的文字处理应用程序，最早是为了运行磁盘操作系统（Disk Operating System，DOS）的 IBM 计算机，于 1983 年编写的，如今是常用的文字处理软件。

2. 文字阅读和编辑软件Adobe Acrobat Professional

Adobe Acrobat Professional 是主要用于阅读和编辑 PDF 格式文档的应用程序。

3. 文字排版软件Adobe InDesign

Adobe InDesign 是定位于专业排版领域的设计软件。它是全新的并且专门针对艺术排版的程序，适合图像员、产品包装师和印前专家使用，主要适用于出版物、海报和各类印刷媒体。

Adobe InDesign 具有包括辅助创意、精度要求、准确控制等在文字和版面处理方面的诸多排版软件不具备的特性。它可以为印刷媒体或数字出版物设计出极具吸引力的页面版式，在页面布局中增添交互、动画、视频和声音，以增强电子书（Electronic Book，eBook）和其他数字出版物对读者的吸引力。

4. 文字图形化设计软件Adobe illustrator

Adobe illustrator 是出版、多媒体和网络图像领域的工业标准插画软件。它已经完全占领专业的印刷出版领域，成为桌面出版业界的默认软件。无论是线稿的设计者和专业插画家、生产多媒体图像的艺术家，还是网页或在线内容的制作者，都离不开 Adobe illustrator。

12.3.2 图像编辑软件

数字媒体设计师可以使用图形图像编辑软件生成二维和三维图像。依据二维图像的特性，图形图像编辑软件可以分为两种形式：涂画型和画图型。

1. 图像处理软件Adobe Photoshop

Adobe Photoshop 是最受欢迎的功能强大的图像处理软件之一。Adobe Photoshop 的专长在于图像处理，而不是图形创作。图像处理是对已有的位图图像进行编辑加工处理以及添加特殊效果等，其重点在于对图像的加工处理。

2. 矢量图形编辑软件Adobe Illustrator、CorelDRAW

（1）Adobe Illustrator

Adobe Illustrator 原本就是出版、多媒体和网络图像领域的工业标准插画软件。矢量软件展现出的独特画面形态使得矢量化风格成为插图及设计领域中独具特色的一种表现形式。

但是除矢量绘画之外，版面设计、位图编辑、图形编辑都能够在 Adobe Illustrator 中得到灵活的处理。

（2）CorelDRAW

CorelDRAW 是加拿大 Corel 公司出品的用于矢量图形制作的平面设计软件。这个图形工具软件具有矢量动画制作、页面设计、网站制作、位图编辑和网页动画制作等多种功能。

与 Adobe Illustrator 类似，CorelDRAW 也提供了一整套的绘图工具以及一整套的图形精确定位和变形控制方案。这给商标、标志等需要准确尺寸的设计带来极大的便利。

3. 三维图像设计软件Autodesk 3ds Max、Autodesk Maya、Cinema 4D

（1）Autodesk 3ds Max

Autodesk 3ds Max 主要面向建筑动画、建筑漫游及室内设计。Autodesk 3ds Max 易学易用，工作效率高且功能全面，在建模、动画、渲染、动力学等方面都涉及。

在新媒体设计领域，Autodesk 3ds Max 主要用于制作动画片、游戏动画、建筑效果图、建筑动画等，如中央电视台水墨片头等。这些都是通过 Autodesk 3ds Max 强大的功能实现的，很多制作电影特效的美术工作人员在日常工作中也都依赖于 Autodesk 3ds Max。

（2）Autodesk Maya

Autodesk Maya 的应用对象是专业的影视广告、角色动画、电影特技等。Autodesk Maya 功能完善，工作灵活，易学易用，制作效率极高，渲染真实感极强，是电影级别的高端制作软件。

（3）Cinema 4D

Cinema 4D 包含建模、动画、渲染、角色、粒子以及插画等模块，提供了完整的三维创作平台。Cinema 4D 除支持多重处理、整批成像和可输出 Alpha 通道外，还支持 10 多种输出格式，如 DXF、VRML、LightWave 和 3D Studio 的格式等。

12.3.3 声音编辑软件

有两类常用的声音编辑软件：取样声音软件和合成声音软件。

Adobe Audition 专为在照相室、广播设备和后期制作设备方面工作的音频和视频专业人员设计，可提供先进的音频混合、编辑、控制和效果处理功能，最多混合 128 个声道，可编辑单个音频文件，创建回路并可使用 45 种以上的数字信号处理效果。它是 Cool Edit Pro 2.1 的更新版和增强版，可以配合使用 Adobe Premiere Pro CS5 编辑音频。Adobe Audition 是一个完善的多声道录音室，可提供灵活的工作流程并且使用简便。

12.3.4 视频编辑软件

使用视频编辑软件可以整合视频剪辑、同步视频剪辑和音轨、加入特效、完成数字视频作品并存盘。

1. 非线性视频编辑软件Adobe Premiere

Adobe Premiere 用于视频段落的组合和拼接，并提供一定的特效与调色功能。Adobe Premiere 和 Adobe After Effects 可以通过 Adobe 的动态链接联动工作，满足日益复杂的视频制作需求。

2. 视频特效软件Adobe After Effects

Adobe After Effects 是一款专业的非线性特效合成软件。它与 Adobe Premiere、Adobe Photoshop、Adobe Illustrator 等软件可以无缝结合，高效且精确地创建无数种引人注目的动态图形和震撼人心的视觉效果。Adobe After Effects 属于层类型后期软件，可以使用多达几百种的插件修饰、增强图像效果和动画控制，在导入 Adobe Photoshop 和 Adobe Illustrator 文件时，保留层信息。Adobe After Effects 适合设计和制作视频特效的机构使用，包括电视台、动画制作公司、个人后期制作工作室以及多媒体工作室等。

12.3.5 动画编辑软件

动画是以一定速度连续播放一连串的静态图片而产生动态运动图像的技术。传统动画的设计是非常费时、费力的。动画编辑软件的出现，极大地提高了动画制作的速度和效率，同时降低了制作成本。

1. 流程便利的二维动画软件RETAS

RETAS 由 4 个部分组成：Stylos、TraceMan、PaintMan、coreRETAS。RETAS 实现了传统动画制作中集绘画、线拍、描线、上色、合成的所有功能，辅助便捷与灵活地完成无纸动画或传统动画的制作流程。

2. 使用广泛且便捷的二维动画软件Animo

Animo 应用数字化方式从扫描画稿开始，从建立色指定、上色、合成与特效到最后的数据输出，模拟了传统的动画制作过程，并且加入三维插件，帮助进行二维与三维的结合。

3. 轻量的矢量动画软件Adobe Animate CC

Adobe Animate CC（前称为 Adobe Flash Professional）在支持原有 Flash 开发工具时，还新增了 HTML5 创作工具，为网页开发者提供更适应现有网页应用的音频、图片、视频、动画等的创作支持。

4. 动图设计与制作软件Adobe Photoshop

Adobe Photoshop（Adobe Photoshop Extended）主要用于处理由像素构成的数字图像，在图像、图形、文字、视频等各方面都有涉及。

5. 草图与分镜SAI

SAI 具有完全规范化的笔刷颗粒，笔刷精炼，功能性强，软件人性化，系统负载极低。SAI 容易上手且笔压修复和防手抖功能强大，可以使线条粗细合适，使用时间长后就会发现"笔"和"水彩笔刷"这两个工具集成了非常多 Adobe Photoshop 中的效果。缺点是后期修改能力不足，合并图层时需要注意的地方比较多，难以表现真实绘画。SAI 适合表达非现实的绘画，非常适合绘制漫画类插画。

12.3.6 其他应用软件

1. 游戏制作平台Unity

Unity 是让玩家轻松创建诸如二维 / 三维视频游戏、建筑可视化、实时三维动画等类型互动内容的多平台的综合型游戏开发工具，是一个全面整合的专业游戏引擎，是目前世界上非常流行的开发平台。

Unity 以交互的图形化开发环境为首要开发方式，其编辑器运行在 Windows 和 macOS 下，可发布游戏至 Windows、macOS、Wii、iPhone、WebGL（需要 HTML5）和 Android 等平台。

2. 网页制作软件Adobe Dreamweaver

Adobe Dreamweaver，缩写为 DW，中文名称为"梦想编织者"，是第一套针对专业网页员特别开发的视觉化网页开发工具。利用它可以轻易地制作出跨越平台限制和跨越浏览器限制的充满动感的网页，借助共享型用户界面设计，在 Adobe Creative Suite 4 的不同组件之间更快、更明智地工作。利用 DW 设计出来的网页作品符合专业网页员所见即所得的要求。

3. 交互原型设计软件Axure RP、Sketch

（1）Axure RP

Axure RP 是一个专业的快速原型设计工具，让负责定义需求和规格、设计功能和界面的专家能够快速创建应用软件或 Web 网站的线框图、流程图、原型和规格说明文档。

该软件重要的六大功能为：网站构架图、示意、流程图、交互设计、自动输出网站原型、自动输出 Word 格式规格文件。

（2）Sketch

Sketch 是为图标设计和界面设计而生的，且适用于绘制矢量图，是极佳的交互设计工具。而矢量绘图也是目前进行网页、图标以及界面设计的主要方式。

4. 数字雕刻大师ZBrush

ZBrush 是一款专业的建模与雕刻绘画软件，受到计算机图形（Computer Graphics，CG）爱好者的广泛喜爱。它具有功能强大、应用广泛和兼容完美三大特性。ZBrush 是首个将"笔刷"功能作为主要造型手段的三维建模软件，具有"直观的建模方式"，通过交互式的建模方法快速建立基本形体，就像绘画大师一样随心所欲，自由发挥，完美表现创意。

5. 原画与插画软件Corel Painter

Corel Painter 是一款专业计算机美术绘画软件。它是数码素描与绘画工具的终极选择，是一款极其优秀的仿自然绘画软件，拥有全面和逼真的仿自然画笔。它能通过数码技术复制自然媒体（Natural Media）效果，是同级产品中的佼佼者，获得业界的一致推崇。Corel Painter 中的滤镜主要针对纹理与光照，因它采用了天然媒体专利技术，更因其处理中国画风格的特色时可以使作品达到特殊的大写意效果而被国内的计算机美术者称为"凡·高"。

6. 媒体实用程序

近年来推出了非常多的数字媒体应用软件，使得数字媒体应用开发更加简化，也更加普及。除应用软件之外，许多媒体实用程序也相继推出，用来扩充或强化数字媒体应用软件的功能。这些实用程序如下。

- 影像、声音和动画的资源库程序，如 Photo Objects。
- 匹配 Pantone 彩色墨水格式的色彩实用程序，如 MonacoEZColor。
- 管理图像的图像目录程序，如 Extensis Portfolio。
- 字形字体实用程序，如 FontReserve。
- 视频制作实用程序，如 Sonicfire Pro。
- 文件压缩实用程序，如 Sorenson Squeeze。

7. 创作编辑软件

创作编辑软件依据组织管理媒体元素的方式分为 3 种。
第一种是卡片隐喻型。
第二种是时间线型。
第三种是图标型。

本章小结

数字媒体是融合的产物，它像一枚水晶钻石，观察者的角度不同，观察到它折射出的光芒也"大相径庭"。本章首先讲述了数字媒体表达基础，随后从应用的角度重点介绍数字媒体的文字、图像、声音、视频、动画等五大媒体表现形式，最后从整体的数字产品开发的实践和创业角度讲述了文字、图像、声音、视频、动画等主流媒体编辑软件与应用软件。

课后习题

1. 选用一款动图制作软件为自己定制一套专属的表情包。
2. 自行制作一段反映大学生活的短视频。
3. 使用文字、图像、声音、视频及动画等多媒体技术制作一款多媒体简历。

13

第 13 章
无缝穿越——虚拟现实

学习目标

【知识目标】
* 了解虚拟现实技术的特点。
* 了解虚拟现实系统的主要分类。
* 了解虚拟现实技术的工作原理，厘清虚拟现实技术的主要应用领域。

【能力目标】
* 掌握虚拟现实的关键技术。
* 掌握虚拟现实技术的应用。

【素质目标】
* 具备学习新知识、利用新知识的理念，培养自己新的技术视野。
* 具备自主学习、查阅相关技术资料、了解新技术的能力。

案例导读

利用 VR 技术"重回"长征

随着信息化的持续推进，VR 党建教育以沉浸式、互动式的独特学习模式，让党员可以穿越时空、感受历史、学习理念、感悟精神。用 VR 让历史书本中的故事"活起来"，让体验者可以更加深切感悟党的艰辛历程，从而凝心聚力、砥砺前行。以 VR 技术讲红色故事既是教育形式的创新，也是红色文化的高效传承，一代人有一代人的长征，我们一定要不忘初心，砥砺前行，如图 13.1 所示。

图 13.1　利用 VR 体验长征

在 VR 所打造的虚拟场景中自由学习，在亲身经历中汲取宝贵的政治理念和伟大精神。学习红色文化是继承革命传统的重要方式，把 VR 融入党建教育，让党员在实景体验中接受党建的洗礼，真正把党建教育做到入脑、入心、入行。

素养拓展

13.1　虚拟现实概述

虚拟现实就是指通过各种技术，在现实环境中创造出一个虚拟的世界。用户可以沉浸其中，用视觉、听觉、触觉、嗅觉等感官感知虚拟世界，并与其中的场景、物体甚至虚拟角色进行互动。

13.1.1　什么是 VR

虚拟现实（Virtual Reality，VR）技术，又称虚拟实境或灵境技术，是 20世纪发展起来的一项全新的实用技术。虚拟现实技术包括计算机、电子信息、仿真技术等，其基本实现方式是以计算机技术为主，综合利用三维图形技术、多媒体技术、仿真技术、显示技术、伺服技术等，借助计算机等设备产生一个逼真的具有三维视觉、触觉、嗅觉等多种感官体验的虚拟世界，从而使身处虚拟世界的人产生一种身临其境的感觉。虚拟现实具有 3 个基本特点，如图 13.2所示。

图 13.2　虚拟现实技术特点

1. 沉浸感

沉浸感是指计算机操作人员作为人机环境的主导者存在于虚拟环境中。多媒体技术虽然为人们提供了丰富多彩的信息表示形式，且使人与计算机可以交互，但是在交互中，人们只能从计算机外部去观察这些表现形式。而虚拟现实技术通过多维方式与计算机所创造的虚拟环境进行交互，使参与者全身心地沉浸在计算机所生成的三维虚拟环境中，产生身临其境的感觉。通过将人与环境融为一体，使操作人员相信在虚拟环境中的人也是确实存在的，而且在操作过程中参与者可以自始至终地发挥作用，就像在真正的现实世界中一样。

2. 交互性

交互性是指操作人员对模拟环境内物体的可操作程度和从环境中得到反馈的自然程度（包括实时性）。例如，操作人员可以用手去直接抓取环境中的物体，这时手有握住东西的感觉，并可以感觉到物体的重量，视场中的物体也随着手的移动而移动。

3. 多感知性

多感知性是指由于虚拟现实系统中装有多种视觉、听觉、触觉、动觉的传感器及反应装置，使用者在虚拟环境中可以获得视觉、听觉、触觉、动觉等多种感知，从而达到身临其境的效果。

13.1.2　虚拟现实系统的主要分类

虚拟现实在不同领域得到较为广泛的应用，在科学研究、虚拟校园、虚拟教学、虚拟实验等方面的应用更为深入。虚拟现实系统主要分为桌面虚拟现实系统、沉浸式虚拟现实系统、分布式虚拟现实系统、增强式虚拟现实系统等，如图 13.3 所示。

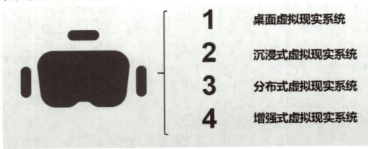

图 13.3　虚拟现实系统类型

1.　桌面虚拟现实系统

桌面虚拟现实系统是一套基于普通 PC 的小型虚拟现实系统。利用中低端图形工作站及立体显示器产生虚拟场景，参与者使用位置跟踪器、数据手套、力反馈器、三维鼠标或其他手控输入设备实现虚拟现实技术的重要技术特征。

2.　沉浸式虚拟现实系统

沉浸式虚拟现实系统利用头盔显示器将用户的视觉、听觉和其他感觉封闭起来，产生出一种身在真实环境中的感觉。

3.　分布式虚拟现实系统

分布式虚拟现实系统是一个基于网络的可供异地多用户同时参与的分布式虚拟环境。在这个环境中，位于不同位置的多个用户或多个虚拟环境通过网络相连接，多个用户同时进入一个虚拟现实环境，并通过网络与其他用户进行交互，实现信息共享。在分布式虚拟现实系统中，多个用户可通过网络对同一虚拟世界进行观察和操作，以达到协同工作的目的。

4.　增强式虚拟现实系统

增强式虚拟现实系统也称为混合现实系统。它通过计算机技术将虚拟信息应用到真实世界，两种信息相互补充、叠加，并同时存在于一个画面或空间中。其目的在于将计算机生成的虚拟对象与真实环境融为一体，以加深用户对真实环境的理解。

↘ 13.1.3　虚拟现实运行原理

计算机屏幕通常只有一个，而我们却有两只眼睛，必须让左、右眼看到的图像各自独立分开，才能产生立体视觉。于是，可以通过三维立体眼镜，让视差持续在屏幕上表现出来。通过控制 IC 送出立体信号（依照左眼—右眼—左眼—右眼的顺序，依序连续互相交替重复）到屏幕，并同时送出同步信号到三维立体眼镜，使其同步切换左、右眼图像。换句话说，左眼看到左眼该看到的景象，右眼看到右眼该看到的景象。

三维立体眼镜是一个穿透液晶镜片，通过电路对液晶眼镜的开、关进行控制。开可以控制眼镜镜片全黑，以便遮住一眼图像；关可以控制眼镜镜片透明，以便一眼看到另一眼该看到的图像。三维立体眼镜就可以模仿真实的状况，使左、右眼画面连续互相交替显示在屏幕上。同步配合三维立体眼镜，加上人眼视觉暂留的生理特性，就可以看到近似真实的立体三维图像。

VR 的主体和主要情景是虚拟逼真的三维立体内容，人只是作为 VR 的一环，通过动作捕捉装置，参与到内容中去，深度体验并与内容互动。比如体验空中飞行，通过类似翅膀的动作捕捉装置，将人的动作代入空中飞行的内容中，感受迎面吹来的风、较低的温度及俯瞰大地的空间瞭望感。如图 13.4 所示，人们用 VR 体验飞行。人们利用 VR 技术进行军事科普，图 13.5 所示为普乐蛙 VR 军事科普。

图 13.4　人们用 VR 体验飞行

图 13.5 普乐蛙 VR 军事科普

VR整体分为用户、虚拟世界、感官交互输入和视觉、听觉、触觉、嗅觉输出，具体原理如图 13.6 所示。

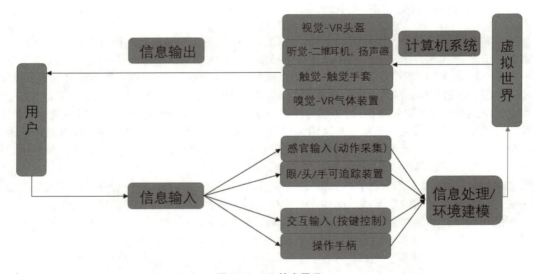

图 13.6 VR 技术原理

↘ 13.1.4 虚拟现实的关键技术

虚拟现实是多种技术的综合，包括实时三维计算机图形技术、广角（宽视野）立体显示技术、对观察者头眼手的跟踪技术，以及触觉与力觉反馈、立体声、网络传输、语音输入输出技术等。VR 关键技术如下。

1. 动态环境建模技术

虚拟环境的建立是虚拟现实技术的核心内容。动态环境建模技术的目的是获取实际环境的三维数据，并根据应用的需要，利用获取的三维数据建立相应的虚拟环境模型。三维数据的获取在有规则的环境下可以采用 CAD 技术，而更多的环境则需要采用非接触式的视觉建模技术，两者的有机结合可以有效提高数据获取的效率。

2. 实时三维图形生成

虚拟现实技术中的虚拟建模需要真实性和实时更新，这一特性依赖于实时三维图形的生成。为保证实时性，至少要保证图形的刷新率不低于 15f/s，最好高于 30f/s。

3. 立体显示和传感器技术

虚拟现实的交互能力依赖于立体显示和传感器技术的发展，现有的虚拟现实还远远不能满足系统的需求，例如，数据手套有延迟长、分辨率低、作用范围小、使用不便等缺点。虚拟现实设备的跟踪精度有待提高，跟踪范围也有待扩大，因此有必要开发新的三维显示技术。

4. 应用系统开发

虚拟现实应用的关键是寻找合适的场合和对象，即如何发挥想象力和创造力。选择适当的应用对象可以提高生产效率、减轻劳动强度、提高产品开发质量。为了达到这一目的，必须研究虚拟现实开发工具，例如虚拟现实系统开发平台、分布式虚拟现实技术等。

5. 触觉与力觉反馈

在一个 VR 系统中，用户可以看到一个虚拟的杯子，于是用户可以设法去抓住它，但是用户的手没有真正接触杯子的感觉，而且有可能穿过虚拟杯子的"表面"，但这在现实生活中是不可能的。解决这一问题的常用装置是在手套内层安装一些可以振动的触点来模拟触觉。

13.2 虚拟现实技术的发展与现状

虚拟现实技术在漫长的发展历程中，经过了概念萌芽期、技术萌芽期、技术积累期、产品迭代期和技术爆发期等多个时期。

虚拟现实技术的发展与现状

↘ 13.2.1 虚拟现实技术的发展

1. 第一阶段：1935—1961年，虚拟现实概念萌芽期

从 1935—1961 年，虚拟现实技术经历了萌芽期，一般见于小说中，此阶段还处于概念阶段。

2. 第二阶段：1962—1972 年，虚拟现实技术萌芽期

1957 年，电影摄影师莫顿·海利希（Morton Heiling）发明了名为 Sensorama 的仿真模拟器，并在 1962 年为这项技术申请了专利，这就是虚拟现实原型机，后来用以模拟飞行训练。Sensorama 通过三面显示屏来形成空间感，它无比巨大，用户需要坐在椅子上将头伸进设备内部，才能体验到沉浸感，如图 13.7 所示。

1968 年，计算机图形学之父伊万·萨瑟兰（Ivan Sutherland）开发了第一个计算机图形驱动的头盔显示器及头部位置跟踪系统。碍于技术的限制，该系统体积庞大、十分沉重，需要在天花板上设计专门的支撑杆，被用户们戏称为悬在头上的"达摩克利斯之剑"，这也说明其应用范围受限。

20 世纪 60 年代尚无现代计算机图形学出现，同时计算机的运算能力极为有限，使得虚拟现实的技术仍处于原始阶段。但头戴式 Sutherland 显示器的出现，是虚拟现实技术发展史上一个十分重要的里程碑，此阶段也是虚拟现实技术的探索阶段，为虚拟现实技术的基本思想产生和理论发展奠定了基础，伊万·萨瑟兰也因此被称为"虚拟现实之父"。Sutherland 显示器如图 13.8 所示。

图 13.7　Sensorama

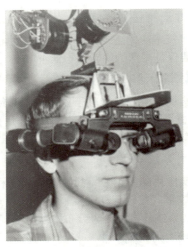

图 13.8　Sutherland 显示器

3. 第三阶段：1973—1989年，虚拟现实技术积累期

这个阶段是整个虚拟技术理论和概念形成时期。雅龙·拉尼尔（Jaron Lanier）于 1984 年创建了 VPL Research 公司，并推出划时代的虚拟现实设备 Eyephone。事实上，Eyephone 只是虚拟现实设备的头戴式显示器而已。

4. 第四阶段：1990—2015年，虚拟现实产品迭代期

1991 年出现的一款名为"Virtuality 1000CS"的 VR 头盔充体现了 VR 产品的尴尬之处——外形笨重、功能单一、价格昂贵，但 VR 游戏的火种却也在这个时期种下。

5. 第五阶段：2016年至今，虚拟现实技术爆发期

2016 年为虚拟现实的产业元年，2018 年为云 VR 产业元年，2019 年为 5G 云 VR 产业元年，2020—2021 年成为虚拟现实产业快速发展的时间窗口。目前，全球已进入部分沉浸和成长培育期，整个 VR 行业正式进入内容爆发成长期，应用领域较为广泛，如图 13.9 所示。

图 13.9　VR 应用领域

↘ 13.2.2　虚拟现实技术的现状

现阶段，VR 技术已逐步进入消费者模式。在电子游戏领域，已经开发出开发者版本的头戴式显示器。目前 VR 产品火爆，众多国内外企业深入推进商业模式变革，硬件产品、内容资源不断丰富。VR 的应用领域拓展到游戏娱乐、教育文化等领域。VR 的用户规模不断扩大。这一时期，产业联盟和产业大会也逐步建立。例如，VR 产业联盟和世界 VR 产业发展大会。涉足 VR 领域的国内企业主要有：小米、腾讯、盛大集团等。

↘ 13.2.3　虚拟现实技术的未来

未来为了促进 VR 技术更好发展，需要从以下几个方面努力：

（1）提升硬件性能，如传感器性能，主要在于提升物体跟踪识别、超高清显示器件、CPU 和图形处理单元（Graphics Processing Unit，GPU）性能等；

（2）在应用软件和内容挖掘创新上继续发力，建设 VR 生态；

（3）加强同公共服务行业结合，同时落实政策法律法规监管；

（4）建立行业标准，提升设备、系统迁移性，并降低使用成本和使用难度。

13.3 虚拟现实技术的应用

虚拟现实技术在许多领域都得到较为广泛的应用，如军事、游戏娱乐、医疗、工业、教育、旅游、交通等。

虚拟现实技术的应用

↘ 13.3.1 军事领域

目前虚拟现实技术在军事领域的应用主要集中在构建虚拟战场环境、单兵模拟训练、网络化作战训练、军事指挥人员训练、增强指挥决策能力、研制武器装备及进行网络信息战等。VR 模拟飞行是虚拟现实技术应用的先驱，如图 13.10 所示。通过飞行模拟器训练飞行员是一条行之有效的途径，同时，飞行模拟器可以作为一种试验床，对飞机的操纵性、稳定性和机动性进行测试和评定，进而分析飞机气动参数对飞行品质的影响。

图 13.10 VR 模拟飞行

↘ 13.3.2 游戏娱乐领域

虚拟现实技术打造的虚拟场景为游戏场地、人物模型、电影场景的建立提供了很好的技术手段。从早期的《三体》到近期我国的纪录片《我生命中的 60 秒》，从早期的多用户虚拟空间（Multiple User Dimension，MUD）游戏到二维、三维和网络三维游戏，游戏场景更加逼真，如图 13.11 所示。结合 5G 技术，娱乐游戏领域会涌现更多全新的应用。

图 13.11 VR 游戏

13.3.3　医疗领域

由于人体的物理、肌理、生理和生化特征很多，差异较大，各种脏器各不相同，特征不一，供医疗所用的虚拟现实系统有一定难度，目前虚拟现实技术已经应用到远程医疗、医学成像、患儿安抚等领域，如图 13.12 所示。除此之外，在患者关怀、症状戒除、心理疏导等方面都得到较为广泛的应用。

图 13.12　VR 在医疗领域的应用

13.3.4　工业领域

推动工业 4.0 需要加快工业生产向智能化方向转型升级，而 VR 的出现给工业领域带来全方位的技术支持，VR 已经改变了工厂生产的展示形式。VR 工厂系统的成功开发，使得工业生产从机械设备的运作状态、各种工况的监测数据到产品的装配、调试的各个环节都实现了三维立体可视化，让生产场景真实地呈现在人们眼前。工厂的选址、高危行业的预警和演练、培训指导、操作装配等都体现出 VR 的巨大价值，如图 13.13 所示。

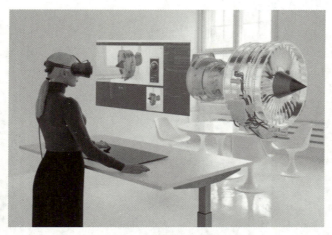

图 13.13　VR 在工业领域的应用

13.3.5　教育领域

在传统教学中，部分场景可能是老师难以用语言描述的，要将这些场景展示出来，效果将比语言描述更好。这就好比让学生直接看到人体器官，比老师用语言描述得更加生动、直观。VR 教育结合游戏、情景转换等多种手段，能够有效解决教育难题，激发学生兴趣。利用 VR 技术的沉浸感，在虚拟场景下为学生提供实操机会，让学生在一个形象逼真的环境下直接参与互动，更能激发学生的学习兴趣，对知识点的掌握更加牢固，如图 13.14 所示。

图 13.14　VR 教学

13.3.6　旅游领域

　　VR 虚拟旅游更多的是对实景游的补充。在旅游前通过 VR 虚拟旅游的方式快速获取景区风采，制定旅行攻略。通过交互体验的方式，为游客带来新颖、别致、智能、可视的便捷体验，如图 13.15 所示。对没有时间或因其他因素而无法参与实景旅游的用户来说，通过 VR 虚拟旅游的方式一睹景区风采，也是一种精神享受。

图 13.15　VR 旅游体验

13.3.7　交通领域

　　VR 提供的智能导航将使驾驶员不再迷路，如图 13.16 所示。由于大城市道路庞杂交织，各高速出入口、高架桥、交通枢纽站出入口道路繁多，二维导航地图无法充分展现道路的状况。为了解决这个问题，车载 GPS 导航已经从原始的图片地图、矢量地图演进到了现今的三维地图。

图 13.16　VR 智能交通

本章小结

　　本章以虚拟现实技术为主题，介绍了虚拟现实技术的原理、关键技术、发展历程、应用领域等。学习完本章，我们能够了解虚拟现实技术的应用前景和技术原理，可以进一步学习虚拟现实开发工具的使用。

课后习题

1. 什么是虚拟现实技术，其特点是什么？
2. 虚拟现实目前主要的应用方向有哪些？
3. 虚拟现实有哪些成熟的应用？
4. 虚拟现实的前景在哪里？
5. VR 与 AR、MR 等视觉技术有何不同？

CHAPTER

14

第 14 章
全民账房——区块链技术

学习目标

【知识目标】

＊ 了解区块链技术的特征。

＊ 了解区块链的分类及主流平台的特征。

【能力目标】

＊ 理解区块链技术的工作原理。

＊ 掌握区块链技术的主要应用领域。

＊ 掌握区块链平台的简单搭建和使用方法。

【素质目标】

＊ 明白新技术应用在正确的方向才能更好地促进经济和社会发展。

＊ 建立良好的技术视野。

＊ 把握国家政策动向，坚定正确的发展方向。

案例导读

利民益民——区块链与智慧城市

区块链是新一代信息技术的重要组成部分，是分布式网络技术、加密技术、智能合约技术等多种技术集成的新型计算架构。通过数据透明、不易篡改、可追溯的技术特征有望解决网络空间的信任和安全问题，推动互联网从传递信息向传递价值变革，重构信息产业体系。区块链技术不等于虚拟货币，其生命力在于与物联网、大数据、人工智能、金融等领域的协调发展。下面我们从区块链在智慧城市建设中的运用了解区块链技术的生命力。

简单地说，智慧城市就是指利用先进的信息处理和通信技术来提升城市运行管理效率，赋予城市智慧运行和响应的能力。华为的智慧城市模型如图 14.1 所示。随着我国智慧城市建设的推进，数据孤岛、信息安全、数据采集、数据流通等问题相继出现。区块链技术的去中心、自信任、永久记忆、公开透明、可编程、保护个人隐私等特征在智慧城市建设中成为新的突破口。区块链能很好地助力智慧城市建设中的信任、隐私和数据安全保

素养拓展

护，进而对数据的共享、流通，智慧物联设备的管理、交易、社会协同等有所助益。城市的交通、能源和信息基础设施与区块链结合将更加高效。趣链科技应用区块链技术的城市级基础设施如图 14.2 所示。

总而言之，区块链技术有优势，但需要找到合适的应用场景，不是所有地方都能用上。这需要企业走自主创新道路，积极探索，辩证思维，把创新机制利用好。

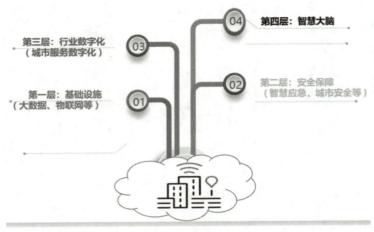

图 14.1　华为的智慧城市模型

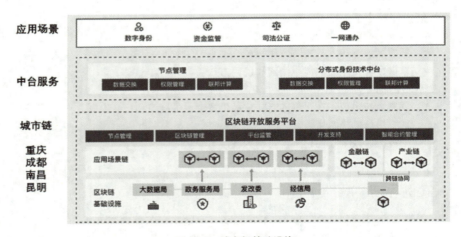

图 14.2　城市级基础设施

14.1　中心化系统与去中心化系统

信息安全专业的小新同学，到学校后收到了父母转给他的生活费。小新收到生活费的时候，想起上学期老师讲过的区块链金融案例，不禁好奇，传统的银行转账和采用区块链技术的转账有什么不同呢？于是小新决定找老师一起探究。

老师给小新看了转账流程图，并解释道："目前我们转账都是中心化的，银行是一个中心化账本。例如 A 账户里有 400 元，B 账户里有 100 元。当 A 账户要转 100 元给 B 账户时，A 账户要通过银行提交转账申请，银行验证通过后，就从 A 账户上扣除 100 元，

中心化系统
与去中心化系统

给 B 账户增加 100 元。通过计算，A 账户扣除 100 元后余额为 300 元，B 账户增加 100 元后余额为 200 元。"小新听完老师的讲解，说："银行作为中心化的账本，账本管理的权限全在银行手中，万一遭受攻击，服务中断，数据也就乱了。"老师认为小新总结得很好。这也就是为什么需要引入区块链这种去中心化的技术，以使得每个人都能进行账本复验和记账。通过银行转账和通过区块链方式转账如图 14.3 所示。

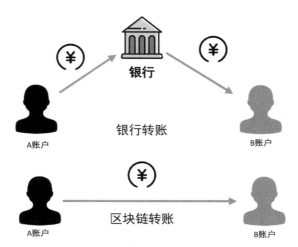

图 14.3　通过银行转账和通过区块链方式转账

接着，老师给小新展示了具体的区块链转账流程，如图 14.4 所示。区块链转账的步骤：A 要转账给 B 100 元，A 就会在网络上把要转账这个信息告诉每个人，所有人会去查看 A 的账户上是否有足够的钱去完成转账过程，如果验证通过，当所有人验证转账完成之后，交易信息将永久存放到区块中，区块中的信息是透明的、不可修改的。如果交易合法，A 和 B 的账户余额将发生变化，钱正式从 A 账户转到 B 账户，交易完成。可以看出这中间并没有银行参与。至于为什么人们愿意去记账，而且数据是防篡改且平台是安全的，我们接下来一起探究。

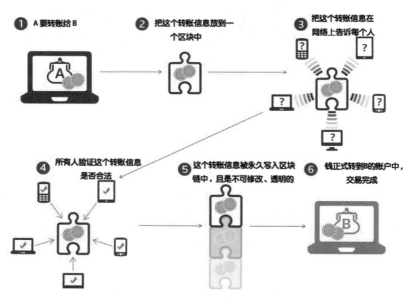

图 14.4　区块链转账流程

在中心化系统里存在单点故障、效率性能瓶颈，并且单点欺骗和不法操作的可能性同时存在。因此，引入去中心化系统，人人都是参与者，人人都是服务者，同时人人又是服务监督和享受者。

14.2 区块链技术

区块链技术

区块链的生命力在于其安全性。作为一种零信任去中心化的系统，接下来我们从区块链简介和特点、工作原理、分类及应用等方面一起详细了解。

⬎ 14.2.1 区块链简介和特点

广义上讲，区块链是利用块链式数据结构来存储与验证数据、利用分布式节点共识算法来生成和更新数据、利用密码学保证数据传输和访问安全、利用自动化脚本代码组成的智能合约来编程和操作数据的一种全新的分布式基础架构与计算范式。区块链具有去中心化、防篡改、透明公共审计、分布式信任共识、自主可编程等特点，如图14.5所示。现如今区块链技术已被广泛应用于智能交通、智慧医疗、认证取证等领域。

区块链本质上是一种去中心化、可溯源、难以篡改、多方共同维护的分布式数据库。

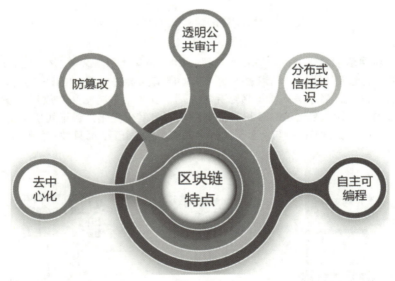

图 14.5 区块链的特点

⬎ 14.2.2 区块链工作原理

区块链是指在分布式网络系统中的所有节点，依靠相同的共识协议，共同存储并维护一份只能追加而不可修改的链式数据区块，通过共同备份维护一个难以生产却易于校验的数据集，从而维护区块链系统的去中心化和难以篡改等特点。区块链平台大体分为6层架构，分别是数据层、网络层、共识层、激励层、合约层和应用层。

1. 数据层

数据层是区块链的核心部分，按照区块的链接方式可以分为串行链式和有向无环图（Directed Acyclic Graph，DAG）两种结构，这两种结构都涉及数字签名、哈希函数、非对称加密和 Merkle 树。区块数据结构中一个区块包括区块头和区块体，区块头一般包括版本号、区块高度、哈希根值、父区块哈希、时间戳、随机数、目标难度和交易数量等，区体块包括当前共识在一个周期内产生的交易数量和交易，如表 14.1 所示。

表 14.1 区块数据结构

模块	字段	大小 / 字节	描述
区块头	版本号	4	用于软件 / 协议的更新
	区块高度	8	记录主链目前有效区块的个数
	哈希根值	32	区块中交易的 Merkle 哈希根值
	父区块哈希	32	前一个区块的头部哈希根值
	时间戳	4	区块产生的近似时间
	随机数	4	证明工作量的参数
	目标难度	4	区块产生要求的工作量
	交易数量字节数	1	记录了交易数量所占字节数，方便读取交易数量
区块体	交易数量	0 ~ 8	区块内部的交易数量
	交易	依据实际的交易数量	区块内部包含的交易数据

Merkle 树，又称为哈希二叉树，树的每个叶子节点都是一笔交易的哈希值，然后两两递归计算哈希值，最终得到一个哈希根值，又称为 Merkle 哈希根值。此外，在没有偶数笔交易的情况下，解决方案是通过复制最后一笔交易构成偶数笔交易。Merkle 树的作用主要有两个：一是通过比较哈希根值对接收到的数据进行完整性校验，只要有一个数据不全或者被修改了，哈希根值对比验证就不通过；二是快速定位到不一致的数据，从上到下对比哈希根值，然后定位到数据不一致的地方，最后同步即可。当需要证明列表中的某笔交易存在时，一个节点只需要计算 $\log_2 N$ 个 32 字节的哈希根值，就可以形成一条从 Merkle 树根到特定交易的路径。Merkle 树的效率如表 14.2 所示。

表 14.2 Merkle 树的效率

交易数量 / 笔	区块的近似大小 / 千字节	路径大小（哈希次数）	路径大小 / 字节
16	4	4	128
512	128	9	288
2 048	512	11	352
65 535	16 384	16	512

区块链 2.0 中的交易信息、账户的状态、收据和智能合约的世界状态统一用 Merkle 树的改良树，即默克尔前缀（Merkle Patricia Trie，MPT）树。MPT 树包含 3 种节点，分别是分支节点、扩展节点、叶子节点。分支节点包含了 16 个分支和 1 个 value；扩展节点只有一个子节点，用于存放前缀和分支节点的哈希值；叶子节点没有子节点，用于存放最终的键值前缀和 value。MPT 树能够存储任意长度的键值对，而且支持快速回滚。

非对称加密是区块链技术中用于安全性需求和所有权认证时采用的加密技术，常见的非对称加密算法有 RSA、ElGamal、背包算法、Rabin 等。非对称加密采用两个不同的密钥，分别是公开的公钥和保密的私钥。通过公钥不能推算出私钥，采用公钥加密的信息只有用相应的私钥才能解密。非对称加密区块链系统主要用于加密信息和数字签名。区块链 2.0 中的账户地址也是通过用户的公钥生成的。

在数字签名场景中，发送者先对消息进行哈希摘要计算，然后用自己的私钥对哈希摘要进行加密，最后将消息和加密后的信息发送给 B。B 先用 A 的公钥对哈希摘要进行解密，判断消息是否是 A 发出的，然后对消息进行哈希运算，检验消息在传输过程中是否存在篡改。

由于传统链式的区块结构在规模性和效率方面存在不足，因此出现了以 DAG 的形式组织链接交易的图区块链。图区块链取消了区块的概念，称为 Tangle，如图 14.6 所示。在 Tangle 中，每个交易事务都是分布式账本中链接的单个节点。在提交新事务之前，它必须验证前面两个已经提交但还未验证的交易事务。然后通过运行工作量证明（Proof of Work，POW）共识机制将新事务与前两个事务捆绑在一起。之后，可以广播新事务到 Tangle 全网。每笔新交易都将稍后由其他较新的事务验证，验证此交易的节点越多那么此交易就越不容易更改。虽然通过同步确认交易的机制使得有向无环图（Directed Acyclic Graph，DAG）在效率和规模性方面拥有巨大优势，但由于所需的计算量减少使得发动双花攻击更容易。比如相比采用 PoW 的区块链系统中需要掌控全网约 51% 的算力，在物联网应用平台（Internet of Things Application，IOTA）中只需掌控全网约 34% 的算力就可以发动攻击，另外 DAG 区块链平台的安全性也依赖于中心化的节点，使得单点故障问题较为严重。

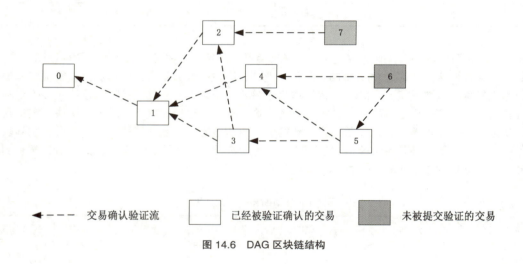

图 14.6 DAG 区块链结构

在数据结构模型上，第一代区块链应用了基于交易的结构模型，即每笔数字货币交易输入和输出需要有明确的账户来源。区块链 2.0 和 Hyperledger Fabric 则应用了基于账户的结构模型，特点是能够迅速查询到账户的余额或状态。

2. 网络层

网络层是区块链平台组网和信息传输的基础，用于同点对点（Peer to Peer，P2P）协议进行组网和特定的传输和验证机制，使得每个节点都能平等地参与记账与共识。P2P 协议中每个节点都是对等的，没有中心化的服务器和从其他实体或认证机构（Certification Authority，CA）处获取验证，从而可以有效消除篡改和第三方欺骗的风险。按照接入网络节点支持的功能和对区块数据的存储程度可分为全节点和轻量级节点。全节点保存了完整的区块数据，使得这些节点能够独立验证交易内容；而轻量级节点只保存了所有的区块头，通过简单支付验证向其他节点获取数据以完成验证。这些节点都负责交易区块数据的传输和验证。P2P 协议在区块链网络中被用于交易信息传输和区块数据验证。区块链 1.0 和区块链 2.0 使用基于传输控制协议（Transmission Control Protocol，TCP）的 P2P 协议，Hyperledger Fabric 则使用基于 HTTP/2 的 P2P 协议，如图 14.7 所示。

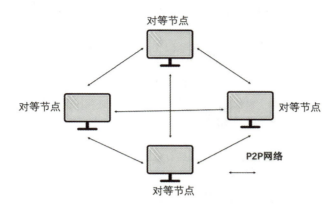

图 14.7　P2P 网络架构

　　传输机制就是在记账节点生成新的区块之后，通过区块链网络中的节点将打包好的区块传输到全网进行区块的合法性验证。目前区块链顶层平台都会根据区块链 1.0 的传输协议进行改进，比如区块链 2.0 通过在区块中融入父和叔区块的散列，使得废弃的区块减少，提升了安全性，这就是幽灵协议。在区块链 1.0 中，一个交易节点向全网广播交易数据，其他节点收到之后将其打包成一个区块，然后通过一个目标难度的工作量证明机制获得记账资格，打包好区块之后进行广播，其他节点再验证交易以前没发生此交易且此前交易全部正确，最后其他节点在该区块的尾部继续生成新区块。如果新交易节点没有与其他节点建立连接，区块链 1.0 会推荐一个长期稳定运行的种子节点，广播数据不需要被所有节点都收到，只要有足量的节点响应即可。

　　验证机制要求在区块链网络中的所有节点都时刻监听网络中的交易数据和区块。收到广播的数据之后，首先验证其有效性，交易数据和区块验证通过之后在本地按照接收顺序先缓存起来，然后向其他相邻的节点广播，如果验证失败则直接丢弃。有效性验证按照预定义好的规则，验证的内容包括输入输出、数字签名、数据结构和语法规范性等。区块的验证则验证区块的时间戳、高度、工作量证明、交易的哈希根值等。区块链平台架构如图 14.8 所示。

图 14.8　区块链平台架构

3.　共识层

共识问题，在计算机科学中主要聚焦于分布式一致性问题，即如何保证分布式系统集群中所有节点的数据完全相同，并且就某个提议能达到最终一致的状态。在区块链系统下共识问题更加复杂，因为存在着开放、缺乏信任的环境且存在一定数量的拜占庭恶意节点。而且，即使所有参与者都是诚实的，而且所验证和传输的交易都是正确的，也可能因为网络延迟和错误导致无法达成一致状态。因此，一个区块链系统下的共识算法除需要考虑传统一致性算法外，还需要考虑拜占庭恶意节点、共识效率、去中心化程度、扩展性和网络故障等因素，区块链系统下的共识一直是一个值得深入研讨的课题。共识过程的核心包括选择记账节点和共识两个子过程。共识机制流程主要包括以下 4 步，如图 14.9 所示。

（1）选主：从参与网络共识的节点中选择一个负责记账产生区块的节点。

（2）造块：打包交易数据并按照特定的区块结构产生新的区块。

（3）验证：将区块广播到网络中，由其他节点按照一定的机制进行区块验证和交易合法性验证。

（4）上链：将验证通过的区块添加到主链中。

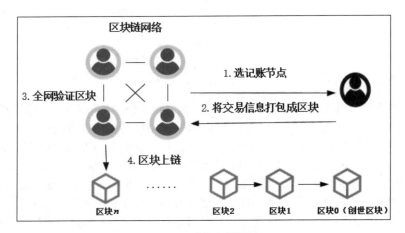

图 14.9　共识机制流程

最初，区块链 1.0 采用了一种依赖节点算力的 PoW 来保证区块链 1.0 网络的一致状态，PoW 通过计算一个计算复杂但验证容易的 SHA-256 哈希难题，其去中心化程度和安全程度在公链共识里都是非常好的。后来区块链共识算法不断演进，出现了基于权益证明的和基于拜占庭容错的算法等，具体可以分为 5 类。首先是选举类共识，即通过投票来选举当前轮次的记账节点，首先获得半数以上的节点当选，如 Raft 和 Paxos；其次是联盟类，即通过某种方式选举出一组代表节点，代表节点以轮流或者重新选举的方式获取记账权，如 DPoS；接下来是证明类共识，即依靠自身算力或币龄来竞争获取某个标志，证明自己具有安全可信的能力获取记账权，如 PoW 和 PoS；然后是随机类共识，即通过某种随机函数直接确定记账节点，如 Algorand；最后是混合类，即将两种传统共识算法结合起来，如将 PoW 融入 DPoS 代表节点的选举过程中可以大大提高共识算法的去中心化程度。

除此之外，在 DAG 区块链的共识算法中，共识效率和扩展性方面性能较高，但这类共识容易遭到攻击，安全威胁较大，如 Tangle 共识。下面以表格的形式将常见的共识算法进行对比，如表 14.3 所示。

表 14.3　常见共识算法对比

共识算法	执行速度	可扩展性	拜占庭容错	每秒交易量	去中心化程度	代表应用
PoW	10 min 左右	强	< 1/2	较低	完全	区块链 1.0
PoS	< 100 s	强	< 1/2	< 1 000	完全	区块链 2.0
DPoS	< 100 s	较强	< 1/2	< 1 000	完全	EOS

共识算法	执行速度	可扩展性	拜占庭容错	每秒交易量	去中心化程度	代表应用
PBFT	< 10 s	弱	< 1/3	< 2 000	半中心化	Hyperledger
Raft	< 10 s	弱	不支持	> 10 000	半中心化	etcd

4. 激励层

激励层是将经济因素引入区块链系统，其存在有利于节点在最大化自身利益的前提下积极参与网络共识，以验证数据和区块，从而维护一个安全稳定的网络。在设计合理的激励机制时，要将节点最大化自身收益的个体行为与区块链系统的安全性和有效性相结合，从而使得大规模的节点对区块链历史形成稳定的共识。一般而言，激励机制包括发行机制和分配机制。下面以区块链 1.0 为例，分别进行介绍。

发行机制：区块链 1.0 发行的数量随时间推移呈阶梯形下降，从创世区块开始每个区块将发行 50 个区块链 1.0 给产块的人，以后每隔 4 年发行数量减半（约 21 万个区块），一直到区块链 1.0 中区块数量维持在 2 100 万左右时不再发行。另外一部分是手续费，目前默认的手续费是区块链 1.0 的万分之一，交易手续费用和区块奖励的费用都被封装在交易中，新区块验证通过，记账节点将获得奖励。

5. 合约层

合约层封装了各类脚本、算法和智能合约。智能合约是一种完全无须中介、可自我验证的计算机自动化交易协议，作为区块链技术的关键特性之一，是运行在区块链上的模块化、可重用、自动执行的脚本，能够实现数据处理、价值转移、资产管理等一系列功能。智能合约最早于 1995 年提出，起初通过数字的形式为用户定义合同承诺，并将其部署到传统的物理实体中以构建数字资产。作为智能合约雏形的区块链 1.0 脚本，仅仅是内嵌在其交易上的一组类型单一的指令。区块链 2.0 提供了脚本语言 Solidity 与智能合约的运行环境，即以太坊虚拟机（Ethereum Virual Machine，EVM），方便用户编写和运行智能合约脚本，任何人都能上传和执行任意的应用程序，并能有效执行。在 Hyperledger Fabric 中的智能合约被称为链码（Chaincode），并且支持 Go、Python 和 Java 等主流编程语言编写智能合约。区块链技术与智能合约结合，依靠合约规则实现了不信任双方之间的公平交换，避免协议被恶意中断，也避免了计划外的监控和跟踪，丰富了区块链内的交易与外界状态的交互。

6. 应用层

区块链技术最早应用于数字金融领域，作为一种具有去中心化、防止篡改、公开透明和支持自主可编程特性的去中心化新技术，其生命力在于作为一种管控平台或者安全底座，为其他行业提供一个安全可信的网络环境、运行环境或者存储环境。现如今区块链技术已经在其他行业有了应用，除了可编程金融，还有供应链溯源、医疗行业和工业互联网等。

14.2.3　区块链分类

从以金融货币区块链雏形为代表的区块链 1.0 开始，到以超级账本为代表的区块链 2.0（这一时期融合了智能合约），再到对共识效率和区块结构的完善丰富、以图区块链为代表的区块链 3.0，到如今建设生态、以 HashNet 为代表的区块链 4.0。

区块链按照开放程度可以分为公有链、联盟链与私有链 3 类，这是目前常见的分类方式。按照节点的准入权限可以分为许可链与非许可链。其中联盟链和私有链属于许可链，公有链属于非许可链。基于这 3 类区块链，为了链接相互隔离的区块链，人们设计出了互联链。互联链用于扩展孤立区块链的扩展性和其他区块链的交互。侧链相当于一个区块链的子链，用于提升整体处理区块链上交易的效率，达到负载均衡。下面以图示的方式给出公有链、私有链和联盟链，如图 14.10 所示。

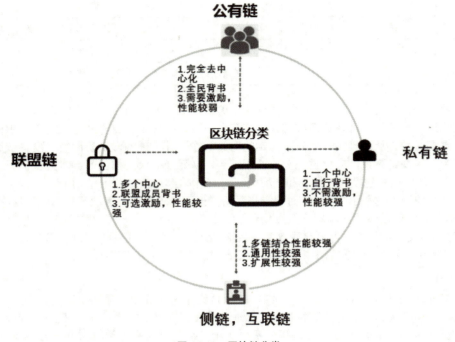

图 14.10　区块链分类

↘ 14.2.4　区块链技术的应用

区块链技术的应用

　　区块链技术发展至今具有去中心化、公开透明、防篡改、自动脚本可编程和匿名化等安全特征，可以通过"区块链+"，赋能众多分布式系统使用场景，解决场景中面临的问题。例如区块链+物联网可以为物联网设备管理、数据传输高成本、隐私保护、设备间的数据共享安全无保障等问题提供解决方案，区块链+大数据中区块链账本不可篡改的存储机制、共识算法和密码学算法可以为大数据的存储、计算和数据资产化提供可信、安全的流通共享通道。区块链技术目前已经被广泛应用于数字金融、工业物联网、医疗、溯源、政务和司法等领域。下面以趣链科技的平台应用方案为例，介绍主流应用方向。

1. 区块链+数字金融——银行政企金融服务平台

　　目前，银行政企的金融服务存在如下问题。

　　（1）政务数据不能充分共享，使政府办事效率无法提升，已经实现信息共享的数据存在信息更新不及时和数据质量参差不齐等问题。

　　（2）银企信息不对称造成银行成本高、风险大，银行积极性不高。信息的不对等、不透明增加协同难度，降低效率。

　　（3）企业信用体系平台尚未建立。

　　针对这些问题，趣链科技提出了基于区块链技术的银行政企金融服务平台，如图 14.11 所示。该平台有助于利用区块链实现数据资产流转和交易，解决数据"存、管、用"难题。数据的可靠、可信进一步提升了信息价值，减少了信息真实性的核验环节，降低了信用传递成本。隐私数据的申请、授权、调用记录上链存证，保证了数据交易安全、合规。趣链科技的银行政企金融服务平台帮助金融机构降低调查和风控过程中的信息搜寻成本，减少了人力、物力的无谓浪费。而且可以通过模型计算企业信用评分，打造可信环境，增强了风控能力，进一步降低了企业风控成本。

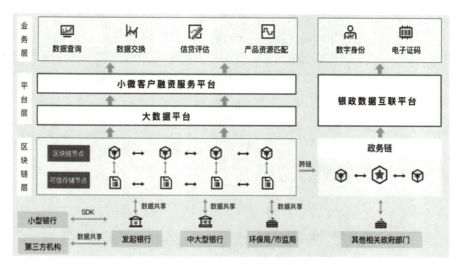

图 14.11 基于区块链技术的银行政企金融服务平台

2. 区块链+民生——房屋租赁平台

趣链科技针对目前房屋租赁市场虚假房源交易信息多、协同较难、相关数据不透明导致监管较难等问题，推出了基于区块链技术的房屋租赁平台，如图 14.12 所示。该平台利用区块链技术连接政府、银行与房屋租赁平台，确保交易的公平性及真实性，杜绝虚假房源、市场参与者良莠不齐的问题，通过租房信息真实共享，使得"一屋多租"成为历史，构建了可信的房屋租赁市场。

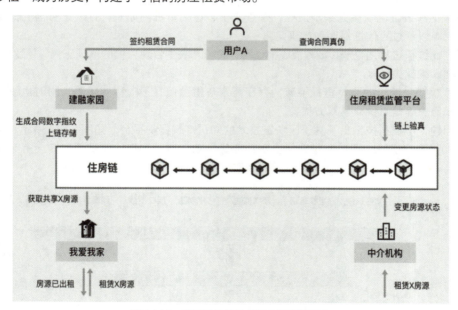

图 14.12 基于区块链技术的房屋租赁平台

3. 区块链+政务——电子证明平台

目前，政务办事的各种证明材料存在如下问题：

（1）材料的开具、传递均为纸质载体，部门间信息流转效率低下；

（2）纸质材料易篡改，真伪较难验证，而且比较容易丢失；

（3）各部门自发建立的电子证照标准不统一，难以互认。

针对上述问题，趣链科技推出了基于区块链技术的电子证明平台，如图14.13所示。该平台通过线上开具材料、二维码展示证明，免去了纸质传递流程，提高了信息流转效率。同时，电子证照存储于区块链中，不存在丢失风险，通过区块链技术防篡改，真伪查验便利，杜绝了假人、假证。

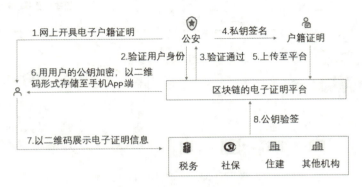

图 14.13　基于区块链技术的电子证明平台

4. 区块链+司法——知识产权保护平台

知识产权保护一直是一个重要的问题，虽然各种针对商标、专利的保护措施相继出台，但还是存在各种伪造、仿冒等侵权问题。

目前，知识产权保护存在如下问题：

（1）产权登记和公证确权多为线下流程，手续繁多、评估审批周期长，且缺乏可信的保全机制来确保证据真实有效，难以通过可信证据明确产权归属；

（2）知识产权维权过程周期长、成本高、举证难，权利人缺少合规可信的取证工具，导致证据效力弱化，很可能导致权利人维权失败；

（3）知识产权缺少统一的展示查找渠道，存在需求与供给信息不对称的问题，同时也缺少知识产权的登记信息和交易历史等信息供交易双方借鉴。

针对上述问题，趣链科技推出了基于区块链技术的知识产权保护平台，如图14.14所示。该平台通过构建司法联盟，加强产权保护，同时，借助线上快捷取证，助力诉讼维权，促进要素安全有效流通，提升了经济效益。

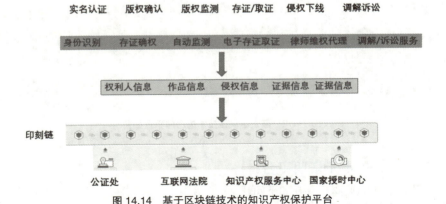

图 14.14　基于区块链技术的知识产权保护平台

上面我们介绍了区块链在4个领域中的应用。在物联网领域也出现了很多典型应用，进而形成了一种新型的物联网——BlockChain Internet of things，简称 BIoT。区块链一般使用的是以"IOTA"为代表的图区块链平台去管理和维护。区块链技术的进一步推广应用需要在跨链技术、存储技术、共识交易效率及行业标准等方面继续完善。

本章小结

　　本章主要介绍了区块链技术，以一个转账的实例引入了区块链这种去中心化和可信的新型架构，接着按照分层分别介绍了区块链的架构，然后介绍了区块链的分类及公有链、私有链和联盟链，最后介绍了区块链的应用前景。通过本章的学习，我们对区块链的特征和应用会有初步的了解。

课后习题

1. 什么是区块链技术，其特点是什么？
2. 区块链目前主要的应用方向有哪些？
3. 区块链有哪些成熟的应用呢？
4. 区块链技术的前景在哪里？
5. 目前主流区块链平台有哪些特点？可以分为哪几类？

参考文献

[1] 林豪慧，陈晓瑜，杨伟.大学生信息素养 [M]. 2 版.北京：电子工业出版社，2022.

[2] 王清晨，孙蔚，郭丽艳，等.信息素养与信息资源检索 [M].北京：电子工业出版社，2021.

[3] 中国信息通信研究院.互联网法律白皮书 [R]. 2021.

[4] 中国信息通信研究院.人工智能治理白皮书 [R]. 2020.

[5] 国家人工智能标准化总体组.人工智能伦理风险分析报告 [R]. 2019.

[6] 刘洪亮，杨志茹.信息安全技术（HCIA-Security）[M].北京：人民邮电出版社，2022.

[7] 朱海波，辛海涛，刘湛清，等.信息安全技术 [M].北京：清华大学出版社，2022.

[8] 平安信托.信息安全白皮书 [R]. 2022.

[9] 中国信息通信研究院.网络与通信安全产业白皮书 [R]. 2020.

[10] 张同光，温文博，张红霞，等.信息安全技术实用教程 [M]. 4 版.北京：电子工业出版社 2022.

[11] 华为技术有限公司.云计算技术 [M].北京：人民邮电出版社，2022.

[12] 张宇等.云计算应用技术 [M].北京：现代教育出版社，2016.

[13] 刘鹏，王成喜，王巍.云计算导论 [M].北京：清华大学出版社，2022.

[14] 中国信息通信研究院.云计算白皮书（2022）[R]. 2022.

[15] 孙永林，曾德生，等.云计算技术与应用 [M].北京：电子工业出版社，2019.

[16] 张丽霞.虚拟现实技术（微课视频版）[M].北京：清华大学出版社，2022.

[17] 中国信息通信研究院，华为技术有限公司，京东方科技集团股份有限公司.虚拟（增强）现实白皮书 [R]. 2021.

[18] 冯开平，罗立宏.虚拟现实技术及应用 [M].北京：电子工业出版社，2021.

[19] 蔡亮，李启雷，梁秀波.区块链技术进阶与实战 [M].北京：人民邮电出版社，2020.

[20] 华为区块链技术开发团队.区块链技术及应用 [M]. 2 版.北京：清华大学出版社，2021.

[21] 中国信息通信研究院.区块链白皮书（2021 年）[R]. 2021.

[22] 武春岭，袁煜明，卢建云.区块链应用技术 [M].北京：电子工业出版社，2022.

[23] 张海藩.软件工程导论 [M]. 5 版.北京：清华大学出版社，2008.

[24] [美] 凯西·施瓦尔贝. IT 项目管理 [M]. 7 版.邢春晓，黄梦醒，张勇，等译.北京：机械工业出版社，2015.

[25] 章洁，吴中浩，陆菁，等.数字媒体概论 [M].北京：人民邮电出版社，2018.

[26] 来也科技.来也科技机器人流程自动化（RPA）白皮书 3.0[R]，2020.

[27] 来也科技. RPA+AI 电网应用白皮书 [R]，2020.

[28] 来也科技. RPA+AI 一网通办白皮书 [R]，2020.

[29] 来也科技. RPA 上云白皮书 [R]，2020.

[30] 苏小红，王宇颖，孙志岗. C 语言程序设计 [M]. 3 版.北京：高等教育出版社，2015.